KB232015

교회사전집6

중세시대

보니파키우스 8세부터
루터까지

Philip Schaff

교회사전집
HISTORY OF THE CHRISTIAN CHURCH

6

필립 샤프

중세시대 〉 A.D. 1294-1517

보니파키우스 8세부터 루터까지

SINCE 1984
크리스천
다이제스트

† 서문

　제6권은 중세 교회사를 마감한다. 필립 샤프 박사는 중세를 가리켜 미국의 테라 인코그니타(terra incognita), 즉 탐사되지 않은 미지의 땅과 같다고 말한 적이 있다. 이 말은 우리가 대학교나 신학교에서 들었던 강의를 생각하면 더 이상 적합한 말이 아니다. 독일에서는 지난 20년 동안 사도 시대를 제외하면 이 시기만큼 학문적 관심과 연구가 왕성하게 집중되는 시기가 없다고 할 만큼 이 시기에 대한 연구가 크게 진척되었다.

　저자는 우리 개신교권에 다소나마 남아 있는 통념, 즉 중세가 만사를 헤아리시는 섭리가 이끌고 주관한 시기라기보다 호기심 차원의 연구에 걸맞은 미신의 시기라는 개념을 논박하는 데는 관심을 두지 않았다. 그 시기를 있는 그대로 묘사함으로써 중세의 숭고한 종교적 주장이 성직위계제도(hierarchy)의 외람된 주장과 스콜라주의의 곡해와 더불어 나란히 드러나도록 하는 데 마음을 기울였다. 중세가 없었다면 종교개혁도 없었을 것이다. 물론 이 말은 사막을 걸은 뒤에야 햇살 가득한 비옥한 땅에 이르게 된다는 의미로 이해해서는 안 될 것이다. 중세가 배출한 성 베르나르와 아시시의 프란체스코, 성 엘리자베트와 시에나의 성 카테리나, 제르송, 타울러, 쿠사의 니콜라우스를 신앙 위인들의 자리에 세우는 것은 당연한 일이며, 그들이 자기들의 시대를 향해 외쳤던 것처럼 우리 시대를 향해 외치는 사람들이 나오기를 기대하는 것이 올바른 태도이다.

　더 나아가 저자는 이른바 개신교의 오류들 때문에 기독교적 사귐이 불가능하다고 보는 그리스도인들을 비판하고 좌절시키기 위한 목적을 가지고 이 책을 쓴 것도 아니다. 저자가 15세기 말과 16세기 초의 몇몇 교황들을 비판할 때도 그들이 교황이었다는 사실 자체 때문이 아니라, 한 개인으로서도 준열한 비판을 면치 못할 생애를 살았기 때문에 비판한 것이다. 다양한 시대에 다양한 이름으로 존재해온 그리스도인들 가운데 기독교적 신앙의 일치와 사귐의 증진이 있게 하려면, 교리 진술이나 예배식의 차이에도 불구하고 공존할 수 있는 그리스도와 그 나라에 대한 내면의 헌신을 제대로 고려하는 것이 당연하며, 그러한 노력을 기울이지 않은 채 펜이나 말로써 섣불리 단죄하는 어리석음을 범하지 말아야 한다.

저자는 이 책을 집필하는 과정에서 유력한 중세 사가들의 저서와 그 시대를 연구한 학자들의 저서를 밝혀놓았다. 그 시대를 연구한 학자들은 개신교권과 로마 가톨릭권을 망라하여 그레고로비우스(Gregorovius) · 파스토르(Pastor) · 맨들 크레이턴(Mandell Creighton) · 리(Lea) · 얼(Ehrle) · 데니플레(Denifle) · 핑크 (Finke) · 슈바브(Schwab) · 할러(Haller) · 칼 미르트(Karl Mirbt) · 뮐러(K. Müller) · 키르쉬(Kirsch) · 로서트(Loserth) · 얀센(Janseen) · 발루아(Valois) · 부르크하르트-가이거(Burckhardt-Geiger) · 지봄(Seebohm) 같은 이들인데, 이들 가운데 몇몇 분은 이미 작고했다.

이 책을 집필하는 데 큰 도움을 준 웨스턴 신학교 동료 교수 데이비드 컬리 목사(Rev. David E. Culley)에게 진심으로 고마운 마음을 전한다. 그는 해박하고 정확한 중세사 지식으로 이 책의 원고를 정성껏 읽어주었다.

「기독교 교회사」 네 권으로 처음 10세기를 다루었고, 두 권(제6, 7권)으로 독일과 스위스 종교개혁을 다룬 필립 샤프 박사는 말년에 이르러 1050~1517년의 비옥한 시기마저 다 다룰 수 있으면 좋겠다는 소원을 품고 지내셨는데, 그 소원을 대신 이루어 드릴 수 있게 된 것이 저자(아들)에게는 여간 큰 특권이 아닐 수 없다.

피츠버그 웨스턴 신학교에서
데이비드 샤프 (David S. Schaff)

† 차례

중세 시대

교황제의 몰락과 근세 기독교를 위한 준비

보니파키우스 8세부터 마르틴 루터까지
A.D.1294-1517

1. 서론적 개관

　1294년부터 1517년까지, 그러니까 보니파키우스 8세가 교황으로 즉위한 시점부터 루터가 비텐베르크의 교회 문에 95개조를 내건 시점까지 두 세기의 세월이 흐르는 동안에 몇 가지 면에서 이행(移行)이 이루어졌다. 먼저 중세가 막을 내리고 근세가 시작되었고, 서유럽 사회에 보편적으로 뿌리를 내렸던 교황제가 쇠퇴하고 민족 독립을 요구하는 목소리가 곳곳에서 울려 퍼졌으며, 사제들의 지배가 약화되고 개인의 지적 · 영적 자유의 폭이 커졌다. 옛것들이 차츰 사라지고 새 질서의 도래를 알리는 징후들이 우후죽순처럼 번져갔다.

　제도와 관례가 와해되고 있었다. 사람들의 정신을 확고하게 장악하던 스콜라 신학 체계가 세력을 잃었을 뿐 아니라 조소의 대상으로까지 전락했다. 부패와 그릇된 관행에 항거하여 성경과 인류 공동의 안녕을 토대로 개혁을 외치는 소리들이 널리 울려 퍼졌다. 교회에 내재해 있던 활력이 새로운 유형의 경건과 선행으로 표출되었다.

　인간 삶의 모든 분야에 대해 무오한 판단과 관할권을 주장해온 교황제의 세도(勢道)가 스스로 드러낸 숱한 오류들과 허세, 세속성으로 인해 크게 훼손되었다. 보니파키우스 8세의 상궤를 벗어난 세속적인 정책, 교황청의 아비뇽 이전, 그리고 반세기나 지속된 교황청 분열 속에서 여러 명의 교황이 한꺼번에 하나님의 대리자로 자처하며 재위하는 추태를 유럽 사회에 드러낸 일을 교황제의 권위를 훼손한 대표적인 사례들로 꼽을 수 있다.

　십자군 원정이 흔들어 깨워놓은 자유롭고 민족적인 정서가 세월의 흐름과 함께 더욱 강해지면서 마침내 교황권을 배격하기에 이르렀는데, 이러한 현상은 프랑스에서 시작하여 유럽의 다른 나라들로 옮아갔다. 군주들이 자기 나라에서 수장권을 행사하면서, 자국 영토 내의 교회들에게도 복종을 강요했다. 유럽의 주도권이 독일에서 프랑스로 넘어갔고, 그 과정에서 영국이 조금씩 세력을 키워갔다.

14세기에는 교황제의 허황된 주장들과 스콜라 체계의 교조주의에 대항하여 인권(人權)과 불문율의 원리를 제시하는 소책자들이 연이어 발행되었다. 평신도 저자들이 사상의 선구자 역할을 수행했고, 교회의 사명이 갈수록 실제적 관점에서 논의되었다. 단테는 베드로의 계승자들 가운데 몇몇을 지옥의 밑바닥에 배치하는 암시적인 방법으로 교황들의 부패를 질타했다.

피사 · 콘스탄츠 · 바젤에서 열린 개혁 공의회들은 유럽을 거의 50년 동안 (1409-1450) 교회적 · 종교적 토론장으로 만들었다. 이들 개혁 공의회들은 교회에 만연하던 혼란과 무질서를 바로잡기 위한 대책을 내놓지는 못했으나, 한편으로는 자유로운 토론의 선례를 남겼고, 다른 한편으로는 교회의 수위권(首位權)이 소수 선택받은 고위성직자 집단에 있지 않고 교회라는 집단 자체에 있다는 원리를 일관되게 부각시켰다.

교황제와 성직위계제도 자체에서는 항구적인 개혁을 기대할 수 없다는 사실이 중세의 마지막 기간인 1460-1517년에 뚜렷이 입증되었다. 이 시기의 로마 교황청은 멸망을 앞두었던 로마 제국에 견줄 만큼 도덕적으로 부패하고 영적으로 타락한 모습을 드러냈던 것이다.

유럽 사회에 팽배해 가던 종교적 불만과 개혁을 바라는 염원이 위클리프와 후스 같은 종교 지도자들을 통해서 표출되었다. 이들은 진리를 확고히 깨닫고 목숨을 내걸고 민중 계도에 힘쓴 결과 시대 위로 우뚝 서서 이후 시대까지 환히 비추었다.

기독교 세계의 상층부에서는 저급한 야심과 족벌주의가 판을 치고, 성직의 의미가 철저히 왜곡되고 기독교적 삶의 근본 덕목들이 더럽혀지고 있었으나, 북유럽 교회에서는 맑은 경건의 강물이 흐르기 시작했고, 라인 강 유역과 저지대의 신비주의자들이 자신들도 모른 채 종교개혁의 싹이 틀 수 있도록 토양을 비옥하게 만들어 놓고 있었다.

르네상스 곧 고전 문예 부흥은 인간의 정신을 해방시켰다. 이교 고전 저서들이 천년간 교회로부터 탄압을 받아온 끝에 다시 한 번 인간 정서를 뜨겁게 달구었다. 아메리카 대륙이 발견되면서 유럽의 지리적 경계가 확장되었다.

1440년경에 인쇄술이 발명되면서 인간이 전혀 새로운 진보의 단계에 들어서게 되었으며, 인쇄술에 힘입어 개인들의 사고의 산물이 널리 유포됨으로써 장차 유럽 사회가 종교적 해방을 맛보고 지식인들이 사회를 이끌어 갈 새로운 시대에 대비할 수 있게 했다.

이 시대 사람들에게 아메리카와 인도 제도로 가는 지름길이 발견된 사건은 놀라운 역사적 사건이었고 경이로움이었으며 예언이었다. 1453년에 콘스탄티노플이 터키인들의 손에 쉽게 넘어가면서 동방의 기독교 제국이 종말을 고했다. 유럽의 서쪽 끝에서는 중세가 종말을 향해 치닫는 동안 새로운 제국이 시작되고 있었다.

거의 같은 시기에 교회의 감독과 비호 아래 인류 역사상 유례를 찾아보기 힘든 비인간적인 기관이 활동하고 있었다. 교황청과 스페인 왕국이 번갈아 가며 주도한 종교재판소(the Inquisition)가 그것으로서, 스페인에서는 이 기관이 주로 이단들을 색출하여 처형했고, 독일에서는 마녀들을 처형했다.

이처럼 유럽 사회에서는 가시적 교회가 무류(無謬)하다는 신념 위에 수립된 전통적 관습들과 교의들이 뿌리째 흔들리고 있었으며, 그런 가운데서도 유럽 사회는 교회가 채택하고 가르쳐온 신념들과 관습들 가운데 지극히 해로운 몇 가지를 여전히 고수하고 있었다. 당시의 유럽 사회는 새로운 신학 체계를 생산해 낼 만한 독창적인 지적 역량이나 확신이 없었다. 위대한 스콜라 학자들의 학설이 변함없이 교리적 사고를 지배했다. 이 시기의 유럽 사회는 교회법 같은 항구적인 교회 제도를 새롭게 수립하지 못했다. 십자군 원정과 탁발 수도회들의 활동 같이 사회 전체를 뜨겁게 달아오르게 했던 열정이 이 시기에는 없었다. 성 베르나르와 인노켄티우스 3세 같은 위대한 성직자들을 배출해내지 못했다. 중세의 마지막 시기는 지적 불만과 내면의 성찰의 시기였고, 스스로는 해산(解産)할 능력이 없이 새로운 질서를 예고하고 준비해간 시기였다.

제 1 장

교황제의 몰락과 아비뇽 유수(1294-1377)

2. 자료와 참고문헌

For works covering the entire period, see V. 1. 1–3, such as the collections of MANSI, MURATORI, and the Rolls Series ; Friedberg's *Decretum Gratiani*, 2 vols., Leipzig, 1879–1881 ; HEFELE-KNÖPFLER : *Conciliengeschichte ;* MIRBT : *Quellen zur Geschichte des Papstthums*, 2d ed., 1901 ; the works of GREGOROVIUS and BRYCE, the General Church and Doctrinal Histories of GIESELER, HEFELE, FUNK, HERGENRÖTHER-KIRSCH, KARL MÜLLER, HARNACK, LOOFS, and SEEBERG ; the Encyclopædias of HERZOG, WETZER-WELTE, LESLIE STEPHEN, POTTHAST, and CHÉVALIER ; the Atlases of F. W. PUTZGER, Leipzig, HEUSSI and MULERT, Tübingen, 1905, and LABBERTON, New York. L. PASTOR : *Geschichte der Päpste*, etc., 4 vols., 4th ed., 1901–1906, and MANDELL CREIGHTON : *History of the Papacy*, etc., London, 1882–1894, also cover the entire period in the body of their works and their Introductory Chapters. There is no general collection of ecclesiastical authors for this period corresponding to Migne's *Latin Patrology.*

For §§ 3, 4. BONIFACE VIII. *Regesta Bonifatii* in POTTHAST : *Regesta pontificum rom.*, II., 1923–2024, 2133 sq. — *Les Registres de Boniface VIII.*, ed. DIGARD, FAUÇON ET THOMAS, 7 Fasc., Paris, 1884–1903. — *Hist. eccles.* of Ptolemæus of Lucca, *Vitæ Pontif.* of Bernardus Guidonis, *Chron. Pontif.* of Amalricus Auger, *Hist. rerum in Italia gestarum* of Ferretus Vicentinus, and *Chronica universale* of Villani, all in MURATORI : *Rerum Ital. Scriptores*, III. 670 sqq., X. 690 sqq., XI. 1202 sqq., XIII. 348 sqq. — *Selections from Villani*, trans. by ROSE E. SELFE, ed. by P. H. WICKSTEED, Westminster, 1897. — FINKE : *Aus den Tagen Bonifaz VIII.*, Münster, 1902. Prints valuable documents, pp. i–ccxi. Also *Acta Aragonensia. Quellen . . . zur Kirchen und Kulturgeschichte aus der diplomatischen Korrespondenz Jayme II., 1291–1327*, 2 vols., Berlin, 1908. — DÖLLINGER : *Beiträge zur politischen, kirchlichen und Culturgeschichte der letzten 6 Jahrh.*, 3 vols., Vienna, 1862–1882. Vol. III., pp. 347–353, contains a *Life of Boniface drawn from the Chronicle of Orvieto* by an eye-witness, and other documents. — DENIFLE : *Die*

Denkschriften der Colonna gegen Bonifaz VIII., etc., in *Archiv für Lit. und Kirchengeschichte des M.A.*, 1892, V. 493 sqq. — DANTE : *Inferno*, XIX. 52 sqq., XXVII. 85 sqq. ; *Paradiso*, IX. 132, XXVII. 22, XXX. 147. MODERN WORKS. — J. RUBEUS : *Bonif. VIII. e familia Cajetanorum*, Rome, 1651. Magnifies Boniface as an ideal pope. — P. DUPUY : *Hist. du différend entre le Pape Bon. et Philip le Bel*, Paris, 1655. — BAILLET (a Jansenist) : *Hist. des désmelez du Pape Bon. VIII. avec Philip le Bel*, Paris, 1718. — L. TOSTI : *Storia di Bon. VIII. e de' suoi tempi*, 2 vols., Rome, 1846. A glorification of Boniface. — W. DRUMANN : *Gesch. Bonifatius VIII.*, 2 vols., Königsberg, 1852. — CARDINAL WISEMAN : *Pope Bon. VIII.* in his *Essays*, III. 161–222. Apologetic. — BOUTARIC : *La France sous Philippe le Bel*, Paris, 1861. — R. HOLTZMANN : *W. von Nogaret*, Freiburg, 1898. — E. RENAN : *Guil. de Nogaret*, in *Hist. Litt. de France*, XXVII. 233 sq. ; also *Études sur la politique rel. du règne de Phil. le Bel*, Paris, 1899. — DÖLLINGER : *Anagni in Akad. Vorträge*, III. 223–244. — HEINRICH FINKE (prof. in Freiburg) : as above. Also *Papsttum und Untergang des Tempelordens*, 2 vols., Münster, 1907. — J. HALLER : *Papsttum und Kirchenreform*, Berlin, 1903. — RICH. SCHOLZ : *Die Publizistik zur Zeit Philipps des Schönen und Bonifaz VIII.*, Stuttgart, 1903. — The *Ch. Histt.* of GIESELER, HERGENRÖTHER-KIRSCH, 4th ed., 1904, II. 582–598, F. X. FUNK, 4th ed., 1902, HEFELE, 3d ed., 1902, K. MÜLLER, HEFELE-KNÖPFLER : *Conciliengeschichte*, VI. 281–364. — RANKE : *Univers. Hist.*, IX. — GREGOROVIUS : *History of the City of Rome*, V. — WATTENBACH : *Gesch. des röm. Papstthums*, 2d ed., Berlin, 1876, pp. 211–225. — G. B. ADAMS : *Civilization during the Middle Ages*, New York, 1894, ch. XIV. — Art. *Bonifatius* by HAUCK in Herzog, III. 291–300.

For § 5. LITERARY ATTACKS UPON THE PAPACY. DANTE ALLIGHIERI : *De monarchia*, ed. by WITTE, Vienna, 1874 ; GIULIANI, Florence, 1878 ; MOORE, Oxford, 1894. Eng. trans. by F. C. CHURCH, together with the essay on Dante by his father, R. W. CHURCH, London, 1878 ; P. H. Wicksteed, Hull, 1896 ; Aurelia Henry, Boston, 1904. — Dante's *De monarchia*, Valla's *De falsa donatione Constantini*, and other anti-papal documents are given in *De jurisdictione, auctoritate et præeminentia imperiali*, Basel, 1566. Many of the tracts called forth by the struggle between Boniface VIII. and Philip IV. are found in MELCHIOR GOLDAST : *Monarchia S. Romani imperii, sive tractatus de jurisdictione imperiali seu regia et pontificia seu sacerdotali*, etc., Hanover, 1610, pp. 756, Frankfurt, 1668. With a preface dedicated to the elector, John Sigismund of Brandenburg ; in DUPUY : *Hist. du Différend*, etc., Paris, 1655, and in Finke and Scholz. See above. — E. ZECK : *De recuperatione terræ Sanctæ, Ein Traktat d. P. Dubois*, Berlin, 1906. For summary and criticism, S. RIEZLER : *Die literarischen Widersacher der Päpste zur Zeit Ludwig des Baiers*, pp. 131–155. Leipzig, 1874. — R. L. POOLE : *Opposition to the Temporal Claims of the Papacy*, in his *Illustrations of the Hist. of Med. Thought*, pp. 256–281, London, 1884. — FINKE : *Aus den Tagen Bonifaz VIII.*, pp. 159 sqq., etc. — DENIFLE : *Chartularium Un. Parisiensis*, 4 vols. — HALLER : *Papsttum.* — Artt. in Wetzer-Welte, *Colonna*, III. 667–671, and *Johann von Paris*, VI. 1744–1746, etc. — RENAN : *Pierre Dubois in Hist. Litt. de France*, XXVI. 471–536. — HERGENRÖTHER-KIRSCH : *Kirchengesch.*, II. 754 sqq.

For § 6. TRANSFER OF THE PAPACY TO AVIGNON. BENEDICT XI.: *Registre de Benoît XI.*, ed. C. GRANDJEAN. — For Clement V., *Clementis papæ V. regestum ed. cura et studio monachorum ord. S. Benedicti*, 9 vols., Rome, 1885–1892. — ETIENNE BALUZE: *Vitæ paparum Avenoniensium 1305–1394,* dedicated to Louis XIV. and placed on the Index, 2 vols., Paris, 1693. RAYNALDUS: *ad annum*, 1304 sqq., for original documents. — W. H. BLISS: *Calendar of Entries in the Papal Registries relating to Great Britain and Ireland*, I.–IV., London, 1896–1902. — GIOVANNI and MATTEO VILLANI: *Hist. of Florence sive Chronica universalis*, bks. VIII. sq. — M. TANGL: *Die päpstlichen Regesta von Benedict XII.-Gregor XI.*, Innsbruck, 1898. MANSI: *Concil.*, XXV. 368 sqq., 389 sqq. — J. B. CHRISTOPHE: *Hist. de la papauté pendant le XIVe siècle*, 2 vols., Paris, 1853. — C. VON HÖFLER: *Die avignonesischen Päpste*, Vienna, 1871. — FAUÇON: *La libraire des papes d'Avignon*, 2 vols., Paris, 1886 sq. — M. SOUCHON: *Die Papstwahlen von Bonifaz VIII.-Urban VI.*, Braunschweig, 1888. — A. EITEL: *D. Kirchenstaat unter Klemens V.*, Berlin, 1905. — CLINTON LOCKE: *Age of the Great Western Schism*, pp. 1–99, New York, 1896. — J. H. ROBINSON: *Petrarch*, New York, 1898. — SCHWAB: *J. Gerson*, pp. 1–7. — DÖLLINGER-FRIEDRICH: *Das Papstthum*, Munich, 1892. — PASTOR: *Geschichte der Päpste seit dem Ausgang des M.A.*, 4 vols., 3d and 4th ed., 1901 sqq., I. 67–114. — STUBBS: *Const. Hist. of England.* — CAPES: *The English Church in the 14th and 15th Centuries*, London, 1900. — WATTENBACH: *Röm. Papstthum*, pp. 226–241. — HALLER: *Papsttum*, etc. — HEFELE-KNÖPFLER: VI. 378–936. — RANKE: *Univers. Hist.*, IX. — GREGOROVIUS: VI. — The *Ch. Histt.* of GIESELER, HERGENRÖTHER-KIRSCH, II. 737–776, MÜLLER, II. 16–42. — EHRLE: *Der Nachlass Clemens V.* in *Archiv für Lit. u. Kirchengesch.*, V. 1–150. For the fall of the Templars, see for lit. V. 1. p. 301 sqq., and especially the works of BOUTARIC, PRUTZ, SCHOTTMÜLLER, DÖLLINGER. — FUNK in Wetzer-Welte, XI. 1311–1345. — LEA: *Inquisition*, III. FINKE: *Papsttum und Untergang des Tempelordens*, 2 vols., 1907. Vol. II. contains Spanish documents, hitherto unpublished, bearing on the fall of the Templars, especially letters to and from King Jayme of Aragon. They are confirmatory of former views.

For § 7. THE PONTIFICATE OF JOHN XXII. *Lettres secrètes et curiales du pape Jean XXII. relative à la France*, ed. AUG. COULON, 3 Fasc., 1900 sq. *Lettres communes de p. Jean XXII.*, ed. MOLLAT, 3 vols., Paris, 1904–1906. — J. GUÉRARD: *Documents pontificeaux sur la Gascogne. Pontificat de Jean XXII.*, 2 vols., Paris, 1897–1903. — BALUZE: *Vitæ paparum.* — V. VELARQUE: *Jean XXII. sa vie et ses œuvres*, Paris, 1883. — J. SCHWALM, *Appellation d. König Ludwigs des Baiern v. 1324*, 1906. — RIEZLER: *D. lit. Widersacher. Also Vatikanische Akten zur deutschen Gesch. zur Zeit Ludwigs des Bayern*, Innsbruck, 1891. — K. MÜLLER: *Der Kampf Ludwigs des Baiern mit der römischen Curie*, 2 vols., Tübingen, 1879 sq. — EHRLE: *Die Spirituallen, ihr Verhältniss zum Franciskanerorden*, etc., in *Archiv für Lit. und Kirchengesch.*, 1885, p. 509 sqq., 1886, p. 106 sqq., 1887, p. 553 sqq., 1890. Also *P. J. Olivi: S. Leben und s. Schriften*, 1887, pp. 409–540. — DÖLLINGER: *Deutschlands Kampf mit dem Papstthum unter Ludwig dem Bayer* in *Akad. Vorträge*, I. 119–137. — HEFELE: VI. 546–579. — LEA: *Inquisition*, I. 242–304. — The Artt. in Wetzer-Welte, *Franziskanerorden*, IV. 1650–1683, and *Armut*, I. 1394-1401. Artt. *John XXII.* in Herzog, IX. 267-270, and Wetzer-Welte, VIII. 828 sqq.— HALLER : *Papsttum*, p. 91 sqq.— STUBBS : *Const. Hist. of England.*— GREGOROVIUS, VI.— PASTOR : I. 80 sqq.

For § 8. THE PAPAL OFFICE ASSAILED. Some of the tracts may be found in GOLDAST : *Monarchia*, Hanover, 1610, *e.g. Marsiglius of Padua*, II. 154-312 ; Ockam's *Octo quæstionum decisiones super potestate ac dignitate papali*, II. 740 sqq., and *Dialogus inter magistrum et discipulum*, etc., II., 399 sqq. Special edd. are given in the body of the chap. and may be found under Alvarus Pelagius, Marsiglius, etc., in POTTHAST : *Bibl. med. œvi.*— *Un trattato inedito di Egidio Colonna : De ecclesiæ potestate*, ed. G. U. OXILIA et G. BOFFITO, Florence, 1908, pp. lxxxi, 172.— SCHWAB : *Gerson*, pp. 24-28.— MÜLLER : *D. Kampf Ludwigs des Baiern.*— RIEZLER : *Die lit. Widersacher der Päpste*, etc., Leipzig, 1874.— MARCOUR : *Antheil der Minoriten am Kampf zwischen Ludwig dem Baiern und Johann XXII.*, Emmerich, 1874.— POOLE : *The Opposition to the Temporal Claims of the Papacy*, in *Illust. of the Hist. of Med. Thought*, pp. 256-281.— HALLER : *Papsttum*, etc., pp. 73-89. English trans. of *Marsiglius of Padua, The Defence of Peace*, by W. MARSHALL, London, 1535.— M. BIRCK : *Marsilio von Padua und Alvaro Pelayo über Papst und Kaiser*, Mühlheim, 1868.— B. LABANCA, Prof. of Moral Philos. in the Univ. of Rome: *Marsilio da Padova, riformatore politico e religioso*, Padova, 1882, pp. 235.— L. JOURDAN : *Étude sur Marsile de Padoue*, Montauban, 1892.— J. SULLIVAN : *Marsig. of Padua*, in *Engl. Hist. Rev.*, 1905, pp. 293-307. An examination of the MSS. See also DÖLLINGER-FRIEDRICH : *Papstthum* ; Pastor, I. 82 sqq. ; Gregorovius, VI. 118 sqq., the Artt. in Wetzer-Welte, *Alvarus Pelagius*, I. 667 sq., *Marsiglius*, VIII., 907-911, etc., and in Herzog, XII. 368-370, etc.— N. VALOIS : *Hist. Litt.*, Paris, 1900, XXIII., 528-623, an Art. on the authors of the *Defensor*.

For § 9. THE FINANCIAL SYSTEM OF THE AVIGNON POPES. EHRLE : *Schatz, Bibliothek und Archiv der Päpste im 14ten Jahrh.*, in *Archiv für Lit. u. Kirchengesch.*, I. 1-49, 228-365, also *D. Nachlass Clemens V. und der in Betreff desselben von Johann XXII. geführte Process*, V. 1-166.— PH. WOKER : *Das kirchliche Finanzwesen der Päpste*, Nördlingen, 1878.— M. TANGL : *Das Taxenwesen der päpstlichen Kanzlei vom 13ten bis zur Mitte des 15ten Jahrh.*, Innsbruck, 1892.— J. P. KIRSCH : *Die päpstl. Kollektorien in Deutschland im XIVten Jahrh.*, Paderborn, 1894 ; *Die Finanzverwaltung des Kardinalkollegiums im XIII. u. XIV.ten Jahrh.*, Münster, 1896 ; *Die Rückkehr der Päpste Urban V. und Gregor XI. von Avignon nach Rom. Auszüge aus den Kameralregistern des Vatikan. Archivs*, Paderborn, 1898 ; *Die päpstl. Annaten in Deutschland im XIV. Jahrh. 1323-1360*, Paderborn, 1903.— P. M. BAUMGARTEN : *Untersuchungen und Urkunden über die Camera Collegii Cardinalium, 1295-1437*, Leipzig, 1898.— A. GOTTLOB : *Die päpstl. Kreuzzugsteuern des 13ten Jahrh.*, Heiligenstadt, 1892 ; *Die Servitientaxe im 13ten Jahrh.*, Stuttgart, 1903.— EMIL GOELLER : *Mittheilungen u. Untersuchungen über das päpstl. Register und Kanzleiwesen im 14ten Jahrh.*, Rome, 1904 ; *D. Liber Taxarum d. päpstl. Kammer. Eine Studie zu ihrer Entstehung u. Anlage*, Rome, 1905, pp. 105. — HALLER : *Papsttum u. Kirchenreform ; also Aufzeichnungen über den päpstl. Haushalt aus Avignonesischer Zeit ; die Vertheilung der Servitia minuta u.*

die Obligationen der Praelaten im 13ten u. 14ten Jahrh.; Die Ausfertigung der Provisionen, etc., all in *Quellen u. Forschungen*, ed. by the Royal Prussian Institute in Rome, Rome, 1897, 1898. — C. Lux: *Constitutionum apostolicarum de generali beneficiorum reservatione, 1265–1378*, etc., Wratislav, 1904. — A. Schulte: *Die Fugger in Rom, 1495–1523*, 2 vols., Leipzig, 1904. — C. Samarin and G. Mollat: *La Fiscalité pontif. en France au XIV* siècle*, Paris, 1905. — P. Thoman: *Le droit de propriété des laïques sur les églises et le patronat laïque au moy. âge*, Paris, 1906. Also the work on Canon Law by T. Hinschius, 6 vols., Berlin, 1869–1897, and E. Friedberg, 5th ed., Leipzig, 1903.

For § 10. Later Avignon Popes. *Lettres des papes d'Avignon se rapportant à la France*, viz. *Lettres communes de Benoît XII.*, ed. J. M. Vidal, Paris, 1905; *Lettres closes, patentes et curiales*, ed. G. Daumet, Paris, 1890; *Lettres . . . de Clement VI.*, ed. E. Deprez, Paris, 1901; *Excerpta ex registr. de Clem. VI. et Inn. VI.*, ed. Werunsky, Innsbruck, 1885; *Lettres . . . de Pape Urbain V.*, ed. P. Lecacheux, Paris, 1902. — J. H. Albans: *Actes anciens et documents concernant le bienheureux Urbain V.*, ed. by U. Chevalier, Paris, 1897. Contains the fourteen early lives of Urban. — Baluze: *Vitæ paparum Avenionensium, 1693;* — Muratori: in *Rer. ital. scripp.*, XIV. 9–728. — Cerri: *Innocenzo VI., papa*, Turin, 1873. Magnan: *Hist. d' Urbain V.*, 2d ed., Paris, 1863. — Werunsky: *Gesch. Karls IV. u. seiner Zeit*, 3 vols., Innsbruck, 1880–1892. — Geo. Schmidt: *Der hist. Werth der 14 alten Biographien des Urban V.*, Breslau, 1907. — Kirsch: *Rückkehr der Päpste*, as above. In large part, documents for the first time published. — Lechner: *Das grosse Sterben in Deutschland, 1348–1351*, 1884. — C. Creighton: *Hist. of Epidemics in England*, Cambridge, 1891. F. A. Gasquet: *The Great Pestilence*, London, 1893, 2d ed., entitled *The Black Death*, 1908. — A. Jessopp: *The Black Death in East Anglia* in *Coming of the Friars*, pp. 166–261. — Villani, Wattenbach, p. 226 sqq.; Pastor, I., Gregorovius, VI. — Wurm: *Cardinal Albornoz*, Paderborn, 1892.

For § 11. The Re-establishment of the Papacy in Rome. *The Lives of Gregory XI. in Baluz*, I. 425 sqq., and Muratori, III. 2, 645. — Kirsch: *Rückkehr*, etc., as above. — Léon Mirot: *La politique pontif. et le rétour du S. Siège à Rome, 1376*, Paris, 1899. — F. Hammerich: *St. Brigitta, die nordische Prophetin u. Ordenstifterin*, Germ. ed., Gotha, 1872. For further lit. on St. Brigitta, see Herzog, III. 239. For works on Catherine of Siena, see ch. III. Also Gieseler, II., 3, pp. 1–131; Pastor, I. 101–114; Gregorovius, VI. Lit. under § 10.

3. 교황 보니파키우스 8세(1294–1303)

경건하긴 했으나 유약하고 무능하여 교황직을 사임하고 만 뮈롱의 은수자(隱修者) 켈레스티누스 5세의 뒤를 이은 사람은 역사에 보니파키우스 8세로 알려진 베네딕투스 가에타니(Benedict Gaetani, 혹은 유서 깊은 라틴 백작 가문의 이름인 카예타누스<Cajetan>)였다. 그는 교황에 선출될 당시에 여든의 나이를 바라보고 있었으나, 그레고리우스 9세와 마찬가지로 지적 능력과 의지력은 여전히 왕성했다.[1] 켈레스티누스가 성인의 명예를 얻은 반면에, 보니파키우스는 맹목적이고 탐욕적인 권력욕에 휘둘린 위압적이고 준엄하고 세속적인 정치가였다.

보니파키우스는 이탈리아 아나니에서 태어나 로마에서 교회법을 전공한 듯하며, 훗날 교회법 전문가가 되었다. 1281년에 추기경이 되었고, 프랑스와 영국에서 교황특사로 활동했다. 새로운 십자군 모집을 위해 파리에서 공의회가 소집되었을 때는 공의회장 연단에 올라가 탁발 수사들을 향해서 자신들이 세상의 영광과 학문을 위해서 부름을 받지 않고 영혼 구원을 위해 부름받았음을 잊지 말자고 촉구했다.

보니파키우스는 1294년 12월 24일에 나폴리 근처 카스텔 누오보에서 교황에 선출되었다. 교황 비밀 선거회(conclave)가 하루 전날 그곳에서 회의를 가진 결과였다. 보니파키우스에 대한 여론은 며칠 뒤에 그가 사망했다는 풍문이 나폴리에 퍼졌을 때 민중이 거리로 뛰어나와 환호하는 촌극이 벌어질 정도도 좋지 않았다. 새 교황은 나폴리 왕 샤를 2세의 수행을 받아 로마로 갔다.[2]

대관식은 전례 없이 성대하게 치러졌다. 대관식이 끝난 뒤 보니파키우스는 교황관을 쓰고 교황의 복식을 갖춘 채 백마를 타고 라테란 궁을 향해 행렬을 벌였다. 나폴리 왕과 헝가리 왕이 양쪽에서 걸으며 그를 수행했다. 오르시니 가(家)·콜로나 가·사벨리 가·콘티 가를 비롯한 로마 귀족 가문들의 대표들이 행렬에 참여했다. 인산인해를 이룬 군중들을 헤치고 가느라 행렬의 속도가 매우 더뎠다. 그런데 마치 새 교황 앞에 불행이 기다리고 있음을 예고하기라도 하듯이 행렬이 거행되는 동안 사나운 폭풍이 로마 시에 휘몰아쳐서 교회의 등불과 횃불을

---

1) Drumann, p. 4, Gregorovius, etc. 당대의 저자 Ferretus of Vicenza의 증언은 제쳐두더라도, 보니파키우스 같은 재능을 가진 자가 나이 예순이 되도록 낮은 직위에 있었을 가능성이 무망한 까닭에(그는 예순에 추기경이 되었다), Finke(3 sq.)는 그가 교황이 된 나이를 15년 앞당겨 추산한다.

2) 교황이 죽었다는 소문에 민중이 크게 기뻐했던 것은 틀림없는 사실이다. Finke, p. 45. 교황 선출 결과가 공포되자, 민중은 "보니파키우스는 안팎이 두루 악한 이단이며, 그 속에는 그리스도인다운 것이 조금도 없다"고 외쳤다고 한다.

죄다 꺼뜨렸다. 다음 날 교황은 라테란 궁에서 정찬(正餐)을 베풀었으며, 두 왕이 교황의 의자 뒤에서 시중을 들었다.

이렇게 화려한 의식들이 거행되는 동안 뮈롱의 피에르는 도망자 신세가 되어 있었다. 대립교황이 생길 가능성을 추호도 용인할 마음이 없었던 보니파키우스는 그 불행한 전임 교황을 체포하여 옥에 가두도록 했고, 결국 얼마 지나지 않아 피에르는 옥사하고 말았다. 그의 사인(死因)은 명확히 밝혀지지 않았다. 켈레스티누스파는 그가 보니파키우스의 사주로 살해되었다고 주장하면서, 그 파렴치한 교황이 켈레스티누스의 머리에 박게 했다고 하는 못을 증거로 제시했다.

보니파키우스 8세와 더불어 교황제는 내리막길로 치닫기 시작했다. 그는 교황제가 권력의 절정에 올랐을 때 교황좌를 물려받았다가, 교황청이 프랑스에 예속되는 형편없는 지경으로 추락한 상태에서 세상을 떠났다. 그는 그레고리우스 7세와 인노켄티우스 3세를 방불케 하는 당당한 태도로 다스리려고 했다. 그러나 교만하기만 했지 힘은 없었고, 당당하기만 했지 지략은 없었으며, 도도하기만 했지 시대의 징후를 읽어낼 지혜는 없었다. 시대가 이미 변해 있었다. 동방에서 십자군 원정이 감행되는 동안 일찌감치 민족(nationality)이라는 새로운 정서가 대두하여 로마의 구태의연한 신정적(神政的) 이상과 대립하고 있었는데도 불구하고, 보니파키우스는 그 새로운 정서를 용납하지 않았다. 툴루즈 백작들이 남긴 땅을 차지하게 된 프랑스는 교황의 권력에 순응하는 분위기에서 일찌감치 벗어나 있었다. 보니파키우스는 허구적인 교황권 이론들을 내세우면서 새 시대의 정신을 억눌러 보려고 했으나 결국 사도 교구가 두 세기 동안 누려온 신망을 상실했고, 프랑스로부터 온갖 굴욕을 받다가 비참한 최후를 마쳤다.

프랑스의 반(反) 교황 세력은 보니파키우스가 심지어 영혼 불멸조차 부정하는 무신론자라고 비판했다. 이것은 물론 중상모략이었지만, 교황의 위신이 어느 정도까지 추락해 있었는지 잘 보여준다. 보니파키우스의 재위 기간에 로마를 방문했던 단테는 「신곡」(Divina Commedia) 곳곳에서 그를 신랄히 비판한다. 그를 가리켜 "현대판 바리새인들의 제왕", "바티칸 언덕을 시궁창으로 만들어 놓은" 찬탈자라고 부른다. 시인은 그를 성직 매매자 니콜라우스 3세와 클레멘스 5세와

---

3) "그곳에는 시몬 마구스가 거만한 보니파키우스보다 더 깊고 저주받은 곳에 자리 잡고 있다." - 낙원편, 30곡 147 sq.

함께 "가장 고통스러운 음부" 곧 지옥의 가장 낮은 지역에 배치한다.[3] 지옥의 그 바닥에는 구멍들이 나 있고, 그 구멍들로 이 교황들이 처박혀 있다.

> "구멍들은 하나같이 불길에 싸여 있었다 –
> ……그 구멍 속으로 가련한 영혼들이 거꾸로 처박힌 채
> 말뚝처럼 박혀 있었다.
>   * * *
> 그들이 고통스럽게 두 다리를 버둥거리는 모습이 보였다."
>
>   — 지옥편 제19곡

당대인들은 보니파키우스의 재위를 "그는 여우처럼 와서 사자처럼 다스리다가 개처럼 죽었다"는 말로 평가했다.

보니파키우스는 유럽 나라들에 대해 내정 간섭을 시도했으나 뜻을 이루지 못했고, 오히려 그 과정에서 프랑스의 공정왕 필립(Philip the Fair)이라는 호적수를 만났다.

시칠리아 왕국의 소유권을 아라곤 왕가에게서 나폴리 왕에게로 이전하려고 하다가 실패했다.

로마에서는 콧대 높은 막강한 콜로나 가문의 사유지를 처분하려고 하다가 완강한 저항을 받았다. 콜로나 가문의 두 추기경 야콥(James)과 피에트로(Peter)는 켈레스티누스의 친구였으며, 그 교황이 자기 주변에 모은 집단의 후원자들이었다. 그 집단에는 야코포네 다 토디(Jacopone da Todi)가 있었는데, 스타바트 마테르(슬픔의 성모)라는 찬송의 저자인 그는 보니파키우스를 비판하는 풍자 글을 여러 편 썼다. 콜로나 가문은 교황이 가문의 내부 문제에 간섭하는 데 반발하는 표시로 켈레스티누스의 사직과 보니파키우스의 선출을 불법으로 평가하는 내용을 담은 회고록을 발행했다. 이 글은 보니파키우스의 오만함을 폭로하고, 그가 세속 문제에조차 왕들과 왕국들의 수장으로 자부해온 것과, 법을 무시하고 마음대로 행동해온 것을 들춰냈다. 이 문서가 교회들에 게시되었으며, 오늘날까지도 사본이 성 베드로 성당에 남아 있다.

1297년에 보니파키우스는 콜로나 가문에 대해 귀족 지위를 박탈하고 파문에 처한 뒤 그들에 대해 십자군 전쟁을 선포했다. 이에 두 추기경은 총 공의회에 호

소했는데, 다음 두 세기에 가면 교황의 계획에 반대하는 많은 사람들이 공의회에 호소하는 이 방법에 의존하게 된다. 콜로나 가문의 요새들은 하나씩 함락되었다. 그 중 마지막으로 남았던 팔레스트리나 요새는 비참한 최후를 맞이했다. 두 추기경은 밧줄을 목에 감은 채 교황의 발 앞에 엎드림으로써 목숨은 건졌지만, 그들의 재산은 몰수되어 교황의 조카들과 오르시니 가문에게 넘어갔다. 훗날 콜로나 가문은 세력을 만회하고서 불구대천의 원수에게 보복할 기회를 얻게 된다.

보니파키우스는 **독일** 황제 알브레히트를 무참하게 굴복시키는 데 성공했다. 독일 사절단이 로마를 방문했을 때 그는 머리에 왕관을 쓰고 손에 칼을 쥔 채 거드름을 피며 권좌에 앉아서 "나, 내가 곧 황제니라"고 선언했다. 알브레히트는 교황에게 왕관을 선물로 받고는 교황 덕분에 제국이 그리스로부터 독일로 이양되었으며, 교황 덕분에 선제후들이 선거권을 갖게 되었다고 아부했다.

영국에서 보니파키우스는 만만치 않은 저항에 부닥쳤다. 당시 그 나라는 에드워드 1세(1272-1307 재위)가 다스리고 있었는데, 그가 스코틀랜드 왕권마저 차지하려고 하자 교황은 스코틀랜드가 아득한 옛날부터 교황의 봉토였다고 주장하면서 그의 시도를 막으려고 했다. 이에 영국 의회(1301)는 즉시 강경한 내용의 답변을 교황 앞으로 보냈다. 영국 왕은 세속적 통치 행위에 대해서 교황에게 아무런 의무도 지고 있지 않다는 것이 그 골자였다.[4] 그것을 끝으로 논쟁은 더 이상 진행되지 않았다. 보니파키우스는 프랑스와도 대립했으나, 이 점에 관해서는 후에 좀 더 자세히 다루기로 한다.

보니파키우스의 재위 기간에 발생한 중요하고도 흥미로운 사건은 1300년에 거행한 희년(禧年, Jubilee Year)이었다. 이 행사는 엄청난 수의 순례자를 로마 시로 끌어들임으로써 교황청 재정에 큰 보탬이 되었다. 전해지는 이야기에 따르면, 희년 행사차 로마에 온 107살 된 독일 사보이의 노인이 1200년의 희년 행사에 아버지의 손을 잡고 참석했던 일을 회상하면서, 그때 아버지가 백 년 뒤의 희년 행사에도 꼭 참석하라고 당부하던 일이 생각난다고 말했다고 한다. 이것은 흥미로운 이야기이긴 하지만, 실은 1300년의 희년이 그런 종류로는 첫 번째 행

---

4) 에드워드는 스코틀랜드 왕들이 축성을 받을 때 디디고 섰던 신성한 돌(전설에 따르면 야곱이 벧엘에서 베고 잤다고 하는 돌)을 스콘에서 웨스트민스터로 옮겨왔다.

사였던 것으로 보인다. 보니파키우스는 1300년의 희년을 공포한 대칙서에서 1300년에 성 베드로 성당을 방문하여 죄를 참회하고 자백하는 사람들에게는 완전 면죄를 베풀겠다고 약속했다. 대칙서는 의무 체류 기간을 외국인에게는 15일로, 이탈리아인에게는 30일로 공시했다. 이어서 순례 도중에 죽은 사람들까지 면죄 대상에 포함시켰다. 다만 콜로나 가문과 시칠리아의 프리드리히, 그리고 사라센족과 상거래를 한 자들은 이 관대한 조치에서 제외시켰다. 희년이 되었을 때 로마 시는 온통 축제 분위기에 휩싸였다. 구주의 얼굴 모습이 나타난 성 베로니카의 손수건이 전시되었다. 발 디딜 틈도 없이 많은 인파가 몰렸다. 당대의 피렌체 역사가 조반니 빌라니(Giovanni Villani)는 자신이 목격한 바에 근거하여, 교황의 도시에 항상 2십만 명의 순례자가 북적거렸고, 날마다 3만 명이 도착하고 떠났다고 전한다. 순례자들이 내는 연보가 워낙 많아서 성직자 두 사람이 밤낮 성 베드로 성당의 제단 곁에 붙박이로 있으면서 갈퀴로 동전을 수거해야 했다.

이렇게 굉장하고 이익도 많이 남는 행사가 교황들의 뇌리에서 쉽게 사라질 리가 없었다. 따라서 교황들은 희년을 항구적인 제도로 제정했다. 제2차 희년은 1350년에 클레멘스 6세가 공고했다. 우르바누스 6세는 인간 수명이 짧다는 점과 우리 주님이 땅에서 사셨던 기간을 근거로 희년을 33년 주기로 정했다. 1470년에 파울루스 2세는 그 주기를 25년으로 줄였고, 그리하여 레오 13세가 교황으로 재직하던 1900년에 제20차 희년이 기념되었다.[5] 레오는 로마로 여행할 마음은 간절하지만 능력이 없어서 오지 못하는 사람들에게도 순례자들이 받게 될 은덕을 약속했다.

---

5) 1899년 5월 11일자로 발행된 레오의 대칙서는 성 베드로 성당과 라테란 궁, 산타 마리아 마조레를 방문하는 순례자들에게 면죄를 약속했다. 대칙서의 한 부분을 소개하자면 이와 같다. "세상의 구주 예수 그리스도께서 다른 도시들을 놔두고 오직 로마 시를 인간의 목적을 넘어서 있는 존귀한 곳으로 정하시고 자신의 소유로 거룩하게 하셨다." 그 희년 행사는 희년이 끝나면 봉쇄하는 것이 관례인 성 베드로 성당의 거룩한 문 포르타 상타를 여는 엄숙한 의식으로 시작했다. 이 특별한 의식은 교황 알렉산더 6세 때인 1500년 희년부터 시작되었다. 레오가 직접 해머를 들고 문을 세 번 가격하면서 "아페리테 미히"("내게 열리소서")라고 외침으로써 행사의 시작을 알렸다. 그 문은 영적 유익들에 이르는 길을 열어주시는 그리스도를 상징한다.

보니파키우스는 희년 행사로 거둬들인 연보와 그 밖의 교황청 재정의 용처를 쉽게 발견했다. 그 자금으로 시칠리아와 콜로나 가문에 대한 전쟁을 치를 수 있었고, 자기 친족들을 부유하게 할 수 있었던 것이다. 그가 유난히 총애를 베푼 사람은 카세르타의 백작인 자기 형제 로프레드(Loffred)의 차남, 즉 자기 조카 피에트로였다. 그에게 수시로 동산과 부동산을 넘겨주었고, 그렇게 해서 4년 동안 그에게 넘어간 금액이 무려 5백만 달러가 넘었다.[6] 당대인들이 보니파키우스를 비판한 죄목 가운데 하나가 이러한 족벌주의였다.

4. 보니파키우스 8세와 프랑스의 공정왕 필립

보니파키우스의 재위에 어두운 그림자를 드리운 사건이 있었다. 다름 아닌 공정왕(the Fair)이라 불리는 프랑스의 필립 4세와 대립한 일이었다. 루이 9세의 손자인 이 군주에게서는 선조가 지녔던 숭고한 영적 덕성을 찾아볼 수 없었다. 그는 유능하긴 했으나 신뢰성이 박약했으며, 목표를 이루기 위해서는 수단과 방법을 가리지 않았다. 한 마디로 별로 마음을 끌 만한 것이 없는 사람이었는데도 불구하고 프랑스의 근대사는 그와 더불어 시작한다. 그는 보니파키우스와 투쟁을 벌여서 결정적인 승리를 거두었다. 그 투쟁은 그레고리우스 7세와 하인리히 4세가 벌인 투쟁의 축소판이었지만 결과는 사뭇 달랐다. 두 경우 모두 교황은 노인이었던 반면에, 군주는 젊고 철저히 이기적인 동기를 가지고 행동했다. 과거에 하인리히가 대립교황을 선출하는 방식을 활용했다면, 필립은 자국의 공의회들과 새로 대누하기 시작한 프랑스 민속 성신에 의존했다.

힐데브란트의 신정(神政)을 계승한 보니파키우스는 힐데브란트의 언어는 그대로 사용했으나 그와 같은 도덕적 역량은 없었다. 교황이 영적 문제뿐 아니라 세속 문제에서도 수위권을 지닌다고 주장했다. 추기경들 앞에서 콜로나 가문을 비판하면서 다음과 같이 외쳤다. "왕들과 제후들을 심판할 우리가 벌레 한 마리를 제대로 처리하지 못해서야 되겠습니까? 저들에게 영원한 멸망을 맛보게 함으로

---

6) 참조. Gregorovius, V. 299, 584. 그는 보니파키우스가 가에타니 가문에게 희사한 동산과 부동산의 목록을 상세히 열거한다.

써 로마 교황의 이름이 온 땅에 알려져 있고 오직 그만이 가장 높은 군주임을 깨달아야 할 것입니다."[7]

콜로나 가문은 반박 성명을 통해서 보니파키우스가 세속 문제에서 모든 군주들과 왕국들 위에 군림하는 듯이 행세하고, 절대권(plenitudo potestatis)을 가진 듯이 안하무인격으로 행동한다고 비판했다. 보니파키우스는 황제 알브레히트(Albrecht)를 공식 승인하면서 "달이 태양에게서 빛을 받지 않으면 광채를 낼 수 없듯이, 지상의 권력도 교회의 권위를 떠나서는 아무것도 소유할 수 없다"고 주장했다. 이런 주장들이 보니파키우스가 프랑스와 투쟁할 때 발행한 대칙서들에 극히 교만한 어조로 진술되어 있다. 교황청 대신들이 그를 그러한 방향으로 부추겼다. 스페인 출신의 교황 주치의(主治醫) 비야노바의 아르놀드(Arnald)는 자신의 저서에서 교황을 주(主)들의 주(deus deorum)라고 불렀다.

한편 공정왕 필립의 지론은 국가가 교회로부터 독립해야 한다는 것이었다. 그의 배후에는 통일 왕국이 있었으며, 그의 주위에는 그의 견해를 옹호하는 유능한 정치가들과 선전가들이 포진하고 있었다.[8]

보니파키우스와 필립의 투쟁은 세 단계를 거쳐 이루어졌다. (1) 대칙서 (Clericis laicos)의 계기를 제공한 간단한 전초전. (2) 결정적인 전투(1301~1303) - 아나니에서 보니파키우스가 무릎을 꿇는 것으로 끝남. (3) 필립이 교황에 대한 기억을 놓고 벌인 치열한 논쟁. 프랑스의 비엔 공의회가 소집되는 것으로 귀결됨.

투쟁의 발단은 프랑스가 영국과 벌이던 전쟁에 관련된 문제에 있었다. 필립은 에드워드 1세와 전쟁을 벌일 비용을 마련하기 위해서 프랑스 성직자들에게 세금을 부과했다. 성직자들은 즉각 로마에 불평의 뜻을 전하였고, 보니파키우스는 1296년의 대칙서(Clericis laicos)에서 그들의 편을 들어주었다. 교황은 이 대칙서를 프랑스뿐 아니라 영국에서도 공포하도록 했고, 캔터베리 대주교 윈첼시아의 로버트는 영국의 모든 주교좌성당에서 그 문서를 낭독하게 했다. 대칙서는 평신

---

7) Denifle, *Archiv.*, etc., V. 521.

8) 당대의 저자들은 근대 프랑스 국가를 기존의 프랑스와 사뭇 다르게 평가했다. 보니파키우스 8세를 옹호한 1308년의 *Tractate*의 저자가 대표적인 예다. 그는 "근대 프랑스인들의 왕들이 선왕들의 자취를 따르지 않는다"고 말했다. 그는 필립을 상위 권력에 반기를 든 느부갓네살에 비유했다.

도들이 항상 성직자들에게 고개를 쳐들고 불복종해 왔다는 오만한 내용으로 시작하여, 국가가 교황청에 귀속된다고 천명하고는 다음과 같은 내용으로 전개되었다: 성직자의 인권과 교회 재산의 관할권은 세속 권력의 것이 아니다. 교회가 국가에 감사의 표시로 선물을 할 수는 있으나, 국가가 교황의 동의 없이 교회 재산에 세금을 부과할 수는 없으며, 세금을 부과할 경우 파문이나 성무중지로써 제재를 받게 된다.

비상시에 교회에 세금을 부과하는 법안이 일찍이 라테란 제3차와 4차 공의회에서 통과된 바 있다. 1260년에 교황 알렉산더 4세는 성직자들에게 특별세를 면제해 주었고, 1291년에 니콜라우스 4세는 프랑스 왕에게 십자군 명목의 십일조세를 전용하지 말라고 경고했다. 따라서 보니파키우스로서는 그러한 대칙서를 발행할 만한 선례가 있었던 셈이다. 그러나 필립의 대응은 강경했다. 그는 즉각 은과 금, 말, 무기 등의 품목들에 대한 수출을 중단시키고, 프랑스에 거주하는 외국인들을 추방했다. 이 기민한 조치로 교황청으로 흘러 들어가던 프랑스의 재산이 동결되었고, 프랑스 주재 교황청 외교관들이 모두 추방되었다.

상황이 이쯤 되자 입장을 재고하지 않을 수 없게 된 보니파키우스는 프랑스의 왕과 고위성직자들에게 보낸 한결 부드러운 서신들에서 대칙서 내용이 잘못 번역되는 바람에 문제가 생긴 것이라고 해명했다. 대칙서의 원래 의도는 교회의 자발적인 예물조차 부정하려는 것이 아니었으며, 비상시에는 교황도 특별세를 납부할 용의가 있다고 밝혔다. 서신의 문구가 너무나 굴욕적인데 모욕감을 느낀 프랑스 주교들이 교황에게 철회를 요구했으나 교황은 그들의 요구를 일축했다. 오히려 보니파키우스는 필립의 비위를 맞추기 위해서 1297년 7월 22일에 또 다른 대칙서를 발행해야 했는데, 그 요지는 앞으로 프랑스 왕이 스무살 이상이면 스스로 판단하여 성직자들에게 세금을 부과할 재량권을 갖는다는 것이었다. 한 달 뒤에는 한술 더 떠서 루이 9세를 시성(諡聖)하는 유화책을 사용했다.

보니파키우스는 베네딕투스 가에타니라는 개인 자격으로 프랑스와 영국의 중재자가 되겠다고 제안했다. 그 제안이 받아들여졌으나 그가 내린 결정은 프랑스 왕이 받을 만한 것이 되지 못했다. 교황은 필립에게 한 번 회동하자는 뜻을 표시했으나, 자신이 교황군 사령관으로 삼은 필립의 형제 발루아의 샤를에게 100,000파운드를 꾸어달라고 요구함으로써 필립의 심기가 도로 틀어지게 했다.

1301년에 프랑스의 변호사 피에르 뒤부아(Pirre Dubois)가 쓴 것으로 추정되는 문서 때문에 논쟁의 불길이 다시 타올랐다. 이 문서에는 국왕 필립의 의중이 실려 있었다. 필립이 동의하지 않았다면 결코 작성될 수 없는 문서였던 것이다. 저자는 교황의 세속 권력을 부정하면서, 국왕에게 로마 성벽과 그 너머까지 영토를 확장하라고 권유했다. 교황의 권한을 사죄와 기도와 설교로 제한했다. 당시 필립은 아무런 가책도 받지 않은 채 교황의 반대에도 아랑곳하지 않고서 계속 교회 재산에 손을 대고 있었다. 독일 제국이 소유권을 주장하던 리옹을 그는 프랑스의 영토로 주장했다. 그의 독단적 행위에 항의하는 항소가 교황청에 줄을 잇자, 교황은 파미에의 주교 세세의 베르나르를 파리로 보내서 프랑스 왕에게 십일조를 본래의 목적인 십자군 지원 이외의 다른 용도로 전용하지 말라고 요구했다. 필립은 교황특사를 체포함으로써 불쾌감을 표시했다. 그에게 반역죄를 적용하여 세속 법정에 세웠고, 주교직을 박탈하라고 요구했다.

이에 대해서 보니파키우스는 1301년 12월 5일자 대칙서(*Ausculta file*, 들으라 내 아들아)를 발행하여 프랑스 왕이 성직자를 무법하게 취급한 죄와 교회 재산을 탈취한 죄를 비난했다. 로마에 공의회를 소집한 뒤 프랑스 고위성직자들에게 참석을 명하고, 왕에게도 직접 혹은 대리인을 통해서 참석하도록 명했다. 하나님이 왕들과 왕국들 위에 자신의 대리자를 세우셨다고 그는 대칙서에서 주장했다. 그런데 사태를 더욱 꼬이게 만든 일이 발생했다. 프랑스에서 데움 티메(*Deum time*, 하나님을 두려워하라)로 알려진 보니파키우스의 위조 대칙서가 유포된 것이다. 교황의 권한을 훨씬 더 강하게 주장하는 문서였다. 프랑스 왕의 수석 고문 피에르 플로트(Pierre Plotte)가 조작한 것으로 추정되는 이 위조 문서를 왕은 1203년 2월 11일에 공식적으로 소각했다.[9] 교황의 서신을 이렇게 취급한 것은 전례가 없는 일이었다. 이때 왕이 태운 것은 위조 문서였지만, 훗날 루터는 레오 10세의 정식 대칙서를 불태워버렸다. 이 두 행동은 형태만 비슷할 뿐 내용과 의의는 사뭇 다르다.

프랑스 왕은 귀족들과 성직자들과 도시들의 대표들로 구성된 프랑스 의회를 소집함으로써 로마 공의회에 대응했다. 의회는 교황의 공의회 소집에 거부의 뜻

---

9) 한때는 대칙서 *Ausculta*의 진정성이 의심되었으나, 오늘날은 보편적으로 인정을 받는다. 바티칸에 보관된 사본은 필립에게 대단히 공격적인 구절들을 클레멘스가 삭제한 흔적을 지니고 있다.

을 천명하고, 외국인들이 프랑스의 성직록들을 차지하고 있는 현실을 비판하고, 국왕이 교회로부터 독립된 직분임을 주장했다. 이때로부터 5백년 뒤에는 이와 유사한 세 신분으로 구성된 대의 기관이 프랑스 국왕에 대항하여 군주제 폐지를 결의하게 된다. 필립은 교황에게 보낸 서신에서 그를 "얼빠진 전하"(your infatuated Majesty)라고 부르면서, 세속 문제에 관한 한 지상의 어느 누구에게도 복종하지 않겠다고 주장했다.

교황이 소집한 공의회는 1302년 10월 마지막 날에 로마에서 열렸는데, 참석자들 가운데는 프랑스의 대주교 4인, 주교 35인, 대수도원장 6인이 포함되어 있었다. 공의회는 대칙서 두 편을 발행했다. 첫째 대칙서는 고위성직자들이 로마의 공의회에 참석하지 못하도록 막거나 로마에서 귀국하지 못하도록 막는 자들에게 금령을 선포하는 내용이었다. 둘째 대칙서는 역대 교황청 문서 가운데 가장 유명한 것의 하나인 우남 상탐(Unam sanctam)으로서, "우리는 하나의 거룩한 가톨릭 교회를 믿지 않을 수 없다"는 구절의 처음 두 단어에서 그런 표제가 붙었다. 이 대칙서가 교황청의 선언사(宣言史)에서 새로운 획을 그은 이유는 새로운 주장을 펼쳤기 때문이 아니라, 시대의 변화에도 아랑곳없이 교황의 세속 및 영적 권력에 대한 확고한 소유권을 일관되게 천명했기 때문이다. 이 문서는 참 교회가 오직 하나뿐이며, 교회 밖에는 구원이 없다는 주장으로 시작한다. 교황은 그리스도의 대리자이며, 베드로의 다스림에 거역하는 자는 그리스도의 양우리에 들어 있지 않다. 교회는 세속 권력과 영적 권력이라는 두 자루의 검을 지닌다. 세속적 검은 교회를 위해서, 영적 검은 교회에 의해서 사용되어야 한다. 세속 직위는 영적 직위에 의해 판단을 받을 수 있으나, 영적 직위는 인간 법정에 서지 않는다. 대칙서는 인간은 누구든 로마 교황에게 복종해야 구원을 얻는다는 파격적인 주장으로 마친다.

대칙서에 담긴 주장은 과거에 그레고리우스 7세와 그의 계승자들이 한 번씩은 해본 것으로서, 선대의 교황들의 발언들뿐 아니라 생 빅토르의 위고와 베르나르, 토마스 아퀴나스 같은 신학자들이 내린 정의(定義)를 대칙서는 근거로 삼는다. 그러나 우남 상탐에는 교황제의 교만이 전례를 찾아볼 수 없을 만큼 노골적이고 도발적으로 표현되어 있다.

그 중 한 조항은 교황의 권위에 거역하는 자들을 모두 마니교도로 몰아붙인다. 이렇게 해서 필립도 이단이 되었다. 여섯 달 뒤에 교황은 추기경 교황특사

아미앵의 장 르 무안(Jean le Moine)을 필립에게 보내 프랑스 주교들이 로마 공의회에 참석하지 못하게 방해한 이유로 그를 파문에 처하게 했다. 하지만 메시지 전달자는 옥에 갇히고 교황특사는 도주했다. 그러자 보니파키우스는 독일 황제 알브레히트에게 필립의 권좌를 차지하도록 종용했다. 이것은 과거에 인노켄티우스 3세가 프랑스 왕에게 영국 왕 존의 권좌를 차지하도록 명한 일과, 인노켄티우스 4세가 아르투아 백작에게 프리드리히 2세의 제관(帝冠)을 차지하도록 명한 일을 선례로 삼은 것이었다. 알브레히트는 그것이 속 빈 강정과 같은 선물임을 간파할 만한 지혜가 있었다. 교황의 대칙서들이 프랑스에 공포되기 전에 필립이 속속 가로채자, 보니파키우스는 대칙서를 로마 교회의 문에 게시해도 법적 효력이 충분하다고 선포했다.

1303년 6월에 열린 프랑스 의회는 왕과 국가의 권리를 변호하고, 보니파키우스와 그의 교황권 주장을 배격하는 결의안을 통과시켰다. 20조항으로 된 이 결의안은 교황에 대해서 성직매매·마술·질녀와의 불륜·내실에 귀신을 들인 일·켈레스티누스 살해 등의 죄목으로 고소했다. 그러면서 총 공의회 소집을 요구했고, 교황이 직접 공의회에 참석해야 한다고 주장했다. 대주교 5인과 주교 21인이 이 문서에 서명했다. 파리 대학교와 참사회, 수도원들, 도시들, 읍들이 왕의 편에 섰다.[10]

이렇게 갑자기 장애물에 가로막히게 되자 교황은 오히려 한 걸음 더 나갔다. 9월 8일에 아나니 교회에서 최대한의 격식을 갖추어 프랑스 왕에 대해서 금령을 선포하고 그의 백성들에게 충성 의무를 면제해 줄 계획을 세웠던 것이다. 그 건물은 과거에 알렉산더 3세가 바르바로사를 파문할 때, 그리고 그레고리우스 9세가 프리드리히 2세를 파문할 때 사용했던 건물이었다. 그런데 프랑스 의회가 청천벽력 같은 결정을 내림으로써 교황의 계획이 무산되었고 그의 정치 인생도 그것으로 끝나게 되었다.

힐데브란트가 레오 9세를 수행하여 로마에 입성한 지 두 세기 반 동안 교황들이 황제들에게 투옥되고 로마 시민들에 의해 추방되고 목숨을 건지기 위해 도망쳤다가 망명지에서 세상을 하직하는 수모를 겪은 적이 있으나, 보니파키우스 8

---

10) 파리 대학교는 1303년 6월 21일의 총 공의회를 지지한다는 성명을 발표했다. Chartul. Univ. Par. II. 101 sq.

세처럼 철저히 굴욕적인 재앙을 당한 교황은 일찍이 없었다. 급기야는 프랑스인들이 교황을 굴복시켜 리옹 공의회에 출두시키려는 음모를 꾸민 채 9월 7일에 교황의 별장이 있는 평화로운 아나니를 습격하기에 이르렀다. 몽펠리에 대학교 법학교수이자 국왕의 고문인 기욤 드 노가레(Guillaume de Nogaret)가 음모를 주관했으며, 아마도 그가 음모의 고안자였던 듯하다. 연대기 저자 빌라니(Vilani)에 따르면 노가레의 부모는 카타리파 신도로서 프랑스 남부에서 이단 죄로 화형을 당했다고 한다. 노가레는 최상의 교육을 받은 성직자들과 문화 수준에서 뒤지지 않는 새로운 평신도 계층의 대변자로서 국가의 독립을 옹호했다.

그의 진영에는 과거에 가문 사람들과 함께 교황의 박해를 피해 프랑스로 망명했던 시아라 콜로나(Sciara Colonna)가 가담해 있었다. 그는 자기 가문에게 몰수와 추방의 수모를 안겨준 교황에게 어떻게든 복수하겠다는 일념으로 불타오르고 있었다. 그들은 기병 300명을 앞세운 소규모 용병 부대를 이끌고서 사전 통보 없이 아나니에 진입했다. 아니니 주민들뿐 아니라 라티움(로마 동남부 지대: 역자주)의 귀족들이 공모자들의 진영에 합류했다. 그들은 신흥 권력 집단으로 떠오른 가에타니 가문 때문에 입은 권력과 재산상의 손실로 인해 불만에 차 있었던 것이다. 시아라 콜로나는 보니파키우스의 조카 두 명과 여러 추기경들이 사용하던 궁전들을 습격하여 검거한 다음, 교황에게 세 가지 조건을 이행하면 목숨을 살려주겠다고 제의했다.

첫째는 콜로나 가문의 권한을 과거의 수준으로 회복시키라는 것이었고, 둘째는 보니파키우스에게 자진 사임하라는 것이었으며, 셋째는 그의 운명을 자신들의 손에 맡기라는 것이었다. 교황이 세 가지 조건을 거부하자 세 시간이 지난 뒤에 공격과 파괴가 다시 시작되었다. 궁전들이 하나씩 공모자들의 손에 넘어갔고, 교황의 관저마저 함락되었다. 빌라니의 기록에 따르면, 교황은 의관을 정제한 뒤에 교황좌에 앉아 교황관을 쓰고 수난상과 열쇠들을 손에 든 자세로 침입

---

11) VIII. 63. 될링거의 기록은 매우 생생한데, 그는 주로 세 명의 목격자들, 즉 교황청 관리와 오르비에토의 연대기 저자, 그리고 노가레 자신의 증언으로 토대로 작성했다. 그는 Reumont, Wattenbach, Gregorovius 등의 사가들이 채택하는 빌라니의 보고를 일축한다. 단테와 빌라니는 보니키우스의 교만과 족벌주의를 한결같이 비판했음에도 불구하고 아나니에서 교황에게 가해진 무례한 행동에 분개했으며, 교황이 구

자들을 맞이했다고 한다.[11] 그는 당당한 태도로 그들을 꾸짖고는 자신이 그리스도와 교회를 위해서 언제든지 죽을 준비가 되어 있다고 말했다. 교황직을 사임하라는 요구에 대해서 그는 "천만에! 나는 교황이고 교황으로 죽을 것이다" 하고 대답했다. 시아라가 나서서 교황을 죽이려 하자 노가레가 그를 만류했다. 궁전들은 노략을 당했고 주교좌성당은 불에 탔으며, 그곳에 보관되어 있던 성유물들은 훼손되거나 노략자들의 수중에 들어갔다. 성모의 젖이 담겨 있다고 알려진 병은 깨졌다. 공모자들은 교황과 그의 조카들을 사흘간 구금한 채 보니파키우스를 리옹으로 끌고 가야 할지, 풀어주어야 할지, 아니면 처형해야 할지 결정을 내리지 못하고 있었다. 아무튼 교황으로서는 9년 전에 극히 성대하게 치러졌던 즉위식을 생각하면 이루 말할 수 없는 굴욕이 아닐 수 없었다.

시간이 지나는 동안 아나니 주민들의 정서가 변하기 시작했고, 마침내 가에타니 가문의 지지자들이 세력을 규합하여 보니파키우스를 구출하고 공모자들을 몰아냈다. 교황은 궁전 계단에 앉아 자신을 구출해 준 데 대해서 하나님과 백성에게 감사를 드렸다. "어제 내 몰골은 욥과 같이 가련하고 친구 하나 없었는데, 오늘은 빵과 포도주와 물로 풍요롭다"고 그는 말했다. 교황을 구출한 집단은 그 불행한 교황을 데리고 거룩한 도성으로 갔으나 그는 더 이상 그 도성의 주인이 되지 못했다.[12] 한 달 뒤인 1303년 10월 11일에 그는 이승에서의 생활을 마감했다. 그가 임종하던 방 바깥은 거리마다 폭동과 소요로 가득했고, 가에타니 가문과 콜로나 가문이 캄파냐(로마 시 주변의 평원: 역자주)에 병력을 이끌고 와서 대치하고 있었다.

보니파키우스가 지극히 가련한 상태에서 최후를 마쳤다는 데는 여러 보고들이 일치한다. 그는 우울과 절망에 휩싸여 죽었는데, 미쳤다는 보고가 실제였을

출된 사건을 마치 그리스도께서 죽은 자 가운데서 살아나신 일처럼 기쁘게 평가했다. 단테는 시아라 콜로나와 음모에 가담한 이탈리아 귀족들을 일절 언급하지 않는다. 그는 연옥편 제20곡 86행 이하에서 이렇게 묘사한다.

"백합꽃(프랑스 왕실의 상징)으로서 필립 5세를 암시함이 아나니에 난입하여 그리스도의 대리자를 사로잡았다."

12) Ferretus of Vicenza(Muratori: Scriptores, IX. 1002)는 보니파키우스의 원대로 그의 거처가 성 베드로 성당에서 라테란 궁으로 정해졌다고 전하지만, 콜로나 가문은 그가 구금을 당했다는 말을 퍼뜨렸다.

가능성도 없지 않다. 그는 식음을 전폐한 채 벽에 머리를 찧었다. 루카의 프톨레미(Ptolemy)는 그가 "넋이 나갔다"고 쓰면서, 누가 자신에게 접근하면 자기를 옥에 가두려고 오는 사람인 줄로 믿었다고 했다.

그가 여든이 훌쩍 넘은 나이에 고독과 절망에 싸여 죽은 정황이 연민의 정을 불러일으킨다. 그러나 연민의 정은 잠깐이고, 개인들과 제도들은 오류와 범죄에 대해서 조만간 판단을 받게 마련이다. 보니파키우스가 당한 굴욕은 전임 교황들과 그가 자취한 오만에 대해서 오래 지체되었던 형벌이 마침내 임한 것이었다. 그는 결국 자신이 상속받기도 하고 자신이 그 위에 덧붙이기도 한 성직위계제도의 오만으로 인해서 고통을 겪은 셈이다. 빌라니를 비롯한 당대의 증인들은 보니파키우스의 비참한 종말을 몰염치한 족벌주의, 지나친 교만, 자신의 계획에 감히 반대하는 자를 가혹하게 처리한 태도, 그리고 전임자였던 유약한 은수자를 취급한 태도에 대해서 마땅히 받아야 할 천벌을 받은 것이라고 평가한다. 어떤 연대기 저자는 지옥의 입구로 알려진 리파리 제도(the Lipari Islands, 시칠리아 북안 앞 바다의 화산도군: 역자주) 근처를 지나다니는 뱃사람들이 "열어라 열어, 교황 보니파키우스를 지옥으로 받아들여라" 하고 즐거움에 들떠 외치는 악령들의 소리를 들었다고 전한다.

과거의 이상들에 충일한 헤르겐뢰터(Hergenröther)와 키르쉬(Kirsch) 같은 가톨릭 사가들은 보니파키우스의 전략 부재와 사나운 언행을 지적하면서도 용감하게도 그를 변호한다. 추기경 헤르겐뢰터는 "보니파키우스는 불의한 동기를 품지 않았고, 전임자들의 노선에서 벗어나거나 중세의 법 개념을 넘어서지 않았다"고 말한다.[13] 역시 가톨릭 사가로서 보니파키우스의 인격과 생애를 학문적 깊이를 가지고 연구하는 최근의 저자인 핑크(Finke)는 그 교황의 지적 역량은 인정하면서도, 지나친 자긍심과 오만, 타인을 깔보는 태도, 안하무인격의 발상과 행동, 그로 인해 주변에 친구가 없었던 점, 그리고 족벌주의와 탐욕을 강조했다. 보니파키우스는 "모든 원수들이 굴복할" 때까지 살고 싶어했다고 당대의 어떤

---

13) *Kirchengesch.*, II. 597 sq. 보니파키우스는 프랑스인들을 '개들', 필립을 '거리의 악동'이라고 불렀다. ribaldus(불한당)이라는 말을 입에 달고 지냈으며, 나폴리의 샤를을 '천한 깡패'(vilissimus ribaldus)라고 불렀다. 참조. Finke, p. 292 dq. Finke의 평가는 그가 바르셀로나 등지의 도서관들에서 발견한 새로운 문서들에 근거한 것이다.

사람은 말했다.

가톨릭 사가들의 공통된 평가와 강하게 대립되는 것이 그레고로비우스의 다음과 같은 평가이다. "보니파키우스는 사도적 덕목을 하나도 갖추지 못한 채, 쉽게 발끈하고 거칠고 신의와 염치가 없고 용서할 줄 모르고 야심과 세상 권력에 대한 욕망이 꽉 찬 그런 사람이었다." 교황제를 변호해야 할 의무를 느끼지 않는 사람들은 다 이런 평가를 내릴 것이다.

보니파키우스가 굴욕을 당함으로써 국가가 교황제에 대해서 상징적인 승리를 거두었다. 세속 권력에 대한 교황의 수위권 주장이 인간의 권리들에 모순되고 하나님의 법으로도 가르쳐진 적이 없다는 명제가 조만간 프랑스와 이탈리아의 법률가들과 시인들의 펜에서 나온 과감한 저서들과, 한 세기 뒤에 위클리프에게서 나온 저서들에서 변호될 것이었다. 국가가 교회로부터 독립하여 자체의 영역에서 주권을 지닌다는 사상을 옹호한 이들은 프리드리히 바르바로사가 론칼리아 평원에 소집한 제국의회에서 같은 이론을 옹호한 볼로냐의 법률가들의 진정한 후예들이었다. 보니파키우스와 공정왕 필립이 투쟁한 지 2백 년 뒤에 루터는 개인의 영적 주권을 위해 싸웠다. 사제들의 오만과 중세의 신학적 오해로 인해 무시되었던 이 두 가지 원리가 근대 문화의 토대를 이룬다.

보니파키우스의 대칙서, 우남 상탐

보니파키우스가 1302년 11월 18일에 공정왕 필립에 대해서 발행한 대칙서 우남 상탐(Unam Sanctam)은 여기서 그 전문을 소개할 가치가 있는 대단히 중요한 문서이다. 이것이 교황들이 발행한 악명 높은 문서들 가운데서도 대표적인 것으로서, 훗날 인노켄티우스 8세가 1484년에 마녀들에 대해서 내린 대칙서만큼이나 오류로 가득하다. 이 문서는 영적 권력이 세속 권력보다, 교황이 군주들보다 우월하다는 이른바 교황 수위권을 극단적인 형태로 제시한다. 다음은 대칙서의 번역문이다:

하나님의 종들의 종 보니파키우스. 영구한 기억을 위해 :
우리는 믿음의 강권함을 받아 오직 하나의 거룩하고 보편적이고 사도적인 교회가 있다고 믿고 주장하지 않을 수 없노라. 그리고 아가서에서 신랑이 "내 비둘기, 내 완전한 자는 하나뿐이로구나. 그는 그의 어머니의 외딸이요 그 낳은 자가 귀중하게 여기는 자로구나" 하고 선언하듯이, 우리는 교회 밖에는 구원도 죄 사함도 없다고 확고히 믿고 고백하노라. 이것은 그리스도의 하나의 신비스러운 몸을 상징하며, 이 몸에 대해서 그리스도께서 머리이시며, 하나님은 그리스도의 머리이시다. 교회 안에는 한 분의 주와 하나의 믿음과 하나의 세례가 있다. 이것은 홍수 때에 한 분 그리스도를 예표하던 노아의 방주가 한 척뿐이었고, 방주가 한 규빗을 척도로 하여 완성되었고, 항해사와 선장이 노아 한 사람뿐이었으며, 방주 밖에 있던 땅의 생명체들이 우리가 성경에서 읽는 대로 모두 멸망했던 사실과 일치한다. 이 교회를 우리는 오직 하나로서 존경하는데, 이는 주께서 선지자로 말미암아 "내 생명을 칼에서 건지시며 내 유일한 것을 개의 세력에서 구하소서"라고 말씀하신 바와 같다. 주께서는 자기의 영혼을 위해서, 곧 자기의 머리와 몸을 위해서 기도하신 것이다. 이 몸을 하나의 몸이라고, 즉 교회라고 부르셨는데, 왜냐하면 신랑도 한 분이고, 믿음과 성사(聖事)들과 교회를 향한 사랑이 하나로 통일되어 있기 때문이다. 교회는 통으로 짜서 [군병들이] 찢지 않고 제비뽑아 가지고 간 주님의 옷과 같다. 그러므로 하나의 유일한 교회는 머리가 둘이 아니요 하나이되 — 머리가 둘이라면 괴물일 것이다 — 머리이신 그리스도와 그분의 대리자 베드로, 그리고 베드로의 계승자를 둔다. 이는 주께서 베드로에게 "내 양을 먹이라"고 하셨기 때문이다. 구체적으로 "이 양들, 저 양들"이라고 하시지 않고 일반적으로 "내 양"이라고 하심으로써 모든 양들을 그에게 위탁하셨음을 알게 하셨다. 따라서 그리스(헬라)인들이나 그 밖의 사람들이 나서서 양들이 베드로와 그의 계승자들에게 위탁되지 않았다고 말한다면 그것은 자신들이 그리스도의 양들에 속하지 않음을 실토하는 것에 다름 아니다. 이는 주께서 요한복음에서 "하나의 우리와 한 사람의 목자가 있음"을 말씀하신 그대로이다.

교회와 교회의 권세에 두 자루의 검이 있다는 것을 우리는 복음서들에서 배우는데, 두 자루의 검이란 곧 영적 검과 세속적 검이다. 이는 사도들이 "보소서 여기" — 즉, 교회에 — "검 둘이 있나이다"라고 말씀드렸을 때 주께서 사도들에게 "너무 많다"고 하시지 않고 "족하다"고 대답하셨기 때문이다. 세속적 검이 베드로의 권세에 속하지 않는다고 주장하는 자가 있다면 그는 "네 칼을 도로 칼집에 꽂으라"고 하신 주님의 말씀을 제대로 듣지 않은 것이다. 그러므로 영적인 검과 세속적인 검 모두 교회의 권세에 속한다. 세속적 검은 교회를 위해 사용해야 하고, 영적인 검은 교회가 사용해야 한다. 영적인 검은 사제들이, 세속적 검은 제후들과 왕들이 사용하지만, 제후들과 왕들은 사제의 지시와 허락을 받아 사용해야 한다. 한 쪽이 다른 쪽에 필연적으로 복종해야 하는데, 세속적 검이 영적 검에 복종하는 것이 마땅하다. 이는 사도가 "권세는 하나님으로부터 나지 않음이 없나니 모든 권세는 다 하나님께서 정하신 바라" 하고 말했기 때문이다. 그런데 무릇 낮은 것이 다른 이에 의해서 높은 것에게 귀속되듯이 한쪽 검이 다른 쪽 검에게 귀속되지 않았다면 권세가 정해진 것이 아닌 셈이 된다.

디오니시우스에 따르면, 가장 낮은 것들이 보통의 것에 의해서 가장 높은 경지에 오르도록 한 것이 하나님이 내신 법이라고 했다. 우주의 법칙은 만물이 동일한 방법으로 즉시 자신들의 목표에 도달하도록 되어 있지 않고, 가장 낮은 것이 보통의 것을 통해서, 낮은 것이 높은 것을 통해서 목표에 도달하도록 되어 있다. 따라서 영적인 것이 세속적인 것보다 우월한 것만큼이나 분명하게, 영적 권세가 위엄과 가치에서 지상적 권세보다 높다는 것을 인정해야 한다. 우리는 이것을 [사제들이] 십일조를 받고 강복(降福)과 축성(祝聖)의 기능을 수행하는 데서, 자신들에게 속한 영역들에 대한 권세와 통치권을 받는 양식에서 아주 분명히 알수 있다. 진리가 증거하듯이, 영적 권세는 세속 권력을 수립하고 세속 권력이 선하지 않게 발휘될 때 그것을 심판하는 기능들을 갖고 있다. 예레미야는 교회와 교회의 권세에 대해서 다음과 같이 예언했다. "보라 내가 오늘 너를 여러 나라와 여러 왕국 위에 세워 네가 그것들을 뽑고 파괴하며 파멸하고 넘어뜨리며 건설하고 심게 하였느니라."

이처럼 지상의 권세가 바른 길에서 이탈하면 그것은 영적 권세에 의해 심판을 받는다. 그런데 만약 하위의 영적 권세가 바른 길에서 이탈하면 낮은 지위가 높은 지위에 의해 심판을 받게 되겠지만, 만약 가장 높은 권세[교황]가 이탈하면 그것은 인간이 심판할 수 없고 오직 하나님만 심판하실 수 있다. 이 점에 관해서는 사도가 이렇게 증거한다. "신령한 자는 모든 것을 판단하나 자기는 아무에게도 판단을 받지 아니하느니라." 그런데 이 권위는 비록 인간에게 부여되고 인간이 발휘하도록 되어 있을지라도, 인간의 권위가 아니라, 그리스도께서 베드로의 고백을 들으시고서 그를 반석이라고 부르시면서 친히 베드로에게 말씀하시고 그와 그의 계승자들에게 확증해 주신 신적인 권세이다. 주께서는 베드로에게 "네가 땅에서 무엇이든지 매면 하늘에서도 매일 것이요"라고 말씀하신 것이다. 그러므로 혹시 우리가 거짓이요 이단이라고 부르는 마니교도들처럼 두 가지 원리가 공존한다고 상상하지 않는 한, 누구든지 하나님이 정하신 이 권세를 거역하면 하나님의 율례를 거역하는 것이다. 마니교도들이 거짓과 이단인 이유는 하나님께서 여러 태초들(beginnings)에 천지를 창조하셨다고 하지 않고 '태초에'(in the beginning)에 창조하셨다고 모세가 증거하기 때문이다.

더 나아가 모든 인간이 로마 교황에게 종속된다고 믿는 것, 이것을 우리는 구원 얻는 데 반드시 필요하다고 주장하고 말하고 정의하고 선언하는 바이다."

대칙서에서 가장 충격적인 대목은 모든 인간의 구원의 요건을 교황에게 귀속시키는 내용이다. 몇몇 저자들은 모든 인간을 제후들과 왕들로 국한시키는 방법으로 이 대목의 어조를 누그러뜨려 보려고 시도했다. 푼크(Funk) 같은 공정하고 건실한 로마 가톨릭 저자조차 그 구절이 접속사 포로('더 나아가')를 통해 앞의 진술들과 밀접히 연관된다는 주장과, 교황에게 복종하는 것이 구원의 조건이라는 주장에 프랑스인들이 반대하지 않을 것이라는 고려하에 이 해석을 옹호했다. 그러나 대다수 가톨릭 사가들은 그 단어들을 자연스러운 의미로 해석한다. '모든 인간'이라는 표현이 세속 군주들과 동의어로 사용된다는 것은 도무지 생각할 수 없는 일이다. 보니파키우스는 1300년에 사보이 공작에게 쓴 서신에서 옴니아 아니마(omnia anima) 곧 모든 사멸자(死滅者)들에게 복종을 요구할 때 대칙서에 실린 것과 동일한 주장을 했다. 아이기디우스 콜로나는 대칙서의 이 대목에 대해서 "교황은 모든 인간이 마땅히 복종해야 하는 권위자이다"라는 의미로 석의했다. 중세 교회가 이 해석을 받아들였다는 것은 1516년의 제5차 라테란 공의회가 대칙서를 재확인하면서 "그리스도의 모든 신자들이 로마 교황에게 복종하는 것이 구원에 필요하다"고 주장한 사실로써 입증된다.

5. 교황제에 대한 지상(紙上) 공격

14세기 서유럽에서 벌어지고 있던 지적 변화를 교황청의 권리 주장에 비판을 가한 그 시대의 소책자 문학만큼 풍부히 암시해 주는 것도 없다. 소책자 활동이 이루어진 시기는 셋으로 구분할 수 있다. 첫째는 1302년을 기점으로 공정왕 필립과 보니파키우스 8세가 투쟁하는 상황에 대해서 소책자들이 쏟아져 나온 시기이다. 이 시기의 특징은 교황이 세속 문제까지 간섭하고 주관하는 행위를 비판한 데 있었다. 둘째 시기는 요한 22세의 재위 기간에 시작하여 1320–1340년에 전개되었다. 이 시기의 소책자들은 교황의 영적 수위권을 비판했다. 이 시기에 가장 두드러지는 저자는 파두아의 마르실리우스(Marsiglius)였다. 셋째 시기는 14세기에 교황청이 분열되면서 시작한다. 이 시기의 저자들은 교회를 개혁해야 할 필요를 강조했고, 총 공의회들의 권한이 교황의 권한보다 우월하다는 점을 논했다.

보니파키우스 8세와 공정왕 필립의 시대에 소책자를 써서 시대 상황을 논평한 저자들은 교황이 왕들과 나라들 위에 군림한다는 중세의 이론을 어떤 때는 옹호하고 어떤 때는 노골적으로 비판했다. 이들이 내놓은 글들은 과거에 유럽 사회가 접해왔던 것들과 같지 않았다. 그레고리우스 9세와 프리드리히 2세가 다투었을 때는 교황과 황제가 유럽의 여론 법정 앞에서, 특히 제후들과 고위성직자들에 대해서 자신들의 정당성을 확보하기 위해서 서신 발행의 방식을 왕성하게 사용했다. 하지만 이 시기에 벌어진 투쟁에는 성직자들과 평신도들의 지식인 집단의 견해를 대변하는 다수의 저자들이 참여했다. 이들은 대중의 정서에 강렬한 인상을 주기 위해서 열정적인 문체를 동원했다.

새로 떠오른 계층인 법률가 집단이 보니파키우스의 오만한 주장에 분개하여 지상 논쟁에 뛰어들어서, 힐데브란트와 인노켄티우스 3세의 정책으로 대표되어 온 옛 질서에 대해 과감히 의문을 제기했다. 이들은 파리 대학교를 비롯한 대학교들에서 공부했으며, 뒤부아(Dubois) 같은 평신도들도 더러 끼어 있었다. 이들은 과거에 론칼리아 평원에서 볼로냐의 법률가들이 내린 결정을 새로운 주장들과 비판의 자유를 얹어 재천명했으며, 황제의 독립을 강조한 그 결정에서 한 걸음 더 나갔다. 오랜 역사를 지닌 제국은 물론이거니와 프랑스와 그 밖의 국가들도 자체의 영토에서 세속 문제에 관한 한 교황의 간섭을 받지 않고 독립된 주권을 지닌다고 주장했다. 그릇된 성경 해석에 토대를 둔 교의적 주장들에 대항하여, 인간의 법과 인간의 생득적 권리들에 관한 원리들을 제시했다. 과거의 스콜라적 궤변 방법을 무시하고, 상식에 호소하고 사회의 실제적 필요를 중시했다. 새 이론을 수립하는 데 사용한 전거들은 아리스토텔레스와 성경, 그리고 역사 사실들이었다. 이 저자들은 좀 더 명쾌하게 다듬어지고 발전한 파두아의 마르실리우스와 오컴의 견해(두 사람은 그 저자들보다 한 걸음 더 나아가 교황의 영적 수위권에 의문을 제기하거나 그것을 단호하게 부정했다), 그리고 그들보다 더 치밀하고 영적이었던 위클리프와 루터의 견해를 예비한 세례 요한과 같은 존재들이었다. 14세기 초반의 반(反) 교황적 소책자들로부터 개신교 종교개혁에 이르기까지 직접적인 영향의 궤적을 발견하는 것은 어려운 일이 아니다.

공정왕 필립의 재위 기간에 활동하면서 교황이 모든 문제에서 수위권을 지닌다는 전통적 견해를 옹호한 소책자 저자들은 아이기디우스 콜로나(Aegidius Colonna)·비테르보의 야콥·크레모나의 헨리·아우구스티누스 트리움푸스(Augustinus Triumphus) 같은 이탈리아인들이었다. 세속 권력에 대한 교황의 수위권을 비판한 저자들은 두 집단으로 나뉘었다. 첫째 집단에는 단테가 있었는데, 그는 제국과 황제의 지위를 인간의 세속 문제들을 주관하는 최고 권력의 자리에 올려놓았다. 둘째 집단에는 다소 프랑스 왕실과 관계가 있던 사람들이 속해 있었으며, 그들 대부분이 프랑스인들이었다. 그들은 교황의 수위권을 비판하는 동시에 황제의 권위에 대해서도 의문을 제기했다. 그들의 지도자들 가운데는 파리의 장(Jeane)과 피에르 뒤부아(Peter Duboise)가 있었다. 많은 경우에 그들의 이름은 잊혀지거나 불확실하게 되었지만, 그들이 남긴 소책자들은 온전하게 남아 있다. 우리는 편의상 먼저 단테의 이론을 살펴본 다음에, 보니파키우스가 시작한 투쟁 때문에 불거져 나온 것이 분명한 친 교황적 저서들과 반 교황적 저서들을 살펴보기로 한다.

단테는 공정왕 필립의 궁정과 조금도 관계가 없었으며, 통치에 관한 논문인 「군주론」(De monarchia)을 쓰게 된 동기도 프랑스 왕을 개인적으로 지지했기 때문이 아니라 전반적인 숙고 끝에 그런 결론을 내렸기 때문이었던 것으로 보인다. 그의 이론은 보니파키우스의 대칙서 우남 상탐과 토마스 아퀴나스의 저서들에 제시된 견해에 가해진 비판적 견해들을 통합한 것이다(단테는 다른 주제들에

---

14) 「군주론」(De monarchia)의 저작 연대는 확실하지 않다. 이 글에는 단테 자신의 개인사나 당시 유럽에서 발생한 사건들이 조금도 언급되어 있지 않다. 단테의 유명한 제자 Witte는 이 책이 1301년에 집필되었다고 적는다. R. W. Church도 단테가 1301년에 시작된 자신의 유배 생활을 언급하지 않는 점을 근거로 저작 연대를 1301년으로 본다. 오늘날의 경향은 보카치오의 견해를 따르는 것이다. 그는 이 논문을 헨리 7세가 선출된 일 혹은 헨리가 1311년에 로마를 여행한 일과 관련지었다. 그렇다면 이 논문은 제국이 원래의 권위를 되찾기 위해 발표한 헌장이었던 셈이다.

서는 토마스의 견해를 따랐으나 이 주제에 대해서는 그렇지 않았다).[14] 그는 이성과 아리스토텔레스, 성경에서 이끌어 낸 논거들을 가지고 세속 국가의 독립과 주권을 수립한다. 자신의 입장을 뒷받침하기 위해서 세 가지 명제를 제시하며, 각 명제에 한 장의 지면을 할애한다. (1) 보편적 군주정 혹은 제국(두 용어를 동의어로 사용함)이 필요하다. (2) 이 군주정은 로마인들에게 속한다. (3) 이것은 하나님이 로마인들에게 직접 베푸신 것으로서, 교회의 중보(中保)를 통해서 온 것이 아니다.

사회는 다양한 이해(利害) 관계로 얽혀 있기 때문에 공정한 중재자가 있어야 하는데, 지역의 연고가 없는 보편적 군주라야 어느 한 쪽으로 치우치지 않을 수 있다. 보편적 군주가 평화를 정착시킬 것이며, 이러한 평화를 내다보고서 그리스도께서 태어나시던 밤에 천사들이 찬송을 부른 것이다. 이 평화가 하나님이 인간에게 주신 최고의 선물인 자유를 가져다 줄 것이다.[15] 민주정은 인간들을 노예로 전락시킨다. 로마인들은 가장 고상한 민족이며, 지배할 권리를 누릴 자격이 있다. 이 점은 그들의 선조 아이네아스(Aeneas)의 훌륭한 인품과,[16] 하나님이 그들의 역사에서 일어나게 하신 현저한 기적들, 그리고 그들이 세계를 지배해온 사실을 놓고 볼 때 분명하다. 이 지배권은 그리스도께서 친히 아우구스투스 치하에 태어나시고 티베리우스 때 고난을 당하기를 허락하심으로써 이미 기독교 시대에 확립되었다. 그것은 사도 바울이 베스도에게 "내가 가이사의 재판 자리 앞에 섰으니 마땅히 거기서 심문을 받을 것이라"(행 25:10)라고 말했을 때 벌써 교회의 확증을 받은 것이다. 인간 사회에는 두 통치자가 필요한데, 한 사람은 교황이고 한 사람은 황제이다. 황제는 세속 문제들에서 수위권을 지니며, 인간들을 계시된 진리에 따라 영원한 생명으로 인도해야 할 책임을 진다. 그럴지라도 황제는 샤를마뉴가 레오 3세에게 바쳤던 것과 같은, 맏아들이 아버지에게 드리는 것과 같은 존경을 교황에게 바쳐야 한다.

---

15) 레오 13세는 1888년 6월 20일자 회칙에서 단테의 이 문구를 연상하게 하는 "본성의 가장 탁월한 선물인 자유"라는 비슷한 표현을 사용했다.

16) 단테는 지옥과 연옥을 안내해 준 베르길리우스의 증언에 호소한다. 자부심으로 가득 찬 베르길리우스의 시도 함께 인용한다.

"로마인이여, 민족들을 다스리는 과업이 그대에게 부여된 것을 잊지 말라. 평화를 확립하고 속민들을 보호하고 교만한 자들을 정벌하는 것이 그대의 임무이다."

세속 권력이 세속 문제에서도 교황에게 종속된다는 생각을 부정하는 과정에서, 단테는 영적 권력과 세속 권력을 태양과 달에 비유하는 것을 배격하고, 레위가 유다보다 먼저 태어났으므로 서열이 앞서지 않느냐는 주장, 동방박사들이 구유를 찾아와 예물을 바친 사실, 사무엘이 사울에게 내린 선고를 근거로 한 주장들을 배격한다. 그는 두 자루의 칼 모두를 영적 기능들에 관련짓는다. 그는 교황 실베스터에 대한 콘스탄티누스의 증여에 대해서 역사적 사실 여부에 의문을 제기하지 않은 채, 황제가 스스로 목숨을 끊을 권한이 없듯이 자신이 다스리던 서방 제국을 교황에게 양도할 권한도 없었다는 논거를 가지고 그것을 그릇된 행위로 평가한다. 교황도 그 선물을 받을 권한이 없었다는 점도 잊지 않고 환기시킨다. 「신곡」의 '지옥편'에서 단테는 그 거래를 두고 다음과 같이 묘사하는데, 이 부분은 자주 인용된다:

"아, 콘스탄티누스여, 그대가 얼마나 큰 악의 원인을 제공했던가!
이는 그대가 회심했기 때문이 아니라,
최초의 부자 교황이 그대에게 광활한 영토를 받았기 때문이다."

— 제19곡 115행 이하.

이 피렌체 시인이 말한 보편적 군주정은 아테네 철학재플라톤]가 그린 공화국처럼 실현되지 못한 이상으로 남았다. 근대에 확립된 민중의 자유 개념을 단테는 갖고 있지 않았다. 그럴지라도 그는 정부가 민중을 위해서 존재하며, 민중이 정부를 위해 존재하는 것이 아니라는 중요한 원칙을 제시했다.

「군주론」은 1329년에 요한 22세에 의해 이단적 논문으로 평가받고 소각 저분되었으며, 트렌트 공의회에 의해 금서 목록에 오르게 되었다. 훗날 근세에 접어들어 이 논문은 이탈리아의 민족주의자들이 민족을 통일하고 "자유로운 국가 안의 자유로운 교회"라는 카부르(Cavour, 1810-61, 이탈리아 통일운동의 지도자: 역자주)의 좌우명에 따라 정치를 교회에서 분리하는 데 도움을 주었다.

교황이 세속 권력을 주관해야 한다고 주장한 사람들의 전면에는 아이기디우스 로마누스(Aegidius Romanus, 1247-1316)라고도 불리는 아이기디우스 콜로나(Colonna)가 포진해 있었다. 아우구스티누스회 수사였던 그는 수도회 총장의 지위에 올랐다. 신학 교수로서 명성을 얻었으며, 1287년에 그의 수도회는 그의 저서들을 수도회 산하 모든 학교들에서 가르치도록 했다.[17] 1295년에 그는 부르주 대주교가 되었는데, 원래 켈레스티누스가 지명했던 대주교 후보자를 보니파키우스가 밀어내고 대신 그를 그 지위에 임명했다. 아이기디우스는 공정왕 필립이 프랑스 고위성직자들에게 참석을 금한 1301년의 로마 공의회에 참석했다. 그는 치밀한 저자였으며, 1304년에 그의 신학 저서들 가운데 적어도 12권과 철학 저서들 가운데 14권이 파리 대학교에서 교재로 쓰였다.

아이기디우스는 주로 「교황의 권세」(De ecclesiastica sive de summi pontificis potestate)라는 소책자 저자로 알려진다. 이 책이 당대에 교황제를 변호한 주요 저서였으며, 로마 공의회의 요청을 받아 1301년에 작성된 듯하다. 그는 이 책을 보니파키우스 8세에게 헌정했다. 이 책에 제시된 주요 견해는 다음과 같다:

교황은 모든 것을 판단하되 아무에게도 판단을 받지 않는다(참조. 고전 2:15). 그는 절대권(plenitudo potestatis)을 지닌다. 그의 권한이 모든 그리스도인들에게 미친다. 교황은 모든 법 위에 존재하며, 신앙의 문제에서 무오하다. 그는 아무리 많은 선박들도 다 수용하는 바다와 같고, 보편적이고도 적극적인 원리로서 만물에 빛을 비추는 태양과 같다. 사제직은 왕직이 제정되기 전부터 존재했다. 사제[제사장]들인 아벨과 노아가 최초의 왕이었던 니므롯보다 먼저 존재했다. 세상의 정부가 하나이고 유일한 통치자이신 하나님에게 중심을 두듯이, 전투의 교회[현실의 교회]의 문제들에서도 하나의 권력의 근원, 하나의 최고 정부, 절대권을 지닌 하나의 머리만 있을 수 있다. 이것이 바로 교황이다. 사제와 교황은 하나님이 직접 임명하신다. 세상 왕국들은 사제들이 수립한 경우를 제외하면 찬탈과 탈취 등 폭력에 의해 세워진다. 이상의 견해들은 아이기디우스가 아우구스티누스(De civitate, IV. 4)와 그레고리우스 7세의 사상을 따른 것이다. 하지만 그는 교회가 하나님에게 받은 사명을 완수하려 할 때 국가가 방편으로 꼭 필요하다고 주장했다.

소책자의 둘째 부분에서 아이기디우스는 민수기 18:20, 21과 누가복음 10:4의 정신에 따라 교회가 세상 재물을 소유할 권한이 있음을 증명한다. 레위인들은 성읍들을 받았다. 사실상 모든 세상 재물들이 교회의 통제 아래 있다. 영혼이 육체를 주관하듯이, 교황은 모든 세속 문제들을 주관한다. 십일조는 항구적인 의

---

17) Chartul. Univ. Paris, II. 12.

무이다. 교회의 허가가 없으면, 그리고 세례를 받지 않았으면, 그 누구도 토지나 포도원을 단 한 평이라도 소유할 권리가 없다.

교황은 자신에게 있는 절대권에 힘입어 기독교 세계의 모든 성직록들을 임의로 분배할 권한을 가지지만, 하나님께서 자연법을 통해서 다스리시기로 정하신 것처럼 교황도 교회법을 통해서 다스리되 그것에 매이지는 않는다. 교황은 자신을 가리켜 교회라고 부를 수 있다. 교황의 권한은 영적이고 천상적이고 신적이기 때문이다. 아이기디우스의 이 소책자는 그의 계승자들인 비테르보의 야콥, 아우구스티누스 트리움푸스, 알바루스, 그리고 그의 주요 견해들 가운데 일부를 비판한 파리의 장(Jeane)과 제르송에 의해서 사용되었다.

보니파키우스 8세의 입장을 변호한 저자들 가운데 두 번째로 소개할 만한 사람은 비테르보의 야콥(James of Viterbo, 1308 죽음)이었다. 그도 이탈리아인으로서 아우구스티누스회 소속이었으며, 파리 대학교 교수로서 명성을 얻었다. 1302년에 그는 보니파키우스에 의해 베네벤툼의 대주교로, 몇 달 뒤에는 나폴리 대주교로 임명받았다. 그가 쓴 「기독교 정부론」(De regimine christiano)은 아이기디우스의 논문 다음으로 교황 권력을 포괄적으로 다룬 글이다. 이 책도 보니파키우스 8세에게 헌정되었는데, 교황을 "지상의 왕들을 다스리는 거룩한 주"로 표현했다. 저자는 교황의 고유 권한이 공격을 당하는 현실을 참지 못해 이 글을 쓰게 되었다고 분명히 밝힌다.

야콥은 그리스도의 대리자 곧 교황에게 왕권과 사제권(regnum et sacerdotium)이 속한다고 말한다. 세속 권력이 교황에게 부여된 것이 콘스탄티누스가 실베스터에게 서유럽의 지배권을 이양했을 때가 처음이 아니었다고 그는 말한다. 콘스탄티누스는 "네가 땅에서 무엇이든지 매면 하늘에서도 매일 것이요 네가 땅에서 무엇이든지 풀면 하늘에서도 풀리리라"라고 말씀하신 그리스도에게서 유래한 기존의 권한을 추인한 것밖에 없다. 사제들이 왕들이며, 교황은 세속 문제와 영적 문제에서 왕들의 왕이다.[18] 교황은 지상의 주교이자 최고 입법자이다. 어느 영혼이든 구원을 받으려면 그에게 복종해야 한다. 그의 권한은 충만하기 때문에 그는 법에 따라 행동하든 법을 거슬러 행동하든 자기 마음대로 할 수 있다.

---

18) 이 두 권위를 가리켜 potestas ordinis와 potestas jurisdictionis라고 부른다.

카살로키의 헨리(1312 죽음. 대개는 이탈리아 출생지를 따서 크레모나의 헨리라고 함)는 당대의 관습과 달리 파리의 장에게 「교황의 권한」(De potestate papae)이라는 소책자 저자로 실명으로 언급된다. 저명한 교회법 전문가였던 그는 보니파키우스에게 자문을 의뢰받았다. 1302년에 그는 공정왕 필립에게 악명 높은 두 통의 대칙서(Salvator mundi와 Ausculta fili)를 전달할 사절단의 일원으로 임명되었다. 같은 해에 레조의 주교로 임명되었다. 교황권 옹호자들은 풍성한 답례를 받았다.

헨리는 마태복음 28:18의 "하늘과 땅의 모든 권세를 내게 주셨으니"라는 구절로 소책자를 시작하며, 온 세계에 대한 교황의 세속 권력을 비판하는 견해가 최근에 불거진 것으로서, 사형을 당해 마땅한 '궤변가들'이 지어낸 것이라고 주장했다. 이전에는 교황의 그러한 권한을 아무도 부정하지 않았다고 했다. 그는 성경과 교부들, 교회법, 이성을 인용해 가며 자신의 근본적인 논지를 설파하려고 한다. 하나님께서는 처음에는 노아와 족장들과 멜기세덱과 모세를 통해서 다스리셨는데, 이들은 한결같이 제사장직과 왕직을 겸직한 분들이었다. 모세가 바로를 벌하지 않았던가? 그리스도께서는 두 자루의 칼을 지니셨다. 그분이 환전상들을 몰아내지 않으셨으며, 가시면류관을 쓰시지 않으셨던가? 그분에게는 세상을 심판할 권세가 부여되었다(요 5:22). 동일한 권세가 베드로와 그의 계승자들에게 이양되었다. 국가는 교회에 대해 달과 태양과 같은 관계에 있으며, 황제는 교황이 부여해 주는 권력만 소유한다.

헨리는 또한 주장하기를, 콘스탄티누스의 증여가 새로운 권한을 부여해 준 것은 없고, 다만 교황이 이미 천상의 선물로 소유하고 있던 것을 확증해 주었을 뿐이라고 했다. 교황은 제국을 샤를마뉴에게 양도했으며, 인노켄티우스 4세는 프리드리히 2세를 폐위함으로써 왕들에 대한 교황의 수위권을 행사했다. 만약 훗날 지상에서 교황의 인격이 모독당하는 일이 생긴다면 그것은 그들이 지상에서의 수위권이 없기 때문도 아니고 지상의 군주들에게 조금이라도 종속되기 때문도 아니다. 어떠한 황제도 교회의 축성(祝聖) 없이는 황제로서의 기능을 합법적으로 수행할 수 없다. 그리스도께서 "내 나라는 이 세상에 속한 것이 아니니라"고 말씀하셨을 때는 세상이 당신에게 복종하기를 거부한다는 뜻으로 그렇게 말씀하신 것뿐이다. "가이사의 것은 가이사에게 …… 바치라"는 말씀대로, 그리스도는 황제에게 무엇을 바쳐야 할 의무가 없으셨으며, 따라서 하나님 나라의 자녀들도 아우구스티누스가 마태복음 27:26 이하를 근거로 말한 것처럼 자유롭다.

교황권을 옹호한 또 다른 저자인 **아우구스티누스 트리움푸스**는 다음 시대에 해당된다.

지금까지 소개한 저자들과 교황을 비판한 저자들 사이의 중간 지대에는 추기경 콜론나와 그의 지지자들이 있었다. 그들은 보니파키우스 8세를 비판하는 열정이 지나쳐서 세속 문제에 대한 교회의 절대권에 의문을 제기했고, 영적인 절대권도 교황을 머리로 하는 추기경회에 두었다.

당대의 수준을 넘어선 저자들 가운데는 갈리아주의(Gallicanism)를 옹호한 기욤 뒤랑트(William Durante, 1331 죽음)가 있었다. 그는 법적 연령이 되기 전에 망드(Mende)의 주교로 임명되었다. 그리고 교회로부터 단죄를 받아본 적이 없다. 교황 클레멘스 5세의 지시를 받아 총 공의회들과 교회 부패 개혁에 관해서 쓴 저서(*De modo generalis concilii celebrandi et corruptelis in ecclesiis reformandis*)에서, 그는 교회의 머리와 지체들 모두를 개혁해야 할 필요를 천명했다. 후대에 빈번히 사용된 '머리와 지체들 모두'라는 표현은 그가 처음 사용한 것이다. 그는 모든 주교들이 동일하게 매고 푸는 권세를 받았다는 이유로 교황을 주교들과 같은 반열에 세웠다.[19] 주교들은 교황의 보조자들이 아니라(주교들이 교황의 보조자들이라는 것은 인노켄티우스 3세의 견해였다), 하나님께서 독립된 권한을 부여하여 직접 세우신 사역자들이다. 교황은 총 공의회의 승인을 받지 않고서는 초기 교회의 교회법들에 부합하게 행동할 수 없다. 교회가 새로운 정책들을 수행하려면 반드시 총 공의회를 열어 심의해야 하며, 총 공의회는 십 년마다 소집해야 한다.

이제 교황이 국가들을 다스릴 세속 권력을 지닌다는 주장을 비판한 저자들을 살펴보자면, 그들이 대부분 성직자들인 동시에 한결같이 법률가들이었다는 사실을 발견하게 된다. 그들의 특징은 아리스토텔레스와 성경, 교회법 외에 로마법에도 호소했다는 점이다. 우선 저자가 확실하지 않은 여러 소책자들을 살펴보기로 하자.

---

19) 마태복음 16:19 말씀은 베드로에게만 하신 것이 아니라 온 교회에 하셨다고 그는 말한다.

「이중의 권한」(*Quaestio in utramque partem*)은 1302년에 집필된 듯하며, 저자는 프랑스인으로 추정된다. 이 책자는 두 가지 기능 곧 영적 기능과 세속적 기능이 별개이며, 교황은 영적 영역에서만 절대권을 지닌다고 분명히 밝힌다. 두 기능이 한 사람 안에서 합쳐지지 않는다는 것은 그리스도께서 왕직을 거부하신 점과 레위인들이 세속 재산을 소유하지 못했던 점을 볼 때 분명하다. 교회법과 로마법은 세속 권력의 독립성을 인정했다. 두 권력 모두 하나님에게서 나온다. 교황의 세속권은 기껏해야 베드로 세습령(the patrimony of Peter)에 국한될 뿐이다. 제국은 권력들 가운데 하나이며, 다른 국가들을 지배할 권한이 없다. 프랑스 왕으로 말하자면, 그는 만약 교황을 주군으로 인정해야 한다면 사형을 자처하려 할 것이다.

같은 견해들이 「교황의 권한」(*Quaestio de potestate papae*)이라는 소책자에서도 제시된다.[20] 저자는 세속 권력이 교황의 직위와 양립할 수 없다고 주장한다. 교회를 설명하기 위해서 몸의 비유를 사용하며, 그 과정에서 새로운 해석을 가한다. 그리스도께서 머리이시다. 신경들과 혈관들은 교회와 국가의 관리들이다. 그들은 머리이신 그리스도에게 직접 의존한다. 심장은 왕이다. 교황은 심지어 머리라 불려서도 안 된다. 저자는 영혼에 대해서는 언급하지 않는다. 몸과 영혼의 비유를 적용하여 각각 왕권과 사제권을 설명해온 과거의 방식을 배척한다. 교황은 영적 아버지이며, 기독교 세계를 다스리는 군주가 아니다. 모세는 세속 군주였고 아론은 제사장이었다. 기능들과 기능 수행자들이 구분되었다. 콘스탄티누스의 증여는 아무리 확대해서 해석하더라도 프랑스와는 상관이 없었다. 프랑스는 제국과 구분되었기 때문이다. 교황 자카리아스가 킬데릭을 폐위한 것은 아무런 권위도 수립하지 못했다. 이는 자카리아스가 행한 일이란 지혜로운 고문으로서 귀족들에게 조언을 해준 것이었기 때문이다.

이 부류의 문학 가운데 가장 유명한 것의 하나인 세 번째 소책자인 「성직자와 기사의 분쟁」(*the Disputation between a Cleric and a Knight*)은 국가의 주권과 교회 재산에 대한 징세권을 변호하기 위해서 작성되었다.[21] 저자는 프랑스 왕의

---

20) 이것은 앞의 소책자와 파리의 장의 저서와 같은 사본에 실려 있다. Peter Dubois를 이 글의 저자로 보는 것이 관례였으나, Scholz(p. 257)는 이 견해를 배격해야 할 여러 가지 이유를 제시한다.

의무가 교회 재산이 본래 의도대로 사용되는지를 감독하는 것이라고 주장한다. 왕이 외적들로부터 교회를 보호하듯이 교회에 세금을 매길 권한이 있다고 한다.

파리의 장(Jeane, 1306 죽음)이라는 저자에게서는 그 시대의 대표적 지식인들 가운데 한 사람의 생각을 확인할 수 있다. 그는 도미니쿠스회 소속으로서 설교자와 교수로서 큰 명성을 누렸다. 1303년 6월 26일에 그는 닷새 전에 파리 대학교가 공개적으로 지지한 바에 따라서, 파리에서 활동하던 다른 도미니쿠스회 수사 132인에게 총 공의회 소집을 요구하는 문서에 연대 서명을 받았다.[22] 그는 성찬관 때문에 이단으로 몰렸으며, 파리 대학교에서 강의 중단 처분을 받았다. 그는 교황 클레멘스 5세에게 항소했으나 교황의 판결을 받기 전에 세상을 떠났다.

장의 주요 저서는 교황과 왕의 권위를 다룬 소책자(De potestate regia et papali)로서, 책의 내용이 오늘날의 분위기와 거의 일치한다.

장은 '신자들의 몸집단' 곧 교회와 '성직자들의 몸'을 뚜렷이 구분한다. 교회는 그리스도 안에서 통일성을 갖고 있는데, 그리스도께서는 두 권력 곧 영적 권력과 세속 권력을 수립하셨다. 두 권력은 기원이 동일하지만 지상에서는 구분된다. 교황은 도덕적 범죄에 대해서 처벌할 권한이 있으나 영적으로 처벌할 수 있을 뿐이다. 사형과 징역형, 벌금형을 부과할 권한이 그에게는 없다. 그리스도는 땅에 계실 때 세속 권력을 지니지 않으셨으며, 따라서 교황은 "헤롯의 해묵은 과오"를 피해야 한다. 콘스탄티누스는 실베스터에게 세속 권력을 부여할 권한이 없었다. 장은 교황의 절대 세속권 옹호자들이 제시하는 42가지 근거를 인용하면서 하나씩 논박해 나간다.

교황이 교회에서 차지하는 위치에 관해서, 장은 교황이 교회 집단의 대표자일 뿐 교회의 군주가 아니라고 주상한다. 교회는 교황에게 책임을 물을 수 있다. 만약 교회가 교황과 함께 활동할 대표들을 선출하게 된다면 최상의 정부를 세우게 될 것이다. 추기경들은 명실상부한 교황의 고문들로서 그에게 권고와 경고를 베

---

21) 이 책은 보니파키우스와 필립이 투쟁을 벌이던 시기에 집필되었으며, 과거에는 오컴이 저자로 간주되었으나 그의 글이 아니다. 최근에 Riezler(p. 145)는 이 책을 Peter Dubois의 것으로 간주한다. 이 책은 1475년에 최초로 인쇄되었으며, Goldast의 Monarchia, I. 13 sqq.에 실려 재출판되었다. 파리 · 옥스퍼드 · 케임브리지 · 프라하에 사본들이 보존되어 있다.

22) Chartul. Univ. Paris., II. 102.

풀 수 있으며, 교황이 오류를 고집할 경우 국가 권력의 도움을 받아 그를 제재할 수 있다. 교황은 황제에 의해 폐위될 수 있으며, 실제로 세 명의 교황이 하인리히 3세에게 폐위된 실례가 있다. 교회 권위의 최종 거점은 총 공의회이다. 총 공의회는 교황을 폐위할 수 있다. 폐위의 정당한 근거는 정신이상 · 이단 · 개인적 무능 · 교회 재산 횡령이다.

장은 아리스토텔레스와 토마스 아퀴나스를 따라서 국가가 살인을 비롯한 폭력 행위에서 유래했다고 보지 않고 가정에서 유래했다고 본다. 국가는 방위와 신체적 안전을 위해 조직된 공동체이다. 장은 다른 법률가와 함께 제국을 유서 깊은 기관으로 간주했고, 만약 제국이 존속하려면 다른 군주국들 위에 군림해서는 안 되고 대등한 관계를 유지해야 한다고 주장했다. 기후와 지리적 고려들을 고려할 때 서로 다른 군주국들이 필요하며, 이 나라들은 하나님에게서 권위를 받는다. 이로써 장과 단테는 국가의 독립성에 관해서는 의견이 일치하면서도 세속 권력의 근원에 대해서는 견해를 달리한 셈이다. 단테는 세속 권력의 근원을 보편적 제국에 둔 반면에, 파리의 장은 개별 군주국들에 두었다.

교회와 국가의 문제를 다룬 저자들 가운데 가장 대담하고 진보적 견해를 나타낸 사람은 피에르 뒤부아(Pierre Dubois)였다. 그는 평신도로서 아마도 노르만 사람이었던 것 같으며, 자신을 왕실 변호사(advocatus regalium causarum)로 소개한다. 그는 1302년 4월에 파리에서 열린 프랑스 전국 공의회에 참석하여 필립의 견해를 대변했다. 1321년에도 살아 있었던 그는 여러 편의 소책자들을 통해서 보니파키우스 8세에 대해 프랑스 왕의 주장을 뒷받침했다. 프랑스는 제국으로부터 독립되며, 모든 세속 문제에서 절대 주권을 지닌다. 프랑스 왕은 샤를마뉴의 계승자이다. 교황은 인류의 도덕적 스승이자 "세상의 빛"이지만, 세속 문제에서는 권한을 갖고 있지 않다. 교황의 기능은 영혼들을 보살피고, 전쟁을 막고, 성직자들을 감독하는 것으로 그치며, 그의 권한은 그 이상 확대되지 않는다.

교황과 성직자들이 세속과 방탕에 빠져 있다. 보니파키우스는 이단이다. 고위 성직자들이 전쟁과 소송으로 교회 재정을 탕진하고, 군주의 궁정 분위기를 좋아하며, 신학과 영혼들을 보살피는 일에 등한히 하고 있다. 교황청과 교황의 탐욕이 그들을 부끄러운 성직매매와 족벌주의로 몰아가고 있다. 콘스탄티누스의 증여가 성직자 사회를 세속적인 방향으로 돌아서게 했다. 그것은 불법이었으며, 교황이 베드로 세습령(the patrimony of Peter)에 대해서 세속 군주에게 제시할

수 있는 유일한 권리는 오래 보유해 왔다는 사실 한 가지뿐이다. 개혁의 첫 걸음
은 성직자들과 교황이 세속 재산을 모두 포기하는 데 있다. 이 치유책은 과거에
브레시아의 아르놀트와 프리드리히 2세가 처방한 바 있다.

뒤부아는 성직자 독신제도의 규율과 관행도 비판했다. 그에 관한 서약을 지키
는 성직자를 눈 씻고 봐도 찾아볼 수 없다고 했다. 그런데도 결혼한 사람은 성직
임명을 받을 수 없기 때문에 그것이 제도로서 그대로 존속한다. 이것은 사도가
모든 사람에게 결혼을 허용한 사실에 위배된다. 동방 교회의 관행이 더 옳다. 독
신 규율은 특히 수녀들에게 더욱 가혹하다. 일찍이 뒤랑트(Durante)는 이 규율을
폐기해야 한다고 주장했으며, 빌라노바의 아르놀드(Arnald)는 그리스도께서 기
혼자인 베드로에게 수위권을 부여하신 사실을 환기시키면서 결혼의 신성함을
강조했다.[23]

뒤부아는 결혼의 실천적 성격을 내세우는 새로운 면모를 보였다. 그리스도인
들이 성지에 정착하여 개발해야 한다고 주장했으며, 기독교 여성들이 사라센족
과 결혼하여 그들을 기독교로 개종시키는 방안도 주장했다. 그는 교황 클레멘스
에게 세상을 회심시키는 방안으로 모든 관구에 소년 소녀를 위한 학교를 설립하
고 여러 언어를 가르치는 것을 제안했다. 소녀들도 라틴어와 자연 과학의 기본
지식, 특히 약학과 외과 의술을 배워서 문란한 사교(邪敎)에 빠진 여성들을 대상
으로 사역할 수 있게 해야 한다고 주장했다.

공정왕 필립 시대에 발표된 논쟁적인 글들을 개관해 보면 인간의 사고가 어떤
새로운 길들을 내며 흘러갔는가 하는 것을 확인하게 된다. 교황을 옹호한 변증
가들은 제한된 수의 본문들에 대한 전통적 해석, 콘스탄티누스 증여의 항구적
유효성, 제국의 양도를 강조했다. 그들은 한결같이 인노켄티우스의 유명한 내직
서(*Per vernerabilem*)를 인용했다. 반면에 파리의 장을 비롯하여 그의 견해에 동
조한 저자들(단테도 그 가운데 포함된다)은 성경에 대한 시각을 바로잡고 넓혔
으며, 인간의 공통된 권리들을 부각시켰다. 프랑스 왕이 보니파키우스의 요구를
거절한 상황이 저자들로 하여금 서슴없이 발언할 수 있는 용기를 주었다.

그들은 교황의 영적 수위권을 건드리지 않았다. 다만 교황의 세속 권력을 공

---

23) Arnald는 프란체스코회와 도미니쿠스회 수사들이 기혼자들이 교리에 관해서
말하는 것을 믿지 말라고 공공연히 가르치고 다니는 행위를 비판한다.

격했을 뿐이다. 교황이 두 자루의 칼을 쥐고 있다는 허구를 그들은 배격했다. 교회가 자기 영역에서 수위권을 지니듯이 국가도 자기 영역에서 수위권을 지니며, 그 권위를 하나님에게서 직접 받는다. 콘스탄티누스는 서방의 주권을 실베스터에게 부여할 권한이 없었고, 그가 교황에게 준 선물은 교황의 정당한 권리가 되지 못한다. 각 나라의 군주는 자기 영토에서 수위권을 지니며, 황제가 여러 나라의 주군이라는 이론은 시대에 뒤진 것으로 폐기되어야 한다.

교황의 임기에 일정한 제한이 있어야 한다. 교황이라도 이단설을 주장하거나 무능하면 폐위될 수 있다. 몇몇 저자들은 교회 재산에 대한 교황의 관할권을 부정하는 데까지 나아갔다. 추기경들의 자문 기능을 강조했으며, 주교들의 독립된 권위를 주장했다. 무엇보다도 신자들의 몸인 교회에 거하는 권위를 논했으며, 총 공의회를 통해서 제기되는 교회의 발언이 교황의 권위보다 우월하다고 주장했다. 파리의 장과 피에르 뒤부아가 총 공의회들에 관해서 제시한 견해는 14세기 말에 교황청이 분열되어 있는 동안에 주장된 견해들의 직접적인 원인이 되었다. 뒤부아는 성직자들뿐 아니라 평신도들도 발언권을 가져야 한다고 주장했다. 성직자 독신의 규율을 비판했고, 그 규율이 광범위하게 지켜지고 있지 못한 현실을 고발했다. 교황과 성직자들에게 인류의 영적 안녕을 위해 헌신할 것과, 세계를 복음으로 개종시킬 평화로운 방법을 강구할 것을 촉구했다.

이만한 발언의 자유와 변화된 사고 방식은 기독교 교회사에서 발생한 거대한 혁명들 가운데 하나의 시작을 알리는 것이었다. 현대 세계는 이 저자들에게 적지 않은 은덕을 입은 셈이다. 오늘날은 공리로 통하는 원리들이 당시의 기독교 세계에서는 새로운 것이었다. 한 세대 후에 파두아의 마르실리우스(Marsiglius)가 그 원리들을 다시 한 번 명쾌하게 규명하면서 한 단계 더 진척시켰다.

6. 교황청의 아비뇽 이전

보니파키우스의 계승자로서 도미니쿠스회 출신인 베네딕투스 11세(1303–1304 재위)는 자기 의견을 고집하기보다 불화를 치유하는 데 힘을 기울인 온건하고 덕망 높은 인물이었다. 그는 전임자의 정책을 포기하고 국가와의 대립을 중단하고 공정왕 필립과의 투쟁에 종지부를 찍었다. 보니파키우스가 내렸던 각종 선고들을 철회하거나 수정했으며, 그 교황이 리옹에 공포했던 성무 중지령을 해제했다. 팔레스트리나를 콜로나 가문에게 되돌려 주었다. 다만 시아라 콜로나와 노가레만큼은 관용 대상에서 제외하고 로마로 소환했다. 베네딕투스가 여덟 달이라는 짧은 기간을 재위하고서 세상을 떠난 이유는 누군가 독을 묻힌 무화과를 접시에 담아 놓은 것을 교황이 무심코 먹은 결과였다.[24]

베네딕투스가 숨을 거둔 페루자에서 교황 비밀선거회가 모였으나 파벌들간의 대립으로 회의가 제대로 이루어지지 못했다. 거의 11달의 공백기가 지나간 뒤에 프랑스파가 완승을 거두어 보르도의 대주교 베르트랑 드 고(Bertrand de Got)가 클레멘스 5세라는 이름으로 교황으로 선출되었다. 베르트랑은 교황으로 선출되었을 당시에 프랑스에 있었다. 그리고 그 뒤에도 알프스를 넘지 않았다. 보르도와 푸아티에, 툴루즈를 순회하며 교황 업무를 보던 그는 결국 1309년에 아비뇽에 교황궁을 마련했다.

이로써 이른바 교황청의 바빌로니아 유수 혹은 아비뇽 유수가 시작되었다. 70년 넘게 지속된 이 기간에 일곱 명의 교황이 재위했는데, 그들은 모두 프랑스인들로서 이름과 재위 기간이 다음과 같다: 클레멘스 5세(1305-1314), 요한 22세(1316-1334), 베네딕투스 12세(1334-1342), 클레멘스 6세(1342-1352), 인노켄티우스 6세(1352-1362), 우르바누스 5세(1362-1370), 그레고리우스 11세(1370-1378). 이렇게 오랜 기간 로마에 교황청이 부재한 현상이 교황 제도에 적지 않은 충격을 주었다. 교황제는 모토(母土)에서 이식되면서 13세기의 종교적·역사적 관계들로부터 단절되었다. 이제는 더 이상 기독교 세계의 중심에서 말하지 못했다.

교황청이 영원한 도싱을 버리고 프랑스 땅으로 이선하기까지 디딤돌이 된 사건들이 있었다. 인노켄티우스 2세를 비롯한 교황들이 프랑스로 망명한 적이 있었던 것이다. 13세기 후반에 교황청은 제국과 투쟁하는 과정에서 프랑스에 기대어 지원을 받았다. 인노켄티우스 4세는 프리드리히 2세의 침공을 피해서 1245년

---

24) Ferretus of Vicenza, Muratori, IX. 1013. Villani, VIII. 80. 베네딕투스의 신앙 인격을 잠시 보여주는 사례가 있는데, 그가 교황이 된 뒤 그의 어머니가 비단 옷을 입고서 그를 찾아왔다. 그는 어머니가 수수한 옷으로 갈아입고 오기 전에는 만나주지 않겠다고 해서 결국 어머니가 옷을 갈아입고 온 뒤에야 따뜻하게 맞이해 주었다.

에 리옹으로 도피했다. 보니파키우스 8세가 교황청 역사에서 전환점이 되었다고 한다면, 아비뇽 교황청은 기독교 세계에서 교황에 대한 존경을 뿌리째 흔들었다. 교황청이 프랑스의 일개 기관이 될 위기에 처하게 되었다. 교황들이 프랑스인 일색이었을 뿐 아니라 추기경들 대다수가 프랑스 태생이었다. 교황과 추기경들 모두가 프랑스 군주의 턱짓에 몸을 조아리는 궁정 고위성직자들의 상태로 전락해 있었다. 그러면서도 교황들이 서방 기독교 세계의 다른 나라들에 대해서 여전히 대권을 행사하면서 독일 황제에게 마음 내키는 대로 아나테마를 선포하고, 이탈리아 도시들에 성무 중지령을 내렸다. "교황이 있는 곳에 로마가 있다"는 주장을 할 수도 있겠지만, 문제는 그의 범세계적 위상에 가해진 손상이 회복할 수 없을 만큼 컸다는 데 있었다.

아비뇽 체류 기간에 교황청의 도덕상은 유럽 전역에서 악명이 높았다. 교황청이 한결같이 세속 군주의 궁정과 다름없이 시기와 견제로 분열되었고, 각종 음모로 시련을 겪었다. 아비뇽에서 재위한 몇몇 교황들은 좋은 이름을 남겼으나, 그들조차 대체로 악하지는 않으나 무능하다는 부정적인 평가를 받았다. 교황청은 탐욕과 매수와 방탕의 복마전으로 손가락질을 받았다. 족벌주의와 뇌물, 성직매매가 부끄러움 없이 자행되었다. 교황 가문의 씀씀이가 전례 없이 방만해졌다. 틈만 나면 남발된 면죄부가 수입 증가의 원천이 되었다. 교황 가문의 일원으로서 교황제의 강력한 지지자였던 알바루스 펠라기우스(Alvarus Pelagius)는 「교회의 통곡」(De planctu ecclesiae)이라는 저서에서 교황청이 지역 교회들의 재정을 빨아들이는 현실을 통렬하게 비판했다. 교황청 주변에는 환전상들이 우글거렸고, 연일 성대한 파티가 열렸다.

역시 당대인이었던 페트라르카(Petrarch)는 신적 제도로 통하던 교황제 자체에 대해서는 일언반구 비판하지 않은 채 아비뇽에 대해서는 "모든 악의 하수구, 모든 범죄의 소굴, 제3의 바빌로니아, 서방의 바빌로니아"라고 부르면서 아비뇽 교황청을 다양하게 풍자했다. 그의 신랄한 독설을 제대로 옮길 만한 표현이 없을 정도이다. 아비뇽을 가리켜 "고통의 샘, 진노의 처소, 오류의 학교, 거짓의 신

---

25) 페트라르카는 아비뇽 교황청이 "큰 혼돈으로 가득 차 있고, 흑암의 세력들이 그 위를 덮고 있고, 과거에 존재하지 않았던, 극악한 악인조차 상상하지 않았던 모든 두려운 것이 들어 있다"고 말한다. Robinson, *Petrarch*, p. 87.

전, 두려운 감옥, 지상의 지옥"이라고 했다.[25] 그러나 아비뇽의 부패가 만천하에 명백히 알려진 것이었기 때문에 페트라르카로서도 고소 내용을 고안하느라 고심할 필요가 없었다. 이러한 오명으로 인하여 아비뇽 교황청은 루이 14세와 영국의 찰스 2세의 궁전과 동렬에 놓인다.

이렇게 교황청이 국외로 나가 있는 동안에 이탈리아는 한탄스러운 상태로 전락했다. 도시들의 여왕이자 순례자들의 목적지요 모든 서유럽인들의 신앙 중심지요 모든 나라 왕들과 제후들의 대사들이 야심적인 계획안을 가지고 와서 재가를 기다리던 로마가 이제는 혼돈과 폭력의 활극장이 되어 버렸다. 한 치의 자존심도 양보하기를 거부하던 콜로나 가·오르시니 가·가에타니 가를 비롯한 귀족 가문들이 끊임없이 대립했고,[26] 시정(市政)의 주도권을 쥐기 위해서 투쟁했으며, 그러는 동안 그들을 경멸한 평민 지도자들에게 배척당하는 일도 여러 번 발생했다. 수입원이 사라지자 도시는 가난하고 한가로운 시골 읍과 다름없는 상태로 전락해가다가, 마침내 1370년에는 인구가 2만 명에도 미치지 못하게 되었다. 독일 북부와 남부, 그리고 롬바르디아의 신흥 도시들처럼 경제 발전을 촉진할 만한 산업이 없었다. 궁전들과 공공 장소들을 무력감과 단절감이 무겁게 짓눌렀으며, 간혹 시 차원의 공공 행사들이 열려 잠시 분위기를 쇄신했으나 그런 시도는 중후한 군사 작전에 비교할 때 시시한 서커스에 지나지 않았다. 유서 깊은 유적들이 방치되거나 철거되었다.

어느 교황특사는 콜로세움의 석재들을 석회가마 용으로 팔아 넘기고 대리석들을 다른 도시들로 가져갔는데, 그 일로 인하여 로마가 카라라(Carrara)보다 못한 신세로 전락했다는 말이 나돌았다. 시내 교회당들의 지붕이 떨어져 나갔다. 라테란 궁진 교회와 싱 베드로 교회에는 제단 있는 곳까지 풀이 자라 가축이 들어가 풀을 뜯었다. 보니파키우스 8세 때 로마로 초빙되어 성 베드로 교회를 단장한 조토(Giotto) 때부터 시작되었던 미술 활동도 중단되었다. 이 시기에는 건축 활동도 거의 중단되어서, 1348년에 전염병에서 살아남은 것을 기념하여 성 마리아 교회의 대리석 계단 아라 코엘리(Ara Coeli)를 제작한 것과, 1308년에 화재를

---

26) 어린이들도 이렇게 폭력이 난무하는 광란의 상태를 피하지 못했다. 아가피토 콜로나라는 어린 소년이 오르시니 가문 사람들의 공격을 피해 하인의 손에 이끌려 교회당 안으로 피신했으나 그곳에서 붙잡혀 목졸려 죽었다.

당한 라테란 교회를 복원한 것이 전부였다.[27) 웅덩이들과 건물 잔해들 때문에 길을 지나기가 어려웠으며, 악취가 진동했다. 클레멘스 5세가 죽었을 때, 나폴레옹 오르시니(Napoleon Orsini)는 필립(프랑스 왕)에게 영원한 도성이 파멸 직전에 처해 있다고 탄식했으며, 1347년에 콜라 디 리엔초(Cola di Rienzo)는 로마 시를 문화인들의 거처라기보다 강도들의 소굴이라 부르는 게 적합하다고 말했다.

이탈리아 반도, 적어도 그 중에서 북쪽 절반은 정치적 분열과 사회적 무정부 상태에 빠져 있었다. 농촌 지역들에는 유랑민들로 들끓었다. 도시들에서는 정부가 유혈 사태를 겪으며 수시로 바뀌었다. 교회의 고위성직자들은 하위성직자들에게 거둬들인 돈을 유력자들에게 갖다 바침으로써 약탈과 폭력을 면했다. 이런 것들이 교황청이 이주함으로써 생긴 직접적인 결과들 가운데 몇 가지였다. 이탈리아는 그리스의 운명으로 전락하여 황무지로 변할 위기에 내몰렸다.

클레멘스가 자신의 거처로 정한 아비뇽은 파리에서 남동쪽으로 700km 가량 떨어진 곳으로서, 리옹의 남쪽에 자리잡고 있었다. 마르세유 항구에서 멀지 않아서 이탈리아로 가기가 쉬웠다. 이 도시는 1348년에 클레멘스 6세가 나폴리 왕국에게 금 8만 플로린을 주고 매입한 이래로 프랑스 대혁명 때까지 교황청의 영토로 남아 있었다. 일찍이 1229년에 교황청은 당시 그 일대의 브네생 공작령을 보유하고 있었는데, 툴루즈의 레몽의 소유였다가 교황청으로 양도된 토지였다. 이 자유로운 교황의 거처가 사면이 프랑스 영토로 둘러싸여 있었다. 이탈리아 주교들은 클레멘스에게 로마로 가도록 촉구했는데, 이탈리아 저자들은 그가 끝내 가지 않은 이유를 자신이 보니파키우스 8세를 적극 단죄한 데 대한 보복을 두려워했기 때문이었다고 설명했다.

클레멘스의 즉위식은 리옹에서 거행되었다. 필립과 그의 형제인 발루아의 샤를, 브레타뉴의 공작, 그리고 영국 왕이 보낸 대표단이 즉위식에 참석했다. 필립과 공작은 교황이 탄 승용마 곁에서 걸어갔다. 행렬이 거행되는 동안 낡은 담장이 무너져서 교황의 동생인 공작과 다른 사람 열 명이 목숨을 잃는 사건이 발생했다. 교황 자신도 말에서 떨어지면서 교황관이 흙바닥에 나뒹굴었고, 교황관에 박혀 있던 큰 보석이 사라졌다. 역대 교황들 가운데 신임 교황처럼 타협적인 자

---

27) 요한 22세는 클레멘스 5세가 로마 교회들의 구제를 위해서 남겨둔 은그릇들을 팔아 라테란 교회 복원 비용을 지불했다.

세를 취한 사람이 없었다. 교황제에 큰 모욕을 입힌 군주에게 그가 굴복한 것은 이상한 정경이었다. 그는 공정왕 필립에게 비록 직접은 아니지만 간접으로 교황관을 받았다. 그는 필립이 원하던 사람이었다. 왕이 보니파키우스를 기억하고서 분노할 때마다 그를 달래고, 왕이 성전 기사회에 대해 제시한 잔인한 요구를 들어주는 것이 그의 역할이었다. 이런 일들과 함께 그가 소집한 비엔 공의회가 그의 재위와 관련하여 관심을 끄는 주요 사항들이다.

새 교황이 교황관과 함께 받은 조건들은 필립 자신이 부과한 것들로서, 빌라니에 따르면 왕이 그 가스코뉴 사람[클레멘스 5세]에게 요구한 사항에는 여섯 가지 약속이 포함되어 있었다고 한다. 그 중 다섯 가지는 보니파키우스가 필립과 투쟁할 때 해놓은 일들을 완전히 무(無)로 돌리는 것과 관련이 있었다. 여섯째 조항은 비밀에 부쳐졌는데, 아마도 성전 기사회를 해산하는 일에 관한 것이었으리라 추정된다. 이 여섯 조항의 신빙성이 쟁점이 되었던 것이 사실이지만, 클레멘스의 재위 초반부터 프랑스 왕이 어떻게든 교황에게 그 약속들을 실행하도록 압박을 가했던 데에는 의심의 여지가 없다. 왕의 요구를 거절할 실권이 없었던 클레멘스는 베네딕투스가 이루어 놓은 조치들을 추인하는 동시에 거기서 한 걸음 더 나갔다. 프랑스 왕을 사면했고, 1306년 2월 1일에는 프랑스에 큰 부담을 주었던 대칙서들인 클레리키스 라이코스와 우남 상탐을 철회했으며, 콜로나 가문의 추기경들을 완전히 복권시켜 주었다.

보니파키우스 8세의 인격과 교황 자격을 다루기 위해 소집된 회의들은 족히 6년을 끌었다. 필립은 자기 형제 에브뢰의 백작 루이를 비롯한 여러 증인들을 동원하여 보니파키우스가 이단으로 죽었다고 고소하도록 했다. 이 문제를 놓고 추기경들의 정시가 둘로 갈라졌다. 콜로나 가문 사람들은 보니파키우스의 기억에 적대적이었던 반면에 켈레스티누스 5세의 기억을 담은 저서들에는 애착을 보였다. 교황이 사임한다는 것이 신적 규례에 위배된다고 주장했다. 교황이 교회와 영적으로 결혼한 사실은 아무도 철회할 수 없다고 했다. 동시에 두 교황이 있었던 사실에 대해서는, 그러한 기괴한 상황이 하나님에게서 나왔을 리 없다고 해명했다. 반면에 아우구스티누스 트리움푸스 같은 저자들은 보니파키우스를 변호하면서, 그가 교회를 위해서 목숨을 바친 순교자였으므로 성인이 될 자격이 있다고 주장했다.

필립은 자신의 불구대천의 원수에 대한 미움이 극에 달하여 아마도 1305년이라는 이른 시기에 켈레스티누스 5세를 성인으로 추서했다. 왕은 1307년에 두 번째로 클레멘스에게 보니파키우스를 단죄하라고 직접 압력을 가했다. 하지만 교황은 온갖 구실을 동원하여 심의를 연장하는 비결을 알고 있었다. 이에 필립은 자신이 종교 문제에 관심이 있음을 표명했고, 노가레를 비롯한 공모자들은 아비뇽에서의 공격이 신앙적 행위(negotium fidei)라고 주장했다. 노가레는 그 공격에 자신이 참여한 사실을 변호하기 위해서 열두 편도 넘는 해명서를 보냈다. 1310년에 공식 재판이 시작되었다. 평신도들과 사제들, 주교들을 포함한 여러 증인들이 출석하여 보니파키우스를 고소했다. 고소 내용은 교황이 이슬람교·유대교·기독교를 모두 거짓 종교라고 주장했고, 동정녀 탄생을 꾸며낸 이야기로 설명했고, 화체설과 지옥 및 천국의 존재를 부정했으며, 도박과 점을 즐겼다는 것이었다.

　클레멘스는 보니파키우스를 중죄인으로 몰아가는 데 앞장선 집단을 변호하는 내용의 대칙서를 연거푸 발행했다. 필립과 노가레가 아무 죄도 없고, 다만 죽은 교황의 잘못된 행위를 비판하려는 순수한 동기에서 그렇게 한 것일 뿐이라고 주장했다.[28] 필립에게 발행한 1311년의 대칙서(Rex gloriae)에서 그는 세속 왕국을 하나님께서 친히 세우셨고, 프랑스가 새 시대에는 옛 시대의 선민 이스라엘과 같은 지위를 차지하고 있다고 선언했다. 과거에 노가레가 아나니 공격 계획에 합의한 목적은 교회가 보니파키우스의 손에 파멸되는 것을 막기 위한 것이었으며, 교황궁과 교회가 약탈된 일은 그 프랑스 대법관의 뜻과 상반된 것이었다고 변호했다. 여러 통의 대칙서들을 통해서, 클레멘스는 보니파키우스가 필립과 그의 왕국에 대해서 가했거나 가할 계획이었던 모든 징계 조치들과 규제령들을 상기시켰다. 그리고 왕의 환심을 사기 위해서 보니파키우스가 선언한 이런 유의 조치들을 로마 교회의 공식 기록에서 삭제하도록 지시했다. 이처럼 보니파키우스의 계승자는 보니파키우스가 행한 모든 조치들을 지극히 엄숙한 교황의 영으

---

28) 1308년의 소책자는 보니파키우스에 가해진 고소들 가운데 몇 가지가 사실과 다르다는, 혹은 그에 대해 내려진 올바른 평가들은 그를 이단으로 간주하지 않았다는 점을 입증하려고 한다. 사실과 다른 고소들로 열거된 것 가운데 하나는, 보니파키우스가 프랑스인들을 개들이라고 불렀으며, 갈리아인이 되느니 차라리 개가 되는 편이 낫다고 말했다는 것이었다.

29) 보니파키우스가 필립을 단죄하기 위해서 발행한 문서들의 일부 구절들이 삭제

로 철회했다.[29]

비엔 에큐메니컬 공의회가 모였을 때, 보니파키우스 문제가 매우 골치 아픈 의제였다. 정식 재판이 진행되어 추기경 3인이 고소당한 전임 교황을 변호한 뒤에 그의 무죄를 확정했다. 추측컨대 전임 교황이 단죄를 당하는 상황을 면하기 위해서 클레멘스가 필립에게 성전 기사회 문제를 양보하는 부당한 행동을 했을 가능성이 크다.

길고 지루한 회의가 끝난 뒤 이 수도회는 1312년에 클레멘스에 의해 공식적으로 해산되었다. 1119년에 이슬람교도들로부터 순례자들을 보호하고 성지를 방어하기 위해서 설립된 이 수도회는 제 소임을 다하고 역사의 뒤안길로 사라지게 되었다. 만약 부와 방탕에 휘둘려 본연의 열정을 상실했다면, 한때 명성을 날리던 이 기사회가 해산된 것이 차라리 잘된 일이었을 것이다. 그러나 그들이 강제로 해산된 사건은 그 시대 사람들의 보편적 동정을 일으켰으며, 사람들을 전율과 의문에 빠뜨렸다. 될링거는 그 사건을 가리켜 "역사상 독특한 드라마"라고 불렀다.[30]

성전 기사회의 해산은 공정왕 필립이 끊임없이 요구해온 사안으로서, 클레멘스 5세의 마지못한 협조로 성사되었다. 왕은 자기 목적의 비열함을 종교적 열정이라는 얄팍한 가면으로 가려보려고 했으나 세상이 다 아는 일을 감출 수가 없었다. 이미 클레멘스가 즉위할 때부터 그는 성전 기사회에 비판을 가했다. 거의 비슷한 시기에 그는 화폐 가치를 절하한 일로 폭동이 일어나자 파리에 있던 성전 기사회 건물로 들어가 숨었다. 그러던 그가 1307년에 교황에게 성전 기사회를 다시 고소했다. 교황이 고소를 수락하기를 거부하자, 그는 1307년 10월 13일 밤에 단장 자케 드 몰레(Jacques de Molay)를 포함한 프랑스의 모든 성전 기사회 회원들을 체포하여 옥에 가두었다. 될링거는 이 행위를 격렬히 비판하면서, 만약 세계사에서 저주받는 날(dies nefastus)을 꼽으라고 한다면 자신은 1307년 10

되었으나, 보니파키우스의 친구들이 원본이 고스란히 담긴 사본들을 빼돌렸다.

30) 될링거의 논문 *Akad. Vortr ge*, III. 244-274는 저명한 사학자가 the Munich Academy of the Sciences에서 행한 마지막 강의안이었다. 성전 기사회를 매우 좋게 평가한 그는, 만약 그들을 그냥 놔두었다면 키프로스를 거점으로 지중해 일대에서 경찰 역할을 수행함으로써 큰 유익을 끼칠 뻔했다고 주장했다.

월 13일을 꼽겠노라고 말한다. 사흘 뒤에 필립은 자신이 이러한 조치를 취한 것은 신앙을 보호하기 위함이었으므로 기독교 세계의 모든 군주들은 자신의 본을 따르라고 발표했다. 클레멘스는 그 일이 도무지 내키지 않았으나 왕을 거역할 만한 인물이 되지 못했기 때문에 점차 왕의 뜻에 순응하게 되었다.[31] 이 일에 종교재판소라는 기구가 동원되었다. 당시 종교재판소를 이끌었던 주도 세력인 도미니쿠스회는 필립을 전폭 지지했으며, 그의 고해신부도 도미니쿠스회 소속이었다. 1308년에 국가 관리들이 성전 기사회를 재판에 회부하려는 왕의 계획에 동의했다. 법정 구성의 책임을 맡은 클레멘스는 각 교구의 주교와 프란체스코회의 대표 2인, 도미니쿠스회의 대표 2인이 법정을 구성하도록 했다. 전권을 부여받은 이들 위원회가 파리에 모였다.[32]

1308년 여름에 교황은 성전 기사회 회원을 어디서든 기소하도록 명령했다.[33] 죄목에는 이단죄와 십자가에 침을 뱉은 행위, '바포메트'(Bafomet)라는 우상을 숭배한 행위 — '바포메트'는 프로방스 방언으로 마호메트를 가리키는 단어임 —그리고 남색과 동료 기사들의 엉덩이와 배꼽에 입을 맞추는 등의 가증스러운 죄가 열거되었다. 그 외에도 기사들은 검은 고양이 모양으로 나타나는 마귀와 회합을 갖고 여자 귀신들과 육체 관계를 가진 죄로도 고소되었다. 법관들과 종교재판관들이 취합한 죄목은 모두 127가지였으며, 이것을 교황은 프랑스 전역과 그 밖의 나라들에 기소의 근거로 통보했다.

집요한 고문을 견디지 못한 많은 기사들이 이 죄목들을 시인했는데, 재판관들은 특히 그리스도를 부인하고 십자가에 침을 뱉었다는 자백을 받아내는 데 주력

---

31) 대칙서 *Pastoralis proeeminentiae*, 1307. 아우구스티누스 트리움푸스는 성전 기사회에 관한 소책자 *de facto Templarorum*에서 이단죄에 대한 고소는 부정하지 않은 채, 왕이 이단죄로 고소된 사람들을 교회에 사전 동의를 구하지 않은 채 먼저 체포할 권한이 없다고 주장했다.

32) 법정은 나르본 대주교와 망드 · 베외 · 리모주의 주교들, 그리고 주교 이하의 성직자 4인으로 구성되었다. 법정의 장소는 필립의 요구에 따라 파리로 결정되었다.

33) 대칙서 *Faciens misericordiam*. 이 문서에서 교황은 기사회의 단장과 관리들이 사제들의 고유 권한인 사면을 관례처럼 베풀었다는 죄목을 제시했다. 이것은 과거에 알렉산더 3세가 사제들을 기사 수도회들에 가입을 유도하기 위해서 규정한 엄격한 사면권 규정을 재확인한 것이었다.

했다. 성전 기사회는 고위층에 용기 있게 자신들 편에 서서 말해 줄 만한 사람들을 두지 못했던 듯하다. 국왕과 교황, 도미니쿠스회, 파리 대학교, 프랑스 주교단이 모두 그들을 적대시했다. 가련한 기사들은 고문 끝에 행한 자백을 화형대에 서서는 철회했다. 적지 않은 사람들이 모든 고소 내용을 부정했다. 결국 파리에서 36인이 고문을 당하다가 죽었고, 54인이 1310년 5월 10일에 그 도시에서 화형을 당했으며, 여드레 후에는 4인이 더 희생되었다. 수백 명이 감옥에서 최후를 마쳤다. 성전 기사회를 철저히 박해하던 자들조차 그들이 최후의 순간까지 지조를 지켰다는 점을 시인했다.[34]

클레멘스의 지시로 재판이 독일 · 이탈리아 · 스페인 · 포르투갈 · 키프로스 · 영국에서 열렸다. 영국에서는 에드워드 2세가 처음에는 고문에 의존하지 않다가 — 그 나라에서는 고문을 공식적으로 동원한 전례가 없었다 — 나중에 클레멘스의 요구를 받아들여 고문을 사용했다. 교황은 영국에 종교재판관들을 파견했다. 런던과 요크에서 열린 교회회의들은 이단 관련 죄목들이 너무나 위중한 까닭에 기사들이 스스로 결백을 입증하기가 불가능하다고 공포했다. 영국에 있던 성전 기사회 지부들이 해산되었고, 회원들은 각 수도원들로 분산되어 고해를 하도록 했다. 이탈리아와 독일에서는 피고들이 대부분 무죄 판결을 받았다. 스페인과 포르투갈에서는 유죄를 뒷받침할 증거가 제시되지 않았으며, 1310년의 타라고나 교회회의를 비롯한 여러 교회회의들은 그들에 대해 무죄를 선고했다.

이 적대적 절차들 가운데 마지막 조치는 성전 기사회를 적극 규제하기 위한 목적으로 소집된 프랑스의 비엔 공의회에서 이루어졌다. 공의회를 구성한 대표들의 다수가 기사회를 다시 재판하되 스스로 무죄를 입증할 공정한 기회를 주자는 안을 가결시켰다. 그러나 프랑스 왕은 단호했다. 그는 클레멘스에게 기사들의 유죄 사실이 이미 충분히 입증되었다고 환기시키면서, 기사회를 폐지하도록 일을 진행시키라고 압박했다. 자신이 직접 큰 규모의 수행원단을 거느린 채 공의회장에 찾아갔다. 국왕에게 크게 떠받들어진 클레멘스는 1312년 3월 22일에

---

34) 1309년에 프랑스 님의 주교가 주재한 재판에서 32인의 피고들 가운데 3인을 제외하고는 모두 죄목을 부정했다. 1310년에 페르피냥에서는 피고들 전체가 죄목을 부정했다. 클레르몽에서는 40인이 기사회의 유죄 사실을 시인했고, 28인이 부정했다. 이런 비율의 반대 증언이라면 유죄 여부를 가리기가 쉽지 않은 법이다.

자신의 사도적 권한에 힘입어 성전 기사회를 해산하는 법령을 공포했다. 클레멘스가 제시한 이유들로는, 성전 기사회가 이단설을 주장했다는 의혹이 존재한다는 것과, 기사회의 많은 회원들이 이단설을 비롯한 여러 죄목들을 이미 자백했다는 것, 이후로는 덕망 높은 사람들이 그 수도회에 입회할 리가 없다는 것, 이제는 성지를 방어할 필요가 없어졌다는 것이었다. 그리고는 추후 재판 절차를 위한 지침들을 제시했다. 유죄 판결을 받은 자들은 사형에 처하고, 무죄 판결을 받은 자들에게는 기사회의 재산을 나눠주도록 했다. 이 조치로 인하여 널리 명성을 누리던 수도회가 역사의 무대에서 사라지게 되었다.

성전 기사회의 제22대이자 마지막 단장인 자케 드 몰레의 최후는 기사회의 신망을 더럽히지 않는 고결한 것이었다. 1차 재판에서 그는 그리스도를 부정하고 십자가에 침을 뱉었다는 고소를 시인하여 유죄 판결을 받았으나, 후에 자백을 철회했다. 그의 재판이 1314년에 다시 열렸다. 성전 기사회 노르망디 지부장 제프레 드 샤르네(Jeofrey de Charney)를 비롯한 다른 사람들과 함께 그는 노트르담 주교좌성당으로 끌려가 그곳에서 종신형을 선고받았다. 그러자 몰레는 앞으로 나서서 기사회에 가해진 고소는 거짓이며, 자신이 죄를 자백한 것은 고문과 왕의 지시를 이기지 못했기 때문이라고 주장했다. 샤르네도 같은 내용의 신상 발언을 했다. 재판관들은 다음 날 사건을 다시 심의하기로 약속했다. 그러나 끝내 피를 보려는 왕의 욕구는 끝을 몰랐고, 결국 그날 밤 곧 1314년 3월 11일 밤에 죄수들은 화형을 당했다. 불길이 죄수들을 사르는 동안 몰레가 교황과 왕의 이름을 부르면서 일년 내에 하나님의 심판대에서 만나자고 외쳤다는 소문이 퍼졌다. 아닌게 아니라 교황은 그로부터 한달 안에 지저분한 병에 걸려 죽었고(전하는 바로는 죽기 전에 기사회를 불의하게 처분한 행위에 대해서 참회했다고 한다), 왕도 여섯 달 뒤에 사냥을 하다가 사고로 죽었다. 당시 왕의 나이가 마흔여섯밖에 되지 않았는데, 그로부터 14년 뒤에 그의 직계 후손 가운데 마지막 사람이 죽고 권좌가 발루아 가문에게 넘어갔다.

성전 기사회의 재산에 대해서, 교황은 성 요한 기사회[자선 기사회]에 양도하도록 법령으로 공포했으나, 필립이 이 일에도 다시 개입하여 성전 기사회를 체

---

35) 성전 기사회의 재산은 크게 과장된 점이 없지 않다. 프랑스에서는 그들이 자선 기사회보다 부유하지 않았다. 1300년경에 프랑스의 두 기사회는 각각 6천 파운드의

포하고 죄수들을 관리하는 데 든 비용으로 260,000파운드를 요구했다.[35] 스페인에서는 그들의 재산이 산 이아고 디 콤포스텔라 수도회와 칼라트라바 수도회에게 양도되었다. 아라곤 왕국에서는 그 재산의 일부가 신설 수도회인 산타 마리아 데 몬테시아에 넘어갔고, 포르투갈에서는 예수 그리스도의 군대 수도회(ordo militiae Jesu Christi)에 넘어갔다. 이에 대해서 교황은 거듭해서 성전 기사회의 재산을 성 요한 기사회로 양도할 것을 요구했다. 영국에서는 1323년에 의회가 그들의 토지를 자선 기사회에 양도하도록 결의했으나, 왕이 상당 부분을 횡령했다. 성전 기사회 런던 지부는 1313년에 펨브로크의 백작의 수중에 넘어갔다.

　필립이 그렇게까지 성전 기사회를 증오하고 집요하게 박해한 이유는 탐욕 때문이었다. 성전 기사회의 재산이 탐났던 것이다. 필립은 이런 유의 범죄에 대해서는 둘째가라면 서러운 자였다.[36] 그는 롬바르디아의 은행가들과 프랑스의 유대인들의 재산을 강탈했고, 이득을 챙기기 위해서 화폐를 평가절하했다. 그는 자기 누이의 결혼 지참금을 마련하기 위해서 500,000파운드를 대부하는 바람에 심한 자금 압박을 받고 있었다. 결국 성전 기사회의 재산을 자신이 가로챌 수 있을 만큼 최대한 가로챘다. 교황 클레멘스 5세가 왜 그렇게 비굴하게 행동했는가 하는 것은 설명하기 어렵지 않다. 그는 왕의 앞잡이였던 것이다. 교황이 그 불행한 수도회에 손을 대기를 거절했을 때, 왕은 보니파키우스 8세의 재판 건을 가지고 그를 협박했다. 교황은 전임 교황의 명예를 지키기 위해서 기사들의 목숨을 내주었다. 단테는 성전 기사회 회원들이 프랑스 왕의 탐욕에 희생된 것으로 묘사하면서, 필립을 본디오 빌라도에 비유한다.

　　"나는 현대판 빌라도를 본다.

세금을 부과받았다. 영국 사가인 Thomas Fuller는 다음과 같은 흥미로운 주장을 한다. "필립은 만약 성전 기사회 회원들을 죽이지 않고 그들의 토지를 가로챌 수 있었다면 그들을 죽이지 않았을 것이다. 그는 꿀벌들을 태워 죽이지 않고서 꿀을 취할 방도를 몰랐다." 비엔 공의회에 참석했던 스페인 대표단은 아라곤 왕에게 보낸 보고서에서, 성전 기사회에 관한 공의회와 프랑스 왕의 주요 관심사가 그들의 재산을 가로채는 데 있었다고 썼다. Finke, I. 350, 374.
　36) 단테와 빌라니는 성전 기사회가 무고했다는 데 동의한다. 그리고 이 평가에 오늘날의 대다수 학자들도 동의한다.

> 그는 이 정도의 잔인함으로 만족하지 못한 채 허락도 없이
> 탐욕의 돛을 달고 성전 안으로 들어간다."
>
> ― 연옥편 제20곡 91행.

파리에 있던 성전 기사회 건물은 왕궁으로 개조되었고, 그로부터 4세기 뒤에 루이 16세는 그 건물에서 끌려나와 단두대로 갔다.

에큐메니컬 공의회 목록 가운데 열다섯 번째로 올라 있는 비엔 공의회는 1311년 10월 16일에 소집되었고, 여섯 달 동안 휴회한 끝에 1312년 5월 6일에 세 번의 회기를 열었다. 클레멘스가 시편 112:1, 2을 본문으로 개회 설교를 한 뒤 세 가지 의제를 발표했는데, 그것은 성전 기사회 건, 성지 회복 건, 교회 개혁 건이었다. 공의회의 공식 문서들은 내용이 부실하다. 공의회는 성전 기사회와 보니파키우스 8세에 관해 결의한 것 외에도, 베긴회(Beguines)와 베가르회(Beghards)를 단죄했고, 프란체스코회 소속 페트루스 요한 올리비(Peter John Olivi, 1298 죽음)에 대한 고소를 청취했다. 올리비는 그 수도회의 신령파 소속이었다. 1274년에 프란체스코회 총장이 그의 저서들에 대해 소각 명령을 내린 바 있고, 1279년에 다음 총장인 보나그라티아(Bonagratia)가 선임한 위원회가 그의 저서들에서 36편의 위험한 논문들을 지적한 바 있었다. 공의회는 올리비를 단죄하지 않은 채 그가 프란체스코회의 두 파벌인 신령파(the Spirituals)와 콘벤투알파(the Conventuals)의 관계를 다룬 세 편의 논문들을 단죄했다.

공의회는 파리·옥스퍼드·볼로냐·살라망카 대학교들에 각각 히브리어·아랍어·갈대아어 교수 2인씩 임용하도록 결의한 일로 성서학과 대학 교육의 역사에 한 자리를 차지한다.

프랑스에서 보니파키우스와 성전 기사회에 대한 재판이 더디게 진행되는 동안에, 클레멘스는 이탈리아에서 자신의 권위를 확립하기 위해서 노력했다. 교황청이 소유권을 주장하던 페라라에 감히 손을 댄 베네치아에 대해서 가장 극단적 형태의 아나테마와 성무 중지령을 공포했다. 그 신성모독적 도시에 대해서 십자군 원정을 선포했다. 결국 베네치아는 전투에서 패했으며, 페라라는 교황의 대리자 나폴리 왕 로베르(Robert)의 통치에 위임되었다.

클레멘스는 프랑스의 교황청 장악력을 강화하기 위해서 할 수 있는 일은 다 했다. 재위 첫해에 프랑스인 추기경 9인을 임명했으며, 그가 재위 기간에 추기경

으로 임명한 24인 가운데 23인이 프랑스인들이었다. 탐욕스러운 필립에게 5년간 교회의 십일조를 납부했다. 그 밖에도 이 군주에 대한 의무를 수행하기 위해서 모든 계층의 성직자들과 공석이 된 성직록들에 대해서 세금을 부과하는 것을 주된 사업으로 삼았다. 자기 친척들을 과감하게 관직에 등용시켰다. 이것이 그의 교황 재위 기간의 가장 큰 특징이었다. 그의 친척 가운데 다섯 명이 아직 어린 나이에 추기경이 되었다. 자기 형제는 로마의 주임 신부가 되었으며, 가족의 다른 식구들에게는 안코나 · 페라라 · 스폴레토 공국 · 베나이신 공국, 그리고 교황이 하사한 다른 영토들을 주었다. 재산 집행과 관리에 상당히 많은 시간을 허비했으며, 이것이 현대 예수회 저자 에를(Ehrle)에게 흥미로운 주제가 되었다. 클레멘스는 페루자에서 프랑스로 떠난 뒤에 전임 교황이 남긴 교황청 재산을 지방과 도시 단위로 꼼꼼히 챙겨 여러 필의 노새에 실어 프랑스로 옮겨오도록 했다. 하지만 그가 죽은 뒤에는 그가 받아 쌓아 두었던 그 많은 재산이 한꺼번에 사라졌다. 클레멘스의 후임자 요한 22세는 전대에 재산 관리를 맡았던 클레멘스의 인척들을 상대로 소송을 벌였다. 소송은 1318~1322년에 지속되었고, 클레멘스의 재정에 관련한 상당량의 정보가 밝혀졌다.[37]

클레멘스는 1312년에 814,000플로린에 달하는 총재산을 유언으로 처분했다. 그 가운데 300,000플로린을 조카인 로마뉴와 오빌라르의 자작(子爵)에게 주었다 (이 사람은 이 일 외에는 많은 서자들을 둔 것으로 알려진다). 이것은 십자군 원정 비용 명목으로 그에게 떼어준 것이었다. 314,000플로린은 다른 인척들과 충복들에게 나눠주었다. 나머지 200,000플로린은 교회들과 수도원들과 가난한 사람들에게 주었다. 프랑스 왕에게 빌린 160,000플로린은 갚지 않았다.

클레멘스의 시신은 그의 유언에 따라 우체스트에 묻혔다. 그리고 그의 재산이 약탈되었다. 요한 22세의 명령으로 열린 재판에서 클레멘스가 죽기 전에 70,000플로린을 후임 교황과 추기경회에게 공정하게 양분해 주기 위해서 따로 떼어놓았다는 사실이 밝혀졌다. 요한은 로마뉴 자작을 투옥하고, 그에게서 300,000플로린을 몰수하여 추기경회와 교황에게 절반씩 돌리도록 했다. 클레멘스가 죽은

---

37) Ehrle(p. 147)은 클레멘스의 연간 수입을 200,000~250,000 금화 플로린으로 추산하며, 이 가운데 100,000플로린을 궁정 운영비로 사용하고 나머지 100,000~150,000플로린은 비축해 두었을 것이라고 추정한다.

지 몇 달 뒤에 자작은 프랑스 왕에게 110,000플로린을, 영국 왕에게 60,000플로린을 대부해 주었다.

클레멘스의 인척들은 생시에 자신들을 후하게 돌아봐 준 그에게 감사하는 뜻에서 우체트에 50,000 금 플로린을 들여 정교한 석관을 세웠다. 이론상으로는 교황이 직위와 관련하여 자신에게 들어오는 돈을 교회 전체를 위해서 사용하게끔 되어 있다. 그런데 클레멘스는 금고에 있는 돈을 자기 마음대로 사용할 수 있는 사적 재산이라고 말했다.

클레멘스는 사생활에서 푸아의 아름다운 백작부인 브뤼니생드(Brunissenda)와 내밀한 불륜 관계를 맺었다는 중대한 의심을 받았다. 14세기의 교황들을 통틀어 그가 독립 정신이 가장 박약했던 사람이었다. 보니파키우스 8세를 변호한 어느 저자가 1308년에 쓴 글에서 이러한 판단을 내린다. "주님께서 보니파키우스보다 세상일과 인척들을 치부케 하는 데 더 관심이 컸던 클레멘스가 교황에 선출되도록 허용하신 목적은 맹목적인 비난을 받았을 보니파키우스가 그로 인하여 얼마나 교황의 자격을 갖춘 인물이었는지 부각되도록 하시려는 것이었다. 이는 단맛을 보기 전에는 쓴맛을 알 수 없고, 더위를 겪어보기 전에는 추위를 알 수 없고, 악을 경험해 보지 않고는 선을 알 수 없는 것과 같은 이치이다."[38] 두 교황을 싸잡아 비난한 빌라니는 클레멘스를 "방탕하고 돈을 몹시 탐한 사람으로서, 돈이 될 만한 성직록은 모두 팔아치운 성직 매매자였다"고 평가했다.[39]

이 교황이 재위 기간에 교회에 봉사한 것은 딱 한 가지뿐 인 듯하다. 「클레멘스 교령집」으로 알려진 교회법 저서(일부분은 그가 발행함)가 후임 교황 요한 22세에 의해 완성된 것이다.

7. 요한 22세의 재위(1316-1334)

클레멘스는 1314년 4월 20일에 세상을 떠났다. 추기경들이 카팡트라에 모여 회의를 열었고, 그 뒤 회의 장소를 리옹으로 옮겨가며 27개월간 결론을 내리지

---

38) Finke, *Aus den Tagen Bon. VIII.*, p. lxxxviii.

39) *Chronicle*, IX. 59.

못하다가 마침내 요한 22세를 교황으로 선출했다. 그는 당시 일흔두 살로서 포르토의 추기경 주교로 재직하고 있었다.[40] 단테는 추기경들이 이탈리아계 교황을 선출해야 한다고 호소했으나 프랑스의 영향력을 뿌리칠 수 없었다고 썼다.

카오르의 구두수선공의 아들이었다고 전해지며, 키가 작고 목소리가 탁했으나 근면하고 현학적이었던 요한은 14세기 교황들 가운데 가장 유능하거나 자격 있는 인물이었다고 할 수는 없으나 가장 두드러진 인물이었다. 천성이 부지런하여 교황청을 항상 분주하도록 유지했다. 바티칸 고문서 보관소는 그가 발행한 대칙서들과 그 밖의 저서들을 수록한 59권을 보관하고 있다. 그는 앙주 가문의 가정교사를 지낸 바 있는데, 교황으로서 남긴 발언들에 교사의 어투가 배여 있다. 그는 교황뿐 아니라 신학자가 되려는 야심이 있었다. 교황청의 이탈리아계 사람들에게 로마로 길을 나설 때를 제외하고는 절대로 나귀를 타지 않겠다고 엄숙히 약속했다. 하지만 그는 아비뇽을 떠난 적이 없다. 그가 프랑스에 대해 품은 애착은 재위 초반부터 나타나기 시작했는데, 그가 임명한 추기경 8인 가운데 7인이 프랑스인이었던 것이다.

요한의 재위 기간에 드러난 네 가지 큰 특징은 그가 독일 황제 바이에른인 루이스와 투쟁한 일, 프란체스코회의 강경파를 단죄한 일, 그 자신이 교리적 이단설을 주장한 일, 돈을 몹시 탐한 일이다.

바이에른인 루이스와 벌인 투쟁은 지난 세기들에 호엔슈타우펜 왕조와 유력한 교황들이 벌인 대규모 투쟁들과 비교하면 아이들 싸움에 지나지 않는 것이었다. 유럽은 긴 세월을 끌어온 투쟁을 그저 무덤덤하게 관망했는데, 투쟁의 양상이 어떤 큰 원칙을 항구적으로 도출해내기보다 황제와 교황 양 진영이 작은 일에 발끈하고 투쟁을 펼쳐간 힘도 약해지는 형국을 띠어갔다. 1313년에 하인리히 7세가 죽자 선제후들 가운데 5인이 비텔스바하 가문의 루이스에게 표를 던졌고, 2인이 합스부르크의 프리드리히에게 표를 던졌다. 두 사람 다 신임 교황에게 도움을 청했다. 프리드리히는 본에서 트리어의 대주교에게, 루이스는 아헨에서 마

---

40) Villani(IX. 81)는 추기경들이 선택을 내리지 못하고 시간만 보내다가 선택권을 요한에게 넘겼다는 미심쩍은 보고를 한다. 요한은 추기경 나폴레옹 오르시니의 조언을 받아들여 그 기회를 놓치지 않고 자신을 선출했다. 그는 리옹에서 즉위식을 가졌다.

인츠의 대주교에게 제관을 받았다. 1317년에 요한은 황제의 권좌가 비어 있는 동안에는 교황이 제국의 합법적 대리라고 선포하고는, 루이스가 선출 문제를 자신에게 의뢰하는 데 소홀했다는 이유로 그를 로마인들의 왕으로 승인하기를 거부했다.

그런데 1322년에 뮐도르프에서 벌어진 전투에서 프리드리히가 경쟁자에게 생포되는 사건이 발생했다. 사태가 이쯤 되자 요한은 좀 더 결정적인 조치를 취하지 않을 수 없게 되었고, 1323년에 루이스를 제재하는 성명을 발표하게 되었다. 이것이 아비뇽에서 탄핵과 처벌에 관한 내용으로 지루하고 반복되게 발표된 성명서들 가운데 최초의 것이다. 교황은 자신이 황제 선출을 승인하거나 거부할 수 있는 권한이 있음을 주장하면서 루이스에게 복종하지 않으면 파문에 처하겠다고 경고했다. 일년 뒤에 그는 루이스와 그의 모든 지지 세력을 파문에 처했다.

1323년에 발표된 이 첫 번째 탄핵에 대응하여, 루이스는 뉘른베르크에서 공증인과 그 밖의 증인들을 모아놓고서, 자신은 제국이 교황에게서 독립된 줄로 알고 있다고 말한 뒤 요한을 이단 혐의로 고소하면서 총 공의회를 열어야 한다고 주장했다. 요한을 이단 혐의로 고소한 이유는 그가 프란체스코회의 신령파를 대한 태도 때문이었다. 요한에게 단죄를 당한 신령파 지도자들인 체세나의 미카엘(Michael), 오컴(Ockam)과 보나그라티아(Bonagratia)는 루이스를 지지하고서 그의 궁정으로 피신했으며, 글로써 그를 변호했다. 이렇게 되자 정치 투쟁이 난해한 교회 문제로 복잡하게 얽히게 되었다. 1324년에 루이스는 작센하우젠에 있던 튜턴 기사회 예배당에서 작성한 성명서를 공포하여 총 공의회를 열자고 재차 촉구한 다음, 교황을 이단 죄로 거듭 고소했다.

다음 해인 1325년에 루이스는 독일 권좌를 놓고 프랑스의 샤를 4세와 계약을 맺은 바 있는 오스트리아의 레오폴트(Leopold)에게 치명적인 패배를 당했다. 레오폴트는 1326년에 울름에서 체결한 조약에서, 만약 이탈리아에 대한 자신의 권리와 황제에 준한 신분을 인정해 준다면 프리드리히에게 독일 황제 지위를 넘길 용의가 있다고 밝혔다. 그런데 이 중대한 시점에서 레오폴트가 세상을 떠나고 말았다.

교황은 나폴리의 로베르트를 로마의 대리 통치자로 임명했다. 그러나 이탈리아에 대한 자신의 권한을 포기할 의사가 없던 루이스는 마침 레오폴트의 죽음으로 다시 한 번 자유롭게 된 상황에서 군대를 끌고 알프스를 넘었고, 1327년 1월에 성 베드로 교회 앞에서 황제 대관식을 치렀다. 시아라 콜로나가 민중의 대표로서 그의 머리에 제관을 씌워주었고, 주교 2인이 도유식(塗油式)을 거행했다. (빌라니는 교황의 승인을 받지 않은 그 황제 대관식을 전례 없는 일로 간주하여 강하게 비판한다.) 루이스는 민중에게 제관을 받은 중세 최초의 황제였다. 정식 재판이 열렸고, "자칭 요한 22세라고 하는 카오르의 야콥"이 적그리스도로 고소된 뒤 교황좌에서 폐위되었으며, 그의 초상이 거리에서 불살라졌다.[41] 프란체스코회 신령파에 속한 코르바라의 요한이 방금 공석으로 선포된 교황에 선출되어 니콜라우스 5세라는 이름을 취했다. 그는 바르바로사 이래 최초의 대립 교황이었다. 루이스가 직접 교황의 머리에 교황관을 씌워주었으며, 베네치아의 주교가 도유식을 주관했다. 니콜라우스는 추기경 7인을 거느렸으며, 취임 전날 주장했던 가난과 절제의 원칙들을 의복과 식탁에서 저버렸다는 비판을 받았다.

루이스 진영이 벌인 이러한 만행에 대응하여, 요한은 루이스를 이단으로 규정하고 그를 정벌하기 위한 십자군 소집을 명하면서, 십자군에 참여하는 사람들에게는 모두 대사(면죄)를 베풀겠다고 약속했다. 변덕스러운 로마는 평신도가 제관을 씌워준 황제에게 곧 싫증을 느끼기 시작했다. 게다가 그가 어리석게도 로마 시에 거주하는 민중과 성직자들과 유대인들에게 각각 10,000플로린의 특별세를 부과했던 것이다. 그는 북쪽으로 돌아갔고, 니콜라우스도 추기경들을 대동하고서 그를 따라갔다. 피사에서 황제가 배석한 가운데 대립교황은 요한을 파문에 처하고 밀라노에서 총 공의회를 소집한다고 공포했다. 그리고는 주교좌성당에서 요한의 초상을 불태우고, 이단 죄로 사형을 언도했다. 1330년에 루이스는 이탈리아에서 완전히 철수했으나, 니콜라우스는 목에 밧줄을 건 채 요한에게 항복했다. 그는 3년 뒤에 아비뇽에서 죽었다. 1334년에 요한은 대칙서를 발행했는데, 카를 뮐러(Karl Müller)는 그것이 당시까지 교황이 독일 황제에게 가한 가장 조야한 폭거였다고 평가한다.[42] 이 대칙서는 이탈리아를 독일 황제와 왕국

---

41) 요한이 폐위된 이유로는 신령파를 규제하는 판결을 내린 일과, 제노바를 제재할 십자군을 위해 마련된 재정과 선박들을 사용한 일, 성직 임명권을 전횡한 일, 로마 밖에서 거주한 일이 제시되었다. 그 문서는 Muratori, XIV, 1167-1173에 실려 있다. 코르바라의 요한의 즉위와 인격에 관한 생생한 묘사에 대해서는 Gregorovius, VI. 153 sqq.를 참조하라.

42) 336 sqq., 376 sqq., 406.

(imperium et regnum)으로부터 분할하고, 두 나라를 하나로 재통합하는 행위를 금지했다. 이 과감한 조치를 취한 이유에 대해서는, 두 지역이 지리적으로 떨어져 있기 때문이라고 설명했다. 이로써 인노켄티우스 3세가 교황청 정책의 최고 과제로 삼았고, 그레고리우스 9세와 프리드리히 2세 사이의 투쟁에서 현저하게 부각되었던 문제가 확고한 성명서 한 장으로 성취되었다.

루이스는 이탈리아 내의 지지세력을 완전히 상실하고 독일에서도 불확실한 지지세력밖에 남아 있지 않게 되자, 이제는 화해 쪽으로 가닥을 잡았다. 그러나 교황은 그가 황제직을 완전히 포기하는 것 외에 다른 양보안을 받아 줄 생각이 없었다. 요한은 1334년에 죽었으나, 투쟁은 그의 후임자 베네딕투스 12세 대에서 계속되었다. 프랑스 왕 필립 6세는 베네딕투스가 루이스와 화해하기 위해서 취한 조치들에 반대했으며, 이에 루이스는 1337년에 프랑스를 견제하기 위해서 영국과 동맹을 맺었다. 독일의 제후들은 제국의 권리들을 자신들의 수중에 두려는 생각으로 유명한 렌제 헌법(the constitution of Rense)을 채택했으며(렌제는 마인츠에서 가까운 지역임: 역자주), 이 법이 1338년의 프랑크푸르트 제국의회에서 인준되었다. 이 법은 교황의 과도한 세속권 주장을 배격하고, 선제후들에 의한 황제 선출이 최종적이며 교황의 승인을 받을 필요가 없다고 주장했다. 이것이 제국의 독립을 주장한 독일 최초의 의회였다.

베네딕투스가 세상을 떠날 때인 1342년에 독일 의회에는 성무 중지령이 내려져 있었다. 전세는 루이스에게 크게 불리하게 전개되었고, 그의 지지세력도 거의 모두 그를 떠났다. 이제 남은 것은 하인리히 4세가 보여준 것보다 더 굴욕적인 복종뿐이었다. 그는 후임 교황 클레멘스 6세에게 선처를 구했으나 아무 소용이 없었다. 클레멘스는 1343년 4월 12일에 공포한 대칙서에서 황제의 여러 죄악들을 열거한 뒤 그에게 황제직에서 물러나라고 다시 한 번 명령했다. 루이스는 복종하겠다는 내용의 문서를 보냈으나, 아비뇽 당국은 문서의 신빙성에 의문을 제기했다. 아마도 황제에게 더 철저한 복종을 받아내기 위한 의도적인 전략이 아니었나 싶다. 교황청은 더 강경한 조건을 제시했다. 그 조건을 1344년의 프랑크푸르트 제국의회가 거부했다. 그러나 독일은 지치고 힘이 없었던 까닭에 1346년에 루이스에게 가해진 최후의 대칙서와 선제후들에게 황제 선출을 새로 할 것을 당부하는 문서를 순순히 받아들였다.

보헤미아의 요한을 비롯한 선제후들이 요한의 아들 카를 4세를 새 황제로 선출했다. 보헤미아 출신의 그 왕은 같은 해에 크레시 전투에서 죽음을 맞이한 맹목적인 군인이었다. 카를은 황제에 선출되기 전에 아비뇽을 방문하고서 교황의 요구에 철저히 복종하겠다고 약속했다. 그는 재위 기간 내내 일관되게 약속을 지킴으로써 교황의 선택이 옳았음을 입증했다. 교황과 황제 간의 투쟁은 일년 뒤인 1347년에 루이스가 뮌헨에서 곰 사냥에 나섰다가 죽음으로써 막을 내리게 되었다. 그것이 교회의 투사들인 힐데브란트와 인노켄티우스 3세, 그레고리우스 9세의 계통을 이어받은 교황청과 제국이 벌인 마지막 투쟁이었다.

요한 22세로 다시 돌아가 살펴보자면, 그는 프란체스코회 내부에서 재산 소유 문제를 놓고 발생한 논쟁에 적극 개입했다. 이 논쟁이 그 수도회가 설립된 직후부터 신령파(the Spirituals) 곧 엄수파(the Observants)와 콘벤투알파(the Conventuals) 즉 이완파(弛緩波) 사이에 끊임없이 전개되어 왔었다. 성 프란체스코는 마지막 유언으로 절대 가난을 실천하라고 당부했으나(보나벤투라의 전기 <1263>에는 이 유언이 언급되지 않았다), 1279년에 니콜라우스 3세가 발행한 대칙서에는 유언의 취지가 온전히 반영되지 않았다. 대칙서는 프란체스코회에게 임차인 자격으로 재산을 사용할 권한을 부여하되, 단순 봉토권(권리자가 양도·상속의 자유를 가진 부동산)을 가진 재산 보유 행위는 금지했다. 엄수파인 신령파는 이 판결에 만족하지 못하고 투쟁을 계속해 나갔다. 켈레스티누스 5세는 신령파를 자신이 직접 설립한 은수자 수도회와 통합하는 방식으로 문제를 해결해 보려고 했으나 성공을 거두지 못했다.

보니파키우스 8세 때에는 상황이 신령파(엄수파)에게 더욱 불리하게 전개되었다. 이 교황은 프란체스코회 총장 레이몬드 가우프레디(Raymond Gaufredi)를 해임하고 온긴파(이완파) 사람인 무로의 요한을 총장으로 임명했다. 이전에 베트루스 요한 올리비(1298 죽음, 그의 저서들은 널리 읽혔다)는 니콜라우스의 대칙서가 재산과 물건 사용을 '필요에 따른 사용'(usus pauper)이 되게 해야 한다고 규정한 것을 콘벤투알파(온건파)가 주장하는 좀 더 자유로운 사용(usus moderatus)과 반대되게 해석함으로써 그 대칙서에 지지를 표명한 바 있다. 그 뒤 올리비 자신이 처한 운명은 신령파가 처하게 될 운명의 예표였다. 그가 죽은 뒤에 그의 기억에 대해 훨씬 강경한 공격이 이루어졌고, 그것이 비엔 공의회에서 그에게 가해진 죄목들에서 절정을 이루었다. 무로의 요한은 강경책을 취하여 올리비의 저서들을 불태우고 그에게 동조하는 사람들을 투옥했다. 신령파의 유력 인사들은 도피했다. 안젤로 클라레노(Angelo Clareno)는 한동안 그리스로 망명했다가 1305년에 로마로 돌아와 콜로나 가문의 보호를 받았다.

클레멘스 5세는 그 문제를 교황청의 공식 현안으로 설정하고서, 교황청 내에 프란체스코회의 분열을 치유할 방안을 모색할 위원회를 설치했으며, 신령파 회원들에 대해서 일시적으로 박해를 중단했다. 하지만 그 문제는 해결되지 않은 채 논의만 무성하다가 마침내 비엔 공의회에서 콘벤투알파가, 당시 거의 성인으로 존경을 받던 올리비를 고소하는 형식으로 그 문제를 정식으로 부각시켰다. 올리비에게 가해진 고소 가운데는 그가 '필요에 따른 사용'을 프란체스코회 수도회칙의 본질로 단정했다는 것과, 그리스도께서 창에 허리를 찔리신 때에도 여전히 살아 계셨다고 주장했다는 것, 그리고 이성을 지닌 영혼이 육체의 형상을 지니지 않는다고 주장했다는 것이 포함되어 있었다. 올리비의 기억은 우베르티노 다 카살레(Ubertino da Cassale)가 나서서 변호했고, 공의회는 그의 인격에 아무런 판결도 내리지 않았다.

1313년에 발행된 대칙서(Exivi de paradiso, 이 대칙서는 프란체스코회의 역사에서 유명한 문서이다)에서 클레멘스는 신령파의 손을 들어준 듯한 인상을 주었다. 대칙서는 수도회나 수도회에 소속된 어느 개인도 유증(遺贈)을 받거나 포도원을 소유하거나 밭에서 재배한 것을 내다 팔거나 교회당을 사치스럽게 짓거나 법정에 소송하는 행위를 금지했다. 오직 '필요한 용도'(usus arctus 혹은 pauper) 이외에는 재산과 물건 사용을 허용하지 않았다. 프란체스코회 수사들은 신발을 신어서는 안 되고, 꼭 필요한 경우가 아니면 말이나 노새를 타서도 안 되고, 11월 1일부터 성탄절까지, 그리고 매주 금요일에 금식해야 하고, 두건 달린 겉옷 한 벌과 두건 없는 겉옷 한 벌만 지녀야 한다고 했다. 클레멘스는 신임 총장 알레산드라의 알렉산더에게 나르본 · 카르카소네 · 베지에의 수도원들을 올리비의 추종자들에게 돌려주라고 명령했으나, 다른 한편으로는 종교재판소에게 복종하기를 거부하는 신령파 회원들을 처벌하라고 명령했다.

교황이 이러한 대칙서를 공포했는데도 논쟁은 조금도 식지 않은 채 계속되었고, 그런 상황에서 요한 22세가 즉위했다. 요한은 쿠오룸담 엑세기트(Quorumdam exegit)라는 교령(敎令)과 1317년 12월 30일에 발행한 상타 로마나 에트 우니베르살리스 에클레시아(Sancta romana et universalis ecclesia)라는 대칙서를 발행하여 신령파를 적극 제재하는 입장을 취했다. 몇 주 뒤에 그는 그들의 오류를 열거한 공식 문서를 발행하면서 그들을 단죄했고, 신령파가 관할하던 모든 수도원들에 폐쇄령을 내렸다. 이 때부터 신령파에는 프라티켈리(Fraticelli) 라는 이름이 붙었다. 그들은 복종하기를 거부했고, 아무리 교황이라도 성 프란 체스코의 수도회칙을 수정할 권한은 없다는 입장을 취했다. 수도회 총장 체세나 의 미카엘은 그들을 변호했다. 하지만 결국 신령파 회원 64인이 아비뇽으로 소 환되었다. 그 중 25인이 끝까지 굴복을 거부하다가 종교재판소에 회부되었다. 그 중 4인이 1318년 5월 7일에 마르세유에서 화형을 당함으로써 순교자가 되었 다. 나머지 사람들은 시칠리아로 도피했다.

논쟁의 초점이 이제는 그리스도와 사도들이 절대 가난을 실천하셨는가 하는 신학적 쟁점으로 전환되었다. 이 논쟁은 콘벤투알파 자체를 분열의 위기에 몰아 넣었다. 체세나의 미카엘과 오컴을 비롯한 사람들은 그리스도와 사도들이 개인 재산을 소유하지 않았을 뿐 아니라 공동 재산도 없었다는 견해를 취했다. 이 견 해에 반대한 교황 요한은 동방박사들이 예물을 바친 사실, 그리스도께서 의복을 소유하셨고 음식을 사서 드셨던 사실, 유다가 지갑을 지니고 다녔던 사실, 사도 바울이 손수 일을 해서 생계를 유지했던 사실을 반론의 증거로 제시했다. 1323 년의 대칙서(Cum internonnullos)와 그 밖의 대칙서들에서 요한은 그리스도와 사도들이 아무것도 소유하지 않으셨다고 주장하는 것을 이단으로 규정했다. 1324년에는 이 해석을 거역하는 자들을 반란자들과 이단들로 규정했다. 요한은 한 걸음 더 나아가 프란체스코회에게 재산을 소유할 수 있는 권리를 되돌려 주 었으며(인노켄티우스 4세는 이 권리를 부정한 바 있다), 식료품처럼 사용하여 없 어지는 것들은 사용과 소유를 구분할 수 없다고 공포했다.

1326년에 요한은 올리비의 요한세시록 주석을 이난으로 판결했다. 신령파 지 도자 3인(체세나 · 오컴 · 보나그라티아)를 체포하여 옥에 가두었다. 이들은 1328 년에 옥에서 탈출하여 피사에 있는 바이에른 사람 루이스에게 도피했다. 오컴이 황제에게 다음과 같은 유명한 말을 했다고 전해지는 때가 바로 이 무렵이다. "폐 하께서 저를 칼로 지켜주시니 저는 폐하를 펜으로 보호해 드리겠습니다"(tu me defendes gladio, ego te defendam calamo). 세 사람은 직위를 박탈당하고 대립 교황 코르바라의 페트루스에게 파문령이 공포될 때 함께 파문을 당했다. 훗날 체세나는 교황에게 복종했고, 오컴도 죽기 직전에 그렇게 했다고 전해진다. 체 세나는 1342년에 뮌헨에서 세상을 떠났다. 그는 수도회의 인장을 오컴에게 넘겨주었다. 임종 침상에서 그는 이렇게 부르짖었다고 전해진다. "하나님, 제가 무슨 일을 행했나이까? 저는 지상에서 가장 높은 자에게 항소했나이다. 그러나 아버지시여, 제 속에 있는 진리의 정신을 하감하옵소서. 저는 육체의 정욕 때문에 오류를 범한 게 아니라, 천사들의 수도회를 향한 열정과 가난에 대한 사랑 때문에 오류를 범했나이다." 보나그라티아도 뮌헨에서 숨을 거두었다.

14세기 후반에는 엄수파가 괄목할 만한 성장을 기록했고, 15세기 초에는 시에나의 베르나르디노(Bernardino)와 카피스트라노의 요한 같은 열정적인 설교자들에 힘입어 옛 명성을 되찾았다. 프란체스코회의 평화는 1517년에 레오 10세가 수도회 내부의 두 집단을 공식 승인함으로써 세 세기에 걸친 분쟁을 종식시킬 때까지 교황들의 끊임없는 관심사였다. 온건파는 콘벤투알 작은 형제회(the Conventual Minorite Brothers) 총장의 감독을 받게 되었고, 재산 보유권을 인정받았다. 엄수파는 성 프란체스코 온전회(the Whole Order of St. Francis) 총장의 감독을 받게 되었다.[43] 엄수파 총장이 의전상(儀典上) 상석과 그 밖의 중요한 기능들을 차지했으며, 임기는 6년이었다.

만약 신령파 프란체스코회가 경쟁 파벌의 불행을 보고 내심 쾌재를 부를 수 있었다면 요한이 이단이었다는 여론이 널리 퍼질 때 그럴 기회를 가졌을 것이다. 어쨌든 그는 교황으로서 이단의 영역에 최대한 가까이 다가갔다. 그의 이단 시비는 사후의 지복직관(至福直觀, the beatific vision)의 성격에 관한 것이었다. 1331년의 모든 영혼의 축일에 행한 설교에서, 요한은 죽어 복 가운데 들어간 자들(the blessed dead)이 대 부활의 날이 되어야 하나님을 볼 수 있다고 선언했다. 그는 적어도 두 편 이상의 설교에서 이 발언을 반복했다. 신학적 사유에 관심이 많았던 요한에 대해서 오컴은 신학에 전혀 문외한이라고 평가했다. 이 스콜라학자와 체세나, 그리고 그 밖의 사람들은 요한의 견해를 이단이라고 선언했다. 요한은 설교를 통해 자신을 비난한 영국의 어느 도미니쿠스회 수사를 투옥했으며, 워낙 자기 생각에 대해 확신이 있었기 때문에 프란체스코회 총장 게라르두

---

43) 프란체스코회에서 파생한 카푸친회(the Capuchins)는 1619년에 파울루스 5세에 의해 독립된 수도회로 승인을 받았다. 프란체스코회에서 갈려나간 그 밖의 수도회들에는 네베르 회고 수도원에서 출발하여 1602년에 클레멘스 8세에게 승인을 받은 프랑스의 회고 신부회(the Recollect Fathers)가 있었다. 이 수도회는 북아메리카의 인디언들을 상대로 벌인 선교 사업으로 주목을 받았다.

스 오도니스(Gerardus Odonis)를 파리 대학교로 파견하여 그 대학교의 여론을 장악하도록 했다.

그 주제에 진지한 관심을 갖고 있던 프랑스 왕 필립 6세는 교황의 견해에 반대하고서 그 문제를 다룰 신학자들의 협의회를 뱅센에 소집했다. 협의회는 주님께서 음부로 내려가셔서 영혼들을 그곳에서 풀어주신 이래로 의인들은 죽는 즉시로 삼위일체 하나님의 신적 본질을 볼 수 있는 상태로 들어간다고 판결했다. 이 판결에 지지한 사람들 가운데는 리라의 니콜라우스가 있었다. 판결 내용을 담은 공식 문서가 교황에게 전달되자, 교황은 아비뇽에 공의회를 소집하고는 교부들의 글들 가운데 자신의 견해에 일치하는 단락들과 어긋나는 단락들을 제출했다. 공의회는 1333년에 닷새 동안 회의를 진행했다. 공의회가 끝난 뒤 요한은 프랑스 국왕 내외에게 보낸 공식 서한에서, 자신이 교부들과 정통 교회에 상충되는 교리를 주장할 의도가 추호도 없었고, 만약 그런 뜻으로 비쳤다면 자신의 발언을 철회하겠다고 밝혔다.

이 문제는 베네딕투스 12세에 의해서 권위 있게 해결되었다. 그는 1336년에 발행한 대칙서(Benedictus deus)에서, 죽어 복 가운데 들어간 자들 — 연옥의 씻음이 필요하지 않은 성인들, 사도들, 동정녀들, 순교자들, 고백자들 — 이 죽은 뒤부터 대 부활 때 그들의 육체가 부활하기 전까지 그리스도와 천사들과 함께 거하게 되며, 신적 본질을 있는 그대로 보게 된다고 밝혔다. 베네딕투스는 요한이 결정을 내리지 못한 상태에서 죽었다고 주장했다.

요한 22세와 그의 계승자들의 재정 정책은 한 장을 따로 할애하여 다룰 가치가 있는 주제이다. 여기서는 요한의 개인 재산에 관해서만 언급할 수 있겠다. 그가 역대 교황들 가운데 단연 가장 많은 개인 재산을 축적했을 뿐 아니라 죽을 때도 믿어지지 않을 만큼 거액의 재산을 보유했다는 소문이 널리 나돌았다. 그레고로비우스는 그를 가리켜 아비뇽의 미다스 왕(그리스 신화에서, 손에 닿는 물건을 모두 황금으로 변하게 했다는 프리기아의 왕: 역자주)이라고 불렀다. 빌라니에 따르면, 그는 금 18,000,000플로린과 금 7,000,000플로린에 해당하는 보석들과 장신구들을 소유했다고 하는데, 모두 합하면 25,000,000플로린 혹은 19세기 말 화폐 기준으로 따지면 60,000,000달러가 되는 셈이다. 이 연대기 저자는 복음서들에서 '선하신 분'(the Good Man)이 제자들에게 "너희를 위하여 보물을 하늘에 쌓아 두라"고 하신 말씀을 그 교황은 기억하지 않았다는 말로써 매듭짓는다. 최근의 조사 결과들은 오랫동안 정설로 믿어온 이 견해가 과장이 아닌가 생각하게 만든다. 요한이 비축한 재산은 750,000플로린 혹은 2,000,000달러가 넘지 않았을 것으로 추정된다. 만약 이것이 안전한 추산일지라도 요한이 재정 분야에서 대단히 치밀했고 아마도 유럽에서 가장 부유한 인물이었을 것이라는 데에는 의심의 여지가 없다.

요한이 죽을 때 그의 나이 아흔이었다.

8. 교황의 지위가 공격을 당하다

요한 22세의 재위 기간에는 두 번째 저자들의 집단이 글로써 교황청을 공격했다. 단테와 파리의 장 이후까지 이어지는 이들은 교황의 영적 기능들을 공격했다. 이들의 비판은 요한이 바이에른인 루이스와 투쟁을 벌이고 프란체스코회 신령파와 논쟁을 벌이는 상황에 자극을 받아 이루어졌다. 루이스의 법정은 말 그대로 반 교황 세력의 둥지이자 소책자를 통한 공격의 거점이 되었다. 파두아의 마르실리우스(Marsiglius)가 이 저자들 가운데 가장 명민하고 과감했고, 정치·사회적 사상가라기보다 스콜라 학자였던 오컴이 가장 방대한 분량의 글을 남겼다. 체세나의 미카엘과 보나그라티아도 이런 유의 문학에 이바지했다.

오컴은 「대화록」(The Dialogue)과 「여덟 가지 질문」(Eight Questions)이라는 두 권의 저서로 자신의 견해를 제시했다. 「대화록」은 사고가 장황하고 부피가 쓸데없이 방대하다. 장황한 논의에서 저자의 견해가 실제로 무엇인가 파악하는 것이 가끔은 가능하더라도 쉽지가 않다. 그의 견해는 대략 다음과 같이 파악된다: 교황제는 교회의 존재에 본질적인 제도가 아니다; 시대의 정황에 따라 민족 교회들을 수립할 필요가 생겼다; 교황은 무류하지 않다; 합법적인 교황일지라도 이단 사상을 갖게 될 수가 있다; 유대화주의로 회귀하려고 하다가 바울에게 책망을 받은 베드로가 그랬고, 아리우스주의자였던 교황 리베리우스가 그랬으며, 푸아티에의 힐라리우스에게 그릇된 교리를 주장한 이유로 비판을 당한 레오가 그랬다; 실베스터 2세는 마귀와 계약을 맺었다. 니콜라우스 3세와 요한 22세는 서로 상반된 주장을 했으므로 둘 중 한 사람은 이단이다; 교황들이 오류를 범했던 것과 같이 총 공의회도 오류를 범할 수 있다; 순수한 프란체스코회 수사들을 이

단으로 단죄한 제2차 리옹 공의회와 비엔 공의회가 대표적인 경우이다; 공의회
는 교황을 이단으로 판결할 수 있으며, 공의회가 제 역할을 수행하지 못할 경우
추기경들이 그런 판결을 내릴 수 있다; 추기경들이 판결을 내리지 못하면 그 일
을 할 수 있는 권한은 세속 군주들에게 넘어간다; 그리스도께서는 신앙을 교황
과 성직위계제도에 위임하시지 않고 교회에 위임하셨으며, 교회의 어디에선가
는 항상 진리가 주장되고 보존된다; 세속 권력은 원래 교황에게 속하지 않았다;
이것은 콘스탄티누스의 증여로 입증되는데, 이는 콘스탄티누스가 증여한 것을
교황이 처음 소유하게 되었기 때문이다; 세속 문제와 영적 문제에서 수위권은
한 사람의 손에 쥐어지지 않는다; 황제는 선출에 힘입어 전권을 지니게 되며, 교
황이나 지상의 어떤 성직자가 베푸는 도유식(塗油式)이나 대관식에 의해 그런 권
한을 갖는 것이 아니다.

파두아의 마르실리우스의 발언은 좀 더 분명하고 진전된 것이었다. 그의 저서
들에는 당시의 교회 체제를 신랄하게 비판하고 새로운 질서를 제시하는 내용으
로 가득하다. 그는 자신의 주요 저서 「신앙의 변증」(Defensor pacis)을 준비하는
과정에서 장 드 장덩(John of Jandun)에게 도움을 받았다.[44] 두 저자는 모두 성직
자였으나 어느 한 사람도 수사는 아니었다. 1270년경에 파두아에서 태어난 마르
실리우스는 의학 공부에 정진하다가 1312년에 파리 대학교 총장이 되었다. 1325
년 혹은 1326년에 그는 바이에른인 루이스의 궁정에 들어갔다. 자세한 이유는
밝혀지지 않는다. 그는 황제의 주치의로 활동했다. 1328년에 그는 황제를 수행
하여 로마로 갔고, 황제의 권위를 확립하기 위해서 취해진 조치들에 전폭 동조
했다. 황제의 대관식과 요한 22세에 대한 폐위 선언식, 대립교황 코르바라의 페
트루스의 즉위식에 참석했다. 교황은 이미 마르실리우스와 장 드 장덩을 "멸망
의 자식들, 벨리알의 아들들, 전염성이 강한 위험 분자들, 무저갱에서 나온 짐승

---

44) Müller(I. 368)는 빈에 소장된 사본의 주(註)를 근거로 그 책의 저작 시기를 1324
년 6월 24일로 잡는다. Riezler는 1324-1326년으로 잡는다. 교황의 대칙서들에는
Jandun의 John의 이름이 그 책의 저작과 연관되어 있다. 하지만 책에서는 내내 일인
칭 단수형인 ego가 사용된다. 인노켄티우스 6세에 따르면 마르실리우스는 당시 프랑
스의 교육계를 선도하던 오컴에게 큰 영향을 받았다고 한다. 이 말은 두 사람이 파리
와 황제의 궁정에서 맺은 교분과 여러 점에서 견해가 서로 일치하는 점에서 보더라도
개연성이 높다. Jandun의 John은 1328년에 죽었다.

들"이라 선언했으며, 로마인들에게 그들을 체포하도록 명령한 상태였다. 마르실리우스는 황제에 의해 로마의 황제 대리로 임명되었으며, 황제가 아비뇽 교황청에 탄원하는 처지가 되었을 때에도 자신의 소책자에 명기된 원리들을 고수했다. 루이스는 심지어 요한 22세에게 마르실리우스와 신령파 지도자들에 대한 보호를 철회할 용의가 있다고까지 의사를 밝혔다. 훗날 루이스는 자신의 지위가 좀더 탄탄해졌을 때 태도를 바꾸어 그들을 뮌헨에서 보호해 주었다. 그러나 1343년에 클레멘스 6세에게 서신으로 굴복했을 때는 이단으로 단죄를 받은 마르실리우스와 장의 사상을 지지하지 않는다고 하면서, 자신이 두 사람을 궁정에서 보호해 준 이유는 그들을 어떻게든 설득하여 교회로 돌아오도록 하기 위함이었다고 밝혔다. 마르실리우스는 1343년 이전에 세상을 떠났다.

마르실리우스의 생애는 황제에게 헌정한 그의 저서에 비해 역사적인 주목을 덜 끌었다. 두 달만에 작성된 그 책은 루터의 초기 저서들 못지않게 대담했다. 독창성과 대담성에서 중세는 이 책보다 앞선 것을 내놓지 못한다. 이 책은 현대에 야누스(Janus)가 바티칸 공의회에서 교황 무류 교리를 비판한 것에 견줄 수 있다. 성경을 토대로 한 근본적인 비판 자체만으로도 당대 학계의 주목을 받았다.

요한 22세는 1327년에 그 저서를 단죄하면서, 그리스도께서 의무감을 가지고 로마 정부에 은전을 바치셨고, 그리스도께서 대리자를 임명하지 않으셨고, 황제가 교황을 폐위할 권한을 가지며, 성직위계제도의 서열이 처음부터 있던 것이 아니었다는 이 책의 진술들을 비판했다. 마르실리우스는 교황 요한에 대해서 "큰 용, 옛 뱀"이라고 부르는 등 욕설을 아끼지 않았다. 클레멘스 6세는 그 책에서 240개가 넘는 이단설을 찾아내고는 자신이 마르실리우스의 저서만큼 이단적인 글을 읽어본 적이 없다고 주장했다. 교황의 단죄를 파리 대학교가 이어받아 공포했는데, 대학교 당국은 베드로가 교회의 머리가 아니라는 진술과, 교황이 폐위될 수 있다는 진술, 그리고 교황이 황제의 동의를 받지 않고서는 처벌을 집행할 권한이 없다는 진술을 그를 단죄할 만한 근거로 제시했다.[45]

「신앙의 변증」은 교황의 영적 권한뿐 아니라 세속권까지도 비판하고, 교회의 성직위계제도 자체를 비판한 일종의 헌장이었다. 이 책의 제목은 책을 집필할 당시에 전개되고 있던 도시들과 국가들 간의 분쟁들을 감안하여, 그리고 교황의

---

45) Chartul. Univ. Paris., II. 301.

야심과 월권에 반대하여 의도적으로 선정한 것이다. 교황의 거짓 권리 주장들이 받아들여지는 한에는 기독교 세계의 평화가 확립될 수 없다고 저자는 생각했다. 이 책의 주요 견해는 다음과 같다:

국가는 가정에서 발달한 것으로서, 사람들이 안전하고 평화롭게 할 수 있게 하기 위해서 존재한다. 민중이 권위의 근원이며, 자신들이 선출하는 군주에게 권한을 부여한다. 사제들의 기능은 신앙과 교육의 영역에 국한된다. 성직자들의 의무는 가르치고 경고하는데 있다. 성직자들이라 하더라도 사회에서 저지르는 모든 비행(非行)에 대해서는 여느 사람들과 마찬가지로 세속 관리의 제재를 받는다. 그들은 자기 부인의 삶으로써 자신들의 주님을 따라야 한다. 성 베르나르가 말했듯이 교황은 베드로의 진정한 계승자가 되기 위해서 재산이나 외적인 과시가 필요 없다.

매고 푸는 기능은 법적인 것이 아니라 선언적인 것이다. 죄를 사하고 벌할 수 있는 권세는 오직 하나님에게만 있다. 어떠한 주교나 사제도 민중이나 민중의 대표자인 세속 입법가의 동의를 받지 않고는 개인의 자유를 침해하는 파문이나 성무 중지령을 내릴 권한이 없다. 형 집행권은 '신자들의 회'(fidelium)에게 있다. 그리스도께서는 "네 형제가 죄를 범하거든 …… 교회에 말하고"라고 말씀하셨다. 그것을 사제에게 말하라고 하시지 않았다. 이단을 감지하여 드러내는 것은 사제의 일이지만, 이단을 처벌하는 일은 세속 관리의 몫이며, 처벌의 내용은 사회에 입힐 수 있는 해악의 정도에 따라 결정한다. 성경의 가르침에 따르면 어떤 사람도 세속적 처벌과 사형으로 율법 준수를 강요받을 수 없다.

총 공의회들은 기독교 집단의 최고 대의 기관이지만, 이 기관들조차 오류를 범할 수 있다. 공의회에는 성직자들뿐 아니라 평신도들도 참석할 수 있다. 시성(諡聖)의 권한은 공의회만 갖는다.

교황은 교회의 머리이지만, 신적 임명에 의해 그런 것이 아니라 국가가 그를 그렇게 인정하기 때문에 그렇다. 교황이 주장하는 절대권(plenitudo potestatis)은 교회의 진정한 본질에 위배된다. 베드로에게는 다른 사도들에게 위임된 것 이상의 권위가 위임되지 않았다. 베드로를 사도들의 군주라고 부를 수 있는 근거는 그가 다른 사도들보다 연장자였거나 그들보다 확고했다는 데 있다. 그는 로마 교구 설립자가 아니라 안디옥의 감독이었다. 그가 로마에 가서 사역했다는 주장은 입증할 만한 증거가 없다. 로마 주교가 다른 주교들보다 탁월한 것은 그의 교구가 과거 제국의 수도에 자리잡은 데서 기인한 것이다. 사제로서의 권한에 관한 한, 베드로가 다른 사도들보다 더 큰 권한을 갖지 않았듯이 교황도 여느 사제보다 더 큰 권한을 갖지 않는다.

성직위계제도의 서열은 인간에게서 나온 것이다. 주교들과 사제들은 원래는 동등했다. 주교들은 그리스도에게서 직접 권위를 부여받는다.

교황이 군주들과 민족들을 다스릴 권한을 갖는다는 주장은 틀린 것으로서, 이 그릇된 주장이 민족들간의 갈등과 전쟁의 큰 원인이 되었으며, 이탈리아가 특히 이로 인해 큰 피해를 입었다. 불가피한 상황에서는 황제가 교황을 폐위할 수 있다. 이것은 빌라도가 그리스도에게 언도한 판결로써 입증된다. 국가는 정당한 사유가 발생할 경우 성직자들의 수를 제한할 수 있다. 콘스탄티누스의 증여 문서의 효력을 마르실리우스는 이전 시대에 단테와 파리의 장이 그랬듯이 배격했으나, 이시도루스의 교령집이 위조 문서라고 생각하지는 않았다. 이 사실은 백 년 뒤에 라우렌티우스 발라(Laurentius Valla)가 발견하게 된다.

성경에 관하여, 마르실리우스는 그것이 권위의 궁극적 원천이라고 주장한다. 성경은 궁극적 권위를 교회로부터 받지 않는다. 오히려 교회가 성경으로부터 권위를 받는다. 성경 해석이 엇갈릴 경우에는 성경의 참된 뜻을 확정할 책임이 공의회에 돌아간다. 교황의 법령에 복종하는 것이 구원의 조건이 아니다. 만약 그것이 구원의 조건이라면 클레멘스 5세가 프랑스와 그 국왕에게 효력을 발휘하지 못한 우남 상탐이란 대칙서를 어떻게 발행할 수 있었겠는가? 그 대칙서는 교황에 대한 복종이 모든 인간에게 구원의 조건이라고 공포하지 않았던가? 교황이 구원의 조건을 치워버릴 수 있는가? 리베리우스의 경우는 교황들이 이단이 될 수 있음을 입증한다. 교황들과 대주교들과 총대주교들의 자격을 놓고 볼 때, 그들 중 신학박사는 열 명도 안 되었다. 하위성직자들 중 많은 수가 문법조차 몰랐다. 추기경들과 교황들은 신학자들 집단이 아닌 법률가 집단(causidici)에서 선출되었다. 쾌락을 사랑하고 학문에는 문외한들인 젊은이들이 추기경직에 선출되었다.

마르실리우스는 "내 나라는 이 세상에 속한 것이 아니니라"(요 18:36), "가이사의 것은 가이사에게 …… 바치라"(마 22:21) 같은 성구들을 거듭해서 인용한다. 이 구절들을 비롯하여 요한복음 6:15, 19:11, 누가복음 12:14, 마태복음 17:27, 로마서 13장을 근거로 성직위계제도를 뒷받침하기 위해 잘못 해석되는 본문들(이를테면 마태복음 16:19, 누가복음 22:38, 요한복음 21:15-17)을 바로잡는다.

　만약 교회에 대한 국가의 수위성 교리를 간과한다면, 마르실리우스의 견해는 오늘날 개신교 기독교 세계가 주장하는 견해와 매우 가깝다. 그는 그리스도께서 몸소 보이신 본과 가르치신 교훈으로써 사도들과 제자들과 주교들 혹은 사제들을 모든 세속적 통치권에서 배제하셨다고 말했다. 「신앙의 변증」의 일관된 원리들은 성경이 최종적 권위를 지닌다는 것과, 성직자들을 동등한 지위를 가지며 세속 법을 준수해야 한다는 것, 교황제는 인간에게서 기인했다는 것, 사제들의 기능이 전적으로 영적인 성격을 지닌다는 것, 국가나 교회에서 그리스도인들의 집단이 지상에서의 권위에 궁극적 근거라는 것이다.

　가톨릭 사가들은 마르실리우스를 루터와 칼빈의 선구자라고 불렀다. 그 중 한 사람은 그를 "근세의 혁명 정신을 배태한 장본인"이라고도 불렀다.[46] 이런 평가들은 물론 사실과 다르다. 마르실리우스의 프로그램은 개혁을 지향하지 않았다. 그것은 단지 16세기가 목도한 것과 같은 철저한 변화를 글로써 선포한 것일 뿐이다. 토리노에 보관된 사본에 적힌 글에 따르면, 제르송(Gerson)이 이 책에 대해서 매우 탄탄한 근거를 가지고 있으며, 저자가 아리스토텔레스뿐 아니라 신학에도 정통한 사람이며 문제의 본질을 제대로 이해했다는 평가를 했다고 한다.[47]

　파두아의 소책자 저자와 토마스 아퀴나스는 서로 50년 차이밖에 나지 않는다. 그러나 전자의 치밀한 경구(警句)들과 후자의 느긋하고 체계잡힌 논증은 동이 서에서 먼 것처럼, 현대 사상의 직설성이 중세 스콜라주의의 방만하고 번폐스러움과 다르듯이 서로 큰 차이가 있다. 토마스 아퀴나스는 다른 스콜라 학자들과 중세의 교황들이 설정해 놓은 성경 해석의 좁은 울타리를 벗어날 생각을 하지 않았다. 이전 시대에 실현된 체제를 허물지 않고 부벽(扶壁)을 대어 보강했다. 이전 세대가 성경을 그릇되게 해석해 놓은 것들을 그대로 사용했고, 정치에 대해서 새로운 사상을 내놓지 않았다. 하지만 마르실리우스는 교회 교의의 독재로부터

---

46) Pastor(I. 84)는 이 오명을 후스에게서 마르실리우스에게로 옮긴다. Riezler(p. 232)와 Haller(p. 77)는 마르실리우스의 예리한 지성을 종교개혁자들과 비교하지만, 그에게 신앙 열정은 없었다고 말한다.

47) 토리노 사본은 1416년에, 그러니까 제르송의 당대에 작성된 것이다.

독립하여 사도적 교회 정부의 자유롭고 융통성 있는 원리들로 되돌아갔다. 여러 세기에 걸쳐 주조(鑄造)된 교회 사상의 틀을 깨뜨렸고, 이단들을 합리적이고 인도적으로 대해야 한다고 주장함으로써 아우구스티누스를 벗어났다. 하지만 이탈리아인들이 그를 더 나은 질서의 선구자로 간주하여 추종하고, 사제 중심의 기독교 사역 이론을 인간의 고안으로 간주하여 배제하게 될 날은 아직 오지 않았다.

독일은 황제의 독립된 권한을 강력히 옹호한 베벤부르크의 루폴트(Lupold, 1363 죽음)라는 인물을 배출했다. 그는 뷔르츠부르크의 주임사제를 지내다가 1353년에 밤베르크의 주교가 되었다. 하지만 그는 사도 교구의 영적 관할권을 공격하지는 않았다. 루폴트의 주요 저서는 「왕국과 제국의 권한」(de jurisbus regni et imperii)으로서, 렌제 헌법이 공포된 뒤에 집필했다. 이 책은 독일 국가의 권한을 이론으로 수립하려고 한 최초의 시도로 평가받는다. 루폴트는 역사 사건들을 근거로 제시한다.

저자는 제국의 권한을 규명하는 과정에서, 황제 선출이 선제후들의 다수 투표로 결정된다는 점과, 황제가 교황의 재가를 필요로 하지 않는다는 점을 주장한다. 황제의 권위가 하나님에게서 독립되게 나온다고 주장한다. 샤를마뉴는 레오에게 기름부음과 제관을 받기 전에 황제의 기능을 수행했다. 황제가 교황에게 하는 서약은 봉건 신하들이 주군에게 바치는 것과 같은 충성 서약이 아니라 교황과 교회를 보호해 주겠다는 약속이다. 교황은 황제를 폐위할 권한이 없다. 교황의 유일한 대권은 황제가 폐위될 상황에 처해 있다고 선언하는 것뿐이다. 폐위권은 선제후들에게 있다. 콘스탄티누스의 증여를 놓고 생각하자면, 콘스탄티누스가 서방의 통치권을 로마 주교에게 부여하지 않은 것이 명백하다. 이는 콘스탄티누스가 서방과 동방을 자기 아들들에게 분할해 주었기 때문이다. 훗날 테오도시우스와 그 밖의 황제들은 로마에 주둔하면서 통치했다. 콘스탄티누스가 실베스터에게 서로마를 선물로 주었다는 발언은 실베스터의 기록에 실려 있으나 위조되었다는 인상을 준다.

교황을 비판한 저자들은 일방적으로 공격만 한 것이 아니다. 교황청도 나름대로 열정적인 논객들을 보유하고 있었다. 대표적인 논객들이 아우구스티누스 트리움푸스(Augustinus Triumphus)와 알바루스 펠라기우스(Alvarus Pelagius)이다. 전자는 자신의 대표적인 저서를 요한 22세에게 헌정했으며, 후자는 그 교황의 지시를 받아 글을 썼다. 현대의 독자는 이들이 남긴 소책자들에서 가장 열정적인 교황 지상주의를 만족시킬 뿐 아니라 진실한 가톨릭 사가들에게서 변명의 필요를 느끼게 한 극단적인 교황권 주장의 사례들을 보게 될 것이다.[48]

트리움푸스는 1243년에 안코나에서 태어나 나자렛의 주교를 지낸 뒤 1328년에 나폴리에서 세상을 떠난 이탈리아인으로서, 보니파키우스 8세를 열정적으로 옹호했다. 그의 주요 논문인 「교회의 권한」(Summa de potestate ecclesiastica)은 요한 22세가 복음적 가난 문제에 내린 판결과 황제의 이탈리아 지배를 반대한 것을 옹호한다. 교황은 지상에서 무제한의 권한을 갖는다. 그 권한은 심히 방대하여서 교황 스스로도 자신이 할 수 있는 일을 온전히 알 수 없다. 그의 판단이 곧 하나님의 판단이다. 교황의 법정과 하나님의 법정은 하나이다. 교황의 면죄권은 심히 커서, 그가 바라기만 한다면 몇 가지 조건이 충족되는 것을 전제로 연옥을 깨끗이 비울 수 있다.

영적인 문제에서 교황은 오류를 범할 수 있다. 교황도 인간이기 때문이다. 교황이 이단설을 주장하면 교황의 자격을 잃게 된다. 공의회도 인간의 여느 법정도 교황을 폐위할 수 없다. 교황은 모든 인간 위에 군림하며 아무에게도 판단을 받지 않기 때문이다. 그러나 이단이 될 경우에는 그 사실 자체로 교황의 자격을 잃으며, 교황이 죽고 차기 교황이 선출되지 아니한 상태와 같게 된다.

교황은 만약 원할 경우 황제를 직접 선출할 수 있으며, 선제후들에게서 선출권을 박탈하거나 그들을 면직시킬 수 있다. 교황은 하나님의 대리자로서 모든 왕들과 제후들 위에 군림한다.

스페인의 프란체스코회 수사 알바루스 펠라기우스는 동시대인인 아우구스티누스 트리움푸스만큼 강경 일변도로 나가지는 않았다. 그는 페루자 대학교의 법학 교수였다. 1328년에 바이에른인 루이스가 쳐들어올 때 로마를 탈출했고, 아비뇽에서 교황의 고해신부가 되었으며, 훗날 포르투갈 실베스 교구의 주교가 되었다. 그가 교회에 대해서 쓴 애가(de planctu ecclesiae)는 교황을 높이 추켜세우는 한편, 성직자들과 교회가 저급한 영적 상태에 떨어진 현실을 개탄한다. 기독

---

48) Pastor, I. 85. Hergenröther-Kirsch(II. 757)는 이 두 저자가 "교황을 신에 버금가는 존재요 세상의 절대 통치자로 만듦으로써" 진리의 경계를 넘어선다고 비판한다. Haller(p. 82 sq.)는 이탈리아의 평범한 독실한 신자의 경우 교황을 지상의 하나님(un Dio in terra)으로 부르는 것이 보통이라고 한다.

교 세계가 하나의 왕국으로서 하나의 머리 곧 교황을 모실 수밖에 없다고 그는 주장한다. 교황을 머리로 받들지 않는 자는 그리스도를 받들지 않는 것이다. 순수한 믿음의 눈으로 교황을 바라보지 않는 자는 그리스도 자신을 바라보지 않는 것이다. 교황과 사귐을 갖지 않으면 구원을 받을 수 없다. 교황은 그리스도와 마찬가지로 두 자루의 검을 보유하고 있으며, 교황 안에서 예레미야 1:10 말씀("보라 내가 오늘 너를 여러 나라와 여러 왕국 위에 세워 네가 그것들을 뽑고 파괴하며 파멸하고 넘어뜨리며 건설하고 심게 하였느니라")이 성취된다. 알바루스는 불신자들도 비록 실제로는 그렇지 않을지라도 법적으로는 교황의 관할권 아래 처하며, 하나님께서 소돔 사람들을 제재하셨듯이 교황도 불신자들을 제재할 수 있다. 우상숭배자들, 유대인들, 사라센인들도 모두 교황의 권위에 복종하고 그의 처벌을 순순히 받을 의무가 있다. 교황은 모든 것을 자기 원대로 다스리고 지시하고 폐하고 판결한다. 그의 뜻은 가장 높은 지혜이며, 그가 하고 싶어하는 것은 법적 효력을 지닌다. 교황이 있는 곳에 로마 교회가 있으며, 교황은 반드시 로마에 주둔해야 할 의무가 없다. 교황은 모든 법의 근원이며, 무엇이 옳은지를 판결할 수 있다. 이것을 의심한다는 것은 영생에서 배제된다는 뜻이다.

그리스도의 대리자로서, 교황은 국가에 대해 수위권을 지닌다. 교황은 군주에게 검을 수여하여 휘두르게 한다. 몸이 영혼에게 속하듯이 군주들도 교황에게 속한다. 콘스탄티누스의 증여가 사실상 교황을 서방 세계의 군주로 만들었다. 교황은 제국을 샤를마뉴에게 위탁하여 다스리게 했다. 황제가 대관식 때 교황 앞에서 하는 맹세는 충성과 존경의 맹세이다.

아우구스티누스 트리움푸스와 알바루스의 견해들은 수세기에 걸쳐 제시된, 그리고 스콜라 학자들이 동의하거나 주장한 교황청의 주장과 관습을 따른 것이다. 마르실리우스는 성경의 재가를 합리적으로 해석했으며, 그의 견해들은 역사의 경험들로써 확증되었다. 그로부터 거의 500년이라는 세월이 흐른 뒤에 기독교 세계의 견해는 분열된 채 남아 있고, 트리움푸스와 알바루스의 매우 과도한 언어가 찬사를 받고 있으며, 현대적 자유와 성경의 역사적 의미를 해석한 마르실리우스는 여전히 이단으로 간주된다.

9. 아비뇽 교황들의 재정 정책

교황청의 아비뇽 시기가 지니는 가장 현저한 특징으로는, 프랑스에 굴종한 것을 제외하면 교황청 재정 체계가 발전한 사실과 교황청이 영적 은혜와 성직을 가지고 장사를 한 파렴치한 사실을 들 수 있다. 모든 영적 호의가 금전적인 가치를 지닌다는 이론이 실천으로 옮겨졌다. 기독교 세계의 세금 제도를 정교하게 조직된 체계로 확립해 놓은 것이 요한 22세의 업적이었다.

교황청은 모든 사람들을 위해 사역한다는 이유에서 라틴 교회 전역에 대해서 재정 지원을 요구할 권한이 있다고 주장했다. 이 주장이 마치 기독교 세계가 교황청을 호화롭고 안락하게 유지하도록 하기 위해 존재하는 것처럼 만든 관행에 물꼬를 터 주었다. 아비뇽은 돈 버는 것이 주된 목적인 환전소와 천상적 효험이라는 라벨이 붙은 특권들을 매매하는 방대한 부서의 면모를 띠었다. 교황청이 돈을 긁어모으는 장치는 당대의 여느 세속 궁정보다 방대하고 치밀했다. 당대인들에게 기독교 세계의 중심부에서 상거래를 벌이는 것이 종교 의식을 거행하는 것보다 더 편하게 여겨졌다.

요한 22세의 정신은 자연스럽게 재무국과 회계 체계로 기울어졌다. 그는 브로커들과 은행가들로 유명한 도시인 카오르 출신이었다. 그의 치하에 선대의 몇 세기 동안 뿌려져온 중상주의의 씨앗이 무성한 열매를 맺었다. 성직매매가 이제는 더 이상 죄가 아니었다. 그레고리우스 7세는 그 관행에 맞서 싸웠으나, 요한은 그것을 합법화했다.

자발적 예물과 베드로 은전은 오래 전부터 교황들에게 바쳐진 것이었다. 국가들이 교황의 봉토들로 간주되어 고정된 세금을 바쳤다. 인노켄티우스 3세는 십자군 원정 비용을 마련하기 위해서 전체 교회에 세금을 부과하는 제도를 시행하기 시작했다. 이 제도로 인하여 들어온 자금이 교황청에 돈을 사랑하는 풍토를 조성했고 막강한 힘을 발휘했으며, 교황 개인이 아무리 검소한 습관을 갖고 있더라도 그것과 상관 없이 교황청 안에서 탐욕이 가라지처럼 무성하게 자라났다. 성 베르나르(1153 죽음)는 바티칸이 시여하는 영적 은혜들을 이용하여 어떻게든 돈을 벌려고 노력하던 로마인들의 탐욕을 통렬하게 비판했다. 면죄부 때문에 이러한 탐욕이 더욱 강렬하게 되었으며, 요한과 그의 후임 교황들 때에는 기독교 세계에 대한 교황청의 수탈이 거의 예술의 경지까지 올라갔다.

아비뇽 시대에 주장된 성직 임명 이론은, 교황청에 절대 권력이 거하는 까닭에 교황은 기독교 세계의 모든 고위성직들과 그 밖의 성직록들을 하사할 수 있다는 것이었다. 교황은 자기 집 곧 교회에서 절대권을 갖는다고 했다.

이 원리를 1265년에 클레멘스 4세가 확실하게 진술했다. 클레멘스의 대칙서는 교황이 교회에 성행하는, 그리고 그의 대권에 상충되는 어떠한 관습보다 우월하다고 공포했다. 특히 그는 성직 보유자가 교황청을 방문하는 동안(apud sedem apstolicam 혹은 in curia) 공석이 된 모든 성직과 성직록을 교황이 임명하고 수여할 권한을 지니도록 법제화했다. 이 법은 1274년에 리옹 공의회에서 그레고리우스 10세에 의해 개정되었는데, 개정된 내용은 교황이 한달 이내에 임명을 하지 못할 경우 본래의 임명권자에게 선출권을 부여한다는 것이었다. 1295년에 보니파키우스 8세는 이 법을 다시 확대하여서, 교황청 방문에 나선 성직자가 이틀 이내에 죽으면 어느 지점에서 죽든 상관없이 그의 모든 성직록이 교황에게 귀속되도록 했다. 인노켄티우스 4세는 교황들 가운데 처음으로 '교황의 성직 임명 유보'(reservation) 혹은 '교황의 직권적 성직 임명'(collation)을 대규모로 시행했다. 1248년에 콘스탄츠 주교좌성당에 속한 20개의 성직 중에서 17개를 교황이 임명했으며, 성직록 보유자들이 죽으면 그것을 물려받을 '대기자들'을 14명 임명했다. 1255년에 알렉산더 4세는 그러한 대기자 수를 각 교회에 4명으로 제한했다. 1265년에 클레멘스 4세는 영국에 대해서 자신의 명령이 시행될 때까지 일상적인 모든 성직자 선출을 금지하고서 그 권한을 자신에게 귀속시켰다. 그는 시칠리아의 정세가 혼란하다는 구실로 주교나 참사회에게 권한이 있는 그 지역의 모든 성직 임명을 보류시켰다. 우르바누스 4세는 롬바르디아의 황제파 도시들로부터 성직 선출권을 거둬들였고, 마르티누스 4세와 호노리우스 4세는 같은 규율을 시칠리아와 아라곤의 주교좌성당 소속 성직들에 적용했고, 호노리우스 4세는 동방의 모든 라틴 교회의 성직 임명을 독점했으며, 보니파키우스 8세는 필립 4세의 저항을 이유로 프랑스의 "모든 주교좌성당과 참사회 교회들"의 성직 임명을 보류시키고 자신이 관장했다. 1295–1301년에 공석이 된 프랑스의 16개 교구들 중에서 정상적인 선출로 채워진 것은 한 곳밖에 없었다.

클레멘스 4세의 대칙서와 후대 교황들의 관행으로 표현된 거만한 주장에 교황파 저자들은 동의했다. 아우구스티누스 트리움푸스는 1324년에 쓴 글에서 교황이 모든 교회법 위에 있으며, 모든 성직에 대해 면직권을 지닌다고 주장했다. 교황청의 성직 임명 제도에는 직권적 임명(provision)과 대기(expectance)와 유보(reservation)가 있었다.[49]

성직 선출권을 지닌 참사회들과 그 밖의 선출권자들을 따돌리기 위해서 교황들은 종종 왕들과 군주들과 손을 잡았다. 아비뇽 시기에는 참사회에 의한 정상적인 성직 임명 사례가 오히려 예외에 속했다. 영국과 프랑스의 연대기들에는 교황이 직권적으로 성직을 임명한 사례들로 가득하다. 1322년에 교황은 아퀼라 · 라벤나 · 밀라노 · 제노바 · 피사 교구들의 모든 주교좌 교회들과 대수도원 교회들, 그리고 모든 소수도원들의 성직을 자신의 권한에 유보시켜 놓았다. 1329년에 그는 독일의 메츠 · 툴 · 베르됭 교구들에 그러한 유보 조치를 내렸고, 1339년에는 쾰른에 대해서 그런 조치를 내렸다. 라틴 기독교 세계에서 교황의 간섭에서 자유로운 성직은 하나도 없었다. 교황의 모든 측근들과, 왕들과 제후들의 힘을 빌려서 교황에게 청탁하는 사람들을 두루 만족시키기에는 오히려 자리가 부족했다.

교황은 성직을 임명할 때 후보자들의 영적 · 행정적 자질을 꼼꼼히 심사하지 않았다. 프랑스인들이 언어와 문화가 완전히 낯선 영국 · 독일 · 덴마크 같은 나라들의 교구들에 임명되었다. 마르실리우스는 이러한 '기괴한 관행'을 개탄하며, 대표적으로 부적절한 임명 사례들로 윈체스터와 룬트에 영어나 덴마크어를 한 마디도 못하는 프랑스인 주교들을 임명한 일을 꼽는다. 그런 식으로 임명된 룬트 대주교는 자기 교구로 가서 재산을 싹 긁어 가지고 프랑스 남부로 돌아갔다.교황들은 임명에 관한 전권도 모자라 성직자들과 모든 교회 재산에 세금을 부여할 전권까지 행사했다. 왕들 위에 군림할 권한, 교회법을 무시할 권한, 성직을 임명할 권한, 교회 재산에 세금을 부여할 권한이 중세의 교황들이 주장한 권한들이었다. 특히 세금을 무제한 징수할 권한에서 불거진 남용 사례들로 인하여 성직사들과 평신노들로부터 격렬한 항의가 터져 나왔으며, 이것이 15세기의 3대 개혁 공의회들이 소집된 주요 원인이었다.

교황들은 요한 22세가 등장하기 오래 전부터 교회 재산에 대한 관할권을 주장해왔다. 그들은 동방에 대해 십자군 원정을 감행한다는 이유로, 그리고 이탈리아를 교황령에 대해서 반기를 든 집단으로부터 해방시킨다는 이유로 세금을 징

---

49) 직권적 임명(provision) 곧 providere ecclesiae de episcopo는 초기에는 '승진'을 뜻하다가, 훗날에는 통상적 방법으로 이루어진 임명을 교황의 임의적 임명으로 대체하는 교황의 권한을 뜻하게 되었다. 교황의 임명 방식들은 *Liber sextus*에 실려 있다.

수했다. 제후들과 왕들에게 세속적 목적, 특히 전쟁의 목적으로 교회에 세금을 부과할 수 있도록 허용했다.[50] 클레리키스 라이코스(Clericis laicos)라는 대칙서에서, 보니파키우스는 교회 재산으로 국가의 필요를 충당해야 하는가를 문제삼을 의도가 없었다. 그가 대칙서에서 요구한 것은 그런 문제에서 교황을 중재자로 인정해야 한다는 것이었으며, 프랑스 왕과 프랑스 민족에게 모욕감을 안겨준 것이 바로 그러한 요구였다. 교황이 성직매매를 자행해도 되는가 하는 질문은 많이 쟁론이 되었다. 토마스 아퀴나스는 그것이 가능하다고 주장했다. 알바루스 펠라기우스는 달리 생각하여, 교황이 성직매매에 관한 세속 법과 교회 법에서 제외된다고 주장했다. 아우구스티누스 트리움푸스도 같은 입장을 취했다. 교황은 법에 얽매이지 않는다. 그는 법 위에 있다. 성직매매가 그에게는 불가능하지 않다.

교황청 유지에 필요한 경비를 추산하는 문제에서, 아비뇽의 교황들은 더 이상 자유로운 존재들이 아니었다. 그들은 밤낮 교황청을 시끄럽게 만드는 관리들과 아첨꾼들의 굶주린 무리에 휘둘렸다. 교황청 관리들은 밥으로 만족하지 않았다. 기독교 세계의 모든 고위성직들이 재산으로 환원할 만한 가치를 갖고 있었다. 교황이 고위성직에 누구를 임명할 때는 그 직위에 맞는 사례금을 건네 받았다. 교황이 군주의 측근에게 성직을 부여할 때는 그것을 벌충할 만한 새로운 특권을 군주에게서 받아내는 일을 잊지 않았다. 선례가 쉽게 항구적인 규율로 굳어졌다. 교황은 자신이 한번 참사회의 권한을 침범한 곳에서는 자신의 권한을 양도하지 않았고, 수수료가 일단 정해지면 단념하지 않았다. 따라서 교황청에 탐욕의 바람이 거세게 분 것이 하나도 놀라운 일이 아니었다. 충분히 예상할 만한 일이었다. 이러한 관행은 그릇된 교황 이론과 타락한 인간 본성에 뿌리깊게 존재하는 속성에서 비롯되었다.

요한은 교황청 재정 집행과 관련한 구체적인 내용을 1316년과 1331년에 발행

---

50) 클레멘스 5세가 공정왕 필립과 발루아의 샤를 같은 군주들에게 그러한 권한을 부여한 선례를 요한이 답습한 것이다. 1316년에 그는 프랑스 왕에게 4년간 1/10세와 성직 초년도 수입세를, 1326년에는 2년간 1/10세를, 1333년에는 6년간 1/10세를 부과할 권한을 부여했다. 1317년에 영국 왕은 비엔 공의회가 십자군 원정비 명목으로 허용한 1/10세와 성직 초년도 수입세의 절반에 대한 징수권을 부여받았다. 1319, 1322, 1330년에도 같은 군주에게 1/10세 징수권이 부여되었다. 참조. Haller, p. 116 sq.

한 대칙서들에서 제시한다. 그의 구도가 교황청과 추기경회의 재정 정책을 확립했다. 14세기 교황청의 수입원은 다음과 같다: (1) 성직 임명과 그 밖의 교황의 호의에 대한 대가성 없는 예물 – 교황청 방문세(visitation), 성직 수임 초년도 수입세(annates), 고위성직에 대한 교황의 임명 승인에 관한 세(servitia); (2) 나폴리·시칠리아·사르디니아·영국 같은 교황의 봉건 신하 국가들이 바치는 공물과 이탈리아 교황령에서 바치는 세금.[51] 그렇게 들어온 재정은 네 부분, 즉 교황과 추기경회, 그리고 그들 가문들의 몫으로 분할되었다.

요한 22세 때에는 이른바 대가성 없는 예물이 의무적인 수수료가 되었다. 교황이 하사하는 모든 선물에 대가가 따랐다. 가격표가 있었으며, 성직록의 수입금에 대한 새로운 가격 평가가 이루어지기 전까지는 그것이 강제력을 지녔다. 요한 22세는 1331년의 대칙서에서 그런 관행에 가해진 비판들에 대답하면서, 교황의 호의에 매겨진 가격들이 은혜에 대한 대가가 아니라 그와 관련한 문서를 작성하는 데 들어간 수고에 대한 대가라고 주장했다. 그러나 이런 답변이 그런 관행에 대한 나쁜 인상을 제거하지는 못했다. 실제 징수된 세금은 문서에 적힌 가격을 상회했으며, 돈을 내지 않으면 권한도 얻지 못했다.

이렇게 징수된 세금들을 교황청 비서관들이 회계 장부에 주기적으로 기재했다. 바티칸 고문서 보관소에 현존하는 교황청 재무국의 자료들은 최근에야 비로소 레오 13세의 개방 정책에 힘입어 면밀한 조사를 받게 되었으며, 14세기 교회사를 진술하는 데 새로운 장을 할애할 수 있게 했다.

이러한 연구 조사들은 14세기 연대기 저자들과 소책자 저자들이 남긴 인상을 사실로 확증한다. 교황청의 돈 거래는 방대한 규모로 이루어졌으며, 거래가 엄격한 상업석 규율에 따라 이루어졌다. 아비뇽이 서대한 사금 중심시었나. 엉적 권한들이 치밀한 문구와 서명된 계약서와 영수증에 의해 보증되었다. 교황청의 상업 요원들이 유럽 전역에 파견되었다.

대주교와 주교와 대수도원장이 자신들의 직위를 인정하는 편지에 대해서 돈을 지불했다. 하위 성직들을 받은 사람들도 마찬가지였다. 평신도와 사제에게 하사되는 모든 종류의 특허와 특면과 면죄에 대해서 수수료를 지불해야 했다. 적법한 결혼 밖에서 태어난 사제, 자신의 성직록에서 떠나 있기를 바라는 사제,

---

51) 참조. 제5권 p. 698.

법정 연령 이전에 임명받고자 하는 사제가 모두 특면을 받아야 했으며, 그러려면 돈을 내야 했다. 비교적 큰 액수는 교황청 재정과 추기경의 재정으로 곧장 들어갔다. 작은 수수료들은 공증인들과 문지기들과 추기경 개인들과 그 밖의 관리들에게 건네졌다. 이런 중개인들이 손을 벌린 채 긴 줄로 서 있었다. 오늘날의 표현을 사용하자면 한 마디로 정교한 뇌물 체계였다. 성직록들은 거의 끝이 없었다. 방대한 분량의 하위 성직자들은 교황청 회계장부에 교황 혹은 추기경회의 '식솔들'(familiars)이라고 기재되었다. 공증인들 혹은 대서인(代書人)들은 모든 문서에 대해서 대서 및 기타 수고에 매겨진 수수료를 받았다. 청원자들은 돈은 돈대로 내고서도 지연과 그 밖의 소소한 성가신 일들로 시달려야 했다.

고위성직자들에게 부과된 세금은 당사자들이 직접 아비뇽을 방문하여 납부하는 것이 관례였다. 하위성직자들에게 부과되는 초년도 수입세, 십일조, 그리고 그 밖의 일반적인 세금은 징수관들과 보조 징수관들을 파견하여 거둬들였다. 이런 관리들이 유럽 각처를 다니면서 세금을 거두었다. 그들은 고정된 급료를 받았고, 아비뇽의 중앙 부서에 정기적으로 계산서를 보냈다. 그들이 모은 돈을 발송하는 일에는 종종 위험이 따랐다. 돈 운반인들이 노상에서 강도를 만나 털리는 일이 빈번했으며, 따라서 상인과 은행가 가문들, 특히 유럽 북부와 중부에 지점들을 두고 있던 이탈리아의 회사들에게 이 업무를 위탁하는 제도가 유행하게 되었다. 회계장부들을 보면 주화들의 명칭과 가치가 얼마나 다양했는가를 알 수 있다. 이 주화들의 가치를 좀 더 일반적으로 통용되던 표준으로 환산하는 것이 훌륭한 기능으로 간주되었다.

고위성직자들이 교황청을 방문할 때 내는 예물인 비지타티오네스는 교황과 추기경회에 균등하게 분배되었다. 그 목록표를 보면 요크 대주교가 3년마다 '300마르크 파운드 혹은 금 1200 플로린'을 납부했다는 사실을 알 수 있다. 캔터베리 대주교는 2년마다 '300마르크 파운드 혹은 1500금 플로린', 투르의 대주교는 400파운드 투르누아, 랭스 대주교는 500파운드 투르누아, 루앙 대주교는 1000파운드 투르누아를 납부했다. 아르마 대주교는 1301년에 교황청을 방문했을 때 은 50마르크 혹은 금 250플로린을 납부했다. 1350년에는 추기경회가 아르마 교구에 대해서 50년간 누적된 금액을 납부할 것을 요구했다. 아마도 아일랜드 교구의 주교가 이 기간에 교황청을 한 번도 방문하지 않은 듯하다. 아르마 교구가 그 요구를 들어주었는지의 여부는 알려지지 않는다.

세르비티아 코무니아(servitia communia) 곧 대주교들과 주교들과 대수도원장들이 교황에게 임명 승인에 대해서 납부한 세금도 적정 가격표가 매겨져 있었다. 납부 액수가 고정되면서 원래의 자발적인 성격도 자취를 감추었다. 이러한 고위성직자들은 세금을 납부하기 전까지는 엘렉투스(electus, 피선자<被選者>)라 불렸다. 성직자들이 가난하여 이 세금을 면제해 준 특별한 경우들도 있었는데, 이때는 회계장부에 "가난하여 세금을 징수하지 않음"(non texata propter paupertatem)이라 기재했다. 세르비티아 코무니아 세금의 액수는 시대와 나라마다 다양했던 것 같은데, 수입의 1/3인 때도 있었고 그보다 많은 비율을 차지한 때도 있었다. 14세기에는 다음 교구들이 아래와 같은 금액의 세르비티아 세금을 납부했다: 마인츠, 금 5,000플로린; 트리어 7,000; 쾰른, 10,000; 나르본, 10,000. 1420년에 마르티누스 5세는 새로 산정한 기준에 근거하여 마인츠와 트리어 교구들의 세금을 각각 10,000플로린(오늘날 화폐 기준으로 25,000달러)으로 인상함으로써 쾰른이 옛날부터 납부하던 금액과 수준을 맞추었다.[52] 성직록 수입자가 세금을 완납하지 않고서 죽으면 후임자가 자신에게 부과된 금액 외에도 미납액까지 납부했다.

아래의 경우들을 살펴보면 주교들과 대수도원장들이 직위를 인준하는 교황의 서신을 받기 위해서 아비뇽에 갔다가 어떠한 불편과 시달림을 받았는지 대강 짐작할 수 있게 된다. 1334년에 캔터베리의 성 아우구스티누스 대수도원장 피선자는 인준을 받기 위해서 4월 22일부터 8월 9일까지 기다려야 했으며 그느라 148파운드가 들었다. 세인트 올번스의 대수도원장 피선자 요한 4세는 1302년에 수사 4인을 대동하고서 축성을 받기 위해 로마로 갔다. 5월 6일에 도착하여 5월 9일에 아나니에서 보니파키우스 8세를 식섭 만나 사신의 사정을 말했는데, 런던에 돌아간 것은 8월 1일이었다. 그동안 내내 서류들을 준비하고 공증을 받느라 바빴던 것이다. 일을 다 마치는 데 든 비용은 2,585마르크 혹은 금 10,340플로린 혹은 오늘날의 화폐로 25,000달러가 들었다. 이 막대한 금액이 구체적으로 분배된 방식은 추측에 맡기지 않아도 된다. 구체적인 내역을 기록한 문서가 남아 있

___

52) Baumgarten, p. cvi, Schulte, p. 97 sq. 재산을 재평가한 결과 세액이 줄어든 경우들도 보고된다. 1326년에 브레슬라우 교구의 세액은 금 4,000플로린에서 1,785플로린으로 감소했다.

기 때문이다. 2,258마르크 혹은 9,032플로린은 "주군 교황과 추기경들"에게 갔다. 이 금액 가운데 5,000플로린 혹은 1,250마르크는 비지타티오(방문)에 대한 세금으로 들어갔고, 나머지는 세르비티움 납부금으로 추기경들에게 들어갔다. 보니파키우스의 조카 코스메딘의 산타 마리아 교회의 추기경 프란체스코에게는 10마르크 혹은 40플로린이 넘는 예물이 들어갔다.

세인트 올번스의 또 다른 대수도원장 피선자인 리처드 2세는 1326년에 수사 6인을 대동하고 아비뇽에 갔다가 금 3,600플로린을 납부하고 모든 일을 처리하고서 흡족한 기분으로 돌아왔다. 세금이 예상보다 상당히 합리적으로 매겨진 데 크게 놀랐다. 오퇭 교구의 대수도원장 기욤은 1316년 10월 22일에 요한 22세에게 임직 승인비로 금 1,500 플로린을 납부해야 했고, 170플로린을 요한의 관리들에게 따로 더 지불해야 했다.

하위 관리들에게 지불된 수수료(세르비티아 미누타<servitia minuta>)는 다섯 항목으로 분류되었는데, 그 중 네 항목이 관리들 곧 교황의 식솔들(familiares)에게, 한 항목은 추기경들의 관리들에게 분배되었다. 교황과 추기경회가 세르비티아 곧 인준 수수료로 받은 정확한 금액은 앞으로도 알려지지 않을 것이다. 조사된 목록들을 놓고 보자면 1316-1323년에 재직한 추기경들은 이 세금에서 매년 금 234,047플로린 혹은 약 39,000마르크를 받았다. 이 세금은 반드시 그랬던 것은 아니지만 대체로는 교황과 추기경회가 균등하게 나누어 가졌던 점을 감안하면, 이 세금의 총액은 앞서 소개한 금액의 두 배였다고 볼 수 있다.

아나테스(annates)는 교황이 하위 성직을 임명하면서 부과한 세금인 경우에는 전액이 교황청 재정에 귀속되었으며, 세율은 임명 첫해에 거둔 수입의 절반으로 고정되었던 듯하다.[53] 이 세금의 부과 대상은 "교황청 안에서 공석이 된" 성직록들, 달리 말하자면 교황이 유보시켜 놓았던 자리들이라 불렸다. 교황들은 간혹 유보권(the right of reservation)을 사용하는 방식으로 일정 기간 동안 특정 지역에서 공석이 된 모든 성직록들에 이 세금을 확대 부과했다. 아나테스 외에도 성직록들이 교황의 임명분으로 유보되는 기간 동안, 그리고 성직록 수임자가 교회

---

53) 1316년에 요한 22세, 1335년에 베네딕투스 12세, 1342년에 클레멘스 6세, 1392년에 보니파키우스 9세는 임명을 받은 지 1년이 된 성직자들에게 수입의 절반을 교황청 재정에 귀속시킬 것을 요구하는 대칙서를 발행했다.

법상의 자격을 구비하지 못한 채 성직록을 보유하고 있는 동안 그 성직록들에서 발생한 수입도 교황청 재정으로 들어갔다. 이러한 수입을 가리켜 '과도기의 실과' (medii fructus)라고 했다.

특별 면죄(indulgence, 大赦)도 고정적이지는 않지만 적지 않게 중요한 수입원이었다. 면죄의 가격은 납부 대상의 능력에 맞춰서, 그리고 교황청이 내준 인허가의 잠정 가치를 고려하여 결정했다. 시칠리아의 여왕 요안나는 주교좌성당을 차지하게 된 특권에 대해서 교황 대리로 활동한 나폴리 대주교에게 500 그로시 투르누아(grossi Tournois) 곧 약 150달러를 납부했다. 마울타쉬의 마가레트와 그녀의 남편 브란덴부르크의 루이스, 아들 바이에른인 루이스를 교회의 성사들에 다시 참석하도록 허용한 대칙서는 공주에게 2,000 그로시 투르누아를 납부하도록 명했다. 키프로스 왕은 가난했으므로, 자기 백성들이 이집트인들과 교역할 수 있도록 대사(大赦)를 받아내는 데 100 파운드 투르누아라는 소액을 납부하도록 허락을 받았으나, 화물을 실어 이집트로 보낼 선박에 대해서 50파운드를 가외의 세금으로 부과해야 했다. 소교구 사제와 무관하게 고해신부를 임의로 정할 수 있는 자유를 부여하는 교황 서신들에도 수수료의 등급이 있었다.

이러한 수입원들 외에도 성지 구출을 위한 세금(pro subsidio terrae sanctae)이 있었다. 비엔 공의회는 이 목적으로 6년 동안 십일조를 납부하도록 결의했다. 1333년에 요한 22세는 클레멘스의 대칙서를 반복해서 공포했다. 교황이 로마로 돌아오기 위한 사전 준비로서 이탈리아에서 적대 세력들을 제거하고 교황령을 교황청에 되돌리기 위한 비용도 특별세 부과의 구실이 되었다. 이 목적으로 인노켄티우스 6세는 독일 교회에 3년간 수입에 대한 십일조를 부과했으며, 1366년에 우르바누스 5세는 기독교 세계의 모든 교회들에 또 다른 십일조를 부과했다.

그런데 교회가 이런 명령들에 항상 복종했다거나, 징세관들이 아무 무리 없이 세금을 거두었다고 생각한다면 오산이다. 13세기 영국에서 무수히 제기되었던 불평을 14세기에 모든 지역에서 발견하게 된다. 반발이 의외로 강력했고, 따라서 오랫동안 납부를 미루거나 아예 납부하지 않은 사례들이 많았다.

봉건 국가들과 군주들이 교황청에 납부한 세금인 이른바 켄수스(census)는 추기경들과 교황 개인에게 균등하게 분배되었다. 1272년에 그레고리우스 10세는 시칠리아에서 들어온 그러한 세금을 최초로 추기경회와 균등하게 분배했는데, 그 액수가 금 8,000온스 혹은 90,000달러 가량 되었다.[54) 요한 22세의 재위 기간에는 시칠리아가 납부한 금액과 그것이 균등하게 분배된 사실이 자주 언급된다. 그 액수는 해마다 달랐으며, 1304년에는 금 3,000온스였다. 사르디니아와 코르시카가 납부한 켄수스는 1297년에 매년 2,000마르크로 고정되었으며, 그것이 교황과 추기경회에게 균등하게 분배되었다. 교황령과 페라라는 일정치 않은 금액을 납부했으며, 영국 왕 존이 납부하기로 약속한 1,000마르크는 부정기적으로 납부되다가 마침내 흐지부지되었다. 베드로 헌금(Peter's pence. 교황청이 영국의 한 가구마다 1페니씩 징수한 세금: 역자주)도 이 범주에 속했으며, 교황청 재정에 부정기적인 수입원이었다.

클레멘스 5세와 요한 22세 때 교황청이 거둔 연간 세입은 금 200,000~250,000플로린으로 추산된다.[55] 1353년에는 그것이 적어도 260,000플로린 혹은 오늘날 (19세기 말) 화폐 기준으로 600,000달러 이상이었던 것으로 알려진다.

이렇게 수입이 적지 않았는데도 교황청 운영에 항상 충분했던 것은 아니었으며, 교황청이 대부에 의존하는 경우도 가끔 있었다. 교황들은 추기경들과 군주들과 은행가들에게서 돈을 빌렸다. 우르바누스 5세는 자신의 추기경들에게 금 30,000플로린을 빌렸다. 그레고리우스 11세는 나바르 왕에게 30,000플로린을, 앙주의 공작에게 60,000플로린을 빌렸다. 공작은 교황에게 흔쾌히 돈을 빌려준 듯한데, 다른 경우에 그레고리우스에게 40,000플로린을 빌려주기도 했다. 주교들과 대수도원장들이 임명 인준 경비를 마련하기 위해서 돈을 빌리는 것이 흔한 일이었다. 1290년에 세인트 올번스의 대수도원장은 세르비티움으로 1,300파운드를 고지받고서 500파운드를 빌렸다.[56] 이러한 관습이 종교개혁 때까지 갈수록 성행하여서, 마인츠의 대주교 알브레히트의 경우처럼 많은 고위성직자들이 저마다 거액의 빚을 지고 있었다.

---

54) Kirsch, *Finanzverwaltung*, p. 3; *R ckkebr*, p. xv. 1367년에 우르바누스 5세에게 납부된 세금과 그것을 두 부분으로 구분한 것이 기록으로 남아 있다. 1317년부터 작성되기 시작했고 지금은 바티칸 궁전에 보관되어 있는 회계장부에는 금 1온스가 5플로린으로, 금 1파운드가 96플로린으로 평가되어 있다.

55) 1301년에 공정왕 필립이 거둔 세입은 267,900파운드였다. Gottlob(p. 134)은 추기경들이 모두 합쳐서 받은 돈은 그 액수를 훨씬 상회했다고 말한다.

56) 우스터의 주교 Walter de Gray는 1215년에 그 직위로 승진하면서 10,000파운드를 빌렸다고 한다.

아비뇽 상서국의 업무 처리가 심지어 교황제를 지지하던 당대의 논객들에게
조차 비판을 받았다. 알바루스 펠라기우스는 「교회의 현실을 애도함」(*Lament
over the Church*)이라는 저서에서 다음과 같이 썼다. "가난한 사람은 교황 곁에
도 갈 수 없다. 가난한 사람은 교황이 부르더라도 지갑에 돈이 없기 때문에 갈
수 없다. 중개인들의 손을 거치지 않고는 교황 앞에 단 하나의 청원서도 올릴 수
없다. 그들은 뇌물에 매수된 부패한 자들이요 규정을 어기고 더 많은 돈을 긁어
모으기로 공모한 관리들이다." 다른 곳에서 그는 자신이 교황청 부서들을 방문
할 때마다 금이 가득 담긴 돈궤를 앞에 두고서 성직자들이 플로린 화들을 헤아
리고 무게를 재는 모습을 어김없이 발견했다고 말했다. 스페인 주교들에 관해
서, 그는 성직과 성직록을 하사하는 대가로 돈을 받지 않는 자들이 100명 가운데
한 사람도 찾아보기 힘들다고 말했다.

14세기가 흘러갈수록 상황은 개선되지 않고 오히려 악해져 갔다. 니하임의 디
트리히(Dietrich)는 보니파키우스 9세를 평가하는 가운데 "그 교황은 만족을 모
르는 심연이며, 탐욕에 관한 한 그와 견줄 자가 없다"고 말했다.[57] 기독교 세계의
수치로 불거진 이 폐습을 고치기 위해서는 교황들이 자신들을 떠받들고 있는 거
대한 관리들의 무리를 잘라내야만 했다. 그러나 이 방대한 조직은 로마 교황보
다 더 강했다. 교황의 권한들을 규명한 근본적인 이론도 실효를 거두지 못했다.
공의회들도 개혁을 시도했으나 헛수고였다. 그러던 중 마침내 전혀 예상치 못한
곳에서 도움이 찾아왔는데, 루터와 그 밖의 지도자들이 중세의 교황제와 교회에
관한 이론에 정면으로 반기를 든 것이다.

10. 후기 아비뇽 교황들

부산스럽고 현학적이던 요한 22세의 뒤를 이은 교황은 학자의 기품과 강직한
인격을 소유한 베네딕투스 12세(1334-1342 재위)였다. 프랑스 툴루즈 교구에서
태어난 베네딕투스는 파리 대학교에서 공부한 뒤 주교와 추기경을 거쳐 마침내
교황으로 선출되었다. 빌라니의 말을 신뢰해도 된다면, 그의 선출은 우발적인

---

57) *De schismate*, Erler's ed., p. 119.

것이었다. 추기경들이 그가 선출되리라고는 꿈에도 예상하지 않은 채 사표(死票)를 던지는 태도로 그에게 표를 던진 것이다. 하지만 그 선출은 탁월한 선택이었음이 입증되었다. 새 교황은 즉시 개혁에 대한 의지를 보였다. 아비뇽에 뚜렷한 임무도 없이 와 있던 고위성직자들을 고향으로 돌려보냈고, 인척들로부터 재정 지원 요청을 받을 때는 그리스도의 대리자가 멜기세덱처럼 아버지도 어머니도 족보도 없어야 한다고 대응하는 훌륭한 면모를 드러냈다. 그에게는 아비뇽에 항구적인 교황궁을 건립하는 사업을 착수했다는 명예가 따라다닌다. 새로 짓게 된 교황궁은 위압감을 주는 웅장한 건물로서, 관저라기보다 요새라는 인상을 주었다. 벽과 탑들을 어떠한 공격에도 끄떡없을 만큼 두껍고 튼튼하게 세웠다. 오늘날은 터만 황량하게 남아서 교황청 역사에서 비범했던 그 시기를 말없이 증거하고 있다. 추기경들도 베네딕투스의 본을 따서 저마다 아비뇽과 인근에 궁전을 건축했다.

루앙의 대주교를 지낸 바 있는 **클레멘스 6세**(1342-1352 재위)는 요한 22세가 비축해놓고 베네딕투스가 지혜롭게 관리해 놓은 기금을 탕진했다. 그는 베네딕투스회 수도원에서 받은 훈련과 수사로서 서약했던 내용을 망각한 채 방탕하게 지내면서 교황청의 분위기를 어릴 때 자신이 맛보았던 프랑스 귀족의 궁정처럼 바꾸어 놓았다. 말들과 산해진미, 여인들의 무리가 교황궁을 왕궁처럼 화려하게 만들었다. 그는 인척들도 각별히 보살폈다. 그가 임명한 추기경 25인 가운데 12인이 그의 인척들로서, 그 중 한 사람은 그의 형제였고 또 한 사람은 조카였다. 클레멘스는 웅변으로 명성을 날렸으며, 요한 22세처럼 교황이 된 뒤에 직접 설교를 했다. 재위 초반에 로마인들이 아비뇽으로 사절단을 보내서 제발 로마로 돌아와달라고 간청했는데, 대표단에는 페트라르카가 포함되어 있었다. 그러나 속까지 프랑스인이었던 클레멘스는 프랑스의 분위기가 더 좋았다. 그는 로마로 가지는 않았으나 사절단의 요청을 받아들여 방치된 채 빈궁하게 된 로마 시를 위해서 희년을 선포하는 아량을 베풀었다.

클레멘스가 다스리는 동안 로마는 매우 인상적인 사건을 겪게 되는데, 유성처럼 빛났다가 사라진 호민관 콜라(니콜라우스) 디 리엔초(Cola di Rienzo)가 그 사건의 주인공이다. 평민 출신인 이 공상가는 고대 로마의 고전들을 읽다가 로마를 독립시키고 옛 영화를 되찾겠다는 신념으로 불타올랐다. 웅변으로 로마 주민들의 마음을 사로잡은 그는 로마 시의 귀족 가문들에 대립하여 로마 주민들의 권익을 옹호하고 나섰다. 1343년에 로마 시의 수장권을 교황에게 부여하는 임무를 띤 사절단의 대표로 아비뇽에 파견된 그는 소탈한 태도와 웅변적 언사에 힘입어 클레멘스의 주목을 받았다. 로마로 돌아온 그는 자유와 주권의 비전을 제시하여 민중을 사로잡았다. 1347년에 로마 주민들은 원로원 의사당에서 그에게 로마 시의 군주(Signiory)의 직위를 부여했다. 콜라는 민주주의적인 인상이 풍기는 호민관(tribune)이라는 칭호를 취했다. 페트라르카는 아비뇽에서 쓴 글에서 그를 자신이 평소에 대망하던 인물로 평가하면서 그에게 최고의 찬사를 바쳤다. 호민관은 이탈리아 전역에 애국심의 불을 붙임으로써 자신의 영향력을 확대하려고 꾀하는 한편, 이탈리아의 도시들에게 전제군주들의 멍에를 벗어버리도록 권유했다. 성공과 영광이 그의 머리를 돌게 했다. 찬사에 취한 그는 바이에른인 루이스와 카를 4세를 자신의 법정에 소환하는 만용을 부렸으며, 서신 서두에 "공화국의 자유 원년"이라는 과람된 문구를 사용했다. 그의 성공은 일곱 달밖에 지속되지 못했다. 민중은 자신들의 우상에 대해 갈수록 실망했다. 결국 그는 클레멘스에게 파문을 당한 뒤 도주했다가 인노켄티우스 6세 때 잠깐 모습을 드러냈다.

아비뇽은 클레멘스에 의해 교황청 재산이 되었다. 나폴리의 요안나에게 80,000플로린을 주고 아비뇽의 소유권을 넘겨받은 것이다. 요안나가 이렇게 헐값에 아비뇽을 넘긴 이유는 아마도 자기 사촌이자 첫 번째 남편인 헝가리의 왕자 안드레아스의 살해에 대해 교황이 자신의 무죄를 선포해준 일과, 다른 사촌인 타렌툼의 왕자와의 재혼을 교황이 승인해준 데 대한 대가였을 것으로 짐작된다.

이 교황은 1347년에 바이에른인 루이스가 복잡다단하던 경력을 마감하는 것을 지켜보았다. 황제는 이미 1343년 9월 18일에 클레멘스가 자신에게 제시한 28개 조항에 복종을 맹세하고, 마치 아기가 어머니의 품을 사모하듯이 자기 영혼이 교황과 교회의 은총을 갈구한다고 편지를 보냄으로써 자기 비하의 깊은 나락으로 떨어진 바 있다. 그러나 클레멘스는 두 전임 교황들이 루이스에게 가했던 저주를 더욱 강화했다. 그가 1346년 4월 13일에 직접 낭독한 대칙서에는 과격한 저주들로 가득하다. 대칙서는 루이스의 정신을 돌게 하고 눈멀게 해달라고 하나님께 호소했다. 그를 벼락으로 치실 것과, 이생과 내세에서 하나님과 사도 베드로와 사도 바울의 뜨거운 진노를 퍼부어 주실 것을 간구했다. 모든 세력들에게 일제히 일어나 그를 대적하라고 촉구했으며, 우주에 대해서는 그와 맞서 싸우고 땅에 대해서는 입을 열어 그를 산 채로 삼키라고 주문했다. 그의 집이 허물어지고 그의 자녀들이 집에서 쫓겨날 것이라고 신성모독적인 어조로 저주를 퍼부었다. 그에 대해서는 그의 자녀들이 원수들에게 죽임을 당하는 모습을 지켜보게 될 것이라고 저주했다.

클레멘스의 재위 기간 동안인 1348-1349년에 흑사병이 헝가리에서부터 스코틀랜드까지, 스페인에서 스웨덴까지 유럽 전역을 휩쓸었는데, 이것은 인류가 겪어본 가장 두렵고 기이한 회초리의 하나였다. 이 사건은 당대의 모든 연대기 저자들이 일제히 보고하며, 보카치오는 자신의 소설 서문에서 그 사건을 언급한다. 빌라니에 따르면, 흑사병은 겨드랑이 밑이나 사타구니에 종기처럼 나타났는데, 크기가 때로는 계란만 했으며 고열과 피를 토하는 증상을 동반했다고 한다. 이 병은 폐와 기관지의 염증도 동반했고, 호흡할 때 악취가 나게 했다. 당대인은 이 병의 강한 전염성을 묘사하면서, 흑사병에 걸린 한 사람만 있으면 온 세상을 감염시키고도 남는다고 말했다. 병에 걸리면 기껏해야 하루나 이틀밖에 살지 못했다. 보카치오는 이 병이 피렌체를 황폐하게 휩쓸고 가는 과정을 목격했다. 당시에 병을 막기 위해 동원할 수 있었던 조치라고는 거리를 깨끗하게 소제하고 자세한 위생 규칙을 게시하는 것이었다. 죽음의 행진을 막기 위해서 종교 의식들과 행렬들이 거행되었다. 보카치오는, 돼지들이 버린 옷가지를 파헤치다가 흑사병에 걸려 죽어가는 모습을 지켜보았다. 영국에서는 모든 종류의 가축들이 감염되었으며, 나이턴(Knighton)은 한 지역에서 양 5천 마리가 죽었다고 말한다.[58] 치사율이 가공할 정도였다. 사망자 통계들은 비록 자료마다 다르긴 하지만 아주 많은 인명이 상실했음을 넉넉히 보여준다.

서유럽의 상당수 인구가 전염병으로 쓰러졌다. 시에나에서는 80,000명이 실려나갔고, 베네치아에서는 100,000명, 볼로냐에서는 인구 2/3, 피렌체에서는 3/5이 죽었다. 마르세유에서는 한 달만에 57,000명이 죽었다고 한다. 론 강에 자리 잡은 교황의 도시도 예외가 아니었다. 추기경 9명, 고위성직자 70명, 노새 17,000필이 죽었다. 어느 참사회원은 아비뇽에서 플랑드르에 사는 친구에게 쓴 편지에서 자신이 글을 쓰는 순간까지 인구의 절반이 죽어 나갔다고 말한다. 고양이들

---

58) Knighten's account, *Chronicon*, Rolls Series II. 58-65.

과 개들과 닭들도 병에 걸렸다. 클레멘스 6세는 주치의 숄리악의 귀(Guy of Chauliac)의 당부로 과거에 전염병이 돌 때 니콜라우스 4세가 그랬던 것처럼 실내에만 머물면서 큰 불을 여러 개 피워놓았다.

어떠한 계층도 전염병을 피하지 못했는데, 다만 영국에서는 상류 계층들일수록 병마를 피했던 것 같다. 주교들과 사제들과 수사들을 비롯한 허다한 성직자들이 세상을 떠났다. 캔터베리 대주교도 적어도 한 사람 브래드워딘(Bradwardin)이 흑사병으로 목숨을 잃었다. 스웨덴 왕의 형제들인 하콘(Hacon)과 크누트(Knut)도 희생되었다. 매장되지 못한 시체들이 스톡홀름의 거리들에 즐비하게 누워 있었다. 화물을 실은 선박들도 흑사병으로 죽은 선원과 함께 먼 바다에 버려졌다고 한다. 수도원들도 식구들을 흑사병에 허다하게 잃었으며, 공동묘지가 부족하여 서둘러 판 구덩이에 시체들을 버렸다. 감염의 위험과 시체들에서 나오는 악취가 너무나 심하여서 사람이 죽어도 아예 묘지를 내주지 않는 경우가 적지 않았다. 주교들은 이러한 사태를 막기 위해서 사제들에게 육체 부활을 가톨릭 교회의 교리들 가운데 하나로 설교하도록 지시했는데, 윈체스터의 주교가 대표적인 경우였다. 사람이 이렇게 무수히 죽어 나가는데도 불구하고, 보카치오가 피렌체의 상황을 전하듯이 술집마다 마시고 흥청거리는 사람들로 가득했다.

영국에서는 인구의 절반인 2,500,000명이 이 두려운 병에 희생되었던 것으로 추산된다. 나이턴에 따르면 영국에서의 발병지는 사우샘프턴이었다고 한다. 스코틀랜드에 관해서 이 연대기 저자는 섬뜩한 이야기를 전하는데, 일부 스코틀랜드인들이 잉글랜드가 이 병으로 약해졌다는 소문을 듣고는 셀커크 숲에 매복했나가 잉글랜드인들을 넘치기로 했으나, 그들 자신이 갑자기 흑사병에 걸려 거의 5,000명이 죽었다는 것이다. 영국 왕은 의회를 연기했다. 영국의 산업들이 이 병으로 인해 당한 재앙적인 피해에 대해서 연대기 저자들은 길게 진술한다. 더 이상 경작할 인력이 남아 있지 않았기 때문에 토양이 '죽었다.' 토지 가격이 절반이나 그 이하로 떨어졌다. 가축들이 들판을 떠돌아다녔고, 밀밭에 들어가 밭을 망쳐놓아도 쫓아낼 사람이 없었다. "죽음에 대한 공포 때문에 가축 가격이 크게 떨어졌다." 말이 정상 가격의 반값인 40솔리두스에 거래되었고, 살찐 수송아지가 4솔리두스에 거래되었다. 반대로 사람 품값은 상승했으며, 생필품 가격도 치솟았다. 교회가 받은 피해도 커서 사역에 큰 지장을 받았다. 영국의 주교들은 서신을 통해 휘하의 성직자들에게 사죄권을 부여함으로써 비상한 시국에 대처했다. 이로써 사제는 생계를 해결할 돈을 마련할 수 있게 되었는데, 나이턴의 보고에 따르면, 흑사병이 돌던 때에 4~5마르크를 벌다가 병이 다 사라진 뒤에는 10~20마르크를 벌 수 있게 되었다고 한다. 성직자들의 감소를 벌충하기 위해서 교회법상의 연령이 되지 않아도 성직에 임명했다. 일례로 노리치의 주교 베이트먼(Bateman)은 21세 이하의 젊은이 60명을 "비록 애송이임에도 불구하고" 하위 성직에 임명했다. 흑사병은 다른 방향으로도 해악을 끼쳤다. 전례 없이 큰 규모로 착공되었던 시에나 주교좌성당 공사가 중단되었으며, 오늘날[19세기 말]까지 공사가 재개되지 않고 있다.

흑사병은 동방에서 유럽으로 전염되었고, 가장 먼저 전염시킨 것이 제노바의 선박들이었다고 전해진다.[59] 전염병으로 희생된 수가 유럽사에 알려진 여느 전쟁이나 지진으로 인한 희생자 수를 크게 상회했으며, 1908년에 시칠리아에서 발생한 지진의 희생자 수도 그것에 미치지 못한다.

전염병에도 불구하고, 아마도 그것이 그친 데 대한 감사의 표시로 1350년에 희년이 선포되어 14세기 초에 보니파키우스가 희년을 선포했을 때와 같이 로마로 무수히 많은 순례자들이 몰려들었다. 혹시 그들이 고향 도시와 마을의 처참한 정경을 뒤에 두고 왔을지라도, 영원한 도시가 황무지로 바뀐 정경 앞에서는 넋을 잃었을 것이다. 그해에 로마를 방문한 페트라르카는 아무리 돌 같이 완악한 사람도 그 정경 앞에서 눈물을 흘리지 않을 수 없었을 것이라고 말한다. 마테오 빌라니는 로마로 모여든 군중의 신심(信心)에 극찬을 아끼지 않는다. 클레멘스의 대칙서는 그가 약속한 면죄의 혜택들을, 상급자들의 허락을 받지 않고 순례의 길을 나선 사람들, 주교의 허락 없이 나선 성직자들, 대수도원장의 허락 없

---

59) 바스와 웰스의 주교 Ralph는 사목 서신에서 "동방에서 주변 왕국으로 유입된 전염병"을 경계하라고 당부했다. Knighton은 전염병의 발원지를 인도로 간주한다. Thomas Walsingham은 *Hist. Angl.*(Rolls Series I. 273)에서 다음과 같이 말한다. "북부와 동부에서 시작한 전염병이 세계로 퍼져나가다가 큰 피해를 입히고는 인구의 절반만 남았을 때 소멸되었다. 한때 주민들로 가득하던 읍들이 적막하게 되었으며, 전염병의 기세가 워낙 사나웠던 까닭에 살아 남은 자들이 죽은 자들을 매장하기가 벅찼다. 어떤 수도원들에서는 스무 명 가운데 두 명도 살아남지 못했다. 인류가 1/10도 채 남지 못했다는 것이 많은 사람들의 추산이었다."

이 나선 수사들, 남편의 허락 없이 나선 아내들에게로 확대했다.

클레멘스의 뒤를 이은 세 교황들에 대해서는 좋은 평가밖에 내릴 수 없다. 인노켄티우스 6세(1352-1362 재위)는 리모주 교구에서 태어나 클레멘스 6세에게 추기경 임명을 받았다. 그는 베네딕투스 12세의 자취를 따라서 아비뇽 교황청의 허세를 걷어내고, 할 일이 없이 교황청에 와 있던 주교들을 교구로 돌려보내고, 로타(rota) 법정을 설치하여 21인의 유급 심사관을 두고서 교황 법정에 제출된 항소건들을 공정하게 심의하도록 했다. 인노켄티우스가 교황에 선출되기 전에 추기경들은 교황 비밀선거회의 인원을 20인으로 제한하고, 비밀선거회의 2/3의 동의가 없이는 새 회원을 임명하거나 기존 회원을 정직·면직·파문할 수 없도록 하며, 교황의 인척을 고위직에 임명하지 못하도록 하는 일련의 법규들을 채택했다. 인노켄티우스는 교황이 되자마자 이 법규들을 폐기했다.

인노켄티우스는 재위 초반에 콜라 디 리엔초를 석방하고서, 로마에 수도회를 신설하려는 소망으로 그와 추기경 알베르노츠의 아이기디우스 알바레츠(Aegidius Alvarez)를 그 도시에 파견했다. 콜라는 원로원 의원으로 임명되었으나 불과 몇 달 뒤인 1354년 10월 8일에 민중 봉기가 일어났을 때 처형되었다. 그는 여러 개로 분할된 이탈리아의 국가들이 실제로 통일을 이룩하기 5백 년 전에 이탈리아 통일을 꿈꾸었으나, 그 반도에서 그의 이름은 민중의 자유와 민족 통일의 강력한 자극으로 남아 있다.

전제군주들과 민중 선동가들이 이탈리아의 자치 도시들에 들끓으면서 동족을 갈취했다. 교회 국가[교황령]가 라벤나의 폴렌타스 가문·리미니의 말라테스타스 가문·우르비노의 몬테펠트로스 가문 같은 조야한 귀족들이 다스리는 군소 공국(公國)들로 분할되어 있었다. 교황은 이탈리아 반도에서 자신의 영토를 아예 상실할 위기에 처해 있었다. 여러 나라에서 한 밑천 잡으려고 모여든 병사들이 그 땅에 자리잡고서 약탈자들의 무리를 앞세워 공포를 확산시켰다. 로마 시와 주변 평원인 캄파냐만큼 무정부 상태가 기승을 부린 지역이 없었다. 알베르노츠는 무어족과 전쟁을 치르고 톨레도 교구를 감독한 경력이 있는 사람이었다. 그는 군인인 동시에 정치가였다. 어려운 사명을 맡아 수행할 역량이 있었으며, 실제로 교황 정부를 회복했다.[60]

1355년에 알베르노츠[알바레츠]는 로마 행정관의 자격으로 카를 4세의 머리에 제관을 씌워주었다. 당시에는 카를이 대관식 전날까지도 교황에게 로마 입성을 허락받지 못할 정도로 황제의 권위가 추락해 있었다. 과거에 하인리히 7세가 로마에 도착했을 때 단테가 그를 환영했듯이 카를이 이탈리아에 도착했을 때는 페트라르카의 환영을 받았다. 그러나 황제는 모든 기대를 저버렸고, 그가 이탈리아를 떠난 것도 불명예스러운 퇴각이었다. 그는 프라하 대학교를 설립함으로써 보헤미아의 자기 영토에 길이 업적을 남겼다.[61] 또한 그는 1356년에 황제 선출 규율을 제시한 저 유명한 황금 칙서(Golden Bull)를 공포하기도 했다. 이 규율은 황제 선출을 전적으로 선제후들의 손에 위임하고, 그들의 과반수 투표로 선출이 가능하도록 했다. 이 문서는 교황을 언급하지 않는다. 프랑크푸르트가 회의 장소로 정해졌다. 이 문서에 거명된 선제후들은 마인츠 · 트리어 · 쾰른의 대주교들, 팔츠 백작 · 보헤미아 왕 · 브란덴부르크 후작 · 작센 공작이었다.[62]

우르바누스 5세(1362-1370 재위)는 마르세유의 베네딕투스회 소속 생 빅토르 수도원 대수도원장으로 재직하다가 교황으로 선출되었으며, 많은 공적을 쌓음으로써 1870년에 피우스 9세에 의해 시성되었다. 그는 아비뇽 교황들 가운데 최초로 로마를 방문했다. 과거에 베네딕투스 12세와 클레멘스 6세에게 편지를 쓴 바 있는 페트라르카는 이제 노년의 나이에 새 교황에게 편지를 써서 교황청의 폐습들을 비판하고 로마 주교로서의 소임에 충실하라고 당부했다. 우르바누스가 왜 세상의 한쪽 구석에서 숨어 지내야 하는가? 이탈리아는 훌륭한 지역이었으며, 제국과 교회의 역사와 전설로 찬란히 빛나는 로마는 세계의 신정적(神政的) 수도였다. 카를 4세는 아비뇽을 방문하여 교황이 로마를 방문할 경우 경호를 책임지겠다고 제의했다. 그러나 프랑스 왕은 그 계획에 반대했고, 추기경들은 왕의 입장을 지지했다. 추기경들 가운데 이탈리아인은 세 명뿐이었다. 우르바누

---

60) 알베르노츠가 이탈리아에서 복무한 기간은 1353-1368년이었다. 그는 아이기디우스 헌법(Aegidian Constitutions)이라 불리는 법전을 제정함으로써 여러 세기 동안 교황령의 입법가가 되었다. 그레고로비우스(VI. 430)는 그를 "역대 추기경들 가운데 가장 유능한 정치가"라고 부르며, 그의 전기작가 Wurm은 "교황령[교회 국가]의 제2의 설립자"라고 부른다.

61) 1334년에 클레멘스는 프라하 교구를 마인츠 교구에서 독립시키면서 대주교구로 승격시켰다.

62) Bryce(ch. XIV)는 Golden Bull이 제국의 권력을 교황청으로부터 분리함으로써 신성로마제국의 독일화 작업을 완료했다고 올바로 말한다.

스는 1367년 4월에 자신의 영적 선조들의 고향을 향해 나섰다. 나폴리·제노바·베네치아·피사가 60척으로 구성된 함대를 제공했고, 유명한 여행가가 마르세유에서 제노바와 코르네토까지 함대를 이끌었으며, 로마 시가 파견한 사절단이 코르네토에서 교황을 영접하고서 완전한 자치권의 상징인 성 안젤로 성의 열쇠를 그에게 건네주었다. 이동 중에 아비뇽에서 보낸 포도주와 생선, 치즈 등의 물자들이 교황 일행에 전달되었고, 론 강에 있는 교황청 마구간에서 보낸 말들이 여행의 각 지점에서 교황을 기다리고 있었다.

비테르보에서는 프랑스인들의 무례한 행동으로 폭동이 발생했으며, 교황은 그 도시에 성무 중지령을 내렸다. 교황청 회계장부에는 난투극 때 부상을 입은 교황의 하인들을 치료하는 명목으로 약제사들이 청구한 약값이 기재되어 있다. 이 도시에서 알베르노츠가 세상을 떠났다. 그는 로마의 질서를 회복함으로써 교황청에 크게 이바지한 인물이다. 전설에 따르면, 교황이 활동 내력에 대해서 묻자, 그는 자신이 교황의 권위에 굴복하게 만든 도시들의 열쇠들을 마차에 실어 그에게 보냈다고 한다.

우르바누스는 라테란보다는 바티칸을 자신의 거처로 정했다. 그의 왕림을 맞이하기 위해서 바티칸 궁정과 그곳에 딸린 정원들을 보수하는 등의 준비가 이루어졌다. 당시에는 정원의 일부가 밭으로 쓰이고, 나머지 부분에는 잡초가 무성한 상태였다. 우르바누스는 이곳에 포도나무들을 비롯한 유실수들을 심도록 지시했다. 교황청 회계장부에는 이 사업에 들어간 비용을 금 6,621 플로린(약 15,000달러)으로 기재한다. 지붕과 문, 벽 등 궁정의 다른 부분들도 손을 봐야 했다. 교황청 재무관 Gaucelin de Pradello가 보고한 1367년 4월 27일부터 1368년 11월까지의 경비는 15,559플로린(39,000달러)었다.

클레멘스 5세가 프랑스를 교황의 거처로 정한 이래로 60년의 세월이 흐르는 동안, 로마는 과거에 이교 유적들의 박물관이 되었던 것처럼 이제는 기독교 유적들의 박물관 수준으로 전락해 있었다. 귀족 가문들이 하나둘씩 도시를 버리고 떠났다. 라테란 궁은 1360년에 다시 한 번 화재를 겪었다. 성 바울 교회는 폐허처럼 버려져 있었다. 도로들에는 온갖 쓰레기들과 썩은 물웅덩이들이 널려 있었다. 인구는 20,000명 혹은 아마도 17,000명으로 줄었다. 교황이 돌아온 것을 페트라르카는 이스라엘이 애굽에서 나온 사건과 견주었다.

우르바누스는 교회당들에 대한 복구 작업에 나섰다. 라테란 궁에 1000플로린을 들이고 성 바울 교회에 5000플로린을 들였다. 로마가 다시 한 번 유럽 사회와 정치의 중심지가 될 조짐을 보였다. 나폴리 여왕 요안나가 로마 시를 방문했고, 키프로스 왕과 황제 카를 4세도 그러했다. 1369년에 비잔틴 황제 요한 5세 팔라이올로구스(John V Palaeologus)가 로마를 방문하여 터키의 공세를 막아달라고 호소하는 한편, 분열의 원인이 되어온 원리들을 포기하겠다고 엄숙히 선언했다.

과거의 영화가 돌아온 듯했으나, 우르바누스는 만족하지 않았다. 그는 기득권에 대한 애착과 미련을 포기할 용기도 비전도 없었다. 만약 그가 기득권에 연연하지 않았더라면 재앙적인 분열은 피할 수도 있었을 것이다. 결국 그는 아비뇽으로 고개를 돌렸고, 1370년 9월 27일 '저녁기도 시간'에 그곳에 도착했다. 하지만 도착하여 두 달밖에 살지 못하고서 1370년 12월 19일에 세상을 떠났다. 그는 보편적인 사랑을 받았고, 생시에 이미 성인으로 존경을 받았다.

11. 로마에 교황청이 다시 수립됨(1377)

우르바누스 5세가 죽을 때 교황 비밀선거회에 들어간 추기경 19명 가운데 4명을 제외하고는 모두가 프랑스인들이었다. 그들은 즉시 프랑스 백작의 아들 그레고리우스 11세를 후임 교황으로 결정했다. 그는 열일곱의 나이에 삼촌 클레멘스 6세에 의해 추기경에 임명된 바 있다. 당대인들은 그의 도덕적 순결과 붙임성과 경건을 칭송했다. 그는 프랑스인 18명을 추기경으로 임명하고, 교황에게 임명권이 있는 이탈리아의 직위들에 프랑스인들을 임명했다. 영국사에서 이 교황은 위클리프를 단죄한 일로 알려져 있다. 그의 재위 기간은 1370-1378년이다.

그레고리우스의 이름은 교황청이 티베르 강변에 다시 수립된 일과 결부된다. 이 변화에 교황이 이바지한 바는 없었다. 오히려 그의 반대를 무릅쓰고서 성사된 일이었다. 그는 로마로 갔으나 아비뇽으로 돌아가기 위해 준비하다가 갑자기 세상을 떠났다.

그레고리우스가 로마로 돌아갈 결심을 하게 된 주된 이유는 이탈리아 중부와 북부에 반란의 불길이 번지면서 교황청이 이탈리아 내의 영토를 영구히 상실하게 될 위기에 처했기 때문이었다. 이탈리아인들이 대립교황 선출을 모색하고 있다는 정보를 로마에서 아비뇽으로 돌아온 사절이 교황에게 보고했다. 티베르 강변에서 반란을 분쇄할 한 가지 타개책이 제시되었다. 그것은 교황이 직접 로마로 가는 방안이었다.

그레고리우스는 이미 5년 동안 이탈리아 내의 불온 세력들과 전쟁을 벌여온 터였다. 반도의 북부에서 정치적 무정부 상태가 도시들을 차례로 삼켰다. 영국인 존 호크우드(John Hawkwood)라는 유명한 인물을 비롯한 용병(傭兵)들이 가는 곳마다 공포를 확산시켰다. 밀라노에서는 전제군주 베르나보(Bernabo)가 강력하고 잔인하게 세도를 떨치고 있었다. 피렌체에서는 사제들에 대한 반란이 일어났고, '자유'라고 새겨진 붉은 깃발이 휘날렸다. 교황의 세속 권력을 폐지하기 위해서 80개 도시들의 동맹이 결성되었다. 1376년 3월 31일에 교황은 피렌체에 대해서 선동에 앞장서고 있다는 이유로 성무 중지령을 공포했는데, 그 문서에는 누구든 그 도시를 약탈할 수 있도록 허용한다는 것과, 그 도시의 시민들을 어디서 발견하든 노예로 삼도록 허용한다는 극악한 조항들이 실려 있었다. 제노바와 피사도 피렌체의 노선을 따랐다가 교황으로부터 같은 저주를 받았다. 교황 도시였던 볼로냐도 1376년에 아르노 강에 자리잡은 자매 도시의 선동으로 반란에 가담했다.

피렌체는 로마를 비롯한 교황 도시들에 반란의 불이 번지도록 부채질하면서, 그 독재자의 멍에를 떨쳐버리고 본래의 자유를 되찾으라고 선동했다. 피렌체가 발표한 성명서에는 "[과연 어느 이탈리아인이] 교황이 임명한 야만인들이 이탈리아의 재산을 삼키는 현실을 그냥 지켜만 볼 수 있느냐"는 문구가 실려 있었다. 그러나 로마는 교황의 편에 남았고, 안코나도 그러했다. 반면에 페루자·나르니·비테르보·페라라는 1375년에 반란의 깃발을 들고 일어나 마침내 교황 세습령 전부를 장악할 일보직선까지 갔다. 프랑스 관리들에 대한 반감은 교황이 혁명을 진압하기 위해서 10,000명 병력의 브르타뉴 용병대를 이탈리아로 파견하면서 더욱 강렬해졌다. 용병대를 지휘한 사람은 제네바의 추기경 로베르(Robert, 훗날의 교황 클레멘스 7세)로서, 철심장을 지닌 군인이자 냉혹한 사제였다. 파스토르(Pastor)는 그레고리우스가 로마로 돌아가는 것만이 교황청이 로마를 잃지 않을 수 있는 유일한 방책이라는 것이 불을 보듯 분명한 사실이 되었다.

이탈리아가 반란에 휩싸여 폭동과 전투의 함성이 울려 퍼지던 위기 상황에 스웨덴의 브리젯(Bridget)과 시에나의 카테리나(Catherine)라는 여자 예언자들의 순수한 소리가 울려 퍼졌다. 두 사람 다 시성(諡聖)되었다.

거의 반세기 동안 교황의 귀환을 촉구해온 페트라르카는 이제 말년에 접어든 나이에 로마를 틀림없이 강도를 만나게 되어 있는 여리고에 비유하는 프랑스인의 주장을 논박하면서, 아비뇽이야말로 세상의 시궁창이라고 비난했다. 그는 자신의 평생 소원이 이루어지는 것을 보지 못한 채 1374년에 눈을 감았다. 애국적 본능에 이끌린 그는 조국을 사랑하는 이탈리아인의 정서를 담아 교황에게 로마로 돌아오라고 거듭 호소했다. 브리젯과 카테리나는 애국심보다 더 숭고한 동기에서 그레고리우스에게 호소했는데, 그 내용은 기독교 세계를 효율적으로 이끌어서 하나님 나라를 진척시켜야 하지 않느냐는 것이었다. 이들은 환상과 입신의 상태에서 교회의 수석 주교에게 그가 맡은 거룩한 직임에 따른 의무들에 충성할 것을 촉구했다.

성 브리젯은 남편이 죽자 스칸디나비아 고향을 떠나 1350년의 희년 행사에 참석하기 위해 순례자들의 일행에 합류하여 로마로 나섰다.[63] 교황의 도시에 도착한 브리젯은 영적 권력과 세속 권력의 중심지에서 황제와 교황을 다시 한 번 한꺼번에 만날 수 있다는 기대감에 부풀어 성인으로서의 기도와 예언자로서의 메시지를 내놓았다. 교회들을 방문하고 병자들을 보살피고 순례자 복장으로 구걸하면서 지냈다. 브리젯이 받은 많은 계시들은 로마인들을 분개하게 만들었다. 이 여성은 마침내 우르바누스가 로마에 입성하는 것을 보았으며, 교황이 프랑스로 돌아갈 뜻을 비쳤을 때 만약 그 뜻을 고집한다면 얼마 못 가서 죽고 말 것이라고 예언했다. 훗날 그레고리우스가 즉위했을 때는 하늘이 교황의 거처로 정해주신 곳을 이탈할 경우 제 명에 죽지 못할 것이라고 경고했다. 그러나 브리젯 역시 소원이 성취되는 것을 지켜보지 못하고 말았다. 교황들의 세속적인 처신에 대해서 이 여성은 신랄한 비판을 쏟아냈다. '[베드로는] 그리스도의 양들을 보살필 목자와 사역자로 임명을 받았는데 교황은 양들을 흩어버리고 상하게 한다. 교황은 루시퍼보다 악하고, 빌라도보다 공정치 못하며, 유다보다 잔인하다. 베

---

63) 브리젯은 1303년에 웁살라에서 태어났다. 참조. Gardner, *St. Catherine of Siena*, p. 44 sqq. 될링거는 그녀의 예언들이 성취되지 않은 사실들에 주의를 환기시켰다. *Fables and Prophecies of the Middle Ages*, trans. by Prof. Henry B. smith, pp. 331, 398.

드로는 겸손히 권좌에 올랐으나 보니파키우스는 거만하게 그 자리에 올랐다." 그레고리우스에게 쓴 편지에서 이렇게 말했다. "당신의 교황청에는 교만과 무엇으로도 채울 수 없는 탐욕과 저주스러운 사치가 지배하고 있습니다. 그곳이 두려운 성직매매가 자행되는 가장 깊은 심연입니다. 당신은 주님에게서 무수히 많은 양들을 빼앗아 찢고 있습니다." 교황을 이렇게 비판했음에도 불구하고 브리젯은 성인으로 공포될 만한 인물이었다. 이 여성은 1373년에 세상을 떠났다. 그녀의 딸 카트린이 어머니의 유해를 스웨덴으로 운구해 갔다.

시에나의 카테리나는 브리젯에 비해 유복한 편이었다. 이 여성은 교황청이 이탈리아에 다시 수립되는 것을 보았던 것이다. 그러나 교황청의 분열이 시작되는 불행도 함께 지켜보았다. 토스카나 출신으로서 어느 근실한 가톨릭 사가에 의해 "역사상 가장 놀라운 인물의 한 사람"이라고 불린 이 여성 예언자는,[64] 자신이 '지상에 계시는 인자하신 그리스도'라고 부른 그레고리우스 11세에게 쓴 편지에서 교회의 수장으로서 소임을 다할 것과, 기독교 세계에 고통을 가하는 모든 악의 근원인 유배지에서 나올 것을 호소하고 당부했다. "성 그레고리우스의 진정한 계승자가 되십시오. 하나님을 사랑하십시오. 부모와 친구들에게 얽매이지 마십시오. 주변 환경에 함몰되지 마십시오. 도움이 하나님에게서 올 것입니다." 교황이 로마로 돌아와 터키에 대해 새로 십자군 원정을 감행하는 것을 카테리나는 교회를 효과적으로 개혁할 수 있는 조건으로 간주했다. 따라서 교황에게 이렇게 호소했다. "온유한 어린양처럼 신속히 움직이십시오. 당신에게 당부합니다. 제발 오십시오. 오셔야 합니다. 지체하지 마십시오. 시간은 당신을 기다려 주지 않습니다. 돌아오시면 죽음 당하신 어린양처럼 되실 것이고, 무기 없이 원수들을 물리치신 그분의 자리에 서게 될 것입니다. 제 앞에서 사내답게 행동하시고 절대 두려워하지 마십시오. 영광스러운 목자 성 베드로의 자리를 와서 차지하라고 부르시는 하나님 앞에 대답하십시오. 당신은 성 베드로의 대리자입니다."

그레고리우스는 하나님의 사람이 보낸 것으로 된 편지를 한 통 받았다. 편지에는 로마에 가면 독살을 당할 것이라고 경고하는 내용과, 그의 소심함과 가족에 대한 애착을 부추기는 내용이 적혀 있었다. 이에 대해서 카테리나는 격렬한

---

64) Pastor, I. 103.

어조로 쓴 편지에서, 마귀나 그의 사자들이나 그런 편지를 쓸 수 있다고 환기시키면서, 선한 목자가 되어 자신의 안위보다 하나님의 이름과 그분의 양들의 안위를 더 귀중히 생각하라고 당부했고, 선한 목자는 필요할 경우 양들을 위해서 목숨을 버리지 않느냐고 했다. 하나님의 종들은 육체적인 해를 입을까 두려워하여 영적인 의무를 저버리는 일을 하지 않는다고 했다.

1376년에 카테리나는 아비뇽에서 그레고리우스를 대면했다. 피렌체와 교황의 관계를 개선하는 임무를 띠고 그 도시의 사절로서 찾아간 것이다. 직접 가서 살펴본 교황 궁은 예상과 달리 천상의 덕목들이 지배하는 낙원이 아니라 지옥의 악들이 악취를 풍기는 곳이었다. 아비뇽을 방문한 주된 목적은 성취하지 못했으나, 사심 없는 호소로 그레고리우스로 하여금 로마로 돌아가겠다는 결심을 더욱 확고히 하도록 만들었다. 카테리나의 방문을 받기 전에 이미 그런 결심을 했다는 것이 그 교황이 마지막으로 남긴 말에 나타난다.

이미 1374년에 그레고리우스는 황제에게 쓴 편지에서 티베르 강변에 교황청을 다시 세우는 것이 자신의 의도라고 밝혔다.[65] 그는 자신의 신하 베르트란드 라피니(Bertrand Raffini)를 바티칸으로 미리 보내 사전 준비를 하도록 했다. 하지만 여행은 지연되었다. 교황이 프랑스를 떠난다는 것이 쉽지 않았던 것이다. 프랑스의 추기경들과 프랑스 왕뿐 아니라 그의 인척들도 완강히 만류했다. 왕은 자기 형제인 앙주 공작을 단장으로 하는 사절단을 아비뇽으로 보내서 그레고리우스에게 가지 말라고 설득했다.

하지만 마침내 1376년 9월 13일에 여행이 시작되었다. 추기경 6인이 아비뇽에 남아 교황청 업무를 감독하도록 했다. 마르세유를 출항한 선단은 나폴리의 요안나, 아라곤의 페트루스 4세, 성 요한 기사단, 이탈리아 공화국들이 제공한 선박들로 구성되었으나, 대규모 수행원들과 각종 소화물들과 식량을 싣고 가기에 충분하지 않았다. 그래서 교황은 가외로 여러 척의 선박을 임대하지 않을 수 없었다. 얼마 전에 성 요한 기사회 단장으로 선출된 헤레디아의 페르난데스(Fernandez)가 선단 사령관직을 맡았다. 해상과 선단이 정박해야 하는 여러 항구들, 그리고 필요할 경우에는 로마 자체에서 교황과 수행원들을 보호할 강력한

---

65) 후대의 전기작가들은 그레고리우스가 로마로 돌아가 직무를 시작하면서 서약한 바에 관해서 말하지만, 당대의 어떤 저자도 그것을 언급하지 않는다. Mirot, p. 52.

용병대도 필요했다. 선박들과 용병들과 화물들로 이루어진 이 평화로운 무적함대에 든 경비가 아비뇽과 바티칸에 보관된 회계장부들에 꼼꼼하게 기재되어 있다.[66] 첫 번째 경비 항목들은 노중(路中)에 소비하거나 바티칸의 지하창고에 저장하기 위한 부르고뉴와 그 외 지역들에서 제조된 막대한 양의 포도주에 관한 것이다. 여행 경비가 막대했으며, 따라서 교황이 이 시기에 나바르 왕에게 금 30,000플로린을 차용하여 자신이 관리하는 기금을 증액하지 않을 수 없었던 것이 의아한 일이 아니다. 85,715플로린에 달하는 교황청 기금이 돈궤 12개에 담겨 말들과 노새들 편으로 아비뇽에서 마르세유까지 운반되었다. 후에 이 금액에 41,527플로린(오늘날의 화폐 기준으로 약 300,000달러)이 추가되었다. 선박과 용병의 비용도 만만치 않았으며, 수시로 제기되는 선원들의 급료 인상 요구를 교황 일행은 들어주지 않을 수 없었다. 용병대를 지휘한 투렌의 라이문드(Raymund)는 '자신의 몫'으로 매월 700플로린을 받았고, 각 단위부대의 지휘관들은 24플로린, 병사 3명을 거느리는 창기병(槍騎兵)은 18플로린을 받았다. 자선의 의무에도 소홀하지 않았다. 교황청 구제 담당관 두란두스 안드레아스(Durandus Andreas)는 여행 중에 시행할 구제 비용으로 100플로린을 받았고, 교황이 로마에 도착한 뒤에 100플로린을 더 받았다.

자연은 원정을 한사코 막는 듯했다. 선단이 마르세유를 떠나자마자 폭풍우가 강하게 일어나더니 여러 주 동안 잦아들지 않아 여행을 위태롭게 만들었다. 우르바누스 5세가 제노바에 당도하는 데 사흘이 걸린 데 비해, 그레고리우스는 열엿새나 걸렸다. 선단은 제노바를 출발하여 멀리 오스티아까지 항해했다. 항구에 도착한 뒤 일행은 밤마다 배로 돌아와 잠을 잤다. 그레고리우스는 오스티아에서 배편으로 티베르 강을 거슬러 올라가서 1377년 12월 16일에 로마에 상륙했다. 로마 당국자들은 야간에 이루어진 이 여행을 위해 강 양안에 횃불들을 밝혀 놓

---

66) Kirsch(pp. 169-264)는 회계장부들의 사본을 소개한다. 첫째 장부에는 이사 준비에 든 경비가 기재되어 있고, 둘째 장부에는 마르세유에서 로마로 이동하는 데 든 경비, 셋째 장부에는 로마에 도착한 뒤에 든 경비가 적혀 있다. 마지막 장부에는 바티칸 궁전 수리비 — 인부 품값과 목재·납·철·열쇠 등의 구입비 — 가 적혀 있다. 바티칸에 보관되어 있는 마지막 장부의 뒷면에는 "1370-1380년의 사도좌 궁전 비용"(Expensae palatii apostolici)이라고 적혀 있다.

음으로써 주민들의 뜨거운 기대를 보여주었다. 성 바울 교회에 짐을 부린 교황은 다음 날인 1월 17일에 성 베드로 교회로 갔으며, 무리가 환호하며 그의 뒤를 따라갔다. 행렬이 거행되는 동안 광대패가 함께하여 주민들의 흥을 돋구었다. 교황은 바티칸에 거처를 정했으며, 그때부터 오늘날까지 그 궁전이 교황의 관저가 되었다.

그레고리우스는 영원한 도성에 입성한 뒤 일년을 더 살았다. 아나니에서 그는 몇 달을 안온하게 보냈는데, 그곳에서 전임자 보니파키우스 8세가 했던 경험 — 교황청을 아비뇽으로 옮긴 직접적인 계기가 되었던 — 을 회상하면서 틀림없이 마음이 복잡해졌을 것이다. 체세나에서 추기경 로베르가 자행한 만행은 그 해의 사건들에 어두운 그림자를 드리웠다. 브르타뉴 군대의 야만적 행위에 분개한 체세나 주민들이 들고일어나는 바람에 군대와 추기경이 성채로 피신하는 사건이 발생했다. 그들은 호크우드에게 도움을 청했고, 그는 사태를 평화롭게 처리하라는 추기경의 당부에도 불구하고 용병들을 풀어 힘없는 주민들을 공격했는데, 그때 자행된 만행이 온 이탈리아에 전해졌다. 자신들의 교회에서 살해된 탁발수사들을 포함하여 4천 명이 처형되었으며, 수천 명이 추운 날씨에 벌거벗긴 채 쫓겨나 이웃 읍들로 피신해야 했다. 그러나 이러한 만행에도 불구하고 볼로냐를 포함한 이탈리아의 대다수 공화국들은 교황의 권위를 인정했다. 심지어 피렌체는 교황에게 화해를 청했다.

그레고리우스는 1378년 3월 27일에 마흔일곱의 나이로 세상을 떠났다. 그의 시신은 그의 요청대로 로마 광장에 있는 산타 마리아 누오바 교회에 안치되었다. 그는 마지막 순간에 시에나의 카테리나의 소리에 귀 기울인 것을 후회하면서, 추기경들에게 자기처럼 예언을 귀담아 듣는 우를 범하지 말라고 당부했다고 전해진다. 그럴지라도 2백 년 뒤에 로마에 세워진 그레고리우스의 기념비는 교황을 로마로 돌아가도록 안내하는 듯이 그의 곁에서 걷고 있는 시에나의 카테리나의 모습을 묘사함으로써 역사에 대한 올바른 해석을 제시하고 있다. 교황청의 바빌로니아 유수는 한 세기의 거의 3/4이나 지속되었다. 기이한 점은 교황이 사실상 프랑스의 봉신(封臣)이 된 상태로 서방 기독교 세계가 통일을 유지했다는 사실이다. 교황들이 사도들의 매장지와 유럽 생활의 중심지에서 멀리 떨어진 론 강의 평범한 읍에 자발적으로 거처를 정한 것만큼 역사에서 부자연스러운 일은 없었던 것 같다.

제 2 장

교황청 분열과 개혁 공의회들(1378-1449)

12. 참고문헌

For §§ 13, 14.   THE PAPAL SCHISM. — Orig. documents in RAYNALDUS : *Annal. eccles.*— C. E. BULÆUS, d. 1678 : *Hist. univer. Parisiensis*, 6 vols., Paris, 1665–1673, vol. IV. — VAN DER HARDT, see § 15. — H. DENIFLE and A. CHATE- LAIN : *Chartul. universitatis Paris.*, 4 vols., Paris, 1889–1897, vols. III., IV., especially the part headed *de schismate*, III. 552–639. — THEODERICH OF NIE- HEIM (Niem) : *de Schismate inter papas et antipapas*, Basel, 1566, ed. by GEO. ERLER, Leipzig, 1890.   Nieheim, b. near Paderborn, d. 1417, had ex- ceptional opportunities for observing the progress of events.   He was papal secretary — *notarius sacri palatii* — at Avignon, went with Gregory XI. to Rome, was there at the breaking out of the schism, and held official positions under three of the popes of the Roman line.   In 1408 he joined the Livorno cardinals, and supported Alexander V. and John XXIII. — See H. V. SAUER- LAND : *D. Leben d. Dietrich von Nieheim nebst einer Uebersicht über dessen Schriften*, Göttingen, 1875, and G. ERLER : *Dietr. von Nieheim, sein Leben u. s. Schriften*, Leipzig, 1887. — ADAM OF USK : *Chronicon, 1377–1421*, 2d ed. by E. M. THOMPSON, with Engl. trans., London, 1904. — MARTIN DE ALPARTILS : *Chronica actitatorum temporibus Domini Benedicti XIII.* ed. Fr. Ehrle, S.J., vol. I., Paderborn, 1906. — WYCLIF's writings, *Lives of Boniface IX. and Innocent VII.* in Muratori, III. 2, pp. 830 sqq., 968 sq. — P. DUPUY : *Hist. du schisme 1378–1420*, Paris, 1654. — P. L. MAIMBOURG (Jesuit) : *Hist. du grand schisme d'Occident*, Paris, 1678. — EHRLE : *Neue Materialien zur Gesch. Peters von Luna* (Bene- dict XIII.), in *Archiv für Lit. und Kirchengesch.*, VI. 139 sqq., VII. 1 sqq. — L. GAYET : *Le grand schisme d'Occident*, 2 vols., Florence and Berlin, 1889. — C. LOCKE : *Age of the Great Western Schism*, New York, 1896. — PAUL VAN DYKE : *Age of the Renascence, an Outline of the Hist. of the Papacy, 1377–1527*, New York, 1897. — L. SALEMBIER : *Le grand schisme d'Occident*, Paris, 1900, 3d ed., 1907.   Engl. trans., London, 1907. — N. VALOIS : *La France et le grand schisme d'Occident*, 4 vols., Paris, 1896–1901. — E.

GOELLER : *König Sigismund's Kirchenpolitik vom Tode Bonifaz IX. bis zur Berufung d. Konstanzer Concils*, Freiburg, 1902. — M. JANSEN : *Papst Bonifatius IX. u. s. Beziehungen zur deutschen Kirche*, Freiburg, 1904. — H. BRUCE : *The Age of Schism*, New York, 1907. — E. J. KITTS : *In the Days of the Councils. A Sketch of the Life and Times of Baldassare Cossa, John XXIII.*, London, 1908. — HEFELE-KNÖPFLER : *Conciliengesch.*, VI. 727–936. — HERGENRÖTHER-KIRSCH, II. 807–833. — GREGOROVIUS, VI. 494–611. — PASTOR, I. 115–175. — CREIGHTON, I. 55–200.

For §§ 15, 16. THE COUNCILS OF PISA AND CONSTANCE. — MANSI : *Concilia*, XXVI., XXVII. — LABBÆUS : *Concilia*, XI., XII. 1–259. — HERMANN VAN DER HARDT, Prof. of Hebrew and librarian at Helmstädt, d. 1746 : *Magnum œcumenicum Constantiense Concilium de universali ecclesiæ reformatione, unione et fide*, 6 vols., Frankfurt and Leipzig, 1696–1700. A monumental work, noted alike as a mine of historical materials and for its total lack of order in their arrangement. In addition to the acts and history of the Council of Constance, it gives many valuable contemporary documents, *e.g.* the *De corrupto statu eccles.*, also entitled *De ruina eccles.*, of NICOLAS OF CLAMANGES ; the *De modis uniendi et reformandi eccles. in concilio universali ; De difficultate reformationis ;* and *Monita de necessitate reformationis eccles. in capite et membris,* — all probably by NIEHEIM ; and a *Hist. of the Council,* by DIETRICH VRIE, an Augustinian, finished at Constance, 1417. These are all in vol. I. Vol. II. contains Henry of Langenstein's *Consilium pacis : De unione ac reformatione ecclesiæ,* pp. 1–60 ; a *Hist. of the c. of Pisa,* pp. 61–156 ; NIEHEIM's *Invectiva in diffugientem Johannem XXIII.* and *de vita Johan. XXIII. usque ad fugam et carcerem ejus,* pp. 296–459, etc. The vols. are enriched with valuable illustrations. Volume V. contains a stately array of pictures of the seals and escutcheons of the princes and prelates attending the council in person or by proxy, and the fourteen universities represented. The work also contains biogg. of D'Ailly, Gerson, Zarabella, etc. — LANGENSTEIN's *Consilium pacis* is also given in Du Pin's ed. of Gerson's Works, ed. 1728, vol. II. 809–839. The tracts *De difficultate reformationis* and *Monita de necessitate,* etc., are also found in Du Pin, II. 867–875, 885–902, and ascribed to Peter D'Ailly. The tracts *De reformatione* and *De eccles., concil. generalis, romani pontificis et cardinalium auctoritate,* also ascribed to D'Ailly in Du Pin, II. 903–915, 925–960. — ULRICH VON RICHENTAL : *Das Concilium so ze Costenz gehalten worden,* ed. by M. R. BUCK, Tübingen, 1882. — Also MARMION : *Gesch. d. Conc. von Konstanz nach Ul. von Richental,* Constance, 1860. Richental, a resident of Constance, wrote from his own personal observation a quaint and highly interesting narrative. First publ., Augsburg, 1483. The MS. may still be seen in Constance. — *H. FINKE : *Forschungen u. Quellen zur Gesch. des Konst. Konzils,* Paderborn, 1889. Contains the valuable diary of Card. Fillastre, etc. — *FINKE : *Actæ conc. Constanciensis, 1410–1414,* Münster, 1906. — J. L'ENFANT (Huguenot refugee in Berlin, d. 1728) : *Hist. du conc. de Constance,* Amsterdam, 1714 ; also *Hist. du conc. de Pisa,* Amsterdam, 1724, Engl. trans., 2 vols., London, 1780. — B. HÜBLER : *Die Konstanzer Reformation u. d. Konkordate von 1418,* Leipzig, 1867. — U. LENZ : *Drei Traktate aus d. Schriftencyclus d. Konst. Konzils,* Marburg, 1876. Discusses the authorship of the tracts *De modis, De necessi-*

tate, and *De difficultate*, ascribing them to Nieheim. — B. Bess : *Studien zur Gesch. d. Konst. Konzils*, Marburg, 1891. — J. H. Wylie : *The Counc. of Const. to the Death of J. Hus*, London, 1900. — *J. B. Schwab : *J. Gerson*, Würzburg, 1858. — * P. Tschackert : *Peter von Ailli*, Gotha, 1877. — Döllinger-Friedrich : *D. Papstthum*, new ed., Munich, 1892, pp. 154–164. — F. X. Funk : *Martin V. und d. Konzil von Konstanz in Abhandlungen u.

Untersuchungen, 2 vols., Paderborn, 1897, I. 489–498. — The works cited in § 1, especially, Creighton, I. 200–420, Hefele, VI. 992–1043, VII. 1–375, Pastor, I. 188–279, Valois, IV., Salembier, 250 sqq.; *Eine Invektive gegen Gregor xii.*, *Nov. 1, 1408*, in *Ztschr. f. Kirchengesch.*, 1907, p. 188 sq.

For § 17. The Council of Basel. — *Lives of Martin V. and Eugenius IV.* in Mansi : XXVIII. 975 sqq., 1171 sqq.; in Muratori : *Ital. Scripp.*, and Platina : *Hist. of the Popes*, Engl. trans., II. 200–235. — Mansi, XXIX.-XXXI.; Labbæus, XII. 454–XIII. 1280. — For *C. of Siena*, Mansi : XXVIII. 1058–1082. — *Monum. concil. general. sæc. XV.*, ed. by Palacky, 3 vols., Vienna, 1857–1896. Contains an account of C. of Siena by John Stojkoric of Ragusa, a delegate from the Univ. of Paris. — John de Segovia : *Hist. gest. gener. Basil. conc.*, new ed., Vienna, 1873. Segovia, a Spaniard, was a prominent figure in the Basel Council and one of Felix V.'s cardinals. For his writings, see Haller's *Introd.* — *Concil. Basiliense. Studien und Quellen zur Gesch. d. Concils von Basel*, with *Introd.* ed. by T. Haller, 4 vols., Basel, 1896–1903. — Æneas Sylvius Piccolomini : *Commentarii de gestis concil. Basil.*, written 1440 to justify Felix's election, ed. by Fea, Rome, 1823 ; also *Hist. Frederici III.*, trans. by T. Ilgen, 2 vols., Leipzig. No date. Æneas, afterward Pius II., "did not say and think the same thing at all times," says Haller, *Introd.*, p. 12. — See Voigt : *Enea Sylvio de' Piccolomini*, etc., 3 vols., Berlin, 1856–1863. — Infessura : *Diario della città di Roma*, Rome, 1890, pp. 22–42. — F. P. Abert : *Eugenius IV.*, Mainz, 1884. — Wattenbach : *Röm. Papstthum*, pp. 271–284. — Hefele-Knöpfler, VII. 375–849. — Döllinger-Friedrich : *Papstthum*, 160 sqq. — Creighton, II. 3–273. — Pastor, I. 209–306. — Gregorovius, VI.-VII. — M. G. Perouse : *Louis Aleman et la fin du grand schisme*, Paris, 1905. A detailed account of the C. of Basel.

For § 18. The Ferrara-Florence Council. — Abram of Crete : *Historia*, in Latin trans., Rome, 1521 ; the Greek original by order of Gregory XIII., Rome, 1577 ; new Latin trans., Rome, 1612. — Sylv. Syropulos : *Vera hist. unionis non veræ inter Græcos et Latinos*, ed. by Creyghton, Haag, 1660. — Mansi, XXXI., contains the documents collected by Mansi himself, and also the *Acts* published by Horatius Justinian, XXXI. 1355–1711, from a Vatican MS., 1638. The Greek and Latin texts are printed side by side. — Labbæus and Harduin also give Justinian's *Acts* and their own collections. — T. Frommann : *Krit. Beiträge zur Gesch. d. florentinischen Kircheneinigung*, Halle, 1872. Knöpfler, art. *Ferrara-Florenz*, in Wetzer-Welte : IV. 1363–1380. Tschackert, art. *Ferrara-Florenz*, in Herzog, VI. 45–48. — Döllinger-Friedrich : *Papstthum*, pp. 166–171.

13. 분열의 시작. 1378.

그레고리우스 11세가 죽으면서 서방 기독교 세계가 분열되기 시작했다. 40년간 지속된 이 분열은 교황청의 아비뇽 유수(幽囚)보다 교회에 더 큰 불행한 사건이었음이 입증되었다. 교회는 그레고리우스 7세 때 하인리히 4세의 뜻대로 선출된 라벤나의 비베르트(Wibert)부터 바이에른인 루이스 때 선출된 코르바라의 페트루스라는 유약한 인물에 이르기까지 적지 않은 수의 대립교황들을 보유해왔다. 그런데 이제는 각각 자신들의 추기경회에 의해 선출된 두 계열의 교황들이 로마와 아비뇽에서 다스리면서 저마다 성 베드로의 적법한 후계자로 자처했다.

그레고리우스 11세는 자신이 죽으면 어떤 혼란이 닥칠지 예견하고서 분쟁의 소지가 있는 교황 선출이 몰고 올 재앙을 사전에 막기 위해서 노력했으며, 교황 비밀선거회가 어디서 교황을 선출하든 그 결정이 적법하다고 미리 선포해 둠으로써 프랑스계 교황의 선출을 위해서 노력한 듯하다. 교황 비밀선거회가 교황이 죽은 지역에서 선거를 해야 한다는 규정이 이로써 폐기되었다. 그레고리우스는 교황청이 론 강 유역으로 돌아가는 것에 대한 강한 반대 여론이 로마에 있다는 사실을 잘 알고 있었다. 충돌이 사실상 불가피했다. 교황이 임종 상태에 들어가 있는 동안 추기경들은 여러 번 회의를 열어 합의를 시도했으나 실패하고 말았다.

1378년 4월 7일, 그레고리우스가 죽고 열흘 뒤에 바티칸에서 교황 비밀선거회가 모였고, 다음 날 바리의 대주교 바르톨로메오 프리냐노(Bartholomew Prignano)라는 나폴리 사람을 새 교황으로 선출했다. 참석한 16명의 추기경들 가운데 4명이 이탈리아인, 11명이 프랑스인, 1명이 스페인인(훗날 교황 베네딕투스 13세가 된 페드로 데 루나)이었다. 프랑스파는 아비뇽에 남겨놓고 온 추기경 6명이 불참한 관계로 세력이 약해진데다 다른 한 명이 불참했다. 이탈리아 추기경들 가운데 두 명은 로마인으로서 한 사람은 테발데스키(Tebaldeschi)라는 노인이었고, 다른 한 사람은 추기경회에서 최연소자였던 지아코모 오르시니(Giacomo Orsini)였다. 교황청 구성원이 아닌 이탈리아인이 선출된 원인은 프랑스파가 파벌 투쟁으로 분열되었기 때문이기도 했고, 이탈리아인을 교황으로 선출하라는 로마 주민들의 강압적인 요구 때문이기도 했다.

프랑스 추기경들은 서로 합의하여 자신들의 후보를 내는 데 실패했다. 두 파벌 가운데 하나인 리무쟁파(the Limousin party. 그레고리우스 11세를 비롯한 그의 전임자들이 속했던)는 6명의 추기경을 보유하고 있었다. 교황 비밀선거회가 분열되어 있던 상황에서 바티칸 궁 바깥에 진을 치고 있던 이탈리아의 군중들이 무시못할 요인이었다. 사납고 통제되지 않은 무리가 성 베드로 교회 광장을 덮고 있었다. 군중은 바티칸 영내까지 밀고 들어왔으며, 추기경들이 입장하도록 길을 정리하는 데 많은 애를 먹었다. 로마의 13개 구역의 장들 곧 반데르시(Bandersi)가 추기경들의 도피를 막기 위해서 시를 장악하고 모든 문들을 봉쇄했다. 교황청을 티베르 강에 붙들어 두기 위해 작심하고서 모인 군중의 분노에 찬 함성과 협박이 지축을 뒤흔들었다. "우리는 로마인이나 아니면 적어도 이탈리아인을 교황으로 모실 것이다"(Romano, romano, lo volemo, o almanco Italiano). 첫날 밤에 군인들이 교황 선출이 이루어지고 있던 방의 문 밑으로 창을 마구 찔러 넣었으며, 심지어 천장으로도 창을 찔러냈다. 창문 밑으로는 횃불을 비추어 냈다. 다음 날 추기경들이 미사를 드리고 기도를 하는 동안 군중의 함성은 더욱 커지면서 갈수록 협박조로 바뀌었다. 데그레푀일(d'Aigrefeuille)이라는 추기경은 오르시니의 귀에다 대고 "죽느니 차라리 마귀를 뽑는 게 낫겠소"라고 말했다.

이러한 살벌한 분위기에서 바리의 대주교가 선출되었다. 선출이 이루어지고 대주교의 수락을 기다리는 동안 추기경들 가운데 6명이 함께 만찬을 가졌는데, 아마 분위기가 좋았던 것 같다. 그러나 결정이 어떻게 났는지 알고 싶어 견디지 못한 군중은 기다려 줄 시간이 없었으며, 따라서 오르시니가 창문가로 가서 "성 베드로에게 가보시오"라고 외쳤다. 이 말이 성 베드로 교회의 늙은 추기경 테발데스키가 선출되었다는 뜻으로 와전되었고, 추기경이 교황으로 선출될 때 으레 하던 대로 군중은 추기경 궁으로 몰려들어가 닥치는 대로 약탈했다. 바티칸 궁을 에워싸고 있던 군중이 차츰 추기경들이 머물고 있던 방으로 밀려들어왔고, 발루아(Valois)가 표현한 대로 "추기경회에 대한 약탈이 시작되었다." 군중의 흥분을 진정시키기 위해서 추기경들 가운데 두 사람이 반쯤 공포에 질린 상태에서 테발데스키를 데려다 의자에 앉히고 머리에 흰 교황관을 씌우고 어깨에 붉은 망토를 걸쳐 주었다. 노인은 자신이 교황 피선자가 아님을 알리려고 했다. 하지만 군중은 피선자가 프리냐노라는 사실을 알게 되기까지 여러 시간 동안 소란한 가운데 복종의 표시로 그에게 절을 해댔다.

그러는 동안 나머지 추기경들은 건물을 빠져나와 피신했는데, 더러는 성 안젤로 성으로 들어갔고, 네 명은 도시 밖으로 빠져나갔다. 교황 피선자는 추기경들이 도망친 사이에도 승인을 받기 위해 그 자리에 남아 기다리고 있었다. 그러나 다음 날 추기경들은 냉정을 되찾고서 다시 모였으며 — 도시 밖으로 빠져나간 네 명을 제외하고 — 추기경 페트루스 데 베르녜(Peter de Vergne)가 창문가로 나가서 군중을 향해 관례적인 표현을 사용하여 이렇게 외쳤다. "나는 여러분에게 기쁜 소식을 선포합니다. 여러분은 교황을 갖게 되었으며, 그분은 자신을 우르바누스 6세라고 부르십니다." 새 교황은 4월 18일에 성 베드로 교회 앞에서 추기경 오르시니에 의해 교황관을 썼다.

우르바누스 6세는 대주교 시절에 그레고리우스 11세의 신념을 마음으로 존경했다. 생활이 청렴하고 교회가 시행하던 금식을 비롯한 신앙의 의무들에 정진하는 것으로 널리 명성을 얻었다. 평소에 머리를 짧게 잘랐고, 틈날 때마다 성경을 들고 한적한 곳으로 갔다. 그가 선출되었을 때 아무도 그 결과의 적법성에 이의를 제기하지 않았다. 당시에 로마에 가 있던 니하임(Nieheim)은 우르바누스가 합법적인 교황 피선자라고 주장했다. "이것이 사실이며, 아무도 이 사실을 부정할 수 없다"고 그는 썼다.[1] 로마에 와 있던 모든 추기경들이 우르바누스에게 복종의 뜻을 밝혔으며, 5월 8일자 서신에서 그들은 황제와 모든 그리스도인들에게 교황 선출과 즉위 사실을 통보했다. 아비뇽에 남아 있던 추기경들은 그를 인정하는 서신을 보내면서, 그에게 성 안젤로 성의 열쇠를 건네줄 것을 지시했다. 상황이 이쯤 되었으므로, 만약 전임 교황이 아비뇽으로 돌아갔다면, 혹은 프랑스계 추기경들의 요구에 순응했더라면 아무도 우르바누스의 권위를 부정할 생각을 하지 않았을 것이다. 우르바누스는 전임 교황이 프랑스로 돌아가지 못한 것을 자신에게 반대가 쏟아진 원인으로 지목했다.

우르바누스 6세만큼 가치 있는 일을 해내어 큰 명성을 쌓을 기회를 얻은 사람도 드물다. 그 당시야말로 교황청을 유서 깊은 옛 터전에 유지하고, 오랜 유수 기간 동안 잃었던 위엄을 회복하게 함으로써 교회의 분란을 종식시킬 수 있는 절호의 기회였다. 하지만 우르바누스는 그 기회를 제대로 선용할 만한 인물이 되지 못해서 쓰라린 실패를 맛보고 말았다. 매사를 평범한 상식과 기지에 어긋나게 행동했다. 머리가 완전히 돌아버린 것만 같았다. 자신의 추기경들을 이간

---

1) Erler's ed., p. 16.

시키고 모욕했다. 취임 초에 새로운 추기경들을 임명함으로써 확고한 지지 세력을 확보할 수도 있었는데, 이러한 기본적인 조치조차 취하지 않고 있다가 나중에서야 현실을 깨닫고 시도했으나 별로 효과를 보지 못했다. 프랑스 왕으로서는 교황청을 프랑스로 돌아오게 하고 프랑스계 추기경들을 통제하고 싶어하는 것이 당연한 일이었다. 그리고 교황의 판단력이 정상인의 정도만 되었어도 왕의 이러한 요구를 얼마든지 거절할 수 있었다. 하지만 바로 이만한 정도의 역량도 우르바누스 6세에게는 없었으며, 추기경들은 교황에게 이런저런 방식으로 모욕을 당하던 끝에 그를 성 베드로의 권좌를 찬탈한 자로 간주하게 되었다.

우르바누스는 정직한 삶에 지대한 관심이 있었던 까닭에 취임 초기부터 추기경들의 세속성과 교구를 비워두고 지내는 무책임성을 공개적으로 질타했다. 그들에게 성직 겸임하고 군주들에게 선물을 받는 것을 금지했다. 교황청이 앞으로도 계속해서 아비뇽에 있어야 한다는 그들의 요구에 대해서, 우르바누스는 로마와 교황청은 하나로 결합해 있으며, 자신은 둘을 분리시킬 생각이 없다고 잘라 말했다. 교황청이 프랑스가 아닌 온 세계에 속해 있기 때문에 추기경 직위도 여러 민족들에게 나눠주려고 했다.

프랑스 추기경들은 자신들의 관습과 특권과 수입, 그리고 자신들의 민족 정서가 비판받은 데 분개하여, 우르바누스가 여름을 나기 위해서 티볼리로 가 있는 동안 로마 시가 지내기에 너무 덥다는 핑계를 대면서 한 사람씩 아나니로 거처를 옮겼다. 이탈리아계 추기경들은 교황을 따라 티볼리로 가긴 했지만 마음은 이미 프랑스 추기경들에게로 기울어져 있었다. 이처럼 철저히 고립된 교황이 일찍이 없었다. 프랑스계 추기경들은 일사불란하게 단결하여 교황에게 사임을 요구하고 나섰다. 이탈리아계 추기경들도 처음에는 공의회 소집을 제안했다가 결국 프랑스계 추기경들에게 동조했다. 프랑스의 이탈자들은 다음 조치로 8월 2일자로 성명서를 발표하여, 우르바누스를 배교자로 단죄하고, 그의 선출이 협박이 난무하는 상황에서 이루어졌으므로 무효라고 선언했다. 그리고 추기경들이 로마인들에게 죽음의 협박을 당하고 있다고 주장했다. 성명서를 받아본 우르바누스가 사임을 거부하자 그들은 그에게 저주를 선포했다. 우르바누스는 팍툼(Factum, 사실)이라는 문서를 발행하여 자신의 선출이 정당했음을 주장했다. 나폴리 영토인 폰디로 물러간 프랑스 추기경들은 1378년 9월 20일에 새로운 교황 선출을 감행하여 자신들 가운데 한 사람인 제네바의 로베르(Robert, 제네바의 백작 아마데우스의 아들)를 선출했다. 그는 넉 달 전에 로마 군중 앞에서 테발데스키를 새 교황으로 지목했던 사람들 가운데 하나였다. 이탈리아 추기경 세 사람은 비록 선출에는 적극 가담하지는 않았으나 아무런 반대도 하지 않았다. 우르바누스는 그 소식을 듣고서 눈물을 흘리면서 그동안 자신이 너무 무지했고 자기 본위로 행동한 것을 후회했다고 전해진다. 아마도 백년 전에 지혜 없이 행동하다가 교황관을 상실한 나폴리의 동향인 무론의 페트루스의 운명이 그 순간 그의 뇌리를 스치고 지나갔을 것이다. 그는 자신의 지위를 공고히 다지기 위해서 추기경 29명을 임명했다. 그러나 그레고리우스 11세가 우려했고 현명한 군주였다면 능히 피했을 분열을 막기에는 때가 너무 늦었다.

서른여섯의 나이에 교황이 된 제네바의 로베르는 체세나의 대학살로 붉게 물들인 손으로 교황의 영예에 올랐다. 이미 정치가이자 방탕자로 널리 알려졌던 그는 10월 31일에 클레멘스 7세라는 이름으로 축성을 받았다. 그가 교황청을 아비뇽으로 옮기리라는 것은 자명한 사실이었다. 그는 그러기 전에 먼저 우르바누스를 타도하려고 시도했으나 뜻을 이루지 못했다. 로마가 저항을 했으며, 그의 지지 세력이 장악하고 있던 성 안젤로 성도 빼앗겼다. 하지만 그 과정에서 유서 깊은 성벽들이 붕괴되어 버렸으며, 후에는 염소들이 무너진 돌더미들 위로 타넘어 다니는 폐허가 되고 말았다. 로베르는 요안나와 그녀가 자기 왕국의 상속자로 선출한 바 있는 앙주의 루이의 지원을 받았으나, 우르바누스와 나폴리 왕국 사이에 벌어진 전쟁은 우르바누스의 승리로 끝났다. 앙주 공작은 폐위되고, 대신에 헝가리 왕족이자 혈통상 요안나의 상속자였던 두라초의 샤를이 나폴리 왕으로 임명되었다. 샤를은 요안나를 체포하고 1382년에 그녀의 첫 남편을 살해한 죄로 처형했다. 체포되기 전 요안나는 브라운슈바이크의 공작을 네 번째 남편으로 맞이하려고 하던 중이었다. 클레멘스 7세는 앙주 공작에게 교황령의 일부를 하사하고 '아드리아의 공작'이라는 이름만 거창할 뿐 속 빈 강정 같은 직위를 하사했다. 반면에 우르바누스는 1381년에 샤를에게 대관식을 치러주고서 그 대가로 카프리아·아말피·폰디 등지의 지배권을 받았으며, 그는 이 지역들을 무원칙하고 무가치한 조카 프란체스코 프리냐노(Francis Prignano)에게 넘겨주었다. 교황은 나폴리 왕국과 전쟁을 벌일 때 로마 교회들의 재산을 마음대로 가져다 사용했다.

클레멘스는 이탈리아 내의 지지 세력을 상실함으로써 이제는 기댈 수 있는 곳이라곤 자신을 지지하는 프랑스 왕 샤를 5세뿐이었다. 그는 마르세유를 향해 배를 타고 떠나 프랑스로 돌아갔다.

이로써 분열이 고착되었고, 서유럽은 동일 추기경회가 만장일치로 선출한 두 교황이 각각 기독교 세계에 대한 교황의 전권을 주장하는 정경이 연출되었다. 두 교황은 상대방에게 가장 가혹한 하늘의 심판을 퍼부었다. 유럽의 국가들과 대학교들도 충성에서, 혹은 '순종'에서 양분되었다. 파리 대학교는 처음에는 중립을 지켰으나 시간이 흐르면서 제네바의 로베르[클레멘스]를 지지하게 되었고, 사보이 공국과 스페인 왕국과 스코틀랜드 왕국, 그리고 독일의 일부 지역들도 같은 입장을 취했다. 영국과 스웨덴, 이탈리아의 상당 지역은 우르바누스를 지지했다. 독일 황제 카를 4세도 1378년 11월 29일에 숨을 거둘 무렵에 같은 입장을 표명했다. 시에나의 카테리나도 우르바누스를 열렬히 지지했다. 폰디에서 교황 선출이 있었다는 소식을 들은 카테리나는 다음과 같은 내용의 편지를 그에게 보냈다: "귀신들이 인간의 모습을 하고서 선출에 개입했다는 말을 들었습니다. 그들이 선출한 자는 그리스도의 대리자가 아니라 적그리스도입니다. 신부님, 저는 당신을 지상에 존재하는 그리스도의 진정한 대리자로 존경하기를 마지않을 것입니다."

파스토르(Pastor)가 "교회에 대해서 생각할 수 있는 최악의 불행"이라고 부른 교황청 분열은 곧 당대의 양식 있는 인사들에게 격렬한 항의를 불러일으켰다. 일찍이 서방 기독교 세계에 이만한 수치스러운 일이 없었다. 봉제선조차 없는 그리스도의 통옷이 둘로 찢어졌고, "내 비둘기, 내 완전한 자는 하나뿐이로구나"라고 노래했던 솔로몬의 말을 더 이상 교회에 적용하기가 어렵게 되었다. 과연 교황제 자체가 하나님에게서 나온 것인가 하는 의문이 제기되기 시작했다. 위클리프 같은 저자들은 교황에게 과거에는 아무도 감히 사용하지 못했던 신랄한 어조를 사용하여 교황에게 사도들의 소박한 삶으로 돌아가라고 요구했다. 적지 않은 교구에 주교 두 명이, 대수도원에 원장 두 명이, 소교구에 사제 두 명이 재직했다. 교황청을 둘씩이나 유지하려 하니 재정 부담이 가중되었으며, 두 교황청은 세입을 늘리기 위해서 기존의 세금 제도에 새로운 제도를 고안하여 시행했다. 클레멘스 7세의 대리인들이 도처에 다니면서 그의 지지를 얻어내려고 노력했으며, 여러 나라들은 이런 상황을 십분 이용하여 교황권에 대한 자신들의 권위를 극대화했다.

다음은 로마와 아비뇽 계열 교황들과, 당시 로마 사회에서 더 이상 정통성을 인정해 주는 세력이 없게 된 피사 계열 교황들의 명단이다.

로마 계열
우르바누스 6세, 1378-1389.
보니파키우스 9세, 1389-1404.
인노켄티우스 7세, 1404-1406.
그레고리우스 12세, 1406-1415.
(1409에 피사에서 폐위. 1415에
콘스탄츠에서 사임. 1417 죽음)

아비뇽 계열
클레멘스 7세, 1378-1394.
베네딕투스 13세, 1394-1409.
(1409에 피사에서, 1417에
콘스탄츠에서 폐위. 1424 죽음)

피사 계열
알렉산더 5세, 1409-1410.
요한 23세, 1410-1415.
마르티누스 5세, 1417-1431. (라틴 교회 전체서 인정을 받음)

우르바누스 6세의 정통성 문제는 오늘날도 뜨거운 쟁점이다. 여느 교황도 공의회도 이 문제에 판결을 내리지 않은 까닭에, 가톨릭 학자들은 이 문제를 논하는 데 강박감을 느끼지 않는다. 프랑스 저자들은 이 문제를 공론화하는 경향을 띠어왔다. 보쉬에(Bossuet) · 만시(Mansi) · 마르텐(Martène)이 그랬고, 현재 프랑스 저자들도 마찬가지이다. 발루아(Valois)는 주저하는 태도로, 살렘비에(Salembier)는 적극적으로 우르바누스의 정통성을 인정한다. 프랑스의 정서에 좌우되지 않는 사가들은 로마 계열을 강력히 지지하는데, 헤펠레(Hefele) · 푼크(Funk) · 헤르겐뢰터-키르쉬(Hergenröther-Kirsch) · 데니플레(Denifle) · 파스토르(Pastor)가 대표적인 경우이다. 우르바누스가 추기경들에게 공식적인 승인을 받고, 그의 선출이 제후들에게 공식적으로 고지된 사실을 감안하면 그의 정통성을 의심할 여지가 없는 듯하다.

하지만 추기경들이 교황 선출 사실을 거의 넉 달 뒤에야 고지(告知)한 사실은 그들이 생명의 위험을 느껴가며 투표를 했음을 반증한다. 파스칼리스 2세가 하인리히 5세에게 양보한 것이 강압에 의한 것이었으므로 무효였듯이, 교회법 이론으로는 강압에 의한 선출은 무효인 것이다. 추기경들이 밝혔듯이 원래 그들의 의도는 동료들 가운데 한 사람을 선출하는 것이었으나, 소요 사태가 워낙 격렬하여 목숨까지 위협하자 살아남기 위해서 프리냐노를 선출했던 것이다. 추기경들은 심지어 "저 자들을 잡아 죽여라"(moriantur) 하는 민중의 함성이 하늘을 찔렀다고 진술한다. 공포가 그들을 짓눌렀다. 소요 사태가 조금 진정되어서 만찬을 갖고 재선출에 들어가려고 하자, 소요가 다시 격렬해지면서 폭도들이 문을 부수고 들어올 지경이 되자, 살기 위해서 도망치지 않을 수 없었다고 추기경들은 진술한다.

하지만 훗날 몇몇 추기경들이 면직을 당한 일이 위의 증언의 효력을 반감시킨다. 만약 프리냐노가 교황에 선출된 뒤에 프랑스계 추기경들의 뜻에 고분고분했다면 그의 정통성이 논란이 되는 것은 당연한 일이었을 것이다. 그러나 추기경들은 투표로 우르바누스를 선출할 시점까지는 공포 분위기에 사로잡히지 않은 채 자유롭게 행동했다. 그들이 목숨의 위협을 느낀 것은 투표를 마친 뒤였다. 발루아가 말했듯이, 만약 추기경들이 재투표를 강행했더라도 우르바누스가 선출되었을 것이다. 샤를 5세와 아나니의 프랑스파가 끊임없이 주고받은 서신들을 살펴보면 우르바누스가 제네바의 교황 비밀선거회(제네바의 로베르를 선출하게 될)를 다시 소집하게 만든 주 요인이었음을 알게 된다.[2]

반면에 우르바누스를 선출했던 바로 그 추기경회가 그를 폐위했으며, 교회의 영주들로서의 재량으로 로베르를 만장일치로 우르바누스의 후임자로 선출했다. 추기경회가 과연 이러한 권한을 행사할 수 있는가 하는 것은 여전히 의문으로 남아 있다. 추기경회는 켈레스티누스 5세의 사임을 받아냈고, 그가 버젓이 살아 있는데도 그의 후임자를 선출했다. 하지만 켈레스티누스의 경우에는 교황 자신의 대권 행사로 말미암아 교황좌가 비게 된 점에서 우르바누스의 경우와 달랐다.

---

2) Valois(I. 144)는 분열이 발생하기까지 샤를이 제공한 몫에 많은 지면을 할애하면서, 프랑스가 분열에 가담하고 우르바누스 6세를 배격하게 된 것은 그의 책임이라고 주장한다. 헤르겐뢰터는 클레멘스가 융통성 있는 양심의 소유자라고 주장하며, 그의 계승자 베네딕투스 13세에 대해서는 말로는 얼마든지 희생할 용의를 보이면서도 정작 행동에 나서야 할 때는 지극히 옹졸한 태도를 보인 인물이라고 평가한다.

14. 이후에 전개된 분열(1378-1409)

나폴리 왕국은 클레멘스 7세의 지지를 받은 앙주의 루이가 집요하게 왕권을 주장하면서 교황권 주장자들의 주요 투쟁 무대가 되었다. 1383년에 우르바누스는 비밀리에 로마를 떠나 나폴리로 갔으나, 그곳에서 사실상 구금 상태로 지내다가 두라초의 샤를의 요구를 들어주고서야 빠져나올 수 있었다. 그 뒤 자기 조카가 다스리는 노체라로 물러갔다. 그는 아나니에서 추기경들이 취한 조치들에서 아무런 교훈도 배우지 못했다. 자신의 처지를 모른 채 강경책으로만 일관했으며, 결국 교황관을 상실할 위기에 처하게 되었다. 추기경들 가운데 적어도 6명이 그를 폐위하거나 아니면 적어도 교황청의 하수인으로 만들기 위한 음모를 꾸몄다. 하지만 음모가 탄로나고 말았고, 우르바누스는 나폴리 왕이 음모에 가담했다고 판단하고서 나폴리 왕국에 대해 성무 중지령을 내렸다. 음모에 가담한 추기경들은 오래된 물 저장고에 가두었고, 후에는 그들을 고문했다. 하지면 결국 노체라 성읍을 내주고 요새로 피신하지 않을 수 없게 된 이 고집불통 교황은 하루에 서너 번 창문가로 나와서 촛불을 밝혀들고 종을 치면서 요새를 포위하고 있는 병사들에게 파문을 선포했다고 전해진다.

성읍을 떠나도록 허락을 받은 우르바누스는 나라 전역에 흩어져 살던 가족들을 데리고 나서서 트라니에 도착했고, 제노바행 배를 타서 1386년에 제노바에 상륙했다. 선상에서 선원들이 그를 아비뇽으로 데리고 가겠다고 협박하는 바람에 이 불행한 교황은 그들에게 돈을 주어 달래지 않을 수 없었다. 과연 우르바누스처럼 지중해상에서 이런 홀대와 곤경에 처한 군주가 어디 있겠는가! 오는 길에 내내 사슬에 묶인 채 끌려온 추기경 다섯 명은 잔혹한 최후를 맞이하게 되었다. 영국의 추기경 애덤 애스톤(Adam Aston)의 경우 우르바누스는 그를 영국 왕의 요청대로 풀어주었다. 하지만 나머지 공모 혐의자들에 대해서는 전제군주처럼 무자비하게 대했다. 나폴리와 노체라에서 교황과 함께 있었던 연대기 저자 니하임(Nieheim)은 그의 심장이 화강암보다 더 단단했다고 주장한다. 그 고위성직자들의 최후에 관해서는 서로 다른 소문들이 나돌았는데, 그들이 바다에 던져졌다는 설도 있고, 도끼로 참수를 당했다는 설도 있고, 몸에 회칠을 당한 뒤 마구간에서 산 채로 타서 죽었다는 설도 있다.

한편 우르바누스가 빨간 모자[추기경의 상징]를 수여한 고위성직자 두 명(둘 다 이탈리아인이었음)은 클레멘스 7세에게 가서 관대한 대우를 받았다.

제노바를 떠난 우르바누스는 루카를 지나 페루자로 간 다음 그곳에서 군대를 모아 가지고 나폴리로 향했다. 헝가리 왕으로 초빙을 받았다가 1386년에 살해된 두라초의 샤를의 권좌는 그의 어린 아들 라디슬라우스(Ladislaus, 1386-1414)가 계승했으나, 앙주의 루이의 계승자(1384 죽음)에게 왕권의 도전을 받았다. 교황은 페렌티노까지 갔다가 더 이상 진격하지 못하고 마차에 실려 로마로 회군했으며, 그곳에서 다시 바티칸 궁에 들어갔다가 몇 달 뒤인 1389년 10월 15일에 숨을 거두었다.

바르톨로메오 프리냐노(우르바누스 6세)는 모든 기대를 저버린 인물이다. 그에게는 자신이 가장 큰 적이었던 셈이다. 상식과 양보심이 전혀 없는 종류의 인간이었다. 그의 업적이라고 한다면, 니하임이 주장하듯이 성직을 일절 매매 대상으로 삼지 않았다는 것이다. 그는 교황관을 받기 전에 어떤 덕망을 쌓아왔든 간에 교황으로서는 모든 점에서 부적격자였다.

1379년 6월에 아비뇽에 도착한 클레멘스 7세는 프랑스 왕들인 샤를 5세(1380 죽음)와 샤를 6세를 모셨다. 경쟁자가 정치력이 없는 고집불통이었다면, 그는 외교 수완과 융통성이 뛰어났다. 만찬을 우아하게 즐길 줄 아는 사람이었다. 저명한 설교가 빈센트 페러(Vincent Ferrer)가 그를 지지했다. 그가 임명한 새 추기경들 가운데는 거룩한 생활로 적지 않은 존경을 받은 룩셈부르크의 젊은 공작이 있었다. 공작이 죽은 해인 1387년에 그의 무덤에서 기적들이 발생했다고 전해졌던 바, 이 소문이 아비뇽 교황의 권한을 뒷받침하는 데 유리하게 작용한 듯하다.

클레멘스가 보헤미아에 파견한 사절단은 보헤미아 왕 벤질(Wenzil)에게 지지 선언을 받을 것을 기대하고 갔다가 실망만 하고 돌아왔다. 상황이 이쯤 되자 프랑스의 민족적 자부심이 클레멘스가 기댈 수 있는 유일한 의지처가 되었으며, 따라서 클레멘스는 왕의 지지를 받기 위해서 왕이 요구하는 대로 성직자들을 임명하고 왕이 교회에 부과하는 세금을 고스란히 내야 하는 굴욕적인 대가를 지불할 수밖에 없었다. 클레멘스는 분열을 치유하는 방책으로 대 공의회 소집을 제안하고서, 만약 공의회가 자신을 지지해 준다면 우르바누스를 수석 추기경으로 인정해 주겠다고 약속했다. 분열의 물꼬를 튼 이 교황은 우르바누스보다 5년을 더 살다가 1394년 9월 16일에 뇌일혈로 갑자기 세상을 떠났다.

우르바누스 6세를 계승한 **보니파키우스 9세**는 전임자와 마찬가지로 나폴리 사람으로서 교황으로 선출될 때 불과 서른다섯밖에 되지 않았다. 그는 외모가 수려하고 통치 역량이 있는 사람이었으나, 학문은 일천하여 글을 쓸 줄도 몰랐으며, 기도문도 간신히 읽는 정도였다. 그는 나폴리 왕국이 로마에 복종하는 것을 지켜보는 만족을 누렸다. 게다가 로마 시에게서 완전 굴복을 받아냈으며, 이때 로마 시가 공화정으로서의 모든 자유를 교황에게 양도한 문서가 수세기 동안 자치 정부와 교황청 사이의 관계를 결정짓는 토대가 되었다. 볼로냐·페루자·비테르보 등 클레멘스를 인정했던 이탈리아의 다른 도시들도 그에게 굴복했으며, 이로써 그가 죽기 전에 샤를이 정복한 제노바를 제외한 이탈리아 반도 전체가 그에게 복종했다. 이로써 모든 눈이 다시금 로마로 향하게 되었다.

우르바누스가 희년으로 선포한 바 있는 1390년에 허다한 순례자 무리가 독일·헝가리·보헤미아·폴란드·영국 등지에서 로마로 몰려들었으며, 1400년의 희년에도 그에 못지않은 규모로 한 세기를 마감하고 다른 세기를 맞이했다. 로마가 이런 행사들로 이익을 챙겼다면, 보니파키우스 역시 다른 여러 방법을 동원했으며, 기독교 세계 전역에 파견된 그의 대리인들이 각종 면제 조치와 면죄부 판매로 거둔 막대한 수입을 가지고 돌아왔다. 보니파키우스는 탐욕과 인허가 남발로 이름을 남겼다. 게다가 자신의 친형제들인 안드레와 요한, 그리고 그 밖의 인척들에게 직위와 재산을 부여하는 등 족벌주의로도 악명이 높았다. 하지만 유럽 전역에서 로마 계열의 교황들이 아비뇽 계열의 교황들보다 갈수록 존경과 영향력을 키워가던 상황에 만족스러워하던 로마인들은 교황의 이러한 행위를 쉽게 눈감아 줄 수 있었다.

라디슬라우스의 막강한 영향력으로 역시 나폴리 출신인 추기경 코지모 데이 밀리오라티(Cosimo dei Migliorati)가 **인노켄티우스 7세**라는 이름으로 교황에 선출되었다. 그는 교황좌에 오를 때 서른다섯밖에 되지 않았으나 교회법과 세속법 양 분야의 박사이자 행정 전문가였다. 교황 비밀선거회 구성원들은 선출에 앞서 만약 자신이 교황으로 선출된다면 분열 종식을 위해서 총력을 기울이겠다고 서약하는 문서에 서명했다. 즉위식에 참석한 영국의 연대기 저자 어스크의 애덤(Adam)은 의식의 과정을 생동감 있게 전한 뒤에 폐허처럼 변해버린 로마 시의 형국을 애도하는 글로 매듭짓는다. 로마 시가 얼마나 가련한 처지로 주저앉았는가 하고 한탄하면서, 이렇게 진술한다.

"한때는 황후장상들과 그들의 궁궐들로 가득하던 도시가 시민들 스스로 사분오열되는 바람에 누옥(陋屋)들과 도둑들과 이리들과 벌레들만 가득한 황량한 불모지로 전락했다. 한때 제국의 중심에서 칼로 세상을 지배하던 도시를 사제들이 헛된 의식들로 삼켜버렸다. 그래서 이런 시도 나온 것이다:

'로마는 모든 것을 집어삼키고, 삼키지 못하는 것은 혐오한다.
부자의 요구는 들어주지만, 가난한 자에게는 문을 닫아건다.'"

두 전임자의 본을 따서, 인노켄티우스는 아비뇽의 대립교황과 그의 추기경들을 파문하고, 그들을 이단들과 해적들과 산적들과 동렬에 놓았다. 하지만 조카가 로마 시의 유력 인사 11명을 냉혹하게 처단하고 시신들을 창문 밖으로 내던진 데 대한 보복으로 그는 로마 시에서 추방된 뒤 온갖 고생을 겪은 끝에 비테르보에 당도했다. 하지만 로마인들은 곧 인노켄티우스의 통치가 나폴리 왕 겸 교황의 보호자인 라디슬라우스의 통치보다 견디기 쉽다는 것을 깨닫고는 그를 도로 불러들였으며, 이로써 인노켄티우스는 손을 피로 물들인 조카와 함께 정식으로 바티칸 궁으로 돌아왔다.

로마 계열의 마지막 교황은 그레고리우스 12세였다. 베네치아의 산 마르코 교회의 추기경으로 재직하던 중 1406년에 교황에 선출된 안젤로 코레르(Angelo Correr)는 끈기와 능력 면에서 1394년에 선출된 아비뇽 계열의 마지막 교황(아라곤의 페드로 데 루나<Peter de Luna>라는 이름으로 더 잘 알려짐)에 미치지 못했다. 후자는 우르바누스 6세에 대한 반란과 폰디에서 이루어진 클레멘스 7세의 선출에 가담한 추기경들 가운데 한 사람이었나.

두 교황 치하에서 교황청 분열을 둘러싼 논쟁이 갈수록 치열해졌고, 그로 인한 추문도 감내하기 힘든 정도가 되었다. 서유럽의 민족들은 노골적이고도 파렴치한 성직과 각종 특권 매매 행위와, 교황들이 서로에게 퍼부은 저주들, 두 교황에 줄을 댄 성직자들에 의해 교구들과 소교구들이 분열된 현실에 몹시 지쳐 있었다. 파리 대학교가 앞장서서 타개책을 내놓았으며, 결국 분열 치유 문제는 두 교황의 손을 완전히 떠나게 되었다. 추기경들이 전면에 개입했으며, 교회법상의 모든 판례들을 넘어서서 궁극적으로 교회를 한 사람의 수장 밑에서 재통일하게 되는 수순을 밟아 나갔다.

그레고리우스가 선출되기 전에 로마의 추기경 14인은 누가 선출되든 모든 방법을 다 동원하여 분열을 종식시키되, 필요하다면 교황직을 사임해서라도 그런 노력을 기울일 것을 서약하는 문서에 다시 서명했다. 그레고리우스는 당시 나이여든으로서, 결국 그가 선출된 주된 이유도 사람이 그 나이에 이르면 대개 야심이 사라지는 법이며, 그레고리우스라면 연하의 어떤 후보보다 교회의 유익을 위해 기꺼이 자신을 부정할 것이라는 점 때문이었다.

역대 교황들 가운데 교황권을 가장 강도 높게 주장한 인물의 한 사람으로 꼽히는 **페드로 데 루나**는 힐데브란트와 그레고리우스 9세에 버금가는 정신과 역량을 지니고 있었다. 하지만 불행하게도 그는 로마 계열이 아닌 아비뇽 계열이었다. 만약 로마 계열이었다면 그는 위대한 교황들의 반열에 올랐을 것이다. 그가 스페인 출신이었다는 점도 그에게 불리하게 작용했다. 프랑스인들은 스페인 사람을 지원하는 데 관심이 없었으며, 클레멘스가 죽자 그동안 우호적이던 프랑스 왕과 아비뇽 교황의 관계도 급속히 냉각되었다. 페드로는 생각과 행동이 적극적이었고, 사태를 치밀하게 파악했고, 자신의 지위를 존엄하게 만들었으며, 교황의 권한이 달린 문제에서는 한 치도 양보하지 않았다. 그는 로마에서 세 명의 교황이 대를 잇는 동안 확고히 직위를 유지했고, 두 개혁 공의회들인 피사와 콘스탄츠 공의회들을 겪었고, 15세기의 1/4분기가 마칠 때까지 자신의 노쇠한 육신을 놓지 않았으며, 죽는 날까지 교황으로서 권리와 위엄을 주장했다. 그도 교황에 선출되기 전에 다른 추기경들과 함께 교황직을 내놓더라도 거룩하지 못한 분열을 종식시키기 위해 모든 노력을 기울이겠다고 엄숙히 약속한 바 있다.

두 교황이 공언한 바는 저마다 올바른 방향을 향하고 있었다. 그들은 이미 바랄 수 있는 전부를 얻었으므로, 이제 남은 과제는 둘 중 한 사람 혹은 두 사람 모두가 사임하고서 새로운 후보자를 위해 자리를 비우는 것이었다. 두 사람이 자신들의 공언을 실천했다면 문제가 쉽게 풀렸을 것이고, 후 세대들은 그들의 살신성인에 대해서 시성(諡聖)으로 보답했을 것이다. 그러나 그레고리우스가 이러한 마음을 품게 되기까지 십 년의 세월이 흘렀는데, 이미 그때는 권력의 흔적이 그에게서 거의 다 떠나간 뒤였다. 페드로 데 루나는 끝까지 양보하지 않았다.

그레고리우스 12세가 교황에 선출되었을 무렵에는 교황제가 자체 역사의 중대한 고비들 가운데 하나를 통과하고 있었음에 분명하다. 파리 대학교 부총장 랑겐슈타인(Langenstein)처럼 다섯 왕국이 두 군주에게로 분열되었듯이 두 교황이 존재한 것도 하나님의 뜻이었을 것이라고 말하는 이들이 적지 않았다. 심지어 교황이 둘이든 셋이든 아니면 열이든 아니면 민족들의 수만큼 많든 무슨 상관이냐고 공식적으로 주장하는 사람들도 있었다.

그레고리우스는 재위 초반에 훌륭한 면모를 보여주었다. 기독교 세계의 통일을 위해서 육지로든 바다로든 여행하여 베네딕투스를 만날 용의가 있음을 밝힌 것이다. 육로로 갈 경우에는 순례자의 지팡이를 들고 가고, 해로로 갈 경우에는 작은 어선을 타고 가서 그와 합의를 이루어낼 것이라고 말했다. 그는 론 강 유역의 경쟁자에게 보낸 서신에서, 아기가 두 쪽으로 베어지는 일을 당하기보다 차라리 아기를 포기하려 했던 여인같이 서로가 분열 고착의 책임을 짊어지기보다 차라리 서로 권위를 포기하자고 주장했다. 신약성경 가운데 "자신을 높이는 자는 낮아지고, 낮추는 자는 높아지리라"라는 말씀을 인용했다. 만약 베네딕투스가 같은 의지를 보인다면 자신도 교황직을 사임하여 양 계열의 추기경들이 서로 만나 새로운 선거를 할 수 있게 하겠다고 약속했다. 그리고는 아비뇽의 추기경 수와 동수를 유지하기 위한 경우를 제외하고는 자신의 추기경 수를 늘리지 않겠다는 약속도 했다.

베네딕투스의 답장은 비록 그레고리우스의 서신만큼 과시적이지는 않았지만 매우 빈틈이 없었다. 그 역시 분열을 혐오스럽고 처참하고 두려운 것으로 개탄했으나, 그레고리우스의 단도직입적인 제안을 점잖게 고사하면서 비아 디스쿠시오니스(via discussionis, 토론의 길)를 최선책이라고 주장했고, 양 계열의 추기경들을 한자리에 모이게 하여 현안을 심의한 뒤에 필요하다면 둘 중 하나 혹은 둘 다 사임하도록 하자고 제안했다. 두 교황은 서로 주고받은 서신에서 스스로를 가리켜 "하나님의 종들의 종"이라고 불렀다. 그레고리우스는 베네딕투스를 "이 비참한(miserabili) 분열 가운데 일부 사람들이 베네딕투스 13세라고 부르는 페드로 데 루나"라고 불렀다. 그리고 베네딕투스는 티베르 강변의 교황에게 "이 지극히 파괴적인(pernicioso) 분열의 와중에 그에게 붙은 일부 세력이 그레고리우스 12세라고 부르는 안겔루스 코레르(Angelus Correr)"라는 칭호를 사용했다. 베네딕투스는 "우리 두 사람은 모두 늙었습니다. 시간이 얼마 남지 않았습니다. 서두르십시오. 이 선한 일을 지체해서는 안 됩니다. 우리 둘이 힘을 합쳐서 구원과 평화의 길을 끌어안읍시다."

이보다 더 훌륭한 태도가 없었으나, 두 교황 모두 기꺼이 사임하겠다는 뜻을 밝히면서도 통일된 교회를 다스릴 새 교황을 선출할 날이 오면 각자 자기가 유리한 자리에 서고 싶어한다는 것이 즉각 감지되었다.

오래지 않아 1381년에 파리 대학교는 프랑스 왕에게 분열을 종식시킬 총 공의회를 소집해달라고 호소했다. 그러나 앙주의 공작이 나서서 대학교의 대변인 장 롱스(Jean Ronce)를 투옥하고 대학교 당국에 그 문제에 대한 함구령을 내렸다.

파리 대학교가 국왕에게 호소하기 전에 두 사람인 겔른하우젠의 콘라트(Konrad)와 랑겐슈타인의 하인리히(Henry, 하시아의 하인리히로도 알려짐)가 같은 견해를 주장한 바 있다. 콘라트는 1380년에 쓴 글에서 — 그의 글은 공의회 수위설로 곧장 이어졌다 — 교회의 머리는 둘이며, 그리스도는 지상의 머리가 죽음이나 오류로 실패할지라도 교회를 저버리시는 일이 없다고 주장했다.[3] 교회는 교회와 추기경들이 아니라 신자들의 몸이며, 이 몸은 그리스도에게서 직접 내적 생명력을 얻으며 그러한 한에는 무오하다. 이러한 논리로 그는, 교황이 소집하지 않으면 공의회가 성립하지 않으며 아무리 고위성직자들이 다 모인다 할지라도 비밀 집회에 지나지 않는다고 일관되게 주장하던 자들을 논박했다.

랑겐슈타인은 1381년에 좀 더 강한 표현을 사용하여, 교황이 관여하지 않아도 공의회를 소집할 수 있다고 주장했다. 그리스도가 교황제를 제정하셨을 때에는 법을 제정하거나 동의하는 일에 교황의 행위가 반드시 필요하도록 하신 것이 아니라고 그는 주장했다. 교회는 그리스도께서 교황제를 제정하지 않으셨을지라도 그 제도를 제정할 수 있었을 것이라고 했다. 추기경들이 교회의 뜻에 맞지 않는 교황을 선출할 경우 교회는 그들의 선출을 파기할 수 있다. 공의회의 유효성은 교황 한 사람의 소집이나 재가에 달려 있지 않다. 세속 군주들도 그러한 교회 회의를 소집할 수 있다. 전체 교회의 대의체인 총 공의회는 추기경들 위에 존재하며, 더 나아가 교황 위에 존재한다. 그러한 공의회는 오류를 범할 수 없지만, 추기경들과 교황은 오류를 범할 수 있다.

파리 대학교의 부총장 랑겐슈타인의 견해는 그 대학교 학부들의 견해를 반영한 것이다. 이 견해는 훗날 그 세기의 가장 유력한 인사의 하나이자 대대로 존경을 받아온 장 제르송에게 지지를 받았다. 이와 반대되는 견해를 취한 사람들 가

---

3) Gelnhausen's tract, *De congregando concilio in tempore schismatis*, in Martne-Durand, *Thesaurus nov. anecd.*, II. 1200–1226.

운데는 영국의 도미니쿠스회 수사이자 베네딕투스 13세의 고해신부로 활동한 존 헤이튼(John Hayton)이 있었다. 그는 파리 대학교를 일컬어 "사탄의 딸, 오류의 어미, 선동가, 교황 모독자"라고 불렀으며, 교황이 어떤 인간 법정에도 강제를 받지 않고 다만 하나님과 자기 양심을 따를 뿐이라고 주장했다.

1394년에 파리 대학교는 분열을 치유하기 위한 세 가지 방안을 제시했는데 이 것이 후에 이 쟁점에 대한 논의의 발판이 되었다. 첫째는 두 교황이 사임하는 방안(via cessionis)이었고, 둘째는 위원회를 설치하여 두 사람의 주장에 재결(裁決)을 내리는 방안(via compromissi)이었으며, 셋째는 총 공의회를 소집하여 모든 문제를 거기서 심의하는 방안(via synodi)이었다. 이 유명한 학문 기관의 역사를 통틀어 이 제안 자체와 분열 종식을 위해 그 기관이 펼친 활동만큼 폭넓은 명성을 안겨준 것이 없었다. 파리 대학교 학부들이 선호한 방안은 첫째, 즉 두 교황이 동시에 사임하는 것으로서, 그렇게 하면 모든 문제가 가장 간단하게 해결된다고 그들은 보았다. 그들은 두 교황이 사임한 뒤 그레고리우스 11세가 사망할 당시인 1378년에 추기경으로 재직했다가 아직 살아 있는 사람들이나 두 교황에게 속한 추기경들이 새 교황을 선출하도록 하자고 제의했다.

마지막 방안 곧 총 공의회에 의한 해결 방안을 파리 대학교는 가장 난해한 길로 간주했으나, 그리스도께서 당신의 모친과 요셉에게 속하셨듯이 교황은 교회에 속한다는 논거로 그 방안을 정당화했다. 총 공의회의 권위는 "두세 사람이 내이름으로 모인 곳에는 나도 그들 중에 있느니라"고 하신 그리스도의 말씀에 있다. 교회 분열을 종식시킬 총 공의회는 유서 깊은 대학교들에 몸담은 신학박사들과 교회사 박사들, 그리고 많은 경우 제도 교육을 받지 못한 자들(illiterati)인 수교들과 수도회들의 대표들로 구성해야 한다.[4]

파리 대학교의 개입을 불쾌하게 여긴 클레멘스 7세는 더 이상의 개입을 불허하는 한편, 자신의 동의 없이 세 가지 방안 중 한 가지를 천거한 추기경들을 단죄했다. 클레멘스가 죽자 프랑스 왕은 아비뇽 추기경들에게 후임 교황 선출을 유보해 줄 것을 요구했으나, 편지 겉봉으로 내용을 짐작한 추기경들은 베네딕투스 13세를 선출한 뒤에야 편지를 개봉했다. 즉위하자마자 분열 치유에 열의를 나타낸 베네딕투스는 보니파키우스 9세와 회동할 계획이 있으며 그와 어느 정도

---

4) Chartul., I. 620.

합의에 도달했다고 발표했다. 이러한 우호적인 계획은 국왕 사절들이 두 교황에게 사임을 요구하고 나서고 아비뇽 추기경들 가운데 2인을 제외한 모두가 국왕의 요구를 편듦으로써 벽에 부닥치는 듯했다. 그러나 베네딕투스는 그러한 방안이 강압을 내포하는 것으로 규정하고는 반대 의사를 담은 대칙서를 공포했다.

양측은 그 뒤에도 분열 치유에 지대한 관심을 나타냈으나 어느 쪽도 포기할 의사가 없었다. 베네딕투스는 툴루즈 대학교의 지지를 받았고, 파리 대학교 총장 피에르 다이를 주교로 승진시킴으로써 자신의 지위를 강화했다. 베네딕투스 진영의 추기경이자 유명한 종교재판관이던 니콜라우스 에메리쿠스(Nicolas Eymericus)도 그 교황의 신적 권위를 확고히 옹호했다. 문제는 프랑스 왕 샤를 6세(1380-1412 재위)의 오락가락하는 정책 때문에 더욱 복잡하게 꼬였다. 샤를은 원래 심약한데다 정신 질환을 두 번이나 앓은 적이 있었으며, 형제들과 삼촌들이 왕국의 통치권을 분할해 가지고 있던 상태였다. 프랑스 공의회들은 국가가 나서서 그 문제를 해결하도록 모색했던 바, 1398년에 대주교 11인과 주교 60인이 파리에서 모인, 그러니까 아비뇽 교황 지지자 일색이었던 제3차 공의회는 베네딕투스에게서 이른바 순종을 철회하기로 결의했다. 이러한 불리한 여건에서도 베네딕투스는 끝까지 소신을 굽히지 않았다. 그는 자신의 추기경들에게 버림을 받은 채 자신의 궁에서 프랑스 군대에게 포위 공격을 당한 끝에 부상을 당했다. 하지만 교황이 이렇게 고립된 채 궁지에 몰려 있는 모습이 프랑스인들의 정서와 양심을 자극하게 되었다. 마침내 1403년에 소집된 프랑스 의회는 공의회의 순종 철회령을 무효로 규정하고 순종을 새롭게 서약했으며 교황에게 완전 사면을 받았다.

1406년에 그레고리우스 12세가 선출되었을 때 분열을 둘러싼 논쟁이 극에 달해 있었다. 영국과 카스티야 왕국, 그리고 독일 왕 벤칠(Wenzil)은 프랑스와 연대하여 분열을 끝내기로 합의했다. 유럽 전역의 열화와 같은 요구와 파리 대학교의 적극적 선동, 그리고 특히 프랑스인들의 압도적인 여론에 밀리게 된 그레고리우스와 베네딕투스는 주도권이 자기들의 손을 떠나 다른 데로 넘어갈 위험에 처한 현실을 직시하고서 제노바 만의 사보나에서 만나 의견 차이를 조정하기로 합의했다. 1407년 10월에 베네딕투스는 군대의 호위를 받으며 먼 길을 여행한 끝에 포르토 베네테와 사보나에 당도했다. 그레고리우스는 루카까지 갔다가 사보나가 프랑스의 통제를 받는 지역이라는 등의 이유들을 제시하면서 그곳으로 가지 못하겠다고 주장했다. 니하임은 로마 교황이 이제서야 비로소 본색을 드러냈다고 하면서, 그가 조카들과 측근들에게 철저히 휘둘리고 있다고 주장했다. 그들이 연로하여 심약한 교황을 밀어붙이고 그의 판단력이 흐려진 틈을 타서 사치스러운 생활을 하고 있다고 비난을 퍼부었다. 루카에서 그들은 춤과 유흥으로 시간을 보냈다. 이 저자는 더 나아가 그레고리우스가 연합의 길목에서 번번이 장애를 놓았다고 진술한다. 또 다른 저자는 역대 교황들이 의상과 만찬에 신경을 썼다면 그레고리우스는 사탕 과자에 연연했으며, 뼈와 가죽만 남은 그림자에 지나지 않았다고 평가한다.[5]

베네딕투스는 내내 자신을 지원해준 국왕의 형제인 오를레앙 공작이 죽음으로써 세력이 크게 약해졌다. 프랑스가 중립을 깨뜨릴 기세를 취하고 있던 상황에서 제노바에 주둔하고 있던 프랑스 군대에게 체포될 것을 우려한 베네딕투스는 피레네 산맥 자락에 자리잡은 요새로서 지중해에서 약 10km 떨어진 페르피냥 요새로 피신했다. 그해 5월에 프랑스는 다시 교황에 대한 순종 철회를 공포했으며, 1408년에 소집된 프랑스 의회는 공의회 소집안을 가결했다. 대결의 마지막 무대가 다가오고 있었다.

한편 그레고리우스의 진영에서는 추기경 7인이 그에게 등을 돌리고 그를 루카에 남겨둔 채 피사로 간 뒤, 그곳에서 성명을 발표했는데, 그 형식은 견문이 좁은 교황이 넓은 교황에게, 그리스도의 대리자가 그리스도에게, 그리고 총 공의회의 판결에 호소하는 것이었다. 그들은 두 번 더 그러한 성명서를 발표했다. 그레고리우스는 자신의 엄숙한 서약을 깨고서 1408년 5월에 추기경 4인을 새로 임명하고(그 중 2인은 그의 조카들) 몇 달 뒤에는 10인을 더 임명함으로써 자기 진영에 더욱 손상을 입혔다. 피사에서 아비뇽파 추기경들이 로마파 추기경들과 합류하여 그 수가 13명에 이르게 되었다. 리보르노라는 이탈리아의 아름다운 호수에 자리잡은 같은 이름의 읍에 모인 이들은 교황들이 폐위된 것을 기정사실화한 상태에서 교회의 치리자들로서 1409년 5월 25일에 피사에서 총 공의회를 열기로 합의했다.

이에 대항하여 그레고리우스는 라벤나 혹은 아퀼라에서 자신이 주재하는 공의회를 소집했다. 하지만 이때는 벌써 많은 수의 측근들이 그를 떠난 뒤였고, 그

---

5) *Vita*, Muratori, III., II., 838, solum spiritus cum ossibus et pelle.

의 출신 도시인 베네치아마저 그에 대한 지지를 거둬들인 상태였다. 한편 라디슬라우스가 로마에 들어와 왕으로 환호를 받고 있었다. 하지만 이것은 그레고리우스 자신이 그 방법으로 동정을 유도할 속셈으로 동의해 준 일일 가능성도 없지 않다. 베네딕투스도 교황으로서 대권을 행사하여 1408년 11월 1일에 페르피냔에 공의회를 소집했다.

이쯤 되자 '공의회'(council)라는 단어가 서방 기독교 세계를 수치와 혼동에서 구하고 교회를 재통일해줄 방안으로 각광을 받게 되었다.

15. 피사 공의회

교회 분열을 치유할 목적으로 개최된 세 공의회 ― 피사(1409)·콘스탄츠(1414)·바젤(1431) ― 는 역사에 개혁 공의회들(the Reformatory councils)로 알려져 있다. 이 공의회들은 두 가지 현안이었던 분열 치유와 교회의 제도적 개혁 가운데 첫째는 완수했으나 둘째는 조금도 진전을 이루지 못했다. 이 회의들은 교회 문제에서 교황의 수위권과 독자적으로 총 공의회가 최종적 권위를 갖는다는 견해(이른바 공의회 수위설)를 대변했다.

피사 공의회는 서방 기독교 세계의 역사에서 새로운 획을 그었는데, 그 이유는 실제로 이룬 업적 때문이라기보다는 수세기 동안 당연시되어온 교황 절대주의 이론에 대항한 최초의 공의회였기 때문이었다. 이 공의회는 제르송과 랑겐슈타인의 사상, 즉 교회가 교황 없이도 교회이며, 에큐메니컬 공의회가 교황의 동의 없이 열릴 때뿐 아니라 교황의 반대를 무릅쓰고 열릴 때에도 적법하다는 사상을 따랐다. 지적인 면에서 라틴 세계와 그 구성 요원들의 상당 부분을 대변한 이 공의회는 힐데브란트와 인노켄티우스 3세, 그리고 그들의 계승자들이 닦아놓은 길과 정반대 방향으로 나아간 중대한 사건이었다. 이것이 교회 정부의 구체제에 강한 일격을 가했다.

그레고리우스 12세가 리미니에서 카를 말라테스타(Charles Malatesta)의 보호를 받고 있고, 베네딕투스 13세가 페르피냔에 피신해 있는 동안, 피사 주교좌성당에서 정해진 날짜에 공의회가 열렸다. 참석자들의 규모가 대단하여 추기경 14인 ― 후에 그 수가 24인으로 불어남 ― 총대주교 4인, 대주교 10인, 주교 79인,

주교 대리 116인, 대수도원장과 수도원장 128인, 대수도원장 대리 200인이 참석했다. 이들 고위성직자들 외에도 도미니쿠스회 · 프란체스코회 · 카르멜회 · 아우구스티누스회의 총장들, 사령관 6인을 대동하고서 온 성 요한 기사회 단장, 튜턴 기사회 단장, 신학 및 교회사 박사 300인, 주교좌성당 참사회들의 대표 109인, 여러 군주들 — 로마인들의 왕 · 독일 왕 벤칠 · 영국과 프랑스와 폴란드와 키프로스의 왕들 — 이 보낸 대표들도 참석했다. 공의회의 역사에서 피사 공의회가 갖는 새롭고도 의미심장한 면은 파리 · 볼로냐 · 옥스퍼드 · 케임브리지 · 몽펠리에 · 툴루즈 · 앙제 · 빈 · 크라코프 · 프라하 · 쾰른 같은 대학교들이 대표단을 파견했다는 점이다. 그 중에서 피에르 다이(Peter d'Ailly)는 비록 공의회 법령에 그가 공식적으로 유력한 역할을 수행했다는 증거가 나타나지 않을지라도 가장 중요한 학자였다. 장 제르송은 참석하지 않은 듯하다.

둘째 날에 밀라노 대주교 필라르기(Philargi) — 그가 얼마 후에 교황에 선출된다 — 가 사사기 20:7("너희가 다 여기 있은즉 너희의 의견과 방책을 낼지니라")을 본문으로 설교를 한 뒤, 공의회가 소집되기에 이른 경위를 진술했다. 분열이 발생하기 전에 재직했던 추기경들 가운데 당시에 살아 남은 유일한 인물이었던 귀 드 멜레섹(Guy de Maillesec)이 초반의 회기들을 주재했다. 그 뒤부터 새 교황이 선출될 때까지는 알렉산드리아 총대주교가 의장을 맡았다.

공의회가 초기에 발표한 성명의 하나는 성 삼위일체와 가톨릭 신앙을 엄숙히 고백하는 내용과, 모든 이단과 분리자가 이생이 끝나기 전에 가톨릭 교회와 화목하지 않으면 마귀와 그의 사자들을 위해 예비된 영영한 불에 들어가게 될 것임을 선포하는 내용이었다.

가상 중요한 의제는 역시 분열의 치유 — 그것을 '일지의 농인' (causa unionis)이라 표현함 — 였으며, 서로 권한을 주장하던 교황들에게 처음으로 폐위를 선포했다. 공식 재판이 시작되어 추기경 2인과 대주교 2인이 주교좌성당 문으로 걸어나가 그레고리우스와 베네딕투스의 이름을 부르면서 그들에게 공의회장에 출두하여 심문을 받으라고 요구했다. 이러한 의식을 연속 사흘 동안 세 번 거행했으며, 두 피의자에게 출두 시한을 4월 15일로 규정해 주었다.

공의회는 몇 차례에 걸친 성명서로 자체를 정당화한 다음 제8차 회기에서는 스스로를 "모든 보편 가톨릭 교회를 대표하고 합법적이고도 합리적으로 함께 모인 총 공의회"라고 선언했다.[6] 공의회가 추구한 사상 노선은 다이와 제르송을 비롯하여, 교회가 신적 머리되시는 분과 하나로 연합되어 있음을 천명하고, 교회가 스스로 구유(具有)하고 있는 권세에 힘입어 신적 소명에 응하여 공의회를 소집할 권리가 있음을 주장한 그 밖의 저자들의 사상에 맞춰져 있었다. 초대 교회가 회의들을 소집한 바 있으며, 베드로가 아닌 야고보가 예루살렘에서 의장을 맡았던 일을 상기시켰다.

피에르 다이는 1409년 1월 1일에 엑스에서 모인 회의에서 자신의 견해를 천명하는 과정에서, 교회의 일치가 머리이신 그리스도와 일치하는 데 달려 있다고 말했다. 그리스도의 신비스러운 몸은 대표들을 통해서 총 공의회로 모일 수 있는 권한을 신적인 머리에게서 받으며, 이는 "두세 사람이 내 이름으로 모인 곳에는 나도 그들 중에 있느니라"고 하셨기 때문이라고 말했다. 그리스도께서 "베드로의 이름으로"라고 하시거나 "바울의 이름으로도"라고 하시지 않고 "내 이름으로"라고 하신 점을 강조했다. 신자들이 교회의 안전을 지키기 위해서 모일 때는 그리스도께서 그들 가운데 계신다고 했다.

제르송은 피사 공의회가 진행되고 있는 동안 분열과 교회가 교황을 제거할 권한을 다룬 자신의 가장 잘 알려진 논문(De auferibilitate papae ab ecclesia)을 썼다. 이 치밀한 논문에서 그는 엄격한 의미에서 그리스도가 교회의 유일한 신랑이시라고 말했다. 교황과 교회의 결혼은 파기될 수 있는 바, 이는 그러한 영적 결혼이 성사(聖事)가 아니기 때문이라고 했다. 교황은 교회와 맺은 결합을 벗어나 사임할 수 있다고 했다. 교회도 교황을 사임케 함으로써 그와의 관계를 단절할 권한이 있다. 모든 교회 직분자들은 교회의 안전을 위해서 임명되며, 교황이 교회의 안전을 위태롭게 할 때는 교회가 그를 면직시킬 수 있다고 했다. 교회는 스스로를 지킬 의무가 있다. 이 일을 교회는 교황의 소집 없이도 전체의 동의에 힘입어 할 수 있다. 이러한 공의회는 그리스도에게서 직접 권위를 부여받는다. 교황은 이단이나 분리로 인하여 폐위될 수 있다. 교황은 개인적으로 죄를 짓지 않더라도, 이를테면 사라센족에게 생포된 뒤 그가 죽었다는 증인들의 증언이 있을 경우에는 폐위될 수 있다. 그럴 경우에는 다른 교황을 선출해도 되며, 만약 전임 교황이 죽었다는 증언이 거짓으로 밝혀지고 그가 석방되어 돌아올 경우에는 그를 폐위하거나 새 교황을 폐위해야 한다. 교회는 한 명 이상의 교황을 지닐

---

6) Mansi, XXVII. 366.

수 없기 때문이다.

부활절 직후에 카를 말라테스타(Charles Malatesta)가 그레고리우스를 옹호하기 위해서 공의회장에 출두했다. 추기경들이 선임한 위원회는 공의회와 로마 교황간의 합의가 불가능함을 설명하기 위해서 마흔 가지 이유를 제시했다. 그레고리우스가 피사에 직접 출두하여 사임하거나, 공의회가 선임하여 리미니에 보낼 위원회에 사임서를 제출하거나 택일해야 한다고 입장을 밝혔다.

로마의 주도권을 다투고 있던 왕 루프레히트(Ruprecht)도 리가의 대주교, 보름스와 베르덴(Verden)의 주교들을 비롯한 여러 위원들로 구성된 특별 사절단을 통해서 그레고리우스의 입장을 대변했다.[7] 이들 위원들은 공의회의 관할권을 부정해야 할 스물네 가지 이유를 제시했다. 이들이 제출한 문서는 베르덴의 주교가 "너희에게 평강이 있을지어다"(요 20:19)라는 감동적인 본문으로 공의회 앞에서 설교를 하다가 말미에 낭독했다. 스물네 가지 이유 가운데 가장 마음에 여운을 남기는 것은, 만약 추기경들이 그레고리우스의 교황 자격에 의문을 제기한다면, 그들이 그레고리우스나 베네딕투스에게 임명을 받은 자들로서 자신들의 권위에 의문을 제기하지 않을 근거가 무엇인가 하는 것이었다.

공의회는 4월 24일에 낭독한 서른여덟 개 조항의 문서에서 두 교황을 배격하는 구체적인 이유를 설명하고, 사임을 엄숙히 약속해 놓고서 파기한 데 대해서 두 사람을 비난했다.

그 주장은 볼로냐의 교회법과 세속법 교수 페트루스 데 안코라노(Peter de Anchorano)와 그 밖의 사람들이 이끌어 갔다. 페트루스는 그레고리우스와 그의 경쟁자가 분열을 조장함으로써 교황의 권한을 저버렸으며, 따라서 기독교 세계를 대표하는 공의회를 소집할 의무가 추기경회에 넘어가게 되었다고 주장했다. 추기경들이 선택의 여지가 없게 되는 몇몇 경우들이 있는데, 이를테면 교황이 미치거나 이단에 빠지거나 정통 교리가 위태로운 순간에 공의회 소집을 거부하는 것이 그 경우들이라고 했다.

호세아 1:11("이에 유다 자손과 이스라엘 자손이 함께 모여 한 우두머리를 세우고 그 땅에서부터 올라오리니")을 본문으로 전한 설교에서, 파리 대학교의 피

---

7) 선제후들은 1400년에 무능을 이유로 벤칠을 폐위하고 팔츠 선제후령의 루프레히트를 선출했다.

에르 플라울(Peter Plaoul)은 공의회의 지위를 확고히 교황 위에 두었는데, 이 견해는 그의 대학교뿐 아니라 툴루즈·앙제·오를레앙 대학교들에게도 지지를 받았다. 박식한 교회법 학자로서 훗날 추기경으로 임명된 차바렐라(Zabarella)도 같은 입장을 고수했다.

재판은 품격을 잃지 않고 진행되었으며, 두 달 뒤인 6월 5일에 판결이 내려졌다. 그 내용은 두 교황을 "악명 높은 분열주의자, 분열 조장자, 신앙에서 현저히 이탈한 이단, 위증과 맹세 파기를 범한 파렴치한 죄인"으로 언도한 것이었다.[8]

한 주 뒤인 6월 14일에 페르피냥에서 온 대표단이 공의회에 참석하고 그들 중 일원인 타라고나의 대주교가 자신들을 "덕망 높은 교황 베네딕투스 13세의 대표단"이라고 소개하자, 야유가 공의회장에 울려 퍼졌다. 바로 얼마 전에 베네딕투스가 추기경 12명을 새로 임명함으로써 피사 공의회에 대한 불신을 표시한 사실을 공의회 참석자들이 알고 있었던 것이다. 대표단이 그레고리우스의 답변을 기다리겠다고 말한 뒤 안전 통행증을 요구하자, 훗날 요한 23세가 된 볼로냐 대학교 교수 발타자르 코사(Balthazar Cossa)가 나서서 "그들이 안전 통행증을 소지하든 않든 만약 자신에게 그럴 권한이 있다면 그들을 모조리 태워버리겠다"고 말했다고 전해진다.

경쟁 교황들을 폐위했으므로, 이제 공의회로서는 새 교황을 선출하는 일이 남게 되었는데, 공의회 참석자들은 그 문제를 추기경들에게 일임하기로 결의했다. 이렇게 해서 6월 26일에 피사의 대주교 궁에서 모인 추기경회는 밀라노 대주교 필라르기를 새 교황으로 선출했고, 그는 알렉산더 5세라는 이름을 취했다. 당시 일흔이었던 그는 프란체스코회 소속이었으며 인노켄티우스 7세에게 추기경 임명을 받은 바 있다. 그는 크레타 출신으로서 705년에 요한 7세가 교황관을 쓴 이래로 처음 교황 자리에 오른 그리스인이었다. 자신의 부모가 누군지 모른 채 자라난 그는 프란체스코회 덕분에 가난을 면하게 되었고, 수도회의 주선으로 이탈리아에서 유학했으며, 후에 옥스퍼드에서 공부했다. 교황으로 선출된 뒤에는 "나는 주교 시절에는 부유했는데 추기경이 되어 가난해졌고, 교황이 되면서 다시 거지가 되었다"고 말했다고 전해진다.[9]

---

8) Mansi, XXVI. 1147, 1225 sq.

9) Nieheim(p. 320 sqq.)은 알렉산더의 초기 생애를 자세히 소개한다.

그동안 그레고리우스 진영이 아퀼라 근처의 치비달레에 소집한 공의회도 진행되고 있었다. 첫 회기에는 참석자가 거의 없었다. 후에 루프레히트와 왕 라디슬라우스가 대표단을 파견했다. 공의회는 규모에 비해서 터무니없는 주장들을 내놓았다. 로마 계열의 교황들이 기독교 세계의 합법적인 지도자들이라고 공포했고, 모든 왕국에 교황대사를 임명했다. 하지만 그레고리우스는 과거에 자신이 공언했던 말들을 생각지 않은 채, 만약 자신의 경쟁자들인 루나의 페트루스와 칸디아(크레타)의 페트루스가 사임한다면 자신도 기꺼이 사임할 용의가 있다고 다시 공언했다. 베네치아가 알렉산더를 지지하고 나서자 그레고리우스는 장사꾼으로 변장한 채 도피하여 라디슬라우스의 선박들로 피신했다.

베네딕투스가 소집한 공의회는 여섯 달 전인 1408년 11월에 페르피냔에서 모였다. 120명의 고위성직자들이 참석했는데, 대부분 스페인에서 온 사람들이었다. 공의회는 1409년 3월 26일에 7인의 대표단을 피사로 보내 분열 치유를 위한 협상을 벌이도록 한 뒤에 정회했다.

알렉산더가 새 교황으로 선출되자 참석자들은 공의회에 흥미를 잃고서 하나둘씩 피사를 떠나기 시작했으며, 그 결과 교회를 "머리에서 발끝까지" 개혁하기 위한 조치들을 취하기 전에는 폐회하는 일이 없을 것이라고 했던 추기경들의 약속을 더 이상 지킬 수 없게 되었다. 결국 개혁을 논의할 위원회가 선임되었고, 알렉산더는 1412년 4월 12일자로 또 다른 공의회를 소집한 뒤에 1409년 8월 7일에 공의회를 폐회했다.

피사 공의회가 개회할 시점에는 교황이 둘이었다. 그런데 폐회할 시점에는 교황이 셋으로 늘어나 있었다. 스코틀랜드와 스페인은 여전히 베네딕투스를 교황으로 모셨고, 나폴리와 유럽 중앙은 그레고리우스에게 충성을 바쳤다. 하지만 기독교 세계의 더 넓은 지역이 알렉산더를 지지하지 않을 수 없었다. 이 교황은 위급 상황에 대처할 능력이 없었으며, 탁발 수도회들에 고해성사 집례권을 확대 적용함으로써 파리 대학교로부터 반발을 샀다. 그는 교황의 도시에 들어가 보지도 못한 채 1410년 5월 3일에 볼로냐에서 숨을 거두었다. 항간에는 그의 후임자로 유력하게 꼽히던 발타자르 코사가 그를 독살하도록 사주했다는 소문이 퍼졌다.

대체로 현대 가톨릭 사가들은 피사 공의회를 폄하하는 경향이 있으며, 그 공의회가 에큐메니컬적 성격을 결여했다는 데 대체로 동의한다. 벨라르민

(Bellarmin)은 그 문제에 최종적인 판단을 내리지 않은 채 알렉산더 5세를 합법적인 교황으로 간주했다. 제르송과 그 밖의 현대의 유력한 사가들은 그것을 에큐메니컬 공의회로 간주하며, 보쉬에를 비롯하여 두 세기 뒤에 활동한 갈리아의 사가들도 같은 견해를 취한다. 현대 가톨릭 사가들은 그레고리우스 12세의 주장이 공의회, 즉 그 자체가 불법이며 교만하게도 교회법에 반기를 든 공의회에 의해서 영향을 받지 않은 것으로 간주한다.

그러나 공의회의 소집 경위와 과정이 요구하는 일반적인 판단을 감안할 때 '에큐메니컬'이라는 칭호를 부여하거나 않는 것이 큰 문제가 되지 않는다. 피사 공의회는 위기 상황을 타개하기 위한 필사적인 조치였으나, 교회의 사상에 새로 조성된 자유의 산물이기도 했고 더 나은 시대가 도래할 것을 알리는 길조(吉兆)이기도 했다. 피사 공의회는 교회가 두 개의 교황청으로 분열되어 있음에도 불구하고 사실상 하나로 남아 있었음을 증명해 보였다. 공의회의 이름으로 그레고리우스와 페트루스 데 루나의 허울만 좋은 책략에 낙인을 찍었다. 유럽의 일류 사상가들과 저자들의 관심을 사로잡았으며, 자유 토론의 발판을 마련해 놓았다. 그런 점에서 피사 공의회는 5년 뒤에 콘스탄츠에서 열리게 된 중요한 공의회를 위한 길을 예비하는 데 적지 않게 이바지한 셈이다.

16. 콘스탄츠 공의회(1414-1418)

알렉산더가 세상을 떠나자 17인의 추기경들이 볼로냐에 모여 발타자르 코사를 새 교황으로 선출했으며, 그는 요한 23세라는 이름을 취했다. 나폴리의 귀족 가문 출신인 그는 군인으로 사회 활동을 시작했고(아마 해적선을 탔던 것으로 추정된다),[10] 볼로냐 대학교에서 교회법과 세속법 양 분야를 전공했으며, 보니파키우스 9세에 의해 추기경이 되었다. 그는 피사 공의회 소집에 합류했다. 능력은 뛰어났으나 도덕에는 큰 결핍이 있었으며, 온갖 악을 행하는 데 능했다.

요한은 앙주의 루이에게 의존한 채 로마로 입성했다. 1411년 5월 14일에 로카 세카에서 벌어진 전투에서 루이는 라디슬라우스의 군대를 물리쳤다. 탈취한 적

---

10) Nieheim, in Life of John, in Van der Hardt, II. 339.

군의 군기들을 로마로 가져가 성 베드로 교회에 내건 다음 민중이 구경하고 있는 가운데 땅바닥에 놓고 짓밟았으며, 개선 시가 행진을 벌이는 동안 질질 끌고 다녔다. 그 행진에 요한도 가담했다. 한편 라디슬라우스가 세력을 급속히 만회하자 요한은 평소에 늘 그랬듯이 이번에도 루이를 배반하고는 라디슬라우스와 계약을 맺어 그를 로마의 왕으로 인정했으며, 라디슬라우스도 계약에 따라 그레고리우스 12세에 대한 충성을 저버렸다. 그 교황은 나폴리 영토를 떠나라는 통보를 받고는 가에타에서 베네치아 선박을 타고서 달마티아로 갔으며, 결국 자신의 마지막 정치적 동맹인 리미니의 카를 말라테스타에게로 가서 피신했다.

개혁 공의회들 가운데 두 번째인 콘스탄츠 공의회는 교황 요한 23세와 로마인들의 왕 지기스문트가 공동 소집했다. 요한은 파리 대학교가 피사 공의회의 법령을 상기시키자 비로소 1412년 4월에 로마에 공의회를 소집했다. 로마에서 열린 회기들에는 참석자들의 규모가 매우 빈약했으며, 활동의 흔적도 거의 남아 있지 않다. 공의회는 위클리프의 저서들을 소각하도록 지시한 뒤 1413년 2월 10일에 폐회했다. 요한은 14명의 추기경을 새로 임명함으로써 추기경회를 보강했는데, 그들 가운데는 다이(D'Ailly), 피렌체의 차바렐라(Zabarella), 솔즈베리의 주교 로버트 할룸(Robert Hallum), 랭스의 수석사제 필라스트르(Fillastre) 같은 지도급 인사들이 있었다.

한편 라디슬라우스는 요한과 맺은 계약이 성에 차지 않은데다 통일된 라틴 왕국을 수립하고 싶은 야심을 품고서 1413년에 로마를 탈취하고 병사들에게 마음껏 노략하도록 방치했다. 왕은 말을 탄 채 라테란 궁으로 들어가 수사들을 시켜 진열해 놓도록 한 베드로와 바울의 조각상 머리를 말에서 내려다보았다. 교회당늘도 약탈을 면치 못했으며, 병사들과 매춘부들이 성찬의 잔들에 포도주를 따라 마셨다. 하지만 라디슬라우스는 나쁜 병에 걸린 채 로마를 떠났는데, 페루자의 약제사의 딸이 음식에 넣은 독을 먹었기 때문에 그렇게 되었다는 소문이 나돌았다. 결국 그는 1414년 8월에 나폴리에서 세상을 떠났다. 그는 1/4세기 동안 유럽의 정세를 주도한 인물의 하나이자 로마 계열 교황들의 주된 지원자였다.

요한은 로마에서 쫓겨나, 당시 롬바르디아에 와 있던 지기스문트의 수중에 들어갔다. 크레시에서 전사한 맹인 왕 요한의 손자였던 이 군주는 헝가리 왕권의 상속자와 결혼함으로써 헝가리의 왕이 된 바 있다. 루프레히트가 죽은 해인 1411년에 로마의 왕으로 선출된 그는 시대 상황과 자신의 역량에 힘입어 당대의 가장 유력한 군주가 되었으며, 콘스탄츠 공의회에서 주된 정치적 역할을 수행했다. 그는 숭고한 목표와 도덕 의식이 부족했으나 책을 다소 좋아했으며, 모국어인 독일어 외에도 여러 나라말을 구사했다. 여러 군주들이 자기 나라 법 위에 군림했으나, 지기스문트는 한 걸음 더 나아갔고, 이야기에 따르면 심지어 자신을 문법 위에 두었다고 한다. 콘스탄츠 공의회에서 행한 첫 번째 연설에서, 그는 '분열'(schism)이라는 라틴어를 마치 여성형인 것처럼 쉬스마(Schisma)라고 발음했다고 전해진다. 사람들이 프리시안(Priscian)을 비롯한 박식한 문법학자들의 가르침을 인용하여 그 단어를 중성형으로 발음해야 옳다고 말하자, 그는 "그렇지요. 하지만 나는 황제이며 그들 위에 있으므로 문법을 새로 만들 수 있습니다" 하고 대답했다. 지기스문트가 그런 오류를 범할 당시에 아직 황제가 아니었다는 사실 — 이는 그가 1433년에야 대관식을 치렀기 때문이다 — 을 감안할 때 그 이야기의 진정성이 떨어지지만, 그가 라틴어를 사용할 때 자주 오류를 범한 것이 사실이고, 그 점을 꼬집기 위해서 그런 우스운 이야기가 생겼을 가능성이 높다.

얀 후스 때문에 보헤미아의 상황이 갈수록 골치아프게 되자, 지기스문트는 새 공의회를 염두에 둔 조치들에 적극 가담하게 되었다. 사람들이 요한 23세를 신뢰하지 않고 있었다. 분열을 치유할 수 있는 유일한 희망이 장래의 황제에게 달려 있는 것처럼 보였다. 많은 문서들에서 그리고 요한 자신에 의해서 지기스문트가 "교회의 옹호자와 보호자"(advocatus et defensor ecclesiae)로 표현되었다.

요한의 추기경들 가운데 두 사람이 1413년 10월 13일에 코모에서 지기스문트를 만나서 새 공의회의 시간과 장소를 논의했다. 요한은 이탈리아 도시를 선호한 반면에 지기스문트는 켐텐이라는 슈바벤의 작은 도시를 선호했다. 스트라스부르와 바젤 등의 도시들도 거론되었으나, 독일 영토에 속한 콘스탄츠가 마침내 확정되었다. 10월 30일에 지기스문트는 기독교 세계의 모든 고위성직자들과 제후들과 교수들에게 공의회가 임박했음을 알렸고, 요한은 12월 9일에 공의회를 개최한다는 문서에 서명했다. 지기스문트와 요한은 1413년 11월 마지막 날에 로디에서 만났고, 1414년 1월에 크레모나에서 다시 만났는데, 교황은 황제를 만날 때 추기경 13인을 대동했다. 이로써 이 세상의 두 위대한 광명이 다시 한 번 나란히 서게 되었다. 두 사람은 크레모나 읍장의 수행을 받아 그 읍 주교좌성당에 인접한 거대한 토라초로 함께 올라갔다. (훗날 읍장은 두 사람을 건물 꼭대기에서 길바닥으로 밀어 떨어뜨릴 기회를 놓친 것을 크게 후회했다.) 지기스문트를 로마의 왕으로 인정하던 그레고리우스 12세에게 공의회 소집을 알리는 공식 서한이 전달된 것은 그 해 8월이 되어서였다.[11] 그레고리우스는 공의회 초대장을 가지고 온 스팔라토의 대주교 안드레에게 뒤늦게 사실을 고지한 점과 공의회에 관해 사전에 자신과 상의하지 않은 점을 들어 항의했다. 지기스문트는 그레고리우스에게 만약 폐위된다면 평생 좋은 직위를 누리게 해주겠다고 약속했다.

콘스탄츠 공의회는 1414년 11월 1일로 개회 일정이 잡힌 뒤 거의 4년간 지속되었으며, 서유럽에서 열린 가장 중요하고 인상적인 회의의 하나였다. 명실상부한 민족들의 의회이자 시대를 이끌어 가던 지식인들의 회의였다. 공의회 참석자들은 아비뇽 교황청의 추문과 분열로 한껏 부풀어 오른 자유로운 토론 정신을 분출했고, 가장 시급한 현안이었던 한 사람의 수장 아래 기독교 세계를 재통일하는 문제를 심의했다.

요한은 자신의 추기경들의 조언에 따라 마지못해 공의회에 참석할 결심을 한 뒤에 1414년 10월 28일에 콘스탄츠에 도착했다. 당시 5,500명의 인구가 살고 있던 이 도시는 아름다운 풍광과 밭과 초지들, 포도원들로 인해 니하임을 비롯한 당대인들에게 극찬을 받았다. 공기가 좋고 시 정부가 외지인들도 공평하게 대하는 것으로도 호평을 받았다. 주님께서 복을 내리신 동산과 같았다. 요한도 트리올 강을 따라 콘스탄츠에 도착한 뒤에 "아, 이곳이 여우들을 잡는 곳이로군" 하고 경탄을 마지않았다고 전해진다. 그는 추기경 9인과 기병 1,600명을 거느린 채 잔뜩 위용을 갖추고서 시내로 들어갔다. 그는 백마를 탔는데, 말등에는 붉은 색 깔개가 덮여 있었다. 고삐는 몽페라 백작과 로마 오르시니 가문의 한 사람이 붙들었다. 시의회는 교황의 거처에 엘라스 포도주 4배럴과 그 지방의 포도주 8배럴, 그리고 기타 지역의 포도주들을 선물로 보냈다.[12]

11월 첫날에 요한은 주교좌성당에서 장엄미사를 드렸다. 공의회는 5일에 열렸고, 추기경 15인이 참석했다. 첫 번째 공식 회기는 11월 16일에 열렸다. 공식 회기가 모두 45차례 열렸으며, 회의 시작 시간은 대체로 오전 7시였다. 그레고리우

---

11) 당시 이탈리아에 지기스문트가 세 교황 모두를 콘스탄츠의 법정에 세울 의도였으나, 로디에서 요한에게 50,000길더를 뇌물로 받고는 그를 교황으로 지지했다는 소문이 나돌았다는 증거가 다소 있다. Finke, Acta, p. 177 sq.

스 12세는 대표 두 명을 파견했는데, 콘스탄티노플의 명의 총대주교와 지략과 혜안이 뛰어난 추기경 라구사의 요한 도미니치(John Dominici)가 그들이었다.

회의가 본격적인 국면에 접어든 것은 지기스문트가 도착한 성탄절 전야부터 였다. 총명한 왕비 바르바라(Barbara)와 함께 온 그는 11월 8일에 아헨에서 치른 대관식을 이곳에서 다시 치렀다. 황제 일행은 여장을 푼 뒤 주교좌성당으로 갔으며, 성탄절 아침에 수탉이 울 때 교황에게 황제관을 받았다. 대관식은 8시간 동안 (혹은 다른 자료에 따르면 11시간 동안) 중단 없이 계속되었다. 지기스문트는 황제관과 달마티카(대관식 복)를 착용한 채 부제의 역할들을 수행하고 복음서를 낭독했으며, 교황은 그에게 칼을 수여하면서 그것을 교회를 보호하는 데 사용하라고 명령했다.

콘스탄츠는 유럽에서 가장 주목받는 지역이 되어 있었다. 왕에서부터 거지에 이르기까지 모든 계층의 사람들을 끌어들였다. 그렇게 거대한 정경을 서방 세계는 일찍이 목격한 적이 없었다. 그 도시에 들어온 외지인들의 수가 50,000명에서 100,000명에 이르기까지 다양하게 보고된다. 콘스탄츠에서 기거하면서 공의회 기록을 꼼꼼히 남긴 리첸탈(Richental)은 서유럽의 요인들이 대규모 수행원을 이끌고 속속 도착하던 정경을 묘사한다. 그가 공의회 자료로 남긴 「연대기」 (*Chronicle*)의 절반은 인명록이다. 그는 가가호호 방문하면서 인구 조사를 했고, 무수히 많은 상주자들의 인명뿐 아니라 매일 도시를 드나든 5,000명의 인명까지 기록으로 남겼다. 80,000명이 마르티누스 5세의 대관식을 지켜보았다고 그는 진술한다. 좀 더 유명한 사람들의 거처는 그들의 갑옷을 내거는 방식으로 표시했다. 빵 굽는 자들, 교구 직원들, 마부들, 필경사들, 금세공인들, 온갖 부류의 상인들, 심지어 동양에서 온 상인들까지 공작들과 고위성직자들과 대학 교수들과 박사들을 시중들기 위해서 모여들었다. 공의회 참석자들의 면면을 살펴보자면, 추기경 33인, 총대주교 5인, 대주교 47인, 주교 145인, 명의 주교 93인, 신학교수 217인, 교회법과 세속법 교수 361인, 의학교수 171인, 그 외에도 37개 대학교에

---

12) Richental(Chronik, pp. 25-28)은 요한이 콘스탄츠 시에 입성하던 장면을 생생하게 전한다. 콘스탄츠 시민으로서 직위는 불분명한 이 저자는 당시의 상황을 관찰하고 공식 문서들을 얻는 귀중한 기회를 얻었다. 그는 요한의 대칙서 여러 통의 사본들과, 자신이 참석한 회의의 일부 회기들의 회의록을 소상하게 소개한다.

서 파견한 많은 수의 인문학부 교수들, 83인의 왕과 제후가 파견한 대표단들, 공작 38인, 백작 173인, 남작 71인, 기사 1,500인 이상, 대칙서 작성자 142인, 나팔수·현악기 주자·그 밖의 악기 주자 1,700인이었다. 거리에서 혹은 셋집에서 공개적으로 영업을 한 여성 수가 700명이었으며, 은밀히 영업을 한 여성 수는 추측할 수밖에 없다. 외지인들을 위해서 36,000개의 침상이 마련되었다. 공의회 기간 동안 호수에서 발생한 익사 사고로 500명이 희생되었다고 전해진다. 후스(Huss)는 이렇게 썼다. "이 공의회는 불결하기 짝이 없는 무대이다. 공의회가 콘스탄츠에 저질러 놓은 죄를 씻어내려면 한 세대 가지고도 충분하지 않다는 말이 스위스인들 사이에 널리 퍼져 있다."[13]

열 명 남짓한 영국과 스코틀랜드의 대표단은 백파이프와 그 밖의 악기로 구성된 악단을 앞세운 채 화려하게 치장한 기병 700~800명의 호위를 받으며 들어왔는데, 이들의 입성은 큰 관심과 호응을 받았다. 프랑스 대표단은 대학 교수들과 그 밖의 지식인들로 인해 주목을 받았다.

거리들과 인근 지역들은 활기찬 축제와 장터가 되었다. 마상시합·무도회·곡예 공연·각종 행렬·음악 연주회들이 열렸다. 그러나 많은 인구가 혼잡하게 모였음에도 불구하고 질서는 잘 유지된 듯하다. 시의회의 지시로 만종(晩鐘)이 울린 뒤에는 개인들이 등불을 소지하지 않은 채 외출하는 것이 금지되었다. 일부 거리들에는 사슬을 매놓아 출입을 봉쇄했으며, 야간에는 고성방가가 일절 금지되었다. 공의회 기간 중에 거리에서 소란을 피운 죄로 처벌된 사건이 2건밖에 되지 않았다고 전해진다. 적정 요금표를 고시함으로써 바가지 폭리를 취하지 못하게 했다. 흰 빵 한 덩어리의 요금을 1페니, 시트와 베개를 갖춘 2인용 침대의 요금을 1길더로 고정했으며, 정기 투숙을 할 경우 두 주마다 시트를 세탁하도록 했다. 곡물·육류·계란·조류 등의 식품 가격도 고정시켰다. 은행가들도 다수 참석했는데, 그 가운데는 피렌체에서 온 젊은 코시모 데 메디치(Cosimo de' Medici)도 있었다.

공의회에 참석한 유력 인사들 가운데는 단연 교황과 지기스문트가 상석을 차지했다. 지기스문트에게는 매우 과분한 찬사가 쏟아졌다. 수산나를 구출한 다니엘과 다윗에 비유되었다. 그는 쾌락을 사랑하고 여인들에게 매우 인기가 있었고

---

13) Workman, Leters of Huss, p. 263.

항상 빚을 지고 있어서 돈이 필요했으나, 이단들에게는 철저한 원수여서 그가 고함을 지르면 위클리프파가 도망쳤다고 전해진다.[14] 공의회가 오래 지속하면서 성공할 수 있었던 비결이 지기스문트 때문이었다는 데에 의문의 여지가 없다. 왕비 바르바라는 슈타이어마르크 백작의 딸로서 키가 크고 아름다웠으나 소문이 좋지 않았으며, 콘스탄츠에 와서도 단정치 못한 행실로 인하여 구설수에 올랐다.

두 사람에 버금간 유력 인사들은 추기경들인 다이 · 차바렐라 · 필라스트르 · 라구사의 요한 · 솔즈베리의 주교 할룸(그는 공의회 기간에 죽어 콘스탄츠에 묻혔다), 영국 왕의 삼촌이었던 윈체스터의 주교, 파리 대학교 대표단의 단장격인 장 제르송이었다. 차바렐라는 볼로냐 대학교 교수로서 유럽에서 가장 심오하고 권위 있는 교회법과 세속법 전문가로서 1410년에 피렌체 주교가 되었다. 그는 공의회 회기 중인 1417년 9월 26일에 세상을 떠났다. 필라스트르는 공의회 회기 중에 일기를 작성하여 귀중한 자료로 남겼다. 다이(D'Ailly)는 한동안 유럽에서 가장 유력한 인물의 한 사람이었다. 할룸은 공의회 회의록에 자주 언급된다. 공의회에서 가장 강력한 영향력을 행사한 것 가운데는 당대에 발표된 소책자들, 특히 중세 말의 가장 유력한 소책자 저자의 한 사람인 니하임의 디드리히 (Diedrich of Nieheim)의 책자들이었다.[15]

공의회의 주요 의제는 한 사람의 교황 아래서 교회를 재통일하는 일과 교회를 개혁하는 일이었다. 프라하의 얀 후스와 제롬을 포함한 이단을 단죄한 것도 비록 당대인들에게는 주요 현안으로 간주되지는 않았지만 이 공의회의 현저한 면이었다. 교황 요한은 처음부터 지지를 상실했다. 이탈리아의 어느 저자가 요한이 인간과 교황으로서 저지른 악들을 고발한 소책자가 큰 물의를 일으켰던 것이

14) 콘스탄츠 공의회를 기록으로 남긴 시인 겸 사가 de Vrie가 그렇게 전한다. 참조. Hardt, I. 193. 아래의 글은 훗날 교황 피우스 2세가 된 아이네아스 실비우스가 완숙한 문체로 작성한 것이다. "그는 키가 크고 눈이 맑고 이마가 넓고 얼굴에 건강미가 넘치고 턱수염이 길고 두터웠다. 대화에 재치가 있었고, 여성과 포도주를 좋아했으며, 연애 행각으로 숱한 구설수에 올랐다. 생각이 원대하여 많은 계획을 세웠으나 마음이 쉽게 변했다. 곧잘 화를 냈으나 용서도 잘해 주었다. 돈 관리에는 재능이 없어서 있는 대로 갖다가 썼다. 자기 분수를 넘어서는 약속을 많이 했고, 속기도 많이 했다."
15) Finke(p. 133)는 그를 가리켜 "중세 말의 가장 위대한 저널리스트"라고 한다.

다. 라구사의 요한과 필라스트르는 세 교황에게 사임을 요구하고 나섰는데, 이 견해가 갈수록 탄력을 받으면서 어느 정도 시간이 흐른 뒤에 지기스문트도 이것을 채택했으며, 니하임은 교회 개혁의 당위를 역설한 소책자에서 이 견해를 강력히 옹호했다.

공의회에서는 처음부터 매우 솔직하고 평이한 표현이 사용됨으로써 요한이 직위를 유지하는 데 미련을 가질 만한 충분한 이유를 제공했다. 1414년 12월 7일에 추기경들은 요한에게 교황직을 신실하게 수행하고 성직매매를 삼갈 것을 요구하는 권고안을 통과시켰다. 다이는 공의회들의 무류성을 논박하는 글을 발표함으로써 피사에서 거행된 교황 선출을 무효화할 만한 근거를 제시했다.

11월부터 1415년 1월까지는 선공을 피하자는 정책이 대세를 이루었다. 그러다가 숙고와 논의의 열기가 갈수록 뜨거워지면서 1415년 2월초에 이르러서는 주목할 만한 원리가 제시되었다. 그것은 교황 선출권을 국가들에게 넘기자는 것이었다. 그 목적은 요한을 지지하는 80명의 이탈리아 주교들과 교수들의 몰표를 극복하는 데 있었다. 요한의 반발을 무릅쓰고 그 방향으로 조치가 취해졌으며, 파리 대학교가 학사 운영에 적용한 원리가 선례로 채택되었다. 1423년에 시에나에서 열린 소규모 공의회를 제외하고는 과거와 미래의 어떠한 공의회에서도 채택되지 않은 이 규율에 의해서 영국·프랑스·이탈리아·독일이 공의회의 표결에서 각각 한 표를 가졌다. 1417년에는 아라곤·카스티야·스코틀랜드가 공의회의 뜻에 따르기로 한 가운데 다섯 번째 투표권이 스페인에게 할당되었다. 영국은 가장 적은 수의 대표단을 파견해 놓고 있었다. 스칸디나비아·폴란드·헝가리는 독일에 포함되었다. 추기경들이 자신들도 하나의 독자적인 집단으로 간주하여 한 표를 달라고 요구했으나 그들의 요구는 기각되었다. 추기경들은 자신들이 속한 나라의 대표단에 귀속되어 다른 개인들과 동일한 권위를 행사했다. 이 규율은 처음부터 솔즈베리의 로버트가 이끄는 영국 대표단이 강력하게 밀어부쳤던 것으로 추정된다. 이상하게 들리겠지만, 이러한 투표 방식이 어떠한 공식적 공의회 법령에 의해서 채택되었다는 기록이 없다.

각 나라 대표단은 각국 단장들을 중심으로 따로 회의를 가졌다. 영국 대표단과 독일 대표단은 프란체스코회 수도원의 각기 다른 공간에서 모였다. 각 국가의 투표 방향을 결정짓기 위한 국가별 투표가 공의회 공식 회기 중에 거행되었다. 각 국가들 내부에서의 투표권은 신학박사들과 교회법 박사들, 제후들에게까지 확대되었다. 다이가 이 방안을 옹호했고, 필라스트르는 주임사제와 가장 낮은 하급 성직자에게도 투표권을 주자고 주장했다. 다이는 명의 주교(名義主敎)가 마인츠 대주교처럼 광범위한 교구를 다스리는 주교와 어찌 동등한 발언권을 가져야 하며, 많은 시간을 내어 현안을 숙고해온 교수에게 투표권을 주지 않는 이유가 무엇인가 하고 의문을 제기했다. 그리고 필라스트르는 수천 수만 명의 영혼을 치유하는 주임사제가 투표권을 갖지 못하는데 십여 명의 수사들을 감독하는 대수도원장이 투표권을 갖는다는 것이 말이 되는가 하고 주장했다. 무식한 왕이나 고위성직자를 가리켜 그는 '왕관을 쓴 노새'라고 불렀다. 그들의 무지를 걷어내기 위해서 교수들에게 투표권을 줄 필요가 있다고 주장했다.

요한에 대한 비난 일색인 이탈리아의 소책자가 발표되면서 사태는 위기 국면으로 치달았다. 그러자 세 교황 전부를 제거하는 구도가 관철되리라는 것이 자명해졌으며, 따라서 요한은 더 불리한 상황을 면하기 위해서 그레고리우스 12세와 베네딕투스가 동반 사임한다면 자신도 사임하겠다고 밝혔다. 1415년 3월 2일에 열린 제2차 회기에서 낭독된 요한의 공식 성명서는 다음과 같다: "본인 교황 요한 23세는 교황권 참칭자들인 베네딕투스와 그레고리우스가 같은 입장을 취하는 것을 조건으로 약속하고 동의하고 결단하고 하나님과 교회 앞에 서약하고 맹세하는 바, 교회에 평화를 끼치기 위해서 자발적이고도 자유로운 의지로 사임하노라."[16] "서약하고 맹세하는 바"라고 낭독되는 대목에서 요한은 자리에서 일어나 제단 앞에 무릎을 꿇고서 낭독이 끝날 때까지 그 자세로 있었다. 낭독이 끝나자 지기스문트는 자신의 황제관을 벗고서 요한 앞으로 가서 몸을 굽히고는 그의 발에 입을 맞추었다. 닷새 후에 요한은 자신의 맹세를 확증하는 대칙서를 발행했다.

콘스탄츠는 환호로 출렁거렸다. 기쁜 소식을 알리기 위해서 종탑들에서 일제히 종소리가 울려 퍼졌다. 주교좌성당 내부는 눈물 바다를 이루었다. 하지만 요한이 과연 자발적 의사로 사임했는가의 여부는 공의회 참석자들 사이에 팽배했던 정서와, 그가 교황직을 양도하는 조건으로 30,000길더를 요구했다는 보고를 감안할 때 의문의 여지가 있다.[17]

그러던 차에 매우 당혹스럽고 난처한 사건이 발생했다. 5월 20일에 요한이 몰

---

16) Hardt, II. 240, 또한 IV. 44; Mansi, XXVII. 568.

래 콘스탄츠를 빠져나간 것이다. 그가 오래 전부터 그렇게 하기로 작심했다는 소문이 나돌았다. 그는 공의회 장소를 리차로 옮기는 문제를 거론했고, 콘스탄츠의 공기가 너무 좋지 않다고 불평했다. 하지만 그는 공의회가 폐회할 때까지 그 도시를 떠나지 않겠다고 엄숙히 선언했었다. 지기스문트는 만전을 기하기 위해서 성문을 봉쇄하고 호수를 감시하라고 지시해 두었다. 그러나 요한은 과거에도 흑마술을 행한 전력이 있는 사람으로서, 자신의 맹세에는 아랑곳없이 백주에 잿빛 외투에 잿빛 모자를 쓴 마부로 가장하고서 작은 말에 석궁를 매단 채 도시를 빠져나갔다. 그가 빠져나갈 시간에는 오스트리아의 공작 프리드리히가 배설한 마상시합이 한창 열리고 있어서 모든 사람들의 이목이 그 행사에 집중되어 있었다. 콘스탄츠를 빠져나온 교황은 쉬지 않고 길을 재촉한 끝에 샤프하우젠에 당도했다. 이곳은 그와 내통한 공작 프리드리히의 영토에 속한 곳으로서, 교황이 그에게 연간 6000길더를 주기로 하고서 교황 부대의 지휘관직을 수여한 바 있다. 요한이 감행한 이 행위는 자포자기의 심정에서 나온 것이었다. 그는 공의회에 보낸 서신에서 자신이 도피한 이유를 밝히면서, 지기스문트가 두려웠고, 그 왕이 자신의 행동의 자유를 제한했기 때문이었다고 해명했다.

교황의 탈주로 인해 조성된 공황 상태가 너무나 심각했던 까닭에 만약 지기스문트가 즉각 행동에 나서지 않았다면 공의회 참석자들이 대거 이탈함으로써 공의회가 돌연 폐회하는 사태가 발생했을 것이다. 지기스문트와 공의회는 추기경들과 사절들을 서둘러 파견하여 라우펜부르크 · 프라이부르크 · 브라이자흐로 계속해서 옮겨다니던 교황을 붙잡으려고 했다. 요한은 지기스문트에게 편지를 보내 그에 대한 존경의 뜻을 밝혀놓고, 동시에 파리 대학교와 오를레앙 공작에게 보낸 편지에서는, 프랑스인들의 민족 감정을 자극하여 자신에 대한 동정 여론을 일으켜 달라고 부탁했다. 파리 대학교의 대표단 22인이 도착하기도 전에 공의회가 안건을 처리함으로써 프랑스 대표단을 무시한 것처럼 호도(糊塗)했다. 고위성직자들이 2백 명이나 참석한 프랑스와 이탈리아가 각각 한 표밖에 갖지 못하는데, 영국은 달랑 세 명만 참석했는데도 똑같이 한 표를 갖는게 정당한가 하고 의문을 제기했다. 하나님께서는 사람들을 개인 단위로 다루시지 국가 단위

---

17) Finke가 빈에서 발견한 어떤 사본에 그렇게 되어 있다. Forschungen, p. 148.

로 다루시지 않는다고 주장했다. 더 나아가 결혼한 평신도들이 고위성직자들과 나란히 투표권을 가진 점과, 얀 후스가 파리 대학교에 의해 단죄를 당했는데도 재판을 받지 않은 점에 대해서도 비난의 목소리를 높였다.

4월 23일에 브라이자흐에서 자신을 발견한 사절단에게 요한은 다음 날 아침에 그들을 따라 콘스탄츠로 돌아가겠다고 약속했다. 그러나 항상 그랬듯이 이번에도 약속을 어기고서 밤의 어둠을 틈타서 농부로 가장한 채 성벽에 내려뜨린 사닥다리를 타고서 도망치려고 했다. 하지만 곧 붙잡히고 말았으며, 지기스문트는 그를 팔츠 백작 루이스 3세에게 넘겨 안전히 보호하도록 지시했다.

한편 공의회는 대표들에게 회기가 다 끝나기 전에 콘스탄츠를 떠나지 말도록 금했으며, 금령을 어길 경우 파문과 면직에 처하겠다고 경고했다. 1415년 4월 6일부터 연속해서 진행된 제4, 5차 회기는 교회의 성명서 역사에 새로운 획을 그었다. 공의회는 성령 안에서 합법적으로 모였기 때문에 자체가 에큐메니컬 공의회로서 온 교회를 대표하며, 그리스도에게서 직접 권위를 부여받으며, 교황을 비롯한 모든 직위의 사람들이 교회의 신앙과 개혁에 관해 공의회가 내리는 결정에 복종해야 한다고 공포했다. 공의회가 다른 모든 교회 법정들보다 우월하다고 했다. 피사 공의회 성명서보다 더 치밀하게 작성된 이 성명서는 인노켄티우스 3세와 보니파키우스 8세의 교황권 이론에서 한참 벗어난 것이었다.

제르송은 1415년 3월 23일에 공의회 앞에서 행한 설교에서 이 입장을 역설하면서, 음부의 문이 교황들에게 활짝 열려 있고 교회에는 그렇지 않다고 말했다. 보디발이 요셉을 기용한 목적은 자기 아내를 범하라는 것이 아니라 보호하라는 것이었으며, 따라서 교황이 자신의 의무를 저버릴 경우 교회는 그를 처벌할 권한이 있다고 주장했다. 공의회는 생명력을 부여하시는 성령의 능력으로 인해서 권한을 가지며, 특정 상황에서는 교황의 소집이나 동의 없이도 개최될 수 있다고 했다.

공의회가 발표한 성명서들은 니하임이 공의회 전야에 「교회의 일치와 개혁」이란 소책자에서 제시하고 다른 저자들도 제시한 원리를 재확증했다. 니하임은 그 책에서 주장하기를, 그리스도가 머리이신 교회는 오류를 범할 수 없지만, 교황과 성직위계제도가 감독하는 공화체(republica)로서의 교회는 오류를 범할 수 있다고 했다. 백성의 유익을 구하지 않는 군주를 폐위할 수 있듯이, 온 교회를 감독할 책임을 맡은 교황도 폐위할 수 있다. 교황은 사람에게서 나고, 죄 가운데 태어나며, 흙에서 난 흙(limus de limo)이다. 며칠 전에 필부의 아들이었다가 오늘 교황좌에 올랐다고 해서 그가 과오를 범할 수 없는 천사가 되는 것은 아니다. 그를 거룩하게 만드는 것은 그의 직위가 아니라 하나님의 은혜이다. 그는 무류(無謬)하지 않다. 그리스도께서 죄가 없으신데도 법정에 서셨듯이, 교황도 마찬가지이다. 일개의 인간이 하늘과 땅에서 죄에 대해 매고 푸는 권세를 갖는다고 하는 것은 터무니없는 말이다. 그 역시 성직매매 죄를 범할 수 있고, 거짓말을 할 수 있고, 음행을 범할 수 있고, 교만할 수 있고, 마귀보다 더 악할 수 있다(pejor quam diabolus). 공의회와 관련지어 생각하자면, 교황은 공의회의 결정에 승복해야 하며, 필요할 경우 공동의 선(utilitatem communem)을 위해서 사임해야 한다. 총 공의회는 고위성직자들과 세속 군주들도 소집할 수 있으며, 그 권위가 교황보다 우월하다. 총 공의회는 교황을 선출하고 그의 권한을 제한하고 그를 폐위할 수도 있으며, 그 결정에 대해서는 항소할 수 없다(potest papam eligere, privare et deponere. A tali concilio nullus potest appellare). 총 공의회의 법령은 다른 에큐메니컬 공의회에 의하지 않고는 변경할 수 없다.

이 견해는 혁명적인 것이었으며, 파두아의 마르실리우스를 비롯한 14세기의 소책자 저자들의 노력이 헛되지 않았음을 입증한다.

콘스탄츠 공의회는 공의회가 교황보다 우월함을 확언한 다음, 인간 세상에 알려진 거의 모든 죄목들이 포함된 70가지 죄목으로 요한 23세를 재판하기 시작했다. 그는 어렸을 때부터 성적으로 문란했고 거짓말을 일삼았으며 부모에게 순종하지 않았다. 성직매매 죄를 범했고, 추기경직을 매수했고, 교황이 된 뒤에 추기경직을 거듭 매매하되 심지어 어린이들을 그 직위에 임명하기까지 했고, 로마의 성 실베스터 수녀원에 보관되어 있던 세례 요한의 머리를 50,000다카트의 가격에 피렌체로 팔아 넘겼으며, 돈을 받고 위조 대칙서들을 발행해 주었고, 동생의 아내와 간통을 저질렀고, 수녀들을 비롯한 처녀들을 범했으며, 남색을 포함한 이루 헤아릴 수 없이 많은 종류의 죄를 저질렀다. 교리 면에서 그는 내세의 삶을 자주 부정했다.

요한은 1415년 5월 29일에 자신을 폐위한다는 공의회의 결정을 통보받은 뒤 자기 방에서 교황의 십자가를 치우고는 교황으로 선출된 것을 후회한다고 발표했다. 공의회 당국자들은 그를 콘스탄츠 주교가 관할하던 성으로 이송한 뒤, 다시 하이델베르크 성으로 이송하고, 그곳에서 전속사제 2인과 귀족 2인을 붙여주어 시중을 들게 했다. 팔츠 백작은 그를 하이델베르크에서 만하임으로 이송했으며, 마침내 30,000길더를 받고 그를 풀어주었다. 요한은 그의 후임자 마르티누스 5세에게 승복했으며, 1419년에 투스쿨룸의 추기경 주교로 임명되었으나 그 뒤 여섯 달밖에 살지 못했다. 요한의 공모자 오스트리아의 프리드리히는 토지 재산을 박탈당했으며, 빈 지갑의 프리드리히(Friedrich mit der leeren Tasche)로 알려졌다. 요한의 재정을 담당했던 코시모 데 메디치는 피렌체의 세례당에 요한을 위해 화려한 기념비를 세웠다.

요한의 재판이 진행되는 동안 얀 후스의 재판도 진행되고 있었다. 재판의 내용과 후스가 죽임을 당한 비극적 사건은 다른 곳에서 다루기로 한다.

이렇게 해서 요한 23세가 제거되었다. 이제 그레고리우스 12세와 베네딕투스 13세 두 교황이 남게 되었는데, 이들은 소책자들과 연설문들에서 에로리우스(Errorius, 그레고리우스의 아버지의 이름을 빗댄 별명)와 말레딕투스(Maledictus)라는 익살스러운 이름으로 불렸다. 그레고리우스는 즉각 사임했고, 그로써 요한과 베네딕투스가 사임할 경우 자신도 사임하겠다고 공의회 앞에서 한 약속을 지켰다. 또한 그는 만약 황제가 공의회를 주재할 경우 공의회를 인정하겠다고도 약속한 바 있다. 그레고리우스의 사임은 1415년 7월 4일에 카를 말라테스타와 로마 교황의 대변인인 라구사의 요한이 공식적으로 발표했다. 1414년 5월 15일에 작성되어 공식 발표된 그레고리우스의 대칙서는 "발타자르 코사 곧 요한 23세가 총 공의회에 참석하지 않고 주재하지 않는 조건으로 공의회를 소집하고 인준한다"고 되어 있었다. 사임의 변은 다음과 같았다. "본인은 주님의 이름과 교황의 직위와 교황의 모든 권리와 칭호와 주 예수 그리스도께서 거룩한 로마 및 보편적 교회를 대표하여 모인 이 거룩하고 보편적인 공의회에서 교황직에 수여하시는 모든 특권들을 사임하노라."[18] 그레고리우스의 추기경들은 직위를 인정받았고, 그레고리우스 자신은 포르토의 추기경 주교와 안코나의 교황특사로 임명되었다. 그는 1417년 10월 18일에 안코나 근처 레카나티에서 세상을 떠났다. 안젤로 코레르(Angelo Correr, 그레고리우스 12세)는 교황직을 세속화시킨 점에서는 많은 비판을 받아 마땅하지만, 생애 말년에 거취를 명예롭게 정한 일로 인하여 후손들에게 적지 않은 존경을 받았다. 그의 추기경 라구사의 요한

---

18) 그 문서는 Hardt의 IV. 380에 실려 있다.

이 얻은 명성이 사람들로 하여금 그의 과오를 잊게 하는 데 크게 이바지했다.

페드로 데 루나(베네딕투스 13세)는 생각이 달랐다. 스위스의 그 도시에 모인 공의회 대표들의 생각을 그에게 관철시키기 위해 많은 노력이 기울여졌으나 허사였다. 지기스문트는 가능한 모든 영향력을 동원하여 공의회의 뜻을 그에게 관철시킬 생각으로 아비뇽 계열의 마지막 교황을 직접 대면하기 위해 여정에 올랐다. 공의회는 1415년 7월 11일에 열린 제16차 회기에서 학자들을 선임하여 그를 수행하도록 했다. 지기스문트는 여드레 뒤에 기병 4,000명을 이끌고 콘스탄츠를 나섰다.

지기스문트와 베네딕투스는 8월 15일에 나르본에서 만났고, 페르피냥에서 다시 회동하여 그해 12월까지 협상을 계속했다. 과거에 피사 공의회가 자신의 폐위를 결의하고 프랑스가 자신에 대한 순종을 거부하고 나섰음에도 불구하고, 그 노인은 조금도 위축되지 않았다. 그의 집요함과 완강함은 교황직이 아닌 더 훌륭한 일에 쓰였더라면 빛났을 것이다. 베네딕투스가 만용을 부려 제시한 제안들 가운데는 자신이 분열 이전의 추기경들 가운데 유일한 생존자인 까닭에 사임을 하더라도 자신이 직접 새 교황을 선출할 자유가 있다는 내용이 포함되어 있었다. 스스로의 무류성을 철저히 확신하는 자신이야말로 새 교황을 제대로 선출할 수 있을 것이라고 했다. 베네딕투스는 일관되게 콘스탄츠 공의회를 '회중'(congregatin) 혹은 '회집'(assembly)이라고 불렀다. 11월 14일에 그는 발렌시아 근처의 바위 절벽 지대인 페니스콜라로 피신한 뒤 다시 콘스탄츠 공의회를 단죄했으며, 자신이 고립되어 있는 스페인 영토에서 합법적인 공의회를 소집한다고 발표했다. 하지만 그의 추기경들은 오랜 투쟁에 지친 나머지 1415년 12월 13일에 그에 대해 폐위를 공포했다. 오랫동안 그를 지원해온 빈센트 페러는 그를 위증자라고 불렀다. 다음 달에는 베네딕투스의 주된 지지 기반이었던 아라곤 왕국이 그에게 등을 돌렸고, 카스티야와 스코틀랜드가 그 뒤를 따랐다.

페드로 데 루나는 이제 여느 인간과 마찬가지로 철저히 고립되었다. 공의회는 그에게 무조건 사임하라고 요구했으며, 그를 오랫동안 지지해온 스페인의 대표단이 그 요구에 찬동함으로써 공의회에 힘을 실어주었다. 1417년에 열린 제37차 회기에서 마침내 베네딕투스가 폐위되었다. 지기스문트의 명령으로 그 결의문이 트럼펫 주자들에 의해 콘스탄츠 거리들에서 공포되었다. 그러나 아무도 고집을 꺾을 수 없었던 그 스페인 사람은 9년 뒤에 세상을 떠날 때까지 계속해서 공의회의 판결에 불복했으며, 고적한 페니스콜라 성채에서 기독교 세계의 군주 행세를 했다. 이 사건들을 기록으로 남긴 추기경 헤르겐뢰터(Hergenröther)는 "[베네딕투스는] 교회 없는 교황이자 양떼 없는 목자였다"는 말로 결론을 짓는다. 베네딕투스는 1423년에 추기경 4인을 남긴 채 숨을 거두었다. 그 중 세 사람이 참사회원 바르셀로나의 질 산두스 데 무노스(Gil Sanduz de Munoz)를 후임 교황으로 선출했고, 그는 클레멘스 8세라는 이름을 취했다. 5년 뒤에 질은 교황직을 사임하고서 마르티누스 5세에게 마요르카의 주교로 임명되었다. 그는 그 섬에서만 큼은 교황 행세를 했다. 네 번째 추기경인 장 카리에(Jean Carrier)는 스스로를 교황으로 선출하고서 베네딕투스 14세라는 이름을 취했다. 그는 1433년에 감옥에서 죽었다.

이제 콘스탄츠 공의회로서는 새 교황을 선출함으로써 오랫동안 지속된 분열을 끝내고 교회 개혁에 관해 논의하는 일을 남겨두게 되었다. 1417년 10월 30일에 열린 제40차 회기에서, 공의회는 새 교황을 선출할 때까지 두 번째 의제를 보류하기로 결의했다. 이 결의를 이끌어내는 데에는 추기경들이 큰 영향력을 행사했다. 콘스탄츠 공의회 역사에는 그들이 무시당했던 적이 있었다. 그들을 비난하는 소책자들이 발행되었고, 왕 지기스문트가 한 번은 그들 모두를 체포할 계획을 세웠다는 소문도 나돌았다. 그러나 그것은 이제 옛말이 되었다. 추기경들은 이제 똘똘 뭉쳤고, 꾸준히 영향력을 키워갔다.

비어 있던 교황좌는 1417년 11월 11일에 추기경 오도 콜로나(Oddo Colonna)가 선출되어 마르티누스 5세라는 이름을 취함으로써 채워지게 되었다. 교황 선거는 콘스탄츠의 중심 상업 거래소 건물로서 여전히 남아 있는 카우프하우스에서 거행되었다. 모두 53인의 선거인단이 투표에 참여했는데, 이들은 5개국이 각각 6인씩 내세운 대표단과 추기경 23인으로 구성되었다. 건물이 판자로 봉쇄되었고, 건물 안에 선거인단들이 기거할 수 있도록 독방들이 마련되었다. 출입은 문 하나로만 이루어지도록 하고 열쇠로 봉했으며, 3개뿐인 열쇠를 왕과 콘스탄츠 참사회와 공의회에 하나씩 분배했다. 선거가 크게 지연될 가능성이 짙어지자, 독일 대표들은 공의회가 독일 땅에서 거행되는 이점을 이용한다는 의혹을 피하기 위해서 이탈리아 대표들과 손을 잡고 이탈리아의 후보에게 표를 던지기로 결정했다. 그들은 영국의 협조를 얻어냈고, 마침내는 프랑스와 스페인의 대표들도 굴복시켰다. 이로써 교황 선출이 공의회의 작품이 되었다.

이렇게 해서 서방 교회가 다시 하나의 머리 아래 다시 통일되었다. 만약 수세기 동안 깊이 뿌리박혀 있던 확신이 아니었다면 보편적 교황제는 분열의 긴장을 극복하지 못한 채 사라졌을 것이다.[19] 자신의 유명한 가문에서 교황관을 쓴 유일한 사람이 된 오도 콜로나는 선출될 당시에 차부제였다. 공의회 당국자들은 콘스탄티노플 총대주교 포티우스의 경우보다 훨씬 더 신속하게 서둘러서, 11월 12일에 그를 부제로 임명하고, 11월 13일에 사제로, 11월 14일에 주교로 임명했다. 한 주 뒤인 11월 21일에는 교황으로 축성했으며, 지기스문트가 그의 발가락에 입을 맞추었다. 교황 즉위 행렬 때 교황이 탄 말의 등자를 잡은 사람은 지기스문트와 얼마 전에 브란덴부르크 후작이 된 호엔촐레른 가의 프리드리히였다. 후작은 승진의 대가로 지기스문트에게 250,000마르크를 지불했는데, 왕은 이 비용을 베네딕투스를 방문할 때 경비로 사용하곤 했다.

마르티누스는 요한이 탈출한 뒤에 추기경 비비에르스(Viviers)가 맡아온 공의회 의장직을 즉시 맡았다. 이제 주요 의제는 교회 개혁이었고, 논의에 다소 진척이 있었다. 교황의 면죄부 발행권을 폐지했다. 추기경회의 정원을 24명으로 제한하면서 몇 가지 단서 조항을 두었는데, 그것은 각 지역의 교회가 균등한 수의 추기경을 갖게 하는 것과, 각 수도회가 추기경회에 한 명 이상의 회원을 갖지 못하게 하는 것, 그리고 추기경이 살아 있는 동안에는 그의 형제나 조카가 추기경이 되지 못하도록 하는 것이었다. 스케줄과 프로그램은 충분히 만들었지만, 개혁 문제란 매우 오랫동안 존속해 오면서 깊이 뿌리박혀 있는 폐습들에 관련된 것이었기 때문에 공의회 내부의 견해차를 좁히고서 즉시 행동에 옮기기가 불가능하다는 생각이 널리 공감되었다. 회의가 3년을 더 지속되고 난 뒤에 대표들의 마음에는 하루속히 고향으로 돌아가고 싶은 마음뿐이었다.

입법 활동을 위해 회의를 연장하는 것의 대안으로 이른바 정교조약(政敎條約, concordat)이 이루어졌다. 교황청과 각국의 관계를 조정하는 데 그 목적이 있었다. 4개국과 조약이 체결되었는데, 첫째는 프랑스였고, 둘째는 독일의 국가들이었고(각각 5년의 유효 기간으로), 셋째는 영국이었으며(1418년 7월 21일부터 영

---

19) 가톨릭 사가들은 교황제가 살아남은 사실을 신적 기원의 증거로 간주한다. Salembier(p. 395)는 이렇게 말한다. "만약 그리스도의 약속들이 교황제를 불후하게 만들어주지 않았다면 대 분열의 역사는 교황제에 치명적인 타격을 가했을 것이다."

구적으로), 넷째는 스페인이었다(1418년 5월 13일부터). 교황청이 네 나라와 체결한 이 조약들은 추기경 임명과 추기경 수 제한을 위한 규정들을 정했고, 교황의 성직 임명 유보권(reservation)과 성직 초년도 수입세(annates)를 비롯한 직접세들의 징수를 제한했으며, 로마에 항소할 수 있는 소송건들과 그 밖의 문제들을 결정했다. 이 조약들이 차후에 교황청이 유럽 나라들과의 관계를 조절할 때 의존한 비밀 혹은 공식 조약 제도의 토대가 되었다. 그레고리우스 7세가 교황특사 제도를 확대 적용한 최초의 교황이었으나, 그와 그의 후임자들은 교황의 수위성과 무류성에 관한 독단적인 원리에 입각하여 여러 나라들을 대했었다.

콘스탄츠 공의회가 취한 조치는 교회 문제를 처리함에 있어 국가의 지위를 교황청과 어느 정도 동등하게 끌어올렸다. 교리 문제에 저촉되지 않는 한 자국 내의 교회 문제를 처리할 권한은 국가에 있다는 갈리아 이론을 충분히 주장하는 일은 루이 14세(1643-1715)의 몫으로 남았다. 갈리아주의가 표방한 자유에 처음으로 결정적인 걸음을 내디딘 것은 프랑스가 베네딕투스 13세에 대해서 순종을 철회한 1407년의 교회회의 법령이었다. 이 조치에 힘입어 참사회들이 자신들의 주교를 선출할 수 있게 되었으며, 교황이 자기들의 교구에 세금을 부과하지 못하도록 막을 수 있었다. 이후에 콘스탄츠 공의회의 계약, 1438년에 부르주(Bourges)에서 채택된 국본조서(國本詔書, the Pragmatic Sanction), 종교개혁 시기에 프랑수아 1세와 레오 10세가 체결한 정교조약이 뒤를 이었다. 1682년에는 프랑스 고위성직자들이 네 가지 명제를 채택하여, 교황의 권위를 영적인 문제로 제한하고(이것은 이미 콘스탄츠 공의회가 결정한 바로서 갈리아 교회가 이와 관련하여 선례들을 남긴 바 있다), 신앙의 문제에서도 교황은 무류하지 않다고까지 주장했다. 이 명제들은 비록 프랑스 왕 루이의 지지를 받았다가 후에 그가 지지 의사를 철회하는 우여곡절을 겪었으나, 교황의 무류설과 수위설을 기반으로 한 교황지상주의에 대립하여 갈리아주의가 등장할 수 있는 발판으로 남았으며, 훗날 가톨릭 교회 내에서 교황 문제를 결정할 때 근거를 제공할 수도 있었다.

1417년 10월 9일에 통과된 결의서(Frequens로 알려짐)에서, 공의회는 5년 내에, 차후에는 7년 내에, 그리고 이후에는 항구적으로 10년마다 총 공의회를 소집하기로 결의했다. 교황 마르티누스 5세는 1417년 10월 9일에 발행한 대칙서(Frequens)에서 이 결정을 재확인했다. 제45차 회기를 마친 뒤 콘스탄츠 공의회는 1418년 4월 22일에 마르티누스에 의해 폐회되었다. 후에 열린 바젤-페라라 공의회와 트렌트 공의회는 콘스탄츠 공의회보다 더 오랜 기간이 걸렸고, 개신교의 웨스트민스터 회의(1643-1648)도 그러했다. 교황은 콘스탄츠를 떠나기 전에 지기스문트에게 공의회 때문에 지불한 경비를 보상해 주는 명목으로 일년치 십일조를 주었다.

콘스탄츠 공의회는 중세의 가장 중요한 교회회의였으며, 여느 공의회보다 서방 기독교 세계의 정서와 이해를 잘 대변했다. 서유럽 나라들이 한결같이 중요하게 여기던 문제들을 자유롭게 토론할 수 있는 장을 제공했으며, 결국 그 나라들을 하나로 결속했다. 1870년의 바티칸 공의회와 달리 교황이 마련한 의제에 매이지 않았다. 자유를 가지고 있었고 그것을 행사했다. 1215년의 제4차 라테란 공의회가 채택한 화체설 교의와 바티칸 공의회가 통과시킨 교황 무류성 교의가 교회에 항구적인 분열의 요소들을 주입한 데 반해, 콘스탄츠 공의회는 라틴 기독교 세계를 통합했으며, 40년간 추문의 원인이 되었던 분열을 종식시켰다. 에큐메니컬 공의회의 지위를 교황 위에 둔 콘스탄츠 공의회 법령의 유효성은 여러 세기 동안 쟁론을 거친 끝에 1870년의 공의회에서 공식적으로 철회되었다. 개신교의 관점에서는 콘스탄츠 공의회의 결정이 신앙 권위의 최종적 좌소를 올바로 정의하는 쪽으로 일보 전진한 것이었다. 공의회 무오설을 부정하고, 무오한 권위의 좌소를 양심에 의해 해석되는 성경에 두는 과업은 콘스탄츠 공의회가 경건한 사람 얀 후스를 단죄함으로써 범한 오류의 기반 위에서 라이프치히에서 에크(Eck)에게 공박을 당한 루터의 몫으로 남게 되었다.

콘스탄츠 공의회의 에큐메니컬적 성격에 관한 주해

현대 로마 가톨릭 사가들은 콘스탄츠 공의회의 에큐메니컬적 성격과 권위를 부정하되, 다만 교황 마르티누스 5세가 주재한 마지막 네 번의 회기(42~45차)나, 적어도 요한이 도주하면서 의장직을 그만둔 후에 그레고리우스 12세가 공의회의 결정을 승인하는 내용의 대칙서를 발행할 때까지의 모든 회기만을 인정한다. 헤르겐뢰터-키르쉬(II. 862)는 그레고리우스의 인정이 있기 전에는 공의회가 수장이 없었고, 로마 교회를 대표하지 못했으며, 추기경들의 뜻을 거슬렀다고 말한다. (그가 말하는 추기경들이란 그레고리우스의 추기경들을 가리킨다.) 파스토르(Pastor, I. 198 sq.)는 같은 견해를 옹호하면서, 공의회가 제4, 5차 회기에서 교황에 대한 공의회의 수위성을 공포할 때는 아직 에큐메니컬적인 성격을 띠지 못했다고 주장한다. 그는 이 교의가 옛 가톨릭의 교회론에 혁명적 변화를 가하는 새로운 원리를 수립하려는 의도에서 제정되었다고 말한다. 필립 헤르겐뢰터도 동일한 판단을 제시한다. 그레고리우스가 사임하기 전까지는 콘스탄츠 공의회가 합법적인 공의회가 아니었다는 것이 그들의 생각이다.

콘스탄츠 공의회가 그레고리우스의 사임을 받아내고 요한과 베네딕투스를 폐위한 것이 지혜로운 일이었다는 데에는 가톨릭 사가들도 이론(異論)을 제기하지 않는다. 공의회가 마르티누스 5세를 선출한 행위에 대해서도, 비록 교황 선출권을 추기경회에게 제한한 규율이 파기되긴 했으나 공의회가 마르티누스를 선출할 당시에 그레고리우스의 재가를 받고 있었고, 그레고리우스가 사임할 때까지는 진정한 교황이었다는 근거로 그 유효성을 인정한다.

제4, 5차 회기의 결정만을 따로 떼어 인정하는 이런 견해는 마르티누스 5세가 공식 발표한 성명서에 의해 중대한 반대에 부닥친다. 공의회의 마지막 회기와 공의회의 폐회가 공식 선언된 뒤에 도미니쿠스회의 팔켄베르크(Palkenberg)가 폴란드와 리투아니아의 문제를 다룬 소책자를 놓고 치열한 논쟁이 벌어졌다. (이 책자는 튜턴 기사회를 변호하고, 폴란드 왕과 그의 많은 백성을 살해한 일을 정당화하려는 목적으로 작성되었다.) 그 책자가 여러 나라들에서 쟁점이 되었으며, 책자의 내용이 심각한 이단설이어서 만약 공의회가 단죄하지 않고 그냥 방치할 경우 후손들의 신앙에 큰 해를 입히게 될 것이라는 주장이 제기되었다. 이문제로 격렬한 논쟁이 벌어지고 있는 중에, 그리고 공의회가 폐회된 뒤에, 마르티누스는 무슨 논의든 공의회에서 공의회의 절차에 부합하게 이루어진 것은 정당하다는 발언을 했다. 그 책자로 불거진 논란에 종지부를 찍으면서, 공의회가 신앙에 관한 문제들을 공의회의 방식대로 통과시킨 모든 법령들을 자신은 유지할 것이라고 발표했다. 더 나아가 "다른 방법을 통하지 않고 공의회의 방법으로" 이루어진 법령들을 승인하고 재가한다고 공포했다.

푼크(Funk)와 헤펠레(Hefele)는 이 발언들을 팔켄베르크 사건에 국한하여 적용한다. 하지만 푼크는 '신앙의 문제들'이라는 단어를 좁은 의미로 해석함으로써 제4, 5차 회기의 결정들을 교황의 재가 대상에서 배제한다. 될링거(Döllinger)는 '공의회의 방식으로'(in a conciliar way, conciliariter)라는 표현이 '나라들 안에서'(in the nation, nationaliter)라는 표현과 반대된다고 주장한다. 그 표현을 단순한 의미로 받아들여 공의회가 공의회의 자격으로 행한 것을 가리키는 것으로 해석해야 한다고 주장한다.

마르티누스가 행한 발언으로서 그 문제에 관련된 다른 진술은 그의 1418년 2월 22일자 대칙서(*Frequens*)에 나온다. 대칙서에서 그는 콘스탄츠 공의회를 에큐메니컬 공의회로 인정했고, 그 법령들이 신앙과 영혼 구원에 구속력을 갖는다고 공포했다. 헤펠레와 푼크는 이 선언이 신앙에 관련되지 않은 문제들을 배제하지 않는다고 주장하면서, 마르티누스가 제39차 회기에서 통과된 것과 같은 다른 문제들을 분명히 승인한 점을 그 근거로 제시한다. 하지만 마르티누스는 이두 발언의 본의를 이해하는 데 도움이 될 만한 발언을 적어도 기록상으로는 남기지 않았다.

라이날두스(Raynaldus, *an.* 1418)가 진술하듯이, 15세기 후반에 들어서 제4, 5차 회기의 법령을 마르티누스가 승인 대상에서 배제하려는 뜻을 분명히 가지고 있었다는 견해가 대두했다.

마르티누스 5세의 계승자인 유게니우스 4세는 공의회가 폐회한 지 30년 뒤인 1446년에 주장하기를, 그 공의회의 법령이 교황청의 법과 권위와 명예를 저해하지 않는 한 받아들여야 한다고 했다. 당시에 교황청은 신망을 회복한 상태였으며, 교황은 에큐메니컬 공의회들에 대한 교황의 수위성을 공개적으로 재천명할 만큼 강한 자신감을 느꼈다. 그러나 그런 상태에 이르기 전인 1443년 12월 13일에 발행한 대칙서에서 그는 바젤 공의회의 법령을 공식적으로 받아들였는데, 이 공의회의 가장 현저한 특징은 콘스탄츠 공의회 제4, 5차 회기의 법령을 재확증한 것이었다.

개신교의 관점에서 볼 때, 콘스탄츠 공의회는 만약 오도 콜로나가 공의회의 수위성에 관해 통과시킨 법령을 반대하는 기미가 보였다면 절대로 그를 교황으로 선출하지 않았을 것이라는 생각이 든다. 만약 엄숙히 결정해 놓은 것을 원점으로 돌려놓을 사람을 선출했다면 스스로 어리석은 짓을 한 셈이 된다. 그리고 만약 그가 공의회의 권위를 부정했다면 될링거가 말한 대로 아들이 자기 부모를 부정한 것과 같은 행위가 될 것이다. 최근의 가톨릭 사가들은 난제를 빠져나가는 손쉬운 방법으로서 그레고리우스가 콘스탄츠 공의회에 대해 처음으로 에큐메니컬적 성격을 인정한 사실을 강조하는데, 이 견해는 분열 기간 동안 로마 계열의 교황들이 성 베드로의 합법적 계승자들이었음을 인정하도록 강요한다.

17. 바젤 공의회(1431-1449)

마르티누스 5세는 자신이 위기 상황을 충분히 타개해 나갈 용기를 지닌 유능하고 지혜로운 지도자임을 스스로 입증했다. 그는 1418년 5월 16일에 콘스탄츠를 떠났다. 한 주일 뒤에 떠난 지기스문트는 교황에게 바젤이나 스트라스부르혹은 프랑크푸르트에 교황청을 두도록 권유했다. 프랑스도 교황청을 아비뇽에두어야 한다고 주장했다. 그러나 '콜로나' 가문 출신의 이탈리아인이었던 마르티누스는 로마 외에 다른 도시를 생각할 수 없었으며, 결국 베른 · 제네바 · 만투아 · 피렌체를 경유하여 1420년 9월 28일에 '영원한 도성'에 입성했다. 입성이지연된 원인은 스포르차(Sforza)를 앞세운 나폴리의 요안나의 군대와 용감한 장군 브라초(Braccio)의 군대가 로마를 놓고 대립하고 있었기 때문이다. 마르티누스는 요안나를 나폴리 여왕으로 승인해 줌으로써 철수하게 하고, 브라초는 아시시 · 페루자 · 예시 · 토디를 하사함으로써 달랬다.

마르티누스가 입성할 당시에 로마는 황량하기 짝이 없었다. 강도들의 소굴이되어 있었고, 거리마다 쓰레기와 오폐수가 널려 있었고, 교량들은 잔뜩 부식되어 있었고, 많은 교회당들이 지붕 없이 방치되어 있었다. 성 바울 교회당 경내에서 가축들과 양들이 사육되었으며, 늑대들이 성 안으로 들어와 주민들을 공격했다. 마르티누스가 도착하면서 새로운 시대가 열렸다. 이 교황은 시내에서 강도들을 소탕했고, 그로써 금을 소지한 사람들이 심지어 성 바깥 지역도 안전하게다닐 수 있게 되었다. 라테란 궁을 복원하고 바닥을 새로 깔았다. 성 베드로 교회의 현관을 수리했으며, 50,000길더 금화를 들여 지붕을 개조했다. 도시 안에서끊임없이 반복되던 혁명도 중단되었다. 이런 점에서 마르티누스는 로마에 유익을 끼친 인물의 하나로 존경을 받을 자격이 있다. 그의 재위 기간은 내부의 당파싸움과 외부의 침공으로 인해 투쟁과 유혈 사태로 얼룩진 세월에 막을 내리고평화를 도래케 한 시기였다. 그와 더불어 로마는 중세를 마감하고 회복과 진보의 시대를 맞이했다. 라테란 궁에 세워진 마르티누스의 묘비에는 "그의 시대가누린 태평성대"(temporum suorum felicitas)라는 문구가 새겨져 있어서 로마가그에게 얼마나 큰 빚을 지고 있는가를 잘 표현한다.

마르티누스가 신앙에 관심을 두었다는 징표들 가운데는 아우구스티누스의 어머니 모니카의 유골을 로마로 옮겨오도록 하고, 그녀를 시성(諡聖)하는 대칙서를 발행한 것이 있다. 모니카의 유골을 안치하면서 행한 연설에서, 그는 이렇게 말했다. "우리는 성 아우구스티누스를 소유하고 있는데, 아리스토텔레스의 통찰과 플라톤의 웅변과 피타고라스의 명성이 무슨 소용이 있습니까? 우리는 이 사람들이 없어도 됩니다. 아우구스티누스로도 충분합니다. 진리와 학문과 신앙을 알고 싶을 때 과연 성 아우구스티누스보다 더 지혜롭고 학문이 깊고 거룩한 사람을 찾을 수 있겠습니까?"

마르티누스는 콘스탄츠에서 교회 개혁과 관련하여 약속한 바에 대해서는 관심을 기울이지 않았다. 이에 대해서 파스토르는 그가 로마를 다스리고 도시의 환경을 개선하는 데 여념이 없었다고 대신 해명하는데, 그것은 충분한 해명이 되지 못한다. 성직매매의 폐습이 여전히 시행되었다. 교황은 교황직에 붙어온 세속 군주로서의 권리 주장들을 포기할 의사가 없었다. 게다가 자신의 인척들을 잊지도 않았다. 자기 형제 조르다노(Giordano)를 아말피의 공작으로 삼았고, 또 다른 형제인 로렌초(Lorenzo)를 알바 백작으로 삼았다. 조카들 가운데 하나인 프로스페로(Prospero)는 1426년에 추기경으로 임명했다.

마르티누스가 콘스탄츠에서 지정한 파비아 공의회는 1423년 4월에 열렸으나 참석률이 저조했으며, 시에나에 전염병이 번지는 바람에 정회했다가 1424년 3월 7일에 위클리프와 후스의 오류들을 단죄한 뒤에 해산했다. 마르티누스와 그의 계승자들은 공의회들을 두려워했으며, 모든 구실과 핑계를 동원하여 공의회가 소집되지 않도록 하는 것이 그들의 정책이었다. 교황이 무슨 이유로 훈계를 듣고 명령을 받는 자리에 서야 한단 말인가? 하지만 마르티누스는 기독교 세계가 쏟아내는 요구들을 외면할 수 없었으며, 자신이 콘스탄츠에서 공약한 바를 무시하고 지나갈 수도 없었다. 로마 거리들에는 만약 교황이 공의회를 소집하지 않으면 좌시하지 않겠다고 협박하는 벽보들이 나붙었다. 결국 마르티누스는 마지못해서 두 번째 공의회를 소집하게 되었는데, 회의는 1431년에 바셀에서 7년간 열렸으나 그는 그해에 공의회가 모이기 전에 세상을 떠났다.

그의 뒤를 이어 교황좌에 오른 베네치아 출신의 유게니우스 4세(Eugenius, 1431-1447)는 나이 스물넷에 외삼촌 그레고리우스 12세의 배려로 시에나의 주교에 임명되었다가 얼마 지나지 않아 교황의 자리에 오르게 되었다. 그는 재위 기간에 공의회에 대한 교황의 수위성을 확립하는 데 주로 노력을 기울였다. 그리스 교회와 서방 교회의 통일을 위해서 노력한 점도 그것 못지않게 주목할 만하다.

유게니우스를 선출한 추기경회는 선출에 앞서서 몇 가지 합의를 했는데, 그것은 어느 후보든 교황이 되면 임박한 총 공의회를 성공적으로 개최하는 데 힘쓰고, 추기경 임명 문제에 콘스탄츠 공의회의 결의 사항을 따르고, 교황청 행정과 관련하여 추기경회의 자문을 구하고, 교회 개혁을 단행한다는 것이었다. 이러한 계약은 1352년에 인노켄티우스 6세를 선출한 비밀선거회가 서명한 바 있고, 유게니우스 이후로 종교개혁 때까지 거의 모든 교황 비밀선거회가 서명했으나 아무런 성과도 거두지 못했는데, 이는 선거가 끝나자마자 교황이 합의를 파기하고 자신의 노선을 추구했기 때문이다.

바젤 공의회 개회일로 정해진 1431년 3월 7일이 되었을 때 회의장에는 고위성직자가 베첼레의 대수도원장 단 한 사람만 와 있었다. 공식 개회식은 7월 23일에 가서야 열렸으나, 마르티누스와 유게니우스가 의장으로 선임해둔 추기경 체사리니(Cesarini)는 9월 9일에야 비로소 도착했다. 교황특사로서 보헤미아에 가서 후스파와 관련된 봉기를 진정시키느라 늦게 온 것이다. 지기스문트는 바이에른의 공작 빌헬름을 보호자로 보냈고, 그 후부터 참석자 수가 급속히 증가했다. 콘스탄츠 공의회에 비해 교수들이 고위성직자들보다 더 많이 참석했다. 어느 참석자는 500명의 참석자 가운데 주교는 스무 명도 채 되지 않았다고 전한다. 나머지는 하위성직자들이거나 평신도들이었다. "옛날에는 주교들이 교회의 문제를 결정했는데, 이제는 일반 민중이 그 일을 한다."[20] 바젤 공의회에서 가장 흥미로운 인물은 추기경 카프라니카(Capranica)의 비서로 바젤에 온 아이네아스 실비우스 피콜로미니(Aeneas Sylvius Piccolomini)였다. 그는 공의회가 선임한 몇몇 주요 위원회를 이끌었다.

바젤 공의회의 주요 의제는 교회 개혁의 프로그램을 세움으로써 콘스탄츠 공의회의 과업을 완료하고 보헤미아에서 발생한 이단을 평화롭게 해소하는 것이었다. 두 방향에서 괄목한 만한 노력을 기울인 공의회는 하지만 교황의 호의를 얻는 데는 실패했고, 그 결과 교황 절대주의와 공의회 수위성을 둘러싼 법리 논쟁으로 변질되었다. 이 논쟁은 토론뿐 아니라 글로도 전개되었다. 교수들의 대변인 역할을 한 쿠사의 니콜라우스는 1433년에 「보편적 일치」(*Concordantia*

---

20) Traversari, ad quoted by Creighton, I. 128.

catholica)를 발표하여 공의회 수위설을 주장했다. 도미니쿠스회 수사인 투레크레마타의 요한은 정반대 입장에서 쓴 「교회와 그 권위에 대한 대전」(*Summa de ecclesia et ejus auctoritate*)에서 교황 무류 교리를 변호했다. 그 후로 오랫동안 후자는 교황권 주장을 뒷받침하는 고전 대우를 받았다.

공의회는 이전과 달리 국가 단위들을 내세우지 않고 4개의 위원회를 세워 일을 처리해 갔는데, 각 위원회는 네 개의 국가가 선임한 동수의 대표들로 구성되었고, 한 달마다 투표로 위원회를 구성했다. 위원회들이 어느 주제에 대해서 합의하면 그것을 공의회의 본회의에 상정했다.

회기가 진행되면서 공의회가 자체보다 더 우월한 지상의 권위를 인정하지 않고, 이와 상반된 원리를 주장하는 행위 자체를 아예 인정하지 않는 쪽으로 가닥이 잡혀가는 것이 분명해졌다. 반면에 공의회의 자유로운 토론과 자기 주장을 관용할 준비가 되어 있지 않았던 유게니우스는 공의회를 정회한 뒤 장소를 볼로냐로 바꾸기 위한 불행한 단계를 밟았으며, 1431년 12월 18일에 열린 추기경 회의 때 그 사실을 고지했다. 넉 주 뒤에 바젤에 대칙서가 공포되면서 분위기가 크게 술렁거렸다. 공의회는 즉각 답변을 공포하고는 회의를 그대로 속개하기로 결의했다. 이것은 혁명이었으나, 공의회로서는 콘스탄츠 공의회의 결의뿐 아니라 여러 국가들과 여론에 뒷받침을 받았다. 공의회는 유게니우스에게 직접 참석하라고 요구했고, 1432년 2월 15일에는 공의회의 절대 주권과, 총 공의회를 교황 한 사람이 공의회의 동의를 받지 않은 채 정회하거나 장소를 이전할 수 없다고 주장했다.

한편 지기스문트는 1431년 11월 25일에 밀라노에서 쇠 왕관을 받았다. 이 시기에 그가 공의회의 주장을 뒷받침해주는 강력한 후원자였다. 1432년 초에 부르주(Bourges)에서 열린 프랑스 교회회의가 바젤 공의회의 결정을 재가했고, 파리 대학교는 공의회 상소 이전을 공고한 유게니우스의 법령이 마귀의 사주에서 비롯된 것이라고 썼다. 이에 용기를 얻은 공의회는 1432년 4월 29일에 시작된 제3차 회기에서 교황에게 대칙서를 철회하고 직접 공의회에 참석할 것을 요구했다. 제4차 회기가 열리던 6월 20일에는 교황좌가 공석이 되는 경우에는 바젤에서 선출이 이루어져야 하며, 유게니우스가 바젤에서 떠나 있는 동안에는 더 이상 추기경들을 임명할 권한을 갖지 못한다고 결의했다. 거기서 한 걸음 더 나아가 교황이 완고하다는 이유로 그를 규탄했고, 12월 18일에는 60일의 유예를 주면서 만약 직접 출두하지 않으면 공식적인 제재 단계를 밟아 나가겠다고 선언했다.

다음 해 봄인 1433년 5월 31일에 로마에서 황제 대관식을 받은 지기스문트는 그런 극단적인 조치에 동조할 준비가 되어 있지 않았다. 그는 10월에 다시 바젤로 돌아왔으나, 공의회는 황제가 있든 없든 제 길을 가면서, 콘스탄츠 공의회의 제4, 5차 회기 때 공포한 내용을 인용하면서 자체의 수위설을 거듭 재확인했다. 서방 기독교 세계의 여론은 다시 한 번 유게니우스에게 불리하게 돌아갔고, 그의 추기경들 대다수도 마찬가지였다. 이러한 반대 여론의 압박과 로마에서 자신의 권위를 위협하는 혁명에 시달린 나머지 마침내 자신의 뜻을 접은 교황은 1433년 12월 13일에 공포한 법령에서 공의회 정회를 명령한 1431년 12월 18일자 대칙서를 비롯한 세 가지 대칙서를 철회했다. 자신이 그때까지는 추기경들의 조언을 받아 왔으나, 이제는 바젤 총 공의회가 개회 순간부터 줄곧 합법적임을 인정한다고 공포했다. 자신에게서 나온 행동이나 발언 가운데 거룩한 공의회를 침해하거나 훼손하는 것은 모두 철회했고, 무효라고 선언했다. 동시에 교황은 의장직을 수행할 교황특사들을 임명했고, 공의회는 그 인선을 수락했다. 그들은 자신들의 이름을 걸고 공의회의 법령을 받아들이고 변호하겠다고 서약했다.

이번 경우처럼 과거의 결정을 명백하게 철회한 예를 찾아보기 쉽지 않다. 이 사건을 해명하느라 매우 복잡하게 꼬인 라틴어 어휘들이 동원되었다. 가톨릭 사가들은 대칙서의 명백한 의미를 논박하기를 주저한다. 만약 그렇게 한다면 그것은 교황 무류 교의에 치명적 타격이 되고 총 공의회들의 수위성을 인정하는 셈이 되는 것이다. 기껏해야 그들은 그 대칙서를 가급적 논평 없이 간단히 소개하고 넘어가거나, 유게니우스가 콘스탄츠의 유명한 법령들에 대한 바젤의 재확증을 추인할 생각이 당초부터 없었다고 주장하는 것으로 만족하든지, 아니면 교황이 그 문서를 발행할 때 협박을 당하고 있었다고 주장하는 것으로 만족한다. 두 주장은 근거 없는 추정에 지나지 않는다. 그 교황은 "개회 순간부터"의 공의회 법령들을 재가할 때 아무런 예외도 두지 않았다. 강압에 의해 그런 법령을 공포했다는 해명에 대해서는 콜로나 가문이 주동이 되어 1434년 5월에 로마에서 교황에 대해 일어난 반란은 교황이 그 법령을 공포할 때는 아직 발생하지 않았으며, 대의명분을 상실했다는 판단에서 생겼을 내면의 강압 외에는 어떠한 외부의 강압도 없었다는 말로 간단히 일축할 수 있다.

체사리니 · 쿠사의 니콜라우스 · 아이네아스 실비우스 · 안디옥 총대주교 요한 등 바젤에 모인 유력 인사들은 공의회 수위설을 지지했으며, 이들과 공의회는 만약 교황의 연설이 자신들이 명백히 진술한 바와 다소 뜻이 다르다고 생각했다면 가만히 있지 않았을 것이다. 될링거는 유게니우스의 대칙서가 공의회의 주권을 가장 적극적이고 명백하게 승인한 것이며, 교황이 공의회에 굴복했다는 말로 그 주제에 대한 자신의 논의를 매듭짓는다.

유게니우스는 피우스 9세를 제외하면 로마에서 도망쳐야 했던 마지막 교황이었다. 그에 앞서 재위했던 교황들 가운데 25인이 그 도시를 도망쳐야 했다. 베네딕투스회 수사복으로 잔뜩 몸을 가린 채 가는 길의 절반은 선원의 등에 업힌 채 로마를 빠져나간 그는 티베르 강변에 띄워놓은 배에 올라탔는데, 바로 순간에 발각되어 집중적인 돌팔매질을 당하게 된 상황에서 배에 납작 엎드려 몸을 방패로 가린 채 빠져나갔다. 오스티아에 당도한 그는 갤리 선을 타고서 리보르노로 갔고, 그곳에서 피렌체로 갔다. 그 도시에서 1434-1443년에 망명 생활을 했다.

바젤 공의회는 후스파(the Hussites)를 달래기 위한 일환으로 그들에게 성찬의 잔을 사용하도록 허용하는 것을 비롯하여 몇 가지를 양보해 주었다. 후스파가 로마 교회에 반기를 든 명분은 프라하의 4개조에 표현되었다. 공의회는 이단을 다루는 전혀 새로운 방법을 도입하여 후스파와 그들의 대표단에게 완전한 토론의 권한을 보증해 주었다. 자체의 권위 문제를 해결한 공의회는 교회의 "머리와 지체들"을 개혁하기 위한 조치들을 취했다. 추기경 수를 24인으로 제한하고 자격을 갖춘 사람을 추기경으로 임명하도록 했다. 이것은 유게니우스가 조카들 가운데 둘을 추기경에 임명한 사례를 감안할 때 매우 필요한 조치였다. 성직 초년도 수입세(annates), 팔리움을 받기 위한 수수료, 성직 매매, 그 밖에 교황청이 개발한 각종 세금들을 폐지했다. 로마에 대한 항소 자격도 대폭 축소했다. 이와 성격이 다른 조치들로는 사제 독신제도법을 재확인한 것과, 교회 건물과 마당에서 연극 공연을 비롯한 연예(演藝) 활동을 금지한 것을 들 수 있다. 1439년에 공의회는 성모 무원죄 잉태를 법령으로 공포하여, 마리아가 처음부터 내내 원죄와 자범죄에서 벗어나 있었다고 천명했다. 교황의 수입원을 규제하여 교황청 재정에 생긴 손실에 대해서는 다른 방법으로 충당해 주기로 약속했다. 이로써 교황은 하나님에 의해 직접 임명받고 인간의 어떠한 법정에도 책임을 지지 않는 교회의 군주적 머리에서 공의회에 책임을 지는 일개의 관리로 전락하게 되었다. 또 다른 부류의 개혁 조치들은 바젤 시내에서 대규모로 난잡하게 이루어지고 있던 도박과 무도, 매춘 같은 각종 범죄들을 쓸어내는 것이었다.

유게니우스는 자신의 대권이 침해를 당하고 이단에 대해 교황제에 전혀 합당하지 않은 방법이 적용되는 동안 한가하게 손을 놓고 있지 않았다. 1436년 6월 1일자로 유럽의 군주들에게 보낸 서신에서, 그는 교황의 수입원들을 폐지한 것과 전례(典禮)에서 교황을 위한 기도를 삭제한 것, 그리고 공의회에서 하위성직자들에게 투표권을 준 것 같은 독단적인 조치들에 대해서 불만을 토로했다. 그런 상황에서 당시에 대단히 중요하게 대두한 그리스 교회와의 연합 문제가 교황에게 자신의 권위를 다시 주장하고 스위스의 도시에서 열리고 있던 공의회와 관계를 단절할 수 있는 기회를 주었다.

콘스탄티노플에서 보낸 통합 제의가 두 사절단을 통해서 교황과 공의회에게 동시에 전달되었다. 한 사절단은 볼로냐에서 유게니우스를 만났고, 다른 사절단은 1434년 여름에 바젤에 나타났다. 두 교회의 대표단이 모여 회담할 장소를 논의하는 과정에서, 그리스 대표단은 이탈리아의 어떤 도시나 오스트리아 빈을 지목했다. 이것은 유게니우스의 생각에 정확히 부합한 것이었던 바, 그는 심지어 콘스탄티노플을 회의 장소로 제안하기까지 했다. 그러나 공의회는 보스포루스 해협에 있는 그 도시는 일고의 가치가 없다고 확고히 통보했다. 바젤이나 아비뇽 혹은 사보이 공국의 어느 도시를 제안하던 바젤 공의회 지도자들은 기회를 잃어가고 있었다. 두 대표단은 공의회와 교황을 접견한 뒤 1437년에 콘스탄티노플로 돌아가 여러 회담 장소를 제안했다.

최종 결정을 내려야 할 시점이 다가왔을 때, 공의회는 찬성 355표 대 반대 244표로 바젤에서 회의를 지속하거나 그것이 그리스 교회 당국에 적합하지 않으면 아비뇽에서 회의를 갖기로 결의했다. 교황의 의견을 존중한 소수파는 피렌체나 우디네(Udine)를 내세웠다. 1437년 9월 18일자로 추기경 8인의 서명을 실어 공포한 대칙서에서, 유게니우스는 그리스인들과 협상한 책임을 물어 공의회를 단죄한 뒤 정회를 선포하고, 그리스인들의 요청에 따라 공의회 장소를 페라라로 이전한다고 발표했다.

공의회는 뜻밖에 위기에 봉착하게 되었다. 기독교 세계의 재통일은 대단히 중요한 과업으로서, 사람들의 마음에 교회 개혁보다 앞자리를 차지하고 있었다. 그리스 대표단은 모두 페라라로 갔다. 바젤에 있던 고위성직자들도 하나둘씩 알프스를 넘어 돌아갔는데, 추기경들인 체사리니와 쿠사의 니콜라우스가 그 대열에 끼어 있었다. 바젤에 남은 추기경은 아를의 대주교 달레망(d'Aleman)뿐이었다. 이제는 교황과 공의회간의 공개 투쟁이었고, 서방 교회가 두 쪽으로 갈라지든 아니면 교황제가 완승을 거두든 어느 한 쪽으로 결말이 나는 일만 남았다. 바젤 공의회의 독특한 면모는 논쟁이 워낙 뜨겁게 진행되는 바람에 무장 시민들이 폭력 사태를 막기 위해 개입해야 했던 점이다. 공의회 수위설이 생사의 기로에서 투쟁을 벌이는 형국이었다. 1437년 10월에 열린 제28차 회기에서, 공의회는 교황의 대칙서를 무효로 선포하고 유게니우스에게 60일 이내에 직접 혹은 대표를 통해 출두하라고 명령했다. 넉 달 뒤인 1438년 1월 24일에 공의회는 유게니우스에게 직무 정지 처분을 내렸고, 1439년 6월 25일에 열린 제34차 회기에서는 그를 교회의 평화를 깨뜨린 자, 성직매매자, 위증자, 교정(矯正) 불가능한 자, 신앙 이탈자, 분리자, 완고한 이단으로 규정하여 "제거하고 폐위하고 박탈하고 추방"했다. 이런 조치가 있기 전 제33차 회기에서는 공의회들의 수위권을 다시금 엄숙히 천명하고, 교황이 공의회를 정회하거나 장소를 바꿀 수 없다고 주장했다. 이와 다른 견해를 주장하는 것을 이단으로 규정했다.

한편 교황이 페라라에 소집한 공의회가 1438년 1월 8일에 개회하여 갈수록 지지의 폭을 확대해 가고 있었다. 샤를 7세가 유게니우스의 편에 섰다. 이는 프랑스인들이 1438년 여름에 부르주에서 열린 교회회의에서 사실상 바젤 공의회의 개혁안을 받아들인 것과 상반된 행위였다. 국본조서(國本詔書, the Pragmatic Sanction)로 알려진 이 교회회의의 결정은 공의회들이 교황보다 우월한 지위에 있음을 결의하고, 10년마다 공의회를 열 것과 성직 초년도 수입세(annates)를 폐지할 것을 결의했으며, 규모가 큰 성직록들은 선출에 의해 충원할 것을 명령했다. 이런 중요한 선언들은 모두 콘스탄츠 공의회의 결정들에서 비롯된 것들로서, 갈리아주의가 표방한 자유의 토대가 되었다.

녹일 세후들과 성식사들은 바젤 공의회에 대해서 중립을 유지하거나 공개적으로 지지하는 태도를 취했다. 지기스문트는 1437년이 저물어 갈 때 세상을 떠났으며, 그의 사위 알브레히트 2세가 후계자로 선출되기 전에 프랑크푸르트에 모인 선제후들은 바젤 공의회에 대해서 중립을 지키기로 결의했다. 알브레히트는 로마의 왕으로 선출된 뒤 두 해밖에 살지 못했으며, 그의 삼촌 프리드리히 3세가 그의 지위에 선출되었다. 프리드리히는 여러 해 중립을 지키다가 유게니우스를 지지하는 쪽으로 돌아섰다.

바젤 공의회는 무시와 소멸의 운명을 거부하고서 달레망(d'Aleman)을 위원장으로 하는 32인 위원회를 선임했고, 위원회는 1439년에 사보이 공작 아마데우스(Amadeus)를 교황으로 선출했다.[21] 아마데우스는 교황에 선출되기 전인 1435년에 아내를 잃은 뒤 성 마우리티우스 수도회를 설립하고서 여러 동료들을 데리고 제네바 호숫가의 레펠(Ripaille)로 들어가 살았다. 재산도 많고 집안도 좋은 사람이었다. 그는 펠릭스 5세라는 이름을 취했으며, 자신의 추기경 네 명을 임명했다. 일년 뒤에는 두 아들을 데리고 바젤로 가서 추기경 달레망(d'Aleman)에게 교황관을 받아썼다. 전하는 바로는 교황관의 가격이 30,000크라운이었다고 한다. 이로써 서방 기독교 세계는 다시 한 번 분열을 지켜 보았다. 펠릭스는 사보이 공작과 몇몇 독일의 제후들, 아라곤의 알폰소, 그리고 파리 · 빈 · 쾰른 · 에르푸르트 · 크라코프 대학교들의 지지를 받았다. 프리드리히 3세는 바젤과 거리를 두었으며, 펠릭스의 딸 앙주의 루이의 미망인 마르가레트로부터 지참금 200,000다카트와 함께 결혼을 제의받았으나 거절했다.

유게니우스가 로마의 왕 프리드리히 3세를 자기 세력으로 끌어들인 데에는 프리드리히의 대신(大臣) 카스파르 쉴리크(Caspar Schilick)의 부패와 아이네아스 실비우스(Aeneas Sylvius)의 변절이 주된 역할을 했다. 실비우스는 사욕을 좇아 자신이 속한 진영과 주인을 버렸다. 공의회를 열렬히 옹호하던 그는 유게니우스 진영으로 돌아서서 그에게 극진한 아첨을 다 바쳤다가 다시 펠릭스에게로 넘어가서 그를 섬겼고, 그러다가 다시 프리드리히에게 넘어가 그의 비서가 됨으로써 결국에는 유게니우스의 가장 기민하고도 유순한 충복 역할을 한 셈이 되었다. 외교에 노련했으며, 항상 양지만을 좇아 다녔다.

바젤 공의회를 공개적으로 지지했던 트리어와 쾰른의 대주교들은 1446년에 유게니우스에게 폐위되었다. 같은 해에 선제후 6인은 유게니우스에게 만약 에큐메니컬 공의회의 수위성을 인정하고 6개월 이내에 독일 땅에 새로운 공의회를 소집한다면 그를 교황으로 인정하여 순종을 바치겠다고 제의했다. 교황은 아이네아스 실비우스의 조언대로 유화적인 태도를 취하는 것이 현명하다는 결론을 내렸다. 1446년 9월에 열린 제국 의회에 교황 대표단이 참석했고, 아이네아스는

---

21) H. Manger, *D. Wahl Amadeos v. Savoyen zum Papste*, Marburg, 1901, p. 94. 1416년에 지기스문트는 사보이의 백작을 공작의 지위로 격상시켰다.

브란덴부르크 후작을 비롯한 유력한 제후들의 마음을 얻는 데 성공했다. 다음 해 1월에 그와 다른 사절들이 마인츠 대주교와 프리드리히 3세, 그리고 그 밖의 제후들의 대표들로서 로마를 찾아갔다. 이런 협상의 결과로 정교협약(이른바 제후들의 정교협약, Fürsten Konkordat)이 체결되었으며, 이 협약에 의해서 교황은 폐위되었던 두 대주교를 복권시키고, 총 공의회들의 수위성을 인정하고, 프리드리히에게 그의 생시에 6개 대주교구(트렌트 · 브릭센 · 추르 · 구르크 · 트리에스테 · 필젠)의 성직록 수임자들을 임명할 권한을 부여하고, 그의 계승자들에게는 교황의 승인을 받아 오스트리아의 100개 성직록을 임명할 권한을 부여했다. 유게니우스는 이러한 양보안을 담아 1447년 2월 5-7일에 네 편의 대칙서를 발행했는데, 그 중 한 편인 살바토리아(*Salvatoria*)에서는 교황이 기존에 발행한 세 대칙서에서 교황권을 폄하할 의도가 없었다는 것과, 만약 자신의 계승자들이 자신의 양보안에서 교부들의 교리에 위배되는 내용을 발견하게 되면 양보안을 무효로 간주해야 한다는 것을 주장했다. 정교조약은 로마에서 모든 종을 일제히 울리는 방식으로 축하되었고, 1448년 2월 17일에 체결된 이른바 빈 정교조약은 니콜라우스 5세에 의해 재가되었다.

유게니우스는 1447년 2월 23일에 숨을 거두고서 성 베드로 교회의 유게니우스 3세 곁에 묻혔다. 그는 교회에 개혁을 도입하는 과제와 관련하여 아무런 일도 하지 않았다. 마르티누스 5세와 마찬가지로 그도 예술을 좋아했다. 피렌체에서 망명 생활을 하는 동안 개발한 취향이었다. 그는 중세의 교황제 사상을 영속시키고, 교회 개혁을 지연시켰다. 그것은 결국 오늘날까지 지속되고 있는 서방 기독교세계의 분열을 내포하는 것이었다.

바젤 공의회는 이렇다 할 사건 없이 회기를 계속 연장했다. 하지만 이제는 더 이상 세간의 이목을 끌지 못했다. 게다가 펠릭스에게 십일조 세금을 바침으로써 어리석음을 드러냈다. 1448년 6월에 공의회는 상소를 로산으로 옮겼다. 하지만 소수의 지지세력만 남은 데다 패배의 대명사로 존재하는 데 지친 나머지, 표결에 의해서 유게니우스의 계승자인 니콜라우스 5세를 합법적 교황으로 받아들이기로 결의한 뒤 1449년 4월 25일에 조용히 폐회했다. 펠릭스는 신사적인 태도를 발휘하여 유게니우스와 니콜라우스를 저주한 대칙서들을 철회한 뒤 자진 사임했다. 그리고 교황의 기능을 수행하면서 드러낸 교만한 태도에 대해서 처벌을 받지 않으며, 고해의 의무도 부과받지 않았다. 오히려 사비나의 추기경 주교로 임명되었으며, 사보이를 비롯하여 자신에게 '순종'을 바쳤던 지역들에서 교황특사로 활동했다. 그의 추기경들 가운데 3인은 다시 교황청에 입각했으며, 달레망(d'Aleman)은 용서를 받았다. 펠릭스는 1451년에 제네바에서 숨을 거두었다.[22]

로마 교회는 그 뒤로 대립교황을 두지 않았다. 바젤 공의회는 교황청 분열의 치유와 교회 부패 개혁을 기치로 내걸고 소집되었던 세 공의회를 마감했다. 이 공의회들은 피사에서 커다란 기약과 함께 시작하여 전례 없이 자유로운 토론을 벌였고, 대학교들과 그들이 파견한 학자들이 교회 문제 심의에 새로운 요소들로 대두했다. 공의회들은 교황청 분열은 치유했으나 교회의 부패들은 그대로 계속되었으며, 15세기의 마지막 교황들 치하에 오히려 더 가중되었다. 그럴지라도 심지어 이 점에서도 이 공의회들은 헛되지 않았던 바, 이는 개신교 개혁자들에게 교회회의들에 대해서도 신뢰하지 말도록 단단히 경고를 해주었기 때문이다. 세 공의회가 큰 위엄을 내세워 주장한 총 공의회 수위설이 어떻게 되었는가 살펴보면, 후대의 교황들은 그 이론을 실천적으로 거만하게 짓밟았고, 1516년의 제5차 라테란 공의회와 교황 무류성 교의를 통과시킨 1870년의 바티칸 공의회는 그 이론을 오류로 공포했다.

18. 페라라-피렌체 공의회(1438-1445)

페라라 공의회에서는 그리스인들이 로마 교황에게 굴복했다. 이 공의회는 교회 개혁은 아예 의제로조차 잡지 않았으며, 그 점에서 바젤 공의회와 대동소이하다. 페라라에서 16차에 걸친 회기가 끝난 뒤에, 유게니우스는 1439년 2월에 공의회 장소를 피렌체로 옮겼다. 그가 제시한 이유는 페라라의 공기가 나쁘기 때문이라는 것이었으나, 실제 이유는 피렌체 당국이 동방의 사절단을 지원하겠다고 유게니우스에게 제의한 것과, 그리스인들을 항구에서 내륙으로 많이 들어온

---

22) 니콜라우스 5세는 자신에게 유리하게 작성된 로잔 법령을 승인한 1449년의 대칙서 *Ut pacis*에서 아마데우스(펠릭스)를 "존경스럽고 사랑스러운 형제"라고 불렀고, 바젤-로잔 교회회의가 에큐메니컬 공의회의 이름으로(sub nomine generalis concilii) 소집되었다고 말했다. Labbaeus, XII. 663, 665.

곳으로 유치함으로써 공의회가 끝나기 전에 돌아갈 생각을 하지 못하도록 하기 위한 것 때문이었다. 1442년에 공의회는 장소를 로마로 바꾸어 그곳의 라테란 궁에서 두 차례의 회기를 열었다. 페라라·피렌체·로마에서 열린 회기들은 바젤에서 열린 초기 25회 회기들과 함께 제17차 에큐메니컬 공의회로 산정된다.

니콜라우스 1세와 포티우스가 각각 로마 교회와 콘스탄티노플 교회의 수장으로 있던 9세기 중반부터 시작된 동방과 서방간의 분열은 십자군 원정들과 1204년의 콘스탄티노플 정복으로 심화되었다. 두 교회의 재통합에 관한 관심은 안셀무스가 그리스 교회와의 차이를 제시하도록 임명된 바리 공의회(1098)의 논의와, 토마스 아퀴나스를 비롯한 신학자들의 논의로써 표출되었다. 하지만 재통합을 본격적으로 시도한 것은 1274년의 제2차 리옹 공의회가 유일한 사례이다. 하지만 이 회의에서 동방의 대표단이 받아들인 합의안을 동방 교회들이 배척했다. 1369년에 동방 황제 요한은 로마를 방문하여 분열을 끝내겠다고 공언했으나, 그의 태도는 콘스탄티노플에서 반대에 부닥쳤다. 1418년에도 동방 교회 대표단이 황제 마누엘 팔라이올로구스와 콘스탄티노플 총대주교의 파견을 받아 콘스탄츠 공의회에 참석했다. 1422년에는 마르티누스 5세가 프란체스코회 수사 안토니우스 마사누스(Anthony Massanus)를 보스포루스 해협으로 파견하여 9개 조항의 통합안을 전달하도록 했다.

유게니우스와 그리스 대표단 양측은 회담에서 평가받을 만한 역할을 수행하지 못했다. 그리스인들은 전적으로 서방의 지원을 받아 터키의 공세를 막아 보려는 일념만 있었을 뿐, 신앙적 열정으로 임하지 않았다. 라틴인들은 회담의 대가로 그리스 대표단이 이탈리아로 여행하고 체류한 뒤 귀국할 때까지의 모든 경비를 지불해야 했다. 가톨릭 사가들은 유게니우스의 속빈 강정 같은 업적을 묘사하는 데 별로 열의를 보이지 않는다.

그리스 대표단은 규모노 크고 인상적이었으며, 황제와 콘스탄티노플 총대수교가 포함되어 있었다. 교황이 임대하여 보내준 베네치아 선단을 이용하여 황제 요한 6세 팔라이올로구스는 1438년 2월에 베네치아에 도착했다. 그곳에서 화려하고 성대한 영접을 받았고 그로 인해 뿌듯함을 맛보았겠으나, 마음 한켠에는 저들의 조상들이 1204년에 자신의 수도를 침략하여 노략질을 일삼던 일을 회상하면서 드는 억하심정도 없지 않았을 것이다. 요한은 3월 6일에 페라라에 당도했다. 그리스 대표단은 700인으로 구성되어 있었다. 유게니우스는 이미 1월 27

일에 도착해 있었다. 그는 공의회에서 낭독된 대칙서에서 황제를 자기가 가장 사랑하는 아들이라고 불렀으며, 총대주교에 대해서는 자신의 가장 경건한 형제라고 불렀다. 추기경 체사리니는 공의회에서 행한 연설에서 두 교회를 갈라놓고 있는 차이점을 네 가지, 즉 성령의 발출 양태, 성찬 때의 무교병 사용, 연옥 교리, 교황 수위설로 들었다. 이 문제로 양측이 나눈 논의는 신학적 가위질과 땜질만 있는 차원 낮은 것이었다. 인류의 신앙적 운명을 염려하는 순수한 열정은 찾아볼 수 없었다. 그리스인들은 초대를 받아 환대를 누리면서도 온갖 지연 전술을 마다하지 않았다. 라틴인들은 로마 주교의 수위성을 강조하는 데만 치중해 있었다. 동방인들은 정치적 고려에만 함몰된 채 국력이 약해진 제국을 보호하는 일만 생각했다.

공의회에 참석한 그리스 대표단에서 유력 인사를 꼽자면 니케아의 주교 베사리온(Bessarion), 러시아 키에프의 대주교 이시도레(Isidore), 에베소의 대주교 마르크 유게니쿠스(Mark Eugenicus)를 들 수 있다. 베사리온과 이시도레는 공의회가 끝난 뒤에 서방에 머물렀으며, 유게니우스에게 추기경 직위로써 보상을 받았다. 에베소 대주교는 교황에게 굴종하기를 거부하고 동료들과 함께 통합안을 받아들인 점에서 존경을 자아낸다. 라틴인들의 지도자들은 추기경 체사리니와 알베르가티, 그리고 스페인인 투레크레마타(Turrecremata)였는데, 투레크레마타도 공의회가 끝난 뒤 추기경 임명을 받았다.

첫 번째 협상은 의전(儀典)과 관련된 것이었다. 유게니우스는 총대주교를 독대하였으나, 그의 발에 입을 맞추는 의식을 보류했다. 중요한 쟁점은 사절단의 좌석 배치로서, 그리스 황제는 그리스인들이 라틴인들보다 말석에 앉는 일이 생기지 않도록 그들의 좌석을 따로 배치하게끔 조치를 취했다. 교황은 손님들을 지원하기로 약속한 대로 황제에게는 매달 30플로린, 총대주교에게는 25플로린, 고위성직자들에게는 4플로린, 다른 방문객들에게는 3플로린을 지불했다. 그러니 우월감을 갖고 있던 라틴인들로서 그리스 성직자들에게 과연 얼마나 큰 존경을 표시한 셈이었던가! 이와 대조적으로 교회 재통합의 사명을 띠고 온 황제가 교황의 연금을 얼마나 적극적으로 받았으며, 그의 지원에 기댄 셈이었던가!

제1차 공동 회기는 1438년 10월 8일에 가서야 열렸다. 1차 회기에서는 베사리온의 긴 연설이 중심을 차지했고, 2차 회기에서도 또 다른 그리스 대표가 행한 훨씬 더 긴 연설이 중심을 차지했다. 황제는 대부분의 시간을 사냥에 보냄으로써 회의가 지연되는 데 한몫했다. 처음에 그리스인들은 니케아 신조 원문에 한 자도 첨가할 수 없다고 버텼다. 그에 대한 이견으로 몇 번이고 철수를 고려하는 데까지 이르렀으나, 터키인들과 빈 지갑에 대한 두려움 때문에 실행에 옮기지 못했다.

그리스인 10인과 라틴인 10인으로 구성된 20인 위원회가 세워져 쟁점들에 대한 사전 정지 작업의 임무를 맡았다.

그리스인들은 589년의 톨레도 교회회의가 성령께서 성부와 그리고 성자에게서(필리오케) 발출하신다고 선언함으로써 콘스탄티노플 신조에 첨가한 내용을 받아들였으나, 자신들이 그 신조를 사용할 때는 필리오케 구절을 포함시키도록 강요받지 않는다는 조건을 내걸었다. 그들은 라틴인들이 성부와 성자로부터의 발출(發出)을 두 가지 원리에서 주장한다고 이해한 터에서 자신들의 조치를 정당화했다. 양 교회가 합의하여 작성한 그 조항은 이러하다: "성령께서는 사실상 하나의 근원과 원인에게서 발출하시는 것처럼 영원히 본질적으로 성부와 성자에게서 발출하신다."

연옥 문제에서는 성인들이 사후에 즉각 지복직관의 상태로 들어간다고 결의했는데, 이 견해는 그리스 교회가 이전까지 배격해오던 것이었다. 연옥에 들어간 영혼들은 고통을 겪음으로써 죄를 씻는데, 살아 있는 자들의 기도로 도움을 받을 수 있다고 결의했다. 그리스인들의 요청으로 물질적인 불이 죄를 씻어준다는 견해는 배제되었다.

무교병 사용 문제는 그리스인들에게 용인되었다.

성찬 문제에서 "이것은 내 몸이라"는 말씀에 따라 성령께서 떡을 그리스도의 몸으로 바꾸어 주시기를 기도하던 그리스인들은 화체(transubstantiation)가 사제의 축사의 말씀을 사용할 때 발생한다는 데 동의했으나, 그 내용을 신조에 기록해 넣지 말아야 한다는 단서를 붙였다.

아무래도 가장 뜨거운 감자는 로마 주교의 수위성 문제였다. 동방 교회와 서방교회의 통합 규약은 그가 "베드로의 계승자이자 그리스도의 진정한 대리자이자 온 교회의 머리이자 모든 그리스도인들의 아버지와 스승으로서 온 교회에 대한 수위권을 가지며, 그리스도께서 베드로 안에서 그에게 보편 교회를 먹이고 감독하고 다스릴 권세를 부여하셨다"고 인정했다.[23] 이 파격적인 양보는 원 문서에 "에큐메니컬 공의회들의 법령들과 거룩한 교회법들에 의해 규명된 바에 준하여(according as)"라는 구절을 삽입하는 방식으로 수정되었다. 훗날 라틴인들은 그 구절을 "에큐메니컬 공의회들과 거룩한 교회법들에 의해 규명된 바와 똑같이 (even as)"로 수정했다. 라틴인들이 가한 변조는 초기의 에큐메니컬 공의회들을 로마 교황의 수위성을 뒷받침하는 증인으로 삼았다.

통합 규약은 "하늘은 기뻐하고 땅은 즐거워할지어다"(Loetentur coeli et exultat terra)는 문장으로 시작하는 결의문에 통합되었다.[24] 이 결의문은 동방 교회와 서방 교회 사이를 가로막고 있던 중간 담이 모퉁잇돌이신 그리스도에 의해 무너졌다고 선언했다. 장기간의 분열로 잔뜩 덮고 있던 어둠이 일치의 햇살 앞에서 사라졌다. 어머니 교회가 서로 갈리었던 자녀들이 평화와 사랑의 띠로 다시 결합하는 모습을 보고 기뻐했다. 그 일치는 성령의 은혜로 말미암은 것이었다. 통합 결의문은 7월 5일에 라틴인 115인과 그리스인 33인(그 중 18인이 수도 대주교였음)에 의해 서명되었다. 에베소 대주교 마르코스가 동방 대표단 가운데 서명을 거부한 유일한 사람이었다. 콘스탄티노플 총대주교는 한 달 전에 죽었으나 통합을 지지하는 글을 썼다. 그의 유해는 피렌체의 산타 마리아 노벨라 교회에 묻혔다. 피렌체의 라우렌티우스 도서관에 보관되어 있는 그의 유물들과 통합 결의서 원본이 통합과 관련하여 남은 유일한 유물이다.

1439년 7월 6일에 통합 결의서가 피렌체 대성당에서 공식적으로 낭독되었는데, 헬라어 본문은 베사리온(Bessarion)이, 라틴어 본문은 체사리니(Cesarini)가 낭독했다. 교황이 행사에 직접 참석하여 미사를 집례했다. 라틴인들이 라틴어 찬송들을 불렀고, 그리스인들은 그 뒤를 이어 자신들의 찬송들을 불렀다. 교황 유게니우스는 콘스탄티노플 방어를 위해 3백 명의 수비대 병력과 두 척의 전함을 파견하기로 약속했고, 필요할 경우 서방 기독교 세계가 지원 병력을 파견하도록 하겠다고 약속했다. 황제는 공식 행사가 끝난 뒤 밀린 다섯 달치 연금을 받기 위해 한 달을 더 체류하다가 베네치아를 경유하여 2년간 비워두었던 자신의 수도로 돌아갔다.

페라라 조약은 콘스탄티노플에서 철저히 배척당함으로써 휴지 조각으로 판명되었고, 거창한 행사와 화기애애한 분위기에서 체결된 모든 합의가 조소거리로

---

23) Mansi, XXXI. 1697.
24) 그 문서가 서명과 함께 Mansi, pp. 1028-1036, 1695-1701에 실려 있다.

전락했다.

그리스 대표단은 귀국하면서 무교병파(Azymites)라는 야유를 받았다. 그 명칭은 성찬 때 무교병을 사용한다는 이유로 동방인들이 라틴인들에게 붙인 것이었다. 이시도루스는 오펜에서 통합 선언문을 낭독한 뒤에 체포되어 수도원에 감금되었으며, 2년 뒤에 그곳을 빠져나와 로마로 갔다. 예루살렘·안디옥·알렉산드리아의 총대주교들은 1443년에 예루살렘에 모여 피렌체 공의회를 강도들의 회의로 단죄하고, 비잔틴 총대주교인 메트로파네스(Metrophanes)를 모친 살해범과 이단으로 단죄하는 내용의 서한을 발행했다.

물론 통합 합의문이 1452년 12월 14일에 성 소피아 교회에서 라틴의 어느 추기경에 의해 발행된 것이 사실이지만, 여섯 달 뒤에 콘스탄티노플은 이슬람교도들의 수중에 들어가고 말았다. 1472년에 콘스탄티노플에서 개최된 그리스 공의회는 통합안을 공식적으로 배척했다.

반면에 서유럽 전역에서는 로마 교회 정책의 승리가 공포되었다. 유게니우스의 위상은 실속 없는 승리에 의해 강화되었고, 그의 위상이 강화된 만큼 바젤 공의회의 영향력은 감소했다. 비록 동방 교회와 서방 교회 간의 관계가 페라라와 피렌체에서 돈독하게 발전하지는 못했으나 공의회는 그리스 학문과 문필이 서방 세계로 유입되도록 함으로써 다른 방향으로 유익한 영향을 끼쳤다.

아르메니아 교회와 야코부스파 교회의 대표단들도 각각 1439년과 1442년에 피렌체에 모습을 드러냈다. 콥트 교회와 에디오피아 교회도 대표단을 보냈으며, 바야흐로 그동안 흩어져 있던 기독교 세계의 모든 부분들이 대 통합을 이룰 시기가 도래한 듯했다. 1439년 11월 22일에 공포된 아르메니아 교회와의 통합안은 동방의 사절단이 성령께서 성자에게서도 발출하신다는 고백과, 그리스도의 두 본성과 (암시적 표현으로) 두 의지를 규명한 칼케돈 공의회의 결의를 받아들였음을 천명했다. 동방 가톨릭 아르메니아 교회(the uniate Armenians, 교황의 수위권을 인정하면서 동방 교회 고유의 전례와 관습은 유지하는 아르메니아의 교회: 역자주)는 오늘날까지 그 통합을 견지해 오고 있다. 아르메니아의 카톨리코스(catholicos. 총대주교에 해당하는 아르메니아 교회의 수장: 역자주)인 그레고리우스 9세는 통합을 강행하려고 하다가 폐위되었고, 1461년에 터키인들이 콘스탄티노플에 관저를 둔 아르메니아 총대주교를 세웠다.

1442년에 공포된 야코부스파와의 통합은 동방에서 보편적으로 부정되었다.

콥트 교회와 에디오피아 교회와 통합하려던 시도도 무산되었다. 유게니우스는 사절단을 동방에 파견하여 마론파와 네스토리우스파에게 재통합을 위한 노력을 알렸다. 키프로스 섬에 본거지를 두고 있던 네스토리우스파는 로마에 승복했으며, 마론파는 한 세기 뒤인 1516년에 제5차 라테란 공의회가 열릴 때 로마 교회에 받아들여졌다.

1445년 8월 7일에 유게니우스는 바젤에서 개회하여 오랫동안 끌어온 공의회를 정회하고, 장소를 페라라와 피렌체로 옮겨서 회의를 속개했으며, 라테란에서 공의회를 폐회했다.

제 3 장

가톨릭 사상의 지도자들

19. 참고문헌

For § 20. OCKAM AND THE DECAY OF SCHOLASTICISM. — No complete ed. of Ockam's works exists. The fullest lists are given by RIEZLER, see below, LITTLE: *Grey Friars of Oxford*, pp. 225–234, and POTTHAST: II. 871–873. GOLDAST's *Monarchia*, II. 313–1296, contains a number of his works, *e.g. opus nonaginta dierum, Compendium errorum Johannis XXII., De utili dominio rerum eccles. et abdicatione bonorum temporalium, Super potestatem summi pontiflcis, Quæstionum octo decisiones, Dial. de potestate papali et imperiali in tres partes distinctus,* (1) *de hæreticis,* (2) *de erroribus Joh. XXII.,* (3) *de potestate papæ, conciliorum et imperatoris* (first publ. 2 vols., Paris, 1476). — Other works: *Expositio aurea super totam artem veterem,* a com. on PORPHYRY's *Isagoge,* and ARISTOTLE's *Elenchus,* Bologna, 1496. — *Summa logices,* Paris, 1488. — *Super IV. libros sententiarum,* Lyons, 1483. — *De sacramento altaris,* Strassburg, 1491. — *De prædestinatione et futuris contingentibus,* Bologna, 1496. — *Quodlibeta septem,* Paris, 1487. — RIEZLER: *D. antipäpstlichen und publizistischen Schriften Occams* in his *Die literar. Widersacher,* etc., 241–277. — HAUREAU: *La philos. scolastique.* — WERNER: *Die Scholastik des späteren M.A.,* II., Vienna, 1883, and *Der hl. Thos. von Aquino,* III. — STÖCKL: *Die Philos. des M.A.,* II. 986–1021, and art. *Nominullsmus* in Wetzer-Welte, IX. — BAUR: *Die christl. Kirche d. M.A.,* p. 377 sqq. — MÜLLER: *Der Kampf Ludwigs des Baiern.* — R. L. POOLE in *Dict. of Natl. Biog.,* XLI. 357–362. — R. SEEBERG in Herzog, XIV. 260–280. — A. DORNER; *D. Verhältniss von Kirche und Staat nach Occam in Studien und Kritiken,* 1885, pp. 672–722. — F. KROPATSCHECK: *Occam und Luther* in *Beitr. zur Förderung christl. Theol.,* Gütersloh, 1900. — Art. *Nominalismus,* by STÖCKL in Wetzer-Welte, IX. 423–427.

For § 21. CATHERINE OF SIENA. — Her writings. *Epistole ed orazioni della seraphica vergine s. Catterina da Siena,* Venice, 1500, etc. — Best ed. 5 vols., Siena, 1707–1726. — Engl. trans. of the *Dialogue of the Seraphic Virgin Cath. of Siena,* by ALGAR THOROLD, London, 1896. — Her *Letters,* ed.

by N. Tommaseo : *Le lettere di S. Caterina da Siena*, 4 vols., Florence, 1860. — *Engl. trans. by Vida D. Scudder : *St. Cath. of Siena as seen in her Letters*, London, 1905, 2d ed., 1906. — Her biography is based upon the *Life* written by her confessor, Raymundo de Vineis sive de Capua, d. 1399 : *vita s. Cath. Senensis*, included in the Siena ed. of her works and in the *Acta Sanctt.* III. 853–959. — Ital. trans. by Catherine's secretary, Neri de Landoccio, Fr. trans. by E. Cartier, Paris, 1853, 4th ed., 1877. — An abbreviation of Raymund's work, with annotations, *Leggenda della Cat. da Siena*, usually called *La Leggenda minore*, by Tommaso d'Antonio Nacci Caffarini, 1414. — K. Hase : *Caterina von Siena, Ein Heiligenbild*, Leipzig, 1864, new ed., 1892. — J. E. Butler : *Cath. of Siena*, London, 1878, 4th ed., 1895. — Augusta T. Drane, Engl. Dominican : *The Hist. of Cath. of Siena*, compiled from the orig. sources, London, 1880, 3d ed., 1900, with a trans. of the *Dialogue*. — *St. Catherine of Siena and her Times*, by the author of *Mademoiselle Mori* (Margaret D. Roberts), New York, 1906, pays little attention to the miraculous element, and presents a full picture of Catherine's age. — *E. G. Gardner : *St. Catherine of Siena : A Study in the Religion, Literature, and History of the fourteenth century in Italy*, London, 1907.

For § 22. Peter d'Ailly. — Paul Tschackert : *Peter von Ailli. Zur Gesch. des grossen abendländischen Schismas und der Reformconcilien von Pisa und Constanz*, Gotha, 1877, and Art. in Herzog, I. 274–280. — Salembier : *Petrus de Alliaco*, Lille, 1886. — Lenz : *Drei Traktate aus d. Schriftencyclus d. Konst. Konz.*, Marburg, 1876. — Bess : *Zur Gesch. des Konst. Konzils*, Marburg, 1891. — Finke : *Forschungen und Quellen*, etc., pp. 103–132. — For a list of D'Ailly's writings, See Tschackert, pp. 348–365. — Some of them are given in Van der Hardt and in Du Pin's ed. of Gerson's *Works*, I. 489–804, and the *De difficultate reform. eccles.*, and the *De necessitate reform. eccles.*, II. 867–903.

For § 23. John Gerson. — *Works*. Best ed. by L. E. Du Pin, Prof. of Theol. in Paris, 5 vols., Antwerp, 1706 ; 2d ed., Hague Com., 1728. The 2d ed. has been consulted in this work and is pronounced by Schwab "indispensable." It contains the materials of Gerson's life and the contents of his works in an introductory essay, *Gersoniana*, I. i–cxlv, and also writings by D'Ailly, Langenstein, Aleman and other contemporaries. A number of Gerson's works are given in Goldast's *Monarchia* and Van der Hardt. — A *Vita Gersonis* is given in Hardt's *Conc. Const.*, IV. 26–57. — *Chartul. Univ. Paris.*, III., IV., under *John Arnaud* and *Gerson*. — J. B. Schwab : *Johannes Gerson, Prof. der Theologie und Kanzler der Universität Paris*, Würzburg, 1858, an exhaustive work, giving also a history of the times, one of the most thorough of biographies and to be compared with Hurter's *Innocent III.* — A. Masson : *J. Gerson, sa vie, son temps et ses œuvres*, Lyons, 1894. — A. Lambon : *J. Gerson, sa réforme de l'enseigement theol. et de l'éducation populaire*, Paris, 1888. — Bess : *Zur Gesch. d. Konstanz. Konzils ;* art. *Gerson* in Herzog, VI. 612–617. — Lafontaine : *Jehas Gerson, 1363–1429*, Paris, 1906, pp. 340. — J. Schwane : *Dogmengesch.* — Werner : *D. Scholastik d. späteren M.A.*, IV., V.

For § 24. Nicolas of Clamanges. — *Works*, ed. by J. M. Lydius, 2 vols., Leyden, 1613, with *Life.* — The *De ruina ecclesiæ*, with a *Life*, in Van der

HARDT: *Conc. Constan.*, vol. I., pt. III. — Writings not in Lydius are given by BULÆUS in *Hist. univ. Paris.* — BALUZIUS : *Miscellanea*, and D'ACHERY : *Spicilegium.* — *Life* in DU PIN's *Works of Gerson*, I., p. xxxix sq. — A. MÜNTZ: *Nic. de Clem.*, *sa vie et ses écrits*, Strassburg, 1846. — J. SCHWAB : *J. Gerson*, pp. 493–497. — Artt. by BESS in HERZOG, IV. 138–147, and by KNÖPFLER in Wetzer-Welte, IX. 298–306. — G. SCHUBERT: *Nic. von Clem. als Verfasser der Schrift de corrupto ecclesiæ statu*, Grossenhain, 1888.

For § 25. NICOLAS OF CUSA. — Edd. of his *Works*, 1476 (place not given), as ed. by FABER STAPULENSIS, 3 vols., 1514, Basel. — German trans. of a number of the works by F. A. SCHRAPFF, Freiburg, 1862. — SCHRAPFF : *Der Cardinal und Bischof Nic. von Cusa*, Mainz, 1843 ; *Nic. von Cusa als Reformator in Kirche, Reich und Philosophie des 15ten Jahrh.*, Tübingen, 1871. — J. M. DÜX : *Der deutsche Card. Nic. von Cusa und die Kirche seiner Zeit*, 2 vols., Regensburg, 1847. — J. UEBINGER : *D. Gotteslehre des Nic. von Cusa*, Münster, 1888. — J. MARX : *Nik. von Cues und seine Stiftungen zu Cues und Deventer*, Treves, 1906, pp. 115. — C. SCHMITT : *Card. Nic. Cusanus*, Coblenz, 1907. Presents him as astronomer, geographer, mathematician, historian, homilete, orator, philosopher, and theologian. — STÖCKL, III. 23–84. — SCHWANE, pp. 98–102. — Art. by FUNK in Wetzer-Welte, IX. 306–315.

20. 오컴과 스콜라주의의 쇠퇴

스콜라주의의 마지막 위대한 대변자는 둔스 스코투스(1308 죽음)였다. 그 이후로는 스콜라주의의 방법이 점차 비판을 받게 되었다. 새로운 문제들이 서유럽의 사상계에 대두했으며, 새로운 관심사들이 서유럽인들의 마음을 사로잡았다. 학교와 수도원을 중심으로 활동하던 신학자가 소책자들과 공의회장에서 견해를 발표하는 실제적인 신학 논객에게 자리를 내주었다. 자유로운 토론이 교의적 주장의 헤게모니를 깨뜨렸다. 교부들과 교황의 권위가 절대적 장악력을 상실했으며, 사상가들은 당대 기독교 세계의 일반적인 판단과 오직 성경 혹은 이성에서 또 다른 권위의 근거를 찾으려고 했다. 학문과 자연 세계에 대한 새로운 관심이 사회에 끼치는 실용적 가치보다 신학적 독창성을 과시하는 데 더 치중했던 치밀한 신학 체계에서 시선을 돌렸다. 문필 활동에 유럽의 자국어들을 사용하면서 당대의 현안들을 더욱 적실성 있게 다루게 되었다. 로저 베이컨(Roger Bacon)의 논의들은 14세기 초에 유럽인들의 정신이 크고 작은 신학 쟁점들을 추상적이고 형이상학적으로 진술하던 데서 좀 더 실제적이고 호소력을 갖춘 증명의 세계로 이행(移行)하고 있었음을 보여준다.

당시에 남아 있던 주요 변증적 스콜라 학자들은 두란두스(Durandus)와 윌리엄 오컴(William Ockam)이었다. 15세기 말 직전에 죽은 튀빙겐의 가브리엘 비엘이 대체로 마지막 스콜라 학자라 불린다. 간혹 중세 스콜라주의자들의 명단에 포함되는 다이(D'Ailly)와 제르송, 위클리프 같은 사람들은 분명히 다른 계층에 속한다.

두란두스와 오컴의 스콜라주의가 지닌 전형적인 특징은 이성과 계시를 좀 더 뚜렷이 구분한 점이다. 이들은 둔스 스코투스의 노선을 따라서 계시 신학에 독특한 교리들이 순수 이성으로 입증되지 않는다고 주장했다. 이들은 교회가 받아들이던 교의적 진리 체계에 대해서 의문을 제기하지 않았다.

두 번째 특징은 독창성이 없었다는 점이다. 두 사람은 자신들이 물려받은 것을 자세히 설명했다. 전대의 스콜라 학자들이 신학 쟁점들을 이미 모든 각도에서 철저히 논했기 때문이다.

세 번째 특징은 로스켈리누스가 벌써 2백 년이 넘는 과거에 주장한 원리인 유명론을 되살리고 부각시켰다. 유명론자들은 용어론자들(Terminists)이라고도 불렸는데, 이는 그들이 단어들을 개념과 실재가 반드시 따라붙지만은 않는 용어들로 표현했기 때문이다. 보편자(a universal)는 무수한 사물들 혹은 무수한 사물들에 공통된 것을 가리키는 상징 혹은 용어일 뿐이라고 그들은 보았다. 보편성(universality)이란 정신적 개념의 양태(mode)에 다름 아니라고 했다. 파리 대학교는 유명론이 확산되는 것을 저지했으며, 1339년에 파리 대학교의 네 국가 단체는 사적으로든 공적으로든 오컴의 사상을 강의하거나 그 강의를 듣는 행위를 금지했다.[1] 1473년에 프랑스 왕 루이 11세는 파리 대학교 교수들에 대해서 오컴의 사상을 가르치는 행위를 금하고, 오컴과 마르실리우스 등의 저자들의 저서들을 사용하지 못하게 했다. 이 법령은 1481년에 철회되었다.

결연한 박사(doctor resolutissimus)로 알려진 **두란두스**(1334 죽음)는 클레르몽 교구에 속한 포르캥에서 태어나 도미니쿠스회에 가입했고, 1317년에 교황 요한 22세에게 리무의 주교로 임명되었으며, 훗날 퓌(Puy)의 주교와 모(Maeaux)의 주교로 승진했다. 그는 프란체스코회 수도회칙 가운데 일부 규정과 요한 22세의 지복직관 견해를 비판했으며, 1333년에는 어떤 위원회에 의해서 일곱 가지 오류

---

1) Chartul. II. 485. 또한 p. 507, etc.

를 범한 죄로 논박을 당했다. 그의 신학적 견해는 그가 젊었을 때 쓰기 시작하여 노년에 완성한 롬바르두스에 관한 주석에 실려 있다. 그는 토마스 아퀴나스의 몇몇 견해를 공격함으로써 독립성을 과시했다. 그가 선대의 학자들보다 한 걸음 더 나간 점은 성경을 전승의 위에 둔 것과, 선대 학자들의 진술들을 아리스토텔레스를 비롯한 철학자들의 발언보다 더 권위 있게 평가한 것이다. 그는 실재하는 모든 존재가 개별적으로 존재한다고 주장했다. 보편자란 장작을 잘게 쪼개듯이 구분할 수 있는 실체가 아니라고 했다. 객체들(objects)이 하나의 종(種)으로 무리지어 있는 단위인 보편자는 정신의 활동에 의해서 개별자들로부터 연역된다고 했다. 한 종에 공통된 것은 그 종에 속한 개별자들과 구분되는 실제 존재를 지니지 않는다고 했다.

성찬 교리에서, 두란두스는 교회가 견지한 견해에 충분히 만족하지 않은 듯하며, "이것은 내 몸이라"는 구절이 "~ 아래 포함된"(contentum sub hoc)이란 뜻일 수도 있음을 암시했다. 이것은 루터의 공재설(共在說, consubstantiation)에 근접한 견해이다. 제르송은 이 신학자를 토마스 아퀴나스와 브래드워딘, 헨트의 앙리와 함께 나바르 대학 학생들에게 천거할 정도로 높이 평가했다.

14세기에 가장 심오한 스콜라 학자는 불굴의 박사(doctor invincible)라 불린 영국인 윌리엄 오컴(William Ockam, 1349 죽음)이었다. 그는 유명론을 옹호했다는 이유로 가경적 창시자(venerabilis inceptor)라고도 불렸다. 명쾌함보다는 방대한 부피에서 돋보이는 그의 저서들은 15세기 말에 많이 출판되었으나, 그 뒤로 여러 세기 동안 절판되었다. 그의 총서는 나온 적이 없다. 오컴의 사상은 엄격히 중세적인 요소들과 종교개혁자들과 현대 철학이 채택한 요소들을 결합한다. 그는 프란체스코회 신령파의 주장에 동조함으로써 요한 22세와 베네딕투스 12세 이 두 교황과 논쟁을 벌였다. 그가 교황 무류성을 부정한 것은 신학적 확신에서 우러나온 수장이라기보다는 신령파의 냉문을 보호하기 위해 투쟁하는 과정에서 방편적으로 사용한 무기였다는 인상을 준다.

오컴의 초기 생애에 관해서는 알려진 바가 거의 없다. 그는 잉글랜드 서리에서 태어나 옥스퍼드에서 공부했고(아마도 그 대학교에서 둔스 스코투스에게 배운 듯하다), 프란체스코회에 가입했으며, 1315~1320년에 파리 대학교 교수를 지낸 듯하다. 그는 그리스도의 절대 가난 교리를 옹호한 혐의로 요한 22세의 지시로 재판을 받고 유죄 판결을 받은 뒤 투옥되었다.[2] 1328년에 그는 독일 황제 바이에른인 루이스의 도움으로 동료들인 체세나의 미카엘과 보나그라티아와 함께 옥에서 빠져나와 피사로 피신했다. 그때부터 황제와 이 스콜라 학자는 앞서 언급한 대로 서로를 보호해 주었다. 오컴은 황제를 수행하여 뮌헨에 갔다가 파문을 당했다. 체세나가 죽으면서 프란체스코회의 인장(印章)이 그의 손에 넘어갔으나, 그는 다음 해에 자신의 모든 권위를 프란체스코회 총장 파리네리우스(Farinerius)에게 넘겨주었다. 교황 클레멘스 6세는 그에게 오류들을 철회한다면 사면해 주겠다고 제의했다. 그가 이 제의를 받아들였는지는 확인되지 않는다. 그는 뮌헨에서 죽어 그곳에 묻혔다. 이 저명한 영국인이 명성을 얻은 이유는 유명론을 되살린 점과, 그의 정치 이론들, 그리고 종교적 권위의 최종 소재를 정의한 점에 있다.

그의 유명론 이론은 명쾌했으며, 안셀무스로부터 계속된 위대한 스콜라 학자들의 실재론을 조금도 관용하지 않았다. 보편자들이란 단지 용어들이나 상징들, 정신의 허구들(fictiones, signa mentalia, nomina, signa verbalia)일 뿐이라고 했다. 그것들은 거울에 비친 상들과 같다. 보편자는 지적 행위(actus intelligenda)을 표상으로 나타낼 뿐, 그 이상의 의미를 지니지 않는다. 만약 하나님의 정신 안에 구체적 실체들 같은 개념들이 존재했다면, 보이는 세계는 그 개념들로부터 창조된 것이지 아무것도 없는 데서 창조된 것이 아닌 셈이라고 그는 주장했다.

둔스 스코투스의 노선을 따라서, 오컴은 결정론(determinism)을 가르쳤다. 하나님의 절대 의지가 만물을 현재 상태대로 만든다. 그리스도께서는 만약 하나님께서 그렇게 정하셨다면 나무나 돌이 되실 수도 있었다. 아리스토텔레스의 주장과 달리, 육체는 동시에 여러 종류의 운동을 할 수 있다. 윤리 분야에서, 그는 만약 하나님께서 그렇게 뜻하셨다면 현재는 악한 것이 선하게 되었을 수도 있었다고 주장했다.

시민 정부의 분야에서, 오컴은 1338년에 선제후들이 렌제에서 채택한 입장을 옹호하면서, 황제가 교황의 재가를 받을 필요가 없다고 주장했다. 황제의 직위는 하나님에게서 직접 나온다고 했고, 교회는 사제적 기관으로서 성례를 집행하고 사람들에게 구원의 길을 보일 뿐 세속적 권세(potestas coactiva)를 지니지 않는다고 했다.[3]

---

2) 투옥이 4년간 계속되었다.

이 사상가는 최종 권위를 성경에서 찾았다. 삼위일체와 성육신 같은 진리들은 논증으로 연역할 수 없다. 하나님의 존재는 이른바 신(神) 개념을 가지고 증명할 수 없다. 다신(多神) 사상은 한 분 하나님의 존재뿐 아니라 이성에 의해서도 거짓임을 증명할 수 있다. 교황들과 공의회들은 오류를 범할 수 있다. 성경만 무오하다. 그리스도인은 성경이 가르치지 않는 어떤 것도 믿도록 강요받아서는 안 된다.

교회는 신자들의 공동체(communitas 혹은 congregatio fidelium)이다. 로마 교회는 그것과 동일하지 않으며, 이 신자 공동체는 로마 교회에서 독립하여 존재할 수도 있다. 만약 교황이 절대권을 지닌다면, 복음의 법은 모세 율법보다 더 강압적 성격을 띠게 되는 셈이다. 그렇게 되면 모든 사람이 교황의 노예가 될 것이다. 교황제는 필수적인 제도가 아니다.

성찬 교리에서, 오컴은 전통적 견해를 그리스도의 몸이 떡과 나란히 임한다는 견해보다 개연성이 낮다고 설명한다. 도이츠의 루페르트가 가르친 이 '성체성찬 동재설'(impanation, 그리스도의 살과 피가 떡과 포도주에 깃들어 있다는 견해: 역자주)은 루터의 공재설에 근접한다. 하지만 오컴은 이 견해가 덜 명쾌하다는 이유와 하나님의 권세가 무제한하다는 이유로 결국 교회의 견해를 받아들였다. 이전에 파리의 장(1308 죽음)은 그리스도가 성물들 안에 임재하시는 것을 성육신하신 몸에 두 본성이 공존한 것에 비유했다가 파리 대학교 교수직을 박탈당한 바 있다(1304). 가브리엘 비엘도 견해가 비슷했다.

오컴이 세속 권력·교황 오류성·성경의 무오성·성찬에 관해 제시한 견해는 루터의 견해와 자주 비교된다. 독일의 그 개혁자는 영국의 이 스콜라 학자를 "의심의 여지 없이 스콜라 학자들의 지도자이자 지적 역량이 가장 뛰어났던 인물"로 평가했다. 그를 자신의 "친애하는 스승"이라고 불렀으며, 스스로 오컴파로 자저했다. 하지만 두 사람은 사실상 전혀 같지 않았다. 오컴은 신학자였을 뿐 개혁자가 아니었고, 과감한 발언을 하긴 했으나 중세의 자녀로 남았다. 신학 문제들을 가지고 어떤 학파나 학교를 시작한 일이 없다. 루터는 살아 계시는 그리스도에 대한 인격적 신앙을 중시했다. 성경에서 새로운 원리들을 발견했으며, 그 원

---

3) 클레멘스 6세는 오컴이 파두아의 마르실리우스한테서 정치적 이단 사상을 주입받았다고 주장했다.

리들을 개인과 민족의 신앙과 행위를 이끌어 가는 적극적 힘으로 삼았다. 만약 루터가 14세기에 살았다면 그를 오컴과 같은 반열에 놓을 수 있을 것이다. 하지만 오컴이 16세기에 살았다면 개혁자가 되었을 것이라고 생각할 수 없다. 그는 16세기에 살았더라도 수사의 신분을 포기하지 않았을 것이다. 오컴의 장점은 마르실리우스를 비롯한 사상 지도자들과 함께 자유 토론이라는 새로운 정신을 그 시대에 불어넣었고, 당대의 전통적 교의들을 비판할 정도로 담대했다는 점에 있다. 이런 방식으로 그는 권위의 좌소에 관한 중세의 그릇된 이론이 해결되지 않은 채 남게 되는 데 이바지했다.

21. 시에나의 성 카테리나

이탈리아에서 아시시의 프란체스코 다음으로 유명한 사람이 시에나의 카테리나(Catherine of Siena, Caterina da Siena, 1347-1380)이다. 이 여성은 한 세기 전에 살았던 튀링겐의 엘리자베트와 함께 교회로부터 시성을 받은 중세 여성들 가운데 가장 유력한 인물이다. 카테리나가 명성을 얻게 된 비결은 경건에 주력하고 교회와 민족을 위해 노력한 데 있다. 이 여성은 자신의 이름을 대를 이어 존경할 만한 수도회를 남기지 않았다. 중세 이탈리아의 여성들 가운데 사회 활동을 가장 왕성하게 했음에도 불구하고 한 점 흠이나 상처 없이 거리들과 궁정들을 지났다. 시에나의 가난한 시민의 딸로서 빈민들과 병자들을 위해서 사역했는가 하면, 천상의 예언자로서 교황들과 국가들의 양심에 호소하기도 했다. 고향 시에나 사람들은 라 베아타 포플라나(la beata poplana) 곧 민중의 복된 딸이라는 아름다운 이름을 지어주어 경의를 표했다.

그녀의 고해신부 겸 전기작가가 전한 그녀의 생애가 상당 부분 전설일 가능성이 높고, 경건했던 것 못지않게 히스테리도 강한 점이 있었으나, 그럴지라도 그녀는 숭고한 비전에 감화를 받는 모든 사람들의 존경을 받을 자격이 있고 또한 앞으로도 존경을 받을 것이다. 카테리나의 부단한 노력을 소개한 글과 영혼의 온기를 다 바쳐 작성한 편지들을 읽으면서 이 시에나 여성이 참으로 대단한 인물로서 당대의 피렌체 나이팅게일이었다는, 혹은 최근의 전기작가가 평가해 놓은 대로 "역사상 가장 놀라운 여성의 한 사람"이라는 느낌이 들지 않게 하려면 대단한 절제가 필요할 것이다. 철저히 중세 로마의 입장에 섰던 학자인 그레고로비우스의 평가를 음미해 봄직도 하다. "카테리나의 모습은 마치 천사처럼 시대의 어둠을 뚫고 날아다니며, 그녀의 자애로운 역량이 부드러운 빛으로 비춘다. 그녀의 생애는 당대 교황들의 생애보다 역사 기록의 대상으로 삼을 가치가 분명히 크다."

카테리나 베닌카사(Catherine Benincasa)는 자녀가 스물다섯인 가정의 스물셋째로 태어났다. 쌍둥이 자매인 조반나는 어릴 때 세상을 떠났다. 아버지는 부유한 염색업자였고, 어머니 모나 라파(Monna Lapa)는 딸보다 오래 살았다. 카테리나는 어머니를 극진한 존경으로 대했고, 편지를 자주 썼고(그 중 여러 통이 현존한다), 여행길에 자주 모시고 다녔으며, 로마에서 마지막 날들을 보낼 때에도 그곳에 어머니와 함께 있었다. 카테리나는 학교 교육을 받지 못했으며, 읽고 쓰기도 다 자란 뒤에야 배웠다.

어릴 적부터 종교적 감수성이 예민했으며, 고향 근처에 있던 도미니쿠스회 수도원 교회에 자주 다녔다. 카테리나가 어릴 적에 일으켰다고 하는 기적들은 그녀의 고해신부 겸 전기작가인 카푸아의 라이문드(Raymund)가 전한 것이다. 열두 살에 부모가 시집을 보내려 하자 카테리나는 그 상황을 피하기 위해서 아름다운 머리카락을 잘라버렸다. 그리고는 도미니쿠스회 제3수도회에 들어갔는데, 이 단체의 여성 신도들은 검은 외투를 입고 지낸 까닭에 만텔라테(mantellate)라 불렀다. 라이문드는 "자연이 그녀에게 지나치게 아름다운 얼굴을 주지 않았다"고 하면서, 얼굴에 천연두 자국이 있었다고 전한다. 그럴지라도 마음을 사로잡는 표정과 여러 가지 선량한 정신이 있었으며, 노래를 즐기고 웃음이 해맑았다고 한다. 일단 신앙 생활에 들어선 다음부터는 매일 세 번 스스로 채찍질을 하는 등 — 한 번은 자신을 위해서, 또 한 번은 살아 있는 자들을 위해서, 또 한 번은 죽은 자들을 위해서 — 엄격한 고행을 실천했다. 겉옷 속에 털옷을 입고 사슬을 차고 지냈다. 어느 사순절 기간에는 성찬 때 주는 빵만 먹고 연명했다. 이러한 생활을 아버지의 집 방 한켠에서 해나갔다. 카테리나는 수녀원에 정식으로 들어간 적이 없었다. 젊었을 때 실천한 이런 극단적인 금욕 생활을 훗날 나이가 들어서는 무의미한 것으로 평가했다.

카테리나는 어릴 때부터 환상과 계시를 보았다. 한 번은 다른 소녀들처럼 살고 싶은 강렬한 유혹을 몇 시간 동안 겪은 뒤에 구주께서 십자가에 양팔을 달리신 모습으로 나타나셔서 이렇게 말씀하셨다. "내 딸 카테리나야, 내가 너를 위해서 얼마나 큰 고통을 당한 줄을 모르느냐? 나를 위해서 고생하는 것을 어렵게 생각하지 말아라." 이 말씀에 두려움에 사로잡힌 카테리나가 "주님, 제가 그런 불순한 생각으로 시험을 받을 때 어디에 계셨나이까?" 하고 묻자, "나는 네 마음에 있느니라" 하고 주님은 대답하셨다. 카테리나 자신의 진술에 따르면 1367년에 구주께서 그녀와 약혼하시면서 손가락에 반지를 끼워주셨다고 한다. 이후로 다른 사람들의 눈에는 보이지 않는 반지를 그녀는 항상 보며 살았다. 카테리나는 죽기 5년 전에 그리스도에게서 직접 성흔(聖痕)을 받았다. 참기 힘든 고통을 준 이 성흔들 역시 다른 사람들의 눈에는 보이지 않았으나 카테리나에게는 엄연한 현실이었다.

카테리나는 계시에 순종하여 그동안 해오던 은둔 생활을 청산하고서 스물의 나이에 사회로 나가 구제 사역을 적극 수행했다. 그것이 1367년의 일이다. 빈민들과 병자들을 찾아다녔으며 곧 성읍 전체에 구원의 천사로 알려지게 되었다. 1374년에 전염병이 돌고 있는 동안 의사들이 포기한 환자들을 불철주야 간호하여서 낫게 했고, 심지어 죽은 자들도 살려냈다. 성읍 바깥에 살던 문둥병 환자들도 방치해 두지 않았다.

카테리나가 라이문드에게 보낸 편지에 진술한 그녀의 생애 가운데 두드러진 사건의 하나는 시장을 모욕한 죄로 사형 언도를 받은 젊은 귀족 니콜로 툴도(Niccolo Tuldo)를 대해준 태도이다. 그 젊은이는 절망의 나락에 빠져 있었으나, 카테리나의 영향으로 평온을 되찾았을 뿐 아니라 죽음 앞에서도 즐거워할 수 있게 되었다. 카테리나는 사형장까지 그와 함께 있어주다가 형이 집행된 뒤에 그의 머리를 받았다. 그때의 일을 이렇게 적었다. "손에 머리를 받아들었는데, 그 순간 마음으로 생각할 수도 없고 입으로도 표현할 수 없는 벅찬 감회가 차 올랐습니다." 형 집행 직전에 카테리나는 그 불행한 사람이 미사를 드리러 갈 때 동행해 주었는데, 그곳에서 그 젊은이는 처음 성찬을 받았다. 그가 남긴 마지막 말은 "내게는 예수와 카테리나밖에 없습니다"라는 것이었다. "이 말을 남기고 죽은 그의 머리를 내 손으로 받았습니다" 하고 그의 은인은 전했다. 그 뒤 카테리나는 그가 그리스도의 품에 들어가는 것을 보았으며, 더 나아가 이렇게 썼다. "그가 안식에 들어갈 때 그의 머리에서 흐르는 피의 향기가 너무나 좋아서 피가 내 몸에 젖어드는 것을 가만히 둔 채 내 영혼도 평안히 쉬었습니다."

이러한 여성의 명성이 고향 성읍의 성내에만 갇혀 있을 리가 없었다. 이웃 도시들과 심지어 아비뇽의 교황에게까지도 카테리나의 자선 활동과 그녀가 본 계시들에 관한 소문이 들어갔다. 신앙의 위안을 찾는 사람들의 안내자요 병들어 죽어가던 사람들의 보호자인 카테리나가 이제는 이탈리아의 정치와 교회의 번영이라는 더 넓은 영역으로 들어가게 되었다. 그녀의 관심사는 교황청을 지지하고 성직자들의 도덕 수준을 개선하고 평화를 정착시키는 방향으로 분산되었다. 카테리나는 교황 그레고리우스 11세에게 로마로 돌아오라고 촉구했다. 토스카나의 도시들이 아비뇽 교황들에게 반기를 들지 못하도록 막고, 피렌체에 내려진 성무 중지령을 중단시키기 위해 총력을 기울였으며, 대립교황 클레멘스 7세와 대치하고 있던 우르바누스 6세를 지원했다. 동일한 열정으로 그레고리우스에게 성직자들에 대한 개혁을 단행할 것과, 추기경들과 주교들을 선출하는 일에 성직 매매와 아첨을 용인하지 말 것, 그리고 "양 우리에서 좋은 음식과 화려한 잔치와 최상급 의복만 생각하는 이리들과 인간의 탈을 쓴 귀신들을 내쫓을 것"을 촉구했다. 십자군 원정의 열기를 새로 일으키기 위해서도 남다른 열정을 기울였다. 이탈리아에 와 있던 두려운 용병 존 호크우드 경(Sir John Hawkwood)에게 보낸 편지에서 십자군 원정의 필요를 역설하면서, 전투가 그토록 즐겁다면 이제는 창 끝을 그리스도인들에게 겨누지 말고 이교도들에게 겨누어야 할 것이라고 썼다. 키프로스의 여왕에게도 같은 주제로 편지를 보냈다. 그레고리우스 11세에게도 "어린양의 피를 가련한 이교도들에게도 전할 수 있게 하고", 회심한 자들에게는 기독교 세계에서 교만과 그 밖의 악들을 제거할 수 있도록 돕기 위해서 십자군 원정을 감행하라고 거듭 촉구했다.[4]

카테리나는 피사에 대한 지지를 확보해달라는 그레고리우스의 부탁을 받고서 그 도시를 방문했다. 그곳에서 대주교와 공화국 수장에게 극진한 영접을 받았으며, 그녀가 자기 기만이나 오류에 빠져 있음을 입증하기 위해서 찾아온 대학교수 두 사람을 자신의 지지자로 만들어 놓았다. 그들에게 자신은 하나님께서 세상을 어떤 방식으로 창조하셨는가 하는 것이 하나도 중요하지 않고, 다만 "하나님의 아들이 우리의 인간 본성을 취하시고 우리를 구원하시기 위해서 살다가 돌아가셨다는 것을 아는 것이 중요하다"고 말했다. 두 교수 중 한 사람은 심홍색

---

4) Scudder, Letters, pp. 100, 121, 136, 179, 184, 234 등.

벨벳 모자를 벗고서 카테리나 앞에 무릎을 꿇고는 용서를 구했다. 카테리나는 그 도시에서 병자들을 치료함으로써 민중의 신뢰를 얻었다. 이번 방문에 어머니와 뜻을 같이하는 여러 여인들과 함께했다.

카테리나의 생애는 상당 부분이 피렌체의 역사와 밀접히 연결되어 있다. 당시 이탈리아 북부에서는 아비뇽 체제에 대한 반대 정서가 무르익고 있었는데, 그런 상황에서 그 지역에 기근이 들었을 때 볼로냐 주재 교황특사가 피렌체에 대한 생필품 운송을 금지하자 전쟁이 벌어졌다. 카테리나는 피렌체 당국의 초청으로 1375년에 그 도시를 방문했고, 일년 뒤에는 평화 협상을 체결하는 임무를 띠고서 아비뇽을 방문했다. 교황은 아비뇽을 방문한 그녀에게 존경을 표시했으나 주저하는 기색도 없지 않았다. 대표단의 다른 요원들은 아비뇽에 도착하자 카테리나의 권한과 그녀의 방법을 인정하기를 거부했다. 교황청의 추기경들은 그녀를 냉대했으며, 여인들은 그녀가 기도할 때 올가미를 던지는 식으로 조소를 보냈다. 그 중 교황의 조카인 마담 드 보포르 튀렌(Madame de Beaufort Turenne)은 카테리나의 옆에 무릎을 꿇고 앉아 있다가 칼로 그녀의 발을 찔렀는데, 이때 받은 상처 때문에 카테리나는 평생 다리를 절었다.

그 염색업자의 딸은 이번에는 로마로 귀환하려는 뜻을 품은 교황을 독려하고, 그 구상에 반대하던 추기경들의 음모를 분쇄하는 데 총력을 기울였다. 자신의 소원이 성취되는 것을 확인한 뒤에는 이탈리아로 돌아가 레그혼에서 어머니를 만났고, 교황에게 받은 임무를 가지고 피렌체로 갔다. 피렌체 당국으로 하여금 그 도시에 내려졌던 성무 중지령에 굴복하도록 설득했고, 그 노력이 어느 정도 성공을 거두었다. 교황직에 경외심을 갖고 있었기에 교황의 명령에 수동적으로 순종했다. 그레고리우스의 후임자 우르바누스 6세는 성무 중지령을 철회했다. 그 뒤 카테리나는 시에나로 돌아가 기도와 순종, 사려분별 등의 덕목들을 다룬 신비주의적 색채를 띤 「대화록」(*Dialogue*)을 구술(口述)의 방식으로 집필했다. 카테리나는 그 책을 쓸 때 오직 하나님께서만 안내자가 되어 주셨다고 밝혔다.

우르바누스가 선출된 직후에 어려운 문제들이 발생했을 때, 그 교황은 시에나에 사람을 보내 그 유명한 딸을 로마로 불러들였다. 두 사람은 전에 로마에서 만난 적이 있었다. 카테리나는 어머니와 동무들을 데리고 1378년 가을에 그 거룩한 도성으로 갔다. 그 일행은 집 한 채에서 따로 거하면서 구제를 받아 지냈다. 카테리나는 우르바누스에게 "오직 회개와 기도와 정절과 사랑의 무기만 가지고 싸우라"고 조언했으나, 교황은 그 말을 귀담아듣지 않았다. 하지만 그녀가 로마를 방문한 사실이 유익한 영향도 발휘했는데, 한 번은 소요 사태가 발생하여 폭도가 바티칸 궁으로 쏟아져 들어올 때 카테리나가 중재자로 나서자 그녀의 얼굴과 말 앞에서 소요 사태가 진정되었다.

카테리나는 1380년 4월 29일에 배 위에서 숨을 거두었다. 곁에서 임종을 지켜보던 동무들에게 이런 말을 남겼다. "사랑하는 아이들아, 나의 죽음 앞에서 슬퍼하지 말고, 내가 이 고통의 땅을 떠나 고요한 바다이신 영원하신 하나님 안에 안식하면서 지극히 반갑고 사랑스러운 나의 신랑과 영원히 결합하러 간다고 생각하여 오히려 기뻐하길 바란다. 이제 나는 어둠을 떠나 참되고 영원한 빛으로 들어가므로, 앞으로 너희를 다시 만나서 더 유용한 사람이 되어주기로 약속하마." 그리고는 몇 번이고 "주님, 저는 죄인입니다. 저를 긍휼히 여기시옵소서" 하고 되뇌었다. 우르바누스와 온 교회와 동무들을 위해서 기도했으며, 그런 다음 "주님의 손에 저의 영혼을 맡기옵니다" 하는 말을 반복하면서 세상을 떠났다.

죽을 당시에 카테리나의 나이는 아직 서른셋도 되지 않았다. 장례식은 우르바누스의 지시로 성대하게 치러졌다. 일년 뒤에 그녀의 머리가 성골함에 담겨 고향 시에나로 보내졌으며, 1461년에 그녀는 그 도시가 낳은 유명한 아들 교황 피우스 2세에 의해 시성되었다. 교황은 "그녀를 찾아간 사람들 중에 더 낫게 되어 돌아가지 않은 사람이 없다"는 극찬을 남겼다. 1865년에 로마의 산타 마리아 소프라 미네르바 교회가 재개방되었을 때 그녀의 유골이 행렬의 대오에 실려 거리 곳곳을 통과했다. 주교 4인이 은으로 된 유골 단지를 운반했다. 그 교회에 그녀에게 봉헌된 제단에는 지금도 등불이 항상 켜져 있다. 1866년에 피우스 9세는 그 염색업자의 딸을 로마의 수호성인과 보호자로 격상시켰다. 사도들의 수장과 동렬에 오르게 된 것이다. 페트라르카는 카테리나가 로마를 교황의 거처로 가장 열성적으로 옹호한 인물로 평가하며, 그 열성이 순전히 종교적인 것이었다고 말한다.

카테리나가 남긴 편지들과 「대화록」에서 그녀의 영혼의 전기를 읽게 된다. 편지들은 거의 4백 통이나 현존한다. 이 편지들은 성인의 삶을 살다간 여성의 생각과 내면의 삶을 보여주는 점에서 뿐 아니라, 페트라르카가 남긴 편지들에 버금가는 14세기의 서간문이라는 점에서도 유력한 지위를 차지한다. 카테리나는 자기 어머니와 수녀들, 고해신부 카푸아의 라이문드, 세상 향락에 중독된 남녀들,

시장들과 왕비들과 왕들, 추기경들, 교황들인 그레고리우스 11세와 우르바누스 6세 등 모든 계층 사람들에게 편지를 통해 조언을 했고, 구체적인 행동 방식과 동기를 제시했고, 애원과 훈계의 표현들을 사용했으며, 나폴리 여왕에게 쓴 편지에서처럼 하나님의 심판으로 경고하기를 주저치 않았다. 그녀의 편지들에는 지혜로운 조언이 가득 담겨 있다.

카테리나의 편지들은 큰 계명들을 인용하고, 예수께서 물로 포도주를 만드신 기적과 성전에서 환전상을 쫓아내신 일, 그리고 열 처녀 혼인 잔치 같은 비유들을 자세히 언급하는 등 그녀가 신약성경의 내용을 어느 정도 알고 있었음을 보여준다. 카테리나가 가장 자주 사용하는 표현은 그리스도의 피로서, 그녀는 서신의 상대방들, 심지어 교황과 추기경들에게까지 신비주의적인 방식으로 그 피로 목욕하고 흠뻑 젖으며 취하라고, 더 나아가 그 피로 옷 입고 충만하라고 권고한다. "이는 그리스도께서 우리를 금이나 은이나 진주나 다른 보석으로 사시지 않고 당신의 보혈로 사셨기 때문"이라고 그 이유를 밝힌다.[5]

카테리나에게 신앙 생활이란 의지를 하나님의 뜻에 굴복시키고 기도와 사랑 실천에 전념하는 것이었다. "당신의 의지가 십자가에 달리신 그리스도께 붙어 있을 수 있도록 남김없이 버리십시오." 자녀들을 잃은 어머니에게 그녀가 해준 조언이다. 세상을 등진 수녀 바르톨로메아 델라 세타(Bartolomea della Seta)에게 쓴 글에서는 구주께서 "죄와 선행은 의지의 동의를 받아 이루어지며, 자발적으로 나오지 않는 죄나 선행이란 없다"고 말씀하셨다고 전한다. 또 다른 사람에게 쓴 글에서는 이렇게 썼다. "나는 육신만 죽이고 의지를 죽이는 법을 배우지 못한 까닭에 인내하지도 않고 순종하지도 않는 참회자들을 이미 많이 보았습니다."[6]

카테리나의 견고한 종교 철학은 외적인 규율이 영혼의 승리를 얻게 하는 데 유일하거나 절대적이거나 최선의 방책이 아님을 거듭 주장하는 데서 나타난다. 육신이 약하거나 질병에 걸리면 사려판단의 규율은 육체적 규율에 따른 행위를 곁으로 치워버린다고 카테리나는 주장했다. "금식을 중단하고, 혹시 하루 한 끼로 충분하지 않으면 하루 네 끼라도 먹어야 합니다"고 썼다. 거듭해서 고행이 하나의 방편일 뿐이라고 말한다. 오르비에토의 수녀 다니엘라(Daniella)에게 쓴 편

5) Letters, pp. 54, 65, 75, 110, 158, 164, 226, 263, 283 등.
6) Ibid, pp. 43, 162, 152, 149.

지에서는 다음과 같은 주목할 만한 발언을 한다. "약간의 유익을 주는 고행이 내면의 경건으로 얻을 수 있는 더 큰 유익을 가로막을 수 있습니다. 고행은 악을 잘라내지만 그 뿌리가 항상 속에 남아 있어서 언제라도 다시 자라날 태세를 갖추고 있지만, 선행은 악을 뿌리째 뽑습니다."

카테리나는 금욕주의자였으나, 그럴지라도 어떠한 복음적 생활 지침서도 그녀가 구체적으로 제시한 것만큼 참된 것을 내놓지 못했다. 그리고 이 숭고한 여성은 자신이 해놓은 진술들을 다른 사람들을 위한 표준으로 삼기를 거부하고, "경솔하게도 모든 사람을 하나의 동일한 잣대, 즉 스스로를 평가하는 잣대로 평가하고 싶어하는" 사람들을 비판함으로써 참으로 숭고한 면모를 드러냈다. 자신의 조카딸 나나 베닌카사(Nanna Benincasa)에게 쓴 편지에서 그녀는 마음을, 위는 넓고 아래는 좁은 등잔에 비유했다. 그리스도의 신부라면 등잔과 기름과 불을 가져야 마땅하다고 말했다. 마음은 위로 넓어서 하나님께서 베푸신 복, 특히 우리를 피로 사신 복을 생각하며 내놓는 거룩한 생각들과 기도로 가득 차야 한다고 했다. 그리고 등잔처럼 밑이 좁아서 "세상 것들을 지나치게 사랑하거나 사모하지도 말고, 하나님께서 주시고자 하시는 것보다 더 많은 것을 갈망하지도 말아야 한다"고 했다.

카테리나는 기독교의 덕목들인 기도와 사랑으로 끊임없이 회귀했다. 그리스도인의 사랑을 하나님 당신처럼 평화롭고 깊은 바다에 비유하면서, 이는 "하나님은 사랑"이시기 때문이라고 했다. 이 말씀이 사랑으로 강권함을 받아 자신을 모든 인류에게 내어주신 성육신하신 말씀의 불가해한 비밀에 빛을 던져준다고 했다. 우리는 우리가 사랑을 받기 때문에 사랑을 하지만, 하나님께서는 은혜로써 사랑하시며, 우리는 그렇게 하지 않으면 안 되기 때문에 의무감으로 하나님을 사랑한다고 했다. 그리고 하나님에 대한 사랑을 나타내기 위해서는 모든 이성적 피조물들을 섬기고 사랑해야 하며, 우리를 이롭게 하는 사람들뿐 아니라 해롭게 하는 사람들을 포함하여 선하든 악하든 모든 부류의 사람들에게 사랑을 나타내야 한다고 말하면서, 이는 하나님께서 사람을 차별하지 않으시며, 의인들과 죄인들에게 자비를 베푸시기 때문이라고 했다. 베드로가 오순절 전에 지녔던 사랑은 따뜻하긴 했으나 강하지 못했다. 오순절 뒤에 그는 모든 환난을 인내함으로써 아들의 심정으로 사랑했다. 우리도 만약 항상 깨어서 기도하며 열흘을 기다리려면 성령 충만을 받아야 한다. 카테리나는 그레고리우스에게 보낸 편지에서 사랑이야말로 모든 악을 치유할 수 있다는 찬사를 한 번 이상 터뜨린다. 「대화록」에서는 이렇게 썼다. "영혼은 사랑 없이는 살 수 없고 반드시 무엇인가를 사랑해야 한다. 영혼은 사랑을 통해서 창조되었기 때문이다. 애정은 '나는 사랑이 필요합니다. 나의 음식은 사랑이니까요' 하고 말함으로써 사실상 이해력을 움직인다."[7]

이러한 지침들로 인하여 카테리나의 편지들은 특히 정적주의(靜寂主義)로 흐르는 것을 경계하는 사람들에게 귀중한 신앙 지침서가 된다. 이 지침들은 경건한 여성의 영혼이 받은 계시로서 높은 위치를 차지하는 데 그치지 않는다. 거기서 더 나아가 교회가 떨어져 있던 저급한 상황을 솔직하고 담대하게 다룬다. 교황들에게 성직자 임명 관행을 개혁하고, 다른 분야에서의 부패를 바로잡으라고 촉구한다. 토스카나 도시들에 평화를 정착시키는 일을 절실한 마음의 과업으로 삼고서, 교황에게 전쟁에 의존하지 말고 평화로운 방법을 사용할 것과, 아버지가 거역하는 아들을 다루듯이 권위를 행사하려 하지 말고 관용을 베풀 것을 권고한다. 그러면 이리들이 어린양처럼 그의 품에 순하게 거할 것이라고 말한다.

교황이 로마로 돌아가는 문제에 관해서, 카테리나는 그것을 하나님의 대리자로서 그가 하나님 앞에 지고 있는 의무임을 환기시켰다. 교황을 거의 완력으로 붙잡아 두다시피하던, 론 강 유역에 형성되어 있던 반대 정서를 생각하고서, 교황에게 "사내답게 처신하십시오", "자신이나 혈족으로 자신과 관계되어 있는 그 누구에 대해서도 육신적 사랑을 접고 두려움을 떨쳐 버리는 용감한 사람이 되십시오", "로마로 돌아가면 큰 불행이 따를 것이라고 경고하는 모든 예언들을 무시하고 그리스도를 믿고 신뢰하면서 큰 결단을 내리십시오" 하고 촉구했다.[8]

이 피 끓는 토스카나의 여인은 교황의 권위가 도전을 받게 된 원인이 자격 없고 악한 목자들, 자기 사랑에 도취되어 있고 그리스도의 양들을 이리들에게서 건져내기는커녕 스스로 양들을 삼켜버리는 목자들을 임명한 데 있다고 보았다. 목자들이 양들을 위해 자신의 목숨을 바치신 참된 목자를 따르지 않기 때문에 교황에게 반항하는 것이라고 보았다. 교회를 정원에 비유한 카테리나는 교황에게 탐욕과 불순과 교만만 가득한 악한 식물들을 뽑아내어, 정원을 오염시키는

7) Ibid, pp. 81, 84, 126 sq.; Gardner, *Life*, p. 377.

8) Ibid, pp. 66, 185, 232 등

악한 사제들과 지도자들이 더 이상 다스리지 못하게 하라고 호소했다. 우르바누스 6세에게 보낸 편지에는 맹렬한 비판을 퍼부었다. "당신의 아들들은 그리스도의 피를 이용하여 치부(致富)하고 환전상이 되기를 부끄러워하지 않고 있습니다. 그들은 탐욕을 주체하지 못하여 성직매매를 저지르고, 선물이나 아첨이나 뇌물로 성직록을 매입합니다." 그리고 볼로냐의 교황특사 추기경 데스텡(d'Estaing)에게는 "교황에게 도시들을 잃는 것보다 영혼들을 잃는 것을 큰 문제로 생각하게 하십시오. 하나님께서 요구하시는 바는 영혼들이기 때문입니다" 하고 썼다.

이렇게 교황이 하나님 앞에서 지고 있는 책임을 강조하고, 돈을 벌기 위해 성직을 수행하는 무자격자들을 맹렬히 비판한 점을 들어 카테리나를 종교개혁 선구자들의 반열에 올려놓는 사람들도 더러 있다. 플라키우스 일리리쿠스는 그녀를 자신이 작성한 진리의 증인들의 명단(Catalogus testium veritatis)에 포함시켰다.[9] 카테리나는 타오르는 열정으로 장차 교회에 임하게 될 철저한 개혁에 관해서 이렇게 열변을 토했다. "지금은 몹시 이지러지고 남루한 옷을 입고 있는 신부가 그날이 오면 아름다움과 보석들로 빛나게 될 것이요, 모든 덕목들로 이루어진 면류관을 쓰게 될 것입니다. 모든 믿는 민족들이 훌륭한 목자들을 둔 것을 기뻐하고, 믿지 않는 세계도 그녀의 영광에 반하여 그녀 안으로 개종해 들어올 것입니다." 이교도들이 가톨릭 교회의 우리(ovile catholicum)로 들어와서 영혼들의 참된 목자와 감독이신 분에게로 회심할 것이라는 뜻이었다. 그러나 카테리나는 비록 이런 정서들에서는 돋보이는 것이 사실이지만 중세 교회의 한계 안에서만 움직였다. 경건을 사랑과 기도와 고행으로 행하는 참회 행위 뒤에 두었으나, 그리스도인의 삶을 금욕적이고 수도원적인 관점에서 바라보는 입장을 넘어서서 믿음을 통해 자유를 행사하는 광활한 세계로 들어가지 못했다. 자기 백성의 안녕과 기독교 세계의 중생을 위해 자신을 다 드려도 좋다는, 사보나롤라와 같은 뜨거운 희생 정신이 있었으나, 과거의 선승에서 눈을 들어 앞을 내다볼 줄은 몰랐다. 피렌체의 그 예언자보다 백여 년 전에 살았던 카테리나는 자기 백성을 구원하고 공의를 확산시키기 위해서 노력을 아끼지 않은 점에서 당대에 그 누구에

---

9) 될링거(*Fables and Prophecies of the Middle Ages*, p. 330)는 카테리나의 예언이 성취되지 못한 사실을 환기시킨다. "시에나의 경건한 여성이 품었던 이 갈망들 가운데 역사로 성취된 것이 너무나 없다."

게도 뒤지지 않는 인물이었으며, 그 시대로부터 사보나롤라 이전까지는 누구도 이 여성에 필적하지 못했다. 카테리나의 소리는 "너희는 주의 길을 예비하라"고 광야에서 외치는 선지자의 음성이었다.

1350년부터 1450년까지 한 세기를 살다간 여성들을 회상해 볼 때 시에나의 카테리나와 잔다르크(Joan of Arc, 1411-1431)가 얼른 비교가 된다. 한 사람은 교회를 열정적으로 옹호한 사람이고, 다른 한 사람은 프랑스의 민족적 영예를 위해 살다간 사람이다. 오를레앙의 그 처녀는 농부의 딸로 태어나 1431년에 불과 스물의 나이에 루앙의 거리에서 화형을 당했다. 보잘것없는 외모와 강인한 체격에서 이탈리아의 자매와 달랐으나, 그녀 역시 천사가 전해준 말을 듣고 하늘의 인도를 받았다. 잔다르크는 희생적인 나라 사랑에 힘입어 처음에는 승리를 거두었으나 결국 붙잡혀 처형을 당했다. 영국인들이 그녀를 이단과 마술의 죄목으로 재판하여 처형한 사건은 당대 역사의 어두운 장으로 남아 있다. 잔다르크의 사후 25년 뒤에 교황은 그 판결을 철회하였고, 1909년에는 프랑스의 그 영웅이 시복(諡福)을 받았으며, 지금은 로마로부터 시성의 관을 쓸 날만 기다리고 있다. 참고로 잔다르크의 깃발은 백합이 수놓아져 있고, 창조와 수태고지의 장면들로 장식되어 있다. 이 두 여성의 열정은 방법과 이념과 죽음을 맞이한 형식이 크게 다르긴 하지만, 이기심이 만연한 그 시대에 빛을 밝게 비추었고, 궁정 주위에 모인 사람들이 추구하던 목표가 실은 매우 저급한 것임을 드러냈다.

22. 교회 정치가 피에르 다이

교황청 분열을 치유하기 위한 협상에서 가장 돋보인 사람들의 하나이자 당대의 가장 유력한 인물의 하나인 피에르 다이(Peter d'Ailly)는 1350년에 콩피뉴에서 태어나 1420년에 아비뇽에서 죽었다. 그는 보쉬에를 비롯한 루이 14세 궁정의 프랑스 연설가들을 연상하게 하는 웅변에 힘입어 프랑스의 독수리(aqulia Francia)라는 칭호를 얻었다.[10]

---

10) Tschackert, Salembier, Finke는 다이를 신학자와 철학자, 교회 외교관 등 세 분야로 나누어 평가한다. Lenz와 Bess는 그가 영국에 대항하여 프랑스의 정책을 옹호

1372년에 그는 나바르 대학 신학부에 입학했고, 3년 뒤에 롬바르두스의 신학
명제 주석을 썼으며, 1380년에는 신학박사 학위를 받았다. 학위를 받은 직후부
터 교황청 분열 치유를 위한 행동에 나섰으며, 1381년에는 프랑스 섭정인 앙주
공작 앞에서 파리 대학교를 대표하여 행한 유명한 연설로써 프랑스 왕실이 총
공의회를 통해서 교황청 분열 문제를 해결하는 정책을 취해야 한다고 역설했다.
자신의 호소가 별로 호응을 받지 못하자, 노용으로 돌아가 마귀가 보낸 형식을
취하여 편지를 썼는데, 분열의 고착을 근거로 쓴 이 풍자에서 흑암의 왕은 자기
친구들과 신하들, 고위성직자들에게 자신의 본을 따서 교회 분열을 촉진하라고
당부한다. 그는 그들의 주군으로서 경고하기를, 공의회가 열리면 평화가 정착되
어 자신들에게 영원한 수치를 안겨주게 될 테니 절대로 공의회가 열리지 못하도
록 하라고 했다. 지금까지 그랬듯이 앞으로도 계속 교회를 장사꾼의 집으로 만
들고, 박하와 회향의 십일조를 꼼꼼히 바치고, 겉옷의 옷술을 넓히는 등 자신이
본을 보인 대로 따라하라고 당부했다.[11]

1384년에 다이는 나바르 대학 학장이 되었고(당시에 제르송이 그 대학에 다녔
다), 1389년에는 파리 대학교 총장이 되었다.

베네딕투스 13세가 클레멘스 7세의 후임자로 선출되었을 때, 다이는 프랑스
국왕의 친서를 전달하는 임무를 띠고서 아비뇽으로 파견되었다. 베네딕투스는
그의 충성을 높이 사서 1395년에는 퓌의 주교로, 1397년에는 캉브레의 주교로
임명했다. 다이는 베네딕투스를 수행하여 1405년에는 제노바에, 1407년에는 사
보나에 갔으나, 그 무렵에 베네딕투스가 사임할 의사가 없음을 간파하고서 캉브
레로 돌아갔다. 그가 출타한 동안에 캉브레는 아비뇽에 대한 충성을 거두기로
결의해 놓고 있었다. 다이는 즉각 체포되어 파리로 이송되었으나, 자신의 친구
였던 국왕에게 보호를 받았다. 이후로 그는 총 공의회 소집을 지지하게 되었다.

피사 공의회와 콘스탄츠 공의회에서 다이는 총 공의회가 교황보나 우월하며
그를 폐위할 수 있다는 입장을 취했다. 1411년에 요한 23세에게 추기경으로 임
명된 그는 이듬해에 로마에서 열린 공의회에 참석하여 교회력 개정안을 관철시

하면서 수행한 역할을 강조한다.

11) Epistola diaboli Leviathan. Tschackert는 본문과 부록을 소개한다. pp. 15-
21.

키기 위해서 노력했으나 뜻을 이루지 못했다. 콘스탄츠에서 그는 피사 공의회가 성령에 의해 소집되고, 보편 교회를 대표한 것이 사실일지라도 총 공의회라는 명예로운 이름이 붙은 다른 공의회들과 마찬가지로 오류를 범할 수 있었다고 주장했다. 피사·로마·콘스탄츠 세 공의회가 라인 강의 여러 지류들과 마찬가지로 외형으로는 하나가 아닐지라도 사실상 하나라고 했다. 콘스탄츠 공의회와 피사 공의회는 하나이므로 후자가 전자를 재가하는 법령을 굳이 통과시킬 필요가 없었다고 했다.[12]

요한 23세를 탄핵하는 회기들에서, 그 추기경은 요한의 반대 진영에 섰다. 그는 1415년 6월 7, 8일에 신앙의 문제들에 관하여 후스를 심문한 위원회의 위원장이었으며, 그 개혁자에게 사형이 언도될 때 그 자리에 있었다. 공의회가 끝날 무렵에 다이는 세 명의 교황 후보로 떠올랐으나 선출되지 못함으로써 프랑스에 실망을 안겨주었다. 그는 마르티누스 5세의 교황특사로 임명되어 아비뇽에 거하면서 말년을 보냈다.

다이는 유명론자로서 오컴의 노선을 따랐다. 오컴이 철학과 신학, 교회 정치 분야에 남긴 저서들에 그는 천문학과 지리, 그리고 널리 읽힌 아리스토텔레스의 기상학 주석을 덧붙였다. 그의 지리학 저서 「세계의 형상」(*imago mundi*, 1410)은 콜럼버스가 애독한 책이었다. 그 항해가가 여백에 주해를 써넣은, 인쇄된 책이 스페인 세비야의 콜럼버스 장서(*biblioteca Columbina*)에 보관되어 있다. 콜럼버스는 아메리카를 세 번째 여행할 때 다이의 책을 소지한 듯하다. 이는 1498년에 그가 아이티에서 쓴 글에서 제8장을 길게 인용하기 때문이다. 주로 로저 베이컨을 참조한 저자는 인도나 중국(Cathay) 해안이 유럽 대륙의 방향으로 멀리 뻗어 있어서 순풍을 타고 서쪽으로 계속 항해하면 며칠 내에 그곳에 도착하게 될 것이라고 설명했다. 이 견해가 당시에 널리 퍼져 있긴 하였으나, 신세계 발견자가 다이의 책을 읽고서 처음 그런 생각을 갖게 되었을 가능성이 크다. 훔볼트(Humboldt)가 이 책이 발견의 역사에서 차지하는 가치를 처음으로 제시했다.

---

12) 이러한 판단들은 다이(D'Ailly)가 1414년에 공의회 지침서로 작성한 Capita agendorum에 제시되어 있다.

23. 신학자 겸 교회 지도자 장 제르송

장 제르송(John Gerson, 1363-1429)에게서 15세기 전반의 가장 매력적이고도 유력한 신학 지도자를 만나게 된다. 그는 파리 대학교가 유럽에서 가장 폭넓은 영향력을 행사하던 시기에 교수와 총장으로서 그 대학교와 깊은 일체감을 갖고 있었다. 그의 견해가 교황청 분열로 인해 불거진 쟁점들을 해소하는 데 큰 비중을 차지했다.

장 샬리에 제르송(Jean Charlier Gerson)은 1363년 12월 14일에 랭스 교구의 제르송이라는 마을에서 열두 남매의 맏이로 태어났다. 경건한 여성이었던 어머니는 아들에게 보낸 편지(현존함)에서 자녀들이 서로 화목하고 하나님을 경외하고 살기를 바라는 심정을 기도로써 토해낸다. 장의 형제들 가운데 둘이 성직자가 되었다. 1377년에 제르송은 파리로 가서 나바르 대학에 입학했다. 이 대학은 1304년 나바르의 여왕 요안나가 설립했는데, 여왕은 세 학부를 설치하고서 각 학부의 정원을 인문학부 20명, 철학부 30명, 신학부 20명으로 정했다. 학생들을 지원하기 위한 재정도 마련하여 인문학부 학생들에게 주당 4 파리 수(sou, 1/20 프랑), 철학부 학생들에게 6수, 신학부 학생들에게 8수를 제공했다. 이러한 지원은 학생들이 졸업하여 각각 30, 40, 60파운드 가치의 성직록을 받을 때까지 계속되었다. 학칙에 따르면 신학부 학생들에게 11월부터 3월까지 매일 만찬 후 반시간 동안 난방을 허용했다. 1366년에는 우르바누스 5세가 임명한 위원회가 학교에 사치스러운 의자를 두는 것을 금지했다. 축일들에는 신학부 학생들이 세 학부의 동료 학생들에게 간식을 나눠주도록 되어 있었다. 학장은 초창기에는 파리 대학교 교수회가 임명했으나, 당시에는 국왕의 고해신부가 임명했다. 학생들은 특별한 복장과 독특한 모양의 체발을 했으며, 학내에서 라틴어를 사용했으며, 식사를 공동으로 했다.

파리 대학교가 배출한 학생들 가운데 아마도 가장 저명한 인물로 꼽힐 제르송은 모교의 충직하고 열성적인 아들로서, 모교를 "어머니", "거룩한 교회의 빛을 간직한 어머니", "기독교 세계에서 지혜롭고 선한 모든 자의 유모", "하늘 예루살렘의 원형", "지식의 샘, 우리 믿음의 등불, 프랑스 아니 세계의 아름다움과 장식"이라 불렀다.

제르송은 1382년에 열아홉의 나이에 파리 대학교 신학부에 입학했고, 이듬해에는 갓 학장이 된 다이 밑에서 7년을 배웠다. 학창 시절에 벌써 주목받는 인물이 되어서 1383년에는 프랑스 '국가 학생회' 대표로 선출되었고, 1387년에는 대학교 사절단의 일원으로 클레멘스 7세를 방문하여 장 드 몽트송을 고소인의 입장에서 비판했다. 마리아의 무원죄 잉태설을 부정한 혐의로 이미 고소를 당한 이 도미니쿠스회 수사는 자신이 유죄 판결을 받으면 토마스 아퀴나스가 유죄 판결을 받는 것과 마찬가지라는 이유로 철회를 거부하고서 교황에게 항소했다. 파리 대학교가 그 사건 변론을 맡았으며, 다이는 교황 법정에서 행한 두 차례의 연설에서 토마스가 비록 성인이긴 하나 무류하지는 않다는 입장을 피력했다. 재판은 드 몽트송에게 불리하게 끝났고, 도미니쿠스회는 판결에 불복하고서 대학교에서 철수한 뒤 1403년까지 복귀하지 않았다.

제르송은 마리아가 자범죄뿐 아니라 원죄도 없었다는 견해를 옹호하면서도 그녀와 그리스도를 구분하되, 그리스도는 본성으로 죄가 없었으나 마리아(domina ostra, '우리의 여주인')는 신적 은혜의 행위로 죄가 없게 되었다고 주장했다. 그는 이 교리가 성경에서 직접 유래한 것일 수 없으나, 사도들이 선지자들보다 진리를 많이 알았던 것처럼 교회의 교사들이 사도들이 몰랐던 어떤 것을 알고 있다고 말했다.

1395년에 다이가 주교로 승진하면서 그의 제자가 신학교수직과 파리 대학교 총장직을 모두 물려받았다. 파리 대학교가 주도하던 교황청 분열 해소에 관한 논쟁에서 제르송은 단연 두드러진 역할을 맡았으며, 소책자들과 설교들과 대중강연을 통해서 이 절박한 문제에서 교회의 견해를 주도해 나갔다. 그의 전제는 교회가 맡은 바 사명을 수행하기 위한 본질적인 조건이 교회의 평화라는 것이었다. 이 견해를 그는 1404년에 타라스콩에서 베네딕투스 13세와 오를레앙 공작 앞에서 행한 유명한 설교에서 제시했다. 제후들과 고위성직자들이 법에 순종해야 할 의무가 있다고 그는 힘주어 말했다. 교회가 설립된 목적이 인간의 평화와 안전이라고 했다. 모든 교회의 권위는 평화를 위한 일들을 돕는 목적으로 수립되었다. 평화란 워낙 큰 혜택이기에 그것을 얻기 위해서 모두가 지위와 신분을 기꺼이 버릴 줄 알아야 한다. 그리스도께서 이를 위해 수치를 참지 않으셨던가? 잠시 교황 없이 지내는 것이 교회가 교회법을 지키되 평안을 얻지 못하는 것보다 낫다. 교황이 없어도 구원을 받을 수가 있기 때문이다. 총 공의회는 반드시 열려야 하며, 공의회가 분열을 치유하는 과정에서 오류를 범하지 않을 것이라고 믿는 것이 경건한 태도이다(pium est credere non erraret). 슈바브(Schwab)가 말한 대로, 교황에 대해서 이렇게 말한 사람은 일찍이 아무도 없었다. 이 설교가 센세이션을 일으켰다.

제르송은 피사 공의회에 참석하지 않았으나 교회 일치에 관한 논문(De unitate ecclesiastica)과 교황 해임에 관한 논문(De auferbilitate papae ab ecclesia) 같은 중요한 글들로써 공의회의 논의에 이바지했다. 그가 두 편의 논문에 제시한 견해는, 그리스도께서 교회의 머리이시며 교회의 군주제적 정체(政體)가 불변한다는 것이었다. 교황은 여럿이 아닌 하나여야 하며, 주교들의 권위는 교황과 동등하지 않다. 교황이 교회로부터 이탈할 수 있듯이 교회도 교황으로부터 이탈할 수 있다. 그러한 행위는 자기 방어의 목적으로 고려할 수 있다. 교황직은 하나님에게서 나오지만, 그럴지라도 교황은 그의 동의 없이 소집된 공의회에 의해서 폐위될 수 있다. 교회의 모든 직분들과 관리들은 교회의 유익을 위해서, 즉 사랑의 실천을 통해 나오는 평화를 위해서 존재한다. 교황이 불륜에 대한 고소에 대해서조차 자신을 변호할 수 있을진대, 하물며 교회가 자신을 변호할 권리가 어찌 없겠는가? 공의회는 그리스도와 그분의 율법의 직접적인 권위하에 행동한다. 공의회는 한 사람만이 아닌 전체(unitati)에게도 부여된 열쇠의 권세에 힘입어 교황을 제재할 수 있다. 아리스토텔레스는 필요할 경우 전체가 군주를 폐위할 권한이 있다고 주장했다. 따라서 공의회도 그렇게 할 수 있으며, 교회의 공의회를 배척하는 자는 공의회를 주관하시는 하나님을 배척하는 것이다. 교황은 이를테면 무릎을 꿇고 성찬을 받지 않는 경우와 마찬가지로 이단과 분열로 인해서도 폐위될 수 있으며, 앞서 말한 것과 같이 개인적인 죄가 없을지라도 사라센족에게 포로로 붙잡혔거나 사망했다는 보고가 있을 경우에도 폐위될 수 있다.

제르송은 프랑스 왕을 대리하여 참석한 콘스탄츠 공의회에서 이러한 견해를 거듭해서 밝혔던 바, 1415년 3월 23일에 행한 연설과, 공의회가 제5차 회기에서 통과시킨 법령을 변호한 7월 21일의 2차 연설이 대표적인 경우이다. 그는 교황을 강제로 면직시킬 수 있고, 총 공의회들이 교황보다 위에 있으며, 무오무류는 하나의 전체로서의 교회나 교회의 가장 높은 대의 기관인 총 공의회에게만 속한다고 거듭 주장했다.

제르송은 얀 후스를 단죄하는 데 적극 가담함으로써 이름에 얼룩을 남겼다.

그는 자기 시대를 넘어서지 못했으며, 인노켄티우스 3세의 용어를 사용하여 이단을 '암'이라고 불렀다.[13] 후스와 위클리프를 제재하기 위한 회기들에서 누구보다도 열의를 쏟았다고 자부했다.[14] 후스의 교회에 관한 저서에서 19가지 오류를 끌어내어 "극히 이단적"이라고 비판했다. 이단이 끝까지 고집을 버리지 않으면 신도들을 처형해서라도 반드시 진압해야 한다고 했다. 성경에서 발견되지 않는 것은 그 무엇이라도 신적 진리로 받아들이지 말아야 한다는 후스의 근본 입장을 그는 부정했다. 제르송은 양심에 호소하는 행위도 단죄하면서, 교회의 권위와 교회법이 최종적인 것임을 분명히 했다. 비록 성경을 잘 아는 사람일지라도 개인의 견해는 공의회의 판결에 비중을 갖지 못한다고 했다.

평신도에게 성찬의 잔을 주지 않는 관행을 놓고 보헤미아 이단과 관련하여 불거진 논쟁에서도, 제르송은 오늘날 우리가 보기에는 진정한 신학으로서 가치가 없는 극단적인 주장들을 제시했다. 그 주제를 다룬 소책자에서, 그는 성경과 교부들의 몇 단락이 평신도에게 떡과 포도주를 모두 나눠주는 행위를 뒷받침하지만, 거기에는 확고한 명령이 실려 있지 않으며, 이와 같이 분명한 명령이 없으므로, 두 종류의 성물을 집례하는 것은, 그리스도의 고난과 죽음을 온전히 나타낼 책임을 맡은 사제들에게만 해당된다고 이해해야 한다고 주장했다. 그러나 이것은 그리스도의 죽음을 전하지 않고 받는 입장에 있는 평신도에게는 해당되지 않는다. 그리스도께서는 사도들에게만 두 종류에 참여하라고 명령하셨다. 평신도에게 잔을 주는 관습은 사도행전 2:42, 46에서 보듯이 보편적이지 않았다. 살과 피를 기리는 성례의 본질이 성물들 자체보다 더 중요하다(참조. 요 6:54). 그러나 어느 성물에도 그리스도께서 전체로 계시며, 박사들 가운데 몇몇이 이견을 가질지라도 교회의 교리를 따르는 것이 그들의 교리를 따르는 것보다 옳다. 기억하기 힘든 과거부터 교회는 한 가지 형태로만 성찬을 거행했다. 콘스탄츠 공의회는 성찬에 참여하여 구원을 얻는 데는 오직 한 가지 성물을 받는 것으로도 충분하다고 올바로 결정했다. 교회는 문제의 본질에 변화를 가하지 않는 한 외적인 성찬 집례 방식에 변화를 가할 수 있다. 두 성물을 사용하는 것이 과거 어느 시기에는 유익했을지라도 지금은 유익하지 않고 이단적이다.

---

13) 콘스탄츠 공의회에서 행한 설교에서. Du Pin, II. 207.
14) *Dialog. apologet.* Du Pin, II. 387.

이러한 진술들 외에도 제르송은 평신도에게 잔을 분배할 경우에, 이를테면 포도주를 흘리거나, 평신도들의 긴 턱수염 때문에 잔이 오염되거나, 병자를 위해 보관해둔 포도주가 시게 되어(식초처럼) 그리스도의 피로서의 효력을 잃게 되는 등의 위험이 따를 수 있다는 이유와, 부활절 같은 행사에 모일 10,000명 내지 20,000명의 참석자들에게 나눠줄 포도주를 잔 하나에 담기 어렵다는 이유를 덧붙였다. 또 다른 위험은 그런 관행으로 인하여 사제와 평신도가 동등하다는 생각이 굳어질 수 있다는 것과, 성찬의 주된 가치가 성물들을 거룩하게 하는 행위[祝聖]에 있지 않고 참여에 있다는 것이었다. 이러한 것들이 이 유명한 교수가 평신도에게 잔을 나눠줄 경우와 관련지은 '추문들' 이었다.

제르송이 수년 동안 정력을 많이 쏟아 부은 주제는 전제군주나 군주에게 반역한 신하를 살해하는 것이 정당한가 하는 문제였다. 그는 그것이 정당하다는 입장을 옹호했으며, 그 견해를 콘스탄츠 공의회에서 피력했으나 지지를 받지 못했다. 그 문제는 반 미치광이였던 프랑스 왕 샤를 6세(1380-1422 재위)를 다루는 과정에서, 그리고 여러 파벌들이 정권을 장악하려고 하는 과정에서 대두했다.

1407년 11월 23일에 국왕의 사촌인 오를레앙 공작 루이가 왕의 삼촌인 부르고뉴 공작 장의 지시로 살해되는 사건이 발생했다. 이 사건에 대해서 프란체스코회 수사이자 파리 대학교 교수였던 장 페티(John Petit, 요하네스 파르부스)가 1408년 3월 8일에 국왕 앞에서 행한 연설에서 부르고뉴 공작을 변호했다. 일찍이 전제군주는 살해해도 된다는 견해를 옹호한 듯한 제르송은 공개 연설을 통해서 페티를 논박한 뒤, 국왕에게 페티의 아홉 가지 명제에 제재를 가하라고 촉구했다. 파리 대학교는 제르송의 입장을 공식 견해로 채택했다.[15] 페티는 1411년에 죽었으나 논쟁은 계속되었다. 페티의 이론은 주군(主君)에게 역모를 꾀한 봉건 신하를 영혼과 육체에 사형을 가해야 마땅하다는 것이었다. 그는 폭도이며, 누구는 자연법과 하나님의 율법에 따라 그를 세서할 권리가 있다. 그 사람의 시위가 높을수록 그를 처형해야 할 이유가 더 많게 된다. 페티는 이러한 주장의 근거를 토마스 아퀴나스 · 솔즈베리의 존 · 아리스토텔레스 · 키케로 등의 저자들에게 두었으며, 모세와 얌브레, 루시퍼를 하늘에서 쫓아낸 성 미가엘 등의 예를 거론했다. 오를레앙 공작은 왕을 반역한 죄를 지었으므로 부르고뉴 공작이 그를

---

15) 제르송의 저서들 가운데 제5권이 이 주제를 다룬 문서들과 함께 채택되었다.

살해한 것은 정당한 일이었다고 주장했다.

파리의 주교는 종교재판소 소위원회의 지지와 왕의 지시를 받아 페티와 그의 견해를 단죄했다. 1414년 2월에 제르송은 그 단죄를 변호하는 공식 연설을 했으며, 이틀 뒤에는 페티의 저서에서 추려낸 조항들을 노르트담 성당 앞에서 불태웠다. 왕은 주교의 판결을 재가했으며, 이에 부르고뉴 공작은 로마에 항소했다.

그 문제가 이제 공의회로 넘어오게 되었는데, 공의회는 1415년 7월 6일에 열린 제15차 회기에서 폭군은 법적 판결이 없어도 처단할 수 있고 처단해야 마땅하고, 백성 중 누구라도 그를 처단할 수 있고, 처단할 때 반역의 방법을 사용해도 괜찮으며, 그를 처단할지라도 그 앞에서 행한 맹세를 어기는 것이 되지 아니한다는 견해를 단죄하는 내용의 절충안을 통과시켰다. 공의회는 페티를 실명으로 거론하지는 않았다. 이러한 소극적이고 불확실한 결정을 접하고서, 제르송은 만약 후스에게 변호인이 있었다면 유죄 판결을 받지 않았을 것이라고 말했다. 당시에 항간에 나돈 소문에 따르면, 보고서 작성의 책임을 맡은 위원회가 80명의 투표인 가운데 61명의 찬성으로 페티의 조항들을 허용할 수 있다고 결의하면서, 베드로가 대제사장의 종을 죽일 생각이었고, 만약 그가 최후의 만찬 때 유다의 생각을 알았다면 당연히 그를 죽였고 그것이 정당한 일이었을 것이라고 주장했다고 한다. 부르고뉴 공작은 공의회장에 거액의 뇌물을 뿌렸다고 전해진다.[16] 아라스의 주교가 이끄는 파벌은 칼을 쓰는 폭도는 칼과 더불어 망해야 한다고 주장했다. 다이의 지원을 받은 제르송은, 만약 그것이 옳다면 "살인하지 말지니라" 하는 계명이 "법적 권위 없이" 저질러진 살인만 금하게 될 것이라고 논박했다. 그 계명의 뜻은 "무고한 자를 죽이지 말지니라, 혹은 복수심으로 살인하지 말지니라"는 뜻이라고 했다. 제르송은 1417년 1월 17일에 공의회 앞에서 행한 연설에서 마지막으로 자신의 주장을 강하게 표현했으나, 공의회는 제15차 회기의 결정을 번복하기를 거부했다.

부르고뉴 공작이 1418년에 파리를 장악하게 되면서 제르송은 프랑스의 모든 문이 이제 자신에게 닫힌 것을 알았다. 그는 바이에른 공작의 보호를 받아가며 라텐베르크로, 그리고 후에는 오스트리아로 피신했다. 그러던 중 1419년 9월 10일에 부르고뉴 공작이 왕세자의 음모로 암살되자 제르송은 프랑스로 돌아왔으

---

16) Mansi, XXVII, 765.

나 파리로 가지는 않았다. 그는 동생 장이 살고 있던 리옹으로 가서 그곳의 수도원에 들어가 말년을 보냈다. 전하는 바로는 왕세자가 1420년에 그에게 왕실을 위해 봉사한 공로를 인정하여 200리브르 금화를 하사했다고 한다.

이제는 신학자와 설교가와 애국자로서의 제르송을 살펴볼 차례이다.

신학 분야에서 제르송은 신비주의자들의 범주에 속한다. 그는 신비주의를 "사랑의 예술", "경험으로 얻는 하나님에 대한 깨달음"이라고 정의한다. 이러한 경험은 사색보다는 겸손과 고행을 통해서 얻을 수 있다. 사색에 힘쓰는 것이 가장 바람직한 삶이지만, 그리스도의 모범을 따르려면 사색뿐 아니라 행동도 있어야 한다. 하나님에 대한 사색은 요한복음 17:3("영생은 곧 유일하신 참 하나님과 그가 보내신 자 예수 그리스도를 아는 것이니이다")이 가르치는 대로 지식으로 구성된다. 그런 지식이 사랑과 결합된다. 영혼은 사랑을 통해서 하나님과 하나가 된다. 제르송의 신비주의는 한편으로는 성경 연구에, 다른 한편으로는 보나벤투라와 생 빅토르에 대한 연구에 근거를 둔다. 그는 보나벤투라와 그가 남긴 신비주의 저서들을 예찬하는 특별한 논문을 썼다. 독일 신비주의자들에게 조금도 애착이 없었던 그는 로이스브루크(Ruysbroeck)의 요한과 그의 제자 쉰호펜의 요한을 범신론자들로 규정하여 비판하는 글을 썼다.

제르송은 종교적 정서를 강조했으나 종교적 환상가와는 거리가 멀었으며, 꿈과 계시를 좇다가 미몽에 빠질 위험을 경고하는 논문을 썼다. 주화(鑄貨)를 무게와 강도와 색깔과 모양과 도장으로 판별해야 하듯이, 환상도 그것을 보았다고 하는 자들의 겸손과 정직, 그리고 힘써 가르치고 배우려는 태도로 판별해야 한다고 주장했다. 어떤 수사가, 그리스도와 같은 형상을 보여주겠다는 제의를 받고는 "나는 땅에 있을 동안에는 그리스도를 보기를 원치 않습니다. 하늘에서 그분을 뵐 때까지 기다리는 것으로 만족합니다" 하고 대답했다는 말을 듣고 그 수사를 칭찬했다.

콘스탄츠 공의회에서 성 브리젯의 시성안을 승인하는 문제로 협상이 진행되고 있을 때, 제르송은 만약 환상이 성경에 이미 있는 내용을 드러내는 것이라면 하나님께서 한 번 하신 말씀을 반복하지 않으신다는 점(욥 33:14)을 감안할 때 그것은 거짓이라는 원리를 제시했다. 사람들이 자꾸 계시를 받고 싶어하는 이유는 성경을 공부하지 않기 때문이라고 했다. 훗날 그는 여성들이 남성들에 비해 잘 속는다는 이유로 여성들의 계시를 쉽게 믿지 말라고 경고했다.

제르송은 성경이 교회의 준칙이며 세상 끝날 때까지의 안내자라고 가르쳤다. 성경에 기록된 어떤 진술이 거짓으로 판명된다면 책 전체가 거짓이 되는데, 이는 성령께서 책 전체의 저자이시기 때문이다. 하지만 본문에 실린 문자만 가지고 그 의미를 결정하기에는 충분하지 않으며, 이는 발도파와 베가르회 같은 분파들의 예에서 잘 드러난다. 본문을 해석할 때는 교회의 권위가 필요하며, 이 점에 대해서는 아우구스티누스가 "나는 교회의 권위가 강요하지 않는다면 복음을 믿지 않겠다"는 말로써 잘 가르쳤다고 그는 말했다.

제르송이 다른 분야들에서도 위대한 업적을 남겼지만, 학문 역량을 갖춘 그의 전기 작가 슈바브는 그가 강단에서야말로 자신의 세대에 가장 큰 영향을 발휘했다고 평가한다. 그는 라틴어뿐 아니라 프랑스어로도 설교했으며, 그의 설교는 대부분 교만 · 게으름 · 분노 · 십계명의 계명들 · 결혼 상태 같은 윤리적 주제에 치중하는 등 실천적 목적을 띠었다. 그는 일반 사제가 십계명과 큰 죄들과 신앙의 조항들을 쉽게 가르치는 것으로 만족해야 한다고 주장했다.

리옹의 수도원에서 보낸 생애 마지막 10년 동안 그는 저술 활동을 계속하였으며, 특히 신비주의 신학을 많이 다루었다. 그의 마지막 저서는 아가서를 다룬 것이었다.

전승에 따르면 이 위대한 교수는 말년에 리옹에 있는 성 바울 주교좌성당에서 어린이 요리문답 학교를 개설하여 가르쳤으며, 어린이들에게 날마다 "나의 창조주이신 하나님, 당신의 가련한 종 장 제르송을 긍휼히 여겨 주옵소서" 하고 기도하도록 가르쳤다고 한다.[17] 그가 「자녀들을 그리스도에게 인도하는 길」(*Leading Children to Christ*)이라는 책을 쓴 것은 청소년들과 대학 신입생들을 위한 것이었다. 이 책은 "어린아이들이 내게 오는 것을 용납하고 금하지 말라"(막 10:13)는 말씀을 주해하는 것으로 시작하여, 하나님께는 병들고 늙은 누추한 몸이 아닌 젊을 때의 가장 좋은 것을 드려야 한다는 내용을 전개해 간다. 저자는 청소년들에게 죄를 멀리하도록 가르치되 특히 성적인 죄를 피하게 하고, 죄는 누설하지

---

17) 참조. Schwab, p. 773. 그는 그 전승을 긍정하지도 부정하지도 않았다. 필립 샤프 박사는 예일 대학교 총장 Theodore D. Wolsey의 마지막 집필 활동을 제르송의 활동에 비유하곤 했다. Wolsey 박사는 말년에 Sunday School Times에 주일학교 공과를 해설하는 글을 기고했다.

않으면 가볍다는 생각을 버리도록 가르쳐야 한다고 주장한다.

십계명에 대한 간략한 주해, 일곱 가지 대죄에 관한 진술, 죽음과 그것을 맞이하는 길에 관한 몇 가지 단상들을 세 권으로 엮은 저서에서는 비록 문답 형식은 취하지 않았을지라도 일종의 요리문답을 제시한다. 저자가 밝히듯이, 이 책은 고해성사를 담당해야 하는데 제대로 교육을 받지 못한 보좌신부들과, 자녀를 가르쳐야 할 부모들, 공예배에 관심이 없는 사람들, 병원에서 환자들을 보살피는 사람들에게 유익을 주는 데 목적이 있었다.

제르송에게 가장 기독교적인 박사(doctor christianissimus)라는 칭호가 붙은 의도는 그의 교훈이 지니고 있는 복음적 정서를 강조하기 위함이었다. 그는 명쾌한 지성에 따뜻한 신앙 열정을 겸비했다. 교회에 대한 사랑이 남달랐던 그는 그리스도인들의 집단이 그리스도의 정신과 그분의 직접적인 인도를 지니고 있다고 예찬했으며, 총 공의회로써 표현되는 기독교 세계의 판결이 지상에서 발생하는 모든 종교 문제들에 대한 최종 권위라는 원리를 최선을 다해 옹호했다.

그는 다른 시대에서 전래된 몇몇 미신들을 배격했다. 성경의 권위를 강조했다. 이러한 견해에서도 그는 자기 시대의 진보적 정신과 맥을 같이했다. 그러나 그는 종교개혁자들의 원리들에는 미치지 못했다. 개인의 주권과 양심의 권리 같은 원리들을 하나도 알지 못했다. 그의 사고는 교회의 노선에 따라 움직였다. 위클리프의 대담하고도 독창적인 사상 같은 것이나, 시대의 지배적 오류들에 맞서려는 정신이 조금도 없었다. 그가 후스의 화형안에 찬성표를 던졌다는 사실은 새 시대의 빛이 그의 정신에는 동트지 않았음을 증명하고도 남는다. 그는 두 개혁자처럼 16세기 운동의 선구자가 아니었다.

제르송이 힘써 주장한 주된 원리인 총 공의회 수위설은 그 위대한 총장이 죽은 직후에 패배를 당한 뒤 교황들에게 그리고 후에는 총 공의회 자체에 의해 폐기되었다. 하지만 수없이 많이 출판된 그의 저서늘은 14세기 선반의 신학 분야에서 주된 학문적 기념비로 남아 있다.[18] 정신과 방법에서 스콜라 학자들에게서 이탈한 그는 거의 홀로 하나의 독자적 계층을 이루며, 당대의 가장 유력한 신학자로 서 있다. 이 평가는 15세기 말 독일의 유력한 대수도원장이자 저자인 트리

---

18) 제르송의 첫 총서는 John Koelhoff 출판사에서 간행되었다. 4 vols. Cologne, 1483, 1484. 저명한 교수 스트라스부르의 가일러가 1488년에 재판을 발행했다.

테미우스(Trithemius)가 남긴 "그는 당대의 독보적인 신학자였다"는 평가를 연장한 것이다.

24. 도덕가 클라망제의 니콜라우스

이 시기의 파리 대학교에 명성을 안겨준 위인들 가운데 세 번째에 해당하는 니콜라우스 푸알레빌렌 드 클라망제(Nicolas Poillevillain de Clamanges)는 1367년경 프랑스 샹파뉴의 클라망지에서 태어나 1437년경에 세상을 떠났다. 본래 수줍음을 잘 타던 그는 동시대인들인 다이와 제르송에 비해서 시대의 큰 쟁점들을 해결하는 데 이렇다 할 역할을 수행하지 못했다. 그들과 마찬가지로 니콜라우스도 교황청 분열로 생긴 논쟁에 적극 가담했으며, 성경 연구를 크게 중시한 점과 성직자 사회의 부패를 신랄하게 비판한 점으로 유명하다. 그는 열두살에 나바르 대학에 입학하여 다이와 제르송에게 배웠다. 신학 분야에서는 학사 학위를 받은 것이 고작이었다. 추측건대 1393년에는 파리 대학교 총장으로 선출된 듯하다. 몬스테롤리오의 피에트로와 함께 그는 파리 대학교의 주요 고전학 학자였으며, 그 대학교에서 베르길리우스 · 테렌티우스 · 키케로가 공적으로 사적으로 자주 강독되었다고 쓸 수 있었다.[19]

1394년에 클라망제는 교황청 분열 치유를 위한 파리 대학교의 결론들을 제시하기 위한 논문 작성에 중요한 역할을 수행했다. 이 논문은 "자신의 딸 파리 대학교에 힘입어 신앙적 정통에 지극히 열성적인, 지극히 기독교적인 왕 샤를 6세"에게 보내졌다. 분열을 치유할 세 가지 방법 — 면직 · 중재 · 총 공의회 — 을 제시한 이 유명한 문서는 결연함과 중용이 두드러지는데, 이것이 클라망제의 특징이기도 하다. 이 논문은 분열이 전염성이 있다고 주장한 뒤, 누가 공의회에 권위를 부여하는가 하는 질문에 대해서 "모든 신자들의 공동체가 그것에 권위를 부여할 것이며, '두 세 사람이 내 이름으로 모인 곳에는 나도 그들 가운데 있느니라'고 말씀하신 그리스도께서도 권위를 부여하실 것이다"라고 대답했다.

---

19) Chartul. III. pp. 5, xi. Chartularium에는 클라망제가 언제나 인문학부 교수로 소개된다. III. 606 등.

이 파리 대학교 교수는 예리한 통찰을 지닌 피에르 드 루나(Peter de Luna)가 선발한 사람들 중 하나로서, 그가 교황으로 선출되었을 때 클라망제는 그를 지원하고, 이제는 그가 예전처럼 다른 선원들과 같은 자리에 서 있지 않고 배의 키를 잡고 있으므로 이제는 기독교 세계 전체의 유익을 위해서 행동하라고 호소하는 글을 썼다. 그는 아비뇽 교황청의 비서라 불렸으나, 교황궁과 읍에서 허구한 날 벌어지는 다툼과 여러 가지 악들에 질리게 되었다. 1406년에 그는 제노바에서 베네딕투스와 작별한 듯하며, 그 뒤 랑그르로 은퇴하여 참사회원 자리를 하나 얻어 지냈다. 하지만 그 교황과 결별하지는 않았으며, 1408년에 베네딕투스가 프랑스 왕실에 대해서 파문으로 경고하는 대칙서를 발행했을 때 그 문서의 작성자로 지목을 받으면서 집중적인 비난을 받았다. 그는 대칙서를 자신이 작성하지 않았다고 항변했으나, 그가 평소부터 애국심이 박약했다는 비난이 프랑스 사회에 강렬하게 받아들여졌다. 결국 그는 카르투지오회 소속 발프로퐁드 수도원으로 물러났고, 나중에는 퐁텐 뒤 보사크 수도원으로 거처를 옮겼다. 수도원에 은거하는 동안 편지들과 논문들을 썼고, 과거에 고전 연구에 몰두하느라 성경 연구를 소홀히 한 것을 후회하면서 성경 연구에 힘을 쏟았다.

다이에게는 은둔 생활의 유익에 관한 「은둔의 유익에 대하여」(De fructu eremi)를 써서 보냈다. 또 다른 논문 「역경의 유익」(De fructu rerum adversarum)에서는 역경을 통해 얻는 유익을 다루었다. 더 중요한 논문에서는 주일을 제대로 지키지 않고 축일들을 남발함으로써 신자들의 신앙도 제대로 향상시키지 못한 채 일만 하지 못하도록 하는 세태를 비판했다.

계속 교단에 남아야 할지 아니면 교수직을 그만두고 목회를 해야 할지 조언을 구해온 파리 대학교의 신학교수에게 쓴 「신학 연구에 대하여」(De studio theologico)라는 논문에서는 영혼들을 보살피는 일이 참으로 민감하고 중요한 일임을 강조하면서, 그러나 그로서는 대학교에 남아 성경 연구에 매진하는 것이 더 좋은 길이겠다고 조언했다. 그는 교회가 쇠퇴하고 있는 원인이 신자들의 태만 탓이라고 지적한 뒤, 믿음으로 마음을 깨끗하게 씻지 않으면 미사나 행렬이나 축일 같은 것이 아무 소용이 없다고 단언했다.

콘스탄츠 공의회가 열리고 있는 동안 클라망제는 공의회 앞으로 편지를 보내어 생각과 행동에서 하나가 될 것을 촉구했다. 총 공의회라고 해서 반드시 성령께서 인도하신다는 보장이 없다고 말했다. 그는 교회가 무류(無謬)하다고 정의하면서, 하지만 성령께서 거하시는 교회만 무류하며, 어떤 교회가 그러한 교회인가 하는 것은 오직 하나님께서만 아신다고 말했다. 1425년에 그는 파리로 돌아가서 수사학과 신학을 가르쳤다.

클라망제의 명성은 주로 성직자들의 도덕적 부패를 신랄하게 비판한 데 있다. 그는 아비뇽에 거주한 데 힘입어 성직자들의 생활을 유심히 지켜볼 수 있었다. 그가 성직매매를 일삼는 고위성직자들에 관해서 쓴 「성직매매를 행하는 고위성직자들에 대하여」(De proesulibus simoniacis)라는 논문은 "너희는 강도의 소굴을 만드는도다"(마 21:13)라는 말씀을 주해한 것이다. 교회의 타락을 다룬 두 번째 논문인 「교회의 몰락에 대하여」(De runia ecclesiae)는 당대에 가장 주목을 받은 저서의 한 권이다. 모든 거룩한 것들이 돈과 사치를 위해 매매되던 아비뇽에서 자행되던 성직매매와 은밀한 악들을 고발한다. 교황으로부터 일반 사제들에 이르기까지 만연한 성직자들의 부패를 기술한다. 저자는 성직자들의 정신이 천상적인 것들에만 온전히 집중되던 1세기에서 이상적인 상태를 발견했다. 재물과 권력과 함께 탐욕과 야망과 사치가 왔다. 교황들이 황제들보다 더 높은 권위를 내세우고 자신들에게 모든 고위성직자들, 더 나아가 기독교 세계의 모든 성직을 임명할 권한이 있음을 주장함으로써 교만의 죄를 범했다. 성직 초년도 수입세(annates)와 성직 대기(expectances)에서 비롯된 악들이 국가의 권력을 능가했다. 추기경들도 탐욕과 교만에서 교황들에 못지않았으며, 추기경 한 사람 당 보유한 성직록이 500곳이 넘었다.

'독재'를 영속화할 속셈으로 교황과 교황청은 군주들과 결탁했는데, 클라망제는 이것을 가증스러운 행음이라고 평가했다. 많은 주교들이 한 번도 직접 방문하지 않고 다른 사람을 시켜 관리하게 한 교구들에서 거액의 수입을 정기적으로 챙겼다. 참사회원들과 주교 대리들도 똑같은 길을 걸으면서 나태와 육체적 쾌락으로 세월을 허송했다. 탁발수사들은 옛 유대 회당의 바리새인들처럼 행동했다. 그들 중 천 명 중 한 명도 직무에 요구되는 역량을 갖추지 못했다. 매우 무식한 상태에서 싸움과 음주와 도박과 음행으로 소일했다. 사제들은 첩을 두고 살 특권을 돈으로 샀다. 수녀들에 대해서도 클라망제는 주저없이 이야기한다. 수녀원이 본디 하나님의 거룩한 곳이 되어야 하는데도 음란하고 방종한 젊은이들이 정욕을 채우기 위해서 찾아가는 비너스의 부끄러운 매음굴이 되었으며, 처녀가 수녀복을 입는 것이 사실상 매춘부가 되는 것과 다름없었다. 교회가 권력과 영광과 쾌락의 욕구에 흠뻑 취했다. 심판의 날이 기필코 오고야 말 것이었으며, 따라서 오직 모든 악을 바로잡으시고 분열을 종식시키실 수 있으신 하나님 앞에 겸손히 엎드리지 않으면 안 되었다. 클라망제가 전하는 이러한 내용은 물론 판단력을 가지고 읽어야 하며, 그렇지 않고서 성직자 사회가 한 사람도 남김없이 그렇게 부패했다고 지레짐작하고 넘어가는 것은 잘못이다. 하지만 질병의 뿌리가 워낙 깊었던 까닭에 클라망제 같은 지위에 있는 사람으로서 그러한 애가를 쓰지 않을 수 없었다.

저자는 후대의 독일 개혁자처럼 공개적인 선전포고를 하지는 못하고 다만 기도와 행렬과 금식을 치유책으로 제시했다. 그의 좌우명은 교회가 겸손해져야 재건될 수도 있다는 것이었다. 하지만 이것은 당시로서는 대담한 발언으로서, 개혁 공의회들의 시기에 강력하게 여론을 형성한 저서들 가운데서도 중요한 부분을 차지한다.

아비뇽 시절의 교황청과 성직자 사회의 도덕적 부패를 질타하는 소리는 분열이 지속되는 동안 갈수록 드세어졌다. 콘스탄츠 공의회가 1417년 10월 30일부로 수집하여 발행한 부패 목록에는 교황의 성직 임명 유보(reservation)와 성직 초년도 수입세(annates), 면죄부 판매 같이 교황청이 공식적으로 저지른 범죄들과 교황청에 무제한 항소할 수 있는 권한이 포함되었다. 정절의 주제는 개별 저자들의 몫으로 남겨졌다. 페트라르카는 제3의 바벨론[아비뇽 교황청: 역자주]을 묘사하면서, 거의 한 세기 뒤에 존재한 그런 상태에 관해서 쓴 클라망제보다 훨씬 더 격렬히 비판했으며, 교황청 사람들이 간음과 강간, 온갖 음행을 저지르고 있다고 고발했다. 클라망제는 많은 소교구들이 신자들의 가정을 지키기 위한 예방 조치로서 사제들에게 첩을 두고 살도록 허용할 것을 요구했다고 주장했다. 요한 23세는 모든 교회법을 어기고, 열 살밖에 되지 않은, 영국 왕 헨리 4세의 서자에게 수노회 가입을 허락했다.[20] 요한 23세의 경우는 극히 예외적인 것이었으나, 그가 교황이 되기 전에 볼로냐에 교황특사로 파견되었을 때 2백 명의 기혼부인들과 처녀들, 심지어 몇몇 수녀들이 장차 교황이 될 그의 바람기에 희생되었다고 그의 전기작가 니하임의 디트리히가 전하는 사실을 잊어서는 안 된다.

---

20) 1412년 1월 15일에 Leboorde라는 이름으로. 해당 문서는 *English Hitorical Review*, 1904, p. 96 sq.를 참조하라.

디트리히 프리(Dietrich Vrie)는 「콘스탄츠 공의회 역사」(*History of the Council of Constance*)라는 책에서 이렇게 말했다. "내가 알기로는 교황이 탐욕과 성직매매를 통해서 선출되며, 다른 주교들도 돈을 내고 임명된다. '너희가 값없이 받았으니 값없이 주라'는 옛 격언이 오늘날은 완전히 곡해되어서 '내가 값없이 받지 않았으므로 값없이 주지 않을 것이다. 거액을 들여 주교직을 샀으니, 돈을 쓴 만큼 벌어야 하지 않겠는가?'라는 말이 나돈다 …… 만약 시몬 마구스가 오늘날 살아 있다면 성령뿐 아니라 성부와 나 곧 성자도 돈주고 살 수 있었을 것이다."[21] 그러나 분열 시대에 성직위계제도와 교황청이 도덕적으로 심하게 부패한 것이 사실이더라도 중세의 마지막 반세기만큼 심하지는 않았다. 당시에 개혁 공의회들이 열렸다는 사실 자체가 교회의 깊은 곳에 생명력이 존재하고 있었다는 유일한 증거는 아니더라도 가장 좋은 증거이다. 그러한 공의회들이 공고되어 회집했던 사실 자체가 성직자 사회가 "머리에서 발끝까지", 교황에서부터 가장 미미한 사제에 이르기까지 부패와 위선에 덮인 현실에 대한 항의인 동시에, 장차 그 현실을 타개할 날이 올 것이라는 지극히 소망스러운 징후이기도 했다.

25. 학자 겸 성직자 쿠사의 니콜라우스

제르송과 다이 이후 세대의 신학자들 가운데 독일인 쿠사의 니콜라우스 (1401–1464)만큼 현저한 자리를 차지하는 사람은 아무도 없다. 그는 바젤 공의회 초반에 두드러진 역할을 수행한 뒤에 교황 유게니우스 4세를 섬겼으며, 교회 개혁을 위한 실제적인 노력과 신학을 비롯한 다른 학문 분야들에 대한 집필 활동으로 명성을 쌓았다.

트리어 근처의 쿠에스(쿠사)에서 선원의 아들로 태어난 그는 아버지의 학대를 못이겨 집을 나왔다. 만더샤이트 백작의 후원을 받게 된 그는 데벤테르로 가서 공동생활 형제회(the Brothers of the Common Life)가 운영하는 학교에서 훈련을 받았다. 그 뒤 파두아 대학교에서 법학을 공부하여 박사학위까지 받았으나 과목을 신학으로 전향하게 되었는데, 그의 정적 하임부르크의 게오르그(George)

---

21) Hardt, I. 104 sqq. 그 한탄이 그리스도의 입을 빌려 진술된다.

의 진술에 따르면 첫 번째 소송에서 실패한 데 크게 실망했기 때문이라고 한다. 파두아에서 그가 배운 교수들 가운데는 훗날 추기경이 되어 바젤 공의회에서 유력하게 활동한 체사리니가 있었다.

1432년에 니콜라우스는 트리어의 대주교 선출자 만더샤이트의 울리히(Ulrich)를 대표하여 바젤 공의회에 참석했다. 그가 공의회에 참석한 주된 목적은 교황이 먼젓번에 트리어 교구의 대주교로 임명했던 슈파이어의 주교이자 울리히의 경쟁자인 헬름슈타트의 라바누스(Rabanus)에 대항하여 울리히를 옹호하기 위함이었다. 공의회파 진영에 적극 가담한 그는 후스파 문제를 다룬 회기들에서 주도적 역할을 수행했고, 다수의 대표들과 함께 공의회가 교황보다 우월함을 옹호했다. 가톨릭 교회의 일치를 다룬 그의 저서 「보편적 일치에 관하여」(*De concordantia catholica*)는 이 주제에 관한 자신의 견해를 정리하여 1433년 공의회에 헌정한 것으로서, 이 저서에 힘입어 그는 과거에 이 주제를 다루었던 랑겐슈타인과 니하임, 제르송의 뒤를 이었다. 이 저서에서 그는 총 공의회가 성령의 영감을 받아 참되고 무오하게 말한다고 주장한다. 교회는 신자들의 집단(unitas fidelium)이며, 총 공의회로써 대표된다. 교황은 교회의 동의로부터 권위를 받고, 공의회는 이단과 그 밖의 이유로 그를 폐위할 수 있으며, 자체의 동의 없이는 정회나 해산될 수 없다. 베드로는 그리스도에게서 다른 사도들과 동일한 권위를 받았다. 그리스도께서 베드로에게 하신 말씀을 다른 사도들도 함께 받았다. 모든 사제들이 권위와 지위가 서로 등등한 것처럼, 모든 주교들은 그들의 지위가 주교든 대주교든 총대주교든 교황이든 서로 동등하다.[22]

이런 견해들에도 불구하고 그리스인들과의 회담 장소를 놓고 문제가 발생했을 때, 니콜라우스는 소수파의 입장에 서서 이탈리아의 도시를 지지했으며, 소

---

22) John of Turrecremata(1468 죽음)가 교회의 권위의 좌소를 다룬 소책자 *Summa eccles. et ejus auctoritate*(1450)는 앞에서 언급했듯이 극단적 교황 지상주의를 견지했다. 교황의 수위권이 세계 전역의 모든 그리스도인들에게 확대되며, 그 권한에는 모든 주교들을 임명하고 면직하는 권한과, 모든 고위성직들과 성직록들을 채울 권한, 그리고 성인들을 시성할 권한이 포함된다는 것이 그의 견해였다. 그는 교황이 그리스도의 대리자로서 모든 영적 문제뿐 아니라 세속적 문제에 대해서도 절대권을 지닌다고 하면서, 세속 군주들의 모든 권한도 교황에게서 나오기 때문이라고 말했다. Gieseler, III. 5, pp. 219-227에서 인용.

수파가 세운 사절단의 일원으로 볼로냐에 거주하고 있던 교황 유게니우스 4세를 방문한 뒤 콘스탄티노플을 방문했다. 이것이 1437년의 일인데, 이때부터 니콜라우스는 유게니우스와 후임자들의 충복이 되었다. 훗날 피우스 2세가 된 아이네아스 실비우스(Aeneas Sylvius)는 그를 유게니우스파의 헤라클레스라 불렀다. 아이네아스는 또한 그가 모든 분야에 박식하고 생활도 매우 경건하다고 평가했다.[23)]

유게니우스는 새로 얻게 된 이 지지자를 교황특사로 삼아 독일 교회 및 제후들과 평화조약을 체결하는 임무를 맡겼는데, 그는 1447년의 빈(Wien) 정교조약에서 임무를 완수했다. 그 공로로 추기경으로 승진했으며, 1452년에는 티롤 지방(오스트리아 서부와 이탈리아 북부의 알프스 산맥 지방: 역자주) 브릭센의 주교가 되었다. 이곳에서 그는 교회 개혁을 시도했으며, 그런 뜻을 품고서 교황특사 자격으로 독일의 넓은 지역을 방문했다.

브릭센의 주교는 자신의 교구에 대한 모든 중세 봉건적 권리를 주장하다가 오스트리아 공작 지그문트와 날카롭게 대립하게 되었다. 주교를 지원하여 두 교황이 성무 중지령을 공포했는데도 공작은 조금도 흔들리지 않았다. 오히려 군대를 끌고 가서 주교를 공격하여 생포한 뒤 완력을 사용하여 전임 주교들이 오랜 세월 동안 주장하지 않았던 옛 권리들을 포기하겠다는 약속을 받아냈다. 하지만 주교는 일단 풀려나자 공작 앞에서 했던 맹세가 완력을 못이겨 마지못해서 한 것이므로 무효라고 선언했으며, 이 점에서 피우스 2세의 지지를 받았다. 1460년에 그는 로마로 갔다가 몇 년 뒤에 움브리아 지방의 토디에서 숨을 거두었다.

쿠사의 니콜라우스는 헬라어와 히브리어를 알았으며, 아마도 알베르투스 마그누스 이후부터 자기 시대까지 독일에서 가장 폭넓은 신망을 얻은 학자였던 듯하다. 그는 천문학·수학·식물학에 관심이 있었으며, 과거에 다이가 그랬던 것처럼 바젤 공의회에서 달력 수정의 필요를 역설했다. 그가 가장 많은 공을 들여 남긴 저서는 신학 쟁점들을 논한 「학식있는 무지에 관하여」(De docta ignorantia)이다. 이 책에서 그는 스콜라주의의 학문 방법을 비판하고, 데벤테르에서 접해본 신비주의적 분위기에서 영향받은 흔적을 드러냈다. 인간 정신의 여러 가지 한계와, 이성으로는 하나님을 온전히 발견할 수 없음을 강조했다. 신앙을 '영혼이 하나님의 은혜를 받은 상태'로 정의하고서, 지성이 깨달을 수 없는

---

23) Hist. of Fred. III., 409, Germ. transl. II. 227.

진리들을 신앙이 발견한다고 주장했다. 그의 견해는, 쿠사의 저서들을 편집하고 그 자신이 믿음으로 의롭다 함을 얻는다는 교리에서 프랑스에서의 루터의 선구자였던 파베르 스타풀렌시스(Faber Stapulensis)에게 영향을 끼쳤다.

그는 피우스 2세가 터키를 정벌하기 위해 추진한 십자군 원정에 생의 마지막 노력을 기울이던 과정에서 코란을 공부하고서 「코란을 체질하기」(De cribatione Alcoran)이라는 논문을 쓰게 되었는데, 이 글에서 거짓 종교란 참 종교를 바탕에 두고 있다고 주장했다.

이 추기경은 교회 문제를 중재하고 성직자 사회와 수도원에 만연한 부패를 개혁한 인물로서 역사에 자신의 이름을 남겼다. 그는 자국어로 설교했다. 밤베르크에서는 형제회가 더 이상 신설되지 못하도록 했고, 마그데부르크에서는 면죄부 판매를 단죄했다. 잘츠부르크와 그 밖의 도시들에서는 수도원들을 개혁했으며, 친인척들과 힘을 합하여 쿠에스에 33개 병상을 보유한 병원을 설립했다. 데벤테르에서는 청소년 20명을 훈련시킬 비용을 제공함으로써 학문에 대한 관심을 드러냈다. 그는 코페르니쿠스가 지동설을 주장하기 거의 한 세기 전에 지구가 축을 중심으로 자전한다고 생각했다. 콘스탄티누스의 증여 문서를 위조로 간주해야 할 이유들을 제시했으며, 이시도루스의 교령집 나머지 부분의 진정성에 대해서도 의문을 제기했다.

반면에 니콜라우스는 철저한 교직자이자 교회의 순종하는 자녀였다. 교황 니콜라우스 5세의 대리인으로 독일 전역을 순회하면서 희년의 면죄를 선포했으며, 전하는 바로는 그를 통해서 200,000길더에 해당하는 면죄부들이 성 베드로 성당 수리를 위해 판매되었다고 한다.

중세 말의 유능하고 박식한 가톨릭 교회 옹호자 얀센(Janssen)은 이 고상하고 다재다능한 인물이 성직자 사회와 교회의 기강을 바로 세운 점을 높이 평가하여 인쇄술 발명가 구텐베르크(Gutenberg)와 나란히 놓는다. 구텐베르크가 인쇄술 발명에 힘입어 문명과 문화를 진척시키는 임무를 수행한 것과 달리, 니콜라우스는 사상과 신앙에서 새 시대의 선구자로서 소임을 다하지 못했다고 말할지라도 그의 열정과 사역을 폄하하는 것은 아니다.[24] 후대에 근본적이고 신앙적인 개혁을 주창하여 도래케 한 비텐베르크의 수사(루터)가 갖춘 도덕적 · 교리적 확신과 예지의 은사가 쿠사의 니콜라우스에게는 없었다.

26. 대중 설교자들

1450년으로 마감된 한 세기 반 동안 개교회 차원의 설교자들뿐 아니라 지역 단위의 설교자 집단들이 회중들에게 깊은 영향을 끼쳤다. 에크하르트(Eckart)와 요한 타울러(John Tauler)를 머리로 한 독일 신비주의자들이 스트라스부르와 쾰른, 그리고 라인 강 유역에서 설교 활동을 펼쳤다. 다이와 제르송은 선별된 청중 앞에 서서 프랑스 강단을 빛나게 했다. 위클리프는 옥스퍼드에서, 얀 후스는 보헤미아에서 설교를 통해 사람들의 이목을 크게 사로잡았고, 그로 인하여 교회로부터 단죄를 당하게 되었다. 후스는 보헤미아에서 활동하던 유력한 설교자들의 일원이었다. 위클리프는 자신의 '땀구멍 설교자들'(pore preachers)이라고 하는 특수 계층 사람들을 파송함으로써 설교를 촉진하고자 힘썼다.

대중 설교자들은 그들과 또 다른 그룹을 형성했다. 물론 이 시기에는 당대의 횟필드라고 할 수 있는 야외 설교자 레겐스부르크의 베르톨트(Berthold, 1272 죽음)와 견줄 수 있는 인물이 등장하지 않았다. 당대의 대중 설교자들 가운데 가장 유명했던 사람들로는 이탈리아인들인 베르나르디노(Bernardino)와 카피스트라노의 요한, 프란체스코회 엄수파 수사들, 그리고 스페인 도미니쿠스회 수사인 빈센트 페러(Vincent Ferrer)가 있었다. 좀 더 후대에는 피렌체의 사보나롤라와 스트라스부르의 가일러(Geiler)가 있었다.

---

24) Janssen, I. 2-6. 여기서 우리는 처음으로 무려 20판을 기록하면서 여론의 주목을 받은 책을 펴낸 이 저자를 만나게 된다. 이 책의 결론과 방법들은 후에 자세히 소개할 것이다. 여기서는 그 책이 매우 그럴듯한 논리를 제시했다는 점을 언급하는 것으로도 충분할 것이다. 그 책의 목적은 루터가 등장했을 때 독일의 교회에 이미 질서 정연한 개혁이 전개되고 있었으며, 오히려 루터의 혁명적이고 부도덕한 경향이 교회의 일치를 사납게 찢고 체계적인 개혁을 가로막았음을 입증하는 데 있었다. 이러한 결론은 사료(史料)들을 조작하고, 종교와 문화의 진보적 역사에서 강줄기들처럼 흘러간 위인들과 영향들을 궤변적으로 묘사한 데서 기인한 결과이다. 얀센은 구텐베르크와 쿠사의 니콜라우스를 간단히 비교하면서 자신의 결론을 뒷받침하려 하지만 이것은 타당하지 않다. 인쇄술 발명가가 남겨놓은 항구적인 결과에 관해서는 아무도 의문을 제기하지 않는다. 하지만 저자가 종교 분야에서 니콜라우스도 항구적인 영향을 끼쳤다고 주장한 것은 지나친 비약이다.

시에나의 베르나르디노(1380-1444)를 피우스 2세는 제2의 바울이라고 격찬했다. 그는 이탈리아 청중들에게 깊은 감명을 주었으며, 교황 마르티누스 5세에게 총애를 받았다. 원래 목청이 약한 사람이었는데 마리아에게 기도하여 강하고 명료한 음성을 얻게 되었다고 한다. 프란체스코회 엄수파가 독립해서 섰을 때 초대 총장을 지냈으며, 그가 취임할 때만 해도 이탈리아 내에 얼마 되지 않던 수도원들의 수를 재직 중에 크게 늘려놓았다. 1424년에 그는 로마에 있었는데, 로마의 일지 기록자 인페수라(Infessura)의 보고에 따르면 그가 대중에게 끼친 영향이 워낙 강렬하여서 대중이 카피톨리누스 언덕으로 오락 도구들과 장신구들을 가져와 쌓아놓고 불태워 버렸다고 한다. 그는 설교하러 가는 곳마다, 그리스도의 이름의 약자(IHS)를 중심으로 열두 줄기의 광선이 뻗어가는 모양을 그려 넣은 깃발을 앞세웠다. 사제들에게 그 약자를 교회 벽과 공공 건물에 걸게 했으며, 시에나의 시청 건물에 가면 지금도 그것을 볼 수 있다. 아우구스티누스회와 도미니쿠스회, 그리고 포조(Poggio)도 그의 이런 행위를 비판했다. 1427년에 그는 로마로 가서 그런 비판들에 대해 답변했다. 교황 마르티누스 5세는 그의 무죄를 선언하면서 어느 곳에서든 설교할 수 있는 권한을 부여했으며, 교황의 도시 자체 안에서 80일간 사역하도록 지시했다. 1419년에 베르나르디노는 롬바르디아의 도시들을 찾아다니면서 전도하여 많은 주민들을 회개케 했고, 주민들이 자질구레한 장신구들과 오락 도구들을 광장에 모아놓고 불태운 경우가 적지 않았다. 그는 죽어 아퀼라에 묻혔으며, 1450년에 니콜라우스 5세에 의해 시성되었다.

카피스트라노의 요한(1386-1456)은 법률가로서 젊은 나이에 페루자의 시정(市政)을 맡아 관장했고, 1416년에 프란체스코회 엄수파에 가입하여 베르나르디노에게 배웠다. 이탈리아 북부에서 종교재판관으로 활동하면서 이단들과 유대인들을 개종시키거나 불태워 죽임으로써 이름을 날렸다. 이단에 대한 사나운 열정에서 그를 능가할 사람이 없었다. 종교재판관에 처음 임명받은 해가 1426년이었고, 네 번째 임명을 받은 해가 그로부터 23년 뒤인 1449년이었다.

그는 자기 수도회의 지도자로서 1427년에 베르나르디노를 변호했고, 1443년에는 총장이 되었다. 설교 활동 범위를 빈으로 확대했으며, 거기서 독일로 깊숙이 들어가 뉘른베르크에서 드레스덴·라이프치히·마그데부르크·브레슬라우에 이르는 지역을 순회하면서 대단한 관심과 열기를 불러일으켰다. 설교할 때는 라틴어나 이탈리아어를 사용한 까닭에 통역을 해야 했다. 그의 설교를 듣기 위해서 청중이 많게는 3만 명씩이나 몰렸다고 한다. 가는 곳마다 베르나르디노의 유골을 가지고 다녔으며, 그의 유골과 자신의 도구를 사용하여 많은 기적을 행했다고 한다. 그의 수행원들은 그가 독일에서 일으킨 기사들을 기록으로 남겼다.[25] 그의 설교의 위력은 뾰족한 신발, 카드와 주사위 등 오락과 허영의 도구들을 모아 불태우게 하는 것으로 나타났다. 무수히 많은 이단들이 그의 설득에 굴복했다고 전해진다. 그는 피우스 2세의 부탁을 받고 후스파를 비판하는 설교를 했고, 후에는 터키족을 비판하는 설교를 했다. 베오그라드가 포위 공격을 당할 때 그 도시에 있었으며, 도시를 방어하고 마호메트 2세의 공격을 물리치는 데 이바지했다. 그는 1690년에 시성되었다.

스페인의 가장 위대한 설교자 빈켄티우스 페러(Vincent Ferrer, 1419 죽음)의 생애는 교황청 분열기에 해당하며, 그의 이름도 그런 상황으로 빚어진 논쟁들과 관련하여 잘 알려졌다. 그의 이름은 방언 은사와 채찍질 고행파와도 결부된다. 이 헌신적인 선교사는 발렌시아에서 태어나 도미니쿠스회에 가입했고, 바르셀로나 대학교와 레리다 대학교에서 공부했다. 「현대 교회의 분열」(De moderno ecclesiae schismate)이라는 논문으로 신학박사 학위를 받았다. 발렌시아로 돌아간 뒤에는 설교자로서 명성을 얻었으며, 아라곤 여왕 이올란테(Iolanthe)의 고해신부와 그녀의 남편 후안 1세의 고문에 임명되었다. 1395년에 교황 베네딕투스 13세는 그를 아비뇽 교황청 수석 고해신부 겸 교황궁 궁정장으로 임명했다. 2년 뒤에 그는 교황특사가 되어서 발렌시아로 돌아갔다. 그곳에서 처음에는 아비뇽 진영을 강력히 변호했으나 시간이 흐른 뒤에는 베네딕투스가 분열 치유를 공약하고도 성의를 보이지 않는다는 이유로 그에 대한 지지를 거두고서 콘스탄츠 공의회 진영을 지지했다.

페러의 전도 노력은 1399년부터 시작되었다. 스페인과 이탈리아 북부, 프랑스를 두루 순회하면서 회개와 임박한 심판을 주제로 하루에 두세 번씩 설교했다. 유대인들과 이슬람교도들에게 복음을 전한 선교사들 가운데 가장 성공한 인물이라는 명성을 얻었다. 유대인 2만5천 명과 이슬람교도 8천 명이 그의 설득에 굴복했다고 전해진다. 그는 스페인어밖에 할 줄 몰랐는데도 설교를 하면 프랑스인

---

25) 참조. Jacob, I. 50 sqq 등. 아이네아스 실비우스는 자신이 요한이 일으켰다고 하는 기적들을 하나도 직접 본 적이 없으나 그것들을 부정할 생각은 없다고 말했다.

들과 이탈리아인들도 알아들었다고 한다. 당대인들은 그가 방언의 은사뿐 아니라 각종 기적의 은사도 받았다고 전한다. 사제들과 가수들이 그의 전도 여행길에 동행했으며, 집회 때 부른 몇몇 찬송들은 빈켄티우스가 직접 지은 것들이었다. 그의 설교를 듣기 위해서 많으면 7만이라는 믿어지지 않는 수가 모였으며, 그가 설교한 횟수도 2만 번이나 되었다. 그는 발도파가 살던 골짜기까지 찾아가 설교했고 카타리파의 잔존 세력에게도 전도했으며, 그들 가운데 많은 사람들을 개종시켰다고 한다. 그 자신도 이단 혐의에서 자유롭지 못했는데, 에이메리히 (Eymerich)는 그가 가룟 유다에 대해서, 사람들이 목숨을 부지하도록 허용하지 않았기 때문에 자살했으며, 그러기 전에 하나님께 사죄를 받았다고 주장했다는 이유로 그를 고소했다.[26] 그는 1455년에 교황 칼리스투스 3세에 의해서 시성되었다. 전하는 바로는, 페러가 보르지아 가문 출신의 이 교황이 젊은 시절에 발렌시아에서 사제로 활동할 때 그가 장차 인간에게 허락된 가장 높은 지위에 오르리라고 예언했다고 한다.

페러가 순회 전도를 하러 다닐 때는 채찍질 고행파도 그를 따라다녔다. 페러 자신도 채찍질 고행에 참여했으며, 그가 매일 자신에게 사용한 여섯 가닥 채찍이 카탈로니아의 카르투지오회 수도원에 지금도 보관되어 있다고 한다. 제르송과 다이는 페러가 채찍질 고행파의 망상을 받아들였다는 이유로 그를 비판했다. 제르송은 콘스탄츠 공의회가 진행되는 동안 스페인의 그 설교자에게 쓴 편지에서 신명기 14:1("너희는 너희 하나님 여호와의 자녀이니 …… 자기 몸을 베지 말며")을 인용하면서 구약과 신약 모두가 육체에 해를 가하는 것을 금하지 않느냐고 하면서 채찍질 고행을 비판했다. 그는 페러에게 콘스탄츠에 오도록 초청했으나, 그 초청은 수락되지 않았다.[27]

요한은 예나 한 곳에서만 지체 장애자 30명을 고쳤다. Jacob, I. 69.

26) Lea, *Inquisition*, II. 156, 176, 258, 264.

27) 15세기 독일의 설교, 그중에서도 특히 신비주의자들의 설교에 관해서는 다음을 참조하라. Linsenmeyer, *Gesch. der Predigt in Deutschland bis zum Ausgange im M. A.*, p. 414 sqq. 가장 유명한 독일 설교자들은 아우구스티누스회 수사들인 프리마르의 하인리히(1340 죽음)와 퀘들린부르크의 요르단(1375 죽음)이었다. 15세기에 관해서는 이 책의 제9장을 참조하라.

제 4 장

독일의 신비주의자들

27. 자료와 참고문헌

GENERAL WORKS. — *FRANZ PFEIFFER : *Deutsche Mystiker*, 2 vols., Leipzig, 1857, 2d ed. of vol. I., Göttingen, 1906. — *R. LANGENBERG : *Quellen und Forschungen zur Gesch. der deutschen Mystik*, Bonn, 1902. — F. GALLE : *Geistliche Stimmen aus dem M.A., zur Erbauung*, Halle, 1841. — MRS. F. BEVAN : *Three Friends of God, Trees planted by the River*, London. — *W. R. INGE : *Light, Life and Love*, London, 1904. Selections from ECKART, TAULER, SUSO, RUYSBROECK, etc. — The works given under Eckart, etc., in the succeeding sections. — R. A. VAUGHAN : *Hours with the Mystics*. For a long time the chief English authority, offensive by the dialogue style it pursues, and now superseded. — *W. PREGER : *Gesch. der deutschen Mystik im Mittelalter*, 3 vols., Leipzig, 1874–1893. — G. ULLMANN : *Reformatoren vor der Reformation*, vol. II., Hamburg, 1841. — *INGE : *Christian Mysticism*, pp. 148 sqq., London, 1899. — ELEANOR C. GREGORY : *An Introd. to Christ. Mysticism*, London, 1901. — W. R. NICOLL : *The Garden of Nuts*, London, 1905. The first four chapp. give a general treatment of mysticism. — P. MEHLHORN : *D. Blüthezeit d. deutschen Mystik*, Freiburg, 1907, pp. 64. — *S. M. DEUTSCH : *Mystische Theol.* in Herzog, XIX. 631 sqq. — CRUEL : *Gesch. d. deutschen Predigt im M.A.*, pp. 370–414. — A. RITSCHL : *Gesch. d. Pietismus*, 3 vols., Bonn, 1880–1886. — HARNACK : *Dogmengesch.*, III. 376 sqq. — LOOFS : *Dogmengesch.*, 4th ed., Halle, 1906, pp. 621–633. — W. JAMES : *The Varieties of Relig. Experience*, chs. XVI., XVII.

For § 29. MEISTER ECKART. — *German Sermons* bound in a vol. with TAULER'S *Sermons*, Leipzig, 1498, Basel, 1521. — PFEIFFER : *Deutsche Mystiker*, etc., vol. II., gives 110 German sermons, 18 tracts, and 60 fragments. — *DENIFLE : *M. Eckehart's Lateinische Schriften und die Grundanschauung seiner Lehre*, in *Archiv für Lit. und Kirchengesch.*, II. 416–652. Gives excerpts from his Latin writings. — F. JOSTES : *M. Eckehart und seine Jünger, ungedruckte Texte zur Gesch. der deutschen Mystik*, Freiburg, 1895. — *H. BÜTTNER : *M. Eckehart's Schriften und Predigten aus dem Mittel-*

hochdeutschen übersetzt, Leipzig, 1903.   Gives 18 German sermons and writings. — G. LANDAUER: *Eckhart's mystische Schriften in unsere Sprache übertragen*, Berlin, 1903. — H. MARTENSEN: *M. Eckart*, Hamburg, 1842. — A. LASSON: *M. E. der Mystiker*, Berlin, 1868.   Also the section on Eckart by LASSON in Ueberweg's *Hist. of Phil.* — A. JUNDT: *Essai sur le mysticisme spéculatif d. M.E.*, Strassburg, 1871 ; also *Hist. du panthéisme populaire au moyen âge*, 1875.   Gives 18 of Eckart's sermons. — PREGER, I. 309–458. — H. DELACROIX: *Le mysticisme spéculatif en Allemagne au 14ᵉ siècle*, Paris, 1900. — DEUTSCH's art. *Eckart* in Herzog, V. 142–154. — DENIFLE: *Die Heimath M. Eckehart's* in *Archiv für Lit. und K. Gesch. des M.A.*, V. 349–364, 1889. — STÖCKL: *Gesch. der Phil.*, etc., III. 1095–1120. — PFLEIDERER: *Religionsphilosophie*, Berlin, 2d ed., 1883, p. 3 sqq. — INGE. — L. ZIEGLER: *D. Phil. und relig. Bedeutung d. M. Eckehart* in *Preuss. Jahrbücher*, Heft 3, 1904. — See a trans. of Eckart's sermon on John 6 : 44, by D. S. SCHAFF, in *Homiletic Rev.*, 1902, pp. 428–431.

NOTE. — Eckart's German sermons and tracts, published in 1498 and 1521, were his only writings known to exist till Pfeiffer's ed., 1857.   Denifle was the first to discover Eckart's Latin writings, in the convent of Erfurt, 1880, and at Cusa on the Mosel, 1886.   These are fragments on Genesis, Exodus, Ecclesiastes and the Book of Wisdom.   John Trithemius, in his *De scripp. eccles.*, 1492, gives a list of Eckart's writings which indicates a literary activity extending beyond the works we possess.   The list catalogues four books on the *Sentences*, commentaries on Genesis, Exodus, the Canticles, the Book of Wisdom, St. John, on the Lord's Prayer, etc.

For § 30.   JOHN TAULER. — Tauler's *Works*, Leipzig, 1498 (84 sermons printed from MSS. in Strassburg) ; Augsburg, 1508 ; Basel, 1521 (42 new sermons) and 1522 ; Halberstadt, 1523 ; Cologne, 1543 (150 sermons, 23 being publ. for the first time, and found in St. Gertrude's convent, Cologne); Frankfurt, 1565 ; Hamburg, 1621 ; Frankfurt, 3 vols., 1826 (the edition used by Miss Winkworth) ; ed. by J. HAMBERGER, 1864, 2d ed., Prag, 1872.   The best.   Hamberger substituted modern German in the text and used a Strassburg MS. which was destroyed by fire at the siege of the city in 1870 ; ed. by KUNTZE UND BIESENTHAL containing the Introdd. of Arndt and Spener, Berlin, 1842. — * Engl. trans., SUSANNA WINKWORTH: *The History and Life of Rev. John Tauler with 25 Sermons*, with Prefaces by CANON KINGSLEY and ROSWELL D. HITCHCOCK, New York, 1858. — * *The Inner Way, 36 Sermons for Festivals, by John Tauler*, trans. with Introd. by A. W. HUTTON, London, 1905. — C. SCHMIDT: *J. Tauler von Strassburg*, Hamburg, 1841, and *Nicolas von Basel, Bericht von der Bekehrung Taulers*, Strassburg, 1875. — DENIFLE: *D. Buch von geistlicher Armuth*, etc., Munich, 1877, and *Tauler's Bekehrung*, Münster, 1879. — A. JUNDT: *Les amis de Dieu au 14ᵉ siècle*, Paris, 1879. — PREGER, III. 1–244. — F. COHRS: Art. *Tauler* in Herzog, XIX. 451–459.

NOTE. — Certain writings once ascribed to Tauler, and printed with his works, are now regarded as spurious.   They are (1) *The Book of Spiritual Poverty*, ed. by Denifle, Munich, 1877, and previously under the title *Imitation of Christ's Life of Poverty*, by D. Sudermann, Frankfurt, 1621, etc. Denifle pointed out the discord between its teachings and the teachings of

Tauler's sermons. (2) *Medulla animœ*, consisting of 77 chapters. Preger decides some of them to be genuine. (3) Certain hymns, including *Es kommt ein Schiff geladen*, which even Preger pronounces spurious, III. 86. They are publ. by Wackernagel.

For § 31. HENRY SUSO. — Ed. of his works, Augsburg, 1482, and 1512. — *M. DIEPENBROCK : *H. Suso's, genannt Amandus, Leben und Schriften*, Regensburg, 1829, 4th ed., 1884, with *Preface* by J. GÖRRES. — H. SEUSE DENIFLE : *D. deutschen Schriften des seligen H. Seuse*, Munich, 1880. — * H. SEUSE : *Deutsche Schriften*, ed. K. BIHLMEYER, Stuttgart, 1907. The first complete edition, and based upon an examination of many MSS. — A Latin trans. of Suso's works by L. SURIUS, Cologne, 1555. — French trans. by THIROT : *Ouvrages mystiques du bienheureux H. Suso*, 2 vols., Paris, 1899. Engl. extracts in *Light, Life and Love*, pp. 66–100. — PREGER : *D. Briefe H. Suso's nach einer Handschrift d. XV. Jahrh.*, Leipzig, 1867.— C. SCHMIDT : *Der Mystiker, H. Suso in Stud. und Kritiken*, 1843, pp. 835 sqq. — PREGER : *Deutsche Mystik*, II. 309–419. — L. KÄRCHER : *H. Suso aus d. Predigerorden*, in *Freiburger Diöcesenarchiv*, 1868, p. 187 sqq.— CRUEL : *Gesch. d. deutschen Predigt*, 396 sqq. — Art. in WETZER-WELTE, H. SEUSE, V. 1721-1729.

For § 32. THE FRIENDS OF GOD. — The works of ECKART, TAULER, SUSO, RUYSBRŒCK. — JUNDT : *Les Amis de Dieu*, Paris, 1879. — KESSEL : Art. *Gottesfreunde* in WETZER-WELTE, V. 893–900. — The writings of RULMAN MERSWIN : *Von den vier Jahren seines anfahenden Lebens*, ed. by SCHMIDT, in Reuss and Cunitz, *Beiträge zu den theol. Wissenschaften*, V., Jena, 1854. — His *Bannerbüchlein* given in Jundt's *Les Amis*. — *Das Buch von den neun Felsen*, ed. from the original MS. by C. SCHMIDT, Leipzig, 1859, and in abbreviated form by PREGER, III. 337–407, and DIEPENBROCK : *Heinrich Suso*, pp. 505–572. — P. STRAUCH : Art. *Rulman Merswin* in Herzog, XVII. 20–27. — For the "Friend of God of the Oberland" and his writings. K. SCHMIDT : *Nicolas von Basel : Leben und ausgewählte Schriften*, Vienna, 1866, and *Nic. von Basel, Bericht von der Bekehrung Taulers*, Strassburg, 1875. — F. LAUCHERT : *Des Gottesfreundes im Oberland Buch von den zwei Mannen*, Bonn, 1896. — C. SCHMIDT : *Nic. von Basel und die Gottesfreunde*, Basel, 1856. — DENIFLE : *Der Gottesfreund im Oberland und Nic. von Basel. Eine krit. Studie*, Munich, 1875. — JUNDT : *Rulman Merswin et l'Ami de Dieu de l'Oberland*, Paris, 1890. — PREGER, III. 290–337. — K. RIEDER : *Der Gottesfreund vom Oberland. Eine Erfindung des Strassburger Johanniterbruders Nicolaus von Löwen*, Innsbruck, 1905.

For § 33. JOHN OF RUYSBROECK. — *Vier Schriften*, ed. by ARNSWALDT, with Introd. by ULLMANN, Hanover, 1848. — Superseded by J. B. DAVID (prof. in Louvaine), 6 vols., Ghent, 1857–1868. Contains 12 writings. — Lat. trans. by SURIUS, Cologne, 1549. — * F. A. LAMBERT : *Drei Schriften des Mystikers J. van Ruysb., Die Zierde der geistl. Hochzeit, Vom glänzenden Stein* and *Das Buch von der höchsten Wahrheit*, Leipzig. No date ; about 1906. Selections from Ruysbroeck in *Light, Life and Love*, pp. 100–196. — *J. G. V. ENGELHARDT : *Rich. von St. Victor u. J. Ruysbroeck*, Erlangen, 1838. — ULLMANN : *Reformatoren*, etc., II. 35 sqq. — W. L. DE VREESE : *Bijdrage tot de kennis van het leven en de werken van J. van Ruusbroec*, Ghent, 1896. — * M. MAETERLINCK : *Ruysbr. and the Mystics, with Selections from*

Ruysb., London, 1894. A trans. by Jane T. Stoddart of Maeterlinck's essay prefixed to his *L'Ornement des noces spirituelles de Ruysb.*, trans. by him from the Flemish, Brussels, 1891. — Art. *Ruysbroeck* in Herzog, XVII. 267–273, by Van Veen.

For § 34. Gerrit de Groote and the Brothers of the Common Life. — *Lives* of Groote, Florentius and their pupils, by Thomas à Kempis : *Opera omnia*, ed. by Sommalius, Antwerp, 1601, 3 vols., Cologne, 1759, etc., and in unpubl. MSS.— J. Busch, d. 1479: *Liber de viris illustribus*, a collection of 24 biographies of Windesheim brethren, Antwerp, 1621 ; also *Chronicon Windeshemense*, Antwerp, 1621, both ed. by Grube, Halle, 1886.— G. H. M. Delprat : *Verhandeling over de broederschap van Geert Groote en over den involoed der fraterhuizen*, Arnheim, etc., 1856.— J. G. R. Acquoy (prof. in Leyden) : *Gerhardi Magni epistolæ XIV.*, Antwerp, 1857.— G. Bonet-Maury : *Gerhard de Groot d'après des documents inédites*, Paris, 1878. — * G. Kettlewell : *Thomas à Kempis and the Brothers of the Common Life*, 2 vols., New York, 1882. — * K. Grube : *Johannes Busch, Augustinerpropst in Hildesheim. Ein kathol. Reformator im 15ten Jahrh.*, Freiburg, 1881. Also *G. Groote und seine Stiftungen*, Cologne, 1883. — R. Langenberg : *Quellen und Forschungen*, etc., Bonn, 1902. — Boerner : *Die Annalen und Akten der Brüder des Gemeinsamen Lebens im Lichtenhofe zu Hildesheim, eine Grundlage der Gesch. d. deutschen Brüderhäuser und ein Beitrag zur Vorgesch. der Reformation*, Fürstenwalde, 1905. — The artt. by K. Hirsche in Herzog, 2d ed., II. 678–760, and L. Schulze, Herzog, 3d ed., III., 474–507, and P. A. Thijm in Wetzer-Welte, V. 1286-1289.—Ullmann: *Reformatoren*, II. 1–201. — Lea : *Inquisition*, II. 360 sqq. — Uhlhorn : *Christl. Liebesthätigkeit im M.A.*, Stuttgart, 1884, pp. 350–375.

Note.— A few of the short writings of Groote were preserved by Thomas à Kempis. To the sermons edited by Acquoy, Langenberg, pp. 3–33, has added Groote's tract on simony, which he found in the convent of Frenswegen, near Nordhorn. He has also found Groote's Latin writings. The tract on simony — *de simonia ad Beguttas* — is addressed to the Beguines in answer to the question propounded to him by some of their number as to whether it was simony to purchase a place in a Beguine convent. The author says that simony "prevails very much everywhere," and that it was not punished by the Church. He declares it to be simony to purchase a place which involves spiritual exercises, and he goes on to apply the principle to civil offices, pronouncing it simony when they are bought for money. The work is written in Low German, heavy in style, but interesting for the light it throws on practices current at that time.

For § 35. The Imitation of Christ. —Edd. of à Kempis' works, Utrecht, 1473 (15 writings, and omitting the *Imitation of Christ*) ; Nürnberg, 1494 (20 writings), ed. by J. Badius, 1520, 1521, 1523 ; Paris, 1549; Antwerp, 1574 ; Dillingen, 1576 ; ed. by H. Sommalius, 3 vols., Antwerp, 1599, 3d ed. 1615 ; ed. by M. J. Pohl, 8 vols. promised ; thus far 5 vols., Freiburg im Br., 1903 sqq. Best and only complete ed. — Thomas à Kempis' hymns in Blume and Dreves: *Analecta hymnica*, XLVIII. pp. 475–514. — For biograph. and critical accounts. — Joh. Busch: *Chron. Windesemense.* — H. Roswyede : *Chron. Mt. S. Agnetis*, Antwerp, 1615, and *cum Rosweydii vindiciis*

Kempensibus, 1622. — J. B. MALOU : *Recherches historiq. et critiq. sur le véritable auteur du livre de l'Imitat. de Jesus Chr.*, Tournay, 1848 ; 3d ed., Paris, 1858. — * K. HIRSCHE : *Prologomena zu einer neuen Ausgabe de imitat. Chr.* (with a copy of the Latin text of the MS. dated 1441), Berlin, 1873, 1883, 1894. — C. WOLFSGRUBER : *Giovanni Gersen sein Leben und sein Werk de Imitat. Chr.*, Augsburg, 1880. — * S. KETTLEWELL : *Th. à Kempis and the Brothers of the Common Life*, 2 vols., London, 1882. Also *Authorship of the de imitat. Chr.*, London, 1877, 2d ed., 1884. — F. R. CRUISE : *Th. à Kempis, with Notes of a visit to the scenes in which his life was spent, with some account of the examination of his relics*, London, 1887. — L. A. WHEATLEY : *Story of the Imitat. of Chr.*, London, 1891. — DOM VINCENT SCULLY : *Life of the Venerable Th. à Kempis*, London, 1901. — J. E. G. DE MONTMORENCY : *Th. à Kempis, His Age and Book*, London, 1906. — * C. BIGG in ·*Wayside Sketches in Eccles. Hist.*, London, 1906, pp. 134-154. — D. B. BUTLER, *Thos. à Kempis, a Rel. Study*, London, 1908. — Art. *Thos. à Kempis* in London *Quarterly Review*, April, 1908, pp. 254-263.

First printed ed. of the Latin text of the *Imitat. of Christ*, Augsburg, 1472. Bound up with Jerome's *de viris illust.* and writings of Augustine and Th. Aquinas. — Of the many edd. in Engl. the first was by W. ATKYNSON, and MARGARET, mother of Henry VII., London, 1502, reprinted London, 1828, new ed. by J. K. INGRAM, London, 1893. — *The Imitat. of Chr., being the autograph MS. of Th. à Kempis de Imitat. Chr. reproduced in facsimile from the orig. in the royal libr. at Brussels.* With Introd. by C. RUELENS, London, 1879. — *The Imitat. of Chr. Now for the first time set forth in Rhythm and Sentences.* With Pref. by CANON LIDDON, London, 1889. — *Facsimile Reproduction of the 1st ed. of 1471*, with Hist. Introd. by C. KNOX-LITTLE, London, 1894. — *The Imitat. of Chr.*, trans. by CANON W. BENHAM, with 12 photogravures after celebrated paintings, London, 1905. — An ed. issued 1881 contains a Pref. by DEAN FARRAR. — R. P. A. DE BACKER : *Essai bibliograph. sur le livre de imitat. Chr.*, Liège, 1864. — For further lit. on the *Imitat. of Chr.*, see the Note at the end of § 35.

28. 신흥 신비주의

내면의 평안이나 죄로 인한 심판 가책이
자신의 가장 확실한 증인이다.
증인이 내면에 있다.

— 휘티어(Whittier), 「우리 주님」(*Our Master*)

스콜라주의의 방식이 아비뇽 교황청의 오명과 추문에 함몰되고 교황청 분열이 교회의 토대에 대한 신뢰를 흔들고 있을 당시에, 순수한 경건의 강줄기가 바젤에서 쾰른까지, 쾰른에서 북해까지 라인 강 지대를 적시고 있었다. 알프스 이북에서는 수도원들과 평신도 계층에서 울려 퍼진 목소리가 내면의 신앙 생활과 하나님과 영혼의 직접 대화의 가치에 주목하게 했다.

이 신앙 운동에 최근에 **도미니쿠스회 신비주의**(the Dominican mysticism)라는 이름이 붙었는데, 이는 운동을 주도한 사람들이 대부분 도미니쿠스회 수사들이었기 때문이다. 우리가 사용하게 될 기존의 이름 독일 신비주의는 운동이 발생한 지역과 신비주의자 대다수가 자신들의 저서에 사용한 언어를 가리킨다. 개신교 종교개혁과 마찬가지로 신비주의 운동도 독일의 토양에 기원을 두었으나, 종교 개혁과 달리 독일과 저지(低地) 바깥으로 퍼져나가지 않았다. 운동의 주요 거점은 스트라스부르와 쾰른이었고, 지도자는 사변적 성향의 인물인 마이스터 에크하르트(Meister Eckart, 1327 죽음), 요한 타울러(John Tauler, 1361 죽음), 하인리히 주조(Henry Suso, 1366 죽음), 요한 로이스브루크(John Ruysbroeck, 1381 죽음), 헤리트 흐로테(Gerrit Groote, 1384 죽음), 토마스 아 켐피스(Thomas Kempis, 1471 죽음)였다. 이 사제들의 초기 명칭은 하나님의 벗들(Friends of God, 하나님의 친우회)이었다. 흐로테의 동료들과 추종자들의 모임인 공동생활 형제회(the Brothers of the Common Life)도 같은 유형에 속했으나 항구적인 기독교 박애 실천 단체들로 발전했다. 지역에 따라서 베긴회와 베가르회도 그와 유사한 경건과 박애 정신을 내쉬었다. 「독일 신학」(*German Theology*)과 「그리스도를 본받아」(*Imitation of Christ*)라고 불리는 소책자들이 이 운동의 가장 훌륭한 결실로 꼽힌다. 제르송과 쿠사의 니콜라우스도 신비주의 성향을 강하게 지녔으나, 이들을 독일 신비주의자들의 범주에 넣을 수는 없다. 이들에게는 신비주의가 우발적인 특성이었을 뿐, 항구적이고 독특한 특성이 되지 못했다.

라인 지대의 신비수의자늘은 어떠한 외형석 소식에 의해 결합되지 않은 십단들을 형성했다. 이들을 한데 묶어준 유일한 띠는 서로 공동의 신앙 목적을 공유하고 있다는 정서였다.

이들의 종교적 사고는 항상 동일하게 표현된 것은 아니었으나, 영혼이 하나님과 합일함으로써 마음과 생활의 순결을 얻으려는 진지한 노력에서는 모두가 일치했다. 그것은 수도회칙을 겉으로 형식을 갖추어 지키는 것과 대조되게, 마음으로 경건을 실천하는 습관이었다. 단지 신조들에 지적으로 동의하는 것과 대조되는 신앙 훈련이었다. 하나님과 그리스도를 깨닫고 소유하려는 영혼의 진지한 노력으로서, "이제는 내가 사는 것이 아니요 오직 내 안에 그리스도께서 사시는 것이라"(갈 2:20)는 말씀으로 자체를 표현했다. 오늘날 일부 지역에서 '인격적 신앙'(personal religion)이라고 부르는 것과 본질상 같았다. 신비주의를 가장 간단히 정의한 것이 아마도 가장 훌륭한 정의인 듯싶다. 신비주의란 마음을 두루 비추는 하나님에 대한 사랑이다.[1] 신비주의에서는 직관(直觀)이 큰 부분을 차지하며, 신앙 체험에 도달하기 위해서 지나가야 하는 거리들은 세상을 등지는 결단과 자신을 정결케 하는 노력, 그리고 기도와 묵상이다.

독일 신비주의자들은 성사들을 무시하거나 교회의 권위를 배척하지 않은 채 더 나은 길을 추구했다. "내게 오는 자는 결코 주리지 아니할 터이요 나를 믿는 자는 영원히 목마르지 아니하리라", "나를 사랑하는 자는 내 아버지께 사랑을 받을 것이요", "나를 따르는 자는 어둠에 다니지 아니하고" 같은 말씀들의 의미를 강조했다. 사랑이라는 단어가 그들의 저서들에서 가장 두드러진다. 그들 사이에서 유행했던 독특한 표현 가운데는 에크하르트가 세상과 덧없는 것에서 물러서는 일을 가리킬 때 쓴 압게쉬덴하이트(Abgeschiedenheit)와 타울러가 회심을 가리킬 때 자주 쓴 케르(Kehr)가 있었다. 그들은 신생(新生)을 강조했으며, 그리스도의 성육신을 영혼 안에 신성이 실현된 한 가지 유형으로 보았다.

독일 신비주의는 다름대로 독특한 개성이 있었다. 그 지도자들은 간혹 아우구스티누스의 「고백록」과 그외 저서들, 아레오바고 관원 디오니시우스와 베르나르, 토마스 아퀴나스의 저서들을 인용하기도 했으나, 모든 신학 진술을 교부들이나 아리스토텔레스에게서 인용하여 뒷받침하던 스콜라주의자들과 달리 인간의 권위로 거슬러 올라가는 습관이 그들에게는 없었다. 그 운동은 교회가 크게 부패하고 어지럽던 시대에 마치 메마른 땅에서 자라난 줄기처럼 솟아올랐고, 아

---

1) 참조. Inge, *Engl. Mystics*, p. 37. 이 저자는 *Christian Mysticism*이란 저서(p. 5)에서 신비주의를 "사상과 정서에서 현세(the temporal)가 영원에 내재하는 것이고 영원이 현세에 내재하는 것"이라고 정의한다. 그가 *The Inner Way*, pp. xx-xxii에 해놓은 진술은 좀 더 단순하면서도 통찰이 실려 있다. 신비주의 신학이란 관찰이나 논증에서 나오지 않고 의식적 경험에서 나오는 하나님과 신적인 일들에 관한 지식이라고 그는 설명한다. 신비주의를 자세히 규명하기가 쉽지 않다는 사실은 Inge가 *Christian Mysticism*, Appendix A에 인용하는 정의들을 살펴보면 알 수 있다.

무도 기대할 수 없을 만한 곳에서 시작했다. 그 무대는 이단 분파들이 활약하던 라인 강 유역이었다. 독일 신비주의는 새롭게 분출된 경건이었으며, 사제들의 법규와 스콜라 학자들의 변증으로 촉진되어온 종교적 형식주의가 아닌 다른 길로 하나님을 진실하게 찾으려는 노력이었다. 신비주의자들은 민중을 유치하고 피상적인 가르침에서 이끌어내어 영생으로 흐르도록 솟아나는 신선한 샘물로 인도했다.

중세 초기의 신비주의와, 마담 귀용(Madame Guyon)과 페늘롱(Fénelon), 그리고 그들의 선조격인 스페인인 미구엘 드 몰리노스(Miguel de Molinos)가 주도한 17세기 프랑스의 정적주의(quietism)와 비교할 때, 독일의 신비주의도 나름대로 독특한 특징들이 있다. 베르나르의 신앙은 예수를 향한 열정적이고도 기쁨에 찬 사랑으로 표현되었다. 마담 귀용과 페늘롱은 이해(利害)에 휘둘리지 않는 사랑을 신앙의 목표로 정하고 주로 기도로써 그 목표에 도달할 수 있다고 생각했는데, 반면에 베르나르는 이생에서는 그런 목표에 도달한다는 것이 거의 불가능하다고 느꼈다.

라인 지대에서 활동한 신비주의자들은 모든 진실한 신비주의자들과 마찬가지로 영혼이 직접 하나님과 합일하게 되기를 위해서 노력했다. 그들은 에크하르트처럼 신성의 큰 바다에서 자신들의 존재를 함몰시키고자 했고, 혹은 타울러처럼 명경지수(明鏡止水)와 같은 영혼의 평정을 추구했으며, 혹은 로이스브루크처럼 신성이 우리 본성의 가장 깊은 곳에 불을 지펴 하나님의 사랑이 우리 마음에서 활활 타오르게 되기를 추구했다. 그들은 하나님을 온전히 깨닫고자 하는 이러한 열망에다가 실천적인 성향을 겸비했다. 그들에게는 고요한 기도와 묵상이 전부가 아니었다. 인간을 향한 따뜻한 동정을 품었고, 보통 사람들이 수행하는 일상의 과업과 그 과정에서 감내하는 수고를 거의 존경에 가까운 눈길로 바라보았다. 그들은 인간이 일상의 과업을 성실히 수행하면 가장 숭고한 신앙 체험을 할 수 있다는 생각에 근접했다.

그들은 설교로써, 저술과 경건 서적 보급으로써, 특히 생활의 본으로써 내면의 삶의 비밀과 평안을 널리 알렸다. 라인 강 하류 지대에서는 신비주의 운동이 병자 간호로도 표현되었고, 특히 청소년 교육을 위한 학교 설립으로도 표현되었다. 이 학교들이 중세 수도원에 비해 더 폭넓은 시야와 깊은 연민을 갖춘 사람들을 길러냄으로써 독일 종교개혁의 길을 닦았음이 입증되었다.

독일 신비주의의 정신과 의미를 이해하는 데에는 그것과 중세 스콜라주의를 비교하는 것만큼 손쉬운 것이 없다. 이 신앙 운동은 스콜라주의자들의 신학에 대한 반립(反立)이었다. 에크하르트와 타울러는 토마스 아퀴나스에 대한 반립이 었고, 독일 신학은 둔스 스코투스의 끝없는 논증에 대한, 「그리스도를 본받아」는 알베르투스 마그누스의 번폐스러운 철저함에 대한 반립이었다. 로저 베이컨은 작은 것 가지고도 야단을 내는 스콜라 학자들의 결의론(決疑論, casuistries)에 반감을 느끼고서, 에크하르트가 쾰른에서 활동을 시작하기 전에 그러한 반감을 표출했다. 스콜라주의는 밟고 또 밟아 단단하고 팍팍하게 다져진 대로를 걸었다. 독일 신비주의자들은 인적이 드문 소로를 걸었다. 그들은 교의적(教義的) 공리들의 목록을 옆으로 제쳐놓고 하나님의 자녀로서의 경건과 확신을 조용히 표현하며 살았다. 에크하르트에게서 사변적 요소가 여전히 강하게 묻어나는 것이 사실이지만, 영혼 안에서 역사하시는 하나님을 내면으로 체험하도록 독려하지 않고서 교리적 정확을 기하는 데만 힘쓰지 않았던 것 역시 사실이다. 이 사람들에게 경건이란 치밀한 정의(定義) 체계가 아니라 영적 사귐의 상태였다. 사색적 사고를 공교하게 수립하는 것이 아니라 단순한 믿음을 가지고 하나님과 동행하는 것이었다. 논리 과정이 아닌 경건의 통찰이 그들을 인도한 안내자였다. 루프스(Loofs)가 잘 말했듯이, 독일 신비주의는 무엇보다도 모든 교의들과 모든 외적 행위들을 신생(新生)의 필수 요건으로 강조했다.[2]

독일 신비주의는 나름대로 위험한 요소들도 갖고 있었다. 일찍이 소크라테스는 델포이 신전의 신탁에 소망을 걸지 말고 각자의 가슴에서 울려나오는 소리를 귀 기울여 들으라고 촉구한 바 있다. 신비주의자들은 자신들의 마음에서 말씀하시는 하나님의 음성을 들으려고 하다가 모든 신자들이 공유해야 할 것을 버릴 지경까지 개인주의를 극대화하는 위험과, 과도한 상상을 하나님의 계시로 오인하는 위험을 마다하지 않았다.

독일 신비주의 저자들은 스콜라 학자들의 신학처럼 공의회 법령이나 교황에 의해 인용되지는 않았으나 루터와 멜란히톤의 증언을 따르자면 독일 민족의 종

---

2) Nicoll(*Garden of Nuts*, p. 31)은 이렇게 말한다. "우리가 신비주의자들을 연구하는 것은 그들에게 배우기 위함이다. 그들을 연구하는 것이 대단히 어렵다고 호도해서는 안 된다. 신비주의자들은 지극히 개별성을 지닌 작가들이다."

교적 발전에서 중요한 단계를 대변했으며, 가장 의미심장한 사실은 신비주의자들이 살면서 활동하던 토양, 그들의 경건이 깊이 뿌리를 박은 그곳에서 종교개혁이 발생했다는 점이다. 그들의 저서는 경건한 사귐을 찾아서 그 주목할 만한 신앙 운동의 지도자들에게 끊임없이 되돌아가는 사람들에게 영원히 살아 남아 있다.

14, 15세기 신비주의의 주요 특징들은 아래와 같이 정리할 수 있다.

1. 그것은 성직자들뿐 아니라 평신도들에게도 호소력이 있었다.

2. 신비주의자들은 교훈과 설교를 강조했으며, 주조(Suso)를 제외한 나머지는 교회가 전통적으로 강조해온 금욕적 규율들을 도외시했다. 그들은 육체와의 투쟁을 권장하지 않았다. 페트루스 다미아니와 타울러 사이에는 하늘과 땅 만큼의 차이가 있다.

3. 그들은 구약성경보다 신약성경을 더 자주 사용했으며, 하나님의 마음을 해석할 때 아가서보다 그리스도의 말씀에 의존했다. 「독일 신학」은 신약성경에 나오지 않는 구절을 거의 인용하지 않으며, 「그리스도를 본받아」는 우리 주님께서 하신 말씀을 인용하면서 시작한다. 에크하르트와 타울러는 신약성경의 구절들을 집중적으로 묵상하며, 로이스브루크는 마태복음 25:6("보라 신랑이로다 맞으러 나오라")을 토대로 자신의 생각을 충분히 전개해 나간다.

4. 성사들과 사제직을 구원의 제도로 내세우는 교회 대신에, 그리스도 자신을 영혼과 하나님 사이의 중보자로 내세우며, 그분을 만민이 믿고 구원을 받을 수 있는 분으로 소개한다.

5. 순결한 생활을 더 높은 신앙 체험의 필수 조건으로 가르치며, 복음이 가르치는 겸손을 매일 실천하는 것을 요구한다.

6. 또 다른 유력한 특징은 설교와 논문에 자국어를 사용한 점이다. 신비주의자들은 초창기부터 녹일어와 네덜란드어 산문의 대가들이었다. 「녹일 신학」 제2판 서문에서, 루터는 다음과 같은 말로써 그들의 활동에 붙어 있던 이러한 특징을 강조했다. "나와 그들[과거의 방식을 옹호하는 자들]이 라틴어와 히브리어에서 찾지 못한 하나님을 독일어로 듣고 찾게 된 것에 대해 하나님께 감사를 드린다." 이 점에서도 14, 15세기 신비주의자들은 16세기 복음적 운동의 선구자들이었다. 그들의 노력은 독일어가 매우 야만적인 언어여서 종교적 진리를 제대로 전달할 수 없다고 주장한 독일 주교의 판단과 정면으로 상충되는 것이었다.

독일과 네덜란드 신비주의로 대표된 신앙 운동은 하나님의 성령께서 멀리 떨어진, 아무도 생각지도 않은 지역들에서, 때로는 교회의 조직이 형식주의와 성직자 사회의 부패, 성직위계제도의 교만과 세속성에 훼손되어 다시는 회복될 수 없을 것만 같은 때에라도 권능으로 역사하실 수 있음을 보여주는 고무적인 사례이다. 후대에도 그런 일이 있었다. 헤른후트라는 모라비아 변두리의 작은 마을에서 하나님께서는 세상의 약하고 누가 봐도 어리석은 것들을 준비시키시어 죽은 정통을 붙들고 있던 독일 개신교를 부끄럽게 하시고, 개신교 교회 전체를 온 세계에 복음을 전하는 길로 인도하신 것이다. 라인 강 유역의 신비주의자들은 후대에 어떠한 조직도 남기지 않았으나, 그들의 본과 저서들은 생기를 잃은 가톨릭과 개신교 교회들 내부에서 하나님을 향한 경건과 단순한 신앙을 끊임없이 격려하고 있다.

사색적이고 실천적인 경향들을 토대로 독일 신비주의자들을 분류하려는 시도가 있었으나, 그들을 그렇게 엄밀히 구분하기란 불가능하다.[3] 에크하르트와 로이스브루크는 사변적 요소가 두드러졌고, 타울러는 경건의 요소가, 주조는 정서적 요소가, 흐로테와 저지(低地)의 신비주의자들도 실천적 요소가 두드러졌다.

---

3) 참조. Preger, I. 8, and Ullmann, *Reformatoren*, II. 203. 하르낙은 독일 신비주의자들에 대해 독창성을 전혀 인정하지 않는 극단적인 평가를 내린다. 에크하르트에 관해서 그는 이렇게 말한다(*Dogmengesch.*, III. 378). "내가 그의 글을 조금도 발췌하지 않는 이유는 오리게네스 · 플로티노스 · 아레오바고 관원 · 아우구스티누스 · 에리게나 · 베르나르 · 토마스 아퀴나스의 글에서 읽을 수 없는 어떤 것을 독일 신비주의자들이 표현해 놓았다는 오류를 지지하는 것 같은 인상을 주거나, 혹은 그들이 종교적 진보의 한 단계를 대표했다는 인상을 주기를 원치 않기 때문이다." 하지만 그들이 주장한 메시지는 비록 과거에 한 번쯤은 다 언급되었던 것일지라도 자신들의 세대에는 물론 새로운 것이었다. 그들은 자신들의 영적 체험이라는 살아 있는 출처를 토대로 발언했다. 그들은 모방자들이 아니었다. 하지만 하르낙은 독일 신비주의자들이 독일의 교리사와 교회사에 매우 가치 있는 존재들이었다고 평가한다. 같은 맥락에서 그는 신비주의와 스콜라 신학의 차이를 인정하지 않는다. "신비주의는 개신교 교회에서 존재할 수 없으며, 신비주의자이면서 로마 가톨릭 교도가 되지 않는 개신교 신자는 애호가 수준의 신자일 뿐이다." 신비주의에 대한 이러한 비판은 신비주의가 본질상 수도원적인 것이어서, 냉철한 지적 비평과 실제적인 현장 기독교를 배제한다는 근거 없는 전제에 토대를 둔다.

29. 마이스터 에크하르트

마이스터 에크하르트(Meister Eckart, 1260-1327)는 독일 신비주의자 계열에서 첫 번째 인물로서, 사고의 열정에서 당대의 어떤 종교 사상가에게 뒤지지 않았으며, 독일어로 책을 쓴 최초의 신학자였다.[4] 그는 사고의 철학적 경향 때문에 헤겔로부터 "독일 철학의 아버지"라는 칭호를 받았다. 그의 저서들이 교황에게 단죄를 당했음에도 불구하고, 그는 후대의 신비주의자들에게 존경을 받았다. 하지만 후대에는 그의 이름이 거의 잊혀졌다. 모스하임(Mosheim)은 그를 거의 언급하지 않으며, 방대한 글을 남긴 역사가 슈뢰크(Schroeckh)는 그를 아예 무시하고 넘어간다. 바우어(Baur)는 「중세사」(History of Middle Age)에서 에크하르트와 타울러에게 겨우 세 줄을 할애하는데, 그나마 설교라는 표제하에 그들을 다룰 뿐 독일 신비주의 자체를 아예 언급하지 않는다. 그에 대한 기억이 재조명을 받기 시작한 것은 18세기부터로서, 오늘날 그는 중세 말 독일 교회사에서 신선한 사고와 따뜻한 경건, 간결한 독일어 문체로 중요한 자리를 차지하는 인물로 평가를 받는다.[5] 알베르투스 마그누스와 도이츠의 루페르트와 더불어 그는 독일 신학의 초창기를 대표하는 인물로 서 있다.

에크하르트 이전 시대에도 독일 교회는 신비주의자들을 보유하고 있었는데, 12세기에 빙겐의 힐데가르트(Hildegard)와 쇠나우의 엘리자베트 같은 경건한 여성들이 예언의 기능 외에도 신비주의적 요소를 겸비했다. 13세기에는 루터의 출생지 아이슬레벤에서 멀지 않은 헬프타의 베네딕투스회 수도원이 신앙 열정의 중심지였다. 그 수도원에는 경건 생활에 뛰어나고 경건 생활에 관한 책도 쓴 게르트루데(Gertrude)와 메히틸트(Mechthild) 같은 여러 수녀들이 있었다. 헬프타의 대수녀원장 하케보른의 게르트루데(1292 죽음)와 대 게르투르데(Gertrude the

---

4) 에크하르트의 이름은 문헌들에 매우 다양하게 표기된다. Büttner는 Eckardus, Eccardus, Egghardus로 표기하고, Deutsch와 Delacroix는 Eckart로, Pfeiffer와 Preger, Inge, Langenberg는 Eckhart로, Denifle는 Eckehart로 표기한다. 에크하르트가 남긴 글들에는 그가 어떤 생애를 살았는지 알아볼 만한 실마리가 실려 있지 않다.

5) Deutsch(Herzog, V. 149)는 에크하르트의 설교 중 일부는 오늘날 독일어 설교의 전형으로 사용할 수 있다고 말한다.

Great, 1302 죽음)는 구주와 직접 사귐을 가졌고 신적 계시를 받았다고 공언했다. 메히틸트파 가운데 한 사람은 그리스도께 어디에 가면 만나 뵐 수 있는지 여쭌 뒤 "그대는 성막과 게르트루데의 마음에서 나를 찾을 수 있느니라"는 응답을 받았다. 1293년부터 대 게르트루데는 「하나님과 나눈 경건의 교제」(*Insinuationes divinae pietatis*)라는 책에서 자신이 받은 계시들을 기록했다. 마그데부르크의 메히틸트(1280 죽음)와 역시 헬프타의 수녀였던 하케보른의 메히틸트(1310 죽음)도 자신들이 본 환상을 글로 남겼다. 30년간 베긴회 수녀였던 전자를 가리켜 도이치(Deutsch)는 "13세기 종교사에서 가장 주목할 만한 인물의 한 사람"이라고 부른다. 대수녀원장 게르트루데의 여동생인 하케보른의 메히틸트는 「특별은혜에 관한 책」(*Liber specialis gratiae*)에서 구원을 율법의 행위와 상관없이 임하는 은혜의 선물로 설명한다. 이 여성들은 모두 독일어로 책을 썼다.

종교재판소에 관한 책 「이단에 대한 종교재판소에 관하여」(*De inquisitione haereticorum*)를 쓴 종교재판관 아우크스부르크의 다비드(David, 1271 죽음)는 경건 생활에 관한 책도 썼다. 이 저서들은 수사들을 위해서 쓴 것들로서, 그 중 두 권은 독일 산문의 진주들로 평가된다.

13세기 말에 프란체스코회 수사 레겐스부르크의 람프레흐트(Lamprecht)는 "시온의 딸"(아가 3:11)이라는 제목을 붙인 신비주의적 성향의 시에서, 영혼이 사랑의 충동에 감화되어서 세상적인 것들로 그것을 채워보려고 하다가 뜻을 이루지 못한 뒤 믿음과 소망에 이끌려 하나님에게로 나아가는 과정을 묘사한다. 도미니쿠스회 수사들인 프라이부르크의 디트리히(Dietrich)와 슈테른가센의 요한도 유사한 성향을 나타냈다. 후자는 스트라스부르에서 사역했다.

에크하르트는 독일의 종교 사상 영역에서 새로운 길을 개척했다. 그는 고타 근처의 호흐하임에서 태어나 아마도 쾰른에서 죽은 듯하다.[6] 13세기 말에 그는 에르푸르트의 도미니쿠스회 수도원장을 지냈고, 도미니쿠스회 튀링겐 관구장을 지냈으며, 1300년에는 파리 대학교에 파견되어 석사와 박사 학위를 받은 뒤에 교수로 활동했다. 프랑스에서의 체류를 마친 뒤에는 당시에 저지(低地)에서 리플란트까지 뻗어 있던 작센의 관구장이 되었다. 1311년에는 교수로서 파리 대학교

---

6) Denifle의 조사가 이루어지기까지는 그의 출생지가 대개 스트라스부르로 알려졌다.

에 다시 파견되었다. 그 뒤에 스트라스부르에서 설교했고, 1320년에는 프랑크푸르트의 수도원장이 되었으며, 그곳에서 쾰른으로 갔다.

1325년에 그는 쾰른 대주교 비르네부르크의 하인리히에게 이단으로 고소를 당했다. 같은 해에 베네치아에서 열린 도미니쿠스회 총회에서는 독일의 특정 설교자들이 민중을 호도하고 있다는 불만이 제기되어 조사단이 현지에 파견되었다. 비르네부르크의 하인리히는 이단 박해에 앞장서온 사람이었다. 1322년에 베가르회 지도자 발터를 화형에 처하고, 1325년에는 라인 강 유역을 따라가며 많은 수의 베가르회 신도들을 색출하여 화형에 처한 전력이 있는 인물이었다. 추측컨대 베가르회가 에크하르트의 글을 인용했기 때문에 그가 이단으로 고소를 당하게 된 것이 아닌가 싶다.

대주교가 로마로 보낸 고소장은 당시에 독일 종교재판관의 지위에 있던 에크하르트의 친구 스트라스부르의 니콜라우스에 의해 기각되었다. 1327년에 대주교는 다시 에크하르트를 이단으로 고소하면서 이번에는 니콜라우스도 함께 고소했다. 두 사람은 대주교의 법정에서 교황에게 항소했다. 2월에 에크하르트는 쾰른의 도미니쿠스회 교회에서 행한 공개 진술에서, 자신이 평생 교리상의 이단과 윤리상의 일탈을 피해왔노라고 주장하고는, 자신의 저서들에서 오류가 발견된다면 언제든 철회할 용의가 있다고 밝혔다.[7]

1329년 3월 27일에 발행된 대칙서에서 요한 22세는 에크하르트에게 적용된 26가지 혐의 중에서 15가지가 이단이고 나머지 11가지가 이단 성향을 띠고 있다고 공포했다. 고소장에 실리지 않은 다른 두 가지 혐의도 이단으로 선고했다. 교황의 판결문은 에크하르트가 17가지 항목에 대해서 이단성을 시인했다고 진술했다. 하지만 에크하르트의 현존하는 저서들에서 그 점을 인정했다는 증거를 찾아볼 수 없다.[8]

---

7) Preger, I. 475-478. Preger(I. 471 sqq.)는 에크하르트가 1327년 1월 24일에 대주교 법정에서 행한 진술의 라틴어 기록을 소개하는데, 그가 도미니쿠스 교회에서 자신의 무죄를 공식적으로 주장한 이 진술서에는 로마에 항소하게 해달라는 그의 요구를 대주교가 거부하는 내용이 실려 있다.

8) Denifle가 제시한 26개 조항은 에크하르트의 라틴어 저서들에 토대를 둔 것이다. 요한의 대칙서는 Preger, I. 479-482와 Denifle, *Archiv*, II. 636-640에 실려 있다. Preger(I. 365 sqq.)와 Delacroix(p. 238), Deutsch(V. 145)는 에크하르트가 구체적

단죄된 항목들 가운데는 다음과 같은 것들이 있었다: 하나님께서는 계시자마자 세상을 창조하셨다. 세상은 영원하다. 외적인 행위들은 엄밀한 의미에서 선하거나 신적이지 않다. 외적인 행위들의 열매는 우리를 선하게 만들지 않는다. 우리를 선하게 만드는 것은 우리 안에서 일하신 결과로 나타나는 내적인 행위들이다. 하나님께서 사랑하시는 것은 외적인 행위들이 아니라 영혼이다. 에크하르트에게 추가된 두 가지 혐의는 영혼에 창조되지 않고 창조될 수 없는 어떤 것이 있다고 주장한 것과, 하나님은 선하지도 않고 더 선하지도 않고 가장 선하지도 않으신 까닭에 흰 것을 검다고 할 수 없는 것과 마찬가지로 하나님을 가리켜 선하다고 할 수 없다고 주장한 것이다.

에크하르트는 설교자로서 그리고 신비주의 신학자로서 학문 발전에 이바지했다.

설교자로서. 그는 교회들과 수도원들에서 설교했다. 글로 남긴 그의 설교는 문체가 매우 생생하여서 읽는 이의 마음을 사로잡는다. 그의 생각이 전개되는 데 따라서 독자는 무한정 따라가게 된다. 반전(反轉)의 요소가 두드러진다. 현존하는 에크하르트의 설교들은 독일어로 기록되어 있는데, 설교자는 자신의 의중을 설명하기 위해서 라틴어 표현들을 인용하는 일을 삼가며, 필요할 경우에는 새로운 독일어 용어들을 고안해 낸다. 성경을 수시로 인용하되 구약보다는 신약을 더 자주 사용하며, 신약성경 가운데서도 주로 중생, 그리스도의 아들 되심, 신자들, 사랑 등의 주제를 가르치는 부분들에 머문다. 에크하르트는 예화 사용의 달인으로서, 자연 세계와 가정과 직장 등 늘 관찰할 수 있는 영역에서 예화의 소재를 채택한다. 몇 가지 몹시 난해한 진리들을 다루기도 하지만, 사변적 치밀함을 과시하려는 욕심을 드러내는 법이 없다. 오히려 청중이 자기 설교를 깨닫기를 바라는 심정을 자주 표현하며, 그들이 자신과 자주 대화를 나누면서 어려운 문제들을 물어온다고 말한다. 대화 중에는 "여러분이 깨닫기 위해서는" 따위의 표현들이 사용되며, 예화를 사용할 때도 간혹 말을 좀 더 쉽게 풀어 설명하기 위해

으로 철회한 적이 없다고 주장한다. 교황의 언급은 에크하르트가 도미니쿠스 교회에서 행한 진술을 지목한 것인데, 그 진술에는 다음과 같은 말이 실려 있었다. "본인은 언제든 적절하다고 판단될 때에는 건전한 상식에 위배되는 것은 무엇이든 개괄적으로든 세부적으로든 수정하고 철회하겠습니다."

서 예화를 사용한다고 밝힌다.

다음에 소개할 것은 요한복음 6:44("나를 보내신 아버지께서 이끌지 아니하시면 아무도 내게 올 수 없으니 오는 그를 내가 마지막 날에 다시 살리리라")을 본문으로 한 설교 개요이다: 하나님께서는 죄인을 불러 회개시키시기 위해서 하늘과 땅을 수천 번 창조하시고도 남을 만한 권능을 사용하신다. 죄는 본성(nature)을 침해하는 행위이다. 우리 안에 있는 하나님의 형상을 깨뜨리기 때문이다. 영혼에게 죄란 곧 죽음이다. 하나님께서 영혼의 참 생명이시기 때문이다. 마음에게 죄는 불안이다. 마음은 자연스러운 상태에 있을 때만 평정을 유지하기 때문이다. 죄는 질병이요 소경의 상태이다. 사람들의 눈을 멀게 하여 인생이 덧없는 것이고 육체의 정욕이 악한 것이며 그로 인해 지옥에서 고통당할 날이 길다는 사실을 깨닫지 못하게 하기 때문이다. 죄는 모든 은혜를 망가뜨린다. 그것은 지옥의 감옥이다. 사람들은 자기들의 죄에서 돌아설 마음이 있다고 말한다. 그러나 죽은 사람이 어떻게 스스로를 다시 살릴 수 있는가? 스스로의 힘으로 죄에서 돌이켜 하나님에게로 향한다는 것은 죽은 사람이 스스로의 힘으로 살아나는 것보다 더 불가능하다. 하나님께서 친히 이끌어 주셔야 한다. 그런데 "내가 영원한 사랑으로 너를 사랑하기에"(렘 31:3)라고 말씀하실 때와 같이, 성부의 마음에서는 은혜가 끊임없이 넘쳐흐른다.

자연에는 다른 것을 끌어오는 세 가지가 있는데, 이 세 가지를 그리스도께서 십자가에서 지니셨다. 첫째는 그리스도께서 우리와 같게 되신 것이다. 새가 같은 본성을 지닌 다른 새를 자기에게로 이끄는 것처럼, 그리스도께서도 하늘 아버지를 당신에게로 이끄셔서 아버지께서 십자가의 고통을 바라보시고서 진노를 잊으시게 하셨다. 둘째는 그리스도께서 당신을 비우신 것이다. 빈 수도관이 물을 끌어들이듯이, 성자께서는 자신을 비우시고 피를 흘리심으로써 아버지의 마음에서 모은 은혜가 자신에게 흘러들이오게 하셨다. 세 빈째는 대양이 그 얼기로 지면의 안개를 끌어올리듯이, 사랑으로 뜨겁게 타오르는 그리스도의 마음이다.

독일 중세 설교의 역사를 연구한 크루엘(Cruel)은 다음과 같이 말했다. "에크하르트의 설교는 내용이 참신하고 위대하고, 표현이 살아 있고 매우 솔직한 점에서 독자를 사로잡는다. 설교에 온 영혼을 쏟아붓고 자신이 줄 수 있는 가장 소중한 것들을 준다는 인상을 독자에게 준다." 에크하르트도 나름대로 결함이 있었지만, 그런 결함에도 불구하고 "독일 강단이 배출한 가장 대범하고 심오한 사상가이다. 지난 모든 시대를 통틀어 독일 교회에서 견줄 만한 인물을 찾을 수 없을 만큼 독창적인 설교자였다."

신학 사상가로서의 에크하르트. 에크하르트는 여전히 부분적으로는 스콜라주의 방법에 매여 있었다. 하지만 그의 기질은 스콜라 학자들과 사뭇 달랐다. 안셀무스 · 생 빅토르의 위고 · 토마스 아퀴나스 · 보나벤투라도 비록 신비주의적 요소들을 스콜라적 요소들과 결합시키긴 했지만, 그들은 무엇보다도 추론 가능한 모든 문제들을 남김없이 사색한 스콜라 학자들이었다. 에크하르트의 저서들에는 이런 유의 목적이 나타나지 않는다. 그는 지식보다는 영혼에 치중했고, 영혼이 하나님과 직접 사귐을 갖도록 인도하는 데 마음이 기울어져 있었다. 그에게서는 형이상학적 무기가 능숙하게 사용된 사례가 나타나지 않는다. 지금까지 알려진 그의 저서들에는, 천사들의 위계 조직에서부터 지옥을 다스리고 그곳에 만연한 동기들과 행동들에 이르기까지 사변과 관련된 주제들을 논의의 장으로 끌어들일 의향이 조금도 나타나 있지 않다. 하나님과 영혼이 그분과 맺는 관계만 집중해서 다룬다.[9]

에크하르트가 가장 크게 의존하는 권위들은 그가 인용한 글로 판단하자면 아레오바고 관원 디오니시우스와 성 베르나르였다. 물론 아우구스티누스와 제롬, 대 그레고리우스도 인용하고, 플라톤과 아비세나, 아베로에스도 인용했지만 그 두 사람을 가장 많이 인용했다. 그의 논의들은 "대가들이 말하기를" 혹은 "몇몇 대가들이 말하기를"이라는 표현으로 시작하는 경우가 많다. 신비주의 사상가로서 그는 과거의 신플라톤적 · 기독교적 신비주의자들과 많은 것을 공유했으나

---

9) Denifle는 에크하르트가 무엇보다도 스콜라 학자였으며, 그가 제시한 훌륭한 내용은 모두 토마스 아퀴나스에게서 끌어온 것이라는 견해를 제시한다. 이런 결론들은 에크하르트의 라틴어 저서들에 토대를 둔 것이다. Deutsch(V. 15)는 라틴어 저서들에 나타나는 에크하르트의 사고 형식은 스콜라주의적이지만 정서는 신비주의적이라고 말한다. Delacroix(p. 277)는 에크하르트가 스콜라 학자로서 토마스를 따랐다는 견해를 부정한다. Wetzer-Welte(IV. 11)는 에크하르트가 "스콜라주의의 건실한 신학"을 이탈하여 신플라톤주의의 괴상한 발상에 빠진 것을 그의 단점으로 지적한다. 만약 에크하르트가 토마스의 충직한 추종자였다면 어떻게 해서 자신의 28가지 명제가 이단으로 단죄당하도록 방치했는지 이해하기 어렵다.

그렇다고 해서 그들을 무조건 떠받들지는 않았다. 그가 제시한 근본 원리들과 그에 관련하여 내놓은 진술들은 과거와 구분되는 신선한 특성을 지닌다. 예수를 향한 사랑과, 생 빅토르 학파가 강조한 바 구체적으로 정의된 사색의 단계들, 그리고 디오니시우스가 말한 하늘의 위계 조직과 하늘에 이르는 사닥다리와 층계 대신에, 에크하르트는 영혼 속에서 발생하는 신생과 양자됨(sonship)을 부각시킨다.[10]

하나님에 관해서 말하자면, 그분은 절대 존재이시다(Deus est esse). 신성(the Godhead)은 신성 안에 계시는 위격들(persons)과 구분된다(이것은 푸아티에의 질베르<Gilbert>를 생각나게 하는 개념이고, 심지어는 페트루스 롬바르두스가 제기했다고 비판을 받은 사위일체<quaternity>까지 생각나게 한다). 삼위일체는 이 신성이 영원한 과정에 의해서 자신을 계시하시는 방식이다. 신성은 그 자체에 만물의 가능성(potentiality)을 지닌 단순한 본질이다. 하나님은 형상을 지니시되 형상이 없으시며, 존재(being)이시되 존재가 없으시다. 위대한 교사들은 하나님이 존재를 초월하신다고 말한다. 이것은 정확한 말이 아니다. 이는 마치 태양을 검다거나 희다고 할 수 없듯이 하나님을 하나의 존재(ein Wesen)라 부를 수 없기 때문이다.

모든 피조물은 무로부터 지음을 받았을지라도 영원 전부터 하나님 안에 있었다. 예술 작품을 창작해 내는 장인도 처음에는 작품이 그 자신 안에 있다. 예술품들은 장인 속에 있는 장인이다. 마찬가지로 제1원리(에크하르트는 이것을 Erstigkeit라 부른다)도 자신 안에 모든 형상들 곧 하나님 안에 계신 하나님을 구현했다. 창조는 영원한 행위이다. 하나님은 존재하자마자 세상을 창조하셨다. 피조물이 없다면 하나님께서 하나님이 되시지 않는다. 하나님은 만물 안에 계시고, 만물이 하나님이시다. 토마스 아퀴나스는 하나님의 존재와 피조물들의 존재를 뚜렷이 구분했다. 에크하르트는 그 둘의 통일성을 상소했다. 그가 의미한 것은 형상들 곧 우주들이 영원히 하나님 안에 존재한다는 것으로서, "성부 안에 모든 피조물들의 형상들이 있다"는 말로써 그 점을 분명히 주장했다.[11]

---

10) Harnack과 Delacroix, Loofs는 에크하르트의 신학을 에리게나와 디오니시우스, 플로티노스의 복제로 간주한다.

11) Pfeiffer, pp. 269-285 등.

영혼에 관해서 말하자면, 영혼은 하나님처럼 정의의 방식으로 이해하기가 어렵다. 영혼의 핵 곧 궁극적 본질은 밖으로 나가는 법이 없고 창조되지 않았고 창조될 수도 없는 빛인 작은 불꽃(Fünkelein)이다. 이러한 진술들에도 불구하고 그 독일 신학자는 하나님께서 영혼을 창조하시고 그 안에 자신의 모든 순결을 부어 넣으셨다고 주장한다. 그 불꽃을 통해서 영혼은 하나님과 합일하며, 음식이 몸과 일체가 되는 것보다 더 참되게 하나님과 하나가 된다. 영혼은 하나님에게로 돌아가기 전에는 안식할 수 없으며, 그렇게 하려면 자신에 대해서 죽어야 한다. 다시 말해서 하나님께 온전히 굴복해야 한다. 에크하르트가 이런 설교들을 통해서 추구한 목표는 그 자신이 주장하는 것과 같이 이 불꽃을 일으키려는 것이었다.

에크하르트의 공로들 가운데 하나는 영혼의 존엄성을 크게 강조한 것이다. 그가 남긴 여러 편의 논문들이 영혼의 존엄성에 관련된 제목으로 되어 있다. 이 존엄성은 하나님의 사랑과 중생 사역에서 나온다.

성육신 주제로 넘어가면, 형이상학적 목적이 아닌 실제적 목적이 에크하르트의 논리를 주도해 간다. 삼위일체의 제2위께서 인성을 취하신 목적은 인간으로 하여금 신성에 참여하도록 하기 위함이다. 에크하르트는 니사의 그레고리우스가 사용한 것과 같은 용어를 사용하여, 하나님께서 인간이 되신 목적은 우리로 하여금 신이 되도록 하시기 위함이었다고 말했다. 하나님이 인성 안에 감추어지심으로써 우리가 성육신 안에서 오직 인간만 보았던 것처럼, 영혼도 우리가 그 안에서 오직 하나님만 볼 수 있도록 신성 안에 감춰져야 한다. 하나님께서 성자를 당신의 본성 안에서 낳으시는 것이 확실한 것처럼, 영혼 안에서 그분을 낳으시는 것도 확실하다. 하나님은 만물 안에 계시지만, 그분은 오직 출생에 의해서만 영혼 안에 계시며, 다른 아무데서도 영혼 안에서처럼 참되게 계시지 않는다. 독생하신 하나님 외에는 아무도 하나님을 알 수 없다. 그러므로 인간이 하나님을 알려면 영원한 발생을 통하여 성자(聖子)가 되어야 한다. 인간이 하나님이 되는 것은 하나님께서 인간이 되셨던 것만큼이나 참되다. 영혼 안에서 이루어지는 영원한 아들의 발생(generation)은 어떠한 인간도 앗아갈 수 없는 기쁨을 일으킨다. 왕자가 왕국과 세상 재물을 송두리째 잃더라도 자신의 혈통이 다른 모든 것보다 귀한 까닭에 여전히 충만한 기쁨을 누릴 수 있다. 하나님은 영혼 안에 계시되 영혼은 아니시다. 눈은 그것이 바라보는 나무의 일부가 아니다. 눈은 감아도

전과 동일한 눈이기 때문이다. 그러나 바라보는 행위 안에서 눈과 나무가 하나가 된다면 눈이 나무이고 나무가 눈이라고 말할 수 있다. 만약 나무가 시력처럼 영적 실체라면, 눈과 나무가 하나의 실체라고 말할 수 있다. 하나님의 존재의 토대는 내 존재의 토대이며, 내 존재의 토대는 하나님의 존재의 토대이다. 따라서 나는 하나님께서 당신의 생명을 사시듯이 내 생명을 산다.[12] 이렇게 하나님의 아들이 영혼 안에 낳음을 입으시는 것이 모든 참된 생명과 선행의 근원이다.

에크하르트가 영혼에 끼치는 하나님의 영향을 가리키기 위해서 가장 자주 사용하는 용어의 하나는 '뚫고 들어가다'라는 뜻의 두르흐브레헨(durchbrechen)이며, 영혼이 하나님과의 합일에 들어가는 활동을 가리킬 때 즐겨 쓰는 단어는 압게쉬덴하이트(Abgeschiedenheit)로서, 영혼이 현세적이고 눈에 보이는 모든 것들로부터 떨어져 나오는 것을 뜻한다. 인간들로부터, 자아로부터, 성가시게 하는 모든 것들로부터 떨어져 초연하라(abgeschieden)고 그는 말한다. 마음에 오직 하나님만 모셔놓고 금식과 철야와 기도에 힘쓰면 완전에 이르게 된다고 한다. 이러한 압게쉬덴하이트 곧 창조된 것들로부터 철저히 자신을 떼어내는 것이 "유일하게 필요한 일"이라고 그 주제에 관한 설교에서 말한다. 이교의 거장들과 기독교 교사들이 쓴 많은 책들을 읽은 뒤, 에크하르트는 그것이야말로 모든 덕들 가운데 가장 높은 덕이라는 결론에 도달했다. 그것이 겸손보다 높고, 심지어 바울이 가장 높은 덕으로 칭송한 사랑보다 높다고 생각했다. 사랑이 모든 것을 견디는 것인 데 비해, 그것은 하나님을 받아들이게 하는 것이기 때문이다. 이 특성을 지닌 사람 안에서는 세상이 아무런 관계도 갖지 않는다. 이것이 바로 사도 바울이 "이제는 내가 사는 것이 아니요 내 안에 그리스도께서 사시는 것이라"고 한 말의 의미이다.

다른 곳에서 에크하르트는 영혼에 하나님을 모신 사람이 만물 안에서 하나님을 발견하며, 하나님께서도 만물에서 그에게 나타나신다고 말한다. 몹시 목마르면 물만 찾고 다른 어떤 것도 맛이 좋다고 느끼지 못하게 되듯이, 경건한 영혼이 하나님을 찾는 심정도 그러하다. 영혼은 하나님 안에서, 오직 그분 안에서만 안식을 찾는다. 하나님께서도 안식을 구하시되 그러한 마음 외에서는 안식을 찾지 않으신다. 이러한 압게쉬덴하이트의 상태에 도달하기 위해서는 영혼이 먼저 하

---

12) Büttner, p. 100.

나님을 묵상하고 그분의 형상을 이룬 다음 자신을 변화시키도록 하나님께 자신을 드려야 한다.

그렇다면 기도와 선행의 유익이 무엇이냐는 의문이 제기될 수 있다. 영원 안에서(in eternity) 하나님은 모든 기도와 모든 선행을 보셨고, 당신이 들으실 수 있는 기도가 어떤 것인가를 아셨다. 기도는 영원 안에서 응답되었다. 하나님은 기도에 의해서 변화되시거나 감동되실 수가 없다. 변하고 감동받는 것은 우리이다. 태양이 빛을 발산할 때 눈이 약한가 건강한가에 따라서 그것이 눈에 고통을 주기도 하고 기쁨을 주기도 한다. 태양은 변하지 않는다. 하나님께서는 가지각색의 사람들 안에서 각기 다른 방식으로 다스리신다. 여러 종류의 반죽을 오븐에 넣으면 열이 각각에게 다르게 영향을 주어서 부드러운 빵을 내놓기도 하고 평범한 빵을 내놓기도 한다.

에크하르트는 하나님께서 그분을 받아들일 준비가 되어 있는 영혼 안에서 일하실 도덕적 의무를 지니신다고 힘주어 강조한다. 마치 태양이 맑고 청명한 대기에 자신을 쏟아 붓듯이, 하나님께서는 그런 사람의 존재에 마땅히 쏟아 부으셔야 한다. 하나님께서 마음을 잘 소제해 놓고 하나님을 맞이할 준비를 한 사람에게 큰 선을 베풀지 않으신다면 큰 잘못(Gebrechen)을 범하시는 셈이다. 그리스도께서도 삭개오에게 그의 집에 들어가셔야 하겠다고 말씀하셨다. 하나님께서 먼저 영혼을 이런 상태로 만들어 주신 다음에는 당신 자신이라는 선물로 그 마음에 상을 내리셔야 한다. "내가 복을 받을 때는 만물이 나와 하나님 안에 있고, 내가 있는 곳에 하나님이 계시며, 하나님이 계시는 곳에 내가 있다."[13]

에크하르트는 믿음을 하늘이 내린 선물로 자주 말하면서도 믿음으로 말미암아 의롭다함을 받는다는 뚜렷한 정의에는 도달하지 않는다. 반면에 고해 제도를 강조한 흔적을 드러내지 않는다. 그의 저서들에는 그의 경건이 중세 고유의 유형과 사뭇 다른 분위기를 내쉬는 징후들이 도처에 나타난다. 그는 거룩한 생활을 거룩한 존재가 내놓는 결실로 보았다. 의로운 행위를 할 수 있기 전에 먼저 의롭게 되어야 한다. 행위가 사람을 거룩하게 만들어 주는 것이 아니다. 의로운 영혼이 거룩한 행위를 내놓는다. 천국을 위해서 혹은 하나님을 위해서 혹은 구원을 위해서 혹은 그 밖의 외적인 목적을 위해서 선행을 한다면 그것은 그릇된

---

13) Pfeiffer, pp. 27, 32, 479 sq., 547 sq.

길에 들어서 있는 것이다. 금식과 철야와 각종 금욕은 구원을 위한 공로를 끼치지 못한다. 이 신비주의자의 저서들에는 루터 자신의 말을 듣는 듯한 인상을 주는 대목들이 있다.

에크하르트가 경건을 마음의 문제로 강조하고 선행을 공로로 보기를 부정한 점은 교황에게 단죄를 당할 만한 그럴 듯한 빌미를 제공했다. (교황은 그가 선을 이루는 것은 외적인 행위가 아니라 하나님께서 내주하시면서 일하심으로써 나타나는 영혼의 성향이라고 주장함으로써 교회의 고해성사 교리를 제척했다는 이유로 단죄했다.) 요한 22세는 그 신비주의자의 가르침의 흐름을 제대로 파악했던 것이다.

마리아와 마르다를 다루는 점에서, 에크하르트는 순수한 명상의 가치를 우월하게 여긴 중세의 교리에서 근본적으로 이탈한 듯하다. 아우구스티누스 때부터 라헬과 베다니의 마리아가 사색적이고 더 숭고한 삶의 전형으로 간주되었다. 독일의 그 신비주의자는 마리아에 관한 설교에서, 마리아가 여전히 배우고 있었던 사실을 강조했다. 마르다는 이미 다 배운 상태에서 주님을 섬김으로써 선행에 힘썼다. 마리아는 오직 배우기만 했다. 언니처럼 거룩해지기 위해서 노력했다. 굶주린 사람들을 먹이는 등 자비의 일에 힘쓰는 것이 바울의 환상을 보고 고요히 앉아 있는 것보다 훌륭하다고 에크하르트는 말한다. 그리스도께서 승천하신 뒤에는 마리아도 마르다처럼 온전히 섬기는 법을 배우게 되었다. 그때에는 성령께서 부어지셨기 때문이다. 사색에 힘쓰는 사람은 그것을 행위로 드러내야 한다. 사색만 하다가 만다면 그것은 이기적인 삶이다. 에크하르트의 속에 근대적 정신이 흐르고 있었던 셈이다. 그는 세상을 등지는 중세적 삶이 아닌 또 다른 이상적 삶을 바라보았다. 복음으로 말미암은 자유와 기쁨의 숨결이 그의 저서들에서 감지된다.

에크하르트의 사색 정신은 그를 범신론의 언서리까지 이끌고 갔으며, 세나가 과장된 표현들을 많이 사용한 까닭에 교황에게 단죄를 받게 되었으니 그것을 뜻밖의 결과라고 할 수 없다. 그러나 그의 범신론은 기독교적 범신론, 즉 영혼과 하나님의 온전한 합일이었다. 그것은 개성을 잃으면서까지 신적 존재에 흡수되는 것이 아니라, 신성(Godhood) 곧 하나님의 근본 원리를 받아들이는 것이다. 하나님이 모든 것이고 모든 것이 하나님이라는 개념을 헤겔이 좌우명으로 채택한 다음 발언만큼 잘 표현한 것도 없다. "내가 하나님을 바라보는 눈이 하나님께서 나를 바라보시는 눈과 동일한 눈이다. 내 눈과 하나님의 눈은 동일하며, 하나의 시각, 하나의 깨달음, 하나의 사랑밖에 없다."[14] 비록 이러한 표현이 위험하게 보일 수 있지만, 영혼의 독특한 인격성이야말로 교회의 공인된 교사들이 필수적인 것으로 강조한 외적 의식들과 성사들을 준수하는 것보다 훨씬 나은 것이었다.

하르낙(Harnack)과 그 밖의 학자들은 쾰른의 신학자[에크하르트]가 사죄를 본격적으로 다루지 않았다고 비판했다. 사죄를 다루지 않은 점은 그가 중생과 양자됨을 집중해서 가르친 것을 기억하면 크게 문제삼지 않아도 될 것이다. 그가 스콜라주의에서 뚜렷하게 이탈한 점은, 성사들과 교회의 권위를 자세히 다루지 않은 데 있다. 그는 신자 개인들에게 초점을 두고서 설교했으며, 그들의 도덕적 영적 상태에 관심을 기울였다. 그의 생각 중 몇 가지는 난해한 것이 사실이지만, 그가 대학 강의실에서나 들을 수 있는 추상적 개념들을 가르쳤다거나 문제를 주로 학문적 관점에서 바라보았다고 생각할 만한 흔적이 없다. 그는 사람들의 마음에 대고 말하여 감화하려는 정직한 목적만 가지고 있었다는 인상을 준다.[15] 그의 단어들은 그가 설교에서 크게 강조한 미네(Minne, 사랑)로 밝게 달아오른다. 하지만 한 가지 점에서 그는 현대의 저자들과 설교자들과 사뭇 달랐다. 역사적 그리스도를 깊이 생각하지 않은 것이다. 그에게는 우리 안에 계신 그리스도가 우리 안에 계신 하나님이시며, 그것이 모든 것을 포괄하는 화두이다. 그는 생각이 높고 고상했음에도 불구하고 그것을 글로 표현해 내는 데서는 인간적 한계를 느꼈으며, 하나님을 정의하려 할 때 겸손해야 한다고 조언하는 가운데 "하나님의 본성의 깊은 곳에 도달하려면 겸손해야 한다. 하나님을 알고자 하는 사람은 먼저 자신을 알아야 한다"고 말했다.[16]

대중 운동의 지도자도 아니고 개혁자도 아니었던 이 독일 초기의 신학자는 종교개혁을 위한 길을 예비하는 데 사명이 있었다. 그의 교훈의 형식과 내용은 사람들에게 사제단의 권위와 의식적(儀式的) 계율주의에서 벗어나 하나님을 모셨

---

14) Ibid., p. 312.

15) 이것이 Lasson(Ueberweg, I. 471)의 견해이다. Inge(p. 150)는 에크하르트의 투명한 정직성과 위대한 사고력이 깊은 경건과 순수한 영혼과 결합하여 그를 기독교 철학사에서 가장 흥미로운 인물의 하나로 만든다고 말한다.

16) Pfeiffer, II. 155, 390.

다고 확신하는 내면의 경험에 이르도록 격려하는 직접적인 경향을 띠었다. 플라이더러(Pfleiderer)는 "에크하르트의 사상이 종교개혁의 정신이자 루터의 정신으로서, 그의 선조 독일인의 사상에서 루터의 날갯짓을 미리 충분히 감지하게 된다"고까지 말했다.[17] 비록 그는 자신의 설교와 저서에 끼여들어 있을지도 모르는 이단적 개념을 발견하게 되면 언제든 고백하겠다고 공언했으나, 원리상 로마가 그에게 내린 평가가 옳았다. 에크하르트의 정신은 중세 교회의 권위에 반기를 들도록 자극하고 오랫동안 잊혀졌던 신약성경의 몇몇 진리들이 재진술되도록 촉진한 점에서 로마 교회의 입장에서 바라볼 때 이단이었다.

30. 스트라스부르의 요한 타울러

주님의 뜻을 행하는 것을 더욱 칭송할 것은
말이 행동보다 못하기 때문이옵니다.
단순한 마음으로 의뢰하면 당신의 길을 찾을 수 있는데
저희는 신조들의 좌표를 들고 길을 잃고 방황합니다.

— 휘티어(Whittier), 「우리 주님」(*Our Master*)

에크하르트를 존경한 사람들 가운데 가장 두드러졌던 사람들이 요한 타울러(John Tauler)와 하인리히 주조(Heinrich Suso)였다. 이들에게는 사변적 요소가 대거 사라지고 경험적이고 실제적인 요소들이 전면에 나타났다. 이들은 신앙을 경험의 문제와 행위의 준칙으로 강조했다. 교회의 가르침이나 성사들을 부정하지 않은 채 그리스도와의 직접 합일을 부각시켰으며, 그리스도인의 덕목, 그 중에서도 특히 인내와 온유와 겸손을 깊이 다루었다. 타울러는 근실한 정신의 소유자였고, 주조는 시적이고 상상력이 풍부했다.

'빛을 비추는 박사'(doctor illuminatus)라 불린 요한 타울러는 1300년경에 스트라스부르에서 태어나 1361년에 그곳에서 죽었다. 그는 아버지의 상황에 관해

---

17) p. 7. Preger는 에크하르트를 다룬 저서에서, 그야말로 기독교 철학의 터를 닦은 장본인이었다고 결론짓는다(I. 458).

회상하면서 이렇게 말했다. "만약 내가 내 아버지의 아들로서 지금 알고 있는 것을 당시에 알았더라면 구제에 의존해서 살지 않고 아버지의 유산을 물려받아 살았을 것이다."[18] 1315년으로 추정되는 이른 시기에 그는 도미니쿠스회에 가입했다. 1330년 이전 어느 시점에 그는 쾰른에 가서 관례대로 3년 과정의 공부를 했다. 공부를 마치고 파리 대학교로 유학했다는 설도 있는데, 입증할 만한 증거가 없다. 하지만 그는 생애의 어느 시점에 프랑스의 수도를 방문했다. 그가 대개 요한 타울러 박사라고 불리긴 하지만, 그가 박사나 석사 학위를 받았다는 충분한 증거는 없다.

그가 고향 도시를 다시 방문했을 때는 요한 22세와 바이에른 출신 황제 루이스 사이에 투쟁이 전개되던 과정에서 1329년에 그 도시에 성무 중지령이 내려진 상태였다. 도미니쿠스회는 성무 중지령을 무시하고 1339년까지 계속 미사를 거행하다가 시의회에 의해 3년간 추방을 당했다. 타울러가 그 다음에 모습을 드러낸 곳은 바젤로서, 그는 이곳에서 하나님의 친우회와 그 집단의 지도자 뇌르틀링겐의 하인리히와 긴밀히 접촉했다. 하인리히는 바이에른에서 사제로 활동하다가 스위스의 그 도시로 갔고, 그곳에서 성직자들과 평신도들의 간곡한 부탁을 받고서 설교자가 되어 활동하고 있었다. 1357년에 타울러는 쾰른에 있었으나, 그의 주요 활동 무대는 스트라스부르였다. 그의 친구들 가운데는 뉘른베르크 근처 수도원의 대수녀원장 크리스티나 에브너(Christina Ebner), 메딩겐 수도원의 바이에른 출신 수녀 마르가레트 에브너(Margaret Ebner)가 있었는데, 이들은 신비주의자들로서 환상을 본 여성들이었다. 타울러는 친누이가 수녀로 있던 스트라스부르 수녀원의 손님방에서 숨을 거두었다.

타울러는 당대에 설교자로서 명성을 얻었으며, 그의 설교들은 아마도 중세의 여느 설교자들보다 개신교 교회들에서 널리 읽혔을 것이다. 그가 이러한 인기를 얻은 원인은 그가 후대의 종교개혁자들의 견해와 매우 가까운 복음적 정신을 지니고 있었기 때문이었다. 독일어로 행해진 그의 설교들은 쉽게 이해할 수 있는 진술들이었고, 알레고리나 공상의 요소가 거의 없었다. 학식이나 사변적 독창성

---

18) Preger, III. 131. 가장 오래된 스트라스부르크의 사본에는 타울러가 erluhtete begnodete Lerer로 표기되어 있다. Preger(III. 93)는 스트라스부르에 살던 Taweler 혹은 Tawler라는 이름을 지닌 사람을 여러 명 소개한다.

을 과시하려는 욕심이 없었다. 에크하르트처럼 자주는 아니지만 가끔 아우구스티누스 · 대 그레고리우스 · 디오니시우스 · 안셀무스 · 토마스 아퀴나스를 인용하긴 했으나 부수적으로 그리했다. 타울러의 호소력은 성경에 대한 해박한 지식, 인간 마음에 대한 이해, 단순한 문체와 성실함에서 나왔다.[19] 다양한 직업적 현실과 시련에 처해 있는 사람들에게 다가가는 데 뜻을 둔 실제적이고 일상적인 설교자였다.

1498년에 그의 저서들이 처음으로 편집되어 출판된 「타울러의 생애와 양심의 역사」(History of Tauler's Life and Conscience)의 내용을 받아들인다면, 타울러는 나이 쉰에 중요한 영적 변화를 겪게 되었다. 오버란트(Oberland, 베른 알프스 – 스위스 남서부의 알프스 산맥)에서 온 하나님의 친우회 신도 바젤의 니콜라우스에게 영향을 받아 이전보다 더 높은 차원의 신앙 체험을 하게 된 것이다. 그가 이미 설교자로서 명성을 누리고 있을 때, 니콜라우스는 그의 설교를 여러 번 듣고는 그가 건실한 교리를 전하긴 하지만 문자에 매여 있어서 큰 힘을 얻지 못하겠다고 말해주었다. 그는 타울러를 바리새인이라고 불렀다. 이러한 지적에 타울러는 발끈했으나, 니콜라우스는 그에게 겸손이 부족하며, 하나님의 영광을 구하지 않고 자신의 명예를 구한다고 다시 지적해 주었다. 그것이 옳은 비판이라고 느낀 타울러는 자신이 처음으로 자신의 죄와 과오를 지적받았노라고 털어놓았다. 그리고는 니콜라우스의 권고를 받아들여 2년간 설교 활동을 중단한 채 칩거했다.

2년이 다 되어갈 무렵에 니콜라우스가 다시 타울러를 찾아가서 설교를 다시 시작할 것을 권했다. 타울러는 공공 장소에서 청중이 운집한 가운데 오랜만에 설교를 했으나 결과는 시원치 않았다. 두 번째 설교는 수녀원에서 마태복음 25:6("밤중에 소리가 나되 보라 신랑이로다. 맞으러 나오라 하매")을 본문으로 전했는데, 그 감화력이 심히 대단하여 청중 가운데 50명이 죽은 듯이 바닥에 쓰러졌다. 칩거 기간에 타울러는 자신을 온전히 하나님께 바치며 지냈으며, 칩거를 푼 뒤에도 과거에 경험해 보지 못한 능력에 휩싸여 설교자로서 활동했다.

---

19) 스트라스부르크의 연대기 저자 Specklin은 타울러가 "열정이 실린 낭랑한 어조로 말했고, 그의 목표는 사람들에게 세상의 덧없음을 깨우치게 하려는 것이었으며, 평신도들뿐 아니라 성직자들도 비판했다"고 말한다.

타울러가 사용한 몇몇 표현들을 보면 그가 정적주의적(靜寂主義的, quietistic) 견해에 빠져 있지 않았는가 하는 인상을 받게 된다. 이를테면 "하나님의 부성(父 性)에 함몰되어"라든가 "하나님의 사랑의 불에 녹아", 혹은 "하나님에게 흠뻑 취 하여"라는 표현들이 그것이다. 하지만 쟁론이 되는 이런 표현들은 가끔 사용한 것들로서 그가 영혼과 하나님의 합일을 묘사할 때 사용하는 근실한 진술들에 의 해 상쇄된다. 신자들에게 자신들을 온전히 하나님께 드리고 하나님과 합일했다 는 증거를 매일의 삶에서 실천으로 드러내도록 독려하는 것이 그의 사명이었다.

그는 죄를 책망하시고 마음을 온전히 하나님께 굴복하도록 인도하시는 것이 마음을 비추시고 거룩하게 하시는 성령의 사역임을 강조했다. 성령께서 일으키 시는 변화 — 그는 이것을 케르(Kehr, 회심)라 불렀다 — 를 그는 꾸준히 심도 있게 다루었다. 그의 설교에 자주 나오는 이 단어는 중세 교회의 설교 어휘에 거 의 처음 등장한 단어였다. 타울러는 에크하르트가 강조한 압게쉬덴하이트, 곧 세상으로부터의 단절도 강조했으며, 영혼이 거룩해지려면 "모든 피조물들에 대 해서 메마르고 공허하게" 되어야 하며, "피조물에게 속한" 모든 것을 버려야 한 다고 말했다. 영혼이 피조물들로 가득 차게 되면 하나님께서 어쩔 수 없이 그에 게서 떠나시게 되며, 그러한 영혼은 쓰레기나 썩은 물질로 가득 찬 통과 다를 바 없다고 했다. 그렇게 되면 좋은 포도주나 생수같이 좋은 것을 담을 수 없게 된다 고 했다.[20]

선행에 관해서는, 그리스도 밖에서 행한 선행은 아무 쓸모가 없다고 했다. 타 울러는 이사야 64:6 말씀("우리의 의는 다 더러운 옷 같으며")을 자주 인용했다. 인간은 스스로의 능력으로는 하나님께 나아갈 수 없다. 죄 때문에 근심해본 적 이 없는 사람들은 지극히 위험한 상태에 처해 있다.[21]

성례에 관해서는 비록 부수적인 지위에 두긴 하지만 그 가치를 폄하하지는 않 았다. 속사람이 변하지 않고는 성례가 아무 소용이 없다고 했다. 신자들이 외적 상징들(성례들)에만 머물고, 그것들이 상징하는 내면의 진리를 깨닫지 못한다. 주님의 몸의 임재 안에서 의식(儀式)에 치중한 나머지 주님을 영적으로 받아들이 지 못한다. 사람들이 금식과 기도와 철야 같은 활동에 몰입하고 그것으로 큰 보

---

20) *Inner Way*, pp. 81, 113, 128, 130.
21) Miss Winkworth, pp. 353, 475 등.

람을 얻는 까닭에 하나님께서 그들의 마음에 작은 부분을 차지하시거나 아예 차지하지 못하시게 된다.[22]

타울러가 단순한 신앙의 발휘를 강조한 점을 놓고 생각하면, 그가 의도적으로 스콜라주의의 통찰과 자기 확신의 방법들에 대립한 게 아니냐는 결론을 피할 수가 없다. 유(Aught)와 무(Nought)의 발산과 역류 혹은 영혼의 불꽃의 본질에 관한 질문들을 제기함으로써 하나님의 비밀들을 들여다보려고 덧없이 노력하기보다 단순한 신앙(einfaltiger Glaube)을 갖는 것이 더 낫다. 아리우스파와 사벨리우스파가 삼위일체에 관한 놀라운 지적 이해를 가졌고, 솔로몬과 오리게네스가 기이한 방법으로 교회에 흥미를 갖게 했으나, 그들이 어떻게 되었는지 우리는 알지 못한다. 중요한 것은 자신을 하나님의 뜻에 드리고 진실한 목적을 품고서 의를 따르는 것이다. "지혜는 파리 대학교에 가서 배울 수 없고 주님의 고난에서 배울 수 있다"고 타울러는 말했다. 파리 대학교의 훌륭한 교수들이 책을 많이 읽은 사람들이고 그것은 좋은 일이다. 그러나 영혼 내면의 왕국을 골몰히 생각하는 사람들은 진정한 삶의 책을 읽는다. 순수한 마음은 최고 재판관의 권좌이고, 영원한 빛을 밝히는 등불이고, 신적 재물이 간직된 보고이고, 하늘의 감미로움이 보관된 곳간이며, 독생자의 성소이다.[23]

마음을 매료시키는 타울러의 경건과 설교에는 매우 민주적인 요소가 나타난다. 그는 모든 합법적인 수고를 높이 평가했으며, 선량하고 충성스러운 노동을 참 신앙의 표현으로 칭송했다. "어떤 사람은 직물을 만들 수 있고 다른 사람은 신발을 만들 수 있는데 이런 재능들은 성령의 은사들이다. 여러분에게 말씀드리건대, 만약 내가 사제가 되지 않았다면 신발 만드는 것을 큰 은사로 간주하여 모든 이들에게 전범이 될 만큼 그 은사를 잘 발휘했을 것입니다." 자신의 직업에 충실한 것이 교회에 참석하는 것보다 중요하다고 그는 말했다. 그러면서 자신이 40년 넘게 길 살아온 농부 이야기를 꺼냈다. 농부가 일을 중단하고 교회에 가서 앉아도 되겠느냐고 주님께 아뢰자, 주님께서는 안 된다고 대답하시면서, 이마에 땀을 흘려서 생계를 유지하는 것이 마땅하며, 그렇게 해야 당신의 보혈의 공로를 선양하게 될 것이라고 말씀하셨다는 것이었다. 타울러의 경건이 지닌 동정적

---

22) *Inner Way*, p. 200; Miss Winkworth, pp. 345, 360 등.
23) Preger, III. 132; Miss Winkworth, p. 348.

(sympathetic) 요소가 딱딱한 교의적(dogmatic) 만족감을 배제한다. 그는 이렇게 말했다. "차라리 피가 나도록 혀를 깨물지언정 다른 사람을 비판하지 않겠습니다. 비판은 하나님께 맡겨야 합니다. 이웃을 심판하는 자리에 앉아 버릇하는 데서 자만과 교만이 나오기 때문입니다. 그것은 마귀에게 속한 것입니다."[24]

이러한 면모들과, 특히 영혼의 신앙적 훈련의 필요와 단순한 믿음의 우월성을 강조한 점을 루터는 1516년에 랑게(Lange)와 슈팔라틴(Spalatin)에게 쓴 편지들에서 높게 평가했다. 슈팔라틴에게 보낸 편지에서는 라틴어 저자나 독일어 저자를 통틀어 타울러만큼 건전한 혹은 복음에 부합한 신학을 진술한 사람을 발견하지 못했다고 썼다.[25]

하지만 타울러는 중세의 이단과 거리가 먼 사람이었다. 스트라스부르 당국자들은 이단이 무엇인지를 알았으며, 이단들을 화형에 처함으로써 자신의 정통 신앙을 입증했다. 타울러는 이단의 무리에 포함되지 않았다. 그는 작은 무리를 의식(儀式)에 맴도는 형식적 신앙에서 이끌어내어 하나님과 친밀한 교제를 나누도록 힘썼으나, 그에게는 교회가 거룩한 어머니였다. 마리아를 경외한 점에서도 그는 중세의 기반에 서 있었다. 수태고지에 관한 설교에서, 그는 마리아의 정신에 하나님의 하늘이 있었고, 그 영혼에 하나님의 낙원이 있었으며, 그 육체에 하나님의 궁전이 있었다고 말했다. 마리아는 그리스도의 어머니가 됨으로써 성부의 딸과 성자의 어머니와 성령의 신부가 되었다고 했다. 둘째 하와가 되어 첫째 하와가 잃어버린 모든 것을 회복했다고 했으며, 이 점을 강조하느라 마리아를 그리스도와 함께 죄인의 중보자로 인정한 베르나르의 열정적인 표현들을 서슴없이 인용했다. 그리고 본인 자신이 마리아에게 대신 빌어줄 것을 부탁했다. 마리아의 마음을 들여다볼 수 있었던 사람이 있었다면, 그는 영광 중에 계신 하나님을 뵌 셈이라고 말했다.[26]

---

24) Ibid, III. 131; Miss Winkworth, p. 355.

25) Köstlin, *Life of M. Luther*, I. 117 sq., 126. 멜란히톤은 the Franf. ed. of Tauler의 서문에서 이렇게 말했다. "오늘날 사람들은 타울러를 쉽게 최고로 평가한다. 하지만 나는 이렇게 높은 평가를 받는 사람의 기독교적 교훈을 감히 부정하는 사람이 더러 있다는 말을 듣는다." Beza는 견해를 달리하여 타울러를 몽상가로 평가했다. Preger(III. 194)는 훨씬 더 나가서 타울러가 복음적인 칭의 교리를 분명히 가르쳤다고 말한다.

요한 타울러는 중세 교회의 신앙적 왜곡을 크게 벗어나지 못했을지라도, 단순한 신앙과 하나님과 직접 갖는 사귐의 가치와 날마다 꾸밈없이 신앙을 실천하며 사는 삶의 우수함을 가르친 보편 교회의 경건한 지도자들 가운데 한 자리를 차지한다. 그는 내면 생활을 가르쳤고, 의식 행위보다 순수한 경건과 일상 생활을 중시하는 모든 사람들을 하나로 묶는 띠를 제시했다. 그를 가장 잘 이해한 사람은 휘티어(Whittier)였다. 그는 직접 보지 못한 14세기의 친구를 진심으로 이해하는 일에 소박한 경건을 남김없이 쏟아부었다. 오늘날 친우회[퀘이커교]는 타울러에게 더 나은 길을 제시해 준 신비스러운 인물[니콜라우스]을 다음과 같이 묘사한다:

지옥이 어떤 것인지 나는 모른다. 내가 아는 것은,
주님의 임재를 잃을 수 없다는 것이다.
겸손이라는 한 팔이 주님의 귀한 인성을 붙들고
사랑이라는 다른 팔이 그분의 신성을 붙든다.
그리하여 내가 가는 곳에 주님도 가신다.
불 벽으로 막힌 지옥에서 주님과 함께 있는 것이
주님 없이 황금 문 낙원에 있는 것보다 낫다.

타울러는 이렇게 말했다.

내 기도가 응답되었다.
오래 찾던 사람을 하나님이 보내주셔서
지친 스콜라 학자들이 알지 못한 지혜를
그의 틴순힌 신뢰로써 배우게 히셨디.

31. 하인리히 주조

---

26) *The Inner Way*, p. 57 sqq., 77 sqq.

하인리히 주조(Heinrich Suso 1295?–1366)는 정서가 크게 발달한 인물로서, 한편으로는 히스테리 증세를 지닌 환상가로, 다른 한편으로는 가장 완성도 높은 독일 신비주의 저서를 남긴 저자로 평가를 받아왔다. 그는 콘스탄츠 호숫가에서 — 아마도 콘스탄츠 시내에서 — 귀족 가문의 아들로 태어났으나 어머니를 여윈 뒤에 아버지의 이름 베르크(Berg)를 포기하고 어머니의 이름 소이세(Seuse, 라틴어로 Suso)를 취했다.[27] 열세 살 때에 콘스탄츠에 있던 도미니쿠스회 수도원에 들어갔고, 열여덟 살이 되던 해부터 가장 과장되고 고통스러운 금욕 생활을 시작했다. 스물여덟 살에 쾰른 대학교에서 공부하고 있었고, 후에 스트라스부르 대학교에서 공부했다.

콘스탄츠의 베네딕투스회는 바이에른 출신 황제 루이스와 대립하던 교황을 지원하다가 황제의 눈 밖에 나서 도시에서 추방을 당했다. 주조는 디제호벤으로 물러나 그곳에서 1339~1346년에 수도원장으로 섬겼다. 활동의 초점을 설교에 맞추기 시작한 것이 이 시기였다. 생애의 마지막 열여덟 해는 울름의 도미니쿠스회 수도원에서 보내다가 1366년 1월 25일에 그곳에서 세상을 떠났다. 1831년에 교황 그레고리우스 16세에 의해 시복(諡福)되었다.

주조는 원래 건강하지 못한 상태에서 22년간 엄격한 참회 규율에 따라 생활하느라 건강을 잃었다. 그 이야기가 그의 「자서전」(*Autobiography*)에 소개되어 있다. 금욕 생활의 강도가 우리 시대의 정서로 다 이해할 수 없을 만큼 과도한 것이었던 까닭에, 주조의 진술들이 어떤 대목들에서는 도무지 믿어지지 않는다. 여기서 자서전의 일부 내용을 소개하는 목적은 중세 교회의 고해 제도를 신자들이 어느 선까지 실천했는가 하는 것을 보여주기 위함이다. 주 예수의 흔적을 지니려는 열망으로, 주조는 예리한 도구로 가슴에 그리스도의 이름 약자(IHS)를 새겨 넣었다. 죽는 날까지도 세 글자가 가슴에 남아 있었으며, "내 마음이 움직이는 곳에 그 이름도 함께 움직였다"고 그는 말했다. 한 번은 꿈에서 영광스러운 광채가 그 흉터를 비추는 것을 보았다.

그는 털로 만든 속옷과 쇠사슬을 착용했다. 출혈이 심한 것을 보고서야 사슬을 벗었으나, 대신에 털로 된 속옷을 예리한 못 150개가 박힌 것으로 갈아입었

---

27) Bihlmeyer(p. 65)는 주조의 출생 연대를 1295년으로 판단한다. 다른 저자들은 1300년으로 간주한다.

다. 뾰족한 부분이 몸을 향하게 하는 식으로 이 옷을 밤낮 착용했다. 그로 인해 벌통에 누워 있는 듯한 느낌이 자주 들었다고 그는 말했다. 몸이 해충들로 뒤덮인 것을 발견했을 때 그러고도 자신이 죽지 않았다고 생각하여 살인자는 단번에 처형되어야 한다고 외쳐놓고는, "그러나 자비의 하나님이시여(zarter Gott), 이것이 제게 얼마나 모진 죽음이옵나이까" 하고 말했다. 하지만 그것으로 충분하지 않았다. 주조는 허리띠로 목을 묶는 계획을 택했다. 허리띠에 가죽 주머니 둘을 달고 그 안에 손을 집어넣었다. 그리고는 열쇠와 자물쇠로 다음 날 아침까지 그것을 잠갔다. 이러한 고문을 16년이나 계속하다가 천상의 환상을 보고 그 뜻에 순종하여 중단했다. 중세의 경건이 옛날 니트리아 사막의 은수자(隱修者)들이 품었던 왜곡된 견해를 조금도 바로잡지 못한 셈이다. 오히려 주조는 그들의 이야기를 즐겨 읽었고 그들의 금욕 생활을 모방했다.

그러나 하나님께서 금욕적 규율을 허락하지 않으신다는 뜻을 그에게 조금도 비춰주지 않으신 까닭에, 주조는 자신의 육체에 경건의 흔적을 더욱 뚜렷이 새길 목적으로 등에 나무 십자가를 매달았는데, 십자가에는 그리스도의 상처 30곳을 기억하여 못을 30개 박았다. 이 고문 도구를 8년간 밤마다 착용했다. 마지막 해에는 그것에 예리한 바늘 7개를 더 달았다. 오랜 세월에 걸쳐 날마다 두 번의 참회 훈련을 했는데, 등에 매달려 있는 십자가를 주먹으로 치면 십자가에 달린 못들과 바늘들이 그의 살을 찔러 피가 발꿈치로 주르륵 흘러내렸다. 이 정도로도 그리스도께서 당하신 채찍질을 충분히 닮을 수 없다고 생각했던지, 신 포도주와 소금으로 상처를 문질러 고통을 더했다. 발은 상처투성이였고, 다리는 수종(水腫)을 앓았던 것처럼 부었고, 살은 마르고 손은 중풍병자처럼 떨었다. 그리고 이 모든 고통을 하나님과 우리 주 예수 그리스도를 향한 사랑으로 견뎠다. 그분의 고통을 닮고 싶었던 것이다. 25년 동안 아무리 추운 겨울에도 불을 지핀 방에는 늘어가지 않았으며, 그 기간 동안 목욕도 하지 않았다. 그러나 이민한 자기 고행 목록으로도 이야기가 다 끝난 것은 아니었다.

나이 마흔에 건강이 바닥나서 이제는 죽지 않으려면 금욕 생활을 단념해야 하게 된 순간에, 하나님께서 그에게 나타나셔서 그가 오랫동안 실천해온 고행이 다만 길들여지지 않은 그의 본성을 깨뜨리기 위한 좋은 시작일 뿐이었고, 이후로는 바로잡음을 받기 위해서 다른 길을 걷게 될 것이라고 일러주셨다. 그때부터 그는 속사람을 단련하기 시작했으며, 영혼의 금욕을 통해서 배울 수 있는 교훈들을 터득하게 되었다.

주조는 아무데서도 하나님을 기쁘시게 하기 위해 스스로 부과하는 그런 야만적인 고문, 종교개혁이 건실한 경건의 규율들로 대체한 그런 행위를 단죄하지 않는다.

다른 고통들이 주조에게 임했으나, 이번에는 스스로 가한 것이 아니었다. 그것을 신앙적 순종으로 견뎠으며, 고통이 끼친 여러 가지 악한 상황들을 다른 사람들에게 봉사하는 방법으로 바로잡고자 힘썼다. 수녀인 누이가 유혹을 이기지 못하고 서약을 파기했다. 주조는 그 사실을 알았을 때 밀려드는 분노를 겨우 극복한 뒤 누이를 찾아 원근 각처를 헤맸으며, 마침내 찾았을 때는 누이가 신앙의 덕목들을 제대로 실천하면서 가치 있는 생활을 하는 것을 확인하고서 크게 기뻐했다. 그가 짊어져야 했던 또 다른 십자가는 그가 어느 여성을 임신시켰다는 악의에 찬 소문이었다. 이 소문으로 인해 한동안 뇌르틀링겐의 하인리히를 비롯한 가까운 친구들과 소원하게 지내야 했다. 그는 동요하지 않고 그 상황을 견뎌냈으며, 심지어 아기가 태어난 뒤에도 양육을 지원하기까지 했다.

자연에서 끌어온 이미지들과 비유들이 가득한 주조의 주요 저서들은 「자서전」과 「영원한 지혜에 관한 책들」(*B chlein von der ewigen Weisheit*), 「진리에 관한 책들」(*B chlein von der Wahrheit*)이다. 이 저서들에 설교들과 편지들을 보탤 수 있다.

「자서전」은 우연한 계기로 보존되었다. 엘스베트 슈타글린(Elsbet Staglin)의 요청을 받은 주조는 그녀에게 자신의 여러 가지 경험을 들려주었다. 취리히의 지도급 인사의 딸이었던 이 여성은 빈터투르 근처 토사 수녀원에 소속된 수녀였다. 이 여성은 주조의 말을 꼼꼼히 기록해 두었는데, 나중에 그 기록을 본 주조는 그것을 '영적 도둑질'이라고 하면서 필사본의 일부를 태워버렸다. 나머지 부분은 초자연적 대화에 순종하여 보관한 뒤에 직접 다듬었다. 그 책에서 주조는 "영원한 지혜의 종"으로 등장한다.

「자서전」은 저자가 인생의 외적 단계들을 술회하는 데 관심을 두지 않은 영적 자기 계시이다. 자신이 겪은 신앙 체험 사실들 외에도 많은 지혜를 수록한 여러 가지 경건 규율들을 제시하며, 하나님의 존재에 관한 지혜롭고 교훈적인 발언들로 매듭짓는다. 이 내용들은 엘스베트의 질문에 답변으로 제시한 것이다.[28]

「영원한 지혜에 관한 책들」은 영원한 지혜이신 그리스도와 저자가 나눈 대화의 형태를 취하고 있으며, 데니플레(Denifle)에게 독일 신비주의의 완숙한 열매라는 평가를 받았다. 이 책은 성경을 토대로 한 명상들을 독일어로 기록한다.[28]

이 책에서는 14세기 독일 수도원들에서 활동하던 경건한 수사들을 지배한 경험신학(experimental theology)의 일단을 보게 된다.

주조는 독일어를 하는 사람이 플랑드르 말을 알아들을 수 없듯이, 혹은 하프 연주에 관해서 남이 전해주는 말을 들은 사람이 자기 귀로 연주를 들은 사람의 정서를 이해할 수 없듯이, 사랑이 없는 사람은 사랑으로 타오르는 사람의 말을 이해할 수 없다고 주장한다. 구주께서 당신이 인간들에게 품으신 사랑(Minne)을 측량하기란 과거의 세월을 돌이키고, 시들어 버린 꽃을 되살리고, 땅에 떨어진 빗물을 모두 모으는 것보다 더 어렵다고 말씀하셨다고 전한다.

쥡주죄은 십자가의 정경과 하나님의 사랑에 감동을 받지 못하는 인간들의 완악한 마음을 슬퍼한 뒤에, 하나님께서 어떻게 사랑이 많으면서도 동시에 엄하신가를 발견하고자 한다. 지옥의 고통에 관해 말하면서, 멸망한 자들이 다음과 같이 부르짖는 모습을 묘사한다. "땅만큼 넓고 하늘에 두루 미치는 맷돌이 있고, 작은 새가 만 년에 한번씩 맷돌에 내려앉아 좁쌀 씨의 1/10만큼만 맷돌을 쪼아 먹고 가기를 맷돌을 다 쪼아먹을 때까지만 해서라도 지금 우리가 당하는 고문이 끝날 날이 있다면 얼마나 좋을까. 하지만 그럴 가능성조차 없다."

십자가의 고통과 하나님의 무한한 사랑, 천국의 복락과 지옥의 저주를 생각하던 주조는 고통의 위엄을 말하는 데로 나아간다. 그는 「자서전」에서 "사랑하는 사람은 누구나 순교자이다"라고 말했고, 이 대목에서 '영원한 지혜'께서는 모든 마음이 하나의 마음이 된다 하더라도 그 마음으로는 사람들이 당신을 사랑하느라 겪은 지극히 작은 고통에 보답하여 영원히 베풀기로 작정하신 지극히 작은 보상조차 감내할 수 없다고 말씀하신다 …… 참되고 선한 것은 슬픔의 수고 끝에 주수하게 뇌는 섯이 녕뭔한 사넌뱝이나. 고통을 견니는 섯보나 너 틀서운 섯은 없다. 고통은 짧은 아픔이요 장구한 기쁨이다. 고통은 이생에서는 아픔을, 내세에서는 복락을 준다. 고통은 고통을 파괴한다(Leiden tödtet Leiden). 고통당하

---

28) Inge가 그 책을 영어로 번역했다. *Light, Life and Love*, pp. 66-82.

29) 주조는 자신의 책을 라틴어로 번역하여 *Horologium eternae sapientiae*라는 제목을 붙였는데, 그 사본을 타울러가 소지한 듯하다. Preger, II. 324.

는 자가 감내할 수 없는 고통이 존재한다. 천칭저울로 시간과 영원의 무게를 잴 수 있는 사람은 지극히 작은 고통의 대가로 부여되는 지극히 작은 상을 영원히 잃기보다 차라리 백년 동안 뜨겁게 달궈진 화덕에 눕는 쪽을 택할 것이다. 화덕에서 고통을 당하는 것은 끝이 있지만, 그 상은 영원하기 때문이다.

명상이 천상의 삶에 도달하는 길로서 갖는 유익들을 설명하신 뒤에, '영원한 지혜' 께서는 주조에게 육체의 죽음과 영혼의 죽음을 모두 당하는 방법을 말씀하신다. 고행과 세상의 모든 것들로부터 인연을 끊는 것이 그 방법이다. 죽는 고통과 번뇌를 설명하시기 위해서 회심하지 않은 사람을 예로 드신다. 그의 손이 싸늘해지고 얼굴이 창백해지고 눈이 총기를 잃기 시작한다. 공포의 제왕이 그의 마음을 붙잡고서 거칠게 다룬다. 죽음의 서늘한 땀이 몸에 흐르고, 겪어보지 못한 두려움이 엄습한다. "엄한 재판장의 화난 얼굴을 보라! 그분의 판결이 얼마나 예리한가!" 하고 말하며 덜덜 떤다. 환상이든 실제 광경이든 검은 피부의 무어족이 무리 지어 다가와 그가 자기들과 동류인지를 살피고 가고, 그런 다음에는 지옥의 짐승들이 그를 에워싼다. 연옥에 들어간 자들 위로 피어오르는 뜨거운 불길이 보이고, 그 속에서 자기들이 당하는 고통의 지극히 작은 것도 땅에서 순교자들이 당한 두려운 고통보다 더 크다는 부르짖음이 들려온다. 그곳에서는 하루가 백년과 같다. 그들은 "이제 우리가 구워지고 이제 우리가 삶아지는데 살려달라고 부르짖어봐야 소용이 없다"고 외친다. 그리고 난 뒤에 죽어가던 사람이 다른 세계로 옮겨지고, 자기가 땅에서 잘 대해주었던 친구들에게 도와달라고 소리쳐본들 아무 소용이 없다.

신자는 하나님을 끊임없이 찬송해야 한다는 탁월한 훈계로 마감되는 이 논문은 심오한 영적 인상을 주지만, 영적 생활의 일면만을 제시할 뿐이며, 영적 생활을 온전히 이해하려면 첨삭할 필요가 있다. 그리스도께서 세상에 오신 목적은 우리로 지금 영생을 얻어 풍성한 삶을 누리도록 하여 당신의 기쁨이 우리 안에 거하고 우리의 기쁨이 온전하게 되도록 하시기 위함이다. 고통을 잘 참아내면 영혼과 용모가 정결하게 씻기는 것이 사실이지만, 고통이 항상 정화(淨化)의 능력을 갖고 있다고 생각해서는 안 되고, 그런 생각으로 고통을 자처해서는 더욱 안 된다. 금식은 그 자체로는 아무런 유익이 없으며, 고통을 참는 것도 그리스도인의 덕목들 가운데 하나일 뿐 덕목들의 제왕이 아니다. 사랑은 온전하게 매는 띠로서 즐거운 정신과 사람간의 진심에서 우러나는 사귐, 선행에서 발휘된다.

중세적 유형의 경건은 세상을 눈물 골짜기로 바꿔 놓았다. 그것은 수도원적 경건이었다. 주조가 말하듯이, 그는 거의 30년간 한 번도 식탁에서 침묵을 지키는 규율을 어긴 적이 없었다. 교황 인노켄티우스 3세는 세상의 지배자가 되기 직전에 세상에 대한 경멸에 관한 논문을 쓸 수 있었다. 현대 교회의 경건은 즐거운 성격을 지니며, 하나님께서 창조하신 이 세상의 도처에서 선한 것을 바라본다. 주조의 경건은 독일인들이 고통의 신비주의(die Mystik des Leidens)라고 부른 그런 유형의 것이다. 스스로 고통을 가한 그의 방법은 잘못된 것이었다. 하지만 주조와 같은 의지가 있다면 지극히 숭고한 신앙 체험을 하고 하나님 곁에 가까이 있음을 발견하게 될 것이다.

주조는 하나님의 친우회(the Friends of God)와 교제를 나누었으며, "숭고한 스승", "거룩하고 숭고한 스승" 에크하르트에게 빚을 졌음을 인정하면서, 그의 "고마운 가르침에서 깊은 깨달음을 얻었다"고 말했다. 「자서전」에서 말하듯이, 그는 영적으로 시련을 겪던 시기에 에크하르트를 찾아가서 그의 도움으로 자신이 빠져 있던 절망의 나락에서 빠져나왔다. 그는 에크하르트의 몇 가지 독특한 어휘를 사용했으며, 쾰른의 그 신비주의자가 죽은 뒤에 그가 "큰 영광" 가운데 있는 것을 보고 그에게 순종하는 생활을 하라는 훈계를 받았다. 이러한 특성이 자신의 영적 스승을 변호하려는 목적도 담긴 「진리에 관한 책」의 주제를 이룬다.

영혼과 그리스도의 합일을 다룬 한 단락을 소개하고자 하는데, 그 한 단락만으로도 주조의 열정적인 문체의 단면을 볼 수 있을 것이며, 이 장을 매듭짓는 데 적절할 것이다. 스위스의 그 신비주의자는 그리스도께서 영혼에 관하여 다음과 같이 말씀하셨다고 소개한다:

"자기를 부인하는 거룩한 생활(abgeschiedenes Leben)의 내밀한 골방에서 나를 발견하고 내 감미로움에 참여하고자 하는 영혼은 먼저 악을 씻어내고 덕들로 단장해야 하며, 뜨거운 사랑의 붉은 장미와 온유한 순종의 아름다운 제비꽃으로 장식하고 순결하고 흰 백합을 흩뿌려야 한다. 이 영혼은 다른 사랑을 모두 밀쳐버리고서 나를 부둥켜안아야 한다. 새가 새장에서 도망치듯 그런 다른 사랑들을 나는 싫어하여 도망치는 것이다. 이 영혼은 내게 찬미와 결합된 뜨거운 사랑의 노래인 시온의 노래를 불러줄 것이다. 그러면 내가 영혼을 끌어안아 품에 기대게 할 것이다."[30]

32. 하나님의 친우회

하나님의 친우회(the Friends of God)는 그들의 이름에 실린 신앙 열정을 암시하는 점과 유력한 신비주의자들이 그들에게 존경을 표시했다는 점에서 관심을 불러일으킨다. 그들은 에크하르트·타울러·주조·로이스브루크뿐 아니라 14세기의 다른 저자들의 글에서도 자주 등장한다. 그들 주위에는 신비가 두르고 있으며, 그들의 사상과 수와 영향을 규명하려는 노력들이 실패로 끝났다. 과거에는 그 이름이 발도파에게 적용되었으나, 14세기에 들어서면서 바젤에서 스트라스부르, 그리고 네덜란드까지 라인 강 유역에 흩어져서 활동하던 경건한 자들의 무리, 즉 일반 교회 의식으로는 채울 수 없는 영적 갈망을 느낀 평신도들과 사제들의 무리를 가리키게 되었다. 그들은 조직을 갖춘 분파를 구성하지 않았다. 성경 공부에 힘썼고, 하나님과 친밀한 관계를 가지려고 노력했다. 거룩한 생활을 강조했으며, 거룩한 생활을 전파하는 데 주력했다. 그들의 이름은 요한복음 15:15("이제부터는 너희를 종이라 하지 아니하리니 종은 주인이 하는 것을 알지 못함이라. 너희를 친구라 하였노니")에서 유래했다. 그들의 행습은 기성 교회와 그 규율에서 이탈하지 않았다. 그들은 이단에 동조하지 않았으며, 자유 정신 형제회(the Brethren of the Free Spirit)에 반대했다. 「독일 신학」이라는 작은 논문이 처음부터 하나님의 친우회와 거짓된 자유의 영들, 특히 베가르회를 구분한다.

친우회의 회원이 다른 회원에게 쓴 편지는 그들의 목표를 여느 진술 못지않게 간결하게 소개한다. "하나님을 사랑하는 영혼은 세상과 육신과 모든 감각적 욕구와 영혼 자체로부터, 즉 자신의 의지로부터 떠나야 하며, 그래야만 우리 주 예수 그리스도께서 성취하신 사랑의 역사와 수고의 메시지를 들을 준비가 된다." 룰만 메르스빈(Rulman Merswin)이 스트라스부르에 세운 건물은 하나님을 의뢰하여 세상으로부터 피신하여 거룩한 생활을 하기로 결심한 명예로운 사람들 곧 사제들과 평신도들을 위한 피난처로 공고되었다. 하나님의 친우회는 자신들이 그리스도인의 삶의 비밀을 소유하고 있다고 간주했고, 자신들이 세상의 소금이

---

30) *Von der ewigen Weisheit*, Bihlmeyer's ed., p. 296 sq.

요 다른 사람들을 가르치는 자들이라고 여겼다.[31]

하나님의 친우회 지도자들 가운데는 뇌르틀링겐의 하인리히 · 뢰벤의 니콜라우스 · 룰만 메르스빈, 그리고 "오버란트에서 온 하나님의 위대한 벗"이 있었다. 오버란트에서 온 하나님의 벗은 중세 교회사에서 정체를 파악하기 가장 어려운 인물의 하나로 꼽힌다. 그는 타울러에게 회심하도록 결단하게 하고 여러 편의 논문들을 쓴 탁월한 역량과 영향력의 소유자로 소개되지만, 과연 그런 인물이 실존했는지 의심스럽다. 룰만 메르스빈은 그가 바젤과 스트라스부르 사이 그리고 스위스에서 폭넓은 활동을 펼쳤다고 주장한다. (그는 스위스의 지명에서 자신의 이름을 땄다.)

룰만에 따르면, 그는 1377년에 로마로 가서 그레고리우스 11세를 방문했고, 시에나의 카테리나처럼 교황에게 기독교 세계의 부패를 척결해달라고 청원했다고 한다. 룰만은 오랜 기간 동안 그와 서신 교환을 했으며, 그가 은밀히 보관하던 그의 저서들은 그(룰만)가 죽은 뒤 4년만에 출판되었다. 모두 17권으로 된 그의 저서들은 모두 참된 회심의 본질과 필요성을 다룬다.[32]

룰만의 기록에 따르면, 오버란트 출신의 이 신비주의자는 기도와 헌신의 삶을 살았으며, 평정을 누리고 기적을 일으키고 환상을 보았다고 한다. 프레거(Preger)는 그를 피에르 발도와 나란히 중세에 가장 큰 영향력을 행사한 평신도로 평가하는데, 하지만 그는 비록 서품을 받지 못했으나 교회의 사제였다. 룰만이 죽은 이후로 그에 관한 언급도 중단된다.

오버란트 예언자의 저서들을 편집한 룰만 메르스빈은 1307년에 스트라스부르에서 태어나 1382년에 그곳에서 죽었다. 그는 생업을 포기하고 신앙생활에 전념했다. 그러기 전에 이미 회심(Kehr)을 경험한 상태였다. 4년 동안 여러 가지 시험들과 힘겨운 투쟁을 벌이면서 혹독한 금욕 생활을 했으나, 자신의 고해신부 타울러의 조언을 받고서 적어도 한동안 금욕 생활을 자제했다. 그가 오버란트에

---

31) 참조. R. Merswin's Nine Rocks의 마지막 장.

32) 그 중 대표격인 두 권은 저자가 회심한 직후 5년간의 삶을 다룬 *Das Buch von den zwei Mannen*과 그가 자신의 삶과 친우회 회원들의 삶을 기록한 *Das Buch von den fünf Mannen*이다. 자세한 저서 목록은 Preger, III. 270 sqq.와 Strauch, p. 209 sqq.에 실려 있다.

서 온 사람을 만난 것은 4년의 세월이 끝나갈 무렵이었다. 그는 회심한 뒤에 스트라스부르 근처 섬에 서 있던 낡은 수도원(das grüne Wört)을 매입하여 수리한 뒤 하나님의 친우회의 원리들에 따라 공동생활을 하면서 영적 문화를 수립하고자 하는 성직자들과 평신도들을 위한 은신처로 삼았다. 1370년에 아내와 사별한 뒤에는 룰만 자신도 공동생활에 가담했는데, 일년 뒤에 이 수도원은 성 요한 기사회의 관리를 받게 되었다. 이곳에서 그는 숨을 거둘 때까지 집필과 강의 활동에 전념했다. 죽어서는 스트라스부르에 있는 아내의 무덤 곁에 묻혔다.

메르스빈의 주요 저서 두 권에는 「깃발의 책」(*Das Bannerb chlein*)과 「아홉 개의 바위에 관한 책」(Das Buch von den neun Felsen)이라는 제목이 붙어 있다. 전자는 루시퍼의 깃발에서 도망쳐 나와 그리스도의 선홍빛 깃발 아래 모이라고 권고하는 내용이다.[33] 1352년에 대화체로 쓴 「아홉 개의 바위에 관한 책」은 비유로 시작한다. 헤아릴 수 없이 많은 물고기들이 산봉우리들에 둘러싸인 호수에서 계곡을 타고 헤엄쳐 내려와 깊은 바다로 간다. 저자는 그런 다음에 물고기들이 다시 산으로 돌아오는 모습을 발견한다. 이 과정은 인간 영혼들이 하나님을 떠나 세상으로 내려갔다가 다시 하나님에게로 돌아오는 역정을 묘사한다. 물고기들 말고도 '무섭도록 높은 산'을 바라보는데, 산 위에는 바위 아홉 개가 있다. 산으로 돌아가는 데 성공한 영혼들이 극소수여서 천 명 당 한 명도 채 되지 않는 것처럼 보인다. 그런 다음 저자는 세상에서 살다 온 유력자들, 즉 교황들과 왕들, 추기경들과 제후들, 또한 사제들과 수사들과 수녀들, 베긴회와 베가르회, 그리고 온갖 부류와 계층 사람들이 처해 있는 상황을 발견한다. 그들이 처한 상황이 몹시 처참한데, 특히 선정적인 옷차림과 행동으로 남자들을 도덕적으로 탈선하여 죄에 빠지게 만드는 여성들이 처한 상황은 표현할 수 없을 정도로 열악하다.

룰만은 그런 다음 아홉 개의 바위로 돌아가는데, 바위들은 우리의 존재 근원이신 하나님을 향해 다가가는 아홉 단계를 상징한다. 바위들 위에 오른 사람들은 마귀의 그물에서 빠져나와 마지막 바위에 오름으로써 완전에 도달한다. 다섯째 바위에 올라간 사람들은 자기 의지를 완전히 포기한 지점에 도달했다. 여섯째 바위는 하나님께 온전히 순종하는 것을 상징한다. 아홉째 바위에 올라간 사

---

33) 참조. Preger, III. 349 sqq.

람들은 수가 너무나 적어서 세 사람밖에 없는 것처럼 보인다. 이 사람들은 하나님을 경외하는 것 외에는 아무 소원도 없고, 지옥이나 연옥, 원수나 사망이나 생명을 두려워하지 않는다.

자기 한 몸 구원하는 것으로 만족하지 않는 하나님의 친우회는 계곡 밑으로 내려가 그물에 걸려 있는 영혼들을 구출해내는 모습으로 묘사한다. 자유 정신 형제회는 이러한 자비의 활동을 거부한다.

상징 체계가 조야하고 성경을 직접 인용하지도 않는다. 하지만 성경에 토대를 둔 이미지 체계는 풍성하여서 헤르마스가 사용한 알레고리처럼 복음의 원리들을 특정 계층 사람들이 잘 알아들을 수 있는 방식으로 제시한다. 이것은 오늘날 베르나르나 제르송의 설교라면 별 의미를 느끼지 못할 사람들에게 구세군의 방법이 설득력을 갖는 것과 같은 이치이다.

룰만 메르스빈은 데니플레와 스트라우흐(Strauch) 같은 비평가들에게 오버란트에서 온 하나님의 벗에게 돌려져온 저서들의 저자이자 이 가공적 인물을 고안해 낸 사람으로 간주된다. 이러한 견해가 생기게 된 이유는 메르스빈 외에는 아무도 오버란트에서 온 사람을 알지 못하기 때문이며, 룰만이 죽은 뒤에 스트라스부르 형제회가 그를 혹은 그에 관한 것을 찾아보려고 했다가 뜻을 이루지 못한 점 때문이다. 반면에 오버란트 사람이 가공적인 인물이었다면 룰만이 왜 자신이 죽은 뒤까지도 그의 저서들을 비밀에 부쳤는지 이해하기 어렵다.[34]

오버란트 사람의 역사적 존재에 관한 논의의 결과가 무엇이든간에, 이 두 사람의 저서들에서 평신도들이 교회의 일에서 맡아 수행했던 역할을 엿보게 된다.

33. 로이스브루크의 요한

하나님의 친우회와 별도로 활동하면서도 정신으로는 그들과 밀접한 유대를

---

34) Preger와 Schmidt가 오버란트 출신의 이 사람이 실존 인물이었음을 옹호하는 대표적인 학자들이다. 최근에 Rieder는 Rulman에게서 위조의 혐의를 벗겨주고, 그 책임을 Löwen의 Nicolas에게 두었다. 그는 니콜라우스의 필체와 오버란트 사람의 필체가 유사하다는 고문서 감정 결과를 강조한다.

유지한 사람이 얀 폰 로이스브루크(Jan von Ruysbroeck, 1293-1381)였다. 그는 1350년에 스트라스부르에 있는 친우회 앞으로 자신의 저서 「영적 결혼의 단장」(*Chierheit der gheesteleker Brulocht*)을 보냈다. 그는 그들과 공동생활 형제회 사이에 연결고리 역할을 했다. 공동생활 형제회 설립자 흐로테와 타울러도 그를 방문했다. 아마도 그는 당시에 저지에서 유행하던 에크하르트의 저서들을 잘 알고 있었을 것이다.[35]

플랑드르 출신의 이 신비주의자는 브뤼셀 근처의 이름이 같은 도시에서 태어나 그곳에 있던 성 굴다 교회의 주교대리가 되었다. 예순의 나이에 재속 사제직을 사임한 그는 수도 서약을 하고서 워털루 근처에 갓 설립된 아우구스티누스회 소속 그뢰넨달('초록 골짜기') 수도원에 들어갔다. 그리고 그 수도원의 원장이 되었다. 로이스브루크는 실천적 의무들도 착실히 수행했으나 일과 중 대다수 시간을 명상에 사용했다. 그는 수아네 숲을 거닐다가 자신이 환상을 보았고 자신이 계시들의 주체라고 믿게 되었다. 그는 책상물림이 아니었다. 그가 죽은 직후에 동료 아우구스티누스회 수사가 그의 전기를 썼는데, 전기에는 기적의 요소들이 많이 실려 있다. 그가 앉았던 나무들이 후광을 발산했다. 그의 관이 수도원 곁을 지나갈 때에 아무도 종을 만지지 않았는데 저절로 종들이 울렸으며, 그의 시신에서 향기가 났다.

초기에 로이스브루크에게 사용된 환상의 박사(doctor ecstaticus)라는 칭호는 그의 특징을 잘 말해준다. 그는 에크하르트처럼 하나님의 존재에 관해 현실과 동떨어진 신학 주제들을 사색하지 않았고, 타울러처럼 매일 그리스도인답게 살라고 역설한 대중 설교자도 아니었다. 그는 사변적 습관의 달인으로서 하나님과 부분적으로 혹은 완전하게 합일한 상태에서 영혼이 누리는 경험들을 즐겼다. 모국어로 작성한 그의 저서들은 제자들인 흐로테와 윌리엄 조르다엔스(William Jordaens)에 의해서 라틴어로 번역되었다. 주요 저서들은 「영적 결혼의 단장」

---

35) 에크하르트가 저지대 지역의 신비주의자들에게 어느 정도나 영향을 끼쳤는가 하는 것은 쟁점으로 남아 있다. 성직자들은 그의 저서가 보급되지 못하도록 막았다. Langenerg(p. 181)는 Geherd Zerbold von Zütphen(1398 죽음)의 소책자 *De libris Teutonicalibus*를 인용하는데, 이 소책자는 건실한 책들은 서민들의 언어로 널리 읽혀도 무방하지만, 에크하르트의 저서와 설교는 대단히 사악하므로 평신도들이 읽게 해서는 안 된다는 견해를 취한다.

(*Adornment of the Spiritual Marriage*)과 「지복(至福)의 거울」(*Mirror of Blessedness*), 사색 습관을 변호한 「사무엘」(*Samuel*), 계시록 2:17에 나오는 흰 돌에 관한 알레고리적 명상인 「빛나는 돌」(*Glistening Stone*)이다(그는 흰 돌을 그리스도로 해석한다).

로이스브루크는 금욕 훈련을 강조했으나 그보다 사랑을 더욱 강조했다. 영적 생활의 가장 높은 단계에 오르면 영혼이 "중보자를 통하지 않고서" 하나님께 직접 나아간다. 그는 매 페이지마다 그리스도의 이름과 사역을 묵상한다. 그리스도가 우리의 정경(正經)이고 우리의 성무일과서이고 우리의 일상의 책이고 평신도들과 성직자들에게 다 해당되신다. 저자는 자신이 범신론에 동조하지 않으며, 자유 정신 형제회와 베가르회의 이단적 견해에 반대하다는 점을 알리는 데 관심을 기울인다. 이단을 네 부류로 분류하면서, 그 중 한 부류의 특징은 가톨릭 교회의 규례들과 성사들, 성경, 그리스도의 고난을 경시하고, 자신들을 하나님 위에 두는 것이라고 말한다. 하지만 그는 이단 시비를 벗어나지 못했다. 제르송은 브뤼헤(Bruges)의 카르투지오회 수사에게 「영적 결혼」의 사본을 받아 읽으면서 그 책 제3권이 범신론을 가르친다는 것을 발견하고는, 저자가 제대로 배우지 못한 상태에서 감정에 따라 신앙생활의 비밀들을 함부로 말하고 있다고 비판하는 내용의 책을 썼다. 하지만 제르송은 그뢰넨달 형제회의 일원인 쇤호펜의 요한이 쓴 변호서를 읽고 나서는 자신이 오해했다고 생각했다. 그러다가 1408년에 쓴 답장에서는 로이스브루크가 무학(無學)인 사람임을 다시 강조하면서, 그가 논지를 명쾌하게 밝히지를 못했다고 비판했다.

로이스브루크가 신비주의 문학에 주로 이바지한 「영적 결혼」은 "보라, 신랑이로다. 맞으러 나오라."라는 비유의 말씀을 명상한 책이다. 이 책은 그리스도인이 경험하는 단계를 적극적 단계와 내면의 단계, 그리고 사색의 단계 세 가지로 제시한다. 적극적 단계에서는 영혼이 기독교적 덕복들을 받아들이고 실천하면서 죄와 싸우고, 그로써 "신랑을 맞으러" 나아간다. 이 단계에서는 사도신경의 조항들을 반드시 믿어야 하되 온전히 이해하려고 하지 않아도 된다. 성경의 좀 더 미묘한 교리들을 그리스도의 생애와 성인들의 생애가 해석해 놓은 대로 받아들이고 설명해야 한다. 사람은 자연과 성경과 모든 피조물을 연구하여 유익을 얻어야 한다. 그리스도를 이해하기 위해서는 삭개오처럼 창조 세계의 보이는 모든 것들을 뒤로 한 채 달려가서 믿음의 나무에 올라가야 하는데, 그 나무에는 가지가 열두 개 있으며 그것이 사도신경의 열두 조항이다.

내면의 생활은 활동과 형식, 성례와 선행에 열심을 내는 것과 대조되게 제1원인과 진리 자체에 몰두하는 점에서 적극적인 단계와 구분된다. 이 단계에서는 영혼이 외부의 관계들과 창조된 형식들을 탈피하여 하나님의 영원한 사랑을 명상한다. 이 단계에서도 금욕주의가 유용하지만 필수적이지는 않다.

사색의 단계에 도달하는 사람은 극히 드물다. 이 단계에서는 영혼이 모든 자연적 지성을 초월하는 순결과 광채로 들어간다. 이 단계는 독특한 단장이요 천상의 면류관이다. 학문과 지적 정교함 혹은 자기 연단으로는 아무도 이 단계에 이를 수 없다. 이 단계에 이르려면 세 가지가 필요하다. 먼저 덕스러운 삶을 살아야 한다. 다음으로 밖으로 빠져나가는 법이 없는 불처럼 하나님을 끊임없이 사랑해야 하며, 마지막으로 사색의 습관을 지닌 사람들이 더 이상 피조물에게 알려진 방법으로 길을 찾는 일이 없는 어둠 속에서 자신을 잃어버려야 한다. 이 어둠의 심연에서 불가해한 빛 곧 하나님의 아들이 태어나시며, 그분 안에서 우리는 '영생'을 본다.

마침내 영혼이 하나님과 본질적인 합일에 들어가고, 바닥 없는 망망대해 같은 이 합일에서 만물이 복된 상태에 들어간다. 바로 이 캄캄하고 고요한 상태에서 하나님을 사랑하는 모든 사람들이 스스로를 잃어버린다. 이곳에서 그들은 하나님의 존재라는 대양의 거친 파도 속을 헤엄친다.[36]

플랑드르의 신비주의자가 남긴 이 발언들을 추종하고자 하는 사람은 그의 정신을 지녀야 한다. 그의 발언들은 그러한 황홀경 상태의 묘사조차 미래의 일로 남겨두고 이 땅에서 사는 동안 일상의 과업을 통해 하나님의 뜻을 수행하는 것으로 만족하는 고요한 신앙에서 멀리 떨어져 있는 듯하다. 그가 사용하는 '영적 도취'(spiritual intoxication) 같은 표현들은 안전하지 않으며, 그가 묘사하는 체험들도 그가 주장하듯이 이 땅의 그리스도의 교회가 현실에서 맛보게끔 되어 있지 않다. 대다수 사람들에게는 그러한 표현들과 체험들이 영적 히스테리와 몽롱한 환각의 형태를 띠기 십상이다. 로이스브루크의 가장 위대한 제자 흐로테가 이 노선의 명상을 따르지 않고 일상생활에 관련된 실제적 질문들과 자선 행위들

---

36) 이 표현은 Lambert가 소개한 독일어 본문(pp. 3-160)을 따른 것이다. 그 본문은 *Light, Life, and Love*라는 영어 저서로 잘 번역되었다.

에 열중한 것은 잘한 일이다. 환각적 분위기가 브라방트의 은거지(隱居地)에서 활동한 이 신비주의자의 특징이었으나, 그것이 그의 종교적 사고의 본질적 요소이지는 않았다. 그가 그리스도와 그분의 사역에 관해서 남긴 묘사들은 별로 마음을 끌지 못한다. 그는 마리아에 관해 명상하지 않으며, 주요 저서에서 이름조차 언급하지 않는다. 무릇 선행이란 하나님을 사랑하는 마음에서 우러나와야 한다고 주장했다. 이 장은 다음 두 대목을 인용하는 것으로 마치고자 한다.

"영적인 사람들과 육체적인 사람들에게 경건조차 사랑의 수고에 자리를 내주어야 한다. 기도로써 아무리 베드로나 바울보다 높은 경지에 오른다 할지라도 가난한 사람이 마실 물을 구하면 기도를 당장 중단하고 사랑을 발휘해야 하기 때문이다. 하나님에게 속한 사람들을 돕기 위해서 그분을 잠시 떠나는 것이 오히려 그분에게는 즐거운 일이다. 이런 이유로 사도는 형제들을 위해서라면 그리스도에게서 쫓겨나도 좋다는 의지를 밝힌 것이다.

"밤에 잠자리에 들기 전에는 책 세 권을 꺼내어 읽으라. 그것이 항상 몸에 지니고 살아야 할 습관이다. 첫 번째 책은 오래되어 빛이 바래고 너덜거리는, 검정 잉크로 쓴 책이다. 두 번째 책은 종이가 희고 붉은 잉크로 아름답게 쓴 책이며, 세 번째 책은 금가루를 넣은 잉크로 써서 번쩍거리는 책이다. 먼저 오래된 책을 읽으라. 그것은 여느 사람의 인생과 다름없이 죄와 오류로 가득한 자신의 과거를 돌아보는 것에 해당한다. 내면으로 물러나 그리스도의 최후 심판 날에 활짝 펼쳐지게 될 양심의 책을 읽으라. 그동안 얼마나 잘못 살았는지, 말과 행동과 생각이 얼마나 태만했는지 생각하라. 눈을 감고 '하나님 이 죄인에게 자비를 베푸시옵소서' 하고 아뢰라. 그러면 하나님께서 두려움과 근심을 쫓아내 주시고 소망과 믿음을 주실 것이다. 그런 다음에는 오래된 책을 덮고 기억에서 흰 책을 꺼내라. 이 책은 거짓이 없으신 그리스도의 책이다. 그분의 영혼은 순결했으며, 그분의 거짓 없는 육신이 채찍에 상하시어 선홍빛 보혈을 흘리셨다. 이 책은 그분이 우리를 진정으로 사랑하신다는 것을 보여주는 책이다. 깊은 감동으로 그 책을 바라보고, 친히 죽으심으로써 그대에게 하늘 문을 열어주신 분께 감사를 드리라. 마지막으로 눈을 높이 들어서 금 글씨로 기록된 세 번째 책을 읽으라. 그것은 마치 햇살 가득한 대낮에 켜놓은 촛불과 같은 덧없는 세상의 허영과 비교하여 영생의 영광을 상고하는 것이다."[37]

34. 헤리트 드 흐로테와 공동생활 형제회

네덜란드와 독일 북부의 신비주의가 그뢰넨달로 흘러 들어간 수로에 갇히지 않은 것은 신앙의 진보를 위해서 퍽 다행스러운 일이었다. 14세기 후반에 로이스브루크가 죽기 전에 그 지역의 신비주의는 헤리트 흐로테(Gerrit Groote, 1340-1384)와 프라하 대학교에서 공부를 마친 플로렌티우스 라데빈(Florentius Radewyn, 1350-1400)의 주도하에 실제적 자선 사업을 함께 펼쳤다. 이들이 빈 더샤임 회중(Windersheim Congregation)과 새 경건 형제회(the Brothers of the New Devotion)로도 알려진 공동생활 형제회(the Brothers of the Common Life) 의 설립자들이었다. 이들은 그리스도의 행위를 본받아야 한다고 주장함으로써 하나님과 합일하기 위한 노력에 새로운 자극을 가하였다. 네덜란드에서 유래한 이들은 라인 강 유역을 따라 확산되어 독일 중부까지 들어갔다.

흐로테는 아버지가 시장을 지낸 데벤테르에서 태어났다. 커서 파리 대학교에서 공부한 뒤 쾰른 대학교에서 가르쳤으며, 참사회원에 임명되어 적어도 두 교회의 성직록(한 곳은 위트레흐트, 다른 한 곳은 아헨)을 보유했다. 그때까지 세상 사람과 똑같이 살아가다가 카르투지오회의 수도원장인 친구 콜카르의 헨리에게 영향 받아 갑작스러운 회심을 경험했다. 회심한 뒤에 교회의 성직록들을 포기하고서 로이스브루크를 찾아갔으며, 그에게 많은 영향을 받았다. 토마스 아 켐피스는 흐로테가 로이스브루크를 만난 뒤에 "당신의 지혜와 지식은 제가 저의 나라에서 듣던 소문을 훨씬 능가하는군요" 하고 말했다고 전한다.

흐로테는 마흔의 나이에 설교를 시작했다. 데벤테르와 즈볼레, 라이덴, 그리고 저지의 주요 도시들에서 군중이 그의 설교를 듣기 위해 교회당과 뜰을 가득 메웠다.[38] 하루에 세 번씩이나 설교한 경우도 많았다. 그의 성공을 못마땅하게 여기던 프란체스코회는 위트레흐트 주교를 압박하여 평신도는 설교할 수 없다는 금령을 내리게 했다. 흐로테는 사제 서품을 받지 못했으므로 이 금령에 저촉

---

37) Galle(pp. 184-224)가 인용.

38) 이단들의 망치(malleus hereticorum)라는 호칭은 그가 정통신앙을 수호한 사실로 인하여 붙은 것이다. 토마스 아 켐피스는 흐로테가 설교자로서 누린 인기를 보증한다. 출판된 그의 설교들 가운데는 성직자들의 축첩을 비판하는 설교도 있다.

되었다. 그는 교황 우르바누스 6세에게 항소했으나 교황도 주교 편을 들어주었다. 흐로테는 1384년에 교황의 판결을 전해 듣지 못한 채 숨을 거두었다.

흐로테는 성직자들의 저급한 도덕상을 강력히 비판했으나, 교회의 교리들에 대해서는 비판한 것 같지 않다. 금식을 하고 미사에 참석하고 기도와 구제를 강조했으며, 이러한 교훈을 몸소 실천해 보였다. 옛 저자의 표현을 인용하자면, 그는 의롭게 삶으로써 가르쳤다(docuit sancte vivendo). 1374년에 그는 아버지한테 물려받은 데벤테르의 집을 과부들과 미혼 여성들의 거처로 내놓았다. 이들은 수도 서약을 하지 않은 채 세속을 떠나 경건과 선행에 힘쓸 기회를 얻게 되었다. 옷감을 짜고 실을 잣고 바느질을 하고 병자들을 간호하여 스스로 생계를 유지해야 했다. 언제든 공동생활이 싫어지면 떠날 자유가 있었다. 요한 브링커링크(John Brinkerinck)는 여성 공동체 개념을 더욱 발전시켰다.

공동생활 형제회는 이런 방식으로 시작했다. 평신도의 설교가 금지된 뒤 흐로테는 데벤테르에 정착하여 플로렌티우스 라데빈의 집에서 오랜 나날을 머물렀다. 그는 젊은 사제들을 고용하여 사본들을 필사하도록 해왔는데, 라데빈의 제안으로 그들과 함께 공동체를 설립하고 각자의 수입을 공동 기금에 넣기로 합의했다. 흐로테가 죽은 뒤에 그 공동체는 라데빈을 통해서 좀 더 성격이 분명한 조직이 되었다. "부자 형제의 집"(het rijke fraterhuis)이라 불린 데벤테르 공동체를 본딴 집단들이 츠볼레 · 델프트 · 리에주 · 헨트 · 쾰른 · 뮌스터 · 마르부르크 · 로스토크 등지에 세워졌으며, 그들 중 많은 집단들이 종교개혁 때까지 왕성하게 남아 있었다.[39]

같은 계열에서 생긴 두 번째 공동체는 라데빈을 비롯한 흐로테의 친구들과 제자들의 영향으로 설립된 성 아우구스티누스 재속(在俗) 참사회(the canons Regular of St. Augustine)로서, 이들의 주요 시설은 빈데샤임(1387년에 봉헌됨)과 츠볼레 근처의 성 아그네스 산에 있었다. 공동생활 형제회가 주로 수도원 밖에서 활동했다면, 이들은 주로 수도원 안에서 활동했다.

공동생활 형제회는 교회 당국의 승인을 받은 정규 수도회의 지위에 이르지 못

---

39) 참조. Grube, p. 88, and Schulze, p. 492. Schulze는 독일의 18개 수도원과 저지의 20개 수도원의 약사(略史)를 소개한다. 그 가운데 마지막에 세워진 수도원은 1505년에 캉브레에 세워진 수도원이었다.

했다. 평신도들뿐 아니라 성직자들도 참여한 이들의 회원들은 철회할 수 없는 수도 서약을 하지 않았고, 언제든 원할 때 탈퇴할 자유가 있었다. 자유 정신 형제회에 반대했으며, 도덕과 교리에서 이완되었다는 비판을 받지 않았다. 이들은 설립자와 마찬가지로 재산 소유권을 포기하고 독신으로 지냈다. 직접 노동하여서 공동체 생활을 꾸려갔다.[40]

꽃을 재배하고 옷을 짓는 등의 일상적 과업 외에도 설교와 학교 수업과 사본 필사를 맡아 수행했다. 흐로테는 책을 무척 좋아하여 많은 필사본들을 만들어 자기 도서관에 비치했다. 그 밑에서 일한 숙련된 필경사들 가운데 토마스 아 켐피스가 있었다. 이들은 교부들의 저서들과 성경뿐 아니라 고전 작품들까지도 필사했다. 저자별로 따로 필사하여 낱권들로 만들고 그것들에 '작은 강둑들'(ripiaria)이라는 제목을 붙였다. 리에주에서는 이들이 필경사의 일을 워낙 근면하게 수행한 까닭에 '깃촉펜의 형제들'(Brothers of the Quill)이라는 이름을 얻었다. 흐로테에 관해서 토마스 아 켐피스는 그가 만찬 식탁 곁에 양서들을 가득 담은 궤짝을 놓고서 일이 뜻대로 되지 않을 때면 책들에게 다가가 벗들에게 잔을 권했다고 전한다. 그는 설교 여행을 할 때 책들을 꼭 가지고 다녔다. 책을 그렇게 많이 소지하는 행위에 대해서 여기저기서 비판이 쏟아졌다. 책들을 팔면 가난한 사람들을 많이 구제할 수 있지 않느냐는 것이었다. 성경과 그 밖의 저서들에 대한 번역도 이루어졌다. 흐로테는 시편 가운데 일곱 편의 참회시와 죽은 자들을 위한 기도문, 그리고 마리아에게 바치는 기도문들을 번역했다. 공동체들은 활자를 조판하는 데 더디지 않았으며, 가이센하임·빈데샤임·헤르조겐부쉬·로스토크·루뱅 등의 공동체들에 인쇄 시설이 있었다고 전해진다.

공동생활 형제회가 운영한 학교들은 주로 성직자들을 훈련하는 데 목적을 두었던 바, 이 학교들이 교육사에서 중요한 자리를 차지한다. 젊은이들을 지적 도덕적으로 훈련하는 일에 그렇게 큰 관심을 쏟은 예가 일찍이 없었다. 형제회는 학교들을 신설했을 뿐 아니라, 이미 설립된 학교들에 가서도 가르쳤다. 공동생

---

40) 토마스 아 켐피스는 라데빈에 관한 저서 *Vita Florentii*, ch. XIV에서 그 책이 영적 성장에 매우 이로우며, 육체의 정욕을 이기는 데 유용하다고 말한다. 어떤 형제는 죽은 뒤에 재산을 은닉하고 있던 사실이 발각되어 장례식 때 그를 위한 기도가 거부되었다.

활 형제회에 소속된 교사들의 긴 목록이 오늘날까지 남아 있다. 헤르조겐부쉬에 있던 그들의 학교는 한때 학생수가 1200명에 달했으며, 초창기인 1424년에 헬라어 과정을 두었다. 리에주에 세워진 학교는 1524년에 학생수가 1600명이었다. 데벤테르의 학교는 역사상 유명한 문법학교들 가운데 한 자리를 차지하며, 쿠사의 니콜라우스, 토마스 아 켐피스, 요한 베셀, 에라스무스 같은 인물들을 배출했다. 에라스무스는 1474년에 그 학교에 입학하여 신티스(Synthis)라는 스승에게 헬라어를 배웠다. 모국어를 주요 교육 매체로 삼은 이 학교들은 현대 독일 북서부과 저지 문학의 아버지들인 사람들을 배출했으며, 다가오고 있던 종교개혁을 위한 토양을 마련했다.

학교에 못지않은 영향을 끼친 것이 자국어로 행한 대중 설교와, 공동체 내부에서 회원들에게 행한 성경 강해(collations)였다. 흐로테는 생명 샘인 성경으로 돌아갔다고 토마스 아 켐피스는 말한다. 츠볼레 학교의 열정적인 교장 요한 첼레(John Celle, 1417 죽음)에 관해서 아 켐피스는 이렇게 쓴다. "그는 학생들에게 성경을 자주 강해하여 성경의 권위를 심어주고 성인들의 가르침을 근면히 실천하려는 각오를 일으켰다. 노래를 정확하게 하고 교회에 착실하게 출석하고 하나님의 사역자들을 존경하고 기도를 자주 하도록 가르쳤다."[41] 첼레는 오르간을 직접 연주했다.

그들이 수행한 학문의 중심 주제는 그리스도의 인격과 생애였다. 흐로테는 이렇게 말했다. "그대의 공부의 뿌리와 삶의 거울이 주로 복음이어야 한다. 그 안에 그리스도의 삶이 묘사되어 있기 때문이다."[42] 한 주일의 하루하루를 특정 신앙 주제를 묵상하는 날로 정했다. 일요일은 하늘, 월요일은 죽음, 화요일은 하나님의 자비, 수요일은 최후 심판, 목요일은 지옥의 고통, 금요일은 주님의 수난, 토요일은 죄에 관해서 묵상하도록 했다. 외적으로 의식을 수행하는 것보다 마음이 순결하고 바르게 되는 것을 더욱 강조했다.

역량이 탁월한 사람들이 14세기의 다른 신비주의자들과 합력하여 중세를 지배한 두 가지 큰 세력인 스콜라주의와 사제 중심주의의 완력을 느슨하게 푸는

---

41) Kettlewell, I. 111.

42) Thos. Kempis, *Vita Gerard*, XVIII. 11; Kettlewell, I. 166. 그는 성직자들의 삶이 민중에게는 복음서라고 주장했다.

데 이바지했다. 그들은 다른 진영들 — 이단 분파들과 파두아의 마르실리우스 같은 저자들 — 에서 끌어온 견해들, 이를테면 평신도의 존엄성이라든가, 수도 서약이 순결한 신앙적 헌신의 조건이 되지 못한다는 등의 견해들을 강조했다. 그들이 저지(低地)를 관통하며 흐르던 신앙 열정에 중요하게 이바지한 사람들이었다. 민중에 초점을 둔 종교 문학이 널리 유행했다. 기도 지침서들이 영혼의 고뇌를 덜어주는 강장제로 사용되었다. 평신도들이 가정과 사회에서 처신해야 할 바에 관해 지침을 제시하는 규율서들이 손에서 손으로 전해졌다. 자국어로 된 신앙 시들, 이를테면 지혜로운 처녀들과 미련한 처녀들에 관한 시들이 성경적 진리를 전했다.

그 중 일부는 베르나르의 「예수, 감미로운 기억」(Jesu dulcis memoria)을 번역한 것이었으며, 일부는 5월의 기둥(Maypole) 같은 축제들과 춤을 단죄하는 내용이었다.[43]

유게니우스 4세와 피우스 2세, 식스투스 4세가 형제회에게 승인의 언질을 주었으며, 추기경 쿠사와 다이, 장 제르송이 그들을 칭송했다. 하지만 비판자들도 없지 않았는데, 이를테면 작센의 도미니쿠스회 수사인 그라본(Grabon)은 콘스탄츠 공의회의 폐회를 며칠 앞두고 25가지가 넘는 죄목으로 그들을 고소했다. 고소의 핵심은 교회가 공식적으로 승인하지 않은 수도회들 밖에서는 숭고한 신앙생활을 할 수 없다는 것이었다. 하지만 마르티누스 5세의 명령으로 구성되어 제르송과 다이도 참여한 위원회가 그와 상반된 보고서를 제출하는 바람에 그라본은 고소를 취하하지 않을 수 없었다. 위원회는 초대교회가 유무상통을 할 당시에 예루살렘에는 수도원 공동체가 없었다는 점과, 수도원 생활과 서약이 건실한 신앙생활에 반드시 필수적이지 않다는 점을 근거로 제시했다. 수도 서약을 하고 수도원에 들어가 살아야만 훌륭한 신자가 될 수 있다면 교황과 추기경들, 고위성직자들은 숭고한 신앙 체험에 도달할 길이 없을 것이라고 주장했다.[44]

---

43) 그가 춤을 반대하는 이유는 사람들이 춤을 추면서 팔을 벌림으로써 십자가에서 팔을 벌리신 그리스도를 업신여긴다는 것 때문이었다. 그런 글들 가운데 하나는 수사가 못된 길에 빠진 여조카를 타이르는 편지인데, 수사는 특히 주교좌성당 광장에서 젊은 청년들의 관심을 끌기 위해서 옷을 화려하게 차려입고 과감하게 행동하지 말라고 훈계한다. 수사는 여조카에게 편지와 함께 경건 서적 한 권을 보냈다.

종교개혁과 더불어 형제회 고유의 임무도 끝이 났으며, 형제회 공동체들 가운데 상당수가 종교개혁에 가담했다. 기존의 규율들을 고수하던 공동체들에 대해서도 루터는 따뜻한 애정을 느꼈다. 1532년에 베스트팔렌에서 열린 헤르포르트 교회회의가 지역 자매 및 형제 공동체들을 폐지하는 안을 상정했을 때, 루터는 다음과 같은 글로써 그 안에 강하게 반대했다. "여러분 사이에 처음으로 복음을 시작한 분들인 형제회와 자매회가 신망을 잃지 않고 단정하고 예절바른 공동체를 유지하면서 말씀을 충직하고 순결하게 가르치고 지킨다면 그런 수도원들과 형제회들은 내게 측량할 수 없는 즐거움을 안겨줍니다." 그 외에도 다른 두 경우에 루터는 흐로테가 설립한 형제회에 깊은 애정을 보였다.[45]

35. 그리스도를 본받아. 토마스 아 켐피스

… 온화한 성인
헤아릴 수 없이 온화한 아 켐피스.

— 라니어(Lanier)

독일—네덜란드의 기독교 사회가 내놓은 신비주의 저서들 가운데 진주에 해당하는 것이 토마스 아 켐피스(Thomas Kempis)의 「그리스도를 본받아」(*Imitation of Christ*)이다. 아우구스티누스의 「고백록」과 번연의 「천로역정」과 더불어 이 책은 신앙 지침서의 맨 앞자리를 차지하며, 혹시 책의 영향력을 보급 부수로 판단해도 된다면 네덜란드의 한 수도원에서 발행된 이 작은 책이 성경 다음으로 기독교 세계의 모든 신앙 서적들 가운데 가장 큰 영향력을 발휘했다고 할 수 있다. 개신교권과 가톨릭권 모두가 이 책을 높이 평가해왔나. 예수회는 이 책을 자신들의 수도회칙에 도입했다. 새뮤얼 존슨 박사(Dr. Samuel Johnson)는 투병 생활을 할 때 이 책을 원어로 읽으면서 네덜란드어를 배웠는데, 책을 읽고 난 뒤의

---

44) Van der Hardt(Conc. Const., III. 107-121)는 Grabon의 죄목들, D'Ailly와 Gerson의 판결문들, 그리고 Grabon의 철회서를 소개한다.

45) De Wette, Luther's Letters, Nos. 1448, 1449, vol. IV., pp. 358 sqq.

소감을 세계가 두 팔을 벌려 그의 책을 끌어안았다는 말로 표현했다.[46] 이 책은 존 울지(John Wolsey)에 의해 영어로 번역되었으며, 존 뉴턴(John Newton)의 회심에 얼마간 도구로 쓰였고, 토머스 찰머스(Thomas Chalmers)에 의해 편집되었으며, 영국 수상 글래드스턴(Gladstone)에게 "만대를 위한 황금책"이라는 평가를 받았다. 장로교 신학자 찰스 하지 박사(Dr. Charles Hodge)는 이 책이 좋은 향기처럼 보편 교회의 복도와 건물 구석구석에 스며 있다고 말했다.[47]

이 책의 판본들은 2000종이 넘는 것으로 추산된다. 대영 박물관에만 1000종 이상이 소장되어 있다.[48]

이 책은 원래 라틴어로 집필되었고, 이미 1447년에 프랑스어 번역본이 나왔는데, 원본이 여전히 필사본으로 남아 있다. 최초의 프랑스어 인쇄본은 1488년에 툴루즈에서 발행되었다. 최초의 독일어 번역본은 1434년에 이루어졌고 쾰른에 보존되어 있으며, 독일어 인쇄본들은 1486년의 아우크스부르크 판과 더불어 발행되기 시작했다. 독일 교회 연대기에 등장하는 유력 인사들, 이를테면 아른트(Arndt, 1621), 고스너(Gossner, 1824), 터스티겐(Tersteegen, 1844)은 권두언을 붙인 판본들을 펴냈다. 최초의 영어 인쇄본은 1502년에 발행되었는데, 헨리 7세의 어머니 마가레트가 일부 번역을 맡았다. 이탈리아어 번역본은 1488년에 베네치아와 밀라노에서, 스페인어 번역본은 1536년에 세비야에서, 아랍어 번역본은 1663년에 로마에서, 아르메니아어 번역본은 1674년에 로마에서 발행되었고, 그 밖에도 여러 언어들의 번역본들이 발행되었다.[49]

---

46) Art. The Worldly Wisdom of Thos. Kempis, in Dublin Review, 1908, pp. 262-287.

47) *System. Theol.*, I. 79. Gladstone의 평가에 관해서는 Morley, II. 186을 참조하라. De Quincey는 이렇게 말했다. "이 책은 하늘에서 빛이 내리기를 갈망하던 유럽 기독교 사회의 탄식에 부응하여 나왔다. 개신교권 지역에서 성경을 제외한 여느 책도 이 책에 버금가는 명성을 얻지 못했다. 이 책은 기록으로 나온 가장 경이로운 성경적 사실이다."

48) Backer는 Essai bibliogr.에서 545종의 라틴어 판본들과 900종의 프랑스어 판본들을 열거한다. 15세기에 제작된 판본들도 50종이 넘는다.

49) Corneille는 그 책을 1651년에 프랑스어로 번역했다. 1837년에는 라틴어 본문과 이탈리아어 · 프랑스어 · 독일어 · 헬라어 · 영어 번역본들을 함께 수록한 대역본이 슐츠바흐에서 출판되었다.

「그리스도를 본받아」는 네 권으로 이루어져 있으며, 첫 권의 제목 '그리스도를 본받고 세상의 온갖 허영을 경멸함'(*De imitatione Christi et contemptu omnium vanitatum mundi*)에서 제목을 취했다. 이 책은 보격(補格)을 갖춰 집필된 듯하다.[50] 네 권이 모든 사본에 다 실려 있지는 않으며 순서도 똑같지 않은데, 이 사실 때문에 이 책이 동시에 집필되지 않았다고 추정하는 사람들도 생겼다. 이 책은 영혼이 하나님과 사귐을 가질 수 있도록 도우려는 목적을 지닌 경건 지침서이다. 금언적인 진술들을 기독교 신앙 체험의 가장 숭고한 어조로 전개해 간다. 책 전체를 관통하는 단어는 '자기 부인'이다. 책을 시작하며 인용한 "나는 세상의 빛이니 나를 따르는 자는 어둠에 다니지 아니하고 생명의 빛을 얻으리라"(요 8:12)는 말씀이 책의 내용을 가장 적절하게 알려준다. 그리스도의 생애가 인간이 땅에서 배울 수 있는 가장 숭고한 공부라고 말한다. 그리스도의 정신을 지닌 사람은 감춰진 만나를 발견해왔다. 예수가 없다면 세상이 무엇을 줄 수 있는가? 예수 없는 삶이 가장 캄캄한 지옥이고, 그분과 함께 사는 것이 가장 복된 낙원이다.

성경을 읽으라는 조언들과, 역경을 활용하고 권위에 복종하라는 진술들이 나오고, 유혹에 맞서 싸우라는 경고, 그리고 죽음과 심판과 낙원에 관한 단상들이 나온다. 그리스도께서 십자가에서 자신을 드리신 일과 성찬이 주는 유익들에 관한 단상들, 그리고 세상의 헛된 영화와 공허를 피하라는 훈계와, 사랑하는 사람은 하나님을 안다고 했으므로 하나님을 사랑하라는 권고가 나온다. 학생이 10년간 책들을 통해서 배울 수 있는 것보다 영원한 진리를 깨달아야 할 더 큰 이유들을 생각하게 한다. 그는 가르치되 단어의 혼동 없이 의견의 충돌 없이 명성으로 인한 교만 없이(sine fastu honoris) 논쟁 없이 가르친다. 책을 마치면서 남긴 말이 이것이다. "저는 당신을 바라보옵나이다. 저의 하나님, 자비의 아버지시여 당신을 신뢰하나이다. 당신의 종에게 은혜를 베푸시어 평안의 길을 통해 꺼지지 않는 광명의 세계로 인도해 주옵소서."

이 책의 애잔한 단조의 분위기와 따스한 설득의 어조가 내면의 종교적 평안과 순결한 생각을 갈망하는 진지한 영혼들, 특히 고통과 슬픔의 그늘에 처한 사람들을 매료시켰다. 그리스도를 극진히 찬미하고 전적으로 신뢰하는 까닭에 이 책

---

50) 1874년에 Hirsche는 운율을 발견하고서 그것을 발표했다.

을 읽으면 복음의 진수를 받는다는 느낌이 들지 않을 수 없다. 하지만 이 책은 그리스도인의 삶의 한 면밖에 제시하지 않는다. 겸손과 복종과 온유 같은 소극적인 덕목들을 권장한다. 용기와 진리에 대한 충성 같은 적극적이고 담대한 덕목들을 강조하지 않으며, 그리스도인으로서 동료 인간들에게 나타내야 할 행위들을 상술하지 않는다. 토마스 아 켐피스의 정신에 완전히 빠져들어 그 안에 머문다는 것은 중세 혹은 그보다 14세기의 가장 훌륭한 수도원적 이상을 따르게 된다는 것이다. 이 책의 조언들과 반추들은 주로 수도원을 집으로 삼은 사람들에게 주는 것이지, 세상의 저잣거리에서 온갖 부류의 사람들과 접촉하면서 분주하게 장사하는 사람들에게 주는 것은 아니다. 이 책은 정적주의(靜寂主義, quietism)로 기울며, 사람들을 세상살이의 일상에서 전투를 치르며 살도록 구비시키기보다 주로 혼자 거하는 사람들에게 개인의 경건을 진작시키는 데 목적을 둔다. 이 책에 실린 훈계들은 세상의 악들을 바로잡기보다 인내하고, 대중에게 말하기보다 침묵을 지키고, 일터에서 거리에서 가정에서 담대하게 증인의 역할을 수행하기보다 사람들에게서 물러나 은거(隱居)하도록 돕는 데 초점을 둔다. 이런 이유로 인하여 「그리스도를 본받아」가 이기적 유형의 신앙을 조장한다는 비난이 제기되었는데, 그렇게 비난할 근거가 없지 않다.[51] 이 책의 온건한 단어들은 영혼을 침잠케 하고, 용기와 봉사 같은 공세적인 덕목들을 자극하기보다 조용히 자족하며 살도록 만든다. 책의 메시지는 찬란한 아침햇살로 충만한 오전 시간보다는 석양이 고즈넉이 비치는 여름 저녁에 해당한다. 이 책에 실린 애잔한 정서가 "이생의 비참함"(The Misery of this Life)에 수록된 시에서도 볼 수 있는 토마스의 찬송들에도 면면히 흐른다.

> 이 세상에서 사는 것이
> 수고요 번뇌요 고통임을 느끼고
> 애도하지 않는다면
> 참으로 기이한 일일 것입니다.[52]

---

51) Milman이 그러한 비난을 가했다. *Hist. of Lat. Christ.*, Bk. XIV., 3에서 Milman은 이렇게 말한다. "그 책의 유일하고 독점적인 목적은 개인 영혼의 정화(淨化)와 상승, 다른 인간들로부터의 철저한 이탈, 자기 생각이라는 유산의 고수에 있다"고 말했다.

이 책의 페이지들에는 그리스도라는 단어가 기록되어 있다. 이런 이유 때문에 이 책은 가톨릭 신자들뿐 아니라 개신교 신자들도 소중하게 여긴다. 중세의 교리나 행습의 오류들을 거론하는 예가 워낙 드물어서 찾으려면 부지런을 내어야 한다. 게다가 영어 판본들에서는 그런 내용들이 대체로 삭제되어 있는 까닭에 영어권 독자들은 아예 그런 내용을 빼놓고 읽는다. 토마스는 선행의 공로와 화체설(IV. 2), 연옥 교리(IV. 9), 성인 숭배(I. 13; II. 9; II. 6, 59)를 소개한다. 그러나 이런 진술들은 파르테논의 대리석 건물에 난 반점들에 지나지 않는다.

저자 토마스 아 켐피스(1380-1471)는 쾰른에서 북서쪽으로 64km 떨어진 읍인 캄펜에서 태어나 네덜란드의 츠볼레에서 죽었다. 아버지의 이름은 '작은 망치'라는 뜻의 헤메르켄(Hemerken) 혹은 햄머라인(Hämmerlein)이었다. 그는 흐로테의 추종자였다. 1395년에 토마스는 플로렌티우스 라데빈과 공동생활 형제회가 운영하던 데벤테르의 학교에 입학했다. 사본 필경 기술을 능숙하게 익혔으며, 그 기술로 생계를 유지할 수 있었다. 훗날 츠볼레 근처의 아우구스티누스회 소속 성 아그네스 수도원에 들어갔고, 1413년에 사제 서품을 받았으며, 1429년에 부수도원장이 되었다. 품행이 단정했던 그의 형제 요한이 그에 앞서 그 수도원에 들어가 원장이 되어 있었다. 토마스는 명상과 집필과 필사에 몰두하는 조용한 생애를 보냈다. 성경전서를 네 번 이상 필사했는데, 그 중 한 권이 다름슈타트에 보관되어 있다. 그의 저서들은 신약성경 인용구들로 가득하다. 오래된 그의 초상화 밑에는 "나는 매사에 평정을 구했는데 은거(隱居)와 책들 외에서는 그것을 발견하지 못했다."[53] 이 문구는 세상 사람들이 「그리스도를 본받아」의 저자에 관하여 생각하는 바와 같이 그에게 썩 잘 어울린다. 그는 아흔의 수를 누렸다. 1897년 11월 11일에는 츠볼레의 성 미카엘 교회에서 위트레흐트의 대주교가 참석한 가운데 그를 기억하는 기념비가 세워졌다. 한결같이 경건의 특성으로 이루어진 아 켐피스의 저서들에는 소책자들과 명상록들, 편지들과 설교들, 큰 고통의 투쟁을 견뎌낸 투철한 여성 그리스도인 성 리데비히스(St. Lydewigis)의 전기, 그리고 흐로테와 플로렌티우스, 그들의 동료 아홉 사람의 전기가 포함되어

---

52) Blume and Dreves, *Analecta hymnica*, XLVIII. 503.

53) 그의 초상화를 아 켐피스가 그렸다고 최초로 주장한 사람은 Franciscus Tolensis이다.

있다. 「그리스도를 본받아」와 유사한 저서들로는 성육신에 관한 긴 명상록과, 구주의 생애와 그분이 끼치신 복들에 관한 명상록을 들 수 있는데, 두 권 모두 그리스도를 향한 존경이 넘쳐난다.

이 저서들에는 중세 신학의 흔적이 조금 발견되긴 해도 두드러지지는 않는다. 저자는 중세의 선조들과 마찬가지로 마리아를 숭배하며, 모든 그리스도인들 특히 수사들에게 마리아를 향해 기도하라고 말한다. 본인 자신이 마리아에게 "지극히 자비로운", "지극히 영광스러운" 하나님의 어머니라는 표현을 사용하여 기도하며, 그녀를 하늘의 여왕, 온 세상의 능력 있는 중보자, 모든 성인들의 기쁨, 모든 성인들이 기대 쉴 수 있는 안식처라고 부른다. 마리아는 하나님의 방, 천국의 문, 기쁨의 낙원, 은혜의 샘, 천사들의 영광, 인간들의 기쁨, 예절의 규범, 덕들의 광채, 생명의 등불, 궁핍한 자들의 소망, 약한 자들의 구원, 고아들의 어머니이다. 자식이 어머니의 품을 찾듯이 모든 이들이 마리아에게 피하여 안식해야 한다.

이러한 마리아 예찬을 뒤로 하고서 네덜란드의 신비주의자가 「하나님의 학교에 있는 수사를 위한 작은 알파벳」(*A Small Alphabet for a Monk in the School of God*)이란 제목하에 열거한 23가지 계율들을 다루는 대목에 이르면 마음이 홀가분해진다. 그 일부 대목을 소개하면 이와 같다. 이름을 내지 않고 논박당하는 것을 아무렇지 않게 여기기를 좋아하라. 홀로 거하는 것과 침묵을 사랑하라. 그러면 큰 평정과 선한 양심을 갖게 될 것이다. 군중이 있는 곳은 대체로 혼란하고 마음이 산만해진다. 가난과 단순을 택하라. 매사에 겸손하면 모든 이에게 친절한 대우를 받을 것이다. 그리스도를 당신의 생명, 당신의 독서, 당신의 명상, 당신의 대화, 당신의 소원, 당신의 이득, 당신의 소망, 당신의 상급으로 삼으라. 형제여, 삭개오처럼 세속적 지혜의 높은 곳에서 내려오라. 그리스도의 학교에 와서 겸손과 오래 참음과 그리스도께서 당신을 가르쳐 주신다는 사실을 배우면 마침내 영원한 복락의 영광에 안전히 이르게 될 것이다.

특주

「그리스도를 본받아」의 저자

이 질문은 순문학사에서 가장 뜨거운 쟁점의 하나였다. 민족 정서들이 논쟁에 끼어들면서 프랑스와 이탈리아가 네덜란드와 더불어 저자의 명예를 놓고 논쟁을 벌였다. 오늘날은 거의 대부분 토마스 아 켐피스를 저자로 간주하지만, 이와 견해를 달리하는 사람들 가운데는 최상급 학자들도 끼어 있다.

폴(Pohl)은 이 책의 저자로 다소 확신 있게 거론된 인명을 35인 이상 열거한다. 목록에는 파리 대학교 총장 장 제르송, 1230년경에 활동한 저명한 이탈리아 베르첼리의 대수도원장 요한 제르센(John Gersen)·월터 힐턴(Walter Hilton)·성 베르나르·보나벤투라·아우크스부르크의 다비드·주조, 심지어 인노켄티우스 3세까지 포함되어 있다. 그 중에서 저자로 생각해봄직한 사람은 제르송·제르센·토마스 아 켐피스뿐인데, 하지만 Montmorency는 월터 힐턴에게 마음이 기운다. 이렇게 저자가 확실하지 않은 이유는 다음과 같은 사실 때문이다. (1) 15세기에 제작된 많은 사본들과 인쇄본들이 저자를 표기하지 않았다. (2) 저자를 표기한 나머지 사본들과 인쇄본들은 제르송·제르센·아 켐피스·힐턴·성 베르나르로 나뉜다. (3)사본들마다 중대한 차이를 드러낸다. 문제를 더욱 어렵게 꼬이게 만든 것은 논쟁이 시작된 이래로 사본들에 저자와 연대를 위조하여 써넣는 일이 생겼기 때문이며, 이렇게 위조된 사례들 가운데 십중팔구는 저자를 프랑스인 혹은 이탈리아인으로 표기한다. 많은 사본들에 저자의 이름이 빠진 이유는 — 혹시 아 켐피스가 저자라면 —"무명으로 남기를 좋아하자"(ama nesciri)는 자신의 좌우명에 충실하게 무명으로 남고자 한 그의 바람에서 찾을 수 있다.

폴(Pohl)은 15세기에 제작된 라틴어 판본들 중에 저자를 제르센으로 표기한 것 12종, 아 켐피스 12종, 성 베르나르 2종, 익명의 저자 6종이 있다고 말한다. 혹은 푼크(Funk)에 따르자면, 15세기에 제작된 판본들 가운데 40종이 제르송, 11종이 아 켐피스, 2종이 베르나르, 1종이 제르센, 2종이 익명의 저자로 되어 있다. 스피첸(Spitzen)은 15종이 아 켐피스의 이름으로 되어 있다고 한다. 저자를 제르송으로 표기한 판본들은 대다수가 프랑스에서 인쇄되었으며, 나머지 판본들은 이탈리아나 스페인에서 인쇄되었다. 16세기의 판본들에는 변화가 나타나 37종이 저자를 아 켐피스로, 25종이 제르송으로 표기한다. 저작 연대가 1450년 이전으로 표기된 사본들, 그리고 합리적 판단에 의거하여 그 연대가 의심의 여지가 없는 사본들은 모두 독일과 네덜란드어로 기록되었다.

1826년 이래로 브뤼셀 왕립 도서관에 소장되어온 사본에 수록된 가장 오래된 판본은 1420년 이전에 집필된 것으로 추정된다. 이 사본에는 「그리스도를 본받아」

외에도 아 켐피스의 다른 저서 9권이 수록되어 있고, 다음과 같은 표기가 실려 있다. Finitus et completus MCCCCXLI per manus fratris Th. Kempensis in Monte S. Agnetis prope Zwollis (츠볼레 근처 성 아그네스 산의 토마스 아 켐피스 형제가 1441년에 완성하고 탈고함). 참조. Pohl, II. 461 sqq. 따라서 이것은 아 켐피스의 친필 사본인 셈이다. 하지만 「그리스도를 본받아」의 다른 문서들에 비해 오래된 종이에 기록되었으며, 첫권의 네덜란드어 번역본에서 발견되는 교정들(1420년에 가해짐)이 가해져 있다. 이런 이유들을 근거로 푼크(p. 424)와 그 밖의 학자들은 사본의 연대를 1416-1420년으로 추정한다.

저자를 둘러싼 지상 논쟁은 1604년에 수사 페드로 만리케스(Pedro Manriquez)가 밀라노에서 발행된 성찬에 관한 저서에서 보나벤투라의 인용을 근거로 「그리스도를 본받아」가 그 스콜라학자 이전에 저술되었다고 주장하면서 시작했다. 1606년에 벨라르민(Bellarmin)은 좀 더 구체적인 입장을 취하여 이 책이 1260년에 이미 존재했다고 진술했다. 거의 동시에 예수회 수사 로시뇰리(Rossignoli)는 밀라노 근처의 아로나 수도원에서 사본을 발견했는데, 이 사본에는 연대 표기가 없으나 대수도원장 장 제르송이 저자로 표기되어 있었다. 그 수도원은 과거에 베네딕투스회에 소속된 적이 있었다. 1614년에 파울루스 5세의 비서이자 베네딕투스회 수사인 콘스탄티우스 카예타누스(Constantius Cajetan)가 로마에서 Gersen restitutus를 발행하고, 후에 Apparatus ad Gersenem restitutum을 발행했는데, 이 책에서 그는 이탈리아인 제르센을 저자로 변호했다. 제르센은 13세기 전반에 피에몬테 주 베르첼리의 베네딕투스회 대수도원 원장이었다고 전해진다. 반면에 아우구스티누스회 수사 로스웨이드(Rosweyde)는 vindiciae Kempenses(Antwerp, 1617)에서 아 켐피스가 저자임을 매우 설득력 있게 주장함으로써 벨라르민으로 하여금 기존의 진술을 철회하게 만들었다. 제르센 설은 19세기에 피에몬테의 귀족 Gregory가 Istoria della Vercellese Letteratura(Turin, 1819)와 그 뒤에 펴낸 책들에서, 그리고 빈의 볼프스그루버(Wolfsgruber)가 1880년에 펴낸 학술서에서 다시 제기되었다. 하지만 히르쉐와 푼크는 제르센이 제르송을 잘못 표기한 것이라는 거의 정확한 판단을 내리며, 푼크는 면밀한 검토를 거친 뒤에 이탈리아의 그 대수도원장이 가공적 인물이라고 주장한다. 비교적 최근에 이 주제를 다룬 영국의 저자 몽모런시(Montmorency, p. xiii)는 "제르센이라는 이름의 베르첼리 대수도원장이 존재했다는 증거가 없다"고 말한다.

장 제르송 설은 상당한 비중을 지니며, 프랑스는 그 총장을 옹호하는 데 더디지 않다. 파리에서 이루어진 고(故)사본들에 대한 조사가 확실한 결론을 내지 못하게 되자, 1640년에 외장(外裝)을 화려하게 꾸민 리슐리외의 「그리스도를 본받아」 판본이 저자 이름을 생략한 채 발행되었다. 하지만 1652년에 프랑스 의회는 그 책을 아 켐피스의 이름으로 인쇄하도록 명령했다. 하지만 그 문제는 시원하게 해결되지 않은 상태로 남아 있었고, 그런 상황에서 마비용(Mabillon)이 주축이 된 세 번의 모임(1671, 1674, 1687)이 사본들을 새로 조사하여 아 켐피스에 불리한 결론을 내놓았다. 훗날 뒤 팽(Du Pin)은 제르송의 저서들과 「그리스도를 본받아」를 비교한 뒤 이 두 저자와 제르센 가운데 누가 그 책의 저자인지 판단할 수 없다고 결론을 내렸다. 그러나 뒤 팽은 특별한 저서(Amsterdam, 1706)에서 아 켐피스에게 유리하게 결론을 내렸다. 「그리스도를 본받아」의 프랑스어 판본들은 그 뒤로도 꾸준하게 제르송의 이름으로 발행되었다(예. Erhard-Mezler, 1724; Vollardt, 1758). 반면에 아우구스티누스회 수사 아모르트(Amort)는 *Informatio de statu controversiae*(Augsburg, 1728)와 특히 *Scutum Kempense*(Cologne, 1728)에서 아 켐피스 설을 변호했다. 슈바브(Schwab)가 *Life of Gerson*(1858, pp. 782-786)에서 「그리스도를 본받아」의 문체가 제르송의 저서들과 크게 다르다고 주장함으로써 불리한 진술을 한 이후로 제르송 설은 최종적으로 포기된 듯하다. 1483년에 간행된 제르송의 총서 초판에는 「그리스도를 본받아」가 수록되어 있지 않다. 게다가 리옹의 수도원장을 지낸 제르송의 친형제도 1423년에 그 총장의 총서 목록을 소개하는 과정에서 그 책을 언급하지 않는다. 「그리스도를 본받아」의 저자는 자신을 수사라고 밝힌다(IV. 5, 11; III, 56). 제르송이 수사의 어조로 글을 썼다면 평소의 문체를 바꾸지 않을 수 없었을 것이다.

저자 문제가 아 켐피스 쪽으로 일단락된 뒤에 Puyol이 1898, 1899년에 발표한 글들로 인하여 논쟁의 또 다른 장이 열리게 되었다. Puyol은 348개의 사본들을 소개하고는 이탈리아인들이 작성한 사본들과 그 밖의 사본들을 엄격히 구분한다. 57가지 차이에 주석을 붙인 뒤, 이달리아 본문이 더 단순하니, 따라서 더 오래된 원본이라고 결론을 내린다. 자신의 편집본의 토대를 아로나(Arona)의 본문에 둔다. Puyol에 이어서 켄테니히(Kentenich)가 그 입장을 견지하며, 폴(Pohl)을 비롯한 저자들의 뒷받침을 받았다.

월터 힐턴(Walter Hilton)을 「그리스도를 본받아」의 저자로 보는 견해는 영국의 사본들에 *De musica ecclesiastica*라는 제목으로 실린 그 책 세 권과, 힐턴이 저자라는 집요한 전승에 토대를 둔 것이다. 몽모런시(pp. xiv, 138-170)는 힐턴 설을 불가능한 것으로 평가하면서도 자신은 그 점을 설명할 수 없다고 토로한다.

아 켐피스 이론을 뒷받침하는 논증들을 간략히 정리하면 다음과 같다.

1. 외적인 증거. 존 부쉬(John Busch)는 아 켐피스가 죽기 7년 전인 1464년에 집필한 *Chronicon Windesemense*에서, 아 켐피스가 「그리스도를 본받아」를 저술했다고 분명히 진술한다. 이 증언에 1448년에 그 책을 독일어로 번역한 포르차임의 카스파르(Caspar)와, 1454년에 아 켐피스를 만난 빈데샤임(Windesheim), 그 책의 명성 때문에 빈데샤임에게 관심을 갖게 된 요한 베셀(John Wessel)의 증언들을 덧붙일 수 있다. 그 밖의 증언들에 대해서는 Hirsch와 Funk(pp. 432-436)를 참조하라.

2. 사본들과 편집본들. 현존하는 사본들의 수는 약 500종 가량 된다. 참조. Kentenich, p. 294. Funk(p. 420)는 1500년 이전에 저자를 아 켐피스로 표기하여 작성한 13종의 사본을 소개한다. 1441년의 브뤼셀 사본(the Brussels codex)에 수록된 아 켐피스의 자필 사본은 이미 앞에서 언급한 바 있다. 하지만 여기서 언급하고 넘어가야 할 점은, 이 본문이 자필 사본이라는 히르쉐(Hirsche), 폴(Pohl), 푼크(Funk), 슐츠(Schultz) 등의 저자의 결론을 Puyol과 켄테니히는 이 사본이 다른 사본들과 다른 점들을 지적하면서 그것이 아 켐피스의 자필 사본일 가능성이 없다는 이유로 부정했다는 점이다. 아 켐피스의 두 번째 자필 사본은 루뱅에 소장되어 있고(참조. Schulze, p. 730), 1420년이라는 아주 이른 시기에 작성된 듯하며, "토마스의 손으로 작성됨"(scriptus manibus et characteribus Thomae qui est autor horum devotorum libellorum)이라는 부기가 붙어 있다. 토마스를 저자로 진술하는 세 번째 사본은 브뤼셀에 소장되어 있고 작성 연대가 1425년으로 표기되어 있다. 15세기의 인쇄본들의 경우, 아우크스부르크 판본(1472)에서부터 파리 판본들(1493, 1500)에 이르기까지 적어도 13종이 토마스를 저자로 표기한다.

3. 문체와 내용. 「그리스도를 본받아」의 문체와 내용은 아 켐피스의 다른 저서들과 아주 흡사하며, 사고의 흐름도 「그리스도의 성육신에 관한 명상록」과 비슷하다. 슈피첸(Spitzen)은 저자가 로이스브루크, 쇤호벤의 요한, 그리고 저지의 다른 신비주의자들과 수사들의 저서들을 익숙히 알고 있을 가능성을 크게 인정한 듯한 인상을 준다. 푼크는 그 책이 14-15세기의 시점에 집필되었다고 보게 할 만한 교회 관습들을 지적한다. 히르쉐는 그 책의 독일적인 문체를 강조했다.

최근의 독일 학자들 가운데 데니플레는 아 켐피스 설을 일축하고서 저지의 익명의 참사회원을 저자로 주장했다. 칼 뮐러(Karl Müller)는 *Kirchengesch*, II, 122에서, 루프스(Loofs)는 *Dogmengesch.*, 4th ed., p. 633에서 아 켐피스 설을 회의적으로 생각한다. 반면에 슈바브(Schwab), 히르쉐(Hirsche), 슐츠, 푼크는 토마스 설이 논쟁의 여지 없이 거의 확실하다는 데 일치한다. 네덜란드의 그 신비주의자가 저자가 아니라면 「그리스도를 본받아」가 지금까지 그의 저서로 인정되어온 이유를 제시하기란 거의 불가능하다. 켄테니히(p. 603)가 제시한 설명은 매우 불충분하게 보인다.

36. 독일 신학

「독일 신학」(*The German Theology*)으로 알려진 소책자는 복음적인 교훈을 싣고 있는 까닭에, 울만(Ullmann)은 저자를 종교개혁 이전 개혁자들 가운데 한 사람으로 간주했다.[54] 저자는 하나님의 친우회 사람이었으며, 그 집단이 내놓은 저작들 가운데 이 책만큼 존귀하고 유용한 것이 없었다. 이 책은 「그리스도를 본받아」와 더불어 독일 신비주의자들의 저서들 가운데 가장 유익한 영향을 끼쳤다. 그 명성은 자체의 탁월한 내용뿐 아니라 루터의 평가에도 기인했다. 그 개혁자는 1516년에 이 책의 편집본 두 권과 본문의 일부를 간행했으며, 1518년에 간행한 두 번째 편집본에는 오늘날까지 남아 있는 '독일 신학'(*Ein Deutsch Theologia*, 독일어 신학 논문)이라는 이름을 붙였다.[55] 루터는 이 책의 저자를 튜턴 기사회 소속 프랑크푸르트의 사제로 밝히지만, 한동안 타울러가 저자로 간주되었다. 하지만 1850년에 발견된 그 책의 가장 오래된 사본(1497년판)의 권두언은 타울러를 저자로 볼 수 없게 만든다. 권두언에서 저자는 프랑크푸르트의 사제와 하나님의 친우회의 진실한 회원으로 불린다. 게다가 본문 13장에서 타울러 자신이 인용된다.

---

54) 그 소책자의 가장 훌륭한 독일어판은 1858년의 슈투트가르트 판이다. 이 판본은 Pfeiffer가 편집한 스트라스부르크 판(1851)과 루터의 1518년 서문과 요한 아른트의 1632년 서문을 수록한 귀터슬로 판(1875)을 토대로 삼았다. Pfeiffer는 현존하는 사본들 가운데 가장 오래된 1497년의 사본을 사용했다. 가장 잘된 영역본은 Sussanah Winkworth가 Pfeiffer의 본문을 토대로 옮긴 런던 판(1854)이다.

55) 독일 신학이라는 책은 아담과 그리스도가 어떤 분들이었으며, 우리 안에서 아담이 어떻게 죽어야 하고 그리스도가 어떻게 살아나셔야 하는지를 올바로 이해하게 해주는 숭고한 소책자이다.

루터는, 하나님과 성경과 만물에 관해서 성경과 아우구스티누스의 저서들 외에 이 책만큼 자신에게 잘 가르쳐 준 것이 없고 앞으로도 더 배우고 싶은 책이 없었다고 말하면서, 구원의 도리를 다룬 이 지침서를 높이 평가했다. 그는 이 책의 저자가 요단 강 수면에서 거품을 취하지 않고 강바닥에서 물을 긷는 순수한 이스라엘인이라고 말한다. 계속해서 말하기를, 이 책에는 성경의 교훈이 대낮의 빛처럼 환하게 제시되어 있다고 한다. 루터는 평소와 다름없이 애국심을 가지고서, 자신과 다른 독일 신학자들이 그리스어나 라틴어나 히브리어로는 발견한 적이 없는 그리스도를 독일어로 발견했다고 주장했다.

「독일 신학」은 인간의 죄성과 무력함, 그리스도의 완전성과 중보 사역을 소개하며, 사람들에게 문이신 그분을 통해 들어가 하나님을 만나라고 독려한다. 모두 54장으로 된 이 책에는 마리아를 언급하거나, 선행이 사람을 의롭게 한다고 가르치거나, 성례가 공로를 끼친다고 가르치는 내용이 없다.[56] 독일의 다른 신비주의자들의 저서들과 마찬가지로 신약성경을 많이 인용한다. 책에는 인생의 여행자가 난해하지 않게 표기된 구원의 이정표를 찾을 수 있게끔 되어 있다.

이 책은 사도 바울의 말("온전한 것이 올 때에는 부분적으로 하던 것이 폐하리라")로 시작하여, 온전한 것은 상대적인 존재를 지니며, 온전하신 분이 피조물에 의해 알려지시게 될 때는 반드시 "나, 자아 같은 것이 포기되고 없어져야 한다"고 주장한다. 그리스도는 인성을 취하심으로써 우리에게 길을 보여주신다. 15-44장의 요지는 다음과 같다. 모든 사람은 아담 안에서 죽었으며, 온전한 생명에 이르려면 옛사람이 죽고 새사람이 태어나야 한다. 하나님으로 옷 입고 마귀를 벗어버려야 한다. 순종이 새사람의 선결 요건이다. 죄는 불순종이며, "자아, 나가 많아질수록 죄와 악함도 많아지고, 자아·나·내 것, 즉 자아 실현욕과 이기심이 줄어들수록 하나님의 나 곧 하나님 자신이 늘어난다." 우리는 순종으로써 자유롭게 된다. 그리스도의 삶은 온전한 모범이며, 우리는 모든 것을 버리라는 그분의 말씀을 청종함으로써 그분을 따른다. 이것은 우리가 하나님의 뜻과 하나가 되어서 기쁘게 선을 행하고 혹은 고난을 당한다는 말과 같다. 그런 사람 곧 신성에 참여한 사람은 모든 사람과 사물을 진심으로 사랑하고, 그들에게 선을

---

56) Dr. Calvin E. Stowe는 "그 책이 복음의 기본 도리를 매우 단순하게 제시한다"고 말했다. Winkworth's ed., p. v.

끼치고 그들이 잘되는 데서 기쁨을 얻을 것이다. 사랑이 없으면 빛과 지식이 아무런 유익도 없다. 사랑은 사람을 하나님과 하나로 만든다. 마지막 말은 아무도 그리스도로 힘입지 않고는 아버지에게 나아갈 수 없다는 것이다.

1621년에 가톨릭 교회는 「독일 신학」을 금서목록에 올려놓았다. 만약 금서목록에 오른 모든 책들이 이 책과 같이 구원의 도리를 밝히 알려주는 것이라면 찬란한 빛으로 조명을 받게 될 것이다.[57]

37. 영국의 신비주의자들

14세기의 영국은 신비주의 문학으로 분류되어온 경건 저서들을 배출했다. 이 책들은 독일 신비주의자들에게서 볼 수 있는 초월적 비상(飛上)이 부족하며, 대체로 확고한 실천적 경향이 강하다.

「독신 수녀들을 위한 안내」(Ancren Riwle)는 도셋셔의 태런트 케인스에서 은둔 수도 생활을 하던 세 자매를 위해 집필되었다. 당시 영국에서는 은둔 생활을 하는 여성들이 교회의 담장에 방을 붙여 만들거나 교회 뜰에 작은 구조물을 만들되 창문만 내고 출입구는 내지 않는 것이 관습이었다. 신앙 조언을 담은 이 소책자는 자매들의 요청으로 집필되었으며, 저자는 대체로 솔즈베리의 주교 헨트(Ghent)의 시몬(Simon, 1315 죽음)으로 간주된다. 저자는 두 가지 일반적인 조언을 하는데, 하나는 마음을 "부드럽게 악의 흔적이 없게끔" 간직하라는 것이고, 다른 하나는 "첫 번째 목표에 유익하고 사도 바울이 약간 유익이 있다고 말한 육체 훈련을 실천하는 것"이다. 첫 번째 것이 귀부인이라면 두 번째 것은 시녀이다. 만약 어느 수도회에 속했느냐고 묻는다면 성 야고보 수도회에 속했다 대답하라고 지도한다. 이는 야고보가 "하나님 앞에서 정결하고 더러움이 없는 경건은 곧 고아와 과부를 그 환난중에 돌보고 또 자기를 지켜 세속에 물들지 아니하는 그것이니라"고 가르쳤기 때문이다. 흥미로운 점은 이 책이 자매들에게 따뜻

---

57) Stöckl을 비롯한 가톨릭 저자들은 비록 전부 다 그러지는 않을지라도 「독일 신학」을 신랄히 비판하며, 그 책이 범신론적 경향을 띠고 있다고 주장한다. Bunsen은 이 책을 성경에 버금가는 책으로 평가한다. Winkworth's ed., p. liv.

한 이불과 옷을 마련하고 "원하는 만큼 자주" 씻으라고 조언한다는 것이다. 이 책은 자매들에게 고해신부가 명하기 전에는 가죽 채찍이나 끝에 납 조각을 붙인 채찍으로 스스로 괴롭게 하지 말라고 권한다.

많은 신앙 서적들의 저자이며 시편, 욥기, 아가, 예레미야를 번역하거나 주석한 리처드 롤(Richard Rolle, 1349 죽음)은 옥스퍼드 대학교에서 공부를 하다가 그 대학교에서 유행하던 스콜라적 학문 방식에 불만을 느끼고서 돌연히 그 대학교를 떠난 뒤 돈캐스터 근처의 햄폴에 정착하여 은둔 생활을 시작했다. 이곳에서 경건 생활과 기적 행위자로서 큰 명성을 얻었다. 라틴어와 영어로 글을 썼으며, 주요 저서는 라틴어 논문들인 「생활의 교정」(The Emendation of Life)과 「사랑의 열정」(The Fervor of Love)이다. 이 논문들은 1434, 1435년에 리치 미신(Rich Misyn)에 의해 번역되었다. 그의 저서들은 많은 사본들로 현존한다. 롤은 꿈을 꾸는 듯한 종교적 사색에 몰입하는 명상 생활을 높이 평가하는 한편, 당대의 악과 세속적 경향에 대해서는 비판을 퍼부었다. 명상 생활의 마지막 상태에 들어가면 "영혼의 눈으로 하늘을 들여다보게 된다"고 그는 말한다.

노리치의 줄리아나(Juliana, 1443 죽음)라는 여성은 백세의 나이에도 노리치의 세인트 줄리안 교회의 뜰에 암자를 짓고 그곳에 들어가 은둔 생활을 했다고 한다. 이 여성은 16가지의 계시를 받았는데, 계시를 처음 받은 것이 서른 살이던 1373년이었다. 그때에 줄리아나는 "한 점에서 하나님을" 보았다. 이 여성은 사랑을 강조했으며, 신앙이 갖는 즐거운 면을 소개했다. 하나님께서 이 여성에게 세 가지 속성인 생명과 빛과 사랑으로 당신을 계시하셨다. 줄리아나가 자신이 받았다고 전한 계시들을 인지(Inge)는 "향기로운 작은 책"이라고 평가한다.[58]

「완전의 계단」(The Ladder of Perfection)에서 저자인 노팅엄셔 서가튼의 아우구스티누스회 참사회원 월터 힐턴(Walter Hilton, 1396 죽음)은 영적 성취의 다양한 단계들을 설명하는데, 처음 시작 단계는 포도주로 바뀌어야 했던 가나의 물과 같이 신앙에 관한 사실들을 단순하게 배우는 단계이며, 마지막 단계는 명상과 신적 합일에 이르는 단계이다. 힐턴은 "두통이 임할 때까지 행하는 금식과 철야가 절대로 훌륭한 것이 아니며, 맨발로 로마나 예루살렘에 가는 행위도, 교

---

58) *The Revelationss of Divine Love*, ed. by R. F. S. Cressy, London, 1670, reprinted 1843.

회당과 병원을 짓는 행위도 그 자체로는 대단히 훌륭한 공로가 되지 못한다"고 말한다. 하지만 만약 사람이 죄를 미워하면서도 죄인을 사랑할 수 있다면 그것은 훌륭한 일이라고 한다. 자기들의 영혼만 구원받은 데 만족하지 않고 꾸준히 정진하여 더 높은 명상의 단계에 오르는 사람들은 "선한 어둠"에 압도되며, 이 상태에 이르면 영혼이 해방되어 지상의 어떤 일에도 번민하는 일이 없게 된다. 그 상태에서 빛이 조금씩 떠오른다. 빛이 예루살렘 성벽의 갈라진 틈을 뚫고 들어오지만, 예루살렘은 한 번에 도달할 수 없다. 반드시 변화가 있어야 하며, 변화를 가능케 하는 힘은 영혼에 부어지는 하나님의 사랑이다. 사랑은 지식에서 나오며, 사람은 하나님을 알아갈수록 그분을 더욱 사랑하게 된다. 힐턴이 폭넓은 명성을 누렸다는 것은 토마스 아 켐피스의 「그리스도를 본받아」가 그의 작품으로 간주되고, 사본들에서 이 저서가 그의 「교회 음악에 관하여」(De musica ecclesiastica)와 동일시된 점으로 입증된다.[59]

이상의 저서들은 롤의 저서들을 제외한다면 당시 영국인들의 종교적 사고의 특징이던 근엄한 기질을 많이 드러낸다. 이 저서들에는 몽롱한 신비의 상태로 비상하려는 시도도, 황홀경의 상태에서 발산하는 격정적인 감정의 분출도 없다. 다만 중세 말에 활동한 신비주의자들이 한결같이 강조한 특징, 곧 사랑의 힘을 통하여 하나님의 형상으로 점진적으로 변화하고, 내면의 묵상을 통하여 하나님과의 충만한 사귐으로 올라가는 것을 강조할 뿐이다. 이 저서들은 그리스도를 본받음의 원리들을 네덜란드의 신비주의자들뿐 아니라 해협을 두고 네덜란드를 마주보는 영국의 신비주의자들도 이해했다는 것과, 참된 경건은 단지 성례에 참여하는 것 이외의 다른 방식으로 도달할 수 있다는 것을 보여준다.

영국의 이 경건주의자들은 우리가 아는 한에서는 라인 강 유역에서 활동한 경건주의자들(베가르회)과 마찬가지로, 장차 임할 종교개혁의 씨앗을 위해 토양을 준비하는 데 아무런 영향도 끼치지 못한 고립된 사람들로 간주해야 옳다.[60]

---

59) *The Ladder of Perfection*은 1494, 1506년에 인쇄되었고, 최근에 R. E. Guy(London, 1868)와 J. B. Dalgairns(London, 1870)가 펴냈다.

60) Montmorency(p. 69)는 "인쇄되지 않은 방대한 분량의 문헌이 남아 있는 영국의 이 신비주의 운동에서 롤라드파와 영국 종교개혁의 기원을 찾아야 한다"고 주장하는데, 필자가 아는 한에는 영국의 종교개혁자들의 저서들에 그러한 주장을 뒷받침할 만한 증거가 없다.

제 5 장

종교개혁 이전의 개혁자들

38. 자료와 참고문헌

For § 39. CHURCH AND SOCIETY IN ENGLAND, ETC. — THOMAS WALSINGHAM : *Hist. Anglicana*, ed. by RILEY, Rolls Ser., London, 1869. — WALTER DE HEIMBURGH : *Chronicon*, ed. by HAMILTON, 2 vols., 1848 sq. — ADAM MERIMUTH : *Chronicon*, and ROBT. DE AVESBURY : *De gestis mirabilibus Edwardi III.*, ed. by THOMPSON with Introd., Rolls Ser., 1889. — *Chron. Angliæ* (1326–1388), ed. by THOMPSON, Rolls Ser., 1874. — HENRY KNIGHTON : *Chronicon*, ed. by LUMBY, Rolls Ser., 2 vols., 1895. — RANULPH HIGDEN, d. bef. 1400 : *Polychronicon*, with trans. by TREVISA, Rolls Ser., 9 vols., 1865–1886. — THOS. RYMER, d. 1713 : *Fœdera, Conventiones et Litera*, London, 1704–1715. — WILKINS : *Concilia*. — W. C. BLISS : *Calendar of Entries in the Papal Registers relating to G. Britain and Ireland*, vols. II.–IV., London, 1897–1902. Vol. II. extends from 1305–1342 ; vol. III., 1342–1362 ; vol. IV., 1362–1404. A work of great value. — GEE and HARDY : *Documents*, etc. — HADDAN and STUBBS : *Councils and Eccles. Doc'ts*. — STUBBS : *Constit. Hist. of Engl.*, III. 294–387. — The *Histt. of Engl.*, by LINGARD, bks. III., IV., and GREEN, bk. IV. — CAPES : *The Engl. Ch. in the 14th and 15th Centt.*, London, 1900. — HALLER : *Papsttum und Kirchenreform*, pp. 375–465. — JESSOPP : *The Coming of the Friars*. — CREIGHTON : *Hist. of Epidemics in England*. — GASQUET : *The Great Pestilence*, 1893. — RASHDALL and others : *Histt. of Oxford and Cambridge*. — The *Dict. of Nat. Biog*. — Also THOS. FULLER'S *Hist. of Gr. Brit.*, for its general judgments and quaint statements. — LOSERTH : *Studien zur Kirchenpolitik Englands im 14 Jahrh*. in *Sitzungsberichte d. kaiserl. Akademie d. Wissenschaften in Wien*, Vienna, 1897. — G. KRIEHN : *Studies in the Sources of the Social Revol. of 1381*, Am. Hist. Rev., Jan.-Oct., 1902. — C. OMAN : *The Great Revolt in 1381*, Oxford, 1906. — TRAILL : *Social Engl.*, vol. II., London, 1894. — ROGERS : *Six Centt. of Work and Wages*. — CUNNINGHAM : *Growth of Engl. Industry*.

For §§ 40–42. JOHN WYCLIF. — I. The publication of Wyclif's works belongs almost wholly to the last twenty-five years, and began with the creation of the Wyclif Society, 1882, which was due to a summons from German scholars. In 1858, Shirley, *Fasc.*, p. xlvi, could write, "Of Wyc's Engl. writings nothing but two short tracts have seen the light," and in 1883, Loserth spoke of his tractates "mouldering in the dust." The MSS. are found for the most part in the libraries of Oxford, Prag and Vienna. The *Trialogus* was publ. Basel, 1525, and *Wycliffe's Wycket*, in Engl., Nürnberg, 1546. Reprinted at Oxford, 1828. — Latin Works, ed. by the Wyclif Soc., organized, 1882, in answer to Buddensieg's appeal in the *Academy*, Sept. 17, 1881, 31 vols., London, 1884–1907. — *De officio pastorali*, ed. by LECHLER, Leipzig, 1863. — *Trialogus*, ed. by LECHLER, Oxford, 1869. — *De veritate sac. Scripturæ*, ed. by RUDOLF BUDDENSIEG, 3 vols., Leipzig, 1904. — *De potestate papae*, ed. by LOSERTH, London, 1907. — Engl. Works : *Three Treatises*, by J. WYCLIFFE, ed. by J. H. TODD, Dublin, 1851. — * *Select Engl. Works*, ed. by THOS. ARNOLD, 3 vols., Oxford, 1869–1871. — * *Engl. Works Hitherto Unprinted*, ed. by F. D. MATTHEW, London, 1880, with valuable Introd. — * WYCLIF's trans. of the Bible, ed. by FORSHALL and MADDEN, 4 vols., Oxford, 1850. — His New Test. with *Introd. and Glossary*, by W. W. SKEAT, Cambridge, 1879. — The trans. of Job, Pss., Prov., Eccles. and Canticles, Cambridge, 1881. — For list of Wyclif's works, see CANON W. W. SHIRLEY : *Cat. of the Works of J. W.*, Oxford, 1865. He lists 96 Latin and 65 Engl. writings. — Also LECHLER in his *Life of Wiclif*, II. 559–573, Engl. trans., pp. 483–498. — Also Rashdall's list in *Dict. of Nat. Biog.* — II. Biographical. — THOMAS NETTER of Walden, a Carmelite, d. 1430 : *Fasciculi zizaniorum Magistri Joh. Wyclif cum tritico* (Bundles of tares of J. Wyc. with the wheat), a collection of indispensable documents and narrations, ed. by SHIRLEY, with valuable Introd., Rolls Ser., London, 1858. — Also *Doctrinale fidei christianæ adv. Wicleffitas et Hussitas* in his *Opera*, Paris, 1532, best ed., 3 vols., Venice, 1757. Walden could discern no defects in the friars, and represented the opposite extreme from Wyclif. He sat in the Council of Pisa, was provincial of his order in England, and confessor to Henry V. — The contemporary works given above, *Chron. Angliæ, Walsingham, Knighton*, etc. — *England in the Time of Wycliffe* in trans. and reprints, Dept. of Hist. Univ. of Pa., 1895. — JOHN FOXE : *Book of Martyrs*, London, 1632, etc. — JOHN LEWIS : *Hist. of the Life and Sufferings of J. W.*, Oxford, 1720, etc., and 1820. — R. VAUGHAN : *Life and Opinions of J. de Wycliffe*, 2 vols., London, 1828, 2d ed., 1831. — V. LECHLER : *J. von Wiclif und die Vorgesch. der Reformation*, 2 vols., Leipzig, 1873. — * Engl. trans., *J. W. and his Engl. Precursors*, with valuable Notes by PETER LORIMER, 2 vols., London, 1878, new edd., 1 vol., 1881, 1884. — * R. BUDDENSIEG : *J. Wiclif und seine Zeit*, Gotha, 1883. Also *J. W. as Patriot and Reformer*, London, 1884. — E. S. HOLT : *J. de W., the First Reformer, and what he did for England*, London, 1884. — V. VATTIER : *J. W., sa vie, ses œuvres et sa doctrine*, Paris, 1886. — * J. LOSERTH : *Hus und Wiclif*, Prag and Leipzig, 1883, Engl. trans., London, 1884. Also *W.'s Lehre v. wahrem u. falschem Papsttum*, in *Hist. Zeitschrift*, 1907, p. 237 sqq. — L. SERGEANT : *John Wyclif*, New York, 1893. — H. B. WORKMAN : *The Age of Wyclif*, London, 1901. — GEO. S. INNES : *J. W.*, Cin'ti. — J. C. CARRICK : *Wyc. and the Lollards*, London, 1908. — C. BIGG, in *Wayside Sketches in Eccles. Hist.*, London, 1906. — For other *Biogg.*, see SHIRLEY :

Fasciculus, p. 531 sqq. — III. J. L. POOLE : *W. and Movements for Reform*, London, 1889, and *W.'s Doctr. of Lordship in Illustr. of Med. Thought*, 1884.— WIEGAND : *De eccles. notione quid Wiclif docuerit*, Leipzig, 1891. — * G. M. TREVELYAN : *Engl. in the Age of W.*, London, 2d ed., 1899. — POWELL and TREVELYAN : *The Peasants' Rising and the Lollards*, London, 1899. — H. FÜRSTENAU : *J. von W.'s Lehren v. d. Stellung d. weltl. Gewalt*, Berlin, 1900. — HADDAN and STUBBS : *Councils and Eccles. Docts.* — GEE and HARDY. — STUBBS : *Constit. Hist.*, III. 314–374. — The Histt. of CAPES, GREEN and LINGARD, vol. IV. — The *Histt. of the Engl. Bible*, by EADIE, WESTCOTT, MOULTON, STOUGHTON, MOMBERT, etc. — MATTHEW : *Authorship of the Wycliffite Bible*, Engl. Hist. Rev., January, 1895. — GASQUET : *The Eve of the Reformation*, new ed., London, 1905 ; *The Old Engl. Bible and Other Essays*, London, 1908. — R. S. STORRS : *J. Wyc. and the First Engl. Bible* in *Sermons and Addresses*, Boston, 1902. An eloquent address delivered in New York on the 500th anniversary of the appearance of Wyclif's New Test. — RASHDALL in *Dict. of Natl. Biog.*, LXIII. 202–223. — G. S. INNIS : *Wycliffe* Cin[u].

For § 43. LOLLARDS. — The works noted above of KNIGHTON, WALSINGHAM, RYMER'S *Fœdera*, the *Chron. Angliæ*, WALDEN'S *Fasc. ziz.*, FOXE'S *Book of Martyrs*. Also ADAM USK : *Chronicle.* — THOS. WRIGHT : *Polit. Poems and Songs*, Rolls Ser., 2 vols., London, 1859. — FREDERICQ : *Corp. inquis. Neerl.*, vols. I.–III. — REGINALD PECOCK : *The Repressor of overmuch Blaming of the Clergy*, ed. by BABINGTON, Rolls Ser., 2 vols., London, 1860. — *The Histt. of Engl. and the Church of Engl.* — A. M. BROWN : *Leaders of the Lollards*, London, 1848. — W. H. SUMMERS : *Our Lollard Ancestors*, London, 1904. — * JAMES GAIRDNER : *Lollardy and the Reform. in Engl.*, 2 vols., London, 1908. — E. P. CHEYNEY : *The Recantations of the Early Lollards*, Am. Hist. Rev., April, 1899. — H. S. CRONIN : *The Twelve Conclusions of the Lollards*, Engl. Hist. Rev., April, 1907. — Art. *Lollarden*, by BUDDENSIEG in HERZOG, XI. 615–626. — The works of TREVELYAN and FORSHALL and MADDEN, cited above, and *Oldcastle*, vol. XLII. 86–93, and other artt. in *Dict. of Nat. Biog.*

For §§ 44–46. JOHN HUSS. — *Hist. et monumenta J. Hus atque Hieronymi Pragensis, confessorum Christi*, 2 vols., Nürnberg, 1558, Frankfurt, 1715. I have used the Frankfurt ed. — W. FLAJSHANS : *Mag. J. Hus Expositio Decalogi*, Prag, 1903 ; *De corpore Christi : De sanguine Christi*, Prag, 1904 ; *Sermones de sanctis*, Prag, 1908 ; *Super quatuor sententiarum*, etc. — * FRANCIS PALACKY : *Documenta Mag. J. Hus, vitam, doctrinam, causam in Constantiensi actam consilio illustrantia, 1403–1418*, pp. 768, Prag, 1869. Largely from unpublished sources. Contains the account of Peter of Mladenowitz, who was with Huss at Constance. — K. J. ERBEN (archivarius of Prag) : *Mistra Jana Husi sebrané spisy Czeske.* A collection of Huss' Bohemian writings, 3 vols., Prag, 1865–1868. — Trans. of Huss' *Letters*, first by LUTHER, Wittenberg, 1536 (four of them, together with an account by Luther of Huss' trial and death), republ. by C. VON KÜGELGEN, Leipzig, 1902. — MACKENZIE : *Huss' Letters*, Edinburgh, 1846. — * H. B. WORKMAN and R. M. POPE : *Letters of J. Hus with Notes.* — For works on the Council of Constance, see MANSI, vol. XXVIII., VAN DER HARDT, FINKE, RICHENTAL, etc., see § 12. — C. VON

HÖFLER: *Geschichtsschreiber der hussitischen Bewegung*, 3 vols., Vienna, 1856–1866. Contains Mladenowitz and other contemporary documents. — * PALACKY, a descendant of the Bohemian Brethren, d. 1876 : *Geschichte von Böhmen*, Prag, 1836 sqq., 3d ed., 5 vols., 1864 sqq. Vol. III. of the first ed. was mutilated at Vienna by the censor of the press (the office not being abolished till 1848), on account of the true light in which Huss was placed. Nevertheless, it made such an impression that Baron Helfert was commissioned to write a reply, which appeared, Prag, 1857, pp. 287. In 1870, Palacky publ. a second ed. of vol. III., containing all the excerpted parts.
—PALACKY : *Die Vorläufer des Hussitenthums in Böhmen*, Prag, 1869. — L. KÖHLER : *J. Hus u. s. Zeit*, 3 vols., Leipzig, 1846. — E. H. GILLETT, Prof. in New York Univ., d. New York, 1875 : *Life and Times of J. Huss*, 2 vols., Boston, 1863, 3d ed., 1871. — W. BERGER : *J. Hus u. König Sigismund*, Augsburg, 1871. — BONNECHOSE : *J. Hus u. das Concil zu Kostnitz*, Germ. trans., 3d ed., Leipzig, 1870. — F. v. BEZOLD : *Zur Gesch. d. Husitenthums*, Munich, 1874. — E. DENIS : *Huss et la guerre des Hussites*, Paris, 1878. — A. H. WRATISLAW : *J. Hus*, London, 1882. — * J. LOSERTH : *Wiclif and Hus*, also *Beiträge zur Gesch. der Hussit. Bewegung*, 5 small vols., 1877–1895, reprinted from magazines. Also Introd. to his ed. of Wiclif's *De ecclesia*. Also art. *J. Huss* in HERZOG, Encyc., VIII. 473–489. — LECHLER: *J. Hus*, Leipzig, 1890. — * J. H. WYLIE : *The Counc. of Constance to the Death of J. Hus*, London, 1900. — * H. B. WORKMAN : *The Dawn of the Reformation*, *The Age of Hus*, London, 1902. — LEA : *Hist. of the Inquis.*, II. 431–566. — Hefele, vol. VII. — * J. B. SCHWAB : *J. Gerson*, pp. 527–609. — TSCHACKERT : *Von Ailli*, pp. 218–235. — W. FABER and J. KURTH: *Wie sah Hus aus ?* Berlin, 1907. — Also *J. Huss* by LÜTZOW, N.Y., 1909, and KUHR, Cin^ti.

For § 47. THE HUSSITES. — MANSI, XXVII, XXIX. — HALLER: *Concil. Basiliense.* — BEZOLD : *König Sigismund und d. Reichskriege gegen d. Husiten*, 3 vols, Munich, 1872–1877. — * JAROSLAV GOLL : *Quellen und Untersuchungen zur Gesch. der Böhmischen Brüder*, 2 vols., Prag, 1878–1882. — * L. KELLER : *Die Reformation und die älteren Reformparteien*, Leipzig, 1885. — W. PREGER : *Ueber das Verhältniss der Taboriten zu den Waldesiern des 14ten Jahrh.*, 1887. — HAUPT : *Waldenserthum und Inquisition im südöstlichen Deutschland*, Freiburg i. Br., 1890. — H. HERRE : *Die Husitenverhandlungen, 1429*, in *Quellen u. Forschungen d. Hist. Inst. von Rom*, 1899. — * K. MÜLLER : *Böhm. Brüder*, HERZOG, III. 445–467. — E. DE SCHWEINITZ : *The Hist. of the Church known as the Unitas Fratrum*, Bethlehem, 1885. — Also HERGENRÖTHER-KIRSCH : *Kirchengesch.*, II. 886–903.

39. 14세기 영국의 교회

14세기의 영국 사회는 19세기를 제외한 여느 세기보다 더 커다란 사회 변화를 겪었다. 이 변화는 대부분 1337년에 시작한 프랑스와의 백년 전쟁과 흑사병의 참혹한 피해로 인한 결과였다. 그 세기에 영어가 공용어로 공식적으로 채택되었고, 의회의 권한이 증대되면서 부유한 시민 계층이 발언권을 요구했으며, 1341년에는 의회가 상하 양원으로 확실하게 나뉘었다. 이 시기에 영국이 겪은 사회 불안이 농노 계층의 권익을 주장하는 장황한 민담들, 시들, 소책자들과, 농민 봉기(the Peasant's Revolt)로 알려진 폭동으로 표출되었다.

이 시기에 영국 교회가 겪은 두 가지 큰 사건은, 예비 성직록 수임자 조례(the Acts of Provisors)로 절정에 달한 교황권에 대한 완강한 저항과, 영국 교회가 배출한 가장 독창적이고 열정적인 인물의 하나인 존 위클리프(John Wycliffe)의 등장이었다.

1348년의 대 전염병으로 영국 사회에는 산업 혁명이 촉진되었다. 물가가 천정부지로 치솟았다. 많은 필지들이 소규모 자영농들에게서 젠트리 계층의 지주들에게 넘어갔다. 당대의 저자가 기록으로 남긴 바와 같이 "양들과 가축들이 밭을 헤집고 다니며 곡식을 훼손해도 그것들을 몰아낼 사람이 없었다." 농노들은 사회 불안을 틈타 노예의 멍에를 벗어버릴 기회를 찾았고, 유랑하거나 자영업에 종사하는 데서 새로 발견한 자유의 기쁨을 만끽했다. 이렇게 안정되지 못한 상황이 임금과 생활필수품 가격을 규제하는 에드워드 3세(1327-1377 재위)의 유명한 법률을 이끌어냈다.

이런 규제들과 프랑스와의 전쟁으로 인한 세금 인상으로 인해 불거진 민중의 불만이 조직적인 반란의 형태를 띠었다. 봉건 시대가 막을 내리고 있었다. 노동과 경작자에 관한 기존 관념이 쇠퇴하고 좀 더 공정한 사고가 대두했다. 민중 선동가들 가운데는 프루아사르(Jean Froissart: 14세기 중세 유럽 사가. 연대기의 작가)가, 전형적인 귀족적 무관심으로, "켄트의 넋 나간 사제"라고 부른 존 볼(John Ball)과 시인 롱랜드(Longland), 그리고 민중 봉기 지도자 와트 타일러(Watt Tyler)가 있었다. 볼은 열정적인 연설로 인간의 원초적 권리에 호소함으로써 민중의 감정에 불을 지폈다. 그는 이렇게 외쳤다. "귀족이라 불리는 저들이 무슨 권리로 우리보다 더 위대한 사람이어야 합니까? 무슨 근거로 저들이 우리를 봉건 신하로 부리는 것입니까? 우리 모두는 같은 부모 아담과 하와에게서 나오지 않았습니까?" 개인의 자유를 갈구하는 정신이 마음을 격동케 하는 운율로 표출되었고, 그것이 들불처럼 사납게 번져나갔다.

아담이 밭고랑 파고 하와가 실 자을 때
그때 누가 귀족이었던가?

윌 롱랜드(Will Longland)가 「농부의 불평」(*Complaint of Piers Ploughman*)이
라는 시집에 수록한 시들은 당대의 노동자들의 고통과 요구를 표현했고, 형제가
다른 형제에게 기대할 권리가 있는 공정한 대우를 요구했다. 젠트리들과 농노들
이 죽어서는 다 같은 운명을 맞이할 것이라고 주장했다 "지금은 그가 당신의 아
랫사람일지 모르나 하늘에서는 당신보다 더 귀한 사람이 되어 큰 복을 받을는지
누가 압니까" 하고 그 시인은 썼다. 민족의 중요성과 개인의 존엄성에 대한 자각
을 더욱 부각시킨 사건들이 있었는데, 그것은 처음 사용된 작은 쇠 포환들이 말
들을 놀라게 하여 전투를 승리로 이끈 1346년의 크레시 전투, 10년 뒤에 치러진
푸아티에 전투, 에드워드가 프랑스의 상당 지역을 차지하게 된 1360년의 브레티
뉴 조약, 흑태자(Black Prince) 에드워드(에드워드 3세의 아들로서 백년전쟁 중
크레시와 푸아티에에서 프랑스군을 격파함: 역자주)의 공적들이 그것이다. 프랑
스 왕 장이 포로로 잡혀와 런던 시가지에서 끌려 다니던 장면이 영국인들에게
깊은 인상을 심어주었다. 이런 사건들과 1362년에 영어 사용이 합법화된 일이
민족 정서와 애국심 고취에 이바지했다.[1]

　1381년에 발생한 민중 봉기는 영국의 계층들 사이에 존재하던 사회적 불평등
을 시정할 것을 요구한 민중들의 강렬한 의사 표시였다. 봉기를 일으킨 민중들
은 런던까지 진격했다가 리처드 2세의 적절한 약속을 듣고서 해산했으나, 와트
타일러가 이끌고 온 켄트 주의 무리는 해산하기 전에 런던 탑을 장악하고는 대
주교 서드베리(Sudbery)를 처형했다. 대주교는 지탄의 대상이 되던 처형세를 폐
지하는 데 찬성하지 않았던 것이다. 세인트 올번스와 에드먼즈베리의 대수도원
들이 약탈을 당하고 수사들이 학대를 당했으니, 성직자들에게 가해진 이러한 폭
력 사태들은 영국인들의 사회적 · 산업적 지위 개선을 위해 갈수록 수위가 높아
져가던 민중 봉기에 비하면 약과였다. 봉기를 일으킨 민중들이 성직자들에게 요

---

　1) Mandeville은 1356년에 프랑스어로 여행기를 쓴 뒤 그것을 자기 나라 모든 사람
들이 이해할 수 있는 영어로 번역했다. Trevisa는 1387년에 쓴 글에서 영국의 모든 문
법학교들과 어린이들이 "프랑스어를 버리고 영어를 가르치고 배웠다"고 말했다.

구한 것은, 교회의 토지와 재산을 성직자들의 수요를 충당할 만큼 충분히 활용을 했으면 교구민들에게 분배하라는 것과, 영국을 대표하는 한 사람의 주교가 있어야 한다는 것이었다. 이 요구는 로마와의 불화를 내포했다.[2]

교회가 이런 변화들의 영향을 감지한다는 것은 불가피한 일이었다. 영국 영토의 1/3에 해당했던 것으로 추산되는 교회의 재산과 탁발수사들의 태만과 구걸이 영국 전역에서 불만과 불평을 일으켰다. 흑사병으로 많은 수의 성직자들이 죽으면서 그들의 빈자리를 채우기 위한 특단의 조치들이 강구되었다. 노리치의 주교는 죽은 성직자들을 벌충하기 위해서 교회법상의 연령에 구애됨 없이 60명의 젊은이들을 성직자들로 임명할 수 있는 권한을 부여받았다. 생활 필수품 가격은 높은 줄 모르고 치솟는데 허다한 수의 사제들이 턱없이 부족한 급여로 생계를 근근이 유지했다. 캔터베리 대주교 이슬립(Islip)을 비롯한 고위성직자들은 자신들에 대한 교구민들의 불만과 불안이 팽배한 현실을 인정하면서도 적절한 처방책은 제시하지 않은 채 하위성직자들의 탐욕을 단죄했다. 반면에 롱랜드(Longland)는 하위성직자들이 왕궁과 젠트리 계층의 저택들에서 세속적인 일과 심지어는 허드렛일을 해줌으로써 겨우 입에 풀칠이나 하며 살아가던 현실을 이렇게 묘사했다.

> 본당 신부와 소교구 사제가 주교를 찾아가
> 역병이 돈 이후로 소교구에서는 먹고 살 길이 없으니
> 부디 면허장을 주어 런던에 가서 살게 해주면
> 거기서 노래[구걸]하여 성직을 구입하여 살아보겠다고 간청했다.
> 돈이면 안 되는 게 없으니까.

영국 사회 내부에서 주교들의 권한을 제한하고 성직자들에게 영성과 능률을 요구하는 움직임이 생겼다. 주교들은 여전히 강력한 존재들로 남아 있긴 했으나, 1370년의 의회가 국가 고위직들을 평신도들에게로 제한하기로 결의함으로써 세도가 한풀 꺾였다. 최초의 평신도 대법관은 1340년에 임명되었다. 하지만 주교는 여전히 막강한 지위였던 까닭에 자신이 순방할 때 종을 울려 성대하게

---

2) 참조. Kriehn, *A m. Hist. Rev.*, pp. 480, 483.

영접하고 환대하지 않는 소교구를 심하게 다그쳤다. 폭스는 대주교 아룬델 (Arundel)이 "자신의 순방 때 종들을 일제히 울리면서 영접하지 않는 소교구들을 심히 불쾌히 여겨 성무를 중지시켰다"고 전한다. 각 교구는 자체의 감옥을 두고 있었으며, 주교는 말을 잘 듣지 않는 하위성직자들을 그곳에 넣어 고해를 시키거나 심한 벌을 가했다.

대다수 하위성직자들이 제대로 배우지 못한 사람들이었다. 외국인들에게 배당되지 않고 남은, 수입이 괜찮은 하위성직과 참사회원직이 귀족의 어린 자녀들에게 적절한 하사품으로 간주되었다. 반면에 고위성직자들은 풍족하게 살았다. 윈체스터의 유명한 주교 위컴의 윌리엄은 개인 장원을 50개나 소유하고 있었다. 그 가운데 비교적 규모가 큰 장원들에는 홀과 예배당이 딸린 공식 관저들을 두었다. 이 고위성직자는 자신의 장원들을 차례로 순회하면서 청지기들에게 회계 보고를 받고, 성직 지원자들을 면접하고, 그 밖의 공식 업무를 보았다. 하위성직자들 가운데 많은 수가 자녀를 학교에 보내지 않아도 되었던 농노 계층 출신이었다. 그들은 성직 임명을 받는 날이 곧 농노의 신분에서 해방되는 날이었다.

성직자들이 누리던 혜택은 갈수록 일반 민중에게 불공정의 시비를 낳았다. 13세기 중엽에 이르면 교회의 십일조 납부 요구가 밭의 작물들뿐 아니라 집에서 키우는 가축들과 가금(家禽)들, 낚시하여 잡은 물고기들과 사냥하여 잡은 짐승들에게까지 확대되었다. 유언장들에는 거의 한결같이 사제에게 "가장 좋은 가축"이나 "가장 값진 상품"을 주겠다는 내용이 적혔다. 교회는 받기만 하고 돌려주지 않았으며, 사수양도법(死手讓渡法, the statute of Mortmain. 부동산을 종교단체 등에 기부할 때 영구히 남에게 양도할 수 없게 한 법: 역자주)에도 불구하고 교회에 유증(遺贈)이 끊임없이 이루어졌다. 하지만 교회와 성직자의 재산에도 국세를 부과할 수 있다는 것이 확정된 원리로 간주되기에 이르렀으며, 주교들은 자의로든 타의로든 왕에게 자금을 대여해 주었다. 프랑스 원정에 따른 필요 때문에 그런 세금이 불가피했다.

1396년에 건립된 요크 주교좌성당의 경우와 같은 예배당 건축과 교량 건설, 도로 개설과 그 밖의 공공 사업에 들어가는 비용을 충당하기 위해서 면죄부가 남발되었다. 성직자들은 공놀이와 체스에는 참여하지 않았으나 중세의 기부 축제인 처치에일(Churchale) 같은 마을 축제들에는 참여했다. 그 축제에서는 즐거운 분위기 속에서 맥주를 만들어 사람들이 사제의 건강과 교회의 유익을 빌면서 자유롭게 맥주를 마셨다. 성직자들의 윤리에 관해서는, 부패와 범죄를 사실과 다르게 과장하여 그 시대 전체를 매도하지 않도록 항상 주의해야 한다. 하지만 성직자 독신제도가 보편적으로 강행되지 않은 것이 분명하며, 성직자들이 불법으로 낳은 자녀들에게 특면이 부여되었다는 언급이 자주 나온다. 엑서터의 주교 케빌(Quevil)은 가정을 둔 사제들이 축적해 둔 돈을 아내와 자녀들을 위해서 사용하는 것을 비난했다. 다음 시기인 1452년에 세인트데이비즈의 주교 드 라 베르(De la Bere)는 사제들에게 첩을 두고 살도록 허용한 대가로 해마다 그들에게 1인당 1노블(1마르크와 가치가 같음)을 받는 식으로 매년 400마르크를 받았다고 진술한다. 고워(Gower)는 「절규하는 소리」(*Vox clamantis*)라는 저서에서 성직자들의 생활상을 어둡게 그리며, 그들이 오늘날은 꿈도 꾸지 못할 악행을 범하며 지낸다고 비난했다. 교회사가 케입스(Capes)는 "부도덕과 무위도식이 성직자 사회에 널리 퍼져 있었다"고 결론짓는다.[3]

그 시기에 유난히 두드러진 탁발수사들의 기강 해이와 미개한 행동이 아르마의 피츠랄프(Fitzralph)에게 준열한 비판을 받았고, 위클리프의 신랄한 단죄와 초서의 풍자의 대상이 되었다. 13세기에 탁발수사들이 영국에 처음 발을 디뎠을 때 지녔던 뜨거운 향학열은 다 식어버리고 자기 만족에서 비롯된 나태만 남아 있었다. 주교가 되기 전에 베일리얼 칼리지의 특별연구원을 지내고 옥스퍼드 대학교의 총장을 지낸 듯한 피츠랄프는 프란체스코회의 복음적 가난 이론을 질타하는 연속 설교로써 탁발수사들의 적개심을 일으켰다. 그는 그 수도회가 중시하는 가난이 성경적인 것도 아니고 초대 교회의 관습에서 비롯된 것도 아니라고 주장했다. 이 용감한 행위로 인하여 아비뇽에 소환되어 답변해야만 했으며, 그곳에서 1360년경에 세상을 떠난 듯하다.[4] 네 개의 탁발수도회들 — 프란체스코회·도미니쿠스회·카르멜회·아우구스티누스회 — 에 관해서 롱랜드는 다음과 같은 시를 썼다.

---

3) I. p. 253.

4) 그의 *Defensio curatorum contra eos qui privilegatos se dicunt*는 Goldast, II. 466 sqq.에 수록되어 있다. Fitzralph는 영국의 모든 수도원들이 큰 도서관을 가지고 있다고 말한다. 반면에 *Philobiblion*의 저자 Rich. de Bury는 탁발수사들이 책을 멀리하는 것을 비판한다.

[그들은] 돈과 명예를 바라고 민중에게 설교를 했고,

자기 멋대로 성경을 해석하였으니

탐욕스런 욕망이 그런 해석을 끌어낸 것이다.

그 시기의 성직자들 가운데 위클리프를 제외할 경우 가장 유명한 사람은 아마도 **토머스 브래드워딘**(Thomas Bradwardine)과 위컴의 윌리엄이었을 것이다. 전자는 스콜라 학문의 대변자였고, 후자는 교회 권력의 대변자였다. 신학자, 철학자, 수학자, 천문학자였던 브래드워딘은 1325년에 옥스퍼드 대학교 머튼 칼리지의 학생이었다. 훗날 아비뇽에서 사역하다가 1349년에 주교 축성을 받기 위해서 캔터베리로 갔다가 그곳에서 낯선 체험을 하게 되었다. 교황 클레멘스 6세가 그를 위해 배설한 잔치가 진행되는 동안 문이 활짝 열리면서 국왕이 나귀를 타고 들어오더니 교황에게 캔터베리 대주교가 되어달라고 겸손히 청하는 것이었다. 교황의 조카이자 투델라의 추기경이던 휴고(Hugo)와 그 밖의 추기경들의 행동에 자극을 받아 불거진 국왕의 이 모욕적 언사는 일전에 교황이 만약 영국 왕이 자신에게 나귀를 주교로 임명해달라고 부탁하면 기꺼이 거절하지 않겠다고 말한 것을 비꼰 것이었다. 영국 왕의 야유는 교황청이 꿈꾸던 이상들을 적나라하게 들춰내지만, 동시에 주교 임명을 관장하려고 하던 당시 영국의 세속 권력의 시도를 들춰내기도 한다. 브래드워딘은 워낙 큰 명성을 누렸던 까닭에, 위클리프를 비롯한 당대 영국인들은 그에게 '심오한 박사'(doctor profundus)라는 이름을 붙여주었다.[5] 브래드워딘은 머튼 칼리지에서 은혜와 자유의지에 관하여 연속해서 전한 강의를 토대로 집필한 주요 저서에서 교회가 펠라기우스의 뒤를 따라 흘러가고 있다고 주장했다.[6] 철학부의 강의에서 은혜에 관해서는 한 마디도 듣지 못했고, 종일 듣는 것이 우리가 우리 자신의 의지의 주인이라는 주장뿐이었다고 말했다. 그는 결정론자숙명론자였다. 현실에서 발생하는 모든 일이 세1원인의 필연에 의해서 발생한다고 주장했다. 초서(Chaucer)는 「수녀 이야기」(Nun's Tale)에서 하나님의 예정에 관해서 말하면서 다음과 같이 말한다:

---

5) Wyclif, *De verit. scr.*, I. 30, 109 등.

6) *De causa Dei contra Pelagium et de virtute causarum ad suos Mertinenses*, ed. by Sir Henry Saville, London, 1618.

그러나 그는 그 문제를 바닥까지 파헤칠 능력이 없다.

거룩한 박사 성 아우구스티누스나,

보에티우스, 혹은 주교 브래드워딘이라면 몰라도.

현세적이고 귀족적인 고위성직자의 전형인 **위컴**(Wykeham, 1324-1404)은 몰염치한 성직 겸임주의자였으며, 자신이 맡은 윈체스터 교구에서 오늘날 화폐 가치로 해마다 6만 파운드를 받았다고 한다. 1361년 한 해 동안 그는 세인트 폴 · 헤리퍼드 · 솔즈베리 · 세인트 데이비즈 · 비벌리 · 브로미어드 · 워웰 애버그윌리 · 란데위 브레위 교회들에서 연금을 받았고, 다음 해에는 링컨 · 요크 · 웰스 · 헤이스팅스에서 연금을 받았다. 한동안 대법관 직에 오르기도 했으나, 곧 평판이 나빠졌다. 그의 기억은 그가 설립한 옥스퍼드 대학교의 윈체스터 스쿨과 뉴 칼리지에 보존되어 있다. 1387년에 준공한 뉴 칼리지는 그에게 받은 막대한 기부금에 힘입어 100명에게 장학금을 주었다. 이 일 때문에 위컴은 영국의 학문 후원자들 가운데 추기경 울지(Wolsey)와 함께 맨 앞열에 선다. 그는 또한 "예절이 사람을 만든다"는 유명한 말로써 예절 생활 지침서에도 한 자리를 차지한다.[7]

지난 몇 세기 동안 로마가 영국 교회의 세속 권력 및 재산을 침해하는 데 대해서 벌인 투쟁이 이 시기에도 계속되었다. 영국 교회가 두 맷돌, 즉 국왕과 교황 틈에 끼여 있다는 매튜 패리스(Matthew Paris)의 불평이 이 시기에도 사실로 남아 있었다. 다만 과거와 다른 점이 있다면 국왕의 영향력이 점차 증대되고 있었다는 점이었다. 의회의 법령들은 국왕이 성직자 임명을 명령하거나 거부할 권한이 있음을 강조했으며, 교회 재산에 세금을 부과할 수 있는 대권을 인정했다. 교황이 영국과 전쟁 중이던 프랑스를 지원하는 것이 명백하고, 아비뇽 교황청에서 잇단 추문이 터진 상황이 이런 면들에서 영국 왕이 권리를 주장하는 데 유리하게 작용했다. 위클리프는 교황과 추기경들이 "잉글랜드 왕국의 적들과 내통하고 있다"고 자주 비난했으며, 프랑스와 평화 조약을 체결하도록 영국 왕에게 호소하는 내용의 아비뇽 시대 교황청 공문서들은 거의 일관되게 프랑스에게 이득을 안겨줄 만한 조건들을 언급한다. 1339년에 전쟁이 발발하자, 에드워드 3세는 프랑스 군대가 교황청 기금에서 일부 자금 지원을 받는 현실이 마음 아프다고 거

---

7) 참조. *Dict. of Nat. Biog.*, LXIII. 225-231에 Tait가 기고한 항목.

만한 불평을 털어놓았다.[8]

영국 왕 존이 교황 인노켄티우스 3세에게 굴복한 때와 1534년에 수장령이 발표된 때 사이에 공포된 영국의 종교 관련 법령들 가운데 가장 중요한 세 가지는 의회가 제정한 사수양도법(the statutes of Mortmain, 1279)과 성직 후임자 임명법(the statues of Provisors, 1351), 그리고 이단 화형법(1401)이었다. 사수양도법은 토지 소유권을 이양하여 세속 권력이 부역이나 세금을 부과하지 못하도록 금지했다. 성직 후임자 임명법은 교황존신(敎皇尊信) 금지령(the acts of Praemunire, 1353, 1390, 1393. 교황을 영국 왕보다 존경하는 행위를 금지한 법령: 역자주)이 쇄신되고 확대된 법으로서, 영국 교회의 성직 임명과 소유물에서 교황의 권한을 제한하는 데 초점이 있었다. 이러한 해묵은 쟁론의 불씨가 일찌감치 14세기에 칼라일 법(the statute of Carlyle, 1307)으로 옮겨 붙었다. 이 법은 영국의 수도원들을 방문하도록 임명된 외국인들이 자금을 국외로 반출하는 행위와, 국외에서 국내 종교 단체들에 세금을 부과하거나 성직을 임명하는 행위를 금지했다.

1343년에 의회는 교황에게 성직 임명 유보(reservation)와 직권적 성직 임명(collation)이 교회의 향상과 연보의 유입을 가로막는다는 이유로 그 세금들을 모두 철회하도록 요구했다. 더 나아가 외국인들, "그 중에 더러는 우리 언어를 모르는 우리의 원수들"을 영국의 성직록들에 임명하는 행위에 항의했다. 클레멘스 6세는 국왕과 의회의 서신에 쓴 답서에서, 자신이 직권적 성직 임명(provision)과 성직 임명 유보(reservation)를 부과한 것은 교회의 유익을 고려한 조치였다고 해명하면서, 에드워드에게 가톨릭 군주답게 처신할 것과, 자신의 영토에서 로마 교회와 교회의 자유를 위협하는 것을 일절 허용하지 말 것을 당부했다. 그러한 자유를 자신이 "최후의 심판 때 회계(會計)해야 하므로 변호"하고자 한다고 말했다. 이 경우의 자유란 힐데브란트를 비롯한 전임자들이 당당하고 오만하게 수상해온 권리들을 아무런 구애도 받지 않고 자유롭게 행사하는 것을 뜻했다. 토머스 풀러(Thomas Fuller)는 다음과 같은 말로써 교황의 직권적 성직 임명

---

8) Walsingham, *Hist. Angl.*, I. 200 sqq., 교황의 답장은 p. 208 sqq. 베네딕투스는 프랑스 왕에게 쓴 편지에서 만약 자신에게 영혼이 둘이라면 하나를 그에게 주겠다고 함으로써 왕에게 헌신의 태도를 보였다.

(provision)과 성직 임명 유보(reservation)를 정확하게 규명했다. "주교직이나 대수도원장직 등의 높은 지위나 좋은 성직록(aquila non capit muscas - 독수리는 파리들에게 괘념치 않는다)이 공석이 될 가능성이 있을 때 교황은 자신의 이익을 고려하여 마음에 둔 후임자들을 미리 정해두었다. 이러한 장치로써 수도원들의 합법적인 선출과 모든 서임권자들의 적법한 추천을 묵살했다."

기념비가 될 만한 성직 후임자 임명법(the statue of Provisors)은 교황이 영국의 관습을 무시한 채 시행하는 모든 직권적 임명과 성직 임명 유보, 그리고 세금들을 금지했다. 1353년의 조례는 영국의 서임권자를 외국 법정에 고소하는 행위를 금지함으로써 교황의 권력을 좀 더 효과적으로 제어하려고 했다.[9]

이런 법들에 대해서 교황은 편의에 따라 필요한 만큼만 주의를 기울였다. 전임자들 가운데 한 사람이 쿠피엔테스(*Cupientes*)라는 대칙서에서 천명한 바 기독교 세계의 모든 성직록을 임명할 권리를 포기할 생각이 조금도 없었으며, 기회만 주어진다면 굶주린 자기 식구들인 추기경들과 고위성직자들에게 수입이 좋기로 유명한 영국의 성직들을 안겨주었다. 실제로 메리머스(Merimuth)가 소개한, 특히 블리스(Bliss)가 펴낸 교황청 자료집에 실린 그런 성직 임명 사례들은 워낙 같은 형태로 반복되는 까닭에 교황이 영국 교회에 대해서 오로지 그 나라의 성직록들을 외국인들에게 넘겨주는 데만 관심이 있었다는 인상을 쉽게 받게된다.

블리스가 펴낸 자료집에서 그 수를 헤아려 보았다. 어떤 부분에서는 한 면에 기재된 9개 성직 가운데 4개가 교황이 임명한 것이었다. 어떤 부분에서는 두 쪽 반 분량의 지면을 할애하여 다음 교회들에 "유급 참사회원직 임명"을 고지했다. 링컨 주교좌성당 7개; 솔즈베리 5개; 치체스터 2개;웰스와 요크, 엑서터, 세인트 패트릭, 더블린, 모레이, 사우스웰, 하우든, 로스, 애버딘, 윌턴에서 각각 1개.[10] 1342-1385년의 기간에 요크의 수석사제직은 로마에서 파견된 추기경 세 명이

---

9) 이 법률들에 관해서는 Gee와 Hardy의 저서 p. 103 이하, 112-123을 참조하라. 같은 내용의 법이 1390년에 다시 공포된 것과 관련하여 Fuller는 다음과 같이 흥미롭게 평가한다. "그것은 그 땅에서 교황권에 큰 타격을 가했다. 과거에 공포된 몇몇 법률들이 교황의 손톱을 뽑았다면, 이 법은 아예 손가락을 잘랐다."

10) II. 345; III. 54 sq.

번갈아 가며 맡았다. 1374년에 솔즈베리 주교좌성당의 재무관, 수석사제, 두 대지구장(archdeanery)의 수입도 로마에서 파견된 사람들의 수중에 들어갔다. 에드워드 3세의 재위 말에 외국의 추기경들이 영국에서 가장 부유하고 성직록들도 풍부한 요크와 솔즈베리, 리치필드의 수석사제직과 캔터베리의 대 지구장(archdeanary)직을 차지했다. 주교들과 대수도원장 선출자들은 교황에게 인준을 받기 위해 아비뇽으로 여행하여 몇 달씩 체류하면서 많은 돈을 써야 했으며, 교황이 이미 후임자를 임명해 두었다는 이유로 고위성직 선출자가 직위에 오르지 못하는 경우도 있었다.

교황이 임명을 유보한 교구들에 관하여 스텁스(Stubbs)는 짧은 기간에 해당하는 다음과 같은 목록을 제시한다. 1317년 - 우스터, 헤리퍼드, 더럼, 로체스터; 1320년 - 링컨와 윈체스터; 1322년 - 리치필드; 1323년 윈체스터; 1325년 - 칼라일과 노리치; 1327년 - 우스터, 엑서터, 헤리퍼드; 1329년 - 배스; 1334년 - 더럼, 캔터베리, 윈체스터, 우스터. 성직임명은 성직 복수 겸임제를 철저히 인정하는 상태에서 이루어졌다. 예를 들어, 국왕의 고해신부였던 런던의 월터는 교황의 서신에 진술된 대로 이미 런던과 솔즈베리, 세인트 폴, 세인트 마틴 르 그랜드, 런던, 브리지노스, 그리고 솔즈베리 교구의 헤이스팅스와 헤어스웰에 헤아릴 수 없이 많은 "참사회직과 성직록"을 보유하고 있었음에도 불구하고 교황에게 다시 웰스의 수석사제로 임명받았다.[11] 주교들을 이 교구에서 저 교구로 승진시키는 방법으로, 교황은 자신의 측근들에게 달리는 해줄 수 없는 것을 해주었다. 예를 들어 1374년에 교황은 서드베리(Sudbery)를 캔터베리로 승진시킴으로써, 코트니(Courtenay)를 헤리퍼드에서 런던으로, 길버트(Gilbert)를 뱅거에서 헤리퍼드로 옮겨줄 수 있었으며, 이렇게 단번의 조치로 네 교구에서 초년도 세금을 챙길 수 있었다.

규제 입법에도 불구하고 영국에 늘어와 있던 교황청 성세관들의 발길은 여전히 분주했으나, 지난 두 세기에 비하면 공개적이고 확신에 찬 태도가 현저히 줄어들었다. 1379년에 우르바누스 6세는 코스마투스 겐틸리스(Cosmatus Geltilis)를 영국에 교황대사 겸 수석 징세관으로 파견하면서, 그와 징세관들이 거둔 세금, 특히 베드로 헌금(Peter's pence)을 속히 로마로 보내라고 지시했다.[12] 1375년

11) Bliss, II. 521.

에 그레고리우스 11세는 캔터베리와 요크의 대주교들에게 교황령 방어를 위해 60,000플로린의 세금을 거두라고 명령했으나, 추기경들이 보유하고 있던 영국의 성직록들에 대해서는 세금을 면제해 주었다.

연대기 저자 메리머스(Merimuth)는 교황청이 영국의 교구들과 교회들을 수탈해 가던 관행을 요약한 눈길을 끄는 단락에서, 클레멘스 5세 이래로 교황들이 영국을 마치 야만족 취급을 해도 되는 듯이 금과 재물을 긁어간 일을 강조했다. 요한 22세에 대해서 그는 영국의 모든 수입 좋은 성직록들에 후임자 선출을 유보시킨 인물로 묘사한다. 베네딕투스 12세 때에는 수탈이 그다지 심하지 않았다. 하지만 그의 후임자 클레멘스 6세는 탈취자들 가운데 가장 파렴치한 자로서, 영국의 가장 좋은 성직들을 자신을 위해 유보시키거나 교황청 식구들에게 분배해 주었다. 메리머스는 다음과 같이 계속해서 글을 이어간다. 이처럼 영국의 적들이 영국의 세입을 가로채 갔으며, 이런 상황이 지속되다보니 아비뇽에서는 영국인들이 유순한 나귀처럼 모든 짐을 묵묵히 짊어진다는 속담이 유행하게 되었다.[13] 이 방탕한 프랑스인(클레멘스 6세)은 에드워드 3세와 영국인들에 대해서 만약 교황의 임명에 대한 저항을 중단하지 않고 교황청의 징세 활동을 계속해서 방해한다면 각각 파문과 성무 중지령에 처하겠다고 협박했다. 그 교황은 1353년에 협박을 단행하기로 한 날짜가 되기 전에 죽었다. 프랑스가 영국 군대에 의해 영국 영토가 되어가고 있는 동안에, 이탈리아와 프랑스의 교회 정치가들은 영국의 재산을 정복해 가고 있었던 것이다.

1366년에 뚜렷이 부각된 위클리프라는 위대한 이름은 한참 무르익어 가던 영국인들의 애국심을 반영한다. 그는 군주의 지위를 논한 두 편의 방대한 논문에서, 군주가 자기 영토에 있는 교회의 세속적 문제들, 심지어 세속 재산에 대해서까지 주권을 지닌다는 이론을 제시했다. 영국 교회가 토머스 아 베켓과 유사한

---

12) Ibid., IV. 257.

13) Merimuth, p. 175. 매튜 패리스의 시대에 영국은 교황으로부터 그런 무거운 짐을 부과받은 터에 홍수와 혹한의 재해까지 겪었다. Merimuth는 1339년에 일어난 대홍수를 전하는데, 10월부터 시작한 비가 12월 초순까지 쉬지 않고 퍼부어서 국토가 바다처럼 변했다고 말한다. 비가 그친 뒤에는 혹한이 시작되어 국토가 거대한 빙판으로 변했다.

기질의 성직자를 만나게 된 셈인데, 하지만 그는 국가를 교회 앞에 무릎 꿇게 하려는 의도가 없었다. 그는 교회의 영역에 대한 대중의 의지와 인류 보편의 상식, 그리고 신약성경의 영적 영역에 관한 이론을 반영했다. 만약 그가 사실상 혼자가 아니었다면 두 세기나 앞서서 영국에서 교황의 권력이 제한되는 것을 예기(豫期)하게 되었을 것이다.

40. 존 위클리프

"신실한 신자가 살았는데
가난한 교구 신부였다.
그러나 경건한 생각과 행실에서는 부요로운 사람이었다.
그는 또한 지식 있는 성직자여서
그리스도의 복음을 참되게 전하고자 했다.
* * *
그는 그의 양들에게 고매한 모범을 보였는데
그것은 먼저 자신이 행한 후에 가르쳤다는 것이다.
* * *
아무 데에도 이보다 더 훌륭한 사제는 없다고 생각한다.
그는 어떤 허식이나 숭상을 바라지 않는다.
그에게는 위선이 없었다.
다만 그리스도의 가르침과 그의 열두 사도들의 가르침을
그는 가르쳤는네, 먼서는 사신이 그 가르침을 따릿다."

— 초서 (Chaucer)

종교개혁 이전의 개혁자들이라는 칭호는 루터와 개신교 종교개혁자들의 가르침을 상당 부분 예기한 14, 15세기 사람들에게 적합하게 붙여져 왔다. 이들은 각각 홀로 두각을 나타냈던 바, 영국의 위클리프, 보헤미아의 얀 후스, 피렌체의 사보나롤라, 독일 북부의 베셀(Wessel)과 고흐(Goch), 베젤의 요한(John of

Wesel)이 그들이었다. 어느 조각가는 16세기 종교개혁을 묘사한 작품에서 이 사람들에게 보름스의 유명한 무리의 주춧돌에 해당하는 자리를 부여했다. 도덕 개혁가 사보나롤라를 제외하면, 이 사람들은 교회의 의식과 교리를 공개적으로 비판하고 나선 점에서 고요한 방법으로 삶의 정화(淨化)를 추구한 독일 신비주의자 집단과 달랐다. 그런가 하면 교회법 체계에만 관심을 쏟았을 뿐 교회의 행정과 도덕상의 부패를 바로잡는 데까지 나가지 않은 다이, 제르송, 클라망제의 니콜라우스 같은 교회 행정 개혁가들 집단과도 달랐다. 위클리프와 그의 계승자들은 교리 개혁가들이었다. 몇 가지 점에서 이들은 파두아의 마르실리우스를 비롯한 14세기 전반의 교황제 비판가들에 의해 예기된 바 있었다.

종교개혁의 샛별이라 불리고, 죽을 무렵에 영국과 보헤미아에서 복음적 박사라 불린 존 위클리프(John Wyclif)는 1324년경에 더럼 교구에 속한 요크셔의 위클리프라는 마을 근처에서 태어났다.[14] 그의 저서들에는 생애에 얽힌 사건들의 실마리를 제공하지 않으며, 당대인들에게서도 이렇다 할 정보를 얻을 수 없다. 그는 색슨족의 혈통을 물려받았다. 공부는 당시 여섯 개의 칼리지를 보유하고 있던 옥스퍼드 대학교에서 했다. 그가 속한 칼리지는 베일리얼이었으며, 1361년에 그 대학의 교수가 되었다. 머튼 칼리지와 퀸스 칼리지와도 관련이 있었으며, 캔터베리 대주교 이슬립(Islip)이 설립한 캔터베리 홀의 학장도 역임한 것으로 보

---

14) Leland의 *Itinerary*는 위클리프의 출생 연도를 1324년으로 표기했다. Buddensieg와 Rashdall은 1330년으로 표기한다. 위클리프의 출생지에 관해 이 책이 첫 번째 전거로 삼는 Leland는 스프레스웰(힙스웰)과 위클리프온티스 사이의 간격이 1km도 채 되지 않는다고 말한다. 위클리프의 이름은 스무 가지도 넘는 형태로 표기된다. Wiclif - Lechler, Loserth, Buddensieg를 포함한 대다수 독일 학자들; Wiclef, Wicliffe, Wicleff - Foxe, Milman, Poole, Stubbs, Rashdall, Bigg; Wyclif - Shirley, Matthew, Sergent, the Wyclif Society, the Early English Text Society 등. Wyclif라는 형식은 그 개혁자가 베일리얼 칼리지 학장으로 있던 1361년에 작성된 교구 등기부에서 발견된다. 국가 공문서에 최초로 표기된 형식(1374년 7월 26일)은 Wiclif로 되어 있다.

15) 위클리프의 이름은 이 대학들 전부와 관련하여 언급된다. 문제는 존 위클리프라는 이름의 소유자가 두 사람이 아니었는가 하는 것이다. John de Whyteclyve라는 사람은 1361년에 메이필드의 학장을 지내고 후에는 호스테드 케인스의 학장을 지내다가 1383년에 그곳에서 죽었다. 1365년에 이슬립은 메이필드에서 쓴 서신에서 John

인다.[15] 그는 필링엄(1363)과 러저셸(1363)의 성직록을 차례로 역임했으며, 1374년에는 왕명에 의해 러터워스 성직록에 임명되었다. 당시 러터워스 성직록의 가치는 한 해에 26파운드였다.

위클리프는 옥스퍼드 대학교 교수, 애국자, 신학 및 현실 개혁가, 영어 성경 번역가로서 빛나는 지위를 차지하고 있다. 그의 생애 중반에 발생한 교황청 분열이 그의 교회권 견해에 중요한 영향을 미쳤다.

알려진 바에 따르면 그는 1366년까지는 옥스퍼드에서 맡은 업무들과 소교구 사역에만 주력했다. 그러다가 그해에 국왕의 전속사제단의 일원이 되어 영국의 교회 행정에 관한 교황의 수위권에 반대하는 인물로 등장했다. 그해에 열린 의회는 33년 전에 영국 왕 존이 약속한 대로 조공을 납부하라는 교황 우르바누스 5세의 요구를 거절했다. 존은 국민의 동의 없이 왕국을 외국의 군주에게 복종케 할 권한이 없다고 의회는 주장했다. 위클리프는 의원이 아니었지만 의회에 그러한 조언을 했음에 틀림없다.[16]

1374년 여름에 위클리프는 프랑스와 평화 협정을 체결하고, 교황의 대리인들과 궐석이 된 영국의 성직들을 채우는 문제를 협의하도록 국왕이 파견한 사절단의 일원으로 (벨기에) 브뤼헤(Bruges)로 갔다. 사절단 명단에서 그의 이름은 뱅거의 주교 다음에 두 번째로 등재되어 있었다. 브뤼헤에서 그는 처음으로 에드워드의 총애하던 아들 존(John of Gaunt)과 친밀한 관계를 맺어 수년간 교제를 이어갔으며, 처음으로 그의 도움으로 교회 정치가들로부터 위해(危害)를 면하게

Wyclyve라는 사람을 캔터베리 홀의 학장으로 임명한다. Shirley(Note on the two Wiclifs, in the Fasciculi, p. 513)는 이 위클리프가 우리가 아는 존 위클리프와 다른 사람이라는 견해를 지지했으며, Poole, Rashdall, Sergeant가 그 견해를 따랐다. 말보로 칼리지 학장 Wilkinson(*Ch. Quart. Rev.*, Octorber, 1877)은 이 견해를 강력히 비판한다. 위클리프의 생애를 연구한 독일의 대표적인 두 전문가 Lechler와 Buddensieg도 옥스퍼드 홀과 관련하여 한 사람의 위클리프만 인정한다.

16) Lechler가 이 견해를 강력히 지지한다. Loserth와 그를 지지한 Rashdall은 그 견해를 비판하면서, 위클리프가 처음(1376년)에는 정치 개혁자로 등장했다고 주장한다. 하지만 이 주장대로 하자면 그 개혁자가 불과 7년만에 모든 저서를 다 썼다고 간주해야 하는 어려움이 따른다.

17) 랭커스터의 공작 곤트의 존은 흑태자(the Black Prince)의 동생이었다. 그는 프랑스에서 승리를 거두고 돌아온 뒤에 불치병에 걸려 죽었다.

되었다.[17]

잉글랜드로 돌아온 위클리프는 신앙 개혁가로서 발언하기 시작했다. 옥스퍼드와 런던에서 교황의 세속 주권을 비판하는 설교를 했으며, 기성 교회의 부패를 성토했다. 그런 활동을 시작한 직후에 펴낸 소책자들의 한 권에서 그는 로마 주교를 "적그리스도, 거만하고 세속적인 로마 사제, 흉악한 도적과 강도"라고 불렀다. 교황이 "여느 사제보다 매고 푸는 권세를 더 많이 지니고 있지 않으며, 세속 군주들이 필요할 경우에는 성직자들의 재산을 몰수할 수 있다"고 주장했다. 평소에 성직자들을 원수처럼 여기던 랭커스터의 공작이 교회 재산 몰수 운동에 앞장섰다. 피어스 플라우먼(Piers Ploughman)이 "영주들이여, 교회의 토지를 차지하고 교회는 십일조만 가지고 살게 하라"고 외친 것은 여론의 폭넓은 뒷받침을 받고서 한 것이었다. 위클리프가 연설과 글로써 심의에 영향력을 행사한 1376년의 의회(the Good Parliament)는 성직위계제도에 대한 비판적 여론을 강하게 표출했다.

옥스퍼드 교수의 태도는 교회 당국의 시각에서 견책하고 넘어가지 않을 수 없을 만큼 대담해졌다. 1377년에 그는 세인트 폴 주교좌성당에 설치된 런던 주교 윌리엄 코트니(William Courtenay)의 법정에 소환되었는데, 재판은 주교와 공작 사이의 격렬한 언쟁으로 시작되었다. 쟁점은 위클리프가 재판을 받을 때 앉아 있어야 하는가 아니면 계속 서 있어야 하는가 하는 것이었다. 런던의 판사 비서관(lord marshal, 의전관) 퍼시(Percy)가 위클리프에게 앉으라고 명령하자, 주교가 그것은 일찍이 들어보지 못한 법정 모독 행위라고 주장했다. 재판에 참석하여 그 상황을 지켜보던 랭커스터 공작은 코트니와 잉글랜드의 모든 고위성직자들의 교만을 반드시 꺾어놓고 말겠다고 맹세했다. 그러자 주교는 기세등등하게 "각하, 한 번 최선을 다해보시지요" 하고 응수했다. 그는 데번셔 공작의 아들이었다. 두 사람의 언쟁이 민중을 자극하여 소요 사태가 일어났으며, 위클리프는 랭커스터에게 보호를 받았다.

상황이 이쯤 되자 교황 그레고리우스 11세가 직접 나서서 그 범죄자의 저서들에서 교회와 국가에 위험한 오류로 적발한 19가지 죄목을 단죄하는 대칙서를 발행했다. 실제로는 캔터베리 대주교와 런던 주교, 옥스퍼드 대학교와 영국 왕 에드워드 3세에게까지 문서를 보냈으니, 적어도 5통의 대칙서를 발행한 셈이다. 대주교 서드베리에게 보낸 문서는 영국의 찬란한 신앙 역사와, 정통신앙을 지켜

내고 자기 민족뿐 아니라 대사명을 이행하여 다른 민족들까지도 가르친 그 나라 교회 지도자들의 명성을 예찬하는 내용으로 시작했다. 그런데 러터워스의 주임 사제[위클리프가 제정신을 잃고서 전체 교회의 안정을 위협하는 거짓 명제들을 공개적으로 선포하기를 주저하지 않는다는 소식이 자기 귀에 들어왔다고 말했다. 그러므로 자신은 대주교에게 존을 투옥하고 법정에서 최종 판결이 날 때까지 결박해 두라고 지시했던 것이었다고 설명했다. 교황의 이러한 조치에 대해서, 옥스퍼드 부총장은 적어도 겉으로는 교황의 명령에 순응하여 그 이단 교수를 흑실(黑室, Black Hall)에 구금한 듯하나, 그것은 눈가림에 지나지 않았다.

다행히도 교황은 결박과 투옥까지는 지시할 수 있었으나, 진리를 결박하고 사상의 진보를 가로막는 일은 전적으로 그의 권세에 속해 있지 않았다. 교황 그레고리우스는 옥스퍼드 총장에게 보낸 서신에서 위클리프가 지하감옥에서 마음속에 있는 지극히 사악하고 저주스러운 이단설을 토해내고 있고, 그것으로써 신자들을 오염시켜 멸망으로 끌고 가고, 교회를 전복하고 국가를 무너뜨리려 하고 있다고 주장했다. 그는 그 평화의 훼방자를 오류의 거두들인 파두아의 마르실리우스와 장 드 장덩과 같은 반열에 놓았다.

위클리프는 이번에는 램버스에 설치된 대주교의 법정에 소환되었는데, 그때 마침 흑태자의 미망인에게 재판에 순순히 임하라는 전갈을 받았고, 재판 도중에 런던 시민들이 들고일어나서 법정을 점거하는 바람에 재판이 중단되었다. 옥스퍼드에서는 신학교수들이 교황에 의해 단죄된 열아홉 가지 명제가 귀에는 거슬리지만 실제로는 참이라는 내용의 성명서를 발표했다. 그로부터 몇 주 뒤인 1378년 3월에 그레고리우스가 죽었고 교황청 분열이 발생했다. 그 후로 그레고리우스의 사악한 대칙서들은 더 이상 거론되지 않았다. 열아홉 가지 명제의 요지는 그리스도의 제자들이 교회 행정 기구를 동원하여 세속 재산을 거둘 권한이 없다는 것과, 교황과 사제의 파문이 만약 그리스도의 법에 무합하지 않는다면 효력이 없다는 것, 적절한 이유가 있을 시 국왕이 교회의 세속 재산을 몰수할 수 있다는 것, 그리고 심지어 교황이라도 평신도들에게 탄핵을 받을 수 있다는 것이었다.

1378년과 더불어 교리 개혁가로서 위클리프의 생애가 시작되었다. 그는 영국인들의 권익을 외국인들의 침탈에 맞서서 변호했다. 이제는 스콜라 학자들과 중세 교황들이 공들여 쌓아온 신학 체계와 교회에 잠입해 들어온 부패들을 조목조목 비판했다. 기독교 세계가 둘로 쪼개져서 서로를 향해 저주를 퍼붓는 세태가 교황제의 신적 기원에 관한 확신을 흔들어 놓기에 충분했다. 위클리프는 설교들과 소책자들과 긴 저서들을 통해서 성경과 상식을 부각시켰다. 그의 펜은 다메섹의 면도칼처럼 예리했다. 아이러니와 독설의 달인이었던 그는 그러한 문학적 역량을 남김없이 사용했다. 직설적이고 적실(適實)한 그의 호소를 민중은 쉽게 알아들었다. 그는 라틴어뿐 아니라 영어도 사용했다. 위클리프의 확신과 열정은 루터 못지않게 깊고 뜨거웠으나, 한편으로 그의 문체는 루터의 생생한 설명 능력과 따뜻한 공감에 미치지 못했고, 다른 한편으로 루터에게 있던 조야함이 그에게는 없었다. 루터가 독일이 배출한 가장 열정적인 소책자 저자였듯이 위클리프는 영국에서 일어난 가장 대표적인 신앙 소책자 저자였으며, 그의 명쾌하고 예리한 어조와 필치는 내용과 청중 면에서 퓨지(Pusey)와 케블(Keble), 뉴먼(Newman)이 이끈 옥스퍼드 운동의 학적이고 완성도 높은 소책자들에 비견할 수 있다. 전자(위클리프)가 양심에 호소했다면 후자는 미학적 취향에 호소했으며, 전자가 사제들의 허세를 무너뜨리려고 했다면 후자는 오히려 그것을 옹호했다.

그러나 14세기의 개혁자는 학자와 저술가를 넘어서는 인물이었다. 존 웨슬리처럼 그는 실제적인 성향을 지니고 있었으며, 웨슬리처럼 영국에 순수한 복음을 새롭게 선포하려고 했다. 브뤼헤에서 귀국하면서부터 탁발수사들의 폐해를 막기로 결심하고 나선 그는 순회 전도자 집단을 발전시켜 파송할 계획을 품었다. 이들 '땀구멍(pore) 사제들'(그들은 이 이름으로 불렸다)을 옥스퍼드 대학교 졸업생들 중에서 선발했으며, 그 중에는 평신도들도 포함되어 있었던 것으로 보인다. 그들의 수와 규율에 관해서는 알려진 바가 없다. 1380년경에 시작한 이 운동은 한편으로는 위클리프를 헤리트 드 흐로테와 연결시키고, 다른 한편으로는 웨슬리와 좀 더 최근의 영국인으로서 구세군을 설립한 윌리엄 부스(William Booth)와 연결시킨다.

이 전도 계획은 비록 항구적 조직의 형태를 띠지 못했으나, 땀구멍 설교자들의 등장은 상당한 화제를 불러일으켰다. 연대기 저자 메리머스에 따르면, 옥스퍼드에서 위클리프 주위에 모인 제자들은 수가 많았고, 한결같이 황갈색 긴 겉옷을 입은 채 도보로 민중을 찾아다니면서 공식 설교를 통해 스승의 '오류'를 전파했다고 한다.[18] 주교 코트니를 비롯한 많은 사람들에게 고소를 당한 그들은

"권위를 위임받지 못한 순회 설교가들로서, 오류가 있는, 아니 이단적인 주장들을 교회당들뿐 아니라 광장들과 그 밖의 속된 장소들에서 공개적으로 퍼뜨리고 다녔으며, 거룩을 가장하여, 하지만 주교나 교황에게 권위를 위임받지 않은 채 이런 일을 하고 다녔다."

1381년, 그러니까 코트니가 기념비적인 발언을 하기 한 해 전에 월든(Walden)은 위클리프가 "제단의 성사에 관해 견해를 정하기 시작했다"고 전한다.[19] 이 중요한 점에 혁신을 시도하려면 대단히 높은 차원의 용기가 필요했다. 그는 열두 가지 명제로써 '제단의 성사'에 대한 교회의 교리가 비성경적이고 신자를 호도 (糊塗)한다고 주장했다. 제4차 라테란 공의회가 화체설 교의를 공포한 이래 최초로 한 신학자가 그 교의에 심각한 의문을 제기하고 나선 것이다. 그의 형국은 홀로 섰던 아타나시우스와 다를 바 없었다. 탁발수사들이 거세게 들고 일어섰다. 옥스퍼드의 당국자들이 대주교와 주교들의 요구를 받고 법정을 설치했으며, 총장 버턴(Berton)과 교수 12인이 재판부를 구성했다. 재판부는 위클리프를 거명하지 않은 채 떡과 포도주가 축성된 뒤에도 그대로 남는다는 주장과, 성찬 때 그리스도의 몸이 상징적으로 혹은 비유적으로 임할 뿐이라는 주장을 유해한 것으로 단죄했다. 위클리프는 재판부가 자신의 주장을 무너뜨릴 수 없다고 주장하고는, 대학교에서 계속해서 설교와 강의 활동을 해나갔다. 그러나 그가 항소한 국왕의 심의회에서 랭커스터 공작이 그의 반대 진영에 서서 그에게 옥스퍼드에서 그 주제로 더 이상 발언하지 말도록 금했다. 이 금령에 맞서서 위클리프는 「고백록」(Confession)이라는 책에서 한층 더 강한 어조로 자신의 견해를 주장했는데, 그 책은 "나는 종국에는 진리가 승리할 것으로 믿는다"는 말로 끝을 맺는다.

같은 해에 농민 반란이 터졌으나, 마치 루터가 1525년에 농민 봉기에 대해서 냉담한 반응을 보였던 것과 마찬가지로 위클리프가 농민 진영을 두둔했다는 증거가 없다. 반란이 끝난 뒤에 위클리프는 교회 재산을 가난힌 사람들이 아닌 상류 계층에 분배하자고 제안했다.[20] 하지만 그가 제안한 원칙은 억압에 맞선 반란으로 쉽게 솟아오를 수 있는 씨앗이었다. "교회든 국가든 악한 지도자들에게는

---

18) *Chron. Angl.*, p 395; Knighton, II. 184 sq.

19) *Fasc.*, p. 104.

20) 참조. Trevelyan, p. 199; Kriehn, pp. 254-286, 458-485.

세금이나 십일조를 바칠 의무가 없다"고 그가 쓰지 않았던가? 이때로부터 150년 뒤에 틴들(Tyndale)은 이렇게 말했다. "위클리프의 시대도 그랬듯이 오늘날도 위선자들은 하나님의 말씀이 반란을 자극한다고 말한다."[21]

코트니가 캔터베리 교구로 승진한 것은 그 개혁자에게 좋은 조짐이 아니었다. 1382년에 그는 영국사에서 회의 도중에 지진이 느껴졌다는 이유로 '지진 교회회의'로 알려진 교회회의를 소집했다. 그 수석 대주교는 주교 9인의 지지를 받았는데, 지진이 느껴지기 시작하자 그는 그것이 상서로운 징조라고 해석하는 용기를 드러냈다. 지진이 허세와 익살을 쓸어버리기 위해서 성직자단에 공감을 표시하는 것이라고 했다. 회의에 참석하지 않은 위클리프는 지진 사건을 달리 해석하여, 주님께서 지진을 보내신 이유는 "탁발수사들이 성사 문제에서 그리스도에게 이단설을 가했기 때문이며, 그리스도께서 사형 판결을 받으시고 육체의 죽음을 당하실 때처럼 땅이 흔들렸다"고 주장했다.[22]

교회회의는 그 개혁자가 주장했다고 하는 24개 명제 가운데 10개는 이단으로, 나머지는 교회의 결정을 거스른 것으로 단죄했다. 이단의 단죄를 당한 명제들 가운데 중요한 네 가지는 그리스도께서 성찬 때 육체로 임하시지 않는다는 것과, 영혼이 죽음을 준비할 때 구두 고해가 반드시 필요한 것이 아니라는 것, 우르바누스 6세가 죽은 후에는 영국 교회가 어떠한 교황도 인정하지 말고 그리스인들과 마찬가지로 자치(自治)를 시행해야 한다는 것, 그리고 성직자들이 세속 재산을 보유하는 것은 성경에 위배된다는 것이었다. 코트니(Courtenay)는 교회회의의 후속 조치로서 당시 옥스퍼드 대학교 총장이던 리그(Rygge)에게 이단적 교훈과 교사들을 징계하라고 지시했다. 하지만 리그는 그의 지시를 무시하고서 위클리프의 추종자인 레핑던(Repyngdon)을 설교자로 임명했으며, 대주교의 서신으로 무장한 신학교수 피터 스토키스(Peter Stokys)가 나서서 그의 설교를 중지시키려고 하자 옥스퍼드의 학생들과 교수들이 저마다 칼을 빼어들고는 그 카르멜회 수사를 위협했다.

그러나 코트니는 사소한 불순종도 용납하지 않겠다는 태도로 리그와 옥스퍼드의 학생감들을 램버스로 소환한 뒤 무릎을 꿇린 채 자신이 지시한 바를 이행

---

21) Pref. to *Expos. of St. John*, p. 225, Parker Soc. ed.
22) *Select Engl. Works*, III. 503.

하겠다는 다짐을 받아냈다. 의회가 그 고위성직자를 지지했다. 이리하여 새로운 교훈이 탄압을 받았으나 위클리프는 조금도 굴하지 않았다. 그는 4개 조항의 항의서를 국왕과 의회 앞으로 보내어, 교회 재산에 관한 영국법이 수위권을 갖는다는 것과, 탁발수사들이 수도회칙을 버리고 그리스도의 규율을 따를 수 있는 자유가 있다는 것, 그리고 성찬 때 떡과 포도주의 우유성(accidents)뿐 아니라 본질도 그대로 남아 있다는 견해를 주장했다.[23]

왕실은 더 이상 그 개혁자를 지지할 뜻이 없었던 까닭에, 리처드 2세는 리그에게 고압적인 명령을 하달하여 새로운 교훈을 규제하도록 했다. 코트니가 직접 옥스퍼드를 방문했으며, 따라서 위클리프가 세인트 프리즈와이즈에서 그 고위성직자를 다시 만났다는 설은 상당히 일리가 있다. 단죄당한 교사의 저서들과 헤리퍼드(Hereford)의 저서들을 대상으로 엄격한 종교재판이 거행되었다. 위클리프는 설교 금지령을 받고서 교수직을 은퇴한 뒤 러터워스의 주임사제 직위로 돌아갔다. 헤리퍼드와 레핑던(Repyngdon), 애스턴(Aston), 비드먼(Bedeman)을 비롯한 그의 지지자들은 견해를 철회했다. 위클리프 진영 전체가 강한 타격을 받았으며, 옥스퍼드에서 가르칠 자유마저 상실했다.[24]

위클리프는 러터워스를 떠나지 않은 채 성경 번역에 몰두했고, 또한 (노리치 주교 헨리 드 스펜서(Henry de Spenser)가 우르바누스 6세의 편에 서서 아비뇽 교황 클레멘스 7세를 거슬러 준비하고 있던) 십자군 전쟁을 맹렬히 비판한 「십자군」(Cruciata)을 포함한 논쟁적인 소책자들을 각처에 발송했다. 그 호전적인 고위성직자는 일찍이 농민 봉기 때 군사적 재능을 선보인 적이 있었다. 우르바누스는 입대자들에게 일년간 완전 면죄를 약속해둔 상태였다. 십자군의 명목으로 영국 전역의 교회들에서 미사가 거행되고 설교가 행해졌으며, 막대한 연보가 모였다. 면죄부가 살아 있는 자들뿐 아니라 죽은 자들에게까지 확대 적용되었다. 위클리프는 그 십자군 전쟁이 세속적 야심을 위한 뒷성이라고 단언했고, 면죄부에 대해서는 "성소에 선 멸망의 가증한 것"이라고 선포했다. 결국 스펜서의 군대가 대륙으로 건너가긴 했으나 원정은 실패로 끝났다. 위클리프가 남긴 신학 논문들 가운데 가장 중요한 「삼인 대화록」(Trialogus)은 이 시기에 집필되었다.

---

23) Ibid., III. 507-523.

24) Fasc., pp. 272-333. 참조. Shirley, p. xliv.

이 논문은 성경과 교회가 일치하지 않는 곳에서는 성경을 순종해야 하며, 양심과 인간의 권위가 상충되는 곳에서는 양심을 따라야 한다는 원리를 제시한다.

죽기 2년 전에 위클리프는 중풍에 걸리게 되었는데, 그 병은 그를 불구자로 만들긴 했으나 완전히 무능하게 만들지는 못했다. 그가 교황 앞에 출두하라는 명령을 받았을 가능성이 있다. 그는 조금도 위축되지 않은 확신으로 교황에게 답변하기를, 자신은 어느 인간의 권위보다도 그리스도의 법에 복종할 의무가 있으며, 그리스도께서는 모든 인간들 가운데 가장 가난하셨고 세속 권력에 복종하셨다고 했다. 만약 베드로나 바울, 그 어떤 성인들이라도 그리스도를 닮지 않는다면 그리스도인은 그들을 추종할 권리가 없다. 교황은 모든 세속 권위를 버리고 자신의 성직자들에게도 그렇게 하도록 해야 한다. 이렇게 말한 뒤, 위클리프는 만약 이런 견해에서 자신에게 오류가 발견된다면 기꺼이 교정을 받겠으며, 사형도 달게 받겠다고 주장했다. 만약 자신이 로마에 출두하는 것이 이 견해를 진작하는 데 도움이 된다면 기꺼이 그곳으로 가겠다고 했다. 그러나 하나님께서 그렇게 하지 말도록 장애를 놓으시고, 사람보다 하나님에게 복종해야 한다고 가르치셨다고 말했다. 그리고는 하나님께서 우르바누스를 감화하시어 그리스도의 삶을 본받을 마음을 일으키시고 자신의 성직자들에게도 똑같이 하도록 가르치게 해달라는 기도로 글을 마쳤다.

위클리프는 자신이 섬기는 교회에서 미사를 드리는 도중에 다시 중풍을 맞았으며, 이틀 내지 사흘 뒤인 1384년 12월 29일에 "아무도 끌 수 없는 불을 붙여놓은 채" 세상을 떠났다.[25] 그의 죽음에 관해서 쓴 풀러(Fuller)는 "그처럼 많은 개들에게 수없이 쫓기던 토끼가 고요한 자태로 조용히 죽었다는 것이 참으로 기이하다"고 탄복했다.

위클리프는 여윈 편이었고 결코 건강한 체질이 아니었으나 금욕주의자는 아니었다. 좋은 식사를 즐겼다. 성격이 급하고 매사에 소신이 분명하고 도덕적으

---

25) 위클리프의 죽음과 관련하여 가장 신뢰성 있는 증언은 2년간 개혁자를 도와서 일한 John Horn이 남겼다. 그의 증언을 Dr. Thomas Gascoigne가 받아 적어 펴냈다. Walden은 위클리프가 우스터의 주교로 임명받지 못하자 이단의 길을 걷기 시작했다고 두 번이나 주장하지만, 그 주장은 근거도 타당성도 없다. 루터와 칼빈, 녹스에 관해서도 거짓말이 날조되었는데, 신중한 가톨릭 사가들은 이런 주장들을 일축한다.

로도 흠이 없었다. 대적들에 대해서는 신랄했으나 비열하거나 상스러운 모습을 드러내는 법이 없었다. 젊은 나이에 대주교 애런들(Arundel)의 법정에 섰던 윌리엄 토프(William Thorpe)는 위클리프에 대해서 이렇게 평가한다. "그는 몸이 마른 편이고 원기도 부족했으나 품행이 지극히 순결했다. 영국의 주요 인사들 가운데 상당수가 그에게 자문을 구했고, 그를 극진히 사랑했고, 그의 말을 받아 적었으며, 그의 생활 방식을 본받았다."[26]

고위 성직자 사회에 만연했던 정서는 세인트 올번스의 연대기 저자 월싱엄(Walsingham)이 기록으로 남기는데, 그는 그 개혁자를 다음과 같이 평가한다. "캔터베리의 성 토머스 수난 축일에 마귀의 도구요 교회의 원수요 민중에게 혼란을 끼친 장본인이요 위선자들의 표상이요 이단들의 우상이요 분열의 원흉이요 증오의 씨앗을 뿌린 자요 거짓말쟁이인 존 드 위클리프가 하나님의 두려운 심판을 받아 중풍에 걸린 채 성 실베스터 축일까지 연명하다가 그날 어두운 거처에 악한 숨결을 마지막으로 내쉬었다."

위클리프의 주검은 고이 쉬지를 못했다. 애런들의 법령으로 그의 저서들이 출판 금지 처분을 당했고, 그 법령이 큰 효과를 발휘하여 캑스턴(Caxton)을 비롯한 초창기 영국 인쇄업자들이 더 이상 그의 저서들을 발행하지 않았다. 라테란 공의회는 1413년 2월에 공포한 법령으로 그의 저서들을 소각하도록 명령했으며, 콘스탄츠 공의회는 제르송과 다이 같은 구성원들을 감안할 때 관용을 기대함직한데도 그에 대한 기억을 공식적으로 단죄하고 그의 유골을 무덤에서 파헤쳐 "교회의 묘지에서 밖으로 던지라"고 명령했다. 그 공의회의 법령은 이렇게 전개된다. "[본 공의회는] 상기인 존 위클리프가 악한 이단이었다고 선포하며, 그를 파문하고 그의 기억을 완고한 이단으로 숨을 거둔 자로 단죄하노라."[27] 1429년에 교황 마르티누스 5세의 명령으로 그 법령이 링컨 주교 플레밍(Flemmyng)에 의해 집행되었다.

콘스탄츠의 법령 집행 과정을 묘사한 풀러의 다음과 같은 글이 영국사의 페이지에 각인되어 있다. "그들은 그의 유골을 태워 재로 만든 다음 인근 지역에서

---

26) Bale, in his account of the Examination of Thorpe, Parker Soc. ed., I. 80-81.

27) Mansi, XXVII. 635.

세차게 흐르던 스위프트(Swift) 강물에 던졌다. 이렇게 해서 그 강물은 그의 재를 애번으로, 애번에서 세번으로, 세번에서 얕은 바다로, 그리고 다시 대양으로 싣고 흘러갔다. 이로써 위클리프의 재는 오늘날 전 세계에 흩어져 있는 그의 교리의 문장(紋章)으로 남아 있다."

영국인들의 기억 속에 존 위클리프는 존 래티머(John Latimer)와 존 웨슬리와 함께 영국의 여느 종교 지도자들보다도 독립적인 사고와 정직한 양심, 건실한 신앙적 상식, 복음에 대한 건실한 이해를 대표하는 인물로 남아 있다. 영국인들의 지적 · 도덕적 진보의 역사에서 위클리프는 중세를 이끌고 간 영국인이었다.[28]

41. 위클리프의 학설

위클리프의 학설은 그의 많은 저서들의 표면에 분명하게 나타나 있다. 그는 학자와 정치 개혁가와 설교가와 신학 혁신가와 성경 번역가로서 각 분야에서 활동하면서 방대한 글을 남겼다. 그의 견해들은 중세의 오류와 부패에 대척적 방향으로 진보하는 모습을 보여준다. 숱한 공격을 당하는 과정에서 그는 초기에는 명쾌하게 깨닫지 못했던 오류들을 감지해냈다. 그러나 무엇보다도 성경을 연구하면서 중세의 독특한 신학 체계에 대립되는 체계를 세우지 않을 수 없었다. 그가 논쟁에 사용한 언어는 워낙 격렬하여서 길게 인용하고 싶은 충동을 억누르는 각별한 노력이 요구된다.

위클리프의 진술은 항상 명쾌하지만, 몇몇 저서들은 반복이 지나치게 많아 식상한 느낌을 준다. 게다가 글의 방향이 항상 곧게 나가질 못하고 주요 주제에 연관된 부수적인 주제들을 길게 논하느라 이쪽 저쪽으로 이탈하기도 한다. 저자의 이런 습관 때문에 비교적 부피가 두꺼운 책을 읽기가 지루한 경우가 적지 않다.

---

28) Green은 *Hist. of the Engl. People*에서 '최초의 개혁자'에 대해 찬사를 바치며, 고(故) Bigg 교수는 *Wayside Sketches*, p. 131에서 "그가 품었던 신념이 오늘날 대다수 영국인들의 신념이기도 하며, 이것이 그의 사상이 얼마나 정의롭고 투명하고 명쾌했는가를 입증하는 뚜렷한 증거이다"하고 말한다. 영국의 가톨릭 사가 Lingrad(IV. 192)는 위클리프의 지적 왜곡에 관해 언급한 뒤 그를 "타인의 본이 되는 도덕적인 삶으로써 사도좌의 악과 방종과 횡포를 비판한 비범한 인물"로 평가한다.

그럴지라도 저자는 독자를 곁가지에 그냥 남겨두는 법이 없고 반드시 본 줄기로 돌아오게 한다.

I. 학자. 위클리프는 그가 자주 인용하는 그로스테스트 이래로 옥스퍼드 대학교에서 장기간 교편을 잡은 가장 유력한 학자였음에 논란의 여지가 없다. 그는 안셀무스에서부터 둔스 스코투스 · 브래드워딘 · 피츠랄프 · 헨트의 헨리에 이르는 중세 신학자들뿐 아니라 크리소스토무스와 아우구스티누스, 제롬, 그리고 그 밖의 라틴 교부들에도 정통했다. 많은 저자들의 글을 인용했으나 연륜이 쌓일수록 성경을 최후 호소처로 삼는 경우가 많아졌다. 온건한 실재론자였으며, 모든 신학적 오류를 유명론의 탓으로 돌렸다. 브래드워딘의 결정론을 피하려고 노력한 듯하며, 필연(necessity)의 교리가 의지의 자유를 배제하지 않는다고 주장했다. 의지는 철저히 자유로워서 강요당할 수 없다. 필연이 인간에게 의지를 발휘하여 결심하게, 즉 자신의 자유를 활용하게 하지만, 그 지점에서 인간은 자유롭게 선택할 수 있는 상태로 남는다.[29]

II. 애국자. 애국심이 강한 영국인으로서, 이 옥스퍼드 대학교 교수는 영국 교회를 매사에 교황의 의지에 예속케 했던 안셀무스와 토머스 아 베켓과는 사뭇 다른 태도를 취했다. 안셀무스는 힐데브란트파의 신정(神政)에 충성하느라 추방을 감수했고, 베켓은 죽음마저 불사했다. 위클리프는 정복왕 윌리엄의 시절부터, 특히 존의 재위 이래로 외세에 대해서 쌓여간 민족의 불만을 배출하는 단호하고도 비타협적인 대변인이 되었다. 그는 국내에 들어와 있는 외국의 관할권 체제 전체에 대항하여 비판의 목소리를 높였고, 교회의 토지 보유권에 대해서도 비판했다. 성직자들의 세속 관직 보유에 대해서도 반대했으며, 대주교 서드베리가 살해당했을 때에는 그가 대법관 직을 보유하고 있었기 때문에 죄 가운데서 죽었다고 발언했다.

교회와 국가의 성제(政體)에 관한 위클리프의 견해는 수도 『신적 수권에 관하여』(De dominio divino)와 「세속 주권에 관하여」(De dominio civili), 그리고 「대

---

29) 헤르겐뢰터(II. 881)는 위클리프의 사상 체계를 범신론적 실재론과 숙명론으로 평가한다.

30) De dom. civ. and De dom. div., ed. for the Wyclif Soc. by R. L. Poole, London, 1885, 1890.

화록」(*Dialogus*)에 제시되어 있다.[30] 「신적 주권에 관하여」는 사람들이 재산을 보유하고 통치를 시행하는 권리(title)를 논하며, 통치권(sovereignty)과 청지기의 책무(stewardship)를 구분한다. 주권(lordship)은 본질상 인간이 소유할 수 있는 것이 아니다. 그것은 청지기의 책무이다. 그리스도께서는 절대 권세로써 다스리기를 원치 않으시고 권세를 나누어 주시기를 기뻐하셨다. 인성(人性)에 관한 한, 그분은 종들의 가장 완전한 모범이셨다.

「세속 주권에 관하여」는 죽을 죄를 지은 사람은 아무도 다스릴 권세를 갖지 못하며, 은혜의 상태에 있는 사람은 누구나 온 세상을 다스릴 권세를 갖는다고 주장함으로써 글을 시작한다. 교황이든 성직자 집단이든 자신들에게 맡겨진 재산을 남용하면 국가가 그것을 박탈할 수 있다. 소유권은 정당하게 사용할 경우에만 보장된다. 십일조는 사제들이 자신들의 임무를 수행하기 위해 쓸 수 있는 방편이다. 신약성경은 십일조를 법으로 규정하지 않는다.

그레고리우스 11세는 위클리프를 법정에 세우기 위한 죄목의 대부분을 「세속 주권에 관하여」의 첫권 마지막 부분부터 이어지는 내용에서 이끌어냈다. 그가 고소를 당하게 된, 하나님께서 마귀에게 복종하실 수밖에 없다는 유명한 진술의 근거가 이 부분에 실려 있다. 이 말의 뜻은 모든 합법적 소유자의 권한을 인정해야 한다는 것 외에 아무것도 아니었다.

III. **설교자.** 위클리프의 쉬임 없는 강단 사역과 그의 설교가 끼친 영향을 어떻게 평가하든 간에, 그는 종교개혁 이전의 영국 설교자들 가운데 단연 두드러진 인물이었다.[31] 그의 영어 설교 가운데 294편과 라틴어 설교 가운데 224편이 현존한다. 설교 외에도 주기도 · 성경에 나오는 찬송들 · 일곱 가지 대죄와 그 밖의 주제들에 관한 영어 강해들을 덧붙일 수 있다. 극소수 예외를 제외하면 그의 설교들은 신약성경 본문을 토대로 삼고 있다.

그의 영어 설교 스타일은 단순하고 직설적이다. 루터도 영국의 이 개혁자만큼 교회의 폐습들을 명쾌하게 비판하는 설교를 하지 못했다. 설교의 면면이 실제적 신앙 강해와, 교황과 세속적 고위성직자들을 질책하는 내용이 결합되어 있다.

---

31) Loserth(Introd. to *Lat. sermones*, II., p. xx)는 위클리프의 설교가 끼친 영향을 매우 높게 평가한다. 그의 영어 설교들은 Arnold가 *Select Engl. Works*로 펴냈다 (vols. I, II).

그들이 그리스도의 양들을 먹이는 참된 일에서 떠나 세상의 이익과 향락을 좇고 있으므로 적그리스도요 마귀의 종들이라고 비난한다. 순례와 면죄부 같은, 성경 아무데서도 가르치지 않는 거짓 교훈들을 단죄한다. 때로는 스스로 모순에 빠진 인상을 주어, 어떤 데서는 금식을 경시하다가 다른 데서는 사도들이 그것을 권장했다고 가르치며, 어떤 데서는 죽은 자를 위한 기도를 비난하다가 다른 데서는 연옥 교리를 인정하기도 한다. 그의 설교들은, 돈을 바라고서 설교하고 청중의 죄를 드러내는 데 태만한 탁발수사들을 특히 맹렬히 비판한다. 부유한 탁발수사만큼 게으른 사람이 없으며, 그들은 가난한 사람들에게 경멸밖에 줄 것이 없다. 그의 다른 저서들에서도 그렇지만 설교에서도 위클리프는 탁발수사들의 재산을 몰수하여 가난한 사람들에게 나눠주어야 한다고 역설한다. 설교자 위클리프는 항상 평신도의 권리를 담대하게 변호했다.

그의 저서 「목회자의 직분」(The Pastoral Office)은 신실한 목회자의 의무들을 다루며, 그의 설교들은 목회자의 본무가 설교임을 강조한다. 설교가 '가장 숭고한 봉사'이며, 그리스도께서도 그 사역에 가장 힘을 많이 쏟으셨다고 역설한다. 설교의 의무를 누구보다도 더 많이 짊어지고 있는 주교들이 설교하지 않고 사제들을 시켜서 설교하게 한다면 그런 자들은 예수를 죽인 자들과 동류라고 한다. 사제들에게 제단의 성사를 집례할 특권을 주신 분께서 그들에게 설교를 명하신다고 말한다. 말씀 선포가 성사 집례보다 더 고귀한 업무라고 한다.

복음이 사도 시대처럼 선포되면 교회가 장성하게 된다고 한다. 무엇보다도 그리스도의 말씀에 각별히 주의를 기울여야 하는데, 그분의 권위는 교황과 탁발수사들이 수행하는 모든 의식들과 그들이 내리는 모든 계명들보다 높다고 한다. 위클리프는 거듭해서 이상적 목회자상을 제시하는데, 다음에 인용하는 글에 그것이 잘 묘사되어 있다.

"사제는 기도와 소원과 생각과 신앙적 대화와 정직한 가르침에서 하나님의 계명들과 복음을 늘 입술에 둔 채 거룩한 생활을 해야 한다. 그리고 행실을 의롭게 가져서 아무도 흠을 찾을 수 없게 해야 하며, 생활을 공개하여서 죄 많고 악한 사람들이 보고 뉘우쳐 하나님을 섬길 수 있게 하는 참된 교과서가 되어야 한다. 선한 생활의 본이 그저 말뿐인 설교보다 사람들에게 더욱 큰 감동을 준다."

사제의 주된 과업은 자신과 이웃으로 하여금 돌이켜 하나님의 율법을 행하도록 함으로써 그리스도의 기적에 버금가는 일을 일으키는 것이다. 위클리프는 산상수훈이 인간들의 어떠한 규율과 전승 없이도 인간 생활을 지도하기에 충분하다고 단언한다.

IV. 교리 개혁가. 위클리프의 후기 저서들에는 당대의 교리들을 부정하고 교회의 폐습들을 비판하는 내용이 많이 실려 있다. 그의 의도가 표면에 분명하게 나타나 있다. 그리고 이러한 내용으로 인하여 교회 당국의 탄압을 받게 되었는데, 그레고리우스 11세가 지적해낸 19가지 오류들로부터 시작한 그의 오류 목록이 해가 갈수록 살이 붙게 되었다. 콘스탄츠 공의회는 45가지, 월든의 네터(Netter of Walden)는 80가지, 옥스퍼드 대학교 신학교수 보헤미아의 얀 뤼케(Jan Lücke)는 266가지를 제시했다. 코클라이우스(Cochlaeus)는 후스파를 비판한 글에서 기존의 모든 추산을 넘어서서 위클리프에게 304가지 이단죄를 적용하는데, 그것은 그 개혁자의 기억을 영원히 오명으로 덮고도 남을 만한 분량이었다. 풀러(Fuller)는 이렇게 사람마다 죄목의 수가 들쭉날쭉한 이유에 대해서, 더러는 개혁자의 초기 사상만을 포함시키고, 더러는 초기 사상에서 가지친 모든 견해들을 포함시켰기 때문이라고 해명한다.

콘스탄츠 공의회가 위클리프의 죄목으로 제시한 처음 세 가지 사항은 성찬에 관련된 것들로서, 위클리프가, 축성 뒤에도 떡의 본질이 변하지 않고 남아 있으며, 그리스도께서 제단의 성사에 실제적 의미로 계시지 않으며, 사물의 우유성(accident)들은 본질이 변한 뒤에는 남아 있을 수 없다고 주장했다는 것이 그 주된 내용이다. 네 번째 사항은 주교나 사제가 세례와 성직 임명과 축성 때 하는 행위가 만약 그것을 받는 사람이 대죄를 범한 상태에 있다면 효과가 없다고 한 위클리프의 주장을 논죄한다. 그 다음에는 그 밖의 이단설들에 대한 논죄가 따르는데, 이를테면 우르바누스 6세 이후에는 교황제가 폐지되어야 한다는 것과, 성직자들이 세속적 재산을 소유해서는 안 된다는 것, 탁발수사들이 구걸이 아닌 노동으로 생계를 유지해야 한다는 것, 교황 실베스터와 황제 콘스탄티누스가 교회에 재산을 유증한 것이 큰 잘못이었다는 것, 로마 교회가 모든 교회들 가운데 으뜸이라고 믿는 것이 구원에 필수적이지 않다는 점, 모든 수도회들이 마귀에게서 나왔다는 점이다.

45개 명제 대다수가 위클리프의 견해를 소상하게 반영한다. 이 명제들은 그의 후기 저작들에 명백하게 나타나 있지만, 그가 당대의 사조와 관습에 대해서 품었던 반감이 그것으로 다 표출된 것은 아니다. 그가 당대에 가했던 비판은 다음 다섯 가지 주제로 정리할 수 있다. 첫째, 교회의 본질. 둘째, 교황제. 셋째, 사제직. 넷째, 화체설. 다섯째, 성경의 용도.

위클리프는 「세속 주권」에서 교회를 그리스도를 머리로 삼고, 살아 있는 자들과 죽은 자들과 아직 태어나지 않은 자들로 구성된 선택된 자들의 집단(the body of the elect)으로 정의한다. 위클리프의 펜에서 나온 저서들 가운데 교회 주제를 다루지 않은 것을 찾아보기 힘들며, 특히 1378년에 집필한 것으로 추정되는 책에서는 교회를 좀 더 분명하게 모든 선택된 자들의 집단(congregatio omnium predestinatorum)으로 정의한다. 이 집단의 유일한 머리는 그리스도이다. 교황은 하나의 지역 교회의 머리이다. 선택된 자들과 유기(遺棄)된 자들을 결정하는 것은 하나님의 작정이다.

위클리프는, 어떤 이들은 "고위성직자들과 사제들, 수사들과 참사회원들, 탁발수사들과 체발을 한 모든 사람들, 곧 면류관을 쓴 모든 사람들이 아무리 하나님의 율법을 현저히 어기고 살지라도 그들이 곧 거룩한 교회"라고 이해한다고 말했다. 그러나 이것은 전혀 사실이 아니기 때문에 모든 교황들과 추기경들, 사제들은 구원받은 자의 범주에 들어 있지 못하다. 정반대로 교황들 가운데 한 사람이라도 자신이 예정받았다고 확신 있게 말할 수 있는 사람이 없다. 지상에서 그것을 알 수 있는 사람은 아무도 없다. 교황이라도 프레스키투스(prescitus) 곧 유기된 자일 수가 있다. 실제로 그러한 교황들이 존재했으며, 추기경들과 교황들이 직위에 선출된 사실 자체로 교회의 수위권이 저절로 수립된다고 생각한다면 그것은 신성모독적인 생각이다. 교황청의 구성원들이 그리스도를 따르지 않을 경우 교황청은 이단들의 그물이요 독이 퍼져 있는 샘이요 성경이 말한 멸망의 가증한 것이다. 그레고리우스 11세를 위클리프는 누려운 마귀(horrendus diabolus)라고 불렀다. 하나님께서 교회에 긍휼을 베푸시어 그를 죽게 하시고 그의 동맹 세력을 흩어버리셨으며, 우르바누스 6세에게 그의 죄악을 밝혀내게 하셨다고 말했다.[32]

영국의 이 개혁자는 보이는 교회와 보이지 않는 교회라는 용어를 사용한 적이

---

32) *De eccles.*, 5, 28 sq., 63, 88, 89, 355, 358, 360.

없지만 내용 면에서 그 둘을 구분했다. 요한복음 10:26을 주석하면서, 전투의 교회(the Church militant)가 혼합된 집단이라고 말했다. 사도들은 두 부류의 고기들을 낚는데, 그 중 더러는 그물에 남아 있고 더러는 그물을 끊고 나간다. 교회에서도 더러는 복락에 들어가고, 더러는 비록 잠시 종교적으로 살았을지라도 고통에 처한다.[33] 위클리프가 영어 저서들에서 신자들(the faithful)이라는 용어 대신에 그리스도인들(Christian men)이라는 용어를 사용하는 것이 의미심장하다.

교황제에 관하여, 위클리프만큼 교황 개인들뿐 아니라 교황 제도 자체를 신랄하게 비판한 사람이 없었다. 그는 말년의 논문들과 설교들에서 교황을 적그리스도로 신랄히 비판한다. 죽음이 엄습할 때까지 붙들고 있던 유작에는 교황을 암시한 「적그리스도」(Anti-christ)라는 제목을 붙였다. 그는 교황을 마귀의 수석 대리자라고까지 불렀다. 교황제에서 '불법의 사람'이 나타나 있는 것을 보았다. 교황이라는 직분이 대단히 유해하다고 보았다. '교황 성하(聖下)'라는 칭호에 조소를 퍼부었다. 교황은 교회에 꼭 필요한 직분도 아니고 그가 무류(無謬)하지도 않다고 했다. 교황들과 그들 휘하의 추기경들을 모조리 붙잡아 지옥에 던진다 하더라도 신자들은 그들 없이도 넉넉히 구원을 받을 수 있다고 했다. 그들의 직분은 그리스도께서 제정하신 것이 아니라 마귀가 제정한 것이다. 교황은 성경의 가르침을 선포하거나 최고의 법을 공포할 독점권을 지니지 않는다. 그리스도께서 먼저 사죄하시지 않으면 그의 사죄가 아무 소용이 없다. 마귀들이 아무리 저주해봐야 효력이 없듯이 교황들도 아무리 파문의 권리를 행사해 봐야 소용이 없다. 교황들 가운데 상당수가 멸망에 들어갔다(multi papae sunt dampnati). 이런 주장들은 대단히 강경한 것이었으나, 위클리프가 교황제 자체를 부정하려고 한 것 같지는 않다. 그러나 교황청이 그리스도의 법을 따르는 한에서만 그것에 복종해야 한다는 원리를 거듭해서 진술한다.

마태복음 16:18에 대한 해석에서, 위클리프는 '반석'이 베드로와 모든 진정한 그리스도인을 상징한다는 견해를 취했다. 천국의 열쇠도 민중들의 생각처럼 금속 열쇠가 아니라 영적 권세이며, 그것이 베드로뿐 아니라 모든 성도들에게 부여되었다고 보았다. "천국에 가는 사람은 모두 하나님이 주신 이 열쇠를 지니기

---

33) *Engl. Works.*, I. 50.
34) *Op. evang.*, II. 105 sq.; *Engl. Works*, I. 350 sq.

때문"이라고 했다.[34] 교황이 세속 정치에 개입하는 것을 당연시하는 사조에 대해서, 위클리프는 훨씬 더 강렬하게 비판했다. 그리스도께서 가이사에게 세금을 내셨으므로 교황도 그래야 한다. 교황이 왕들을 폐위하는 것은 마귀의 독재이다. 하나님께서 맡기신 자들을 주장하는 태도로 다스리지 말고 다만 양들을 먹이라고 한 베드로의 훈계를 저버림으로써 그와 그의 일파(tota secta)는 완고한 이단임을 자증했다.

콘스탄티누스의 증여를 개혁자는 교회에 온갖 악이 들어오게 한 단초로 간주했다. 황제가 그 일을 한 것은 마귀의 사주를 받은 결과라고 보았다. 교회에게 재산을 갖게 하는 것이 마귀의 새로운 전략이었다.[35] 위클리프는 교회에 관한 논문에서 교황과 고위성직자들, 사제들에게 본연의 지위로 돌아가 영적 기능을 수행하라고 거듭 호소한다. 과거의 교회가 가이사를 따르기 위해서 그리스도를 버렸으니, 이제 그리스도를 따르기 위해서는 가이사를 버려야 한다고 역설했다. 교황의 발에 입맞추는 관행에 대해서 그것이 성경에도 근거가 없고 이성에도 위배되는 행위라고 했다.

교황이 조공과 조세에 의해 돈을 받는 관행에 대해서 위클리프는 격렬한 비판을 퍼부었다. 소교구 교회에서는 왕의 주화를 위조하거나 남의 지갑을 훔치는 행위에 엄한 벌이 따른다고 전제한 뒤, 다음과 같이 주장을 이어갔다:

"거만하고 세속적인 로마의 사제와 그의 모든 고문들은 가장 큰 벌을 받아 마땅한 주화 위조범이자 소매치기들이다. 영국의 가난한 사람들의 생활비와 국왕의 국고에서 돈을 긁어가되 영적인 명분을 내걸고 그렇게 하기 때문이다. 이 나라에 금으로 된 거대한 산이 있다한들 이 거만하고 세속적인 사제 징수관 때문에 금방 사라지고 말 것이다. 모든 사람들 중에서 그리스도가 영혼과 재물에서 가장 가난하셨으며, 세속 군주처럼 군림하는 기색이 전혀 없으셨다. 교황은 마땅히 자신의 권위를 세속 군주들에게 넘기고, 자신의 성직자들에게도 그렇게 하도록 조속히 권해야 할 것이다. 나는 그리스도를 따르는 경우를 제외하고는 아무도 교황을 따라서는 안 되며, 하늘에 올라간 성인들 가운데 그 누구도 따라서는 안 된다는 것을 신앙의 중요한 문제로

---

35) *De ver.*, I. 267; *Engl. Works*, III. 341 sq.; *De Eccles.*, 189, 365 sqq.; Op. *Evang.*, III. 188.

간주한다."[36]

교황과 고위성직자들에 이어서, 사제들과 탁발수사들이 위클리프에게 격렬한 비판을 받은 또 다른 집단이었다. 그리스도를 따르는 성직자들만이 참된 사제들이다. 그들이 부여하는 면죄의 효력은 그들 자신이 먼저 그리스도에게 사죄를 받은 여부에 달려 있다. 사제의 기능은 하나님께서 이미 선언하신 사죄를 보이는 것일 뿐, 그것을 부여하는 것은 아니다. 그리스도께서 비판책망하기보다 복을 빌어 주라고 말씀하셨는데 고위성직자들과 보좌사제들이 "그렇게 속히 저주하는 것"이 이상하고 기이한 일이라고 주장했다. 파문을 선고하는 것이 살인보다 더 악하다고 했다.

비밀 고해 규율에 대해서도 비판을 삼가지 않았다. 진실한 마음으로 통회하는 것으로도 사죄를 받기에 족하다고 했다. 그리스도가 땅에 계실 때는 인간이 인간에게 죄를 자백하도록 요구하시지 않았다. 하지만 자기 시대에는 "하나님 앞에서 아뢰는 자백은 뒷전으로 밀려나고, 새로 고안된 사적 고해가 영혼의 건강에 필요한 일로 규정되었다"고 그는 말했다. 고해소가 사제들의 불륜 등과 관련하여 위험을 안고 있다고 지적했다. 순례도 남녀가 함께 뒤섞여 갈 경우 큰 유혹과 폐단이 따른다고 했다.[37] 어지간해서는 다루지 않은 주제인 성직자 독신제에 대해서, 개혁자는 그것을 강요하는 것은 성경에 위배되는 일이며, 구약시대에 제사장들이 결혼하며 살았듯이 신약시대에도 사제들의 결혼을 금하지 말고 허용해야 한다고 주장했다.

진리를 직설적으로 말하는 점에서 위클리프를 따를 사람이 없었다. 성직자들을 향해 쓴 책인 「성경의 진리」(*Truth of Scripture*)에서, 그는 거의 백 쪽 분량을 할애하여 이 원리를 상술한다. 자신을 위해서든 이웃을 위해서든 더 큰 악을 막기 위해 지극히 사소한 죄라도 허용하는 것이 불가하다고 말한다. 어떤 상황에서도 의도가 선하다고 해서 거짓말을 정당화할 수 없다. 교황 자신도 선을 진작

---

36) *Engl. Works*, III. 320. 우르바누스 6세에게 보낸 서신은 *Fasc. ziz.*, p. 341; *Engl. Works*, III. 504-506.

37) 그는 *De eucharistia et poenitentia sive de confessione*에서 그 주제를 상술한다. 참조. *Engl. Works*, I. 80, III. 141, 348, 461.

한다는 명분으로 거짓을 관용하거나 시행할 권리가 없다. 사제는 선한 목적을 이끌어내기 위해서 거짓으로 두려움을 조장하려 해서는 안 된다. 모든 거짓은 그 자체로 죄이며, 어떠한 조치도 그 성격을 변경할 수 없다.[38]

탁발수사들이 개혁자의 예리한 비판을 끌어냈으며, 말년에 다가갈수록 그들을 향한 그의 비판은 더욱 예리해졌다. 그들의 악행을 지적한 대목을 다 인용하자면 두꺼운 책 한 권으로도 모자랄 것이다. 탁발수사들의 이단적 언행을 비판한 논문들은 거의 다 그의 펜에서 나왔다. 그들은 교황의 뜻에 굴종하는 대리인들이었다. 그들은 성찬에 관한 그릇된 생각을 퍼뜨렸다. 면죄부와 종교 단체의 서신들을 사면 이생에서와 최후의 심판을 대비하여 선행의 공로를 쌓을 수 있다고 속이면서 그것을 가지고 장사했다. 그들의 입에는 거짓이 가득하고 손에는 피가 가득했다. 집에 들어가 여자들을 미혹했고, 무위도식했으며, 영국을 집어삼켰다.[39]

개혁자는 당대에 널리 시행되던 명상 생활의 미혹에 대해서도 강하게 비판했다. 사람들에게 자신들이 본 환상과 꿈이 신앙적인 명상이라고 착각에 빠지게 하여 게으른 생활을 변명할 구실을 갖게 하는 것이 사탄의 계략이라고 했다. 세례 요한과 그리스도는 사람들 틈에 들어가 사시기 위해서 광야를 떠나셨다고 했다. 더 나아가 개혁자는 수사들에게 기존의 수도회칙을 다른 유용한 규율로 대체할 수 있는 권한을 부여해야 한다고까지 주장했다.[40]

4대 탁발수도회들인 카르멜회·아우구스티누스회·야곱회(Jacobites) 곧 도미니쿠스회·소수도회(Minorites) 곧 프란체스코회는 자신들의 첫 서신들에 가인이라는 단어를 사용함으로써 자신들이 첫 살인자의 후예임을 드러냈다. 그들의 수도원들을 위클리프는 가인의 성들이라고 불렀다. 끓어오르는 분노로 그들을 용의 꼬리, 노략하는 이리들, 사탄의 아들들, 적그리스도의 사자들과 루시퍼파라고 비난했고, 그들이 헤롯·사울·유다보다 더 악한 자들이라고 단언했다. 탁발수사들은 그리스도께서 우물에서 물을 구하셨다는 말을 되풀이하는데, 만약

---

38) *De eccles*, p. 162; *De ver. scr.*, II. 1-99.

39) *Engl. Works*, III. 420 sqq.; *Op. evang.*, II. 40; *Lat. serm.*, IV. 62, 121 등.

40) 참조. *Of Feigned Contemplative Life in Matthew*, pp. 187, 196; *De eccles.*, p. 380; *Lat. Serm.*, II. 112.

그들이 물만 구하고 다른 것을 구하지 않았다면 칭찬을 받아 마땅했을 것이라고 했다.[41]

초서는 가벼운 조소로써 탁발수사들을 고발했다. 「캔터베리 이야기」 머리말에서 그는 탁발수사를 이렇게 묘사한다.

> 그는 기부가 많이 나올 만한 곳에서는
> 사죄를 후하게 해주는 사람이었다.
> 가난한 수도회에 돈을 낸다는 건
> 족히 사죄를 받는다는 증거였으니.
>
>   * * *
>
> 그가 무릎에 올려놓은 가방에는
> 로마에서 방금 가져온 면죄부들이 가득 담겨 있었다.
> 그의 목소리는 염소 울음 같았다
> 그 나라에 그만큼 재주 있는 면죄부 장사꾼이 없었다.
> 그의 가방에는 베갯잇이 있었는데
> 그는 그것이 성모의 베일이었다고 말했으며,
> 병에는 돼지 뼈를 몇 조각 넣고 다녔다.

수사들의 막강한 집단을 비판하려면 상당한 용기가 필요했듯이, 중세의 화체설 교의를 비판하는 데에도 그에 못지않은 용기가 필요했다. 위클리프는 화체설을 현대인들과 현대 교회(novella ecclesia)의 교리라고 불렀다. 성찬에 관한 논문에서, 그는 자신이 실소를 금할 수 없고 수치스러운 그 오류들에서 벗어나게 해주신 데 대해서 하나님께 감사를 드렸다. 성물들의 성질이 변한다는 교의를 가리켜 그는 우상숭배이자 거짓말이라고 단언했다. 위클리프 자신의 견해는 영적 임재(the spiritual presence)였다. 그리스도의 몸은 그 소재에 관한 한 하늘에 계신다. 그 몸이 그것의 상징인 성찬의 떡(host)에 효과적으로 혹은 실제적으로 거한다. 이 상징이 몸을 '대표한다'(vicarius est).

몸이 성찬의 떡에 거하는 것은 성체성찬 동체의 방식(impanation)의 방식으로

---

41) *Lat. serm.*, II. 84; *Trial.*, IV. 33; *Engl. Works*, III. 348; Dial., pp. 13, 65 등.

되는 것이 아니고, 본질의 변형(transmutation)의 방식으로 되는 것은 더욱 아니다. 마치 왕이 자기 영토의 모든 지역에 거하고 영혼이 육체에 거하는 것과 마찬가지로, 그리스도께서는 성찬의 떡에 거하신다. 떡이 떼어질 때 그리스도의 몸은 마치 유리컵이 깨질 때 햇살이 부서지는 것처럼 떼어지신다. 그리스도는 떼어진 떡에 성례적으로, 영적으로, 효과적으로(sacramentaliter, spiritualiter et virtualiter) 거하신다. 화체설은 모든 이단들을 통틀어 가장 큰 이단이며, 논리와 문법과 자연 과학에 위배된다.[42]

쥐가 어떻게 하다가 성찬의 성물들을 먹게 되면 그리스도의 몸에 참여하게 되는 것인가 하는 유명한 논쟁을 위클리프는 성찬에 관한 논문의 첫부분에서 논한다. 위클리프는 그리스도께서 육체의 방법으로 성찬의 성물들에 거하시지 않기 때문에 그런 유치한 가정이 잘못된 것이라고 주장했다. 짐승은 사람을 먹더라도 그의 영혼은 먹지 못한다. 사제가 실제로 그리스도의 살을 떼고 그로써 그분의 목과 팔과 그 밖의 지체들을 뗀다는 견해는 충격적인 오류이다. 사제가 주의 몸을 날마다 만들어 축성한다는 것과, 그리스도의 살과 피 자체를 먹고 마셔야 한다는 것보다 더 충격적인 일(horribilus)이 어디 있겠는가 하고 그는 반문한다. 실로 그리스도의 몸을 태우거나 구울 수 있다거나 사제가 하나님을 손끝으로 집어 옮길 수 있다는 것보다 더 충격적인 생각은 없을 것이다. 성찬 제정의 말씀은 비유적인(figurative) 의미로 이해해야 한다. 비슷한 방법으로 주님은 자신을 씨앗으로 세상을 밭으로 비유하셨고, 요한을 엘리야라고 하시되 둘이 한 사람이라는 뜻으로 말씀하신 게 아니었다. 자신을 가리켜 포도나무라고 하실 때에도 포도나무가 당신을 가리키는 상징이라는 뜻으로 그렇게 말씀하신 것이다.

성물들의 본질이 변화하는 기적이 불가능하다는 주장의 근거로, 위클리프는 사물의 본질이 그것의 우유성들(accidents)과 분리할 수 없다는 철학적 원리를 세시한나. 반약 우유싱들이 그 자세들로민 존재힌디먼 시물이 무엇인지 혹은 그것이 아예 존재하기라도 하는지 말할 수 없게 된다. '본질의 변화' (transubstantiation, 화체설)가 성립하려면 논리상 '우유성의 변화' (transaccidentation)도 성립해야 한다. (이 표현을 영국의 개혁자가 루터보다 먼저 사용했다.) 실체는 변해도 우유성들은 남는다는 이론에 대해서 위클리프는

---

42) *De euchar.*, p. 11; Trail., pp. 248, 261.

"거룩한 지혜에도 이성에도 통찰에도 근거하지 않고 다만 개인적인 공상과 꿈을 확대해석하는 새로운 위선자들과 저주받은 이단들이 가르친 것"이라고 평가했다.[43]

위클리프가 자유로운 정신을 소유했다는 또 다른 증거는, 로마 교회가 성찬을 거행할 때 신약성경의 서로 다른 기사들에서 성찬 제정의 말씀이 각각 다르게 표현되어 있듯이 구체적이고도 의무적인 문구를 만들 의무가 없다고 주장한 데서 확인할 수 있다. 성찬의 성물들이 끼치는 유익에 대해서, 그는 육체적으로 그것을 먹는 것은 아무 유익이 없고 다만 영혼이 사랑으로 살찌게 되는 것일 뿐이라고 주장했다. 자신이 자신의 견해들로 인해 공격을 당하게 될 것을 예상하면서, 그는 이성의 진리가 만물을 지배할 것이라는 말로써 성찬에 관한 자신의 유명한 논문을 매듭지었다.

이렇게 중요한 항목들에서 중세 로마 교회의 그릇된 체계를 부정함으로써, 위클리프는 자기 시대를 훨씬 앞서 나갔으며, 개신교 종교개혁의 견해들을 예기했다.

42. 위클리프와 성경

위클리프가 자신의 인격을 물려준 것 다음으로 자기 시대 사람들에게 크게 이바지한 점은 성직자들과 평신도들 모두에게 성경이 최고의 권위를 지닌다고 주장한 것과, 그들에게 자기들의 언어로 된 성경을 선물로 남긴 것이었다. 성경을 명쾌하고도 충분한 구원의 지침서로 확립하고, 성경의 문자적 의미가 분명한 의미를 전달한다고 주장한 그의 진술들은 루터 못지않게 단호하고 명확했다. 성경의 가치와 권위를 다룬 그의 논문은 인쇄본으로 1000쪽 분량이 넘는 책으로서, 성경이 교회가 정한 지침서라는 점을 중세의 모든 신학자들이 말한 것을 다 합친 것보다 더 많이 말했다. 안셀무스부터 토마스 아퀴나스와 둔스 스코투스에 이르는 스콜라 학자들 가운데 그 누구도 위클리프만큼 성경을 높은 지위에 올려놓지 않았다. 스콜라 학자들은 한결같이 성경의 내용을 전승 곧 교회의 가르침

---

43) *De euch.*, pp. 78, 81, 132; *Engl. Works*, III. 520.

과 동렬에 놓음으로써 성경의 권위를 제한했다. 이 사람은 비류없는 정교함과 설득력을 가지고 성경이 하나님의 법으로서 교황과 교회법 학자와 교부를 망라한 모든 권위들 위에 최종 판결권을 지닌다고 주장했다. 위클리프는 이 특별한 논문에서 주장한 내용을 영어와 라틴어로 기록한 거의 모든 저서들에서 반복해서 주장했다. 특히 말년으로 갈수록 그 점을 더욱 강조했으며, 그의 마지막 저서로 추정되는 「복음적인 작품」(Opus evangelicum)에는 언어로 표현할 수 있는 가장 적극적인 진술들이 풍부하게 실려 있다.

「성경의 진리」(Truth of Scripture)를 진술하려면 먼저 개신교 종교개혁이 신앙과 도덕의 준칙으로서 성경에 대해 취했던 입장을 진술할 필요가 있을 것이다. 위클리프에게 성경은 가톨릭 교회의 모든 교리를 위한 권위이다. 성경은 그리스도의 법, 하나님의 율법, 하나님의 말씀, 생명의 책(liber vitae)이다. 성경은 주님의 무오한 법으로서, 지극히 참되고 지극히 완전하고 지극히 건전하다.[44] 구원에 이르는 믿음에 필요한 모든 것이 그 안에서 발견된다. 성경은 가톨릭 신앙이요 기독교 신앙(fides christiana)이며, 인간의 완전을 위한 주된 준칙이며, 기독교 선포의 주된 근거이다.

성경은 모든 그리스도인들이 공부해야 하는 온전한 진리이다.[45] 모든 논리학의 척도요 표준이다. 옥스퍼드 대학교에서 볼 수 있듯이 논리학은 수시로, 실로 20년이 멀다 하고 변하지만, 성경은 예라고 할 것은 언제든 예라고 하고 아니라할 것은 언제든 아니라고 한다. 변하는 법이 없다. 영원히 서 있다. 모든 논리학, 모든 법학, 모든 철학, 모든 윤리학이 그 안에 들어 있다. 이교 세계의 철학을 놓고 볼 때, 그것이 성경에 부합하게 제시하는 것은 참되다. 그리스도인이 아리스토텔레스한테서 종교 철학을 배우는 이유는 성경의 저자들이 그것을 가르치기 때문이다.[46] 그 그리스 사상가는 예를 들어 창조 세계가 영원하다고 말하는 등 오류들을 범했다. 위클리프는 여러 곳에서 자신이 논리학과 유명해지려는 딤욕에 이끌려 빗나간 적이 있음을 고백하면서, 하지만 마음을 바꾸어 성경을 있는 그대로 온전히 받아들이고 그 안에서 모든 논리를 발견할 수 있게 해주신 데 대해

---

44) I. 156.
45) I. 109, 138.
46) I. 22, 29, 138.

서 하나님께 감사드린다.

이 논문과 다른 저서들에서 위클리프는 성경을 가리켜 비이성적이라고 하거나 신성모독적이라고 하거나 오류와 명백한 잘못이 많이 담긴 책이라고 주장한 사람들을 비판한다. 이렇게 성경을 비판한 자들을 가리켜 현대의 혹은 최근의 박사들(moderni, novelli doctores)이라고 부른다. 만약 위클리프가 이런 입장을 거듭해서 표명하지 않았다면 과연 그가 그런 비판을 했다는 게 믿기 힘들었을 것이다. 그의 비판은 150년 뒤에 어느 사제가 틴들(Tyndale)에게 "교황의 법이 없이 지내는 것보다 차라리 성경의 율법 없이 지내는 편이 나을 것이오"라고 한 말을 기억나게 한다. 하나님의 말씀이 잘못되었다고 주장하는 것보다 더 충격적인 망언이 어디 있겠느냐고 위클리프는 역설했다.[47]

성경의 최종 권위는 그 내용과, 자체가 지향하는 유익한 목표, 그리스도께서 증거해 주신 말씀에서 드러난다. 성경은 하나님께서 내신 하나의 위대한 말씀이다. 구약과 신약의 모든 말씀은 철자 하나까지라도 참되며, 성경의 저자들은 필경사들이나 전령들에 지나지 않는다.[48] 성경에서 무슨 오류가 발견되는 듯이 보이면 그것은 인간의 무지와 왜곡에서 기인한 것이다. 성경에 토대를 두지 않은 것은 믿어서는 안 되며, 성경의 가르침에 다른 내용을 덧붙여서도 안 된다.[49]

위클리프는 성경 주해의 원리들에 많은 시간을 할애하며, "문자적이고 축어적(逐語的)인 의미"를 참된 의미로 선언함으로써 교부들과 스콜라 학자들의 그릇된 원리들을 분쇄한다. 한 번은 설교에 다른 의미들을 사용했으나, 건실한 판단에 의거하여 거듭해서 단어들의 어원학적 의미가 최종적인 것임을 강조했다. 비유적 의미와 영적 의미와 알레고리적 의미를 끌어내려 할지라도 반드시 문자적 의미에 토대를 두어야 한다고 했다. 위클리프는 자신이 과거에 그 의미들을 엄밀히 구분하려고 했던 것을 잘못이었다고 고백했다. 성경에는 한 가지 의미밖에 없으며, 그것은 한 분이신 하나님께서 나그네 인생길을 가는 인간에게 성경을 생명책으로 주시면서 그 안에 두셨다.[50] 이단은 성경의 대척점이다. 위클리프는

---

47) I. 151, 200, 394, 408; *Lat. serm.*, 179; *De eccles.*, 173, 318 등.

48) I. 269.

49) I. 383. *De civ. dom.*, p. 394.

50) *De ver.*, 114, 119, 123.

성경에 대해서, 자신은 필요하다면 순교를 할지라도 성경의 교훈을 따를 각오가 되어 있다고 밝혔다.[51]

수백 년 동안 어떠한 유력한 교사도 위클리프만큼 평신도가 하나님의 말씀을 배울 권리를 강조한 적이 없었다. 성경을 성직자들을 위한 책으로 간주하고, 성경의 의미를 해석할 권한이 주로 교회법 학자들과 교황에게 있다고 여기는 것이 관행이었다. 1229년의 툴루즈 공의회는 평신도들의 성경 사용을 금지했다. 12, 13세기에 단죄를 당한 이단들, 특히 발도파는 이와 다른 규율을 채택했으나, 그들을 공격한 알라누스 압 인술리스(Alanus ab Insulis) 같은 사람들은 그들의 원리가 얼마나 위험한가를 역설했다. 위클리프는 열린 성경의 수호자로 우뚝 섰다. 성경은 "모든 진리"이기 때문에 모든 그리스도인들이 공부해야 할 책이라고 했다. 그리스도께서 이 책을 교회에 주셨기 때문에, 그리스도 자신을 모든 사람이 자유롭게 영접할 수 있듯이 이 책도 모든 사람이 자유롭게 읽을 수 있다고 했다.[52]

평신도에게 성경을 금하는 것은 근본적인 죄이다. 평신도에게 성경을 모국어로 알게 하는 것이야말로 사제의 가장 우선된 의무이다. 이 일을 위해서 사제들은 항상 민중의 언어를 친숙히 알고 있어야 한다. 위클리프는 탁발수사들이 성경을 영어로 번역하여 평신도들에게 알리는 것을 이단 행위라고 주장한 점을 들어 그들을 비판했다. 오순절의 방언 은사와 제롬의 라틴어 성경 번역, 백성에게 그들의 언어로 가르치신 그리스도와 사도들의 행위, 온갖 장애를 무릅쓰고 번역되어 당시에 존재하던 프랑스어 번역 성경을 예로 제시하면서 탁발수사들을 몰아세웠다. "영국인들에게는 왜 같은 일을 할 수 있는 권리가 없는가? 영국의 귀족들이 프랑스어 성경을 가지고 있는 현실에서 영어로 된 성경을 가져서는 안 된다는 법이 어디 있는가?" 영어 성경이 있다면 영국인들이 "그리스도를 따라 천국에 이를" 충분한 능력을 갖추게 될 것이라고 했다.[53] 다음에 소개할 발언은

---

51) I. 357. Kropatschek는 종교개혁 이전의 개혁자들의 사상은 더 생각해 볼 것도 없이 역사의 쓰레기통에 던져도 괜찮다고 말하는데, 위의 진술을 감안할 때 그의 말이 얼마나 사실과 다른가를 알게 된다.

52) *De ver.*, I. 109.

53) Matthew, *Sel. Works.*, p. 429 sq.

더 이상 기대할 수 없을 만큼 적극적인 것이다.

　　기독교인이라면 남녀노소 모두가 성경을 철저하게 연구해야 하며, 지식인이 아닌
　　범인도 성경을 연구하는 일을 끝없이 하기를 피해서는 안 될 것이다. 사제들의 오만
　　과 탐욕이 그들의 어둠과 이단설을 가져왔고, 성경의 바른 깨달음에서 차단시키고
　　있다. 성경은 구원을 얻기에 가장 필요한 핵심들에 있어서 범인(凡人)들에게도 깨달
　　을 수 있는 길이 열려 있으며 완전한 권위를 가지고 있다.

위클리프는 자국민들에게 모국어 성경을 안겨준 최초의 인물이다. 그는 히브
리어를 몰랐고 아마 헬라어도 몰랐을 것이다. 그의 번역은 라틴어 불가타 성경
을 토대로 한 것으로서, 영국인들을 더 신앙적이고 그리스도인답게 만들려는 뜨
거운 소원에서 비롯된 결실이었다. 기존에 리처드 롤(Richard Rolle)이 성경 낱권
들을 의역해 놓은 것과, 켄트 주의 어느 수녀원을 위해 작성되었음에 틀림없는
운문체 신약성경이 있긴 했으나, 영국의 그 개혁자가 최초의 영어 성경 번역자
였다고 보는 데 조금도 장애로 여길 것이 없다. 위클리프는 성경 번역을 할 때
구약성경과 외경(바룩서 3:20까지)을 맡아 번역한 니콜라스 헤리퍼드(Nicholas
Hereford)의 도움을 받았다. 위클리프의 성경은 그가 죽은 직후에 퍼비(Purvey)
에 의해 개정되었다. 개정본 '머리말'에서 퍼비는 "최근에 번역된 영어 성경"에
관해 언급하면서, 라틴어 역본들이 이 역본에 비해 수정할 것이 더 많다고 주장
했다. 위클리프의 역본과 퍼비의 개정본은 170편의 사본으로 현존하는데, 1850
년에 포쉘(Forshall)과 매든(Madden)이 출판하기까지 두 권은 인쇄되지 않은 채
남아 있었다.[54] 공상적이고 섬뜩한 종교 이야기들을 다루는 「황금 전설」(*Golden*

---

54) *The Holy Bible, containing the Old and New Testament with the
Apocryphal Books, in the earliest English Versions made from the Vulgate by
John Wycliff and his Followers*, 4 vols., Oxford, 1850. 이 저서는 무려 22년이나
걸려 완성되었다. Purvey의 서문과 편집자들의 자세한 머리말이 실려 있다. Purvey
의 신약성경은 1731년에 런던에서 John Lewis가 펴냈고, 1810년에 런던에서 Henry
Barber가 다시 펴냈으며, 1841년에 런던에서 발행된 *The Bagster English Hexapla*
에 수록되었다. Adam Clarke는 자신의 *Commentary*(3rd vol., 1823)에 위클리프의
아가서를 수록했으며, Lea Wilson은 위클리프의 신약성경을 펴냈다(London, 1848).

Legend)을 발행한 캑스턴(Caxton)을 비롯한 영국 초기의 출판인들이 두 권을 펴내지 않은 이유는 위클리프가 이단 판결을 받았고, 그의 성경 역본이 영국 종교 당국자들에 의해 금서로 묶였기 때문이다.

옥스퍼드 대학교 보들리 도서관에 소장되어 있는 사본이 의문의 여지 없이 헤리퍼드가 직접 작성한 필사본이라고 포쉘과 매든은 주장한다. 이 편집자들은 그 역본들의 연대를 1382년과 1388년으로 잡는다. 퍼비는 롤라드파의 일원으로서 위클리프의 집에 기거했으며, 당대 연대기 저자 나이틴(Knighton)에 따르면 위클리프의 교훈을 흠뻑 마셨다고 한다. 그는 투옥되었으나 1400년에 사상을 철회한 뒤 하이드의 주교대리로 승진했다. 3년 뒤에는 이 직위를 사임했다. 1421년에 대주교 치첼리(Chichele)에게 두 번째로 투옥되었으며, 1427년까지는 살아 있었는데 아마도 옥에서 숨을 거둔 듯하다.

나이틴이 자신의 연대기에 써넣은 평가에 따르면, 영어 성경이라는 선물을 놓고 위클리프의 당대인들 가운데는 참신한 행동으로 보는 사람들도 있었고 신성모독적 행위로 보는 사람들도 있었다고 한다. 그러한 번역을 내놓음으로써 성경이 불손과 모독을 받게 된 상황을 나이틴은 돼지에게 진주를 던진 것에 비유했다. 나이틴은 위클리프가 죽은 지 20년 뒤에 쓴 한 대목에서 이렇게 말한다.

> 그리스도께서 교회의 성직자들과 박사들에게 물려주신, 그리고 그들이 다시 약한 사람들에게 전해준 복음을 이 거장 존 위클리프가 라틴어에서 천사의 방언(the Angelic tongue)이 아닌 영국 방언(Anglican tongue)으로 번역했고, 그에 힘입어 성경이 보편화하여 상당한 식견을 갖춘 성직자들이 사용하던 때보다 글을 아는 평신도 남녀들에게 더욱 열린 책이 되었다. 이로써 복음의 진주가 던져져 돼지들에게 밟히게 되었고, 성직자들과 평신도들 모두에게 귀중한 것이 두 계층 모두에게 희롱거리가 되었으며, 식자들만 간직하던 보석이 평신도들의 노리개가 되어 괴기에는 성직자들과 교회의 박사들에게 하늘의 선물로 중시되던 것이 이제는 천한 복음[흔한 것]으로 전락했다.[55]

이 진술에는 위클리프가 적어도 성경의 일부를 번역했고, 그 번역이 새로운

---

55) Wilkinson, III. 350.

시도였으며, 영어가 거룩한 말씀을 구현하기에 적합한 용어가 아니었다는 의미가 실려 있다. 성경이 성직자들의 책이었으며, 그것을 평신도들이 읽을 수 있게 한 속된 만용이 성경을 천하게 만들었다는 것이다.

위클리프의 역본은 교회 당국자들에게 속히 버림을 받았다. 1391년의 영국 의회에 영어 역본들을 단죄해야 한다는 법안이 상정되었으나 랭커스터 공작의 영향으로 통과되지 않았지만, 1408년에 옥스퍼드에서 열린 교회회의는 누구든 주교나 필요할 경우 지역 공의회의 승인을 받지 않은 채 성경을 영어로 번역할 경우 파문에 처한다는 불길한 법안을 통과시켰다. 이 법안은 "존 위클리프 때에 제시된" 번역을 분명히 언급한다. 대주교 애런들은 1412년에 요한 23세에게 쓴 편지에서 "성경을 모국어로 새로 번역하여 자신의 악을 채운 적그리스도의 선구자요 제자인, 그 저주받을 전염병 같은 자"를 비난했다.

1414년에는 영어 성경을 읽는 행위가 "토지와 가축과 목숨과 재산을 영구히" 상실하는 벌로써 금지되었다. 민중을 위한 영어 성경이 이렇게 비난을 받은 것은 위클리프 자신이 당대에 가한 비판에서 충분히 예상할 수 있는 것이었고, 1229년의 툴루즈 교회회의의 법령에 철저히 부합한 것이었으며, 애런들의 비판은 자국어 성경 번역과 보급에 대한 고위성직자들의 빈번한 단죄로 재현되다가 19세기에 성서공회(Bible society)들에 대한 교황청의 맹렬한 비난으로 무르익었다. 일례로 교황 피우스 7세는 1816년에 각국의 성서공회들을 가리켜 "신앙의 터를 허물기 위한 마귀의 기관들"이라고 주장했다. 로마 교회의 변증가들은 가톨릭 성직위계제도가 자국어 성경 유포에 한 번도 반대한 적이 없고 다만 승인받지 않은 번역들만 반대했을 뿐이라고 주장해왔는데, 만약 로마 교회가 과연 평신도들에게 성경을 보급하면서 성경 공부를 권장하는 시도를 제한된 범위 내에서라도 시도했다는 증거가 있다면 개신교가 그 주장을 반영하여 기존의 견해를 수정하게 될 것이다. 하지만 로마 교회의 영향이 아무런 장애 없이 퍼져나간 남유럽과 남아메리카의 가톨릭 국가들에 가보면 그들의 주장이 현실과 전혀 다르다는 것을 확인하게 된다.

위클리프는 당대의 교회 당국자들이 평신도들에게 하나님의 말씀을 차단하고, 민중이 이해할 수 있는 언어로 말씀을 전달하기를 거부했음을 매우 명쾌한 어조로 비난했다. 그의 시대부터 엘리자베스 재위 때까지 가톨릭권 영국이 번역성경을 한 권도 내놓지 않았다는 것과, 영국의 종교개혁자들이 가톨릭 성직위계제도가 영어 번역성경에 대해서 단호히 반대하고 있다는 견해를 갖고 있었다는 것이 엄연한 사실로 남아 있다. 틴들은 신약성경을 번역한 뒤 영국을 도망쳐 나와야 했으며, 그 역본 초반의 모든 사본들이 수거되어 영국 땅에서 소각당했다. 로마 교회는 틴들의 신약성경이 '승인받지 않은' 번역이기 때문에 소각되었다고 주장하지만, 개신교 종교개혁이 시작되어 개신교 교회가 확고하게 뿌리를 내린지 오랜 세월이 지나도록 로마 교회 당국이 성경을 영어로 번역하려는 시도조차 하지 않았다는 것이 엄연한 사실로 남아 있다.

위클리프의 역본과 퍼비의 개정본은 영국에 상당량이 보급되어 지위 고하를 막론하고 많은 사람들이 소유하게 된 듯하다. 롤라드파는 그 성경들을 소중하게 간직했다. 헨리 6세는 화려하게 장식한 사본을 런던의 카르투지오회에 증정했으며, 헨리 7세도 그러한 사본을 소장했다. 토머스 모어 경은 화형을 당한 존 훈(John Hunne)의 소장품에서 "성경을 우리말로 번역한 위클리프의 사본을 베껴 쓴" 성경을 발견했다고 똑똑하게 진술한다.[56] 한 세기 반 동안 이 영어 성경은 위클리프의 정신이 영국에 살아 있도록 이바지했는데, 위클리프의 역본이 개신교 종교개혁자들에게 과연 어느 정도나 영향을 미쳤는가 하는 것은 단정하여 말하기가 불가능하다. 실제로 개혁자들이 그 성경을 사용했는지의 여부도 확인되지 않는다. 위클리프가 사용한 '티끌'(mote), '들보'(beam), '좁은 문'(strait gate) 같은 단어들이 16세기의 역본에서 발견되는 것을 보면 이 용어들이 위클리프의 번역을 통해서 영어의 공동 자산이 되었음을 짐작하게 된다. 영어권 사람들이 배운 사람과 배우지 못한 사람, 평신도와 성직자 가릴 것 없이 모든 이들이 귀중한 유산으로 물려받은 영어 성경은 14세기의 그 개혁자와 영원히 연관될 것이다. 최근의 위클리프 전문가의 한 사람인 부덴시크(Buddensieg)가 말했듯이, 성경을 하나님의 말씀으로 존중하고 부지런히 공부하고 순종하라는 권면이 위클리프의 서서들에 붉은 굵[참조. 눅 2.18. 역자주]처럼 영원히 깔려 있다.[57] 위클리프는 자신도 의식하지 못한 채 아우구스티누스에게서 완전히 이탈하여, 성경이 그 권위를 교회의 판단에 두지 않고 그리스도의 판단에 둔다고 주장한 셈이다.

존 위클리프의 생애와 사상을 살펴보면 그가 거의 모든 교리 문제에서 종교개

---

56) *More's Works*, p. 240, Gairdner가 인용(I. 112).

57) Buddensieg, Introd. to *De ver.*, pp. xxxii, xxxviii.

혁자들을 예기했다는 사실이 분명해진다. 그의 발언들을 연구할수록 이러한 확신이 더욱 강해진다. 그는 설교를 중시했고, 평신도들에게 성경을 보급해야 한다고 주장했고, 성직자들의 정절과 충성을 요구했고, 교황의 발언이 무오하다는 주장을 부정했으며, 교황제가 교회의 존립에 필수적이지 않다고 주장하는 데까지 나아갔다. 교회를 선택된 자들의 회(會)로 정의했고, 화체설이 성경과 이성에 위배됨을 입증했으며, 사제의 사죄가 선언적 행위일 뿐이라고 주장했다. 순례에 관한 당시의 통념에서 이탈했고, 성경의 교훈에 따른 결혼을 모든 사람들이 고귀하게 여겨야 한다고 주장했으며, 수사에게 서약을 포기하고 유익한 직업에 종사할 자유를 부여해야 한다고 호소했다.

민음으로 의롭다 함을 얻는 교리를 위클리프는 진술하지 않았다. 하지만 그리스도를 믿는 것이 곧 생명이라는 식의 표현들을 항상 사용했다. 공로 교리를 부정했으며, 그리스도의 중보로 충분하다고 했다. "믿음이 신학의 총체이다"(fides est summa theologia)라는 말과, 성경을 공부함으로써만 그리스도인이 될 수 있다는 말로써 종교개혁자들에게 근접했다.[58]

위클리프가 가르친 그 밖의 교훈들의 배후에는 그리스도를 향한 헌신과 그리스도를 따르고 그분의 율법에 복종하라는 호소가 자리잡고 있다. 그리스도의 이름이 그의 저서들의 모든 페이지들에 나온다고 말하는 것은 결코 과장이 아니다. 그에게 그리스도는 최고의 철학자이자 모든 철학의 내용이시다.[59]

위클리프는 자신의 견해에 도달하는 과정에서 여느 학자 못지않게 독립적인 태도를 견지했다. 중세의 여느 분파에게서 사상적 영향을 받은 징후를 드러내지 않으며, 혹자의 비판처럼 마르실리우스와 오컴에게 영향을 받지도 않았다. 자신의 독특한 견해가 오컴에게서 배운 것이 아니고 다만 성경에서 배운 것임을 본인 스스로 분명히 밝힌다.[60]

---

58) 참조. *De ver. scr.*, I. 209, 212, 214, 260, II. 234. Buddensieg(p. xlv)는 위클리프가 이신칭의 교리의 여명을 밝혔다고 말한다. Poole에 따르면 그는 주권(lordship)을 다룰 때 그 교리를 다른 표현들로 진술했다고 한다. Rashdall(*Dict. Natl. Biog.*, LXIII. 221)은 이신칭의 교리만 제외한다면 16세기의 교훈들 가운데 위클리프가 예기하지 않은 것이 없다고 말한다.

59) *De ver. scr.*, I. 32.

60) *De ver. scr.*, I. 346 sqq.

대륙의 종교개혁자들은 후스에게 바친 것과 같은 존경을 위클리프에게는 바치지 않았다. 하지만 그들이 위클리프에 관해서 좀 더 잘 알았다면 그에 관해서 할 말이 더 많았을 것이다.[61] 만약 루터가 위클리프 협회(the Wyclif Society)가 발행한 탁월한 책들을 접했다면, 베셀(Wessel)의 「총서」(Works)를 읽고서 했던 평가를 영국의 그 개혁자에 대해서도 했을 것이다. 위클리프의 사역을 뒷받침하는 조직적 개혁 노력이 이루어지지 않은 이유는 아직 시기가 무르익지 않았다는 말로 가장 잘 설명된다. 그럼에도 불구하고 위클리프의 견해와 종교개혁자들의 교리를 샅샅이 비교하고 나면 그가 복음적인 발언을 남겼고 애국적인 정신을 소유했을지라도 여전히 스콜라 학자이기를 포기하지 않았다는 사실이 남는다. 그와 달리 루터는 온전히 새 시대의 사람이었다.

주해 - 최초의 영어 성경 번역자 문제.

최근에 대수도원장 개스킷(Abbot Gasquet)은 「고대 영어 성경」(The Old English Bible)이라는 두 권짜리 치밀한 논문(pp. 87-155)에서 위클리프의 역본이 최초의 영어 성경이 아니라는 주장을 제기했다. 위클리프가 성경의 어느 부분이라도 번역했는지 극히 의심스럽다고까지 주장했다. 여기서는 그 문제를 간략히 소개하는 정도로 그치고자 한다. 우리는 언어로 표현할 수 있을 만큼 명쾌해 보이는 나이턴의 증언 외에도, 얀 후스가 1411년에 카르멜회 수사 스토케스(Stokes)에게 보낸 「답서」(Reply)에서 증언한 내용도 가지고 있다. 그 글에서 후스는 위클리프가 성경전서를 영어로 번역했다고 진술하는 것이다. 위클리프가 그 일을 했음을 논박할 사람은 아무도 없으며, 후스도 영어 성경전서의 최초 번역자와 그 책에 붙은 번역자의 이름을 염두에 둔 채 일반적 용어로 말했음이 틀림없다.

위클리프의 역본이 최초의 영어 성경이라는 첫 번째 명제에 의심이 드리워진 원인은 토머스 모어 경이 「대화록」(Dialogues, 1530, Works, p. 233)에 남긴 진술 때문이다. 모어는 틴들과 종교개혁자들의 견해를 논박하면서 이렇게 말했다.

---

61) 멜란히톤은 미코니우스에게 쓴 편지에서 위클리프가 이신칭의에 관해 전혀 무지했다고 주장했고, 다른 곳에서는 그가 어리석게도 복음과 정치를 뒤섞었다고 말했다.

"성경전서는 위클리프 시대 이전에 고결하고 학문이 깊은 분들에 의해 영어로 번역되어 선량하고 경건한 사람들에 의해 진실하고 조심스러운 태도로 읽혀지고 있었다." 그는 그러한 번역본 사본들을 직접 보았다고 말한다. 이 진술을 놓고 생각할 때 다음과 같은 이유에서 모어가 잘못 판단했을 가능성이 매우 높다. (1) 그 진술은 나이턴의 말이나 후스의 증언과 상반된다. (2) 위클리프 자신이 자기 시대에 이전에 영어 성경이 존재하지 않았다고 여러 차례 진술한다. (3) 롤라드파는 자신들의 성경을 위클리프의 이름과 관련짓는다. (4) 종교개혁 시대 이전의 어떠한 영어 저자도 위클리프의 이름과 시대와 결부짓지 않고는 영어 번역 성경을 언급하지 않는다.

토마스 모어 경이 그 말을 할 때는 논쟁에 연루된 상태에서, 가톨릭 성직위계 제도가 성경 번역에 반대하지도 않았고 번역 성경들이 평신도 계층에 보급되는 데 반대하지도 않았음을 입증하는 데 초점이 있었다. 그러나 여러 가지 혐의점들을 제시하고 나이턴과 애런들의 진술들의 자연스러운 의미를 배제한 대수도원장 개스킷은, 위클리프가 번역하고 포셸과 매든이 편집한 것으로 알려져온 성경이 실은 위클리프의 번역이 아니라고 부정하면서 이 성경이 모어가 언급한 기존의 번역본들 가운데 한 권이었다는 묘한 주장을 펼친다. 나중에 다시 거론하겠지만, 대수도원장 개스킷이 영국 얀센파의 대변인이었다는 점을 여기서 지적하지 않을 수 없다. 당시 얀센파는 루터가 등장하기 전에 가톨릭 교회가 질서정연하게 발전하고 있었고, 루터와 종교개혁자들이 그 발전을 막았고 당대의 교회 상황을 고의로 왜곡했다고 주장하고 있었다. 개스킷 박사는 얀센과 비교할 때 그럴 듯한 사실도 희박하고 자신의 주장을 뒷받침할 만한 문헌도 변변히 없는 상황에서 중세 말 영국 교회의 상황이 건강했음을 입증하려고 노력한다. 그러기 위해서 (1) 방대한 분량의 중세 영국의 문헌들이 여전히 사본의 형태로 존재했음을 지적하고, (2) 위클리프의 진술들을 철저히 무시하고, (3) 영국의 종교개혁자들이 남긴 증언들을 도외시하고, (4) 롤라드파를 철저히 비천하고 무식한 집단으로 매도하는 방식을 사용한다. 이 모든 증인들을 배제하고서 단 한 사람 토머스 모어 경만 증인으로 채택한다.

개스킷 박사가 옹호한 두 번째 명제, 즉 위클리프가 성경 번역에 조금이라도 기여했는지 지극히 의심스럽고, 심지어 그럴 개연성이 희박하다는 주장은 주로 위클리프가 자신의 저서들에서 그 번역을 언급하지 않은 사실에 근거를 둔 것이다. 그런데 그 대수도원장이 높이 평가하는 토마스 모어 경의 말을 분석해 보면 그러한 의심이 정당하지 않음이 드러난다. 모어는 화형을 당한 존 훈에 관해 말하면서, 그가 "위클리프 사본을 따른" 성경 사본을 소지하고 있었다고 말하는 것이다(Eadie, I. 60 sqq.; Westcott, *Hist. of the Eng. Bible*).

「롤라드파」(*Lollardy*)라는 저서에서 그 주제를 공정하게 논하는 가드너 (Gairdner)는 사실상 필자와 같은 견해를 제시한다(I. 101-107, Capes, pp. 125-128). 링거드(Lingard, *Hist. of Eng.*, IV. 196)는 개스킷보다 먼저 영어 성경과 관련하여 오래 전부터 위클리프에게 부여되어온 명예를 상쇄하고 불식시키기 위해서 모어의 증언을 강조했다.

그런데 이런 유의 논의에서 민중이 성경을 아는 것이 중요하며, 평이한 설교와 번역으로 모든 민중에게 성경을 가르칠 필요가 절실하다는 위클리프의 유명한 견해를 한 번도 언급하지 않는 논객을 어찌 공정하다고 평가할 수 있겠는가? 개스킷 박사가 "위클리프라는 이상한 인물"에 대해서 취한 태도는 「고대 영어 성경」(p. 88)에 진술해 놓은 다음 내용에서 확인할 수 있다. "우리가 가톨릭 신자로서 그의 불건전한 신학적 견해에 대해서, 혹은 평화를 사랑하는 시민들로서 그의 거친 혁명적 사회 이론에 대해서 어떤 태도를 취할 수 있는지 이론의 여지가 없다."

43. 롤라드파

위클리프가 영국에서 가하기 시작한 자극이 치밀하거나 항구적인 조직으로 발전하지는 않았지만 그 영향이 한 세기 이상 감지되었다. 그의 견해를 채택한 사람들은 위클리프파(Wycliffites) 혹은 롤라드파(Lollards)도 일러졌는데, 당내의 연대기 작가들인 나이턴과 월싱엄(Walsingham), 그리고 월든(Walden)은 롤라드

---

62) 1382년에 Repyngdon은 '위클리프 분파에 속한 롤라드 신도'(Lollardus de secta Wyclif)라 불렸으며, Peter Stokes는 "롤라드파와 위클리프 분파"에 반대했다고 소개되었다. *Fasc.*, 296. Knighton(II. 182, 260)은 분명히 위클리프파를 롤라드파라고 부른다.

파라는 명칭을 그 개혁재위클리프]의 이름과 결부시킨다.[62] 위클리프파라는 명칭이 점차 롤라드파라는 명칭에 자리를 내주었으며, 롤라드파는 영국의 모든 이단을 포괄하는 뜻으로 사용되었다.

롤라드파라는 용어는 홀란드와 쾰른 일대에서 영국으로 이식되었다. 일찍이 1300년에 롤라드파 이단은 교회 당국자들에 의해서 교회의 금령에 처해 있던 베긴회 · 프라티켈리파 · 스웨스트리온파(Swestriones), 심지어 채찍질 고행파와 같은 집단으로 분류되었다. '롤라드'라는 단어의 기원은 '위그노'라는 용어와 마찬가지로 쟁점으로 남아 있다. 1322년에 쾰른에서 화형을 당한 홀란드 사람 발터 롤라트(Walter Lollard)에서 유래했다는 설은 오늘날은 인정을 받지 못한다.[63] 당대인들은 그 유래를 '가라지들'이란 뜻의 롤리움(lolium)에서 찾아 그것을 이 분파가 뿌리고 있던 거짓 교리와 관련짓거나(나이틴이 그랬고, 초서도 그랬던 것으로 추정된다), 혹은 그들의 찬송 습관을 눈여겨보고서 '찬송하다'라는 뜻의 라틴어 라우다레(laudare)에서 그 유래를 찾았다.[64] 가장 자연스러운 어원은 '자장가를 부르다'라는 뜻의 독일 남부 말 룰렌(lullen) 혹은 아인룰렌(einlullen)으로서, 이 단어에서 '자장가'라는 뜻의 영어(lullaby)가 유래했다. 롤라드파가 부르던 찬송 가운데 현존하는 것은 한 편도 없다. 위클리프가 죽은지 십 년이 채 지나지 않은 1396년에 보니파키우스 9세는 저지의 '롤라드파 혹은 베가르회'를 규제하는 대칙서를 발행했다.

위클리프 운동은 주교들이 앞장서고 의회가 승인한 엄격한 종교재판소에 의해 탄압을 받았다. 1401년까지 이어진 이 이단들의 첫 세대 가운데 재판을 받은 대다수 사람들이 위클리프의 교훈에 대한 지지를 철회했다. 15세기에 접어들어 롤라드파 가운데 막대한 수가 재판을 받아 많은 수가 순교했으며, 순교자들의 수는 16세기 초반에도 불어났다. 대주교 코트니(Courtenay)가 강경한 조치를 펼쳤으며, 그의 계승자인 애런들의 백작 토머스 때에는 사납던 박해의 기세가 한 풀 꺾였다. 노리치의 호전적인 주교 헨리 스펜서(Henry Spenser)는 반체제 성직자가 자기 교구에서 설교하려고 할 경우 누구든 화형이나 참수로써 처형하겠다

---

63) Fredericq, I. 172. 유골이 파헤쳐져 화형을 당한 매튜라는 사람이 롤라드파 신도 매튜(Mattaeus Lollaert)라 불린다.

64) Jan Hocsem of Liége(1348 죽음)가 그렇게 주장한다.

고 맹세해 놓고서 강경한 탄압을 펼쳤다. 위클리프 추종자들의 첫 세대가 대규모 철회를 했던 이유는 영국에 이단 재판이 처음으로 단행되면서 피고들을 두렵게 탄압하는 상황에서, 사제 계층이 총력을 기울여 가하는 탄압에 처음으로 부닥치게 된 데 있었다.[65]

1394년에 위클리프파는 열두 가지 결론서를 포함한 청원서를 의회에 정식으로 제출할 정도로 강한 세력을 확보했다.[66] 이 결론서는 로마 교회를 영국 교회의 계모라고 부르면서, 사제 서품을 받은 많은 사람들이 하나님의 임명을 받지 않은 사람들이라고 주장했고, 성직자 독신제에서 갈수록 불거지던 폐습들을 비난했고, 성찬에 그리스도께서 육체적으로 임재하신다는 교훈을 부정했고, 순례와 화상 숭배를 단죄했으며, 사제 중심의 고해성사와 면죄부 제도가 성직자 계급의 이익을 고려하여 고안되었다고 주장했다. 주교관(主敎冠)과 십자가 상, 성유와 향 사용을 단죄했으며, 전쟁에 대해서도 전사들이 처음 피를 흘린 뒤에는 정절을 잃고 "곧장 지옥으로 간다"는 이유로 반대했다. 이 문서는 영어 성경 외에도 위클리프의 「삼인 대화록」(Trialogus)을 인용한다.

1390년경부터 1425년까지는 롤라드파에 관해서 모든 방면에서 듣게 되는데, 당대의 연대기 저자가 길을 가는 사람들 가운데 둘 중 하나는 틀림없이 롤라드파 신자라고 말할 수 있을 정도였다.[67] 랭커스터의 헨리 4세(1399-1413 재위)가 즉위하면서 가혹한 탄압 정책이 채택되었다. 법적 규제가 절정에 달한 것은 1401년의 일로서, 이 해에 의회는 이단 화형 법안을 통과시켰다. 영국에서 이런 유의 법안이 통과된 최초의 사례였다.[68] 이 법률은 롤라드파를 성례에 관한 교회의 신앙을 가증스럽게 생각하고, 하나님과 교회의 법을 무시한 채 설교자의 직분을 사칭하는 신흥 분파라고 불렀다. 이 법률은 롤라드파가 설교를 하거나, 학교를 운영하고 집회를 열고 서적을 간행하는 행위를 금지했다. 범법 혐의자들은 주교 법원에서 재판을 하게 했고, 유죄가 확인되었는데도 철회를 거질하면 세속 관리에게 넘겨 화형에 처하도록 했다. 화형은 사람들이 구경하고서 공포감을 가

---

65) Cheyney, p. 436 sqq.
66) Gee and Hardy, pp. 126-132. Fasc, pp. 360-369.
67) Knighton, II. 191.
68) *De comburendo haeretico*, Gee and Hardy, pp. 133-137.

질 수 있도록 높은 곳에서 거행하도록 했다.

위클리프 운동의 초창기에 활동한 유력 인사들에는 필립 레핑던(Philip Repyngdon), 존 애쉬턴(John Ashton), 니콜라스 헤리퍼드(Nicolas Hereford), 존 퍼비(John Purvey)가 있었는데, 모두가 그 사상을 철회했다. 나중 세 사람과 위클리프는 나이턴에 의해서 네 명의 이단 수괴로 소개된다.

레핑던은 옥스퍼드 대학교 교수로서 위클리프와 그의 성찬관을 대담하게 지지하고 나섰으나 1382년에 그 견해를 철저히 철회했다. 그 대가로 고위층의 총애를 받고서 옥스퍼드 대학교 총장이 되었고, 1408년에는 링컨의 주교와 추기경이 되었다. 철회를 한 뒤에는 한때 자신이 몸담았던 분파를 가혹하게 박해했다.

존 애쉬튼은 위클리프의 설교자들 가운데 대단히 왕성한 활동을 펼친 인물이었다. 나이턴은 그의 이단 열정을 소개하면서 그를 "침대에서 벌떡 일어나 개처럼 미세한 소리에도 짖을 준비가 되어 있던 사람"으로 묘사한다. 그도 마침내는 코트니의 법정에서 굴복을 하고서, "우리 어머니요 거룩한 교회가 믿는 대로 믿으며", 성찬 때 사제가 손에 그리스도의 살을 들고 있음을 믿는다고 고백했다. 그 대가로 옥스퍼드에서 강사직을 회복했으나, 훗날 다시 이단의 무리로 떨어졌다.[69]

위클리프의 동료 번역자였던 헤리퍼드는 로마에 항소했다가 그곳에서 단죄를 받은 뒤 수감되었다. 2년간 옥살이를 하던 그는 감옥을 탈출하여 영국으로 돌아왔다가 체포되어 다시 옥에 갇히게 되었으며, 이번에는 교회와 타협을 한 뒤에 카르투지오회 수사의 신분으로 세상을 떠났다.

1389년에 롤라드파 신자 9인이 레스터에서 코트니의 앞에서 사상을 철회했다. 대중 설교자 윌리엄 스윈더비(William Swynderby)는 설교로써 각처의 민중을 끌어들이던 사람이었으나 비굴하게 철회했다가 훗날 다시 옛 신앙으로 돌아갔으며, 1391년에 재판을 받고 유죄 판결을 받았다. 폭스(Foxe)는 그가 화형을 당했는지 옥사했는지 확실치 않다고 말한다.

1401년의 법으로 처형을 당한 사람의 수는 그다지 많지 않았다. 오히려 헨리 8세의 재위 중반에 이르기까지 125년에 걸쳐 희생자들이 균일하게 발생했다고 할 수 있다. 그렇게 처형된 사람들 가운데는 종교개혁 시대의 리들리(Ridley)와 래

---

69) Knighton(II. 171 sqq.)은 철회서를 영어로 소개한다.

티머(Latimer)처럼 유명한 고위성직자들은 없었다. 롤라드파는 미천한 민중들이었으나, 인내와 지조로써 위클리프의 가르침이 그들에게 얼마나 깊은 영향을 끼쳤는가를 보여주었다. 최초의 순교자는 세인트 오시드의 가난한 전속사제 윌리엄 소트레(William Sawtré)로서, 이단 화형법이 통과되기 전인 1401년 3월 2일에 숨을 거두었다. 그는 사상을 철회했다가 다시 이단적 견해로 되돌아갔다. 교회 법정은 그를 심문한 뒤에 런던 시장 혹은 장관에게 "그를 불에 던져 태워 죽이라"고 명령했다.[70] 죄목은 육체적 임재를 부정하고, 십자가 숭배를 단죄하고, 설교를 사제의 가장 중요한 의무로 가르쳤다는 것이었다.

화형을 당한 다른 사람들 가운데는 1410년에 결박당한 채 통 속에서 두려운 최후를 맞이한 이브셤의 재단사 존 배드비(John Badby)와, 1415년에 순교한 런던의 두 상인 리처드 터밍(Richard Turming)과 스미스필드의 존 클레이던(John Claydon), 1423년에 스미스필드에서 순교한 사제 윌리엄 테일러(William Taylor), 1428년에 순교한 노리치의 윌리엄 화이트(William White), 1430년에 순교한 런던 시민 리처드 호브든(Richard Hoveden), 같은 해에 순교한 사제 토머스 배글리(Thomas Bagley), 그리고 후스와 서신 교환을 한 경력이 있고 1440년에 순교한 리처드 위치(Richard Wyche)가 있었다. 옥스퍼드 세인트 에드먼드 칼리지 학장 피터 페인(Peter Payne)은 1417년에 영국을 탈출한 뒤 후스파의 지도자가 되어 바젤 공의회에서 그들의 대표로 참석하여 크게 활동했다. 폭스에 따르면, 1424–1430년에 노리치에서만 100명이 이단 혐의로 기소되었다고 한다. 기성 교회가 이단에 대해서 느낀 위협이 대단히 컸기 때문에, 1427년에 링컨 주교 리처드 플레밍(Richard Flemmyng)은 이단에 대처할 목적으로 옥스퍼드 대학교에 링컨 칼리지를 설립했다. 영국 국교회에서 큰 무리를 이탈하게 한 웨슬리가 이 대학의 특별연구원이었다.

1397년에 재판을 맡고 나시 1407년에 내턴들 잎에시 재판을 빈은 윌리엄 토프(William Thorpe)의 경우는 그 자체로 뿐 아니라 위클리프에 관한 2차 재판에서

---

70) Gee and Hardy는 판결문을 수록한다. Sawtré가 과연 어떤 법에 근거하여 화형에 처해졌는가 하는 것이 쟁점으로 남아 있다. Maitland 교수는 「교회법」(Canon Law)이라는 저서에서 교황의 대칙서들에 표현된 대로 과거의 교회법 관행이 화형의 근거였다고 주장한다. 소트레가 처형될 당시에 의회에는 De comburendo라는 법안이 상정되어 있었다.

이루어진 진술들 때문에도 큰 흥미를 끈다. 대주교는 토프에 대해서 20년 동안 잉글랜드 북부를 다니면서 이단의 전염병을 퍼뜨린 혐의로 고소하면서, 자신이 그 죄수가 속한 이단 분파를 박멸하라는 소명을 받았다고 천명하고는, "이 땅에서 너희 같은 자를 한 사람도 남기지 않고 처단하겠다"고 공언했다.[71] 위클리프가 자기 시대의 가장 위대한 성직자였다는 토프의 주장에 대해서, 애런들도 그가 과연 위대한 성직자였으며 많은 사람들이 인정하듯이 "완전한 사람"이었다고 인정하면서도, 하지만 그가 연구하여 내놓은 결론들 가운데 상당수가 저주받아 마땅한 것이라고 주장했다.

14세기가 저물어 갈 무렵 궁정의 고위직에 있던 여러 평신도들이 위클리프주의를 지지하고 있었다. 그 중에는 추밀원 위원들인 루이스 클리퍼드 경(Sir Lewis Clifford) · 리처드 스터리 경(Sir Richard Stury) · 존 클랜보우 경(Sir John Clanvowe), 하원 대변인인 존 체인 경(Sir John Cheyne), 대법관 겸 솔즈베리 백작 토머스 어핑엄 경(Sir Thomas Erpingham)이 포함되어 있었다.[72] 하지만 이들은 박해가 적극적인 양상을 띠자 대부분 뒤로 물러났다.

하지만 콥햄 영지 상속녀와 결혼한 탓에 콥햄 경(Lord Cobham)으로도 알려진 존 올드캐슬 경(Sir John Oldcastle)은 물러나지 않았다. 그는 끝까지 소신을 굽히지 않으면서 새로운 설교자들에게 켄트 주의 자기 영지들에 와서 설교하도록 권장했으며, 미사와 비밀 고해, 화상 숭배를 비판했다. 그가 여러 차례 소환령을 받은 끝에 출두한 애런들의 법정은 그에게 사형을 언도하고는 세속 관리에게 넘겼다. 올드캐슬은 런던탑에 수감되었으나 그곳을 탈출하여 4년간 은신하며 지냈다. 1414년에 그는 롤라드파 2만 명이 국왕에 대해 일으킨 봉기에 연루된 혐의로 고소당했다. 법의 보호를 박탈당한 그는 웨일스로 도피했으나 3년 뒤 그곳에서 체포되어 런던으로 끌려온 뒤 1417년 12월 15일에 반역과 이단 죄로 교수형과

---

71) 그 재판 기록을 Foxe와 Bale이 길게 소개하는데, 그들은 틴들의 기록을 옮겨 썼다. *Sel. Works of Bp. Bale*, pp. 62–133.

72) Walsingham, II. 244; Knighton, II. 181; *Chron. Angl.*, p. 377.

73) Walsingham(II. 328)은 그가 반역자로 교수형을 당하고 이단으로 화형을 당했다고 말한다. Usk(p. 317)는 그가 "쇠사슬로 말들에게 묶여 찢긴 다음 격렬하게 타는 불에 던져져 양쪽 권세에 대해 마땅히 치러야 할 죄값을 치렀다"고 보고한다. Fasciculi는 Sir John의 견해와 재판을 길게 소개한다. 그에 관해서는 평가가 크게 엇

화형을 동시에 당했다.[73] 존 폭스는 그를 "그리스도의 복된 순교자, 선량한 콥햄 경"이라고 불렀다.

이렇게 재판과 처형이 난무하던 상황에서 1406년에 옥스퍼드 대학교가 위클리프를 긍정적인 시각에서 재조명하면서, 그의 순결한 생활과 힘이 넘치는 설교, 근면한 연구를 높이 평가한 것은 가뭄 중의 소나기처럼 마음을 시원하게 한다. 하지만 옥스퍼드가 적어도 쉬쉬해 가면서 그를 숭앙했을지라도, 의회는 교회 당국을 도와 그의 교리를 뿌리뽑으려는 의지가 단호했다. 1414년에 의회는 치안 당국자에게 이단 색출에 적극성을 띠라고 명령했고, 대법관 이하의 관리들에게는 그들에게 부여된 권한을 다 동원하여 "모든 종류의 이단과 오류와 롤라드파"를 척결하라고 권고했다. 의회의 이러한 강경한 방침은 2세기 동안 계속되다가, 버킹엄셔의 주장관 에드워드 코크 경(Sir Edward Coke)이 영국 교회가 롤라드파의 원리들을 채택한 적이 있었다고 주장하면서 롤라드라는 이름을 박해 대상에 포함시키기를 거부하면서 중단되었다.[74]

대주교 치첼리도 전임자 애런들 못지않게 영국 땅에서 이단의 흔적을 말살하는 데 주력한 듯하다. 1416년에 그는 관하의 주교들에게 일년에 두 번 혐의자들을 철저히 조사하고, 그들이 세속 법정에 넘어가지 않았을 경우 사안에 따라 종신 내지 일시 구금에 처하라고 명령했다. 거의 같은 시기에 콘스탄츠에서 열린 후스에 대한 재판에서 한 영국인은 위클리프의 견해와 그 보헤미아인의 견해의 유사점을 비교하면서 다음과 같이 말했다. "내 영혼을 걸고 말하건대, 만약 내가 당신의 처지라면 사상을 철회하겠습니다. 영국에서도 모든 교수들이 대단히 선량한 분들임에도 불구하고 위클리프주의의 혐의를 받을 때 대주교의 명령으로 사상을 철회했습니다."[75]

이단은 스코틀랜드도 뚫고 들어가서, 1407년에 위클리프의 가난한 사제들 가운데 한 사람인 제임스 레스비(James Resby)가 퍼스에서 화형을 당했고, 또 다른

갈린다. Fuller는 그가 "성격이 밝고 쾌활했으나 겁이 많은 사람이었다"고 말한다. 셰익스피어는 Falstaff라는 배역으로 그를 소개한다.

74) Summers, p. 67.
75) Loserth, *Wiclif and Hus*, p. 175.
76) Mitehell, *Scottish Reformation*, p. 15.

사제가 1422년에 글래스고에서 화형을 당했다. 1433년에는 세인트 앤드루스 대학교에 유학온 보헤미아의 학생 파울 크라우(Paul Craw)가 이단 죄로 같은 처형을 당했다.[76] 1425년의 스코틀랜드 의회는 주교들에게 이단들과 롤라드파를 색출하라고 지시했고, 1416년에는 세인트 앤드루스 대학교 인문학부 교수 전원에게 이단들과 롤라드파에 대항하여 교회를 방어하겠다는 맹세를 하도록 했다.

1450년부터 1517년까지 롤라드파는 거의 농촌 마을들에서만 명맥을 유지했으며, 당대의 기록들에서도 거의 언급되지 않는다. 1462년에 롤라드파 거점의 한 곳인 애머섬에서 4명이 그 혐의로 재판을 받았고, 윌리엄 발로우(William Barlowe)를 비롯한 몇몇 사람이 처형을 당했으며(1466), 몇년 뒤에는 존 구스(John Goose)가 처형을 당했다. 1507년에는 회중의 지도자 윌리엄 틸스워스(William Tylsworth)를 포함하여 세 사람이 화형을 당했다. 그는 중요한 시점에 교인들에게 버림을 받았으며, 그의 교인들 가운데 60명이 그의 화형에 쓰일 장작더미를 운반하는 일에 가담했다. 이렇게 롤라드파가 대거 이탈한 사건이 그 지역에서는 여전히 대 포기 사건(the Great Abjuration)으로 알려지고 있다.

영국에서 여성의 신분으로 최초로 순교한 조앤 브로턴(Joan Broughton)은 1494년에 스미스필드에서 화형을 당했으며, 그녀의 딸 영(Lady Young)도 같은 길을 걸었다. 1486년에는 롤라드파 신도 9인이 코벤트리에서 공개 고해를 했으나, 훨씬 뒤인 1519년에는 남성 6인과 여성 1인이 그곳에서 처형을 당했다. 폭스는 그 밖에도 1511년에 윌리엄 스위팅(William Sweeting)과 존 브루스터(John Brewster)가 스미스필드에서, 같은 해에 존 브라운(John Brown)이 애쉬퍼드에서 화형을 당했다고 언급한다. 위클리프의 견해가 얼마나 광범위한 지역에서 은밀히 받아들여졌고 그의 저서들이 읽혔는가 하는 것은 추측의 문제일 뿐이다. 롤라드파 규제법은 1559년에 가서야 비로소 폐지되었다.

우리가 롤라드파의 교리와 관습에 관해서 갖고 있는 지식은 '열두 가지 결론'(Twelve Conclusions)이란 문서를 비롯한 그들의 문서들과, 그들의 재판 기록, 그리고 치체스터의 주교 페콕 박사(Dr. Pecock)가 1455년에 완성한 영어 논문 「성직자에 대한 비난에 대한 논박」(*Repressor for over-much Blaming of the Clergy*)에서 얻은 것이다. 생각이 퍽 개방적이었던 페콕 주교는 코트니와 애런들 같은 고위성직자들과 견해가 달랐으며, 조용한 논리로 롤라드파를 오류에서 돌이키기 위해서 노력했다. 그는 '알려진 사람들'(Known Men, 참조. 고전 14:38,

딤후 2:19)이라는 칭호가 그들에게 오래 사용된 것이었다고 언급했으며, 그들을 "평신도파" 혹은 "성경의 사람들"이라고도 불렀다. 롤라드파가 교회의 열한 가지 관습과 제도에 대해 제기한 비판 — 이를테면 화상 숭배 · 순례 · 교회의 토지 보유 · 성직자들 간의 서열 · 수도회들 · 미사 · 맹세 · 전쟁 — 을 심의해 보자고 제의했다. 성경에서 발견되지 않는 법은 유효하지 않다는 그들의 교리도 논박하고자 했다. 이 주교는 자기 시대에 앞서서 "논리를 사용하여 롤라드파에게 참 신앙에 동의하도록 인도"하려는 노력을 해보기 전까지는 불과 칼과 교수대에 의존해서는 안 된다고 주장했다. 하지만 이런 지각 있는 의견 때문에 곤란을 겪게 되어서, 1457년에 대주교 바우처(Bouchier)에게 재판을 받고 나서 화형과 공개 철회 중 양자 택일하라는 명령을 받았다. 페콕은 후자를 택하여 세인트폴스 크로스 교회에서 대주교와 수천 명의 군중 앞에서 정식으로 자신의 견해를 철회했다. 그리고는 대주교의 사람들에 의해 주교의 정식 복장을 착복했고, 자신의 저서 중 14권을 불태우도록 넘겨주었다.[77] 결국 강제에 의해 주교직을 사임하지 않을 수 없었으며, 1459년에는 교황의 권유로 토니 대수도원에서 엄격히 유폐되어 지냈다. 그의 저서 「논박」(Repressor)은 옥스퍼드에서 두 번 소각당했다.

롤라드파는 성찬 시 그리스도의 육체적 임재를 부정하는 점과, 순례와 화상 숭배, 비밀 고해를 단죄하는 점에서 의견이 일치한 듯하다. 이들은 민중이 자국어로 성경을 읽을 권리가 있음도 주장했다.[78] '하나님의 법'이라는 표현이 그들 사이에 널리 유행했으며, 교회법과 교회 법원의 판결에 대척적인 의미로 통했다. 더러는 연옥을 부정했으며, 심지어 "네 믿음이 너를 구원하였느니라"라는 성구를 인용해 가며 구원의 근거를 믿음에 두기도 했다.[79] 더러는 결혼의 유대가

---

77) 소각된 저서들 가운데는 페콕이 사도신경의 사도 저작성을 무성한 Provoker가 들어 있었다.

78) Knighton(II. 155)은 롤라드파가 자국어 성경을 소지하는 것을 비난했다. 평신도들이 그러한 번역 성경을 '라틴어 성경보다 더 훌륭하고 권위 있게'(melior et dignior quam lingua latina) 여긴다고 그는 말했다.

79) 예를 들면, Walsingham, II. 253.

80) Summers(p. 60)는 성직매매 · 다툼 · 세속 관직 겸직 · 맹세 · 화상과 성체와 교황권 숭배 같은 성직자들의 폐습을 다룬 롤라드파의 출판되지 않은 37개 조항 사본에

사제의 행위에 달려 있음을 부정했으며, 사제 독신제의 성경적 근거와 편의성에 대해서는 더욱 단호히 배격했다.[80]

롤라드파는 16세기 종교개혁을 예기한 집단이었으며, 그 격변을 앞두고 영국인들의 정신을 준비시키는 데 이바지했다. 이들의 운동은 성직자들도 다수 가담하긴 했으나 주로는 평신도들의 운동이었다. 종교개혁 시대 초기에 영국의 루터파는 위클리프의 직계 추종자들로 간주되곤 했다. 런던 주교 턴스톨(Tonstall)은 에라스무스에게 쓴 편지에서 루터파에 관해서 이렇게 말했다. "그 집단은 유해한 신흥 종파가 아니라 위클리프 이단의 거대한 무리에 가담하고 있는 새로운 집단일 뿐입니다."[81]

44. 보헤미아의 얀 후스

바다 건너 보헤미아에서는 위클리프의 사상이 영국에서보다 더 깊이 뿌리를 내리고서 조직된 형태를 취했다. 그곳에서는 영국의 그 개혁자가 제5의 복음서 저자로 불렸으며, 그곳에서 시작된 운동이 초기 단계에서는 위클리프주의라는 이름으로 전개되었다. 후대에 가서야 후스파와 후스주의라는 이름들이 위클리프와 위클리프주의를 대체했다. 후스파의 주요 대변인들은 얀 후스(Jan Huss)와 프라하의 제롬(Jerome)으로서, 이들은 위클리프에 충성하다가 콘스탄츠에서 화형을 당해 죽었다.

후스를 통해서 프라하는 종교 발전사에서 뚜렷한 자리를 차지하게 되었다. 보헤미아 민중들에게는 네포무크의 성 요한(1383 죽음)의 도시로서, 군대 역사에서는 삼십년 전쟁의 가톨릭 지도자 발렌슈타인(Wallenstein)의 거점 도시로서 유명했던 프라하는 서방 세계에 후스의 고향으로 이름을 날리게 되었다. 그의 고귀한 지지에 힘입어 위클리프의 원리들이 에큐메니컬 공의회들의 의제가 되었고, 군사 원정을 불러일으켰으며, 종교 탄압에 맞서 결연히 저항하는 장엄한 광경을 제공했다. 위클리프주의가 영국에서 자취를 감추었으나, 후스주의는 예수

관해서 말한다.
81) Trevelyan, p. 349.

JOHN HUSS OF BOHEMIA

회의 강력한 박해에도 불구하고 작은 지류들을 통해서, 특히 헤른후트의 모라비아교를 통해서 현대 종교사의 큰 물줄기로 청결한 물을 흘려보냈다.

보헤미아 왕 겸 황제 카를 4세의 재위 기간(1346-1378)에 보헤미아 왕국은 학문과 종교 역사에서 황금기를 맞이했다. 1344년에 프라하 대주교구가 설립되었고, 1347년에는 프라하 대학교가 설립되는, 지역 차원을 크게 넘어서는 중요한 사건이 있었다. 독일 대학교들 가운데 최초였던 이 대학교는 오래지 않아 전성기를 맞이하게 되었다. 체코어와 독일어가 함께 사용된 프라하 시는 14세기 말엽에 다섯 구역으로 구분되었다. 주로 독일인들이 거주하던 구 시가지에는 테인 교회(the Teyn church), 신학교(the Carolinum), 베들레헴 예배당, 유서깊은 성 미카엘 교회와 성 갈루스 교회가 있었다. 프라하 초대 대주교인 파르두비츠의 아르네스트(Arnest)와 그의 계승자 블라스킴의 오코(Ocko) 치하에 교회의 폐습들을 바로잡으려는 과감한 시도가 있었다. 1355년에는 민중을 계도할 필요를 인정하여 소교구 사제들이 체코어로 설교하는 것을 의무화하는 법률이 제정되었다. 민중 설교자들인 발트하우젠의 콘라트(Konrad, 1369 죽음)와 크렘지어의 밀리츠(Militz, 1374 죽음), 야노우의 마티아스(Matthias, 1394 죽음)가 깊은 인상을 심어주었다. 그들은 성경을 길게 인용했고, 성찬을 자주 거행할 것을 촉구했으며, 로키차나(Rokyzana)가 1433년의 바젤 공의회에서 보고한 바에 따르면 야노우의 마티아스는 성찬 때 평신도들에게도 잔을 준 듯하다.[82] 얀 후스는 자신의 저서들에서 이런 전도자들에 관해 전혀 언급하지는 않았지만, 대학교에서 가르치기 시작할 때 이런 전도자들이 조성해 놓은 기류를 내쉬고 있었다.

영국과 보헤미아 사이의 밀접한 관계는 보헤미아 왕 벤첼(Wenzel, 1378-1419. 벤체슬라우스 4세)의 누이 룩셈부르크의 안네(Anne)가 1382년에 영국 왕 리처드 2세와 결혼함으로써 수립되었다. 교양 있는 공주였던 안네는 라틴어와 체코어, 독일어로 된 성경 사본들을 소장하고 있었다. 이 결혼이 있기 전인 1367년에 프라하 대학교 철학부는 학부생들에게 그 대학 교수들의 강의록 외에도 파리와 옥스퍼드 대학교 교수들의 강의록도 함께 공부하도록 했다. 프라하 대학교 학생들이 영국의 대학교로 유학을 힘썼고, 심지어는 스코틀랜드의 세인트 앤드

---

82) Rokyzana의 진술은 Loserth(in Herzog, VIII. 588 sq.)에 의해 사실이 아니라고 일축되었다.

루스 대학교에까지 가서 유학을 했다. 옥스퍼드에서 공부한 학생들 가운데는 프라하의 제롬이 있었다. 이로써 지적 열매를 전달하기 위한 교량이 위클리프의 강의실에서부터 몰다우 강변의 수도까지 놓여지게 되었다. 위클리프의 견해와 저서들은 일찍부터 보헤미아에 알려졌다.

1381년에 보헤미아의 박식한 신학자 니콜라우스 비켑스(Nicholas Biceps)는 위클리프의 주된 원리들을 충분히 숙지하고서 공격의 대상으로 삼았다. 후스는 1411년에 영국의 카르멜회 수사 존 스토크에게 쓴 답장에서 자신이 자신의 대학교 사람들과 함께 위클리프의 저서들을 소지하고 있으며, 그 책들을 20년 넘게 공부해 왔다고 밝혔다. 그 저서들 가운데 후스 자신이 1398년에 작성한 다섯 권의 사본이 현존한다. 그 사본들이 삼십년 전쟁 때 스톡홀롬 왕립 도서관에 옮겨졌으며 지금도 그곳에 소장되어 있다.

얀 후스는 1369년에 보헤미아 남부의 후시넥에서 체코인 부모에게 태어났다. '후스'(Hus)라는 단어는 '거위'라는 뜻이며, 얀 후스는 그 문자적 의미를 자신에게 종종 적용했다. 예를 들어 그는 콘스탄츠에서 '거위'가 석방되면 좋겠다는 편지를 썼고, 보헤미아인들에게 "여러분들이 진정으로 거위를 사랑하신다면" 그의 석방을 위해 왕을 설득하라고 당부했다. 친구들도 그를 같은 식으로 불렀다.[83] 부모가 가난했기 때문에 후스는 프라하 대학교에 다닐 때 노래를 부르고 노동을 하여 학비를 벌었다. 그렇게 공부하여 1393년에 문학사 학위를 받았고, 일년 후에 신학사 학위를 받았다. 1396년에는 문학석사가 되었으며, 1398년에는 그 대학교에서 가르치기 시작했다. 1402년에는 총장으로 선출되어 여섯 달 동안 직무를 수행했다.

후스는 학문 활동 외에도 설교자로서도 활동했으며, 1402년에는 베들레헴의 거룩한 유아들의 교회 주임신부로 임명되었다. 대개 베들레헴 교회로 알려진 이 교회는 1391년에 성식독 수임사가 내주일과 축일들에 체고이로 설교히는 것을

---

83) Workman, *Hus' Letters*, pp. 94, 118, 163, 189, 192, 198, 201. 최근에 독일과 영국의 저자들이 거의 보편적으로 채택하는 Hus라는 철자를 Loserth는 Herzog의 후스 항목에서 독일어 표기법에 더 가까운 Huss로 바꾸었다. 이 책도 같은 이유에서 Huss가 영어 독자들과 우리의 표기법에 더 가깝다고 여겨 그 철자를 채택했다. 후스의 출생 연대는 대체로 1369년 7월 6일로 소개되지만, 그렇게 주장할 만한 충분한 근거는 없다. Loserth, *Wyclif and Hus*, p. 65 sq.

조건으로 두 명의 부유한 평신도가 설립했다. 이 교회는 마치 4세기에 콘스탄티노플의 아나스타시아라는 작은 교회가 나지안주스의 그레고리우스에 의해서, 그리고 그가 아리우스 이단을 비판한 설교에 의해서 유명해졌던 것처럼, 신임 주임신부에 의해서 유명해졌다.

1402년이라는 이른 시기에 후스는 프라하 대학교에서 위클리프주의를 해설하고 변호하는 주요 인물로 간주되었다. 위클리프의 사상이 확산되는 데 반대하고 항의하던 성직자들의 여론이 1403년에 구체적인 형태를 띠게 되자, 대학교 당국자들은 1382년의 런던 공의회가 금령을 선포했던 24개 조항을 단죄했다. 동시에 그 대학교 교수인 폴란드 사람 얀 휘브너(Jan Hübner)가 그 영국인의 저서들에서 인용했다고 공언한 다른 21개 조항을 단죄했다. 대학교 당국자들은 이 45개 조항을 설교하거나 가르치지 못하도록 금했다. 위클리프를 따뜻하게 변호한 사람들 가운데는 츠나임의 스타니슬라우스(Stanislaus)와 스테판 팔레츠(Stephen Paletz)가 있었다. 가장 강렬한 공격을 받은 주제는 위클리프의 성찬 교리였다.

보헤미아를 들끓게 한 종교 논쟁에서 중요한 국면은 1403년에 하센부르크의 스빈코(Sbinko)가 프라하 대주교로 선출되면서 시작되었다. 스빈코의 재임 초기에 후스는 그의 신임을 얻어 교회회의 설교자가 되었고, 개혁 가능한 폐습들을 대주교에게 알려달라는 부탁을 받았다. 또한 빌스낙에서 그리스도의 성혈 성유물이 기적을 일으켰다는 소문으로 큰 군중이 몰리게 만든 사건을 조사할 3인 위원회의 한 사람으로 임명받았다. 위원회는 그 기적들이 사기였다고 대주교에게 보고했다. 하지만 그 문제가 그리스도께서 과연 당신의 보혈을 지상에 남기셨는가 하는 형태를 띠면서 프라하 대학교와 멀게는 빈과 에르푸르트 대학교들에서도 쟁점으로 비화했다. 「그리스도의 모든 보혈의 영화」(*Glorification of all Christ's Blood*)라는 소책자에서 후스는 부정적인 입장을 취했다. 후스의 주장과 위원회의 보고서에도 불구하고 빌스낙에서는 기적의 소문이 끊이질 않다가 1552년에 열정적인 루터교 신도가 그 성유물을 보관한 성합을 깨뜨리고 불태워 버린 뒤에야 그쳤다.

위클리프주의가 워낙 광범위하게 퍼져 나갔기 때문에, 교황 인노켄티우스는 1405년에 대주교 스빈코에게 무슨 수를 써서라도 그 사상을 뿌리뽑고 위클리프의 저서들을 압수하라고 명령했다. 같은 해에 프라하 교회회의는 위클리프의 사상을 선전하는 행위를 금했고, 45개 조항에 대한 단죄를 재확인했다. 성직자들의 부패를 비판하고 위클리프의 신학을 옹호하는 일에 조금도 열정을 누그러뜨리지 않던 후스는 3년 뒤에 교회회의 설교자 직위를 박탈당했다. 같은 해에 프라하 대학교 당국자들은 주교의 지시로 위클리프의 「삼인 대화록」과 「대화록」, 그리고 그의 성찬 교리를 공식적으로 강의할 수 없도록, 그리고 45개 조항의 어느 하나와 관련해서라도 공개 논쟁을 할 수 없도록 금지했다.

다음 해인 1409년에 프라하 대학교에서 체코 학생들만 남겨놓고 바이에른 학생들, 작센 학생들, 폴란드 학생들이 대거 자퇴하는 사건이 발생했다. 보헤미아 학생들이 강렬한 민족 감정에 편승하여 다른 민족 학생들에게는 투표권을 각각 한 개만 주는 대신에 자신들에게는 세 개를 주어야 한다고 요구하고 나선 것이 원인이 되었다. 벤첼이 이 요구를 수용하자, 2,000명의 교수와 학생이 자퇴했고, 독일인들은 라이프치히로 가서 그 도시의 대학교를 세웠다. 프라하 대학교는 즉시 학생 수 500명밖에 되지 않는 초라한 지방 학교로 전락했으며, 그 이후로 다시는 옛 명성을 찾지 못했다.[84]

체코어 사용을 열렬히 옹호한 후스는 프라하 대학교의 민족 운동의 공인된 지도자로서 새 체제하의 초대 총장으로 선출되었다. 총장이 되고 나서부터 위클리프와 그의 견해를 지지하는 태도도 훨씬 더 대담해졌다. 이때부터 그의 라틴어 저서들에는 그 영국 교수의 글을 발췌한 내용과 그의 사상으로 채워졌다. 위클리프의 저서들이 그를 통해서 보헤미아에 널리 보급되었다. 후스는 자신이 직접 「삼인 대화록」을 체코어로 번역했다. 그의 설교를 듣기 위해서 군중이 구름처럼 모여들었다. 후스는 1410년에 쓴 글에서 진술하기를, 도시든 읍이든 마을이든 성이든 거룩한 진리를 전할 설교자가 방문하면 민중이 성직자들의 제재에도 불구하고 헤아릴 수 없이 많이 모여들었다고 한다.[85]

1410년에 프라하 대주교 스빈코는 교황 알렉산더 5세의 대칙서에 따라 위클리프의 저서들을 압수하여 소각했으며, 사신이 허가하지 않은 징소에서는 일체 설

---

84) 참조. Rashdall, *Universities of Europe*, I. 211-242. 자퇴한 학생수는 문헌마다 각기 다르다. 위에 소개한 숫자는 15세기 연대기 저자 Procopius를 따른 것이다. 첫 해에 라이프치히 대학교로부터 입학 허가를 받은 학생이 602명에 불과했는데, 이 숫자를 놓고 판단할 때 프라하를 떠난 학생수가 2000명이 되지 않는 듯하다.

85) Workman, *Hus' Letters*, p. 36.

교하지 못하도록 금했다. 교황의 대칙서는 후스를 비롯한 많은 사람들의 저항을 불러일으켰다. 후스는 교황 요한 23세에게 항소한 글에서 철학과 논리학 등 비신학적 주제를 다룬 책들을 태운다면 아리스토텔레스와 오리게네스의 저서들도 태워야 하는 게 아닌가 하면서 그 탄압의 불합리성을 지적했다. 하지만 그의 항의는 무산되어서 2백 권이 넘는 위클리프의 저서들이 대주교 궁의 뜰에서 교회의 종들이 울려 퍼지는 가운데 불에 던져졌다.[86]

이 섬뜩한 행위가 있은지 이틀 뒤에 후스를 비롯하여 위클리프의 저서들을 넘겨주기를 거부하는 모든 자들에 대해서 파문이 선포되었다. 후스는 대주교와 교황의 대칙서를 무시한 채 베들레헴 교회에서 설교를 계속했다. 그의 설교로 인하여 모든 계층에서 대단한 열기가 이어졌으며, 거리에서 '그 영국인'을 험담하다가는 뭇매를 맞기 십상이었다. 대주교가 자신이 불에 던진 책들에 무슨 내용이 씌어 있는지 모른다는 풍자와 야유의 노래가 유행했다. 후스의 설교는 민중의 동요를 진정시키지 않고 오히려 뜨겁게 달아오르게 했다.

후스는 굴복할 생각이 없었으며, 7월 27일에는 대학교 앞에서 전단지를 배포해 가면서 위클리프의 삼위일체에 관한 논문을 변호했다. 그러나 그의 문제가 이제는 대주교의 손을 벗어나 교황청으로 이관되었던 바, 교황청은 그에게 소환장을 보냈으나 후스는 소환에 응하지 않았다. 국왕 벤첼과 수많은 보헤미아의 귀족들이 중재에 나서서 후스가 이단이 아니고 고결한 신자임을 옹호했으나, 요한 23세는 그 건을 추기경 콜로나에게 넘겼으며, 후에 마르티누스 5세가 그 건을 넘겨받았을 때는 교황의 소환에 응하지 않았다는 이유로 후스에게 금령(ban)을 내렸다.

콜로나의 판결문이 프라하의 교회들 가운데 두 곳을 제외한 모든 곳에서 낭독되었다. 그러나 공세적인 설교가 계속되자, 스빈코는 프라하 시 전체에 성무 중지령을 내렸다가 국왕이 나서서 자기 영토에서 이단을 뿌리뽑겠다고 약속하자 그것을 거둬들였다. 국왕 벤첼은 "우리의 사랑하고 신실한 신부 후스 교수가 평온하게 하나님의 말씀을 전파하도록 용납하시오" 하고 명령했다. 국왕과의 합의에 따라 스빈코는 보헤미아를 철저히 조사한 결과 이단의 흔적을 발견할 수 없

---

86) 단죄를 당한 17권 가운데는 *Dialogus, Trialogus, De incarnatione Verbi, De dominio civili*가 들어 있었다.

었다는 내용의 서신을 교황 앞으로 보내기로 했다. 이 서신이 현존하는데, 하지만 대주교는 이것을 교황에게 발송하지 않았다.

1411년 9월 초순에 후스는 자신이 교회의 가르침에서 한 치도 벗어나지 않으므로 교황청으로 출두하라는 영을 거두어달라는 내용의 서신을 요한 23세에게 보냈다. 이 서신과 추기경들에게 따로 쓴 서신에서 후스는 이단에 대한 처벌과 불복종에 관해서 썼다.[87] 하지만 요한에게 보낸 서신에서, 자신은 진리를 말하지 않을 수 없으며, 그리스도와 그분의 교회의 뜻에 위배되는 내용을 전하느니 차라리 참혹한 죽음을 당할 준비가 되어 있다고 밝혔다. 자신은 근거 없이 비방을 당했으며, 자신이 일전에 축사(祝辭) 이후에도 성찬의 떡의 물질적 본질이 잔류한다는 견해와, 대죄를 지은 사제는 성찬을 집례할 수 없다는 견해를 지지한 것은 잘못이었다고 주장했다. 그러던 차에 1411년 9월 28일에 스빈코가 죽었다. 이 중대한 시점에 존 스토키스(John Stokes)가 프라하를 방문함으로써 긴장이 고조되었다. 그는 케임브리지 출신으로서 영국에서 위클리프주의의 철저한 대적으로 널리 알려진 사람이었다. 그는 영국 왕이 신성로마제국 황제 지기스문트와 동맹을 체결하기 위해서 딸려보낸 사절단을 거느린 채 프라하에 도착했다. 스토키스의 등장으로 큰 충돌이 예상되었다. 하지만 그 영국인은 비록 사적인 자리에서는 자신의 견해를 밝히긴 했으나, 공개 논쟁을 요청해온 후스에 대해서 자신이 보헤미아와 우호적인 나라의 정치적 대표라는 이유로 논쟁 요청을 거부했다.

같은 해인 1411년에 요한 23세는 유럽 사회에 대해서 그레고리우스 12세의 비호 세력인 나폴리의 라디슬라우스를 정벌하기 위한 십자군을 일으킬 것을 요구했으며, 십자군에 직접 입대하거나 자금을 지원하는 방식으로 가담하는 모든 사람들에게 면죄부를 주겠다고 약속했다. 파사우의 주임사제 티엠(Tiem)이 성전(聖戰)의 홍보관으로 임명받고서 프라하에 와서 공식적으로 면죄부를 판매하기 시작했다. 큰 교회당늘에 연보궤가 설치뇌었으며, 변죄부가 빠른 속노로 쌀러나갔다. 30년 전에 위클리프가 「십자군」(Cruciata)이라는 저서에서 플랑드르에서 감행된 십자군 전쟁을 신랄히 비판했듯이, 이번에는 후스가 종교 전쟁을 비판하면서 교황이 그 전쟁과 면죄부를 연관지을 권한이 없다고 주장했다. 베들레헴 교회당을 면죄부 판매에 대한 탄핵의 소리로 울려 퍼지게 했으며, 공개 토론장

---

87) 이 편지들은 Workman, pp. 51-54에 실려 있다.

에서 사죄가 오직 회개를 통해서만 임하고 교황은 세속적 칼을 쥘 권한이 없다고 주장했다. 그의 설교의 상당 부분은 위클리프가 교회에 관해서, 그리고 죄책과 형벌로부터의 면제에 관해서 쓴 저서들에서 직접 끌어다 쓴 것이었다. 후스는 프라하의 제롬에게 지원을 받았다.

여론은 이 지도자들의 편이었으나, 이때부터 후스의 오랜 친구들인 츠나임의 스타니슬라우스(Stanislaus)와 스테판 팔레츠(Stephen Paletz)가 그에게서 이탈했다. 발트슈타인의 보크(Wok)의 주도하에 십자군 모집과 면죄부 부여에 관한 요한의 두 대칙서가 매춘부로 분장한 두 학생의 목에 걸려 있다가 공개적으로 소각된 뒤 그 재가 수레에 실려 거리에 뿌려졌다. 후스는 국왕에게 보낸 서신에서 자신은 자신에게 부과된 이단 혐의를 혐오한다는 의사를 밝혔으나, 국왕은 교황의 대칙서들에 가해진 모욕을 관용할 수 없었기에 행사에 가담한 낮은 직급자들 마르틴과 요한과 스타니슬라우스를 붙잡아 처형했다. 세 사람이 교회에서 큰 소리로 대칙서들이 거짓말이라고 외쳤다는 것이 처형의 사유였다. 세 사람은 순교자 대접을 받았으며, 그들의 시신은 베들레헴 교회로 운구된 뒤 순교자에 준한 미사를 받았다.

프라하 대학교 신학부는 자체의 정통신앙을 내외에 천명하려는 목적으로 45개 조항과 후스의 공적 발언에서 추려낸 6개 조항을 다시 한 번 단죄했다. 6개 조항 가운데 두 가지는 설교에 관한 것이었다. 프라하의 성직자들은 교황에게 "열쇠의 권세를 무시하는 늑대 위클리프주의자 후스의 폐해로부터" 보호해 달라고 호소했고, 이에 교황청은 더욱 가혹한 파문을 선포했다. 그 이단을 체포하여 대주교에게 넘기고, 베들레헴 교회는 파괴해 버리라고 명령했다. 영원한 저주의 표시로 후스의 거처에 돌 세 개를 던지도록 했다. 이로써 개혁자는 대주교와 대학교와 성직자단과 교황청으로 이루어진 적진에 대치하게 되었으나, 민중이 그를 지지함으로써 교황의 판결이 집행되지 못하도록 막았다. 프라하 시는 다시 한 번 성무 중지령에 처해졌다. 후스는 교황에게서 모든 미련을 버리고, 총공의회도 항상 판결이 불확실하고 게다가 판결이 나려면 오랜 세월이 걸려야 했기 때문에 다시 한 번 그리스도의 법정을 향해 호소했다. 교황이 마귀에게 받은 대권을 행사하고 있다고 공식적으로 주장했다.

한편 벤첼은 흥분을 가라앉힐 생각으로 후스에게 도시를 떠나 있으라고 권유했다. 후스는 국왕의 권유를 받아들여 1412년에 프라하 시를 떠났다. 훗날 후스는 자신이 왕의 말을 들은 것이 지혜로운 태도였는지 알 수 없다고 술회했다. 그가 도시를 떠나게 된 동기는 자신을 보호해 준 왕의 권위를 존중하기 위함이기도 했고, 성무 중지령으로 신앙적 특권들을 박탈당하고 있던 민중을 동정했기 때문이기도 했다. 만약 그가 교황의 판결을 무시하고 왕의 권유를 받아들이지 않았다면 결국 체포되어 수감되었거나 고향 도시에서 화형을 당하고 말았을 것이다. 만약 그렇게 되었다면 그의 활동은 자기 나라의 연대기에 국한되었을 것이고, 유럽 역사에 한 자리를 차지할 수 없었을 것이다. 후스는 결국 국왕의 권유대로 도시를 떠나 망명 생활을 했으나, 그가 떠난 뒤에도 보헤미아 왕국의 성직자들 가운데 위클리프주의의 가치에 대해서 여전히 논란이 있었던 까닭에 1413년 2월 13일에 전국 교회회의가 소집되어 평화안을 모색했으나 이렇다 할 결론을 내리지 못하고 해산하고 말았다.

한편 프라하를 떠난 후스는 지칠 줄 모르는 열정으로 설교를 하고 저술을 했다. 그의 설교를 듣기 위해서 장터와 들판과 숲의 개활지에 군중이 몰려들었다. 영주들이 강한 요새 성읍들에서 그를 보호해 주었다. 위클리프의 가르침을 따라 후스는 설교가 사제의 양보할 수 없는 권한이라고 주장했으며, 교황이나 대주교의 명령에 복종하여 설교를 중단한다면 하나님께 불순종하고 자신의 구원이 위태롭게 될 것이라고 썼다.[88] 프라하 시를 여러 번 방문하고 베들레헴 교회와 대학교와 시의회에 편지를 보냄으로써 그들과 의사소통을 계속했다. 이때 쓴 편지들에는 성경 인용문들이 많이 실려 있는데, 후스는 친구들에게 그리스도께서도 친히 범죄자로 단죄를 당하신 뒤에 십자가에 달리셨던 사실을 환기시켰다. 성인들에게 도움을 빌어서는 안 된다고 하면서, 그리스도의 본과 그분이 베푸시는 구원이 위로와 용기의 충분한 원천이라고 주지시켰다. 대제사장들과 서기관들과 바리새인들과 헤롯과 빌라도가 연합하여 진리이신 분을 단죄하고 죽음에 내어주었으나, 그분은 무덤에서 일어나사 열두 제자를 전도자들로 세우셨다고 말했다. 이제도 그리스도께서 다시 그렇게 하실 것이라고 했다.

그는 이렇게 썼다. '[어떤 두려움이] 혹은 어떤 죽음이 우리를 하나님에게서 떼어놓겠습니까? 그분을 위해서 재산과 친구과 세상 명예와 우리 보잘것없는 목숨을 버린다 한들 우리가 무엇을 잃겠습니까? …… 욕되게 살기보다 옳게 죽는 것

---

88) Workman, *Hus' Letters*, pp. 60, 66.

이 더 낫습니다. 우리는 사형을 면하기 위해서 죄를 범하는 짓을 감히 하지 않습니다. 현세를 은혜 안에서 마치는 것이 구차하고 비참한 데서 떠나는 길입니다. 진리이신 그리스도께서 최후의 승자이십니다. 그분이 죽임을 당한 자기 백성을 거두실 것입니다. 이는 어떤 대적도 죄가 주관치 못하는 분을 상하게 할 수 없기 때문입니다." 이러한 논조로 그는 거듭해서 편지를 보냈다. "적그리스도의 벼락"이 자신에게 공포감을 일으킬 수도 없고, "프라하의 선택된 자들"을 두렵게 할 수도 없다고 했다.[89]

후스는 훗날 콘스탄츠 공의회에서 다이(D'Ailly)의 비판에 답변하면서, 이 시기에 자신이 발휘한 영향력의 범위에 대해서 이렇게 말했다.

> 앞서 진술했듯이 나는 자발적인 의지로 이곳에 왔습니다. 만약 오고 싶지 않았다면 국왕[벤첼]도 이 땅의 왕[지기스문트]도 나를 강제로 이곳에 끌고 오지 못했을 것입니다. 나를 사랑하는 보헤미아의 귀족들이 심히 많고 강하기 때문입니다. 그들의 성에 들어가 있으면 안전하게 거할 수 있습니다.

다이가 그 진술을 듣고 코웃음을 짓자, 클룸의 요한이 나서서 죄수의 말이 사실이라고 답변한 다음 이렇게 말했다. "그를 사랑하는 대 귀족들 가운데 강한 요새 성읍을 가진 자들이 많은데, 그들은 두 왕이 힘을 합쳐 공격하더라도 자신들이 원하는 기간만큼 그를 보호해 줄 만한 힘을 보유하고 있습니다."

후스가 유배 기간에 거둔 주요 수확은 그의 저서들 가운데 가장 유명한 「교회론」(De ecclesia)을 집필한 것이었다. 이 책은 1413년에 열린 전국 교회회의를 예상하고서 썼으며, 7월 8일에 베들레헴 교회에서 낭독되었다. 콘스탄츠 공의회에서 추기경 다이는 이 소책자가 가톨릭 신앙을 공격한 저주받은 마호메트의 책 코란 경 못지않게 많은 논리로 교황의 절대권을 공격했다고 평가했다.[90]

키프리아누스의 「교회론」(De ecclesia)과 아우구스티누스의 도나투스파 논박서들 이후로 위클리프의 저서 다음으로 유명한 교회론 저서인 이 책에서, 후스

---

89) Ibid, p. 107-120. Workman은 이 유배지에서 쓴 열일곱 통의 편지들을 번역한다(pp. 83-138).

90) Du Pin, *Opp. Gerson.*, II. 901.

는 교회와 열쇠의 권세를 정의한 다음, 알렉산더 5세와 요한 23세의 비난에 대해서 자신을 변호하고, 자신을 버린 프라하의 신학자들인 스테판 팔레츠와 츠나임의 스타니슬라우스를 논박했다. 다음은 그 책의 주요 내용이다:

거룩한 가톨릭 교회는 죽은 자들과 살아 있는 자들과 장차 태어날 자들을 포함한 예정된 모든 자들의 회(會)이다. '가톨릭'이라는 용어는 보편적이라는 뜻이다. 교회의 통일은 예정과 복을 중심으로 한 통일이며, 믿음과 사랑과 은혜가 두드러지는 통일이다. 로마 교황과 추기경들은 교회가 아니다. 교회는 추기경들과 교황 없이도 존재할 수 있으며, 실제로 수백 년 동안 교회는 추기경들 없이 존재했다.[91] 그리스도께서 베드로에게 부여하신 지위에 관해서, 후스는 그리스도께서 당신 자신을 반석이라고 하셨으며, 교회가 예정에 힘입어 그분 위에 세워져 있다고 주장했다. 베드로의 분명하고 적극적인 신앙고백에 대해서 그 반석[페트라]께서 베드로[페트로스]에게 말씀하시기를 "내가 네게 이르노니 너는 베드로라 내가 이 반석 위에 내 교회를 세우리니"라고 하신 사실을 환기시켰다. 이처럼 후스는 아우구스티누스가 「재고록」(Retractations)에서 취했던 입장에 확고히 섰다. 베드로는 거룩한 가톨릭 교회의 머리가 결코 아니라고 했다.

이로써 후스는 교회와 그 머리에 관한 교황지상적 이론에 분명히 반대했다. 콘스탄티누스가 로마 주교를 교황으로 세우기 전까지는 로마 주교도 다른 주교들과 동등했다고 그는 말했다. 교황이 되고 난 다음부터 로마 주교가 권력을 참칭하기 시작했다. 교황도 무지하거나 돈을 사랑하다가 얼마든지 오류를 범할 수 있고 또 실제로 오류를 범했으며, 오류를 범한 교황을 반대하는 것이 곧 그리스도에게 순종하는 길이다. 부패하고 이단적인 교황들이 실제로 존재했다. 후스는 요안을 실례로 들면서 길게 다루며, 적어도 세 번 그를 언급한다. 리베리우스의

91) 후스는 1413년에 Christian Prachatitz에게 쓴 편지에서 다음과 같이 말했다. "만약 교황이 로마 교회의 머리이고 추기경들이 몸이라면, 머리와 몸으로 구성된 것이 인간의 신체이듯이 그들 자신들이 거룩한 로마 교회 전체를 이루는 셈이다. 적그리스도의 종자들이 입버릇처럼 '거룩한 로마 교회'와 '교황과 추기경들' 따위의 표현들을 사용한다. Workman, *Hus' Letters*, p. 121.

92) 후스는 편지들에서도 요안과 리베리우스를 자주 거론하는데, 그 중 한 대목을 예로 들면 이와 같다. "이단인 교황 리베리우스와 이단인 레오와 사내아이를 분만한 요안이 과연 로마 교회의 수장들인지 알고 싶습니다." Workman, *Hus' Letters*, p. 125.

경우도 길게 다룬다. 요안은 아들을 두었으며, 리베리우스는 아리우스주의자였다.[92]

「교회론」의 둘째 부분에서 후스는 알렉산더와 요한 23세의 대칙서들을 적그리스도적 판결로 규정하고는 그것에 순종할 가치가 없다고 주장했다. 주교좌 교회와 소교구 교회, 수도원 교회 외에는 보헤미아 어느 곳에서도 설교하지 못하도록 금한 알렉산더의 대칙서는 복음을 위배한 것이라고 하면서, 이는 그리스도께서 가옥들과 길가와 회당들에서 복음을 전하셨고, 제자들에게도 온 세계로 나가서 복음을 전하라고 분부하셨기 때문이라고 주장했다. 교황이 어떠한 파문을 내리든 그것이 그리스도께서 행하셨고 또한 행하도록 가르치신 일을 행하는 데 장애가 되지 않는다고 했다.[93]

교황의 면죄부 발행권에 관해서, 그 개혁자는 라디슬라우스 진압을 위한 십자군을 소집한 두 편의 대칙서를 논박할 때 이미 제시했던 근거를 다시 한 번 제시했다. 교황이 전쟁을 벌이거나 세속 권력에 도움을 청할 권한이 없다고 주장했다. 만약 요한이 그리스도를 따를 마음이 있다면 원수들을 위해 기도해야 하며, "내 나라는 이 세상에 속하지 않았다"고 말해야 옳다. 그러면 어떠한 원수도 논박할 수 없을 만한 지혜를 얻게 될 것이다. 죄를 사하는 권세는 그리스도께서 문둥병자들을 보내신 제사장에게 속하지 않았듯이 어떤 인간에게도 속하지 않는다. 문둥병자들은 제사장에게 가기 전에 이미 깨끗함을 얻었다. 실제로 매우 관대한 면죄부를 남발한 여러 교황들이 본인들 스스로는 저주를 받았다. 진심으로 참회하며 마음으로 자백하는 것으로 영혼이 구원을 받기에 충분하다.

교황과 가시적 교회의 무류성을 부정하고, 사제들이 천국의 문을 여닫을 수 있는 권한을 배척함으로써, 후스는 서방 기독교 세계에 널리 통하던 이론을 깨뜨렸다. 중세에서는 용서받을 수 없는 죄를 범한 것이다. 하지만 이 근본적인 견해들은 보헤미아의 개혁자가 처음 제기한 것은 아니었다. 그는 위클리프의 저서들에서 그 견해들을 배웠으며, 위클리프의 저서들을 통째로 발췌하기도 했다. 영국의 개혁자와 후스만큼 스승과 헌신적인 제자의 관계가 없었다. 「교회론」의

---

93) Nürnb. ed., I. 302.

94) Loserth는 후스가 영국의 선배 개혁자에게 영향을 받았음을 입증하기 위해서 *Wicliff and Hus*를 집필했으며, 그 책 후반에서 두 저자의 글을 나란히 비교함으로써 그 증거를 제시한다. 그는 p. 111에서 *De ecclesia*가 "위클리프의 동일 주제에 대

처음 석 장은 위클리프의 교회에 관한 논문을 차례로 발췌한 내용에 지나지 않는다. 후스의 다른 라틴어 저서들의 경우도 크게 다르지 않다.[94] 하지만 후스는 단순히 필경사이지만은 않았다. 그는 위클리프에게서 배운 사상을 철저히 자기 것으로 만들었다. 그는 아우구스티누스와 베르나르, 제롬 같은 저자들을 인용할 때는 그들의 이름을 꼭 밝혔다. 하지만 위클리프의 주장을 취하여 문단 전체를 인용하면서 그의 이름을 밝히지 않을 때는 그렇게 할 만한 충분한 이유가 있었다. 그가 대변하고 있던 것이 위클리프의 대의명분이었고, 그가 변호하고 있던 것이 위클리프의 견해들이었다는 것은 이미 잘 알려진 사실이었으며, 위클리프의 저서들이 프라하 대학교 사람들에게는 이미 널리 알려져 있었던 것이다. 후스는 위클리프를 따르는 것을 감추지 않았으며, 위클리프가 가르친 견해를 위해서라면 죽을 용의까지 있었다. 리처드 위치(Richard Wyche)에게 썼듯이, 그는 "예수 그리스도의 권세 아래 보헤미아가 복된 영국 땅으로부터 좋은 것을 많이 받은 것을 감사했다."[95]

보헤미아의 신학자는 이른바 위클리프의 이단 사상에 흠뻑 젖어 있었다. 콘스탄츠 대 공의회가 열릴 참이었다. 후스는 그 법정에서 재판을 받아야 했다.

45. 콘스탄츠에서의 후스

주님은 그들의 반석이셨고 요새이셨고 힘이셨사옵니다.
주님께서 맹렬한 전투에서 그들의 대장이셨사옵니다.
적막한 밤에 그들의 환한 빛이셨사옵니다. 할렐루야.

───────────

한 저서를 요약한 책"일 뿐이라고 말한다. 더 나아가 후스가 라틴어 소책자들에서 "모든 주장을 위클리프에게서 끌어왔다"고 하며, "가장 비중 있는 대목들은 영국의 선배로부터 단어 하나 바꾸지 않고 인용했다"고 말한다(pp. xiv, 139, 141, 156 등). 네안더는 Matthias of Janow가 후스에게 끼친 영향을 위클리프의 영향보다 더 높게 평가하는 실수를 범했다. 그는 위클리프 협회가 문헌을 펴내기 전에 그 글을 썼다. 두 개혁자의 저서들을 비교할 수 있게 한 위클리프 협회의 문헌은 후스가 위클리프에게 철저히 영향을 받은 사실을 입증한다.

95) Workman, *Hus' Letters*, p. 36.

콘스탄츠 공의회에 걸린 큰 기대 가운데는 보헤미아 왕국을 둘로 갈라놓고 있던 분쟁의 해소도 있었다. 서방 기독교 세계에 침투해 있는 이단을 제재한다는 공감대가 형성되어 있었다. 파리 대학교 총장 제르송은 프라하 대주교 콘라트에게 보낸 두 통의 서신에서 보헤미아 이외의 학문 중심지들에서는 위클리프와 후스의 이름이 떼어놓을 수 없이 결부되어 있음을 환기시켰다. 총장은 후스의 모든 오류들 가운데서도 "대죄를 범하며 살고 있는 사람이 그리스도인들에 대해 권위와 통치권을 지닐 수 없다는 주장이야말로 가장 위험하다. 그런데 이 주장은 잘 알려진 대로 위클리프로부터 후스에게 전달된 것이다"라고 썼다.[96]

신성로마제국 황제 겸 보헤미아 왕권 상속자였던 지기스문트는 콘스탄츠 공의회가 후스파로 인한 곤란한 상황을 해결해 주기를 기대했다. 그래서 롬바르디아에서 후스에게 사절단을 보내어 공의회 참석을 권고하면서, 그에게 안전 통행권을 주겠다고 약속했다. 개혁자는 기꺼이 가겠다는 의사를 표시한 뒤 프라하에 자신의 결심을 알리는 벽보를 붙였다. 벤첼과 왕비에게 쓴 글에서, 그는 자신의 결단을 다시 밝히면서, 만약 자신이 단죄를 받아 마땅하다면 이단에게 규정된 형벌을 달게 받겠다고 진술했다.[97]

1414년 9월 1일에 후스는 지기스문트에게 "지극히 높으신 주님께서 나를 지켜주시므로 폐하가 약속하신 안전 통행권을 가지고" 콘스탄츠로 기꺼이 가겠다고 썼다. 한 주 뒤에 왕은 그가 공의회에 출두하면 보헤미아 왕국에서 이단 시비가 깨끗이 사라질 것이라는 확신을 담은 답장을 보냈다.

1414년 10월 14일에 후스는 프라하를 출발하여 11월 3일에 콘스탄츠에 도착했다. 클룸의 요한, 두바의 벤첼, 헨리 라쳄보크 같은 보헤미아의 귀족들이 그와 동행했다. 클룸의 요한은 믈라데노비츠(Mladenowitz)를 데리고 갔는데, 그는 후에 후스의 서신들을 보관하여 설명을 실어 펴내는 중요한 일을 했다. 후스의 서신들은 이때부터 훌륭한 기독교 자필 문헌들 가운데 한 자리를 차지했다. 애절한 정서와 단순한 표현, 그리스도에 대한 충성에서 중세의 저서들 가운데 이만한 것이 없다.

---

96) Van der Hardt, I. 18; Palacky, *Decum.*, pp. 523–528.
97) 이 편지들과 벽보 사본들에 관해서는 Workman, *Hus' Letters*, p. 140 sqq.를 참조하라.

출발하기 전날 밤 보헤미아에서 친구들에게 쓴 편지에서, 후스는 자신이 콘스탄츠에 가서 주교들과 박사들과 제후들과 참사회원들, 실로 그 개혁자(위클리프: 역자주)가 맞닥뜨렸던 것보다 더 가공할 대적들 앞에 서게 될 것을 예측했다. 그리고는 만약 자신이 죽는 것이 하나님의 영광에 조금이라도 기여하게 된다면 죄악된 두려움 없이 죽음을 맞이할 수 있게 해달라고 기도를 드렸다. 두 번째 편지는 자신이 죽게 되는 경우가 아니면 개봉하지 말라고 당부했다. 그것은 저자가 어릴 때부터 잘 알아왔다고 말하는 제자 마르틴에게 쓴 편지였다. 그는 마르틴에게 하나님을 경외할 것과, 여성들의 고해를 들을 때 극히 신중할 것, 그리고 자신이 지난날에 생각 없이 범했던 체스 놀이 같은 일락을 좇지 말 것을 당부했다. 자신이 성직자들의 탐욕과 무절제를 공격했기 때문에 결코 만만치 않은 박해가 곧 임할 것이라고 경고했다. 그는 마르틴에게 자신의 회색 겉옷을 물려주면서, 만약 자신이 죽으면 총장에게 자기가 입던 흰 가운을 주고 자신의 충직한 하인 게오르그에게는 1기니를 주라고 당부했다.

후스는 독일의 뉘른베르크를 지나는 길을 택했다. 가는 동안 호기심으로 나와 자기 일행을 구경하는 무리들을 만났다. 여관에서 여장을 풀 때마다 지역 사제들과 둘러 앉아서 자신의 사정을 말해주었다. 뉘른베르크에 당도했을 때는 관리들과 주민들이 여관에서 그를 초대했다. 후스 일행은 당시 슈파이어에 있던 지기스문트를 만나기 위해서 길을 돌아갈 필요가 없다고 판단하고는 곧장 콘스탄츠 호수로 향했다. 호수 상류 지역에 도착한 이들은 타고 온 말들을 대부분 돌려보내 팔도록 했다. 그것은 콘스탄츠에 공의회 대표들이 타고 온 수천 마리 말을 감안할 때 현명한 처사였다.[98]

콘스탄츠에 도착한 후스가 머문 곳은 자신을 극진히 공궤해 준 "제2의 사렙다 과부"의 집이었다. 그 집이 오늘날도 여전히 남아 있다. 그는 자신이 도착한다는 소식에 거리로 쏟아져 나온 허다한 군중 사이로 말을 타고서 콘스탄츠에 입성했다. 클룸의 요한과 백작 라쳄보크는 교황 요한 23세(그는 자신의 친형제를 살해한 사람이었다)에게 자기들의 친구에게 폭력을 행사하지 않겠다는 다짐을 받아냈다. 교황은 후스에게 시내를 자유롭게 돌아다니도록 허용했으나 장엄 미사에

---

98) 후스는 지기스문트에게 갈 때 필요하다고 생각하여 말 한 필을 확보해 두었다.

는 참석하지 말라고 했다. 후스는 파문을 당한 상태였으나 자기 숙소에서 매일 미사를 거행했다. 추기경들은 이단 죄로 정식 고소를 당한 자가 자유롭게 행동하고, 그가 불안을 느끼는 사안이 신속히 처리되는 것에 분개했다. 15세기의 교회 법정에서는 이단이 고소를 당한 상태에서는 개인의 자유가 보장되지 않았던 것이다. 그 달이 다 지나가기 전에 후스는 연금에 처해졌다. 그가 건초 운반 수레에 숨어 도시를 빠져나가려고 하다가 발각되었다는 억지 구실을 붙인 것이다.[99] 11월 28일에 트렌트와 아우크스부르크의 두 주교가 그의 숙소에 들어가 추기경들 앞에 출두할 것을 요구했다. 군인들이 그의 집을 겹겹이 에워싸고 있었다. 후스는 잠시 망설이다가 눈물을 흘리며 서 있는 여주인을 계단에 남겨둔 채 그들을 따라나섰다. 그것이 파국의 시작이었다.

죄수는 추기경들 앞에서 잠시 심문을 받은 뒤 군인들에게 끌려나갔으며, 한 주간이 채 지나기 전에 도미니쿠스회 수도원 지하감옥에 감금되었다. 그를 감금하기 위해서 여러 날 걸려 지하감옥에 자물쇠들과 빗장들과 그 밖의 단단한 기구들을 설치해 두었다.

이 감옥에서 후스는 석 달을 고통스럽게 지냈다. 그의 독방은 변소에 바로 붙어 있었다. 고열과 구토가 시작되었고, 후스의 목숨이 그리 오래가지 못할 것처럼 보였다. 요한 23세는 일말의 인정을 발휘하여 자신의 주치의를 후스에게 보냈는데, 의사가 자신에게 관장약을 사용했다고 후스는 적었다. 병에 걸린 것도 고통스러웠거니와 성경을 포함한 서적들을 빼앗긴 것도 적지 않은 고통이었다. 그의 편지들은 그 두 달의 기간 동안 끊긴다. 그러다가 1415년 1월부터 편지가 다시 시작되는데, 편지들에는 그가 얼마나 큰 모욕과 고통을 당했는지 잘 나타나 있다. 이 편지들을 간수를 통해서 외부로 보냈다.

지기스문트는 당시에 무엇을 하고 있었을까? 그는 10월 18일자로 안전 통행권을 발행했다. 그가 콘스탄츠에 도착하기 하루 전인 12월 24일에 클룸의 요한이 왕의 합의를 추기경들이 짓밟았다는 내용의 벽보를 주교좌성당에 붙였다. 지기

---

99) 그 죄목은 Richental(p. 76 sq.)이 전한다. 그의 역사 기록은 잘못된 연대 때문에, 그리고 그것이 전혀 사실이 아니라고 주장한 Mladenowitz의 증언 때문에 효력을 상실한다. 만약 탈출하려는 현장에서 그를 붙잡았다면 그 사실을 즉시 재판부에 통보하지 않을 수가 없었을 것이다.

스문트는 자신이 그 소식을 듣고서 대노했다고 밝혔으나 그것으로 끝이었다. 그는 다이(D'Ailly) 같은 영향력 있는 고위성직자의 주장에 쉽게 넘어가는 기회주의적 군주였다. 다이는 후스의 이단 같은 사소한 문제로 공의회의 최우선 관심사인 교회 개혁이 방해를 받아서는 안 되며, 오류를 질책하지 않으면 묵인하는 것이라는 논리로 지기스문트를 설득했던 것이다. 모든 중견 성직자들이 왕이 위클리프주의자들의 거짓말과 교묘한 이론에 현혹되지 않기를 기도했다. 아라곤 왕은 후스를 정식 재판을 생략한 채 즉시 죽여버려야 한다는 편지를 지기스문트에게 보냈다.

흑 탁발수사들의 수도원에 수감되어 있는 동안 후스는 자신을 감시하는 간수 로버트(Robert)를 위해서 십계명과 주기도, 대죄와 결혼에 관한 소책자들을 썼다. 이때부터 보관된 13통의 편지들 가운데 상당수는 자신이 신뢰하던 친구 클룸의 요한에게 보낸 것이었다. 몇몇 편지들은 한밤중에 썼으며, 더러는 너덜너덜해진 종이에 썼다.[100] 이때 쓴 편지들에는 네 가지 점이 두드러진다. 첫째는 왕과 그의 발언에 대한 신뢰였고, 둘째는 공의회장에서 발언하고자 하는 강렬한 소원이었고, 셋째는 닥쳐올지도 모르는 죽음에 대한 예상이었으며, 넷째는 하나님을 향한 신뢰였다. 그는 왕에게 발언할 기회를 얻기 전에 사형 언도를 받게 될 것을 우려했다. "이것이 그의 명예이기도 하지만 동시에 그의 책임이기도 하다"고 그는 썼다.

한편 공의회는 이단 문제를 다이가 이끄는 위원회에 위임했다. 위원회는 후스에게 수없이 많은 질문을 퍼부었고, 그의 저서들에서 이단적 조항들을 끄집어냈다. 그의 친구였다가 변절한 스테판 팔레츠가 누구보다도 그를 집요하게 괴롭혔다. 후스는 "법정 대리인과 변호사"를 요구했으나 기각당했다. 죽음에 대한 생각이 그의 뇌리를 떠나지 않았다. 그러나 주님께서는 옛적에 요나를 고래의 배에서, 다니엘을 사자들에게서 건지셨듯이 만약 필요하시다면 자신도 건져주실 것이라고 믿었다.

---

100) Hawlik은 베들레헴의 예배당에서 편지를 읽고 나서 "이런, 후스가 이제 종이가 다 떨어져 가는구나" 하고 외쳤다. 클룸의 요한은 후스의 편지들 가운데 한 통이 "세 모서리가 떨어져 나간 너덜너덜해진 종이에" 쓴 것이라고 말했다. Workman, *Hus' Letters*, p. 196.

요한 23세가 도주하는 사건이 벌어지자, 후스가 친구들에 의해 구출될지도 모른다는 우려가 확산되면서 감옥 열쇠가 지기스문트에게 넘어갔다. 3월 24일에 콘스탄츠 주교는 죄수를 결박한 채 배편으로 자신의 성 고틀리벤으로 이송했다. 그곳에서 후스는 낮에는 족쇄를 찬 채 자유롭게 거닐도록 허용되었지만, 밤에는 수갑을 차고 옥에 갇혔다. 고틀리벤에서의 수감 생활은 3월 24일부터 6월 5일까지 73일간 지속되었다. 후스가 혹시 그 기간 동안 편지를 썼을지라도 남아 있는 것은 한 편도 없다. 그런데 역사의 아이러니라 할 만한 일이 발생했는데, 도주했던 교황이 붙잡혀 다시 콘스탄츠로 압송된 뒤 고틀리벤으로 보내져 후스와 함께 수감된 것이다. 전자가 당시에 알려진 모든 죄를 두루 범하여 단죄를 받은 기독교 세계의 수장이었던 반면에, 후자는 그의 생애가 당대의 모든 사람들에게 무흠했다는 한결같은 증언을 받은 설교자였다. 그런데 죄가 많은 교황은 잠시 구금된 뒤에 석방되어 높은 지위에 올랐으나, 고결한 설교자는 종교 반역자로 단죄되어 정통신앙 수호의 명분으로 화형에 처해졌다.

고틀리벤에서 후스는 출혈과 두통과 그 밖의 질환들로 고통을 겪었으며, 아사(餓死) 직전까지 간 적도 몇 번 있었다. 다이가 위원장이 되어 4월 6일에 출범한 새 위원회는 공의회가 하나의 부류로 평가한 후스와 위클리프 이단을 진지하게 심의했다. 후스의 친구들은 그를 잊지 않고 있었다. 모라비아와 보헤미아의 귀족 250인이 5월 13일자로 프라하에서 항의서에 서명한 뒤 지기스문트에게 보내면서, "사랑하는 교수와 기독교 설교자"가 받고 있는 학대에 항의하면서, 그가 공개 심문을 받고 귀국할 수 있게 해달라고 요청했다. 후스는 공개 심문에 모든 것을 걸었고, 바로 그 목적으로 콘스탄츠로 갔던 것이다.

위원회가 죄수를 좀 더 쉽게 심문하도록 하기 위해서 후스는 6월 초순에 세 번째 감옥인 프란체스코회 수도원으로 이송되었다. 6월 5~8일에 수도원 식당에서 공개 심문이 이루어졌다. 추기경들·대주교들·주교들·신학자들, 그리고 좀 더 낮은 직급의 사람들이 장내를 가득 메웠다. 추기경 다이도 참석하여 위원회 수장으로서 심문을 주도했다. 위원회는 5월 4일에 위클리프의 저서들에서 꼬집어낸 260가지 오류와 이단설을 단죄한 결정을 토대로 후스가 여전히 갈망하고 있던 석방의 희망을 송두리째 앗아가는 방향으로 심의가 이루어졌다. 후스가 영혼이 육체에 거하는 방식으로만 그리스도께서 성찬의 떡에 거하시고, 위클리프가 선량한 그리스도인이었고, 구원이 교황에게 달려 있지 않으며, 하나님 외에는 아무도 사람을 파문에 처할 수 없다고 주장했다는 내용의 공소장이 낭독되었다. 후스는 일전에 자신의 영혼이 위클리프가 가 있는 곳으로 갔으면 좋겠다는 소원을 표시한 바 있었다.[101] 후스가 교회에 관해 쓴 책이 증거로 제시되었을 때 무리는 "그 책을 태워버리시오" 하고 외쳤다. 후스가 자기 입장을 설명하려고 할 때마다 "궤변을 중단하고 예와 아니오 만으로 대답하라"고 다그쳤다. 그 자리에 참석했던 영국인 존 스토키스는 마치 위클리프가 환생하여 자기 앞에 앉아 있는 것만 같았다고 말했다.

6월 7일 아침에 후스는 하나님과 자기 양심이 자기편이라고 주장했다. 그러나 다이는 "우리는 증거를 가지고 있기 때문에 당신의 양심에 좌우될 수 없소. 그 증거는 기독교 세계의 가장 유명한 박사 제르송이 당신을 겨냥하여 직접 제기한 것이오" 하고 답변했다.[102] 다이와 어떤 영국인은 잔류설(성찬의 떡의 본질이 축성 뒤에도 여전히 잔류한다는 견해)이 실재론과 논리적 연관성이 있음을 입증하려고 했다. 그들의 말을 듣고 있던 후스가 그런 추론은 학동들의 논리라고 답변하자, 또 다른 영국인이 용감하게 나서서 후스의 말이 맞다고 거들면서, 이런 궤변이 신앙의 문제와 무슨 상관이 있느냐고 힐난했다. 지기스문트는 후스에게 굴복을 종용하면서, 자신이 이미 위원회 앞에 이단을 끝까지 고집하는 자를 보호해 주지 않기로 했다고 말했다. 그러면서 이단이 단 한 명이라도 남아 있다 하더라도 자기 손으로 그 자를 태워 죽일 것이라고 주장했다. 하지만 다음 날 후스에게 기소 내용을 문서로 전달하겠다고 약속했다.

후스는 그날 밤에 자신이 치통과 구토와 두통과 결석으로 고통을 겪었다고 진술한다. 다음 날인 6월 8일에 39개 조항이 그에게 전달되었는데, 그 중 26개는 자신의 교회 관련 저서에서 꼬집어낸 것이었다. 후스가 몇 가지 진술에 대해서 이의를 제기하자, 다이는 원서들을 펼쳐서 관련된 대목들을 낭독했다. 어떠한 이단도 처형해서는 안 된다는 단락이 낭독되자 회중이 야유를 보냈다. 후스는 사울의 예를 들면서 죄를 범한 왕들은 아무런 권한이 없다고 주장했다. 그때 마침 지기스문트가 창가에서 바이에른의 프리드리히와 대화를 나누고 있었는데, 고위성직자들이 후스의 발언을 틈타서 "후스가 지금 황제를 비난하고 있다고 가

---

101) Mansi, XXVII, 756.
102) Palacky, *Doc.* 278.

서 황제에게 알리라"고 소리쳤다. 황제는 돌아서서는 "얀 후스, 아무도 죄 없이 살 수 없는 법이네"라고 말했다. 다이는 죄수가 영적 체제를 무너뜨리는 것으로 성이 차지 않아 군주제마저 전복하려고 하고 있다고 주장했다. 후스는 다이의 진술의 설득력을 떨어뜨리기 위해서, 그러면 왜 교황 요한을 폐위했느냐고 물었다. 그러자 지기스문트가 나서서, 발타자르가 교황이긴 했지만 극악한 범죄 때문에 폐위되었다고 대답했다.

39개 조항에는 교회가 선택된 자들의 총수(總數)이고, 사제는 심지어 파문을 당한 상태에서라도 계속해서 설교해야 하며, 중죄를 지은 자는 권한을 행사할 수 없다는 이른바 이단적 주장들이 담겨 있었다. 후스는 성경과 정당한 논증에 의해 진리가 아님이 판명되는 진술들은 기꺼이 철회하겠지만, 그렇지 않은 진술들은 철회할 생각이 없다고 밝혔다. 지기스문트가 그렇게 해서는 안 된다고 충고하고 나서자, 후스는 하나님의 법정에 항소했다. 심문이 마쳐갈 무렵에 다이가 일어나서 이제는 절충의 가능성이 사라졌으며, 후스가 자신의 견해를 철회하는 일만 남았다고 공포했다.

후스가 리가 대주교의 관할로 넘겨질 때, 클룸의 요한은 용기를 내어 그에게 손을 내밀었다. 그 행위는 보름스에서 프룬즈베르크의 게오르그가 루터에게 건넨 따뜻한 말을 생각나게 한다. 후스는 그의 태도에 극진한 감사를 표시했으며, 하루 이틀 뒤에 쓴 글에서는 가련하고 비천한 이단이요 쇠사슬과 모든 사람들의 비난을 받는 죄수인 자신에게 부끄러워하지 않고 손을 내밀어 준 요한 경(Lord John)을 뵈었던 것이 너무 기뻤다고 적었다. 지기스문트는 후스가 떠난 뒤에 남아 있던 회중을 향해 연설하면서, 죄수를 놓아주면 틀림없이 보헤미아로 돌아가 자신의 오류들을 퍼뜨릴 것이 분명하므로 그에게 굴복을 받지 말아야 한다고 주장했다. "내가 어렸을 때에 이 분파의 싹이 처음 나온 것을 기억하는데, 오늘날 이 지경에 이르렀습니다. 오늘 우리는 교수를 제거해야 합니다. 그러면 내가 귀국하여 그의 학생을 처단하겠습니다. 그의 이름이 무엇이지요?" 지기스문트가 이렇게 묻자, 회중은 제롬이라고 대답했다. 그러자 황제는 맞다고 하면서, 자기가 말한 자가 제롬이라고 말했다.

후스는 감옥에서 자신을 계략에 빠뜨리려고 온 사람들 때문에 시달렸다고 진술한다. 그는 자신에게 가해진 죄목들 가운데 더러는 거짓 증언에 근거한 것이라고 주장했다. 하지만 죄목들 가운데 상당수는 거짓이 아니었으며, 위클리프의 교리들에게 엄격한 단죄가 내려진 마당에 그가 공개 진술을 통해서 풀려나기를 기대할 수 있었다는 것이 잘 이해가 되지 않는다. 그는 자신에게 제기된 조항들 가운데 어느 것도 그리스도의 복음에 위배되지 않는다고 확신했으나, 공의회들을 지배한 것은 성경이 아니라 교회법이었다. 어느 교수는 후스에게 말하기를, 만약 공의회가 그를 가리켜 외눈박이라고 해도 그 판결을 받아들일 수밖에 없다고 했다. 그러자 후스는 온 세상이 자기에게 그렇게 말한다 할지라도 자기는 그렇게 말하여 양심을 거스르지 않겠다고 대답하고는, 마카베오서에 거짓 자백을 거부한 엘르아살의 경우를 예로 들었다.[103] 후스는 그런 상황에서도 고향의 신자들을 안심시키는 데 힘썼다. 보헤미아의 자기 백성과 클룸의 요한에게 따뜻한 마음을 실어 편지를 썼다. 보헤미아인들에게는 올바로 가르치는 사제들, 특히 성경을 근실히 가르치는 사제들의 설교만 들으라고 권고했다. 마르틴에게는 성경을 근실히 읽되 특히 신약성경을 부지런히 공부하라고 엄히 당부했다.

6월 15일에 공의회는 평신도들에게 성찬의 잔을 주지 못하게 하는 중대한 결정을 내렸다. 이 결정에 대해서 후스는 그것이 사실상 그리스도의 본과 명령을 짓밟은 행위라고 하면서 악하고 미친 짓으로 평가했다. 베들레헴 교회를 담임하고 있던 하울릭(Hawlik)에게 쓴 편지에서 평신도들에게 잔을 금하지 말라고 당부했다.[104] 그는 이 사안에서 공의회가 오류를 범할 수 있다는 결정적인 증거를 얻었다. 공의회가 언제는 요한의 발에 입을 맞추어 경의를 표하면서 그를 '성하'(聖下)라고 부르더니, 이제 와서는 "존속을 살해한 파렴치범, 남색자, 성직매매자, 이단"이라고 단죄하느냐고 비판했다. 콘스탄츠에서 공의회가 저지른 죄악을 씻어내려면 한 세대로도 모자란다는, 스위스인들에게 널리 퍼진 속담을 인용했다.

죄수 신분인 후스의 주위에 어둠이 깊어만 갔다. 6월 24일에 공의회의 명령으로 그의 저서들이 소각 저분되었고, 그의 말대로 공의회 당국자들이 본 적도 없고 읽을 수도 없는 체코어로 된 저서들까지 불에 던져졌다. 후스는 친구들에게 두려워하지 말라고 격려하면서, 선지자 예레미야가 하나님의 지시를 받아 기록한 책들도 불에 던져졌다고 말했다.

---

103) Workman, *Hus' Letters*, pp. 226, 239-241.

104) 참조. Workman, pp. 185, 245, 248.

후스는 "그의 영광스러운 나라"의 백성과 몰다우 강변에 서 있는 대학교를 향해 끝없이 따뜻한 관심을 표현했고, 자신을 지원해준 친구들을 향해 끝까지 감사의 심정을 잃지 않았다. 두려운 죽음이 그를 기다리고 있었으나, 그는 사도들과 순교자들이, 특히 그리스도께서 감내하셨던 고난을 기억했고, 자신이 불꽃 속에서 죄 씻음을 받게 될 것이라고 믿었다. 일전에 다이(D'Ailly)는 교회 박사 50인의 결정에 복종하고 아무 질문도 말고 그냥 철회하라고 후스에게 답변한 적이 있었다. 이에 대해서 후스는 "그것은 참 놀라운 말이었다. 마치 성 카테리나가 철학자 50인이 자신을 반대한다는 이유로 진리와 주님에 대한 믿음을 포기했어야 한다는 뜻으로 들렸다"고 썼다.[105] 모교인 프라하 대학교에 쓴 마지막 편지들 가운데 한 통에서 그는 자신이 단 한 개의 조항도 철회하지 않았다고 힘주어 말했다.

7월 초하루에 리가와 라구사의 대주교들과 그 밖의 고위성직자 6인이 그를 찾아왔다. 혹시라도 그를 철회하게 할 수 있을지 모른다는 미련이 남아 있었던 것이다. 후스가 글로 써서 넘겨준 답변이 그들의 망상을 깨뜨렸다. 7월 5일에는 추기경들인 다이와 차바렐라(Zabarella), 그리고 솔즈베리 주교 할룸(Hallum)이 그를 찾아왔다. 후스는 그들에게 만약 자신이 철회한다면 그동안 자신이 가르쳐온 학생들에게 죄를 범하게 될 것이므로 골백 번 화형을 당하더라도 철회하는 일은 없을 것이라고 단정지어 말하고는 돌아서 굳게 입을 다물었다.

그런데도 또 다른 일행이 다시 찾아왔는데, 그의 세 친구인 클룸의 요한과 두바의 벤첼 그리고 라쳄보크와, 주교 4인이었다. 이들은 지기스문트의 부탁을 받고서 그를 찾아왔다. 평신도였던 클룸의 요한은 감히 후스에게 조언을 하지 못했지만, 만약 자신의 명분에 한 점 부끄러움이 없다면 하나님 앞에서 거짓말을 하기보다 차라리 용기를 내어 죽음을 맞이하라고 말했다. 주교들 가운데 한 사람은 후스를 향해 공의회보다 더 지혜로운 척하는 게 옳으냐고 다그쳤다. 후스는 아니라고 대답한 뒤, 철회를 하더라도 성경을 근거로 확실히 깨닫고 해야 하는 게 아니냐고 말했다. 그러자 주교들은 "참으로 완고한 이단이군!" 하고 소리쳤다. 이것이 사적으로 이루어진 마지막 접견이었다. 그가 간절히 열망하던 것은 직접 공의회 앞에서 자신의 소신을 밝히는 것이었으며, 실제로 그렇게 선 것

---

105) Workman, p. 264.

이 지상에서 보낸 마지막 날이 되었다.

감옥에서 깊은 실의에 빠져 일곱 달을 의기소침하게 보내던 후스는 7월 6일에 주교좌성당으로 이송되었다. 그때가 아침 6시였는데, 성당 안에서 미사가 마칠 때까지 그는 문 밖에서 기다리고 있었다. 미사가 끝나자 성당 안으로 들어갈 수 있었으나, 콘스탄츠에 올 때 단단히 마음을 먹고 온 것과 달리 자기 변호가 일절 금지되었다. 그저 교회로부터 추방을 당한 죄수로서 자기에게 언도되는 형벌을 잠자코 들을 수밖에 없었다. 교회 중간에 특별히 마련된 피고석이 그의 좌석이었다. 로디의 주교는 로마서 6:6("죄의 몸이 죽어 다시는 …… 죄에게 종 노릇 하지 아니하려 함이니")을 본문으로 설교를 했다. 그 자는 이단들을 뿌리뽑는 것이 하나님에게 가장 기쁨을 드리는 일이라고 하면서, 썩은 고기와 대형 화재의 원인이 되는 작은 불씨, 그리고 모르게 생긴 암 같은 케케묵은 예화를 사용했다. 독이 독성이 강할수록 치료도 서둘러야 한다고 주장했다. 훗날 보쉬에가 루이 14세 앞에서 사용한 문체로 그는 지기스문트를 향해서 분열을 뿌리뽑고 이단을 말살하기 위해 쏟은 노력으로 인해 만대의 칭송을 받기에 합당하다는 찬사를 늘어놓았다.

설교가 끝나자 형 언도의 임무를 맡은 코크의 패트릭이 포함된 위원회가 연단에 올라갔다. 위원회는 장내에 있던 모든 사람에게 발이나 손으로 혹은 고함이나 이의 제기가 파문의 벌로써 엄히 금했다. 30개 조항을 경건한 신자들에게 이단적이고 선동적이고 모욕적인 것으로 규정한 뒤 그것을 차례로 낭독했다. 판결문은 위클리프와 후스를 밀접한 관계로 묶었다. 첫 번째 조항은 교회가 예정된 자들의 총수라고 주장했다는 점에서, 마지막 조항은 세속 군주나 고위성직자가 중죄를 지은 상태에서는 권위를 행사할 수 없다고 주장했다는 점에서 죄로 규정되었다. 후스는 자신에게 발언할 기회를 달라고 간청했으나 냉정하게 거절당했다.

판결문은 다음과 같이 이어졌다. "거룩한 공의회는 오직 하나님께서 보시는 앞에서 얀 후스를 참되고 진정하고 공개적인 이단이었고 지금도 그런 자로 단죄하며, 그가 그리스도의 제자가 아니라 존 위클리프의 제자였으며, 프라하 대학교에서 그리고 성직자들과 민중 앞에서 위클리프를 '가톨릭적이고 복음적인 박사'(vir catholicus et doctor evangelicus)로 선포한 죄를 묻는다." 공의회는 후스의 사제직을 파면하고는, 교회에게 위임된 권세를 넘어설 의도가 없으므로 세속 권력에게 그를 넘긴다고 선포했다.

판결에 이의를 제기하는 소리가 전혀 없었다. 장 제르송은 판결문에 대해서 찬성표를 던졌다. 다만 한 가지 사건이 역사에 흔적을 남겼지만, 그것마저 당대인의 증언에 뒷받침을 받지 못했다. 전하는 바로는 후스가 발언을 시작할 때 지기스문트를 바라보면서 안전 통행권을 상기시켰다고 한다. 제관을 쓴 채 좌정하고 있던 황제는 그 말을 듣고는 얼굴이 벌겋게 상기된 채 아무 말도 하지 못했다고 한다.

파면 선고는 주교 6인이 나와서 집행했는데, 먼저 피고에게서 사제복을 벗긴 다음 체발을 훼손했다. 그런 다음 그의 머리에 마귀의 모습과 이단의 괴수라는 글귀를 적은 모자를 씌우고는 그의 영혼을 마귀에게 넘겨주었다. 후스는 고개를 들어 위를 우러러보면서 "지극히 자비로우신 주 예수님에게 저를 의탁하옵니다" 하고 말했다.

"교회는 피를 원치 않는다"(ecclesia non sitit sanguinem)는 오래된 좌우명이 외형적으로는 준수되었으나, 교회 당국자들은 자신들이 후스를 지기스문트에게 넘길 때 최후에 어떤 장면이 연출될 지 너무나도 잘 알고 있었다. "가서 그를 붙잡아 이단에 합당하게 처리하라." 이것이 그가 팔츠 백작 루이스에게 죄수를 넘기면서 명령한 말이었다. 수천 명의 무장 군인들이 그를 겹겹이 둘러쌌다. 거리에는 민중으로 넘쳐났다. 후스는 걸어가면서 저 멀리 광장에서 자기 저서들을 태우는 불길을 바라보았다. 다리가 붕괴될 우려가 있었기 때문에 군중의 상당수가 마귀의 장소라 불리는 사형장으로 건너가지 못하고 다리 앞에서 차단당했다. 후스의 걸음은 당당했으나 이제사 눈물을 흘리면서 무릎을 꿇고 기도를 드렸다. 종이로 만든 모자가 머리에서 벗겨져 굴러 떨어졌다. 군중이 도로 씌우라고 고함을 지르자 도로 씌운다는 것이 거꾸로 씌웠다.

때는 한낮이었다. 죄수의 손은 뒤로 묶였고 목은 사슬로 화형대에 고정되었다. 연대기 저자에 따르면 얼마 전에 같은 장소에서 추기경의 늙은 노새가 죽어 묻혔다고 한다. 짚단과 나무가 후스의 턱까지 쌓였고, 곁에 송진이 뿌려졌다. 사상을 철회하면 목숨을 살려주겠다는 제의가 되풀이되었다. 후스는 거절하면서 "나는 오늘 기쁜 마음으로 내가 전해온 복음을 믿는 믿음으로 죽을 것이오" 하고 말했다. 곁에 서 있던 리첸탈(Richental)이 고해신부를 불러줄 것인가를 묻자, 후스는 "고해신부는 필요 없소. 나는 대죄를 짓지 않았소" 하고 대답했다. 구경꾼들의 요구에 군인들은 후스의 머리를 동편으로 돌려놓았다. 마침내 불길이 치솟자 후스는 "살아 계신 하나님의 아들 그리스도시여, 제게 긍휼을 베푸소서"라는 찬송을 두 번 불렀다. 바람이 불길을 순교자의 얼굴로 솟게 하자 후스는 더 이상 소리를 내지 못했다. 그는 그렇게 기도하고 찬송하며 죽어갔다. 사형장에서 성유물로 간직될 만한 것을 죄다 없애버릴 목적으로 당국자들은 후스의 옷과 신발을 무섭게 타오르는 불길에 던져버렸다. 재가 수습되어 라인 강에 뿌려졌다.

이런 장면이 연출되고 있는 동안 공의회는 마치 성 밖의 화형식이 일상적인 사건에 지나지 않는다는 듯이 의사를 진행하고 있었다. 석 주 뒤에 공의회는 보헤미아의 이단을 처단한 것보다 하나님을 기쁘시게 한 일이 없다고 공포했다. 콘스탄츠 공의회는 후 세대들에게 주로 이 사건으로 기억되었다.

우리가 알고 있는 한, 콘스탄츠 공의회의 참석자들 가운데 공의회 장소가 그 도시로 이전된 이후로 후스에 대한 판결에 한 마디라도 반대 의사를 표시한 사람은 아무도 없었다. 그 이후로 어떠한 교황이나 에큐메니컬 공의회도 그 일에 대해서 사과를 한 적이 없었다. 현대의 가톨릭 사가들도 비록 후스에 대한 판결이 교회법의 원리에 따라 엄격히 내려진 것이긴 하지만 중요한 신학 교리에서 후스는 이단이 아니었다고 지적하는 선에서 한결같이 멈출 뿐이다. 교회 조직과 교황이 무류하다는 교의가 엄격히 준수되는 한 그들에게서 어떠한 사과도 기대할 수 없을 것이다.

이와 대조적으로 개신교의 본질은 잘못을 시인하고 될 수 있는 대로 배상하려고 하는 것이다. 미국의 매사추세츠 법원이 1692년의 살렘 시 마녀 재판 사건에서 잘못된 판결을 내린 것을 발견했을 때 잘못을 충분히 고백하고 살아 있는 후손들에게 배상을 하고, 박해를 주도한 지도자의 한 사람인 시월(Sewall) 판사가 사신이 서시튼 실수에 대해서 삼농석인 공개 사과를 한 것이 대표적인 예다. 그 법원은 로저 윌리엄스(Roger Williams)에게 취한 조치도 철회했다. 1903년에 프랑스의 개신교도들은 세르베투스의 처형 사건에 칼빈이 수행한 역할을 대신 사죄하는 의미에서 제네바에 기념비를 세웠다. 루터는 「독일 귀족에게 고함」(*Address to the German Nobility*)에서 로마 교회를 향해서 후스를 화형시킨 과오를 참회하라고 요구했다. 그 무죄한 사람의 피가 지금도 땅에서 부르짖고 있다.

후스는 위클리프주의를 옹호하다가 죽었다. 공의회는 사형 판결을 내리면서 두 사람의 이름을 한데 묶어 거론했다. 판결문의 30개 조항 가운데 제25조는 위클리프의 45개 조항을 이단설로 규정한 데 대해 비판했다는 이유로 후스를 단죄하는 내용이었다. 로마 교회 당국자들이 이 조항으로 얼마나 많은 죄목을 담아내려 했는지는 알 수 없다. 분명한 것은 후스가 비록 그 이단으로 고소를 당했을지라도 화체설 교리를 공식적으로 부정하지 않았다는 점이다. 게다가 그는 평신도들에게도 잔을 베풀어야 한다고 주장한 혐의로 단죄를 받은 것도 아니다. 그는 공의회가 평신도에게 잔을 주는 행위를 적극 금한 뒤부터 그런 주장을 하기 시작했다. 그의 죄목이란 교회에 대해 그가 내린 정의와, 교황 무류설을 부정하고 교회의 존립을 위해 교황이 반드시 있어야 한다는 견해를 부정한 것뿐이었다. 이 죄목들이 30개 조항 가운데 제25조를 제외한 나머지 내용을 구성한다. 루터는 후스가 생활이 경건치 못한 로마 교황에 대해서 보편 교회의 수장이 아니라고 주장한 것 외에는 달리 죄를 범하지 않았다고 사실과 부합하게 말했다.[106]

얀 후스는 성직위계제도의 뿌리를 공격했다. 그는 우리 주님께서 베드로에게 하신 말씀을 레오와 힐데브란트와 인노켄티우스 3세의 교황 이론에 치명적인 해를 가하는 방식으로 해석했다.[107] 성경을 최종 권위로 삼았고, 진리의 해석자로서 양심의 권위를 교황과 공의회와 교회법 위에 두었다. 거듭된 파문에도 굴하지 않고 계속 설교함으로써, 그리고 교황의 십자군 소집권을 비판함으로써 그러한 견해를 실천에 옮겼다. 만약 후스의 주장대로 교회가 선택된 자들의 회라면 하

---

106) 후스의 저서들에 붙인 주해, ed. 1537. 현대 사가들의 연구가 굳이 없어도 위에 소개한 견해를 얼마든지 확증할 수 있다. John Foxe는 *Book of Martyrs*에서 다음과 같이 분명히 주장한다. "후스의 생애와 행동과 편지들을 살펴보면 그가 교리상의 오류 때문에 단죄를 당한 게 아님을 분명히 알 수 있다. 그는 교황청이 주장하던 화체설을 부정하지도 않았고, 로마 교회의 권위에 대해서도 제대로 발휘만 된다면 그것을 비판하지도 않았으며, 칠성사에 대해서도 비판하지 않았기 때문이다. 그는 다만 교황과 추기경들과 고위성직자들의 허세와 교만과 탐욕을 비판했다가 밉보여 고소를 당했을 뿐이다."

107) 제르송(Gerson)은 후스가 단죄를 당하게 된 여러 가지 이유들 가운데 한 가지는, 한 사람의 수장이 있을 때든 없을 때든 세계 전역에 흩어져 있는 사제들이 교회를 능히 다스릴 수 있다는 주장 때문이었다고 밝혔다. Schwab, p. 588.

나님께서 당신의 백성을 다스리시는 셈이고, 그들이 주권자들이 되는 셈이다. 후스는 이런 주장들을 앞세워 토마스 아퀴나스의 교훈을 배척했다.

제르송과 다이의 정신에 동조하던 지식인 계층은 위클리프주의를 이해하지 못했다. 위클리프주의는 이른바 신적 제도라고 하는 가시적 교회에 대한 반란이 었기 때문이다. 제르송은 양심에 호소하는 것이 교회의 권위에 복종하기를 거부할 만한 구실이 되지 못한다고 주장했다. 그에게는 신앙이 곧 교회 제도에 동의하는 것이었다. 그 총장은 후스의 단죄안에 찬성표를 던졌을 뿐 아니라 자신이 그 안을 도출해내기 위해 분주하게 노력했다고 주장했다. 후스의 교회 관련 저서에서 이끌어낸 열아홉 가지 조항들을 가리켜 "극히 이단적"이라고 평가했다. 하지만 훗날 장 페티(Jean Petit)가 관대한 처분을 받는 데 분개하면서, 만약 후스에게 변호인이 있었다면 유죄 판결을 받지 않았을 것이라고 진술했다.[108]

후스는 콘스탄츠로 출발하면서 이단에게 어떤 처벌이 규정되어 있는지 잘 알았다. 놀라운 것은 그가 공의회 앞에서 공식적으로 연설하여 자신에게 씌워진 오해를 씻어낼 수 있다고 일관되게 생각한 점이다. 종교재판소의 재판 절차를 감안할 때, 공의회가 그에게 주교좌성당에 출두하도록 허용한 것은 전례 없는 배려였다. 이 조치는 지기스문트에 대한 배려 차원에서 이루어졌다. 황제가 루나의 베네딕투스에게 퇴위를 권유하기 위해 다음 날 스페인으로 가야 했기 때문이다.[109]

지기스문트가 발행한 안전 통행권(salvo-conductus)에 관해서는 황제가 약속을 지키지 못했다는 것밖에 말할 것이 없다. 그는 훗날 자신의 백성이 될 보헤미아의 설교자를 보호하는 일보다 대 공의회의 후견인으로 평가를 받는 데 더 관심이 있었다. 후스는 황제가 자기에게 했던 엄숙한 서약을 거론하면서, "그리스도께서는 안전 통행권으로 아무도 속이지 않으신다. 한 번 약속하시면 반드시 지키신다. 지기스문트는 내내 서릿뇌세 행뚱했나"고 말했나.[110] 황세가 처음부터 후스에게 무조건적인 보호의 약속을 해줄 의도가 없었다는 해명이 자주 제기되는데, 그것은 문서의 증거에 위배된다. 1415년 9월에 콘스탄츠 공의회는 후스를

---

108) Schwab, pp. 588-599, 600.
109) 참조. Workman, *Age of Hus*, pp. 284, 293, 364.
110) Workman, *Hus' Letters*, p. 269 sq.

처형함으로써 엄숙한 서약이 깨졌다는 비난이 나도는 것을 공식적으로 인지하고서, 이단에 대해서는 안전 통행권이 구속력이 없다고 공포했다. 가톨릭 신앙과 교회의 사법권에 손해가 되는 서약은 지킬 필요가 없다는 뜻이다.

지기스문트가 후스에게 발행해 준 안전 통행권은 일상적인 형식을 띤 것이었다. 그 내용은 제국의 모든 제후들과 백성들, 성직자들과 평신도들에게 후스가 아무런 방해도 받지 않고 통과하고 머물고 돌아갈 수 있도록 허용하라는 것이었다. 제롬은 공의회가 후스에게 내린 판결에 따라 안전 통행권이 철저히 무시되었다고 주장했으며, 1433년에 바젤 공의회에 참석한 교황특사들이 후스가 단죄받은 책임을 거짓 증인들의 탓으로 돌리려고 했을 때 로키차나(Rokyzana)는 만약 콘스탄츠 공의회가 위증자들에게 휘둘렸다면 어떻게 성령에 의해 감동될 수 있었겠는가 물은 뒤, 안전 통행권을 무시한 행위를 로마 교회 당국자들이 잊지 않고 있었음을 백일하에 드러냈다. 일년 뒤에 보헤미아의 대표단이 바젤에 도착했을 때, 그들은 바젤 공의회 당국자들과 에거 시와 바젤 시 당국, 그리고 지기스문트를 비롯한 권력자들에게 매우 세심하게 작성한 안전통행권을 달라고 요구했다. 브란덴부르크의 프리드리히와 바이에른의 요한은 후스파가 바젤로 갔다가 다시 귀국하는 여로에 그들을 보호할 군대를 제공하기로 합의했다. 160년 뒤에 루터는 지기스문트의 위약을 회상하면서, 만약 16세기의 교황제에서 같은 상황이 반복된다면 카를 5세도 얼마든지 그런 위약을 범할 수 있다고 판단함으로써 후스의 불행에서 교훈을 얻었다.[111]

진정한 의미에서 후스는 종교개혁의 선구자였다. 물론 후스가 남겼다고 하는 예언("오늘 여러분은 거위를 굽지만 지금부터 백 년 후에는 나의 재에서 여러분이 구울 수 없는 백조가 일어날 것이오")은 그와 무관하다. 당대의 저자들에게 알려지지 않은 이 발언은 루터가 개혁 작업을 상당히 진척시킨 뒤에 유포된 듯하다. 그러나 후스는 루터가 성직위계제도의 외람된 주장에 본격적인 공격을 가하기 전에 적지 않은 타격을 입혔다. 루터는 후스의 사건에서 감동을 받았으며, 라이프치히에서 에크에게 공박을 당할 때 비텐베르크의 그 수사는, 에큐메니컬 공의회들도 콘스탄츠에서 후스를 처형한 데서 잘 드러나듯이 오류를 범할 수 있

---

111) 루터는 설혹 마귀에게 안전 통행권을 약속했더라도 그것을 지켜야 한다고 주장했다.

다고 공식적으로 주장했다. 그러기 몇 해 전에 그는 에르푸르트에서 후스가 남긴 설교집을 읽고는 그와 같은 복음적인 설교자가 단죄를 받고 화형을 당했다는 사실에 놀라움을 금치 못했다. 그러나 이단 시비에 휘말릴 것을 우려하여 덮어두었다.[112]

루터 시대에 널리 퍼져 있던 견해는 도브넥(Dobneck)이 루터를 논박하면서, 후스가 터키인과 유대인과 타르타르인과 남색가보다 더 악한 사람이었다고 한 말에 잘 반영되어 있다. 루터는 1537년에 펴낸 후스의 서신집에서 후스가 모진 굴욕 가운데서 드러낸 인내와 겸손, 그리고 이리떼와 사자떼 가운데 있는 양처럼 대규모 회의 앞에서 섰을 때 보여준 용기를 칭송했다. 만약 그런 분이 "이단으로 취급을 받게 된다면 해 아래 어떤 사람도 참된 그리스도인으로 평가할 수 없다"고 그는 썼다. 1572년에 작성되어 프라하 대학교 도서관에 소장된 칸티오날 찬송가(cantional. 칸티오날 양식에 의한 루터교 찬송가)에는 후스의 기억을 담은 찬송 한 편과 위클리프와 후스가 종교개혁과 맺고 있는 관계를 잘 묘사한 양각 메달 세 개가 실려 있다. 첫 번째 메달은 위클리프가 돌로 불꽃을 일으키는 모습을 묘사한다. 그 밑에는 후스가 불꽃을 이용하여 불을 지피고 있고, 세 번째 메달에서는 루터가 타오르는 횃불을 높이 치켜들고 있다. 루터가 후스에게 영향을 받기 전부터 개혁자로서 활동을 시작하고 위클리프를 모른 채 사역을 전개해 간 것이 사실이지만, 세 사람 사이에는 그러한 역사적 차서가 있다.

종교 관용이라는 대의를 놓고 볼 때, 얀 후스는 철학 논문들을 써서 그 대의에 이바지할 수 있었던 것보다 죽음으로써 의도하지 않은 가운데 더 크게 이바지했다. 이것은 교회사 초기에 노예들이었던 블란디나를 비롯한 많은 순교자들이 이교 철학자들의 글을 다 합친 것보다 노예제도의 폐해를 줄이는 데 더 크게 이바지한 것과 같다. 후스는 영국의 스승과 마찬가지로 진리의 주권적 권리를 주장했다. 어떠한 진리든지 자신의 견해를 진리에 맞추는 것이 그의 습관이었다. 그는 이렇게 말했다. "만약 누가 성경이나 선한 이성으로 나를 훈계한다면 나는 기꺼이 그의 말을 들을 것이다. 나는 공부를 처음 시작할 때부터 어떤 문제에서

---

112) 에르푸르트 대학교 교수들 가운데 한 사람인 John Zacharias는 콘스탄츠 공의회에서 후스에게 죄를 성립시키기 위해서 벌어진 회의에서 주도적인 역할을 수행했으며, 그 대가로 교황에게 붉은 장미를 받았다.

좀 더 합리적인 견해를 갖게 되었을 때는 기존의 견해를 기쁘게 겸손히 포기하는 것을 규율로 삼았다."[113]

46. 프라하의 제롬

후스가 순교한 지 일년 뒤인 1416년 5월 30일에 그의 친구 프라하의 제롬 (Jerome of Prague)이 공의회에 의해 단죄를 받아 그 역시 화형을 당했다. 그는 후스와 마찬가지로 위클리프의 가르침을 열정적으로 받아들였는데, 학문 수준 에서는 후스와 대등했을는지 몰라도 지조와 일관성에서는 후스만 못하였다. 후스의 생애는 프라하와 그 일대에서 전개되었다. 반면에 제롬은 서유럽을 두루 여행했으며, 프라하에서는 가끔 머물렀다. 후스는 방대한 분량의 저서를 남긴 반면에 제롬은 한 권도 남기지 않았다.

1371년, 프라하의 좋은 가문에서 태어난 제롬은 고향 도시에서 공부한 뒤 옥스퍼드와 파리에서 유학했다. 옥스퍼드에서 공부할 때 위클리프의 저서들을 열독하게 되었으며, 그 중 두 권인 「삼인 대화록」과 「대화록」을 1402년 무렵에 보헤미아로 가지고 돌아왔다. 프라하에서 그는 영국의 그 교수를 "아우구스티누스보다 더 받아들일 가치가 있는 교리들을" 가르친 거룩한 분으로 옹호했으며, 후스와 함께 보헤미아 민족의 권리들을 위해 투쟁했으며, 그와 힘을 합하여 교황이 1412년에 발행한 면죄부를 비판했다.

콘스탄츠로 도착한 직후에 후스는 클룸의 요한에게 어떤 이유에서든 제롬을 자신과 합류하지 못하도록 막아달라고 편지를 보냈다. 하지만 이러한 경고에도 불구하고 제롬은 프라하를 출발하여 1415년 4월 4일에 콘스탄츠에 도착했으나 친구들의 만류로 그 도시에 들어가지는 않았다. 하지만 4월 15일에 히르샤우에서 체포되어 콘스탄츠로 압송되었다. 후스가 죽기 한 주 전에 쓴 편지에서 제롬을 언급하면서, 그가 거룩하고 흠 없이 죽음을 맞이하고, 자기보다 의연한 태도로 고통을 이겨내기를 바라는 소망을 피력하긴 했지만, 그와 후스가 서로 만나

---

113) 위클리프도 *De universalibus*에서 비슷한 정서를 표현했는데, 후스는 그 책을 번역했다(1398).

지 못했을 가능성이 크다. 제롬에 대한 후스의 판단은 잘못된 것이었다. 후스는 중요한 시점에서 지조와 용기를 입증했으나, 그의 친구는 넘어지고 말았다.

1415년 9월 11일에 제롬은 위클리프에 대한 존경을 거두겠고, 로마 교회와 교황의 편에 서겠다고 엄숙히 선언했으며, 12일 뒤에는 공의회가 미리 작성해준 문서대로 철회 의사를 엄숙히 반복했다.[114]

하지만 감옥에서 풀려나지 못했다. 제롬을 보헤미아로 보내 그곳에서 철회 의사를 확고하게 밝히도록 하고, 벤첼과 프라하 대학교와 보헤미아 귀족들에게 그 뜻을 서신으로 전달하도록 하려는 것이 공의회 당국자들의 속셈이었던 것이다. 하지만 제롬은 공의회 당국자들을 실망시켰다. 그러자 제르송이 주도하던 공의회는 변절한 이단을 다시 법정에 세웠다. 재판은 1416년 5월 23일과 26일에 열렸다. 제롬은 자신이 화체설을 부정했다는 죄목은 부정했으나, 존 위클리프와 후스 같은 선한 분들의 저서들과 교훈을 포기하겠다고 서약하는 큰 잘못을 범했다고 고백했다. 후스는 안전 통행권에 대한 확신을 가지고 스스로 콘스탄츠를 찾아왔는데 그에게 얼마나 큰 위약을 가해졌는가를 지적했다. 가롯 유다와 사라센 족일지라도 그런 약속하에서는 자유롭게 왕래하며 자신의 견해를 구애받지 않고 표현하도록 해야 한다고 주장했다.

5월 30일에 제롬은 다시 주교좌성당으로 끌려갔다. 로디 주교가 강단으로 올라가 설교를 하면서 공의회에게 죄수를 처벌하라고 촉구하고는, 다른 사건들에 대해서는 증인들로 인정하는 부랑인들과 강도들과 매춘부들 등을 그런 이단들에 대해서는 증인들로 인정하지 말도록 조언했다. 설교가 끝나자 제롬은 의자에 올라가서(bancum ascendens) 연설을 했는데, 그의 웅변을 포조(Poggio)를 비롯한 다른 참석자들이 증언한다. 그가 연설을 마치자 "거룩한 교회회의"는 그를 위클리프와 후스 추종자로 선언하고는 그를 썩고 마른 가지(palmitem putridum et aridum)처럼 살라내야 한다고 판결했다.[115]

제롬은 환한 표정으로 주교좌성당에서 걸어 나왔다. 붉은 색으로 마귀를 그려

---

114) Mansi, XXVII. 794 sqq., 842-864.

115) 판결문에 관해서는 Mansi, XXVII. 887-897을 참조하라. Foxe는 *Book of Martyrs*에서 제롬을 단죄한 회의의 기록을 번역하고 그의 순교 과정을 자세하게 전한다.

넣은 종이모자가 그의 머리에 씌워졌다. 사형수가 평신도에 불과했기 때문에 면직이나 사제복 박탈 의식이 필요치 않았다. 그는 후스가 처형되었던 지점에서 최후를 마쳤다. 사람들이 나뭇단을 주위에 쌓는 동안 그는 부활절 찬송인 "축일을 노래하라"(salva festa dies)를 불렀다. 후스에 비해 불길이 더디게 타오르는 바람에 그의 고통도 그만큼 길었다. 그의 재는 라인 강에 뿌려졌다. 후스보다 훨씬 더 학자의 풍모를 지닌 그가 죽어야 했던 현실에 대해 많은 지식인들이 눈물을 흘렸다고 연대기 저자 리첸탈(Richental)은 전한다. 그가 죽은 뒤 공의회는 그의 이름을 위클리프와 후스와 함께 이단 지도자들에 포함시켰다.

포조 브라촐리니(Poggio Braccolini)는 제롬이 주교좌성당에서 행한 연설을 다음과 같이 전한다:

제롬이 대적들에게 어떤 말로 어떤 웅변으로 어떤 논리로 어떤 표정으로 어떤 자세로 답변하고 얼마나 훌륭하게 변론했는지 알고 나면 놀라움을 금치 못하게 됩니다 …… 그는 자신이 죽어야 할 정당한 이유를 발견할 수 없음을 확신하고 그것을 공개적으로 주장하면서도, 선인에게 합당하지 못한 행위를 조금도 드러내지 않았습니다 …… 유머와 풍자로 많은 사람들을 감동시켰고, 자신의 슬픈 현실을 뒤로 한 채 자기를 비판하는 사람들을 웃게 만든 적이 한두 번이 아니었습니다 …… 그는 동료 시민들에 의해 부당하게 처형된 소크라테스를 그들에게 상기시켰습니다. 그런 다음 플라톤의 구금, 아낙사고라스의 도피, 제논의 고문, 그리고 무수히 많은 이교도들의 부당한 사형 판결들을 언급했습니다 …… 그런 다음에는 히브리인들의 역사로 건너가서 자기 백성을 해방시킨 모세와 형제들에게 팔려간 요셉, 이사야와 다니엘과 수산나를 예로 들었습니다 …… 세례 요한과 구주에게까지 거슬러 내려온 그는 그들이 각각 거짓 증인들과 거짓 재판장들에게 어떻게 유죄 판결을 받았는지를 예증했습니다 …… 그리고는 화형을 당한 후스를 칭송하면서, 그는 선하고 의롭고 거룩한 사람으로서 그런 죽음을 당할 행위를 하지 않았다고 주장했습니다. 후스가 하나님의 교회에 적대적인 견해를 지닌 적이 없었으며, 다만 성직자들의 부패를 비판하고 교만한 자들을 책망하고 고위성직자들의 거만과 허세를 나무랐을 뿐이라고 했습니다 …… 후스는 대단히 현명하게 처신했습니다. 연설을 하다가 온갖 방해로 중단하게 되면 슬그머니 중단하지 않고 자신을 비난하는 자들을 쳐다보면서 통렬히 책망하여 얼굴이 붉어지거나 입을 다물도록 만들었던 것입니다 …… 그는 340일 동안 불결하고 캄캄한 지하감옥에서 지냈습니다. 그곳에서 자신이 받은 가혹한 대접에는 한 마디도 불평하지 않았으나 같은 인간으로서 어떻게 그런 비인간적인 행위를 할 수 있는지 의아함을 표시했습니다. 지하감옥에서 그는 읽을거리뿐 아니라 볼거리도 없었다고 말했습니다 …… 그곳에서 겁을 먹지 않은 담담한 태도로 죽음을 경시할 뿐 아니라 오히려 사모함으로써 제2의 카토라고 할 만한 인물이었습니다! 내가 그를 칭송하는 것은 그가 교회의 제도들에 위배되는 어떤 사상을 제시했기 때문이 아니라, 학문과 웅변과 설득력과 용의주도한 답변을 존경하기 때문입니다 …… 그는 자신의 오류를 끝까지 견지하면서 기쁘고 단호한 태도로 최후를 맞이했습니다. 불도 어떤 종류의 고문도 죽음도 두려워하지 않았던 것입니다 …… 사형 집행인들이 그를 배려하여 점화 광경을 보이지 않도록 뒤에서 점화하려고 하자, 그는 '이쪽으로 와서 내 앞에서 불을 붙이시오. 만약 불이 무서웠다면 이 자리에 오지도 않았을 것이오'하고 말했습니다. 이런 식으로 귀한 분이 오직 믿음 때문에 불에 탔습니다 …… 무티우스(Mutius)가 팔을 불에 타도록 내주었다고 하지만, 온 몸을 불에 내준 이분만큼 용감하지는 못했습니다. 소크라테스가 독을 마셨다지만, 이분이 불을 맞이할 때 취한 것만큼 흔쾌한 태도를 취하지는 못했습니다.[116]

피우스 2세 이후에 아이네아스 실비우스(Aeneas Sylvius)도 후스와 제롬이 죽음 앞에서 보여준 확신과 용기를 유사한 어조로 증언하면서, 그들이 잔치에 참여하듯 화형장으로 갔으며, 여느 철학자보다 더 용기 있게 죽음을 맞이했다고 말했다.[117]

47. 후스파

후스가 처형되었다는 소식이 알려지자 보헤미아 민족이 크게 술렁였다. 그들은 후스를 민족의 영웅이자 순교자로 드높였다. 그 사건에 자극받아 일어난 반란은 보헤미아에서 교황권의 존립 자체를 위협했다. 중세의 어떠한 분파 운동도

---

116) Huss, *Opera*, II. 532-534. 영어 완역은 Whitcomb의 *Lit. Source-Book of the Italian Renaissance*, pp. 40-47에 실려 있다.

117) *Hist. Both.*, c. 36.

그렇게 가공할 세력으로 전개된 적이 없었다. 후스파라는 이름을 갖게 된 이 새로운 집단은 곧 두 조직으로 분열되었는데, 하나는 타보르파(Taborites)였고 다른 하나는 성배파(Calixtines) 혹은 양형성찬파(Utraquists)였다. 그들은 평신도들에게도 잔을 분배해야 한다는 데 한 목소리를 냈다. 세 번째 집단인 일치 형제회(Unitas Fratrum) 혹은 보헤미아 형제회(Bohemian Brethren)는 후스가 죽고 40년 뒤인 15세기 중반에 결성되었다. 후스가 불 속에서 최후를 마쳤다는 소식이 전해지자 프라하 주민들은 평소 순교자에게 우호적이지 않았던 사제들의 관저에 돌팔매질을 했다. 대주교도 자신의 궁전에서 공격을 받았으며, 신속히 도주하는 바람에 군중의 분노를 겨우 피할 수 있었다. 왕 벤첼은 처음에는 민중의 편을 드는 듯이 보였다.

콘스탄츠 공의회는 자체의 결의에 충실하게 프라하의 주교와 성직자들에게 공문을 보내어, 위클리프와 후스와 제롬을 지극히 불의하고 위험하고 수치스러운 자들로 폄하하고, 프라하의 관리들에게 그들의 교리를 퍼뜨리는 자들을 진압하라고 명령했다.[118)

후스가 보헤미아에서 얼마나 큰 존경을 받고 있었는가 하는 것이 1415년 9월 2일의 보헤미아 의회에서 확연히 표출되었다. 452인의 귀족들이 "지극히 사랑하는 형제"를 처형한 데 대해서 공의회에 보내는 강력한 항의서에 서명한 것이다. 그들은 후스가 보헤미아에서 모범적인 삶과 복음적인 정직한 설교로 오랫동안 존경을 받아온 의롭고 가톨릭적인 인물이었다고 선언했다. 자신들은 피를 흘려서라도 그리스도와 그분의 충성스러운 설교자들이 전한 법을 사수하겠다는 각오로 글을 맺었다.[119) 사흘 뒤에 귀족들이 동맹을 결성했는데, 6년간 지속된 이 동맹을 결성하면서 그들은 자기들의 영지에서 복음이 자유롭게 전파되도록 보호하고, 고위성직자들의 권위를 그들이 성경대로 행동하는 한도 내에서만 인정해 주기로 맹약했다.

보헤미아 의회의 성명서에 대해서 콘스탄츠 공의회는 1416년 2월 20일자로 서명자들에 대해 50일 이내로 공의회장에 출두하라는 답장을 보내면서, 만약 출두

---

118) Mansi, pp. 789–91.

119) Palacky, *Monum.*, I. 80–82.

120) Mansi, XXVII. 1204–15.

하지 않으면 반역으로 간주하겠다고 경고했다.

후스에 대한 기억은 프라하 대학교에 의해서도 명예롭게 숭앙되었다. 1416년 5월 23일에 이 대학교는 전국에 발송한 서신에서 후스를 매사에 비류 없이 훌륭한 삶을 살다간 교수로 칭송했다.[120]

공의회가 해산한 직후에 한때 교황청의 일원으로 후스를 파문한 바 있던 마르티누스 5세는 후스의 잔존 세력을 뿌리뽑기 위한 조치들을 허용하지 않았다. 하지만 1418년 2월 22일자 대칙서(*Inter cunctos*)에서 그는 "이단의 수괴들인 존 위클리프와 얀 후스, 프라하의 제롬의 전염성 강한 교리"를 고수하는 이단들을 남녀 구분 없이 처벌하라고 명령했다. 벤첼은 공의회의 뜻에 따르겠다고 선언했으나, 그의 고문들 가운데 정치가 피스트나의 니콜라우스와 군 지휘관인 외눈박이 치치카(Zizika)를 포함한 여러 명이 궁정을 떠났다. 민중도 잔뜩 흥분한 상태였다. 후스파가 행진을 벌일 때 군중이 의사당에 난입하여 감히 행진하는 사람들을 모욕한 의원들을 창문 밖으로 던져버렸다.

1419년에 벤첼이 죽으면서 상황이 새로운 국면으로 접어들었다. 보헤미아의 귀족들은 만장일치에 가까운 합의로, 성찬의 잔을 평신도들에게 금하게 해달라는 후임 국왕 지기스문트의 요구를 받아들였으나, 보헤미아 민족은 승복하지 않음으로써 사태가 내전으로 치닫게 되었다. 수도원들과 교회당들이 약탈을 당했다. 지기스문트는 자기 왕국을 장악할 수 없었으며, 그가 브레슬라우를 방문하는 동안 발생한 사건이 그에 대한 보헤미아인들의 악감정을 더욱 심화시켰다. 얀 크라사(John Krasa)라고 하는 상인이 거리에서 후스의 무죄를 주장하다가 체포되어 말꼬리에 묶인 채 거리를 끌려 다니다가 화형을 당한 것이다. 이에 후스파 설교자들이 지기스문트를 요한계시록에 나오는 용이라고 부르면서 그를 맹렬히 성토했다.

상황이 이쯤 되자 교황 마르티누스 5세가 유럽 세계를 향해서 보헤미아를 성벌할 십자군 모집을 선포하면서, 두 세기 전에 인노켄티우스 3세가 프랑스 남부의 카타리파를 정벌하려 할 때 제시했던 것과 같은 면죄부를 약속했다. 교황의 소집령에 150,000명이 유럽 전역에서 모였다. 이들은 지나가는 곳마다 전쟁의 온갖 참사들을 자행하면서 남김없이 폐허로 만들었다. 십자군은 후스의 땅을 다섯 번 쳐들어갔다가 다섯 번 격퇴를 당했다. 1424년에 후스파는 가장 용맹스러운 지휘관 얀 치치카를 잃었으나, 1427년에 그의 계승자로서 위대한 자라 불린 프로코피우스 라사(Procopius Rasa)가 전열을 가다듬어 독일을 침공했다.

후스파는 외국 침략꾼들에게 승리를 거두고 있는 동안 종교개혁을 어느 선까지 단행할 것인가 하는 문제를 놓고 내분을 겪었다. 급진파는 프라하에서 남쪽으로 96km 가량 떨어진 험준한 타보르 산에 거점을 두었던 까닭에 타보르파(Taborites)라 불렸다. 그곳에 성읍을 건설한 이들은 화체설과 성인 숭배, 죽은 자를 위한 기도, 면죄부와 사제 중심의 고해성사를 배격했고, 맹세와 춤과 그 밖의 오락을 금지했다. 이들은 여성들을 포함한 평신도들에게 설교의 직분을 허용했으며, 공예배의 모든 순서에 자국어를 사용했다. 그들의 초대 지도자인 치치카는 사사기에 등장하는 한 사람의 정신에 고취되어 칼을 들었다. 그가 죽은 뒤에 타보르파 내부의 더욱 강경한 집단이 고아파(Orphans)라는 칭호를 받았다.

온건파는 그들의 거점 도시에 따라서 처음에는 프라하파라 불렸다가 다음에는 평신도들에게도 잔을 주어야 한다고 주장한 점에서 성배파(Calixtines) 혹은 양형성찬파(Utraquists, sub utraque specie에서 유래)라 불렸다. 프라하 대학교는 성배파를 지지했으며, 1420년에 이른바 프라하 4개 조항이 채택되었다. 이 계약문은 복음의 자유로운 선포를 보장할 것과, 성찬 때 평신도들에 대한 잔을 줄 것, 중죄의 경우 세속 법정이 처벌할 것, 그리고 성직자들이 사도적 청빈으로 되돌아갈 것을 요구했다. 성배파는 예배 중에 성경 낭독 순서에만 체코어를 사용하도록 한정했다.[121]

1431년 8월 14일에 추기경 체사리니가 이끄는 가톨릭 군대가 타우스에서 궤멸을 당하면서 보헤미아 운동의 역사는 세 번째 국면에 접어들었다. 바젤 공의회가 나서서 협상을 시작하고, 타보르파가 거의 도태된 것이 이 시기의 특징이다. 그 전까지만 해도 이단들에게 무조건 복종을 요구하던 에큐메니컬 공의회가 이 시기에는 이단들을 나름대로의 권리를 지닌 집단으로 대했다. 1431년 10월 15일에 공의회는 보헤미아인들을 집담회에 초청한 뒤 대표들에게 안전 통행을 보장해 주겠다고 약속했다. 교회법이든 콘스탄츠 혹은 시에나 공의회의 결의든 어떠한 권위를 근거로 하여 나중에 약속을 번복하는 일이 없을 것이라고 보장했다.[122]

---

121) 일찍이 1423년에 후스파라는 이름을 지닌 국교 반대파가 독일 북부와 홀란드에 출현했다.

122) Mansi, XXIX. 27.

보헤미아 의회가 파견한 대표 3백 명이 바젤로 향했다. 이들은 바젤에 도착하기 전에 에거에서 그리고 브란덴부르크 영주와 바이에른의 공작 요한 앞에서 자신들의 요구 사항을 제시했으며, 그것이 그들의 도착에 앞서 공의회에 전달되었다. 모두 13개 조항으로 된 그들의 요구는 협상 방식을 제안하는 내용과, 대표단이 스위스의 그 도시에 머무는 동안 성무 중지령을 해제하여 그들이 종교 의식을 거행할 수 있도록 해달라는 내용을 골격으로 삼고 있었다. 보헤미아 대표단의 지도자들은 양형성찬파의 얀 로키차나(John Rokyzana)와 타보르파의 프로코피우스(Procopius)였다. 로키차나는 프라하 테인 교회의 사제였다.

공의회는 후스파의 엄격한 원리들을 배려하여 바젤 시 당국자들에게 춤과 도박을 금하고 거리에 매춘부들이 돌아다니지 못하도록 하라고 명령했다. 보헤미아 대표단은 1433년 1월 4일에 바젤에 도착하여 네 곳의 공식 숙소와 더불어 마음껏 먹을 수 있는 많은 분량의 포도주와 음식을 받았다. 공의회와 바젤 시 대표단이 공식적인 예전을 갖추어 그들을 영접해 주었다. 보헤미아 대표단은 자신들의 방식대로 의식을 거행했는데, 타보르파는 예배식에서 라틴어를 쓰지 않고 제단과 사제복을 무시함으로써 큰 호기심을 불러일으켰다.

공의회장에서 보헤미아인들은 위클리프와 후스의 이름을 넣은 찬송을 불렀으며, 자신들을 이단으로 부르면 좌시하지 않겠다고 말했다. 논의가 지루할 정도로 길게 진행되었는데, 보헤미아 대표들 가운데 어떤 이들은 2-3일을 계속해서 연설을 했다. 주요 연사는 영국인 피터 페인(Peter Payne)으로서, 그의 연설은 사흘간 계속되었다. 마침내 공의회 대표단과 보헤미아 세 집단의 대표들이 캄팍타나(Campactana)로 알려진 네 개 조항의 합의안을 체결하게 되었다. 주된 조항은 평신도들이 요구하면 그들에게도 성찬의 잔을 주되, 그리스도 전체가 성물들 각각에 담겨 있다는 교리를 가르쳐야 한다는 것이었다. 자격을 갖추고 성찬에 참여하는 사람들에게는 잔을 베푸는 것이 유익하다고 인정했다.[123] 합의안은 1436년 7월 5일에 이글라우에서 열린 보헤미아 의회에서 통과되었다. 이로써 보헤미아와 그 백성들에게서 교회의 모든 금령들이 해제되었다. 보니발의 대수도원장은 카스티야의 왕에게 공의회 진행 상황을 알린 편지에서, 보헤미아인들이 처음

---

123) Ibid, XXXI. 273 sqq.
124) Haller, *Council. Basil.*, I. 291 sqq.

에는 사나운 사자들과 굶주린 이리들 같았지만, 그리스도의 자비에 힘입어 많은 논의 끝에는 온순한 양들이 되어서 네 가지 조항을 받아들였다고 썼다.[124]

기술적으로는 문제가 해결된 셈이었지만, 타보르파는 만족하지 않았다. 양형성찬파는 가톨릭 교회에 가까이 다가갔다. 두 집단 사이에 적대감이 조성되다가 프라하에서 22,000명이 학살을 당하는 참사가 발생하자 두 집단은 전면전에 들어갔다. 타보르파는 1434년 5월 30일에 리판 전투에서 패배했고, 프로코피우스는 전사했다. 이 유명 인사는 사제 서품을 받기 전에 멀게는 예루살렘까지 가는 등 폭넓은 지역을 두루 여행했다. 그는 탁월한 지도자로서 오스트리아와 모라비아, 헝가리에서 많은 성공을 거두었다. 그가 죽음으로써 타보르파의 세력도 꺾이게 되었고, 1452년에는 자신들의 주요 거점인 타보르 산을 빼앗겼다.

이제 보헤미아 왕국을 접수하게 된 황제는 양형성찬파 사제들에 완전한 승인을 부여하면서, 민의에 의해 선출된 주교들을 자신이 재가하겠으며, 그들이 교황에게 승인을 받도록 해주겠다고 약속했다. 1435년의 보헤미아 의회는 로키차나를 프라하 대주교로 선출했다. 하지만 얼마 뒤 1437년에 지기스문트가 죽었으며, 대주교는 비록 1471년에 죽을 때까지 교구를 감독했으나 교황에게 승인을 받지 못했다.

지기스문트의 사위이자 비타협적인 가톨릭 신도인 오스트리아의 알베르트(Albert)가 권좌에 올랐다. 1457년에는 세도가 당당한 귀족 게오르그 포디브라트(George Podiebrad)가 가톨릭 주교들에게 왕관을 받고는 1471년까지 보헤미아 왕으로 재위했다. 그는 캄팍타나를 고수하는 민족 집단을 일관되게 지원했다. 교황청 당국자들은 로키차나를 대주교로 승인하기를 거부하고는 사절단을 파견하여 설교와 기적으로 이단들을 진압하도록 했다. 그들 가운데 가장 유명한 사람이 프라 자코모(Fra Giacomo)와 카피스트라노의 요한이었다. 웅변 못지않게 기적 능력도 탁월하던 요한은 베오그라드 전투 후에 열병에 걸려 죽었다.

1462년에 교황 피우스 2세는 캄팍타나를 무효로 선언하고는 평신도들에게 잔

---

125) 피우스는 타보르 산에서 후스파로부터 극진한 환대를 받은 적이 있는데, 훗날 그 기억을 저버린 채 교황이 늘 하던 대로 거만하게 그들을 대했다. 프리드리히 3세에게 임무를 받고 보헤미아를 두루 여행하던 그는 날이 저물자 원수들에게 잡히느니 차라리 타보르파에게 신세를 지는 쪽을 택했다. 그는 그들에게 보호를 받으면서도 그들의 가난하고 낙후된 형편을 희롱조로 묘사했다. 그곳 사람들이 더러는 입을 것이

을 베푸는 사제들은 모두 파문에 처하겠다고 위협했다. 게오르그 포디브라트는 교황의 대칙서를 받아들이지 않았다. 4년 뒤에 교황은 "멸망의 자식"에게서 왕권을 박탈한다고 공포하고는 헝가리 왕 마티아스 코르비누스(Matthias Corvinus)에게 그의 왕권을 차지하라고 명령했다.[125] 마티아스는 그 책임을 떠맡고서 십자가를 앞세운 채 모라비아로 진격했다. 전쟁이 한창 진행중일 때 포디브라트가 죽었다. 결국 1485년의 쿠텐베르크 평화조약과 1512년에 체결된 합의에 의해서 양형성찬파는 가톨릭 이웃들과 공존할 수 있는 권리를 견지했다. 그들은 이러한 상태를 1629년까지 지속하다가 오스트리아의 페르디난트 2세가 성찬의 두 성물을 다 받는 권한을 취소하고, 보헤미아에서 그로 인해 발생한 모든 반발을 무자비하게 진압했다.[126]

후스파에서 자라난 세 번째 집단은 우니타스 프라트룸(Unitas Fratrum, 일치 형제회)이었다. 대개 보헤미아 형제회(the Bohemian Brethren)로 알려진 이들은 타보르파와 성배파보다 더 명예롭고 오랜 역사를 가지고 있었다. 훗날 헤른후트를 거점으로 벌인 선교 사업으로 개신교 세계 전체를 흔들어 깨운 모라비아교회에 이들이 여전히 존속해 있다. 보헤미아 형제회의 기원은 불확실하다. 처음으로 명확하게 등장한 것은 1457년이었으며, 그 뒤로 종교개혁 때까지 꾸준히 성장해 나갔다. 1467년에 열린 이 집단의 회의에는 60명의 형제회 대표들이 참석했다. 프라하의 회원들은 박해에 굴복했으며, 게오르그 포디브라트는 리티츠 영

없어서 벌거벗고 다니고, 더러는 맨살에 가죽만 걸치고 다니고, 더러는 안장이나 고삐도 없이 말을 타고 다녔다고 기술했다. 그러면서도 그들이 강제 십일조 제도가 없는데도 불구하고 자신들의 사제들의 집에 곡식과 양털과 채소와 고기가 떨어지지 않고 늘 풍족하게 있게 했다는 사실을 시인하지 않을 수 없었다. 참조. Lea, II. 561.

126) 양형성찬파는 일찍이 1519년에 루터와 접촉하게 되었다. 라이프치히 회담 때 프라하에서 그들을 사르치넌 셜교사들 중 누 사람 John Poduschka와 Wendel Rosdalowsky는 그에게 편지를 보냈다. 전자는 루터에게 검 몇 자루를 선물로 함께 보냈으며, 후자는 후스의 저서 「교회론」을 함께 보냈는데, 그 책은 1520년에 비텐베르크에서 재인쇄되었다. 루터는 두 사람에게 짧은 글을 답장으로 보냈다. Köstilin, *M. Luther*, I. 290.

127) 미국 펜실베이니아 주 랭커스터 근처에 있는 오래 된 모라비아파 여학교가 그 집단 거주지의 이름을 취하고 있다. 대통령 벤자민 해리슨의 부인이 그 학교 출신이다.

지에 있는 쿤발트 집단 거주지에 정착하도록 허용했다.[127] 쾨니히가이츠의 사제이던 마르틴이 자기 교인들 중 일부를 데리고 그 집단에 합류했으며, 다른 회중들도 곧 결성되었다. 그들은 자기들이 직접 예배를 드리고 가톨릭 사제들에게 성찬을 받지 않는 독특한 부류였다. 맹세와 전쟁, 군복무를 배격했고, 처음부터 분명히 제비뽑기에 의존했다. 또한 연옥 교리에 반대했으며, 생활이 건실하지 못한 사제들의 성직 수행을 배격했다.

이 후스파 집단이 타보르파와 오스트리아의 발도파와 구체적으로 어떤 관계가 있었는가 하는 것은 학자들 사이에 많은 논란이 되었으며, 지금까지도 불확실하게 남아 있다. 그러나 보헤미아 형제회가 후스의 정신에 감화를 받아 태동했다는 점과, 초창기에 그들이 발도파와 접촉을 가졌다는 점만큼은 의심의 여지가 없어 보인다. 이탈리아에서 밀려난 피에르 발도의 추종자들은 14세기 후반에 보헤미아로 들어왔으며, 프리드리히 라이저(Frederick Reiser)가 그들의 지도자였다.[128] 이 사도적인 인물은 1435년의 바젤 공의회에 참석하여 자신을 "콘스탄티누스의 증여를 거부하는 로마 교회 신자들의 주교"라고 자신을 소개했다. 그는 안나 바일러(Anna Weiler)와 함께 1458년에 스트라스부르에서 화형을 당했다. 보헤미아 형제회와 연관되어 등장하는 초기의 인물들 가운데는 보헤미아에서 활동하던 시기에 신앙인으로 명성을 얻은 페트루스 첼치키(Peter Chelcicky)가 있었다. 그가 보헤미아 형제회에서 권위 있는 인물이었다는 것 외에는 더 알려진 바가 없다.[129]

교황 중심의 사제제도가 부패하게 된 원인이 콘스탄티누스가 실베스터에게 증여한 데 있다고 믿은 형제회는 1467년의 대회(synod)에서 센프텐부르크의 사제 미카엘을 "사제와 주교"로 선출한 뒤 그를 발도파 주교 스테판에게 보내 재가 혹은 축성을 받게 했다. 스테판은 바젤에서 주교들에게 주교의 지위를 정식으로 위임받은 듯하다. 미카엘은 재가를 받고 돌아와서 쿤발트의 마티아스를 주

---

128) 오스트리아 발도파의 초기 역사에 관해서는 제5권 p. 450 를 참조하라.

129) Goll(*Untersuchungen*)은 보헤미아 형제회와 발도파 사이에 어떤 유기적 관계가 있었다는 견해는 부정하지만, 보헤미아 형제회의 독특한 견해들이 발도파에게서 취한 것이라고 강하게 주장한다. 보헤미아 형제회가 무대에 등장하기 시작할 때 그 두 집단은 별개의 집단이었다.

교로 축성했으나, 자신은 알려지지 않은 이유로 한동안 공식적인 인정을 받지 못했다. 대회는 전통적인 방식대로 제비뽑기에 의존했는데, 모두 12개의 제비 중에서 3개에 "그 사람이다"라고 써놓고 나머지 9개는 공백으로 남겨두었다. 마티아스(Matthias)가 글귀가 표시된 제비들 가운데 하나를 뽑았다. 마티아스는 글귀가 표시된 나머지 두 개의 제비를 뽑은 토마스와 엘리아스를 주교로 임명했다.

1500년에 보헤미아 형제회는 보헤미아와 모라비아에 300내지 400개의 지교회들에 200,000명의 신도들을 보유하고 있었다. 이들은 독자적인 신앙고백서와 요리문답 그리고 찬송가를 보유하고 있었다. 1500-1510년에 보헤미아에서 인쇄된 60종의 저서들 가운데 50종이 그 분파의 것이었다고 한다. 많은 저서를 집필한 프라하의 루카스(1528 죽음)에 의해서 그 분파는 새로운 역사를 맞이했다. 그는 형제회의 성찬 교리를 루터에게 설명해 주었다. 찬송가 저자 미카엘 바이스(Michael Weiss)를 포함한 형제들이 독일의 그 개혁자를 방문했으며, 1521년에 그 개혁자는 그들의 요리문답을 소유하고 있었다.

형제회와 후스의 잔존 세력에 대한 무자비한 박해는 오스트리아의 페르디난트 1세가 다스리던 1549년에 시작되어 삼십 년 전쟁 때까지 중단 없이 지속되었다. 페르디난트의 정부는 예수회의 권유를 받아들여 보헤미아와 모라비아에서 무자비한 조치들을 동원하여 이단 박멸에 박차를 가했다.

박해로 인하여 멸절된 것만 같았던 형제회 교회는 1722년에 크리스티안 다비드(Christian David)를 비롯한 후스파의 가정들이 친첸도르프 백작(Count Zinzendorf)이 헤른후트에 마련해 준 땅에 정착하는 것을 시작으로 모라비아교회 안에서 기이하게 소생했다. 이들은 자신들의 영적 조상들인 일치형제회(우니타스 프라트룸)의 명예로운 이름을 보존하고 있으며, 복음을 그린란드부터 서인노 세노와 기니에 이르기까지, 예루살렘의 나환자 촌에서부터 티벳과 오스트레일리아에 이르기까지 멀리 전하는 선교 노력에 힘입어 자신들이 물려받은 유산을 크게 빛냈다. 우리 땅[미국]에서도 다비드 차이스베르거(David Zeisberger)를 비롯한 모라비아교회 선교사들이 인디언 부족들에게 복음을 전하여 얀 후스의 경건을 증시(證示)했다. 자신의 몸을 태워 콘스탄츠를 환하게 비춘 그를 대적들은 몸은 멸할 수 있었으나 그의 거룩한 기억과 영향력은 손댈 수 없었던 것이다.

제 6 장

중세의 마지막 교황들(1447-1521)

48. 참고문헌과 개관

WORKS ON THE ENTIRE CHAPTER. — *Bullarium*, ed. by TOMASETTI, 5 vols., Turin, 1859 sq. — MANSI: *Councils*, XXXI., XXXII. — MURATORI: *Rerum ital. scriptores*. Gives *Lives* of the popes. — STEFANO INFESSURA: *Diario della città di Roma*, ed. by O. TOMMASINI, Rome, 1890. Extends to 1494, and is the journal of an eye-witness. Also in MURATORI. — JOH. BURCHARD: *Diarium sive rerum urbanarum commentarii, 1483-1506*, ed. by L. THUASNE, 3 vols., Paris, 1883-1885. Also in MURATORI. — B. PLATINA, b. 1421 in Cremona, d. as superintendent of the Vatican libr., 1481: *Lives of the Popes to the Death of Paul II.*, 1st Lat. ed., Venice, 1479, Engl. trans. by W. BENHAM in *Anc. and Mod. Libr. of Theol.* No date. — SIGISMONDO DEI CONTI DA FOLIGNO: *Le storie de suoi tempi 1475-1510*, 2 vols., Rome, 1883. Lat. and Ital. texts in parallel columns. — PASTOR: *Ungedruckte Akten zur Gesch. der Päpste*, vol. I., 1376-1464, Freiburg, 1904. — RANKE: *Hist. of the Popes*. — A. VON REUMONT: *Gesch. d. Stadt Rom.*, vol. III., Berlin, 1870. — *MANDELL CREIGHTON, bp. of London: *Hist. of the Papacy during the Period of the Reformation*, II. 235-IV., London, 1887. — *GREGOROVIUS: *Hist. of the City of Rome*, Engl. trans., VII., VIII. — *L. PASTOR, R. Cath. Prof. at Innsbruck: *Gesch. der Päpste im Zeitalter der Renaissance*, 4 vols., Freiburg, 1886-1906, 4th ed., 1901-1906, Engl. trans. F. I. Ambrosius, etc., 8 vols., 1908. — WATTENBACH: *Gesch. des röm. Papstthums*, 2d ed., Berlin, 1876, pp. 284-300. — HEFELE-HERGENRÖTHER: *Conciliengeschichte*, VIII. Hergenröther's continuation of Hefele's work falls far below the previous vols. by Hefele's own hand as rev. by KNÖPFLER. — The *Ch. Histt.* of HERGENRÖTHER-KIRSCH, HEFELE, FUNK, KARL MÜLLER. — H. THURSTON: *The Holy Year of Jubilee*. An Account of the Hist. and Ceremonial of the Rom. Jubilee, London, 1900. — Pertinent artt. in WETZER-WELTE and HERZOG. — The Histt. of the Renaissance of BURCKHARDT and SYMONDS. — For fuller lit., see the extensive lists prefixed to Pastor's first three vols. and for a judicious estimate of the contemporary writers, see Creighton at the close of his vols.

NOTE. — The works of Creighton, Gregorovius and Pastor are very full. It is doubtful whether any period of history has been treated so thoroughly and satisfactorily by three contemporary historians. Pastor and Gregorovius have used new documents discovered by themselves in the archives of Mantua, Milan, Modena, Florence, the Vatican, etc. Pastor's notes are vols. of erudite investigation. Creighton is judicial but inclined to be too moderate in his estimate of the vices of the popes, and in details not always reliable. Gregorovius' narration is searching and brilliant. He is unsparing in his reprobation of the dissoluteness of Roman society and backs his statements with authorities. Pastor's masterly and graphic treatment is the most extensive work on the period. Although written with ultramontane prepossessions, it is often unsparing when it deals with the corruption of popes and cardinals, especially Alexander VI., who has never been set forth in darker colors since the 16th century than on its pages.

For § 49. NICOLAS V. — *Lives* by PLATINA and in MURATORI, especially MANETTI. — INFESSURA : pp. 46-59. — GIBBON : *Hist. of Rome*, ch. LXVIII. *For the Fall of Constantinople.* — GREGOROVIUS : VII. 101-160. — CREIGHTON : II. 273-365. — PASTOR : I. 351-774. — GEO. FINDLAY : *Hist. of Greece to 1864*, 7 vols., Oxford, 1877, vols. IV., V. — EDW. PEARS : *The Destruction of the German Empire and the Story of the Capture of Constantinople by the Turks*, London, 1903, pp. 476.

For § 50. PIUS II. — *Opera omnia*, Basel, 1551, 1571, 1589. — *Opera inedita*, by I. CUGNONI, Rome, 1883. — His Commentaries, *Pii pontif. max. commentarii rerum memorabilium quæ temporibus suis contigerunt*, with the continuation of Cardinal Ammanati, Frankfurt, 1614. Last ed. Rome, 1894. — *Epistolæ*, Cologne, 1478, and often. Also in *opera*, Basel, 1551. — A. WEISS : *Æneas Sylvius als Papst Pius II. Rede mit 149 bisher ungedruckten Briefen*, Graz, 1897. — *Eine Rede d. Enea Silvio vor d. C. zu Basel*, ed. J. HALLER in *Quellen u. Forschungen aus ital. Archiven*, etc., Rome, 1900, III. 82-102. — PASTOR : II. 714-747 gives a number of Pius' letters before unpubl. — *Orationes polit. et eccles.* by MANSI, 3 vols., Lucæ, 1755-1759. — *Historia Frid. III.* Best ed. by KOLLAR, Vienna, 1762, Germ. trans. by ILGEN, 2 vols., in *Geschichtschreiber der deutschen Vorzeit.*, Leipzig, 1889 sq. — Addresses at the Congress of Mantua and the bulls *Execrabilis* and *In minoribus* in MANSI : *Concil.*, XXXII., 191-267. — For full list of edd. of Pius' *Works*, see Potthast, I. 19-25. — PLATINA : *Lives of the Popes.* — ANTONIUS CAMPANUS : *Vita Pii II.*, in MURATORI, *Scripp.*, III. 2, pp. 909-992. — G. VOIGT : *Enea Silvio de' Piccolomini als Papst Pius II. und sein Zeitalter*, 3 vols., Berlin, 1856-1863. — K. HASE : *Æn. Syl. Piccolomini*, in *Rosenvorlesungen*, pp. 56-88, Leipzig, 1880. — A. BROCKHAUS : *Gregor von Heimburg*, Leipzig, 1861. — K. MENZEL : *Diether von Isenberg, als Bischof von Mainz, 1459-1463*, Erlangen, 1868. — GREGOROVIUS : VII. 160-218. — BURCKHARDT. — CREIGHTON : II. 365-500. — PASTOR : II. 1-293. Art. *Pius II.* by BENRATH in HERZOG, XV. 422-435.

For § 51. PAUL II. — *Lives* by PLATINA, GASPAR VERONENSIS, and M. CANENSIUS of Viterbo, both in MURATORI, new ed., 1904, III., XVI., p. 3 sqq., with Preface, pp. i-xlvi. — A. PATRITIUS : *Descriptio adventus Friderici III.*

ad Paulum II., MURATORI, XXIII. 205-215. — AMMANATI's Continuation of Pius II.'s *Commentaries*, Frankfurt ed., 1614. Gaspar Veronensis gives a panegyric of the cardinals and Paul's relatives, and stops before really taking up Paul's biography. Platina, from personal pique, disparaged Paul II. Canensius' *Life* is in answer to Platina, and the most important biography. — GREGOROVIUS : VII. — CREIGHTON : III. — PASTOR : II.

For §§ 52, 53. SIXTUS IV., INNOCENT VIII. — INFESSURA, pp. 75-283. — BURCHARD, in Thuasne's ed., vol. I. — J. GHERARDI DA VOLTERRA : *Diario Romano, 1479-1484*, in MURATORI, *Scripp.*, XXIII. 3, also the ed. of 1904. — PLATINA in MURATORI, III., p. 1053, etc. (accepted by Pastor as genuine and with some question by Creighton). — SIGISMONDO DEI CONTI DA FOLIGNO : vol. I. Infessura is severe on Sixtus IV. and Innocent VIII. Volterra, who received an office from Sixtus, does not pronounce a formal judgment. Sigismondo, who was advanced by Sixtus, is partial to him. — A. THUASNE : *Djem, Sultan, fils de Mohammed II. d'après les documents originaux en grande partie inédits*, Paris, 1892. — GREGOROVIUS : VII. 241-340. — PASTOR : II. 451-III. 284. — CREIGHTON : III. 56-156. — W. ROSCOE : *Life of Lorenzo the Magnificent*, 2 vols., Liverpool, 1795, 6th ed., London, 1825, etc.

§ 54. ALEXANDER VI. — Bulls in *Bullarium Rom.* — The *Regesta* of Alex., filling 113 vols., in the Vatican, Nos. 772-884. After being hidden from view for three centuries, they were opened, 1888, by Leo XIII. to the inspection and use of Pastor. — See Pastor's Preface in his *Gesch. der Päpste.* — INFESSURA. Stops at Feb. 26, 1494. — BURCHARD: vols. II., III. — SIGISMONDO DE' CONTI : *Le storie*, etc. — GORDON : *Life of Alex. VI.*, London, 1728. — ABBÉ OLLIVIER : *Le pape Alex. VI. et les Borgia*, Paris, 1870. — V. NEMEC : *Papst Alex. VI., eine Rechtfertigung*, Klagenfurt, 1879. Both attempts to rescue this pope from infamy. — LEONETTI : *Papa Aless. VI.*, 3 vols., Bologna, 1880. — M. BROSCH : *Alex. VI. u. seine Söhne*, Vienna, 1889. — C. VON HÖFLER : *Don Rodrigo de Borgia und seine Söhne, Don Pedro Luis u. Don Juan*, Vienna, 1889. — HÖFLER : *D. Katastrophe des herzöglichen Hauses des Borgias von Gandia*, Vienna, 1892. — SCHUBERT-SOLDEM : *D. Borgias u. ihre Zeit*, 1907. — REUMONT: *Gesch. der Stadt Rom.* Also art. *Alex. VI.* in WETZER-WELTE, I. 483-491. — H. F. DELABORDE : *L'expédition de Chas. VIII. en Italie*, Paris, 1888. — RANKE : *Hist. of the Popes.* — ROSCOE : *Life of Lorenzo.* — GREGOROVIUS : *Hist. of City of Rome*, vol. VII. Also *Lucrezia Borgia*, 3d ed., Stuttgart, 1875. Engl. trans. by J. L. GARNER, 2 vols., New York, 1903. — CREIGHTON : III. — PASTOR : III. — HERGENRÖTHER-KIRSCH : III. 982-988. — *P. VILLARI : *Machiavelli and his Times*, Engl. trans., 4 vols., London, 1878-1883. — BURCKHARDT and SYMONDS on the Renaissance. — E. G. BOURNE : *Demarcation Line of Alex. VI.* in *Essays in Hist. Criticism.* — LORD ACTON: *The Borgias and their Latest Historian*, in *North Brit. Rev.*, 1871, pp. 351-367.

For § 55. JULIUS II. BULLARIUM IV. — BURCHARD : *Diarium* to May, 1506. — SIGISMONDO : vol. II. — PARIS DE GRASSIS, master of ceremonies at the Vatican, 1504 sqq. : *Diarium* from May 12, 1504, ed. by L. FRATI, Bologna, 1886, and DÖLLINGER in *Beiträge zur pol. kirchl. u. Culturgesch. d. letzen 6 Jahrh.*, 3 vols., Vienna, 1863-1882, III. 363-433. — A. GIUSTINIAN, Venetian ambassador : *Dispacci*, Despatches, 1502–1505, ed. by VILLARI, 3 vols., Florence, 1876, and by RAWDON BROWNING in *Calendar of State Papers*, London, 1864 sq. — FR. VETTORI : *Sommario della storia d'Italia 1511–1527*, ed. by REUMONT in *Arch. Stor. Ital.*, Append. B., pp. 261–387. — DUSMENIL : *Hist. de Jules II.*, Paris, 1873. — * M. BROSCH : *Papst Julius II. und die Gründung des Kirchenstaats*, Gotha, 1878. — P. LEHMANN : *D. pisaner Konzil vom Jahre, 1511*, Breslau, 1874. — HEFELE-HERGENRÖTHER : VIII. 392–592. — BENRATH : Art. *Julius II.*, in HERZOG, IX. 621–625. — VILLARI : *Machiavelli.* — RANKE : I. 36–59. — REUMONT : III., Pt. 2, pp. 1–49. — GREGOROVIUS : VIII. — CREIGHTON : IV. 54–176. — PASTOR : III.

For § 56. LEO X. — *Regesta* to Oct. 16, 1515, ed. by HERGENRÖTHER, 8 vols., Rome, 1884–1891. — MANSI : XXXII. 649–1001. — PARIS DE GRASSIS, as above, and ed. by ARMELLINI : *Il diario de Leone X.*, Rome, 1884. — VETTORI : *Sommario.* — M. SANUTO, Venetian ambassador : *Diarii*, I.-XV., Venice, 1879 sqq. — * PAULUS JOVIUS, b. 1483, acquainted with Leo : *De Vita Leonis*, Florence, 1549. The only biog. till FABRONI'S *Life*, 1797. — * L. LANDUCCI : *Diario Fiorentino 1450–1516*, continued to 1542, ed. by BADIA, Florence, 1883. — * W. ROSCOE : *Life and Pontificate of Leo X.*, 4 vols., Liverpool, 1805, 6th ed. rev. by his son, London, 1853. The book took high rank, and its value continues. Apologetic for Leo, whom the author considers the greatest pope of modern times. Put on the Index by Leo XII., d. 1829. A Germ. trans. by GLASER and HENKE, with valuable notes, 3 vols., Leipzig, 1806–1808. Ital. trans. by COUNT L. BOSSI, Milan, 1816 sq. — E. MUNTZ : *Raphael, His Life, Work, and Times*, Engl. trans., W. ARMSTRONG, London, 1896. — E. ARMSTRONG : *Lor. de' Medici*, New York, 1896. — H. M. VAUGHAN : *The Medici Popes* (*Leo X. and Clement VII.*), London, 1908. — HEFELE-HERGENRÖTHER : VIII. 592–855. — REUMONT : III. Pt. 2, pp. 49–146. VILLARI : *Machiavelli.* — CREIGHTON : IV. — GREGOROVIUS : VIII. — PASTOR : IV. — KÖSTLIN : *Life of Luther*, I. 204–525. — * A. SCHULTE : *Die Fugger in Rom. 1495–1523*, 2 vols., Leipzig, 1904. — BURCKHARDT.— SYMONDS.

POPES.— NICOLAS V., 1447–1455 ; CALIXTUS III., 1455–1458 ; PIUS II., 1458–1464 ; PAUL II., 1464–1471 ; SIXTUS IV., 1471–1484 ; INNOCENT VIII., 1484–1492 ; ALEXANDER VI., 1492–1503 ; PIUS III., 1503 ; JULIUS II., 1503–1513 ; LEO X., 1513–1521.

바젤-페라라 공의회로 마감된 개혁 공의회들의 시대에 이어 펼쳐신 것은 교황제의 역사에서 르네상스 교황들의 시대로 알려진 유명한 시기이다. 중세 말기의 이 교황들은 지적 역량에서 탁월한 사람들이었다는 점에서 뿐 아니라, 본연의 직분을 개인의 입신과 쾌락, 그리고 그들이 학문과 예술에 대한 후원으로 로마에게 안겨준 영예와 맞바꾼 점에서도 유명하다. 콘스탄츠 공의회는 에큐메니컬 공의회들의 수위권을 법령으로 공포했으나, 교황 유게니우스 4세는 그 법령을 죽은 문서로 만들었고, 피우스 2세는 교황의 판결에 대해 공의회에 항소하는 행위를 금지하고 교황권의 최종성을 강조하는 대칙서를 공포함으로써 완전히 폐기했다. 르네상스 교황들이 재위한 70년 동안 교회의 총 공의회가 한 번도 소집되지 않았다. 1450-1517년에 교황좌에 앉은 열 명의 교황들은 출신 배경에서 극과 극을 달린다. 식스투스 4세처럼 어부였다가 교황이 된 사람이 있는가 하면, 메디치 가문 출신인 레오 10세처럼 당대의 가장 대표적인 명문 가문 출신도 있었다. 이들은 로마와 바티칸을 화려한 예술품으로 치장한 비율만큼 지상에서 기독교 교회의 수장으로 당연히 갖추어야 할 신앙적 덕에서 떠난 듯하다. 교회를 질서 있게 감독해야 한다는 위대한 원칙이 그들의 정신에는 없었다. 어떠한 확고한 신앙 운동도 그들의 재가를 받지 못했다. 다만 이 책의 앞 부분에서 다룬 콘스탄티노플 재정복을 위한 십자군 원정만큼은 예외인데, 하지만 이것도 신앙적 동기보다는 교황청의 야심이 더 큰 자리를 차지했다.

이 시기에는 바티칸에 족벌주의가 만연했다. 교황들이 조카들을 비롯한 인척들에게 현세적 호의를 베푼 것은 보니파키우스 8세 때부터 본격적으로 시작되었다. 추기경회는 콘스탄츠 공의회의 법령을 토대로 추기경의 법적 연령을 30세 이상으로 정하는 의정서를 채택하여 교황의 족벌주의를 견제하려고 했으나 뜻을 이루지 못했다. 이 시기의 교황들은 신앙에 대한 경외심과 조심하는 태도를 무시한 채 지식과 도덕에서 아무런 자격도 갖추지 못한 자기들의 어린 조카들, 종손들, 제후의 아들들에게 추기경의 붉은 모자를 하사했다. 이로써 바티칸이 명예와 재물에 굶주린 교황의 인척들에게 둘러싸였다. 그들 중에는 서른 살이 안 되었는데도 추기경이 된 자들도 더러 있었다. 칼릭스투스 3세는 자기 조카들인 후안과 로드리고 보르지아(23살. 훗날 교황 알렉산더 6세가 됨), 포르투갈 왕의 어린 아들을 추기경들로 임명했고, 피우스 2세는 23살인 자기 조카와 17살인 프란체스코 곤차가를, 식스투스 4세는 14살인 아라곤의 후안과 자신의 17살난 조카인 라파엘로 리아리오를, 인노켄티우스 8세는 23살인 요한 스클라페나투스와 13살인 조반니 데 메디치를, 1493년에 알렉산더 6세는 15살난 에스테의 히폴리토(식스투스는 그가 8살 때 스트리고니아의 대주교로 임명한 바 있다)와 18살인 자기 아들 카이사르 보르지아, 25살인 교황의 정부(情婦)의 오라비 알렉산더 파르네세(훗날의 교황 파울루스 3세), 그리고 19살인 폴란드 왕의 아들 프리드리히 카시미르를, 레오 10세는 1513년에 21살인 자기 조카 인노켄티우스 치보와 사촌인 서자 율리우스 데 메디치(훗날의 교황 클레멘스 7세)를, 그리고 1517년에

는 자신의 다른 조카 세 명(그 중 한 명은 자기 형제의 서자였음)과 7살인 포르투
갈의 알폰소, 그리고 20살인 시칠리아 공작의 아들 로렌의 요한을 각각 추기경
으로 임명했다. 물론 이것은 불완전한 목록일 뿐이다.[1] 대주교직과 대수도원장
직, 그리고 그 밖의 고위성직들이 교황의 자녀들과 조카들과 그 밖의 총신들의
몫으로 돌아갔다. 추기경직이 경건과 학식을 기준으로 수여된 경우는 극히 드물
었고, 만투아 · 페라라 · 모데나 · 피렌체의 메디치 · 밀라노의 스포르차 · 콜로
나 · 오르시니 등의 가문들이 교황의 내실에 쉽게 출입했다.

　추기경들은 부와 사치에서 왕들과 대등했으며, 그들의 궁전들은 지극히 화려
한 가구들과 값진 식기들로 가득했으며, 하인들도 많았다. 그들은 자신들이 먼
저 시작한 방탕한 생활을 교황청에도 끌어들였다. 교황들이 자신들의 서자들을
얼굴을 조금도 붉히지 않은 채 밝혔으며, 이탈리아와 프랑스와 스페인의 지체
높은 가문들이 아들들과 딸들을 교황들의 자녀들과 결혼시키기 위해서 노력했
다. 바티칸이 결혼식과 그 밖의 잔치들로 흥청거렸고, 심지어 평판이 좋지 못한
여성들이 잔치에 초대되었으며, 내실들에서 외설스러운 연극이 공연되었다.

　교황청의 막대한 재정은 부자들이 추기경직을 얻기 위해서 기꺼이 바친 거액
의 대가로 일부 충당되었다. 재정이 적자로 돌아서면 푸거 가문을 비롯한 은행
가 가문들에게 대출을 받았고, 심지어 교황관을 비롯한 바티칸의 의식용 물건들

---

1) 그 외에 어린 나이에 추기경이 된 사람들은 다음과 같다. Jacinto Bobo(훗날 켈
레스티누스 3세) – 18살이던 1126년에 호노리우스 3세에게 임명받음; Peter Roger(훗
날 그레고리우스 11세) – 17살에 임명받음; Hercules Gonzaga–22살에 클레멘스 7세
에게 임명받음; Alexander Farnese – 14살에 삼촌인 파울루스 3세에게 임명받음(파
울루스는 자신의 두 손자 Guida Sforza<16살>와 Ranucio Farnese<15살>도 추기경
으로 임명했다); 율리우스 3세(1555 죽음)의 두 조카(각각 14살과 21살)와 Innocent
del Monte(17살); Ferninan de' Medici – 14살에 피우스 4세(1565 죽음)에게 임명받
음; Andrew와 Albert of Austria(막시밀리안 2세의 아들들) – 18살에 그레고리우스
13세에게 임명받음; Charles of Loraine – 16살에 임명받음; Alexander Peretii – 14
살에 삼촌 식스투스 5세(1590 죽음)에게 임명받음; 인노켄티우스 9세(1591 죽음)가 18
살이던 두 조카를 임명함; Maurice of Savoy – 14살에 임명받음; Ferdinand(스페인
왕의 아들) – 10살에 파울루스 5세(1621 죽음)에게 임명받음; 인노켄티우스 10세(1655
죽음)가 17살의 조카를 임명함; 클레멘스 12세(1740 죽음)가 스페인 왕의 아들을 임명
함.

을 담보로 잡혔다. 알렉산더 6세가 자기 자녀들의 결혼 지참금으로, 그리고 레오 10세가 조카들의 결혼 지참금으로 필요했던 재정은 실로 엄청난 금액이었다.

식스투스 4세와 알렉산더 6세 같은 교황들은 교황의 영토를 확장하거나 교황의 아들들과 조카들을 치부케 하려는 목적으로 아무런 가책 없이 이탈리아를 피비린내 나는 내전에 끌어들였다. 율리우스 2세는 전사(戰士)였으며, 무장을 하고서 직접 전장으로 나갔다. 레오 10세는 외교에서 조금도 가책 없이 이중 거래를 하는 점에서 당대에 따라올 사람이 없었다. 야심을 채우기 위해서 술탄과 동맹을 맺을 준비가 되어 있었다. 될링거는 파울루스 3세부터 레오 10세에 이르는 교황들이 교황제를 수치와 망신으로 뒤덮고 이탈리아를 끝없는 전쟁의 공포로 몰아넣는 데 필요한 모든 일을 다 했다고 말한다.[2] 기독교 세계에서 가장 높은 지위에서 저질러진 그리스도에 대한 유다 같은 배반, 교황들의 환락과 추문과 배반이 인페수라(Infessura)·부르카르트(Burchard)·드 그라시스(de Grassis)의 일기와, 베네치아와 만투아 같은 이탈리아 도시 국가들의 외교 행낭에 고스란히 적혀 있고, 후대에 크레이턴(Creighton)·파스토르(Pastor)·그레고로비우스(Gregorovius)에 의해 다시 소개되는데, 그 내용을 읽어보면 이 시기가 인간 연대기에서 대단히 드라마틱한 시기였음을 확인하게 된다. 개인적 요소가 장면마다 흥미를 자아낸다. 이 시기를 공부하다보면 마치 역사가 어떤 거대한 클라이막스를 향해 치닫고 있다는 인상을 받게 된다.

이 시기에는 인류 역사 전체에 항구적인 영향을 끼친 세 가지 중요한 사건이 발생하기도 했다. 첫째는 1453년에 비잔틴 제국이 멸망한 사건이었고, 둘째는 1492년에 신세계가 발견된 사건이었으며, 셋째는 인쇄술의 발명이었다. 이 시기는 제5차 라테란 공의회로 마감되었다. 이 총 공의회는 북유럽에서 개혁자가 교황청 조직을 토대까지 뒤흔들고 근세의 문을 열기 불과 몇 달 전에 폐회했다.

49. 니콜라우스 5세(1447-1455)

니콜라우스 5세(1447-1455 재위)는 유게니우스 4세의 계승자로서, 새로운 문

---

2) *Papstthum*, p. 192.

예(文藝)의 정신 곧 르네상스 정신에 지배를 받았으며, 비슷한 성향을 지닌 교황들의 계보에서 첫 번째 마이케나스(Maecenas, 70?-8 B.C. 로마의 정치가. 문학 예술의 보호자: 역자주)에 해당했다. 그의 계승자들은 그를 본따서 한 세기 동안 유럽의 예술과 학문을 적극 후원했다. 그레고리우스 7세가 교황 신정(神政) 체제에 남긴 업적을, 니콜라우스는 로마의 예술 부흥에 남겼다. 그의 재위 기간에 영원한 도성은 폐허와 유기의 상태에서 예술 작품들과 건축물들로 장식된 수도의 면모로 바뀌어 가는 자신의 모습에서 그 변화의 실제적인 서막을 지켜보았다. 니콜라우스는 바티칸 궁과 성 베드로 성당을 복원하고 장식하고, 바티칸 도서관의 토대를 닦고, 학자들과 예술가들을 자신의 궁전으로 불러들였다.

니콜라우스는 원명이 토마스 파렌투첼리(Thomas Parentucelli)로서, 1397년에 사르차나의 내과의사의 아들로 태어났으며, 높은 지위에 오르기까지 가문의 덕을 조금도 받지 못했다. 그의 아버지는 가난했으며, 그는 키가 작고 다리가 유난히 짧았다. 하지만 신체적 결함을 지적 역량과 기지와 예의바른 행동으로 벌충했다. 볼로냐에서 학업을 마친 그는 성직자로서 빠른 승진을 해나갔다. 1444년에 볼로냐 대주교가 되었고, 독일에 교황특사로 갔다가 돌아온 1446년에는 추기경의 지위에 올랐다. 넉 달 뒤에는 마침내 교황좌에 올랐으며, 아이네아스 실비우스(그가 당대의 유력 인사들에 관하여 남긴 글은 항상 외교적인 어취를 지닌다)에 따르면, 그의 인기가 워낙 높았던 까닭에 아무도 그가 교황이 된 것에 이의를 제기하지 않았다고 한다.

니콜라우스는 서방 기독교 세계가 완전히 재통일하는 상황을 목도하는 특권을 누렸다. 그가 정중하고 관대하게 대해준 경쟁자 펠릭스 5세가 사임하고, 독일이 기존에 유지해오던 중립적 자세를 포기함으로써 니콜라우스는 교황청 분열과 기독교 세계의 갈라진 충성을 과거지사로 돌릴 수 있었다.

니콜라우스는 유럽 나라들을 로마에 가까이 묶어누고, 서의 한 세기 동안 교회 분열로 인해 꺼져버린 신앙의 불을 다시 타오르게 할 목적으로 1450년에 희년(禧年)을 선포했다.[3] 로마로 밀려드는 순례자들의 방대한 무리를 지켜보면서 당대의 저자 플라티나(Platina)는 그 거룩한 도성에 그런 많은 군중이 몰려든 역사가 없었다고 적었다. 아이네아스에 따르면 4만 인파가 날마다 교회에서 교회

---

3) Pastor(I. 417 sq.)는 희년이 끼친 이러한 결과들을 강조한다.

로 다녔다고 한다. 주님의 얼굴 윤곽이 새겨진 성 베로니카의 손수건(lo sudario)이 주일마다 전시되었고, 성 베드로와 성 바울의 두개골이 토요일마다 전시되었다. 순례자들이 쓰고 간 막대한 돈을 니콜라우스는 로마 시의 교회당들과 거리들을 장식하는 데 사용했다.

성 안젤로 다리에서 발생한 참사가 희년 축제에 잠시 어두운 그림자를 드리웠다는 것을 당대의 저자들이 한결같이 기록하고 넘어간다. 성 마가 성당의 추기경 피에트로 바르부스(Peter Barbus)의 노새가 인파에 깔려죽는 일이 발생하자 그것을 구경하려고 군중이 한꺼번에 밀려드는 바람에 2백 명이 넘는 사람들이 밟혀 죽거나 티베르 강에 빠져 죽었다. 재난의 재발을 방지하기 위해서 교황은 취약한 다리로 쉽게 진입하지 못하도록 건물을 여러 채 세웠다.

니콜라우스는 교황청 재정을 신중하고도 성공적으로 관리했다. 교황령에 대한 교황의 통치를 강화했고, 볼세나와 스폴레토 성을 다시 확보했으며, 볼로냐를 굴복시킨 뒤 베사리온(Bessarion)을 특사로 보냈다. 1453년에는 리엔초의 야심을 모방한 스테판 포르카로(Stephen Porcaro)의 음모를 분쇄함으로써 로마의 유일한 주인이 되었다. 추기경을 선출할 때도 현명함을 발휘하여 쿠사의 니콜라우스를 대상에 포함시켰으며, 친동생 필립 칼란드리니(Philip Calandrini)를 추기경으로 임명했으나 비판을 받지 않았다.

1452년에는 독일 황제 프리드리히 3세가 로마에 와서 대관식을 치렀는데, 이것이 로마에서 거행된 마지막 대관식이었다. 고문인 아이네아스 실비우스만 찬사 일색의 전기를 남겼을 뿐, 다른 사람들의 증언에 따르면 유약한데다 군 지휘관으로서의 정신이 부족하고 도량이 넓지 못했다고 하는 프리히드리 3세는 합스부르크 가문 최초로 로마에서 대관식을 치렀으며, 역대와 향후 황제들을 통틀어 가장 오래 재위했다. 대관식을 치를 때 황제는 포르투갈의 레오노라(Leonora)와의 결혼식도 함께 치렀다.

아이네아스는 프리드리히가 이탈리아를 여행하여 로마에 체류하던 당시의 상황을 완숙한 기량으로 생생히 묘사했다. 황제가 장래의 황후와 만난 일과, 자신의 위엄에 합당한 예우를 받은 일, 결혼식과 대관식에 따른 축제들, 군대의 마구들, 양각 나팔 소리, 황제의 근사한 복장, 황제가 성 베드로 성당의 경이로운 예술품들을 관람한 일 등을 아이네아스는 민첩하고도 유려한 필체로 잘 묘사했다. 리스본에서 104일이라는 긴 항해 끝에 1452년 2월에 레그혼에 상륙한 포르투갈의 공주는 그곳에서 멋진 기사단들을 거느리고 온 프리드리히의 영접을 받았다. 시에나에서 나흘간 성대한 잔치를 벌인 뒤 일행은 로마로 이동했다. 당시에 열여섯에 불과했던 레오노라를 곁에서 지켜본 사람들은 보기 드물게 빼어난 미모와 매력적인 성품을 칭송했다. 이 여성이 황제 막시밀리안의 어머니와 카를 5세의 조상이 된다.[4]

교황의 도성에 당도한 프리드리히는 추기경들의 영접을 받았다. 추기경들은 그에게 기독교 세계의 수장에게 해당하는 찬사를 바쳤으며, 그와 동시에 그에게 교황에 대한 충성 서약을 요구했다. 프리드리히는 마지못해서 그렇게 하겠다고 약속했다. 황제의 도착에 이어서 벌어진 의식들은 그의 자존심을 한껏 추켜세우는 동시에 그 도시에서 교황이 누리고 있던 권력을 확인시켜 줄 만큼 성대했다. 프리드리히는 성 베드로 성당으로 올라가는 계단에서 니콜라우스 교황의 영접을 받았다. 니콜라우스는 상아 의자에 앉아 있었고 그의 추기경들이 주위에 서 있었다. 황제는 무릎을 꿇고 교황의 발에 입 맞추었다. 3월 16일에 니콜라우스는 롬바르디아의 쇠 면류관을 프리드리히에게 씌워주고는 황제와 레오노라의 결혼식을 집례했다. 결혼식이 끝난 뒤 레오노라는 자신의 궁전으로 갔고, 프리드리히는 바티칸 궁전에 초대받아 갔다. 그가 교황 근처에서 유숙한 이유는 될 수 있는 대로 교황과 자주 대화를 할 기회를 얻기 위해서였거나, 혹은 당시에 나돌던 소문대로 로마인들이 야음을 타서 자기를 찾아와 로마의 자유를 회복시켜달라고 청원할 것을 우려했기 때문이었다.[5] 사흘 뒤인 3월 19일에 프리드리히의 머리에 제관(帝冠)이 씌워졌다.[6] 황제는 배우자와 함께 교황의 손에서 성찬을 받았다. 다음 주에 프리드리히는 나폴리로 향했다.[7]

---

4) Infessura(p. 52)는 레오노라의 미모가 대단했다고 말한다. Aeneas(*Hist. Frid.*, 265)는 그녀가 거무스름한 얼굴에 눈이 검고 투명하고, 볼이 부드럽고 발그레하고, 이지적인 인상을 주고, 목이 눈처럼 하얗고, "모든 면에서 매력적인 사람"이었다고 말한다.

5) *Hist. Frid.*, 294; Ilgen, II. 84 sq.

6) 그때 사용된 면류관은 샤를마뉴가 썼던 것으로서, 지기스문트가 뉘른베르크로 옮겨놓았던 것을 가져왔다고 한다. Aeneas는 칼에 새겨진 카를 4세의 보헤미아 사자상을 소개함으로써 세세한 사실 묘사에 충실한 저널리스트의 면모를 드러낸다. 그 칼도 뉘른베르크에서 가져온 것이었다.

교황청 역사 가운데 콘스탄티노플이 터키인들의 수중에 떨어진 사건(1453년 5월 29일에 발생)만큼 크게 두드러지고 오래 전부터 예견되어온 것도 없었다. 콘스탄티누스의 마지막 계승자가 성 로마노스 성문에서 용감히 싸우다가 장렬히 전사했다. 유스티니아누스가 설립한 성 소피아 교회는 이슬람교 사원으로 개조되었고, 터키 병사들이 십자가상을 들고 거리를 돌아다니면서 "이것이 기독교의 하나님이다"라고 외쳤다. 이 역사적 재앙은 만약 예견되지 못했던 사건이었다면 서유럽을 공포의 도가니로 몰아넣었을 것이다. 터키인들의 꾸준한 진격과 그들의 형언할 수 없는 만행이 그리스 제국으로 하여금 수세기 동안 경각심을 가지고 버티게 만들어 주었다. 3백 년 전인 1145년에 라틴 기독교 세계는 에데사를 상실하고, 1187년에 하틴 전투에서 치명적인 패배를 당하고 예루살렘을 상실하면서 이슬람교도들에게 패배할 수도 있다는 중대한 교훈을 배운 바 있었다.

그리스인들의 지원 호소를 받았을 때, 니콜라우스는 이시도루스를 교황 특사로 임명하여 그에게 200명의 병력을 붙여 콘스탄티노플로 파견했으나, 동방 황제를 지원하는 조건으로 페라라 공의회의 연합안을 콘스탄티노플 당국이 재가할 것을 요구했다. 1451년 10월 15일자로 발행한 긴 서신에서, 로마 교황은 교회의 분열이 다른 악보다 훨씬 중대한 형벌을 초래했다고 주장했다. 하나님의 백성에 대해 분열을 획책한 고라와 다단, 아비람이 우상숭배를 도입한 자들보다 더 가혹한 형벌을 받았음을 상기시켰다. 제국이나 교회에 두 명의 수장이 있을 수 없다. 노아의 방주에 들어가지 않은 자들은 홍수 속에서 멸망했다. 이런 주장들에 대해서 어떤 논의들이 오갔든간에 비잔틴 궁정은 위기가 워낙 가까이 다가와 있었던 까닭에 교황의 조건을 거부할 여력이 없었으며, 그 결과 1452년 12월에 이시도루스는 사제 300명에게 둘러싸인 채 성 소피아 교회에서 그리스 교회와 라틴 교회의 통합을 선포했다. 그러나 그 상황에서조차 그리스 민중은 통합에 격렬히 항의했으며, 제국의 실권자였던 루카스 노타라스(Lucas Notaras)는 삼중관보다 차라리 터번을 택하겠다고 선언했다. 니콜라우스가 제안한 지원 병력

---

7) Aeneas(p. 303)는 다른 때에도 프리드리히와 레오노라가 서로 다른 궁전이나 막사에서 묵었다고 꼼꼼히 진술하다가, 이번에도 두 사람이 부부로서 나폴리에서 처음으로 함께 묵은 상황을 자세하게 전한다. 그 내용은 교회의 고위성직자보다는 보카치오에게 기대함직한 것이다. 그것이 그 시대의 특징이었고, 특히 스페인의 관습이었다.

의 규모도 보잘것없었다. 1453년 4월의 마지막 주간에 교황이 보낸 갤리 선 열 척이 다른 선박 몇 척과 함께 나폴리와 베네치아, 제노바를 출항했으나, 그들이 조금이라도 지원을 하기에는 때가 너무 늦었다.[8]

역사와 전통을 자랑하고 한때는 대단한 위세를 과시하던 보스포루스 해협의 제국이 멸망하게 된 것은 군주들이 콘스탄티누스와 테오도시우스와 유스티니아 누스의 계승자들임을 자랑하되 대부분 정통 신앙고백의 표준만 앞세운 명목상 의 신자들인 상태에서 궁전에 이교적인 사치와 방탕을 끝없이 쌓아온 데 따른 당연한 결과였다. 지상에서 가장 요지에 세워진 정부가 현실에 아무런 도움도 되지 못하는 과거의 전승들을 의지함으로써 존재할 수 있는 권리를 포기한 것이 다. 내부로부터도 부흥의 움직임이 전혀 일지 않았다. 종교 의식문이 마음에서 우러나오는 경건한 기도를 대체했다. 기독교 학도로서는 동방의 이 마지막 기독 교의 보루를 상실한 것을 크게 아쉬워하면서도, 그 재앙이 계시록에서 일곱 교 회들이 교회로서의 자격을 상실할 경우에 받게 되리라고 예고된 심판이었다고 생각하게 된다. 대 투르크(Grand Turk, 당대인들이 마호메트 2세에게 붙인 칭 호)의 출현으로 안게 된 적지 않은 문제 앞에서 유럽 사회는 지금도, 지혜로운 외교를 통해서나 군대의 힘을 통해서, 혹은 근세의 정치 사상과 민권 사상의 더 디지만 조용한 발전을 통해서 해결될 날을 여전히 기다리고 있다.

니콜라우스 5세는 동방 제국에 덮친 재앙에 대해서 후세대가 자신의 오점으로 평가할 것이라고 느꼈고, 아이네아스 실비우스 같은 다른 저자들도 이 견해에 동조했다.[9] 그는 기독교 국가들을 향해서 콘스탄티노플 수복을 위한 십자군을 모집하는 대칙서를 발행했으며, 마호메트 2세를 계시록에 묘사된 용으로 간주했

---

8) Pastor(I. 588 sqq.)는 니콜라우스가 그리스인들을 돕기 위해 노력했음을 입증하 는 데 많은 지면을 힐애힌디. Infessura는 그기 그리스인들을 돕는 일에 전혀 나서지 않았다고 비난한다.

9) Aeneas는 1453년 7월 12일에 교황에게 이렇게 썼다. "로마 교황들을 다룬 사가 들은 당신의 시대에 봉착하면 이렇게 쓸 것입니다. '토스카나 출신의 니콜라우스 5세 는 오랫동안 교황으로 재위했다. 그는 교회의 유산을 전제군주들에게서 되찾았고, 분 열된 교회에 일치를 안겨주었고, 베르나르디노를 시성했고, 바티칸 궁전을 건축하고 성 베드로 성당을 화려하게 복원했고, 희년을 치렀으며, 프리드리히 3세에게 대관식 을 치러주었다.' 그런데 이 모든 업적이 다음과 같은 한 줄로 인해 가려지고 맙니다.

다. 그 성스러운 원정에 여섯 달을 복무하거나 그 기간에 해당하는 비용을 내는 사람들에게는 면죄를 약속했다. 기독교 세계를 향해서 십일조 납부를 명령했다. 추기경들에게도 동일한 명령을 했으며, 크고 작은 성직록들에서 들어오는 교황청의 모든 수입을 원정 비용에 내놓겠다고 약속했다.

하지만 유럽 사회가 내놓은 반응은 미미했다. 십자군 열기의 시대가 지나가 버린 것이다. 터키족은 용감했고 유럽인들은 그들을 두려워했다. 1454년 봄에 프리드리히가 레겐스부르크에서 소집한 의회에서(황제는 참석하지 않음) 아이네아스가 연단에 올라가 웅변으로 호소를 했으나 결국 그 의제는 10월에 프랑크푸르트에서 열릴 의회로 넘겨졌다. 10월의 의회에도 황제는 참석하지 않았으며, 의회도 이렇다 할 결정을 내리지 못했다. 종교개혁 시대에 이르기까지 터키에 대한 십자군은 교황청의 주된 현안으로 남아 있었다.

니콜라우스는 비록 군주들을 설득하여 터키 원정을 감행하도록 하는 데는 실패했으나, 학문과 예술의 후원자로서 그의 명성은 길이 남았다. 터키 원정의 임무는 후세대들에게 넘겼다. 그는 성 베드로 성당에 자신의 전임자 유게니우스 4세의 곁에 묻혔다.

다음 교황인 스페인 사람 **칼릭스투스 3세**(Calixtus Ⅲ, 1455-1458 재위)는 두 가지 문제에 주력했다. 하나는 터키족을 콘스탄티노플에서 몰아내는 것이었고, 다른 하나는 자신이 속한 보르지아 가문의 위상을 높이는 것이었다. 유게니우스 4세에게 추기경 임명을 받은 그는 일흔일곱의 나이에 교황에 선출되었다. 그의 재위 기간 동안 보르지아 가문이 로마의 실권을 장악했으며, 그 가문의 경력은 로드리고 보르지아(Rodrigo Borgia)의 야심과 추문에서 절정을 맞이하게 된다. 보르지아는 30년 동안 추기경직을 지내다가 알렉산더 6세라는 이름으로 교황이 되었다.

'그의 시대에 콘스탄티노플이 터키인들에게 함락되어 약탈당했다.' 성하(聖下)께서는 당신이 할 수 있었던 일을 하지 않았습니다. 물론 그 사건에 대해서 당신을 탓할 수는 없습니다. 하지만 정황을 잘 모르는 후대 사람들은 당신의 재위 기간에 콘스탄티노플을 상실했다는 소리를 들을 때 그 책임을 당신에게 돌릴 것입니다." Gibbon은 이렇게 주장한다. "니콜라우스 5세의 재위 기간이 아무리 강력하고 번성했더라도 동방 제국이 함락된 사건으로 인해 오점을 남기게 되었다"(ch. LXVIII). 하지만 니콜라우스에게는 그 재앙을 막을 수 있는 힘이 없었다.

칼릭스투스는 교황에 즉위하면서 "전능하신 하나님과 성 삼위일체 앞에서 전쟁과 저주와 성무 중지령과 파문 등 모든 수단을 동원하여 터키족을 응징할 것을" 서약했다.[10] 군주들의 열정에 불을 붙이기 위해서 교황특사들을 유럽 전역에 파견했다. 교황청의 보석들을 매각했고, 바티칸 도서관의 서적들에서 금과 은 걸쇠들을 떼어내 돈으로 바꾸었다. 매일 일정한 시각에 로마에서 일제히 종을 울리면 모든 사람이 성전(聖戰)을 위해 기도하도록 했다. 하지만 군주들은 대부분 시큰둥했으며, 프랑스는 적극 반대하고 나섰다. 베네치아는 항상 이익을 따라 움직였던 전력대로 이번에도 터키족과 조약을 체결했다. 프리드리히 3세는 무능했다. 교황이 끌어 모은 허술한 함대가 공허한 승리를 바라보고서 추기경 세람포(Serampo)의 지휘하에 오스티아를 출항했다. 용감한 헝가리인 후니아디(Hunyady)가 1456년 7월 14일에 베오그라드를 탈환하는 탁월한 무공을 세움으로써 일말의 소망을 갖게 했으나, 그 용감한 지휘관이 사망했다는 소식으로 기쁨이 반감되었다. 일년 뒤에 교황군 사령관으로 임명된 알바니아인 스칸더벡(Scanderbeg)도 용감한 영웅이었으나, 서유럽의 지원을 받지 못하자 무력하게 되었다.

칼릭스투스의 뻔뻔한 족벌주의는 역대 교황들을 능가하는 것이었다. 카탈로니아의 모험가들이 관직을 바라고서 로마로 대거 몰려와서 교황의 동향인들에게 청탁했다. 교황은 자신의 누이들 가운데 세 명의 아들들—카테리나 보르지아의 아들 밀라노의 주안과, 이사벨라의 아들들인 페드로 루이스와 로드리고—에게 연거푸 호의를 베풀었다. 외삼촌인 교황의 양자들로 입양된 페드로와 로드리고는 교황에게 불면의 나날을 안겨준 문제아들이었다. 그레고로비우스는 보르지아 가문 사람들을 로마의 클라우디우스 가문 사람들에 비유했다. 보르지아 가문 사람들은 열정적이고 준수했으며, 그들의 문장(紋章)이 황소였던 것에 잘 나타나듯이 김긱적이고 야밉적이고 오만했다. 교황청의 반대를 무릅쓰고 로드리고와 밀라노의 주안은 1457년에 추기경이 되었다. 둘 다 스무 살이 채 되지 않은 나이였다.

그들이 불량하다는 소문은 이미 로마에 파다하게 퍼져 있었다. 로드리고는 추기경회의 다른 구성원들을 제치고 부대법관(vice-chancellor)으로 승진했다. 그

---

10) Mansi, XXXII, 159 sq.

직위는 교황의 선물 가운데 가장 돈이 잘 벌리는 직위였다. 동시에 포르투갈 왕의 어린 아들(figliolo, 인페수라<Infessura>는 그를 그렇게 부른다)이 추기경에 임명되었다.

평신도였던 페드로 루이스는 파격적인 고속 승진을 거듭하여 국가의 고위직을 두루 거쳤고, 성 안젤로 성의 총독과 스폴레토 공작에 임명되었으며, 테르니·나르니·토디 등의 교황령 봉토들을 소유했다. 나폴리 왕 알폰소가 죽었을 때 그의 서자 돈 페란테(Don Ferrante)를 제치고 자신의 조카 페드로에게 왕관을 하사한 것도 교황의 의도였던 것으로 추정된다.

칼릭스투스가 죽자 스페인의 로비스트들이 일제히 로마 시를 빠져나갔고, 그들이 살던 집들은 성난 로마 주민들에게 약탈당했다. 태풍이 다가오고 있음을 파악한 페드로는 성 안젤로 성을 추기경들에게 20,000다카트에 매각한 다음 서둘러 그곳을 떠났다.

칼릭스투스가 자기 친족들의 행복과 영달을 위해 과도하게 몰입하지 않았다면 호노리우스 3세처럼 유럽을 흔들어 깨워 십자군을 일으키지 못한 데 상심하여 죽을 수도 있었을 것이다. 이때부터 반세기 동안 교황들이 교황청 관할하의 직위들과 수입원들을 무자격자들에게 돈 받고 넘겨주는 행위가 현저하게 지속되었다.

50. 아이네아스 실비우스 데 피콜로미니, 피우스 2세(1458-1464)

다음 교황인 피우스 2세는 역사에서 성공한 사람들 가운데 한 자리를 차지한다. 숭고한 열정과 목표가 없었던 그는 매사에 개인의 이익을 추구했으며, 외교수완을 통해서 당대의 가장 두드러진 인물이 되었다. 그는 원칙보다 편의를 따라 살았다. 한 번도 인생을 역류하여 살아본 적이 없었다. 자신이 지는 편에 있다 싶으면 즉시 상대편으로 자리를 옮겼다.

아이네아스 실비우스 데 피콜로미니(Aeneas Sylvius de' Piccolomini)는 1405년에 이탈리아 시에나 근처의 험준한 산지에 자리잡은 코르시냐노라는 마을에서 태어났다. 열여덟 남매 중 하나였으며, 시에나에서 추방된 그의 가문은 비록 가난하지만 귀족 계급이었다. 열여덟 살에 아이네아스는 인근 도시로 가서 공부를 시작하면서 그곳에서 베르나르디노의 설교를 들었다. 훗날 피렌체에 가서 헬라어를 배웠다. 1431년에 추기경 카프라니카의 비서관으로 발탁되어 그와 함께 바젤에 간 것이 젊은 그로서는 큰 기회가 되었다. 그레고로비우스는 그 시대가 비서관들의 황금기였다고 말했는데, 실제로 인문주의자들 가운데 대다수가 비서관으로 일한 경력을 갖고 있었다. 훗날 아이네아스는 노바로의 주교를 보필하면서 그를 수행하여 로마로 갔다. 그 주교가 유게니우스 4세에게 역모를 꾀한 혐의로 투옥되자, 아이네아스는 도주하여 수감되는 신세를 면했다. 그 뒤 그는 추기경 알베르가티를 섬겼으며, 그와 함께 프랑스로 여행했다. 잉글랜드와 스코틀랜드도 방문했다.[11]

바젤로 돌아온 아이네아스는 공의회에서 매우 두드러진 활약을 펼쳤고, 공의회 의원이었고, 종종 네 개 분과 위원회 중 신앙 분과 위원회의 의장직을 맡았으며, 스트라스부르와 트렌트 등 여러 도시에 자주 파견되었다. 바젤 공의회는 그를 수석 서기로도 임명했다. 1440년에 그는 바젤에서 계속 회의를 가진 잔류파 공의회를 지지하기로 결심했고, 펠릭스 5세의 비서관이 되어 그의 진영을 옹호했다. 같은 해에 총 공의회들에 관한 논문을 썼다. 하지만 그 대립교황 진영의 세력이 기우는 것을 발견하고는 프리드리히 3세에게 가서 한 자리를 얻었으며, 그 군주의 호의를 얻는 데 성공했다. 라틴어 경구들과 시들이 호평을 받아 계관시인으로 임명되었으며, 외교적 식견과 역량에 힘입어 황궁에서 가장 높은 지위에 올랐다. 황궁에서 대법관 슐릭(Schlick)이 프리드리히에게 유게니우스와 대립교황 사이에 중립을 견지하도록 조언할 때 그의 편에 섰으나, 얼마 뒤에 중립파에게 등을 돌리고는 로마 교황에게 무조건 복종했다. 1445년에 로마에 사절로 파견되었을 때는 유게니우스 앞에서 바젤에서 경험 부족으로 잘못된 태도를 취했었노라고 변명했다. 그는 즉시 교황에게 기용되었으며, 일년 뒤에는 교황 비서관이 되었다. 그의 설득으로 프리드리히는 유게니우스에게 복종하기로 결정했으며, 그는 황제의 결정을 교황이 죽기 며칠 전에 직접 전달할 수 있었다. 1447년에 후임 교황 니콜라우스 5세에게 트리에스테 교구, 1450년에 시에나 교구를

---

11) 그가 가서 본 런던은 자신이 구경했던 모든 도시들 가운데 가장 인구가 많고 부유한 도시였다. 스코틀랜드에 대해서 그는 춥고 황량하고 나무가 없는 나라로 묘사했다.

받았고, 1456년에는 추기경으로 승진했다.

교황에 선출될 당시에 아이네아스의 나이는 53살이었다. 그가 교황 자리에 오를 수 있었던 것은 인간들과 유럽 정세에 대한 정확한 지식과 기지 덕분이었다. 그는 철저한 사람이었으며, 상황을 단번에 파악하는 능력이 있었다. 교황이 되기 전에 방탕한 생활을 했으며, 많은 여성들과 연애를 나누었다. 스코틀랜드에서 아들을 낳았고, 스트라스부르에서는 잉글랜드 여성에게서 아들을 낳았다. 그는 아버지에게 보낸 편지에서 둘째 아들을 양자로 삼아달라고 부탁하면서, 자신이 그 아이의 어머니를 유혹한 방법을 조금도 숨기지 않고 부끄러워하지도 않고 자세히 밝혔다. 그는 성적 자유분방을 케케묵은 악이라고 말했다. 자신은 내시가 아니므로 정욕이 없지 않다고 말했다. 솔로몬처럼 지혜롭지도 못하고 다윗처럼 거룩하지도 못하다고 말했다. 아이네아스는 직접 연애 모험담들을 집필하기도 했다. 「프리드리히 3세의 역사」(History of Frederick III)는 오늘날 기품 있는 저자라면 쓰지 않을 외설적인 내용들이 실려 있다. 심지어 젊은이들에게 방탕하게 사는 법을 가르칠 뜻을 비쳤고, 티롤의 젊은 공작 지기스문트에게는 문학을 멀리하지 말고 비너스의 아첨도 굳이 뿌리치지 말라고 썼다.[12] 이러한 조언을 만투아 의회에서 교회법 학자 게오르그 폰 하임부르크(George von Heimburg)가 그의 면전에서 환기시켰다.

성직자 독신이 한때는 그럴 만한 정당한 이유가 있어서 적극적인 입법의 대상이 되었지만, 이제는 사제들에게 결혼을 허용하는 게 더 좋은 때가 왔다는 유명한 말도 아이네아스가 한 것이다. 그는 성직에 발을 들여놓지 않다가 1446년에

---

12) Aeneas는 대법관 Schlick의 구애를 여러 번 도와주었고, 그 중 하나를 Eurialus et Lucretia라는 많이 읽힌 소설로 각색했다. 그가 1444년부터 쓴 편지들에는 세상을 버리고 싶은 욕구가 나타난다. 그는 자신이 비너스를 가질 만큼 가졌다고 쓰면서도, 자신이 비너스를 피하는 것보다 더 많이 비너스가 자신을 피했다고도 썼다. 아마도 몸에 병이 생겨서 부도덕한 생활을 더 이상 할 수 없는 상태에 빠졌던 것 같다. 하지만 그 역시 정치적 동기였는지 신앙적 동기였는지 식별할 수 없긴 하나 참회의 심정에 이끌리기 시작했음을 암시한다. 그레고로비우스(VII. 165)는 피우스의 서신들에서 다양한 단락들을 취합하여, 그가 세상의 쾌락을 버리기 위해 오랜 세월 노력했으나, 오히려 몸이 쇠약해지고 병에 걸린 뒤에야 그 일에 진척을 보였다고 말한다.

야 비로소 차부제로 축성받았다. 피우스가 선출되기 전에 교황 비밀 선거회는 터키에 대해 전쟁을 수행할 것과, 콘스탄츠 공의회가 추기경회에 관하여 제정한 법령을 준수할 것, 그리고 주교들과 대수도원장들을 새로 임명할 때 추기경회에 미리 자문을 구할 것을 새로 선출될 교황의 의무 사항으로 규정해 놓았다. 추기경 지명권은 추기경회에 두도록 했고, 교황이 임명한 추기경에 대한 재가는 추기경회의 다수결 투표로 결정하도록 했다. 연간 수입이 4,000플로린 이하인 추기경들에게는 4,000플로린이 찰 때까지 매월 100플로린을 지급하도록 했다. 이 엄숙한 계약이 선례가 되어 반세기가 넘도록 추기경회가 그것을 따랐다.

아이네아스는 교황이 되었을 때 이미 건강을 잃은 상태였다. 결석과 통풍과 기침으로 심한 고생을 했고, 재위하는 동안 비테르보를 비롯한 온천에 가서 여러 달을 보냈다. 그의 재위는 이렇다 할 특징이 없다. 교황으로서 처신을 잘했고, 로마인들에게 존경을 받았고, 당대의 전기작가들에게 칭송을 받았으며, 터키를 유럽에서 몰아내는 일을 진척시키기 위해서 자신이 할 수 있는 일을 다했다. 누이의 아들 라오다미아(Laodamia)를 23살의 나이에 추기경에 임명했으며, 1461년에는 17살밖에 되지 않은 프란체스코 곤차가(Francis Gonzaga)를 같은 직위에 임명했다. 하지만 이러한 임명이 별다른 비난을 받지 않은 듯하다.

대(對) 터키 십자군 원정에 대한 여론을 일으키기 위해서 피우스는 1460년에 만투아에서 제후들의 의회를 소집했다. 베사리온과 보르지아와 그 밖의 추기경들을 데리고 그곳으로 가면서, 자신의 출생지인 코르시냐노를 방문하고서 그곳을 주교구로 승격시키고 지명도 피엔차로 바꾸었다. 그곳에 주교궁과 주교좌성당도 착공했는데, 그 건물들이 지금도 남아 있다. 시에나를 방문해서는 시의회에 황금 장미를 수여하여 예우했으며, 그 도시를 수도대주교구로 승격시켰다. 세례 요한의 팔 한 쪽을 그 도시에 기증하기도 했다. 피렌체는 교황의 방문에 맞춰 연극 공연, 사냥 대회, 사자들과 말들의 경주, 무도회 등 성대한 행사들을 거행했는데, 그로써 연출된 정경은 파스토르의 평가대로 종교적이라기보다 세속적인 것이었다.

제후들은 만투아에 더디 도착했으며, 참석률도 9월 26일까지는 의회가 성립되기에 부족했다. 마지막 비잔틴 황제의 형제 모리아의 토마스 팔라이올로구스(Thomas Palaeologus)가 보낸 사절들과, 레스보스 · 키프로스 · 로도스 등 동방의 여러 지역에서 보낸 사절들이 참석하여 울분을 털어놓았다. 3시간에 걸쳐 진행된 개회 연설에서, 피우스는 제후들에게 스데반 · 베드로 · 안드레 · 세바스티안 · 성 라우렌티우스 등 순교자들을 거론하면서, 성전(聖戰)에 목숨을 바친 그분들을 본받으라고 촉구했다. 터키의 침략으로 기독교 세계가 빼앗긴 지극히 귀중한 곳들, 즉 그리스도를 따르는 이들이 최초로 그리스도인이라는 이름을 얻은 안디옥, 그리스도께서 자주 가셔서 말씀을 전하신 솔로몬 성전, 그분이 태어나신 베들레헴, 세례를 받으신 요단 강, 그분이 변화하신 다볼 산, 십자가에 달리신 골고다를 차례로 호명했다. 만약 그들이 그 지역들과 아내들과 자녀들과 자유와 그들이 세례를 받을 때 지닌 신앙을 되찾고자 한다면 전쟁을 신뢰하고 전쟁을 수행해야 할 것이라고 역설했다. 여호수아가 저물도록 적군을 쳐서 승리를 하고, 기드온이 3백 명을 데리고 미디안 진을 파하고, 입다가 소규모 병력을 가지고 아모리 대군을 물리치고, 삼손이 블레셋인들의 거만한 콧대를 꺾어놓고, 고드프루아가 소규모 병력을 이끌고 무수한 적군을 무찌르고 터키인들을 가축 도살하듯 쓰러뜨렸던 일들을 상기시켰다. 그리고는 고드프루아와 볼드윈, 유스타케와 보에몽, 탕크레드 같은 용사들이 다시 나타나서 터키 진을 파하고 예루살렘을 탈환해 주기를 간절히 열망한다고 외쳤다.[13]

의회는 뜨거운 열기로 달아올랐지만, 당대인의 말대로 그 열기는 이내 식어버렸다. 추기경 베사리온이 피우스에 이어서 연단에 올라 연설을 시작했는데, 그의 연설도 3시간이나 계속되었다. 웅변은 충분했으나 십자군의 시대는 이미 지나갔다. 예루살렘 정복자들이 잠든 지도 벌써 4백 년이나 되었다. 4백 년 전에 우르바누스가 클레르몽에서 연설했을 때 타오른 그 유명한 열기를 아무리 탁월한 연설로도 되살릴 수가 없었다. 이때는 성묘 탈환이 제공했던 것과 같은 로맨스적 요소가 없었다. 터키족의 가공할 전력도 힘겨운 현실이었다.

만투아에서 의회가 열리는 동안 독일 법률가 하임부르크의 그레고르(Gregor)와 피우스 사이에 논쟁이 벌어졌다. 두 사람은 과거에 바젤에서도 만난 적이 있었다. 티롤의 공작(그는 쿠사의 니콜라우스를 투옥한 바 있다)을 대리하여 참석한 그레고르는 교황의 십자군 제안에 반대했다. 그는 교황 앞에서 모자를 그냥 쓰고 있는 방식으로 교황을 공식적으로 모욕했다. 그 무례에 대해서 그는 감기에 걸릴 것 같아서 예방 차원에서 그렇게 했다고 우스갯말로 해명했다. 교황이

---

13) Mansi, XXXII. 207-222.

그의 주군(티롤의 공작)에게 파문을 선고하자, 그는 1460년 8월 13일에 총 공의회에 항소했다. 피우스는 그레고르에 대해서도 파문을 선고한 뒤, 뉘른베르크 시에 대해서 마귀의 자식으로서 거짓 가운데 태어난 그를 추방하라고 명령했다. 그레고르는 1472년에 파문이 철회될 때까지 유랑 생활을 했다. 그는 독일에서 바젤 공의회 법령과 공의회 수위성을 가장 강하게 변호한 학자였으며, 루터의 선구자와 종교개혁의 선봉으로 불렸다.[14] 역시 공의회 제도 옹호자였던 마인츠 대주교 디터(Diether)는 독일 제후들과 계약을 맺어 바젤 공의회 법령을 고수하고 독일에서 총 공의회를 열기로 했다가 1461년에 폐위되었다. 참고로, 백년 뒤에는 쾰른 대주교 헤르만(Hermann)이 자신의 교구에 개혁 조치들을 도입한 이유로 폐위되었다.

1461년 1월 마지막 날에 만투아를 떠난 피우스는 돌아가는 길에 자신이 사랑하던 시에나를 다시 방문하여 그 도시의 유명한 딸 카테리나를 시성했다. 이곳에서 추기경 로드리고 보르지아가 문란한 행위로 여론의 지탄을 받은 일로 교황에게 질책을 당했다. 추기경이 연회를 배설하고 여성들에게 남편을 대동하지 말고 오도록 초대했던 것이다. 훗날 교황이 된 그에게 쓴 책망의 편지에서, 피우스는 연회 자리에서 "매우 외설적인" 춤이 공연되었다고 말했다.

피우스가 자신에게 유리했을 때 옹호했던 이론들을 상황이 바뀌니까 손바닥 뒤집듯 포기한 행위가 두 편의 대칙서에 잘 나타나 있다. 첫 번째는 엑세크라빌리스(*Execrabilis*)라는 유명한 대칙서로서, 그리스도의 양들을 맡아 감독하고 땅과 하늘에서 매고 푸는 권세를 위임받은 그리스도의 대리자 로마 교황의 판결에 불복하고서 공의회에 항소하는 행위가 전례 없는 저주받은 악행이라고 단언했다. 교회에서 이러한 전염성 강한 독(pestiferum virus)을 제거하기 위해서 그러한 항소를 단죄하고, 항소인들에 대해서는 교황 이외에는 아무도 사죄할 수 없는 저주를 내릴 것이라고 선언했다.[15] 이로써 콘스탄츠와 바젤 공의회들에서 활짝 꽃피었던, 그리고 제르송과 다이가 그토록 열성을 다하여 옹호했던 엄숙한 원리가 교황이 한 번 놀린 펜 끝에 물거품으로 돌아갔다.

3년 뒤인 1463년 4월 26일에는 총 공의회 수위성 이론이 더욱 명확한 표현으

---

14) Gregorovius, VII. 184.
15) Mansi, XXXII. 195-203.

로 폐기되었다. 쾰른 대학교 총장과 교수들에게 쓴 치밀한 서신에서, 피우스는 군주제 방식의 교회 정치(monarchicum regimen)가 하늘에서 내린 것이고 베드로에게 부여된 것이라고 천명했다. 황새들이 우두머리를 따르고 벌들이 하나의 왕을 따르듯이, 전투의 교회는 그리스도의 대리자를 만민의 대표이자 중보자로 모신다. 교황은 누구의 중재도 없이 직접 그리스도에게 권위를 받는다. 그는 모든 주교들의 군주(proesul)요 사도들의 계승자요 아벨과 멜기세덱의 반차를 좇은 사람이다. 콘스탄츠 공의회에 대해서, 피우스는 전임 교황들이 승인한 범위 내에서 그 법령들을 높이 평가했으나, 총 공의회들의 결의는 베드로의 계승자인 교황의 재가를 받아야 한다고 주장했다. 자신이 바젤에서 했던 발언에 대해서는 대칙서에 표명한 입장과 상충되는 부분을 정식으로 철회하면서, 아직 생각이 무르익지 않은 젊은 시절의 미숙함과 젊었을 때 배운 학문의 영향 탓으로 돌렸다. 사멸적 인간으로서 실수를 하지 않는 자가 어디 있겠느냐(Quis non errat mortalis)고 그는 주장했다. 아이네아스를 버리고 피우스를 따르라(Aeneam rejicite, Pium recipite)고 말했다. 첫 번째는 부모가 지어준 이방식 이름이고, 두 번째는 사도좌에 오를 때 택한 이름이라고 했다.[16]

피우스 2세가 과거의 발언을 철회할 때 진실하지 않았다고 한다면 솔직하지 못한 평가가 될 것이다. 그의 긴 서신에는 유언처럼 마음에서 우러나오는 듯한 깊은 정서가 흐른다. 자신의 직위가 얼마나 숭고한가 하는 생각에 고취된 그는 전임 교황들의 긴 계보와 일체가 되고 깊은 소원을 피력하면서, 베드로와 클레멘스에서부터 인노켄티우스들과 보니파키우스에 이르기까지 몇몇의 이름을 호명했다. 그로부터 4세기 뒤에 피우스 9세가 교황 무류설을 공포했을 때 작문 실력이 그의 조상을 능가하지 못했다. 하지만 그는 총 공의회의 사전 재가를 받고서 공포한 점에서 조상을 능가했다. 피우스라는 같은 이름을 지닌 두 교황이 공포한 두 개의 문서는 교황권 주장의 절정에서 서로 만났고, 총 공의회들의 최종 권위와 그 법령들의 무류성을 주장한 이론들을 사장시켰다.

피우스 2세의 교양과, 그가 1462년에 사도 안드레의 머리를 맞이할 때 베푼 성

---

16) 피우스가 철회 대칙서를 발행할 시점에 마지막 스콜라 학자라 불린 가브리엘 비엘이 피우스와 동일한 근거에서 *Obedience to the Apostolic see*라는 소책자를 발행했다.

대한 영접만큼 서로 모순되는 것도 없을 것이다. 크게 숭앙을 받은 이 보물을 이탈리아로 가져온 사람은 토마스 팔라이올로구스였다. 교황은 그가 자신에게 바친 성의에 보답하여 황금 장미와 로마의 궁전, 그리고 매년 6,000다카트의 금액을 주었다. 그 성유물은 성대한 의식을 갖춰 접수되었다. 베사리온과 다른 두 명의 추기경이 나르니에서 그것을 받아 로마로 운반했다. 교황은 나머지 추기경들과 로마 성직자들을 거느리고 폰테 몰레로 나가서 그것을 맞이했다. 사도의 두개골 앞에서 엎드려 절한 뒤 행한 연설에서, 피우스는 말 못하는 유골이 터키인들의 손에서 안전히 벗어나 마침내 형제 사도들 곁에 안식하게 된 것을 축하했다. 연설이 끝나고 행렬이 재개된 뒤 피우스가 황금 의자에 앉아 유골을 마지막 안식처에 안치했다. 거리는 축일처럼 화려하게 차려입은 사람들로 넘쳤는데, 로드리고 보르지아는 자신의 궁전을 치장하는 데 몰두했다. 플라티나(Platina)는 성 베드로 성당의 묘지에서 "지나치게 큰 공간을 차지하고 있던 몇몇 교황들과 추기경들의 무덤들을 옮긴" 뒤에 두개골이 그곳에 안장되었다고 말한다. 의식은 베사리온의 연설로써 마감되었는데, 그 연설에서 그는 성 안드레가 다른 사도들과 함께 로마를 보호해 줄 것이라는 확신을 표명한 다음 군주들에게 힘을 합하여 터키족을 몰아내자고 촉구했다.[17]

말년까지도 피우스 2세는 십자군 원정 계획을 추진했다. 마호메트 2세에게 쓴 주목할 만한 서신에서, 어머니의 신앙을 따라 기독교로 개종하라고 권유하면서, 클로비스와 샤를마뉴가 유명한 기독교 군주들이 되었듯이 그도 보스포루스 해협과 그리스와 서아시아를 다스리는 기독교 황제가 될 수 있을 것이라고 설득했다. 하지만 답장이 왔는지 확인되지 않는다. 만투아 의회가 열리기 한 해 전인 1458년에는 무슬림 세력이 아테네의 아크로폴리스를 점령한 상태였다. 그리스 남부 전역이 터키족으로 인한 굴욕과 공포에 떨었다. 1459년에는 세르비아, 1462년에는 보스니아가 침략자들의 수중에 떨어졌다.

십자군을 선포한 피우스의 1463년 대칙서는 제후들에게 외면을 당했으나, 교황은 결석과 통풍 등 심한 육체적 질환을 앓으면서도 옳은 방향을 향해 모범을 보이려는 의지가 결연했다. 그는 모세처럼 적어도 갑(岬)이나 배에서 십자가의

---

17) Pastor(II. 233-236)와 Creighton(II. 436-438)은 이 기묘한 미신에 관해서 상세히 진술한다.

원수들과 전투하는 모습을 보고 싶었다. 1462년에 치비타 베키아 근처의 톨파에서 명반 광산이 발견되어 재정에 도움이 되었는데, 광산 수입이 교황청에 들어갔고, 특히 1464년의 추기경회는 그 재정을 십자군 예산으로 편성했다. 하지만 그것이 별로 도움이 되지 못했다. 피우스는 가마를 타고 안코나로 가다가 도중에 로레토에 멈추고는 성모에게 황금 잔을 봉헌했다. 하지만 그가 크게 기대를 걸었던 부르고뉴의 필립은 모습을 드러내지 않았다. 프리드리히 3세에게는 아무것도 기대할 것이 없었다. 베네치아와 헝가리만 실제적인 도움을 주겠다고 약속했다. 교황은 갑(岬)에 세워진 주교궁에서 유숙했다. 그러나 항구에는 달랑 두 척의 선박만 원정을 준비한 채 정박하고 있었다. 며칠 뒤에 베네치아 총독이 보낸 갤리 선 14척이 도착했다. 피우스는 배들이 들어오는 모습을 지켜보았다. 하지만 이틀 뒤에 숨을 거둠으로써 영웅적인 모습을 더 과시할 수 있는 기회를 잃었다. 역사가 플라티나는 시선을 동방에 고정시켰던 교황과, 당시에 눈을 서쪽으로 고정시킨 채 몇 년 후에는 똑같이 취약한 함선들에 몸을 싣고서 역사적인 발견을 하게 되는 타고난 항해개콜럼버스를 비교했다.

임종 침상에서 피우스는 바젤에서 전염병이 돌 때 받았던 종부성사를 이번에 다시 받는 문제로 고심했다. 그는 양자로 삼은 추기경 아마나티(Ammanati)에게 마지막으로 말하는 가운데 "아들아, 나를 위해 기도해다오. 나는 죄인이다. 내 형제들에게 이 신성한 원정을 중단하지 말라고 당부해다오"라는 말을 남겼다. 그의 시신은 로마로 운구되어 성 베드로 성당에 묻혔다.

이 부단하고 비범한 인물이 숨가쁘게 달려온 생애를 마감하면서 느꼈을 좌절을 생각하면 인간적인 연민을 금할 수가 없다. 목표와 방법이 대단히 실제적이었던 피우스는 말년에 접어들어 자신의 뜻을 뒷받침할 군사력도 없이 낭만적 이상에 사로잡혔다. 시대를 잘못 판단한 것이다. 하지만 그것은 실패에 관한 생각을 조금도 참지 못하는 인생을 살아온 사람이 품은 뜻이었다. 그를 총평해 볼 때, 만약 그가 교양과 문필 능력을 주로 교황 본연의 업무에 발휘했더라면 그의 재위가 교황제의 역사에서 찬란히 빛났을 것이라는 판단을 금할 길이 없다. 그가 니콜라우스 5세처럼 주변에 지식인들을 기용하지 않은 것과, 로마를 개선하기 위해서 기울인 노력이 작은 건물 몇 채를 건립하는 데 그친 것은 앞으로도 의문으로 남을 것이다. 그의 전기작가 캄파누스(Campanus)는 그가 인문주의자들을 홀대함으로써 악평을 자초했다고 말하며, 그의 헬라어 스승이었던 필렐포

(Filelfo)는 이 점을 놓고 그를 신랄하게 비판했다. 탁월한 문필 능력을 지닌 교황이 문필가들을 후원하는 데 몹시 인색했던 것이다.[18] 그럴지라도 플라티나가 남긴 찬사를 잊어서는 안 된다. "교황은 휴식을 취할 때 글을 쓰고 읽는 것을 낙으로 삼았다. 책들을 보석보다 더 귀중하게 여겼고, 그 안에 많은 보화가 있다고 생각했다." 자신은 취미로 즐긴 것을 자신의 높은 지위를 사용하여 다른 사람들에게 촉진하는 데는 관심이 없었던 듯하다. 그는 교황의 외교적 사명으로 만족했고, 콘스탄티노플을 구출하려는 일념으로 십자군이라는 도깨비불(ignis fatuus)에 현혹되었다.

플라티나는 재위 초반의 피우스를 키가 작고 머리카락은 잿빛이고 얼굴에 주름이 많은 모습으로 묘사한다. 피우스는 동틀 때 일어났고, 음식은 적정량만 섭취했다. 그리고 매우 부지런하게 살았다. 매력적인 행동으로 주변에 많은 사람들이 따랐으며, 로마인들에게 가식 없는 사람으로 호평을 받았다. 교양인으로서 바라볼 때, 아이네아스는 문법학자이자 지리학자, 역사가, 소설가, 웅변가였다. 어느 곳에서든 사람들과 사건들을 예리하게 관찰했다. 우주 구조론(cosmography)을 방대한 규모로 집필할 계획을 세웠으나 성취하지 못했다. 출생부터 사망까지 자신의 생애를 다룬 「회고록」(Commentaries)은 신선한 형태의 자서전이다. 그가 주변의 성직자들을 확고히 장악할 수 있었던 비결은 지적으로 탁월했고 도덕적으로 소탈한 데 있었다. 그는 당대의 가장 흥미로운 인물의 한 사람이었다.[19]

51. 파울루스 2세(1464-1471)

---

18) Creighton, II. 491. Pastor(II. 28-31)는 이런 오명을 지우기 위해 많은 노력을 기울이며, 피우스 2세가 자금 부족으로 허덕이고 교황청 업무에 몰입하느라 그럴 수밖에 없었다고 하며 그를 두둔한다. 피우스는 낭트 · 잉골슈타트 · 바젤 대학교들에 설립 허가서를 내주었다.

19) Vigot와 Benrath는 피우스 2세를 혹독히 비판하며, 그가 말년에 보인 신앙적 태도를 가식으로, 십자군 원정을 명예욕에서 비롯된 행위로 간주했다. 그레고로비우스의 다음과 같은 평가는 그 편파적인 사가의 펜을 무색하게 만든다. "그에게는 위대한 것이 없었다. 적지 않은 유산을 물려받았으나 열정이 전혀 없었다"(VII. 164).

다음에 교황좌를 차지한 사람은 전임자와 달리 인격적 매력이 없었고, 터키 원정을 독려하는 데도 관심이 없었다. 피우스는 누구나 쉽게 접근할 수 있었으나 그는 다가서기 어려웠고, 공무를 수행하는 속도가 더뎠다. 한번 설교를 시작하면 캄캄해진 뒤에야 청중을 보내주었으며, 자신의 특사들이 그를 알현하려면 밤이 이슥하도록, 심지어는 새벽 3시까지 기다려야 했다.

피에트로 바르보(Pietro Barbo)는 유게니우스 4세의 누이의 아들로서 1418년에 베네치아에서 태어났다. 삼촌이 교황에 선출되었다는 소식이 베네치아에 들어왔을 때 그는 장사 목적으로 동방을 가는 배를 타려던 참이었다. 그는 형의 조언을 받아 돈을 벌려는 계획을 접고 교회에 일생을 바쳤다. 유게니우스의 호의를 업고 고속 승진을 한 결과, 볼로냐의 대부제·체르비아의 주교·비첸차의 주교·교황청 공증인·추기경을 차례로 거쳤다. 교황에 선출되었을 때 그는 이름을 포르모수스로 지었다가 마르코로 바꾼 뒤 다시 추기경회의 조언을 받아 둘 다 포기했다. 포르모수스는 교황의 수려한 외모를 드러내는 듯했고, 마르코는 베네치아의 전쟁 구호여서 강한 정치적 색채를 드러냈기 때문이다. 그래서 택한 것이 파울루스라는 이름이다.

추기경회는 교황 선출에 임하기 전에 십자군 원정을 감행하고 3년 내에 총 공의회를 소집하는 것을 조건으로 채택했다. 또한 추기경들의 수가 24명이 넘지 않아야 하고, 추기경이 되려면 연령이 30살 이상이어야 하며, 교황의 친족을 추기경으로 임명하는 것을 금했다.

이 엄숙한 합의를 파울루스는 단숨에 폐기해 버렸다. 추기경들에게는 다른 문서를 내밀고 문서의 내용은 손으로 가린 채 거기에 서명하도록 강요했다. 연륜이 깊은 카르바얄(Carvajal) 혼자서만 서명하기를 거부했다. 교황 절대주의 관점에서 바라볼 때 파울루스는 정당한 일을 한 셈이다. 추기경이 기독교 세계의 교황, 성 베드로의 계승자에게 무슨 권리로 이래라 저래라 할 수 있단 말인가! 추기경회가 내건 조건은 절대 교황 이론으로 보자면 반역이었으며, 교황 군주제를 과두제로 대체하자는 주장에 지나지 않았다. 파울루스는 터키 원정을 논의할 공의회를 소집하지 않았고, 심지어 제후들의 의회마저 소집하지 않았으며, 조카세 명 ― 형제의 아들 마르코 바르보·두 누이의 아들들인 바티스타 제노와 조반니 미키엘 ― 을 추기경으로 임명했다. 그가 로마 시를 위해 공포한 법령들에는 결혼식과 장례식에 들어가는 의복값과 음식값을 제한하고 딸의 지참금을 800

금 플로린으로 한정하는 사치 규제법이 포함되어 있었다.

파울루스의 재위 기간에 일어난 주요 사건으로는 1466년에 그가 속기사 70명을 해고함으로써 로마에서 일어난 폭동을 꼽을 수 있다. 그 70명은 피우스 2세가 속기사 단체 정원의 상한선으로 규제해 놓은 수였다. 이것이 교황청 역사에 다양성을 부여하고 그것을 모든 분야의 역사들 가운데 가장 흥미롭게 만든 사건들 가운데 하나였다. 교황청의 서기관들은 대체로 비서관들(secretaries)과 속기관(abbreviators)들로 나눠져 있었다. 비서관의 업무는 비교적 사적인 성격의 교황 서신들을 관리하는 것이었던 반면에, 속기관의 업무는 대칙서나 그보다 더 중요한 공문을 작성하는 것이었다. 속기관을 해고한 조치는 그 단체의 일원인 플라티나(Platina)가 그 조치에 가한 비판 때문에 악명 높은 사건으로 남게 되었으며, 그는 그로 인하여 고통을 겪었다. 이 귀중한 교황들의 전기작가는 관직을 잃은 사람들이 자신들의 직위가 종신직이었다는 구실을 내세워 스무날 밤을 바티칸 궁을 에워싼 채 농성을 벌였다. 마침내 플라티나가 그들의 대변인으로 나서서 유럽의 제후들에게 총 공의회를 소집하여 정의를 실행해달라고 호소하겠다고 교황을 협박했다. 이에 대해 교황은 전임자들의 조치를 자신의 소견대로 철회하거나 재가하겠다고 간단히 대답했다.

정치가라기보다 차라리 학자에 가까웠던 그 불행한 속기사는 감옥에 갇혀 겨울 넉 날을 난방 없이 사슬에 매인 채 지냈다. 불행하게도 그는 교황 시해 음모와 이단적 교리로 고소를 당하게 되어 재차 투옥되었다. 그리스 사상을 가르치던 로마 아카데미도 이때 이교 사상을 전파해온 죄로 함께 고소를 당했다. 그 기관이 고소를 당한 데에는 일말의 이유가 있었다. 자신의 포도원을 관리한다는 구실로 옛 로마 유적지를 배회하고 이교 고전들을 탐독하던 학장 폼포니우스 라에토(Pomponius Laeto)가 성직자들에 대해 불평을 늘어놓았던 것이다. 이 고전 학자도 투옥되었다. 플라티나는 자신을 비롯한 여러 사람들이 고문을 당하는 동안, 교황의 부대법관(vice-chancellor) 비에네시우스(Vienesius)는 여러 날 동안 시죄법의 진행 과정을 지켜보았다고 말하는데, 그의 태도를 다음과 같이 묘사한다. "그는 고문을 하다가 가끔 사람을 죽이는 불상사가 생기므로 평신도들을 고문하는 것을 교회법으로 금한 성직자이면서도, 마치 결혼식 자리에 앉은 듯 융단 자리에 미노스 크레타의 왕처럼 앉아 있었다." 플라티나는 풀려난 뒤 파울루스에게 복직시켜 주겠다는 약속을 받았으나 헛물만 켜고 기다리던 끝에 식스투

스 4세가 즉위했을 때 그에게 바티칸 상서국장으로 발탁되었다.[20]

파울루스는 포디브라트(Podiebrad)와 보헤미아의 양형성찬파를 적극 제재하는 정책을 펼쳤으며, 왕과 체결한 모든 계약들을 무시하도록 명령한 뒤 그를 폐위하고 헝가리의 마티아스에게 그의 권좌를 차지하라고 명령했다. 파울루스는 자신을 비잔틴 황제로 인정해 준다면 터키를 격퇴하겠다는 포디브라트의 제의를 일축한 바 있다.[21]

1468년에 프리드리히 3세는 기사 600인을 거느리고 로마를 다시 방문했으나, 일전에 포르투갈의 공주를 데리고 방문했던 때만큼 큰 기대를 불러일으키지는 못했다. 성대한 행사도 없었고 교황의 위엄있는 영접도 없었다. 성 베드로 성당에서 성찬을 받으면서, 그는 교황의 손에서 떡을 받아먹었으나 '거룩한 피'는 받지 못했다. 이 일을 두고 당대의 저자는, 비록 그러한 의식에서는 성찬의 두 성물을 주는 것이 관례였으나 파울루스가 보헤미아인들에게 자신의 의지를 분명히 보여주기 위해 잔을 주지 않았다고 술회한다. 성찬이 끝난 뒤 샤를마뉴와 바르바로사의 계승자가 교황 옆자리로 안내받았으나, 그곳은 교황의 발치보다 조금도 높지 않았다.[22] 그 장면을 기록한 파트리티우스는 교황의 위엄에 존경을 표시하는 일은 증가했으나, 로마 제국의 절대권은 땅에 떨어져 이름밖에 남아 있지 않았다고 말한다. 합스부르크 가의 그 황제는 조금도 주저하지 않고 교황이 말을 탈 때 등자(橙子)를 잡아주었다.

파울루스는 로마의 학교들에서 고대 이교 고전을 가르치는 행위를 단죄했고 그로 인해 플라티나에게 학문의 대적과 경시자라는 비판을 받긴 했으나 예술적 취향이 없지 않았다. 열렬한 귀금속 · 수석 · 주화 · 도자기 수집가였으며, 자신이 수집해 놓은 것을 프리드리히 3세에게 보여주는 데서 낙을 얻었다. 전하는 바로는 훗날 식스투스 4세가 이 교황이 수집해 둔 진주들이 가득 담긴 은상자를 발

---

20) Jacob Volaterra in Muratori, new ed., XXIII. 3, p. 98.

21) Pastor(II. 358 sqq.)는 파울루스에게서 터키 격퇴를 위한 십자군 원정에 소홀했던 죄를 씻어내기 위해서 영웅적인 노력을 기울인다. 그가 처음으로 인쇄한 추기경 곤차가의 편지(II. 773)에는 파울루스가 터키 원정에 사용하기 위해 수입의 1/4을 조용히 떼어 비축해 놓고 있었다고 적혀 있다. 하지만 교황의 회계장부에는 이러한 금액이 전혀 언급되지 않는다.

22) Patritius in Muratori, XXIII. 205-215.

견했는데 그 값어치가 300,000다카트였다고 한다. 그의 지시로 보석들을 박아 제작한 교황관 두 개도 값어치가 비슷했다고 한다. 훗날 추기경 바르보는 파울루스가 보관해둔 상자들 가운데 하나의 비밀 서랍에서 12,000다카트 가치의 사파이어들을 발견했다. 플라티나는 파울루스가 낮에는 자고 밤에 깨어나 자신의 보석들을 꺼내보았다고 하는데, 그것은 시중에 나돌던 소문을 전한 것에 불과할 수가 있다.

이러한 일탈 행위 외에도 교황은 육체적 쾌락과 공개 유흥 행사에도 탐닉했다.[23] 축제에 이교적 요소들을 되살려 바코스와 목신(牧神), 다이아나와 그녀의 요정들의 형상들을 만들어 비치함으로써 대중의 취향을 만족시켰다. 축제 기간에 거행된 여러 가지 유흥 행사들 가운데는 젊은 사람들과 노인들, 유대인들을 위한 경주들, 말들과 나귀들과 들소들의 경주 같은 것이 있었다. 파울루스는 산마르코 성당에 올라가 아래의 광장에서 잔치를 배설함으로써 군중을 즐겁게 했고, 군중들에게 동전을 한움쿰 뿌렸다. 이런 유의 행위에서 교황이 기쁨을 얻었다고 인페수라(Infessura)는 말한다. 그는 정교한 복장을 착용했고, 공식 석상에 나갈 때는 화장을 했다.

교황은 큼직한 수박 두 통을 미련하게 다 먹다가 죽었다고 전해진다. 추기경이, 왜 교황의 명예에도 불구하고, 그가 만족하지 못했느냐고 묻자, 파울루스는 작은 벌레 한 마리가 통 안에 든 꿀 전체를 부패시킬 수 있다고 대답했다. 이 말은 300년 전에 영국 출신의 교황 하드리아누스가 기독교 세계에서 가장 높은 지위로도 한 사람의 모든 야심을 다 만족시킬 수 없더라고 토로한 말과 같은 범주에 속한다.

52. 식스투스 4세(1471-1484)

15세기의 마지막 세 교황인 식스투스 4세와 인노켄티우스 8세, 알렉산더 6세는 교황청의 권익을 개인의 쾌락과 친족들의 치부와 출세에 철저히 종속시켰다.

---

23) 그레고로비우스가 인용한 글(Ⅶ.226)에는 그가 자기 집을 첩들로 가득 채웠다는 내용이 있는데, 이것은 과장된 표현일 것이다.

바티칸의 등용문은 오로지 교황의 자녀들이나 조카들이라는 이유만으로 벼락부자가 된 자들로 채워졌다.

판단력과 역량이 뛰어났던 식스투스 4세의 재위에서 두드러지는 점들은 그의 여러 조카들의 오만방자한 군림과, 조카들의 음모와 야심 때문에 교황 자신도 휘말린 이탈리아 국가들과의 잦은 전쟁들이었다. 식스투스 4세의 원명은 프란체스코 로베레(Francesco Rovere)로서, 그는 교황에 선출되기 전에 프란체스코회 총장이었다. 1414년에 미천한 집안에서 태어나 어려운 환경에서 자라났다. 아버지는 사보나 근처의 어부였다. 그는 파두아 대학교에서 박사학위를 받았고, 볼로냐 · 파비아 · 시에나 · 피렌체 · 페루자에서 차례로 가르쳤다. 파울루스 2세에게 추기경 임명을 받았다. 추기경회에 들어가서는 악명 높은 조카 피에트로 리아리오(Peter Riario)에게 강력한 지원을 받았으며, 훗날 교황이 될 때도 그의 선거 운동에 크게 힘입었다.

제후들을 설득하여 터키 원정에 나서게 하려는 노력이 재개되었으나 실효를 거두지 못한 채 곧 중단되었다. 추기경들이 십자군 모집의 임무를 띠고 유럽의 여러 왕실들로 파견될 때 그 중에서 베사리온은 프랑스로, 마르코 바르보는 독일로, 보르지아는 스페인으로 찾아갔으나, 이 정부들이 다른 다급한 현안들에 발목이 잡혀 있거나 십자군 사업에 부정적인 생각을 갖고 있다는 사실만 확인한 채 발길을 돌렸다. 우여곡절을 겪은 뒤 1472년에 18척의 갤리 선으로 구성된 교황 함대가 성 베드로 성당에서 교황이 축복한 깃발들을 올린 채 출항했고, 추기경 카라파가 함대를 지휘했다. 교황 함대는 나폴리가 파견한 30척, 베네치아가 파견한 36척과 합류하여 터키를 공격한 결과 일부 지역을 약탈하여 터키인 25명을 전쟁 포로로, 낙타 12마리를 끌고 돌아왔는데, 그것은 로마인들의 호기심을 자극하기에 충분한 전리품이었다. 파울루스 2세의 보석들을 일부 처리하여 원정 자금에 사용했다.

식스투스의 친족들은 로마에서 주요 인물들이 되었으며, 부와 세도에서 곧 유서 깊은 로마 가문들과 연륜이 깊은 추기경들과 대등하게 되거나 그들을 능가했다. 식스투스는 조카와 손자들이 16명이나 되는 복 또는 화근을 떠맡았다. 그는 자신에게 부여된 권한을 다 동원하여 그들에게 좋은 기회를 마련해 주었고, 평생 유복하고 명예롭게 살게 해주었다. 피우스 2세 때에는 시에나 사람들이 혜택을 누렸는데, 이제는 리구리아인들의 차례가 되었다. 교황은 두 형제와 세 자매

(혹은 네 자매)뿐 아니라 그들의 모든 자녀들까지도 보살펴야 했다. 칼릭스투스 3세에게 통했던 변명을 이 관대한 삼촌에게는 적용할 수가 없다. 그는 머지않아 노망이 들게 되었기 때문이다. 식스투스는 교황이 되었을 때 56살밖에 되지 않았다. 그런데 로마 귀족들이 교황을 적절히 지원할 만한 능력이나 의지가 없었던 까닭에, 그로서는 자기 마음에 맞는 또 다른 귀족들을 일으켜 세우지 않을 수 없었다.

식스투스는 적어도 5명의 조카와 손자를 추기경으로 기용할 수 있다고 판단했으며, 얼마 후에 8명을 추기경으로 임명했다. 조카 두 명은 차례로 로마 장관에 임명했다. 추기경 지위에 오른 조카들로서는 1471년에 임명된 프란체스코회 출신의 피에트로 리아리오(25살)와 율리안 델라 로베레(28살), 1478년에 임명된 도미니쿠스회 출신의 크리스토퍼의 형제 로베레가 있었고, 1477년에는 교황의 종손자 라파엘 산소니가 17살의 나이에 임명되었다. 로마 장관들이 된 두 조카는 율리안의 형제 리오나르도(1475 죽음)와 그의 형제 조반니(1501 죽음)였다. 리오나르도는 교황의 주선으로 나폴리 왕 페란테가 첩을 통해 낳은 딸과 결혼했다.[24]

식스투스는 피에트로 리아리오와 율리안 로베레에게 성직록을 수없이 하사했다. 비범한 능력의 소유자였던 율리안은 율리우스 2세라는 이름으로 교황이 되기 전에 아비뇽 대주교와 볼로냐의 대주교, 로잔과 콘스탄츠와 비비에르스, 오스티아와 벨레트리의 주교를 역임했다. 리아리오는 항간의 소문에 따르면 교황의 친아들이었다고 하며, 스폴레토·세비야·발렌시아의 주교와 콘스탄티노플 총대주교를 지냈으며, 수입이 좋은 성직록들을 많이 하사받은 결과 일년 수입이 60,000플로린 혹은 2,500,000프랑에 달했다. 외지를 방문할 때는 기병 100명을 거느리고 다녔다. 씀씀이가 컸고, 저택은 왕궁과 다름없었다. 그가 굳이 감추려고 하지 않은 그의 정부(情婦)들은 화려하게 치장을 하고 다녔고, 그 중 한 사람은 진주들로 수놓은 실내화를 신고 있었다. 도미니코는 코르네토·타렌타니세·제네바·토리노 교구들을 차례로 받았다.

1473년에 나폴리 왕 페란테의 딸 레오노라가 남편 에스테의 헤르쿨레스를 만나러 페라라로 가는 길에 로마를 방문했는데, 그때 치러진 행사는 프리드리히 3

---

24) Creighton(III. 100)은 로베레 가문의 족보를 소개한다. Pastor는 서슴지 않고 식스투스의 족벌주의에 의분을 나타낸다.

세가 처음 다녀간 이후로 가장 성대한 행사였을 것이다. 리아리오는 그 기회를 이용하여 융숭한 환대를 베풀었다. 성령강림절에 나폴리의 공주는 두 추기경의 안내를 받아 성 베드로 성당에 들어가서 교황이 집례하는 미사에 참석한 다음 정오에는 피렌체 배우들이 공연하는 수산나와 장로들이라는 종교극을 관람했다. 저녁에는 3시간에 걸쳐 진행된 연회에 참석하여 장식가들과 요리사들이 온갖 기능을 다 발휘하여 제공하는 것을 즐겼다. 안락한 소파들과 값진 휘장들, 하인들이 입은 비단옷과 산해진미를 당대의 저자들은 소상히 적는다. 현대의 선풍기를 연상케 하는 3대의 수동형 바람통(bellow)이 공기를 서늘하고 신선하게 만들어 주었다. 이런 행사들을 하는 데 교회 재정들을 갖다 썼다고 인페수라(Infessura)는 말한다.

1474년에 피에트로 리아리오가 불과 28살의 나이에 지나친 무절제로 인해 사망하자, 평신도였던 그의 형제 제롬이 교황의 총애를 받게 되었다. 식스투스는 교황의 모든 권한을 사용하여 그를 지원했고, 제롬 때문에 피렌체와 베네치아와 반목하게 되었다. 총애하는 제롬을 위해서 40,000다카트를 들여 이몰라를 매입했고, 그를 밀라노 공작의 서출 딸 카테리나 스포르차와 결혼시켰다. 이몰라 매입 건으로 피렌체 당국의 반감을 샀으나, 식스투스는 피렌체 공화국과 메디치 가에 대한 적대 행위를 그치지 않았다. 메디치 가는 일찍이 로마에 은행 지점을 세워 교황청의 자금을 관리하고 있었다. 식스투스는 경쟁 은행 가문인 파치 가를 후원함으로써 메디치 가에게 모멸감을 심어주었다. 1474년에 피사의 대주교인 필립 데 메디치가 죽자 교황은 그 가문의 반대를 무시하고 살비아티를 후임 대주교로 임명했다. 마침내 율리안 데 메디치의 추기경직마저 박탈해 버렸다. 이러한 일련의 사건들을 거치면서 교황청과 피렌체 사이의 균열이 심해져갔다. '위대한 자'(Magnificent)라고 불린 로렌초와 그의 동생 율리안이 코시모 데 메디치가 탁월한 재정 능력으로 일궈놓은 가문을 이끌었다. 교황은 조카 제롬 리아리오의 야심을 얼마든지 지원할 뜻이 있었던 까닭에 어떠한 무자비한 조치라도 마다하지 않은 듯하다. 그런 상황에서 로렌초의 목숨을 노리는 음모가 발생했다. 역사상 가장 냉혹한 음모 사건의 하나로 꼽히는 이 사건의 주범은 다름 아닌 제롬이었다. 교황은 그 음모를 잘 알고 있었고, 주요 공모자인 몬테세코와 음모에 관해 대화를 나누었다. 그가 비록 제롬과 파치 가문이 계획에 포함시킨 살인에는 동의하지 않았을 가능성이 있지만, 그럴지라도 로렌초를 생포하고 피렌

체 공화국을 전복시키려는 음모에는 철저히 동의했다.[25]

처참한 비극은 피렌체 주교좌성당에서 발생했다. 음모를 단행하기 위해 고용된 교황 용병대 대장 몬테세코가 하나님의 교회에서 피를 흘리는 신성모독을 한사코 회피하자 두 명의 사제인 안토니오 마페이 다 볼테라(그는 교황청 비서관이었다)와 바그뇨레아의 스테파노에게 임무가 맡겨졌다. 성체 거양 의식이 진행될 때, 성가대석 밖에 있던 율리안 데 메디치가 단검으로 몇 차례 찔려 죽어 넘어졌다. 로렌초는 가까스로 그 자리를 피했다. 성소로 들어가는 동안 마페이의 공격을 받아 가벼운 부상을 입었고, 망토를 벗어 팔에 감아 임시 방패를 만든 다음 친구들과 함께 성구실로 들어가 자객들이 들어오지 못하도록 문을 닫아걸었다. 이 유혈 사태는 1478년 4월 26일에 발생했다.

피렌체 시는 자기들을 위해 그렇게 많은 노력을 쏟아 부은 가문을 감싸안고서 신속히 음모자들에 대한 보복에 나섰다. 대주교 살비아티와 그의 형제 프란체스코 데 파치를 비롯한 여러 명을 체포하여 시의회 의사당 창문에 내걸었다. 사제 두 명은 귀와 코를 벤 뒤에 처형했다. 몬테세코는 목을 베었다. 주교좌성당에서 살인 장면을 지켜본 사람들 중에는 교황의 종손자인 어린 추기경 라파엘이 있었는데 그는 사전에 음모를 알지 못한 채 그 자리에 있었다. 전하는 바로는 사건을 겪은 뒤에 그의 얼굴이 잿빛으로 변했고, 세월이 오래 지난 후에도 원래의 모습을 회복하지 못했다고 한다.

대주교가 처형되고 추기경 라파엘이 공범으로 몰려 투옥되었다는 소식을 들은 교황은 분노에 사로잡혔다. 즉각 피렌체 시에 성무 중지령을 내리고 로렌초를 죄악의 사람과 멸망의 수괴로 낙인찍고는 나폴리와 동맹을 맺고 피렌체를 공격했다. 프랑스의 루이 11세와 베네치아 그리고 다른 이탈리아 국가들은 피렌체 진영을 옹호했다. 절망적인 상태에 빠진 로렌초는 나폴리로 가서 페란테를 만났고, 그에게 매우 깊은 인상을 심어줌으로써 오히려 나폴리와 농맹을 맺게 뇌었다. 교황은 벽에 부닥쳤다. 하지만 1480년에 터키족이 이탈리아 본토에 자리잡은 오트란토를 점령한 사건이 반목에서 벗어나 이탈리아 전역에 눈앞으로 다가

---

25) Pastor, II. 535, Gregorovius, VII. 239, Karl Müller, II. 130, Creighton, III. 75 도 그렇게 진술한다. 이들은 모두 식스투스가 음모의 자세한 내막을 알고 있었고 그것을 승인했지만, 살해 계획에 대해서는 엄히 금했다는 데 동의한다.

온 위기에 경각심을 일으켰다. 그해 12월에 식스투스는 피렌체를 사면했고, 그 도시의 사절단이 성 베드로 성당 앞에서 영접을 받은 뒤 사죄의 증표로 붉은 줄을 받았다. 여섯 달 뒤인 1481년 5월 26일에 마호메트 2세가 죽었다는 소식이 로마에 전달되었다. 식스투스는 마리아 델 포폴로 교회에서 그 일을 축하하는 특별 의식을 거행했으며, 터키족은 이탈리아 해안을 떠났다.

위험이 사라지자 식스투스는 다시 조카의 뒤를 봐주는 데 관심을 갖게 되면서 포를리를 그에게 주었고, 그로써 페라라의 비위를 크게 거슬렸다. 교황은 페라라 시와 벌이게 된 전쟁에 베네치아를 끌어들였으며, 그로써 온 이탈리아가 전쟁에 휘말렸다. 훗날 호전적인 교황은 자신의 동맹이 다시 와해되는 사태를 당하게 되었다. 베네치아가 그의 거듭된 조언을 무시한 채 페라라와 평화조약을 체결한 것이다. 그는 아드리아 해의 여왕[베네치아]에게 성무 중지령을 내림으로써 자신이 당한 굴욕에 앙갚음했다.

손에 피를 많이 묻힌 교황은 로마에서 콜로나 가문과 오르시니 가문 사이에 반목을 부채질했고, 암살과 재판에 의한 살인에 의해 콜로나 가문의 이름을 지워버리는 데 거의 성공했다.

식스투스는 이전의 교황들보다 한 발 더 나아가 면죄부의 효과를 연옥에 있는 영혼들에게까지 확대했다. 면죄부를 배포하는 데 열성을 다하였다.[26] 1426년에는 스페인 종교재판소를 엄숙히 승인했다. 프란체스코회 출신이었던 그는 그 수도회가 큰 바다(*mare magnum*)라고 부르는 대칙서에서 그 수도회의 특권들을 증가시켰다. 아시시의 프란체스코의 공식 전기작가 보나벤투라를 시성했다.

마리아 숭배와 성무 무원죄 잉태 교리와 관련하여 대칙서 두 편을 발행했으나, 마리아가 잉태 순간부터 죄가 없다는 견해를 로마 교회와 사도좌가 아직 결정하지 않는 문제(nondum ab ecclesia romana et apostolica sede decisum)로 선언했다.[27] 의식과 종교 외양에 관한 모든 문제들에서, 그는 대단히 꼼꼼한 사람이었다. 연대기 저자 볼테라(Volterra)는 그가 시간 맞춰 기도하는 등 외적인

---

26) Pastor(II. 610 sq.)는 식스투스의 방탕에 대해서 함구할 정도로 신중한 태도를 취한다.

27) Mansi(XXXII. 374 sqq.)는 1483년 9월 5일에 공포된 무원죄 잉태설에 관한 대칙서를 소개한다.

종교 행위에 철저했던 사례들을 자세히 소개한다. 예술 후원자로서 그의 이름은 높은 자리를 차지한다. 그는 플라티나에게 조수 네 명을 붙여주어 세 권으로 된 교황청 문서보관소의 문서 목록이 제작되도록 했다.

대부분 공직을 맡기에 인격적 자질이 부적합했던 친족들을 주변의 시선에 아랑곳없이 지원하고, 이탈리아의 평화를 깨뜨리고, 복수에 열을 올리고, 그러면서도 예술을 후하게 후원한 사람, 식스투스 4세는 그런 사람이었다. 시야가 넓게 트였던 로마의 일지 저자 인페수라는 그 교황이 죽은 날을 하나님께서 기독교 세계를 불경건하고 죄 많은 통치자의 손에서 해방시키신 지극히 행복한 날이라고 말하면서, 그가 하나님을 두려워하는 심정도, 기독교 세계를 사랑하는 마음도, 일체의 자비심도 없었고, 다만 탐욕과 허장성세를 사랑했으며, 극히 잔인하고 남색에 탐닉했다고 적는다.[28]

그의 재위 기간에 작센과 스위스의 구석진 곳들에서 두 사람(루터, 츠빙글리)이 태어났다. 그와 마찬가지로 어려운 가정에서 태어난 두 사람은 장차 커서 새로운 영적 운동의 기수들이 됨으로써 교황청의 지배에 강한 타격을 입히게 된다.

53. 인노켄티우스 8세(1484-1492)

인노켄티우스 8세 때 로마의 상황은 식스투스 4세 때보다 열악해져 있었다. 인노켄티우스는 특별한 이상을 품지 않은 채 되는 대로 살아갔으며, 숭고한 계획을 구상하거나 실천해 나갈 능력이 없었다. 그가 주목을 받은 것은 불법적인 가정을 공식 승인한 일과 마술을 금하는 대칙서를 발행한 일 때문이다.

식스투스가 죽으면서 로마는 혼란에 빠져들었다. 귀족들과 추기경들이 자신들의 집에 겹겹이 장애물을 쳐놓았다. 가옥들이 약탈되었다. 폭도가 거리에서 광란을 벌였다. 제롬 리아리오의 궁전이 약탈되었다. 사태는 오르시니 가와 콜

---

28) 인페수라가 상술하는 이 고소를 Creighton(III, 115, 285)은 근거 없는 것으로 일축한다. Pastor(II, 640)도 같은 태도를 취한다. 인페수라는 식스투스에게 철저히 따돌림을 당했던 콜로나 가문의 친구였다.

로나 가라는 적대적 가문들이 계약을 체결함으로써 진정되었는데, 계약의 내용은 두 가문 모두 한 달 동안 로마 시에서 철수하고, 제롬에게 그의 아내가 지키고 있던 성 안젤로 성을 4,000다카트의 가격에 내놓도록 한다는 것이었다. 계약이 체결되어 사태가 진정된 뒤에야 비로소 추기경들은 새 교황 선출을 위해 모이게 되었다.

1484년과 1492년의 교황 비밀 선거회는 가톨릭의 권위자에 의해 "교황제 역사상 가장 슬픈 사건"으로 평가되었다.[29] 1484년의 비밀 선거회에는 25명의 추기경들이 들어갔는데, 그 중 21명이 이탈리아인들이었다. 그 회의와 관련하여 오늘날 남아 있는 주된 자료는 관리들의 한 사람으로 회의에 참석한 일지 저자 부르카르드(Burchard)가 작성한 것이다. 그는 아주 세세한 점까지 빠짐없이 기록한다. 이 회의에서도 추기경들이 만약 교황에 선출된다면 준수하겠다고 엄숙히 서약하는 의정서가 채택되었다. 의정서의 첫째 조항은 추기경들 가운데 연간 수입이 4,000다카트(20세기 초의 화폐 기준으로 약 200,000프랑)에 미치지 못하는 사람에게 매달 100다카트를 지불한다는 것이었다. 그 다음에 이어진 내용은 터키에 대한 십자군 원정을 지속한다는 것과, 로마 교황청을 머리에서 발끝까지 개혁한다는 것, 이유를 불문하고 30세 미만의 사람을 추기경으로 임명하지 않는다는 것, 교황의 친족 가운데 1인을 초과하여 추기경으로 승진시키지 않고 추기경회의 정원을 24인으로 제한한다는 것이었다.[30]

로드리고 보르지아는 자신이 교황으로 선출될 것을 확신하고서 자신의 궁전이 약탈되는 것을 막기 위해 장애물들을 설치해 두었다. 교황이라는 탐나는 지위에 오르기 위해서 거액의 뇌물을 뿌렸고 자신의 궁전까지 내놓았다. 그런데 막상 투표에 들어가 추기경 바르보가 10표를 얻으면서 그의 당선이 유력해지자, 율리안 로베레와 보르지아는 각자의 야심을 접어둔 채 서로 연대하기로 다짐했다. 두 사람은 그날 밤에 각 방을 돌아다니면서 성직록들과 금전의 약속으로 6명을 제외한 추기경 전원의 표를 얻는 데 성공했다. 부르카르드에 따르면 두 사람이 차기 교황으로 내정한 사람이 약속 문서들에 서명하느라 밤을 세웠다고 한다. 다음 날 아침에 두 추기경은 자신들이 밤에 괴롭히지 않은 6명의 추기경을

---

29) Pastor, III. 178.
30) Burchard, I. 33-55.

찾아가 "자, 교황을 세웁시다" 하고 소리쳐서 그들을 잠에서 깨웠다. "누구를 말입니까" 하고 그들이 묻자 "추기경 치보가 교황입니다" 하고 대답했고, "그것이 어떻게 가능한가요?" 하고 묻자 "당신들이 밤새 자고 있는 동안 우리가 당신들의 표를 제외한 모든 표를 모았지요" 하고 대답했다.

새 교황 로렌초 치보(Lorenzo Cibo)는 1432년에 제노바에서 태어났고, 1473년에 식스투스 4세에 의해 추기경으로 임명되었다. 치보는 재위 기간 동안 이탈리아의 군주들과 평화를 유지했으나, 로마 시에는 성직자들의 방탕과 교황청의 뇌물 성행, 그리고 총체적인 불법이 성행했다. "인노켄티우스는 어둠 속에서 선출되었고, 어둠 속에서 살고 있고, 어둠 속에서 죽을 것이다" 하고 아우구스티누스회 총장은 말했다.[31] 여성들이 밤에 납치를 당했다. 아침에 일어나 보면 거리에 살해당한 시신들이 널려 있었다. 범죄가 돈으로 무마되었다. 심지어 교회당들까지도 도둑질을 당했다. 트라스타베레의 성 마리아 교회는 원 십자가 조각을 도난당했다. 포도원에서 나무는 발견되었으나 은 틀은 없어졌다고 보고되었다. 부대법관 보르지아는 왜 법을 강행하지 않느냐는 질문을 받고는 "하나님은 죄인이 죽는 것보다 돈을 내고 사는 것을 다 바라십니다" 하고 대답했다.[32] 식스투스 4세의 총애를 받던 제롬 리아리오는 1488년에 살해되었다. 그의 미망인인 용감하고 남성다웠던 카테리나 스포르차는 임신한 몸으로 남편의 소유인 포를리 성에 거하면서 그곳에 쳐들어온 교황 군대를 막아내면서, 그들이 자신과 함께 있는 자녀들을 죽이더라도 자신에게는 이몰라에 자녀가 있고 자기 태에도 아직 태어나지 않은 자녀가 있다고 단언했다. 그녀의 친족인 밀라노 공작이 군대를 끌고 포를리로 와서 그녀를 구출하고 교황 군대를 쫓아냈다.

모든 성직이 매매되었다. 교황 자신이 가장 높은 값을 주고서 교황관을 산 판

---

31) Infessura, p. 177. 아우구스티누스회 총장은 그러한 발언을 했다는 이유로 감옥에 갇혔다. 인페수라는 그 도시에서 자행되던 죄악의 통치를 몇 번이고 거듭해서 언급한다(pp. 237 sq., 243, 256 sq.).

32) 인페수라는, 두 딸을 범한 뒤 살해했다가 800다카트를 내고 풀려난 어떤 아버지의 사례를 소개한다. 그레고로비우스(VII. 297)는 15세기의 마지막 30년간의 이탈리아의 상태를 다음과 같이 기술한다. "그 시기는 악마적 광분이 휩쓸던 때였다. 군주 살해와 모반 음모와 시행이 보편적으로 자행되었으며, 범죄도 마다하지 않는 이기심이 사회를 지배했다."

국에 어찌 그러지 않을 수 있었겠는가? 교황청 비서관을 새로 18명 임명하면서 62,400다카트가 교황청 재정으로 흘러 들어갔다. 관직 임명을 알리는 대칙서들에 그 목적이 자금 마련에 있다고 노골적으로 표명되었다. 교황 대칙서들에 납도장이나 평소 사용하던 도장으로 날인하는 플룸바토레스(plumbatores)라고 하는 직위에 52명이 임명되었으며, 그 직위의 정가가 2,500다카트였다. 바티칸 상서국장 자리도 매매되었으며, 교황의 삼중관도 저당물로 나왔다. 성직이 보편적으로 매매되던 시대였으니 교황 문서들을 위조하는 것이 일종의 업으로 자리잡은 것도 놀라운 일이 아니다. 교황청 공증인 두 사람은 2년에 걸쳐 그런 위조 문서를 50점이나 발행했다고 자백했으며, 친구들의 탄원에도 불구하고 두 사람은 1489년에 목이 매달린 채 화형을 당했다.

인노켄티우스의 자녀들은 뚜렷한 특징이 있거나 야심을 품고 음모에 가담한 사람들이 아니었다. 항간에 떠돌던 소문대로는 그 수가 16명이었고, 모두 유부녀들에게서 낳았다고 한다. 프란체스케토와 테오리나는 인노켄티우스가 사제가 되기 전에 태어난 듯하다. 프란체스케토와 위대한 자 로렌초의 딸 마달레나의 결혼은 1488년 1월 20일에 바티칸에서 거행되었다. 열 달 뒤에 교황의 손녀이자 테오리나의 딸인 페레타도 바티칸에서 피날레의 후작과 결혼했다. 교황은 식탁에서 여성들과 함께 앉아 식사를 했는데, 이것은 당시의 법도를 뒤엎은 행위였다. 1492년에 또 다른 손녀이자 테오리나의 또 다른 딸이 아라곤 공작 루이스와 결혼했다.

인페수라는 인노켄티우스가 로마의 성직자들과 평신도들에게 축첩을 허용하는 법령을 공포했다는 내용을 길게 진술하는데, 이것은 사실로 받아들이기가 어렵다. 거의 모든 성직자들이 위부터 아래까지 첩이나 정부를 두고 살던 상황을 감안할 때 축첩 금지법은 신적인 법과 성직자들의 명예를 침해하는 것이라고 인페수라는 주장했다. 로마의 일지 저자에 따르면 로마에 이름이 기록되지 않은 자들을 제외하고도 6,800명의 공창(公娼)이 있었다고 한다.[33] 그 진술은 교황 도시의 성직자들이 도덕적으로 얼마나 문란했으며, 그레고리우스 7세의 법을 얼마나 경시했는가를 잘 보여준다. 인페수라는 로마에서 벌어지고 있던 일들을 소상히 알 만한 위치에 있었다.

---

33) Infessura, p. 259 sq.

교황과 추기경들의 도덕이 이렇게 해이해진 상태에서 무엇을 기대할 수 있었 겠는가? 많은 추기경들이 문란한 생활로 악명이 높았다. 그들은 자신들의 궁전 들을 왕궁처럼 호화롭게 치장하고 하인들을 많이 두었다. 그들의 사치스러운 생 활이 화려한 복장과 연회를 유행시켰다. 그들은 개인 마구간과 개집과 매들을 보유했다. 연간 수입이 30,000다카트(20세기 초 시세로 1,500,000프랑)였던 것으 로 전해지는 추기경 스포르차는 체스에 능했다. 추기경 율리안은 독신 생활을 즐기면서 딸을 셋 두었다. 온갖 유희의 대가로 공인된 추기경 보르지아는 모든 행사와 연회에서 돋보인 자녀들로 인해 널리 알려졌다. 도박에 대한 열기도 뜨 거웠다. 추기경 라파엘은 추기경 발루에와 도박을 벌여 8,000다카트를 땄는데, 발루에는 거액을 잃고도 재산이 10,000다카트나 남았다. 식스투스 4세의 종손자 는 유명한 도박꾼으로서, 하룻밤에 인노켄티우스의 아들 프란체스케토에게 14,000다카트를 땄다. 이에 아들이 아버지를 찾아가 하소연을 하자, 아버지가 돈 을 딴 자에게 밤새 딴 돈을 돌려주라고 명령했다. 그러나 식스투스의 종손자는 새 궁전 건축 사업에 돈을 다 써버렸다고 핑계를 댔다.

　인노켄티우스가 추기경으로 승진시킨 친족은 서출 형제의 아들 로렌초 치보 한 사람뿐이었다. 그가 임명한 추기경들 가운데 후대에 가장 잘 알려진 사람은 위대한 자 로렌초의 아들 조반니 데 메디치로서, 훗날의 교황 레오 10세이다.

　추기경에 임명된 또 다른 사람은 무슬림의 왕자 드젬(Djem)과 관련하여 임명 을 받은 도뷔송(D'Aubusson)이다. 교황청 연대기에 이런 사건이 기록되어 있다 는 것은 만약 그것이 사실이 아니라면 대단히 파격적인 일이다. 어떤 로맨스 작 가도 이보다 더 기괴한 일화를 지어낼 수는 없었을 것이다. 마호메트 2세가 죽자 그의 아들 드젬이 친형제 바야제트(Bajazet)와 왕위 계승을 놓고 벌인 전투에서 패하여 로도스 섬으로 도피했다. 그곳에 있던 성 요한 기사회는 제 발로 굴러 들 어온 포로를 구금해 수면 연간 45,000다카트를 수셌다는 술난의 세의들 맏아블 일 용의가 있었다. 그들은 안전을 고려하여 드젬을 프랑스의 성전기사회 수도원 으로 이송했다. 그러자 헝가리 · 나폴리 · 베네치아 · 프랑스 · 교황이 앞다투어 그를 모시겠다고 제의했다. 이교 국가의 왕자를 예우하겠다고 그렇게 치열하게 경쟁한 예는 기독교 세계에 일찍이 없던 일이었다. 교황은 프랑스 왕에게 여러 가지 파격적인 양보를 함으로써 그를 차지하게 되었는데, 그 중 하나가 도뷔송 을 추기경으로 임명하는 것이었다.

문제가 이렇게 우호적으로 해결된 뒤 드젬은 로마로 가게 되었는데, 그곳에서 추기경들과 시 관리들에게 성대한 영접을 받았다. 드젬이 와 있던 사실 자체가 일찍이 마르코 폴로가 전해준 동방에 관한 지식보다 더 귀중하게 간주되었으며, 무슬림 왕자 환영식은 콜럼버스가 서쪽 세계를 처음 여행하고 돌아올 때보다 더 큰 관심을 자아냈다. 드젬은 교황이 보낸 백마를 타고서 교황의 아들에게 호위를 받아가며 로마의 거리들을 순회했다. 당시 로마에 와 있던 이집트 술탄의 대사가 그를 맞이하러 나와서 그의 발과 그가 탄 말의 발굽에 입을 맞추면서 하염없이 눈물을 흘렸다. 오래 전부터 교황들은 마호메트 2세와 그의 왕조를 전복하기 위해서 동방의 세력들과 동맹을 맺기를 주저하지 않았다. 위대한 터키인 (Grand Turk)이라 불린 드젬은 추기경들에게 둘러싸인 교황에게 영접을 받았다. 하지만 동방 군주들의 혈통을 이어받은 그는 교황의 발에 입 맞추기를 거부했으나 조금 타협하여 그의 어깨에 입 맞추었다. 그의 외모는 키가 작고 다부졌고, 매부리코에 선량하게 생긴 외눈을 갖고 있었으며, 지적인 풍모가 있는 사람이었는데도 가끔 폭음을 했다. 전하는 바로는 자기 손으로 네 명을 처형했다고 한다. 그러나 드젬은 그러한 범죄 때문에 간단히 버릴 수 없는 고위 인사였다. 인노켄티우스는 그에게 바티칸 궁전 내에 품위 있게 단장한 거실을 제공했으며, 이로써 지상의 기독교 세계 수장이 동방의 기독교 교회들을 거의 진멸하고 보스포루스 해협의 권좌를 강탈한 이슬람교의 주된 대표들 가운데 한 사람의 주인 역할을 하는 기이한 광경이 연출되었다.

바야제트는 교황이 자신의 경쟁자인 형제를 환대해준 대가로 기꺼이 40,000다카트를 지불할 용의가 있었으며, 구체적인 액수를 놓고 절충하기 위해서 사절단을 로마에 파견했다. 항간에는 술탄이 바티칸의 우물에 독을 넣음으로써 자기 형제와 교황을 독살하려고 했다는 소문이 퍼졌다. 오랜 후에 콘스탄티노플에서 술탄의 대사가 3년치 금액인 120,000다카트를 가지고 왔을 때, 드젬은 터키인의 옷을 모두 벗기고 수건으로 그의 몸을 닦아낼 것과, 가지고 온 서신을 샅샅이 훑게 하여서 독약을 가지고 오지 않았음을 입증하게 했다.[34] 드젬은 자신을 처음 환대해 준 인노켄티우스 8세가 죽고 나서 3년을 더 살았으며, 알렉산더 6세의 재위기간에 공적 기능들을 현저하게 수행했다. 1495년에 포로의 신세를 벗지 못한

---

34) Ibid, p. 263.

채 세상을 떠났다.

또 다른 기묘한 사례는 인노켄티우스의 재위 때 구주의 옆구리를 찌른 창을 로마로 맞아들이면서 자행된 심한 미신이었다. 롱기누스(Longinus)가 구주의 옆구리를 찔렀다고 하는 이 도구는 수사 바르텔레미(Barthelemy)가 십자군 원정에 참전했다가 안디옥에서 발견한 것으로서, 이미 뉘른베르크와 파리가 소유권을 주장하고 있었다. 이 성유물은 성 안드레의 머리보다 당대의 맹신을 훨씬 더 자극했다. 성 안드레의 머리는, 비록 분열을 고수한 그리스 교회의 지지자이긴 하였으나 기독교 군주가 보낸 선물이었던 반면에, 창은 터키인인 술탄 바야제트가 보냈다.

추기경들 사이에서는 뉘른베르크 시의 소유권 주장을 조사해 보지도 않은 채 그 선물을 받는 것이 정당한가 하는 의문이 제기되었다. 그러나 교황의 신심은 그런 유의 간섭을 용납하지 않았다. 교황은 대주교와 주교를 안코나로 보내 금속 부분을 받아오도록 했다. 창 자루는 없고 머리만 남아 있었기 때문이다. 추기경들이 그것을 로마 성문에서 성 베드로 성당으로 운반했으며, 미사를 드린 뒤에 교황이 그것에 복을 빌었다. 창이 들어오던 날이 마침 금식일이었으나, 어느 추기경의 제안으로 행렬이 지나가도록 되어 있던 길가의 샘 몇 군데에 포도주를 부어놓고 갈증을 느끼는 군중들이 마시게 했다. 1492년 승천 축일에 성 마리아 델 포폴로 성당에서 의식이 엄숙히 거행된 뒤에 수정과 금으로 만든 함에 보관된 터키의 선물이 성 베드로 성당에 마련된 성 베로니카의 손수건 곁에 안치되었다.

인노켄티우스 8세는 재위 기간에 두 가지 큰 오점을 남겼다. 하나는 1487년에 발도파를 뿌리뽑기 위해서 십자군을 소집한 것이고, 다른 하나는 1484년에 독일의 마녀들을 규제하는 대칙서를 발행하여 두 번의 처참한 드라마를 연출한 것이었다. 이 섬에 관해서는 다른 문문에서 다루기로 한다.

인노켄티우스는 1492년에 그라나다에서 무어족의 잔당을 쫓아낸 기쁨을 유럽 세계와 함께 축하하는 행사를 가졌다. 로마에서 미사가 거행되었고, 그 중대한 사건을 기념하여 교황 앞에서 설교가 행해졌다. 추기경 보르지아는 투우 경기를 주관하여 황소 다섯 마리를 죽임으로써 축하의 뜻을 표시했다. 이 행사가 교황 도시에서는 처음이었으나 마지막은 아니었다. 인노켄티우스는 마지막 병에 들었을 때 모유(母乳)를 먹으며 연명했다.[35] 그러기 여러 해 전에 그가 죽을 것으로 판단되었을 때, 추기경들은 그의 서랍들과 금고들 안에서 1,200,000다카트를 발견했다. 이번에 그가 죽을 때 추기경들은 그 중 48,000다카트를 그의 친족들에게 나눠주라는 그의 부탁을 들어주었다.

54. 교황 알렉산더 6세-보르지아(1492-1503)

15세기가 마감되고 16세기가 시작될 무렵과 겹치는 알렉산더 6세의 재위 기간은 13세기에서 14세기로 이행하던 시기였던 보니파키우스 8세의 재위 기간과 비슷한 점이 있다. 보니파키우스는 프랑스 왕의 간섭으로 말미암아 교황권이 쇠퇴할 때에 재위를 시작했다. 알렉산더 때에는 프랑스가 로마를 점령할 정도로 이탈리아의 내정에 다시 적극 개입하기 시작한 상황에서, 교황청이 10세기의 도색정치 시대 이래로 가장 깊은 도덕적 부패의 나락으로 떨어져 있었다.

앞에서 추기경 로드리고 보르지아로 소개한 알렉산더 6세는 르네상스 시대의 교황들 가운데 가장 부패한 인물로 악명이 높다. 가톨릭 사가들조차 그가 아무런 제약 없이 타락에 빠져들었고, 사리사욕을 채우느라 교황청의 위신을 크게 실추시켰다고 평가한다.[36] 그는 지적 역량이 있던 사람으로서, 그것을 올바로 사용했다면 교황청 연대기에서 손꼽힐 만큼 탁월하게 통치했을 수도 있었다. 시대가 무르익어 있었다. 여러 가지 여건에서 어떤 시대보다 좋은 기회가 열려 있었다. 그러나 도덕적 원칙에 결핍이 있었다. 단테가 그 시대에 다시 태어났다면 알렉산더 6세가 은둔자 교황 켈레스티누스 5세보다 더 무책임했고, 성직매매를 일삼은 보니파키우스 8세보다 더 캄캄한 곳에 들어가야 마땅하다고 썼을 것이다.

인노켄티우스 8세가 죽을 때 추기경 23인이 시스티노 성당에서 교황 비밀 선

---

35) 유대인 의사의 권유로 세 소년에게서 피를 뽑아 죽어가는 교황에게 수혈했다는 섬칫한 이야기가 전해진다. 그들은 열 살 먹은 소년들이었는데, 한 사람당 한 다카트씩을 약속받았다. 하지만 세 소년 모두 죽고 말았고, 유대인 의사는 도망쳤다. 이 이야기는 인페수라가 전하고 레이날두스가 반복한다. Pastor(III. 275 sq.)뿐 아니라 Gregorovius(VII. 338)도 이 이야기를 신뢰하지 않는 것이 차라리 다행스럽다.

36) Pastor(III. 278)는 "그는 사제 서품을 받은 때부터 생을 마칠 때까지 육욕의 귀신의 노예로 살았다"고 말한다.

거회로 모였다. 보르지아와 율리안 로베레가 유력한 후보들이었다. 두 사람은 경쟁자였으며, 이전부터 교황 후보였다. 누구를 교황으로 선출하느냐에 교황청의 앞날이 걸려 있었다. 노골적으로 조금도 부끄러워하지 않은 채 성직들과 현금이 기독교 세계의 영적 수장의 자리에 올려주는 대가로 제시되었다. 율리안은 프랑스 왕의 지원을 받았는데, 왕은 그를 교황에 당선시키기 위해서 로마의 은행에 200,000다카트, 제노바 은행에 100,000다카트를 예치했다. 보르지아는 비록 그보다 더 높은 가격을 제시할 수 없었지만 전략에서는 한 수 위였다. 추기경들 가운데 아무것도 취하지 못한 사람은 율리아누스를 포함하여 다섯 명밖에 없었다. 다른 추기경들은 자신들의 몫을 챙겼다. 몬티첼리와 소리아노, 그리고 카르타제나 교구와 잉글랜드와 스코틀랜드 경계 지방(the March)의 교황 특사는 추기경 오르시니(Orsini)에게 돌아갔고, 수비아코 대수도원과 주변의 성채들은 콜로나(Colonna)에게 돌아갔다. 치비타 카스텔라나와 마요르카 교구는 사벨리(Savelli)에게 돌아갔다. 넵티는 스클라페타누스(Sclafetanus)에게, 포르토 교구는 미키엘(Michiel)에게, 그리고 부유한 성직록들이 그 밖의 추기경들에게 돌아갔다. 금을 잔뜩 실은 노새 네 필이 아스카니오 스포르차(Ascanio Sforza)의 궁전으로 들어갔고, 그에게는 로드리고의 웅장한 궁전과 교황청 부대법관직(vice-chancellor)도 돌아갔다. 나이가 95살이나 되었으므로 더러운 탐욕을 초월했을 법도 한 베네치아의 총대주교조차 5,000다카트를 받았다. 인페수라는 보르지아가 가난한 그 자들에게 자신의 모든 재산을 나눠주었다고 통렬하게 진술한다.[37]

교황 즉위식은 당대인들의 눈에 역사상 유례가 없었던 것으로 비칠 만큼 대규모로 거행되었다. 보르지아 가문의 문장인 황소 상이 행렬이 지나가는 거리에 자리잡은 팔라초 디 산 마르코 근처에 세워졌으며, 황소상의 두 눈과 콧구멍과 입에서는 물이, 이마에서는 포도주가 콸콸 쏟아졌다. 로드리고는 당시 나이 61

---

37) p. 281. 모데나의 주교 Giovanni Boccaccio는 Pastor가 펴낸 에스테 공작부인에게 보낸 공문서에서 보르지아가 교황직과 8,000다카트를 호가하는 부상서국장직, 네피 시(市)와 치비타 카스텔라나 시, 아퀼라와 알바노의 대수도원들(각각 연간 수입 1,000다카트), 나폴리 왕국의 대규모 대수도원 두 곳, 수비아코의 대수도원(연간 수입 2,000다카트), 스페인의 대수도원들, 스페인의 16개 교구들, 포르토 교구(1,200다카트의 가치를 지닌), 그 밖의 여러 성직들을 매입할 수 있는 재정 능력을 지니고 있다고 평가한다.

살로서, 25살에 추기경이 되어 37년 동안 그 직위를 유지했다. 그가 사랑하던 삼촌 칼릭스투스 3세는 그를 발란시아의 대주교로 삼았고, 그에게 부대법관직을 포함한 여러 성직을 하사했으며, 그를 자기 재산의 상속자로 삼았다. 로드리고의 궁전은 화려한 벽걸이 융단과 카펫과 금과 은으로 된 그릇들로 유명했다. 새 교황은 성적인 매력이 있었다. 키가 크고 풍채가 당당하고 품행도 매력이 있어서 당대인인 베로나의 가스파리노는 그가 쇠붙이를 잡아당기는 자석보다 여성들을 훨씬 잘 유인했다고 말한다. 그가 방탕한 여성 편력으로 인해 시에나에서 피우스 2세에게 책망을 들었던 일에 관해서는 앞에서 이미 언급했다.

알렉산더가 기독교 세계의 교황으로서 다스릴 때 두드러진 특징들은 방탕한 습관과 자기 자식들에게 재산과 지위를 많이 물려주려는 과도한 욕심이었다. 이 두 가지 점에서 그는 숭고한 직위와 상식을 동시에 저버렸다. 세 번째 특징은 샤를 8세와 프랑스인들이 이탈리아와 로마에 들어온 일이었다. 그의 재위 기간 동안 범세계적인 두 가지 사건이 교황과 무관하게 발생했다. 하나는 지리적 사건이었고, 다른 하나는 종교적 사건이었다. 지리적 사건이라 함은 아메리카 대륙을 발견한 일이고, 종교적 사건이라 함은 피렌체의 설교가 사보나롤라가 처형된 일이다. 칼릭스투스 2세의 재위 때와 마찬가지로 이번에도 스페인인들이 로마에 몰려들었는데, 밀라노 대사는 교황이 열이라도 관직에 대한 그들의 탐욕을 다 채워주지 못했을 것이라고 썼다. 교황 비밀 선거회가 의정서를 채택한 지 한 달도 못되어 알렉산더는 자신의 조카 보르지아의 후안을 추기경으로 임명했고, 몇 년 뒤에는 자신의 악명 높은 아들로서 당시 18살이던 카이사르 보르지아를 포함하여 보르지아 가문의 네 사람을 추기경으로 더 임명했다.[38]

알렉산더의 가문과 자손들을 먼저 다룰 필요가 있다. 그가 교황이 된 지 얼마 지나지 않아서, 그가 교황이 되려고 그토록 애썼던 이유가 자기 자식들을 출세시키려고 했던 것임이 명백하게 드러났다.[39] 그의 복잡한 여자 문제와 그들을 통해서 낳은 자식들 이야기는 단지 소문으로 그치지 않고 부정할 수 없는 문서적 증거로 뒷받침된다.

알렉산더는 바노차 데 카타네이스(Vanozza de Cataneis)를 통해서 낳은 다섯

---

38) Burchard, I, 577.
39) 이것이 온건한 가톨릭 사가 Funk(p. 373)의 평가이다.

자녀 — 페드로 루이스 · 후안 · 카이사르 · 루크레티아 · 요프레, 그리고 아마도 페드로 루도비코 — 의 아버지였다. 카이사르와 루도비코가 그의 적자(嫡子)였음을 공인한 식스투스 4세의 서신들이 현존한다. 1493년에 알렉산더 자신이 발행한 두 편의 대칙서들에는 카이사르의 아버지가 언급된다. 카이사르가 바노차의 전남편의 아들이라고 언명한 첫 번째 대칙서는 추기경회가 출신이 불분명한 자를 자기들의 회에 받아들이기를 거부하는 분위기를 불식시키려는 의도를 지닌 듯하다. 두 번째 대칙서에서 알렉산더는 그를 자신의 친아들이라고 밝힌다.[40] 자신보다 11살 아래인 바노차에게 싫증을 느낀 알렉산더는 그녀를 버린 뒤 그녀가 세 번 재혼하는 것을 지켜보면서, 첫 번째 재혼을 자신이 직접 챙겨주었고, 두 번째 세 번째 재혼을 할 때는 재정을 지원해 주었다. 바노차는 훗날 루크레티아에게 보낸 편지에서 '너의 행복하고 불행한 엄마'(la felice ed infelice matre)라고 적었다.

이들만 알렉산더의 공인된 자식들이었던 것은 아니다. 그의 딸들인 지롤라마와 이사벨라는 1482년과 1483년에 결혼했다. 1492년에 율리아 파르네세에게서 낳은 또 다른 딸 라우라를 그는 자신의 친딸이라고 공언했으며, 1501년에는 로마의 여성에게서 낳은 후안을 친아들로 공포했다. 첫 번째 대칙서에서는 그 소년을 카이사르의 아들이라고 밝혔으나, 두 번째 대칙서에서는 그를 자기 아들로 인정했다.[41]

알렉산더가 교황이 된 뒤에 사귄 정부들 가운데 가장 유명한 여성은 추기경

---

40) 참조. W. H. Woodward, *Two Bulls of Alex. VI.*, Sept., 1493, in *Engl. Hist. Rev.*, 1908, pp. 730-734.

41) 같은 날에 공포된 이 두 통의 대칙서는 만투아에 보관되어 있고 그레고로비우스에 의해 최초로 출판되었다(*Lucr. Borgia*, Appendix, /6-85). Burchard(III. 170)는 그 아이의 어머니를 '로마의 어떤 여성'(quoedam Romana)이라고 부른다. Gregorovius와 Pastor는 Burchard를 따라서 그가 알렉산더의 친자임을 의심하지 않는다. Pastor(III. 475)는 그 대칙서가 정본임에 의심의 여지가 없다고 말한다. 1500년에 나온 풍자에 따르면 알렉산더가 율리아 파르네세를 통해 서너 명의 자녀를 낳았다고 한다. Villari는 *Life of Savonarola*, p. 376(주해, Civilta cattolica)에서 교황청 기관지(1873. 3. 15)가 조반니를 알렉산더의 여섯 번째 혹은 일곱 번째 아들로 인정했다고 한다.

파르네세의 딸 율리아 파르네세로서, 미모로 인하여 라 벨라(La Bella)라 불렸다. 인페수라는 그녀가 알렉산더의 첩이었다고 거듭 언급한다. 그녀의 법적 남편은 교황에게 여러 개의 성채를 선물을 받고서 입다물고 지냈다.

알렉산더의 자식들은 잔치와 일탈과 결혼과 현세적 과시와 죄악으로써 선정적 기사에 길들여져 있는 현대인들조차 만족시키기에 충분한 자료를 매일 쏟아냈다. 알렉산더의 장남 돈 페드로 루이스와 그의 형제 세 명은 스페인 왕 페르난도의 궁정에서 공직 생활을 시작했는데, 페르난도는 그들에게 상위 귀족 계급을 수여하고 간디아를 공작 칭호와 함께 돈 페드로에게 주었다. 이 멋쟁이 청년 보르지아는 1491년에 페르난도의 사촌과 결혼하기 위해서 로마에서 스페인으로 출발하기 전날 밤에 서른 살의 나이로 죽었다. 그의 형제 돈 후안이 간디아 영지와 공작 지위를 받고, 바르셀로나에서 돈 페드로와 약혼했던 공주와 성대한 결혼식을 올렸다.

알렉산더의 아들 카이사르 보르지아는 야심도 과했지만 성품도 악했다. 로마와 바티칸의 연대기들의 십 년이 넘는 분량이 그의 불신앙과 각종 음모와 범죄로 채워져 있다. 그는 여섯 살 때 성직 임명을 받을 자격이 있다고 인정되었다. 인노켄티우스 8세가 그를 교황청 수석 서기관 겸 팜펠루나의 주교로 임명했다. 아버지가 교황에 선출되자 학업을 중단한 채 피사에서 급히 로마로 왔으며, 아버지의 대관식 날 발렌시아의 대주교로 임명되었다. 당시 그의 나이 열여섯 살이었다.

돈 요프레(Don Joffré)는 열세 살 때 나폴리 왕 알폰소의 딸과 결혼하여 스퀼라체의 공작이 되었다.

알렉산더의 딸 루크레티아의 생애는 15세기에 가장 악명 높고 비극적인 일화의 하나를 장식한다.

알렉산더의 재위 기간에 발생한 가장 심각한 외교 문제는 프랑스 왕 샤를 8세의 침공이었다. 이탈리아를 완전히 재편할 것만 같은 기세로 전개된 침공의 초기 단계에서 인노켄티우스 8세의 아들 프란체스케토가 체르베트리와 앙귈라라를 40,000다카트에 비르기니우스 오르시니에게 매각했다. 교황의 이 서자는 안락한 생활로 만족하고서 피렌체로 은퇴했다. 이 두 영지가 매각된 사건을 스포르차 가문은 반도의 세력 균형을 저해하는 일로 간주했으며, 루도비코와 아스카니오 스포르차는 알렉산더를 압박하여 오르시니 가문의 지원자인 나폴리 왕 페란테의 세도를 저지해 줄 것을 요구했다. 기민한 정치가였던 페란테는 자식들을 출세시키려는 알렉산더의 욕구를 이용하여 스포르차 가문과 맺어온 동맹을 끊고 자신과 새로 동맹을 맺게 했다. 그는 교황의 아들 요프레에게 아직 아이에 불과했던 도나 산시아와 결혼시켜주겠다고 약속했다. 개인적 야심을 성취하기 위해서는 무슨 짓이든 할 각오가 되어 있던 루도비코 스포르차는 샤를 8세를 이탈리아로 불러들인 뒤, 과거에 앙주 가문이 나폴리 왕권을 소유했었다는 이유로 나폴리 왕권에 대한 샤를의 주장을 인정해 주었다. 더 나아가 그는 콘스탄티노플을 다시 한 번 기독교 영토로 만들겠다는 프랑스 왕의 호언장담에 찬사를 보냈다.

1494년에 페란테가 죽자 알폰소 2세가 알렉산더의 조카 추기경 후안 보르지아에 의해 나폴리 왕관을 썼다. 당시에 샤를은 불과 22살밖에 되지 않은 젊은이로서, 키도 작고 매부리코에 머리가 가분수여서 외모가 볼품 없었다. 그가 최신 포병 장비들로 무장한 40,000 병력을 이끌고 이탈리아로 진격해 내려왔다. 알렉산더의 정책에 반대했다가 아비뇽으로 도피했던 율리안 로베레가 소외당한 다른 추기경들과 함께 프랑스를 지지한 뒤 프랑스 군대를 따라 내려왔다. 샤를의 군대는 이탈리아 북부를 피 한 방울 흘리지 않은 채 수월하게 관통했다. 밀라노는 샤를에게 성문을 활짝 열어주었다. 피사도 그랬다. 피렌체에 입성하기 전에 왕은 사보나롤라를 만났는데, 그는 샤를을 하나님께서 이탈리아를 배교의 상태에서 구출하시려고 보내신 사자로 간주했다. 로마도 무력했다. 침공군을 무마하기 위해서 파견된 알렉산더의 사절들은 샤를에게 면담을 거부당하거나 면담했더라도 시원한 답을 얻지 못했다.

실망스럽게도 교황은 터키의 술탄 바야제트에게 지원을 요청했다. 기독교 세계의 수장과 이슬람교 세계의 군주 사이에 오간 서신은 그것을 지니고 있던 제르제 부사르도(George Busardo)가 붙잡힘으로써 망각의 미궁에 들어가는 신세를 면했다.[42] 부사르도한테서 40,000다카트가 발견되었는데, 그것은 바야제트가 드젬을 안전하게 보호해 주는 대가로 알렉산더에게 보낸 돈이었다. 알렉산더는 샤를의 의도가 드젬을 프랑스로 끌고가서 콘스탄티노플 공격을 위한 해군 제독으로 이용하려는 것이라고 술탄에게 고했다. 답장에서 바야제트는 만약 그렇게

---

42) 이 서신들은 Burchard, II. 202 sqq.에 자세히 소개되어 있다.

된다면 자신보다 교황이 더 큰 타격을 입게 될 것이라고 주장했다. 그러면서 교황에게 포로 드젬의 영혼을 고통 많은 이 세상에서 다른 세상으로 보내어 평안을 누리게 해도 괜찮다고 썼다.[43] 그렇게 해준다면 300,000다카트를 보내겠다고 하면서, 그 돈으로 그의 자녀들에게 공국(公國)들을 구입해 줄 수 있지 않겠느냐고 권유했다.

1494년의 마지막 날에 프랑스 군대가 36문의 놋 대포를 끌고 교황의 도시로 입성했다. 그러한 기율과 장비를 갖춘 군대를 로마인들은 구경한 적이 없었던 까닭에 두렵고 신비스러운 표정으로 그들을 구경했다. 샤를이 성 안젤로 성을 철거하라고 요구하자, 알렉산더는 만약 그 요새를 공격할 경우 자신이 로마에 있는 모든 성유물들을 가지고 성벽에 올라가 버틸 것이라고 주장하면서 거부 의사를 보냈다. 프랑스 군대를 따라 말을 타고 입성한 추기경들인 율리안 로베레 · 스포르차 · 사벨리 · 콜로나는 왕에게 공의회를 소집하여 알렉산더를 성직 매매 죄로 폐위하라고 촉구했다. 하지만 권모술수를 발휘할 때가 되자 알렉산더가 정적들보다 한 수 위임이 밝혀졌다. 샤를은 나폴리에 대한 자신의 구상을 실현하는 데 필요하지 않는 한 교황에게 굴욕을 안겨줄 의도가 없었다. 결국 그는 교황과 조약을 체결하게 되었는데, 그 내용에는 드젬을 프랑스에 양도하고, 카이사르 보르지아를 교황특사 자격으로 프랑스 군대를 따라 나폴리로 보낸다는 것이 들어 있었다. 그동안 프랑스 병사들이 로마 시를 약탈했는데, 바노차의 집조차 화를 면치 못했다. 왕은 바티칸 궁전의 일부를 차지했고, 로마를 떠났던 추기경들 가운데 율리안을 제외하고는 모두 교황과 화해했다.

샤를은 1495년 1월 25일에 나폴리로 진격할 때 드젬을 데리고 갔다. 드젬은 카이사르와 나란히 말을 타고서 로마 성문들을 빠져나갔다. 터키의 왕위 요구자와 교황의 아들 이 두 사람은 진작부터 친구 사이가 되어 종종 한 필의 말을 같이 타고 다녔다. 하지만 로마를 떠난 지 한 달만에 아직 나폴리에 도착하지 못한 상태에서 그 터키인은 숨을 거두었다. 이탈리아 남부의 수도[나폴리]는 침공군에게 쉬운 상대였다. 카이사르는 그러기 전에 프랑스 진영에서 도망쳤다. 아들의 영민함과 행운 덕분에 알렉산더는 스페인 왕과 이탈리아 북부 도시들과 손잡고 반(反) 샤를 동맹을 체결했다. 1496년에 교황의 동맹은 잉글랜드의 헨리 7세가 즉

43) Burchard, II. 209.

위하면서 더욱 탄력을 받았다. 프랑스 왕은 나폴리 성채에서 여러 달을 먹고 마시며 보낸 뒤에 오던 길로 다시 올라오다가 1495년 7월 6일에 포르누오보 전투를 치르고는 이탈리아에서 철수했다. 알렉산더는 로마에서 피신하여 그를 피했으며, 은신처에서 샤를에게 서신을 보내어 만약 다시 한 번 자신의 영토를 침략하면 파문에 처하겠다는 전갈을 보냈다. 하지만 그의 호령은 프랑스 군대의 철수를 재촉하지도 못했고 몇 년 뒤에 그들이 다시 들어오는 것을 막지도 못했다[44]

교황 가문의 불행과 추문은 프랑스의 침공에도 아랑곳없이 계속되었으며, 프랑스 군대가 떠난 뒤에도 계속되었다. 1497년 여름에 당시 나이 24살이던 알렉산더의 아들 간디아의 공작이 원인 모를 죽음을 당하는 사건이 발생했다. 그것은 로마에서 자행된 범죄의 한 유형에 불과했다. 공작은 죽기 전에 자신의 형제 카이사르와 추기경 후안 보르지아와 함께 바노차의 저택에서 저녁 식사를 했다. 식사가 끝나자 두 형제는 함께 말을 타고 추기경 스포르차의 궁전까지 달려갔다. 그곳에서 두 사람은 헤어졌고, 공작은 개인적인 용무가 있다고 하면서 한 달 전부터 데리고 다니던 복면한 사람을 데리고 어디론가 갔다. 다음 날 알렉산더는 아들이 돌아오기를 종일 기다렸으나 허사였다. 저녁이 되어 더 이상 기다리고만 있을 수 없게 되자, 그는 사람들을 풀어 아들을 찾아 나섰다. 복면한 남자가 중상을 입은 채로 발견되었다. 마침 숯장수가 나타나 자신이 한밤중에 목격한 장면을 증언하기를, 여러 명이 강둑에 나타났는데 그 중 한 사람은 백마를 탔고 뒤에는 죽은 사람이 업혀 있었으며, 그들이 말을 뒤로 돌리더니 시체를 끌어내 강물에 던졌다고 했다. 교황은 깊은 슬픔에 잠겨 아무의 위로도 받지 않았으며, 목요일부터 일요일까지 방에 들어가 식음을 전폐했다. 죽은 그 사람은 교황이 최근에 교황령과 비테르보의 군주, 교회의 기수와 베네벤토의 공작으로 삼은 자기 아들이었다. 추기경회 앞에서 아들 잃은 일을 보고하면서, 아버지는 자신이 돈 후안을 세상의 무엇보다 사랑했으며, 자신에게 교황직이 일곱 개가 있더라도 만약 아들을 되살릴 수만 있다면 모두 내놓겠다고 말했다.

살해의 원인은 베일에 가려져 있었다. 다양한 사람들이 범인으로 지목을 받았

---

44) 프랑스인들은 무서운 후유증을 남기고 떠났는데, 그것은 그들이 십자군 원정 때와 나폴레옹 때에도 시리아에 퍼뜨렸던 것으로서 프랑스 병으로 알려진 질병이었다. 참조. Pastor, III. 7.

다. 방탕한 공작에게 농락을 당한 옛 애인이 저지른 범행으로도 추측되었고, 추기경회의 모임에 홀로 참석하지 않은 추기경 아스카니오 스포르차가 혐의를 받기도 했다. 그러나 살인범이 다름 아닌 카이사르 보르지아였다는 확신이 점차 널리 퍼졌으며, 이탈리아의 사가 귀차르디니(Guicciardini)는 3년 뒤에 형제 살인설을 채택했다. 소문에 의하면 카이사르가 아버지의 총애를 받는 간디아 공작의 지위를 질투했고, 그가 쌓아온 세상의 명예를 부러워했다고 한다.

숯장수에게 왜 어둠 속에서 목격한 사건을 즉시 신고하지 않았느냐고 묻자, 그는 그런 광경이 아주 흔한 것이어서 자신도 그와 비슷한 광경을 골백번도 더 보았다고 대답했다.[45]

알렉산더는 처음 슬픔을 터뜨릴 때 마치 회개와 유사한 정서에 감화를 받고서, 교황청과 교회를 개혁할 방안을 강구할 추기경 6인 위원회를 구성하도록 했다. 하지만 그의 개혁 열의는 곧 사라졌고, 위원회가 개혁 방안을 제시하자 그것이 교황의 대권을 침해한다는 이유로 폐기해 버렸다. 다음 2년 동안 그의 자식들인 카이사르와 루크레티아의 결혼과 활동이 마치 기독교 세계의 주요 관심사인 것처럼 널리 선전되었다.

루크레티아는 1480년에 태어나 스페인 사람들과 이미 두 번 약혼한 전력이 있는 상태에서 아버지가 교황에 선출되어 더 지체 높은 동맹 가문을 물색하게 되었다. 1493년에 그녀는 페사로의 영주이자 서자 출신인 요한 스포르차와 결혼했다. 어린 공주는 바티칸 곁에 있는 자신의 궁전에서 지내게 되었는데, 아버지의 정부(情婦)인 파르네세가 주관하던 그곳은 로마의 젊은 귀부인들이 모이는 쾌활한 장소가 되었다. 루크레티아는 많으면 백 명이나 되는 수행원들을 거느린 채 말을 타고 교회에 갔다. 교황청 의전장은 그녀를 가장 아름답고 성격도 좋고 유머 감각도 뛰어나며 잘 웃는다고 칭찬해 주었다. 그녀가 자기 아버지와 오빠 카이사르와 불륜 관계를 맺었다는 비난이 교황 도시의 거리들에 나돌았고, 대사들의 보고서들과 역사가 귀차르디니의 글에도 실렸는데, 그 내용이 믿기지 않을 만큼 충격적이어서 루크레티아에 관한 현대의 가장 탁월한 권위자인 그레고로비우스는 그것을 일축해 버린다. 루크레티아가 그 결혼을 마지막으로 평안하고 행복한 가정 생활을 꾸려갔다는 사실로도 그런 험담들을 불식하기에 충분한 듯

---

45) 그 비극에 관한 Burchard의 진술, II. 387-390.

하다.

루크레티아와 페사로의 영주 간의 결혼은 바티칸에서 콘코르디아의 주교가 설교를 한 뒤 거행되었다. 하객들 가운데는 추기경 11명과 로마 귀부인 150명이 있었다. 연회가 새벽 5시까지 지속되었다. 무도회가 열렸고, 알렉산더와 추기경 들이 관람하는 가운데 외설스러운 연극이 공연되었다. 게다가 이 모든 행사가 "전능하신 하나님과 로마 교회의 명예와 영광"을 앞세워 거행되었다고 당대인 은 한탄한다.[46]

남편의 영지에서 남편과 얼마를 보낸 뒤에 루크레티아는 그가 무능하다는 이 유로 그와 강제로 이혼하게 되었는데, 추기경회의 한 위원회가 그 이혼을 결정 했다. 수녀원에서 잠시 기거한 뒤 공주는 나폴리 왕 알폰소 2세의 서자인 베실리 아의 공작 돈 알폰소(Don Alfonso)와 결혼했다. 바티칸은 다시 한 번 결혼식을 치렀으나, 그 결혼도 공작이 살해됨으로써 몇 달 가지 못했다.

한편 요프레의 아내 도나 산치아가 1496년 5월에 로마에 와 있었는데, 로마에 올 때 추기경들과 루크레티아와 그 밖의 요인들에게 성문에서 영접을 받았다. 교황은 추기경 11인의 수행을 받고 루크레티아를 오른 편에 둔 채 바티칸에서 자신의 아들과 며느리를 맞이했다. 부르카르드에 따르면 두 공주가 겁도 없이 성 베드로 성당의 사제석에 가서 앉았다고 한다. 전하는 바로는 산치아의 두 이 복형제들인 간디아의 공작과 카이사르가 그녀를 놓고 다투다가 번갈아 가며 그 녀를 차지했다고 한다. 알렉산더는 산치아를 나폴리로 돌려보냈는데, 그런 이유 때문이었는지는 확인되지 않는다. 산치아는 훗날 다시 로마를 방문하여 환대를 받았다.

카이사르는 연간 수입이 35,000다카트에 달했는데도 오래 전부터 성직에 싫증 을 느끼고 있었다. 주교와 부제 추기경이었던 그는 동료 추기경들 앞에서 자신 이 처음부터 성직을 좋아하지 않았으며, 다만 아버지의 뜻을 받들어 성직을 받 았을 따름이라고 털어놓았다. 이 말을 그레고로비우스는 그 왕자가 내뱉은 말들 가운데 유일하게 진실한 말이었을 것이라고 말한다. 카이사르의 요청은 추기경 회의 만장일치로 받아들여졌다. 알렉산더는 이제 프랑스와 교황청의 항구적 유

---

46) Infessura(p. 286 sq.)는 혹시 신뢰성이 떨어질까봐 모든 것을 다 이야기하지 않 으려 한다는 말로써 기록을 마친다.

대를 형성하는 것을 최우선 정책으로 삼게 되었던 까닭에 샤를 8세의 계승자인 루이 12세에게 자기 아들을 세속 관료 사회의 적절한 직위에 앉혀주기를 바랐다.[47] 루이는 얼굴도 못생기고 자식도 낳지 못하는 아내 발루아의 요안나와 어떻게든 이혼하고 브르타뉴를 지참금으로 가지고 온 샤를의 젊은 미망인 안과 결혼하고 싶어했다. 그 문제는 교황과 프랑스 왕 양자에게 이익이 되는 점이 있었다. 결국 왕은 교황의 특면(特免)에 힘입어 이혼과 재혼을 할 수 있었고, 카이사르는 왕의 배려로 발랭티누아 공작이 되고 왕의 혈통을 물려받은 아내를 약속받았다.

카이사르가 로마를 떠날 때 성대한 환송식이 거행되었다. 고급 옷감들과 금은 그릇들, 주화들이 준비되었고, 그 젊은이가 로마 시를 나설 때 200,000다카트의 가치를 지닌 물품들을 실은 노새들의 행렬이 그의 뒤를 따랐다. 공작의 말들은 은으로 치장했다. 당대의 저자는 알렉산더가 창가에 서서 추기경 네 명이 포함된 수행원들이 서쪽으로 멀어져 가는 광경을 지켜보았다고 적는다. 일행은 아비뇽을 경유했다. 카이사르는 자신이 점찍어 둔 공주를 얻지 못해 다소 실망한 뒤에 나바르 왕의 누이인 열여섯 살의 젊은 처녀 샬롯 달브레(Charlotte d'Albret)를 선택했다. 1499년 5월에 거행된 결혼식 소식이 로마에 전달되었을 때 알렉산더와 스페인인들은 그 경사스러운 일을 기리기 위해서 집과 거리를 깨끗이 소제했다. 타지로 떠난 카이사르의 출세를 위해서 이때부터 알렉산더 6세는 전력을 기울였다. 하지만 카이사르 보르지아의 생애는 더욱 깊은 어둠으로 들어갔으며, 쾌락과 배반과 어떠한 범죄도 마다하지 않는 잔인함에 빠져들었다. 그의 천박한 야심과 방탕한 탐욕을 가로막을 것이 없었다. 마침내 아들의 출세를 위해서라면 신앙과 인간 생활에서 신성한 모든 것을 희생할 각오가 되어 있던 그의 아버지는 그의 노예가 되었으며, 아들이 두려워서 감히 그의 계획에 반대하지 못했다.

공작 카이사르는 루이 12세가 이끄는 프랑스 군대를 따라 곧 이탈리아로 돌아왔다. 밀라노와 나폴리가 함락되었다. 밀라노가 함락되면서 과거에 알렉산더의 그 동맹이 추기경 아스카니오 스포르차에게 예속되었으나, 바티칸으로서는 그것이 반가운 소식이었다. 알렉산더는 자기 아들을 위해서 루이의 도움을 받아 이탈리아 중부에 거대한 공국(公國)을 건설하고, 최종적으로는 그 나라가 반도의

---

47) 알렉산더는 시스티나 예배당에서 자신의 옛 원수 샤를의 영혼이 평안히 잠들기를 기원하는 미사에 공손한 태도로 참석했다. Burchard, II. 461.

모든 나라들을 지배하게 할 계획을 세웠다. 나폴리가 함락된 원인에는 교황이 기존의 계약을 깨뜨린 채 루이와 동맹을 체결하고 나폴리 왕 프리드리히를 폐위한 것도 한몫했다.

아버지에게 로마냐(Romagna) 공작이라는 거만한 칭호를 받고 교회의 총사령관으로 임명된 카이사르는 8,000명의 용병대의 지원을 받아 이몰라 · 포를리 · 리미니와 그 밖의 도시들을 차지했으며, 그 중 몇몇 도시들에게 거둔 승전을 성 베드로 성당에서의 종교 의식으로써 축하했다. 동시에 루크레티아가 네피와 스폴레토의 섭정이 되었다. 가문의 계획의 일환으로 그 관대한 아버지는 가에타니 가문에 대해 선전포고를 하고 콜로나 · 사벨리 · 오르시니를 약탈했다. 이 파렴치한 아들이 야심을 채워가는 길에는 어떠한 장애도 용납되지 않았다. 그에게는 순수한 인격 혹은 교회에 대한 숭고한 봉사를 치하하여 황금 장미도 수여되었다.

새로운 세기가 시작되면서 희년(禧年)이 선포되자 헤아릴 수 없이 많은 순례자들이 로마를 찾아왔고, 그들이 내고 간 거액의 연보가 터키 원정 자금으로 혹은 보르지아 가문 사람들의 출세 자금으로 비축되었다. 희년을 선포한 대칙서는 로마를 찾아오는 사람들에게 어떠한 중죄에 대해서도 값없는 사죄를 약속했다.[48] 1499년의 성탄절 전야에 알렉산더는 은 망치로 황금 문을 치면서 "열면 닫을 사람이 없고 닫으면 열 사람이 없는 그가 이르시되"라는 계시록 말씀을 반복해서 외쳤다.

희년이 순례자들의 마음에 결부되어 있던 신앙적 목적과 사뭇 다른 동기로, 카이사르는 2월에 정복자의 당당하고 근사한 행렬을 이끌고 로마에 들어왔다. 종교 의식의 지루함을 달래주기 위해서 마련된 행사들 가운데는 스페인의 투우 경기가 있었다. 성 베드로 성당 광장에 울타리가 쳐지고, 교황의 아들 카이사르가 황소 다섯 마리를 찔러 죽이는 광경을 군중들이 구경했다. 그는 마지막 황소를 한 번 칼을 휘둘러 죽였다.

하지만 보르지아 가문이 맞이한 두려운 참극이 희년의 공기를 악취로 진동하게 했다. 루크레티아에게 아들을 낳게 한 그녀의 남편 베실리아의 공작이 살해된 것이다.[49] 그는 밤에 귀가하다가 성 베드로 성당의 계단에서 자객의 칼에 찔

---

48) Burchard, II. 591-593.

려 쓰러졌다. 자신의 궁전으로 실려와 회복하고 있을 때 전에도 여러 번 그를 찾아왔던 카이사르가 마침내 그의 목을 졸라 죽게 했다. 1500년 8월 18일에 발생한 사건이다. 교황의 아들은 그것이 자신의 소행임을 공개적으로 밝혔으며, 그가 먼저 자신을 죽이려 해서 정당 방위 차원에서 그렇게 한 것이라고 해명했다.

교황의 도시는 이러한 정경들로 새로운 세기를 맞이했다. 그러나 아직 끝은 오지 않았다. 추기경 임명이 교황의 돈궤를 채우고 교황 가문의 출세를 위한 방편으로 타락했다. 1493년에 알렉산더는 추기경 12명을 새로 임명했는데, 그들 가운데는 훗날 파울루스 3세가 된 알렉산더 파르네세(Alexander Farnese)와 교황의 정부(情婦)의 오라비가 포함되어 있었다. 이들을 임명함으로써 적어도 100,000다카트가 교황의 돈궤로 들어갔다고 한다.[50] 1496년에는 교황의 조카 조반니 보르지아(Giovanni Borgia)를 포함한 스페인 사람 4명을 추기경으로 새로 임명했으며, 이로써 9명의 스페인 사람들이 알렉산더의 내각에 포진하게 되었다. 1500년 9월 28일에 12명의 추기경이 임명되었을 때 카이사르는 120,000다카트를 챙겼다. 로마냐에서 자신의 뜻을 펼치려면 자금이 필요해서 그랬다고 공개적으로 해명했다. 1503년, 그러니까 알렉산더가 죽기 직전에 공작은 추기경 9명을 추가로 임명한 대가로 130,000다카트를 받았다. 속기사들을 새로 임명하여 64,000다카트를 챙겼다. 죽었다고 해서 공짜로 가는 법이 없었다. 추기경 페라리가 죽었을 때 그의 재산에서 50,000다카트를 가로챘으며, 파울루스 2세의 조카 추기경 미키엘이 죽었을 때는 150,000다카트가 공작의 장부로 이관되었다.

죄가 또 다른 죄로 가지를 쳐나갔다. 추기경 오르시니는 교황을 방문하는 동안 체포되어 수감되었다. 그의 궁전은 철거되었고, 그 가문의 다른 사람들도 체포되고 그들의 성들도 몰수되었다. 오르시니의 팔순 노모는 2,000다카트와 오르시니의 정부가 소유하고 있던 값진 진주를 들고 남장을 한 채 알렉산더를 찾아가 옥에 갇힌 아들에게 날마다 사식(私食)을 넣어주는 특권을 얻어냈다.[51] 그러나 그 불행한 자의 운명은 이미 결정되어 있었다. 그가 알렉산더의 지시로 독살되

49) 로드리고는 당시 로마에 와 있던 추기경 16명과 여러 나라 대사들과 귀인들이 참석한 가운데 1499년 11월 1일에 성 베드로 성당에서 세례를 받았다. 그는 1501년에 세르모네타 공국을 받았다. Burchard, II. 575, 578.

50) Infessura, p. 293.

51) Burchard, III. 236.

었다는 것이 일반적인 견해이다.[52]

알렉산더가 자기 가문의 현양(顯揚)을 위해서 마지막으로 한 일은 1502년에 루크레티아를 페라라의 공작 헤르쿨레스의 아들 알폰소와 결혼시킨 것이다. 젊은 공작은 스물네 살이었으며, 한 번 결혼했다가 아내와 사별한 상태였다. 그의 아버지가 교황에게 품고 있던 여러 가지 편견이 눈 녹듯이 풀리게 된 원인은 프랑스 왕이 좋은 관직들을 제시했고, 페라라가 교황의 봉토로 부과받아온 조공을 400다카트에서 100다카트로 축소하고 그 조치를 추기경회가 동의했기 때문이었다. 협상이 진행되는 동안 알렉산더는 로마를 떠나 석 달을 지냈는데, 그 기간에 서신 수수와 업무 처리를 자기 딸에게 위임했다. 이 조치로 추기경회가 그녀에게 종속되었다.

루크레티아는 약혼과 결혼을 위한 예비 작업들을 열성적으로 수행했다. 결혼 계약이 체결되었다는 소식이 1501년 9월 초에 로마에 들어왔을 때 그녀는 기사 300인과 주교 4인을 대동하고서 산 마리아 델 포폴로로 가서 공식적인 감사를 드렸다. 그리고 가는 길에 300다카트의 가치가 있다고 전해지는 외투를 벗어서 자신을 따라온 어릿광대에게 주었다. 어릿광대는 그 외투를 입고는 거리마다 다니면서 "페라라의 가장 저명한 여공작님 만세. 알렉산더 6세 만세" 하고 외쳤다.[53] 세 시간 동안 카피톨리누스 언덕의 거대한 종이 쉬지 않고 울려 퍼졌고, "모든 사람들의 흥을 돋구기 위해서" 많은 횃불들을 설치하여 거리 곳곳을 밝혔다. 교황의 딸은 벌써 네 번 약혼하고 두 번 결혼했는데도 마지막 약혼을 할 때 스물한 살밖에 되지 않았다. 페라라의 대사에 따르면 그녀는 얼굴이 빼어나게 아름답고 언행도 매력이 있었다고 한다.[54] 헤르쿨레스는 동생 둘을 보내 장차 자기 며느리 될 그녀를 성대한 행렬을 갖춰 새 집으로 안내하게 했으며, 두 사람은 바티칸 궁에서 환대를 받았다. 카이사르와 추기경 에스테의 히폴리투스를 포함한 추기경 19인이 포르토 델 포폴로에 나와 일행을 영접했다. 바티칸 궁은 밤마다 무도회와 연극 공연으로 들떠 있었다. 루크레티아는 아버지의 부탁을 받고는 특별한 춤을 선사했다. 결혼식은 12월 30일에 성 베드로 성당에서 거행되었으

---

52) Pastor가 약간 주저하면서도 그렇게 주장한다. III. 491.
53) Burchard, III. 161 sq.
54) 그 편지는 Gregor., *Lucr. Borgia*, p. 212에 실려 있다.

며, 돈 페르디난도가 형의 역할을 대리했다. 궁녀 50인을 앞세우고 양옆에서 공작 두 사람의 안내를 받아가며 신부가 바실리카로 향했다. 현관에서 대기하고 있던 악사들이 음악을 연주함으로써 신부의 도착을 알렸다. 교황은 추기경 13인이 도열한 가운데 자신의 권좌에 앉았다. 알렉산더의 지시로 설교가 가급적 빨리 끝난 뒤에 공작 페르디난도가 루크레티아의 손가락에 반지를 끼워주었다. 그 다음에 추기경 에스테의 히폴리투스가 나와 다이아몬드 · 에메랄드 · 터키 옥(玉) · 루비를 탁자에 내려놓은 뒤 보석함을 열도록 지시했는데, 그 안에는 다이아몬드 머리 장식물 16개와 큼직한 진주 150개가 들어 있었다. 그런데도 그 고위 성직자는 공주에게 페라라에 가면 더 많은 보석이 기다리고 있으니 선물이 조촐하다고 거절하지 말아달라고 극진한 예를 갖추어 부탁했다.

결혼식이 끝난 뒤 바티칸 궁에서 밤새 연회가 벌어졌으며, 그 자리에서 공연된 몇 편의 연극에서 카이사르가 주요 배역 가운데 하나를 맡았다. 몇몇 추기경들과 고위 관리들은 그나마 조금치라도 의식이 있었던지 일찍 귀가했다. 그 뒤한 주간 동안 성 베드로 성당 광장에서 카이사르가 직접 주도하는 투우 경기가벌어지는 등 온갖 유흥 행사가 벌어졌다.

축제는 1502년 1월 6일에야 끝났다. 노새 150필이 신부의 혼수 물자와 그 밖의물품들을 운반했다. 아버지는 신부에게 무엇이든 원하는 대로 가져가도 좋다고말했다. 신부의 지참금은 현금으로 100,000다카트였다. 로마 시의 모든 추기경들과 대사들과 고위 관리들이 참가한 성대한 행렬이 신부 일행을 성문 밖까지배웅했고, 추기경 프란체스코 보르지아는 신부 일행과 끝까지 동행했다. 이야기전체를 놓고 볼 때 신부의 아버지가 가톨릭 사제와 교황으로서 행한 서약을 아무렇지도 않게 범한 데 대한 분개보다 차라리 딸을 멀리 보내는 아버지에 대한측은함이 생긴다. 하지만 당대의 저자들은 신부 어머니에 관해서는 한 마디도언급하지 않는다. 혹시 신분을 감춘 채 먼 발치에서 성대한 결혼 행사를 지켜보지 않았을까?

루크레티아는 다시는 로마로 돌아오지 않았다. 그 인생이 깊은 관심과 깊은동정을 자아내는 이 유명한 여성은 이 역사의 무대를 떠난 뒤 귀족 가문인 에스테 가문의 연대기에서 한 자리를 차지한다. 그녀는 궁정인들의 존경과 페라라시민들의 동경을 한 몸에 받으며 가정에서 조용히 살다가 1519년에 죽었다. 루크레티아처럼 그렇게 짧은 기간에 위선과 죄악을 직접 목격한 사람이 다시는 없을 것이다. 죽을 때 그녀의 나이는 사십을 넘지 못했다. 과거에는 그녀가 단검과 독 묻은 컵과 근친상간의 주인공으로 널리 알려졌으나, 이 견해는 로이몬트 (Reumont)와 그레고로비우스의 온건한 견해에 자리를 내주었고, 파스토르도 두 사람의 견해에 동의한다. 두 사람도 그녀의 방탕을 인정하지 않는 것은 아니나, 그녀가 구제불능의 성적 타락자이지는 않았다고 평가하며, 아버지의 야심의 도구로 이용되었다가 마침내는 아내와 어머니로서 충실하게 살았던 점을 제시하면서 우리의 신중한 판단을 요구한다. 1559년까지 다스린 그녀의 아들 헤르쿨레스는 칼빈과 클레르몽을 자신의 궁정으로 맞아들인 공주 르네(Renée)의 남편이었다.

죽음이 마침내 추문으로 얼룩진 알렉산더의 재위에 종지부를 찍었다. 추기경 하드리아누스가 제공한 환대를 받은 뒤에 교황과 그의 아들 카이사르는 열병에 걸렸다. 전하는 바로는 그들이 어느 추기경에게 사용하려고 준비한 독이 실수로 혹은 고의로 자신들이 사용하던 잔에 들어가게 되었다고 한다.[55] 교황의 병은 한 주를 넘기지 못했다. 사흘날 그는 피를 토했다. 임종 침상에서 그는 몇몇 추기경들과 함께 카드놀이를 했다. 마침내 성찬과 종부성사를 받은 그는 추기경 5인이 지켜보는 가운데 죽었다. 당시의 정황을 구체적으로 고지받은 일지 저자 부르카르드는 알렉산더가 와병 중에 루크레티아나 자기 아들 공작에 관해서 한 마디도 하지 않았다고 특별히 적는다. 카이사르도 병세가 워낙 중하여 아버지의 병상을 찾아가지 못하고 있다가 아버지가 죽었다는 소식을 듣고는 미켈레토를 시종장

---

55) 교황의 사인(死因)이 음독이었는가의 여부는 반드시 공개적이 쟁점이 되어야 한다. 교황이 음독으로 인해 죽었다는 것이 Gregorovius, Roscoe, Reumont, Pastor의 견해이다. Creighton과 헤르겐뢰터는 독살설에 반대한다. Burchard도 베네치아의 대사도 독에 관해서는 언급하지 않는다. 만투아의 대사는 19일자 서신에서 항간에 나도는 독살설을 부정한다. Guicciardini, 추기경 Bembo, Jovius, 추기경 Aegidius 같은 당대의 여러 저자들은 교황의 사인을 음독으로 규정한다. 알렉산더의 주치의는 교황의 사인을 뇌졸중으로 규명했다. 독살설의 반대 증거는 추기경 하드리아누스도 병에 걸렸다는 사실이다. 반면에 알렉산더의 시신이 즉시 붓고 형체가 일그러지고 입에 거품이 가득 찼던 사실과, 카이사르가 같은 증상을 보이며 앓아 누운 사실을 그레고로비우스는 독살설을 뒷받침하는 가장 강력한 증거로 제시한다.

56) 한 가지 예외가 있는데, 그것은 알렉산더가 죽은 뒤에 칼리폴리스의 주교가 교황 비밀 선거회에서 행한 연설이다.

(侍從長)인 추기경 카사노바에게 보내 교황청 금고 열쇠를 달라고 요구하도록 하고, 만약 그가 거부하면 그를 목매달아 창문에 내걸겠다고 협박하도록 했다. 겁에 질린 추기경은 열쇠를 내주었고, 그리하여 100,000다카트에 해당하는 금은이 죽은 교황의 아들에게 건네졌다.

알렉산더 6세를 평가할 때는 당대인들이 신중하게 내려놓은 평가에 귀 기울이는 것이 옳을 것이다.[56] 그가 죽은 뒤에 나돈 소문에 따르면, 임종의 순간에 마귀가 나타나서 12년 전에 그에게 교황직을 선사하면서 약속했던 것을 찾아가겠다고 하자, 알렉산더는 계약 시한이 다 되었음을 잘 알고 있다고 대답했다고 한다.[57]

알렉산더의 지적 역량은 한때 자신의 발에 입맞추었던 프랑스 왕의 지지를 받아 카이사르 보르지아를 정치적으로 출세시키기 위한 모략을 관철해내고, 등을 돌렸던 추기경들에게 도로 지지를 얻어내고, 마지막 순간에 독살당한 것이 아니라면 폭력에 의해 상해를 받지 않은 등 외교 수완으로 거둔 결과들이 충분히 입증한다. 그가 신랄한 비판을 받게 된 원인은 원칙 없이 행동한 때문이었다. 마귀도 탁월하게 지니고 있는 지적 재능이 도덕적 재능을 대체하지 못하는 법이다. 위증과 배반과 탐욕과 정욕과 살인이 알렉산더의 마음에 켜켜이 싸여 있었다.[58] 그는 야심을 채우기 위해서 어떠한 범죄도 마다하지 않으면서도 외적인 종교 행사는 엄숙히 수행했고, 심지어 직접 미사를 거행하기도 했다. 그의 죄악이 어떠한 것인가 하는 것은 그가 저지른 행동들을 "살인하지 말지니라, 간음하지 말지니라, 도둑질하지 말지니라"는 명백한 계명들과 비교해 보면 금방 알 수 있다. 품행이 나쁜 사람도 책임 있는 지위에 오르면 정신이 숭고해지기도 하는 법인데, 로드리고 보르지아는 기독교 세계에서 가장 높은 지위에 올랐으면서도 그것을 자신의 육체적 야욕을 채우는 데 이용했다.

그레고리우스 7세와 인노켄티우스 3세의 도덕적 자질과 목표는 비록 그것이

---

57) 로마 근처에 주둔하고 있던 만투아의 공작은 자신의 아내에게 쓴 편지에서, 교황이 죽던 순간에 귀신 일곱이 교황의 방에 나타났고, 교황은 몸이 심하게 부은 상태로 줄에 묶여 침상에서 끌려나갔다고 적었다. Gregorovius, Lucr. Borgia, p. 288.

58) 주교 Creighton(IV. 44)은 알렉산더가 많은 악을 범했으나 위선은 범하지 않았다고 강조한다.

우리의 것과 다르긴 하지만 그럴지라도 존경을 자아낸다. 알렉산더 6세는 호색적이고 탐욕적인 사람이었으며, 그가 인간들을 다스리는 능력이 아무리 뛰어났다 할지라도 그것이 그의 부패한 목표가 자아내는 혐오감을 없애지는 못한다. 야수 같은 힘을 지닌 자는 다른 사람들을 공포로 제압할 수는 있을지언정 그 자신은 짐승일 뿐이다. 물론 로드리고가 추기경이 되었을 당시에 로마의 삶의 표준이 매우 저급했으며, 로마의 어느 연대기 저자가 힘주어 말한 대로 거의 모든 사제가 정부를 두고 있었고 로마 시의 모든 수도원들이 매음굴로 뒤바뀌었던 현실을 함께 고려해야 한다.[59] 그러나 그 도시의 교회들 주변에는 여전히 거룩한 전승들이 명맥을 유지하고 있었고, 기독교의 엄숙한 의식이 여전히 거행되고 있었으며, 십자가의 희생과 비교할 때 로마 황제들의 방탕이 여전히 극악하게 보였다.

그럴지라도 알렉산더가 죽기 2년 전인 1501년 10월 31일에 외설성에서 황실의 그 누구라도 흉내낼 수 없었던 카이사르가 주최한 연회가 바티칸 궁에서 난잡하게 거행되었다. 50명의 궁정인들이 하인들과 그 밖의 사람들과 함께 춤을 추며 밤을 지샜는데, 처음에는 옷을 입고서 춤을 추다가 교황과 루크레티아가 보는 앞에서 모두들 옷을 벗고 춤을 추었다. 여성들은 벌거벗은 채 두 손과 두 발로 기어다니면서 바닥에 던져진 밤톨을 주워먹고는 옷과 신발과 모자와 그 밖의 것들을 상으로 받았다.[60]

알렉산더는 직위·도덕·결혼·삶 등 어떠한 것도 신성하게 여기지 않았다. 추기경 시절에 그는 젊은 율리아 파르네세의 결혼식에 참석했는데, 아마도 그 순간에 그녀를 타락시키기로 작정한 듯하며, 몇 달 뒤에 그녀는 그의 공인된 정부가 되어 있었다. 구르크의 추기경은 피렌체의 외교관에게 말하기를, "교황과 그의 측근 추기경들의 생활을 지켜보노라면 교황청에 남아 있기가 두렵소. 하나님께서 당신의 교회를 개혁하시기 전에는 교황청과 연을 끊고 지낼 생각입니다"라고 했다. 로마에 소환되었던 독일의 기사들이 교황에게 쓴 편지에서, 자신들은 선량한 그리스도인들로서, 하나님을 경배하고 공의를 사랑하고 악을 미워하

---

59) Infessura, p. 287.

60) 그 추잡한 장면을 보고하는 Burchard(III. 167)는 교황 궁에서 저질러진 여러 악행들에 관해서 입을 다문다.

고 간음 죄로 비난을 받아본 적이 없는 팔츠 백작을 섬기고 있다고 밝힌 것은 교황에 대한 대단히 신랄한 공격이었다. 그들은 계속해서 이렇게 썼다. "우리는 하나님께서 강도질과 신성모독과 폭력과 교회 세습 재산에 대한 남용과 축첩과 성직매매 등 오늘날 기독교 교회가 손가락질을 당하고 있는 그 밖의 죄악들을 영원한 불로 처벌하실 것을 믿습니다."[61]

15세기 마지막 교황이 드러낸 뻔뻔한 이기심과 부패 이외의 또 다른 행동들은 흥미를 자아낸다. 1494년에 알렉산더는 안셀무스를 시성(諡聖)했으나, 그 위대한 스콜라 학자가 속죄에 관해서 쓴 논문이나 하나님의 존재에 관해 제시한 논증은 조금도 언급하지 않았다. 성모 마리아의 모친으로 알려진, 그리고 훗날 루터가 헌신을 약속한 성 안나에 대한 숭배를 촉진했다.[62] 마리아가 바다와 교황궁에서 여러 번 죽을 위기에서 구출해 주었다고 하면서, 자신이 마리아의 각별한 보호를 받고 있음을 신성모독에 가까운 표현을 사용하여 고백했다.

후대에 굳어진 로마 가톨릭 교회의 관습에 따라서, 알렉산더는 주교의 승인 없이는 어떠한 책도 펴지 못하도록 하라고 명령함으로써 출판의 자유를 제한했다. 그의 이름은 초창기 아메리카 발견사에 언급되지만, 그가 아메리카를 대한 태도를 보면 하나님의 섭리에 관해 전혀 무지했음을 알게 된다. 1493년 5월 4일과 5일에 발행한 두 편의 대칙서에서, 그는 서방 세계를 포르투갈과 스페인 사이의 아조레스 강 서쪽 지대를 남북을 관통하는 약 500km 되는 경계선에 의해 구분했다. 이 문서들은 크리스토퍼 콜럼버스를 칭송을 받아 마땅한 훌륭한 인물로 치켜세우면서, 그가 선원으로서 여러 차례의 큰 모험과 노력과 손실 끝에 이전까지 알려진 적이 없는 섬들과 대륙들(terras firmas)을 발견했다고 언급한다. 아메리카 대륙 가운데 발견된 지역과 아직 발견되지 않은 지역의 소유권을 스페인과 포르투갈에게 할당하여 그곳을 영구히(in perpetuum) 다스리도록 허락하면서, 교황은 전능하신 하나님께서 성 베드로에게 위임하신, 그리고 베드로가 예수 그리스도의 대리자로서 받은 권위에 입각하여 그 선물을 아무런 대가 없이 관대하게 하사한다고 선언했다. 이보다 더 분명한 진술이 있을 수 없었다. 알렉

---

61) Burchard, III. 110.

62) 칼빈은 자신이 어렸을 때 어머니를 따라 성 안나의 시신 일부가 보존되어 있던 노용 근처 우르스캉 대수도원을 찾아가 그 시신에 입을 맞추었다고 말한다.

산더는 베드로의 계승자로서 서쪽 대륙을 양도할 권위가 자신에게 있음과, 자신이 하사하는 그 선물은 영구 보유권을 내포한다는 것을 주장한 것이다. 서쪽 대륙을 양도하는 이러한 대권은 이시도루스 교령집이라는 위조 문서에 기록된, 콘스탄티누스가 실베스터에게 주었다는 선물과 일치한 것이었다.[63]

교황의 대칙서들 가운데 무오(無誤)의 특성에 그나마 접근한 것이 있다면 그것은 거대한 아메리카 대륙의 운명에, 그리고 그 대륙을 통해서 세계 역사의 운명에 지대한 영향을 준 대칙서일 것이다. 하지만 5월 4일 대칙서의 내용은 일년 뒤인 1494년 6월 7일에 경계선을 케이프 베르드 제도 서쪽으로 370리그(약 1800km) 옮긴 토르데실라스 조약에 의하여 무시되었다. 그리고 여러 세기가 지나면서 교황의 엄숙한 유증(遺贈)이 무너져 가다가 마침내 교황에게 이 서쪽 대륙을 하사받은 왕국들이 그 땅을 한 뼘도 차지하지 못하게 되었다. 가톨릭 교회 내의 수많은 교황 무류성 교의 옹호자들이 교리적 결정과 권징적 결정을 구분하는 방식을 제쳐놓더라도, 아메리카 대륙을 하사한 알렉산더의 대칙서는 마그나카르타의 조항들을 영구히 무효로 선언한 인노켄티우스 3세의 대칙서와 마찬가지로 교의적 논박을 당하기에 충분하다.

알렉산더 6세의 인격과 경력은 교황제가 신적 제도이자 그리스도를 대리하는 대권을 지닌다는 이론을 간단히 뒤집으며, 우리 주님께서 베드로에게 하신 말씀을 모호하게 해석하는 방식으로 사실을 호도하도록 방치해서는 안 된다. 9, 10세기의 악한 교황들을 일단 논의에서 배제하고, 호노리우스를 비롯하여 이단으로 고소당한 교황들의 경우를 잠시 잊고, 르네상스 시대의 범죄자 교황들과 건실한 이성을 짓밟은 모든 대칙서들을 제쳐놓더라도, 알렉산더 한 사람만으로 교황 무류설 교리를 일축하기에 충분하다. 하나님께서 그런 짐승 같은 자에게 당신의 교회를 12년간이나 맡기셨을 리가 있는가? 가톨릭 사가들도 비록 어떤 식으로든 그 점을 해명할 방법을 찾긴 하더라도 어려움을 느끼는 것은 엄연한 사실이다.

---

63) Pastor(III. 520)는 donamus et assignamus를 포르투갈과 스페인이 이미 확보한 것만을 가리킨다는 내용으로 부자연스럽게 해석함으로써 알렉산더의 선물이 단견에 의한 판단 착오였다는 비난을 불식시키고자 노력한다. 그러나 대칙서의 자구(字句) 자체가 그런 해석을 불가능하게 만든다. 대칙서에는 이미 발견된 것뿐 아니라 향후에 발견될 모든 섬들과 대륙들을 스페인과 포르투갈에 양도한다고 분명히 표기되어 있기 때문이다.

추기경 헤르겐뢰터(Hergenröther)는 이렇게 말한다. "기독교 세계가 알렉산더의 죽음으로 거대한 범죄에서 풀려났지만, 알렉산더의 경우를 놓고 보더라도 그가 비록 존경할 가치가 없는 교황이지만 그의 가르침은 순종해야 하며, 그 안에서 성 베드로의 권좌에 대한 약속이 성취되었다(마 23:2, 3). 알렉산더 6세는 도덕이나 신앙에 위배되는 어떤 것을 명령한 적이 없으며, 권징 관련 법령들로 교회를 빗나가게 한 적이 없다. 오히려 그의 법령들은 대부분 탁월했다."[64]

파스토르도 같은 기조로 이렇게 쓴다. "알렉산더에도 불구하고 교회의 가르침의 순결은 손상을 받지 않았다. 마치 하나님께서는 인간들이 교회에 해를 가할 수는 있어도 멸하는 것은 그들의 권한에 있지 않음을 보여주려고 하신 듯하다. 받침대가 나쁘다고 해서 보석의 가치가 줄어들지 않듯이, 사제에게 죄가 있다고 해서 그가 분배하는 성찬이나 교회에 위임된 교리들에 어떤 본질적인 해가 가해질 수는 없다. 금은 그것을 깨끗한 손으로 건네주든 더러운 손으로 건네주든 금이다. 교황직은 그것을 차지한 사람 위에 우뚝 솟아 있으며, 사람의 자격과 무자격에 의해 권위를 잃거나 본질적 가치를 얻는 일이란 없다. 베드로는 중죄를 지었는데도 수석 사목(司牧)의 직위가 그에게 위임되었다. 이러한 관점에서 교황 대 레오는 성 베드로의 권위가 무자격한 계승자에게서조차 상실되지 않는다(Petri dignitas etiam in indigno haeredo non deficit)고 선언했다."[65] 파스토르는 레오의 말을 자신의 역사 서술의 좌우명으로 채택했다.

하지만 위와 같은 논식과 예화들은 문제의 본질을 빗겨간다. 다루는 손이 깨끗하든 불결하든 납은 납으로 남으며, 받침대가 금이든 주석이든 불투명한 돌은 그냥 돌로 남게 마련이다. 대 레오의 사견(私見)은 교회의 머리께서는 거룩한 진리를 보관하는 책임을 악한 손에 맡기시지 않으며, 교회를 돌보는 목자의 임무를 거룩하지 않고 음란한 입술을 지닌 사람에게 위임하지 않으신다는, 갈수록 분명해지는 인류의 판단 앞에서 존립할 수 없게 될 것이다. 교황의 베드로 계승 이론은 설혹 그것을 무너뜨릴 만한 역사적 반증이 없다 하더라도, 인간이 어디까지 타락할 수 있는지 몸소 선을 보인 알렉산더 6세 앞에서는 무너지고 만다. 물론 베드로의 참된 계승자들은 "하나님의 나라는 너희 안에 있느니라"는 그리

---

64) Hergenröther-Kirsch, II. 987.

65) III. 503.

스도의 말씀이 성취되는 것을 행실로 입증할 것이다. 하지만 15세기 마지막 교황이 지극히 높으신 분의 명령에 순종한 사례가 한 번이라도 있었던가?

55. 전사(戰士) 교황, 율리우스 2세(1503-1513)

알렉산더의 계승자인 피우스 3세는 피우스 2세의 조카이자 큰 가문 출신으로서, 선출된 지 한 달도 못되어 통풍을 비롯한 여러 가지 질환으로 세상을 떠났다. 그의 뒤를 이은 율리안 로베레(Julian Rovere)는 알렉산더의 해묵은 경쟁자로서, 추기경직을 30년 넘게 지내면서 막강한 영향력을 행사했다. 그는 13세기에 인노켄티우스 3세와 그레고리우스 9세 이래로 교회가 목격한 가장 유능하고 정열적인 교황이었다.

알렉산더가 죽자 카이사르 보르지아는 실권을 장악하려고 시도했다. 훗날 마키아벨리에게 심경을 털어놓은 대로, 그는 자신과 아버지가 병에 걸리는, 꿈에도 예상하지 못한 사태를 제외하고는 모든 위급 상황에 대해 만반의 준비를 갖춰놓고 있었다.[66] 공포와 충격이 로마를 덮었으나, 프랑스·독일·베네치아·스페인 대사들이 나서서 설득한 결과 카이사르는 그 도시를 떠나게 되었고, 알렉산더가 철저히 견제하고 모욕을 준 오르시니 가와 콜로나 가가 다시 로마에 입성했다.

율리안 로베레가 율리우스 2세라는 이름으로 교황에 오른 것은 거액의 뇌물이 살포된 뒤인 1503년 10월 31일의 일이었다. 스페인계 추기경들은 모두 11명에 여전히 카이사르의 지배를 받고 있던 상태에서, 카이사르를 교회의 장관(gonfalonier)으로 인정하는 조건으로 로베레에게 표를 던졌다. 이 책에서 우리가 「일지」(Diary)를 가끔 길게 인용해온 충직한 교황청 의전관은 오르타의 주교로 임명되었으나 2년 뒤에 죽었다. 사보나의 미천한 부모에게서 태어나 삼촌 식스투스 6세에 의해 추기경으로 임명된 율리우스는 교황이 되기 직전에 10여년의 유배 생활을 청산하고 로마에 들어와 있었다. 헤아릴 수 없이 많은 주교직과 그 밖의 성직들에서 챙긴 수입 덕분에 그는 추기경들 가운데 가장 부자였다. 새 교

---

66) *The Prince*, ch. VII.

황 역시 경건한 사람은 아니었으나, 알렉산더의 재위를 뒤덮은 사악한 범죄들과 추문들에서 상당히 벗어났다. 물론 그에게 세 딸이 있었고, 그 중에 펠리체는 1506년에 오르시니 가문 사람과 결혼할 때 15,000다카트라는 막대한 지참금을 가지고 갔다. 하지만 결혼식을 바티칸의 공식 행사로 거행하지 않았고, 자녀들이 교황궁에서 세도를 부림으로써 아버지를 욕되게 하는 일도 없었다.

율리우스 역시 조카들을 보살폈다. 그 중 두 명이 1503년 11월 29일에 추기경에 임명되었고, 나중에 두 사람이 더 그 직위에 올랐다. 그가 스페인 학자 히메네스(Ximenes)를 추기경으로 임명한 것은 자기 시대뿐 아니라 다른 시대에도 좋은 평가를 받을 만하다. 율리우스는 타고난 통치자였다. 위엄있고 당당한 풍채와 맑고 예리한 눈을 가지고 있었다. 그의 백발 아래에는 청년의 지적인 열정이 타올랐다. 성급하다 할 정도로 행동이 빨랐고, 무모하다 싶을 정도로 용감했다. 아무리 용감한 사람도 낙담케 할 만한 패배도 그의 결의를 더욱 단단하게 다져주는 듯했다. 그는 거친 말을 자주 내뱉었으나 그것은 당시의 보편적인 관행이었다고 해명된다. 그는 추기경으로서 신자보다는 외교관의 자질을 더욱 드러냈고, 교황이 되어서는 사제보다 전사(戰士)의 면모를 더욱 드러냈다. 훗날 미켈란젤로는 그 교황의 동상 제작을 의뢰받고는 오른손을 치켜들고 있는 모습으로 묘사했는데, 교황이 "왼손에는 무엇을 둘 생각인가?" 하고 묻자 "책을 둘 생각입니다" 하고 예술가는 대답했다. 그러자 "아니, 그러지 말고 칼을 들도록 하게. 나는 학자가 아닐세" 하고 교황은 대답했다. 이 말보다 그의 성격을 잘 드러내는 것도 없다. [67]

율리우스의 즉위는 추기경회와 로마 시 모두에게 안도와 신뢰를 주었다. 그가 비록 교황 비밀선거회에서 2년 내에 공의회를 소집하기로 채택한 의정서대로 약속을 지키지 않았을지라도, 교황청의 정치적 권위를 신장해야 하는 절박한 임무를 맡았다는 사실을 감안하면 양해할 수 있을 것이다. 교황청의 정치적 권위 신장, 이것이 그의 재위 기간 내내 주요 목표였다. 그는 교회 국가(the State of the Church)의 설립자라는 칭호를 받을 만하다. 이것이 약간의 변화를 거친 뒤에 1870년까지 교황 영토로 남았다. 그는 목표를 달성하자 이탈리아를 외국의 침략자들에게서 구출하는 데 전념했다. 그 길을 가로막고 선 세력이 셋이었는데, 첫

---

67) 이 동상은 볼로냐의 성 페트로니오 성당 앞에 세워져 있다.

째는 카이사르 보르지아와 이탈리아 도시들의 독재 군주들이었고, 둘째는 밀라노와 제노바를 강점하고 있던 프랑스였으며, 셋째는 나폴리와 시칠리아를 차지하고 있던 스페인이었다. 이탈리아인들을 위해 이탈리아를 구출하고자 쏟은 노력 때문에 그는 이탈리아의 애국자로 존경을 받았다.

카이사르 보르지아는 로마로 돌아가 곤팔로니에레로 인정을 받고 바티칸 궁전에 거처를 얻었다. 율리우스는 프랑스 왕자와 우호적인 관계를 맺고 그의 결혼을 추진했으며, 카이사르는 그를 자신의 두 번째 아버지로 삼았다고 썼다. 그러나 카이사르는 알렉산더가 죽은 뒤로는 방향타를 잃은 갤리 선과 다름없었다. 그가 벼락 출세를 한 사람이었다면, 율리우스는 권력과 탁월한 기획 능력을 지닌 사람이었다. 두 사람이 오래 협력한다는 것은 불가능한 일이었다. 전자가 표리부동한 권모술수의 대가였다면, 후자는 솔직하고 선이 굵었다. 베네치아가 로마냐를 장악하면서 카이사르는 즉각 몰락하고 교황이 그 지역에 대한 권력을 완전히 회복하게 되었다. 카이사르는 곤경에 처했을 때 기댈 만한 지원자들이 하나도 없었다. 자신의 완벽한 후견인이 주던 권력이 더 이상 그에게 남아 있지 않았다. 율리우스는 베네치아를 몰아내는 데 필요하다고 여겨 카이사르에게 로마냐 도시들의 열쇠들을 달라고 요구했다. 카이사르는 열쇠들을 내주었으나 오스티아로 물러나 그곳에서 복수의 꿈을 키웠다. 하지만 결국 체포되어 로마로 압송된 뒤 성 안젤로 성에 투옥되었다. 그곳은 그가 두려운 범죄를 저지르던 장소였다. 그는 아버지가 죽을 때 취한 재산을 몰수당했고, 포를리를 비롯한 도시들을 양도한다는 내용의 서류에 서명하지 않을 수 없었다. 그런 뒤 그는 풀려나 어디로든 자유롭게 다니도록 허용되었다. 그는 스페인의 군 지휘관 곤살보 데 코르도바(Gonsalvo de Cordova)에게 보호를 받았으나, 그 스페인 사람은 나폴리에 도착하자마자 비열하게 배반한 뒤 그를 체포하여 1504년 8월에 스페인으로 보냈다. 카이사르는 스페인에서 2년 동안 죄수로 지내다가 감옥을 탈출하여 나바르의 왕이던 이복 형제의 궁전으로 도망쳤다. 하지만 1507년에 비아나가 포위 공격을 당할 때 서른한 살의 나이에 살해되었다.

이렇게 해서 한때 로마의 공포였고, 랑케(Ranke)가 "범죄의 대가"라고 부르고, 마키아벨리가 세속 군주의 모델로 선정한 사람의 생애가 막을 내렸다. 이 정치 평론가는 율리우스가 즉위한 뒤에 카이사르를 만났으며, 자신의 「군주론」(Prince)에서 다음과 같이 썼다. "카이사르 보르지아를 다른 사람들의 재산과 무력을 통하여 최고 권력에 도달한 점에서 만민이 본받을 만한 인물로 천거하는 것이 내게는 좋게 여겨진다. 만약 그가 위대한 지성과 야심이 없었더라면 그만한 권력을 가지고 다스릴 수 없었을 것이다." 카이사르는 그 정치 평론가에게 이렇게 말했다. "나는 어떤 사람도 강탈하지 않았소. 전제 군주의 역할을 수행하여 전제 군주들을 제거하는 역할을 수행하는 것이 이곳에서 내가 수행해야 할 임무요." 만약 권모술수와 암살로써 권력을 잡는 것이 존경할 만한 일이라면, 그리고 만약 모든 개인의 자유를 말살하는 것이 정부의 공의로운 목표라면, 마키아벨리의 이상을 반대만 할 게 아니라 다른 감정으로 대할 수 있을 것이다.

이 비인간적인 오빠가 누이동생 루크레티아에 대한 애정을 끝까지 간직했다는 것을 생각하면 비애감이 든다. 루크레티아는 카이사르가 스페인에 갇혀 지내는 동안 오빠의 석방을 간청했으며, 카이사르가 자신의 탈옥 사실을 동생에게 알린 편지가 지금도 남아 있다.[68] 카이사르가 죽었다는 소문이 나돌자 루크레티아는 자신의 시종 툴리오(Tullio)를 나바르로 보내어 소문의 진위를 확인하도록 했고, 자신은 오빠를 위해서 오래 기도했다. 누이에 대한 이 애절한 사랑은 카이사르가 천성이 악하지 않았음을 보여주는 듯하다.

율리우스는 알렉산더의 재위 기간에 초래된 몇 가지 악을 바로잡는 데도 적극 노력했다. 세르모네타를 가에타니의 공작들에게 돌려주었다. 그가 알렉산더를 격렬히 비판한 문서에는 다음과 같이 기록되어 있다. "자기 친족을 부자로 만들어 주는 데 열심히 있었던 우리의 전임자는 정의에는 관심이 없고 사기와 기만에만 능하여 어떻게든 가에타니 가문에게서 그들의 소유를 강탈할 명분만 찾았다." 율리우스는 교황의 영토에 대해 합법적 권위를 주장할 뜻을 확고히 밝히고는 추기경 9인의 수행을 받아 병력 500명을 이끌고 로마를 출발하여 자신의 뜻을 관철시키는 작업에 나섰다. 페루자는 즉시 조약을 체결했다. 교황은 프랑스 군대의 지원을 받아 자신이 성무 중지령을 내렸던 볼로냐로 입성했다. 로마로 돌아온 그는 정복자로서 환영을 받았다. 군대가 개선문들을 통해 퍼레이드를 벌였는데, 그들이 지난 개선문 가운데는 성 베드로 성당 광장에 세운 콘스탄티누스 개선문의 모조품도 있었다. 퍼레이드를 마친 율리우스는 추기경 28인을 거느린 채 성 베드로 성당으로 가서 감사 기도를 올렸다.[69]

---

68) 그 편지는 Gregorovius, *Lucr. Borgia*, p. 319에 소개된다.

다음으로 조약을 체결해야 할 도시는 베네치아였다. 교황은 서신들과 특사들을 통해서 총독에게 리미니·파엔차·포를리 등 로마냐의 도시들을 넘길 것을 요구했으나 총독은 거부의 뜻을 보냈다. 1508년 3월에 율리우스는 캉브레 동맹에 가입했는데, 이 동맹에는 루이 12세와 황제 막시밀리안, 그리고 후에는 스페인의 페르난도가 함께 가담했다. 이들은 베네치아의 소유를 분할할 것과, 터키 정벌에 의무적으로 참여할 것을 골자로 한 확고한 조약을 체결했다. 프랑스는 밀라노 소유권을 확증받았고, 그 외에도 크레모나와 브레시아를 받았다. 막시밀리안은 베로나·파두아·아퀼레이아, 나폴리와 이탈리아 남부의 베네치아령 영토들, 사보이와 키프로스, 그리고 로마 시를 받았는데, 그가 전에 박탈당했던 지역들이었다. 이 조약은 비록 교황이 참여했을지라도 고압적인 강탈이었다. 과거에 종교적 징계뿐 아니라 군사적 응징도 가하겠다고 약속했던 율리우스는 무자비한 태도로 1509년 4월 27일에 베네치아 공화국에 성무 중지령을 내렸다. 베네치아는 하나님과 총 공의회에 호소했으나 허사였다. 교황은 과거의 죄만 가지고도 베네치아를 철저히 응징하고도 남는다고 썼다.

결국 베네치아는 리미니·파엔차·라벤나를 내주지 않을 수 없었고, 굴욕의 잔을 찌끼까지 다 마셔야 했다. 이 도시는 교황의 동의를 받지 않는 한 주교직을 포함한 모든 성직 임명권과 성직자들에게 세금을 부여할 권한을 포기했다. 아드리아 해상을 공개하여 누구든 무역을 할 수 있도록 하라는 요구에 굴복했다. 거만한 죄들에 대해서 공식 사과하는 임무를 띠고 파견된 베네치아 사절단은 성 베드로 성당에서 의식이 거행될 때 실외에서 무릎을 꿇고 1시간 동안 그 의식에 참여하는 수모를 겪었다. 미제레레(Miserere)를 부를 때 한 절마다 교황과 추기경 12인이 저마다 금 막대기로 그들을 건드렸다. 의식이 끝난 뒤 대성당 문이 열리고 사면이 선포되었다.[70]

율리우스의 다음 번 계획은 감히 이탈리아 북부를 침공해 들어와 그곳의 지배

---

69) 교황을 따라 원정을 수행한 교황청의 신임 의전장 de Grassis와 Aegidius of Viterbo가 그 원정을 기록으로 남긴다.

70) Pastor(III. 643)는 베네치아인들이 사면을 받았다고 간단히 언급할 뿐 사면의 굴욕적인 조건들은 전혀 언급하지 않는다. 베네치아의 문필가들은 율리우스에 대해서 마구 펜을 놀려댔으며, 여러 가지 비난 가운데서도 특히 남색을 범했다는 비난을 퍼부었다. Pastor, III. 644, Note.

권을 주장하고 있던 프랑스를 굴복시키는 것이었다. 교황이 추기경 율리안 로베레로서 샤를 8세를 따라 프랑스 군대와 함께 이탈리아로 들어왔던 때와 상황이 바뀌어 있었다. 베네치아가 사면받은 것은 교황이 캉브레 동맹에서 탈퇴한 것을 뜻했다. 그는 베네치아를 자신의 동맹으로 삼음으로써 페라라를 교황청의 관할로 끌어들이고 싶어했다. 페라라 공국은 그동안 프랑스의 우호적인 지원하에 번영을 누려왔다

율리우스는 프랑스의 깃발 아래서 싸워온 스위스인들의 도움을 얻기 위해서 멀리 내다보고 그들을 끌어들이는 일에 착수했다. 강인한 그 산악인들은 전 세계에서 찾아오는 관광객들을 맞이하여 수익을 얻었는데, 이제 용병(傭兵)이 되는 데서 또 다른 수입원을 찾았다. 훗날 추기경이 된 열정적인 스위스인 시텐의 주교 쉬너(Schinner)의 도움을 얻어 교황은 5년간 6,000명의 스위스인들과 용병 계약을 체결했다. 그들을 파견한 지역들은 매년 13,000길더를 받았으며, 사병들은 일인당 월급 6프랑, 장교들은 그 두 배를 받았다. 츠빙글리(Zwingli)는 스위스 부대의 전속사제로서 로마를 세 번 방문했는데, 훗날 애국심이 돈독해진 뒤에 그때의 일을 부끄럽게 생각했다. 이 스위스 용병들의 후손들이 루이 16세의 근위대가 되었으며, 루체른의 바위를 깎아 만든 사자상이 오늘날까지 그들의 용맹을 기리고 있다. 오늘날도 노란 제복을 입은 스위스 근위대가 바티칸 외곽과 내부를 순찰한다.[71]

프랑스 왕 루이 12세(1498-1515 재위)는 군사력에다 종교 회의의 무게를 실어 율리우스의 세력을 꺾고자 했다. 그의 지시로 1510년 9월에 프랑스 주교들이 투

---

71) 츠빙글리의 친구 Thomas Platter(1499-1582)는 그의 자서전에서 소년 시절에 문물을 익히기 위해 독일로 무전 여행을 했던 이야기를 전하면서, 그 나라 사람들이 "스위스인들을 무척 좋아한 까닭에" 자신의 말에 흔쾌히 귀 기울였던 일을 술회한다. 브레슬라우에서 어떤 집안은 그런 이유로 그를 양자로 삼으려고 나섰다. 1515년에 Marignano가 패배한 뒤에는 Platter의 말대로 "스위스인들이 이제 운이 다하였다"는 말이 널리 퍼졌다. Platter는 한번은 드레스덴 근처에서 저녁 식사에 초대받아 좋은 식사를 마친 뒤에 그 집 사람들의 소개로 임종을 앞두고 있던 그 집 어머니를 만나러 들어갔다. 그녀는 Platter와 그의 스위스인 동료들에게 "나는 스위스에 관해서 좋은 이야기를 너무나 많이 들어서 죽기 전에 꼭 한 번 가보고 싶군요"라고 말했다. 참조. Whitcomb, *Renaissance Source-Book*, p. 108; Monroe, *Thos. Platter*, p. 107.

르에서 공의회로 모인 뒤, 교황이 전임 교황들이 사용해온 성 베드로의 열쇠들을 제쳐두고 바울의 칼을 쥐었다고 비난했다. 그들은 군주들이 정당한 이유가 있다면 무력으로 교황을 대적할 수 있으며, 심지어 그에게서 충성을 거두고 교황령을 침공해도 무방하다고 주장했다.[72] 공정왕 필립의 재위 때와 마찬가지로 이제도 프랑스에서 로마로 송금하는 행위를 금지했고, 추기경 9인이 1511년 9월 1일에 피사에서 공의회로 모이자고 제청했다. 투르 공의회는 율리우스를 "새로운 골리앗"으로 단죄했고, 루이는 "나는 바빌론의 이름을 말살할 것이다"(perdam Babylonis nomen)라는 좌우명을 새긴 주화들을 발행했다. 칼빈은 세상을 떠나던 해인 1564년 1월 8일에 페라라의 공작부인 르네에게 그 주화 한 닢을 보내면서, 자신이 그녀를 위해서 가장 좋은 것을 골라 보낸다고 썼다. 르네는 루이 12세의 딸이었다. 율리우스는 페라라의 공작 알폰소를 죄악의 아들과 멸망의 뿌리로 규정하고는 그를 파문했다. 이로써 기독교 세계의 수석 사제와 가장 기독교적인 왕이자 교회의 장자가 서로 전쟁을 벌이는 광경이 다시 연출되기에 이르렀다.

원정 초반에 율리우스는 병에 걸려 드러눕게 되었는데, 모두들 그것이 중병인 줄로 알았다. 그러나 그는 속히 회복하여 궁정인들을 놀라게 했으며, 1511년 1월에는 한겨울의 혹한 속에 교황 군대의 막사를 방문했다. 율리우스의 민첩한 행동은 루이의 지연 정책과 큰 대조를 이루었다. 루이는 진군을 해야 할 시간에 편지를 쓰고 교회회의 앞에서 연설을 하는 데 시간을 보냈다. 그때부터 죽을 때까지 교황은 라파엘로의 유명한 초상화에 묘사된 대로 턱수염을 길렀다.[73] 사방이 눈에 덮여 꽁꽁 얼어붙었는데도 율리우스는 막사 생활의 불편과 고통을 참아냄으로써 몸소 본을 보였다. 프랑스의 패배를 이끌어내기 위해서 그는 1511년 10월에 스페인과 베네치아와 함께 신성 동맹(the Holy League)을 체결했다. 훗날 이 세 동맹 세력이 막시밀리안과 잉글랜드의 헨리 8세와 손을 잡았다. 교황은 헨

---

72) Mansi, XXXII. 555-559.

73) Creighton(IV. 123)은 부주의하게도 율리우스가 턱수염을 기른 최초의 교황이었다고 말한다. 하지만 성 베드로 성당에 묘사되어 있는 대로 로마의 초기 주교들 가운데 많은 수가 턱수염을 길렀다. 율리우스의 후임 교황인 클레멘스 7세와 그 밖의 교황들도 턱수염을 길렀다.

리에게 황금 장미를 보내 그를 높여주었다. 헨리의 행동은 잉글랜드가 유럽 정치 무대에 처음으로 적극 개입한 사례였다.

한편 프랑스는 피사 공의회에 매달리고 있었다. 교황은 지혜롭게 라테란에 공의회를 소집함으로써 피사 공의회의 영향력을 반감시켰다. 기독교 세계가 두 진영의 적대적 군대뿐 아니라 두 개의 대립 공의회들로 양분되었다. 두 군대는 유서 깊은 황도(皇都)인 라벤나의 성벽 밑에서 결정적인 전투를 벌였다. 프랑스 군 사령관인 프랑스 왕의 조카 가스통 드 푸아(Gaston de Foix)는 불과 스물네 살밖에 되지 않았는데도 당대의 탁월한 지휘관들 가운데 한 사람임을 입증했다. 볼로냐가 그의 군대 앞에서 무너졌고, 이제는 라벤나가 피비린내 나는 전투 끝에 굴복했다. 라벤나에서 전투를 벌일 때 양쪽 진영의 전력은 프랑스 군대가 25,000명, 동맹군이 20,000명이었다. 프랑스 진영에는 프랑스 교황특사인 추기경 산세베리노(Sanseverino)가 갑옷을 입은 채 말을 타고 있었는데, 키가 워낙 커서 다른 병사들 위에 우뚝 솟아 있었다. 동맹군 진영의 유력 인사들 가운데는 흰옷을 입은 교황특사 추기경 데 메디치(de' Medici)와 훗날 교황 클레멘스 7세가 된 줄리오 메디치(Guilio Medici)가 있었다. 전투는 1512년 부활절에 개시되었다. 가스통 드 푸아는 말이 쓰러지는 바람에 땅바닥에 굴러떨어졌다가, 곤살보가 훈련시킨 노련한 스페인 병사 몇몇에 의해 살해되었다. "나를 사랑하는 자는 나를 따르라"는 말을 전쟁 구호로 사용한 그는 비록 전사했으나 승자가 되어 관에 실린 채 라벤나 시로 운구되었다. 리미니와 포를리를 비롯한 로마냐의 다른 도시들이 프랑스 군대에게 항복했다. 추기경 메디치는 그들에게 생포되었다.

교황 진영은 절망의 나락으로 떨어진 듯했으나, 율리우스의 불굴의 정신이 패배와 더불어 다시 솟아올랐다. 그는 "100,000다카트와 내 교황관을 걸고서 기필코 프랑스를 이탈리아에서 쫓아낼 것이다" 하고 장담했다고 전해지며, 결국 라벤나의 승리는 또 다른 칸나이(Cannae)임이 입증되었다(칸나이는 카르타고의 한니발이 로마군에게 승리를 거둔 지역: 역자주). 추기경 쉬너가 병력을 18,000명으로 증강한 강인한 스위스 군대와 베네치아 군대가 공격을 개시하자 야만족들(율리우스가 프랑스인들을 이렇게 부름)은 자신들이 탈취했던 것들을 다 내놓고 밀라노를 버려둔 채 알프스 이북으로 퇴각하지 않을 수 없었다. 파르마와 피아첸차가 마틸다(Mathilda)의 양도에 힘입어 교황의 수중에 들어갔고, 레조도 그렇게 되었다. 동맹군이 거둔 승리가 로마에서 성대하게 축하되었다. 성 안젤로 성에서 축포가 발사되었고, 모든 교회들에서 감사 기도가 올려졌다. 교황은 스위스 군대의 수고를 치하하면서 두 개의 큰 깃발과 교황청 수호자들(auxiliatores sedis apostolicae)이라는 항구적인 칭호를 하사했다. 그 거창했던 원정은 이렇게 해서 끝났다.

율리우스는 황제에게 30,000다카트를 주고서 시에나를 매입했고, 전투 경험이 많은 스페인 군대의 지원을 받아 피렌체를 장악하고 메디치 가를 다시 권좌로 복귀시켰다. 한때 황제직에 교황직을 겸직하겠다는 기괴한 생각을 품었던 막시밀리안은 교황이 베네치아를 철저히 굴복시키기 위해서 자신이 동원할 수 있는 모든 영적 조치들을 사용하기로 합의하자, 라테란 공의회를 지원하겠다고 밝혔다. 하지만 교황이 죽음으로써 계획을 더 이상 실행할 수 없게 되었다. 교황은 마지막 몇 시간에 추기경 그리마니(Grimani)와 대화를 나누다가 지팡이로 바닥을 세게 내리치면서 "하나님께서 내게 생명을 주신다면 나폴리를 스페인의 멍에에서 벗겨주고 스페인 사람들의 땅을 빼앗을 텐데" 하고 탄식했다.[74]

피사 공의회는 1511년 9월 1일에 대주교 2인과 주교 14인이 참석한 가운데 열렸다. 첫 회기와 마지막 회기에는 추기경 6인이 참석했다(카르바얄 · 브리송네 · 프리 · 달브레 · 산세베리노 · 보르지아). 파리 · 툴루즈 · 푸아티에 대학교들도 교수들을 대표로 파견했다. 세 번의 회기가 끝난 뒤에 공의회는 라벤나의 승리로 잠시 활력을 되찾은 밀라노로 장소를 옮겼다. 프랑스 군대가 패배하자 공의회는 피에몬테의 아스티로 옮겨서 9차례 회기를 진행했으며, 그 뒤에 리옹으로 옮겼다가 그곳에서 해산했다. 헤르겐뢰터와 파스토르를 비롯한 가톨릭 사가들은 피사 공의회를 소(小) 공의회(conciliabulum)와 비밀 집회(율리우스가 자신의 대칙서에서 그 공의회를 이렇게 표현했다)라고 부르는 데서 만족을 얻는다. 피사 공의회가 결의한 법령들 가운데는 율리우스가 라테란에서 열고 있던 교회회의를 비난하는 내용이 있었으며, 공의회는 교황을 소환하고 심지어 그에게서 모든 영적 · 세속적 권위를 박탈한다고 선포하는 만용을 발휘했다. 피사 공의회는 총 공의회들을 교황 위에 둔 콘스탄츠 공의회 제5차 회기의 법령들을 재가했다.

제5차 라테란 공의회는 중세의 마지막 에큐메니컬 공의회이자 로마 가톨릭 교회가 인정하는 전체 에큐메니컬 공의회의 목록에서 18번째 자리를 차지하는 회

---

74) Pastor, III. 725.

의로서, 구성과 진행 방식이 기존 공의회들과 사뭇 달랐다. 거의 5년간 지속되었으며, 비텐베르크 교회 문에 구십오개조가 내걸리던 전야에 폐회했다. 이 공의회는 주로 한 일보다 하지 않은 일로 더 유명하다. 공의회가 공포한 사항들 가운데 시대를 넘어서는 성격을 띤 것은 로마 교황이 모든 권력과 개인들보다 앞선다는 보니파키우스의 이론을 재확인한 것이었다.

공의회를 소집하면서, 율리우스는 피사 공의회에 참석한 추기경들을 분리주의자들과 어둠의 자식들로 규정하고는 면직 처분했다. 라테란 공의회는 비중과 참석자 수에서 콘스탄츠 공의회에 미치지 못했다. 1512년 5월 3일에 열린 1차 회기에 추기경 16인, 총대주교 12인, 대주교 10인, 주교 70인, 수도회 총장 3인이 참석했다. 아우구스티누스회 총장 비테르보의 아이기디우스는 개막 연설에서 최근 율리우스의 화려한 치적을 한참 예찬한 뒤 공의회의 재량에 맡겨진 빛의 무기들인 경건과 기도와 서약과 믿음의 흉배를 크게 강조했다. 기독교 세계의 군사력이 결집하여 그리스도의 극악한 원수 마호메트에 대해 전선을 형성할 수 있도록 공의회가 모든 기독교 군주들을 설득하고 달래는 데 힘써야 한다고 역설했다. 연설이 끝난 뒤 공의회는 피사 '비밀 집회' 지지자들을 분리주의자들로 단죄하고, 프랑스에 성무 중지령을 내렸다. 유창하고 감동적인 연설을 들은 율리우스는 4차례의 회기에 참석했다.

제2차 회기에서 카예타누스는 교황이 두 자루의 칼을 가졌다는 어용 발언을 길게 늘어놓았다.

제4차 회기에서 베네치아인 마르첼로(Marcello)는 율리우스를 예찬하는 연설을 했는데, 그 내용은 웅변의 역사에서 비슷한 예를 찾아보기 힘든 낯뜨거운 아첨이었다. 교회를 위해서 참을 수 없는 추위와 불면의 밤들을 견디고 병고를 치러낸 교황에게 이제는 더 큰 평화의 승리들이 남았다고 운을 뗀 마르첼로는, 율리우스가 사제이자 목자이자 의사이자 군주이자 행정가이며, 한 마디로 지상에 거하는 또 한 분의 하나님이라고 드높였다.[75]

교황이 마지막 병에 걸린 동안 열린 제5차 회기에서 교황 선거 때 자행되는 성직매매를 준열하게 단죄하는 대칙서가 낭독되었다. 공의회의 나머지 회기들은 율리우스의 계승자의 재위 때 열렸다.

---

75) Mansi, XXXII, 761.

율리우스는 죽을 때 일흔이 채 되지 않았다. 그는 당대의 격동의 무대에서 누구와도 비교할 수 없을 만큼 비중 있는 주역을 맡았다. 그는 임종 때 자신의 의전장 파리스 데 그라시스(Paris de Grassis)를 불러 그동안 역대 교황들의 시신들을 얼마만큼 소홀히 방치했는가 환기시켰다. 그 중 몇몇 시신들은 부끄럽게도 벗은 채 방치되어온 점을 지적했다. 그런 다음 시신을 예를 갖추어 매장하도록 그에게 다짐을 받았다.[76] 추기경들이 소집되었다. 임종을 앞둔 교황은 그들에게 먼저 라틴어로 인사를 한 다음, 앞으로 치러질 선거에서 성직매매가 일절 발생하지 않도록 당부하고, 후임 교황을 선출할 권한이 공의회에 있지 않고 그들에게 있음을 환기시켰다. 그는 분리파로 지목되었던 추기경들을 사면해 주었으나, 자신이 죽은 뒤에 소집될 비밀 선거회에 참여할 수 없도록 했다. 그런 다음 출생 연고를 강조하려는 듯이 언어를 이탈리아어로 바꾸어서 자신의 조카 우르비노 공작의 페사로에 대한 소유권을 보장해달라고 간곡히 당부한 뒤 그들에게 작별 인사를 했다. 마지막 치료제인 금 용액을 사용했으나 성과가 없었다. 그는 1513년 2월 20일에 죽었다.[77]

이후에 전개된 상황은 알렉산더 6세가 죽은 뒤의 상황과 사뭇 달랐다. 경외와

---

76) De Grassis는 교황이 죽을병에 걸렸다는 각종 소문이 널리 나돌았다고 보고한다. 프랑스 병에 걸렸다는 소문도 있었고, 탐식 때문에 위가 늘어났다는 소문도 있었다. 그는 많은 사람들이 교황의 시신을 보러 가서 그의 발에 입을 맞추었다는 내용도 전한다.

77) 그 교황이 죽은 뒤에 발표된 Julius exclusus라는 풍자 글은 그가 거대한 소음을 일으키며 천국 문에 당도하는 모습을 묘사한다. 베드로가 율리우스에게 말하기를, 그는 용감한 사람인데다 군대도 많고 재산도 많고 세상에서 건축 사업도 많이 벌였으니 굳이 천국에 들어오지 않아도 자신만의 낙원을 능히 지을 수 있겠다고 했다. 동시에 사도는 그에게 낙원을 건설하려면 마귀의 공격을 막기에 넉넉한 정도로 깊고 강하게 지어야 할 것이라고 말했다. 율리우스는 제 분수도 모른 채 베드로를 향해 석 주의 여유를 줄 테니 그 안에 천국 문을 열라고 통보했다. 만약 문을 열지 않으면 6만의 병력으로 공격을 가할 것이라고 말했다. 이 내용은 필립 샤프 박사가 청년 시절에 베를린 대학교 졸업생 자격으로 교황 그레고리우스 16세를 만났던 일에 관해 자주 해주던 이야기를 생각나게 한다. 그레고리우스는 로마 시민들 사이에 포도주 감별사로서 이름을 날리고 있었다. 그가 죽었을 때 로마의 재담가들이 퍼뜨린 이야기에 따르면, 그가 천국 문에 이르러 열쇠들을 꺼내 문을 열려고 했다. 하지만 열쇠들이 맞지 않았다. 베

존경의 분위기가 도시를 덮었다. 죽은 교황이 애국자로 추앙되었고, 하나님의 사제로서 제 역할을 하지 못한 점이 로마의 질서를 회복하고 위상을 높여놓은 공로로 벌충되고도 남는다는 분위기였다.[78]

바티칸이 오랫동안 끊이지 않은 추문들에서 벗어난 것은 큰 유익이었다. 세상적 관점에서 볼 때, 율리우스는 교황권을 유럽의 군주들과 대등한 반열에 올려 놓았다. 만약 율리우스가 무력으로 교황권을 재확립해 놓지 않았다면 교황제는 루터의 맹렬한 공격으로 형성된 두려운 격변을 견디지 못하고 무너져 버렸을 것이다. 그러나 율리우스 2세가 시대가 요청하고 루터가 시작한 새로운 종교개혁을 조금이라도 진지하게 고려한 징후가 조금이라도 있었는지, 역사학도로서는 눈을 씻고 찾아보려고 해도 찾을 수 없다. 만약 율리우스의 재위 기간에 북유럽에서 종교개혁이 시작되었다고 한다면 강인한 의지와 단호한 실행 능력을 갖춘 이 교황이 어떤 조치를 취했을는지 아무도 추측할 수가 없다. 에르푸르트의 수사는 이 교황이 재위하는 동안 처음이자 마지막으로 로마의 거리를 거닐었다. 부모가 연옥에서 고통받고 있을 것을 생각하고서 기도로써 그들을 건져내려는 일념으로 루터가 스칼라 상타 계단을 무릎으로 기어올라가 교회당이 있는 곳으로 뛰어가는 동안, 율리우스는 200,000다카트를 호가하는 보석들로 장식한 화려한 교황관을 완성한 상태였고, 그것을 1511년 자신의 즉위 기념일에 처음으로 썼다. 훗날 루터는 율리우스의 계승자로서 화려한 교양의 소유자인 메디치 가문 출신과 상대하게 되었지만, 만약 모두 미천한 가정에서 시작한 두 사람이 상대했더라면 훨씬 더 호적수가 되었을 것이다.[79]

율리우스 2세 때는 교황 재정이 넘쳐났다. 그는 여러 차례 원정을 감행하느라 경비 지출이 많았을 텐데도 400,000다카트에 해당하는 금은과 주화를 남겼다. 이 기금의 일부분은 면죄부 판매 수익금이었다. 그는 현세와 연옥에서의 사죄를 장사 재료로 바꾸어 놓았던 것이다.

드로가 소음을 듣고 나와서 열쇠 꾸러미를 바라보더니, 그것은 천국 열쇠가 아니라 포도주 창고 열쇠 꾸러미라고 하면서 교황 궁으로 돌아가 열쇠를 제대로 찾아 가지고 오라고 타일렀다.

78) Guicciardini는 율리우스를 이름만 사제라고 평가한다.

79) 참조. Ranke, Hist. of the Popes, I. 35.

율리우스는 예술과 문화를 후하게 지원한 까닭에, 이 책의 다른 부분에서 그 관점으로 다시 살펴볼 것이다. 과연 어떤 사람이 브라만테(Bramante) · 미켈란젤로 · 라파엘로(Raphael) 같은 완숙한 거장들을 한꺼번에 불러 작품을 의뢰하는 특권을 누린 적이 있었던가! 피렌체의 피티 미술관에 보관된 그의 초상화는 라파엘로의 작품에 사용된 선들과 색채들에서 그 교황의 권력의 비결을 찾아내고자 하는 사람들에게 풍성한 연구 소재를 제공한다.[80] 화가는 율리우스를 왼손으로 자신이 앉은 권좌의 팔걸이를 잡고 있는 턱수염 기른 노인으로서 묘사했다. 그의 손가락에는 보석 반지가 끼여 있다. 이마가 높고 입술은 굳게 다물고 눈에는 약간의 권태와 결의와 위엄이 서려 있다.

아메리카 대륙의 역사에도 율리우스는 어느 정도의 자리를 차지한다. 1504년에 그는 히스파니올라 혹은 아이티에 대주교구 한 곳과 주교구 두 곳을 세웠다. 하지만 그곳에 발령을 받은 고위성직자들은 그 뒤로 바다를 건넌 적이 없었다. 7년 뒤인 1511년에 율리우스는 이 교구들을 폐지하고는 아이티 섬에 산 도밍고 교구와 콘셉치온 데 라 베가 교구를, 그리고 포르토 리코(푸에토리코의 옛 지명)에 산 후안 교구를 설립했고, 세 교구를 세비야 수도대주교의 관할하에 두었다.

56. 레오 10세(1513-1521)

호전적이었던 교황 율리우스 2세의 뒤를 이은 사람은 레오 10세(Leo X)였다. 세속 군주처럼 쾌락을 추구하고 권모술수에 능했던 레오를 생각하면 강철 같은 의지와 솔직한 정신을 지녔던 율리우스가 크게 보인다. 레오는 쉽게 사는 것을 좋아했고 딱히 숭고한 목표도 없었다. 그가 기독교 세계의 수장직을 에피쿠로스적 개념으로 이해했다는 것이 교황에 선출된 직후에 자기 형제에게 보낸 편지에 잘 나타나 있다. 편지에는 "하나님이 교황직을 우리에게 주셨으니 이제 마음껏 즐기자"는 내용이 실려 있다.[81] 중세의 마지막 교황이 교황에 관한 세속 철학에

---

80) 이 초상화의 원본은 피렌체의 코르시니 궁전에 보관되어 있다.

81) 이 표현은 당시의 대사 Marino Giogi가 전한 내용이므로 부정할 수가 없다. 레오의 전기작가도 비슷한 증언을 한다(Cod. Vat., 3920).

가 닿은 셈이다. 레오는 행복하고 유쾌하게 살고 싶었다. 영적 사명에 관한 생각을 품어본 적이 없었다. 참 신앙을 진흥시키려는 노력이 바티칸에서 발산된 적이 한 번도 없었다.

1475년 12월 11일에 피렌체에서 위대한 자 로렌초(Lorenzo the Magnificent)의 둘째 아들로 태어난 조반니 데 메디치(Giovanni de' Medici)는 가문의 세도와 부와 폴리치아노(Poliziano) 같은 박식한 가정교사들이 줄 수 있는 모든 기회를 받아 누렸다. 일곱 살 때 체발을 하면서 성직의 세계가 어린 그에게 활짝 열렸다. 프랑스 왕 루이 11세는 그에게 퐁트 돌체 대수도원을 하사했고, 여덟 살 때에는 엑스 대주교로 지명받았다. 하지만 재가를 받지는 못했다. 토스카나의 주교좌성당들 각각의 참사회원직이 그에게 배정되었고, 이렇게 하여 그가 갖게 된 성직만 해도 몬테 카시노의 대수도원장직과 교황청 수석 공증인(pronotary)을 포함하여 27개나 되었다.

교회의 가장 높은 성직들이 이 소년을 위해 준비되어 있었으며, 소년은 열네 살이 되기도 전인 1489년 3월 9일에 인노켄티우스 8세에 의해 추기경 부제로 지명되었다. 3년 뒤인 1492년 3월 8일에 조반니는 로마에서 추기경으로서의 권위를 정식으로 부여받았다. 이때 로렌초는 아들에게 아버지로서의 자상한 조언과 세상을 두루 겪어본 데서 나온 지혜의 훈계들을 적어 보냈는데, 이 편지는 체스터필드 경(Lord Chesterfield)이 자기 아들에게 보낸 편지들과 같은 범주에 속한다. 로렌초는 조반니에게 교회의 왕자가 된 것이 얼마나 큰 행운인가를 환기시키며, 그가 추기경회에서 가장 나이가 어리기 때문만이 아니라 역대 추기경들 가운데 가장 어린 나이에 추기경이 되었다는 점에서 그 의미가 더욱 크다고 일러주었다. 그것이 메디치 가문에 수여된 가장 빛나는 명예라는 자랑도 빼놓지 않았다. 그는 아들에게 로마가 온갖 죄악의 하수구임을 잊지 말라고 경고하면서, 건실한 생활을 하고 허세를 피하고 아침에 일찍 일어나라고 훈계했는데, 아들은 그 훈계를 따르지 않았으며, 자기가 얻은 기회들을 고향 도시의 이익을 위해서 사용했다. 로렌초는 몇 달 뒤에 죽었고, 어린 고위성직자는 즉시 토스카나의 교황특사로 임명받고는 고향 도시에 주재했다.[82]

---

82) 그 유명한 편지는 Roscoe, Bohn's ed., pp. 285-288, Vaughan, p. 23 sqq.에 실려 있다.

율리우스가 죽을 때 조반니 데 메디치는 서른일곱 살밖에 되지 않았다. 그는 로마로 갈 때 종양 때문에 가마를 타고 갈 수밖에 없었으며, 교황 비밀선거회가 모인 동안 종양 제거 수술을 받았다. 조반니는 추기경회의 소장파에 속하여 붙임성 있는 태도에 힘입어 적을 만들지 않고 많은 친구들을 얻었으며, 본인이 특별히 노력하지 않았어도 교황에 쉽게 선출된 듯하다. 은행가 코시모(Cosimo)의 증손자 조반니는 레오 10세라는 이름을 취했다. 그는 교황에 선출된 뒤인 1513년 3월 17일에 사제 서품을 받았고, 3월 19일에 주교 축성을 받았다. 그가 교황이 된 것을 로마 주민들이 반겼다는 징후가 여러 곳에서 드러난다. 즉위식 때 100,000다카트 혹은 많게는 150,000다카트가 지출되었는데, 그 재정은 율리우스가 긴축해 가면서 모아놓은 것이었다.

행렬에는 250인의 대수도원장들과 주교들, 대주교들이 참석했다. 율리우스 2세가 파문했던 에스테의 알폰소가 교황이 탄 백마를 이끌었는데, 그것은 일년 전에 자신이 라벤나에서 타던 말이었다. 가옥들과 거리 곳곳에 가로놓인 아치들에 메디치 가문의 수호성인들인 코스마스와 다미아누스, 그리고 올림포스의 신들과 요정들의 조각상들이 나란히 세워졌다. 파리오네 광장(피아차 디 파리오네)의 아치에는 페르세우스·아폴로·모세·머큐리 등 성경의 인물과 신화의 인물들이 함께 새겨졌는데, 이것은 3세기에 알렉산더 세베루스가 자신의 궁전에 아브라함과 오르페우스의 흉상들을 함께 전시해 놓았던 것을 연상케 한다. 훗날 추기경 안드레아 델라 발레(Andrea della Valle)가 된 주교는 자신의 아치에 아폴로·바코스·머큐리·헤라클레스·비너스 등 고대 이교의 신들과 파우누스(반인반양)들과 가니메데스(제우스의 술시중을 든 트로이의 미소년)만 새기게 했다. 은세공업자 산 마리노의 안토니오(Antonio)는 자신의 집에 비너스 대리석상을 세워놓고 거기에 다음가 같은 글귀를 새겨 넣었다.

군신들이 다스렸고, 다음에는 팔라스(지혜·공예 등의 여신)가 다스렸지만, 비너스는 영원히 다스릴 것이다.[83]

통치자로서, 레오는 전임자와 같은 용기와 힘이 없었다. 기회주의적인 정책을 추구했고, 적들뿐 아니라 동맹 세력에 대해서도 권모술수를 썼다. 언제 어느 상황에서든 승자의 편에 들어붙을 준비가 되어 있었다. 이탈리아 북부를 장악하려고 하던 프랑스의 기도를 저지하기 위해서, 그는 1513년 4월 5일에 막시밀리안과 헨리 8세, 그리고 스페인의 페르난도와 함께 메클린 조약을 체결했다. 그 결과 프랑스가 박차 전투(the battle of the Spurs. 1513년에 헨리 8세가 이끄는 영국군이 프랑스의 귀네가트에서 프랑스 군대와 싸워 승리한 전투. 영국 기병대가 신속히 이동하여 승리했기 때문에 이런 이름이 붙은 듯함: 역자주)에서 헨리 8세에게 격파되고,[84] 다시 6월 6일에 노바라에서 스위스의 용맹스러운 군대에게 패하여 이탈리아에서 쫓겨나는 것을 즐거운 표정으로 지켜보았다.

루이는 평화 조약을 체결하자는 교황의 제안에 쉽게 굴복하고서 라테란 공의회의 권위를 인정했다. 피사 공의회에 적극 가담했다가 파면을 당한 추기경들인 카르바얄(Carvajal)과 산세베리노(Sanseverino)는 굴욕적인 자백서에 서명한 뒤에 복권되었다. 레오는 그들이 길 잃었다가 찾은, 복음서에 나오는 양과 같다고 말했다. 교황은 프랑스 왕 루이와 체결하고 후에 헨리 8세에게 추인받은 비밀 계약으로 프랑스 왕이 헨리의 여동생 메리 튜더와 결혼하도록 주선하고, 이탈리아 북부에 대한 루이의 소유권을 인정해 주었다. 그러나 이런 내용의 협상을 진행하는 동안, 레오는 베네치아를 프랑스에게서 떼어내고 프랑스의 밀라노 재점령 계획을 무산시키는 작업을 은밀히 벌여나갔다. 루이는 1515년 1월 1일에 쉰두 살의 나이로 죽음으로써 그가 추구해온 계획도 갑자기 중단되었다. 열여섯 나이의 메리와 결혼한 지 석 달밖에 지나지 않은 때였다.

같은 달에 레오는 막시밀리안과 스페인 왕의 양해를 얻어 자기 형제 줄리아노

---

83) 참조. Schulte, p. 198 sq., Reumont, Ⅲ., part Ⅱ., p. 57. 은행가 Agostino Chigi의 집 앞에는 아폴로와 머큐리를 상징하는 조각상들과 키 작은 무어족 두 명의 조각상이 서 있으며, 조각상들에는 다음과 같은 글귀가 새겨져 있다:

키프로스의 여신은 영화를 누렸고 군신도 그러하나,
이제는 미네르바가 지배한다.

84) 1513년 8월 15일. 헨리의 누이 마가렛과 결혼했던 스코틀랜드 왕 제임스 4세는 프랑스 군대와 손을 잡았다. 하지만 1513년 9월 9일에 그와 스코틀랜드의 핵심 귀족들이 플로덴에서 큰 패배를 당했다. 레오는 헨리의 승리를 인정하고서 그에게 축성된 칼과 모자를 하사했다.

데 메디치가 파르마·피아첸차·레조를 차지하게 했다. 레오는 황제에게 40,000다카트를 주고 모데나를 사들였고, 자신의 비밀 동맹 세력의 군대를 지원하기 위해 매달 60,000다카트를 보냈다.

동시에 동맹 세력인 스페인을 배신하고서 그들을 이탈리아에서 몰아내기 위해서 베네치아와 협상을 벌였다.

루이의 사위이자 계승자인 프랑수아 1세는 호전적이고 진취적인 인물이었는데, 그가 카를 5세와 제위를 놓고 경쟁하면서 그에게 몇 차례 원정을 감행함으로써 거의 1/4세기 동안 유럽 정계의 주목을 받았다. 루이의 계획을 승계한 그는 35,000명의 병력과 대포 60문을 이끌고 밀라노 방향으로 진격하여 1515년 9월에 마리냐노를 공격한 결과 20,000명의 스위스 용병대를 궤멸시켰다.[85] 레오는 재난의 소식을 처음 접했을 때는 충격에 휩싸였으나 곧 평심을 회복하고는 베네치아 대사 앞에서 "이젠 왕들의 손에 우리를 맡기고서 살려달라고 부르짖어야 하게 생겼습니다" 하고 탄식했다. 대사는 "그 승리가 성하에게 해를 끼치거나 교황권에 손상을 입히지 못할 것입니다. 프랑스 왕은 교회의 아들입니다" 하고 대답했다. 그리고 대사의 말대로 되었다. 교황은 예상을 뒤엎고 황제와 페르난도와 맺었던 동맹을 헌신짝처럼 버리고는 프랑스 왕에게 달려가 최대한 유리한 양보를 얻어내고자 힘썼던 것이다.

두 사람은 볼로냐에서 만났다. 프랑수아는 추기경 20인의 수행을 받아가며 레오를 알현하고는 모자를 벗고 세 번 절한 뒤 교황의 손과 발에 입을 맞추었다. 레오는 보석들이 반짝거리는 삼중관을 쓰고 금으로 잔뜩 수놓은 망토를 둘렀다. 프랑스 왕의 대변인은 프랑스 왕들이 상고적부터 교황청을 보호해온 이야기며, 프랑수아가 충성을 입증하기 위해서 산들과 강들을 건너온 이야기를 늘어놓았다. 사흘 동안 교황과 왕은 같은 궁전에서 지냈다. 협상 끝에 레오가 파르마와 피아첸차를 양보하기로 했고, 국본조칙(國本詔勅, Pragmatic Sanction)을 내체하

---

85) 전투의 둘째 날에는 베네치아의 군대가 도착하여 프랑스 군대에게 승리를 안겨주었다. 12,000명의 시신이 전장에 나뒹굴었는데, 대다수가 스위스 병사들이었다. 이 산악인들은 자신들의 관습대로 전투를 시작하기 전에 기도를 올렸고, 그들의 지휘관 추크의 슈타이너는 의례적 문구대로 죽기까지 물러나지 않고 싸우겠다는 의지를 밝힌 뒤에 흙을 한 줌 집어들어 삼위일체의 이름을 부르며 동료 병사들의 머리 위로 날렸다.

는 정교조약이 체결되었다. 바젤 공의회 때 작성되어 부르주 교회회의의 재가를 받은 국본조칙은 프랑스의 모든 주교와 대수도원장과 소수도원장의 임명권을 프랑스 왕에게 주었는데, 새로운 정교조약에서도 이 조항은 보존되었다. 반면에 국본조칙에서, 교황을 총 공의회들에 귀속시키는 조항과, 교황에게서 프랑스의 고위성직 및 하위성직으로부터 성직 수임 초년도 수입세(annates)를 징수할 권한을 배제한 조항들은 삭제했다.

황제 막시밀리안이 1519년 1월에 세상을 떠나고 그의 후임자를 선출하게 된 상황이 레오의 외교 역량에 가장 큰 시련이 되었다. 그에 앞서 스페인에서 무어 족의 지배에 종지부를 찍고 아메리카 대륙을 국왕에게 복속시키고, 1510년에 율리우스 2세에게 나폴리 왕국을 하사받았던 가톨릭교도 페르난도(Ferdinand the Catholic)가 1516년에 죽으면서 손자 카를(Charles)에게 자신의 영토들을 물려주었다. 그런 상황에서 친할아버지 막시밀리안이 죽자 카를은 네덜란드와 합스부르크 가문의 영토, 그리고 황제 계승권의 상속자가 되었다. 레오는 프랑수아를 좋아했으나 혈통에 따른 권리와 독일인들의 지지는 카를에게 있었다. 카를이 황제로 선출되는 상황을 막고 프랑수아의 악감정을 면하기 위해서, 레오는 자신의 특사 카예타누스를 보내 작센의 선제후 지혜자 프리드리히(Frederick the Wise)나 브란덴부르크의 선제후가 선출되도록 여론을 모으게 했다. 프랑수아와 비밀 협약을 맺고서 트리어와 쾰른의 대주교들에게 만약 그들이 프랑스 왕에게 표를 던지면 추기경으로 승진하게 해주겠다고 제의했다. 그러나 누가 황제로 선출되든 자신의 입지를 확고히 다져놓기 위해서 레오는 카를과도 비밀 계약을 맺었다. 두 후보자는 저마다 교황이 자기편이라고 믿을 만한 이유가 있었다.[86] 마침내 프랑수아의 당선 가능성이 희박해진 상황에서 선제후들이 이미 프랑크푸르트에 회집한 뒤에 레오는 카예타누스에게 편지를 보내, 더 이상 단단한 벽에 머리를 부딪쳐봐야 소용이 없으니 이젠 카를의 당선을 위해 주력하라고 지시했다. 레오는 카를을 지지하는 대가로 100,000다카트를 요구했다.[87] 선거가 끝나고 조금 시간이 지난 뒤에 황제 당선자에게 비유를 많이 사용한 축하 서신을 보냈으

---

86) Pastor(IV. 185 sq.)는 레오의 이중 외교를 강한 어조로 비판한다.

87) 절반은 현금으로, 나머지 절반은 푸거 가문의 은행에 예치하도록 요구했다. Schulte, p. 196.

며, 1521년에는 루터가 출두한 보름스 의회에서 카를과 함께 한때 자신의 동맹자였던 프랑수아와 대립하는 동맹을 체결했다. 합의문에는 교황이 밀라노와 파르마, 피아첸차를 내준다는 내용이 담겨 있었다. 카를의 군대가 이 도시들을 점령하는 데 성공했다는 소식이 레오에게 전해진 것은 그가 죽기 직전인 1521년 12월 21일이었다. 개신교 진영을 위해서는 교황이 황제와 동맹을 맺고 프랑스와 대치하게 된 것이 대단히 유리했음이 입증되었다. 프랑스를 공략하느라 황제가 독일을 비울 수밖에 없었던 것이다.

레오 10세는 교황청을 꾸려가면서 자기 가문의 이익을 잊지 않았다. 자기 동생 줄리아노를 교회의 곤팔로니에레로 임명하고 프랑수아 1세의 이모와 결혼하게 했다. 줄리아노는 한동안 파르마와 피아첸차와 레조를 차지했다. 1516년에 죽을 때 자식이라곤 서자 히폴리투스(1535 죽음) 하나뿐이었는데, 훗날 그는 추기경이 되었다.

메디치 가문의 세속적 야망은 이제 레오의 장조카 로렌초 데 메디치에게 집중되어 있었다. 레오는 율리우스의 조카를 폐위한 뒤 로렌초를 우르비노의 공작에 임명했다. 1518년에 그는 프랑스 왕실 사람인 마들렌 드 라 투르 도베르뉴(Madeleine de la Tour d'Auvergne)와 결혼했다. 레오는 로렌초의 신부에게 300,000다카트에 해당하는 선물을 보냈는데, 그 가운데는 자개와 귀금석들로 장식한 거북이 등껍질 침대 뼈대가 들어 있었다. 두 사람은 피렌체에 거처를 정했으나, 두 사람 다 결혼한 지 일년도 채 못되어 딸 하나를 남긴 채 세상을 떠났는데, 그 딸이 훗날 프랑스 역사에서 그리고 위그노들을 박해한 일로 유명하게 된 카트린 데 메디치(Catherine de Medici)이다. 로렌초가 죽으면서 코시모 데 메디치가 세운 가문의 부계(父系)가 끊어졌다.

1513년에 레오는 조카 인노켄티우스 치보(Innocent Cibo)와 그의 사촌 율리우스(Julius)를 추기경으로 임명했다. 스물한 살의 젊은이였던 치보는 인노겐티우스 8세의 아들 프란체쉐토 치보(Franceschetto Cibo)와 레오의 누이인 마델리나 데 메디치 사이에서 태어난 아들이었다. 그는 도덕 수준이 저급하여 도저히 성직자가 될 만한 인물이 못되었다. 훗날 클레멘스 7세가 된 율리우스 데 메디치는 식스투스 4세 때인 1478년에 파치 가의 음모 때 살해된 레오의 삼촌의 서자였다. 서출(庶出)이라는 그의 불리한 조건은 교황의 법령으로 말소되었다.[88] 레오는 1517년에 자기 누이 두 명의 아들들인 조반니 살비아티(Giovanni Salviati)와 니콜라우스 리돌피(Nicolas Ridolfi)에게도 추기경 모자를 씌워주었다. 그들을 임명하면서 레오는 31명이 넘는 추기경들을 임명했다. 그 중에는 박식한 도미니쿠스 회 총장 카예타누스, 라테란 공의회 개막 연설로 큰 명성을 얻은 비테르보의 아이기디우스(Aegidius), 레오의 계승자 위트레흐트의 하드리아누스(Adrian)가 있었다. 그런가 하면 불과 일곱 살밖에 되지 않은 포르투갈의 알폰소도 신임 추기경 명단에 들어가 있었는데, 그가 열네 살이 된 뒤에야 추기경직을 수행하도록 한다는 단서가 붙어 있었다. 함께 임명된 추기경들 가운데는 도저히 성직자가 될 자격이 없는 제후들이 끼여 있었다.[89]

1517년에 교황청은 교황과 각별한 관계를 유지해오던 소장파 추기경 시에나의 페트루치(Petrucci)가 주도한 음모 때문에 공포와 당혹에 휩싸였다. 페트루치는 자기 형이 다스리던 시에나의 내정에 교황이 간섭하고 우르비노의 공작을 폐위하자, 종양 전문의 바테스타 데 베르첼리(Battesta de Vercelli)를 시켜 교황을 독살하려는 음모를 꾸몄다. 하지만 음모가 발각되었고, 스페인 대사를 통해 교황이 발행하는 안전 통행권을 가지고 로마에 온 페트루치는 성 안젤로 성의 가장 깊은 지하감옥인 마로코 감옥에 수감되었다. 대사가 안전 통행권을 발행해주지 않았느냐고 환기시키자, 레오는 독살범은 누구든 안전하지 않다고 대답했다. 추기경들인 사울리와 리아리오도 이 사건에 연루된 혐의로 지하감옥에 던져졌다. 다른 두 추기경도 음모에 가담한 혐의를 받았으나 도망쳤다. 페트루치와 의사는 교수형을 당했고, 리아리오와 사울리는 사면을 받았다. 40년 전에 피렌체 주교좌성당에서 자행된 비열한 암살을 목격했던 리아리오는 식스투스 4세 가문의 마지막 유력한 대표자였다. 그는 고문을 이기지 못한 채 음모자들이 자신을 교황으로 추대할 계획이었다고 자백했다. 레오는 그 추기경을 사면하는 대가로 일년 내에 150,000다카트의 몸값을 지불할 것과, 리아리오가 자신의 궁전을 떠날 때 그의 친족들이 150,000다카트를 더 지불할 것을 요구했다. 리아리오는

---

88) 레오가 착수한 조사는 율리우스의 모친 플로레타와 그의 부친이 비록 정식으로 식은 올리지 않았을지라도 결혼한 사이임을 인정했다는 식으로 결과를 이끌어 냈다.

89) 후보자들 가운데 한 사람인 Silvio Passerini는 성직록 매입에 열을 올린 사람이었다. Pastor(IV. 139)는 그가 레오의 Regesta에서 수여받은 55개의 성직을 열거하면서, 그가 받은 교구들의 목록을 '두려운 것'이라고 부른다.

마침내 교황에게 로마를 떠나도 좋다는 허락을 받았으며, 1521년에 나폴리에서 죽었다.

레오의 재위 기간에 벌어진 유명한 행렬의 하나는 1514년에 포르투갈의 대표단이 로마에 도착하여 교황에게 복종하기로 한 그 나라 왕 에마누엘의 결정을 알린 일이었다. 왕은 많은 양의 선물을 보냈는데, 그 가운데는 페르시아 산 말들과 새끼 흑표범, 표범 두 마리와 흰 코끼리 한 마리가 있었다. 야수들이 행렬을 지어 들어올 때 코끼리가 코로 물을 머금은 뒤 구경꾼들을 향해 뿌리자 군중의 분위기가 한껏 달아올랐다.[90] 교황은 왕의 정중한 의사를 인정하여 보야도르 곶과 논 곶 서쪽에서부터 서인도 제도 사이에 있는 모든 영토를 포르투갈 왕에게 하사했다.

제5차 라테란 공의회는 레오가 선출된 지 한 달 뒤인 1513년 4월에 개회했다. 공의회는 프랑스와의 정교조약을 인준했고, 1513년 12월 19일에 열린 제8차 회기에서는 영혼 불멸 교리를 엄숙히 확정했다.[91] 이 조치는 아랍 철학자들과 이탈리아 범신론자들의 회의주의를 견제하기 위해서 취해졌다. 이 법안을 통과시킬 때 반대표가 1표 나왔는데, 그것은 베르가모의 주교가 철학자들의 이론을 심판하느라 시간을 보내는 것이 신학자들의 소임이 아니라는 이유로 던진 것이었다.

공의회는 인쇄술 발명을 하늘이 하나님의 영광을 위해 그리고 선량한 학문의 선전을 위해 내리신 선물로 인정했으나, 도서를 출판하려면 로마의 궁정장의 재가를 받거나, 로마 이외의 지역에서는 도서 내용 검열의 책임을 맡은 종교재판관이나 주교의 재가를 받도록 했다. 성직위계제도에 유해한 서적들을 단죄하는 관행은 진작부터 시행되고 있었다.

공의회는 의제로 상정된 터키 원정안을 승인하고, 그 목적으로 기독교 세계에 십일조세를 부과했다. 영국에서는 헨리 8세가 이 세금을 징수하지 못하도록 금

---

90) 코끼리가 아주 많은 글의 주제가 되었고, 시인들도 그 광경을 묘사하는 데 합세했다. 참조. Pastor, Ⅳ. 52, Note.

91) 정교조약은 콘스탄츠 공의회와 바젤 공의회가 공의회 권위에 관해 채택한 결의를 무시하고 그로써 프랑스인들의 자유를 저해했다는 이유로 프랑스 의회와 파리 대학교 양측으로부터 강력한 저항을 받았다. 파리 대학교 총장은 대학교 인쇄소에게 그 문서를 발행하지 못하도록 했으나, 특사를 통해서 "스스로 지혜롭다고 생각하는 자들이 어리석은 자들이 되었다"는 말로써 대학교를 견책한 레오에 의해 면직을 당했다.

했다. 카예타누스는 1518년 아우크스부르크 의회에서 열정적인 연설로 십자군 원정의 필요성을 역설했다. 공의회가 결의한 것들 가운데 가장 중요했던 것은 파테르 아이테르누스(*Pater aeternus*)라는 대칙서로서, 공의회가 자체의 권위로 승인했다고 해서 그런 명칭이 붙었으며, 1516년에 레오가 발행했다.[92] 대칙서는 피우스 2세와 식스투스 4세가 확고하게 취했던 입장, 즉 교회의 모든 공의회들을 주관하고 소집과 이전과 해산을 명할 권위가 로마 교황에게 있다는 입장을 재확인한다. 이 유명한 문서는 모든 그리스도인들이 로마 교황에게 복종해야만 구원을 받을 수 있다고 주장함으로써 보니파키우스 8세의 우남 상탐을 명쾌하게 쇄신하고 재확인했다. 그 외에도 교황에게 불순종하는 자는 사형으로 다스린다는 불길한 법령도 공포되었다. 과거에 인노켄티우스 3세는 신명기 17:12에 대한 불가타 성경의 번역을 왜곡하여 "대제사장의 판결에 복종하지 않는 자를 재판장은 사형에 처하라"로 옮김으로써 그 견해를 뒷받침하는 데 사용했다(한글 개역 개정판: "사람이 만일 무법하게 행하고 네 하나님 여호와 앞에 서서 섬기는 제사장이나 재판장에게 듣지 아니하거든 그 사람을 죽여 이스라엘 중에서 악을 제하여 버리라"). 공의회는 인용구들을 구분하다가 그 출처를 열왕기로 잘못 표기했다.

또 한 가지 간과할 수 없는 점은, 이른바 '무오한' 레오 10세가 옛 공의회들이 열렸을 때 교부들이 자신들의 법령을 뒷받침해 주기를 "교황에게 겸손히 간청했다"고 자신의 대칙서에서 분명히 공언함으로써 거짓을 보증한 사실이다. 니케아 공의회(325), 에베소 공의회, 칼케돈 공의회, 콘스탄티노플 공의회(680), 니케아 공의회(787)가 그렇게 했다고 그는 주장했다. 214년 전에 보니파키우스 8세가 대칙서를 발행했을 때, 공정왕 필립은 그것을 배격했다. 하지만 지금 권좌에 앉은 프랑스 왕 프랑수아 1세는 아무런 반대도 하지 않았다. 이제 막 공의회가 정교조약을 재가한 상태였던 것이다.

공의회는 1517년 3월 16일에 폐회 동의안이 가까스로 과반수를 넘김으로써 폐회했다. 갈리아주의에 기운 저자들은 그 공의회의 에큐메니컬적 성격을 부인했다. 반면에 추기경 헤르겐뢰터는 마치 계모가 자식 다루듯 교회가 그 공의회를

---

92) 될링거는 *Papstthum*, p. 185에서 로마 교회의 교회회의가 통과시킨 법령들 가운데 이것만큼 심대한 영향을 끼친 것도 없다고 주장한다.

다룬 것에 유감을 표시한다. 파스토르는 제5차 라테란 공의회가 필요한 모든 개혁 법안들을 통과시키기 전에 이미 충분한 법이 있었다고 말한다. 필요한 것은 법이 아니라 행동이었다. 푼크는 공의회가 교회 개혁을 위해서 한 일이라고는 딱히 기록할 만한 것이 없다고 올바로 지적한다.

레오 10세를 평가하려 할 때는 그가 세상적인 사람이었다는 점을 주로 생각해야 한다. 그에게는 신앙이 진지한 문제가 아니었다. 쾌락이 일상의 관심사였지, 경건은 안중에 없었다. 교회에 필요한 것이 무엇인지 진지하게 생각하지 않았다. 루이 14세나 찰스 2세의 생애에서 이러한 면이 아무리 두드러진다 할지라도 파스토르가 다룬 레오의 생애만큼 두드러지지는 못할 것이다. 로이몬트(Reumont)는 교황제를 쇄신함으로써 기독교 세계를 쇄신하는 것이 교황의 사명과 의무라는 생각이 레오에게 아예 없었다고 말한다. 레오의 사생활은 추측의 문제가 아니다. 그것은 당대의 여러 기록들을 통해서 우리 앞에 밝히 드러나 있다. 루터는 교황직을 존중하느라 무심코 레오를 사자 굴에 들어간 다니엘과 비교하는 그릇된 평가를 했다. 그 교황은 추기경들을 호도하여 쾌락을 추구하고 돈을 허비하게 했다. 다만 불륜이라는 한 가지 죄목에는 자신을 노출하지 않은 듯하다. 이것이 그에게 어느 정도까지 덕목이었고, 어느 정도까지 본성의 압박을 받았는지는 확인할 수 없다.

그가 천성으로 타고난 자질들은 끝까지 남아 있었다. 그는 유머 감각이 있고 붙임성이 있고 쉽게 다가갈 수 있는 사람이었다. 추기경들과 체스를 두거나 카드놀이를 하는 모습을 자주 나타냈다. 자신은 식생활에 대체로 절제했으나 손님 접대에는 막대한 비용을 들였다. 그가 자기 궁전에 기거하게 한 어떤 수사는 비둘기 고기를 한 입에 삼키고 달걀 40개를 앉은 자리에서 먹을 수 있었다. 레오는 의상에는 각별히 신경을 썼고, 손가락에 보석 반지를 끼기를 좋아했다.

레오 10세가 예술 발전에 이바지한 점에 관해서는 다른 곳에서 살펴볼 것이다. 로마는 훗날의 파리와 같이 사치와 예술과 건축의 중심지가 되었으며, 놀랄 만큼 빠른 속도로 발전해 갔다. 어떤 웅변가는 "날마다 새로운 건물들이 세워진다. 티베르 강변과 야니쿨룸 언덕에 새로운 주거 지역들이 들어선다"고 말했다. 베네치아 대사 루이지 그라데니고(Luigi Gradenigo)는 레오가 즉위한 지 10년만에 10,000채의 건물이 이탈리아 북부에서 온 사람들에 의해 설립되었다고 보고한다. 은행가들과 귀족들과 추기경들의 대저택들이 세상에서 가장 값진 가구들로 장식되었다. 예술가들이 이탈리아뿐 아니라 프랑스와 스페인에서도 초빙되었고, 그들뿐 아니라 다른 사람들에게 유흥을 줄 수 있는 모든 종류의 사람들이 로마로 몰려들어왔다.

바티칸은 시인들과 음악가들과 미술가들과 배우들과 광대들이 자주 드나드는 곳이었다. 레오는 그들과 어울려 대화하고 그들의 재치에 웃음을 터뜨리기도 했다. 심지어 시인들과 함께 즉흥시를 짓는 시합을 하기도 했다. 금은으로 장식된 악기들을 독일에서 구입했다. 거의 동양적인 분방함으로 온갖 연예와 여흥을 즐겼다.

오락 가운데서도 성직자들에게 교회법으로 금지된 체스를 가장 즐겼다. 그는 교황으로서 교회법에 매이지 않았다. 루이 14세가 "짐이 곧 국가이다" 하고 말했듯이, 그 교황은 "짐이 곧 교회법이다" 하고 말할 수 있었을 것이다. 인생의 상당 부분을 말을 타고 돌아다니는 데 보냈다. 볼세나 호수 등지에서 낚시를 즐겼다. 특히 사냥이라면 사족을 못썼다고 베네치아 대사는 썼다. 사냥은 주로 비테르보와 네피 숲과 로마 인근에서 했으나, 사냥을 위해 따로 지은 말리아나 별장을 특히 좋아했다. 사냥 구역 가운데 일정 지역은 자신만의 구역으로 정해 놓았다. 사냥 파티는 종종 성대했다. 알렉산더 파르네세가 마련한 사냥 파티에 추기경 18명과 그 밖의 고위성직자들 · 음악가들 · 배우들 · 하인들을 거느린 채 참석했다. 사냥개도 60내지 70마리가 동원되었다. 말리아나는 로마에서 약 8km 떨어진 티베르 강변에 자리잡고 있었다. 교황이 그토록 즐겨 찾던 이 성이 오늘날은 쓸쓸한 농가가 되었다. 교황은 모순되게도 포르투갈 왕의 호소를 받아들여 그 나라의 성직자들에게 사냥의 특권을 박탈했다.

연극은 레오가 정신 없이 빠져든 또 다른 분야였다. 그는 추기경들과 부유한 은행가들의 저택들과 성 안젤로 성에서 공연하는 연극을 관람했고, 바티칸에서도 연극을 공연하게 했다. 그의 총애를 받은 각료 중 한 사람이 비비에나(Bibbiena)는 외설적인 희곡을 쓰는 작가였다. 그 중 한 편인 「칼란드리아」(Calandria)를 레오는 1514년에 자신의 궁전에서 공연하게 하고 직접 관람했다. 이런 유의 연극들에는 발레가 자유롭게 동원되기도 했는데, 사육제 주일에 성 안젤로 성에서 교황이 임석한 가운데 공연된 아리오스토(Ariosto)의 외설적인 연극 「Suppositi」가 대표적인 예다. 마키아벨리의 작품 「Mandragola」는 오늘날 피렌체에서는 미성년자들에게 관람을 허용하지 않는다. 페라라의 대사 파올루치

(Paolucci)가 이런 유의 연극 한 편을 관람하고서 남긴 기록에는 다음과 같이 되어 있다. 소녀가 자기가 사모하는 연인을 위해서 비너스에게 간절히 기도한다. 그때 수사 여덟 명이 회색 수사복을 입은 채 무대에 등장한다. 비너스가 소녀에게 물약을 가져다가 그들에게 주라고 지시한다. 물약을 마시고서 잠든 수사들을 아모르(Amor, 사랑)가 자신의 화살로 깨운다. 수사들이 아모르를 가운데 놓고 돌아가며 춤을 주면서 소녀에게 구애를 한다. 마침내 그들은 수사복을 벗어 던지고는 모레스카(moresca, 15-16세기에 유행한 춤으로서, 얼굴을 검게 칠하는 등 기괴한 가장을 하고, 혼자 또는 그리스도교도와 이슬람교도로 갈려서 대전하는 양식으로 여러 사람이 춤추는 묵극(默劇) 스타일의 춤: 역자주)를 벌인다. 소녀가 수사들을 향해 팔로 무엇을 할 수 있느냐고 묻자 그들은 서로 난투극을 벌이다가 한 사람만 남기고 다 쓰러지고, 남은 사내가 싸움에서 이긴 상으로 소녀를 받는다. 이런 유의 연극을 사도 베드로의 계승자로 자임하는 기독교 세계의 대 사제가 끝까지 앉아 다 지켜본 것이다!

온갖 종류의 축제들이 성격이 후덕했던 교황의 관심을 사로잡았다. 시에나의 부유한 은행가 아고스티노 치기(Agostino Chigi)가 그의 정부와 결혼할 때 교황은 추기경 14인을 보내 결혼식을 도왔다. 피로연은 치기의 아름다운 저택 파르네시나에서 거행되었다. 이 사람은 당대 로마에서 가장 운 좋은 은행가로 통했다. 스페인과 프랑스의 왕들과 독일의 제후들이 그에게 선물을 보내면서 대출을 부탁했다. 심지어 술탄까지도 그와 교류를 트기 위해서 접근했다고 한다. 그의 수입은 연간 70,000다카트였던 것으로 추산되며, 그가 남긴 재산은 800,000다카트였다. 죽음이 그를 막대한 재산과 갈라놓을 당시 이 크로이소스(Croesus, 리디아의 富王, 560-546 B.C.재위: 역자주)는 불과 쉰다섯밖에 되지 않았다. 그가 연회를 벌이고 나서 연회에 사용했던 금 접시들을 창문을 통해 티베르 강으로 던졌다는 일화는 그의 씀씀이를 가늠하게 한다. 다행히도 금 접시들은 그럴 경우를 예상하고서 누가 쳐둔 그물에 걸리는 바람에 유실되지 않았다. 또 한번은 레오와 추기경 13인이 연회에 초대받아 참석했을 때 은 식기들에 각자의 문장(紋章)이 장식되어 있는 것을 발견했다. 아고스티노의 결혼 잔치 때 레오는 신부의 손을 잡고 그녀의 손가락에 반지를 끼워 주었다. 그런 다음 치기의 서자들 중 하나에게 세례를 주었다. 추기경들은 은행가 로렌초 스트로치(Lorenzo Strozzi)가 베푼 연회 때처럼 화류계 여성들과 함께 만찬을 나누면서도 수치스러워하지 않앉다.[93] 그러나 이런 유의 추문에서 레오는 알렉산더의 발치에도 가지 못했다.

돈이 망쳐놓은 방탕아가 돈이 떨어지는 줄 모르고 걱정 없이 세상을 쉽게 살아가듯이, 근심을 마음에 담고 사는 일이 없던 이 메디치 가 사람은 마치 교황청 금고가 절대로 고갈되는 법이 없다는 듯이 함부로 꺼내 썼다. 율리우스는 신중한 재정가였다. 레오의 재정은 역량을 갖추지 못한 총신들이 관리했다.[94] 1517년에 그의 연간 수입은 600,000다카트에 육박했던 것으로 추산된다. 이 막대한 수입 가운데 420,000다카트는 여러 국가들과 광산들에서 거둔 것이었다. 톨파의 명반 광산에서 40,000다카트, 라벤나에서 그리고 체르비아의 소금 광산들에서 60,000다카트, 로마의 강 임대료로 60,000다카트, 스폴레토 · 안코나 · 로마냐의 교황 영토에서 150,000다카트를 거둬들였다. 당대의 다른 자료에 따르면, 교황청 재무부가 교회들로부터 연간 160,000다카트를 거둬들였다고 한다. 교황이 죽을 때 그가 매각할 수 있었던 직위들이 2,150개에 달했으며, 그 직위들에서 거둬온 연간 수입이 328,000다카트에 달했다.

레오가 교황으로 즉위하고 2년이 지났을 때 재정 문제가 이미 심각한 상태에 접어들어 있었다. 교황청 수입을 증대시켜 절망적 파산을 면하기 위한 온갖 방법들이 고안되었다. 티베르 강과 관련된 관직(porzionari di ripa)을 141개에서 612개로 대폭 늘림으로써 286,000다카트의 세수 증대 효과를 보았다. 바티칸의 관직들인 쿠비쿨라리(cubiculari)와 스쿠디에리(scudieri)를 확대함으로써 각각 90,000다카트와 112,000다카트의 수입이 증가했다. 성 베드로 기사회(cavalieri di San Pietro)의 설립을 인가하여 401명인 각 기사에게 1,000다카트씩 받음으로써 400,000다카트라는 막대한 금액을 거둬들였다. 면죄부 판매는 예전만 하지 못했으나, 여전히 무시 못할 수입원이 되었다. 알렉산더의 재위 때처럼 가장 높은 성직도 돈벌이 대상이 되었다. 추기경 인노켄티우스 치보는 30,000다카트(혹은 다

---

93) 추기경 코르나로가 배설한 연회에서는 한 번에 세 접시씩 모두 65번의 음식이 나왔으며, 접시는 모두 은으로 만든 것이었다. 추기경들이 손님들을 즐겁게 하기 위해 마련한 장치들 가운데는 거대한 파이를 내놓고 그 위에서 나이팅게일들이 날아오르게 하거나, 접시들을 공작새 꼬리털로 장식하거나, 거대한 케익을 만들어 놓고 그 속에서 어린이가 나와 말을 하게 하는 것들이 있었다.

94) Villari(IV. 4)에 따르면, 그 시대 사람 Vettori는 "교황이 1,000다카트를 보관하는 것보다 차라리 돌이 스스로 공중으로 날아 오르는 것이 더 쉽다"고 말했다고 한다.

른 자료에 따르면 40,000다카트)를 내고 추기경이 되었으며, 프란체스코 아르멜리니는 그 액수의 곱절을 들여 그 직위를 샀다.

부족한 재정은 은행가와 고리대금업자와 부유한 추기경들에게 대출하여 충당했다. 빚이 눈덩이처럼 불어났다. 바티칸의 벽걸이 융단과 은접시가 담보로 제공되었을 뿐 아니라, 교황관에 박힌 보석들과 성인상들까지도 저당이 잡혔다. 때로는 교황이 10,000다카트에 대해 2할 혹은 그 이상의 이자를 지불했다.[95] 이러한 추세를 감안할 때 레오가 죽을 때 교황청이 재정 파탄에 빠지고, 교황에게 150,000다카트를 빌려주었던 추기경 푸치를 포함한 여러 추기경들이 파산한 것이 조금도 이상하지 않다. 레오는 은행가 베르나르도 비니한테 200,000다카트를 받았다. 그가 진 빚을 다 합하면 무려 800,000다카트나 되었던 것으로 추산된다. 레오가 삼대 분의 교황 재정, 즉 율리우스가 남긴 유증과 자신의 수입과 후임자가 거둬들일 수입을 탕진했다는 농담이 당시에 널리 나돌았다.

메디치 가 출신 교황이 재위하는 동안 로마에는 은행가들과 온갖 돈 장사꾼들이 호시절을 구가했다. 30명이 넘는 피렌체인들이 그 도시에 은행을 설립해 놓고 푸거 가와 벨세르 가와 나란히 교황청을 상대로 영업을 했다고 전해진다. 피렌체인들은 메디치 가 출신 교황을 둔 것을 호기로 판단하고서, 마치 과거에 칼릭스투스 3세와 알렉산더 6세 때 스페인인들이, 피우스 2세 때 시에나인들이, 그리고 사보나의 식스투스 4세 때 리구리아인들이 그랬듯이 교황청으로 몰려들었다. 그들은 마치 교회의 모든 성직록들이 자기들을 위해 예비되기라도 한 것처럼 성직 임명권자의 문지방을 수시로 드나들었다.

레오의 아버지 로렌초는 자신의 세 아들에 관해서 평가하기를, 피에로는 어리석고, 줄리아노는 선량하고, 조반니는 영악하다고 했다. 조반니에 대한 그의 아버지의 평가는 사실로 드러났다. 레오 10세는 과연 영악했는데, 그것은 숭고하고 실천 가능한 목표들을 희생하더라도 현세적이고 개인적인 이득은 결코 잃지 않는 성격의 영악함이었다. 그는 붙임성과 세련된 매너로 두터운 인맥을 쌓았고 교황관을 거머쥐었다. 그는 무슨 악이든 서슴지 않을 수 있었던 알렉산더 6세 같

---

95) 이 숫자는 Schulte(I. 224-227)가 Sanuto와 그 밖의 동시대 저자들을 토대로 제시한 것이다. 고리대금의 인상을 지우기 위해서 은행가들에게 지불한 금액을 선물로 표시했다.

은 저열한 인간은 아니었다. 그러나 그 역시 시각이 자기 개인의 행복 안에 갇혀 있었다. 그의 재위 기간 동안 바티칸은 유럽에서 가장 사치스러운 궁전이었으며, 세상에 대해서 도덕적 봉사를 조금도 하지 않았다. 레오에게 예술에 대한 사랑이란 그리스인이 품었음직한 색채와 외양과 아름다움에 대한 사랑이었지, 영적 은혜와 목표를 숙고하는 데서 우러나온 취향이 아니었다. 유럽의 국가들과 이탈리아의 도시 국가들을 대할 때, 그의 외교 정책은 세속 궁정들이 시행하던 것 못지않게 비열하고 위선적인 것이었다. 그는 양심의 가책을 느끼지 않은 채 동시에 서로 모순되는 공약을 엄숙히 할 수 있는 그런 인물이었다. 거짓말이 그에게는 숨쉬는 것처럼 자연스러웠던 것 같다.

그러면서도 레오는 종교적 의무들을 꼼꼼히 지켰다. 전하는 바로는 일주일에 세 번 금식했고, 수요일과 금요일에는 고기를 먹지 않았고, 날마다 성무일과서를 읽었고, 미사에 앞서서 전속 고해신부에게 사면을 구하곤 했다고 한다. 그러나 그의 생활에는 거룩함이 없었고, 깊은 신앙적 확신도 없었다. 그에게는 신앙이 생활 습관을 규율해 갈 만한 실제적인 힘을 발휘하지 못했다. 예술과 문화를 후원할 때에도 아리오스토(Ariosto)·마키아벨리(Machiavelli)·귀차르디니(Guicciardini)·에라스무스(Erasmus)를 망각하거나 무시했다. 만약 이런 사람들이 바티칸에서 환영을 받고, 어릿광대들과 대식가들이 원래 자기들의 자리로 쫓겨났다면 얼마나 바람직했겠는가! 기독교 세계의 대 사제를 판단하는 마당에 중세 말의 현세적 군주를 판단할 때 적용함직한 잣대를 사용하고 말면 안 될 것이다. 레오는 세상 어느 곳보다도 하나님의 사람의 발걸음과 음성을 들을 수 있는 곳이어야 하는 바티칸을 환락과 경박이 난무하는 집으로 타락시켰다. 그가 어릴 때부터 신앙의 선조로 받들도록 배운 사도는 필요할 경우 순교도 마다하지 않는 각오로 자신의 사명을 완수했다. 레오는 거룩하고 숭고한 직분을 더럽혔으며, 그것을 자신의 현세적 기호를 충족시키는 매체로 변질시켰다. 그의 아버지 역시 현세적인 사람이긴 했으나 군주의 기품을 지닌 아버지의 조언을 따랐다면 레오 10세라는 이름에 붙어 있는 비난은 어느 정도 면했을 것이다.

레오가 "그리스도의 전설이 우리에게 참으로 큰 유익을 안겨 주었다"고 했다는 말이 있지만 충분한 근거는 없다. 우리는 그런 신성모독적 발언을 메디치 가 출신의 사람과 결부짓기를 원치 않는다. 그럴지라도 트렌트 공의회를 다룬 가톨릭 사가 사르피(Sarpi)가 남긴 다음과 같은 말보다 지상에서 그리스도의 대리자로 자임한 자에게 가해진 신랄한 단죄는 없을 것이다. "레오는 만약 자신의 훌륭한 특성들에다가 적절한 신앙 지식과 경건의 성향을 겸비했더라면 완벽한 교황이 되었을 뻔했다. 그 두 가지에 대해서 그는 전혀 관심을 나타내지 않았던 것이다."[96]

레오가 죽기 전에 교황청은 유럽의 관할 구역 중 한 부분을 상실했는데, 그 부분이 수세기가 지나는 동안 가장 비약적인 발전을 이룩했다. 1520년에 그 교황이 마르틴 루터를 겨냥하여 발행한 대칙서가 비텐베르크에서 불살라져 무해한 재가 되었는데, 그 재는 얀 후스의 재처럼 땅에서 호소하는 일이 없었다. 개신교 세계는 멸시를 당한 작센의 광부의 아들 덕분에 성경을 공부할 권리를 갖게 되었다. 이 권리야말로 교황직이 갖는 모든 환경과 법규들, 성직자로서의 기능들보다 더 중요한 것이었다. 인류에게 가장 큰 선물들이 오랜 계보를 이어온 권력자들을 통해서 오지 않고 출신이 비천한 하나님의 사역자의 헌신을 통해서 온 경우가 적지 않다. 중세 말에 영적으로 무자격하고 도덕적으로 타락한 자들이 교황직에 오름으로써, 교회가 개혁되고 중세의 형식주의와 스콜라주의에서 벗어난 것이 교황제 덕분이 아님을 만대에 분명히 알게 한 것이 모두 하나님의 섭리가 아니었는가 하는 생각이 든다. 교황들이 시도하기를 거부한 일을 그다지 높은 직위에 있지 않았던 다른 그룹의 사람들이 성취했다.

96) I:1.

제 7 장

이단과 마술

57. 참고문헌

For § 58. — For the BRETHREN OF THE FREE SPIRIT, FREDERICQ: *Corpus doc. hær. pravitalis*, etc., vols. I-III. — HAUPT, art. in HERZOG, III. 467-473, *Brüder des Freien Geistes*. See lit., vol. V., I. p. 459. — For the FRATICELLI, F. EHRLE: *Die Spiritualen. Ihr Verhältniss zum Franciskanerorden u. zu d. Fraticellen* in *Archiv f. K. u. Lit. geschichte*, 1885, pp. 1509-1570; 1886, pp. 106-164; 1887, pp. 553-623. — DÖLLINGER: *Sektengesch.*, II. — LEA: *Inquisition*, III. 129 sqq., 164-175. — WETZER-WELTE, IV, 1926-1935. — For the WALDENSES, see lit., vol. V., I. p. 459. — Also, W. PREGER: *Der Traktat des Dav. von Augsburg über die Waldenser*, Munich, 1878. — HANSEN: *Quellen*, etc., Bonn, 1901, 149-181, etc. See full title below. — For the FLAGELLANTS, see lit., vol. V., I. p. 876. Also PAUL RUNGE: *D. Lieder u. Melodien d. Geissler d. Jahres* 1849, *nach. d. Aufzeichnung Hugo's von Reutlingen nebst einer Abhandlung über d. ital. Geisslerlieder von H. Schneegans u. einem Beitrage über d. deutschen u. niederl. Geissler von* H. PFANNENSCHMID, Leipzig, 1900.

For § 59. WITCHCRAFT. — For the treatments of the Schoolmen and other med. writers, see vol. V., I. p. 878. — Among earlier modern writers, see J. BODIN: *Magorum Daemonomania*, 1579. — REG. SCOTT: *Discovery of Witchcraft*, London, 1584. — P. BINSFELD: *De confessionibus maleficarum et sagarum*, Treves, 1596. — M. DELRIO: *Disquisitiones magicae*, Antwerp, 1599, Cologne, 1679. — ERASTUS, of Heidelberg: *Repititio disputationis de lamiis seu strigibus*, Basel, 1578. — J. GLANVILL: *Sadducismus triumphatus*, London, 1681. — R. BAXTER: *Certainty of the World of Spirits*, London, 1691. — Recent writers. — * T. WRIGHT: *Narrative of Sorcery and Magic*, 2 vols., London, 1851. — G. ROSKOFF: *Gesch. des Teufels*, 2 vols., Leipzig, 1869. — W. G. SOLDAN: *Gesch. der Hexenprocesse*, Stuttgart, 1843; new ed., by HEPPE, 2 vols., Stuttgart, 1880. — LEA: *History of the Inquisition*, III. 379-550. — * LECKY: *History of the Rise and Influence of the Spirit of Rationalism in Europe*, ch. I. — DÖLLINGER-FRIEDRICH: *D. Papstthum*, pp. 123–131. — A. D. WHITE, *History of the Warfare of Science and Theology in Christendom*, 2 vols., New York, 1898. — *J. HANSEN: *Zauberwahn, Inquisition und Hexenprocess im Mittelalter und die Entstehung der grossen Hexenverfolgung*, Munich, 1900 ; * *Quellen und Untersuchungen zur Gesch. des Hexenwahns und der Hexenverfolgung im M.A.*, Leipzig, 1901. — GRAF VON HOENSBROECH: *D. Papstthum in seiner sozialkulturellen Wirksamkeit*, Leipzig, 2 vols., 1900; 4th ed., 1901, I. 380–599. — J. DIEFENBACH: *Der Hexenwahn, vor u. nach Glaubenspaltung in Deutschland*, Mainz, 1886 (the last chapter — on the *conciones variae* — gives sermons on the weather, storms, winds, dreams, mice, etc.); also, *Besessenheit, Zauberei u. Hexenfabeln*, Frankfurt, 1893 ; also, *Zauberglaube des 16ten Jahrh. nach d. Katechismen M. Luthers und d. P. Canisius*, Mainz, 1900. — BINZ: *Dr. Joh. Weyer*, Bonn, 1885, 2d ed., Berlin, 1896. A biography of one of the early opponents of witch-persecution, with sketches of some of its advocates. — BAISSAC: *Les grands jours de la sorcellerie*, Paris, 1890. — H. VOGELSTEIN and P. RIEGER, *Gesch. d. Juden in Rom*, 2 vols., Berlin, 1895 sq. — S. RIEZLER: *Gesch. d. Hexenprocesse in Baiern*, Stuttgart, 1896. — C. LEMPENS: *D. grösste Verbrechen aller Zeiten. Pragmatische Gesch. d. Hexenprocesse*, 2d ed., 1904. — JANSSEN-PASTOR: *Gesch. d. deutschen Volkes*, etc., vol. VIII., 531–751. — The Witch-Persecutions, in Un. of Pa. *Transll. and Reprints*, vol. III.

For § 60. THE SPANISH INQUISITION. — See lit., V. I. p. 460 sqq. — HEFELE: *D. Cardinal Ximines und d. kirchl. Zustände in Spanien am Ende d. 15 u. Anfang d. 16. Jahrh.*, Tübingen, 1844, 2d ed., 1851. Also, art. *Ximines* in Wetzer-Welte, vol. XII. — C. V. LANGLOIS: *L'inq., d'après les travaux récents*, Paris, 1902. — H. C. LEA: *Hist. of the Inquisition of Spain*, 4 vols., New York, 1906 sq. Includes Sicily, Sardinia, Mexico and Peru, but omits Holland. — E. VACANDARD: *The Inquisition. A criticism and history. Study of the Coercive Power of the Church*, transl. by B. L. Conway, London, 1908. — C. G. TICKNOR: *Hist. of Spanish Literature*, I. 460 sqq. — PASTOR: *Gesch. d. Päpste*, III. 624–630.

Dr. Lea의 세밀한 저서는 오늘날 그 주제에 대한 논의를 선도하며, 독일에서 권위를 인정받는다. 참조. Benrath in *Lit-Zeitung*, 1908, pp. 203–210. 저자는 스페인 종교재판소가 재산 몰수라는 무기를 휘둘러 큰 효과를 보았던 사실을 과거 여느 저자에 비할 수 없을 만큼 잘 밝혔다. *Life of St. Bernard*의 저자 Abbe Vacandard의 저서는 De. Lea가 종교재판소에 관한 개괄적 저서에서 취한 입장들을 쟁점으로 삼아 그의 진술을 논박한다. Vacandard는 교황제가 고문과 심지어는 사형으로 이단을 기소하는 데 가담한 사실을 인정하지만, 중세에 널리 퍼졌던 관념들과, 교회에 비해 국가가 죄수들을 더 마음껏 잔인하게 다루었다는 주장을 근거로 교회의 책임을 축소한다. 그는 아우구스티누스가 이단을 규제하기 위한 잔인하고도 강압적인 조치를 지지했다는 주장을 부정하며, 토마스 아퀴나스의 잔인한 견해를 수정 없이 그대로 소개한다.

58. 이단적이고 탈교회적 운동들

14, 15세기에는 이단의 본거지가 프랑스 남부와 이탈리아 북부에서 보헤미아와 독일 북부, 네덜란드와 잉글랜드로 이전되었다. 유럽의 북부와 중부에서 과거에 알비파를 뿌리뽑고 발도파를 탄압하여 흩어버리는 데 큰 힘을 발휘했던 교황청 이단재판소가 교회의 새로운 적인 마술을 진압하는 데 나서면서 새로운 역사에 돌입했다. 민중 이단의 가장 강력하고 전도 유망하던 두 가지 형태였던 후스파와 롤라드파의 등장과 발전에 관해서는 이미 살펴보았다. 교회의 금령에 처해진 또 다른 분파들에는 베가르회와 베긴회(13세기에 등장함), 자유 정신 형제회, 프라티켈리파, 채찍질 고행파와 발도파가 있었다.

베가르회와 베긴회, 자유 정신 형제회와 프라티켈리파를 그들이 1300-1500년에 등장한 상태대로 서로의 차이를 정확히 진술하기란 불가능하다. 이들의 명칭들은 기성 교회 체제의 원수들을 가리키는 이름들로 구분 없이 쓰인 경우가 많았다. 현존하는 궁정의 기록들과 그 밖의 자료들은 그들이 서로 멀리 떨어진 지역들에 분포했으며, 그들의 수와 지지자들의 상태로는 다 설명되지 않는 경계심을 자극했음을 지적한다. 보수적인 성향의 사람들은 교회의 교리와 정치 체제에서 이탈하는 현상 앞에서 쉽게 공포에 빠졌다. 기성 교회에서 이탈한 집단들이 널리 확산된 현상은 서구 기독교 세계에 종교적 불안이 폭넓게 깔려 있었음을 입증한다. 그들은 피오레의 요아킴이 주장한 천년왕국설에서 어떤 요소들을 흡수했을 수도 있고, 어느 정도는 독일 신비주의 같은 동일한 정신을 공유했을 수도 있다. 교회의 귀족적 체제와 사제 위주의 운영이 만족시키지 못한 영적 굶주림이 존재하고 있었다. 교회의 당국자들이 알고 있던 이단 대처 방법이란 인노켄티우스 3세와 인노켄티우스 4세 때 유행하던 것이 전부였으며, 이단의 거센 확산을 방지하기 위해서 구태의연하게 투옥과 칼과 불에 의존했다.

자유 정신 형제회(the Brethren of the Free Spirit)는 범신론적 개념들에 감염된 터에서 어떤 때는 자유로운 사상에, 다른 때는 방임적 행동에 기우는 모습을 보여주었다. 때로 그들은 베가르회와 베긴회와 동일시된다. 그들에게 범신론적 요소가 있었던 사실은 그들이 베나의 아모리(Amaury)나 마이스터 에크하르트와 관련이 있었음을 암시하지만, 이 점에 관하여 현존하는 재판 기록들에서 뚜렷한 증거를 발견할 수 없다. 베가르회와 베긴회에게도 범신론적인 교리들이 있었다.

자유 사상가들의 일반 계층에는 대개 포레테의 마가레트(Margaret)로 알려지는 헤네구웬의 마가레트 같은 베긴회 여신도가 속해 있었다. 영혼이 하나님의 사랑 안에서 소멸된다고 주장하는 책을 쓴 그는, 사람이 이러한 상태에 도달할 때는 아무런 양심의 가책 없이 본성의 욕구를 마음껏 충족시킬 수 있다고 주장했다. 이 여성은 신앙에서 여러 번 이탈한 뒤에 1310년 파리의 드 그레브 지역에서 자신의 저서들과 함께 화형을 당했다.[1] 이런 부류에는 '이성의 사람들'(homines intelligentiae)이 속해 있었는데, 이들은 14세기 초에 브뤼셀에 나타났으며, 최후에는 모든 사람들과 마귀가 회복된다는 가르침으로 단죄를 받았다.[2]

'작은 형제들'이란 뜻의 프라트리켈리파(Fratricelli)로도 불린 프라티켈리파(Fraticelli)는 정반대의 경향을 대변하며, 가난 규율을 엄격히 준수할 것을 주장하는 과도한 노선을 걸었다. 원래 프란체스코회의 엄수파 지도자들인 페트루스 올리비, 미카엘 체세나, 안젤로 클라레노를 추종했던 이들은 그리스도와 사도들이 재산을 소유했다고 설명한 요한 22세의 법령들에 격렬히 항의했다. 그들 중 합법적인 프란체스코회 수도원들에서 보호를 받은 사람들도 있었고, 수도회에서 이탈하여 독자적인 집단을 구성한 사람들도 있었다. 그들은 이탈리아와 프랑스 남부에서 왕성한 활동을 펼쳤으며, 그레고리우스 11세가 1375년에 발언했듯이 네덜란드와 심지어 이집트와 시리아에까지 조직을 두었다. 그러나 그들의 규모가 컸다고 간주하는 것은 옳지 않다.

요한 22세는 1317년에 공포한 대칙서(*Sancta romana*)에서 "프라티켈리 혹은

---

1) Fredericq, I. 155-160, II. 63 sqq. 같은 부류의 또 다른 저자는 Mary of Valenciennes였는데, 이 여성의 저서는 1400년경에 종교재판소에 의해 "믿을 수 없을 정도로 난해한" 책이라는 이유로 단죄를 당했다. 이 책은 제르송(Gerson)이 거짓 환상과 참된 환상에 관해서 쓴 소책자에 언급된다.

2) 그들의 오류들에 관해서는 Fredericq, I. 267-279를 참조하라. 16세기경 앤트워프에서는 the Loists라는 자유 사상가들의 집단이 활동했다. Döllinger(II. 664 sqq.)가 그들의 문헌 하나를 소개한다.

가난한 생활 형제회, 비초키 혹은 베긴회 혹은 다른 이름들로 알려지는 속된 무리"에 관해서 말했다. 이것이 공격적 의미에서 그 용어를 사용한 첫 번째 사례는 아니었다. 빌라니(Villani)는 파르마의 기계공 세가렐리(Segarelli)와 그의 제자 노바라의 돌치노(Dolcino)를 프라티켈리파라 불렀는데, 세가렐리가 1300년에, 돌치노가 조금 늦게 화형을 당하는 등 두 사람 모두 처형되었다. 카탈로니아의 소규모 신령파 집단을 이끌던 탁발수사 보나토(Bonato)는 몸의 한 쪽을 불에 굽는 고문을 당하던 상태에서 회개를 제안하여 풀려났다가, 1335년에 산채로 화형을 당했다. 프라티켈리파는 어디에 나타나든 종교재판소의 추격을 받았다. 14세기에 발행된 여러 편의 대칙서들이 교황의 칙령들을 부정하다는 이유로 그들을 비판하고 그들을 엄격한 심문에 처하도록 명령했다. 그들이 고백하도록 요구받은 문서에는 다음과 같은 내용이 실려 있었다. "나는 우리 주 예수 그리스도와 그분의 사도들이 이 땅에서 사시는 동안 성경에 기록된 대로 사물들을 공유하셨다는 것과, 그분들이 그 사물들을 주고 팔고 양도할 권리가 있었다는 것을 진심으로 믿고 고백함을 맹세합니다."

일부 지역들에서 그들은 자체적인 성직위계제도를 수립할 정도로 기성 교회에 반발했던 것으로 보인다. 그들은 정규 수사들을 향해서 성직매매자들과 간음자들이라고 비난했다. 일부 지역들에서는 종교재판소와 세속 법원들이 재판에 회부할 수 없을 정도로 그들이 민중으로부터 강력한 지지와 존경을 받았다. 우르바누스 5세 때에 비테르보에서 아홉 명이 화형을 당했고, 1389년에는 프라 미카엘레 베르티 데 칼키가 사람들을 개종시킨 혐의로 피렌체에서 같은 운명에 처해졌다. 프랑스에서도 그들은 화형에 희생되었는데, 그들 중에는 1354년에 몽펠리에에서 화형을 당한 조반니 다 카스틸리오네와 프란체세 다르콰타와 아비뇽에서 화형을 당한 나르본의 장과 모리스가 있었다. 이 열성가들은 한결같이 웃으면서 최후를 맞이했다고 전해진다.

프라티켈리파는 15세기 초반에 다시 종교재판소에게 박해를 당했다. 1424년과 1426년에 마르티누스 5세는 피렌체와 스페인에 거주하던 그 집단을 재판에 넘기라고 명령했다. 교황청 설교가들인 카피스트라노의 요한과 마르코 성당의 야곱의 열정적인 선전으로 이 이단들 가운데 많은 수가 교회로 돌아갔으나, 파울루스 2세의 재위 말엽인 1466년에 그들이 로마에 나타났다가 여섯 명이 투옥되어 고문을 당했다. 그들에게 씌워진 죄목은 포르티운쿨라 법령을 제외한 교황의 면

죄뷔[大赦] 법령들의 유효성을 부정했다는 것이었다. 북유럽에서는 프라티켈리
파가 롤라드파와 베가르회의 아류로 분류되거나 동일 집단으로 간주되었다. 하
지만 그 용어는 거의 나타나지 않는다. 롤라드파 회원인 월터가 "프라티켈리파
의 지극히 사악한 이단의 괴수이자, 마귀가 가득한 자요 자신의 오류들로써 철
저히 비뚤어진 자"로 묘사된다.[3]

이 시대에 훨씬 더 흥미를 끄는 집단은 채찍질 고행파(Flagellants)이다. 이들은
자신들의 종교 열정을 이상한 외형적 과시로써 표현하여 주목을 받았다. 이들이
표방한 것은 호전적인 기독교였다. 어떤 일을 하려고 시도했다. 이들은 중세의
여느 조직에 비해 19세기의 구세군과 가장 유사한 모습을 띠었다. 드럼을 치는
것이 그 운동에서 어떤 역할을 했다는 기록은 없지만, 대중적인 노래를 불렀고,
독특한 몸짓을 하고 특이한 소리를 질렀으며, 군대처럼 제복을 입고 기율을 유
지했다. 이들의 집회는 수도원 내부에서 시행하던 자기 고행을 들판과 광장으로
옮겨와 시행하는 참회의 집회였으며, 죄를 참회하지 않는 자들에게 육체의 정욕
과 맞서 싸울 결심을 심어주는 데 목표를 두었다. 채찍질 고행파는 사탄에게 항
상 타격을 입힐 수 있는 것이 아니므로 육체를 괴롭게 했다.

기록상에는 1259년에 이탈리아에서 최초로 이런 유의 운동이 시작된 것으로
나타나는데, 페루자에서 시작된 것이 이탈리아 북부로 확산되었고, 알프스 산맥
을 넘어 오스트리아 · 프라하 · 스트라스부르로 퍼져나갔다. 비슷한 운동이
1296, 1333, 1349, 1399년에도 발생했으며, 스페인의 전도자 빈센트 페러
(Vincent Ferrer) 때에도 다시 발생했다.

이들은 무해한 광신도가 아닌 교회의 평화를 어지럽히는 세력으로 취급받았
으며, 북유럽에서는 베가르회와 롤라드파, 후스파 등 탈교회적 혹은 이단적 분
리주의자들과 유사 집단으로 분류되었다.

1333년의 운동은 웅변가인 도미니쿠스회 수사 베르가모의 벤투리노
(Venturino)가 시작했는데, 그 상황에 대해서 빌라니가 길게 설명한다. 만 명의
신도가 그리스도의 이름 문자(IHS)를 적어 넣은 머리띠를, 가슴에는 입에 감람나
무 가지를 문 비둘기를 그려 넣은 옷을 착용한 채 지도자 벤투리노를 따랐다. 벤

---

3) Döllinger, II. 381, 407 sq. Fredericq의 저서 처음 세 권에는 프라티켈리파라는
단어가 두 번밖에 실려 있지 않다. III. 17, 225.

투리노는 추종자들을 이끌고 로마까지 행진했으며, 카피톨리누스 언덕에서 설교했다. 무일푼이었던 이 열광주의자들은 곧 사람들의 웃음거리로 전락했으며, 벤투리노는 아비뇽에 도착하여 사면을 받은 뒤 1346년에 스미르나에서 죽었다.

초창기의 채찍질 고행파는 흑사병이 심하게 번지던 1349년에 등장한 집단과 비교하면 대낮의 촛불에 불과했다. 그 두려웠던 전염병을 당대의 연대기 저자들과 채찍질 고행파의 규약들은 거대한 죽음(das grosse Sterben, pestis grandis, mortalitas magna)이라 불렀다. 그 해에 신앙 원정대들이 헝가리 · 보헤미아 · 이탈리아 · 프랑스 · 독일 · 네덜란드 등 라틴 기독교 세계의 거의 전역에서 갑자기 등장했다. 클레멘스 6세 앞에서 설교한 장 뒤 파예(John du Fayt, 파리 대학교 교수: 역자주)는 그들이 사방으로 퍼져나가고 있으며 숫자를 헤아릴 수 없다고 표현했다. 그들이 헨트 · 투르네 · 도르트 · 브뤼헤 · 리에주 등의 도시들에 나타남에 따라 개별 집단들의 구체적인 숫자가 거듭해서 언급된다. 심지어 주교들과 제후들도 그들의 운동에 가담했다. 여성들의 집단들도 있었다.

독일과 네덜란드의 채찍질 고행파에 관한 정보가 가장 자세하게 남아 있다. 연대기 저자들의 기록들은 세부 내용에서 다르긴 하지만, 주요 골격에서는 일치한다. 채찍질 고행파는 흰옷을 입고 앞과 뒤로 망토를 둘렀으며, 모자에 붉은 색 십자가를 장식했는데, 이 장식 때문에 십자가 형제회라는 이름을 얻었다. 이들은 곳곳을 누비며 행진했고, 행진이 끝날 때까지 한 장소에서 하루 낮과 밤만 쉬었으며, 주일에는 대체로 쉬었다. 십자가상들과 깃발들을 앞세우며 행진했고, 가는 동안 찬송을 불렀다. 도시에 가까이 이르면 교회 앞의 광장이나 들판에 야영지를 차린 다음 고행 훈련을 했는데, 훈련은 웃통을 벗은 채 하루에 두 번 시행했다. 이들의 특징은 훈련할 때 서신을 낭독하는 것이었다. 그 서신은 원래 돌판에 기록한 것으로서, 천사가 예루살렘에 있는 성 베드로의 제단에 갖다 놓은 것이라고 한다. 서신의 내용은 그리스도께서 세상의 악에 대해서, 특히 주일을 범하는 행위와 고리대금업과 간음이 성행하는 세태에 대해서 진노하신다는 것과, 채찍질 고행자들의 무리에 가담하여 그분의 지상 생애를 상징하는 33일과 한나절 동안 고행의 순례를 하는 자들에게 자비를 약속하는 것으로 되어 있다.

서신을 낭독하는 것을 신호로 훈련이 진지하게 시작되었다. 훈련은 무릎을 꿇고 땅바닥에 세 번 엎드리고, 스스로를 채찍질하면서 각자 자신들이 지은 죄를 암시하는 몸짓을 하는 방식으로 진행되었다. 병사들이 저마다 회초리나 채찍을 휴대했으며, 저자들이 세심하게 전하는 바에 따르면 채찍 끝에 쇳조각들이 달려 있었다고 한다. 쇳조각들은 바늘이라고 해도 될 만큼 날카로웠으며, 열성적으로 고행하는 하는 자들은 허리춤까지 피가 흘러내렸다. 채찍질은 찬송의 운율에 맞춰서 시행되었으며, '붉은 병사들'(milites rubicundi, 그들을 종종 이렇게 불렀다)은 자신들이 흘리는 피가 그리스도의 피와 같거나 그것과 섞인 것이라고 믿었다. 그들은 사도 바울을 수호성인으로 모셨고, 사도의 성흔(聖痕)이 양심의 상처가 아니라 육체의 상처였다고 생각했다. 무릎을 한 번 꿇을 때마다 찬송을 한 곡씩 불렀으며, 그렇게 해서 훈련을 마칠 때까지 찬송을 네 곡 불렀다. 훈련 개시를 알리는 구령은 다음과 같은 말로 시작했다.

이제 회개하고자 하는 이들은 우리에게 나오라.
와서 지옥의 뜨거운 불을 피하자.
루시퍼는 악한 자이다.
그는 자신이 붙잡은 사람에게 역청을 뒤집어 씌운다.
그에게서 도망치자.
우리의 고행에 끝까지 동참할 이들은
상실한 것을 되찾게 되기를 기원하노라.[4]

이들은 바닥에 납작 엎드린 채 십자가 가로대를 상징하여 팔을 길게 뻗었다. 세 번째 무릎을 꿇을 때 부르는 네 번째 찬송은 고리대금업자·위증자·살인자·노상강도·금요일의 금식과 주일 성수를 범한 자가 받아야 할 지옥의 형벌을 애도한 뒤, 마리아에게 다음과 같은 기도를 드린다.

여왕이신 마리아여, 저를 위해 빌어주사
당신의 아들의 은총을 입게 하옵소서.

참회자들은 저마다 마음을 괴롭히는 죄를 암시적으로 표시했다. 술꾼은 손가락을 입술에 갖다댔다. 위증자는 맹세를 하듯이 엄지와 검지를 펴서 치켜들었

---

4) Hugo von Reutlingen, p. 36.

다. 간음자는 배를 대고 땅에 엎드렸다. 도박꾼은 주사위를 던지는 시늉을 했다.

흑사병이 기승을 부리는 동안 이러한 참회자 무리 120명이 네덜란드에서 해협을 건너 영국에 도착하여 런던을 비롯한 도시들로 들어갔는데, 저마다 붉은 십자가를 착용하고 바늘처럼 날카로운 쇳조각들이 달린 채찍을 휴대했다. 그러나 그들은 추종자를 얻는 데 실패했다.

채찍질 고행파가 교회 당국자들로부터 반발을 산 것은 불가피한 일이었다. 중세 교회는 교리뿐 아니라 의식이나 조직에서도 조그마한 독립도 관용하지 않았다. 프랑스에서는 그들이 초창기부터 반대를 받았다. 파리 대학교는 그들을 비난하는 성명을 발표했고, 필립 6세는 그들에게 프랑스 영토에서 활동을 할 경우 사형에 처하겠다고 으름장을 놓았다. 이보다 더 큰 타격은 기독교 세계 수장에게서 나왔다. 클레멘스 6세가 1349년 10월 20일에 공포한 대칙서에서 그들에 대한 강경한 태도를 천명한 것이다. 바젤에서 출발한 채찍질 고행파가 아비뇽에 나타났는데, 어떤 문헌에 따르면 그 수가 2,000명에 달했다고 한다. 클레멘스는 대칙서를 공포하기 전에 추기경들과 함께 파리 대학교 교수 장 뒤 파예(John du Fayt)로부터 그 주제에 관한 설교를 들었다. 설교자는 채찍질 고행파의 교리와 행위 가운데 13가지 오류를 지적했는데, 그 가운데는 자신들의 피를 흘리는 것(그는 이런 행위가 바알의 사제들에게나 적합한 것이라고 주장했다)과 우물에 독을 넣은 혐의가 있는 유대인들을 살해하는 것(그들은 유대인들이 우물에 독을 넣어 흑사병이 번지게 되었다고 추정했다)이 포함되어 있었다. 클레멘스는 채찍질 고행 운동이 마귀의 일이고 천사가 전해 주었다고 하는 서신이 위조 문서라고 선언했다. 그 회원들[전사들]에 대해서는 사제단에 불복종하고 자신들의 고행을 1350년에 로마에서 거행하기로 예정된 희년을 위한 여행과 동일시한다는 이유로 단죄했다.[5] 교황은 이 대칙서를 영국·프랑스·폴란드·독일·스웨덴의 대주교들에게 보내면서, 만약 필요할 경우 군대라도 동원하여 교회의 법률에 거역하는 그 신흥 사교 집단을 진압하라고 명령했다.

이만한 규모의 규제 앞에서 채찍질 고행파는 오래 존속할 재간이 없었다. 플

---

5) 클레멘스의 대칙서는 Fredericq, I. 199-201에 소개된다. Du Fayt의 설교가 매우 관심을 끄는데, 그것이 Fredericq(III. 28-37)가 소개하는 가장 중요한 문헌의 하나이다. Du Fayt는 흑사병의 원인을 천사들로 인한 공기 오염 때문으로 설명했다.

랑드르의 도시들과 프라하와 마그데부르크 등의 대주교들이 그들을 엄격히 규제하는 법을 제정했다. 스트라스부르 당국은 그들이 거리에서 공개적으로 채찍질하는 행위를 금했다. 1353년에 쾰른 대주교는 그들로 인한 상황이 대단히 심각함을 깨닫고는 그들에게 동조한 적이 있는 모든 사제들에게 고해하도록 지시한 뒤, 지시에 따르지 않는 자들은 파문에 처하겠다고 경고하지 않을 수 없었다.[6]

흑사병이 돌던 시기에 전개된 채찍질 고행 운동은 네 가지 현저한 특징을 갖고 있었다. 조직, 평신도들의 역할, 음악 사용, 그리고 그들의 강렬한 종교적 · 윤리적 성격이 그것이었다. 이탈리아에서는 흑사병이 발생하기 전부터 이 집단이 조직을 유지하고 있었다. 이탈리아에는 그러한 집단을 한두 개 두지 않은 도시를 찾아보기 어려웠다. 파두아에는 그런 집단이 여섯 개, 페루자와 파비아노에는 세 개 있었다. 하지만 그 운동이 교회 권위에 불복종하는 분위기를 조장한 것 같지는 않다. 어떤 경우에는 사제들이 운동을 주도했으며, 탄탄한 기반을 가지고 시작한 집단들은 도미니쿠스회와 프란체스코회와 밀접한 연관을 가지고 결성되어 가난한 자들과 병자들을 보살피는 데 헌신한 듯하다.

반면에 북유럽에서는 성직자들에게서 독립하려는 정신이 표출되었다. 이러한 정신은 대 흑사병이 창궐할 당시와 그 이후에 독일과 네덜란드의 채찍질 고행파 집단들에게서 현저하게 나타났다. 회원 자격에는 원수와 화해할 것과, 남편이나 아내의 동의를 받을 것, 종들의 경우에는 상전들의 허락을 받을 것, 지도자들(단장 혹은 원장이라 불림)에게 철저히 복종할 것, 자신의 경비를 부담할 능력을 갖출 것 등이 포함되어 있었다. 33일과 한나절을 행진하는 동안에는 시주를 받거나 목욕을 하거나 옷을 빨거나 면도를 하거나 여성과 대화를 나누거나 포근한 침대에 눕는 것이 금지되었다. 무기를 휴대할 수 없었고, 병에 걸리거나 죽을 지경까지 스스로 채찍질을 가해서도 안 되었다.

식사 전후에 '주기도' 와 '아베 마리아' 를 다섯 번씩 암송하도록 했고, 살아 있는 동안 금요일마다 낮에 세 번, 밤에 한 번 스스로 채찍질하도록 했다. 자신들의 집단을 '형제회' 라 불렀으며, 회원들에게 서로를 친구(socium)라 하지 말고

---

6) Fredericq, II. 116 등. 행정관들은 투르네에서 그랬던 것처럼 때로는 채찍질 고행파에 대해서 많으면 세 번 씩이나 규제하는 법령을 선포할 필요를 느꼈다.

"모두가 다 동일한 요소에서 지음을 받았고 동일한 값을 주고 사신 바 된 자들임을 생각하여" 형제라고 부르도록 했다.[7]

형제회의 지도자들은 평신도들이었으며, 앞서 언급했듯이 회원들이 하나님과 십자가 앞에서 모두 평등하다는 점이 강조되었다. 이 운동은 본질상 평신도 운동이었으며, 독일 북부와 네덜란드에 성직자 계층에 대해 조성되어 있던 반감의 표출이었다. 그들의 규약들 가운데 더러는 성상(聖像) 숭배와 화체설 교리, 면죄부, 사제들의 성유(聖油) 사용을 단죄했고, 경우에 따라서는 물세례를 피 세례로 대체했다. 그 가운데 50조항으로 구성된 어떤 규약은 그리스도의 몸이 성체에 존재하지 않으며, "면죄부는 아무것도 아니고 사제 제도와 함께 하나님을 욕되게 하는 것이다"라고 명시한다. 그 규약의 제26조에는 "피부가 먼지와 땀으로 덮인 채 죽는 것이 사제들이 발라주는 기름으로 덮이는 것보다 낫다"고 되어 있다.[8]

채찍질 고행파의 규약들뿐 아니라 독일어 찬송들도 기도와 육체 고행의 당위성, 죽음을 준비하고, 죄를 버리고, 원수들과 화해하고, 부당하게 취득한 물건을 되돌려주는 것 등을 촉구한다. 이러한 정서는 연대기 저자들의 글에 실리면서 한층 더 강조된다.

이 종교인들의 공로를 꼽자면 대중 종교 음악의 사용을 되살려 놓았다는 점이다. 노래를 부르는 것이 1259년에 시작된 최초의 채찍질 고행 운동의 특징이었다.[9] 그들의 찬송들은 라틴어 · 이탈리아어 · 프랑스어 · 독일어 · 네덜란드어로 되어 있었다. 이탈리아에서는 그것이 라우데(laude), 독일에서는 라이젠(leisen)이라는 명칭으로 알려졌다. 이탈리아어 찬송들은 독일어 찬송들과 마찬가지로 죄에 하나님의 심판이 따른다는 점과, 성모 마리아에게 호소하는 점, 그리고 '형제들'에게 스스로를 괴롭게 하고 죄를 자백하며 평안과 형제 사랑 안에서 살라고 권하는 점에서 일치한다. 그들의 찬송들은 성모를 향해서 그녀의 아들을 설

---

7) Ibid., III. 15.

8) Förstemann, p. 165 sqq.

9) Schneerganz는 이탈리아 도서관들에 사본으로 보관되어 있는 그 집단의 찬송들이 "방대한 양"이라고 말한다. 그는 그 도서관들의 목록과 출판된 그들의 찬송들의 목록을 소개한다. 하지만 널리 보급되어 사용된 찬송은 몇 곡 되지 않는다는 점을 기억해야 한다.

득하여 "모진 죽음과 전염병"을 막아달라고 간구한다. 이 찬송들 가운데 대부분은 죽음과 인류에게 닥친 저주에 대한 생각으로 가득하지만, 마리아에게 비는 내용에는 애절한 정서가 가득하며, 비둘기에서부터 낙원의 문에 이르기까지, 장미에서부터 모든 질병을 치유하는 약에 이르기까지 인식 가능한 모든 알레고리가 마리아에게 사용된다. 이탈리아와 북유럽의 채찍질 고행파의 찬송들은 서로 독자적으로 유래한 듯하다.[10]

북유럽의 '병사들'은 훈련을 받을 때 동일한 참회의 노래를 사용하는 데서 일치했으나, 행진할 때 부르는 노래들은 다양했다. 노래 가사들은 대부분 알려져 있지만, 그들이 찬송을 부를 때 사용한 음악 형식은 최근에야 비로소 밝혀졌다. 로이틀리겐의 휴고(Hugo)가 1349년에 남기고 훗날 성 페테르스부르크에서 발견된 사본에는 가사와 음악 형식에 관한 설명이 붙은 여덟 곡이 수록되어 있다.[11] 청중은 노래를 부르면서 받은 인상에 대해서 감미롭고 리듬이 질서정연하며, "돌 같은 마음도 녹이고 지극히 냉정한 눈에서라도 눈물이 흐르게 할 만큼" 구성지다고 말한다.[12]

1349년의 흑사병이 번지는 동안 전개된 채찍질 고행파는 순수한 민중 신앙 운동으로 간주해야 옳다.

그 뒤 1399년에 발산된 채찍질 고행 운동의 열기는 대부분 이탈리아에 국한되었다. 붉은 십자가가 달린 독특한 망토를 입은 채찍질 고행파 집단들이 제노바·피아첸차·모데나·로마 등 이탈리아 도시들에 출현했다. 그들과 관련하여 많은 수의 문헌들이 전해져 내려오는데, 그 중에 "피스토야의 공증인"(notary of

---

10) Schneerganz(p. 85)는 모든 연계성을 강하게 부정한다.

11) 가장 흥미로운 문헌은 Runge가 편집한 것으로서, 악보 원본을 소개한다. 두 악절을 독일어에서 번역한 가사와 함께 소개한다.

Now let us all lift up .. our hands
And pray to God this death to a - vert.

12) 참조. Runge, pp. 27, 140, 157.

Pistoja)이 남긴 기록처럼 그들에게 우호적인 것들도 있고, 폰 니하임(von Nieheim)이 남긴 것처럼 비판적인 것들도 있다. 피스토야의 저자에 따르면, 그 운동은 도피네 지방에 사는 농부가 환상을 본 데서 시작했다고 한다. 이 사실은 그리스도와 성모에 대한 민중의 숭배가 어떤 지역적 유대를 맺고 전개되었는가를 보여주는 점에서 흥미를 끈다. 농부는 점심 식사를 마친 뒤에 청년의 모습으로 나타나신 그리스도를 보았다. 그리스도께서 농부에게 빵이 있으면 좀 달라고 부탁하셨다. 농부가 남은 빵이 하나도 없다고 대답하자, 그리스도께서 여기를 보라고 하셔서 농부가 쳐다보니 빵이 세 덩이가 있는 것이었다. 그리스도께서는 농부에게 빵 세 덩이를 건네주시면서 그리 멀지 않은 곳에 있는 샘에 가서 그것들을 던지라고 하셨다. 농부가 가서 시키신 대로 하려는 순간에 흰옷을 입고 온통 눈물에 젖은 여인이 나타나 청년에게, 돌아가 그 모친이 그 일을 하지 못하게 했다고 전하라고 시켰다. 농부가 돌아갔으나 그리스도께서는 재차 명령을 하셨고, 하지만 여인이 다시 명령하는 바람에 농부는 다시 돌아올 수밖에 없었다. 그렇게 몇 번 왔다갔다하다가 농부는 마침내 빵 한 덩이를 샘에 던졌는데, 그 순간 마리아였던 그 여인이 농부에게 설명하기를, 자기 아들이 세상의 죄에 대해 극도로 분노하여서 세상을 벌하되 아예 멸망시킬 생각까지 갖고 계시다고 일러주었다. 빵 한 덩이가 인류의 1/3을 상징하는데 이미 1/3의 멸망은 확정된 셈이며, 만약 농부가 나머지 두 덩이도 던진다면 인류는 하나도 남김없이 멸망할 것이라고 했다. 울고 있는 성모 앞에서 농부가 무릎을 꿇자, 성모는 자신이 아들에게 기도하여 심판을 거두시도록 했는데, 만약 그가 다른 사람들을 모아 가지고 행렬을 벌이면서 스스로 채찍질하고 '자비'와 '평강'을 외치며 그가 본 환상을 널리 전한다면 과연 심판이 그칠 것이라고 격려해 주었다.[13]

농부는 17명을 모았고, 이들이 새 운동의 중추 세력이 되었다. 이들로 인해서 형성된 집단들은 행진하다가 만나게 되는 수도원과 교회 뜰에서 잠을 잤고, 찬송들(laude)을 불렀으며(이 일로 인하여 그들은 라우데시<노래하는 자들>라 불렸다), 선조들이 그랬듯이 스스로를 채찍질했다. 그들이 행진하는 동안 기적들이 발생한 것으로 추정된다. 그 가운데는 수난상이 피를 흘리는 기적이 있었는데, 예를 들어 폰 니하임 같은 이들이 남긴 몇몇 기록은 그들이 수난상에 구멍을

---

13) 참조. Förstemann, p. 111 sqq.

내고 거기에 피를 부어넣은 다음 나무를 기름에 흠뻑 적시고 그것을 햇볕에 내다 놓는 방식으로 피가 땀처럼 흐르게 했다고 설명한다. 이 예리한 관찰자에 따르면, 이들 집단은 이탈리아 반도를 거의 종단했다고 한다. 모데나의 주교가 이끄는 15,000명의 무리가 볼로냐까지 행진했고, 그곳에서 민중은 흰옷을 입었다. 로마에서는 민중만 아니라 성직자들도 그들의 거창한 행렬에 매료되었을 뿐 아니라, 추기경들과 모든 계층 사람들이 베옷과 흰옷을 입었다. 심지어 교황은 그들에게 복을 빌어주고, 성 베로니카의 손수건을 그들에게 보여주기까지 했다. 니하임은 그들이 노래를 부른 사실과 그들이 부른 새 노래들(nova carmina)을 특별히 언급한다. 그러나 교황청 분열사(分裂史)를 다룬 그 사가는 그 운동에서 악과 사기 외에는 아무것도 볼 수 없었으며, 그들이 밤에 잘 때 남자와 여자, 소년과 소녀가 뒤섞여 함께 누운 점을 비판한다. 그들은 행진할 때 유실수들에서 과일들을 남김없이 훑어갔고, 교회당과 수도원에서 숙영(宿營)하면서 더러운 몸과 행실로 그곳들을 더럽혔다. 이 운동은 로마에서 그들의 지도자들 가운데 한 사람이 화형을 당함으로써 막을 내렸다.

클레멘스 6세의 대칙서에 이어서 1372년에는 채찍질 고행파를 베가르회와 동일시한 그레고리우스 11세의 맹렬한 비난이 있었고, 그 뒤에 콘스탄츠 공의회의 법령이 공포되었다. 1417년의 공의회에 상정한 논문에서, 제르송은 그 분파가 고해성사와 자백을 채찍질로 대체했다고 주장했다.[14] 그는 주교들을 향해서, 스스로 피를 흘리고 자신들을 옛 순교자들과 동렬에 놓는 잔인하고 비천한 자들을 진압하라고 촉구했다. 그리스도께서 "네가 생명에 들어가려면 계명들을 지키라"(마 19:17)고 하시면서 가르쳐 주신 대로 다른 새로운 짐을 지지 않을지라도 십계명의 율법만으로 충분하다고 했다. 신학자들의 이러한 판단을 채찍질 고행파는 무시하고도 살아남았으나, 15세기에 만나게 된 종교재판소의 무자비한 심문 앞에서는 살아남지 못했다. 1414년에 튀링겐 지방에서 도미니쿠스회 출신 재판관 쇠네펠트(Schönefeld)를 주축으로 법정이 설치되었다. 재판 결과 에르푸르트 근처의 상거하우젠 한 곳에서만 91명이 한꺼번에 화형을 당했으며, 다음 번에는 22명이 더 처형을 당했다. 두 번째 무리는 교회에 만연하는 모든 악이 성직

---

14) *Contra sectam flagellantium.* Du Pin's ed., II. 659-664. Van der Hardt, III. 99 sqq.

자들의 부패한 생활에서 비롯되었다고 주장하다가 죽었다.

채찍질 고행 운동은 그 시대의 교회 생활이 제대로 충족시키지 못한 갈망에서 불거져 나왔다. 그들의 기행(奇行)만 바라보느라 선량한 면들이 가려져서는 안 된다. 로이틀링겐의 휴고는 1349년 사건에 대한 기록을 마무리하면서 다음과 같이 결론짓는다. "채찍질 고행파 형제들에게는 좋은 면들도 많이 있었으며, 그들이 일으킨 관심은 이런 면들 때문이다."

당대의 저자들이 간혹 채찍질 고행파와 결부시킨 어떤 분파는 춤꾼들(the Dancers)로 알려졌다. 이 사람들은 일찍이 1374년에 아헨을 비롯한 독일과 네덜란드의 도시들에서 등장했다. 쾰른에서는 그들의 수가 500명이 넘었다. 채찍질 고행파와 마찬가지로, 그들은 행렬을 지어 이 도시 저 도시를 다녔다. 그들은 벌거벗은 몸으로 춤과 도약(dansabant et saltabant)을 공연하되 때로는 둘씩 짝을 지어 그렇게 했으며, 종종 교회당 특히 그 중에서도 성모상 앞의 공간을 선호했다. 춤을 추다가 탈진해서 죽는 경우도 속출했다. 네덜란드에서는 춤꾼들이 프리스커 혹은 프릴리스라고도 불렸는데, 이 단어들은 '원기 왕성한'이라는 뜻의 프리쉬(frisch)에서 유래한 것으로서, 춤꾼들은 무도회에서 그 말로 서로를 격려했다.[15]

독자적으로 존재한 또 다른 종교 집단에는 **발도파**가 있었다. 이들은 이단의 오명에도 불구하고 프랑스와 피에몬테, 오스트리아에서 존속했다. 그들은 당대에도 여성들에게 설교를 허용하고, 실제적 임재를 부정하고, 맹세와 종부성사와 유아세례를 금하고, 연옥 교리와 죽은 자를 위한 기도를 배격하고 있었다.

몇몇 예외적인 경우를 제외하고, 이탈리아와 프랑스의 발도파는 15세기 후반까지 시달림을 받지 않았으며, 사보이의 공작들은 알프스 산맥 지역에서 사는 그들을 보호해 주는 편이었다. 그러나 종교재판소 요원들이 그들에 대한 감시를 게을리하지 않은 결과, 1393년에 프란체스코회 수사 보렐리(Borelli)가 화형을 당했고, 도피네 지방 그르노블에서는 하룻동안 150명이 화형을 당했다고 전해진다. 과거에 인노켄티우스 3세가 알비파에 대해 십자군 원정을 감행했듯이, 이름

---

15) 연대기 저자들은 그 기만적 행습이 민중의 도덕에 끼친 악영향을 언급한다. 채찍질 고행의 열기가 휩쓸고 지나갈 때 100명의 미혼 여성들이 임신하게 된 것이 그중 하나이다. 춤꾼들에게는 Chorizantes와 Tripudiantes라는 이름도 붙었다.

이 같은 그의 계승자 인노켄티우스 8세는 이 무해한 사람들에 대해서 무자비한 원정을 감행했다. 그는 1487년 5월 5일에 발행한 악명 높은 대칙서에서 프랑스 왕과 사보이 공작 그리고 그 밖의 제후들에게 발도파에 대해 원정을 감행하여 그들을 '해로운 뱀들'로 알아 짓밟으라고 당부했다. 대칙서는 교황 자신이 창조주이신 주재(主宰)께서 위하여 고난을 당하신 자들을 오류의 심연에서 구출해야겠다는 생각에 사로잡혀 있음을 천명하는 말로 시작한다. 그에게는 구주께서 당신의 목숨을 내주신 데 반해, 자신은 아무런 위험도 당하지 않는 상태에서 다른 사람들을 고문과 죽음에 내주는 큰 모순이 아무렇지도 않게 여겨진 듯하다.

인노켄티우스가 대칙서를 발행한 뒤에 감행된 십자군 원정을 기록으로 남긴 발도파 사가 르제(Leger)는 자기 백성들이 과거에 겪었던 모든 고초가 당시에 자신들에게 부과된 것에 비하면 '꽃들과 장미들'이었다고 말한다. 프랑스 왕 샤를 8세는 대칙서를 성실히 이행하여 군사령관 위고 드 라 팔뤼(Hugo de la Palu)를 파견했다. 원정군은 18,000명에 달했던 것으로 추정된다.

진작에 산악 지대로 물러나 거주하고 있던 발도파는 원정군이 거의 접근할 수 없는 프레 뒤 투르라는 절벽 지대로 피신했으며, 그 아래까지 원정군이 진입했을 때 그들이 고개를 들어 화살을 쏠 수도 없는 상태에서 아래로 큰 돌들을 떨어뜨렸다. 하지만 프랑스쪽 알프스 지대에서는 십자군이 성공을 거두었다. 루이스 계곡에서 거주하던 70명, 혹은 다른 기록에 따르면 3000명이 발름 드 보우아라 불리는 동굴로 피신했다가 십자군이 동굴 입구에 불을 놓는 바람에 연기에 질식되어 죽었다. 많은 수의 발도파 신도가 신앙을 철회했으며, 이로써 프랑스 발도파는 사실상 도말되었다. 그들의 재산은 앙브렁의 주교와 세속 제후들이 나눠가졌다. 훗날 1545년에는 프랑스 발도파 주민들이 살던 22개 마을이 프로방스 의회의 지시로 약탈과 방화를 당했다. 1870년에 이탈리아가 통일되면서 이 명예로운 역사를 간직한 이 사람들은 관용을 허락받고는 거의 천년의 절반 세월을 감금되다시피 지내온 산악의 요새지들에서 내려왔다.

오스트리아에서는 발도파의 운명이 후스파와 보헤미아 형제회의 운명과 다소 뒤얽혔다. 1480년에 브란덴부르크를 비롯한 독일 북부 지역들에서는 발도파의 많은 신도들이 혹독한 박해를 당했다. 네덜란드에서는 그들이 수감과 추방과 심지어는 화형을 당했다고 전해진다.

중세 사회는 이단에 대해 품고 있던 공포를 이단들에게 온갖 흉악한 소문을 뒤집어씌우는 방식으로 표출했다. 발도파와 발도주의가 때로는 마녀들과 마술과 동의어로 쓰였다. Vauderie, Vaudoisie, Vaudois, Waudenses, Valdenses 같은 단어들이 어떻게 해서 이런 의미로 쓰이게 되었는지에 관하여 시원스러운 설명이 제시된 바 없다. 그러나 리옹에서부터 위트레흐트에 이르기까지 그런 용어가 유행했으며, 교황 유게니우스 4세의 대칙서(1440년)는 사보이의 마녀들이 발도파라 불리고 있다고 언급한다.[16] 「발도파의 우상숭배」(Valdenses ydolatrae)라는 제목으로 1460년에 작성된 치밀한 논문은 프랑스 도시 아라스의 발도파의 운명을 묘사하는 가운데, 그들이 귀신들과 접촉하고, 장대를 타고 공중을 날아다니고, 비밀스러운 연고를 바른다고 고발한다.[17]

59. 마술과 그에 대한 형벌

인류 역사에서 개신교 종교개혁이 일어나기 전 한 세기 동안 마술에 대한 미신과 그에 대한 무자비한 형벌을 기록하는 장면만큼 혐오감을 일으키는 부분도 없다. 그 세기의 후반에 교회와 사회가 마술로 인한 공포에 휩싸였고, 기독교 세계가 사탄의 거역할 수 없는 영향에 굴복하여 마술에 걸린 허다한 사람들로 급속히 오염되어 가는 듯이 보였다. 그 광기가 로마와 스페인에서 시작하여 브레멘과 스코틀랜드까지 퍼져나갔다. 교황들과 법률가들, 의사들과 온갖 등급의 성직자들이 어쩔 수 없이 그 광기를 인정했으며, 중세에 마술을 비판하고 나선 목소리라곤 고문을 당하거나 화형대에서 죽어가던 사람들이 내놓은 것이 고작이었다. 종교개혁자들도 마녀와 마술에 대해서는 적극적인 비판을 가하지 않았다. 오히려 루터는 귀신의 존재와 활동을 굳게 믿었으며, 귀신 숭배자들이 화형을 당해 마땅하다고 선언했다. 칼빈은 제네바의 마술 규제법이 존속되도록 허용했다. 1562년에 주교 주엘(Jewel)이 엘리자베스 여왕 앞에서 행한 설교가 아마도

---

16) 14세기에는 이 단어가 본성을 거스르는 죄악을 가리키는 데 쓰였다. 이것은 프랑스에서 Bougerie가 처음에는 카타리파 이단을 가리켰던 것과 유사하다.

17) 이 문헌은 Fredericq, III. 94-109에 일부가 실려 있으며, Hansen, pp. 149-182에 전문이 실려 있다. 그 세부 내용은 혐오감을 준다.

그 문제에 관한 새로운 법이 제정되게 만든 계기가 된 듯하다.[18] 백스터는 「영들의 세계의 확실성」(Certainty of the World of Spirits)에서 마술의 실재를 입증했다. 1692년에 뉴잉글랜드 연안의 살렘에서 그러한 기만으로 인한 희생자들이 생겼으며, 한 세기 뒤인 1768년에 존 웨슬리는 자기 시대에 발생한 사건들을 거론하면서, "마술을 포기한다는 것은 사실상 성경을 포기하는 것과 다름없다"고 주장했다.

인노켄티우스 3세는 1215년에 종교재판소를 설립하면서 점술과 마술에 관해서는 한 마디도 언급하지 않았다. 그 이유는 두 가지로 설명할 수 있을 것이다. 국가가 나서서 점쟁이들을 단속하고 있었고, 중세로서는 비교적 새로운 현상이었던 이단이 인노켄티우스의 시대에는 교회가 노출된 당면의 위험으로 간주되었던 것이다.

마술은 중세가 로마 시대로부터 귀신론과 흑마술을 가리키는 용어로 채택한 일반적인 용어인 말레피키움(maleficium, 악행, 해독)의 한 가지 형태였으나, 나름대로 독특한 면들을 지니고 있었다.[19] 마법의 힘을 입게 된 자들이 공중을 날아다니고, 이른바 사바트(sabbat, 마술사들의 연회<年會>)에서 귀신들과 회합을 갖고, 그들과 매우 저급한 육체적 쾌락에 빠지는 것이 그것이었다. 이런 내용들이 「주교 법규집」(canon episcopoi)에 언급되어 있다(10세기에 처음 등장한 이 법규집은 1150년에 그라티아누스에 의해 그의 교회법 모음집에 수록되었다). 그러나 이 법규집은 사악한 여인들이 이교 여신 디아나를 수행하여 밤에 무리를 지어 공중을 날아다니고, 몸과 마음을 다 바쳐 여신을 섬긴다는 신앙을 기만으로 규정하되, 그러한 자백을 하는 여성들이 존재했는데도 불구하고 그렇게 했다. 솔즈베리의 존(1182 죽음)은 밤에 공중을 날아다니는 것을 사탄이 여성들의 마음을 부추겨 생기게 한 망상으로 평가했다. 그러나 같은 세기에 활동한 또 다른 잉국인 월터 맵은 귀신들이 이난늘과 난교를 벌이고, 마귀가 수고양이로 둔갑하여 그들에게 나타난 사례들을 전한다.

---

18) 개신교 국가인 스코틀랜드에서는 철 깃과 입마개가 사용되었다.

19) Alexander Hales는 maleficium(악행)을 여덟 가지로 구분한다. 1076년에 하인리히 4세가 보름스에서 소집한 주교 회의는 그레고리우스 7세에 대해 마술을 행하고 마귀와 합작하여 수도원을 세운 혐의로 폐위를 선언했다.

13세기 중반부터 마술의 독특한 면들이 교회 당국자들의 심각한 관심을 끌기 시작했다. 그레고리우스 9세가 재위하는 동안(1227-1241) 교회 당국자들은 마귀가 서유럽에 교리적 이단을 심는 데 만족하지 못하고 점술과 마술이라는 새로운 악으로써 기독교 세계를 괴롭힐 작정을 하고 있다고 확고히 판단하기에 이르렀다. 종교재판관들이 단번에 감지할 만한 이상하고 낯선 사건들이 발생했다. 도미니쿠스회 종교재판관 샹탱프레(Chantimpré)는 슈바넨부르크 백작의 딸이 밤마다 공중에 떠서 어디론가 끌려갔는데, 어느 날 밤에는 프란체스코회 수사가 단단히 붙들고 있었는데도 허사였다는 이야기를 전한다. 1275년에 툴루즈의 여성은 고문을 받던 중에 자신이 여러 해 동안 귀신과 성 관계를 가져오다가 반은 늑대이고 반은 뱀인 괴물을 낳은 뒤 어린아이들을 죽여 그 괴물을 먹여 키웠다고 자백했다. 그 여성은 세속 법원에 의해 화형에 처해졌다.

하지만 마술의 시대가 본격적으로 시작한 것은 한참 뒤인 15세기였다. 1430년 경부터 마술이 독특한 사교로 취급되면서 신중히 다뤄졌고, 여러 논문들의 주제가 되었다. 마술 행위에 적용할 처벌 규정이 구체적으로 정해졌고, 마녀들을 식별하는 방법도 규정되었다. 마술의 사례들이 더 이상 산발적이지도 않고 예외적이지도 않았다. 마술사들이 지상에서 신앙을 없애버리려는 사탄이 지휘하는 길드 내지 분파로 간주되었다.

마녀 열풍이 확산되게 한 책임은 주로 교황들에게 있었던 듯하다. 교황들이 저마다 그 신앙을 묵인하고 조장했다. 교황이 마녀 신앙을 실체가 아니며 무의미하다고 규정한 사례는 단 한 번도 없었다.[20] 교황들이 저마다 종교재판소에게 마녀들을 처벌하도록 지시했다.

교황들이 마녀에 관하여 내놓은 발언들의 목록은 그레고리우스 9세가 마인츠와 힐데샤임의 주교들에게 쓴 서신에서 지극히 천박한 형태의 민간 귀신론을 사

---

20) Michelet(p. 9)는 이렇게 말한다. "교회의 귀족들이 사회에 깊은 좌절감을 심어 준 시기에 마법이 등장했다고 나는 자신 있게 주장한다." Döllinger(*Papstthum*)는 마법이 13세기부터 17세기까지 다양한 모양으로 나타났는데, 이것은 "교황의 절대권에 대한 신앙의 산물이다. 모순처럼 보일지 모르나 입증하기란 어렵지 않다"고 말한다. Hoensbroech의 다음 발언(I. 381)은 도발적이긴 하지만 사실이다. "이 모든 시기에 교황이 마법에 대한 신앙을 후원하고 떠받쳐 준 장본인으로서, 그것을 널리 퍼뜨리고 확증해 주었다."

실로 받아들인 1233년부터 시작한다. 그레고리우스는 마귀가 두꺼비, 창백한 유령, 검정 고양이의 모습으로 나타나고 있다고 주장했다. 두 번 입에 담기 어려울 정도로 외설스러운 표현으로, 남녀들이 귀신들과 회합을 가질 때 치러진 난교 장면을 길게 묘사했다. 그러면서 약이 듣지 않는 병에는 쇠와 불을 써야 한다고 주장했다. 살이 썩으면 도려내야 한다고 말했다. 엘리야가 바알의 제사장 4백 명을, 모세가 우상숭배자들을 처단하지 않았느냐고 했다.

13세기가 저물기 전인 1276년에 요한 21세와 그 후 보니파키우스 8세 같은 교황들 자신들이 유사한 정신을 가지고 점술을 시행했다는 비난을 받았다. 보니파키우스는 1303년에 영국 코벤트리와 리치필드의 주교 월터에 대해서 마귀와 계약을 맺고 그의 엉덩이에 습관적으로 입을 맞춘다는 혐의로 심문하도록 지시하는 데까지 나갔다. 그의 계승자인 클레멘스 때에는 성전 기사회가 마귀와 음탕한 행위를 저지른다는 심한 악소문이 나돌았다. 보니파키우스 8세의 주치의 빌라노바의 아르놀드(Arnold)는 「악하고 해로운 것들에 관하여」(De maleficiis)라는 저서에서 사탄이 혼인 관계를 방해하고 가로막기 위해 사용하는 방법들을 학문적 치밀함을 동원하여 진술했다. 14세기 교황들 가운데서는 요한 22세가 온갖 해로운 술법들을 실체로 인정하고 종교재판관들에게 마귀와 한 편이 되어 활동하는 자들을 잡아들이라고 지시한 일로 유명하다.

교황들의 발언과 나란히 스콜라 학자들의 권위 있는 진술들도 제시되었다. 토마스 아퀴나스(1274 죽음)는 아우구스티누스의 권위에 기대어 인간들이 귀신들과 동거한다는 민간 신앙을 사실로 받아들였고, 노파들이 노려보는 방식으로 젊은 사람들의 속에 악한 세력을 주입하는 힘을 가지고 있다고 주장했다. 마술에 대한 중세의 섬뜩한 신앙을 배제하게 된다면, 토마스를 가톨릭 신학의 권위 있는 안내자로 평가한 레오 13세와 피우스 10세의 대칙서들도 수정해야 한다.[21]

스콜라 학자들이 제시한 학문적 규범은 교회 법원이 섞어노 흑마술 시행자들을 색출하여 처벌하는 일에서는 국가 법원과 동등한 권한을 지닌다고 주장한 교황들의 발언을 뒷받침했다. 종교재판소가 마술 혐의자들을 심문한 재판 기록의 연대는 적어도 1270년으로 거슬러 올라간다. 베르나르 귀(Bernard Guy)가 남긴 유명한 「판례집」(Interrogatory)에는 그 주제에 대한 원칙들이 실려 있다. 하지만

---

21) 그의 대칙서 Pascendi gregis, 1907.

교회법 학자들은 말레피키움이 어떤 점에서 중죄가 되느냐를 규명하는 데 어려움을 겪었다. 볼로냐·파두아·아비뇽 대학교들에서 차례로 교회법을 가르친 올드라두스(Oldradus)는 1325년경에 이단과 마술을 분명히 구분한 다음, 마술이 이단의 냄새를 강하게 풍길 때에만 이단에게 규정된 처벌을 해야 한다고 주장했는데, 이것은 이미 알렉산더 4세(1258-1260 재위)가 제시한 바 있는 견해였다. 마술을 이단과 동일시한 마지막 계단을 놓은 사람은 에이메리쿠스(Eymericus)였다. 그는 종교재판소 지침서와 특별 논문들(1370-1380)을 통해서 말레피키움과 이단이 서로 밀접하게 연관되어 있다고 주장함으로써 마술을 대단히 엄격하게 처벌할 수 있는 문을 활짝 열어놓았다.

교황들과 스콜라 학자들과 교회법 학자들로 이루어진 삼중의 권위에 파리 대학교의 막강한 영향력이 덧붙게 되었다. 이 대학교는 에이메리쿠스의 저서가 발행된 지 2년 뒤인 1378년에 말레피키움의 실재를 인정하는 28개 조항의 문서를 보냈다.

1430년부터 시작하는 마술의 역사 제2기로 접어들면 마술에 관한 소책자들과 교황의 발언들이 무수히 쏟아져 나온 사실을 발견하게 된다.

당대를 이끌어 간 신학자 제르송은 마술을 탐구하고 추구하는 것이 이단이자 불경건이라고 말했고, 유게니우스 4세는 1434년부터 여러 차례에 걸친 발언을 통해서 귀신들과 계약을 맺었다가 그들에게 희생된 사람들에 관해서 자세히 말했다. 과거 인노켄티우스 3세 때 이단이 사람들의 마음에 차지했던 자리를 이제는 마술이 차지하기 시작했다. 피우스 2세부터 클레멘스 7세까지 르네상스 교황들 치하에 라틴 기독교 세계 전역에 무서운 기세로 퍼져나가되 그들로부터 이렇다 할 비판 없이 재가를 받은 두려운 광기가 이 시기의 눈앞에 다가와 있었다. 인문주의자라 불린 피우스 2세에게는 좀 더 합리적인 태도를 기대해 봄 직했으나, 그 역시 1459년에 부르타뉴에서 자행되는 마술에 대해서 분노를 발함으로써 그 실재를 인정했다. 바티칸이 그 지독한 미신을 재가하는 데 어느 정도까지 갈 수 있었는가 하는 것은 식스투스 4세의 대칙서(1471)에서 볼 수 있다. 대칙서에서 교황은 자신이 작은 밀랍 어린양을 만들어 봉헌할 권한을 확보해 두었는데, 사람이 그 물건을 손으로 만지면 화재와 파선, 폭풍과 우박, 번개와 천둥으로부터 넉넉히 보호를 받으며, 여인들의 경우 해산할 때 보호를 받는다고 했다.

교황청이나 그 밖의 기관들에서 발행한 마술에 관한 문서들 가운데서 단연 돋보이는 것은 인노켄티우스 8세가 1484년에 발행한 대칙서(*Summis desiderantes*)이다. 거의 천 단어로 이루어진 이 악명 높은 포고문은 독일 종교재판관들이 교황에게 문의한 질문들에 답변한 내용으로서, 당시에 유행하던 악마적 마법에 관한 민간 신앙이 부정할 수 없는 것임을 명료한 표현으로 인정한다. 교황은 마인츠 · 쾰른 · 트리어 · 잘츠부르크 · 브레멘 교구들이 가톨릭 신앙을 버리고 귀신들에게 도움을 구하는 자들로 득실대는 현실을 알게 되었다고 쓴다. 그의 대칙서는 다음과 같이 이어진다. 그들이 주문과 마법과 그 밖의 부정한 방법으로 여성들의 해산을 훼방하고, 가축들의 새끼들을 죽이고, 곡식과 과실에 흉작이 들게 하고 있다. 남자들과 여자들, 가축들, 초목들이 고통에 시달리고 있다. 남성들은 더 이상 자식 낳을 능력을 갖지 못하고, 여성들은 수태할 능력을 잃으며, 아내들과 남편들이 부부생활을 하지 못하도록 방해를 당한다. 교황은 이러한 재난들을 바라보면서 도미니쿠스회 종교재판관들이자 신학 교수들인 하인리히 인스티토리스(Heinrich Institoris)와 야콥 슈프렝거(Jacob Sprenger)에게 마법사 단속 작업을 계속하여 그들을 재판과 처벌에 넘기도록 권위를 부여해 주었다. 잘츠부르크 주교에게는 두 사람의 임무 수행에 아무런 장애가 없도록 하라고 명령했고, 몇 달 뒤에는 마인츠 대주교에게 두 사람을 적극 지원하라고 당부했다. 다른 문서들에서 인노켄티우스는 마술을 진멸하려는 이 종교재판관들의 노력을 지원한 데 대해서 오스트리아 대주교 지기스문트(Sigismund)와 티롤의 백작을 비롯한 여러 사람들을 치하했다.

마녀들을 화형에 처하는 것이 이렇게 해서 교황청의 분명한 정책으로 공포되었으며, 종교재판관들은 끈덕지고 무자비한 태도로 교황청의 훈령을 이행했다.

현대의 지성적 판단에 대단히 혐오스러운 인노켄티우스의 명령은 설령 아리우스주의자 교황 리베리우스와 단의론자 호노리우스의 경우를 배제하더라도 그 자체만 가지고도 교황 무류설 교의를 무산시킬 만하다. 이 점에 대해 파스토르와 추기경 헤르겐뢰터는 인노켄티우스가 마술을 단죄하고 처벌을 지시한 것이 마술의 실재를 공식적으로 선포한 것은 아니었다고 변명한다.[22] 하지만 이런 설

---

22) *Gesch. der Papste*, III. 266 sqq. Vacandard(Inquisition, p. 200)도 같은 입장에서 이렇게 말한다. "인노켄티우스는 자신이 대칙서에서 언급하는 현상들을 교회로 믿게 할 의도가 분명히 없었다. 그러나 그의 사견이 당시의 교회법 전문가들과 종교재판관들에게 영향을 끼쳤다."

명에 대한 반응이 시큰둥하지 않을 경우, 이 저자들은 교황의 그 판단이 권징의 성격을 띠고 있으므로, 교황이 비교의적 주제들에 대해 내린 다른 판단과 다름 없이 항구적인 구속력을 지니지 않을 것이라고 주장한다. 이러한 구분은 교황의 무류성이 신앙의 문제에만 해당될 뿐 권징의 문제에는 해당되지 않는다는 가톨릭 교회법 학자들의 유명한 주장에 근거한 것이다. 이런 구분들을 신학적 결의론(決疑論)에 맡겨둔다 할지라도, 인노켄티우스의 대칙서가 유럽인들의 정신에 사악한 신앙이 더욱 깊이 뿌리를 박게 했고, 무고한 사람들을 무수히 고문대와 화형대로 보냈다는 역사적 사실은 남는다.

화이트 박사(Dr. White)는 황제든 교황이든 로마에서 발행한 모든 문서들을 통틀어 인노켄티우스의 대칙서만큼 최악의 고통을 끼친 것은 없었다고 말하는데, 그 말은 진실에서 그다지 거리가 멀지 않다.[23] 인노켄티우스는 증거가 뒷받침되지 않는 증인들의 신뢰성을 부정하거나 혹은 적어도 의심했다면 교황으로서의 무류성을 행사할 수도 있었을 것이다. 그가 한 마디만 올바로 했더라도 역사상 유례 없는 참극을 예방할 수 있었을 것이다. 후임 교황들 가운데 어느 누구도 그의 발언에 대해서 유감을 표시한 적이 없으며, 종교재판관들에게 마술 단속을 위한 교과서 역할을 한 금서목록인 「마녀들을 잡는 철퇴」(*Malleus maleficarum*, 이 목록에 실린 대다수 저서들이 인노켄티우스의 대칙서에 열거되어 있다)에 대한 평가에서는 그런 태도를 더욱 볼 수 없다.

인노켄티우스의 직계 계승자들은 그의 정책을 따랐다. 개인이든 국가든 마녀들을 탄압하지 않으면 악인들로 분류했으며, 베네치아가 레오에게 협박을 당한 경우처럼, 국가가 교황의 정책을 적극 지원하지 않을 경우 교회로부터 맹렬한 비난과 질책을 당했다. 브레시아(이탈리아 북부 롬바르디아의 도시: 역자주)는 교황에게 책망을 받은 뒤에 태도를 바꾸어 일년만에 70명을 화형에 처했다.

인노켄티우스의 대칙서 다음으로는 앞서 언급한 「마녀들을 잡는 철퇴」가 역사상 마술에 관한 가장 중요하고도 악한 유산이다. 리 박사(Dr. Lea)는 그 금서목록을 가리켜 "세상이 미신과 관련하여 만들어 낸 가장 불길한 기념비"라고 평한다.[24] 이 두 문헌이 새로운 십자군의 진흥과 발전을 결정지은 공식 문서였다.

---

23) *Warfare of Science and Theology*, I. 351.
24) *Inquisition*, III. 543.

1486년에 출판된 「마녀들을 잡는 철퇴」는 도미니쿠스회 종교재판관들인 하인리히 인스티토리스(독일어명, 크레머)와 야콥 슈프렝거의 손에서 나왔다. 이들이 교육을 받지 못한 사람들이라는 핑계란 성립될 수 없다. 이들은 자기들의 수도회와 쾰른 대학교에서 높은 지위를 차지하고 있었다. 이들의 책은 세 부분으로 나뉜다. 첫째 부분은 마술의 존재를 입증하고, 둘째 부분은 마술의 유형들을, 셋째 부분은 마술을 색출하여 처단하기 위한 규율들을 다룬다. 15세기 후반은 여느 시대보다 마귀에게 넘어간 시기라고 그 책은 진술한다. 온갖 유형의 악이 범람하고 있다고 한다. 마녀들과 마법사들의 실재를 인정하는 과정에서 두 사람은 성경과 교회의 가르침, 특히 아우구스티누스와 토마스 아퀴나스의 권위에 호소한다. 마귀를 아비로 둔 마녀들과 마법사들이 마침내 조직된 집단 혹은 분파로 결속되기에 이르렀다. 그들은 매주 사바트(마녀들과 마법사들의 모임)에 모여 마귀의 엉덩이에 입을 맞춤으로써 그에게 공경을 표시한다. 마귀는 그들의 모임에 편리한 대로 수고양이 · 염소 · 황소 혹은 흑인으로 나타난다. 남녀 귀신들이 모임에 우글거린다. 기독교 성례를 조롱하는 뜻에서 세례와 성례를 시행하며, 십자가를 짓밟는다. 풍성한 식사가 거행된 뒤에는 모든 조명을 끄고 "섞으라, 섞으라"고 하는 마귀의 명령에 따라 입에 담기도 힘든 음란한 장면이 연출된다. 하지만 마귀는 기율을 엄격히 유지하는 자여서, 순종하지 않는 회원들에게 채찍질을 가한다.

그 모임에 참석한 인간들은 온갖 종류의 타락한 기술을 배운다. 그들은 공중으로 운반된다. 세례받지 않은 유아들을 죽여서 그들이 천국에 들어가지 못하게 하고, 모임 때 아기들을 먹는다. 그들이 수쿠부스(잠자는 남자와 정을 통하는 여자 귀신)와 인쿠부스(잠자는 여자와 정을 통하는 남자 귀신)라는 단어들에 암시된 대로 육체 접촉을 맺는다는 설에 대해서 저자들은 그것이 의심의 여지가 없는 사실이라고 말한다. 그 대목을 인용하자면 이러하다. "모든 마법사들과 마녀들은 공통적으로 귀신들과 더불어 육체의 정욕을 발산한다."[25] 이 특별한 장에

---

25) 저자는 귀신이 남자들에게 접근할 때는 incubus로서, 여자들에게 접근할 때는 succubus로서 행하는 일들을 소상히 소개한다. 그 내용은 반복해서 소개하기 민망할 만큼 사악하다. 창세기 6:2과 고린도전서 9:10 같은 본문들을 근거로 여성들에게 음욕이 가득한 천사들이 내려다보지 못하도록 머리를 천으로 가리라고 가르친다. 저자는

분량의 긴 두 장을 할애하며, 뒤에서도 거듭 재론한다.

저자들은 자신들의 고발이 사실임을 입증하기 위해서 자신들이 폭넓게 경험한 바를 진술하면서, 48명의 마녀들이 자신들 앞에 끌려와서는 10년 내지 30년 동안 그런 가증스러운 사교 숭배를 자행했다고 자백한 뒤 화형에 처해졌다고 주장한다.

그 책이 마법에 사로잡히지 않도록 제시한 예방책들 가운데는 주기도문·십자가·성수·소금·귀신을 쫓는 교회의 문구들이 있다. 그 밖에도 내면에 임하는 은혜도 예방의 효과가 있다고 말한다.[26]

책의 세 번째 부분은 마녀들을 기소하기 위한 지침을 명료하게 제시한다. 소문만 가지고도 충분히 기소할 수 있다. 기소한 자들의 머리털과 신체의 은밀한 부분의 체모까지라도 밀어서 혹시라도 몸의 한 구석에 새끼 마귀나 부적을 감춰 가지고 들어오는 일이 없도록 한다. 인스티토리스와 슈프렝거는 종교재판관 자신이 마법에 걸리지 않을 수 있는 방책을 세심하게 일러주며, 자신들이 종교재판관으로 오래 재직하는 동안 그러한 비운에 떨어지지 않은 사실을 서로 축하한다. 마녀의 변호인이 과잉 열정을 나타낼 경우 그가 마법에 사로잡힌 증거로 간주한다. 유죄를 밝혀낼 장치들 가운데 하나는 십자가상의 일곱 말씀을 적어넣은 그리스도의 육신만한 길이의 긴 종이이다. 미사 때 그 종이를 마녀의 몸에 두르게 한 다음 시죄법에 따른 고문을 가한다. 이 방법을 사용하면 거의 어김없이 자백하게 되어 있다고 두 저자는 말한다. 빨갛게 달군 쇠로 심문하는 방식도 권하면서도, 귀신들이 그 경우를 대비하여 야채들의 즙을 내어 만든 연고를 마녀들의 손에 발라주어 화상을 입지 않게 할 수 있으므로 신중해야 한다는 당부를 잊지 않는다. 콘스탄츠에서 어떤 여성이 달군 쇠를 붙들고 여섯 걸음을 걷는 동안 화상을 입지 않아 석방된 사례가 실제로 발생했다고 소개한다.

귀신들이 육체의 정욕을 채우기 위한 목적으로 인쿠부스들과 수쿠부스들이 되는 것이 아니라, 사람들을 온갖 종류의 죄악에 빠뜨리려는 욕구를 품고 그렇게 되는 것이라고 주장한다.

26) 이런 예방 수단들의 효과를 입증하는 사례들이 많이 소개된다. 예를 들어 라벤스부르크에 사는 어떤 사람은 여인의 형태로 나타난 귀신에게 시험을 받다가 마침내 사제가 강단에서 가르쳐 준 말씀을 기억하고는 자신의 몸에 소금을 뿌리자 즉시 마귀의 영향에서 벗어나게 되었다고 한다.

지침서 전체에 가장 혐오스럽게 배어나는 것은 여성을 몹시 비하하는 저자의 태도이다. 만약 지금도 독신으로 사는 것이 순수한 사고에 도달할 수 있는 왕도라고 상상하고 있는 분이 있다면 독신으로 살며 정절을 지켰다고 하는 중세의 저자들과 사제들과 수사들이 남긴 여성과 결혼에 관한 증언들을 읽어보시기 바란다. 그들의 표현에 묻어나는 외설스러움은 그들의 속이 얼마나 타락했는가를 암시한다. 말레우스 말레피카룸(마녀들을 잡는 철퇴)이라는 제목 자체가 여성형으로 되어 있다. 왜냐하면 저자들이 독자들에게 알려주듯이, 마법에 걸려 귀신들과 접촉을 갖는 이들의 절대 다수가 여성들이었기 때문이다. 이 책의 저자들은 현대 여성들에게서 확인하게 되는 신앙적 정절과 대조적으로, '여성'이라는 뜻의 라틴어 페미나(femina)의 어원을 fe와 minus에서, 즉 '신앙이 열등한'이라는 뜻의 피데스 미누스에서 찾았다. 울고 실을 잣고 거짓말을 하는 것을 여성들의 한결같은 본성으로 설명한다. 거짓말이 여성의 본성인 이유에 대해서, 여성이 아담의 갈비뼈로 지음을 받았는데 갈비뼈는 곧지 않고 휘어 있기 때문이라는 것이 그들의 설명이다.

여성이 남성보다 열등하다는 점을 입증하는 데 긴 장(I. 6)을 할애하며, 여성이 귀신들과 관계를 맺는다는 주제를 내심 즐기면서 길게 다룬다. 여성들이 귀신들과 동거하는 사례는 과거에도 있었으나 그때는 여성들이 원치 않은 상태에서 그런 관계가 이루어졌을 뿐이고, 자신들의 시대에는 충분히 동의하고 열렬히 사모하는 가운데서 그런 관계가 이루어지고 있다고 저자들은 주장한다. 그들은 하나님께서 자신들을 남성들로 창조해 주신 데 감사를 드린다. 남성들 가운데 그런 음란한 관계에 동의하는 경우는 여성들과 비교할 때 1/10도 되지 않는다고 한다. 남성들이 이렇게 그런 관계를 거부할 수 있는 비결은 정신력이 선천적으로 강하고 왕성하기 때문이다. 여성이 본성적으로 부패해 있고 역사상 남성을 타락시키는 일을 해왔음을 입증하기 위해서, 인스티토리스와 슈프렝거는 자신들이 성경과 이교 고전, 교부들과 스콜라 학자들, 카토, 테렌티우스, 세네카, 키케로, 제롬 같은 저자들에게서 찾을 수 있는 온갖 악한 사례들을 인용한다. "여성은 죽음보다 독하다"(Woman is more bitter than death)는 예수 시락(Jesus Sirach)의 말을 자주 인용한다. 헬레나·이세벨·클레오파트라를 사악한 여성들의 표본으로 제시한다. 이들은 나라가 망할 때 중심에 있던 여성들이었는데, 그런 재앙이란 거의 어김없이 여성들의 음모와 계략과 맞닿아 있게 마련이라고 두 저자는 말한다.

중세 말에 활동한 저자들의 한결같은 주장은, 하나님께서 사탄이 무엇보다도 결혼 침상을 통해 악영향을 끼치는 것을 허용하고 계시며, 이는 첫 범죄가 결혼 관계를 통해서 전가되어 왔기 때문이라는 것이었다. 이 점에 대해서 저자들은 앞다투어 토마스 아퀴나스를 인용한다.[27] 마술의 주제를 다룬 저자들뿐 아니라 설교자들도 이렇게 여성을 비하하는 견해를 취했다. 스트라스부르의 가일러 (Geiler)는 여성이 남성에 비해 열 배나 더 많이 마술 혐의로 화형을 당한 이유를 여성의 수다와 경박함으로 설명했다. 그는 여성이 마귀에게 통해 있는 문이고 죄악으로 나가는 길이라는 암브로시우스의 말을 인용했다. 15세기의 또 다른 유명한 설교자인 요한 니더(John Nider)는 남녀의 동거가 중죄가 되는 아홉 가지 사례들을 열거했으며, 라틴어로 쓴 도덕적 부패에 관한 논문에서는 결혼 상태를 그 안에 포함시킨다. 한 세기 전에 펠라요의 주교 알바레스(Alvarez)는 아비뇽에서 써서 보낸 「교회의 통곡」(De planctu ecclesiae)에서 여성에게 공통된 102가지 결함을 열거했는데, 그 중 하나가 여성들이 지옥의 거주자들과 동거하는 것이었다. 그 고위성직자는 자신이 직접 경험한 바를 토대로 그것을 사실로 굳게 믿었다. 수녀원들에서 그런 일이 자행되고 있으며, 자신이 나서서 막아보려고 해도 소용이 없었다고 그는 말한다.

전문가들은 "마녀들이라는 새로운 분파"가 등장한 때를 1300년경으로 파악했다.[28] 그러나 15, 16세기의 저자들은 마녀들의 두 가지 독특한 행습인 공중으로 날아다니는 것과 귀신들과 동거하는 것이 상상으로 넘겨짚은 망상이 아니라 분명한 현실이었음을 입증하려고 노력했다.[29] 마녀들의 증언에다 교회 당국자들의 목격담이 덧붙었다. 저자들이 주목한 악마적인 행습은 세례받기 전의 유아들을

---

27) *Com. ad Sent.*, IV. 34. 여성들이 왜 남성들에 비해 점쟁이를 많이 찾느냐는 질문에 대해서, Alexander Hales는 여성이 남성보다 지적 열정이 부족하기 때문이라고 대답했다.

28) Bernard of Como가 Jacquier와 Prierias 같은 저자들을 따라 그렇게 바라본다.

29) 스페인의 교의학자이자 교회법 학자였던 Turrecremata는 공중으로 날아다니는 여자들이 디아나와 헤로디아스에게 이끌려 그렇게 한다는 견해에 대해서, 디아나와 헤로디아스가 지옥을 떠나도록 허락받는 일이 없을 것이라는 이유를 근거로 동의하지 않는다.

살해하여 그 살을 마귀에게 바친 뒤에 먹고, 성체(聖體, 성찬의 빵)를 짓밟는 것이었다. 1457년에 어떤 여성은 자신이 30년간 성체를 짓밟는 죄를 범해 왔다고 자백했다.

주간 사바트가 자주 열리는 지역은 브로켄과 베네벤토, 코모와 요단 강 건너편 지대들이었다. 이곳에서 마녀들과 귀신들이 수많은 사람들에게 환영을 받으면서 괴악한 짓들을 행했다. 마녀들은 마음 내키는 대로 이 회중에서 저 회중으로 갔으며, 프리에리아스(Prierias)에 따르면 여덟 살과 열 살밖에 되지 않은 어린이들도 그 아수라장에 참석했다고 한다.[30]

때로는 비록 음란하긴 하지만 무고한 구경꾼들이 그들의 집회를 지켜보다가 화를 당했는데, 코모의 종교재판관인 호마테의 바르톨로뮤(Bartholomew)와 그의 몇몇 동료들이 대표적인 경우이다. 그 광경을 직접 보기로 단단히 결심한 그들은 멘드리시오에서 은밀한 곳에 몸을 숨긴 채 사바트 집회를 구경했다. 사회자 마귀는 마치 그들이 훔쳐보고 있는 것을 모르는 것처럼 집회가 끝나자 해산시켰지만, 즉시 그들을 도로 불러들이더니 숨어서 보고 있던 사람들을 끌어내게 했다. 귀신들이 나와 그들을 심히 음란하게 다루는 바람에 그들은 보름을 넘기지 못하고 죽었다.[31] 마귀가 주로 취하는 형상은 큰 수고양이나 염소였다. 집회가 실내에서 열릴 경우 그는 꼬리를 앞세운 채 사다리를 타고 내려왔다. 마녀들은 그의 엉덩이에 입을 맞추었고, 잔치가 한참 무르익으면 조명이 꺼지고 난교가 시작되었다. 일찍이 1460년에 여성들이 나무 밑둥이나 빗자루를 타고, 혹은 염소에 올라타거나 귀신들에게 운반된 채 공중을 날아다니는 모습을 묘사한 그림들이 인쇄되었다. 노르망디에서는 귀신들린 자를 가리켜 빗자루 타는 자(scobaces)라고 불렀다.[32] 그들은 귀신들에게 배운 기술로 성찬의 빵을 먹인 두꺼비의 재와 죽은 유아의 피와 그 밖의 성분들을 섞어서 연고를 만들고, 잘 날아다니기 위해서 작대기에 그것을 발랐다. 이 연고를 '파렐리스[헤로디아스]의 연고'

---

30) Valdenses ydolatrae, *Quellen*, pp. 157, 165. 교황 펠릭스 5세의 비서를 지낸 시인 Martin de Franc는 1140년경에 쓴 *Champion des dames*에서 10,000명의 마녀들이 발리스 계곡에 모여 사바트를 거행했다고 말한다. 그 가운데 6백 명은 자신들이 귀신들과 동거한 적이 있음을 자백했다고 한다. Quellen, 99-104.

31) 그 사건은 유명한 마녀 재판관 Bernard of Como가 De strigiis에 소개한다.

32) '빗자루'라는 뜻의 scoba라는 단어에서 유래.

라고 부른 요한 하틀립(John Hartlieb)에 따르면, 주간의 각 요일에 채집한 일곱 가지 약초들을 새들과 짐승들에게서 거둔 지방에 섞어 연고를 만들었다고 한다.[33]

마녀라는 기만적 상상이 문학의 주제로 큰 인기를 끌었다는 사실은 한센(Hansen)이 70권의 저서들에서 제목을 일일이 열거하지 않은 채 발췌한 내용으로 입증된다.[34] 대다수 저자들은 도미니쿠스회 수사들이었다. 「마녀들을 잡는 철퇴」는 여러 판본들로 인쇄되어 1520년이 되기 전에 13판이 발행되었고, 1574-1669년에는 16판이 발행되었다. 15세기 전반에 활동한 이 부류의 저자들 가운데 가장 유명한 사람은 「개미 같은 근면」(Formicarius)을 쓴 요한 니더(1438 죽음)이다. 그는 도미니쿠스회 소속이자 빈 대학교 신학교수로서 바젤 공의회에 참석했다. 자키에(Jacquier) 같은 저자들은 논문 한 편을 내놓는 것으로 만족하지 못했다. 루터를 다룬 사가로 알려진 실베스터 프리에리아스(Sylvester Prierias, 1523 죽음)와 바르톨로뮤 스피나(Bartholomew Spina, 1546 죽음) 같은 저자들은 교황청에서 중요한 지위를 차지했다. 이 두 사람은 인노켄티우스 8세의 대칙서를 해설했고, 「마녀들을 잡는 철퇴」를 인용했다. 스트라스부르의 가일러는 강단에서 쉬지 않고 마녀들을 비판했다. 사보나롤라의 전기작가 피코 델라 미란돌라(Pico della Mirandola)는 비슷한 내용을 다룬 책을 썼으며, 아메리카 대륙의 발견이 마녀들의 존재를 입증하는 증거가 아닌지 의문을 품어볼 만하다고 주장했다.[35]

마녀들에 대한 탄압은 먼저 스위스와 이탈리아 북부에서 대대적으로 시행되

---

33) *Quellen*, p. 131 sq. 이 중세 전문가는 여성들과 남성들이 두꺼비와 고양이로 둔갑하는 일이 많았다고 주장했다. 그런 고양이의 발을 자르면 마녀 혐의자의 발이 없어진 것이 발견되었다고 했다. 그는 자신이 로마에서 그런 여성을 화형하는 장면을 지켜보았다고 전하면서, 그런 처형식이 교황의 도시에서 자주 거행되었다고 말한다. 하틀립은 바이에른의 공작 알베르투스 3세의 의료 고문이었다.

34) Hansen은 *Quellen*의 60쪽을 Malleus의 제목과 연대와 저자들을 다루는 데 할애한다.

35) 16세기 말 교황청의 공식 견해는 교회법학자 Prancis Pegna(1612년에 로마에서 죽음)가 제시했다. 교황에게 그라티아누스의 「교령집」(*Decretals*) 개정 작업을 의뢰 받은 그는 마녀들이 공중을 날아다니고 귀신들과 동거했다는 것을 확실하게 입증할 수 있다고 주장한다.

다가 프랑스와 독일로도 번져갔다. 로마에서는 처음 보고된 화형 건이 1424년에 발생했다. 이탈리아 북부의 교구 코모에서는 인노켄티우스 8세의 대칙서가 공포된 다음 해에 41명이 화형을 당했다. 마녀들에 대한 탄압은 먼저 스위스와 이탈리아 북부에서 대대적으로 시행되다가 프랑스와 독일로도 번져갔다. 로마에서는 처음 보고된 화형건이 1424년에 발생했다. 이탈리아 북부의 교구 코모에서는 인노켄티우스 8세의 대칙서가 공포된 다음 해에 41명이 화형을 당했다. 1500-1525년에 그 지역에서 재판을 받은 여성들의 수는 연평균 1000명에, 처형된 수는 100명이었다. 1521년에 프리에리아스(Prierias)는 아펜니노 산맥 지대에 마녀들의 수가 급증하여 조만간 신자들의 수를 웃돌게 될 것이라고 주장했다.

프랑스에서 희생된 대표적인 사람은 파리 대학교 교수이자 카르멜회 수사인 기욤 아델린(William Adeline)으로서, 바젤 공의회에 참석했던 인물이었다. 1453년에 종교재판소에 의해 심문을 당한 그는 자신이 발도파 신도로서 정기적으로 그들의 회당에 참석하여 마귀를 숭배했노라고 자백했다. 그는 철회를 맹세했음에도 불구하고 죽는 날까지 옥에서 나오지 못했다. 1428-1447년에 브장송에서는 여성 110명과 남성 57명이 마술 죄로 화형을 당하거나 강물에 던져졌다.

독일에서는 하이델베르크 · 포르차임 · 뉘른베르크 · 뷔르츠부르크 · 밤베르크 · 빈 · 쾰른 · 메츠 같은 도시들에 마녀 사냥의 열풍이 불었으며, 많은 사람들이 처형되었다. 1458년까지 5년 동안 하인리히 인스티토리스와 슈프렝거는 48명을 화형대로 보냈다. 하이델베르크의 궁정 설교가 켐나트의 마티아스 비트만(Matthias Widman)은 "카타리파 곧 이단적 마녀들"이야말로 가장 저주받아 마땅한 분파로서, "긍휼을 베풀지 말고 확실히 불살라 버려야" 한다고 선포했다. 그는 마녀들이 빗자루나 숫가락, 고양이, 염소 등을 타고 다닌다고 하면서, 하이델베르크에서 그들 중 많은 수가 화형당하는 것을 지켜보았다고 말했다. 1540년, 그러니까 루터가 죽기 6년 전에 개신교권이던 미텐베르크에서 마녀와 마법사 네 명이 화형에 처해졌다. 1545년에 제네바에서는 34명의 여성들이 화형이나 사지 절단형을 당했다. 영국에서는 1401년의 이단 화형법이 이 불행한 사람들에게 적용되었는데, 그들 중 적지 않은 수가 화형을 당했다. 그러나 중세의 영국에서는 대륙에서만큼 박해가 대규모로 자행되지는 않았으며, 마술 죄를 다룬 기관도 교회가 아닌 국가였다.

본인 스스로가 많은 사람들에게 화형을 언도한 시칠리아의 유명한 종교재판관이었던 파라모의 루이스(Louis)의 평가에 따르면 1597년(그가 「종교재판소의 기원과 활동」<*Origin and Progress of the Inquisition*>이라는 논문을 발표한 해) 이전의 150년 동안 30,000명이 마술 혐의로 처형되었다고 한다.[36]

마녀들에게 언도된 처벌은 채찍질·추방·화형 같은 것들이었고, 쾰른과 스트라스부르 같은 지역에서는 익사형도 가해졌다. 가장 흔한 형태의 고문은 엄지손가락을 죄는 것이나 죄인을 묶어 끌어올렸다가 갑자기 떨어뜨리는 것이었다. 후자는 천장에 도르래를 달아 늘어뜨린 밧줄로 죄인의 양손을 뒤에서 묶는 형식이었다. 처음에는 밧줄로 몸을 천천히 들어올리다가 한동안 공중에 매달려 있게 하거나 갑자기 바닥으로 떨어뜨렸다. 오늘날의 표준으로 볼 때 죄인이 전혀 법의 보호를 받지 못했던 것이다. 교회 법원이나 세속 법원의 혐의만으로도 얼마든지 중죄로 추정할 수 있었다. 희생자들은 고문으로 거의 실성한 상태에서 재판관들이 추정하는 어떤 죄든 사실과 관계없이 기꺼이 자백했다. 때로는 오래 고문을 당하는 것보다 차라리 죽거나 교회의 금령을 당하는 편이 나을 때도 있었다. 죽음의 고통이란 기껏해야 몇 시간 혹은 그보다 더 일찍 끝날 수 있었기 때문이다. 레키(Lecky)가 말한 대로, 이 불행한 사람들은 죽음을 앞둔 상황에서도 순교자의 면류관과 천국의 영광을 기대할 수 없었다. 교회의 동정이나 기도조차 받지 못했다. 아무도 동정이나 기도를 해주지 않는 상태에서 그들은 종교재판관의 냉혹한 심문에 굴복한 뒤 불살라졌다.

마술 혐의자를 두둔하거나 마녀 재판에 감히 비판의 목소리를 높이려면 목숨을 내놓고 해야 했다. 1593년에 네덜란드의 사제 코르넬리우스 루스 칼리두스(Cornelius Loos Callidus)는 마술과 아무 관계가 없는 여성들이 고문을 당한 끝에 억지 자백을 했다고 주장했다가 투옥되었다. 4년 전인 1589년에는 트리어의 시의원 디트리히 플라데 박사(Dr. Dietrich Flade)가 마녀 박해를 비판했다가 화형을 당했다.[37]

귀신과 온갖 마술에 관한 신앙은 고대 로마 세계에서 교회로 전승된 유산이며, 북유럽 신화들의 영향이 남아 있는 곳에서는 그 신앙이 지금도 여전히 깊은 뿌리를 내리고 있다. 그러나 성경, 특히 구약성경의 판례들과 법규들을 원용하

---

36) 트리어에서는 7천 명이 화형을 당했다고 한다. 1670년에 스웨덴에서는 70명이 체포되어 그중 많은 수가 화형을 당했다.

여 중세의 악령들에 대한 신앙을 정당화하는 데 사용했음도 부정할 수 없다. 사울이 엔돌의 무당에게 했던 경험, 마귀가 욥에게 끼친 재앙들, 레위기와 민수기의 진술들, 외경에 소개된 사건들과 신약성경에서 귀신들린 자들의 사례들이 엄격히 문자적인 의미로 연구되고 적용되었다.

중세의 귀신과 마술에 관한 신앙은 고대의 은수자들이 귀신들과 외롭게 벌인 투쟁과 더불어 시작하여 중세의 수사들이 예배당과 독방에서 귀신들을 대면한 일들을 통해 진행되고, 종교재판소의 두려운 이단 박해로 절정에 달하는 기나긴 하나의 장을 이룬다. 다행히도 좀 더 합리적인 사고 과정과 기독교의 사랑의 법에 대한 온전한 이해 덕택에 계몽화된 나라들에서는 그 장을 끝냈다. 이 책에서는 기독교 사회라 할지라도 얼마나 큰 오류를 범할 수 있는지를 드러내고, 오늘날 형성되어 있는 정서가 과거와 같지 않은 것에 감사하는 마음을 심어주는 데 역점을 두고서 도움이 될 만한 내용들을 다루었다. 더 나아가 고초를 당한 사람들을 생각해서라도 그들이 부당하게 처분을 당한 내용을 총괄적으로 소개하지 않을 수 없었다. 이 장을 흡족하게 마무리하려면 희생자 가운데 한 사람의 증언을 더 소개해야 할 듯싶다. 다만 이 증언은 중세가 끝나고 한 세기가 지난 뒤인 1628년에 밤베르크의 시장이 옥중에서 남긴 것이다. 거짓 증인들에게 에워싸인 그는 고문을 당한 끝에 자신이 마술에 관여했다는 자백을 하게 되었는데, 딸에게 쓴 편지에서 그 일에 관하여 다음과 같이 말한다.

사랑하는 내 딸 베로니카야, 네게 마음을 다해 작별을 고한다. 나는 죄 없이 감옥에 들어와 죄 없이 죽어야 할 상황에 처해 있다. 본래 마법사 감옥에 들어온 사람은 마법사가 되든가, 가련하게도 머리를 짜내어 그와 관련된 어떤 것을 고안해 낼 때까지 고문을 당해야 한단다. 내가 어떻게 해서 그런 일을 당하게 되었는지 네게 일러 주마 …… 그런 뒤 고문 집행관이 와서 양팔을 묶더니 엄지손가락을 뒤틀더구나. 손

---

37) Döllinger-Friedrich, pp. 130, 447. 1692년에 작성된 편지에서 뷔르츠부르크의 주교 교회법 고문은 그 사건이 있기 한 주 전에 열아홉 살의 아리따운 처녀가 마녀로 처형되었다고 적었다. 그는 서너 살짜리 아이들이 마귀와 육체적 관계를 가졌다는 소문도 덧붙인다. 열두 살에서 열다섯 살의 총명한 학생 일곱 명이 그 이유로 처형되는 것을 자기 눈으로 보았다고 전한다.

톱과 손 전체가 피투성이가 되었고, 네가 이 편지에서 확인할 수 있듯이 넉 주 동안이나 손을 놀리지 못했다 …… 그 뒤에 그들이 내 옷을 벗기고 양 손을 뒤로 묶더니 공중에 달아맸다. 땅과 하늘이 끝장나는 것만 같았다. 그 자들은 여덟 번이나 그렇게 나를 끌어올리고는 바닥에 떨어뜨렸는데 그 고통이란 이루 표현할 수가 없었다 …… [이 부분에는 그가 강요받았던 자백이 진술된다] …… 딸아, 내가 어떤 자백을 했기에 죽을 수밖에 없게 되었는지 이젠 잘 알았겠지. 그것은 모두 다 거짓말이다. 고문대에 오르는 것이 너무나 무서워서 그렇게 자백하지 않을 수 없었다. 그 자들은 무슨 자백이든 하지 않으면 그냥 내버려두지 않았던 것이다 …… 사랑하는 딸아, 이 편지를 비밀로 간직하여 사람들이 읽지 못하게 하거라. 만약 누설되는 날에는 나도 가장 참혹한 고문을 당하게 되고 간수들도 참수형을 면치 못하게 될 것이다 …… 두 손 다 제대로 놀릴 수 없게 되어서 이 편지를 쓰는 데 여러 날이 걸렸다. 잘 있거라. 네 아버지 요하네스 유니우스는 다시는 너를 볼 수 없을 것 같구나.[38]

60. 스페인 종교재판소

토르케마다, 잔뜩 구름 낀 그 이름이
과거의 지평선에서 아련히 떠오른다.
나뭇단을 사르며 치솟는 불길에
재로 검게 변한 벌판에 솟은 타버린 망루처럼.

— 롱펠로 (Longfellow)

스페인 종교재판소는 역사의 조소거리 가운데 하나이다. 그것이 조성한 공포가 스페인 연대기의 면들에 어두운 그림자로 덮었다. 스페인 왕국에서 이단의 전염병을 제하려고 조직된 이 기관은 유럽의 스페인 속국들인 시칠리아와 네덜란드, 그리고 신세계의 스페인 식민지들에서도 자체의 방식을 동원했다. 필리페 2세가 메리 튜더와 결혼한 뒤에는 영국에서도 잠시 승인을 받았다. 종교재판소에 의해 피흘리며 죽어간 대상에는 유대인들과 무어족, 개신교도들과 마법사들

---

38) 위의 내용은 *Phila. Trsll. and Reprints*, vol. III에서 취한 것이다.

이 있었다. 지상에서 15-18세기의 스페인만큼 가톨릭 신앙을 순수하게 지키는 데 관심을 쏟은 나라가 없었으며, 스페인 종교재판소만큼 무제한의 권한을 부여받은 교회 조직이 없었다. 스페인 종교재판소는 이단 박멸을 목표로 삼은 점에서 인노켄티우스 3세가 설립한 교황청 종교재판소와 일치했으나, 스페인 국왕이 임명한 법원의 지침을 따르고, 국왕에게 직접 책임을 지고, 주교들에게서 독립하여 활동하는 점에서는 이전의 기관과 달랐다. 교황청 종교재판소는 교황이 대리인들을 세워 규율을 집행하도록 했으며, 대리인들은 일정한 한도에서 주교들의 동의를 받아가며 활동했다.

이교도 무어족을 몰아내기 위해 많은 전쟁을 치렀던 스페인 왕국들은 유럽 북부에서 카타리파를 비롯한 이단 사상이 침투해 들어오는 것을 조금도 용인하지 않았다. 정통신앙에 근거한 안정을 기하려 하던 스페인 왕국에 가장 큰 위협은 유대인들이었다. 조상들의 신앙을 고수하는 유대인들도 위협이었지만, 자의로든 강요에 의해서든 기독교 의식을 채택한 유대인들도 위협이었다. 유럽에서 스페인만큼 유대인들의 수가 많은 나라가 없었으며, 이 나라만큼 유대인들이 상인으로서 성공하고 의사와 법률 고문으로 유력한 지위에 오른 나라가 없었다. 중세 스페인의 유대인 문학은 히브리 문학사에서 독특하고 중요한 장을 차지한다. 조상의 신앙을 고수하던 유대인들을 추방하는 것은 교회의 관할권 밖의 일이었다. 국법과 교회법에 따르면 유대인들의 종교 활동을 방해할 수 없게 되어 있었다. 그러나 유대인들이나 무어족이 세례를 받게 되면 교회법의 적용을 받게 되었다. 스페인에서는 개종한 유대인을 가리켜 콘베르소스(conversos) 혹은 마라노스(maranos, 갓 개종한 자)라고 했으며, 스페인 종교재판소는 초창기에 주로 그들에게 초점을 맞추었다. 루터의 교리들이 퍼지기 시작한 뒤에 스페인 종교재판소는 주로 개신교 박멸에 치중했으나, 그 역사가 마감되던 1834년까지 그 기관에 희생된 대상은 대부분 기독교로 개종한 유대인들이었다.

초기부터 스페인의 법은 유대인들을 굴복시키고 그들을 기독교인들에게서 분리시키는 데 방향이 맞춰져 있었다. 1312년의 비엔(Vienne) 에큐메니컬 공의회는 유대인에게 유죄 판결을 내리기 위해서는 유대인들을 증인으로 채택하도록 한 스페인의 관대한 법률을 비판했다. 1322년과 1329년에 발라돌리드와 타라고나에서 열린 스페인 교회회의들은 스페인 교회가 유대인들을 대하던 불관용 정신을 강하게 표현했다. 후데리아스(Juderias)라고 하는 자신들의 구역에서 따로 살던 유대인 공동체들을 약탈하고 그들을 학살하는 사건이 자주 발생했으며, 그들의 회당들이 파괴되거나 교회당으로 개조되는 일이 빈번했다. 1391년에는 카스티야에서 50,000명의 유대인들이 살해되었고, 그 열기가 아라곤까지 확산되었다.

이러한 반 유대인 감정이 형성된 원인은 그들이 혈통상 아브라함의 자손들임을 자랑하던 거만한 태도와, 집요한 전통 고수, 과도한 고리대금 행위에서 찾아야 할 것이다. 아라곤은 20%, 카스티야는 33⅓% 법정 이율에 만족하지 않은 그들은 종종 자치도시들에게 훨씬 더 높은 이자를 강요했다. 그 밖에도 그들이 성찬용 빵을 속되게 사용하고 세례받은 유아들을 죽여 그 피를 점술에 사용한다는 기독교인들의 편견과 공포도 그들에 대한 악감정 조성에 한몫했다. 이런 정서로 인하여 유대인들에 대한 법이 한층 더 엄격해졌다. 그들에게 독특한 복장을 착용하고 수염을 깎지 못하게 하고 머리를 둥글게 자르지 못하게 했던 옛 법률들이 다시 등장했다. 유대인들에게는 기독교인의 가정에 고용되거나 의술을 시행하거나 농사를 짓는 일이 금지되었다. 결국 그들에게 남겨진 일이란 대부업밖에 없었는데, 그것은 교회법이 그리스도인들에게 금한 직업이었다.

페르난도(1452-1516)와 이사벨라(1451-1504)의 공동 재위 때 조상의 신앙을 고수하던 사람이든 기독교 교회로 정식으로 개종한 사람이든 스페인 유대인들의 역사에 새로운 획이 그어졌다.[39]

교황 알렉산더 6세는 1495년에 페르난도와 이사벨라에게 '가톨릭 왕'이라는 칭호를 부여하면서, 그 이유의 하나로 그들이 1492년에 스페인에서 유대인들을 추방한 공로를 꼽았다. 그해로부터 12년 전에 활동을 시작한 스페인 종교재판소는 주로 유대인 혈통을 물려받고 교회에 가입했으나 내심으로는 유대인으로 남아 있던 콘베르소스를 겨냥했다.

---

39) 페르난도는 자신의 아버지 나바르의 요한과 함께 1469년부터 아라곤을 다스렸다. 그해에 그는 카스티야의 왕 Henry IV의 누이 이사벨라와 결혼했다. Henry가 죽자 그의 딸임을 자처한 Juana가 이사벨라의 왕위 계승권에 이의를 제기하고 나섰지만, Juana가 실은 Beltram de la Cueva의 딸이라는 것이 일반적인 견해였다. 그 문제로 발생한 내전은 1479년에 Juana가 수녀원으로 은퇴하고 이사벨라의 계승권이 확립되는 것으로 끝났다. 페르난도와 이사벨라의 재위는 스페인 역사의 황금기로 간주된다. 페르난도의 딸 Juana가 낳은 페르난도의 손자 카를 5세가 그의 지위를 계승했다.

교황청 종교재판소가 카스티야에서는 조직된 적이 없고, 아라곤에서는 존재가 미미했다. 1429년의 토르토사 공의회 때부터 콘베르소스들이 자녀들에게 세례를 받게 하지 않고, 회당에 나가고 유대인 절기를 지킴으로써 자신들이 고백한 기독교 신앙을 능멸하고 있다는 비판이 대두하기 시작했다. 그런 위선이 자행되었다는 점을 부정할 수 없는 것은 바젤 공의회가 그런 구체적 행위들을 단죄했기 때문이다. 1451년에 스페인 왕 후안 2세(Juan II)는 그런 상황을 조사할 위원회를 설치해달라고 교황청에 호소했다. 동시에 탁발수사 알폰소 데 에스피냐(Alfonso de Espina) 같은 성직자들의 집중적인 호소로 인해 민심도 고조되었다. 탁발수사는 「신앙을 굳건히 함」(*Fortalicium fidei*)이라는 책에서 유아들이 유대인들의 손에 살해된 여러 사례들을 제시하면서, 유대인 부모들의 동의가 없더라도 그들의 자녀들에게 세례를 줄 권리가 교회에 있다고 주장했다.[40] 전하는 바에 따르면 이사벨라가 즉위하기 전에 이단들의 망치 토르케마다(Torquemada)가 그녀의 영토에서 이단을 박멸하기 위해 모든 수단을 다 동원하겠다는 서약을 그녀에게 받아냈다고 한다. 얼마 후에 이 성직자의 간청을 들은 페르난도와 그의 배우자는 교황청 앞으로 카스티야에 종교재판소를 세워달라는 청원서를 보냈다. 당시 성 베드로 좌를 차지하고 있던 식스투스 4세는 그렇게 중요한 문제 앞에서 지체하지 않고 1478년 11월 1일에 그 두려운 스페인 법원을 재가하는 대칙서를 발행했다. 대칙서는 스페인 군주들에게 주교나 그 밖의 성직자 3인을 임명하여 이단 재판을 수행할 수 있도록 권한을 부여하고, 동시에 그들에 대한 임면권을 부여했다. 2년을 끈 뒤인 1480년에 위원회가 설치되었고, 도미니쿠스회 신학자 2인 미카엘 데 모릴로(Michael de Morillo)와 산 마르틴의 후안(John of St. Martin), 그리고 세비야 산 파블로 수도원의 탁발수사가 재판관으로 임명되었다. 세비야 시의회가 위원회를 공식적으로 맞이했다. 위원회가 활동을 개시하면서 최초로 법정이 세워진 산 파블로 수도원이 비좁을 만큼 죄수들이 늘어가자 법정을 그 도시의 주요 요새인 트리아나 성채로 옮겼다. 그곳의 넓은 공간과 깊은 지하감옥은 위원회가 활동하기에 안성맞춤이었다.

이렇게 조직된 종교재판소는 이른바 '은혜의 포고령'을 내려 이단들에게 자수할 수 있는 30-40일의 기간을 주고, 자수하면 사면해 주겠다고 약속했다. 이

---

40) Lea, I. 15.

조치는 인도적이었지만, 영적 범죄자들, 페니텐테스(Penitentes)라고 하는 자수자들에게 다른 이단들의 이름을 불겠다는 맹세를 받기 위한 장치로도 사용되었다. 참회자들이 당한 수모와 굴욕은 1486년에 톨레도에서는 처음으로 열린 아우토 데 페(auto de fe, 아우토 다 페. 이단 선고) 때 확연히 드러났다. 그때 750명의 남녀 참회자들이 머리를 민 채 촛불을 들고 시내를 행진해야 했고, 대성당에 입장한 뒤에는 재산의 1/5을 몰수하고 공직에 오를 자격을 박탈한다는 선고를 받았다. 최초의 아우토 데 페는 1481년 2월 6일에 세비야에서 열렸다. 종교재판소가 설립된 지 여섯 달만의 일로서, 이때 남녀 여섯 명이 산 채로 화장(火葬)을 당했다. 그 참혹한 행사에서 탁발수사 알폰소 데 호헤다(Alfonso de Hojeda)가 설교를 했다. 세비야 시에 전염병이 맹렬하게 번지던 상황에서도 재판은 중지되지 않고 법정만 잠시 아라세나로 옮겨졌고, 그곳에서 남녀 23명이 처형되는 최초의 대학살이 자행되었다.

당대인의 증언에 따르면 1491년 11월 4일에 298명이 화형을 당했고, 79명이 종신형에 처해졌다. 1483년에 시우다드 레알에 설치된 법정은 2년 만에 장소를 톨레도로 이전한 뒤에 52명의 이단을 불태워 죽였다. 아빌라에서는 1490~1500년에 75명을 산 채로 불태워 죽였고, 26명을 무덤에서 파헤쳐 불태웠다. 1500년에 과달루페 같은 몇몇 지역에서는 대 종교재판관 데사(Deza)의 명령으로 콘베르소스 전원을 추방했다. 카스티야에서는 종교재판소가 활동 범위를 아라곤까지 확대하여 발렌시아·바르셀로나·사라고사에 거점을 마련한 다음 발레아레스 제도로 손길을 뻗어 그곳에서 특히 왕성한 활동을 벌였다. 사라고사에서 최초의 화형이 집행된 것은 1484년의 일로서, 남자 두 명이 산 채로 화형을, 여자 인형 하나가 대신하여 화형을 당했으며, 바르셀로나에서는 1488년에 네 명이 산 채로 불에 타 죽었다.

자신이 인가한 법정에 지속적인 관심을 가진 식스투스 4세는 1483년 2월 13일에 여왕 이사벨라에게 보낸 서신에서 종교재판소의 활동이 핵심에 다가서고 있다고 확신시켰다. 같은 해에 페르난도는 종교재판소의 효율을 더욱 기하기 위해서 '최고 및 총 종교재판소에 관한 자문회'(Concejo de la Suprema y General Inquisicion)라는 명칭과 함께 왕국의 제5자문회로 격상시켰다. 대체로 수프레마라고 불린 이 단체는 스페인 전국에 대한 종교재판소의 역할을 맡게 되었다. 1483년에는 같은 목적으로 대 종교재판관(inquisitor-general)이라는 직위를 신

설하고 그에게 종교재판소 관리들에 대한 임면권(任免權)을 부여했다. 제1대 대
종교재판관은 세고비아의 산타 그루스 수도원의 원장을 지내던 토마스 데 토르
케마다(Thomas de Torquemada)였다. 철저한 종교적 불관용과 잔인함의 대명사
인 이 광적인 성직자는 이미 1482년에 교황에게 종교재판관으로 임명받은 바 있
다. 그는 보기 드문 열정으로 직무를 수행했으며, 스페인 종교재판소 특유의 규
율들을 작성했다.

　토르케마다를 수장으로 한 종교재판소는 스페인에서 국왕 다음으로 강한 권
력 기관이 되었다. 이 기관의 결정들은 거대한 쇠망치의 가격처럼 시행되었으
며, 국왕 밑에는 감히 저항할 권력이 없었다. 1507년에 제3대 대 종교재판관 데
사(Deza)가 죽으면서 카스티야와 아라곤에 독자적인 종교재판소가 설치되었다.
카스티야에서는 프란체스코회 수사이자 스페인 교회사의 주요 인물인 추기경
히메네스(Ximenes, 1436-1517)가 대 종교재판관으로 승진했다. 그는 톨레도 대
주교로서도 명성을 얻었으나 그 빛은 학자와 학문 후원자로서의 명성 앞에서 초
라해진다. 그도 자기 나라에서 이단의 얼룩을 제거하는 사업에 조금도 양보하지
않았지만, 토르케마다와 달리 직위를 이용하여 콘베르소스에게 몰수한 재산을
착복하려는 유혹에 빠지지 않았다.

　아라곤의 초대 대 종교재판관인 위트레흐트의 하드리아누스(Adrian) 때인
1518년에 두 왕국의 종교재판소들이 다시 합쳐졌으며, 페르난도가 정복한 나바
르가 가세하면서 포르투갈을 제외한 이베리아 반도 전체가 한 사람의 대 종교재
판관의 관할을 받게 되었다. 하드리아누스는 황제 카를 5세의 가정교사 출신으
로서 훗날 레오 10세를 계승하여 교황이 되었다. 하드리아누스부터 시작하여 대
종교재판관직이 끊이지 않고 계승되다가 1835년에 마지막 대 종교재판관인 타
라소나의 주교 헤로니모 카스텔란 이 살라스(Geronimo Castellan y Salas)가 죽으
면서 폐지되었다.

　스페인 종교재판소가 과연 교황청 기관이었는가 아니면 국가 기관이었는가
하는 흥미로운 문제가 뜨거운 쟁점이 되어왔으며, 교황을 그 조직과 활동의 책
임에서 면제시키려는 시도가 있었다. 그 답은 종교재판소가 주로 교황 식스투스
4세의 권위로 세워진 교회 기관이며 교황의 재가에 의해 끊임없이 뒷받침을 받
았다는 것이다. 반면에 종교재판소 수립을 청원한 장본인은 페르난도와 이사벨
라였으며, 그 운영도 스페인 군주가 교황의 재가를 받아 해나갔다. 우리가 아는

한 스페인 종교재판소들이 자행한 비인간적 조치들에 대해 교황들이 한 마디라도 지적한 사례가 없다. 교황들은 다만 페르난도가 종교재판소를 자기 손으로 운영하고 몰수 재산을 임의로 처분하는 데 간섭하지 못하게 하는 데 대해서 이견을 냈을 뿐이다.[41]

교황들이 종교재판소를 진심으로 지원했다는 사실은 여러 문서들에서 확인되는데, 그 가운데 1588년 1월 22일에 식스투스 5세는 스페인 종교재판소를 교황의 권위로 수립한 기관으로 명시했다. 식스투스 4세와 그의 계승자들은 종교재판소를 완전히 장악하려고 거듭 시도했으나 페르난도의 완강한 반대에 부닥쳐 뜻을 이루지 못했다. 예를 들어 1482년 4월 18일자 대칙서에서 교황은 증인들과 고소인들의 명단을 피의자들에게 보낼 것과, 죄인들을 교회 감옥에 수감할 것, 교황에게 항소할 수 있게 할 것, 주교에게 죄를 자백하면 일체의 심문을 중단할 것을 명령했을 때, 페르난도는 교황의 간섭에 강한 반감을 표시하면서, 그런 제안이 나오게 된 것이 콘베르소스 측이 교황청에 뇌물을 바쳤기 때문이라고 암시했다. 교황의 이러한 행동은 종교재판소 장악을 놓고 벌어진 투쟁의 한 국면에 지나지 않았다. 페르난도는 항소권을 인정하여 대 종교재판관의 권한이 흐지부지되도록 용인하느니 차라리 교황청과 갈라설 각오까지 되어 있었다. 이에 식스투스는 타협적인 답장을 보냈으며, 일년 뒤인 1483년 10월에 페르난도는 자신이 요구한 모든 것을 얻고 토르케마다 임명을 관철시켰다.

국왕이 종교재판소 운영에 개입하던 관행은 양심의 법정뿐 아니라 공적 재판

---

41) Hefele는 *Life of Cardinal Ximenes*, p. 265에서 대 종교재판관이 국왕에게 임명을 받고, 종교재판관들이 대 종교재판관에게 임명을 받았던 사실을 지적하면서, 스페인 종교재판소가 국가 기관(Staatsanstalt)이었다는 입장을 취했다. Ranke도 입장이 같았다. 반면에 스페인 사가들인 Orti y Lara와 Rodrigo는 그것이 교황청 기관이었다는 견해를 취한다. Pastor도 종교재판소에서 종교적 요소가 우선적이었고 식스투스 4세의 대칙서가 종교재판소에 권위를 부여했다는 점을 들어 사실상 같은 견해를 취한다. Dr. Lea는 그 기관의 혼합적 성격을 강조하면서, 주된 문제는 그 기관이 어디에서 유래했는가 하는 것이 아니라 그 기관을 통해서 어느 집단이 가장 큰 유익을 얻었는가 하는 것이라고 말한다. 하지만 그 사악한 검사성성(檢査聖省)을 합법화하고 지원한 책임을 가려내기 위해서는 그 기관이 교황청 기관이었는지 아니면 국가 기관이었는지 파악하는 것이 대단히 중요하다. Funk는 "스페인 종교재판소가 주로 국가 기관이었다는 주장은 신빙성이 없다"고 말한다.

을 중단시키는 데도 효력이 있었던 교황의 면죄부 때문에도 치명적인 장애를 받을 위험이 있었다. 1484년에 식스투스가 참회자의 권리를 인정하자 페르난도는 스페인에서 그들이 그런 권리를 사용하는 데 강력히 반대했다. 그리고 결국 이 문제에서도 식스투스가 적어도 부분적으로나마 물러설 수밖에 없었으며, 알렉산더 6세와 훗날 클레멘스 7세(1524)도 스페인 종교재판소의 관할권과 대립하게 되었을 때에 그러한 문서들을 무효화했다. 스페인은 그렇게 독자 노선을 걸어감으로써 교황청으로부터 사실상 독립을 쟁취했다.[42]

초창기 종교재판소에서는 주교들이 종교재판관들과 동등한 권위를 갖거나 그들보다 우월하다는 원리가 서 있었으나, 스페인에서는 교황의 거듭된 노력에도 불구하고 그 원리가 폐기될 수밖에 없었다. 1487년에 인노켄티우스 8세는 주교들을 종교재판소 조직에 완전히 귀속시켰으며, 1494년에 알렉산더가 이 대칙서를 폐기하고 종교재판관들에게 주교와 협력하여 활동하도록 요구했을 때, 그런 변화를 감내할 의사가 없던 페르난도는 수프레마과 그의 대리인들이 독립을 주장하도록 보호해 주었다.

마찬가지로 재산 몰수의 문제에서 군주는 몰수 재산 처분권을 주장하면서, 그것을 종교재판관들과 그들의 직원들의 급여 지불에 사용하기도 하고, 국고에 충당하기도 하고, 사적인 용도나 총신들에게 줄 선물비로 사용하기도 했다.

페르난도가 재위 기간에 가장 지속적이고 뜨거운 관심을 기울인 분야는 영토 확장을 제외하면 이단 박멸이었다. 그는 가톨릭 신앙을 진작하기 위한 명분으로 거행되는 공개 화형을 대단히 흡족하게 바라보았다. 종교재판관들이 자신에게 올린 보고서를 꼼꼼히 살폈으며, 때로는 그들의 수고에 현금으로 보답했다. 죽기 직전에 작성한 유언에서는 자신의 상속자 카를 5세에게 종교재판소를 힘껏 지원할 것을 당부했다. 유서의 내용을 잠깐 소개하자면 다음과 같다. 다른 모든 덕목들이 "우리에게 구원을 안겨준 믿음 없이 이루어지는 것이 없는 까닭에, 짐은 저명한 군주 곧 짐의 손자에게 힘을 다하여 우리 왕국들과 주권에서 이단을 멸하고 뿌리뽑을 것을 당부하노라. 그러기 위해서 종교재판소를 정의롭고 올바

---

42) Lea(Ⅱ. 116, etc.)는 식스투스 4세부터 율리우스 2세까지 교황들이 "한편으로는 면죄부를 팔아먹고 다른 한편으로는 면죄부를 철회함으로써 그 효력을 없애버리는" 이중적인 태도를 취했다고 주장한다.

로 운영하여 하나님을 섬기고 가톨릭 신앙을 선양할, 더 나아가 마호메트 분파를 분쇄하려는 뜨거운 열성을 지닌 하나님을 경외하고 선한 양심을 지닌 사역자들을 임명하기를 당부하노라."[43] 페르난도가 종교재판소를 설립한 동기는 의심의 여지 없이 신앙적인 것이었으며, 이사벨라의 경우는 더욱 그러했다.

종교재판소의 절차에 반대하는 대규모 저항은 어느 시대에도 발생하지 않은 듯하다. 아라곤에서는 1512년에 바르셀로나 의회(the Cortes)의 제안으로 종교재판소의 분위기와 규율이 다소 완화되어, 이를테면 종교재판관들의 무기 소지 권한이 철회되고, 남편이나 아버지가 이단 판결을 받을 경우 여성들에게 재산 소유권을 박탈하던 규율이 폐지되었다. 하지만 이러한 변화에 따르기로 서약했던 페르난도와, 아라곤 대 종교재판관 주교 엔구에라(Enguera)는 1514년에 레오 10세에 의해 서약 준수 의무를 면제받았다. 카를 5세가 즉위하면서 이를테면 증인들의 이름을 비밀로 부쳐두는 등의 몇 가지 폐단을 시정하려는 노력이 이루어졌으며, 1520년에는 발라돌리드의 의회와 콜루나의 의회가 일부 규율 개정을 정식으로 청원했다. 청원을 수락하는 조건으로 젊은 왕에게 (아마도 콘베르소스 집단이 앞장서서) 4십 만 다카트를 바쳤으며, 1528년에는 그라나다 왕국이 같은 목적으로 카를에게 50,000다카트를 바쳤다. 그러나 이러한 청원들은 별다른 성과를 거두지 못했으며, 1517년에 히메네스의 영향을 받은 카스티야 시의회는 카를에게 스페인의 평화가 종교재판소의 존속에 달려 있다고 설명했다. 추기경 히메네스는 개인 자격으로 왕에게 쓴 편지에서 왕이 종교재판소에 개입하면 불명예를 안게 될 것이라고 주장했다.[44]

종교재판소 활동을 저지하려 했던 가장 진지한 시도는 사라고사에서 일어나서, 주요 종교재판관 페드로 아르부에스(Peter Arbues)가 암살당하는 사건으로 귀결되었다. 그것은 콘베르소스의 절망적인 행위에서 비롯된 것이었다. 아르부에스는 1485년 1월 25일에 주교좌성당에서 무릎을 꿇고 기도를 드리다가 뒤에서 가격한 치명타에 맞아 쓰러졌다. 그는 자기 목숨이 위협을 받는다는 것을 알고서 쇠미늘 갑옷을 입고 강철 투구를 썼을 뿐 아니라 창을 소지하고 다녔다. 그는 스물네 시간을 연명했다. 그가 죽어 들어간 관에서 기적들이 발생하여 그의 거

---

43) Lea, I. 214.
44) Ibid., I. 217.

룩성을 뒷받침해 주었다. 빌렐라의 성종(聖鐘)이 아무도 손을 대지 않았는데 울려 퍼졌다. 주교좌성당 바닥에 굳었던 그의 피가 암살이 발생한 지 두 주 뒤에 용해되었다. 2년 내에 그 순교자를 기념하여 그의 무덤을 화려하게 장식하는 것을 시작으로 그에 대한 민중의 숭배가 시작되었고, 가톨릭 교회는 1867년 6월 29일에 피우스 9세가 그에게 시성의 영예를 안겨주었다. 알비파에 대한 십자군 원정이 시작될 무렵인 1208년에 교황 사절 카스텔나우의 페드로가 암살당하는 사건이 발생하여 이단 박멸을 외치던 인노켄티우스의 입지를 강화해 주었던 것처럼, 아르부에스가 제거된 사건도 아라곤에서 스페인 종교재판소의 세도를 더욱 드세게 만들었을 뿐이다. 종교재판소는 암살 주범들과 종범들을 철저히 색출하여 주교좌성당 앞에서 손을 자르고는 그들을 장터로 질질 끌고 다니다가 그곳에서 목을 베거나 사지를 절단한 뒤에 산 채로 불태워 죽였다.[45]

종교재판소가 법의 이름을 앞세워 자행한 살인 다음으로 컸던 악은 재산 몰수였다. 콘베르소스의 재산이 종교재판관들과 국왕의 탐욕에 적지 않은 유혹거리였다. 종교재판관들은 이단들에게 몰수한 재산에서 급여를 받도록 되어 있었다. 토르케마다가 1484년에 작성한 「훈령집」(Instructions)에는 이단들의 재산을 처분하기 위한 특별 규정이 실려 있었다. 그들의 재산을 탈취하는 데에는 아무런 제한이 없었다. 다만 1479년 이전에 양도된 토지는 몰수 대상에서 제외되었는데, 그것은 토지 증서들에 발생할지 모를 혼란을 방지하기 위한 예방책이었다. 죽은 이단들의 재산은 그들이 50년 전에 죽었을지라도 종교재판소 관할이었다. 남편이 이단 판결을 받은 아내들의 결혼 지참금은 관대하게 몰수 대상에서 제외되었으나, 친정아버지가 이단 판결을 받은 여성들은 지참금을 빼앗겼다. 이단의 자식들의 권리는 규정상 관대하게 보호해 주도록 되어 있었으나, 그것을 박탈하는 것의 정당성을 성직자들이 누구보다 앞장서서 옹호했다. 시만카스의 주교가 수상한 대로, 옛 그리스도인늘은 도덕적으로 당당하게 그런 재산에 대해 소유권을 주장했다. 1484년의 「훈령집」은 이단의 재산을 몰수할 때 그 자녀들이 미성년자들이라면 그들을 경건한 신자의 가정들에 고루 배당하여 선량한 그리스도인들로 자랄 경우 구제금으로 생활 밑천을 제공하고, 특히 소녀들에 대해서는 결혼을 하거나 신앙을 갖게 되도록 배려해 주는 것이 왕의 뜻임을 알리도록 했다.

45) Ibid., I. 250 sqq.

재산 몰수 관행은 희생자들의 이불과 의복까지 확대되었다. 한 가지 관대한 배려가 있었다면 그것은 단죄당한 이단들의 노예들을 해방시키는 것이었다. 토지는 몰수된 지 30일 뒤에 경매에 부쳐졌으나, 대부분 헐값에 넘어간 사실은 매수자들이 취득 과정에서 상당한 혜택을 누렸음을 암시한다. 페르난도와 그의 후계자 카를은 그런 재산을 후하게 처리했다. 만약 토르케마다가 처음에 제안한 대로 그 돈을 무어족과 전쟁하는 데 사용했다면 종교재판소가 사리사욕에 따라 움직이지 않았다는 항변이 성립될 수 있었을 텐데 실제로는 그렇지 못했다. 페르난도는 바닥난 재정을 채우기 위해서 돈을 취했을 뿐 아니라, 이단들에게서 몰수한 사냥용 말들과 진주들 같은 것들도 사적인 용도로 사용했다. 플랑드르로 파견된 카를 5세의 총신들은 열 달도 채 못되어 주로 종교재판소에게서 받은 돈으로 모은 1,100,000다카트를 고향으로 보냈다.[46] 종교재판소가 몰수한 재산의 방대한 규모를 밝혀낸 점에서 공로가 있는 리 박사(Dr. Lea)는 종교재판소의 돈 거래를 "약탈 재산을 놓고 벌인 카니발"이라고 표현했다. 유대인 공동체들이 종교재판소의 단죄를 피하기 위해서 협정을 체결한 것도 신앙의 순수성을 유지하려는 목적과 양립할 수 없다. 그러한 거래가 최초로 이루어진 것은 1482년에 발렌시아에서였다. 하지만 스페인 왕은 서슴없이 계약을 어기고서 이미 충분한 돈을 지불한 불행한 콘베르소스를 기소하여 단죄를 받게 한 경우가 한두 번이 아니었다. 이단에게 신뢰를 지켜야 한다고 규정한 법이 아예 존재하지 않았다. 유죄 판결을 받은 콘베르소스가 노예선을 타게 되거나 이단 표지(sanbenito)를 착용하는 것을 돈으로 면제받는 일도 생겼다.

일찍이 1485년에 페르난도와 이사벨라는 몰수 재산으로 마련한 2,732,333마라베디스의 비용을 들여 과달루페에 왕궁을 건립할 수 있었으며, 트리스탄 데 레온(Tristan de Leon)은 1524년에 카를 5세에게 행한 기념 연설에서 그 두 군주가 이단들에게 무려 10,000,000다카트에 달하는 재산을 몰수했다고 주장했다. 토르케마다는 아빌라에 성 토마스 수도원을 건립하는 등의 건축 사업에 방대한 자금을 지불할 능력이 있었는데, 그 비용은 그의 종교 열정으로 인하여 재산과 많은 경우 목숨까지도 빼앗긴 희생자들에게서 거둔 것으로 추정된다.[47] 스페인에서

---

46) Peter Martyr, Lea(II. 381)가 인용.

47) Lea, II. 363.

이단의 씨가 다 말라간다는 징후가 나타나자, 멕시코와 페루의 스페인 식민지 사회들은 종교재판소가 과거의 상태를 유지하도록 하는 데 많은 비용과 노력을 쏟아부었다. 식민지의 종교재판소는 초창기부터 자체의 존립을 위해서 막대한 투자를 아끼지 않았다.

페르난도가 죽은 뒤에 수프레마의 권한이 증가하면서, 국왕에 버금가는 존경을 요구했다. 행정상의 오만과 독선을 자행하면서, 신성한 목표와 신적 권위를 크게 앞세웠다. 그 기관은 거룩한 관청(Holy Office, 검사성성<檢査聖省>, 종교재판소)으로, 그 기관이 들어서 있는 건물은 거룩한 집(casa santa)으로, 그 법원이 공식적으로 판결을 선고할 때 취하는 공적 엄숙함은 아우토 데 페 곧 믿음의 행위라 불렸다.

수프레마는 종교재판관이 자기 구역의 수장이라는, 파라모(Paramo)가 시작해 놓은 원리에 입각하여 활동했다. 종교재판관이 교황과 왕 양자를 대표했다. 종교재판관이 한편으로는 국가 권력과 상관 없이 자의로 사람을 체포할 권한을 주장했고, 다른 한편으로는 자기 휘하 관리들이 일체의 체포와 폭력에서 자유로울 것을 요구했다.

종교재판소는 자체의 국내외 상거래에 대해서 국가가 징수하는 일반적인 세금을 면제해 줄 것을 요구했다. 군역(軍役)을 면제받고 밤낮 살상 무기를 휴대해도 되는 권한이 종교재판소가 주장한 그 밖의 특권들에 해당한다. 1515년에 교황은 공식 성명을 통해서 종교재판소가 감히 그 권위나 관리들에 공격을 가하는 자를 나라의 최고 귀족일지라도 체포할 수 있는 권한과, 무력으로 자체를 방어할 수 있는 권한을 확증해 주었다. 종교재판소의 사법권은 하위 성직들뿐 아니라 수도회 구성원들에게까지 미쳤던 바, 이 권한은 오랜 논쟁 끝에 피우스 4세와 5세가 1559년과 1561년에 공포한 대칙서들로써 확증되었다. 이 규정에서 면제된 집단은 오직 주교들뿐이었다. 하지만 이것조차 실제보다는 명분이 너 상했다. 종교재판소가 혐의가 있는 주교들을 교황청에 고소할 권한을 행사했기 때문이다. 초기에 발생한 이런 사례들로는 유대인 혈통을 지닌 고위성직자들인 세고비아의 다빌라(Davila, 1490)와 칼라호라의 아란다(Aranda, 1498)를 꼽을 수 있다. 두 사람 다 로마에서 재판을 받은 결과 전자는 무죄 판결을 받았고, 아란다는 산 안젤로 성에 수감된 뒤 1500년에 그곳에서 죽은 듯하다. 주교 피의자들 가운데 가장 유명한 경우는 톨레도 대주교 카란사의 바르톨로메오(Bartholomew,

1503-1576)로서, 17년 동안 스페인과 로마에서 옥고를 치렀다. 그 사건이 유럽 사회에서 큰 화제가 되었다.

카란사는 카를 5세에게 종부성사를 집례한 점과 한동안 필리페 2세의 총신이 었던 점으로 명성을 얻었으나, 그 음흉한 군주는 결국 그에게 칼끝을 겨누었다. 많은 사람들이 추측하는 대로 카란사의 인기에 대한 질시 때문에, 하지만 주로 는 경솔한 언사 때문에 대 종교재판관 발데스(Valdes)는 대주교를 기소하도록 명령했고, 1559년에 그의 교리문답 주석이 스페인에서 출간되었을 때 그는 교황의 인가하에 체포되었다. 그 고위성직자는 2년간 비밀 감옥에 갇혀 있다가 법정으로 끌려나왔다. 1564년에 피우스 4세는 그 사건을 조사할 위원회를 임명했고, 피우스 5세는 1567년에 그를 로마로 압송하도록 한 뒤 성 안젤로 성에 9년 동안 감금했다. 피우스 6세의 계승자 그레고리우스 13세 때에 카란사는 강요를 못 이겨 재판관들이 추궁하던 오류들에 대해 철회를 선언하고, 5년간 직무 정지를 당한 채 로마의 수도원에 유폐되었으며, 훗날 그곳에서 숨을 거두었다. 스페인의 고위성직자에게 가해진 모욕과 형벌만큼 종교재판소의 과감하고 막강한 권한을 잘 입증해 주는 것도 없다.

종교재판소 절차는 토르케마다가 1484년과 1485년에 작성한 「세비야 지침서」 (Instruction of Seville)와, 같은 사람이 1488년과 1498년에 작성한 「발라돌리드 지침서」(Instructions of Valladolid)라는 규정서들을 따랐다. 초기의 이 법률서들은 훗날 「옛 가르침들」(Instructiones antiguas)로 알려졌고, 1561년에 대 종교재판관 발데스(Valdes)가 작성한 법률서로 대체될 때까지 효력을 발휘했다.

토르케마다는 종교재판소의 감독권을 수프레마에 두었고, 그 기관에 모든 지역 종교재판소들이 귀속되도록 했다. 영구 종교재판소가 설치된 지역은 세비야, 톨레도, 발라돌리드, 마드리드 (코르테), 그라나다, 코르도바, 무르시아 레레나, 쿠엔카, 산티아고, 로그로뇨, 그리고 카스티야 국왕령 카나리아 제도, 사라고사, 발렌시아, 바르셀로나, 그리고 아라곤 국왕령 마요르카였다.

종교재판소를 구성하는 관리들에는 먼저 두 명의 종교재판관, 즉 법절차를 자문해 주는 배석 판사와 형을 언도하는 집행 판사가 있었다. 다음으로 재판 과정을 기록으로 남기는 공증인들(notaries)이 있었고, 쟁점들에 대해서 상세한 견해를 제시하는 검열관들(censors, califadores)이 있었다. 이들 외에도 몰수 재산의 가치를 감정하고 그것을 관장하는 관리가 있었다. 그리고 식솔들(familiars)이라고 부른 충직한 요원들로 관리 명단이 마무리되었다. 평신도들도 미혼인 경우에는 종교재판관 직에 오를 수 있었으며, 무릇 이러한 직위들에 오를 수 있는 자격은 조상으로부터 무어족이나 유대인, 이단 혹은 서얼(庶孼)의 피가 흐르지 않는 순수 혈통(limpieza)이었다. 이 독특한 규정 때문에 임명이 이루어지기 전에 족보에 대한 조사가 철저히 이루어졌다.

각 지방의 종교재판소는 독자적인 건물을 보유하고 있었고, 건물에는 법정과 종교재판관들의 실(室)들, 재판 기록 보관실(le secreto de la Inquisicion), 고문실과 비밀 감옥들이 있었다. 이른바 '식솔들'은 악명 높은 자들이었다. 이들은 이단들을 색출하여 신고하는 앞잡이 집단이었다. 이들의 열정 때문에 온 나라가 공포로 내몰렸으며, 결국에는 1512년에 몬손 지방의 의회가 그들의 수를 줄여줄 것을 요구하기에 이르렀다.

종교재판소는 유죄 추정의 원리에 입각하여 재판을 진행했다. 소문이나 사적 고발만으로도 사람들을 붙잡아들였다. 수상한 자를 신고하는 것을 백성에게 모범적인 행동으로 권장했고, 심지어 어린이들에게 그것을 의무로 주지시키기까지 했다. 1484년의 지침서는 이단 부모를 신고한 어린이들을 위해서 그 부모의 형벌을 완화해주도록 규정했으며, 주교 시만카스(Simancas)는 아버지가 죄가 있을 때 아들이 아버지를 정의에 내주는 것이 신성한 도리라고 포고했다. 영적 범죄자에게는 대언자가 허용되었다. 재판은 철저히 비밀리에 진행되었다. 죄수는 체포된 뒤 비밀 감옥(carceres secretas)에 감금된 채 지인(知人)들과의 접촉을 일절 차단당했다. 자신에 관한 재판 기록을 조금도 열람할 수 없었다. 자신을 고소한 자들과 기소 과정에서 증인으로 나선 자들이 누구인지 알 수 없었다. 종교재판소는 증인 자격의 폭을 상당히 넓혀서, 교회로부터 파문을 당한 자, 히브리 신앙을 고수하는 유대인, 이단도 증인으로 채택했다. 대신에 피의자를 위한 증인은 정통 신앙에 열심인 자로 제한했고, 피의자의 4촌 이내의 친척에게는 증인 자격을 주지 않았다. 이단은 어떤 대가를 치르고서라도 제거해야 할 절망적인 불온(不穩)으로 간주했다. 반면에 면제 연령이 소녀는 12살, 소년은 14살로 고정되었다. 다만 노인은 여든의 고령일지라도 서슬퍼런 법정의 처분을 면할 수 없었다.

종교재판소에 기소되는 죄목들 가운데는 말이나 행동으로 가톨릭의 엄격한 관습을 사소하게나마 어기는 것도 포함되었다. 예를 들어, 한 번이라도 돼지고

기 먹기를 거부하거나, 무어족 사상을 배운 집을 방문하거나, 병을 고치는 것은 성모의 화상이 아닌 성모 자신이라고 말하거나, 유대인과 무어족이 그들 각 종파의 교리를 진실하게 믿어야만 구원을 받을 수 있다고 말하면 다 붙잡혀 갔다. 그들에 대해 유죄 사실을 입증하는 방법으로 고문이 사용되었다. 증인들의 증언으로도 유죄 사실을 충분히 입증할 수 있는 경우에도 피의자를 고문하여 자백을 받아냈다. 그렇게 해서 그의 영혼이 은밀한 죄의 짐에서 벗어나게 하고, 공범들에 대한 정보를 이끌어내고, 그를 본보기로 내세워 다른 사람들을 이단에게서 빠져나오도록 건전한 영향을 끼치려 한다는 것이 그 명분이었다. 가장 자주 쓰인 고문 방식은 물 시죄법과 공중에 매달았다가 갑자기 떨어뜨리는 방식(garruche)이었다. 물 시죄법이란 물 먹이는 고문으로서, 피의자를 고문대에 올려놓고 고개를 숙이고 몸을 구부리도록 한 자세로 단단히 결박한다. 턱을 강제로 벌린 다음 목구멍까지 린넨을 밀어넣고 약 2리터의 물을 흘러들어가게 한다. 경우에 따라서는 7내지 8리터 들이 물주전자를 천천히 비웠다. 또 다른 고문 방식은 앞서 언급한 바 있는 대로, 공중에 매달았다가 갑자기 떨어뜨리는 것이었다(garrucha라고도 하고 strappade라고도 함). 스페인에서는 발에 무거운 물체를 달고 발가락만 바닥에 닿도록 매다는 것이 관례였으며, 스페인의 규율은 몸을 천천히 들어올렸다가 떨어뜨림으로써 고통을 가중시키도록 했다.

이단에 가해진 최종적인 형벌들 가운데는 금식과 순례라는 영적 징벌 외에도 재산 몰수, 투옥, 공개 채찍질, 갤리 선 부역, 추방과 사형이 있었다. 이단 죄를 입증할 수 있는 경우에는 죽은 자에게라도 재산 몰수와 화형에 처했다. 1485년 7월 25일에 톨레도에서는 400개의 초상들이 불태워졌다. 아우토 데 페에서 죽은 자들이 형벌을 받는 경우가 적지 않았다. 죽은 자들을 이단으로 선고할 경우에는 그들의 이름을 묘비에서 지워서 "우리의 판결문에 기록된 것 외에는 그들의 모든 기억이 지상에 남아 있지 않도록" 했다. 그들의 남자 자손들은 손자 대까지 성직록과 공직 취득을 금지했고, 말을 타거나 무기를 휴대하고 은이나 장신구를 소지하는 것을 금했다.

채찍질형은 죄수를 허리까지 옷을 벗긴 뒤에 형 집행관이 공개적으로 집행했다. 여든여섯의 노파에서부터 열셋의 소녀에 이르는 여성들이 그러한 형벌을 받았다. 갤리 선 부역은 1503년에 교황 알렉산더 6세가 형벌 방식으로 재가했다. 종신형은 은전을 베푸는 차원에서든 뒷돈을 받기 위한 목적에서든 적지 않은 경우 감형으로 이어졌다. 1488년까지 종신형을 선고받고 옥사한 사람은 5000명이었다.

스페인 종교재판소의 또 다른 특징으로 꼽을 수 있는 사코 벤디토(saco bendito) 혹은 산베니토(sanbenito)는 회색이나 노란색 상의로서, 앞뒤에 토르케마다가 규정한 큼직한 십자가가 새겨졌다. 이 옷을 입는 것 자체가 상당한 굴욕이었는데, 옷을 벗은 다음에도 그것을 당사자의 이름과 죄목을 적은 문서와 함께 교회당에 걸어놓게 함으로써 굴욕을 가중시켰다. 이러한 공개 모욕을 면하기 위해서 후손들이 문서에 적힌 이름을 바꿔놓는 일이 자주 발생하자 곧 법으로 그런 행위를 금지했다. 산베니토의 전례는 우리 시조(아담)가 벌거벗은 몸을 가린 데서 혹은 초기 교회가 회개의 표시로 베옷을 입은 데서 찾았다.

종교재판소의 재판 절차 가운데 마지막에 해당한 아우토 데 페는 이 법정의 매정함을 보여주며, 구경꾼들에게 심판 날의 엄숙함을 미리 맛보게 했다. 이단들은 종교재판소 법정에서 심문을 받은 뒤 공개적인 자리로 끌려나와 형을 언도받았다. 아우토 데 페 의식은 광장에서 거행되었다. 시 정부가 비용을 내서 연단과 무대를 설치했으며, 의식이 거행되는 날은 공휴일로 통했다. 지정된 날에 죄수들이 행렬을 벌일 때 도미니쿠스회 수사들과 그 밖의 사람들이 초록색과 흰색 십자가들을 들고 앞장서고, 행렬의 후미에는 종교재판소 관리들이 따라갔다. 광장에 도착하면 재판관들이 미리 마련된 좌석에 앉았다. 먼저 설교를 한 다음 백성에게 그리고 혹시 왕이 참석했으면 왕에게도 종교재판소를 지원하겠다는 맹세를 받아냈다. 형(刑)은 그 다음에 언도했다. 회개하지 않는 이단들은 세속 관리들에게 넘겼다. 그들은 자기들의 이름이 새겨진 베니토스를 입고 대개 도시 외곽에 자리잡고 있던 화형장으로 끌려가 그곳에서 불에 태워졌다. 화형이 끝나면 나머지 이단들을 종교재판소 감옥에 가두었다. 종교재판소 요원들이 화형식에 참석하여 형 집행 과정을 기록한 뒤 공식 문서로 남겼다. 아우토 데 페 의식은 대개 오전 6시에 시작하여 종종 오후까지 계속되었다.

이론적으로는 종교재판소가 사형을 언도하지는 않았다. 교회의 오랜 관습과 교회법이 그런 판결을 금지했다. 그 법정의 권한은 범죄자를 세속 권력에 넘기는 것으로 그쳤다. 교화가 불가능한 이단에게 형을 언도하던 옛 관습대로, 종교재판소가 심지어는 세속 관리에게 제발 피 흘리는 일을 삼가고 자비를 베풀라고 간청하기까지 했다. 하지만 이런 것은 모두 공허한 형식에 불과했다. 국가는 자신의 의무를 잘 알았으며, 영적 법원이 유죄 판결을 내린 이단들을 사형에 처하지 않을 경우 당장 파문을 당하게 되어 있었다. 따라서 국가는 종교재판소로부터 죄수를 넘겨받을 때 재심(再審)의 업무를 내지 못했으며, 새로운 증거를 찾거나 심지어 판결의 근거가 된 증거 진술을 넘겨줄 것을 요구하지도 못했다. 세속 관리의 의무는 법률적인 것이 아니라 행정적인 것이었다. 이단 판결이 내려졌다는 것은 곧 화형에 처해진다는 것과 동의어였다. 하지만 종교재판소는 이단들을 화형에 회부하는 것으로 그치지 않고, 심지어 바캉다르(Vacandard)도 인정하듯 이때는 화형을 직접 언도하기도 했다.[48]

국가와 교회가 모두 아우토 데 페를 그만큼 숭고하게 여겼기 때문에 왕들이 그 의식에 참석했으며, 그 행사가 열리는 날에 맞춰 왕자들의 결혼식을 거행하거나 그들이 병에서 회복한 것을 기념하는 행사를 가졌다. 페르난도는 의식에 빠지지 않고 참석했다. 1528년에 카를 5세를 만나기 위해 발렌시아로 갔을 때 13명이 산 채로, 10명이 초상의 형태로 불에 태워지는 의식을 참관했다. 1560년에는 필리페 2세와 발루아의 이사벨라의 결혼이 톨레도에서 열린 아우토 데 페 때 거행되었으며, 1564년에는 이 군주가 바르셀로나에 있을 때 그를 기념하여 8명을 처형하는 행사가 거행되었다. 왕이나 왕실 사람들이 이런 행사를 참관하는 관례는 1701년에 필리페 5세가 참관을 거부하는 좋은 선례를 남길 때까지 계속

---

48) Lea(III. 185 sq.)는 1485년에 과달루페에서 이루어진 재판에서 Mencia Alfonso에게 언도된 형벌을 다음과 같이 인용한다. "그 여성을 마귀의 팔다리로 간주하여 화형장으로 끌고 가서 이 도시의 세속 관리들이 이 왕국들의 관습에 따라 그녀를 처형하도록 하라." 파울루스 3세(1547)와 율리우스 3세(1550)는 베네치아의 경우처럼 교회 법정의 판결이 속히 집행되지 않는 경우에는 성직자들이 직접 사지 절단과 처형을 집행할 수 있도록 권한을 부여했다. Vacandard는 이렇게 말한다(p. 180). "어떤 종교재판관들은 '교회는 피 흘리는 것을 혐오한다'라는 문구의 공허함을 인식하고 그것을 무시한 채 형 집행권을 과감하게 주장했다. 종교재판소는 명실상부한 법정으로서, 화형대에 직접 불을 붙였다 …… 교회가 이단 처형에 직접 관여하지 않았던 것처럼 주장하는 것은 틀린 것이다. 물론 처형에 직접 즉각 개입하지는 않았으나, 간접적인 방법으로라도 사실과 다름없는 영향을 끼쳤다." 이 저자는 p. 211에서 프리드리히 2세의 입법 때문에 교황청이 이단들을 처벌하게 되었다고 주장하는데, 이것은 역사를 왜곡한 것이다. 프리드리히의 「법령」(Constitutions)이 발행되기 오래 전에 인노켄티우스 3세는 알비파를 처형한 적이 있었다.

되었다.

스페인 종교재판소가 사형을 언도한 마지막 날짜는 1826년 7월 26일이었고, 마지막 희생자는 카예타노 리폴(Cayetano Ripoll)이라는 교사였다. 그는 이신론자라는 이유와, 자기 학교에서 '아베 마리아 푸리시마'라는 문구를 '하나님을 찬양하라'는 문구로 대체했다는 이유로 유죄 판결을 받았다. 그는 "나는 하나님과 사람과 화목한 채 죽는다"는 말을 반복한 뒤에 교수대에서 조용히 숨을 거두었다.

종교재판소는 이단들을 세상 밖으로 밀어내는 데 만족하지 않고서 유해한 서적들에 관심을 뻗쳤다. 1490년에 세비야에서 토르케마다는 히브리어 성경 사본들을 잔뜩 쌓아놓고 불살랐고, 얼마 후에는 살라망카에서 6000부를 불살랐다. 10년 뒤인 1502년에 페르난도와 이사벨라는 주교나 구체적으로 명기된 국왕의 판사들에게 허가를 받지 않은 서적들에 대해 인쇄 · 수입 · 판매를 금하는 법을 공포했다. 1521년에 교황 하드리아누스는 루터교의 모든 서적들을 종교재판소에 넘기라고 명령했다. 그 후에 스페인 종교재판소는 인쇄 분야의 순결을 지키는 데 열성을 다하였다. 최초의 공식 금서목록(Index)은 1546년에 루뱅 대학교가 편집한 것으로서, 대 종교재판관 발데스와 수프레마에게 승인을 받았고, 부록을 첨부하여 출판하도록 지시받았다. 이것이 스페인에서 인쇄된 최초의 「금서목록」(*Index Expurgatorius*)이었다. 스페인어로 인쇄된 모든 성경 사본들이 수거되어 불살라졌으며, 1558년의 사나운 법은 금지된 서적들을 보관하거나 판매하는 서적상들에게 재산 몰수나 사형에 처하도록 규정했다. 스페인에서는 19세기까지 모든 도서관들이 종교재판소의 엄격한 검열을 받았다. 이러한 검열이 스페인 문화에 끼친 영향에 대해서 리 박사는 다음과 같이 말한다. "16세기에 스페인 문학을 향해 유럽에서 최고를 약속했던 지적 발전이 굶주려 야위고, 예술과 과학이 내팽개쳐졌으며, 스페인이 열국 시야에서 얻은 평가가 아프리카가 피레네 산맥에서 시작되었다는 유행어로 간결하게 표현되었다."

스페인 종교재판소가 화형이나 그 밖의 형벌로 넘긴 '섬뜩하게도 많은' 희생자들은 각기 다른 통계로 전해져 내려왔다. 구체적인 통계표는 오늘날 작성된 것인데, 거기에 기록된 숫자는 부풀려진 것임에 틀림없다. 역사가 롤렌테(Llorente)는 다음과 같은 통계를 제시한다. 1480년부터 토르케마다가 죽은 해인 1498년까지 8800명이 산 채로, 6500명이 인형의 형태로 화형을 당했으며, 90,004

명이 그 밖의 방식으로 처벌을 당했다. 1499년부터 1506년까지는 1664명이 산 채로, 832명이 인형의 형태로 화형을 당했으며, 32,456명이 다른 방식으로 처벌을 당했다. 추기경 히메네스가 활동한 기간인 1507-1517년에는 2536명이 산 채로, 1368명이 인형의 형태로 화형을 당했으며, 47,263명이 그 밖의 방식으로 처벌을 당했다. 이 저자는 1524년까지 모두 14,344명이 산 채로 화형을, 9372명이 인형의 형태로, 195,937명이 다른 방법으로 처벌당하거나 참회의 대가로 풀려났다고 진술한다. 세비야의 트리아나 성채에는 다음과 같은 글귀가 새겨져 있다. "식스투스 4세가 교황으로 재위하고 페르난도와 이사벨라가 다스리던 때인 1481년에 종교재판소가 이곳에서 시작했다. 1524년까지 20,000명이 넘는 이단들이 이 장소에서 자신들의 두려운 범죄를 버리겠다고 맹세했고, 1000명이 넘는 사람이 화형을 당했다."

현존하는 자료에 따르면 1501년 이전에 톨레도에서 297명이 산 채로, 600명이 인형 형태로 화형을 당했고, 5400명이 다른 방식으로 처벌을 받거나 방면되었다고 한다. 하지만 제대로 된 통계를 낼 만한 충분한 문서들이 현존하지 않거나 혹시 남아 있더라도 알려지지 않는다. 어쨌든 수천 명이 산 채로 화형을 당했고 수만 명이 그 밖의 방식으로 형벌을 받은 것만큼은 사실이다.

스페인 종교재판소가 대두한 시점은 스페인이 유럽 나라들 가운데 강대국으로 발돋움한 때와 일치했다. 이 나라는 8세기만에 처음으로 영토 전부가 무슬림의 지배에서 완전히 벗어났다. 그리고 곧 만천하에 국력을 떨치게 되었다. 스페인의 함대가 바다의 대로를 열었고, 신세계에서 보화를 잔뜩 싣고서 돌아왔다. 외교에서도 스페인은 이탈리아를 능가했다. 그러나 쇠퇴해 가던 생명력을 종교적 열정으로 막아내지 못했다. 스페인은 가톨릭 정통 신앙을 확고히 지켜냈으나 현대 문화와 발전의 조류 바깥으로 밀려났다. 종교적 고립과 자부심의 정책으로 사상의 독립과 도덕적 자발성과 활력을 말살했다. 세월이 흐르면서 영토도 조금씩 상실한 결과, 네덜란드와 시칠리아에서부터 쿠바와 저 멀리 태평양의 필리핀까지 빼앗겼다. 자국 내의 이단들을 말살하는 데는 성공했으나, 민족의 삶과 제도들을 무겁게 내리누른 무력증과 침체, 그리고 그들이 여전히 이단이라고 부르고 있는 개신교권 민족들이 이미 오래 전부터 상업과 문화, 발명과 항해의 세계에서 주도권을 장악하고 있었다. 오늘날 세계 지도에는 해가 지지 않던 16세기 스페인의 자랑이었던 제국의 흔적이 아주 희미하게 남아 있다. 영토와 자원이 이렇게 쇠잔해 버린 나라에 대해서 딱히 비난을 가할 마음이 생기지 않는다. 오히려 다른 유럽 민족들의 활력을 흔들어 깨우고 그 활력을 진보와 새로운 성취의 길로 집약시킨 지적 · 종교적 자유를 도입함으로써, 한때 페르난도와 이사벨라가 다스리던 나라의 영화를 재현하기를 바라는 동정심이 생긴다.

제 8 장

르네상스

61. 르네상스에 관한 참고문헌

FOR an extended list of literature, see VOIGT: *Wiederbelebung des class. Alterthums*, II. 517–529, bringing it down to 1881, and PASTOR: *Gesch. der Päpste*, I., pp. xxxii–lxiii, III., pp. xlii–lxix. Also this vol., pp. 400 sqq. Geiger adds lit. notices to his *Renaissance und Humanismus*, pp. 564 sqq. The edd. of most of the Humanists are given in the footnotes. — M. WHIT-COMB: *A Lit. Source-Book of the Ital. Renaiss.*, Phila., 1898, pp. 118.

GENL. WORKS. — * G. TIRABOSCHI, a Jesuit and librarian of the duke of Modena, d. 1794: *Storia della Letteratura Italiana*, 13 vols., Modena, 1771–1782; 9 vols., Roma, 1782–1785; 16 vols., Milan, 1822–1826. Vol. V. of the Roman ed. treats of Dante, Petrarca and Boccaccio. — HEEREN: *Gesch. d. class. Lit.*, etc., 2 vols., Götting., 1797–1802. — ROSCOE: *Life of Lorenzo de' Medici* and *Life and Pontificate of Leo X.* — J. CH. L. SISMONDI, d. 1842: *Hist. des Républiques Ital.*, Paris, 1807–1818, 5th ed., 10 vols., 1840–1844. Engl. trsl., Lond., 1832, and *Hist. de la renaiss. de la liberté en Italie*, 2 vols., 1832. — J. MICHELET, d. 1874: *Renaissance*, the 7th vol. of his *Hist. de France*, Paris, 1867. — * J. BURCKHARDT, Prof. in Basel, d. 1897: *Die Cultur der Renaissance in Italien*, Basel, 1860; 3rd ed. by L. GEIGER, 1878. 9th ed., 1904. A series of philosophico-historical sketches on the six aspects of the Italian Renaissance, namely, the new conception of the state, the development of the individual, the revival of classic antiquity, the discovery of the world and of man, the new formation of society and the transformation of morals and religion. Engl. trsl. by Middlemore from the 3rd ed., 2 vols., Lond., 1878, 1 vol., 1890. Also his *Cicerone; Anleitung zum Genuss der Kunstwerke Ital.*, 4th ed. by BODE, Leipz., 1879; 9th ed., 2 vols., 1907. — * G. VOIGT: *Wiederbelebung des classischen Alterthums oder das erste Jahrhundert des Humanismus*, 1859; 2 vols., 3rd ed., 1893. — T. D. WOOL-SEY, Pres. of Yale Col., d. 1889: *The Revival of Letters in the 14th and 15th Centuries*. A series of valuable articles in the line of Voigt's first ed., in the *New Englander* for 1864 and 1865. — M. MONNIER: *La Renaiss. de Dante* à *Luther*, Paris, 1884. Crowned by the French Acad. — * P. VILLARI : *Nic. Machiavelli e i suoi tempi*, 3 vols., Flor., 1877-1882 ; Engl. trsl. by the author's wife, 4 vol., Lond., 1878-1883. An introd. chap. on the Renaiss. New ed., 2 vols. 1891. — J. A. SYMONDS : *Renaissance in Italy*, Lond., 1877 sqq. ; 2d, cheaper ed., 7 vols., 1888. Part I., *The Age of the Despots ;* Part II., *The Revival of Learning ;* Part III., *The Fine Arts ;* Part IV., *Ital. Literature*, 2 vols. ; Part V., *The Cath. Reaction*, 2 vols. The most complete Engl. work on the subject and based upon the original sources, but somewhat repetitious. Also his *Life of Michelangelo*, etc. See below. — G. KOERTING : *Gesch. der Lit. Italiens im Zeitalter der Renaiss.*, Leipz., Vol. I., 1878, Petrarca ; Vol. II., 1880, Boccaccio ; Vol. III., 1884, the forerunners and founders of the Renaissance. — * L. GEIGER, Prof. in Berlin : *Renaissance u. Humanismus in Ital. und Deutschland*, Berlin, 1882, 2nd ed., 1899. Part of Oncken's *Allg. Gesch.* — MRS. OLIPHANT : *The Makers of Florence*, Lond., 1888. Sketches of Dante, Giotto, Savonarola, Michelangelo. — P. SCHAFF : *The Renaissance*, N.Y., 1891, pp. 132. — * GREGOROVIUS : *Hist. of the City of Rome*, vols. vi-viii. — * PASTOR : *Gesch. d. Päpste*, especially vols. I. 3-63 ; III. 3-172. — CREIGHTON : *Hist. of the Papacy.* — P. and H. VAN DYKE : *The Age of the Renascence*, 1377-1527, N.Y., 1897. — K. BRANDI : *D. Renaiss. in Florenz u. Rom*, 2nd ed., Leipz., 1900. — W. S. LILLY : *Renaiss. Types*, Lond., 1901. — E. STEINMANN : *Rom u. d. Renaiss.*, von Nik. V. — Leo X., 2nd ed., Leipz., 1902. — * JOHN OWEN : *The Skeptics of the Ital. Renaiss.*, Lond., 1893. — J. KLACZKO : *Rome and the Renaiss.*, trsl. by Dennie, N.Y., 1903. — P. VAN DYKE : *Aretino, Th. Cromwell and Maximilian I.*, N.Y., 1905. — L. SCHMIDT : *D. Renaiss. in Briefen v. Dichtern, Künstlern, Staatsmännern u. Frauen.* — J. E. SANDYS : *Hist. of Class. Scholarship*, 3 vols. — A. BAUDRILLART : *The Cath. Ch., the Renais. and Protestantism*, Lond., 1908. — IMBART DE LA Tour : *L'église cathol. : la crise et la renaiss.*, Paris, 1909.

For § 3. — For DANTE. Best Italian text of the *Div. Commedia* is by WITTE. The ed. of Fraticelli, Flor., 1881, is used in this vol. See also Toynbee's text, Lond., 1900. The latest and best Ital. commentaries by SCARTAZZINI, Leipz., 3 vols., 1874-1894, 3rd, small ed., 1899, P. G. CAMPI, Turin, 1890 sqq., and W. W. VERNON, based on Benvenuto da Imola, 2 vols., Lond., 1897. — Engl. trsll. of Dante's *Div. Com. :* In verse by REV. H. F. CARY, 1805, etc., amended ed. by O. KUHNS, N.Y., 1897. — J. C. WRIGHT, Lond., 1843, etc. ; LONGFELLOW, 3 vols., 1867, etc. ; E. H. PLUMPTRE, 2 vols., Lond., 1887 sqq. ; T. W. PARSONS, Bost., 1896. — H. K. HASELFOOT, Lond., 1899. — M. R. VINCENT, N.Y., 1904. — In prose : J. A. CARLYLE, Lond., 1848, etc. ; W. S. DUGDALE, *Purgatorio*, Lond., 1883. — A. J. BUTLER, Lond., 1894. — G. C. NORTON, Boston, 1892, new ed., 1901. — P. H. WICKSTEED, Lond., 1901 sqq. — H. F. TOZER, Lond., 1904. — * G. A. SCARTAZZINI, a native of the Grisons, Reformed minister : *Prolegomeni della Div. Com.*, etc., Leipz., 1890. Engl. trsl. *A Companion to Dante*, by A. J. BUTLER, Lond., 1893 ; *Dante Handbuch*, etc., Engl. trsl. *Hdbook. to Dante*, etc., by T. DAVIDSON, Bost., 1887. — E. A. FAY : *Concordance to the Div. Com.*, Cambr., Mass., 1880. — P. SCHAFF : *Dante and the Div. Com.*, in *Literature and Poetry*, 1890, pp. 279-429, with list of Dante lit., pp. 328-337. — TOZER : *Engl. Concordance on Dante's Div. Com.*, Oxf., 1907. — * E. MOORE : *Studies in Dante*, 3 vols.,

Lond., 1896–1903. — *Lives* of Dante : *Dante and his Early Biographers*, being a résumé by E. MOORE of five, Lond., 1880. A trsl. of Boccaccio's and Bruni's *Lives*, by WICKSTEED, Hull, 1898. — F. X. KRAUS, Berl., 1897. — P. VILLARI : *The First Two Centt. of Florent. Hist. The Republic, and Parties at the Time of Dante.* Engl. trsl. by L. Villari. — * WITTE : *Essays on Dante*, trsl. by Lawrence and Wicksteed. — Essays on Dante by * R. W. CHURCH, 1888, and * LOWELL. — M. F. ROSSETTI : *Shadow of Dante*, Edin., 1884. — OWEN : *Skeptics of the Ital. Renaiss.* — J. A. SYMONDS : *Introd. to the Study of Dante*, Lond., 1893. — D. G. C. ROSSETTI : *Dante and Ital. Poets preceding him*, 1100–1300, Boston, 1893. — C. A. DINSMORE : *The Teachings of Dante*, Bost., 1901. — C. E. LAUGHLIN : *Stories of Authors' Loves*, Phila., 1902. — A. H. STRONG : *Dante*, in *Great Poets and their Theol.*, Phila., 1897, pp. 105–155. — Art. *Dante* with lit. in the SCHAFF-HERZOG, III. 353 sqq. by M. R. VINCENT.

For PETRARCA : *Opera omnia*, Venice, 1503 ; Basel, 1554, 1581. — *Epistolæ* ed. in Lat. and Ital. by Fracassetti, Flor., 1859–1870, in several vols. The *Canzoniere* or *Rime in Vita e Morte di Mad. Laura* often separately edited by Marsand, Leopardi, Carducci and others, and in all collections of the Ital. classics. — *Sonnets, Triumphs and other Poems*, with a *Life* by T. CAMPBELL, Lond., 1889–1890. — *Lives* by BLANC, Halle, 1844. — MÉZIÈRES, Paris, 1868, 2d ed., 1873. — GEIGER, Leipz., 1874. — KOERTING, Leipz., 1878, pp. 722. — MARY A. WARD, Bost., 1891. — F. HORRIDGE, 1897. — * J. H. ROBINSON and H. W. ROLFE, N.Y., 1898. — L. O. KUHNS, *Great Poets of Italy*, 1904. — E. J. MILLS : *Secret of Petr.*, 1904. — R. DE NOLHAC : *Petr. and the Art World*, 1907.

For BOCCACCIO : *Opere volgari*, ed. by MOUTIER, 17 vols., Flor., 1827–1834, *Le Lettere edite ed inedite*, trsl. by FR. CORRAGINI, Flor., 1877. — *Lives* of Boccaccio by MANETTI, BALDELLI, LANDAU, KOERTING, Leipz., 1880. — GEIGER : *Renaissance*, pp. 448–474. — * OWEN : *Skeptics*, etc., pp. 128–147. — N. H. DOLE : *Boccaccio and the Novella* in *A Teacher of Dante*, etc., N.Y., 1908.

For § 64. — For *Lives* of the popes, see pp. 401–403. *Lives* of Cosimo de' Medici by FABRONI, Pisa, 1789 ; K. D. EWART, Lond., 1899 ; and of Lorenzo by FABRONI, 2 vols., Pisa, 1784 ; ROSCOE ; VON REUMONT ; B. BUSER, Leipz., 1879 ; CASTELNAU, 2 vols., Paris, 1879. — VAUGHAN : *The Medici Popes*, 1908. — G. F. YOUNG : *The Medici, 1400–1743*, Lond., 1909. — LOR. DE' MEDICI : *Opere*, 4 vols., Flor., 1825, *Poesie*, ed. by Carducci, Flor., 1859. — E. L. S. HORSBURGH : *Lor. the Magnificent*, Lond., 1909.

For § 66. — G. VASARI, pupil of Michelangelo, d. 1574 ; *Lives of the More Celebrated Painters, Sculptors and Architects*, 1550 ; best ed. by Milanesi, 9 vols., Flor., 1878–1885. Small ed., 1889. Engl. trsl., new ed., 1878, 5 vols. in Bohn's Library. Vasari is the basis of most works in this department. — BENVENUTO CELLINI, goldsmith and sculptor at Florence, d. 1570 : *Vita scritta da lui medesimo.* An autobiog. giving a lively picture of the life of an Ital. artist of that period. German trsl. by GOETHE ; Engl. trsll. by ROSCOE and SYMONDS, Lond., 1890. — A. LUIGI LANZA, d. 1810 : *The Hist. of Painting in Italy, from the Period of the Revival of the Fine Arts to 1800.* Trsl. by T. Roscoe, 3 vols., Lond., 1852. — W. LÜBKE : *Hist. of Sculpture*, Engl. trsl. by Bunnett, 2 vols., 1872 ; Outlines of the *Hist. of Art*, ed.

by R. Sturgis, 2 vols., N.Y., 1904. — J. A. Crowe and G. B. Cavalcaselle: *Hist. of Painting in Italy, etc., to the 16th Cent.*, Lond., 1864–1867, ed. by Douglass, Lond., 3 vols., 1903–1908. — Mrs. Jameson and Lady Eastlake: *Hist. of our Lord as exemplified in Works of Art.* — Mrs. Jameson: *Legends of the Madonna as repres. in the Fine Arts; Sacr. and Leg. Art; Legends of the Monastic Orders as expressed in the Fine Arts.* — H. Taine: *Lectures on Art*, Paris, 1865 sq. — 1st series: *The Philos. of Art.* 2nd series: *Art in Italy*, etc. Trsl. by Durand, N.Y., 1875. — A. Woltmann and K. Woermann: *Hist. of Anc., Early Christian and Med. Painting.* Trsl. by Colvin, Lond., 1880, illus. — E. Müntz: *Hist. de l'Art pendant la Renaiss.*, 5 vols., Paris, 1889–1905. The first 3 vols. are devoted to Italy, the 4th to France, the 5th to other countries. *Les Antiquités de la ville de Rom*, 1300–1600, Paris, 1886. — *Histt. of Archit.* by Ferguson and R. Sturgis. — C. H. Moore: *Character of Renaiss. Archit.*, N.Y., 1905. — R. Lanciani: *Golden Days of the Renaiss. in Rome*, 1906. — A. K. Porter: *Med. Archit. Its Origin and Development*, 2 vols., N.Y., 1909. — *Lives* of Michelangelo by * H. Grimm, 2 vols., Berl., 1860, 5th ed., 1879. Engl. trsl. by Bunnett, 12th ed., 2 vols., Bost., 1882; A. Sprenger: *Raffaele u. Michelangelo*, 2nd ed., 1883; C. Clement, Lond., 1888; J. A. Symonds, 2 vols., N.Y., 1892; F. Horridge, 1897; C. Holroyd, 1903. — *Lives* of Raphael by Ruland, Lond., 1870; Lübke, Dresden, 1881; Müntz, trsl. by Armstrong, 1888; Crowe and Cavalcaselle, 2 vols., Lond., 1882–1888; Minghetti, Ger. ed., Breslau, 1887; * H. Grimm, trsl. by S. H. Adams, Bost., 1888; Knackfuss, trsl. by Dodgson, N.Y., 1899.

For §§ 68, 69. — K. Hagen: *Deutschland literarische und religiöse Verhältnisse im Reformations-Zeitalter*, Erlang., 1841–1844, 3 vols., 2d ed., Frankf., 1868. — J. Janssen-Pastor: *Gesch. des deutschen Volkes*, 18th ed., I. 77–166, II. Comp. his alphab. list of books, I., pp. xxxi–lv. — Geiger: *Renaiss. u. Humanismus*, pp. 323–580. — Zarncke: *D. deutschen Universitäten im MA.*, Leip., 1857. — Paulsen: *Germ. Universities, etc.*, trsl. by Perry, Lond., 1895. — G. Kaufmann: *Gesch. d. deutschen Universitäten*, 2 vols., Stuttg., 1888–1896. — For monographs on the universities, see Lit. in Rashdall and Schmid, pp. 51–54.

For Reuchlin: *Briefwechsel*, ed. L. Geiger, Tübing., 1875. Monographs on Reuchlin by Mayerhof, Berl., 1830; Lamay, Pforzheim, 1855; Geiger, Leipz., 1871; A. Horawitz, Vienna, 1877. — On Reuchlin's conflict with the Dominicans of Cologne and Hutten's part in it, see Strauss: *U. von Hutten*, pp. 132–164; Böcking, II. 55–156. — N. Paulus: *D. deutschen Dominikaner im Kampfe mit Luther*, Freib., 1903, p. 94 sqq., 119 sqq. — Janssen, II. 40 sqq.

For Erasmus: *Opera*, ed. B. Rhenanus, 9 vols., Basel, 1540, by Le Clerc, 10 vols., Leyden, 1703–1706. — *Epistolæ*, ed. Allen, Oxf., 1906. In Engl. trsl. by * F. M. Nichols, 2 vols., Lond., 1901–1904. In Engl. trsl., *Praise of Folly*, Lond., 1876. *Colloquies*, Lond., 1724, new ed., 2 vols., 1878. *Enchiridion*, Lond., 1905. — *Bibl. Erasmania*, 5 vols., Ghent, 1897–1907 sqq. — *Lives* of Erasmus, by H. Durand de Laur: *Er. précurseur et initiateur de l'esprit mod.*, 2 vols., Paris, 1872. — * R. B. Drummond, 2 vols., Lond., 1873. — * F. Seebohm: *The Oxf. Reformers*, Lond., 1887, etc. — Amiel, Paris, 1889.

— J. A. Froude, 1896. — * E. Emerton, N.Y., 1899. — A. B. Pennington, Lond., 1875, 1901.— E. F. H. Capey, Lond., 1903. — * J. A. Faulkner, Cin'ti, 1907. — A. Richter : *Erasmienstudien*, Dresden, 1901. — Geiger, 526 sqq. — Janssen, II. 1-24.

For general education : Rashdall : *Universities*, II., pp. 211-285. — K. A. Schmid : *Gesch. d. Erziehung*, Stuttg., 1892, II. 51-126. — J. Müller : *Quellenschriften zur Gesch. d. deutschsprachl. Unterrichts bis zur Mitte d. 16. Jahrh.*, Gotha, 1882.

For Ulrich von Hutten: E. Böcking : *Ulrichi Hutteni opp.*, 7 vols., Leipz., 1859-1870. — S. Szamatolski : *Huttens deutsche Schriften*, 1891. — D. F. Strauss, author of the *Life of Jesus : U. von Hutten*, 3 vols., Leipz., 1858, 1 vol., 1871, Engl. trsl., Lond., 1874. Also *Gespräche von U. von Hut.*, the *Epp. obscurorum virorum* in German, Leipz., 1860. — J. Deckert : *Ul. v. Hutten's Leben u. Wirken*, Vienna, 1901.

For § 70. Imbart de la Tour, Prof. at Bordeaux : *L'église catholique : la crise et la renaissance*, Paris, 1909, being vol. II. of *Les origines de la réforme*, vol. I., *La France moderne*, 1905. To be completed in 4 vols. — Schmid : *Gesch. d. Erziehung*, II., 40 sqq. — H. M. Baird : *Hist. of the Huguenots*, I. 1-164. — Bonet Maury, art. *Faber* in Herzog, V. 715 sqq. — Works on the Univ. of Paris and French Lit. : H. van Laun : *Hist. of French Lit.*, 3 vols. in one, N.Y., 1895, pp. 259-296. — *The Histt. of France* by Martin and Guizot.

For § 71. — F. Seebohm : *The Oxford Reformers, Colet, Erasmus, More*, Lond., 1887. — Colet's writings ed. with trsl. and notes by Lupton, 5 vols., Lond., 1867-1876. — *Lives of Colet*, by S. Knight, 1823. — J. H. Lupton : *Life of Dean Colet*, Lond., 1887, new ed., 1908. — Artt. in *Dict. Natl. Biogr., Colet, Fisher*, etc. — *Histt. of Engl.* by Lingard and Green. — *Histt. of the Engl. Ch.* by Gairdner and by Capes. — Ward-Waller : *Cambr. Hist. of Engl. Lit.*, vol. III., Cambr., 1909. — H. Morley : *Engl. Writers*, vol. VII., 1891. — Mullinger : *Hist. of Univ. of Cambridge.* — For edd. of Sir Thos. More's Works, see Dict. Natl. Biogr., XXXVIII., 445 sqq. — *Lives of More* by Roper, written in Mary Tudor's reign, publ. Paris, 1626; Stapleton, Douay, 1588 ; E. More, a grandson, 1627 ; T. E. Bridgett, Rom. Cath., 2nd ed., 1892 : W. H. Hutton, 1895. — W. S. Lilly : *Renaiss. Types*, 1901, III., Erasmus, IV., More. — L. Einstein : *The Ital. Renaiss. in England.* — A. D. Innes : *Ten Tudor Statesmen*, Lond., 1906. More is treated pp. 76-111. — A. F. Leach : *Engl. Schools at the Reformation*, Lond., 1896. — Eng. Works of Bp. J. Fisher, ed. Major, Lond., 1876. — *Life of Fisher*, by Bridgett, 1888.

62. 지적 각성

개혁 공의회들에서 시작되고 그 공의회들이 촉진한 논의들은 교회의 부패를 시정시키려고 노력하는 가운데 사상의 자유가 깨어나기 시작했음을 알리는 귀중한 표현이었다. 이에 비해 르네상스라는 이름이 붙은 운동은 교회의 신학과 성직위계제도로 개인을 예속해온 지적 속박에서 자유를 쟁취함으로써 더욱 크고 광범위한 성공을 거둔 노력이었다. 이탈리아와 사실상 서유럽 전체의 지적 세계가 한편으로는 수도원적 삶의 이상에 의해, 다른 한편으로는 지상의 것들을 무시하거나 가치를 낮게 매기는 방식으로 천상적 관심사들을 드높이는 편향적 스콜라주의에 의해 지칠대로 지쳐 있었다. 르네상스는 현재의 삶에 따르는 권리들을 강조했고, 인간의 지성과 그의 미학적·사회적 취향들에 잘 부합하는 총체적 영역에 존엄성을 부과했다. 인간이 땅의 주인임을 정당하게 인정하고자 했다. 수사 대신에 계몽된 관찰자를, 사색적인 은둔자대신에 시민들을 중시했다. 수도원적 통찰과 신학적 변증 능력보다 인간적 동정과 공감을 존중했다. 형이상학을 관찰로 대체했다. 역사의 성취들을 강조했다. 인간에게 스스로 이룩해낸 것들, 즉 고전 문학의 걸작들과 기념비적 예술품들을 동경하도록 환기시켰다. 자연의 작품들을 탐구하고 그 탁월함을 즐기도록 했다. 예를 들어 수사 베르나르가 겉으로 그랬든 실제로 그랬든 자연 세계의 아름다움에 무관심했던 것과, 고적한 풍경을 바라보니 병이 씻은 듯이 나았다고 증언한 레온 바티스타(Leon Battista, 1472 죽음)의 태도는 사뭇 다르다.[1]

좁은 의미에서 르네상스는 그리스와 로마 문화의 회복과 세련된 문학과 예술의 부흥에 국한시킬 수도 있으며, 때로는 문학의 부흥이라고 명명되기도 한다. 오랜 세월 동안 이교 고전 문학이 기독교 대중에게 위험한 올무로 가득 차 있다고 교육받아온 사람들이 이제는 눈을 떠서 고전 저자들과 역사를 발견하고서 어린아이처럼 기쁨에 들떠 어쩔 줄 몰랐다. 베르길리우스의 「아이네이스」를, 호메로스의 「일리아드」와 「오딧세이」를 다시 읊었다. 키케로가 다시 한 번 웅변을 토했고, 플라톤이 철학을 가르쳤다. 이탈리아에서 솟구친 것은 실로 지적·예술적 신생(新生)이었고, 르네상스(Renaissance)라는 단어의 뜻 그대로 재생이었다. 그러나 그것은 단순한 재생을 넘어섰다. 그것은 육체적 열정과 지적 탐구의 자유로운 흐름을 속박해온 수도원 금욕주의와 스콜라주의에 대한 반동이었다.[2] 르네

---

1) Geiger-Burckhardt, I. 152.

2) Owen(pp. 72-96)의 강력한 발언들을 이 노선에 따라 살펴보라. 이 열정적인 저자는 르네상스의 뿌리를 십자군들이 유럽의 지식인들에게 끼친 해방의 영향으로 거슬러 올라가 찾는다.

상스는 병적인 자학을 이 낮은 땅에서 사멸자에게 가장 합당한 존재 방식인 줄로 생각해온 인간을 흔들어 깨워 본성의 모든 요소들이 주는 만족을 인간 본연의 길로 제시했다.

이탈리아에서 시작한 이 새로운 열정이 북쪽으로 확산되어 독일로, 멀게는 스코틀랜드까지 퍼져나갔다. 알프스 이북에서는 이 열정이 인문주의(人文主義, Humanism)로, 이 열정의 대표자들이 인문주의자들로 알려졌다. 이 단어들은 인간을 이 가시적 영역의 주인으로 발전시키는 학문들인 인문학(리테라이 후마나이<literae humanae> 혹은 후마니오레스<humaniores>)이란 단어에서 유래했다. 광범위한 의미에서 이 단어는 학문과 예술 부흥, 합리적 비평의 발전, 봉건주의에서 새로운 사회 질서로의 이행(移行), 지고한 사상의 표현 매체들로서 유럽의 근대 언어들의 부상(浮上), 인간 관심사들의 확대, 인쇄술 발명, 항해술에 따른 발견들과 아메리카와 동방에 대한 탐험, 코페르니쿠스와 갈릴레오에 의한 태양계 규명, 한 마디로 중세 마지막 두 세기에 이루어진 모든 점진적 발전들과, 그 이래로 근대 문명의 관심사가 되어온 발전들을 포괄한다.

이 주목할 만한 운동의 특징을 가장 명쾌하게 규명한 사람은 이 운동을 세계와 인간에 대한 발견으로 정의한 미슐레(Michelet, 1798-1874, 프랑스의 역사가)였다. 이탈리아사를 연구한 부르크하르트도 깊은 철학적 통찰을 가지고 르네상스를 세계와 인간이라는 이 이중적인 면으로 바라보았다.

르네상스 시대는 14세기 초부터 16세기 중반까지, 즉 로저 베이컨(1294 죽음)과 단테(1321 죽음)부터 라파엘로(1520 죽음)와 미켈란젤로(1564 죽음), 로이힐린(1522 죽음), 에라스무스(1536 죽음)까지 해당한다. 한 세기가 넘도록 이 운동은 이탈리아에서 교회의 후원 없이 전개되었다. 그러다가 니콜라우스 5세부터 메디치가 출신 교황들인 레오 10세와 클레멘스 7세까지는 교황청의 후원을 받았다. 이 이유에서 중세의 마지막 교황들은 르네상스 교황들로 알려진다. 궁정들에서 전개된 운동은 세 시기로 구분할 수 있다. 제1기는 이탈리아의 문호들인 단테·페트라르카·보카치오의 시대였고, 제2기는 고전 문학에 대한 관심이 널리 확산된 1400-1460년의 기간이었으며, 제3기는 순수 예술 추구가 주된 특징이 된 1460-1540년의 기간이었다. 첫 시기는 문학에 불후의 작품들을 남겼다. 둘째 시기에는 플라톤과 그 밖의 고전 저자들의 작품들이 번역되고 진지하게 연구되었다. 마지막 시기에는 이탈리아에서 순수 미술과 조각이 화려한 두각을 나타냈다.

몇몇 저자들은 이 운동의 시작을 저 멀리 프리드리히 2세에게서 찾았다. 그는 다양한 문화와 탁월한 지성을 겸비한 점에서, 군주로서는 어느 시대에도 찾아보기 힘든 인물이었다. 저자로서의 역량과 여러 언어를 구사하는 능력에 겸하여 통치와 입법에 관한 해박한 사상을 지니고 있었고, 고등교육과 예술을 후원했다. 이렇게 다양한 관심사를 품었던 까닭에 그는 최초의 근대인이라 불렸다.[3] 하지만 그의 궁정에서 이루어지던 문필 활동은 그의 죽음과 더불어 끊겼다.

13세기에 이탈리아에는 시인들이 없지 않았으나, 문화 부흥의 시발점이 된 인물은 단테라는 거장이다. 르네상스가 당연히 필요했다는 것은 인간 발전 역사에서 놀라운 사실로서, 설명을 요구한다. 교회가 고대 고전 저자들과 고대 제도들에 관한 연구를 금지하면서 천 년 동안 진지한 조사와 연구를 고사시켰다. 고전학 연구를 통해 정신이 다듬어진 제롬이 마침내 고전이 그리스도인의 눈에 적합하지 않다고 단언하기 전부터, 테르툴리아누스는 고전을 우호적으로 바라보지 않았다. 카시아누스는 제롬을 따랐고, 9세기를 이끈 학자 앨퀸은 베르길리우스의 저서들을 거짓 우화 창고로 규정하고는 그에 관한 연구를 접었다. 10세기 말에 어떤 교황은 오를레앙의 아르눌프를 질책하면서, 베드로가 플라톤·베르길리우스·테렌티우스 같은 저자들을 몰랐다는 사실과, 하나님께서 철학자들과 수사학자들이 아닌 무학(無學)인 시골 사람들을 당신의 사역자들로 삼으신 사실을 환기시켰다. 충직한 성직자들은 그런 교회 권위자들의 판단을 존중하여 고대로마와 그리스의 저서들을 덮었다. 다만 테렌티우스 같은 소수의 고전 저자들이 수도원에 은밀하되 열정적인 독자들을 두고 있었다.

12세기에 들어서면서 고전 학문이 다시 번성하는 방향으로 문학에서 새로운 시대가 임박한 듯했다. 아랍인들의 번역을 통해서 아리스토텔레스의 저서들이 좀 더 충분히 알려지게 되었다. 고전 저자들을 가르치는 학교들이 문을 열었다. 아벨라르는 베르길리우스를 선지자로 간주했다. 볼로냐 대학교를 비롯한 학문 중심지들에서 로마법을 가르치기 시작했다. 솔즈베리의 존·그로스테스트·블루아의 피에르 같은 저자들이 키케로·리비우스·타키투스·수에토니우스·오비디우스 같은 라틴 저자들의 글을 자유롭게 인용했다. 그러나 서양 기독교 세

---

3) Burkardt, I. 4.

계의 수장은 이러한 운동에서 신학과 종교에 대한 중대한 위협을 감지하고는 가차없는 저주로써 싹을 말려버리려고 했는데, 파리 대학교가 초창기 학칙에서 교황의 강요를 받아들여 교과과정에서 로마 문학을 제외한 것이 비근한 일례이다.

그러나 이러한 인위적인 폭력으로 유럽의 정신을 언제까지나 구속할 수는 없었다. 유럽인들의 지성이 갈구하던 만족은 스콜라 학자들의 정교한 논의들이나 수도원들의 음울한 정경에서 찾을 수 없었다. 새로운 운동은 로마 전승들의 상속자인 아름다운 나라 이탈리아에서 봇물 터지듯 시작되었다. 이탈리아가 역사와 문학에서 누렸던 과거의 영화가 오랜 개기일식 뒤에 나온 태양처럼 찬란하게 비쳤으며, 이탈리아인들의 혈맥을 흐르는 아름다움에 대한 숭배가 다시 한 번 자유롭게 발휘되기 시작했다. 거듭된 침략에도 불구하고 그 땅은 여전히 이탈리아로 남아 있었다. 당시 이탈리아는 롬바르드족과 고트족, 노르만족에게 강점을 당한 상태였으나, 이들 침략자들은 이탈리아인들이 튜턴족의 영향을 받아들인 것보다 훨씬 더 깊숙이 로마의 영향을 받아들인 상태였다. 봉건제도와 고딕 건축 양식을 위해서 알프스 이남만큼 좋은 토양이 없었다. 새로운 시대에는 옛 이탈리아의 시인들과 웅변가들이 한때 열국의 여왕으로서 그들이 목도했던 그 땅에서 다시 말하도록 하는 것이 자연스러워 보였다. 그리스와 로마의 문학과 법률이 다시 한 번 라틴인들과 더 나아가 튜턴 부족들을 가르치는 교사가 되어 근대 문명의 씨앗들을 받아들일 준비를 갖추게 했다.

르네상스의 뿌리는 성직자의 권위와 대립되는 개인주의였다. 이러한 개인주의가 권리를 얻어 가는 과정은 스콜라 학자들의 랍비적 난해함을 접고 자연과학의 비밀들과 땅의 발견들에 눈길을 돌린 로저 베이컨에게서 나타났고, 교황제의 전통적 권위를 거부한 단테와 파두아의 마르실리우스, 그리고 위클리프에게서 좀 더 충분히 나타났다. 개혁 공의회들의 논의에서도 이러한 정신이 활발하게 작용했다. 그리고 이러한 개인주의는 자신들의 독립을 드높인 롬바르디아 도시들의 행정에서 강한 탄력을 받았다. 이 도시들은 황제들인 프리드리히 바르바로사와 프리드리히 2세의 정책에 대립해 왔다. 이 독립 자치 도시들은 한편으로는 제국의 느슨한 장악력에 힘입어, 다른 한편으로는 이탈리아가 단일 세속 군주 아래 통일 왕국이 되는 것보다 여러 국가들과 공화국들로 하여금 서로 경쟁하고 견제하는 것이 유익하다고 판단한 교황청의 정책에 힘입어 그 상태로 뿌리를 내렸는데, 그 뿌리가 워낙 깊어서 프랑스와 영국과 스페인의 경우 십자군 원정들이 끝난 직후에 강력한 왕국으로 발판을 굳히게 한 통일의 기운을 거의 천년이나 버텨냈다. 이탈리아에서는 독재자들과 군인들이 과두제(寡頭制)나 민주제의 기반 위에서 자신들의 국가들을 장악했다. 개인주의가 출신과 혈통상의 권리 주장을 밀어낸 결과 14, 15세기에는 이들 국가들의 수장들이 적자(嫡子) 못지않게 서자(庶子) 출신들인 경우가 적지 않았다. 교황 피우스 2세는 쓰기를, 사랑하는 우리 이탈리아에서는 "어떤 것도 항구적이지 않고 유서 깊은 왕조가 존재하지 않으며, 종들이 쉽게 왕으로 등극한다"고 했다.[4]

이탈리아의 여러 국가들 가운데서도 특히 피렌체 자유 공화국에서는 개인주의가 가장 폭넓게 확산된 결과 르네상스가 이곳에서 최초로 뿌리를 내렸고 이곳에서 최고의 열매들을 맺었다. 중세의 어느 조직보다도 근대의 변화와 진보 정신을 많이 지녔던 그 자치 도시 국가는 정치 분야가 됐든 학문 분야가 됐든 심지어 사보나롤라의 영향하에 있던 종교 분야가 됐든 참신하고 탁월한 힘과 역량을 일으키고 그것을 누렸다. 이곳에서 단테와 레오나르도 다 빈치가 태어났고, 이곳에서 마키아벨리가 자신의 군주론을 개발했으며, 이곳에서 미켈란젤로가 활동했다. 메디치 가문은 그 도시를 빛낼 만한 것이면 어떤 형태의 사업이 됐든 그것을 후원했다. 니콜라우스 5세가 교황이 된 뒤에는 로마가 예술과 문화의 중심지 자리를 놓고 북쪽에 있는 이웃 도시와 경쟁을 벌였다. 새로운 취향과 추구가 페라라 · 우르비노 · 나폴리 · 밀라노 · 만투아에서도 뿌리를 내렸다.

르네상스의 업적은 영광스러운 것이었지만, 그것이 이탈리아와 교황들이 유럽 사회에서 의미있게 주도한 마지막 운동이었다. 만약 미학적 · 지적 열기의 물줄기가 종교적 재생의 물줄기와 만나 합류했다면 이탈리아가 다른 나라들에 대해 계속 우위를 점했겠지만 불행하게도 이 민족은 예언자들을 배출하지 못했다. 이 민족을 죽은 종교적 형식주의에서 이끌어내어 살아 있는 영적 생활로, 의식과 성유물에서 이끌어내어 신약성경으로 인도할 만한 종교개혁자가 이탈리아에서는 일어나지 않았다.

르네상스는 북쪽으로 독일과 네덜란드, 영국으로 확산되어 가면서 좀 더 진지한 양상을 띠었다. 그곳에서는 최상급의 시인들이나 예술가들을 배출하지 못했으나, 로이힐린과 에라스무스처럼 당대뿐 아니라 이후 여러 세대들의 관심을 사

---

4) Burchardt(I. 27)가 인용함.

로잡고 종교개혁에 직접 이바지한 학자들을 배출했다. 알프스 이남에서는 비록 모든 계층 사람들이 예술 작품들을 존경의 시선으로 바라보긴 했겠으나, 문화가 특정 계층의 관심사였고 오락과 기분전환의 성격을 띠었다.

이후로 르네상스의 소임은 자유로운 연구 정신을 일으키고, 정신의 존엄성을 확립하고, 인간이 세계의 시민으로서 발휘할 기능들의 지평을 넓히고, 고대 그리스와 로마의 학문적 보물들과 기념비들을 잿더미에서 복원하고, 스콜라 철학의 변증법적 표현에 대립하여 관찰에 근거한 새로운 표현 양식을 일으키고, 평신도들을 일깨워 자연적 도덕성과 자연적 인간 관계의 가치의 중요성을 깨닫게 하는 것이었다. 수사에게는 아름다움이 올무였고 여인이 유혹이었고 쾌락이 죄였고 세상이 헛되고 헛된 것이었다. 인문주의자는 현세가 살 만한 가치가 있는 곳이라고 가르쳤다. 르네상스는 사해동포적 정신을 불어넣었고 보편적 정서들을 촉진했다. 후기 로마 작가들이 품었던 동경을 얼마간 담아, 단테는 "내 고향은 세상이다" 하고 다시 외쳤다.

63. 단테 · 페트라르카 · 보카치오

단테 · 페트라르카 · 보카치오는 이탈리아 문학의 탄생과 영화를 대표하며, 문학과 예술에 새로운 시대의 문을 열어놓았다. 페트라르카와 보카치오는 주로 문학 분야에 속하고, 단테는 그 분야에 속하면서도 종교 사상과 작곡 분야에도 속한다. 단테가 1265년에 태어났고 보카치오가 1375년에 죽었으니까 그들이 살던 시기는 백년이 조금 넘는다.

중세 시인들을 통틀어 가장 위대했던 **단테 알리기에리**(Dante Alighieri, 1265–1321)는 1300년에 구상한 「신곡」(*Divina Comedia*)에서 영원의 양상 아래 있는 (sub specie aeternitatis) 도덕적 우주를 시적으로 그려낸다. 그는 피렌체에서 태어나 브루네토 라티니(Brunetto Latini)라는 스승에게 베르길리우스 · 호라티우스 · 오비디우스 등의 라틴 시인들을 배웠는데, 훗날 스승을 높이 칭송한다. 고향 도시에서 정파들이 치열하게 투쟁을 벌이던 상황에서 그는 처음에는 기벨린당(황제당)에 반대하여 교황이 이탈리아를 통치해야 한다고 주장하던 겔프당 편에 섰다. 1300년에 그는 (피렌체의) 주요 관리들 가운데 한 사람으로 선출되어 당시 정적들에게 사용되던 가혹한 탄압을 승인했으며, 그 직위에 잠시 머물다가 추방을 당했다. 추방령을 기록한 포고문에는 만약 감히 도시로 돌아오면 산 채로 불에 태워 죽이겠다는 협박이 담겨 있었다. 그가 죽은 뒤 피렌체는 그를 극진히 높이고 예우를 바쳤다. 단테의 시신을 인도하라는 피렌체의 요구를 라벤나가 거절했으나, 시 정부는 「신곡」을 강의할 교수직을 설치한 뒤 보카치오를 초대 교수로 임명했으며, 그 도시가 배출한 유명한 아들을 위해서 성 크로체 교회에 인상적인 기념비를, 광장 전면에 조각상을 세웠다. 1865년에 피렌체가 그 시인의 탄생 6백주년을 기념할 때 이탈리아 전체가 그 행사에 참여했다. 오늘날만큼 단테의 위대한 시를 예술 작품으로 간주하여 광범위한 사람들이 뜨거운 열정으로 연구한 때가 없었으며, 앞으로도 종교적 정서가 표현되는 한에는 이 작품이 하나님의 심판과 자비를 외치는 예언자의 역할을 계속 하게 될 것이다.

단테는 평신도였고 결혼을 하여 일곱 자녀를 두었다. 그의 생애에 획을 그은 사건은 아홉 살 소년 시절에 베아트리체를 만난 일이었다. 그녀의 아버지 집에서 열린 잔치에 갔다가 자기보다 몇 달 어린 그녀를 만난 것인데, 그 집에서는 그녀를 비체라고 불렀다. 베아트리체의 모습이 ─ 그들이 서로 대화를 주고받았다는 기록이 없으므로 ─ 단테의 영혼에 들어가 모든 악한 생각을 씻어내는 순결과 자비로 그의 영혼을 풍요롭게 채웠다. 9년의 공백이 지난 뒤 단테는 그녀를 두 번째로 보았고 그리고는 시적인 꿈을 꾸면서 낙원에서 재회하게 될 때까지 다시는 만나지 못했다. 베아트리체는 결혼했다가 1290년에 스물넷의 나이로 죽었다.

잔치 때 바라본 그 모습과 더불어 단테에게는 새로운 삶(vita nuova)이 시작되었는데, 그 심경을 그 제목으로 된 책에서 잘 묘사한다. 베아트리체의 용모가 그의 길을 밝혀주었고, 그녀의 순결한 정신이 그의 안내자가 되어주었다. 시인은 베아트리체를 처음 만났을 때 "지극히 고상하고 점잖은 진홍색 의상을 입고 어린 나이에 걸맞는 예쁜 화관을 쓰고 내게 나타났다"고 말한다. 찰스 엘리엇 노턴 (Charles Eliot Norton)은 그때 싹튼 사랑이 "단테의 소년기를 넘어서 죽을 때까지 살아남아 숱한 좌절의 고통 속에서도 끊임없이 솟아나는 신선한 샘물로 그의 마음을 적셔 주었다"고 말한다.[5] 시인은 천국의 가장 높은 지역에서 베아트리체

---

5) *Vita Nuova*, Nortons trasl., p. 2.

가 라헬 곁에 있는 모습을 마지막으로 어렴풋이 바라본다.

보라, 셋째 단에는 그녀 밑에
라헬이 베아트리체와 나란히 앉아 있다.　　　　　— 낙원편 32곡 6행

만약 단테가 교황의 세속 권력을 반대한 소책자 「군주론」(De monarchia)만
썼다면 그의 이름은 14세기 소책자 저자들의 명단에만 남았을 것이다. 「신곡」은
그를 중세 세계를 시(詩)로써 가장 탁월하게 해석한 인물로 높여 놓았다. 이 불후
의 시는 중세 기독교와 문명의 거울인 동시에, 보편적 중요성과 영구한 가치를
지닌 작품이다. 이 저서는 중세의 종교적 개념들을 요약하며, 근대 세계의 자유
로운 비판 정신을 선도한다. 이 저서는 단테의 자서전으로서 그 자신의 경험들
을 반영한다:

내가 묘사한 온갖 고통들과 고뇌와 고문과 살벌함을
이 땅에서 내가 다 만나보았는데,
피렌체 시에서 그것들을 모두 발견했다.

「신곡」은 중세 이탈리아 사회와 그 안에서 살던 여러 부류의 사람들을 보여주
는데, 그 중 상당수는 해당 지역과 당대의 의미밖에 없는 사람들이다. 동시에 이
책은 어디서든 죄와 회개와 구원이라는 세 가지 조건 안에서 발견되는 사람의
영적 자서전이다. 이 책은 이 세상 너머에 있는 영들의 세계를 향한 순례를 기술
하는데, 이 여행은 유혹의 어두운 숲에서 시작하여 지옥의 깊은 절망을 통과한
뒤 정화(淨化)의 땅 연옥으로 올라간 다음 복락의 영역에 이르는 순서로 이루어
진다. 처음 두 지대를 지날 때 시인을 안내한 사람은 자연적 이성을 대표하는 베
르길리우스이고, 천상의 영역에서는 신적 지혜와 사랑의 표상인 베아트리체가
안내한다. '지옥편'(Inferno)은 죄와 비참을, '연옥편'(Purgatorio)은 참회와 소
망을, '낙원편'(Paradiso)은 거룩함과 복락을 반영한다. 지옥편은 공포와 비탄으
로 거부감을 주고, 연옥편은 참회의 눈물과 기도로 감동을 주며, 낙원편은 순결
과 평화로 마음을 매료시킨다. 연옥은 항상 지나가는 중간 상태이지만, 천국과
지옥은 영원히 존속할 것이다. 지옥은 소망이 없는 암흑과 절망이고, 낙원은 성

삼위일체를 직접 뵙는 것(至福直觀<beatific vision>)으로 정점에 달한다. 성 삼위일체 하나님 너머에는 인간이든 천사든 생각해 낼 수 있는 더 높은 것이 없다. 이 책은 공포와 희락, 흑암과 광명, 하나님의 심판과 사랑의 양극단을 묘사한다. 낙원에서 성인들은 한 점 흠 없는 흰 장미로 나타나고 있으며, 그들이 들고 있는 잔은 하나님을 찬미하는 순진무구한 어린이들에 둘러싸인 빛의 호수이다. 이 숭고한 개념은 아마도 고딕 대성당들의 장미창(薔薇窓)이나, 혹은 성모 마리아가 성 베르나르를 비롯한 중세 신학자들과 시인들에 의해 장미라 불린 사실에서 암시를 받았을 가능성이 있다.

프톨레마이오스의 지구 중심적 우주론에 입각하여, 시인은 지옥을 지구 내부에, 연옥을 남반구에, 천국을 천체에 둔다. 지옥은 입을 크게 벌린 구멍으로서 꼭대기가 가장 넓으며, 열 개의 원으로 구성되어 있다. 연옥은 영혼들이 올라가는 산이다. 천상의 영역은 아홉 개의 원으로 이루어져 있으며, 순결한 신적 본질이 거하시는 최고천(最高天)이 가장 높은 곳에 있다.

영적이고 미래적인 세계에 속한 이 영역들에, 단테는 당대와 과거 역사에서 가장 잘 알려진 인물들을 배치한다. 겔프당도 기벨린당도, 교황도 황제도 봐주지 않으며, 모든 사람들에게 각자 받아야 할 몫을 준다. 형벌은 죄의 본성에, 상급은 덕의 정도에 부과하며, 사람이 처한 외부 환경을 고려하여 도덕성을 평가하는 과정에서 놀라운 독창력과 비옥한 사고력을 드러낸다. 예를 들어 지옥의 대기소에는 세상을 비겁하고 무관심하게 살다 온 자들이 배치되어 있는데, 이들은 휘날리는 깃발에 의해 쫓기면서 말벌과 파리 떼에게 공격을 당한다. 방탕하게 살다 온 자들은 철저한 흑암 속에서 폭풍에 내몰리는데, 그 상황에서도 육체의 정욕은 불타오르되 그것을 채울 길이 없다.

> 잠드는 법이 없는 지옥의 폭풍우가
> 영혼들을 공중으로 말아 올리고는
> 사방으로 어지럽게 돌리다가 내팽개친다.
> 이쪽에서 저쪽에서 위로 아래로 그들을 몰아댄다.　　　— 지옥편 제5곡 31-34행.

탐식가들은 소나기처럼 쏟아지는 우박과 불결한 물을 고스란히 맞으면서 땅바닥에 엎드려 있다. 신성모독자들은 뜨겁게 달아오른 모래밭에 반듯하게 누워 있으며, 그 위로 불꽃들이 알프스의 눈꽃처럼 쏟아져 내려 천천히 끊임없이 그들의 몸에 내린다. 세상에서 화를 잘 내던 자들은 영원히 서로를 잡아뜯는다.

> 자세히 보려고 그곳에 멈추어 서자
> 늪 속에는 진흙 투성이인 사람들이 있었는데,
> 모두 벌거벗은 채 얼굴에 노기를 머금고 있었다.
> 그들은 서로 손으로 때릴 뿐만 아니라
> 머리와 가슴으로 부닥치고 발로 차면서
> 이빨로 상대방의 살점을 물어뜯기도 했다.　　　— 지옥편 제7곡 100행 이하.

돈 받고 신앙을 팔아 넘기고 하나님의 전을 강도의 굴혈로 만든 성직 매매자들은 머리부터 구덩이에 처박히며 발은 구덩이 밖에 남아 불에 탄다. 이단의 수괴들은 뜨겁게 달궈진 무덤에 갇히며, 독재자들은 펄펄 끓는 피의 강물에 던져진 뒤 물 위로 고개를 들려고 하면 켄타우로스식반인반마들이 화살을 쏜다. 반역자들은, 반역의 수괴요 이기심과 악의와 타락의 화신인 사탄과 함께 얼음 호수에 잠긴다. 그들의 눈물 자체가 냉정의 상징인 얼음으로 바뀌며, 사탄은 세 개의 입으로 세 명의 대 반역자들인 유다와 브루투스와 카시우스를 끊임없이 삼킨다. 밀턴(Milton)은 사탄을 지옥에서조차 자신을 높이면서 "지옥에서 다스리는 것이 천국에서 종노릇하는 것보다 낫다"고 거만하게 주장하는 모습으로 묘사하며, 이로써 독자의 마음을 루시퍼의 길들여지지 않는 야망과 초인적 능력을 동경하는 느낌으로 혼란스럽게 만든다. 단테가 묘사하는 사탄은 혐오와 공포를 일깨우며, 지옥 입구에 걸린 글귀는 독자를 몸서리치게 한다.

> 나를 통해서 너희는 저주의 지대로 들어온다.
> 나를 통해서 너희에게 끝없는 슬픔이 시작된다.
> 나를 통해서 너희는 저주받은 영혼들 속으로 들어간다.
> 　　　　　* * *
> 모든 희망을 버리라, 이곳에 들어오는 너희여!

음울과 비탄의 지대를 빠져나와, 베르길리우스는 시인을 **연옥**으로 데려가는

데, 그곳에 이르니 동이 터 오른다. 이 영역은 앞서 말했듯이 지옥이나 낙원보다 우리의 일상에 한층 더 가까이 다가온다. 소망이 이곳에는 있다. 통곡이 아닌 노랫소리를 이곳에서는 들을 수 있다. 천사가 영혼들을 가득 태워서 운반하는 배가 등장하며, 배에는 구속의 은총을 노래하는 찬미가 울려 퍼진다. 카토(Cato)가 다가와 안내자와 단테에게 해변에서 지옥의 모든 찌끼들을 씻고 서둘러 가라고 촉구한다. 두 사람은 연옥으로 들어가 일곱 층을 거치는데, 각 층은 일곱 가지 대죄 각각에 해당하며, 맨 밑의 두 개 층은 교만과 시기이고, 가장 높은 층은 방종과 사치이다. 모든 참회자들의 이마에 페카타(peccata, 죄들)의 첫 글자인 P자가 일곱 개 찍혀 있다. 일곱 글자는 참회자들이 "뜨거운 불에 휩싸인 채" 한 층씩 올라가 마침내 형벌의 불로 모든 죄가 씻음을 받을 때까지 하나씩 지워진다. 지옥에서도 죄와 형벌 사이에 비슷한 상관 관계가 존재하지만 그 결과는 사뭇 다르다. 연옥에서는 죄를 회개하고 사죄받는 일이 있으며, "마지막 상처가 치유받을 때까지" 고통과 번민이 연단의 효과를 발휘하기 때문이다. 예를 들어 교만한 자들은 겸손을 배울 수 있도록 밑바닥 층에 배치받아 몹시 무거운 짐을 짊어지고 산다. 게으른 자들은 4층에 배치받아 쉬지 않고 빠른 속도로 걷는 훈련을 받는다. 탐욕스럽고 방탕한 자들은 손발이 함께 묶인 채 얼굴을 땅에 처박고서 울부짖는다. 탐식가들은 절제를 배울 수 있도록 배고픔과 갈증을 겪는다. 음란한 자들은 육체의 정욕을 다 태워버릴 수 있도록 불꽃 속을 배회한다.

낙원에 도착한 로마의 시인은 더 이상 안내할 수 없게 되고, 베아트리체가 단테의 안내자가 된다. 영혼들이 각기 다른 완전의 등급에 따라 영광의 거처로 배치된다. 이곳에 들어온 자들은 신학자들·순교자들·십자군 병사들·의로운 군주들과 재판관들·수사들과 사색적 신비주의자들이다. 9층천에서 베아트리체는 시인을 성 베르나르에게 소개한 뒤 그를 남겨놓고 라헬 곁에 자리를 잡는다. 단테는 그곳을 다시 둘러보면서 마리아와 하와와 사라를 발견한다.

> …… 그리고 저 이삭줍는 여인
> 온유한 여 시조(始祖)가 슬픈 심정으로
> 구슬픈 회개의 노래를 불렀다.

가브리엘·아담·모세·세례 요한·베드로·성 아우구스티누스 등의 성인들도 그곳에서 만난다. 그리고는 경건한 신비주의자(베르나르)의 안내를 받아 마리아에게 다가가는데, 마리아는 그의 기도에 대한 응답으로 최고천(最高天)에 거하시는 하나님을 보게 하지만, 그가 본 분은 도저히 말로는 표현할 수 없는 분이다. 단테와 마찬가지로 모든 성인들이 지복직관의 상을 누린다.

단테는 당대의 정통 신앙과 철저히 조화를 이루었으며, 위대한 신학자 토마스 아퀴나스의 교훈을 치밀하게 따랐다.[6] 그는 중세 가톨릭 체계의 독특한 교리들, 즉 연옥 · 마리아 숭배 · 성인들의 중보기도 · 교황 면죄부 · 신적 제도로서의 교황제를 모두 받아들였다. 수도원 생활에 깊은 경의를 표했고, 베네딕투스 · 프란체스코 · 도미니쿠스에게 높은 자리를 할애한다. 그러나 교황청에 들어앉은 베드로의 계승자들을 마음대로 다룰 때에는 모든 전승들을 내팽개쳤다. 이 점에서도 그는 사랑하는 베아트리체의 영향 아래 있었다. 그는 교회에 발생하는 악들의 근원을 교회의 세속 권력에서 찾았으며, 교황 아나스타시우스 2세를 이단 죄로, 니콜라우스 3세 · 보니파키우스 8세 · 클레멘스 5세를 성직매매 죄로, 켈레스티누스 5세를 비겁하게도 교황직을 포기한 죄로, 그리고 여러 교황들을 탐욕 죄로 단죄했다.

아우구스티누스와 토마스 아퀴나스의 신학에 따라, 그는 이교 세계 전부를 지옥에 던져 넣되, 다만 지상에서 자유를 위해 목숨을 내놓은 뒤 연옥에서 문지기 노릇을 하는 우티카의 카토와, 사후 500년만에 그레고리우스 1세의 기도에 힘입어 지옥에서 나왔다고들 믿은 정의로운 황제 트라야누스 두 사람은 제외시켰다. 지옥 지대에는 비록 그 변방이긴 하지만 그리스도인의 자녀이든 이교도의 자녀이든 세례를 받지 못하고 죽은 유아들의 거처가 자리잡고 있다. 그들은 고통을 느끼지는 못하지만, 영원히 복된 자들을 바라보지 못한 채 그곳에 남아 있다. 같은 지대에 구약의 훌륭한 신자들이 거하고 있다가, 십자가에 달려 죽으신 그리스도께서 그곳에 내려오셔서 그들을 풀어주신다. 세례 요한도 순교의 고통을 겪은 뒤 2년간 이곳에서 거했다('낙원편', 32:25). 숭고한 이교 시인들 · 철학자들 · 정치가들 · 전사들이 지옥 상층 지대의 비교적 참을 만한 곳에 거하는 반면

---

6) "단테에게는 교리적 불만을 느낀 흔적이 없다. 그는 교리 문제에서 교회의 가르침을 모든 면에서 존중한다 …… 자유로운 연구와 사적 판단의 증거를 그는 드러내지 않는다." – Moore, *Studies*, II. 65, 66.

에, 신실하지 못한 그리스도인들은 낮은 지대에서 각자의 죄책에 따라 형벌을 받는다. 자연의 빛을 따른 이교도들은 고통 없이 슬픔만 겪는다. 이는 베르길리우스의 시와 상통한다.

> 그들은 합당한 방법으로 하나님을 경외하지 않았다.
> 다른 죄책들이 아닌 오직 그런 결함 때문에
> 우리는 멸망하며, 오직 그 정도에서만 형벌을 받아,
> 소망 없는 가운데 열망을 품고 우리는 살아간다.

단테는 라틴어로 시를 쓰기 시작했으나, 얼마 후에 볼로냐 대학교 라틴 문학 교수 조반니 델 비르질로(Giovanni del Virgilio)에게 유서 깊은 로마의 언어를 저버리고 토스카나의 통속 방언을 사용했다는 이유로 비판을 받았다. 포조(Poggio)도 이 점을 애석하게 생각했다. 그러나 시인은 미완의 저서 「자국어 웅변론」(*De vulgari eloquio*)에서 자신을 변호했고, 「신곡」, 「새로운 삶」, 「연회」(*convivio*), 그리고 소네트들을 고향 피렌체 방언으로 저술함으로써 이탈리아 문학의 아버지가 되었고, 평신도들에게 문화로 들어가는 길을 열어놓았다. 시인이 죽은 지 3년 내에 그라치우올로 데 밤바리올로(Graziuolo de' Bambagliolo, 1324)를 비롯한 저자들이 쓴 「신곡」 주석들이 나오기 시작했으며, 100년 내에 피렌체 · 베네치아 · 볼로냐 · 피사에 「신곡」 강의를 위한 교수직이 설치되었다.

단테가 시로써 후세대 문화에 이바지한 두 번째 점은 고대를 다시 한 번 전면에 부각시키고, 이교적 요소들과 기독교적 요소들을 비록 동등한 가치를 부여하지는 않으면서도 나란히 다루고, 신화적 우화들과 성경 역사, 고전과 기독교의 과거를 뒤섞은 것이었다. 이러한 관용으로써 그는 여전히 중세 신학을 확고히 고수하면서도 새 시대의 사람임을 입증했다.

하지만 단테가 남긴 불후의 공로는 하나님의 거룩과 사랑을 풍성한 영감으로 묘사해 놓은 데 있다. 의지의 왜곡인 죄가, 미래 세계에서 쉬지 않고 죄를 범하며 고통을 당하는 것으로 처벌된다. 구원은 "우리를 살리기 위해서 우리 죄를 짊어지고 고통과 죽음을 당하신 하나님의 어린양"으로 말미암는다. 이 시는 강력한 설교와도 같이 영혼을 좌절에 빠뜨렸다가도 환희로 솟아오르게 하는데, 그의 시를 가장 탁월하게 번역한 롱펠로(Lognfellow)는 이렇게 평가한다.

그대의 신성한 노래는 멸망을 선포하는 나팔과도 같다.

그래도 그대의 가슴에는 얼마나 인간의 정이,

얼마나 애잔한 측은지심이 빛나는가.

프란체스코 페트라르카(Francesco Petrarca, 1304-1374)는 당대 최고의 문화인이었다. 그의 이탈리아어 소네트들과 노래들은 이탈리아 시의 걸작들이지만, 정작 본인은 그것들을 가볍게 생각하고 자신이 라틴어 저작들로 기억되기를 바랐다.[7] 그는 고대 문학에 심취했고, 그 분야의 연구에 강한 자극을 가했다. 그의 부모는 피렌체에서 추방된 뒤 당시 교황청이 있던 아비뇽으로 이주했으며, 페트라르카도 그곳에서 1333년까지 살았다. 사제 서품을 받았으나 내면의 소명은 없었다. 수도원장·참사회원·대부제 등 여러 성직록을 보유하면서 실제 성직은 수행하지 않고 수입만 받아 누렸다. 군주들과 교황들과 고위성직자들에게 다가가 그들의 호의를 얻었다. 아비뇽 교황청을 향해 서방의 바빌론으로 비판하면서 교황들에게 로마로 돌아가라고 촉구했으며, 콜라 다 리엔초(Cola da Rienzo)를 민족 자유의 사도로 칭송했다. 그의 저서들에는 애국심이 간간이 묻어나지만, 반면에 저자는 만투아·파두아·리미니·페라라의 이탈리아 독재자들과 밀라노의 비콘티 가문의 환대를 덥석 받아들이는 모순된 태도도 드러낸다. 1350년에 그는 보카치오와 교분을 맺게 되는데, 그 관계는 그가 죽을 때까지 유지된다.

사제 서약에도 아랑곳없이 페트라르카는 여러 여성들과 동거했으며, 적어도 두 명의 서자 조반니와 프란체스카를 낳았는데, 이들의 혈통상의 오점은 교황의 대칙서들에 의해 제거되었다. 완숙의 나이에 이르렀을 때, 특히 1350년 희년에 로마를 순례한 후에 그는 죄의 속박을 끊어버렸다. 보카치오에게 쓴 글에서 그는 이렇게 말한다. "한때는 죽고 못 살 것처럼 연연하던 그 전염병이 이젠 지긋지긋해져서, 그것을 기억에 떠올리기만 해도 부끄러움과 공포를 느낀다네. 나의 해방자 예수 그리스도께서는 내 말이 진실임을 아실 것일세. 그분은 자주 눈물로 아뢰는 내게 자비의 손을 내미시어 당신에게 나아가도록 도와주셨다네." 그는 아우구스티누스의 「고백록」에서 큰 기쁨을 얻었고, 그 사본을 늘 끼고 살았

---

7) 317편의 소네트와 29편의 칸소네 가운데 31편을 제외한 전부가 연애를 주제로 한 것이다. 그는 발음상의 이유로 아버지가 지어준 Petrarco를 Petrarca로 바꾸었다.

다.

1343년에 쓴 「세상에 대한 경멸」(De contemptu mundi)에서 페트라르카는 세상 영광을 사랑하고 불후의 이름을 남기고자 열망했던 것을 가장 큰 과오로 고백한다. 고대 그리스인들과 로마인들의 뇌리에서 떠난 적이 없던 이 죄를 인문주의자들이 고스란히 물려받았다. 그것이 그들을 이끌고 간 열정이 되었다. 그들은 라틴 고전 저자들 가운데 가장 많이 읽히던 키케로에게서 그것을 발견했다. 단테는 시인의 월계관을 추구했고, 명예야말로 행동의 원동력이라는 견해를 자주 피력했다.[8] 페트라르카는 명예를 몹시도 추구한 뒤에 파리 대학교와 로마 원로원으로부터 시인의 계관을 받았다. 1341년 4월 8일에 카피톨리누스 언덕에서 시칠리아 왕 로베르트(Robert)가 참석한 가운데 원로원이 주는 계관을 받아 썼다. 이 일을 그는 자기 생애에서 가장 영광스러운 순간으로 간주했다. 시인은 극진한 신앙적 태도로 계관을 성 베드로 성당으로 가져가 사도의 제단에 올려놓았다.

페트라르카는 최초의 근대 학자이자 작가, 이탈리아 르네상스의 문을 연 사람으로 불렸다. 단테와 달리 그는 스콜라주의적인 지식과 신비주의적인 지식을 경멸하고서 이교 고전의 원천으로 훨씬 멀리 되돌아갔다. 고전을 연구하되 문헌학자나 골동품 애호가로서가 아닌 같은 취향을 지닌 사람으로서 연구했다.[9] 그는 그리스와 로마의 작가들의 웅변과 문체의 세련미와 완숙미에 탄복했다. 키케로와 베르길리우스가 그의 우상들이자 웅변의 아버지들이었고, 라틴어의 눈동자들이었다. 그는 플라톤에게로 향했다. 신약성경의 종교를 아우구스티누스가 해석한 것과 스콜라 학자들이 해석한 것을 다르게 구분했다. 페트라르카는 또한 고전 저서들과 예술품들을 찾아 발견하던 시대에도 문을 열어놓았다. 옛 사본들을 구하는 일에 어떠한 수고도 마다하지 않았다. 1345년에 그는 베로나에서 키케로의 서신 여러 통을 발견했고, 10세기까지 알려지지 않던 퀸틸리아누스의 작품 일부도 발견했다. 호메로스의 사본을 비록 그 내용을 읽을 능력이 없었음에도 불구하고 소중하게 간직했다. 그가 알고 있던 헬라어라곤 칼라브리아 출신의

---

8) "명예라는 고상한 욕구" – Par. xi. 85-117.

9) Robinson은 Life, p. 336에서 이렇게 말한다. "페트라르카가 키케로와 베르길리우스를 사랑하게 된 것은 인문주의의 근본적 원동력이라 할 수 있는 자유로운 지적 활동에 대한 애착에서 비롯되었다."

불신자 발람(Barlaam)한테 배운 몇 가지 기초적인 지식뿐이었다. 최초로 개인 도서관을 만들어 200권의 장서를 보유했다. 역사가 깊은 수도원들을 찾아갈 때도 수도원 도서관에 어떤 장서가 소장되어 있는지 조회하는 일이 가장 중요한 관심사였다. 옛 주화들과 메달들을 수집했고, 고대의 기념비들을 철거하지 말고 보존해야 한다고 주장했다. 최초의 중세 이탈리아의 개략적인 지도를 남긴 사람도 그였던 것으로 추정된다.

페트라르카만큼 집필의 수고에 따른 혜택을 충분히 누린 작가가 드물었다. 그는 생시에 이탈리아 · 프랑스 · 독일 · 영국에서 날마다 자신의 저서들을 칭송하는 편지를 받았다. 비잔틴 황제가 자신의 저서들을 읽고 자신을 안 사실에 만족을 표시했다. 카를 4세가 그의 웅변을 듣고 그에게서 지혜의 교훈을 배우고 싶어서 그를 세 번이나 독일로 초대했다. 교황 그레고리우스 11세는 그의 부음을 듣고서 그의 모든 저서들을 고급스럽게 필사하도록 명령했다. 다음 세대도 그에게 존경을 바치되, 그가 열정적인 시로 다른 사람의 아내 라우라(Laura)의 아름다움과 사랑스러움을 예찬한 시인으로서가 아닌 학자와 현자로서 존경을 바쳤다.

14세기 이탈리아의 3대 작가 중 세 번째인 **조반니 보카치오**(Giovanni Boccaccio, 1313-1375)라는 이름도 중세에서 르네상스로 이행하던 시기에 독보적인 자리를 차지한다. 위대한 두 선배와 사이가 각별했는데, 단테와는 그의 전기작가로서, 페트라르카와는 그의 따뜻한 벗으로서 그러했다. 그에게 돌아간 몫은 평이하고 우아한 이탈리아 산문 문학 창시자의 지위이다. 사실주의 화법에서 그와 견줄 만한 작가가 없었다.[10] 단테는 존경하고, 페트라르카는 칭송하고, 보카치오는 읽는다는 말에는 상당한 근거가 있다. 그 역시 시를 썼으나, 그 분야에서는 이렇다 할 명성을 얻지 못했다.

피렌체에서 32km 떨어진 체르탈도가 아마도 보카치오의 출생지인 듯하다. 그는 피렌체 출신 아버지와 파리 출신 어머니 사이에서 난 서자였다. 커서 6년은 사업에, 6년은 법학 공부에 세월을 보낸 뒤 — 훗날 그 시절을 허송세월로 평가했다 — 문학에 본격적으로 발을 디뎌놓았다. 나폴리 왕궁에서 여러 해를 보내면서 왕 로베르트의 결혼한 딸 마리아와 사랑에 빠졌다. 마리아는 보카치오를

---

10) Symonds(*Ital. Lit.*, I. 90)는 이렇게 말한다. "보카치오는 지식인과 귀족 계층들의 문학 대신에 민중의 문학을 채택한 최초의 저자였다."

출세시키기 위해서 자신의 명예를 접은 여성이었다. 훗날 그는 자신을 향한 마리아의 열정을 「피아메타의 사랑」(L'Amorosa Fiammetta)에 소개한다. 이로써 이탈리아의 위대한 문인 세 사람이 결혼으로 다른 남자에게 얽매인 여인들의 사랑을 예찬한 셈이 되었으나, 베아트리체를 향한 단테의 열정과 보카치오의 육체적 사랑 사이에는 건너기 힘든 간격이 있다. 보카치오는 결혼하지 않은 평신도로서 상궤를 이탈한 사랑을 자유롭게 탐닉했다. 어머니가 누군지 모르는 그의 세 아들은 그보다 먼저 죽었다.

노년에 그는 페트라르카와 마찬가지로 회심을 겪었으며, 설교자의 열정으로 다른 사람들에게 여성들의 허영과 사치와 유혹을 주의하라고 경고했다. 너무나 늦게사 자기 저서들에서 부도덕한 내용을 삭제하고 싶어했다. 그를 회심케 한 사람은 체르탈도에서 만난 카르투지오회의 어느 수사였다. 그 수사는 다른 수사가 본 환상을 들려주면서, 만약 불경건한 글을 중단하지 않으면 곧 죽게 될 것이라고 보카치오를 위협했다. 그 말에 잔뜩 겁을 먹은 보카치오는 절필을 하고 오로지 참회에만 마음을 쓰기로 결심했다. 그의 결심을 전해들은 페트라르카는 그에게 편지를 보내, 수사의 조언에서 선한 것은 취하되 연구는 건강한 정신의 자양이므로 중단하지 말라고 조언했다.

이교 고전에 대한 열정에서 보카치오는 자기 시대 사람들에게 뒤지지 않았다. 상당수의 고전 저서들을 직접 필사했고, 그것들을 자신의 고해신부에게 물려주면서 피렌체의 아우구스티누스 성령 수도원에 기증해달라고 부탁했다. 초보적인 헬라어 지식이 있었고, 칼라브리아의 그리스인 레온티우스(Leontius)를 고용하여 학생들을 위해 「일리아드」와 「오딧세이」를 번역하게 했다. 그가 책을 얼마나 사랑했는가 하는 것은 그가 몬테 카시노 수도원을 찾았을 때의 일화에서 엿볼 수 있다. 도서관을 한 번 구경하고 싶다고 말하자, 어느 수사가 그를 먼지가 두껍게 내려앉은 방으로 안내했는데, 그 방에는 문도 없고 창틀에는 풀이 사라고 있었다. 사본들도 상당수가 파손된 상태였다. 안내하던 수사의 말에 따르면 수사들이 책 낱장을 찢어 어린이들에게 시편 찬송가로 사용하도록 주거나 여인들에게 부적으로 파는 습관이 있었다고 했다.

1373년에 피렌체 시의회(signoria)는 보카치오를 「신곡」 강의 담당 교수로 임명하고 100 금 길더의 급여를 약속했다. 하지만 죽음이 그를 엄습했을 당시에 강의는 '지옥편' 제17편밖에 진행되지 못한 상태였다.

보카치오의 라틴어 저서들은 주로 고대의 신화를 편집한 것(*De genealogia deorum*)이거나 전기를 편집한 것이며, 족보도 주제로 다룬다(*De montium, silvarum, lacuum et marium nominibus*). 「뛰어난 여성들에 대하여」(*De claris mulieribus*)에서 그는 104명의 유명 여성들의 전기를 다루는데, 그 중에는 하와와 가공적인 여자 교황 요안나, 그리고 당시에 아직 살아 있던 나폴리 여왕 요안나가 포함되어 있었다. 가장 유명한 저서는 「데카메론」(*Decamerone*, 10일 동안의 이야기)으로서, 훗날 그는 이 책에 실린 부도덕하거나 경박한 내용을 삭제하고 싶어했다. 이 작품은 산문으로 된 시로서, 단테의 「신곡」과 대조하여 '인곡'(人曲, *Commedia Humana*)이라 부를 수 있다. 1348년에 전염병이 돌 때 열 명의 젊은이들이 모여 100가지 이야기를 하는데, 일곱 명은 여성들이고 세 명은 피렌체 남성들이다. 전염병의 참상을 듣고 나면, 피렌체 시에서 몇 km 떨어진 아름다운 정원으로 무대가 바뀌고, 젊은이들이 울다 웃다를 반복해 가며 도덕적인 이야기에서부터 외설적인 연애 이야기까지 다양한 이야기를 주고받는다. 그 중 유명한 이야기 가운데 하나가 아브라함이라는 유대인에 관한 것인데, 그 유대인은 기독교로 개종하라는 권유를 받지 않고 자신이 직접 기독교를 연구하기 위해서 로마로 간다. 사제들의 도덕이 매우 타락해 있고, 추기경들이 애인들을 두고 부와 사치로 흥청대며 사는 모습을 지켜본 그는 기독교가 하나님으로부터 말미암았음에 틀림없다는 역설적인 결론을 내리게 된다. 만약 하나님에게서 나오지 않았다면 중심부가 이렇게 썩은 상태에서 어떻게 기독교 세계가 여전히 존립할 수 있겠는가 하는 것이 그 이유이다. 「데카메론」은 평신도 남녀들뿐 아니라 사제들과 수사들의 도덕 상태도 매우 저급했음을 드러낸다. 결혼과 고해제도, 수도원주의, 성유물 숭배에 조소를 가한다. 교회의 제도들에 재담과 희롱을 가한 것은 문학에서 새로운 요소였으며, 보카치오는 민중이 이해하는 언어로 글을 썼다. 트렌트 공의회가 부도덕한 내용을 이유로, 그리고 실은 그보다 반성직적이고 반수도원적 풍자를 이유로 이 책을 단죄한 것은 이상한 일이 아니다. 하지만 공의회의 이러한 결정으로도 이 책의 유포를 막지 못했다. 1537년에는 교황의 인가를 받은 삭제본이 피렌체에서 출판되었는데, 이 판본에는 외설적인 내용들과 부도덕한 인물들이 그대로 등장하되 교회의 명예를 살리기 위해서 사제들과 수사들이 평신도들로 대체되었다.[11]

단테 · 페트라르카 · 보카치오는 마음에서 타오르는 열정을 그대로 묘사함으로써 인간 본성의 가치를 인정하는 길을 열어놓았다. 이들은 자연에 대한 뜨거운 사랑을 품었고, 그것을 글로 재현해 놓았다. 예를 들어 페트라르카는 로마와 나폴리 등 자신이 사랑하던 이탈리아의 도시들뿐 아니라 산들과 바다의 만들도 묘사했다. 보클뤼즈 근처의 산을 오르면서 느낀 기쁨을 묘사한 글은 그런 유의 문학에서 최고로 평가를 받아왔다. 이런 점들, 즉 인간과 세계를 평가해 놓은 점에서 세 작가는 새 시대의 문이 열리는 지점에 서 있었다.

64. 15세기 고전학의 발전과 후원자들

고전 학문들과 고대의 유물들에 관한 열기는 15세기 중반 이후의 이탈리아에서 절정에 달했다. 유명한 고전 학자들이 많이 등장했는데, 하지만 이들 중 어느 누구도 문학적 역량에서 전 세기의 이탈리아 문인 세 사람에게 근접하지 못했다. 이들은 그리스와 로마의 저자들을 대중에게 친숙히 알리려는 열정에서 존경을 받아 마땅하지만, 단지 과거를 모방하면서 학자 티나 내는 사람이 될 위험이 있었다. 시와 철학, 서신들, 지리와 역사에 관한 저서들 등 고대 학문의 모든 분야가 두루 조사되고 연구되었다. 이탈리아는 아예 다른 학문들은 다 제쳐두고 오로지 고전 학문들에 매달리는 듯했다. 키케로가 가장 탁월한 문장가로 평가받았고, 그의 시대가 "거의 천상적이고 불후한 시대"로 불렸다.[12]

하지만 이탈리아 인문주의자들이 고전 문학과 철학에 대한 관심을 되살리기 위해 쏟아 부은 노력은 — 비록 그들 자신의 저서들은 더 이상 읽히지 않게 되었을지라도 — 그들 시대를 역사에 뚜렷이 부각시키기에 충분했다. 15세기에 접어들어 항구적인 중요성을 지닌 새로운 것이 등장했는데, 그것이 문학·역사 비평학이다. 이 학문 분야는 대개 세네카의 작품들로 통하는 비극들이 그의 작품들일 수가 없다고 주장하고 나선 살루타토(Salutato, 1406 죽음)에 의해 시작되

---

11) 르네상스가 초창기에는 교회와 별개로 이루어진 철저히 개인주의적인 운동이었다는 비난을 불식시키기 위해서, Pastor(I. 6 sqq.)는 페트라르카와 보카치오가 교황들에게 관대한 대접을 받은 점과 그들이 말년에 회개한 점을 강조한다.

12) Burckhardt-Geiger, I. 277.

었고, 사도신경과 콘스탄티누스의 증여의 저자 문제에 의심을 던진 라우렌티우스 발라(Laurentius Valla)에게서 절정에 달했다. 15세기 중반을 짙은 색깔로 칠해놓은 1453년의 콘스탄티노플 함락 사건은 역사에서 그리스 학문을 서방 세계에 보급한 사건 이상의 의미를 지닐 수 없다. 만약 그 도시가 그리스 황제들 치하에 존속했더라도 그리스 학문은 서방 세계에 반드시 보급되었을 것이다.

1429년에 그때까지는 아직 출판되지 않은 플라우투스(Plautus)의 희곡 작품들을 로마에 소개한 포조(Poggio)나 수사 트레브의 니콜라우스 같은 사람들이 주도한 사본 발견과 필사 활동에 덧붙여, 피렌체·로마·우르비노 같은 도시들에 제후들의 도서관이 설립되었다. 그리스 저자들의 많은 저서들이 라틴어로 번역되었으며, 훨씬 더 많은 분량의 두 언어의 저서들이 이탈리아어로 번역되었다. 상실되었거나 거의 잊혀졌던 문학이 되살아남으로써 이탈리아 르네상스는 근대 세계에게 큰 빚을 지게 했다. 그러나 르네상스는 과거의 문학을 되찾게 하는 데서 머물지 않고, 부단한 문학 활동에 힘입어 고대로부터 전수한 문학 양식들을 모방하는 데로 나아갔다. 격조 있는 웅변이 이 시기의 현저한 특징이 되었다. 제후들의 사절들이 웅변가들이라 불렸으며, 그들에게 베풀어진 리셉션은 고전 양식의 웅변으로 시작되었다. 성유물 환영식, 장례식과 결혼식 때에도, 심지어 주교 축성식에도 웅변이 행해졌다. 필렐포(Filelfo)는 약혼식 때 "소요학파 스승 아리스토텔레스는"이란 말로 웅변을 시작했다. 당대에 가장 훌륭하게 평가받은 이 라틴 학자의 웅변들에 대해서, 가이거(Geiger)는 고전 웅변과 성경 웅변을 뒤섞은 혐오스러운 산물로 평가했다.[13] 이 시기의 웅변은 두세 시간 계속되는 예가 적지 않았다. 피우스 2세는 웅변으로 얻은 명성이 교황좌에 오르는 데 도움이 되었다.

서사시부터 경구(警句)까지, 비극에서 풍자까지 모든 유형의 고전 시가 되살아났다. 스키피오 장군을 다룬 페트라르카의 서사시 「아프리카」(Africa)와 보카치오의 「테세이다」(Theseida)가 그 흐름을 선도했다. 고대의 문학 작품들의 속편을 쓰거나 개작하려는 시도까지 이루어졌다. 교황 마르티우스 5세 밑에서 마페오 베조(Maffeo Vegio)는 베르길리우스의 제13권을 집필했고, 브루니(Bruni)는 리비우스의 두 번째 열 권을 개작했다. 시인들은 고대의 신화들을 되살렸을 뿐 아

13) I. 261 sq.

니라 이탈리아에 새로운 신들과 요정들을 끌어들였다. 그들은 무엇보다도 제후들과 교황들 같은 당대의 세도가들의 영광을 예찬하는 분야에서 왕성한 활동을 벌였다. 「*Borgiad*」는 알렉산더 6세에게, 「*Borsead*」는 에스테의 공작 보르소(Borso)에게, 「*Sforzias*」는 밀라노의 비스콘티 가문의 한 사람에게, 「*Laurentias*」는 로렌초 데 메디치에게 헌정되었다. 가장 도가 지나쳐 역겨운 느낌을 주는 송덕문은 에르콜레 스트로치(Ercole Strozzi)가 카이사르 보르지아(Caesar Borgia)의 죽음 앞에 바친 시였다. 이 송덕문에서는 로마가 원명이 다 함께 '보르지아'인 칼릭스투스 3세와 알렉산더 6세, 그리고 마지막에는 카이사르에게 희망을 거는 모습으로 묘사된다.

역사 기술 분야에도 새로운 장이 열렸다. 도시들의 연대기들과 개인들의 생애가 연구되고 기록되었다. 피렌체의 역사는 최초로 리오나르도 브루니(Lionardo Bruni)가 라틴어로 썼고, 그 뒤 1362년까지의 역사는 빌라니(Villani) 형제들이 이탈리아어로, 그 뒤 1455년까지는 포조가 썼으며, 그들에 이어서 다른 도시들의 역사도 기술되었는데, 인페수라(Infessura)와 부르카르드(Burchard)가 귀중한 로마 「일지」(*Diaries*)를, 벰보(Bembo)가 「베네치아사」(*History of Venice*, 1487-1513)를 썼으며, 마키아벨리와 귀차르디니(Guicciardini)가 이탈리아어로 역사서들을 썼다. 1463년에 플라비오 비온도(Flavio Biondo)가 백과사전 식으로 역사와 관습과 지형학, 로마와 이탈리아의 유적과 유물들에 관한 3부작 "*Roma instaurata*", "*Roma triumphans*", "*Italia illustrata*"를 썼다. 리오나르도 브루니는 키케로와 아리스토텔레스의 전기를 라틴어로, 단테와 페트라르카 전기를 이탈리아어로 썼다. 작문에 대한 열기도 대단했는데, 그것이 로마나 에스테의 궁정들에 파견된 베네치와 만투아 등의 대사들의 급송 공문서들에 잘 나타나 있고, 폴리치아노(Politian)와 벰보(Bembo) 같은 작가들이 페트라르카가 되살려 놓은 문체로 쓴 정교한 서신들에도 잘 나타나 있다. 사실상 완성도 높은 에세이들인 이 서신들은 대부분 라틴어로 기록되었고, 서평과 문학 쟁점들에 관한 평론을 싣고 있다.

라틴 문화에 대한 관심은 어린이들에게 아가멤논과 아킬레스, 아탈란타와 펜테실레아 같은 고전 시대 사람들의 이름을 붙여주는 것으로도 표출되었다. 어느 화가는 딸에게 미네르바, 아들에게 아펠레스라는 이름을 붙여주었다. 라틴식 이름을 취하는 관습도 뿌리를 내렸다. 산세베리노라는 사람은 서자임에도 불구하고 자신을 거만하게도 율리우스 폼포니우스 라이투스라고 불렀다. 이 관습은 독일에도 퍼져나가서 슈바르체르트는 아버지가 지어준 원명을 버리고 멜란히톤 (Melanchthon)이란 이름을 취했고, 하우스샤인은 오이콜람파디우스 (Oecolampadius), 로이힐린은 카프니오(Capnio), 부크만은 비블리안더 (Bibliander)라는 이름을 취했으며, 좀 더 애국심이 강했던 후텐과 루터와 츠빙글리는 자국어 이름을 고수했다.

현학적인 사람들은 좀 더 근본적인 변화를 겪어서 신앙 용어들을 이교식으로 고쳐 사용했으며 기독교 사상을 신화적 사상으로 대체했다. 성인들을 디(dii)와 데오이(deoe)라고 불렀고, 그들의 조각상들을 시물라크라 상타 데오룸(simulacra sancta deorum), 신들과 베드로와 바울의 성상들을 디 티툴라레스 로마이(dii titulares Romae) 혹은 성 로물루스(S. Romulus)와 성 레무스(S. Remus)라고 불렀다. 수녀들은 베스탈레스 비르기네스(vestales virgines), 천국은 올림푸스 (Olympus), 추기경들은 아우구르스(augurs), 추기경회는 세나투스 사케르 (Senatus sacer), 교황은 폰티펙스 막시무스(Pontifex maximus), 그의 호통은 디라이(dirae), 교황관은 인풀라 로물레아(infula Romulea), 하나님은 유피테르 옵티무스 막시무스(Jupiter optimus maximus)라 불렸다.[14]

에라스무스는 이러한 부조리한 현학적 표현이 인문주의의 맹목성을 단적으로 드러낸다고 비판했다. 고대인들을 숭배한 또 한 가지 증거는 심지어 교회들까지도 로마식 장례를 모방한 것이었다. 1443년에 브루니가 죽었을 때 피렌체의 수도원장들은 그를 위해 "고대인들의 방식에 따른" 공적 장례를 거행하기로 발표했다. 그의 시신을 성 크로체 성당에서 운구하기 전에, 마네티는 조사(弔辭)를 행한 뒤 시신의 머리에 월계관을 얹어놓았다.

고대를 극진히 숭상했다는 것은 도시들과 개인들이 고전 저자들의 성유물에 바친 숭배에서도 잘 나타났다. 파두아 시는 리비우스의 진짜 유골을 보유하고 있다고 생각했고, 나폴리의 알폰소는 자신이 죽은 그 사가의 팔 한 쪽을 획득하는 횡재를 했다고 여겼다. 나폴리는 베르길리우스의 실제 혹은 추정상의 무덤을 자랑했다. 파르마는 카시우스의 유골을 자랑했다. 코모는 소 플리니우스와 대 플리니우스의 유골을 모두 보유하고 있다고 주장했으나, 베로나는 대 플리니우

14) Burckhardt-Geiger, I. 274; Symonds, II. 396 sqq.

스의 유골이 자신들에게 있음을 입증했다. 나폴리의 알폰소는 아브루치를 지날 때 오비디우스의 출생지인 술모나에 들러 경의를 표했다.

이탈리아의 대도시들에는 라틴 학교들이 있었다. 그 학교들에서 가르친 유명한 교사들 가운데는 만투아의 곤차가(Gonzaga)가 자신의 궁정으로 초빙한 비토리노 다 펠트레(Vittorino da Feltre)와 베로나의 구아리노(Guarino)가 있었다. 외국 제후들의 자녀들이 펠트레에게 배우기 위해서 만투아로 모였으며, 펠트레는 한번은 그들뿐 아니라 가난하지만 재능이 있는 어린이들을 70명이나 모아 가르치기도 했다. 학생들에게 라틴 저자들의 글을 암기하고 번역하도록 했으며, 수학과 철학을 가르쳤다. 펠트레는 문학 교과과정에 체육 과목을 포함시켰으며, 정절과 절제로 몸소 학생들에게 본을 보였다. 이런 생활로 인해서 새끼에게 자기 피를 먹여 키우는 펠리칸이라는 칭호를 얻었다. 그를 르네상스 시대의 가장 위대한 이탈리아 교사라고 부르는 파스토르(Pastor)는 그가 매일 아침에 하루 일과를 시작하기 전에 미사를 드렸다고 조심스럽게 언급한다.

인문주의자들은 부자들과 권력자들에게 격려와 지지를 받는 행운을 누렸다. 문학이 15세기 이탈리아에서만큼 부유하고 지적인 후원자들을 만난 적이 없었다. 마이케나스(Maecenas, 70?-8 B.C. 고대 로마의 정치가. 문화 · 예술의 후원자로서 호라티우스와 베르길리우스를 후원함: 역자주)에 버금가거나 그를 능가한 사람들이 피렌체의 코시모와 로렌초 데 메디치였고, 로마의 니콜라우스 5세였다. 다른 도시들도 학문 후원자들이 있었으나, 이들 중 더러는 학문에 대한 관심을 빙자하여 방탕을 일삼은 것으로 오명을 남겼다. 인문주의자들을 찾는 곳이 많았다. 교황들은 비서들이 필요했고, 제후들은 세련된 서신을 대필하고 연설문을 작성하고 행사 때 사용할 송덕문을 집필해 줄 웅변가들과 시인들을 구했다. 리오나르도 브루니 · 발라 · 벰보 · 사돌레토 같은 인문주의자들은 니콜라우스 5세와 그의 계승자들 때에 교황청의 비서들 혹은 주석자들이었다.

유럽 사회가 천년이 넘는 세월 동안 발견한 예술과 학문 후원자들 가운데 가장 후한 인물이었던 코시모 데 메디치(Cosimo de' Medici, 1464 죽음)는 피렌체 공화국의 가장 부유한 은행가로서 학자적인 풍모와 역량이 있었고, 취향과 야망으로 문학에 깊은 관심을 지녔다. 앞에서 콘스탄츠 공의회를 다룰 때 그에 관해 언급한 바 있다. 그는 프랑스와 독일을 두루 여행했고, 잠시 유배 생활을 한 뒤에 상인 제후로서 피렌체 공화국을 30년간 다스렸다. 학자들을 재물로 격려하고 사본들을 구입할 수 있는 자금을 지원하되, 생색을 내지 않고 존경의 태도를 잃지 않았다. 학문 분야에서 그를 보필한 니콜로 데 니콜리(Nicolo de' Nicoli, 1364-1437)는 학자들과 문인들을 피렌체로 끌어들이는 중추 역할을 했고, 800종이 넘는 사본들을 수집했다. 그의 후원을 받아, 포조는 독일 남부의 수도원 몇 곳을 뒤지다가 생 갈 수도원에서 퀸틸리아누스의 온전한 저서를 최초로 발견했다. 코시모의 중재로 니콜리의 도서관 장서가 산 마르코 수도원 도서관에 기증되어 메디치 가 도서관의 일부를 이루었다. 코시모는 동일한 태도로 순수 예술도 장려했다. 종교화가 프라 안젤리코(Fra Angelico)를 크게 존경했으며, 산 마르코 참사회의 벽 한 쪽에 십자가 수난의 역사를 그림으로 묘사해달라고 주문했다. 코시모가 다스리던 피렌체에서 보호를 받은 학자들 가운데는 플라톤주의자 피치노(Ficino) · 리오나르도 브루니 · 포조가 있었다. 코시모는 생애 말년에 아리스토텔레스의 「윤리학」과 피치노가 번역한 플라톤의 「최고선」(*The Highest Good*)을 읽었다. 교회들과 수도원들에도 후원을 아끼지 않았으며, 웅장한 건축물들을 건립함으로써 피렌체를 이탈리아의 아테네로 바꿔놓았다.

코시모의 손자이자 유능한 계승자인 로렌초 데 메디치(1492 죽음)는 란디노 · 아르기로풀로스(Argyropulos) · 피치노에게 라틴어와 헬라어를 배웠다. 예절 바른 교양인이자 평범하지 않은 시인으로서, 그가 지은 시가 피렌체 거리들에서 노래로 불려졌다. 가정 생활도 평판이 좋았다. 자녀들과 놀기를 좋아했으며, 그 중에서도 훗날 교황 레오 10세가 된 아들 조반니를 무척 사랑했다. 미켈란젤로와 피코 델라 미란돌라가 그의 궁전을 장식한 예술가들 가운데 들어 있었다. 하지만 지나친 후원으로 1490년에 자신과 피렌체 공화국을 파산의 문턱까지 몰리게 하기도 했다.

우르비노의 공작 페데리고 다 몬테펠트로(Federigo da Montefeltro, 1482 죽음)와 나폴리 왕 알폰소도 학문 후원자들로 주목받을 자격이 있다. 비토리노 다 펠트레의 제자인 페데리고는 이교 고전학뿐 아니라 교부학에도 남다른 애착을 보인 학자였다. 그 역시 음악과 회화와 건축에 세련된 취향이 있었던 까닭에 한때는 30-40명의 필사자들을 고용했으며 40,000다카트를 들여 도서관을 세웠는데, 이 도서관의 장서들이 1657년에 바티칸 궁 도서관에 편입되었다.

알폰소는 회의주의자 라우렌티우스 발라(Laurentius Valla)와 방탕한 베카델리(Beccadelli, 1394-1471)를 각별히 후원했으며, 자신의 궁정에 그리스 학자들인

트레비존드의 게오르기오스(Georgios)와 소(小) 크리솔로라스(the younger Chrysoloras)를 불러들였다. 자신의 도서관에서 문학과 철학과 신학 강의와 논쟁을 즐겨 경청했다. 문인들에 대한 후원을 아끼지 않아 「Hermaphrodita」를 쓴 베카델리에게 1000 금 길드를 하사했고, 「알폰소의 역사」(Historia Alphonsi)를 쓴 파치오에게는 연금 500길드 외에도 1,500길드를 따로 하사했다. 마네티를 비서로 채용할 때는 자신의 마지막 빵조각까지라도 학자들과 나눠먹을 용의가 있음을 표시했다고 전해진다.

니콜라우스 5세(1447-1455 재위)로 인하여 인문주의는 로마 교회의 중심부에서 승리를 거두었다. 그는 최초이자 가장 훌륭한 르네상스 시대 교황으로서 그 운동을 가장 후하게 지원했다. 하지만 인문주의가 로마에서는 피렌체에서만큼 깊이 뿌리를 내리지 못했다. 교황의 도시에서는 그것이 항상 다소 이국적인 운동이었다. 니콜라우스는 피렌체에서 가정교사로 일할 당시에 르네상스 정신을 받아들였다. 그 뒤 20년 동안 추기경 니콜로 아베르가티(Abergati)의 비서로 활동하면서 프랑스 · 영국 · 부르고뉴 · 독일 · 이탈리아 북부를 두루 여행했다. 그 과정에서 희귀 도서들을 수집했는데, 그 가운데는 락탄티우스 · 나지안주스의 그레고리우스 · 이레나이우스 · 이그나티우스의 열두 서신 · 폴리카르푸스의 서신이 들어 있었다. 자기 손으로 많은 사본들을 필사했으며, 코시모가 수집한 도서들을 정리하는 일을 도왔다.

그의 교황 재위 기간은 건축가들과 문인들에게 황금기였다. 그는 1450년 희년에 로마로 유입된 막대한 자금을 가지고 건축과 문학 두 분야에 대한 열정을 쏟아 부을 수 있었다. 메디치 가문의 은행에만도 100,000플로린이 교황청 계좌에 적립되어 있었다. 니콜라우스는 유능한 학자들에게 필사자와 번역가, 비서의 일자리를 제공했으나, 일단 고용한 다음에는 밤낮 없이 작업하도록 했다. 이탈리아 전역과 여러 나라들, 심지어 러시아와 영국에까지 요원들을 파견하여 희귀 도서들을 구해오도록 했고, 구해온 희귀본들을 양피지에 필사한 뒤 화려하게 장정하고 은 죔쇠를 달도록 했다. 이런 방식으로 수집한 장서들 가운데는 호메로스 · 헤로도토스 · 투키디데스 · 크세노폰 · 플라톤 · 아리스토텔레스 · 폴리비우스 · 디오도루스 시쿨루스 · 아피아누스 · 필로 유다이우스와 그리스 교부들인 에우세비우스 · 바실리우스 · 나지안주스의 그레고리우스 · 크리소스토무스 · 키릴루스와 아레오바고 관원 디오니시우스의 저서들이 포함되어 있었다.

그는 그리스 저자들의 저서 번역에 불을 지폈으며, 남아 있는 그리스 문학의 모든 기념비적 저서들로 서방 세계를 부요하게 하겠다는 목표를 잃지 않았다. 시몬즈(Symonds)의 말대로, 그의 재위 기간에 로마가 그리스어를 라틴어로 옮기는 번역소가 되었다. 니콜라우스는 발라에게 500스쿠도를 주고 투키디데스의 저서를 라틴어로 번역하게 했고, 구아리노에게 1,500스쿠도를 주고 스트라보를 번역하게 했다. 폴리비우스를 번역한 니콜라우스 페로티(Nicolas Perotti)에게 교황이 새로 발행한 다카트 500 — 1다카트는 12프랑에 해당함 — 을 하사하면서, 그 액수로는 수고를 다 보상하지 못한다는 겸양의 인사까지 아끼지 않았다. 히브리어 마태복음을 발견한 대가로 5,000다카트를 하사했고, 호메로스 번역료로 10,000금 길더를 미리 지불했으나 헛일이었다. 번역을 맡은 마르수피니와 오라티우스는 「일리아드」의 일부분만 끝냈고, 발라가 맡은 처음 16권은 산문 의역이었다. 그는, 비록 로마에 없었으나 자신의 비서이자 전기작가인 마네티에게 600다카트를 급여로 지불했다. 그처럼 책을 진실하고 후하게 사랑한 사람이 성 베드로의 권좌에 앉은 적이 없었다.

니콜라우스는 바티칸 도서관에서 영구적인 기념비를 발견했다. 이것이 후대에 덧붙은 장서들과 더불어 세계에서 동양·그리스·라틴·교회 문학의 희귀 사본들의 가장 귀중한 모음집을 이룬다. 이 가운데서도 가장 돋보이는 보물은 헬라어 신약성경을 기록한 바티칸 사본이다. 이전에도 교황 도서관과 문서 모음집들이 처음에는 라테란에, 후에 바티칸 궁전에 존재했으나, 니콜라우스야말로 바티칸 도서관 설립자라 불릴 만한 자격이 있다. 그는 이 도서관을 위해서 귀중한 고전 및 성경 사본들 5,000권 가량을 사들였고 — 이것은 당대로서는 대단한 규모였다 — 그 외에도 주로 라틴 고전들로만 이루어진 개인 도서관도 보유했다. 당시에는 장서 보유수가 1,000권을 넘는 도서관이 없었다. 베사리온도 불과 600권, 피렌체의 니콜리도 800권, 우르비노의 페데리고도 772권밖에 보유하지 못했다. 오늘날 바티칸은 30,000권의 장서와 100,000종 가량의 인쇄물들을 보유하고 있다. 도서관에 자유롭게 출입할 수 있게 된 것은 레오 13세 때가 처음이었다.

르네상스 시대 후기 교황들은 학문보다는 예술과 건축에 관심을 기울였다. 베스파시아노(Vespasiano)의 미심쩍은 보고에 따르면 스페인계 교황 칼릭스투스 3세(Calixtus III)는 전임 교황이 수집해 놓은 도서들을 하나님의 교회의 재산을 낭비한 결과로 간주하고서 수백 권을 노인 추기경 키에프의 이시도루스에게 넘겨주고, 책 장식에 사용된 은들을 녹여 터키 전쟁 자금으로 비축했다고 한다.

인문주의자들은 유능한 외교관이자 학자였던 피우스 2세에게서 많은 것을 기대할 권리가 있었으나 실제로 받은 것은 없었다. 하지만 이것은 아이네아스 실비우스(Aeneas Sylvius, 피우스 2세의 원명)가 경쟁을 두려워할 이유가 있었기 때문은 아니었다. 그는 교황에 선출된 뒤에 로마 시와 투스쿨룸, 알바, 오스티아 등지를 순방하면서 로마의 오래된 도로들과 관개 시설을 돌아보고 유적들을 살폈다. 그는 시인·소설가·논객·사가·우주 구조론 학자였다. 선박 경주와 사냥 파티에서부터 피렌체와 로마 등 대도시들의 경이로운 면들에 이르기까지 모든 것에 관심이 있었다. 관심사가 넓었는가 하면 관찰력도 예리했다. 어떤 것도 그의 시선에 걸리지 않고 넘어가는 일이 없었다. 인간에 관한 모든 것이 그의 관심을 끌었으며, 「프리드리히 3세」와 「보헤미아의 역사」에서처럼 도시들과 사람들을 묘사해 놓은 내용은 예리한 판단과 적확하고 재미있는 사실 묘사로 독자의 마음을 사로잡는다. 피우스의 소설들과 송가(ode)들은 새로운 도덕적 분위기를 내쉬며, 테렌티우스의 문체로 소문이 좋지 않은 여성들을 다룬 「크리시스」(Chrisis)는 인문주의 문학에서도 매우 외설적인 작품을 꼽힌다. 웅변은 세 권 분량으로 남아 있으며, 500통이 넘는 서신들이 현존한다.

피우스 2세 때 교황청의 식솔이 되어 살던 인문주의자들은 플라티나(Platina)가 받은 대우에 잘 드러나듯 시련을 겪었다. 식스투스 4세(1471-1484 재위)는 바티칸 도서관을 아름다운 신축 건물 네 동으로 이전함으로써 그 분야의 역사에서 한 자리를 차지했다. 도서관을 위해 영구 기금을 마련했고, 라틴어·헬라어·히브리어 필사자들을 고용할 수 있게 했고, 유명한 학자들인 부시(Bussi)와 플라티나 두 사람을 사서로 임명했으며, 도서들을 문서들과 구분하여 보관하게 했다. 르네상스 시대의 전형적 인물로서 가벼운 마음으로 살아간 레오 10세는 벰보와 그 밖의 문인들을 예우했으나, 진지한 문학뿐 아니라 경박한 문학까지 후원했다. 「타키투스 연대기」(Annals of Tacitus, 1515)의 처음 여섯 권 초판에 수록된 서신(1508년에 베스트팔렌 코르바이 수도원에서 발견)에서, 그는 다음과 같이 썼다. "만약 하나님 자신에 관한 지식과 예배를 떼어놓고 생각하자면, 고전 학문들보다 창조주께서 인류에게 베푸신 훌륭하고 유용한 것이 없다는 생각을 어릴 적부터 늘 하고 지냈다. 고전 학문들은 인간 삶을 장식하고 인도할 뿐 아니라 모든 구체적 상황에서 적용하고 이용할 수 있다."

이탈리아 르네상스를 말할 때 빼놓을 수 없는 것이 피렌체 · 로마 · 나폴리에 설립된 이른바 아카데미들이다. 이 학교들은 오늘날 학회들과 다소 통하는 면이 있다. 그 중 가장 유명했던 피렌체 플라톤 아카데미는 코시모 데 메디치가 설립했고, 피렌체의 주요 인사들과 몇몇 외부 인사들을 구성원으로 받아들였다. 이 기관은 플라톤의 생일인 11월 3일이면 잔치를 열고 그의 저서들에 대한 토론을 벌였다. 플라톤주의의 숭고한 진리들을 되살리고 보급했으며, 그런 뒤에 좀 더 학문적이고 사회적 성격을 띤 피렌체의 다른 아카데미들에게 자리를 내주었다. 플라톤 아카데미는 로렌초 때에 가장 큰 명성을 얻었다.

폼포니우스 라에투스(Pomponius Laetus)가 설립한 로마 아카데미는 플라톤과 철학 연구에 국한하지 않고 좀 더 보편적인 문학을 지향했다. 고전 토론과 웅변, 연설에 주력했다. 라에투스는 반절은 이교도였으나 교황 알렉산더 6세는 1498년 그의 장례식 때에 교황청 사람들을 보내 조의를 표했다. 16세기에 추기경 사돌레토는 로마 아카데미를 자신이 배운 최고의 스승들의 반열에 넣었다. 요비아누스 폰타누스(Jovianus Pontanus)가 설립한 나폴리 아카데미는 주로 문체에 주력했다. 젭(Jebb) 교수는 피렌체 아카데미의 성격을 주로 철학적으로, 로마 아카데미를 고전학적으로, 나폴리 아카데미를 문학적으로 평가했다.

65. 그리스 교사들과 이탈리아 인문주의자들

8세기 이상 방치되어온 그리스 학이 부흥된 주된 원인은 신약성경 원본에 대한 관심이 아니라 호메로스와 플라톤 같은 고전 그리스 저자들을 알고자 하는 열의에 있었다. 대 그레고리우스 같은 사람도 헬라어를 전혀 몰랐었다. 비엔 공의회는 그리스 학과의 설치를 권고했으나 실효를 거두지 못했다. 헬라어 교육이 되살아난 계기는 헬라어 사본들이 발견되고, 문법과 사전들이 마련되고, 그리스 고전들이 번역되었기 때문이었다.

페트라르카와 보카치오가 강의를 들은 칼라브리아인들 같은 떠돌이 무명 교사들을 지나친다면, 그리스 교사들의 명단은 에마누엘 크리솔로라스(Emanuel Chrysoloras, 1350–1415)부터 시작된다. 그는 피렌체 · 밀라노 · 파두아 · 베네치아·로마에서 가르쳤으며, 라틴 교회에 가입한 뒤에는 콘스탄츠 공의회에서 통역관으로 활동하다가 그 도시에서 죽었다. 그는 최초의 헬라어 문법서를 썼다 (1484년 인쇄). 최초의 사전은 카르멜회 수사 피아첸차의 조반니 크라스토네 (Giovanni Crastone)가 제작했으며, 1497년에 출판되었다. 오늘날 그리스 학에 관한 모든 자료를 구비하고 있는 우리로서는 문법과 사전이라는 초보적인 도움 없이 그 언어로 기록된 저서들에 관한 지식을 얻는 데 얼마나 큰 어려움을 겪었을지 상상하기가 쉽지 않다.

그리스 학에 강한 자극을 가한 것은 동방 교회가 보낸 대규모 사절단이 공의회에 참석하여 기독교 세계의 교리적 차이점들을 서방 교회 대표들과 논한 1439년의 페라라 공의회였다. 공의회는 두 개의 언어로 진행되었다. 공의회에 참석했다가 잠시 혹은 영구히 서방에 남은 사람들 가운데는 원명이 게오르기오스 게미스토스(Georgios Gemistos, 1355-1450)인 플레톤(Plethon)과 베사리온 (Bessarion, 1403-1472)이 있었다. 코시모 데 메디치는 플레톤의 강의를 자주 들었고, 그의 플라톤 강의에 영향을 받아 피렌체에 플라톤 아카데미를 설립하려는 착상을 얻었다.

니케아 주교 베사리온은 라틴 교회에 가입했고, 교황 유게니우스 4세에 의해 추기경에 임명되었다. 훗날 교황 후보의 물망에 오르기까지 했으나 아비뇽의 추기경이 나서서 그가 그리스인이라는 점과 턱수염을 기르고 있다는 점을 내세워 반대하는 바람에 무산되었다. 그는 라벤나에서 죽었다. 다른 모든 그리스인들과 마찬가지로 베사리온은 철학적 신학자였으며, 성령께서 인간들의 마음에 행하시는 실제적인 사역보다는 성령의 영원한 발출에 관한 형이상학적 신비에 더 관심이 있었다. 그는 플라톤의 부도덕성에 대한 비판과 그리스 정통 교리에 대한 반감에 맞서서 변호했으며, 그 철학자가 영혼 창조성과 불멸성을 믿었던 점을 지적하고, 바실리우스와 아우구스티누스 같은 교부들이 그를 호의적으로 평가한 내용들을 인용하고, 그를 이교와 기독교를 이어주는 다리로 평가했다. 로마에 있던 베사리온의 저택은 학자들의 만남 장소였다. 15,000다카트 혹은 플라티나의 말을 빌자면 30,000다카트의 금액으로 그는 귀중한 도서관을 설립했고, 1468년에 그 장서를 베네치아 공화국에 기증했다.[15]

---

15) *Bessarionis Opera* in Migne's *Patrol. Graeca*, vol. CLXI.

트레비존드의 게오르기오스(1395-1484)는 1420년경에 이탈리아로 와서 교황의 교회에 가입한 뒤 베네치아와 로마에서 웅변과 아리스토텔레스 철학을 가르쳤으며, 니콜라우스 5세에게 교황 서기관으로 임명되었다. 자부심이 강하고 화를 잘 내고 논쟁을 좋아하는 성격이어서 발라·포조·가자의 테오도루스·베사리온·페로티와 논쟁을 벌였다. 아리스토텔레스의 「동물사」(*History of Animals*) 번역료로 식스투스 4세가 준 50스쿠도가 못마땅하여 그것을 티베르 강에 던져버린 일도 있었다. 주요 저서는 아리스토텔레스와 플라톤을 비교하되 전자에 비중을 두어 쓴 것이 있다.

게오르기오스의 경쟁자 가자의 테오도루스(Theodore)는 데살로니가 출신으로서 1430년에 이탈리아에 도착하여 페라라에서 교편을 잡은 뒤 교황 니콜라우스를 섬겼다. 열정적인 플라톤주의자였으며, 헬라어 저서 여러 권을 라틴어로 옮겼고, 키케로의 몇 권을 헬라어로 옮겼으며, 헬라어 문법서도 썼다.

아리스토텔레스 철학자이자 번역자 요한 아르기로풀로스(John Argyropulos)는 피렌체에서 15년간 교편을 잡아 큰 명성을 얻은 뒤 로마에 가서 가르쳤는데, 그곳에서 로이힐린이 그에게 투키디데스 강의를 들었다. 1486년에 수박을 너무 많이 먹은 탓에 숨을 거두었다.

콘스탄티노플이 함락된 뒤에 이탈리아로 이주한 지도급 그리스인들은 칼리스투스(Callistus), 콘스탄티누스 라스카리스(Constantine Lascaris), 그리고 그의 아들 요한이었다. 요한 안드로니쿠스 칼리스투스는 1454-1469년에 볼로냐와 로마에서 헬라어를 가르쳤으며, 플라톤주의자들과 아리스토텔레스주의자들 사이의 논쟁에 참여했다. 훗날 피렌체로 이주했고, 마지막으로 좀 더 나은 급여를 바라고서 프랑스로 이주했다. 그는 모든 그리스 저자들의 글을 읽었고 그리스에서 여섯 궤짝 분량의 사본들을 수입했다고 전해진다. 동방 제국에서 지체높은 가문에 속했던 콘스탄티누스 라스카리스는 프란시스 스포르차의 딸 이폴리타(Ippolita)에게 헬라어를 가르쳤으며, 후에는 나폴리의 페르디난드 1세의 아들 알폰소의 아내를 가르쳤다. 그녀를 위해서 헬라어 문법책을 썼는데, 그것이 서방 세계에서 헬라어로 인쇄된 최초의 책이다(1476). 1470년에 그는 메시나로 이주한 뒤 학교를 세워 성공을 거두었으며, 그 세기가 저물 무렵에 숨을 거두었다. 그의 제자들 가운데는 추기경 베네치아의 벰보가 있었다.

그의 아들 라스카리스의 요한(1445-1535)은 로렌초 데 메디치에게 고용되어 헬라어 사본 수집 일을 맡아보았으며, 피렌체에서 헬라어 저서들의 출판을 감독했다. 샤를 8세를 따라 프랑스로 갔다. 1513년에는 레오 10세의 부름을 받고서 로마로 갔으며, 그곳에서 헬라어와 라틴어 학교를 열었다. 1518년에는 프랑스로 돌아가 프랑수아 1세를 위해 퐁텐블로에 도서관을 설립했다.

그리스 사본 수집에 크게 이바지한 사람들 가운데는 조반니 아우리스파(Giovanni Aurispa, 1369-1459)가 있었다. 젊은 시절에 헬라어를 공부하기 위해서 콘스탄티노플로 간 그는 노련한 책장사의 재주로 사본들을 매입하여 팔아넘겼다. 1423년에 238권의 사본들을 가지고 콘스탄티노플에서 돌아왔는데, 그 중에는 소포클레스·아이스킬로스·플라톤·크세노폰·플루타르크·루키아노스의 저서들이 포함되어 있었다. 이런 식으로 이 보물들이 1453년에 콘스탄티노플을 덮친 터키족의 무자비한 약탈에서 보존되었다.

15세기 말 이후로는 이탈리아에서 그리스 연구가 크게 침체했으나, 인문주의자들에 의해 알프스 이북으로 보급되어 한 번 더 도약의 기회를 맞이했다.

히브리어는 유대인 학자들, 특히 스페인에 거주하던 학자들에 의해 유럽에 보존되어 오다가 15세기에 이탈리아에서 헬라어와 마찬가지로 부흥을 맛보았으나, 얼마 가지 못해서 반대에 부닥쳤다. 리오나르도 브루니는 포조가 그 언어를 배우고 있다는 소식을 듣고는 그 공부가 무익할 뿐 아니라 대단히 유해하다고 주장하는 편지를 보냈다. 니콜라우스 5세의 전기작가 마네티는 히브리 성경의 시편을 번역했으며, 그 교황을 위해서 히브리 사본들을 수집했다. 카말돌리회 수사 트라베르사리(Traversari)는 히브리어를 배운 뒤 1475년에 이탈리아 인쇄소들에서 히브리어 저서들을 출판하기 시작했다. 1488년에는 볼로냐에, 1514년에는 로마에 히브리어 교과목이 개설되었다.

그리스 교사들의 명단에서 이탈리아 인문주의자들 명단으로 넘어가자면 몇몇 유력한 인물들만, 특히 그들이 교회에 취한 태도를 중심으로 거론하면 될 것이다.

리오나르도 브루니(Lionardo Bruni: 1369-1444)는 크리솔로라스의 제자로서, 헬라어가 보급되면서 이탈리아에 조성된 열기를 잘 전해준다. 그는 하던 모든 공부를 중단하고 플라톤과 데모스테네스의 언어를 배우는 데 열중했다. 그는 로마에서 교황 비서를 지내고 한동안 피렌체의 서기관을 지냈으며, 서신들과 웅변들, 사기(史記)들과 철학 에세이들, 그리고 헬라어 번역서들을 남겼는데, 번역서들 가운데는 아리스토텔레스의 「윤리학」·「정치학」·「경제학」· 플라톤의 「파에도」·「크리토」·「변명」·「파이드루스」·「고르기아스」·「서한집」, 그리고 플루타르크의 「영웅전」 여섯 권이 있었다. 외국에서 많은 사람들이 그의 얼굴을 보려고 피렌체를 방문했다. 그는 경건한 가톨릭 신자였다.

프란체스코 포조 브라촐리니(Francesco Poggio Bracciolini, 1380-1459)는 마르티누스 5세와 니콜라우스 5세의 비서를 차례로 지냈고, 대부분 피렌체와 로마에서 살았다. 당대에 가장 유명한 인문주의자였으며, 고전학과 문학 논쟁에 뜨거운 열정이 있었다. 주로 라틴어에 능했으나 헬라어도 알고 있었고 히브리어도 조금 알았다. 광적인 도서 수집가였다. 교황 비서로 콘스탄티노플을 방문했을 때 퀸틸리아누스의 「강요」(Institutes) 완성본을 발견한 것 외에도 인근의 베네딕투스회 소속 라이헤나우 대수도원과 바인가르텐 대수도원에서 고사본들을 찾았다. 클뤼니를 비롯한 프랑스의 수도원들에서는 당시까지 알려지지 않은 키케로의 연설문들을 발견했다. "야만적인 잉글랜드"도 방문했다. 교황청에서 거의 50년을 봉직했으나 수사들을 혐오하고 조소했으며, 자신을 뒷받침해준 교회의 명예를 훼손했다. 「위선을 비판하는 대화」(Dialogue against Hypocrisy)에서 그는 수사들이 종교의 이름으로 자행하던 농간과 속임수에 관한 망신스러운 이야기들을 많이 소개했다. 이교도라 낙인찍힌 프라하의 제롬의 죽음을 그가 과감하게 순교로 묘사한 것에 관해서는 앞서 언급한 바 있다.

펠릭스가 선출되었을 때 포조는 사전을 다 뒤져 찾아낸 신랄한 용어들로 그를 비판했으며, 그 대립교황을 가리켜 케르베로스(그리스 신화에서, 저승의 문을 지키는 머리가 셋인 개: 역자주), 금송아지, 울부짖는 사자, 악의 대제사장이라고 불렀다. 그리고 펠릭스를 선출한 바젤 공의회에 대해서도 악담을 퍼부었다. 포조는 거만하고 화를 잘 내는 성격 탓에 끊임없이 다툼에 휘말렸으며, 상대와 다툴 때는 어디서도 들을 수 없는 신랄한 독설을 주고받았다. 혀가 매서운데다 행습도 방만했다. 첩을 두고 살면서 자녀 14명을 낳았으며, 그 일로 비판을 받을 때는 자신이 성직자들의 일반적인 관행을 따랐을 뿐이라고 대답했다. 쉰넷의 나이에 첩을 버리고 18살의 피렌체 처녀와 결혼하여 자녀 넷을 낳았다. 그가 쓴 「유머집」(Facetiae)은 외설스러운 이야기들을 모아놓은 책으로서 상당한 인기를 끌었다.

카말돌리회 총장 암브로조 트라베르사리(Ambrogio Traversari, 1386-1439)는 금욕적 경건에다 이교 문학에 대한 관심을 겸비한 사람이었다. 베네치아에서 238권의 사본을 수집했고, 그리스 교부들의 글을 번역했다. 제롬 시대부터 그의 시대까지 이탈리아 수사로서 히브리어를 공부한 사람은 아마도 그가 처음이었을 것이다.

아레초 출신이라는 이유로 카를로 아레티노라 불린 카를로 마르수피니(Carlo Marsuppini)도 같은 범주에 속했으나, 그는 공개적인 이교도로서 고해성사와 성례를 받지 않은 채 죽었다. 그럴지라도 교사와 피렌체 서기관으로 높은 명성을 얻었으며, 1463년에 성 크로체 성당에 명예롭게 장사되었으며, 그곳에 그를 기념하는 비석이 세워졌다.

프란체스코 필렐포(Francesco Filelfo, 1398-1481)는 최상급 라틴어 및 헬라어 학자였으며, 당대 사람들에게 존경도 많이 받았으나 미움도 많이 받았다. 그리스를 방문한 길에 사본들을 많이 구해 가지고 이탈리아로 돌아왔으며, 피렌체 대학교에서 웅변과 헬라어 교수를 지냈다. 그는 르네상스의 나쁜 면과 훌륭한 면을 동시에 지닌 사람이었다. 교만하고 저열하고 이기적이고 탐욕적이었다. 자신이 베르길리우스와 키케로보다 우월하다고 생각하지는 않았으나 적어도 동등하다고 생각했다. 악의와 독설과 풍자에서 포조에게 뒤지지 않았다. 지나친 독설로 인하여 니콜로와 포조, 메디치 가문 사람들, 그 밖의 사람들과 서로 반목했다. 피렌체에서 추방당했다가 노년에 로렌초의 배려로 다시 그 도시로 돌아갔으나 몇 주 지내지 못한 채 여든셋의 나이로 죽었다. 시를 쓴다는 이유로 항상 귀족들을 찾아가 손을 벌렸으며, 여러 명의 하인과 말 여섯 필을 거느리고 살았다. 세 명의 아내에게서 24명의 자녀를 낳았다. 후원자들에게는 배은망덕하고 친구들에게는 배신을 일삼는 그런 사람이었다.

마르실리오 피치노(Marsilio Ficino, 1433-1499)는 위대한 자 로렌초의 궁정을 유명하게 만든 무리의 한 사람으로서, 서품을 받은 사제이자 두 교회의 주임신부, 피렌체 주교좌성당의 참사회원이었다. "플라톤을 존경하는 형제들"에게 플라톤적 복음을 웅변으로 전했으며, 오르페우스교의 찬송들, 「헤르메스 트리스메기스토스」(Hermes Trismegistos), 그리고 플라톤과 플로티노스의 저서들을 번역했는데, 이것은 당대로서는 굉장한 작업이었다. 그는 신적인 플로티노스가 신적인 플라톤의 신학과 "고대인들의 비밀들"을 최초로 계시했으며, 그 내용이 기독교와 일치한다고 믿었다. 그럴지라도 그는 플라톤의 저서들에서 삼위일체의 신비를 발견하지는 못했다. 기독교를 유일하게 참된 종교로 간주하여 변호하는 글을 썼으며, 아리스토텔레스주의자들에 반대하여 15가지 논지로써 영혼의 불멸성을 입증하는 글을 썼다. 키가 작고 병약했으며, 부정직한 하인들과 욕심 많은 친척들 때문에 가난하게 살았다.

폴리티아누스(Politian)는 자신이 편집한 유스티니아누스의 「법전」(*Pandects*)에 에픽테토스 · 히포크라테스 · 갈렌 등의 저자들의 글을 번역해서 실었으며, 강의록 가운데 오비디우스 · 수에토니우스 · 플리니우스 · 퀸틸리아누스에 대한 강의 내용을 출판했다. 그의 강의는 영국과 독일에까지 영향을 끼쳤으며, 그로신(Grocyn) · 리나커(Linacre) · 로이힐린 같은 사람들이 그의 강의를 들었다.

종교개혁 초기에 살았던 이탈리아의 유명한 인문주의자 세 사람은 모두 추기경들로서, 피에트로 벰보(1470-1547), 자코포 사돌레토(Giacopo Sadoleto, 1477-1547), 알레안더(Aleander, 1480-1542)였다. 모두 다 세련된 라틴 문체의 대가들이었다. 벰보는 22년 동안 첩을 두고 살면서 세 자녀를 두었다. 추기경 사돌레토는 제네바 시민들에게 종교개혁을 버리라고 촉구하는 정중하면서도 교활한 편지를 보낸 일로 유명하며, 그의 편지에 대해서 칼빈이 답변을 했다.[16]

라우렌티우스 발라(Laurentius Valla, 1406-1457)와 피코 델라 미란돌라(Pico della Mirandola, 1463-1494)라는 두 이름을 마지막에 소개하는 것은 그만한 이유가 있다. 두 사람은 15세기 인문주의자들 가운데서도 특히 우리 시대의 사고에 가장 접촉점이 많은 인물들로 평가할 점이 있기 때문이다. 한 사람은 비평학을 대표했고, 다른 한 사람은 따뜻한 경건에 인간에 대한 폭넓은 동정을 겸비한 사람이었다.

로마 출신으로서 인문주의자의 명성을 얻은 유일한 인물인 **라우렌티우스 발라**는 나폴리 왕의 비서를 지냈고, 마지막에는 니콜라우스 5세의 궁정에서 일했다. 여러 성직록들을 보유했고 라테란 궁전에 묻혔으나, 회의주의자였고 에피쿠로스파의 도덕 원리를 간접적으로 옹호한 인물이었다. 신학 못지않게 고전학 분야에

---

16) *Sadoleti opp.*, Moguntiae, 1607; Verona, 1737, 4 vols. 사돌레토는 1538년에 쓴 *Concilium de emendanda Ecclesia*에서 교회의 여러 가지 부패상을 인정하고 교황이 교회를 개혁해 줄 것을 기대하지만 그것은 헛된 기대로 그쳤다.

서도 박학했으며, 여러 세대 뒤에 에라스무스가 발휘했던 것 못지않은 영향력을 발휘했다. 그는 타고난 비평가였으며, 개인의 판단 권리를 최초로 옹호한 사람들 가운데 하나였다. 스콜라 전승과 무오한 교회 권위의 속박을 풀어놓고 지냈으며, 이 점 때문에 벨라르민(Bellarmin)은 그를 가리켜 루터의 선구자라고 일컬었다. 루터는 발라의 저서들을 다 확인하지 않은 채 몇 세기가 지나더라도 이탈리아뿐 아니라 보편 교회에서도 그와 같은 인물이 배출되기 어려울 것이라고 주장함으로써 그를 과도하게 평가했다.[17] 그는 종교재판소의 촉수를 가까스로 피했다. 수사들이 주장하던 '신앙인들'의 독점권을 부정했으며, 그들의 삼중 서약을 공격했다. 1505년에 에라스무스가 펴낸 「신약성경 주해」(*Annotation to the New Testament*)에서, 그는 제롬의 불가타를 교정하는 용기를 내보였다. 아레오바고 관원 디오니시우스의 것으로 간주되던 저서들의 진정성에 의문을 제기했으며, 에우세비우스가 진정성을 인정한 그리스도께서 아브가루스 왕에게 보냈다고 하는 서신을 위조 문서로 일축했다. 사도신경의 사도적 기원을 공격하고 1440년경에 콘스탄티누스의 증여 문서를 위조 문서로 들춰냄으로써 여러 세기 동안 정설로 받들어온 신념에 의문을 제기했다. 콘스탄티누스의 증여 문서를 "모순 투성이이고 불가능하고 부조리하고 야만적이고 모욕적"이라고 평가함으로써 성직위계제도의 손에서 오랫동안 쓰인 무기를 빼앗는다. 그의 공격은 신빙성 있는 역사, 본질적 불가능성, 중세적 언어의 특징에 토대를 두었다.

발라는 그 문서의 진정성을 논박하는 데 만족하지 않고 그것을 교황청의 세속 권력 자체를 공격하는 근거로 삼았다. 이로써 중세 신정 체제의 보루 자체를 공격했다. 대담성과 강도에서 발라는 교황을 공격한 루터의 저서들에 버금간다. 물론 그는 교황제의 영적 권력과 신적 기원을 부정하는 데까지 나아가지는 않으나, 로마의 주교를 향해서 베드로를 유다로 변질시키고, 이 세상의 왕국들을 주겠다는 마귀의 제안을 받아들인 죄를 비판했다. 교황 때문에 이탈리아의 정치 분열과 비참한 현실이 초래되었고, 반란들과 내전들이 발생했다고 주장했으며, 이 점에서 마키아벨리를 예견했다. 그는 교황이 오래 전부터 세속 재산을 남용하여 그 권리를 잃었으므로 군주들이 그의 세속 재산을 박탈할 권한이 있다고

---

17) 루터는 자신의 저서들을 단죄한 루뱅과 쾰른의 신학자들에게 쓴 이 답장에서 피코 델라 미란돌라와 로이힐린을 단죄한 부당한 조치에 대해서도 지적한다.

주장했다. 하지만 발라의 이러한 주장은 동기의 순수성이 의심받는다. 그는 이런 내용의 글을 쓸 당시에 알폰소를 섬기고 있었는데, 알폰소는 교황 유게니우스 4세와 논쟁을 벌이고 있었던 것이다.

불행하게도 발라의 윤리 규범과 행동은 그의 신학을 조금도 빛내주지 못했다. 그가 포조와 벌인 논쟁 내용에는 인격을 의심하게 하는 면모들이 가득 담겨 있다. 그는 포조에게 부녀자를 유혹하고 남색을 일삼는 자라는 비난을 받았다. 그가 1431년에 저술한 것으로 보이는 「정욕에 관한 키케로의 대화」(*Ciceronian Dialogues on Lust*)는 그리스도인들의 윤리를 간접적으로 공격하는 내용이다. 발라는 플라톤이 제안한 아내를 공유하는 사회를 변호했다. 본능의 요구는 선하고 칭찬할 만하며, 본능의 소리는 곧 하나님의 소리라고 했다. 처남의 여자를 유혹했다는 비난을 가했을 때, 그는 부끄러워하지 않고 시인했다.

둔스 스코투스 이래로 등장한 천재 피코 델라 미란돌라는 나이 서른도 못되어 세상을 떠났다. 그 스콜라 학자는 치밀한 변증에서는 피코를 훨씬 능가했으나 독립적 사고에서는 그에게 훨씬 못 미쳤다. 독립적 사고에서 피코는 장차 올 시대를 예기했다. 그는 페라라에서 교회법·신학·철학·인문학 과목들을 공부했고, 히브리어·갈대아어·아랍어도 배웠다. 스물세 살에 로마로 가서 잡다한 주제로 900편의 논문을 발표했는데, 그 가운데 몇 편에서 개신교의 견해들을 예기했다. 예를 들면, 어떠한 형상이나 십자가상으로 장식해서는 안 된다고 주장한 것과, "이것은 내 몸이라"는 말씀을 물질적으로 이해해서는 안 되고 상징적으로 (significative) 이해해야 한다고 주장한 것이 그 예에 속한다. 또한 그는 마술과 카발라가 삼위일체 교리와 그리스도의 신성 교리를 확증한다고도 주장했다. 이런 견해들은 의심을 불러일으켰고, 그의 논문들 가운데 13편은 인노켄티우스 8세에게 이단으로 단죄를 받았다. 하지만 교회의 판결에 복종하겠다는 의사를 밝힌 뒤 이단 죄를 사면받았으며, 알렉산더 6세는 그의 모든 혐의를 벗겨주었다.

피코는 학식에다 진지한 신앙과 금욕적 성향을 겸비했다. 짧은 생애의 마지막 몇 년 동안 온 세상에 그리스도를 전하려는 일념으로 성경 공부에 힘썼다. 사보나롤라를 존경했으나, 사보나롤라는 그를 수사가 되지 않는다는 이유로 책망했고, 그가 죽은 뒤에는 그가 연옥에 갔을 것이라고 생각했다. 인문주의자들을 통틀어 인간의 존엄과 운명에 대해 가장 숭고한 견해를 가진 사람이 그였다. 「인간의 존엄에 대하여」(*De dignitate hominis*)라는 저서에서, 그는 하나님께서 세상

안에 있는 만물을 좀 더 쉽게 연구할 수 있도록 인간을 세상 중앙에 두셨으며, 그에게 자유의지를 부여하시어 짐승처럼 타락할 수도 있고, 하나님과 같이 되는 상태로 올라갈 수도 있게 하셨다고 주장했다. 그는 기독교 신앙에서 최고의 진리를 발견했다. 그가 "철학은 진리를 추구하고, 신학은 그것을 발견하고, 신앙은 그것을 지닌다"(Philosophia veritatem quaerit, theologia invenit, religio possidet)라는 유명한 말을 남긴 장본인이다.

미란돌라는 요한 로이힐린에게 결정적인 영향을 끼쳤다. 로이힐린은 1490년에 미란돌라를 만났을 때 그에게 카발라에 감춰져 있는 무진장한 지혜를 연구해 보라는 권유를 받았다. 미란돌라는 츠빙글리에게도 큰 존경을 받았다. 부르크하르트(Burckhardt)는 미란돌라에 대해서 이렇게 평가했다. "그는 고전을 편향되게 강조하는 데 반대하여 만대의 양심과 진리를 위해서 결연한 목소리로 싸운 유일한 인물이었다. 만약 반동 종교개혁이 일어나지 않아 고등한 지적 운동 전체를 말살하는 일이 없었을 경우 이탈리아 철학에 어떠한 고상한 변화가 일어났을는지는 그에게서 확인할 수 있다."[18]

철학적 르네상스의 마지막 대변자의 한 사람인 조르다노 브루노(Giordano Bruno)는 로마 종교재판소에 의해 이단 선고를 받고서 1600년에 캄포 데 피오리에서 화형을 당했다. 1889년에 그를 존경하는 사람들이 그가 화형을 당한 지점에 조각상을 세움으로써 교황 레오 13세를 곤혹스럽게 만들었다.

66. 예술가들

이탈리아의 인문주의는 과거를 복원했다. 이탈리아 예술은 독창적인 것이었다. 건축과 조각과 회화 분야에서 이탈리아에서 쏟아져 나오는 창작품들은 오늘날도 여전히 그 나라를 세계의 예술 연구와 취향의 중심지로 만든다. 이탈리아 작가들 가운데는 단테만이 미켈란젤로 · 라파엘로 · 레오나르도 다 빈치로 이어지는 거장들과 어깨를 나란히 한다. 예술의 발전은 단테 시대에 치마부에(Cimabue)와 조토(Giotto)와 더불어 시작하였으나, 이탈리아 인문주의가 사양길

---

18) I. 217. 참조. II. 73, 306 sq.

에 접어들 때도 이탈리아의 회화와 조각은 여전히 전성기를 구가하고 있었다. 3세기가 넘도록 이탈리아가 연속해서 배출해낸 사람들 같은 순수 예술의 거장들을 다른 나라에서는 찾아볼 수가 없다. 그들은 피렌체와 로마를 양 축으로 활동했으나, 문학 활동에 대해 냉랭하게 남아 있던 베네치아 같은 다른 여러 도시들에도 혜택을 끼쳤다. 이 분야에서도 로마는 조토와 프라 안젤리코 같은 화가들과 기베르티 · 도나텔로 · 브루넬레스키 · 미켈란젤로 같은 조각가들을 피렌체에서 영입했다.

15세기 이탈리아가 색채와 대리석과 교회의 돔에 자신들만의 예술적 개념을 담아 표현해 내고 있는 동안, 수세기 동안 어둠 속에 묻혀 온 고대 조각의 걸작들이 햇빛을 보게 되면서 새로운 세대로부터 경탄을 자아냈다. 니콜라우스 5세의 시대가 사본 발견의 시대였다고 한다면, 율리우스 2세의 시대는 고전 그리스 조각 발견의 시대였다고 할 수 있다. 둘레가 수 km나 되고 강당 · 신전 · 바실리카 · 도서관 · 경주장이 들어서 있는, 티볼리에 있는 황제 하드리아누스의 대저택에만도 방대한 예술의 보물들이 보관되어 있었다. 다른 예술품들은 티베르 강 바닥에서 발견하거나, 그리스에서 사오거나, 가치를 모르고 방치되어 있던 로마 대중 목욕탕에서 취했다. 알렉산더 6세의 재위 기간에 아폴로 벨베데레 상이 발견되었다. 율리우스 2세 때에는 헤라클레스의 나체 흉상과 라오콘 군상, 그리고 바티칸의 비너스 상이 발견되었다. 인간의 아름다움에 관한 그리스적 이상이 되살아나 유사한 작품들을 제작하려는 열정에 불을 붙였다.

페트라르카의 수집이 되풀이되었다. 파울루스 2세는 자신이 수집한 많은 양의 골동품들을 자신의 산 마르코 궁전에 보관했다. 피렌체에서는 로렌초 데 메디치가 고대 예술품 확보에 적극성을 띠었다. 니콜라우스 5세가 원로원 궁전 전체를 복원하여 건립한 듯한 로마 카피톨리누스 언덕 위의 박물관은 1471년부터 시작했고, 가장 중요한 소장품은 마르쿠스 아우렐리우스의 조각상이었다. 바티칸 박물관은 율리우스 2세가 건립했다. 이 두 박물관과 피렌체의 박물관 외에도 개인들의 소장품 전시실들이 있었다.

건축 분야에서 르네상스 예술가들은 북유럽의 경직된 고딕 양식을 택한 적이 없다. 1452년에 레온 바티스타 알베르티(Leon Battista Alberti)는 자신이 로마의 유적들을 연구한 결과를 토대로 쓴 건축 관련 저서 「건축에 대하여」(De re aedificatoria)를 니콜라우스 5세에게 보여주었다. 그 결과 니콜라우스는 로마의 위대한 건축가들의 계보를 열었으며, 그의 계획은 대규모로 진행되었다.

르네상스 예술은 중세 가톨릭 체제를 예찬하는 동시에 고전 이교주의의 매력을 드높이고, 성경 역사에다 그리스와 로마 신화를 뒤섞었다. 14, 15세기의 초기 화가들은 예술가로서 더욱 높은 명성을 얻은 16세기 화가들에 비해 단순하고 순수하고 독실했다. 성모가 아기 구주를 품에 안고 있거나 무릎에 올려두고 있는 모습을 묘사한 그림들과, 성 세바스티안을 비롯한 다른 성인들을 묘사한 그림들에는 중세 가톨릭적 유형의 신앙이 무게 있게 실려 있다. 천상적 아름다움과 지상적 감각성이 나란히 만나며, 종종 후자가 전자에 대한 관심을 앗아간다. 호손(Hawthorne)은 「대리석 파우누스」(Marble Faun, 파우누스는 반인반양의 숲·들·목축의 신: 역자주)에서 동일하게 유명한 화가들이 "전자나 후자 — 그들이 비너스라고 부른 옷 벗겨진 여성이나 그들의 구주의 모친 안에 있는 지극히 숭고하고 자애로운 여성성 — 를 같은 무게로 다룬 듯하지만, 전자를 성취하는 것을 훨씬 더 만족스러운 성공으로 간주한 듯하다"고 말한다. 같은 화가가 어느 때는 아리아드네와 결혼하는 바코스(디오소스)를 묘사했다가, 다른 때는 골고다 언덕에 서 있는 마리아를 묘사했다. 미켈란젤로는 어느 때는 성 베드로 성당을 위해 피에타 상을 제작했다가, 다른 때는 비토리아 콜로나를 위해 '가니메데스의 겁탈'을, 로마인 야코포 칼리를 위해 술취한 바코스 상을 구상했다. 피렌체 피티 미술관에 소장된 티치아노(Titian)의 막달라 마리아 상은 가슴을 드러내고 머리카락을 흘러내린 관능적인 여인의 모습과 하늘을 우러르는 참회하는 성인의 모습을 동시에 보여준다. 바사리(Vasari)는 산드로 보티첼리(Sandro Botticelli)에 관해서 "그는 여러 집들에서 벌거벗은 여인들의 그림을 많이 그렸다"고 말한다. 하지만 기독교는 단 한 사람의 작가 단테에게 그의 시의 주제를 제공했던 것과 달리, 모든 화가들과 조각가들에게 신구약 성경과 교회사를 배경으로 한 많은 주제들을 제공하여 그들로 하여금 최대한 재능을 발휘하게 했다.

르네상스 시대 이탈리아를 빛나게 한 유명 조각가들과 화가들과 건축가들의 긴 명단을 살펴보노라면 그들 중 많은 수가 노년까지 활동했다는 사실과, 더러는 짧은 인생에 불후의 명성을 얻었다는 사실을 인상 깊게 확인하게 된다. 미켈란젤로는 여든아홉 살까지 살았던 반면에 코레조(Correggio)는 마흔네 살이 되기 전에 죽었다. 티치아노는 만약 일년만 더 살았다면 한 세기를 다 채우게 되는 셈이었던 반면에, 라파엘로는 서른일곱 살이 되기 전에 죽었다. 그 짧은 생애에 기이할 만큼 훌륭한 작품들을 남긴 점에서 음악 분야의 모차르트와 문학 분야의 블레즈 파스칼과 비교된다. 한 가지 덧붙여 말할 수 있는 점은 위대한 예술가들 가운데 상당수가 여러 분야에 걸쳐 탁월한 재능을 겸비했다는 사실이다. 레오나르도 다 빈치와 미켈란젤로는 뛰어난 건축가 · 조각가 · 화가 · 시인이었다. 레오나르도는 그것말고도 화학자 · 엔지니어 · 음악가 · 상인 · 심오한 사상가이기까지 했다. 실로 "근대의 모든 경이로운 것들과 사상들의 창시자요 치밀하면서도 보편적인 천재요 만족할 줄 모르는 고독한 탐구자"였으며, 그런 점을 생각할 때 밀라노에 있는 그의 묘비에 적힌 "예술과 과학의 회복자"라는 글귀가 조금도 지나치지 않다.[19] 그가 밀라노에 남긴 벽화 '최후의 만찬'(라파엘로 모르겐의 부조 <浮彫>로 가장 잘 알려짐)은 훼손된 상태임에도 불구하고 지극히 숭엄한 그 사건을 수도원 식당의 탁자에 둘러앉은(침상에 비스듬히 기대앉은 자세 대신) 수사들로 각색하여 묘사해낸 걸작이다. 미켈란젤로에 관해서 말하자면, 그는 테인(Taine)에 의해 단테와 셰익스피어, 베토벤과 함께 예술과 문학 세계에서 네 명의 거장으로 분류되었다.

1300–1550년을 초기 르네상스 시대(1470년까지)와 성기(盛期) 르네상스 시대(1470년 이후부터)로 구분할 때, 이탈리아 예술의 초기 중심지가 피렌체였다는 점과, 그 영화가 가장 찬란히 꽃핀 곳이 율리우스 2세와 레오 10세 때의 로마였다는 점을 발견하게 된다.[20] 전기는 치마부에(1302경 죽음)와 단테의 친구 조토(1276–1336)와 더불어 시작했다. 일화에 따르면 치마부에는 그때 열 살이었던 조토가 목탄 조각으로 돌에 양을 그리고 있는 것을 발견하고는 아버지의 동의를 받아 그를 피렌체로 데리고 갔다. 이 두 예술가가 아시시의 성 프란체스코를 기념하여 건립된 대성당을 장식하는 데 자신들의 재능을 사용했다. 피렌체에 가서 산타 크로체 성당과 그 밖의 종교 건물들을 둘러보면 조토의 프레스코 벽화들을 발견하게 된다. 그가 그린 단테는 귀도 레니(Guido Reni)가 그린 베아트리체 첸치와 마찬가지로 한 번 보면 절대로 잊지 못한다. 시몬즈(Symonds)는 조토와 그의 제자들이 반세기가 약간 넘는 기간 내에 이탈리아의 교회당들과 공공 장소들

---

19) Taine, *Lectures on Art*, I. 16.
20) 율리우스는 자신을 위해 웅장한 무덤을 만들도록 명령했으나, 미켈란젤로의 불평에서 알 수 있듯이 일만 시키고 돈은 제대로 주지 않았다. 참조. Klaczko, p. 62.

의 벽에 중세의 모든 위대한 개념을 그림으로 묘사했다고 말하는 게 조금도 과
장이 아니라고 평가했다.[21] 프라 안젤리코 다 피에솔레(Fra Angelico da Fiesole,
1387-1455)는 이 시기의 가장 종교심 깊은 화가의 한 사람이었으며, 그가 묘사
한 성인들과 천사들은 거룩함 외에는 다른 아무런 인상도 떠올릴 수 없을 만큼
순결하다.

율리우스 2세의 재위 기간을 중심으로 펼쳐졌다고 할 수 있는 탁월한 예술 업
적들의 조화 앞에 서면 입을 다물기 어렵게 된다. 그 시대에 그 땅에서 페루지노
(Perugino, 1446-1524, 라파엘로의 스승), 레오나르도 다 빈치(1452-1519), 라파
엘로(1483-1520), 미켈란젤로(1475-1564), 코레조(Correggio, 1493-1534), 안드
레아 델 사르토(Andrea del Sarto, 1487-1531), 그리고 티치아노(1477-1576)가
활동했는데, 이들 모두가 이탈리아인들이었다.

라파엘로에 관해서 그의 독일어 전기작가는 그의 생애가 "그는 살았고, 사랑
했고, 일했고, 일찍 죽었다"는 네 마디로 요약할 수 있다고 평가했다. 라파엘로
는 성품이 온화하고 붙임성 있었고, 시기와 질투와 거리가 멀었고, 겸손하고 관
대하고 비판을 잘 참고, 가르치는 일 못지않게 배우는 일에 마음을 썼으며, 가난
한 예술가들을 언제나 흔쾌히 도와주었다. 미켈란젤로와 그는 바티칸 궁전 내의
가까운 공간에서 작업을 했는데, 미켈란젤로의 작업 공간은 시스티나 예배당이
었고, 라파엘로는 내실(stanze)과 개랑(開朗, loggie)이었다. 두 사람의 학생들은
자기 스승의 경쟁자를 서로 헐뜯으면서 말씨름을 벌였으나, 두 사람은 제자들의
질투 위로 우뚝 솟아 있었다. 그들은 시인들 중에 실러(Schiller)와 괴테처럼 고상
한 짝을 이룬다. 라파엘로는 거의 더 높은 세상에서 내려온 인물인 것 같았다.
바사리(Vasari)는 그가 단순히 사람이 아니라 사멸적인 신이라고 부를 수 있을
만큼 다른 사람들에게서 발견할 수 없는 여러 가지 재능들을 두루 겸비했다고
말한다. 그의 유아기와 청년기와 장년기를 묘사한 초상화들은 조토의 단테와 귀
도 레니의 베아트리체 첸치 못지않게 독특하고 인상적이다.

괴테와 마찬가지로 라파엘로는 재물이 항상 따르는 편이어서 보통 예술가들
이 겪던 가난과 굴욕과 무시 같은 시련을 겪지 않았다. 교황청 의전관의 직위를
유지했으며, 추기경이 될 수 있는 기회와 3천 금 크라운의 지참금을 지닌 추기경

---

21) *The Renaissance*, III. 191.

비비에나의 조카딸과 결혼할 수 있는 기회를 놓고 선택할 수 있었다. 추기경이 되지 않기로 결심했으나 결혼도 매년 연기하면서 독신 생활의 위태로운 자유를 선호했다. 당대인으로서 라파엘로를 존경한 바사리는, 라파엘로가 죽을 날이 가까이 온 것을 느꼈을 때 "선량한 그리스도인답게 집에서 정부를 내보내면서 그녀가 혼자 살아갈 수 있는 넉넉한 자금을 주었으며, 그런 다음에 마지막 고해성사를 했다"고 말한다.

라파엘로는 자신의 최고의 작품들을 종교적 인물들과 사건들에 할애했다. 사보나롤라가 화형을 당한 뒤 피렌체를 방문했을 때 친구 프라 바르톨로메오한테 그 도덕적 개혁가에 관한 이야기를 전해 듣고는, 바티칸 궁전에 테올로기아 프레스코화를 그릴 때 단테뿐 아니라 그에게도 교회의 위대한 교사들 가운데 한 자리를 주었다. 그의 성모화들은 인간의 사랑과 순결의 완전한 경지를 묘사한다. 드레스덴에 남긴 마돈나 디 산 시스토(식스투스 4세가 그림에 소개된 까닭에 그런 제목이 붙음)를 보고 있노라면 슬픈 듯하면서도 기쁨이 배인 동정녀 어머니의 얼굴과, 뚫어지게 쳐다보는 천사들의 시선, 신적 아기의 생각에 잠긴 동정적 표현 사이에 눈길이 나뉜다.

그림(Grimm)은 라파엘로의 성모화들이 이탈리아 여성들의 얼굴이 아니라 민족적 특성을 초월한 여성들의 얼굴이라고 말한다. 다 빈치·코레조·티치아노·무리요(Murillo)·루벤스의 성모화들은 그들이 속한 민족의 특성을 고스란히 드러낸다. 오직 라파엘로 혼자만 유럽의 유형에 속한 여성적 아름다움을 우리에게 줄 수 있었다.[22]

라파엘로의 작품들 가운데 마지막이자 가장 위대하고 가장 순수한 것은 바티칸 궁전에 보관되어 있는 '산상의 변화'이다. 이 그림을 한참 진행하고 있던 성 금요일 그의 생일에 그는 숨을 거두었다. 이 그림은 그의 관에 세워진 채 판테온 교회로 관과 함께 옮겨졌으며, 그곳에서 그의 시신은 그가 생시에 자신의 묘지로 정해 놓은 약혼한 자신의 신부 마리아 디 비비에나 곁에 안장되었다. 그 그림에서는 지상에 나타났던 가장 신적인 인물이 투명한 빛의 옷을 입고 공중으로 높이 떠올라 팔을 벌리고 있고, 구약의 율법과 예언을 상징하는 모세와 엘리야가 각각 오른쪽과 왼쪽에서 그에게 경배를 표시한다. 이 천상적 장면 밑에는 너

---

22) Raphael, p. 428 sqq.

무나 대조적으로 소년이 눈을 뒤집히고 사지가 뒤틀린 채 간질을 하고 있고, 고뇌에 사로잡힌 아버지와 누이가 소년을 붙들고 있다. 어머니가 아홉 제자들에게 소년을 고쳐달라고 애원하지만 그들은 속수무책인 상태에서 서기관들에게 야유를 받아가며 예수께서 올라가신 산을 가리킨다. 화가는 두 장면을 연결시킬 때 복음서 기사들을 따른다(마 17:1-14; 막 9:2-14; 눅 9:28-37). 그 연결은 그리스도인의 경험에서 끊임없이 반복된다. 우리도 변화산에서 내려올 때 지상의 비참함에 직면하게 되고 인간의 힘으로는 어찌해볼 도리가 없으나 하늘에서만 도움이 올 줄을 알기에 하늘을 바라본다.

> 땅은 하늘이 치유할 수 없는 그런 슬픔을 갖고 있지 않다.

미켈란젤로 부오나로티는 라파엘로보다 열 살 위였으며 그보다 마흔네 해를 더 살았다. 그는 조각과 회화의 영감을 구약성경과 단테와 사보나롤라에게서 받았다. 두 편의 숭고한 소네트에서 단테를 예찬했고, 사보나롤라가 악과 부패를 비판하는 전율적인 설교를 직접 들었으며, 그가 순교하는 장면을 지켜보았다. 바사리와 콘디비 두 사람 모두 미켈란젤로의 도덕성이 무흠했음을 증거한다. 그는 교황청의 타락을 개탄했다.

> 로마는 여전히 궁정에서 그리스도를 죽이고 팔아 넘기며,
> 그곳에 이르면 덕이 신장되어 나가는 길이 봉쇄된다.[23]

그 예술가의 작품들은 이루 헤아릴 수 없이 많으며, 일반적인 표준으로 평가받기를 거부한다. 그의 작품들을 크게 분류하자면 성 베드로 성당 시스티나 예배당에 그려놓은 프레스코들과 성 베드로 성당 돔 같은 건축물, 그리고 로마의 모세 상과 피렌체의 다윗 상 같은 조각상들로 나눌 수 있다. 성 베드로 성당에 있는 그의 작품 '피에타'는 성모가 십자가에 달리신 구주를 안고 있는 모습을 묘사한 대리석 조각으로서, 그를 단번에 이탈리아 최고의 조각가의 지위에 올려놓았다. 시스티나 예배당 제단 벽에 그린 '최후의 심판'은 그리스도를 분노한 재

---

23) Symonds, III. 516.

판장으로 이해한 중세 보편의 그리스도관을 반영하며, 단테의 '지옥편' 자체를 연상케 할 만큼 단테풍이다. 미켈란젤로의 마지막 작품은 피렌체 주교좌성당에 보관된 '피에타'라는 미완의 대리석 조각이다. 마지막으로 남긴 밑그림은 십자가 수난상이다. 마지막으로 남긴 시들에서 그는 세상의 덧없는 낙들에 작별을 고하고 유일한 실재이신 하나님을 향하며, 십자가에 달린 구주에게서 유일한 위로를 얻는다. 복음적 칭의의 핵심을 올바로 이해한 것이다.

미켈란젤로가 죽던 날에 피렌체에서 갈릴레오가 태어났다. 예술의 황금기는 지나가고 과학의 시대가 도래하고 있었다.

밀라노·베네치아·피사·시에나·피렌체·로마의 주교좌성당들 같은 이탈리아의 대형 교회들 가운데서도 성 베드로 성당이 규모와 예술 소장품과 교회 정치적 위상 면에서 단연 우뚝 서 있다. 이 기독교 세계의 중심 대성당은 1626년에 가서야 우르바누스 8세에 의해 최초로 봉헌되었다. 니콜라우스 5세 때에 이미 대규모 재건 계획이 수립되었으나 착공은 되지 않고 있다가 율리우스 2세 때에야 비로소 시작되었다. 그 건축물에 자신들의 생각을 담은 건축가들 가운데 브라만테와 미켈란젤로가 단연 으뜸이었다. 1506년 4월 18일에 율리우스 2세는 브라만테의 설계에 따라 초석을 놓았다. 추기경 소데리니가 미사를 집전한 뒤 나이 지긋한 교황이 오늘날 성 베로니카 조각상이 세워진 지점에 파둔 구덩이로 사닥다리를 이용하여 내려갔다. 파리스 데 그라시스(Paris de Grassis)는, 혹시 땅이 꺼져서 교황이 기초를 축성하기도 전에 위에 있는 자들에게 구덩이 가로 접근하지 말라고 외치는 일이 발생할까봐 많은 사람들이 우려했다고 말한다. 레오 10세 때 라파엘로가 건축을 주관할 단독 건축가로 임명되었으며, 브라만테의 설계를 변경하려던 참에 죽음을 맞이했다. 1535년에 미켈란젤로가 책임을 맡아 건축물 꼭대기에 돔 지붕을 얹는 데 성공했는데, 이 돔이 서유럽에서 가장 웅장하며, 성 소피아 성당의 돔과 쌍벽을 이룬다.

그 거대하고 불가사의한 돔,
디아나의 경이로움이 깃든 그곳,
순교자의 무덤 위에 우뚝 선 그리스도의 장엄한 성소.[24]

---

24) 참조. Burckhardt-Geiger, II. 178 sqq.

67. 이교의 부흥

학문과 예술의 부흥은 이탈리아에 도덕의 쇄신이나 종교적 형식주의로부터의 탈피도 가져다 주지 못했다. 그 시기를 다룬 위대한 현대 사가들 — 포이그트(Voigt) · 부르크하르트 · 그레고로비우스 · 파스토르 · 크레이턴 · 시몬즈 — 은 종교의 쇠퇴와 도덕의 타락을 어두운 색채로 소개하는 점에서 일치한다. 다만 파스토르는 교회가 제 소임을 완전히 저버렸다는 비난을 불식시키고, 중세의 성직위계제도와 신학을 르네상스의 반(半) 이교주의에 대한 책임에서 면제해 주기 위해서 노력했다.

중세 신학은 사제를 개인 양심의 자리에 갖다 놓았다. 그럼에도 불구하고 사제 계층은 사상의 침체와 도덕적 해체의 씨앗을 내포한 종교적 형식주의(formalism)로부터 이탈리아를 구출하려는 열정이 조금도 없이 기독교 세계의 가장 높은 자리에서 마음과 행동이 심히 부패해 있었다. 이탈리아 성직자들의 정신이 건실하지 못하고 교회의 도덕 상태가 부패해 있는 것을 발견한 인문주의는 이 개탄할 만한 상태를 개선하려는 진지한 노력을 기울이지 않았을 뿐 아니라, 정반대로 인문주의의 주요 지도자들의 삶과 저서들에 잘 나타나 있듯이 에피쿠로스주의와 스토아주의를 번갈아가며 이교 부흥에 의해 도덕 상태를 개선시키는 데 이바지했다. 그레고로비우스는 이탈리아 르네상스의 유일한 목적이 이교에 있었다는 두려운 평가를 내리는 데 조금도 주저하지 않았다.

고전 시대의 형식들을 숭상하는 것이 고전 시대의 사상들을 채택하는 데로 이어졌다. 인문주의자들과 예술가들 가운데 문화를 기독교 신앙과 결부시키고 진리와 도덕의 대의에 재능을 바친 사람들이 적지 않았다. 트라베르사리(Traversari)는 자신이 속한 수도회의 규율을 엄격히 지켰고, 마네티 · 리오나르도 브루니 · 비토리노 다 펠트레 · 피치노 · 사돌레토 · 프라 안젤리코 · 프라 바르톨로메오 · 미켈란젤로 같은 사람들은 독실한 기독교 신자들이었다. 트라베르사리는 처음에는 이교 고전 저서들을 번역하기를 주저했으나, 나중에 가서는 이교 저자들을 더욱 이해할수록 기독교 체계의 우수성이 더욱 명확하게 드러날 것이라는 근거를 내세우며 번역을 했다.

그러나 포조 · 필렐포 · 발라와 대다수 르네상스 시대 저자들, 이를테면 아리오스토·아레티노·마키아벨리 같은 사람들은 종교에 무관심하거나 자신들이 바라본 형태의 종교를 경멸했다. 기독교를 문화로, 진리와 거룩에 대한 경외를 예술과 웅변에 대한 숭상으로 대체했다. 인문주의자들은 은밀히 그리고 공개적으로 성경의 하나님보다 그리스와 로마의 신들에게 제사를 바쳤다. 그럴지라도 정통 신앙과 공식적으로 결별하는 모험을 감행할 만큼 독립적이지는 못했다. 기독교와 결별할 경우 종교재판소에 기소되어 화형을 당하게 되었기 때문이다. 실제로 당대의 성직자들에게 맹렬한 비판을 가했던 사람들이 말년에 가서 공식적으로 회개하고 죽기 전에 종부성사를 받는 경우가 적지 않았다. 보카치오와 반델로가 대표적인 예다. 마키아벨리도 마찬가지였다. 그 역시 젊었을 때 펜으로 공격했던 교회로부터 위로를 받으며 죽었으며, 이교도와 다름없던 로마의 폼포니우스 라에투스와 문화를 후원한다는 미명하에 온갖 범죄를 자행한 악명 높던 리미니의 시기스몬도 말라테스타도 그렇게 죽었다.

　15세기는 그 시기에 발표된 문학에서, 그리고 상류 계층 사람들과 문인들과 교황들과 제후들의 삶에서 도덕적 타락상을 분명히 드러냈다. 본디 한 세대의 도덕적 순수성에 대해서 최종 심판을 내린다는 것은 위험한 일이긴 하지만 그럴지라도 15세기에 대해서는 그러한 평가를 내리지 않을 수 없게 된다. 이탈리아 르네상스는 토마스 아 켐피스 같은 인물을 배출하지 못했다. 광야에서 외치는 소리처럼 도덕 개혁을 부르짖은 진실한 설교자들이 없지는 않았으나, 신비주의자들이 수도원과 성직자 사회에서 개혁 운동의 징후를 조금이라도 드러낸 일이 없었다. 하지만 교황들이 다스리던 나라에서 신앙과 위대한 문학과 예술 활동이 의로운 삶으로 열매 맺는 데 실패한 것을 주목할 때는 루이 14세 때의 프랑스처럼 다른 시대 다른 나라들에도 교회와 사회의 윤리가 붕괴되었던 예가 없지 않았음도 잊지 말아야 할 것이다.

　인문주의자들은 수사들의 천적이었다. 이 점에 관해서는 그들을 나무랄 수가 없다. 수사 계층은 학문을 싫어하고, 우월한 경건을 뽐내고, 겸손을 교만하게 과시하면서도 서로 항상 다투었다. 만약 수도원 생활이 그토록 타락하지 않았다면 보카치오를 비롯한 소설가들이 수사들과 수녀들을 자신들의 외설스러운 이야기의 주인공으로 삼지 않았을 것이다. 포조·필렐포·발라·반델로·마키아벨리·아리오스토·아레티노·에라스무스, 그리고 「잘 알려지지 않은 사람들의 편지들」(*Epistolae virorum obscurorum*)의 저자는 아이러니와 풍자를 사용하여 수도원 계층의 위선과 악을 통렬히 비난하거나 그들을 한껏 조소의 대상으로 삼았다. 수사 계층에게는 불륜과 위선 외에도 무지하고 순박한 민중을 거짓 기적으로 기만했다는 비판이 가해졌다. 수녀들이 수사들의 노리개들이라는 소문이 널리 나돌았다.

15세기 문학은 그런 비난들로 가득하며, 사보나롤라는 누구보다도 성직자들의 무신(無信)과 죄를 비난할 때 대단히 강경한 어조를 사용했다. 마키아벨리는 "우리 이탈리아인들이 가장 비신앙적이며 부패해 있다"고 공공연히 주장하면서 "우리가 이렇게 된 이유는 교회의 대표자들이 우리에게 너무나 잘못된 본을 보였기 때문"이라고 덧붙였다. 파스토르는 인문주의자들이야말로 타락한 생활을 한 자들이므로 사제들을 손가락질할 자격이 없다고 주장했다. 이 말은 어떤 의미에서는 사실이고, 대표적인 인문주의자들만 놓고 생각하자면 부정적인 생각을 하지 않을 수 없지만, 그래도 그들이 남긴 진술들은 교황청의 숱한 스캔들과 로마의 사회상이 뚜렷이 뒷받침해 준다. 그리고 로마의 성직자 사회가 베네치아와 피렌체 같은 이탈리아의 다른 도시들의 성직자 사회보다 딱히 더 타락한 것이 아니었다.

파스토르라는 유명한 사가는 인문주의 저자들의 공격을 회피하고, 성직자들의 삶을 1400-1520년에 살았던 교회력에 등재된 89인의 성인들의 긴 목록으로 상쇄하려고 한다.[25] 89인이라고 하면 과연 적지 않은 수이지만, 베르나르디노 다 시에나 · 프라 안젤리코 · 야코포 델라 마르카 · 카피스트라노의 요한을 제외하면 모두 일반 역사에 알려진 사람들이 아니고, 위에 열거한 마지막 두 사람은 인류의 공통된 판단에 비춰볼 때 성인 대접을 받을 만한 자들이 아니다. 파스토르는 임종을 앞둔 사람들의 유언들을 인용하면서 그들이 한결같이 교회에 필요한

---

25) Pastor, I. 44 sqq., III. 66-68. Don Nicolo de Pelagait di Firarola라는 실존 인물만큼 추악한 사제상을 보여준 예도 찾아보기 힘들 것이다. 그는 사제 신분으로 산적 두목이 되었다가 1495년에 페라라 광장에서 철창에 갇히는 신세가 되었다. 그는 사제가 되어 첫 번째 미사를 드리던 날에 살인을 저질렀다가 로마에서 사면을 받았다. 훗날 남자 넷을 살해하고, 자신을 따르던 여성 둘과 결혼했고, 헤아릴 수 없이 많은 여성들을 범하고 자신의 노예로 삼았으며, 살인과 노략질을 일삼았다. 하지만 이 사제가 기독교 공의회에 의해 온갖 죄로 고소를 당한 요한 23세와 기괴한 악으로 교황복을 더럽힌 알렉산더 6세보다 과연 더 악했을까?

것들을 마련해 주었다고 주장하지만, 그것은 지적인 신앙뿐 아니라 미신에서 비롯된 두려움을 암시하는 것일 수도 있다. 이상의 내용을 정리하자면 책임과 잘못이 성직자들에게 있었으며, 그들이 당대의 재담가들과 풍자가들과 철학자들의 표적이 된 것은 정당한 일이었다.

그러나 인문주의자들은 성직자 계층을 비판하면서도 그들 중 대다수는 스스로 도덕률을 크게 어기고 회의주의나 노골적인 이교로 치우쳤다. 고대를 숭상하는 과정에서 플라톤의 체계를 기독교 체계와 동일시하거나 그 권위를 기독교 체계보다 위에 두었다. 그들은 자연의 명령으로 돌아갈 것을 주장했는데, 자연의 명령이란 본능적이고 감각적인 인간의 충동에 다름 아니었다. "자연을 따르라" (sequere naturam)는 경구가 철학의 원리로 제시되었다. 그리스의 두 철학자 아리스토텔레스와 플라톤 가운데 누가 우월한가를 놓고 벌어진 치열한 논쟁은 아리스토텔레스가 무신론자였다고 비판한 플레톤(Plethon)에 의해 시작되었다. 그 논쟁은 오랫동안 계속되면서 심한 인신 공격까지 낳았다. 피치노는 플라톤을 변호하면서 그 철학자를 지나치게 높이다가 기독교 신앙의 우월한 주장들을 모호하게 만드는 데까지 나갔으며, 전례(典禮)의 성구들에 플라톤의 어록도 포함시키자는 주장까지 진지하게 개진했다.

파두아와 볼로냐의 유명한 아리스토텔레스 철학 교수 피에트로 폼포나치 (Pietro Pomponazzi)는 영혼 불멸성에 대해서 정식으로 의문을 제기했다. 1516년에 출판된 그의 논문은 베네치아의 프란체스코회 수사들에 의해 소각되었으나, 로마와 피렌체에서는 벰보와 율리우스 데 메디치가 나서서 말리는 바람에 소각되는 운명을 면했다. 유물론 철학이 워낙 광범위하게 퍼진 까닭에 3년 전인 1513년 12월 19일에 열린 제5차 라테란 공의회는 영혼 불멸 교리를 재확증하고 대학교수들에게 유물론자들의 주장을 논박하도록 권고하는 것이 필요하다고 판단했다. 율리우스 2세와 레오 10세 때에 로마에 다시 회의주의의 물결이 범람했으며, 사제들이 자기들끼리 자신들이 수행하는 종교적 기능이 고대 로마의 복점관들의 것과 같다는 농담을 했다.

인문주의에 가해진 중요한 비판은 기독교 체계의 본질적 요소인 진지한 도덕의식이 없다는 것이었다. 게다가 인문주의는 도덕적으로 자체를 쇄신하려는 의도를 표시하거나 그러한 성격의 윤리 법전을 만들려는 노력을 한 적이 없다. 오히려 소수의 지적 · 미학적 사치와 자기 탐닉적 습관으로 변질되었을 뿐, 사회를 개량할 방법도 제시하지 못했을 뿐 아니라 아예 그런 일에 관심이 없었음이 분명하다. 인문주의자들은 교만과 허영에 중독되었으며, 원칙과 호기로운 위엄이 없었다. 시기와 질투가 가득했고, 서로 졸렬한 반목을 일삼았으며, 부자와 권력자 앞에서는 아부했다. 폴리치아노와 필렐포와 발라 모두가 비열한 아첨을 동원해서라도 하사금과 일자리를 구걸했다. 그들은 성직자들에게 경멸을 쏟아 붓긴 했으나, 수도원주의가 요구하던 자기 부인의 덕목과 기독교 교훈이 명령하는 타인의 권리에 대한 배려를 배우지 못했다. 르네상스의 이러한 영향하에 유럽 사회에 대단히 폭넓은 역할을 수행한, 그리고 세련된 문화가 이기심을 은닉하는 데 매우 긴요하게 사용해온 '명예'(honor)라고 하는 기만적인 원리가 자리를 잡게 되었다.

유명 문인들끼리 벌인 대결만큼 사나운 투쟁이 없었다. 포조와 필렐포는 서로에게 독을 묻힌 칼끝을 겨누었다. 시몬즈는 "포조의 지독한 욕설로 이 책을 더럽힐 수 없다"고 말한다. 포조는 필렐포의 문학적 역량을 폄하하는 데 만족하지 못하고 그를 극악한 악인으로 몰아세웠으며, 그의 아내와 어머니에게도 비방을 퍼부었다. 포조가 트레비존드의 게오르기오스와 논쟁을 벌일 때 그것은 서로를 치고 머리카락을 쥐어뜯는 격투기 선수들의 대결과 다를 바 없었다. 게오르기오스는 포조가 크세노폰과 디오도루스의 글을 자기가 번역하지 않으면서 번역한 것처럼 행세한다고 비난했었다. 발라와 파치오(Fazio) 사이에는 여덟 권 분량의 독설이 오갔다. 베촐드(Bezold)는 그런 반목이 이탈리아 시의 냉소적 경향을 넘어서서 철저한 도덕적 부패를 드러냈다는 점을 시인하지 않을 수 없었다.[26]

말기로 접어들면서 르네상스 문학은 도덕과 예절을 거스르는 내용이 크게 증가했다. 포조는 너절한 「유머집」(*Facetiae*)을 펴낼 때 벌써 일흔 살이었는데, 이 책은 1500년이 되기 전에 26판을 기록했고, 이탈리아어로 번역된 것만 해도 세 종류나 되었다. 포조의 저서들에 관해서 부르크하르트는 "그의 저서들에는 인문주의자들 전체에 대해 편견을 갖게 할 만큼 추잡한 내용이 많이 실려 있다"고 평가한다. 필렐포의 경구집(警句集)인 「농담과 진담에 대해」(*De jocis et seriis*)는 그의 전기작가 로스미니(Rosmini)에 의해 "추악한 외설들과 거리와 매음굴에서 쓰이는 표현들"이 실린 책으로 평가를 받았다.

---

26) Bezold, p. 200.

베카델리와 아레티노는 육체 해방을 공공연히 주장했고, 화려한 문장으로 방탕한 생활을 아름답고 근사하게 수식했으며, 그 점에서 제후들과 고위성직자들에게 존경을 받았다. 베카델리의 「헤르마프로티투스 (헤르메스와 아프로디테 사이의 아들, 샘의 요정)」(*Hermaphroditus*)는 설교단에서 수사들에게 격렬한 비판을 받았으나 인문주의자들에게는 찬사를 받았다. 코시모는 그 외설적인 저서가 자신에게 헌정되는 것을 허용했다. 그 책의 저자는 1433년에 시에나에서 황제 지기스문트에게 면류관을 받았으며, 나폴리에서 장수와 명예를 누리다가 1471년에 죽었다. 자신의 외설성을 비판하는 자들을 향해서 베카델리는 고전 저자들의 예를 지적했다. 니콜라우스는 구설수에 오르내리던 그 책을 빌린 뒤 아흐레 동안 간직하고 있다가 한 마디 비판도 없이 돌려주었다.

이탈리아 시인들 가운데 가장 외설적이었던 피에트로 아레티노(Pietro Aretino, 1557 죽음)는 일 디비노 아레티노라 불렸고, 카를 5세·프랑수아 1세·클레멘스 7세에게 존경을 받았으며, 심지어 감히 추기경이 되려는 열망을 품었으나 생을 비참하게 마쳤다. 반델로(1562 죽음)는 「유머집」(*Facetiae*)이라는 저서에서 사회를 해체 과정에 있는 모습으로 그린다. 모든 사람들의 입이 도덕적으로 더럽혀져 있다. 수도원들에서 방탕한 행위가 일상처럼 자행되는 것으로 묘사한다. 그런데 그는 다름 아닌 주교였다![27]

피렌체의 정치가이자 역사가 마키아벨리는 능력과 힘을 숭배하고 카이사르 보르지아 같은 자를 존경한 사람으로서, 르네상스의 기초 위에 정치적 절대 이기주의 이론을 수립했다. 그럴지라도 그는 군주에게 무지한 백성을 속이기 위해서는 겉으로 다섯 가지 덕목을 지켜야 한다고 당부한다. 많은 인문주의자들이 스토아주의의 우산 아래 품위 있는 세련된 에피쿠로스주의에 탐닉했다.

소설가들과 극작가들은 부끄러움 없이 사회와 가정의 불륜을 묘사했을 뿐 아니라, 불륜에 즐겁고 쾌활한 분위기를 자아낼 만한 옷을 입혀서 그려냈다. 비극이 르네상스 작가들의 마음에는 가 닿지 못했다. 이런 저서들의 중심은 기혼 여성들의 부정(不貞)이었다. 미혼 여성들은 철저한 감시를 받으며 살았던 까닭에 접근하기가 쉽지 않았던 것이다. 정부(情夫)가 계획을 실행하는 기술을 자세히

---

27) 그는 본문에 Giulio Romano가 그린 외설적인 삽화들을 싣는다. Symonds, *Ital. Lit.*, II. 383 sqq.

소개하고, 속아넘어간 남편을 한껏 조롱한다. 고급 매춘부들과 매음굴들을 소개한다.

마키아벨리의 「만드라고라」(*Mandragola*)에서, 파리에 갔던 칼리마코(Callimaco)가 루크레치아(Lucrezia)라는 매력적인 여성에 관해서 전해 듣고 그녀를 자신의 애인으로 만들기로 작정하고는 피렌체로 돌아온다. 의사로 가장한 그는 아들을 낳게 해달라는 그녀의 남편에게 '만드라고라'(마취제)를 먹도록 설득한다. 그의 아내의 불임을 치료하려는 것이었지만 동시에 남편도 죽이게 될 것이었다. 장모와 루크레치아의 고해신부(그는 뇌물을 받고 그 음모에 동의해준다)를 통해서 남편의 마음을 돌리기 위해 노력하다가 결국 뜻을 이룬다. 줄거리 전체를 통해서 악과 간음이 예찬된다. 그런데 이것이 레오 10세가 즐겨 관람한 연극들 가운데 하나였던 것이다! 1513년에 이 교황은 교회가 오랜 세월 동안 연극을 금지해온 방침을 무시하고서 카피톨리누스 언덕에 극장을 개관했다. 몇 년 뒤에는 그곳에서 공연된 아리오스토의 희극 「위조」(*Suppositi*)를 관람했다. 무대 그림은 라파엘로가 맡았다. 관객 2,000명이 몰렸고, 레오는 손에 외알 안경을 들고서 특별석에 앉아 관람했다. 줄거리는 소녀가 아버지의 하인에게 유혹을 당한다는 내용이다. 추기경들 가운데 연극 공연을 위해 자신의 저택을 내준 최초의 인물은 라파엘로 리아리오였다.

이탈리아에서의 지적 자유는 감각적 본능에 무제한 탐닉하는 형태를 띠었다. 보카치오는 교회가 가르치던 순결을 비판하면서, 그것이 본능을 거스르는 죄라고 단언했다. 본능은 선한 것이라고 하면서, 남자들에게 수녀들과 몸을 섞음으로써 법을 무너뜨리라고 선동했다. 축첩(hetaerae)이 수도원 독거 생활보다 인류에게 더 크게 이바지했으며, 결혼 밖에서 태어난 것이 국가 공직자나 성직자가 되는 데 아무런 장애가 되어서는 안 된다고 했다. 아이네아스 실비우스(Aeneas Sylvius)는 이탈리아의 대다수 군주들이 결혼 밖에서 태어났다고 주장했으며, 훗날 교황이 되어 1459년에 페라라에 도착했을 때 여덟 명의 군주에게 영접을 받았는데, 그 중에 적법한 결혼을 통해서 태어난 사람은 한 사람도 없었다. 15세기가 저물 무렵 이탈리아에 퍼진 갈리아 병이 남자들로 경각심을 갖게 했을 가능성이 있다. 교황 율리우스 2세가 축일을 맞이하여 공식 석상에 나와 앉았을 때 다리를 꼬고 앉지 않자 그가 그 병에 걸렸다는 소문이 나돌았다.[28] 아레티노는 시대가 너무 문란하여 사촌들과 친족들이 남녀와 형제 자매를 불문하고 몇 사람

이 됐든 일말의 양심의 가책도 없이 함께 뒤섞였다고 썼다.[29]

기독교 세계의 중앙에서 샘이 그렇게 썩은 판국에 사회 모든 계층 사람들이 감염되는 것은 당연히 시간 문제였다. 알렉산더 6세 때 바티칸 궁에서 벌어진 주연과 레오 10세의 궁에서 저질러진 경거망동은 조금이라도 윤리 원칙이 서 있다면 용납할 수 없는 장면을 연출했다. 교황 궁에서 레오가 배설한 연회에서 어릿광대 역을 맡은 수사가 비둘기 요리를 통째로 삼키고 달걀 마흔 개와 수탉 스무 마리를 연속해서 먹어치우는 기행으로 사람들을 즐겁게 하지 않았던가! 인노켄티우스 8세의 아들은 메디치 가의 딸과 결혼했고, 알렉산더의 아들은 프랑스 왕가로 장가들었으며, 그의 딸 루크레치아는 세도가 그에 못지않은 에스테 가문으로 시집갔다.

식스투스 4세는 교황청 수입 증대를 위해서 사창가에 세금을 부과하고 그로써 매춘을 합법화해주었다. 인페수라의 통계 자료를 그대로 믿는다면 1490년에 로마에는 6,800명의 공창이 있었는데, 로마 시 인구를 감안할 때 엄청난 수가 아닐 수 없었다. 로마의 이 일지 기록자는 로마에서 활동하는 사제치고 "하나님의 영광과 기독교 신앙을 위하여" 첩을 두지 않은 자가 하나도 없었다고 말한다. 이탈리아와 스페인의 전 지역이 많은 수의 고급 매춘부들을 공급했다. 이들은 과거의 아테네에서보다 당시의 로마에서 더 호화롭게 생활했으며, 저마다 디아나·루크레치아·카밀라·줄리아·코스탄차·임페리아·베아트리체 같은 고전적 이름을 사용했다. 이들은 산책을 하거나 교회에 갈 때 시인들과 귀족들, 고위성직자들을 대동했으며, 젊음과 아름다움이 사라진 다음에는 사치와 허영으로 덮어두었던 비참한 삶을 병원에서 마감했다.

다 열거할 수 없이 많았던 고전 세계의 죄악들이 이탈리아에 다시 돋아나서, 인문주의자들과 파울루스 3세의 아들 피에르루이지 파르네세(Pierluigi Farnese) 같은 교황의 아들들(교황 자신들은 아니더라도)이 남색의 죄로 비난을 받았다. 아리오스토(1533 죽음)는 일곱 번째 풍자에서 그것이 거의 모든 인문주의자들이

---

28) Burckhardt-Geiler, II. 161, 343 sqq. 프랑스 병은 1495년에 나폴리에서 발생했다고 전해진다. 이 병은 들불처럼 번졌다. 십자군 원정 기간에 매독이 동방에서 프랑스로 전염되어 이 병이 생겼다고 전해진다.

29) Cortigiana, as quoted by Symonds, Ital. Lit., II. 191.

빠져든 죄악이었다고까지 말했다. 베네치아의 대사는 그 악에 중독되었다가 직위를 잃었으며, 베네치아의 연대기 저자 사누토(Sanuto)도 같은 유의 비난을 받았다. 폴리치아노와 발라, 아레티노, 그리고 로마 아카데미의 회원들도 문 앞에 유사한 비난을 쌓아놓고 지냈다. 남색이라는 죄는 인간성을 구성하는 가장 중요한 본능을 거스르는 것이므로 그보다 더 악한 죄악을 말할 수가 없다. 시몬즈가 "이탈리아 사회가 이교 사회보다 더 악한 죄악들로 인하여 무기력해졌다"고 한 것이 새삼스러운 말이 아니다.[30]

방탕이 전부가 아니었고, 사치와 오락과 벤데타(vendeta, 피의 복수), 청부 살인도 성행했다. 복수와 방탕한 목적 혹은 권력 획득이 동기가 되면 사람 목숨을 귀하게 여기지 않게 되는 법이다. 추기경들은 사치스러운 취향을 만족시키며 살기 위해서 성직록을 될 수 있는 대로 많이 취득했다. 부르크하르트는 16세기 중반의 이탈리아가 도덕적 위기에 봉착했고, 양식 있는 자들은 출구를 발견하지 못했다고 말한다. 르네상스라는 주제를 일곱 권의 저서로 다룬 시몬즈는 "16세기 초의 로마의 도덕적 부패상은 달리 어떻게 평가할 수 없을 만큼 악한 상태에 있었다"고 말한다. 그레고로비우스는 "가장 풍요로운 지적 생명이 악의 시궁창에서 꽃 피웠다"고 덧붙인다.[31]

교황들은 공공연한 이단과 교황권 공격에 대해서는 루터가 등장하고 사보나롤라가 설교했을 때 당장 나타났듯이 조금도 관용하지 않았으나, 공공연한 부도덕과 은밀한 불신앙에 관해서는 조금도 관여하지 않았다. 성직위계제도를 수호하려는 의지로 사제 독신법을 유지했으나, 고위성직자들이 그 법을 파기하는 것은 용인했고, 그들의 서자들과 첩들을 공식적으로 우대했다. 앞서 말했듯이 유감스럽게도 소수를 제외한 대부분의 인문주의자들도 당대에 성행하던 방탕에 합류했다. 게다가 그들의 삶의 원리들에는 그것을 억제할 만한 것조차 없었다. 예술가 계층도 학자들보다 나을 것이 없었으며, 오히려 성적 방종에서는 훨씬 더 느슨했다. 이러한 진술들은 중세 교회에 대한 맹목적인 반감에서 하는 것이 아니다. 그보다는 첫째로, 중세의 교회 조직이 고위성직자 중심적 체제와 비성경적 교회법들로 인해 오류를 범하고 심지어 미신뿐 아니라 악을 조장하기 쉬웠

---

30) Rev. of Learning, 407; Geiger, II. 176.
31) Burckhardt-Geiler, II. 172 sqq.; Pastor, III. 128.

던 점을 잘 들여다볼 수 있도록 역사 사실을 부각시키려는 것이고, 둘째는 기독교 신앙의 원리들이 스며 있지 않은 문학과 예술이라도 스스로를 구하거나 사회를 정결케 할 능력이 있다는 그럴 듯하지만 그릇된 이론에 대해서 경고하려는 것이다. 문학과 예술은 그리스와 로마라는 전성 시대에도 그런 일을 하지 못했을 뿐 아니라, 이탈리아에서도 그런 목적을 완수한 적이 없다.

현 세대를 르네상스 시대와 비교해 보면 그 시대를 감사하게 인정해야 할 이유가 적어도 한 가지는 있다. 점성술에 대한 신앙이 주로 천문학의 등장으로 인해 사양길로 접어든 것이다. 토마스 아퀴나스는 점성술이 가뭄과 비 같은 자연 사건들을 예보하는 데 사용될 때는 적법한 기술이지만, 인간의 행동과 운명을 예언하는 데 사용되면 마귀에게 속한 사술이라고 결론내린 바 있다.[32] 초기에 점성술은 이단과 함께 분류되어 종교재판소의 제재를 받았다. 1324년에 체코 다스콜리(Cecco D'Ascoli)는 천칭자리의 위치상 그리스도의 십자가 수난 사건이 불가피했던 것이라고 주장했다가 강압에 의해 견해를 철회했으며, 그가 소지하고 있던 천문 관측의 같은 도구들은 1327년에 피렌체 법원에 의해 소각되었다. 페트라르카의 조소에도 불구하고 점성술은 존속했다. 파리 대학교 총장 다이(D'Ailly)는 점성술의 가치를 인정했다. 르네상스 시대 후반의 교황과 이탈리아 군주 혹은 공화국 가운데 점성가를 고용하지 않거나 다소간에 그 미신에 굴복하지 않은 예를 찾아보기 힘들다. 대표적인 경우가 식스투스 4세와 율리우스 2세, 레오 10세, 그리고 얼마 후에 재위한 파울루스 3세다. 율리우스 2세는 점성술사가 정해준 길일(吉日)에 맞춰서 즉위식을 여러 주 미뤄 1503년 11월 26일에 거행했다. 밀라노의 루도비코는 중요한 정책을 수행하기에 앞서 하늘에서 길조(吉兆)가 나타날 때까지 기다렸다.

반면에 사보나롤라는 점성술을 죄로 규정했고, 피코 델라 미란돌라와 에라스무스도 같은 입장을 취했다. 점성술은 인간 행동의 자유를 숙명적 세계관으로 억눌렀다. 당시에 이런 분위기가 여전히 남아 있었던 까닭에 마테오 빌라니(Matteo Villani)는 여러 번 "어떤 별자리도 인간의 자유 의지를 강요하거나 하나님의 작정을 방해할 힘이 없다"고 말했다. 15세기가 저물기 전인 1494년에 프랑스에서는 점성술이 정식으로 금지되었으나, 독일에서는 코페르니쿠스 체계가

---

32) *Summa*, II. 2, 95; Migne's ed., III. 729-731.

보급되었음에도 한 세기가 넘도록 추종자들이 없어지지 않았다. 삼십년 전쟁 때 가톨릭 진영을 이끈 위대한 지도자 발렌슈타인(Wallenstein)은 거듭된 실패에도 아랑곳없이 하늘의 징조들을 중요한 판단 근거로 삼았는데, 실러(Schiller)는 그의 입을 빌려 다음과 같이 썼다:

> 별들은 거짓말을 하지 않는다. 우리가 당한 일은
> 별과 운명의 길을 거스른 결과였을 뿐.
> 예술은 우리를 오도(誤導)하지 않는다. 거짓된 마음,
> 이것이 진실을 말하는 하늘에 거짓을 둘러씌울 뿐.

중세의 사제 계층과 스콜라적 변증학이 만사를 지배하려 할 때 거기에 대해 일어난 반동은 인류의 냉철한 판단에 따른 거대하고도 필요한 운동이었다. 이탈리아 르네상스가 반동을 주도했다. 그것은 건전하게 전개되는 한도에서 개인들에게 자유를 주었으나, 그 자유는 적절한 규제 장치가 없는 자유였다. 이탈리아 르네상스는 지나친 탐닉으로 치닫다가 마키아벨리로부터 "이탈리아는 세계의 시궁창"이라는 평가를 받기에 이르렀다. 마침내 적절한 규제가 임했는데, 과거 10세기의 오토 시대 때 그랬던 것처럼 이번에도 북유럽에서 임했다. 이탈리아의 학계와 예술계가 기독교 이념을 도외시하여 종교가 존폐의 기로에 서고 사회 윤리도 도태될 상황에 처했을 때, 비텐베르크에서 울려 퍼진 소리가 수도원 금욕주의와 스콜라주의를 타파하고, 동시에 양심의 통제와 하나님에 대한 경외에 토대를 둔 개인주의를 주창했다.

68. 독일의 인문주의

인문주의는 뒤늦게 독일로 들어가는 입구를 발견했다. 독일에서 인문주의를 가로막은 것은 이탈리아의 경우처럼 사제들의 무지와 편견이 아니라, 대학교들을 지배하고 있던 스콜라 신학이었다. 독일 인문주의는 1450년경에 인쇄술이 발명된 때부터 시작되었다고 볼 수 있다. 전성기는 15세기 말에 시작했다가 얼마 가지 못하고 1520년경에는 종교개혁이라는 더 대중적이고 강력한 신앙 운동에

흡수되고 말았다. 이탈리아 인문주의가 교황이 주도한 반동 종교개혁에 흡수된 것과 좋은 대조를 이룬다. 알프스 이북에 등장한 새로운 문화는 이탈리아인들의 문화와 몇 가지 점에서 사뭇 다른 성격을 띠었다. 대학교와 학교가 알프스 이남보다 훨씬 더 중요한 역할을 했다. 새 학문을 주도한 계층은 교사들로서, 그 가운데 에라스무스는 케임브리지에서 가르쳤고, 바젤의 교수들과도 친밀한 관계를 유지했다. 인문주의 운동이 전개되는 동안 새로운 대학교들이 바젤에서부터 로스톡에 이르기까지 우후죽순처럼 설립되었다.

한편 독일에는 지식과 관대함에서 르네상스 교황들이나 메디치 가문과 비교할 만한 예술과 학문의 후원자들이 없었다. 게다가 독일에 등장한 새로운 문화는 배타적이지도 않고 귀족적이지도 않았다. 오히려 지식의 보편적 확산을 추구했으며, 초등 문법 학교에 적극적이었다. 사실상 이탈리아 르네상스의 큰 물줄기가 북유럽을 향해 흐르기 시작할 때, 강하고 독립적이고 지적인 다른 물줄기가 공동생활 형제회가 주도하는 학교들로부터 남쪽으로 흘러내리고 있었다. 독일인들은 인문주의 운동을 받아들이되 노예처럼 고스란히 모방하지 않았다. 독일의 그 운동은 결국 남유럽에서 자극을 받은 것이 사실이지만, 나름대로 독자적인 길을 개척해 나갔다. 만약 이탈리아가 북유럽의 교육에서 신중하게 교훈을 받았다면 오늘날의 수준은 훨씬 더 발전해 있었을 것이다.

북유럽에서 인문주의는 종교적 진보를 도왔다. 독일 학자들은 이탈리아의 전 시대와 동시대 학자들에 비해 지성과 세련미가 떨어졌으나 목적은 더 진실했고 학문의 내용도 더 적실(適實)했다. 남유럽에서는 고전학이 지식인들의 관심을 사로잡았다. 하지만 북유럽의 상황은 달랐다. 이교 고전을 독일어로 옮기려는 뜨거운 열정이 없었다. 게다가 이탈리아 문학은 도덕적으로 느슨한 교훈들로 인하여 북유럽에서 모방자들을 찾지 못했다. 보카치오의 「데카메론」(Decameron)은 하인리히 슈타인회벨(Henry Stainhöwel, 1482 죽음)이라는 의사가 최초로 번역했다. 알프스 이북에서는 주로 구약과 신약성경에 관심을 집중했다. 헬라어와 히브리어를 연구하더라도 고대라는 사교를 섬기려는 목적이 아닌 기독교 체계의 근원에 좀 더 온전히 이르기 위한 목적으로 연구했다. 이런 방법으로 개신교 종교개혁이라는 건설적인 사역을 위한 준비가 차곡차곡 이루어졌다.

독일 학문의 성격은 예술에도 해당되었다. 화가들인 알브레히트 뒤러 (Albrecht Dürer, 뉘른베르크에서 태어나 그곳에서 죽음, 1471-1528), 루카스 크라나흐(Lukas Kranach, 1472-1553), 그리고 누구보다도 한스 홀바인(Hans Holbein, 1497-1543)은 이교적 요소에서 벗어나 종교개혁 보급에 이바지했다. 크라나흐는 1504년 이후에 비텐베르크에서 살면서 루터와 멜란히톤 같은 독일 종교개혁 지도자들의 초상화를 그렸다. 홀바인은 몇몇 신간 서적들의 삽화를 그리고, 에라스무스와 멜란히톤의 초상화를 남겼다. 오늘날 다름슈타트에 보관되어 있는 그의 성모화는 독일 여성의 얼굴을 하고 머리에 면류관을 쓰고 있는 반면에, 팔에 안긴 아기는 수심에 찬 얼굴로 세상을 향한 관심을 내비친다.

이탈리아의 학문과 독일의 학문 사이에 교량 역할을 수행한 개인을 꼽자면 단연 아이네아스 실비우스(Aeneas Sylvius)를 들 수 있다. 그는 프리드리히 3세의 궁정에서 그리고 바젤에서 공의회 서기단의 일원으로 거주하는 동안 훗날 교황으로 선출되기 오래 전부터 알프스 이북의 유명인이 되었다. 하지만 진정한 교량 역할을 한 것은 어느 한 개인이 아니었다. 르네상스의 명성은 이탈리아 북부에서 아우크스부르크 · 뉘른베르크 · 콘스탄츠 등 독일의 도시들을 잇는 교역로를 타고 전파되었다. 여러 차례에 걸친 프리드리히 3세의 방문과 샤를 8세의 원정, 아라곤의 공작들이 나폴리 왕에 즉위한 일들이 독일인들과 프랑스인들, 스페인인들을 반도의 주요 도시들로 끌어들였다. 이탈리아 문화의 명성이 널리 전파되면서 학자들과 예술가들이 베네치아 · 피렌체 · 로마를 여행하기 시작했고, 그곳에서 새 시대의 영감을 얻었다.

이탈리아인들에게 독일은 야만인들의 땅이었다. 그들은 독일인들이 무식하고 거칠고 먹고 마시는 일에 절제가 없다는 이유로 그들을 경멸했다. 아이네아스는 독일의 제후들과 귀족들이 시인과 학자보다 말과 개에 더 관심이 많으며, 시(詩)보다 포도주 저장고를 더 사랑하는 것을 발견했다. 교황청의 재치 있는 시인 캄파누스(Campanus)는 파울루스 2세에 의해서 레겐스부르크에서 열린 제국 의회에 특사로 파견되고, 훗날 피우스 2세에 의해서 주교가 된 인물로서, 독일에 대해서 불결하고, 기후가 춥고, 가난하고, 포도주가 시고, 임금이 형편없이 박하다고 험담을 늘어놓았다. 그 나라에 갔을 때 모든 냄새를 다 맡아야 했던 자신의 불행한 코에는 애도를 표시하고, 아무 말도 이해할 수 없었던 자신의 귀에는 찬사를 바쳤다. 하지만 이러한 인상은 독일과 네덜란드에서 등장한 건실한 학문에 의해 곧 불식되었다. 그리고 이탈리아가 독일에 지적 자극을 주는 데 이바지했다면, 독일은 세계에 인쇄소를 보급했는데, 그것이야말로 문자가 창제된 이래로 지적 문화사에서 가장 중요한 수단이었다.

독일에는 새 운동의 첫 영향이 감지되기 전부터 이미 유서 깊은 대학교들이 서 있었다. 프라하(1347), 빈(1365), 하이델베르크(1386), 쾰른(1388), 에르푸르트(1392), 뷔르츠부르크(1402), 라이프치히(1409), 로스톡(1419). 15세기에 접어들면서 이 명단에 새로운 대학교들이 덧붙기 시작했는데, 그라이프스발트와 프라이부르크(1456), 트리어(1457), 바젤(1459), 잉골슈타트(1472), 튀빙겐과 마인츠(1477), 비텐베르크(1502)가 그들이었다. 잉골슈타트는 1862년에 뮌헨 대학교와 합병됨으로써 존재를 상실했고, 비텐베르크는 할레로 이전함으로써 이름을 거둬들였다. 이 대학교들의 대다수가 네 개의 학부를 갖추고 있었다. 하지만 그 과정에서 교황들이 신학부 인가를 내주는 데 매우 미온적이었는데, 빈 대학교와 로스톡 대학교가 대표적인 경우였다. 두 대학교는 세속 군주가 특허장을 발행하여 신학부 설립을 인가해 주었다. 당시에는 시대의 종교적 영향이 강렬했으나 학생들의 사회적·도덕적 습관은 결코 칭송할 만하지 못했다. 루터는 부모들이 아들들을 대학교에 보내면서 실제로는 멸망의 길로 보내고 있었다고 말했고, 15세기 말에 라이프치히 대학교는 학칙을 공포하면서, 학생들이 부모를 떠나 입학할 때에는 순종하고 경건한 자식들이었으나 "그들이 어떤 상태가 되어 돌아갔는지는 오직 하나님만 아신다"고 진술했다. 1510년에 에르푸르트 대학교 학생회가 난폭한 행동을 일삼자 이에 분개한 시민들과 농민들이 대학교 교정으로 대포를 끌고 왔다. 학생들이 놀라 다 도망친 뒤에 그들은 대포를 쏘아 담벼락을 무너뜨리고 대학교의 문서보관소와 도서관을 크게 훼손했다.

기존의 신학 교육은 스콜라 학자들이 주도했으며, 변증법이 모든 학문 분야에서 널리 사용되었다. 새로운 교육은 스콜라적 방법과 교과과정에 정면으로 충돌하면서 많은 반대에 부딪쳤으며, 종교개혁 시대가 본격적으로 시작하기 전까지는 철저한 승리를 거두지 못했다. 새로운 문화를 최초로 받아들인 곳은 에르푸르트 대학교였다고 할 수 있다. 1466년에 이 대학교는 그리스와 소아시아를 방문한 경력이 있고 1456년에 하이델베르크 교수로 임명된 키슬라우의 페테르 루더(Peter Luder)를 교수로 초빙했다. 그는 베르길리우스·제롬·오비디우스 등의 라틴 저자들을 연구했다. 그 대학교에서 아그리콜라(Agricola)가 배웠고, 니콜라우스 마르샬크(Nicolas Marschalck)가 헬라어를 가르쳤으며, 1501년에는 그의 감독하에 독일 최초의 헬라어 저서 인쇄본이 출판되었다. 이 대학교에서 베젤의 요한이 가르쳤다. 이곳이 루터의 모교이기도 했는데, 그는 자신을 가르친 교수들 가운데 트루트베터(Trutvetter)를 자신이 성경을 공부하도록 이끌어준 분으로 각별히 언급했다.[33]

선제후 루프레히트 1세(Ruprecht I)와 교황 우르바누스 6세에게 설립 허가를 받은 하이델베르크 대학교는 새로운 운동에 동조하는 태도를 나타내지 않았다. 하지만 팔츠 선제후 필립(1476-1508)은 자신의 궁전에 로이힐린을 포함한 몇몇 인문주의자들을 불러들였다. 잉골슈타트 대학교는 한동안 로이힐린을 교수로 모셨으며, 1492년에는 콘라트 켈티스(Konrad Celtis)가 시와 웅변 학과 교수로 임명되었다.

1474년에 바젤 대학교는 시(詩) 학과를 설치했다. 피우스 2세에 의해 설치된 이 학과의 초창기 교수들 가운데는 이탈리아인들인 피나리엔시스(Finariensis)와 푸블리키우스(Publicius)가 있었다. 세바스티안 브란트(Sebastian Brant)가 15세기 말엽에 그 학교에서 가르쳤으며, 그곳에서 공부한 유명 인사들 가운데는 로이힐린과 종교개혁자들인 레오 유트(Leo Jud)와 츠빙글리가 있었다. 1481년에는 튀빙겐 대학교가 웅변학을 위한 기금을 마련했다. 이 대학교에서 가브리엘 비엘(Gabriel Biel)이 15세기 말까지 가르쳤다. 비엘이 죽고 일년 뒤에는 하인리히 베벨(Heinrich Bebel)이 시학 강의를 맡았다. 베벨이 가르친 유명한 제자들 가운데 한 사람이 필립 멜란히톤으로서, 그는 1512-1518년에 학생과 교수로서 튀빙겐 대학교에 몸담았다. 잉골슈타트에서 가르치던 로이힐린은 1521년에 튀빙겐으로부터 초빙을 받고서 히브리어와 헬라어를 가르쳤으나, 적을 옮긴 지 몇 달 지나지 못해 숨을 거두었다.

라이프치히와 쾰른은 스콜라주의의 철옹성으로 남아 있었다. 하지만 루터가 등장한 뒤에 라이프치히는 전선으로 바뀌었다. 중세의 마지막 독일 대학교인 비텐베르크는 지혜자 프리드리히가 성모 마리아와 성 아우구스티누스의 가호하에 설립했으며, 교수들인 루터와 멜란히톤을 통해서 세계적인 명성을 얻었다. 1518년까지는 헬라어를 가르치지 않다가 조만간 독일 최고의 헬라어 학자가 될 멜란히톤이 스물한 살의 나이로 그 학과의 교수가 되었다. 루터에 따르면 멜란히톤

---

33) Köstlin, *Leben Luthers*, I. 45. Rashdall(II., pp. 245)은 에르푸르트가 파리 대학교를 본따 국가 학생회들을 두지 않은 독일 최초의 대학교였다고 말한다. 이 학교는 1816년에 문을 닫았다.

의 강의실은 강의를 들으러 모인 다양한 직급의 신학자들로 항상 넘쳤다고 한다.

새로운 문화의 중심지들로서, 뉘른베르크와 스트라스부르가 아마도 독일의 여느 대학교 도시들보다 현저한 위치를 차지했던 것 같다. 이 두 도시는 바젤과 아우크스부르크와 더불어 독일에서 가장 왕성하게 돌아가던 인쇄 시설들을 보유하고 있었다. 15세기 말엽에 각종 발명의 진원지였던 뉘른베르크에는 라틴어 학교 네 곳이 있었으며, 화가 알브레히트 뒤러와 학문 후원자 빌리발트 피르크하이머(Willibald Pirkheimer)의 고향이 이곳이었다.

종교개혁 이전 세기의 대중 교육은 다른 어느 나라보다 독일이 단연 앞서 있었다. 공동생활 형제회가 운영하는 주요 학교들이 츠볼레 · 데벤테르 · 헤르초겐부쉬 · 리에주에 있었다. 모든 주요 도시들이 학교를 보유하고 있었다. 데벤테르의 학교는 학생수가 2,200명이었다. 멜란히톤은 오늘날 바덴에 해당하는 포르차임의 라틴어 학교를 다녔다. 이곳에서 로이힐린이 자신의 어린 조카손자 멜란히톤을 발견하고는 그에게 헬라어 문법책을 주면서, 만약 자신이 돌아올 때 라틴어 시 몇 수를 지어주면 「단어집」(*Vocabulary*)을 주겠다고 약속했다. 그 소년이 라틴어 시를 준비하여 책을 받았음은 물론이다. 알자스 지방의 도시 슐레트슈타트는 유명한 고전학 중심지였다. 플라터(Platter)는 이 도시에서 사피두스가 강의되는 것을 발견했으며, 이 학교를 자신이 아는 한 가장 훌륭한 학교로 평가했다. 1494년에 베젤의 학교는 읽기와 쓰기, 대수와 음악을 포함한 다섯 과목을 가르쳤다. 성탄절이 되면 그 도시의 성직자들이 학생들에게 각각 새 코트 한 벌과 소액의 돈을 선물로 주었다. 삼학(三學, trivium, 문법 · 수사학 · 논리학)을 가르친다고 해서 삼학 학교라 불리기도 한 초등학교는 교과목 수를 점차 늘려가다가, 종교개혁 이전에 리에주와 슐레트슈타트 같은 도시의 학교들은 8교시 수업을 했다. 헬라어는 제4교시에 시작되었다.

유명 교사들 가운데는 알렉산더 헤기우스(Alexander Hegius)가 있었는데, 그는 데벤테르에서 거의 1/4세기 동안 교편을 잡다가 1498년에 세상을 떠났다. 그는 마흔의 나이에 아그리콜라에게 배우기를 부끄러워하지 않았다. 고전학을 교육의 중심으로 삼았으며, 구태의연한 교과서들을 추방했다. 아이제나흐에서 루터를 가르친 트레보니우스(Trebonius)는 유력자들의 계층에 속했다. 당시의 참회 규정서는 부모들에게 길거리에서 노는 자녀들을 학교에 보내는 데 부지런할 것을 당부했다.[34] 루터는 작센 지방 도시들의 행정관들에게 소년 소녀들을 위한 학교를 많이 설립하도록 호소했으며, 라틴어와 역사뿐 아니라 성악과 기악까지도 포함하는 교과과정을 채택할 것을 요구했다.

독일의 주요 인문주의자들은 **루돌프 아그리콜라**와 로이힐린, 에라스무스였다. 나중 두 사람은 성경학 개척자들 곧 현대 성경 연구의 창시자들로 평가받는다.

아그리콜라는 원명이 로일레프 후이스만(Roelef Huisman)으로서, 1443년에 흐로닝겐 근처에서 태어나 1485년에 죽었다. 당대에 학자로서 최고의 명성을 누렸으며, 에라스무스와 멜란히톤으로부터 아낌없는 찬사를 받았다. 그는 페트라르카가 이탈리아를 위해 행한 일을 독일의 인문주의를 위해서 행한 인물로 평가받아왔으며, 페트라르카의 독일어 전기를 최초로 집필했다. 건전한 생활 면에서는 이탈리아의 그 시인을 훨씬 능가했다. 에르푸르트 · 루뱅 · 쾰른에서 공부한 그는 이탈리아로 가서 파비아 대학교와 페라라 대학교에서 한동안 머물렀다. 하이델베르크의 팔츠 백작 필립의 궁정으로부터 초빙을 받고는 교수직을 사임했다. 키케로와 퀸틸리아누스를 자신의 모델로 삼았다. 말년에는 신학에 관심을 돌렸고, 히브리어를 공부했다. 피코 델라 미란돌라와 마찬가지로 어느 수도회의 수사복을 입은 채 임종한 뒤 장사되었다. 하이델베르크에 있는 그의 묘비에는 그가 성경에 기록된 하나님에 관한 교훈과 구주에 관한 참 믿음을 연구했다고 적혀 있다.

또 다른 인문주의자 **야콥 빔펠링**(Jacob Wimpheling, 1450-1528)은 슐레트슈타트 출신으로서 하이델베르크에서 가르쳤다. 성직자들의 부패를 줄곧 신랄히 비판했으나, 말년에는 입을 다문 채 베르길리우스 · 호라티우스 · 세둘리우스 · 프루덴티우스를 연구하는 데 전념했다. 「바보들의 배」(*Ship of Fools*)를 쓴 시인 세바스티안 브란트(Sebastian Brant, 1457-1521)는 바젤 대학교에서 법학 교수로서 경력을 시작했다. 무티아누스 루푸스(Mutianus Rufus, 1526년에 고타에서 죽음)

---

34) 당시에는 무자비하게 매질을 하는 것이 관습이었던 것 같다. 루터는 자신이 하루에 매를 여러 대 맞았다고 말한다. 유명한 사례가 Hans Butzbach이다. 그는 어렸을 때 학교를 자주 무단 결석했다. 에르푸르트 대학교를 나온 그의 교사가 이 사실을 알고는 아이의 옷을 벗긴 다음 기둥에 묶고 피가 온 몸에 범벅이 될 때까지 매질을 했다. 우는 소리에 놀라 학교로 달려온 어머니가 문을 박차고 들어가 자기 아들을 보고는 바닥에 쓰러져 실신했다. Schmid, II. 125.

는 편지에서 기독교가 세계만큼 오래되었고, 유피테르 · 아폴로 · 케레스 · 그리스도가 숨어 계시는 한 분 하나님의 다른 이름들일 뿐이라고까지 주장했다.

중세 말의 독일 문학에서 높은 평가를 매길 만한 이름은 **요한 트리테미우스**(John Trithemius, 1462-1505)이다. 스폰하임의 베네딕투스회 수도원의 대수도원장이었던 그는 학적 수준이 높은 아카데미로 명성을 얻었다. 2,000권의 장서를 수집했으며, 교부 열전과 독일의 유명 인사 명단을 집필했다. 고위성직자들과 귀족들이 그를 찾아와 자문을 구했고, 그가 수집해 놓은 라틴과 그리스 저자들의 책을 읽었다. 지금까지 소개한 사람들과 그 밖의 사람들이 로이힐린과 에라스무스가 앞장서서 이끈, 그리고 개신교 종교개혁으로 쉽게 이어진 운동에 저마다 자기들의 역할을 수행했다.[35]

69. 로이힐린과 에라스무스

베를린 박물관 담에 종교개혁을 묘사한 프레스코화에서, 카울바흐(Kaulbach)는 로이힐린과 에라스무스에게 눈에 아주 잘 띄는 자리를 할애했다. 두 사람은 인문주의자들의 무리에 나란히 서서 손에 책을 들고 학자의 모자와 가운을 착용하고 있고, 얼굴은 연단에 있는 중심 인물인 마르틴 루터를 향하고 있지 않다. 미술가는 이로써 역사의 진실을 전하고 있다. 가장 주목할 만한 독일의 이 두 학자는 종교개혁과 근대의 헬라어와 히브리어 성경 연구를 위한 길을 예비했으나, 자신들이 태어난 로마 교회 안에 그대로 남았다가 그 안에서 죽었다. 울리히 폰 후텐(Ulrich von Hutten)은 그들에게 "독일의 두 눈"이라는 적절한 이름을 부여한다. 두 사람 그 중에서 특히 에라스무스에게 루터 · 칼빈 · 츠빙글리 · 오이콜람파디우스 · 멜란히톤 · 베자 등 모든 주요 종교개혁자들이 빚을 졌다.

라틴어명으로 카프니온(Capnion)으로도 알려지는 **요한 로이힐린**(John Reuchlin,

---

35) 독일 인문주의자들 가운데는 Crotus Rubeanus(1480-1540), Georg Spalatin(1484-1545), Beatus Rhenanus(1485-1547), Eoban Hesse 혹은 Hessus(1488-1540), Vadianus(1484-1551), Glareanus 혹은 Loriti of Glarus(1488-1563), Bonifacius Amerbach(1495-1562)가 있었다. 나중 세 사람은 독일계 스위스 사람들이었다.

1455-1522)은 포르차임에서 태어나 슐레트슈타트·프라이부르크·파리·바젤·오를레앙·푸아티에·피렌체·로마에서 공부했다. 그리스 본토인들에게서 헬라어를, 요한 베셀와 독일과 이탈리아에 살던 유대인 랍비에게 히브리어를 배웠다. 히브리어로 기록된 랍비들의 책을 많이 구입했으며, 책을 처음 구입했을 때 느꼈던 행복을 잊지 않기 위해서 책마다 구입 일자와 장소를 표기해 넣었다. 법률가가 되어 슈투트가르트에서 활동했으며, 항상 자신을 법학박사(legum doctor)로 소개했다. 처음에는 뷔르템베르크의 백작 에버하르트(Eberhard)를 위해 일하면서 1482년에 그를 따라 이탈리아를 방문했고, 1490년에는 그의 아들을 따라 그 나라를 방문했다. 여러 가지 외교적 임무를 띠고 활동했으며, 황제 막시밀리안에게 팔츠 백작의 지위를 받았다. 에버하르트가 죽자 1496년에 하이델베르크로 자리를 옮겼으며, 그곳에서 선제후 필립에게 그의 가문의 수석 가정교사로 임명되었다. 1498년에는 선제후를 위해서 세 번째로 로마를 방문했다. 슈투트가르트로 다시 돌아온 그는 1520년에 200길드의 급여 제안을 받고 잉골슈타트 대학교의 헬라어와 히브리어 교수로 초빙받아 갔다. 1521년에는 그 도시에 전염병이 도는 바람에 그곳을 나와 튀빙겐 대학교의 강사가 되었다. 이듬해 봄에 슈바르츠발트(독일 남서부의 삼림지대: 역자주)의 리벤첼이란 곳에서 숨을 거두었다.

로이힐린은 멜란히톤을 비텐베르크 대학교 헬라어 교수로 추천했으며, 그로써 자신도 모르게 그를 종교개혁을 위해 예비해 둔 셈이 되었다. 로이힐린은 당대의 거의 모든 학문 분야에 능통하되 특히 헬라어와 히브리어가 뛰어났다. 헬라어 저서들을 라틴어로 번역했으며, 「일리아드」의 일부와 데모스테네스의 연설 두 편을 독일어로 옮겼다. 그의 최초의 중요한 저서는 스무 살 때 바젤에서 펴낸 「소사전」(Vocabularius breviloquus)이라는 라틴어 사전으로서, 1475-1504년 사이에 25편이 발행되있다. 그것밀고도 헬라어 문법서도 썼나. 하시만 그의 명성은 북유럽 기독교 사회에 히브리어 지식을 보급한 선구자였다는 점에 있다. 그는 1506년에 포르차임에서 자비로 펴낸 히브리어 문법서 겸 사전인 「히브리어의 기초」(De rudimentis hebraicis)에서 이 언어에 대한 연구의 학문적 기초를 제공했다. 이 책의 보급은 매우 더뎠다. 1506년에 1,000부를 인쇄했는데, 1510년에 이르러서도 여전히 750부가 팔리지 않은 채 남아 있었다. 그 책의 2판은 1537년에 발행되었다. 저자는 호라티우스의 말을 빌려 자신이 놋쇠보다 더 오래가는 기념비를 세웠다고 이 책에 대해 자신 있게 평가했다. 1512년에는 참회의 시편들을 충실한 라틴어 번역과 문법 설명을 붙여 발행했으며, 훗날 루터가 이 책을 사용했다. 히브리어 도서 출판은 1475년에 이탈리아에서 시작되었다.

로이힐린은 히브리어가 하나님과 천사들이 사람들에게 뜻을 전할 때 쓰신, 세상에서 가장 오래된 언어라고 주장했다. 고대성에도 불구하고 가장 풍성한 언어이며, 이 언어에서 다른 언어들도 파생되었다고 했다. 웅변과 시 같은 세련된 학문을 좇느라 성경 연구를 등한히 하는 세태를 비판했다.

로이힐린은 그리스 철학과 신플라톤적 · 피라고라스적 신비주의도 연구했다. 유대교 카발라가 사람들의 눈에 감춰진 지혜의 샘이라고 하면서 그것의 가치를 높이 평가했다. 사람들이 잘 찾지 않는 이 학문 분야에서 자신이 피코 델라 미란돌라에게 빚진 사실을 인정하면서, 그를 "당대의 가장 위대한 학자"로 평가했다. 로이힐린은 자신이 연구한 결과를 두 권의 저서로 펴냈는데, 「기묘한 단어」(De verbo mirifico)는 1494년에 바젤에서 출판되어 8판이 발행되었으며, 「카발라의 원리들」(De arte cabbalistica)은 1517년에 출판되었다. "기묘한 단어"는 감히 입에 담을 수 없고, 천상의 존재들이 경배하고 지옥의 존재들이 두려워하고 우주의 영혼이 입맞추는 히브리어 네 개의 문자 IHVH를 가리킨다. 예수(Jesu), 이수(Ihsuh)는 IHVH에 s 문자를 덧붙인 것일 뿐이다. 여호와와 예수라는 이름은 하나님과 사람, 무한자와 유한자를 이어주는 연결고리이다. 이로써 유대인들의 신비주의 전승은 기독교의 삼위일체 교리와 그리스도의 신성 교리를 확증해 준다. 로이힐린은 구약성경에 나오는 모든 이름, 모든 문자, 모든 숫자에서 심오한 의미를 찾았다. 창세기 1:1에 나오는 '창조하시니라'는 단어에 해당하는 히브리어 세 글자(바라)에서 삼위일체의 신비를 식별해 냈고, 출애굽기의 한 절에서 하나님의 표현할 수 없는 72가지 이름을, 그리고 잠언 30:31에서 작센의 지혜자 프리드리히가 막시밀리안의 뒤를 이어 독일 황제가 될 것이라는 예언을 지적해 냈는데, 하지만 그 예언은 성취되지 않았다. 이런 공상적인 논리가 우리에게는 실소를 머금게 하지만, 당시에는 로이힐린이 무덤에서 불러냈다고 말한 동양의 감춰진 지혜에 대한 열정을 자극하고 심화시켰다.

유대인들과 랍비 문학에 관심이 깊었던 로이힐린은 그로 인해 유럽 전역으로 확산된 논쟁에 개입하게 되었으며, 쾰른을 비롯한 여러 대학교들과 마인츠 대주교, 독일의 대 종교재판관 훅스트라텐(Hoogstraten), 황제 막시밀리안, 그리고 교황 레오 10세로부터 판결을 이끌어냈다. 그의 반대파는 주로 기독교 세례를 받은 쾰른의 유대인 요하네스 페퍼코른(John Pfefferkorn)이 이끄는 수사들이었다. 논쟁은 1505년에 로이힐린이 유대인들의 비참상을 주제로 쓴 소책자 「유대인들이 그렇게 오랫동안 참상 속에 있는 큰 이유」(*Missive warumb die Juden so lang im Elend sind*)가 원인이 되어 시작되었다. 이 책에서 저자는 유대인들이 그리스도를 십자가에 못박은 완고함과 매일 그분을 모독하는 고집 때문에 슬픔과 고통을 당하게 되었다고 주장하면서도, 박해보다는 전도로 회심시키는 데 주력할 것을 촉구했다. 페퍼코른은 몇 권에 걸친 소책자들에서 이러한 입장을 비판하면서, 과거 자신의 동료 신자들이 돌아설 수 없는 그리스도의 원수들이므로 강제로 기독교 설교를 듣게 하고, 고리대금업을 금지시키고, 오류로 가득 찬 그들의 유대교 저서들을 폐기할 것을 요구했다. 당시에는 반(反) 유대인 감정이 뜨겁게 달궈져 있던 탓에 그의 주장이 힘을 얻었으며, 그 결과, 이러한 분위기에 편승하여 몇 년 뒤에 에크가 교황청을 대리하여 루터를 고소하기에 이르렀다. 막시밀리안과 훅스트라텐, 그리고 쾰른 대학교는 페퍼코른 편을 들었으며, 황제는 그에게 유대인들의 모든 저서들을 소각해도 좋다고 허락했다. 물론 그 대상에서 구약성경은 당연히 배제되었다. 로이힐린은 막시밀리안에게 권한을 위임받은 마인츠 대주교에게 출두하여 견해를 설명하라는 명령을 받고는 탈무드와 카발라를 비롯한 유대인들의 저서를 파기하는 것에 반대한다는 의사를 밝히면서, 다만 「니자혼」(*Nizahon*)과 「톨레돗 예수」(*Toledoth Jeshu*)는 그리스도와 그분의 모친과 사도들을 훼방하는 내용을 담고 있으므로 정당한 조사와 법적 판결을 거친 뒤에 파기해도 좋다고 주장했다. 그는 황제에게 독일의 모든 대학교들에 10년 동안 히브리어 학과를 설치하게끔 명령하라고 조언했다.

로이힐린에게 '들소 혹은 당나귀'라고 불린 페퍼코른은 「손거울」(*Handspiegel wider und gegen die Juden*, 1511)이라는 격렬한 비판서를 펴냄으로써 반격을 가했다. 두 사람 모두 그 문제로 황제를 알현했으며, 로이힐린은 「안경」(*Augenspeigel*)이라는 책으로 자신의 견해를 변론했고, 그의 비판자는 「불의 거울」(*Brandspeigel*)이라는 책으로 그를 논박했다. 「안경」은 프랑크푸르트에서 판매 금지를 당했다. 이후에 로이힐린은 「모든 중상모략에 대한 답변」(*Defense against all Calumniators*, 1513)을 펴냈고, 시대의 방식에 따라 반대 세력을 염소들, 무는 개들, 노략하는 이리들, 여우들, 돼지들, 암퇘지들, 말들, 나귀들, 마귀의 자식들이라는 표현을 써가며 비판했다. 지혜자 프리드리히에게 호소하여 칼슈타트와 루터에게 지지 견해를 받아냈다. 훗날의 그 종교개혁자는 로이힐린을 대단히 무흠하고 학문이 깊은 사람이라고 평가하고는, 종교재판소를 방불케 하는 쾰른 대학교 신학자들의 열정을 강력히 비판했다. 주로 도미니쿠스회 수사들로 구성된 쾰른 신학부는 1514년에 로이힐린에게서 취해낸 43가지 명제를 이단으로 단죄했다. 파리 대학교도 그 뒤를 따랐다. 로이힐린은 훅스트라텐이 주도하는 종교재판소 법정로부터 소환령을 받은 뒤 교황에게 항소했다. 훅스트라텐은 1514년 2월 10일에 쾰른에서 「안경」이 공개 소각되는 광경을 만족스럽게 지켜보았다. 레오 10세가 그 문제를 심의할 판사로 임명한 슈파이어의 젊은 주교는 1514년 4월 24일에 로이힐린에게 무죄 판결을 내리고 훅스트라텐에게는 111길드에 해당하는 벌금과 함께 함구령을 언도했다.[36] 그러나 종교재판관이 판결에 불복하고는 교황에게 항소하자, 레오는 추기경 그리마니(Grimani)와 24인 위원회를 세워서 분쟁을 해결하도록 했다. 위원회는 실베스터 프리에리아스(Sylvester Prierias)를 제외한 위원 전원이 로이힐린을 지지했으며, 이러한 상황에 힘입어 로이힐린은 이제 막시밀리안의 궁정과 독일 '시인들', 그리고 울리히 폰 후텐(Ulrich von Hutten)의 지지를 받았으나, 도미니쿠스회에게는 배척을 당했다. 로이힐린에게 유리한 판결이 내려지는 것이 기정사실이 된 상황에서, 1520년 6월 23일에 레오가 개입하여 로이힐린의 「안경」이 유대인들에게 우호적이라는 이유로 그 책을 단죄하고, 저자에게 재판 비용을 지불한 뒤 침묵을 지키도록 명령했다. 이로써 수사들이 승리를 거두게 되었고, 교황의 권위를 등에 업게 된 페퍼코른은 1521년에 쓴 특별 소책자에서 자신이 학문과 관용에 대해서 거둔 승리를 자축했다.

비텐베르크에서 시작된 종교개혁에 대해서 그 위대한 히브리어 학자는 동조하지 않았다. 심지어 멜란히톤에게 등을 돌리고, 멜란히톤이 자신에게 물려준 장서를 거부하고 그것을 그의 고향 도시 포르차임으로 보냈다. 하지만 그는 에

---

36) 브라반트 출신의 훅스트라텐(1527 죽음)에 관한 기록에 대해서는 Paulus, *Die deutschen Dominikaner, etc.*, pp. 86-106을 참조하라. 그는 마술에 관한 책 한 권과, 루터의 「바빌로니아 유수」와 「그리스도인의 자유」를 비판한 두 권을 비롯하여 여러 권의 저서를 썼다.

크 박사가 잉골슈타트에서 잠시 체류하는 동안 루터의 저서들을 불태우려 할 때 그것을 막았다. 그가 페퍼코른과 벌인 논쟁은 독일 내에 개화에 반대하는 정서가 얼마나 강한지를 보여주었으나, 로이힐린을 지지하는 소책자들과 편지들도 무수히 쏟아져 나왔다. 그 히브리학 개척자는 에라스무스 · 무티아누스 · 포이팅거 · 피르크하이머 · 부쉬 · 바디아누스 · 글라레아누스 · 멜란히톤 · 오이콜람파디우스 · 헤디오 등 모두 로이힐린파로 분류되던 43명의 유력한 학자들에게서 그러한 증언들을 수집했다.

로이힐린파가 신학문 반대파를 겨냥하여 쓴 저서들 가운데는 「무명인들이 보낸 열 통의 편지」(10 Epistolae virorum obscurorum)가 가장 두드러진다. 이 서간집은 도미니쿠스회 수사들이 쓴 것처럼 형식을 꾸민 글들로서, 일천한 독일식 라틴어로 자신들의 낙후성과 무지와 천박성을 드러내어 비웃음을 샀다. 이 책에 사용된 라틴어는 '부엌 라틴어'라 불리며, 제대로 번역하기가 쉽지 않다. 비록 익명으로 출판되긴 했으나 주 저자들은 울리히 폰 후텐과 독일어 이름이 요하네스 애거(Johannes Jäger)인 크로투스 루베아누스(Crotus Rubeanus)였다. 이들은 루터의 친구들이었으나, 크로투스는 훗날 에라스무스와 그 밖의 인문주의자들과 마찬가지로 종교개혁에서 이탈했다.

울리히 폰 후텐(1488-1523)은 여섯 살 때부터 아버지의 주선으로 들어가 살게 된 수도원을 나온 뒤에 쾰른 대학교에서 이것저것을 배우다가 인문주의 취향을 갖게 되면서 이탈리아를 여행했다. 1517년에 독일로 돌아와서 신학문의 후원자로서 쾌락을 좋아하던 마인츠 대주교 알브레히트의 궁정에서 일자리를 얻었다. 막시밀리안에게 시인의 월계관을 받고 에라스무스에게 장래 독일의 위대한 서사시인으로 극찬을 받았으나, 훗날 그 학자의 반감을 사게 되었다. 에라스무스는 그가 죽은 뒤 그의 기억에 대해서 풍자의 칼을 겨누었다. 후텐은 보름스에서 루터를 보호할 태세를 취할 때 그와 합류했다. 가톨릭 교회로부터 금령을 받은 그는 1520년부터 죽는 날까지 대부분의 세월을 슐레트슈타트와 바젤, 취리히에서 츠빙글리의 보호를 받으며 반 연금 상태로 지냈다.

후텐은 쾰른과 로마에서 지내면서 도미니쿠스회를 비롯한 진보를 가로막는 대적들의 반(反) 계몽주의와, 교황청에 만연한 그런 분위기를 충분히 확인했다. 1517년에는 '콘스탄티누스의 증여'라는 위조문서에 관한 발라의 소책자를 편집했으며, 거기에 독특한 아이러니를 붙여 그것을 레오에게 헌정했다. 얀센

(Janssen)은 그 책이 당시까지 독일어로 쓰인 책들 가운데 가장 풍자와 조소가 뛰어나다고 평가한다. 그 전인 1513년에 후텐은 이탈리아에서 율리우스 2세를 "세상을 오염시킨 자, 인류의 전염병"이라고 부르는 풍자시들을 발표했다. 그의 라틴어 시 「로이힐린의 승리」(*Triumph of Reuchlin*, 1518)는 그 히브리어 학자를 옹호하고 페퍼코른을 엄히 처벌할 것을 요구하는 내용이다. 이 시집에는 로이힐린이 자기 고향 포르차임으로 개선하는 장면과, 그가 미신 · 야만 · 무지 · 탐욕이라는 네 가지 우상에 사로잡힌 훅스트라텐과 페퍼코른과 대결하여 승리한 것을 묘사한 진기한 목판화가 실려 있다.[37]

「무명인들이 보낸 10통의 편지」(*10 Epistles of the Unfamed Men*)는 먼저 라틴어로 씌어진 다음 후텐에 의해 독일어로 번역된 것으로서, 온화하면서도 가끔 천하기도 한 유머를 사용하여 교황의 독재를 억제할 것과, 수도원들을 해산할 것, 성직자 초년도 수입세(annates)와 폐지된 수도원들과 성직록들의 토지를 빈민 구제 기금으로 전환할 것을 요구했다. 수사들의 호색적인 생활도 그냥 지나치지 않았다. 저자는 트리어에 보관된 성의(聖衣)를 이가 들끓는 누더기라고 불렀고, 쾰른의 세 왕의 성유물들이 사실은 베스트팔렌의 세 농부의 유골이라고 주장했다. '로마에서 본 세 가지 것들'(the Roman trinity)라는 제목이 붙은 네 번째 편지에서는 로마에서 발견한 세 가지 것들을 열거하면서 하나씩 논평한다. 먼저 로마에서는 세 가지 것이 조소를 당한다. 그것은 고대인들의 본보기와 베드로의 교황제, 그리고 최후의 심판이다. 그 성도(聖都)에 넘쳐나는 세 가지 것이 있다. 그것은 골동품들과 독약과 폐허이다. 세 가지 것이 꾸준히 매매된다. 그것은 그리스도와 성직과 여자이다. 로마 사람들을 고통스럽게 하는 세 가지가 있다. 그것은 제후들이 동맹을 체결하는 것과 민중의 지식이 증가하는 것, 그리고 자신들의 기만이 탄로나는 것이다. 그들이 가장 듣기 싫어하는 세 가지는 총 공의회와 성직 개혁, 그리고 독일인들이 눈을 떴다는 이야기이다. 가장 소중히 여기는 세 가지는 미녀와 준마(駿馬)와 교황의 대칙서이다. 이런 것들이 로마가 제공하던 구경거리의 한 축을 이룬다. 같은 대주교의 영대(領帶)가 하루에 두 번 팔리던 시절에 후텐 자신이 로마에 있지 않았던가! 교황이 나눠주던 이른바 '자비

---

37) Böcking, III. 413-448. Geiger(Reuchlin, p. 552)는 그 그림의 복사본을 수록한다.

로운 기대들'(gracious expectations)은 교황이 독일인들에게 각별한 호의를 품고 있음을 알려주는 증표였다. 후텐의 기지는 민중의 마음을 사로잡았고, 지식인들의 웃음을 자아냈으며, 옛 사고에 젖어 살던 자들에게는 분노를 샀다. 기사(騎士)였던 그는 독일 민족의 자긍심이라는 새로운 심금을 건드렸는데, 그것을 완숙하게 연주한 사람이 루터였다.

로이힐린이 히브리어 지식 보급에 이바지했다면, 그보다 열두 살 연하인 에라스무스는 헬라어 지식을 완숙한 경지에 올려놓았다. 훗날 자신의 이름이 붙게 된 헬라어 발음법을 완성했다. 그리스 고전과 교부 저작들을 편집하고 번역하여 북유럽 학자들에게 널리 보급했으며, 기독교의 마그나 카르타인 신약성경에 대한 비평학의 열쇠를 제공했다. 개신교 종교개혁자들과 동시대에 활동했으며, 신약성경을 편집하고, 신약성경에 대한 스콜라 학자들의 난해한 해석을 포기하고, 당대에 성행하던 의식 중심의 종교를 비판함으로써 종교개혁자들이 벌인 운동에 크게 이바지했다. 그러나 거취를 결정해야 할 시점이 다가왔을 때, 종교개혁자들이 취해온 노선을 폭력과 혁명으로 평가하면서 그들에게 합류하지 않았다. 죽을 때도 어느 편에 가담하지 않은 채 외롭게 죽어갔다. 가톨릭 진영은 그를 자기들의 사람이라고 주장하지 않았으며, 개신교 진영도 그렇게 할 수 없었다.[38]

데시데리우스 에라스무스(Desiderius Erasmus, 1466-1536)는 로테르담에서 서자로 태어났는데, 당시에 그의 아버지가 아마도 사제였던 것으로 추정된다.[39] 학교 생활은 아홉 살 때에 데벤테르에서 시작했는데, 헤기우스(Hegius)가 당시 그를 맡아 가르쳤다. 그의 부모는 그가 열세 살 때 세상을 떠났으며, 1481년에 그는 헤르초겐부쉬의 학교에 들어가 3년을 보냈는데, 그 시절을 잃어버린 세월이라고 술회했다. 훗날 남긴 편지들에서 그는 자신의 학창 시절이 열정도 감사하는 마음도 없던 시절이었다고 적는다. 그렇게 방황하며 지내던 중 자신의 뜻과 달리

---

38) 이 책(제6권)은 에라스무스의 생애와 저서와 신학적 견해를 폭넓게 개관한다. 그는 근세 못지않게 중세에 속한 인물이었다.

39) 에라스무스는 자신의 생애를 요약해 놓은 책에서 자신이 정식 부모에게서 태어났다고 분명히 진술하며, 자신이 태어날 당시에 아버지가 사제였다고 암시하는 듯하다. 참조. Nicholas, *Letters*, I. 14. 다른 견해는 그의 아버지가 그를 낳은 뒤에 사제가 되었다는 것으로서 Froude(p. 2)를 비롯한 대다수 저자들이 이 견해를 취한다.

설득을 못이겨 슈타인의 수도원에 들어가게 되었다. 이것이 자기 인생에서 가장 불행한 일이었다고 훗날 그는 술회한다. 수도원에서 지내면서 몸에 병까지 얻었다. 그러나 수도원 생활에 친숙해지면서 큰 유익을 얻었음에 분명하며, 말년에 훌륭한 도덕적 역량을 견지할 수 있었던 것도 젊었을 때 수도원에서 받았을 도덕적 감화에 다소나마 힘을 입은 결과였음에 틀림없다. 그는 실력을 인정받아 캉브레 주교의 후원을 받게 되었다. 주교는 추기경이 되려는 소망을 품고 이탈리아로 가려 할 때 그를 통역관으로 데리고 갈 생각이었다. 젊은 학자는 이탈리아에 가는 것이 내키지 않았다. 그러던 차에 주교는 그를 파리로 보내되 이렇다 할 재정 지원을 해주지 않았다. 에라스무스는 젊은 영국인들 여럿을 가르쳐 받은 강의료로 생활할 수 있었으며, 그들의 중재로 1499년에 잉글랜드를 처음 여행하게 되었다. 이 여행은 불과 두세 달만에 끝난 듯하다.

옥스퍼드에서 젊은 학자는 존 콜릿(John Colet, 1467?-1519, 영국의 인문주의자, 신학자: 역자주)과 토머스 모어 경(Sir Thomas More)을 만났으며, 콜릿의 영향으로 헬라어에 이전보다 더욱 큰 관심을 갖게 되었다. 잉글랜드에서 돌아온 뒤에는 프랑스와 네덜란드에서 지내면서 「격언집」(*Adagia*, 1500년 간행)과 「기독교 병사 지침서」(*Enchiridion militis Christiani*, 1502년 간행)를 집필했다. 1505년에는 잉글랜드로 돌아가 3년을 체류했다. 그 뒤에 헨리 7세의 제노바 출신 주치의 바티스타 보에리오(Battista Boerio)의 두 아들과 함께 이탈리아를 여행할 수 있는 기회를 얻었다. 토리노 대학교에서 그는 박사학위를 받았고, 베네치아에서 여러 달 머물면서 알두스 출판사를 위해 책을 썼으며, 볼로냐와 로마를 비롯한 여러 도시들을 여행했다. 그의 편지에는 그가 이탈리아의 문화와 예술 혹은 자연 경관에 감동을 받았다는 암시가 전혀 없으며, 직접 넘어본 알프스 산맥의 경관에 대한 언급이 한 줄도 남아 있지 않다.

에라스무스는 헨리 8세가 좋은 직위를 하사할 것을 기대하고서 1509년에 잉글랜드로 돌아와 그곳에서 5년을 체류했다. 이탈리아에서 잉글랜드로 돌아오면서 기분 전환 삼아 「우신 예찬」(*Encomium moriae*)을 썼는데, 이 책은 그가 이 책을 쓸 때 토머스 모어를 생각하고 있었던 사실로 인해 그런 제목이 붙게 되었다 (moriae가 모어를 가리킬 수도 있고 '바보'<愚神>를 뜻할 수도 있다: 역자주). 이 책은 모어의 집에서 완성되었고, 홀바인의 사실화들이 삽화로 실렸다. 잉글랜드에 체류하던 이 시기에 에라스무스는 케임브리지 대학교에 '마가렛 부인 기념 신학교수'로 초빙되어 헬라어를 가르쳤다. 급료는 연봉 65달러였는데, 에머튼 (Emerton)은 그것이 '적지 않은 금액'이었다고 말한다. 케임브리지 시절에 에라스무스는 이제 세인트 폴 주교좌성당 수석사제가 된 콜릿과 모어, 로체스터의 주교 피셔, 대주교 워럼 등 여러 영국인들과 친분을 쌓았다. 마운트조이 경(Lord Mountjoy)은 그에게 연금을 제공했고 대주교 워럼은 1411년에 올딩턴의 성직록을 제공했는데, 그 성직록을 에라스무스는 잠시 보유하고 있다가 대주교에게 연금 20파운드와 맞바꾸었다.

1515-1521년에 에라스무스는 네덜란드의 여러 도시들을 옮겨다니며 살았으며, 몇 년 전에 율리우스 2세에게 허락받은 수사 서약 철회를 이 기간에 완전히 성취했다. 이 시기에 에라스무스의 명성은 유럽의 여느 학자를 능가했다. 가는 곳마다 성대한 환대와 존경을 받았다. 제후들이 학자들과 고위성직자들과 합류하여 그에게 존경을 바쳤다. 멜란히톤은 그에게 "최고이자 최대인 에라스무스" (*Erasmum optimum, maximum*)라는 시를 써서 보냈다. 그가 편집한 헬라어 신약성경은 1516년에 간행되었고, 1518년에는 그가 사람들과 사물들을 경험한 바를 일상의 언어로 기록한 「대화록」(*Colloquies*)이 나왔다.

레오가 루터를 단죄하는 대칙서를 발행한 뒤에 네덜란드에서 박해가 발생했을 때, 에라스무스는 바젤로 이주했다. 그곳에서는 프로벤 출판사가 이미 그의 저서 몇 권을 펴낸 상태였다. 그는 처음에는 그곳에서 고향의 분위기를 느끼면서 교부들의 글을 편집하여 한 권씩 펴내기 시작했다. 힐라리우스(1523), 이레나이우스(1526), 암브로시우스(1527), 아우구스티누스(1528), 에피파니우스(1529), 크리소스토무스(1530)의 글들이 차례로 출판되었다. 하지만 바젤 시가 오이콜람파디우스의 영향하에 개신교 진영으로 넘어가면서 그에게 분명한 입장 표명을 강경하게 요구하자, 그는 1529년에 브라이스가우 지방의 가톨릭 도시 프라이부르그로 물러났다. 그의 「대화록」이 프랑스에서 보급 금지를, 스페인에서는 소각 처분을 당했으며, 소르본 대학교는 그의 저서들에 32가지 이단적 교훈이 실려 있다는 이유로 그를 고소했다. 반면에 그는 1535년에 파울루스 3세에게 추기경직을 제안받았으나 나이를 이유로 고사했다.

오이콜람파디우스가 죽은 뒤인 1535년에 에라스무스는 바젤로 돌아갔으나, 그곳에서 결석과 감기로 쓰러졌다. 그가 편집해낸 마지막 저서는 오리게네스의 저서였다. 그는 임종의 순간에 "예수 그리스도, 하나님의 아들이시여, 제게 긍휼을 베풀어 주옵소서"라고 아뢰고는 숨을 거두었으나, 사제도 종부성사도 없이, 쾰른의 도미니쿠스회 수사들이 형편없는 라틴어로 조소의 뜻을 담아 표현한 대로 "빛도, 십자가도, 하나님도 없이"(sine lux, sine crux, sine Deus) 생을 마쳤다. 그는 바젤의 개신교 교회당에 장사되었는데, 그의 친구이자 그를 존경하던 베아투스 레나누스(Beatus Rhenanus)에 따르면 학생들이 그의 관을 어깨에 메고 장지까지 운구했다고 한다. 바젤 시의 수석 행정관과 모든 교수들과 학생들이 그의 장례식에 참석했다.

에라스무스는 인문주의자들의 제1인자이자 당대의 가장 영향력 있고 유용한 학자였다. 학문의 영역을 마치 군주처럼 지배했다. 명석한 두뇌에 해박한 고전과 성경 지식, 그리고 예리한 기지와 세련된 취향을 겸비한 인물이었다. 어지간해서는 단조롭고 무딘 글을 쓰지 않았다. 폭넓은 여행 경험에 힘입어 세상을 두루 이해할 줄 아는 사람, 진정한 의미의 사해동포주의자가 되었으며, 서신 왕래를 통해서 자신에게 마치 신탁을 구하듯 의견을 물어오는 여러 나라의 학자들과 대화를 나누었다. 그의 저서들은 현대의 여느 소설 못지않은 인기와 많은 발행 부수를 누렸다. 그의 「대화록」이 소르본 대학교 당국에 의해 단죄를 당할 것이라는 소문이 나돌자, 파리의 어느 출판업자가 서둘러 24,000부를 찍어내는 일도 있었다. 그는 저서들을 통해 들어오는 인세와 카를 5세의 고문 자격으로 받은 400길드의 연금(1516년에 그 직위를 부여받았다) 외에도 후원자들과 자신을 존경하는 이들로부터 끊임없이 선물을 받았다.

에라스무스는 당대 최고의 고전학자로서 명성을 얻긴 했으나, 만약 그가 학문 활동에만 전념했다면 그의 영향력은 당대에만 국한되었을 것이고, 그의 이름은 더 이상 작품이 읽히지 않는 이탈리아의 폴리치아노와 프랑스의 부다이우스와 같은 수준에 머물렀을 것이다. 하지만 그의 노력은 미래에 매우 심원한 영향을 끼치게 되었다. 그는 유럽인들의 정신을 무지와 미신의 속박에서 풀어낸 주요 원인이었으며, 신앙에 씌워져 있던 생명력 없는 형식주의를 벗겨냈다. 마치 서리가 내린 듯한 독일의 냉랭한 주지주의의 토양을 온기로 녹였다. 남유럽에서 라우렌티우스 발라가 보여준 역사 비평 정신을 알프스 이북에 소개했으며, 발라에 관해서는 "예리한 지성과 탁월한 기억력에서 타의 추종을 불허하는 인물"로 평가했다. 그러나 에라스무스가 방대한 영향력을 발휘할 수 있었던 것은 그의 제자들이자 그를 존경한 사람들인 츠빙글리와 오이콜람파디우스, 그리고 루터를 통해서였다.

에라스무스가 구시대의 중세적 교회 중심주의와 결별한 것은 네 가지 형태로 표출되었다. 그는 수사들의 무지와 교만과 방종을 가차없이 비판했고, 마음이 실리지 않는 종교 형식주의를 단죄했다. 성경을 해석할 때 비평적 방법을 사용했고, 최초의 헬라어 신약성경을 펴냈으며, 성경을 당대에 사용되던 언어들로 번역하는 시도를 옹호했다.

에라스무스는 자신이 쓴 거의 모든 저서들에서 당시 수사들의 외식과 교만을 비판하고, 속이 텅 빈 의식들의 무용성을 지적했다. 자신이 펴낸 신약성경 판본에서도 기회가 있을 때마다 그런 주제들로 돌아간다. 예를 들어 마태복음 19:12을 주해하는 대목에서, 그는 "음행을 용인받고, 아내는 두지 않되 첩들은 자유롭게 거느릴 수 있는" 사제들에 관해서 말한다. 「우신 예찬」만큼 성직자들에게 신랄한 풍자를 가한 저서도 없다. 읽기가 퍽 쉽게 씌어진 이 책에서 여성의 모습으로 등장하는 우신(愚神, Folly)이 모든 계층 모든 상황에 속한 청중을 상대로 연설을 하는데, 사제들과 수사들, 신학자들과 교황에게 연설하는 대목이 가장 명쾌하고 정교하다. 완숙한 아이러니를 사용하여 모든 계층을 통틀어 신학자들이 자신에게 가장 적게 의존한다고 주장한 우신은 그들이 아무리 난해한 질문들에도 가장 적확한 해답을 제시할 수 있는 사람들이라고 비꼬아 소개한다. 그들이 가장 잘 다루는 질문은, 성체(성찬의 떡)의 우유성(偶有性)들이 본질 없이 존재할 수 있는지, 구주께서 마리아의 태에 잉태되시는 데 얼마만한 시간이 필요한지, 하나님께서 성육신하시는 것처럼 쉽게 여인이나 귀신이나 짐승이나 초목이나 돌로도 변하실 수 있는지 따위의 것들이라고 말한다. 이런 놀라운 형이상학적 지식을 감안할 때, 사도들도 만약 다시 태어난다면 새로운 조명을 받을 필요가 있다고 한다.

수사들에게 화제를 돌린 우신은 그들의 이름이 원래 독거(獨居)와 은둔을 뜻하는데 이제는 거리와 골목에서 그들을 만나지 않는 곳이 없다고 말한다. 그들은 허리띠와 두건과 체발 모양에만 신경을 쓰고 툭하면 싸움질이나 한다. 천국은 마음이 진실한 사람들에게만 문을 열어주기 때문에, 그들은 마지막 날에 다른 천국을 찾아 나서야 할 것이다. 교황에 관해서는 루터의 발언도 에라스무스의 신랄한 문장만큼 성 베드로의 계승자가 어떠해야 하는데 실제로는 어떻다는 그 거대한 괴리를 더 명확하게 묘사하지 못한다. 교황들은 자신들의 권위가 공격을 당할 때는 성무 중지령과 크고 작은 파문들, 무시무시한 대칙서들 같은 영적인 무기들을 마음대로 휘두른다. 그들이야말로 탐욕과 악행으로 성령을 근심케 하며, 구주의 상처에서 새로 피가 흐르게 만드는 자들이다. 「지침서」(*Enchiridion*)에서 그는 "사도와 사목(司牧)과 주교"가 권력의 명칭이 아니라 의무의 명칭이며, 파파(교황)와 아바스(대수도원장)가 사랑의 칭호라고 말한다. 면죄부 판매와 성인 숭배 등 중세의 폐습들이 에라스무스의 신랄한 비판을 당한다.

에라스무스는 자신의 신약성경 주석과 주해 외에도 발라의 「주석」(*Annotations*) 초판 인쇄본을 편집했으며, 그것이 1505년에 파리에서 출판되었다. 그의 큰 공로라고 하면, 성경의 명백한 의미를 부각시키고, 사람들에게 "나무와 돌로 만들어 금으로 장식한 그리스도 상 앞에 꿇어 엎드리지 말고, 성경에 묘사된 그리스도의 살아 있고 숨쉬는 모습에 경배하자. 하늘에 계신 아버지께서 당신의 사랑하는 아들이라고 부르신 분을 어찌 알베르투스 마그누스와 토마스 아퀴나스, 오컴과 비교할 수 있겠는가!" 하고 설득했다. 스콜라 학자들에 관해서는 이렇게 말했다. "나는 스코투스처럼 강력한 논객이 되느니 차라리 제롬처럼 경건한 신학자가 되고 싶다."[40]

1516년에 바젤에서 출판된 에라스무스의 헬라어 신약성경은 성경 연구와 이해에 새로운 획을 그었다. 그것은 신앙의 대의를 위해서는 에라스무스의 다른 모든 저서들을 합쳐놓은 것보다 더 귀중했으며, 더 나아가 르네상스 시대의 모든 저자들이 내놓은 모든 번역들과 저작들보다 더 가치가 있었다. 그의 헬라어 신약성경에는 레오 10세에게 바치는 헌사가 실려 있다. 에라스무스는 제롬에 관한 편집본을 헌정하는 편지에서도 그랬듯이 그 교황에게 끊임없이 아첨을 하는데, 하지만 그 교황은 누구보다도 참 복음 선포를 앞장서서 반대하게 될 사람이었다. 모두 672쪽인 그의 헬라어 성경은 한 단에는 헬라어 본문이, 다른 한 단에는 에라스무스 자신의 라틴어 번역과 주해가 실려 있다. 이 성경은 콤플루툼 학파 대역성경(the Complutensian Polyglot)의 신약성경 출판을 예상하여 서둘러 출판되었다. 그 대역성경은 실제로 1514년에 인쇄되었으나 1520년에 가서야 배포되었다. 에라스무스는 12세기의 세 가지 사본을 사용하는데, 이 사본들은 지금도 바젤 대학교 도서관에 보관되어 있으며, 에라스무스가 달아놓은 난외주들

---

40) 에라스무스의 신약성경의 머리말에서.

과 인쇄업자가 인쇄본의 일련 쪽 번호를 표시하기 위해 그어놓은 붉은 줄이 고스란히 남아 있다. 에라스무스는 사본들을 필사하는 수고까지도 마다하지 않았으며, 그것들을 무수히 교정하여 인쇄소에 넘겼다. 요한계시록의 사본은 로이힐린에게 빌린 것으로서 오랫동안 사라졌다가 1861년에 델리취 박사(Dr. Delitzsch)가 바이에른 마이힝겐에 있는 외팅겐 발러슈타인 도서관에서 다시 발견했다. 사본에서 떨어져 나간 마지막 장을 에라스무스가 채워 넣었는데, 그 방식은 불가타 성경의 마지막 여섯 절을 평범한 헬라어로 번역해 넣는 것이었다. 그는 헬라 학자보다는 라틴 학자에 더 가까웠던 것이다.

에라스무스는 신약성경의 개정본을 모두 합해서 다섯 번 발행했다(1516, 1519, 1522, 1527, 1535). 그 외에도 그의 허락을 받지 않고 출판된 30종이 넘는 복사본들이 베네치아와 스트라스부르, 바젤, 파리 등의 도시들에서 유포되었다. 그는 여러 번 개정 작업을 했으나 다 합해도 여덟 종의 사본을 넘지 않았다. 네 번째와 다섯 번째 사본들은 라흐만(Lachmann)과 트레겔레스(Tregelles)의 시대까지 최고의 권위를 행사한 「공인본문」(textus receptus)의 토대가 되었다. 요한계시록을 제외한 성경들에 그가 해놓은 주해와 석의는 영어로 번역되었고, 1547년에는 모든 교회들에 사본이 배포되었다. 츠빙글리는 1516년에 아인지델른 수도원에서 에라스무스의 헬라어 성경 초판 가운데 바울 서신들을 필사했다. 루터는 1519년의 제2판을 토대로 1522년에 바르트부르크 성에서 독일어 번역을 했으며, 1526년에 틴들은 영어 번역을 했다.

이로써 에라스무스는 그가 자신의 헬라어 신약성경 초판 머리말에서 그토록 높게 추장(推奬)하던 자국어 성경 번역본들을 예비하는 데 직접 이바지했다. 그는 그 머리말에서 성경을 모든 방언으로 번역하여 모든 독자의 손에 쥐어줌으로써, 농부가 밭에서, 직조공이 베틀 앞에서, 여행자가 여행길에, 여성이 물레 앞에서 힘과 위로를 얻게 해주면 좋겠다는 소원을 피력했다. 그가 헬라어 원어 성경을 편집한 목적은 신학자들에게 기독교의 근원을 연구할 수 있도록 하기 위함이었다. 오이콜람파디우스는 "성경에서는 그리스도 외에 구할 것이 아무것도 없다"는 교훈을 에라스무스한테 배웠다고 고백하는데, 그것은 실로 작지 않은 찬사이다.

에라스무스도 언급하듯이, 그가 낳은 알을 루터가 부화했다는 것이 일반적인 평가였다. 그가 비텐베르크의 개혁자와 종교개혁 운동과 어떤 관계를 유지했는가 하는 내용은 이 시리즈의 제7권에 제시된다. 여기서는 에라스무스가 구교 체제의 울타리 안에서 점진적 교육과 온유한 설득으로 개혁을 이루기를 바랐다는 점만 밝히고 넘어가는 것으로 충분하다. 그는 루터와 츠빙글리의 과격한 방법에 반대했으며, 자신이 종교보다 더 중시했던 학문과 세련된 문화의 대의에 큰 해를 끼칠까봐 우려했다.

루터를 직접 만난 적이 없던 그는 루터가 벌이는 일에 자신은 전혀 책임이 없다고 힘주어 말했으며, 루터의 저서들을 읽어볼 시간이 없었다고 밝혔다. 그러면서도 츠빙글리에게 쓴 편지에서 그는 루터가 취한 입장은 대부분 그가 나타나기 전에 자신이 취했던 것이었음을 토로했다. 에라스무스는 비평적 학자였을 뿐 행동가나 뜨거운 신념가가 아니었다. 그는 기껏해야 도덕가였다. 루터와 같은 신앙 체험을 겪지 못했으며, 루터는 일찍이 랑게에게 쓴 편지에서 에라스무스가 하나님의 은혜를 전혀 모르는 사람이 아닌지 두렵다고 말했다. 16세기 초반은 그 비평가를 보완해야 할 필요가 있던 시기였다. 에라스무스는 전쟁을 벌일 마음이 없었다. 그의 경건은 용감하게 구 체제와 결별할 만큼 깊지 못했다. 비록 펜으로는 교황에게 조소를 신랄히 퍼부으면서도 말과 행위로는 그에게 아첨을 했다. 과연 레오 10세를 대하는 태도에서만큼 에라스무스와 루터 두 사람의 차이가 극명하게 불거진 곳이 없다. 에라스무스는 자신에게 이로울 때는 그를 문화의 화신으로 칭송했던 것이다.

변화를 일으키기 위해서는 학문과 풍자보다 더 필요한 것이 있다는 사실을 그는 알지 못했다. 시대는 순교의 각오를 요구했는데, 에라스무스의 신앙적 확신은 진리를 위해 고난을 당할 만큼 충분하지 않았다. 에머튼(Emerton)이 잘 말해 놓았듯이, 가장 첨예했던 쟁점들에서 에라스무스는 친구들을 위한 견해와 세상을 위한 견해를 동시에 지녔다. 그는 신앙 위인이 될 만한 솔직함과 용기가 모두 없었다. "에라스무스는 자신을 위한 사람이다"는 것이 「무명인들이 보낸 열 통의 편지」에서 종종 반복되는 그에 관한 정의였다. 루터는 독일인들을 향해서 외치고 그들을 위해서 투쟁했다. 에라스무스는 학문과 기지로 지식인들의 존경을 받았다. 민중은 그에 관해서 몰랐다. 루터는 독일어로 말했지만, 에라스무스는 인도어만큼 이탈리아어를 모르며, 독일어와 프랑스어, 영어를 할 줄 모르는 것을 자랑으로 여겼다. 자신이 순수한 라틴 문화권 사람임을 자부했다.

에라스무스는 자신의 친구들인 존 콜릿과 토머스 모어와 마찬가지로 로마와 결별할 생각이 없었다. 자신은 교회의 판단에서 이탈한 적이 없으며 그럴 수도 없다고 스스로 밝혔다. "교회의 동의가 내게는 너무나 중요한 까닭에 만약 아리우스파와 펠라기우스파가 가르친 것을 교회가 인정한다면 나는 그들의 주장에 동의할 용의가 있다." 이 내용은 그가 1526년에 자유의지를 주제로 논쟁을 벌이다가 루터와 공식적으로 결별한 뒤에 쓴 것이다. 하지만 가톨릭 교회는 그를 용서하지 않았다. 두 교황 파울루스 4세(1559)와 식스투스 5세(1590)가 그를 의도적 이단으로 규정하고서 그의 모든 저서들을 금서 목록에 올렸던 것이다. 이 판결은 1564년에 트렌트 공의회의 최종 판결에 의해 철회되고, 「대화록」과 「우신예찬」, 「기독교적 결혼」(Christian Marriage), 그 밖의 한두 권을 제외한 그의 모든 저서들이 금서목록에서 풀렸으며, 이 판결은 1596년에 클레멘스 8세에 의해 확증되었다. 그리고 그것으로 그 문제는 정리되었다.

독일인 가톨릭 사가 얀센(Janssen)은 에라스무스에 대해서 어두운 색채로 묘사하기를, 그가 허영과 자부심에 차 있고, 시혜자들에게 감사할 줄 모르고, 쟁점들에 대해서는 항상 중립적인 태도를 취하고, 선물을 받기 위해서 권력자에게 아첨하는 인물이었다고 했다. 얀센은 그가 선물로 받은 금은 식기들과 귀중품들을 아꼈던 사실을 부각시킨다. 에라스무스는 '내 서랍은 선물들과 컵들과 술병들과 숟가락들과 시계들과 순금들과 이루 헤아릴 수 없는 반지들로 가득하다'고 썼다. 얀센은 에라스무스가 교회를 비판하는 과정에서 오직 한 가지 점에서 자신의 이탈리아인 선배들을 넘어섰다고 말한다. 이탈리아인들은 교회를 경멸하고 조롱하면서도 글로써 위선적으로 경건의 시늉을 내는 일이 없었다. 하지만 에라스무스는 정적에게 비수를 꽂은 다음에는 종종 그런 태도를 드러냈다. 영국의 구세대 청교도 틴들(Tyndale)도 에라스무스를 좋게 평가하지 않았으며, "그가 혀로 작은 각다귀를 커다란 코끼리로 만들고 조금이라도 자기 눈에 띄면 그것을 별들 위에 올려놓았다"는 말로 그를 평가했다.[41]

그러나 에라스무스를 이해하고 그의 임무가 루터의 것보다 더 훌륭한 것이었다는 사실을 간파한 사람은 아무도 없었다. 한때 에라스무스를 "우리의 장식과 소망"(decus nostrum et spes)이라고 불렀던 루터는 1523년에 오이콜람파디우스에게 쓴 편지에서 다음과 같은 말로써 사실을 정확하게 짚었다. "에라스무스는

---

41) *Pref. to Pentateuch*, Parker Soc. ed., p. 395.

자신이 위임받은 사명을 수행했습니다. 유해한 스콜라 학문 대신에 고대의 언어들을 소개했습니다. 그는 아마도 모세처럼 모압 땅에서 죽을 것입니다 …… 악을 극복하기 위해서 제 몫을 충분히 수행했으나, 약속의 땅으로 인도하는 것은 내 판단에 그의 몫이 아니었습니다."

70. 프랑스의 인문주의

프랑스의 인문주의는 이탈리아에서 전래했으나, 16세기가 한참 진행될 때까지 뚜렷한 운동으로 자리잡지 못했다. 부다이우스(Budaeus, 1467-1540)가 고전 학자를 대표한 학자였고, 파베르 스타풀렌시스(Faber Stapulensis) 혹은 프랑스식 이름을 따르자면 르페브르 데타플(Lefèvre d'Etaples, 1469-1536)이 기독교 문화의 대변자였다. 두 사람 모두 종교개혁 시대에 활동했다.[42] 독일뿐 아니라 프랑스에서도 르네상스는 종교개혁이 독일에서 충분히 뿌리를 내린 뒤에야 비로소 완숙한 경지에 이르렀는데, 그때는 이탈리아 반도에서는 그 운동의 샘들이 다 말라버린 뒤였다.

프랑스와 영국의 백년 전쟁이 끝나면서 지적 사조들이 흐르기 시작했다. 1464년에 피에르 라울(Peter Raoul)은 부르고뉴 공작을 위해서 트로이 역사를 집필했다. 당시에 프랑스인들은 여전히 자신들이 헥토르(Hector. 아킬레스에게 살해당한 트로이의 용사: 역자주)의 후손들인 줄로 알고 있었다. 파리 대학교를 제외하면 프랑스의 어느 대학교들도 그 운동에 가담하지 않았다. 개인 저자들과 파리 · 리옹 · 루앙 등의 도시들에 있던 인쇄소들이 그 운동의 거점들이 되었다. 기욤 피셰(William Fichet)와 가귀앵(Gaguin)이 대개 프랑스의 초창기 인문주의자들로 간주된다. 피셰는 파리 대학교에 "로마의 웅변"을 도입하고 소르본 대학교에 인쇄소를 세웠다. 베사리온과 편지를 주고받았으며, 서재에 페트라르카와 베로나의 구아리노 같은 이탈리아 작가들의 책들을 소장하고 있었다. 가귀앵은 1468년에 수에토니우스와 그 밖의 라틴 저자들의 글을 필사하고 교정했다. 포조의 「유머집」과 발라의 저서 몇 권을 프랑스어로 번역했다. '초대 기독교 왕'이라

---

42) Imbart, II. 382.

는 칭호를 자랑한 루이 11세의 재위 때 프랑스 시인들은 그의 업적을 칭송하는 시를 썼다. 이탈리아 문인들의 초점이 고대를 숭배하는 데 있었다면, 프랑스 문인들은 왕에게 충성과 존경을 바치는 데 있었다.

헬라어가 완전히 잊혀졌던 프랑스 사회에 처음 나타난 헬라어 교사들은 1458년에 파리에 온 그레고리 티페르나스(Gregory Tifernas)와, 샤를 8세와 함께 프랑스로 돌아온 요한 라스카리스(John Lascaris), 로이힐린과 부다이우스를 자신의 학자들 가운데 두었던 스파르타의 헤르모니무스(Hermonymus)였다. 신학문에 새로운 자극을 가한 사람은 훗날 보름스에서 루터 진영에 가담한 일로 유명해진 이탈리아인 알레안더(Aleander)였다. 그는 1509년에 파리 대학교에서 플라톤을 강의했고, 라틴-헬라어 사전을 발행했다. 1512년에 그의 제자 바타블(Vatable)이 크리솔로라스(Chrysoloras)의 헬라어 문법서를 출판했다. 당대 최고의 헬라어 학자로 꼽히는 기욤 부다이우스(William Budaeus)는 1530년에 프랑스 대학을 설립했고, 마지막으로 프랑수아 1세를 설득하여 히브리어와 헬라어를 가르칠 수 있게 했다. 파리 대학교는 15세기 말에 침체에 빠져 있었다. 일례로 에라스무스는 자기가 다니던 파리 대학교의 몬테규 칼리지의 음식과 도덕 및 지적 수준을 맹렬히 비난했다. 부다이우스는 성경학과 고전학을 겸하여 가르칠 것을 요구하면서, 요한복음이 "진리의 거의 완전한 성소가 아니면 무엇이냐!"고 주장했다.[43] 성경 원어 연구가 루터주의로 가게 한다는 반론을 일관된 확고한 자세로 비판했다.

르페브르는 파리·파비아·파두아·쾰른에서 공부했고, 이탈리아의 다른 도시들에도 얼마간 체류했다. 그는 헬라어를 알았고 히브리어도 조금 알았다. 1492-1506년에 그는 아리스토텔레스와 라이문두스 룰루스의 저서들을 편집하는 작업에 몰두했으며, 모(Meaux)의 주교 브리쇼네(Briçonnet)의 보호를 받으며 신학에 관심을 기울였다. 그의 목표는 오직 성경이 가르치는 것만 가지고 신학 체계를 수립함으로써 페트루스 롬바르두스의 「신학명제」를 상쇄하는 것이었다. 1509년에 그는 자신이 직접 개정하고 주석을 붙인 것을 포함한 라틴어 시편 번역본 다섯 종을 엮어 「*Psalterum quintuplex*」를 펴냈다. 1512년에는 바울 서신서들의 라틴어 개정판에 주석을 붙여 출판했다. 이 저서에서 그는 성경의 권위

---

43) Ibid., II. 545.

와 이신칭의 교리를 주장했으나, 그 교리가 지니는 심원한 의미는 제대로 이해하지 못했다. 또한 선행의 공로와 사제 독신주의에 대해서 의문을 제기했다. 시편 머리말에서 르페브르는 이렇게 말했다. "오랫동안 아는 인문주의 학문들을 추종하면서도 하나님에 관한 책들은 펼쳐보지 않았는데, 이제 이 책들이 내 눈을 환하게 밝혀서 세속 학문들이 차라리 어둠처럼 보인다."

루터의 독일어 신약성경이 발행된 지 3년 뒤인 1523년에 르페브르의 프랑스어 신약성경이 간행되었다. 이 책은 1528년에 간행된 그의 구약성경 번역본과 마찬가지로 불가타를 토대로 삼았다. 1522년과 1525년에는 네 복음서와 공동 서신서들에 대한 주석을 펴냈다. 전자는 소르본 대학교 당국에 의해 금서목록에 포함되었다. 소르본 대학교가 자극하고 프랑스 왕실이 채택한, 자유로운 학문 정신과 종교개혁에 대한 제재로 인하여 그는 먼저 스트라스부르로, 그 뒤에는 앙굴렘의 마가레트의 자유로운 궁정으로 피신할 수밖에 없었다.

르페브르와 접촉한 사람들 가운데는 제네바의 종교개혁자들인 칼빈과 파렐이 있었다. 한편 프랑스의 문학 부흥을 선도한 최초의 시인 클레망 마로(Clement Marot, 1495-1544)는 시편과 오비디우스의 「변신」(*Metamorphoses*)을 프랑스어로 번역하고 있었다. 시편을 프랑스의 군주들은 여흥을 위해 불렀으나, 제네바와 위그노들은 예배 찬송으로 불렀다. 칼빈은 1520년경에 부르주와 오를레앙, 파리에서 인문학 과목들과 법학을 공부할 때 법학자들인 코르디에(Cordier)와 르투알(L'Etoile), 헬라어 교수인 멜키오르 볼마르(Melchior Wolmar)에게 배웠는데, 그 개혁자는 훗날 이들에게 감사와 존경을 바쳤다. 그는 인문학 학과들을 열정적으로 파고들었으며, 세네카의 「관용론」에 관해 쓴 저서의 사본을 에라스무스에게 보냈다. 이 저서에서 그는 이교 고전과 교부들을 수시로 인용했다. 만약 칼빈이 새로운 종교관을 채택하지 않았다면 오늘날 프랑스 인문주의사의 주요 인물로 알려져 있을 것이다.

71. 영국의 인문주의

세상의 것들을 선용하면서 영원한 것들을 사모하라.

— 존 콜릿

인문주의는 이탈리아에서 영국으로 직접 전래되었으나, 옥스퍼드와 케임브리지에 3년을 체류하면서 영국의 그 운동의 지도자들과 교분을 나눈 에라스무스에 힘입어 큰 진전을 보았다. 영국 인문주의 역사는 신학문과 구학문의 주된 각축장이 되었던 대학교들과 콜릿이 설립한 런던의 세인트 폴 주교좌성당 학교에서 본격적으로 시작된다. 조심스럽고 과묵한 영국인들의 특성이 이 나라의 인문주의에도 고스란히 나타난다. 이탈리아의 문학 운동이 보여준 화려하거나 이교적인 특징이 없었고, 독일 인문주의자들이 보여준 심오한 고전적 학문성도 찾아볼수 없었다. 인쇄 분야를 제외한다면 순수 예술 분야에서는 대륙의 주도에 아무런 반응도 하지 않은 채 남아 있었다. 영국의 인문주의는 영국 종교개혁 신학과 마찬가지로 남들이 해놓은 일을 채택했다. 결코 창의적이지 않았다. 반면에 이탈리아에 비해 종교적이고 윤리적인 요소들을 뚜렷이 강조했다. 주요 지도자들은 존 콜릿과 토머스 모어 경이었는데, 두 사람 모두 에라스무스와 친분이 있었다. 캔터베리 대주교 워럼, 추기경 울지, 로체스터의 주교 존 피셔 같은 고위성직자들이 이 운동을 후원했다.[44]

영국의 학문 부흥은 이 나라에서 발생한 종교개혁의 직접적인 도화선이 되었다. (비록 이 나라의 초창기 개혁자들은 모두 가톨릭 교회 안에서 죽긴 했지만.) 학문 부흥의 첫 번째 자극은 15세기 후반에 이탈리아에 가서 공부한 영국 학생들이 받았다. 영국의 대부제들은 교회법을 공부하기 위해 이탈리아로 가는 것이 관례였다. 그런 목적으로 이탈리아로 간 리처드 드 베리(Richard de Bury)와 피에르 드 블루아(Peter de Blois)는 도서들과 라틴 세속 저자들에게 관심을 보였었다. 그 가운데 포조와 폴리도레 베르길리우스 같은 이탈리아인들은 그 나라에 오래 머물기도 하고 더러는 영국에 돌아와 가르치기도 했으나, 새 운동을 최초로 도입한 사람들은 윌리엄 셀링(William Sellyng)과 토머스 리나커(Thomas Linarcrc), 윌리엄 그로신(William Grocyn)이었다.

옥스퍼드 올 소울즈 칼리지 출신으로서 훗날 캔터베리 크라이스트 처치의 수도원장(1471-1495)을 지낸 셀링은 1464년에 이탈리아를 방문했고, 볼로냐에서

---

44) Wolsey는 자신이 문을 닫게 한 20개 수도원의 재산을 입스위치의 학교와 옥스퍼드 카디널 칼리지에 기부했다. 1516년에 윈체스터의 주교 Fox는 옥스퍼드 대학교에 신 학문 교육을 위한 코퍼스 크리스티 칼리지를 설립했다.

폴리치아노에게 배웠다. 그때의 여행 혹은 그후의 여행을 마치고 돌아오면서 헬라어 사본 몇 권을 가지고 돌아왔으며, 캔터베리에 헬라어 연구를 도입했다. 당대 영국에서 가장 유명한 의사였던 리나커(1524 죽음)는 크라이스트 처치 칼리지에서 셀링에게 배운 뒤 옥스퍼드로 가서 코르넬리오 비텔리(Cornelio Vitelli)에게 헬라어를 배웠다. 비텔리는 중세 후반에 영국에 헬라어를 공식적으로 가르친 최초의 인물이다. 리나커는 그 뒤 피렌체·로마·파두아로 가서 의학을 전공했다. 영국으로 돌아와서는 사제 서품을 받았으며, 후에 헨리 8세의 주치의가 되었다. 갈렌(Galen)의 저서들을 영어로 번역했다.

리나커가 피렌체에서 공부하는 동안 그로신이 그 도시에 도착했다. 그는 1488년 이전에 옥스퍼드에서 헬라어를 가르쳤으며, 유럽을 다녀온 뒤 1491년부터 그 대학교에서 다시 헬라어를 가르치기 시작했다. 역사가 그린(Green)은 그 해를 새로운 시기가 시작된 시점으로 평가한다. 그로신은 위(僞) 디오니시우스에 관해서 강의했고, 라우렌티우스 발라를 따라서 그가 사도 바울의 제자인 아레오바고 관원이었다고 간주해온 전승을 버렸다. 그와 리나커는 에라스무스와 가까운 친구 사이였으며, 그 학자는 그 두 사람을 콜릿과 모어와 함께 깊이와 균형을 갖춘 학문의 대표자들로 평가했다.[45]

15세기가 끝나갈 무렵에도 영국인들은 이탈리아인들의 눈에 여전히 "야만스러운" 민족이었다. 어떤 학교가 좋은 학교인지 당연히 알았을 에라스무스에 따르면 영국의 교사들은 "위축되고 침체에 빠져 있다"고 말했다. 대학교들이 둔스 스코투스에 관한 연구와 과거의 교수법 및 교과서들 위주로 운영되고 있었다. 하지만 스콜라 학자들이 물러나고 미묘한 박새둔스 스코투스]의 저서들이 옥스퍼드의 교정에 뿌려져 발에 밟힐 날이 가까이 다가와 있었다.

우드(Wood)가 말하듯이, 그리스 학에 관해서 "위험하고 저주받을" 학문으로 비판하는 사람들이 있었으며, 새로운 세기가 동트기 오래 전에 토머스 모어 경은 옥스퍼드 대학교 당국자들에게 헬라어를 반대하는 자들을 비판하는 편지를

---

45) Nicholas, *Erasmus' Letters*, I, 226. Sir Thomas Moore는 1504년 11월에 Colet에게 쓴 편지에서 이렇게 말했다. "나는 그로신과 리나커, 릴리와 함께 시간을 보낼 생각입니다. 그로신은 당신도 아시다시피 당신이 떠나 있는 동안 내 인생의 안내자였고, 리나커는 내 학문의 스승이었고, 릴리는 내게 가장 소중한 동료입니다."

보냈다. 모어에 따르면, 사순절에 그리스 학뿐 아니라 라틴 고전까지도 비판하는 설교가 줄을 이었다고 한다. 모어는 계속해서 이렇게 말한다. "설교자가 무슨 권리로 본인도 제대로 알지 못하는 라틴어와 전혀 모르는 헬라어를 비판한단 말입니까? 히브리어와 헬라어와 라틴어를 모르면서 어떻게 신학을 안다고 할 수 있단 말입니까?" 편지를 마치면서 모어는 만약 그들이 그런 입장을 끝까지 고수한다면 워럼과 울지, 심지어 국왕에게도 처벌을 받게 될 것이라고 대학교 당국자들에게 경고했다. 세인트 폴 주교좌성당 학교 교장 릴리(Lily)에게는 이렇게 썼다. "선생의 학교가 폭풍의 진원이 되는 것이 조금도 이상한 일이 아닙니다. 선생의 학교는 미개한 트로이를 멸망시킨 목마와 같습니다." 그러나 신학문에서 오직 위험만 볼 줄 알았던 자들이 있었다고 한다면, 로체스터의 피셔처럼 예순의 나이에 헬라어 공부를 시작한 사람들도 있었다. 영국의 대학교들이 오랜 세월 동안 권좌를 유지해온 롬바르두스의 「신학명제」를 접고 성경을 신학 교과서로 삼을 날이 다가오고 있었다.

이러한 결과가 있기까지 가장 크게 이바지한 사람이 존 콜릿(John Colet)이었다. 링거드의 책에는 그의 이름조차 언급되지 않았으나, 틴들과 래티머를 비롯한 16세기 중반의 종교개혁자들과 마찬가지로 오늘날은 그를 영국의 신학문을 개척한 주요 인물이자 숭고한 인생 목표를 지니고 문화에 순수하게 이바지한 귀감으로 인정한다.

런던의 시장직을 여러 번 역임한 헨리 콜릿 경의 아들로서 장차 세인트 폴 주교좌성당의 수석사제가 될 존 콜릿은 스물두 명의 자녀들 가운데 하나였다. 세월이 흐르면서 다른 식구들은 다 세상을 떠나고 어머니와 자신만 남게 된 그는, 자신도 늙어 가는 것을 느끼게 되었을 때 어머니가 얼마나 고상한 생각을 품고 노년을 행복하게 보내셨는지 존경의 마음을 담아 어머니에 관해서 말한다. 그의 어머니에 관해서 읽으면 존 웨슬리의 훌륭한 어머니가 자연스럽게 떠오른다. 젊은 콜릿은 옥스퍼드에서 3년을 보낸 뒤(1493-1496) 에라스무스의 표현을 빌자면 "좋은 물건을 찾아다니는 상인처럼" 이탈리아로 갔다. 그가 이탈리아의 어느 대학교에서 공부했는지는 추측밖에 할 수 없지만, 두 세대 후에 대주교 파커(Parker)는 그가 "외국 여러 나라에서 특히 성경을 오랫동안" 공부했다고 말했다. 옥스퍼드로 돌아온 그는 아직 사제 서품을 받지 않았는데도 세인트 폴 주교좌성당에서 사도 바울의 헬라어 서신서들을 공개적으로 강해하여 큰 호평을 받앉다. 바로 그 시기에 「둔스 스코투스 상고」(*Quodlibet of Duns Scotus*)를 인정받아 레이디 마가렛 기념 신학교수직에 오르게 되었다. 훗날 콜릿은 고린도전서도 강해했다.

이 시기에 그는 구체제의 학문 규범에서 완전히 벗어나지 못하여 고전 저자들의 글을 읽는 것에 반대하는 경향을 띠었다. "그리스도의 유익한 풍미가 담겨 있지 않고 그리스도를 소개하지 않은 책들 …… 그리스도를 발견할 수 없는 책들은 귀신들의 식탁일 뿐이다"라고 그는 말했다.[46] 그의 강해가 끼친 영향에 관해서는 콜릿 자신이 어떤 사제의 방문을 받고 남긴 글에 잘 나타나 있다. 사제는 콜릿의 난로 곁에 앉아 품에서 자신이 직접 필사한 서신서들의 사본을 꺼냈다. 콜릿은 사제의 요청을 받고는 로마서 1장의 황금과 같은 내용을 설명해 주기 시작했다. 그의 강해에는 사도를 향한 존경에서 우러나온 표현들로 가득하다.

1498년에 옥스퍼드에서 콜릿은 자신과 동갑인 에라스무스를 만났고 모어도 그곳에서 만났는데, 모어를 만나고 나서는 그를 "보기 드문 천재"라고 불렀다. 이들과 사귐을 가지면서 신학문에 대한 소신을 확고하게 굳혔다. 그는 아레오바고 관원의 「위계제도」(*Hierarchies*)를 강의했으나, 곧 그 저서들이 후대의 것이라는 그로신의 견해를 채택하게 되었다. 당시에 성행하던 토마스 아퀴나스에 대한 절대적 평가를 그는 포기하고서 그를 "모든 것을 정의하려고 시도한" 그리고 "자신의 속된 철학으로 그리스도의 교훈 전체를 부패시킨 교만한 자"라고 비판했다.[47] 몇 년 뒤에 에라스무스에게 쓴 편지에서 그는 당대의 신학자들을 하찮은 논리 장난과 변증적 궤변으로 인생을 허비하는 자들이라고 비판했다. 에라스무스는 그에게 쓴 답장에서 한때 존경을 받던 신학이 "누더기를 걸친 초라한 벙어리"가 되었다고 말했다.

1504년에 세인트 폴 주교좌성당 수석사제로 임명된 그는 성직자들의 부패를 개혁하고 대담하게 설교하고 교육을 풍성하게 후원하는 데 주력했다. 그가 주교좌성당 산하 성직자들을 대상으로 제정한 법령은 "삶과 신앙 양면의 모든 점에서" 개혁의 필요성을 역설했다. 옛 법령은 예를 들어 수석사제가 행렬과 성가대에서 어떤 자리를 차지해야 하는지 매우 구체적으로 규정하는 데 반해, 설교를

---

46) Lupton, p. 76 인용.

47) Seebohm, p. 107.

그의 의무의 하나로 언급하지 않는다. 콜릿은 바울 서신서들을 가지고 대중 강연을 했으나, 얼마 가지 못해 주교좌성당 참사회의 반대에 부닥치게 되었다. 주교좌성당 학교가 자신의 표준에 부응하지 못하자, 그는 아버지에게 물려받은 유산을 1509년에 학교에 기증했다. 세인트 폴 주교좌성당의 원 건물들은 런던 화재 때 소실되고 1666년에 새 건물이 건립되었다. 콜릿이 제정한 새 법령은 수업료를 폐지하고 초기보다 세 배나 불어난 학생수를 153명으로 한정했다. "라틴어와 헬라어로 된 좋은 문학"을 강의할 수 있도록 했으나, 특히 "순수하고 단정한 라틴어로 지혜의 글을 남긴" 기독교 저자들에 대한 강의를 우대했다. 콜릿은 유서 깊은 주교좌성당에 학교를 설립하면서 교사들의 도덕적·학문적 자질에 관하여 "정직하고 지조가 있으며, 학문의 깊이가 있고 제대로 검증된 사람"이라는 높은 수준의 규정을 학칙에 포함시켰다. 교사가 단정한 문학을 가르치는 일에 겸하여 "학생들의 여린 마음에 거룩한 도덕을 심어주고 그들로 문법뿐 아니라 도덕에서도 대가가 되도록 해야 한다"고 주문했다.[48]

세인트 폴 주교좌성당 학교는 영국에서 헬라어를 가르친 최초의 문법 학교라는 명성을 지니고 있다. 그 학교에서 가르친 교사들의 명단은 당대에 헬라어를 가르칠 역량이 있는 몇 안 되는 영국인들 가운데 한 사람인 윌리엄 릴리(William Lily)로부터 시작한다. 그는 옥스퍼드에서 공부한 뒤에 예루살렘을 여행하고 이탈리아를 경유하여 영국으로 돌아왔다. 1522년에 세상을 떠났다. 콜릿은 유언으로 자신의 모든 장서를 그 학교의 가난한 학생들에게 물려주었다.

세인트 폴 주교좌성당의 그 수석사제는 설교자로서 대담했을 뿐 아니라 성경적이었다. 그의 청중 가운데는 롤라드파가 있었다. 콜릿은 다른 이단들의 저서뿐 아니라 위클리프의 저서들도 읽은 듯하다.[49] 그가 행한 유명한 설교 가운데 두 편은 1511년의 주교회의 때와 울지의 추기경 임명식 때 전한 것이다. 주교회의 석상에서 행한 설교는 성직자들의 개혁을 열정적으로 호소하는 내용으로서, 오늘날까지 전체의 내용이 현존한다. 본문은 로마서 12:2이다: "너희는 이 세대를 본받지 말고 오직 마음을 새롭게 함으로 변화를 받아." 성직자들의 교만과 야

---

48) 그 법령은 Lupton이 Appendix A., p. 271 sqq.에 소개한다.

49) 전자는 월싱엄 방문기를 남긴 에라스무스의 기록에서 추론할 수 있고, 후자는 에라스무스가 Jonas에게 보낸 편지에 실린 분명한 진술에서 추론할 수 있다.

심을 고발하고, 교회와 국가에서 높은 지위에 오르기를 바라는 그들의 탐욕을 단죄한다. 연회를 자주 열고 오락과 연극, 사냥에 빠져 지내는 성직자들이 있음을 환기시킨다.[50] 사제들이 선하게 살면 민중도 선하게 살게 되어 있다고 하면서, 다음과 같이 힘주어 말한다. "우리들이 선하게 살면 징계와 파문보다 훨씬 더 효과적인 방법으로 그들을 올바른 길로 인도할 수 있다. 그들이 선하고 거룩한 생활을 하게 해야 하며, 성경을 제대로 배워 무엇보다도 하나님을 경외하고 천상적 삶을 사랑하는 마음을 가득 품고 살게 해야 한다."

그러나 콜릿은 당시의 교회법에 따라 신중하지 못하게 처신했다는 고소를 당했다. 런던의 주교 피츠-제임스(Fitz-James)가 그를 법정에 소환했으나, 이 사건은 결국 대주교에 의해서 기각되었다. 고소 내용은 콜릿이 화상 숭배를 단죄하고, 베드로가 가난한 사람으로서 교구 수입을 받지 않았다고 주장했다는 내용과, 설교를 글로 써서 낭독하는 행위를 비판한 것이 그 습관에 길들여진 피츠-제임스 자신을 겨냥한 것이라는 내용이었다. 당시에 케임브리지에 있던 래티머는 몇 년 뒤에 행한 설교에서 이렇게 말했다. "당시에 콜릿 박사는 곤경에 처해 있었으며, 만약 하나님께서 왕의 마음을 바꾸어 주시지 않았다면 화형을 당하고 말았을 것이다."

에라스무스의 헬라어 성경이 출판되었을 때 콜릿은 그것을 진심으로 반겼다. 네덜란드의 그 학자에게 사본을 잘 받았다고 알리는 편지에서, 그는 자신이 헬라어를 읽을 만한 지식이 없는 것을 한탄하면서, 그에게 그 언어를 배우고 싶다는 뜻을 전했다. 이 편지에서 그는 "에라스무스라는 이름은 영원히 사라지지 않을 것입니다" 하고 예언했다. 에라스무스는 콜릿에게 쓴 답장에서 자신이 히브리어를 열심히 공부해 보았으나 "어휘가 너무나 낯설어 위축된데다 많은 과목들을 다 통달하기에는 인간의 역량이 불충분하여서" 진도가 많이 나가지 못했다고 말했다.[51] 그보다 훨씬 연하의 학자로서 튀빙겐에서 가르치던 필립 멜란히톤은 그 새로운 도구(Novum instrumentum)에 바치는 찬사를 헬라어로 작성하여 베

---

50) Lupton(p. 183)은 Colet의 진술을 놓고서, 그것이 말 97필과 개 21마리, 매 3마리를 이끌고서 브리들링턴 소수도원을 공식 방문한 어떤 대부제의 경우를 거론한 것일 가능성이 있다고 말한다.

51) Nicholas, I. 376, II. 287.

아투스 레나누스 편으로 에라스무스에게 전달했다. 윈체스터의 주교 폭스는 그 책이 자신에게는 주석 열 권보다 더 유익하다고 평가했다.

죽기 얼마 전에 콜릿은 셴에 있는 종교 휴양지로 은퇴하기로 결심했다. 건강도 나빠진데다 허심탄회한 발언으로 인해 당하던 고통이 힘들었던 것이다. 하지만 결국 그 결심을 이행하지 못한 채 죽어 세인트 폴 주교좌성당에 묻혔다. 그의 유언에 교회를 위해 유증을 남긴다거나 자기 영혼을 위한 미사 비용을 남긴다는 내용이 없었다는 점이 눈길을 끈다. 에라스무스는 그를 벗이라 부르면서, 그가 살아 있는 동안 영국이 "그보다 더 경건하고 그리스도를 참되게 하는 사람을 갖지 못했다"고 하면서 찬사를 아끼지 않았다. 그리고 콜릿이 죽은 뒤 다른 사람에게 쓴 편지에서, 그는 "영국이 어떤 사람을 잃은 것이며, 내가 어떤 벗을 잃은 것인가!" 하고 애석해했다. 콜릿은 에라스무스가 절박한 상황을 만나 호소할 때마다 어김없이 그것을 경청해 주곤 했다. 에라스무스의 「대화록」에서 그와 콜릿이 토머스 아 베켓의 성소와 월싱엄의 성모의 성소를 함께 여행한 기록만큼 앵글로색슨인들에게 더 흥미를 끄는 대목이 없다. 그리고 그 대목에서 가장 훌륭한 부분은 두 사람이 베드로의 손가락, 성모의 젖, 성 토머스의 신발 한 짝 등 자신들이 관람한 성유물들에 대해 유머를 섞어 비판하는 내용이다.

콜릿은 비록 성직자들의 개혁을 요구하고, 학문 부흥을 환영하고, 스콜라주의의 구태의연한 논쟁을 비판하고, 성경 연구를 옹호하긴 했으나, 종교개혁에 가담하지 않았을 가능성이 매우 높다. 종교개혁이 발생했을 때 그는 쉰 살이었다. 그에 관해서 내놓을 수 있는 최선의 평가는, 그리스도인들에게 선하고 바르게 살라고 가르친 대로 자신도 그렇게 살았다는 것이다. 그는 평소에 "자비와 공의를 행하는 것이 기도와 제사를 바치는 것보다 하나님을 더 기쁘시게 해드리는 일이다" 하고 확신있게 말했던 것이다. 도널드 럽턴(Donald Rupton)은 「현대 개신교 신학자들의 역사」(*History of Modern Prostestant Divines*, 1637)에서 "세인트 폴 주교좌성당의 이 위대한 수석사제는 사도 바울와 똑같이 가르치고 생활했다"고 평가했는데, 그에게 바쳐진 찬사 가운데 이것만큼 훌륭한 것은 없을 것이다.[52]

토머스 모어 경(1478-1535)은 가톨릭 교회에서 죽었을 뿐 아니라, 영국 왕이

---

52) Lupton, *Life of Colet*, p. 143.

교황의 권위를 거스를 만큼 수위권을 갖는 것을 인정하지 않다가 순교의 죽음까지 당했다. 그는 옥스퍼드에서 공부한 뒤 런던에서 법률가로서 활동하다가 영국 대법관 지위까지 올랐다. 여기서 우리가 할 일은 그가 자신의 직업과 국가에 봉사한 내용을 소개하는 것이 아니라, 그가 영국의 학문 부흥과 신앙 운동에 맺었던 관계를 추적하는 것이다. 그는 독실하고 지적인 평신도의 귀감을 넘어서는 사람이었다. 맨살에 털옷을 입고 살았으며, 그러면서도 당대의 미신을 조소했다. 직위에 임할 때 먼저 하나님을 바라본 다음 왕을 바라보겠다는 약정을 했다. 동시에 자신의 절친한 친구들인 에라스무스와 콜릿과 손잡고서 고전학들인 라틴어와 헬라어 교육을 위한 새로운 기반 구축에 힘썼다. 교황을 머리로 둔 교회에 확고히 남아 있으면서도, 「유토피아」에서는 종교가 대부분 가정의 일이 되고, 사제에게 고해하지도 않고 사제가 면죄를 내리지 않는 이상적 사회상을 제시했다.

「유토피아」를 제외하면 모어의 저서들 가운데 대부분은 종교적인 것이었으며, 그 가운데 대부분이 모어 자신이 죽기 오래 전부터 영국에서 지지 세력을 확보해온 종교개혁의 새로운 교리들을 논박하는 논쟁적 논문들이었다. 모어는 1535년에 참수를 당했는데, 틴들의 영어 신약성경이 출판된 해가 1526년임을 기억하면 모어가 개신교 종교개혁을 접하며 살았던 기간이 어느 정도였는지 파악할 수 있다. 틴들도 모어가 처형된 다음 해에 교살된 뒤 화형을 당했다. 연옥 교리를 통렬히 비판한 사이먼 피쉬의 「걸인들의 탄원」(*supplication*)에 대응하여 모어는 「영혼들의 탄원」(*Supplication of Souls*)을 펴냈다. 이 책에서 연옥에 있는 영혼들은 땅에 살아 있는 자들의 망각 때문에 형벌의 고통에 남게 되지 않게 해달라고 울부짖는다. 피쉬는 1533년에 사형 언도를 받고는 화형을 당했다. 구교 진영의 주요 논객이었던 모어는 1533년에 화형 언도를 받은 존 프리스(John Fryth)를 비판하는 글도 썼고, 틴들을 비판하는 책에서는 그의 신약성경 번역본이 "틴들이 새로 날조한 거짓 영어 번역"이라고 몰아세웠다. 더 나아가 "위클리프와 틴들, 프라이어 반스(Friar Barnes) 같은 자들이야말로 평신도들에게서 성경을 빼앗을 수밖에 없는 이유를 말해준 장본인들"이라는 이상한 주장을 했다.[53] 모어는 이단 서적들이 "배에 가득 실려" 대륙에서 영국으로 수입되고 있다고 말

---

53) 참조. Gasquet, *Eve of the Reform.*, p. 215 sqq.

했다. 그는 켄트의 사제 토머스 힐턴(Thomas Hylton)을 화형을 당해 "악취가 진동하는 마귀의 항아리"에 빠져야 마땅한 이단 중 하나라고 불렀다. 힐턴의 죄목은 다섯 가지 성사를 부정했다는 것으로서, 그는 1530년에 화형을 당했다.[54]

당시의 관습대로 모어의 논쟁서들에는 험한 욕이 많이 사용되었다. 그는 반대파에게 "돼지들", "마귀가 자기 굴에서 키우는 지옥의 개들", "루시퍼를 즐겁게 하기 위해서 춤추는 원숭이들"이라는 표현을 사용했다.[55] 틴들과 프리스를 비판한 저서들에서 그는 순례자들과 화상 숭배, 면죄부를 예찬했다. 본인 스스로 1498년에 성유물들이 다량 발견된 바킹(Barking)을 순례했다고 적었다. 그 유물들이 "이교도들에 의해 그 대수도원이 불에 탄 이래로 사람들의 눈에 감춰져 왔음에 틀림없다"고 말한 그는, 중요한 점은 "그 성유물들이 존숭을 받아온 거룩한 사람들의 유골들이었다는 것으로서, 그 사람들의 이름을 일일이 밝힐 수 있는가 하는 것은 저급한 차원의 문제"라고 주장했다.[56]

그럴지라도 모어는 특정 미신은 비판했는데, 예를 들면 코벤트리의 프란체스코회 수사가 공적인 설교 시간에 "시편을 통해서 날마다 성모에게 기도를 드리면 멸망을 당하지 않을 수 있다"고 주장한 것을 일축했다. 그는 세례받지 않고 죽은 유아들이 영원한 형벌에 떨어진다는 아우구스티누스회의 가르침을 부정했으며, 에라스무스에게는 후텐의 「무명인들이 보낸 열 통의 편지」(Epistolae obscurorum virorum)가 영국의 모든 이들을 즐겁게 했으며, "그 책이 투박한 칼집 속에 대단히 훌륭한 칼을 감추고 있다"고 편지를 썼다.[57] 그가 콜릿과 에라스무스와 막역한 사이라는 사실 때문에 1519년에 수사들이 그를 회심시키려고 시도하는 일도 있었다.

모어는 1886년에 레오 13세에 의해 복자(福者)가 되었고, 성 에드먼드와 주교

---

54) 영국에서 이단의 생애가 어떤 평가를 받았는가 하는 것은 1511년에 헨리 8세의 라틴어 비서 Ammonius가 Erasmus에게 보낸 편지를 보면 짐작할 수 있다. 저자는 "그렇게 많은 이단들을 태워 죽였으니 숲에 나무가 고갈되어 귀해진 것이 조금도 이상한 일이 아니다"라고 말했다.

55) Dr. Lindsay in *Cambr. Hist. of Engl. Lit.*, III. 19.

56) Gasquet, *The Eve of the Reformation*, p. 378.

57) Nicholas, II. 428.

피셔, 토머스 아 베켓과 더불어 영국 가톨릭 교회가 장려하는 영국의 주요 순교자로 남아 있다. 그는 "자신의 영혼을 영원한 멸망에 떨어뜨리는 모험을 할 의지가 없는 상태에서" "성 바울과 성 스데반이 하늘에서 만나 친구가 되었듯이 자신도 자신에게 사형을 언도한 판사들과 그렇게 되기를 바란다"는 소망을 남긴 채 죽었다. 가드너(Gairdner)는 "모어처럼 부당한 죽음을 훌륭한 정신으로 맞이한 사람은 없다"고 말했다.[58] 우리도 이 평가에 동조할 수 있지만, 그럴지라도 모어가 심성으로는 신사였으나 자신의 눈에 이단으로 비친 사람들에게는 무자비했으며, 저서들을 통해서 루터 못지않은 격한 표현들을 그들에게 퍼부었던 사실을 간과하지 않을 것이다. 이 점을 제외한다면 모어는 교육 개혁을 옹호하고 에라스무스의 헬라어 신약성경을 칭송한 점에서 높은 평가를 받을 만하다. 그는 루뱅의 교수 도르피우스(Dorpius)가 에라스무스의 비평학을 공격하고, 옛 라틴어 성경에 대한 개정을 부정당한 시도로 비판한 점을 들어 그를 각별히 나무라는 편지를 써서 보냈다.

라틴어로 집필하고 1516년에 부다이우스가 서문을 붙인 모어의 「유토피아」는 유럽을 격동으로 몰아넣었다. 이 책은 「아무데도 없다」(Nusquama)라고도 불렸다. 플라톤의 「국가론」을 전범으로 삼은 저자는 유럽 사회 특히 영국이 어느 점에서 오류에 빠져 있는지 지적하는 데 뜻을 두었다. 모어가 어떤 공상의 섬에 수립한 이상적 공화국에서는, 계약을 준수하고 약속을 지키며, 농부·목수·마부·갱부 등의 노동자들이 귀족·금세공인·고리대금업자 같은 소비 계층과 노동의 대가를 정당하게 분배한다. "공화국의 이름과 명분을 앞세워 재산과 권력 증대를 꾀하는 부자들의 공모"가 그 나라에서는 용납되지 않는다. 유토피아에서는 모든 어린이들이 적절한 교육을 받고, 노동 시간이 하루 6시간으로 줄어들고, 거리는 6m를 유지하고, 가옥 뒤에는 정원이 있으며, 가옥마다 신선한 물이 공급된다. 도살은 성 밖에서 이루어진다. 모든 형벌은 개혁과 신앙에 목적을 두며, 주로 가정의 일이 된다. 섬에서는 옛 종교들이 그대로 존속한다. 하지만 모어는 자신이 대법관으로 벌인 활동과 명백히 모순되게 "어떤 사람도 자신의 신앙 때문에 처벌을 받지 않는다"고 주장했다. 그곳의 사제들은 남녀 모두로 구성되며, 제사 집례보다는 "예배를 감독하고 인도하는" 기능을 수행한다. 죄의 자백은 사

---

58) *Hist. of the Engl. Church in the 16th Cent., etc.*, p. 160.

제들이 아닌 가장들에게 하며, 아내는 남편 앞에 꿇어 엎드려 자백하고, 자녀들은 부모 앞에서 그렇게 한다. 사제들은 결혼을 한다.

모어는 자신의 유명한 저서가 출판된 지 10년 내에 독일에서 일어난 농민 반란을 뒷받침하기 위해 그 저서의 내용이 인용될 것을 조금도 생각하지 못했다. 그 안에는 오늘날의 사회주의적 희망과 꿈이 다소 진술되어 있다. 저자는 임금을 제한하는 법과, 부자들이 평민들을 수탈하고 경작할 수 있는 토지를 목양지로 개발하는 현실, 그리고 대륙에서 전쟁이 재발하여 영국이 개입하게 된 정세로 인해 고통에 시달리던 자기 시대 사람들의 일반적인 정서를 대변했다.

모어보다 몇 달 앞서, 존 피셔(John Fisher)는 수장령에 대한 지지 서약을 거부하고 아라곤의 캐서린의 소생의 왕위 계승을 인정하지 않았다는 이유로 일흔아홉의 나이에 단두대에서 처형되었다. 딘 페리(Dean Perry)는 그를 가리켜 "당대의 주교들 가운데 가장 학문이 높고 가장 양심 바르며 가장 독실했던 인물"이라고 평가했다. 1511년에 모어는 에라스무스를 케임브리지 헬라어 교수로 천거했다. 사형장으로 가는 길에 이 선량한 사람은 신약성경을 품에 안고 가면서 "당신과 당신이 보내신 예수 그리스도를 아는 이것이 영생이나이다"라는 말을 거듭 되뇌었다. 이것이 자기에게는 족한 깨달음이었다고 그는 말했다.

개신교 세계는 그로신 · 콜릿 · 모어 · 피셔에게 존경어린 평가를 내린다. 물론 그들이 당시 유럽 세계에 퍼져 나가고 있던 빛을 충분히 깨닫지 못한 것이 사실이다. 그럴지라도 그들은 스콜라적 방법보다 더 합리적인 교육 체계를 수립한 선구자들이었으며, 종교 사상 진보의 역사에서 독특한 지위를 차지한다.[59]

---

59) 물론 저자가 취한 견해와 대수도원장 Gasquet이 취한 견해 사이에는 관대한 관용을 제외하고는 서로 공통된 기반이 없다. 그 대수도원장은 개신교 종교개혁에서 높이 평가할 만한 점을 발견하지 못했으며, Revival of Letters in England(*The Eve of the Reform,* 중에서)에 관한 장을 다음과 같은 말로 맺는다. "독일과 마찬가지로 영국에서도 인문주의 운동에 마침표를 찍은 것은 참된 학문과 교육을 옹호하던 유력한 학자들을 곤란한 처지에 세워놓은 종교적 난제들의 등장이었다." 그 학자들이란 콜릿과 에라스무스, 피셔와 모어를 뜻한다.

특주

    스코틀랜드에서는 르네상스가 독자적 영향력을 행사할 기회를 많이 얻기 전에 종교개혁이 그 나라를 장악했다. 1550년경에 죽은 존 메이저(John Major)는 페트루스 롬바르두스의 「신학명제」에 관한 주석을 썼으며, 그로 인해 "스콜라주의자들 가운데 마지막 인물"이라 불린다. 하지만 그는 자신이 세인트 앤드루스 대학교에서 가르친 제자 조지 뷰캐넌(George Buchanan)을 통해서 새로운 학문 운동에 연결고리가 되었다. 메이저는 로마 가톨릭 교회에 확고하게 남았다. 뷰캐넌은 포르투갈에서 이단으로 몰려 여섯 달 옥고를 치른 뒤 스코틀랜드로 돌아와서 종교개혁을 받아들였다. 흄 브라운(Hume-Brown) 교수에 따르면 그가 시편을 라틴어 운문으로 석의해 놓은 책이 "최근까지도 라틴어를 가르치는 스코틀랜드의 모든 학교들에서 읽혔다"고 한다.[60] 녹스(Knox)의 「종교개혁사」(*History of the Reformation*)는 스코틀랜드 산문 문학의 최초의 모델이었다.

---

60) 참조. Hume-Brown, *Cambr. Hist. of Engl. Lit.*, 가운데 Reformation and Renaissance in Scotl.라는 제목의 장, III. 156-186.

제 9 장

강단과 민중의 신앙

72. 참고문헌

FOR §§ 73, 74. — The works of Erasmus, Colet, Tyndale, Geiler of Strass-
burg and other sources quoted in the notes. — LEA : *Hist. of Cler. Celibacy.*
Also *Hist. of Span. Inq. — Histt. of the Engl. Ch.* by CAPES and GAIRDNER-
TRAILL : *Social Hist. of Engl.*, vol. II. — SEEBOHM : *Oxf. Reformers.* — GAS-
QUET : *The Old Engl. Bible and Other Essays*, Lond., 2d ed., 1907. Also *The
Eve of the Reformation*, pp. 245 sqq. — CRUEL : *Gesch. d. deutschen Predigt, im
MA*, pp. 431–663, Detmold, 1879. — KOLDE : *D. relig. Leben in Erfurt am Aus-
gange d. MA*, 1898. — LANDMANN : *D. Predigttum in Westphalen* in d. letzten
Zeiten d. MA, pp. 256. — SCHÖN : art. *Predigt* in Herzog, XV. 642–656. —
JANSSEN-PASTOR : *Hist. of the Ger. People*, vol. I. — PASTOR : *Gesch. d. Päpste*,
I. 31 sqq., III. 133 sqq. — HEFELE-HERGENRÖTHER : *Conciliengesch.*, vol.
VIII.

For § 75. — ULLMANN : *Reformers before the Reformation*, 2 vols., Hamb.,
1841 sq., 2d ed., Gotha, 1866, Engl. trsl., 2 vols., Edinb., 1855 ; Also *J. Wessel,
ein Vorgänger Luthers*, Hamb., 1834. — GIESELER, ii., Part IV. 481–503. Copi-
ous excerpts from their writings. — HERGENRÖTHER-KIRSCH, II., 1047–
1049. — JANSSEN-PASTOR : I. 745–747. — HARNACK : *Dogmengesch.*, III. 518,
etc. — LOOFS : *Dogmengesch.*, 4th ed., 655–658. — For GOCH : His *De libertate
christ.*, etc., ed. by Corn. Graphaeus, Antw., 1520–1523. — O. CLEMEN : *Joh.
Pupper von Goch*, Leip., 1896 and artt. in Herzog, VI. 740–743, and in Wetzer-
Welte, VI. 1678–1684. — For WESEL : his *Adv. indulgentias* in Walch's *Monu-
menta medii aevi* Götting., 1757. — The proceedings of his trial, in ÆNEAS
SYLVIUS : *Commentarium de concilio Basileae* and D'ARGENTRÉ : *Col. nov.
judiciorum de erroribus novis*, Paris, 1755, and BROWNE : *Fasciculus*, 2d ed.,
Lond., 1690. — Artt. in Herzog by CLEMEN, xxi, 127–131, and Wetzer-
Welte, VI. 1786–1789. — For WESSEL : 1st ed. of his works *Farrago rerum
theol.*, a collection of his tracts, appeared in the Netherlands about 1521,
2d ed., Wittenb., 1522, containing Luther's letter, 3d and 4th edd., Basel,
1522, 1523. Complete ed. of his works containing *Life*, by A. HARDENBERG

(preacher in Bremen, d. 1574), Groningen, 1614. — MUURLING : *Commentatio historico-theol. de Wesseli cum vita tum meritis*, Trajecti ad Rhenum, 1831 ; also *de Wesseli principiis ac virtutibus*, Amsterd., 1840. — J. FRIEDRICH, Rom. Cath.: *J. Wessel*, Regensb., 1862. — Artt. *Wessel* in Herzog, by VAN VEEN, xxi. 131-147, and Wetzer-Welte, XII. 1339-1343. — P. HOFSTEDE DE GROOT : J. Wessel Ganzevoort, Groningen, 1871.

For § 76. — NICOLAS OF LYRA : *Postillæ sive Commentaria brevia in omnia biblia*, Rome, 1541-1543, 5 vols., *Introd.* — WYCLIF : *De veritate scrip. sac.*, ed. by Buddensieg, 3 vols., Leipzig, 1904. — GERSON : *De sensu litterali scrip: sac.*, Du Pin's ed., 1728, I. 1 sqq. — ERASMUS : Introd. to Gr. Test., 1516. — L. HAIN : *Repertorium bibliographicum*, 4 vols., Stuttg., 1826-1838. — ED. REUSS, d. 1891 : *D. Gesch. d. heil. Schriften N.T.*, 6th ed., Braunschweig, 1887, pp. 603 sqq. — F. W. FARRAR : *Hist. of Interpretation*, Lond., 1886, pp. 254-303. — S. BERGER : *La Bible Française au moyen âge*, Paris, 1884. — GASQUET : *The Old Engl. Bible*, etc. ; the *Eve of the Reformation*. — F. FALK : *Bibelstudien, Bibelhandschriften und Bibeldrucken*, Mainz, 1901 : *Die Bibel am Ausgange des MA, ihre Kenntnis und ihre Verbreitung*, Col., 1905. — W. WALTHER : *D. deutschen Bibelübersetzungen des MA*, Braunschweig, 1889– 1892. — A. COPPINGER : *Incunabula bibl. or the First Half Cent. of the Lat. Bible, 1450-1500*, with 54 facsimiles, Lond., 1892. — The *Histt. of the Engl. Bible*, by WESTCOTT, EADIE, MOULTON, KENYON, etc. — JANSSEN-PASTOR: *Gesch. des deutschen Volkes*, I. 9 sqq. — BEZOLD : *Gesch. der Reformation*, pp. 109 sqq. — R. SCHMID: *Nic. of Lyra*, in Herzog XII. 28-30. — Artt. *Bibel- lesen und Bibelverbot* and *Bibelübersetzungen* in Herzog II. 700 sqq., III. 24 sqq. Other works cited in the notes.

For § 77. — I. SOURCES : Savonarola's Lat. and Ital. writings consist of sermons, tracts, letters and a few poems. The largest collection of MSS. and original edd. is preserved in the National Library of Florence. It con- tains 15 edd. of the *Triumph of the Cross* issued in the 15th and 16th centt. Epp. *spirituales et asceticae*, ed. QUÉTIF, Paris, 1674. The sermons were col- lected by a friend, Lorenzo Vivoli, and published as they came fresh from the preacher's lips. Best ed. *Sermoni e Prediche*, Prato, 1846. Also ed. by G. BACCINI, Flor., 1889. A selection, ed. by VILLARI and CASANOVA : *Scelta di prediche e scritti, G. Sav.*, Flor., 1898. — Germ. trsl. of 12 sermons and the poem *de ruina mundi* by H. SCHOTTMÜLLER : Berlin, 1901, pp. 132. — A. GHERARDI : *Nuovi documenti e studii intorno a Savon.*, 1876, 2d ed., Flor., 1887. — The *Triumph of the Cross*, ed. in Lat. and Ital. by L. FERRETTI, O.P., Milan, 1901. Engl. trsl. from this ed. by J. PROCTER, Lond., 1901, pp. 209. — *Exposition of Ps. LI and part of Ps. XXXII*, Lat. text with Engl. trsl. by E. H. PEROWNE, Lond., 1900, pp. 227. — Sav.'s Poetry, ed. by C. GUASTI, Flor., 1862, pp. xxii, 1864. — Rudelbach, Perrens and Villari give specimens in the original. — E. C. BAYONNE : *Œuvres spir. choisies de Sav.*, 3 vols., Paris, 1880. — Oldest biographies by P. BURLAMACCHI, d. 1519, founded on an older Latin Life, the work of an eye-witness, ed. by Mansi, 1761 : G. F. PICO DELLA MIRANDOLA (nephew of the celebrated scholar of that name), completed 1520, publ. 1530, ed. by Quétif, 2 vols., Paris, 1674. On these three works, see VILLARI, *Life of Sav.*, pp. xxvii sqq. — Also J. NARDI (a contemporary) : *Le storie della città di Firenze, 1494-1531*, Flor., 1584. —

LUCA LANDUCCI, a pious Florentine apothecary and an ardent admirer of Sav.: *Diario Fiorentino, 1450–1516*, Florence, 1883. A realistic picture of Florence and the preaching and death of Savonarola.

II. MODERN WORKS. — For extended lit., see POTTHAST: *Bibl. hist. med.*, II. 1564 sqq. — Lives by RUDELBACH, Hamb., 1835. — MEIER, Berl., 1836. — K. HASE in *Neue Propheten*, Leip., 1851. — F. T. PERRENS, 2 vols., Paris, 1853, 3d ed., 1859. — MADDEN, 2 vols., Lond., 1854. — PADRE V. MARCHESE, Flor., 1855. — * PASQUALE VILLARI: *Life and Times of Savon.*, Flor., 1859–1861, 2d ed., 1887, 1st Engl. trsl. by L. Horner, 2d Engl. trsl. by Mrs. Villari, Lond., 2 vols., 1888, 1 vol. ed., 1899. — RANKE in *Hist. biogr. Studien*, Leip., 1877. — BAYONNE: Paris, 1879. — E. WARREN, Lond., 1881. — W. CLARK, Prof. Trinity Col., Toronto, Chicago, 1891. — J. L. O'NEIL, O.P.: *Was Sav. really excommunicated ?* Bost., 1900; * H. LUCAS, St. Louis, 1900. — G. MCHARDY, Edinb., 1901. — W. H. CRAWFORD: *Sav. the Prophet* in Men of the Kingdom series. — * J. SCHNITZER: *Quellen und Forschungen zur Gesch. Savon.*, 3 vols., Munich, 1902–1904. Vol. II., *Sav. und die Fruerprobe*, pp. 175. — Also *Savon. im Lichte der neuesten Lit.* in *Hist.-pol. Blätter*, 1898–1900. — H. RIESCH: *Savon. u. s. Zeit*, Leip., 1906. — ROSCOE in *Life of Lorenzo the Magnificent.* — E. COMBA: *Storia della riforma in Italia*, Flor., 1881. — P. SCHAFF, art. *Savon.* in Herzog II., 2d ed., XIII. 421–431, and BENRATH in 3d ed., XVII. 502–513. — CREIGHTON: vol. III. — GREGOROVIUS: VII. 432 sqq. — * PASTOR: 4th ed., III. 137–148, 150–162, 396–437: *Zur Beurtheilung Sav.*, pp. 79, Freib. im Br., 1896. This brochure was in answer to sharp attacks upon Pastor's treatment of Savonarola in the 1st ed. of his Hist., especially those of Luotto and Feretti. — P. LUOTTO: *Il vero Savon. ed il Savon. di L. Pastor*, Flor., 1897, p. 620. Luotto also wrote *Dello studio di scrittura sacra secondo G. Savon. e Léon XIII.*, Turin, 1896. — FERETTI: *Per la causa di Fra G. Savon.*, Milan, 1897. — MRS. OLIPHANT: *Makers of Florence.* — GODKIN: *The Monastery of San Marco*, Lond., 1901. — G. BIERMANN: *Krit. Studie zur Gesch. des Fra G. Savon.*, Rostock, 1901. — BRIE: *Savon. und d. deutsche Lit.*, Breslau, 1903. — G. BONET-MAURY: *Les Précurseurs de la Réforme et de la liberté de conscience . . . du XIIe et XIIIe siècle*, Paris, 1904, contains Sketches of Waldo, Bernard of Clairvaux, Peter the Venerable, St. Francis, Dante, Savonarola, etc. — Savonarola has been made the subject of romantic treatment by Lenau in his poem *Savonarola*, 1844, Geo. Eliot in *Romola*, and by Alfred Austin in his tragedy, *Savonarola*, Lond., 1881, with a long preface in which an irreverent, if not blasphemous, parallel is drawn between the Florentine preacher and Christ.

For § 78. — See citations in the Notes.

For § 79. — G. UHLHORN: *Die christl. Liebesthätigkeit im MA*, Stuttg., 1884. — P. A. THIEJM: *Gesch. d. Wohlthätigkeitsanstalten* in Belgien, etc., Freib., 1887. — L. LALLEMAND: *Hist. de la charité*, 3 vols., Paris, 1906. Vol. 3 covers the 10th–16th century. — T. KOLDE: Art. *Bruderschaften*, in Herzog, III. 434–441. — A. BLAIZE: *Des monts-de-piété et des banques de prêt sur gage*, Paris, 1856. — H. HOLZAPFEL: *D. Anfänge d. montes pietatis 1462–1515*, Munich, 1903. — TOULMIN SMITH: *Engl. Gilds*, Lond., 1870. — THOROLD ROGERS: *Work and Wages*, ch. XI. sqq. — W. CUNNINGHAM: *Growth of Engl. Industry and Commerce*, Bk. II., ch. III. sqq. — LECKY: *Hist. of Europ.*

Morals, II. — STUBBS : *Const. Hist.*, ch. XXI. — W. VON HEYD : *Gesch. d. Levantenhandels im MA*, 2 vols., Stuttg., 1879. — Artt. *Aussatz* and *Zins u. Wucher* in Wetzer-Welte, I. 1706 sqq., XII. 1963–1975. — JANSSEN-PASTOR, I. 451 sqq. — PASTOR : *Gesch. d. Päpste.*, III.

For § 80. — The Sources are THOMAS AQUINAS, the papal bulls of indulgence and treatments by WYCLIF, HUSS, WESSEL, JOHN OF PALTZ, JAMES OF JÜTERBOCK, etc. Much material is given by W. KÖHLER : *Dokumente zum Ablassstreit*, Tüb., 1902, and A. SCHULTE : *D. Fugger in Rom*, 2 vols., Leipz., 1904. Vol. II contains documents. — The authoritative Cath. work is FR. BERINGER : *Die Ablässe, ihr Wesen u. Gebrauch*, pp. 860 and 64, 13th ed., Paderb., 1906. — Also NIC. PAULUS : *J. Tetzel, der Ablassprediger*, Mainz, 1899. — Best Prot. treatments, H. C. LEA : *Hist. of Auric. Conf. and Indulgences in the Lat. Ch.*, 3 vols., Phil., 1896. — T. BRIEGER, art. *Indulgenzen* in Herzog, IX. 76–94, and Schaff-Herzog, V. 485 sqq. and *D. Wesen d. Ablasses am Ausgange d. MA*, a university address. Brieger has promised an extended treatment in book form. — SCHAFF : *Ch. Hist.*, V., I. p. 729 sqq., VI. 146 sqq.

73. 성직자들

도덕과 교육 양면에서 1450년 이후의 성직자들은 아비뇽 유수와 교황청 분열 시대에 비해 향상된 모습을 보여주었다. 과거 그 시대에는 성직자들의 수준이 너무 낮아서 더 저급해지거나 참 종교의 흔적이 남아 있기가 불가능했다. 15세기 후반에 들어서 나타난 건강한 징후 한 가지는 이탈리아의 사보나롤라, 독일의 부쉬 · 토마스 부르너 · 스트라스부르의 가일러 · 세바스티안 브란트 · 베네딕투스회 대수도원장 트리테미우스 같은 사람들이 일어나서 사제들의 무능과 세속성을 비판하거나 조소했다는 것이다. 그들이 에라스무스와 함께 그려놓은 그림은 실로 어둡다. 그럴지라도 고위성직자들과 하위성직자들 양 집단에 민중의 안위를 생각하고 올바른 삶의 모범을 보이려고 진지한 노력을 기울인 사람들이 적지 않았다.

성직자들의 수준이 저급해지고 그 상태가 오래 지속된 첫 번째 원인은 독신제도라는 지킬 수 없는 규율에 있었다. 이 규율이 빈번히 파기되면서 성직자 사회의 도덕적 기강이 크게 약화된 것이다. 두 번째 원인은 성직 귀족들이 교회의 막대한 재산을 차지하고 성직과 함께 그것을 도덕적 · 지적 자격을 고려하지 않은 채 물려준 데서 찾아야 할 것이다. 이 두 가지 원인에서 비롯된 악들에 덧붙여서 생각해야 할 원인은 성직 겸임이라는 후안무치한 관행에서 생긴 악들에 있었다. 이런 상황을 개혁할 힘이 로마에서는 전혀 오지 않았다. 보카치오의 이야기들이 기독교 세계의 중심부에서 세도 있는 성직자들의 삶에 고스란히 재연되고 있던 판국에 톨레도 · 콘스탄츠 · 파리 · 마인츠 · 쾰른 · 캔터베리의 주교들에게서 교회와 수도원의 모범을 기대한다는 것은 우물에 가서 숭늉을 구하는 것과 다름없었다.

콘스탄츠 공의회와 바젤 공의회는 당시 성직자들의 상태를 무거운 분위기에서 논의했으나, 치유책을 내놓지 못한 채 질병만 드러내는 데 그쳤다. 심지어 추기경 차바렐라(Zabarella)와 제르송은 만약 사제들의 축첩을 막는 데 실패할 경우 그들에게 결혼을 허용해야 한다고 주장하기까지 했다. 바젤 공의회에서 지기스문트가 제안한 교회 개혁안에도 그 안이 포함되었으며, 그 공의회에 참석한 피우스 2세는 사제들에게 결혼권을 허용할 이유가 과거에 그것을 금지했던 때에 존재했던 이유보다 더 크고 화급하다고 주장했다. 성직자 독신에 관한 엄격한 규율을 완화해야 할 필요성은 1441년에 유게니우스 4세가 공포한 법령들로써 인정을 받았으며, 1496년에 알렉산더 6세는 몇몇 군사 수도회들에게 정절 서약을 면제해 주었다. 15세기 말에는 한 세기 전에 위클리프가 그랬듯이 이곳저곳에서 파리의 랄리에(Lallier) 같은 사제들이 일어나 그 제도를 완전히 폐기할 것을 공공연히 주장했다. 그러나 소르본 대학교는 그런 주장을 했다는 이유로 랄리에에게 박사학위 수여를 거부했다.

스페인에서는 교회회의들과 고위성직자들이 성직자들의 불륜을 막기 위해 분투했으나 성과는 시원치 않았다. 마침내 세속 권력이 개입하여 페르난도와 이사벨라가 1480년, 1491년, 1502년, 1503년에 거듭해서 사제들의 축첩을 규제하는 칙령을 공포했다. 그리고 법 집행이 워낙 강경하게 이루어진 까닭에 세속 관리들이 불쑥 집안으로 들어와 여성들을 붙잡아간다는 성직자들의 불평이 곳곳에서 끊이지 않았다. 「스페인 종교재판소의 역사」(*History of the Spanish Inquisition*)에서 리 박사(Dr. Lea)는 성직자들이 고해소에서 여성들을 유혹하던 폐습에 관해서 따로 한 장을 할애한다. 주교들이 남긴 발언들을 보면 사제들이 문맹인 경우가 적지 않고 심지어 라틴어 지식조차 없는 경우가 많았음을 알게 된다. 고위성직자들은 세속적으로 살면서 성직을 여러 개씩 겸임했다. 톨레도 교구의 세입은 80,000내지 100,000다카트였던 것으로 추산되며, 그 교구의 성직

수여권자가 한 해 동안 거둬들인 수입도 거의 비슷했을 것이다.

한 가지 사례만 제시해도 스페인에서 성직 겸임이 어느 정도까지 자행되었는지 넉넉히 알 수 있다. 곤잘레스 데 멘도사(Gonzalez de Mendoza)는 아직 어린이일 때 히타의 보좌신부직을 차지하고, 열두 살 때 스페인에서 부유하기로 손꼽히던 과달라하라의 대부제직을 차지했으며, 성년이 되어 세비야의 대주교직과 톨레도의 대주교직을 차례로 역임하는 동안 세구엔사의 주교직을 그대로 유지했다. 곤잘레스는 호기로운 기사이기도 했는데, 1484년에 군대를 이끌고 그라나다를 침공할 때 자신의 서자 로드리고를 데리고 갔다. 로드리고는 훗날 페르난도와 이사벨라가 참석한 가운데 페르난도의 여조카와 성대한 결혼식을 올렸다. 1476년에 사라고사 대주교구가 궐석이 되었을 때 왕 후안 2세(Juan II)는 교황 식스투스 4세에게 여섯 살난 자기 아들 알폰소를 그 직위의 후보자로 신청했다. 식스투스는 그 신청을 기각했으나, 그 소년을 사라고사 교구의 종신 행정관으로 임명함으로써 왕의 호의를 붙들어 놓았다.

프랑스에서는 1484년에 앙제의 주교가 샤를 8세에게 보낸 공식 서한에서 수도회들의 윤리가 평신도보다 못한 수준으로 추락했다고 주장했다. 지나친 성직 겸임의 사례를 소개하자면, 로렌의 공작의 아들 장(Jean, 1498-1550)은 1501년에 메츠의 보좌주교로 임명되었다가 7년 뒤에는 주교직까지 차지했으며, 그때부터 주교직을 하나씩 자신의 성직록에 추가해간 결과 1517년에 툴, 1518년에 테루앙, 1521년에 발랑스와 디, 1523년에 베르됭, 1536년에 알비와 마콩, 1541년에 아장, 1542년에 낭트를 차지했다. 이것도 모자라 1524년에 나르본, 1533년에 랭스, 1537년에 리옹 대주교직들을 차지했다. 그 외에도 클뤼니를 포함한 아홉 개의 대수도원까지 소유했다. 베르됭과 메츠 교구를 조카에게 물려주었으나, 조카가 마그리트 데그몽과 결혼하자 도로 거둬들였다. 1518년에는 추기경직을 받았다. 15세기에 제네바 교구의 주교직은 열 살에서 열일곱 살에 이르는 소년들이 차지했다. 열렬한 교황주의자인 수녀 잔 드 쥐시(Soeur Jeanne de Jussie)는 16세기 초반이 지나간 뒤에 쓴 글에서 스위스의 주교들과 성직자들의 방탕을 전하면서, 그들이 간음을 일삼고 있다고 비난했다.[1]

독일에서는 신비주의자들의 활동 덕택에 성직자들의 상태가 훨씬 건전했는데도 불구하고 개신교 사가들뿐 아니라 가톨릭 사가들에게까지도 도덕적·지적 무자격성을 신랄하게 비판받았다. 가톨릭 사가 얀센은 이렇게 말한다. "독일 주교좌성당 성직자들은 미개하고 무지한 것뿐 아니라 방탕한 것으로도 유명했다. 15세기에 독일 성직자들이 저급한 윤리 수준에 관해서 쏟아진 비판들은 이루 헤아릴 수 없이 많다.” 개신교 사가 피커(Ficker)는 “사제들과 수사들이 탐닉한 매우 부도덕한 생활”에 대해서 말한다. 베츌트(Bezold)도 개신교 사가와 같은 논조로 “15세기에는 성직자들의 세속성이 더 이상 갈 수 없는 지경까지 갔다”고 말한다. 당대의 사가 야콥 빔펠링(Jacob Wimpheling)이 아마도 실상을 잘 전하는 듯하다. 그는 성직자들을 비판하면서도 경건과 선행에 힘쓰는 훌륭한 고위성직자들과 참사회원들, 주교 대리들도 적지 않았다고 말했다. 그가 소개하는 독일의 어떤 성직자는 8개의 참사회원직을 포함하여 20개의 성직록을 한꺼번에 소유했다. 호엔촐레른의 알브레히트는 마인츠 대주교직에다가 할버슈타트 주교직과 마그데부르크 대주교직을 겸임했다. 그는 마인츠 대주교로 승진하기 위해서 푸거 가문에게 차용한 30,000길더를 바쳤다.

주교들이 받은 비난 가운데는 가장 비싼 직물로 만든 최신 유행의 복장을 착용하고, 말들과 사냥개들을 보유하고, 하인들과 수행원들을 거느리고, 턱수염과 머리를 길게 기르고, 리본을 매단 초록색과 빨간색 신발을 신고 다닌다는 내용이 들어 있었다. 그들은 자주 쇠미늘 갑옷과 투구를 착용하고 칼을 들고 다녔으며, 마상시합의 선수 명단에 그들의 이름이 자주 눈에 띄었다.

귀족 계층이 교회의 고위 성직을 겸임하는 관습은 법으로 폭넓은 인정을 받았다. 일찍이 1281년에 보름스에서와 1294년에 오스나브뤼크에서는 귀족 혈통이 아니면 수석사제가 될 수 없었다. 바젤(1474), 아우크스부르크(1475), 뮌스터와 파더보른(1480), 오스나브뤼크(1517)는 주교직과 참사회원직을 귀족 출신들에게 한정했다. 마인츠와 할버슈타트, 마이센, 메르세부르크 등의 교구들에서도 동일한 규범이 통했다. 16세기 초반의 독일에서는 마상시합에 참석한 조상 16명을 대지 못하면 주교좌성당 참사회에 들어갈 자격을 주지 않는 것이 관례로 굳어져 있었으며, 그 이전인 1474년에 쾰른 참사회는 가문에서 귀족 출신자 32명을 댈 수 있는 사람에게만 지원 자격을 주었다. 1400-1517년에 독일의 32개 교구를 차지한 228명의 주교들 가운데 13명을 제외하고는 전부가 귀족들이었다. 1434-

---

1) Linsay, *The Reformation*, II. 90에 인용됨. 사보나롤라는 이탈리아의 수녀원들에 대해서 수녀들이 매춘부들보다 더 타락하게 되었다고 주장했다.

1508년에 뮌스터 주교를 지낸 8명이 모두 백작이거나 공작이었다. 1419-1514년에 마인츠 대주교를 지낸 10명과 1407-1513년에 할버슈타트의 주교를 지낸 7명, 1414-1515년에 쾰른 대주교를 지낸 5명도 마찬가지였다. 고위 성직자의 자격을 귀족들로 제한하던 이런 관습은 스트라스부르의 가일러를 비롯한 당대인들에게 신랄한 비판을 받았다. 가일러는 독일이 경건하고 학식 있는 사람들을 주교로 세우지 않고 "그들 말대로 가문이 좋은" 사람들만 주교로 세우는 어리석음에 젖어 있었다고 주장했다. 목회의 민주적 성격을 재강조하는 일은 개신교 종교개혁의 몫으로 남았다.

고위 성직이 경건이나 지적 역량이 아닌 태생이나 족벌주의에 의해 채워지던 상황에서 하위 성직자들에게 높은 표준을 기대할 수 없는 노릇이었다. 하지만 놀라운 것은 하급 사제들 가운데 순수한 경건이 조금이라도 남아 있었다는 사실이다. 사제들이 터무니없이 양산되었다. 아들이 여럿인 집안에서는 경쟁이 심한 세상을 살아나가기 어렵다고 판단되는 아들을 성직자로 만드는 것이 예사였다. 이런 폐습에 대해서 스트라스부르의 가일러는 다시금 맹렬한 비판을 가하면서, 사람들이 성 벨텐(St. Velten)에게 천연두 걸린 닭들을 바치고 성 안토니우스에게 병 걸린 돼지를 바치듯이 자녀들 가운데 가장 비리비리한 아이에게 성직자의 길을 걷게 했다고 주장했다.

당시 독일의 시골 성직자들은 대체로 대학교 물을 먹지 못한 사람들이었다. 1490년에 연대기 저자 울름의 펠릭스 파버(Felix Faber)는 대학교 도시를 구경해 본 사제들이 천 명 중 한 명꼴도 되지 않으며, 석사나 박사학위를 받은 사람을 만나보기 힘들었다고 전한다. 그 시대 사람들은 제대로 교육을 받은 사제란 "옛날 좋은 시절 이야기"라고 한탄했다.

알프스부터 스칸디나비아까지 축첩이 널리 시행되었으며, 작센·바이에른·오스트리아·티롤 지방 같은 독일의 일부 지역에서는 그것이 관습으로 굳어져 있었다. 비교적 그 관행이 드물게 시행된 지역은 라인 지방이었다. 스위스의 일부 지역들에서는 소교구들이 자기 방어 수단으로 젊은 성직자들에게 축첩을 의무화했다. 스위스의 종교개혁자들 가운데 두 사람, 레오 유트(Leo Jud)와 불링거(Bullinger)는 사제의 아들들이었고, 유력한 사제 츠빙글리는 종교개혁을 시작하기 전에는 생활이 문란했다. 당시 사회에서는 성직자들의 음욕이라는 터키가 동방의 터키보다 몰아내기 더 어렵다는 말이 나돌았다.

중세 말기에 독일에서 이루어진 수도원 개혁 노력이 과연 어느 정도의 성과를 거두었는지는 미지수이다. 요한 부쉬(John Busch)는 베스트팔렌과 튀링겐 등지에서 거의 50년간 그 방향으로 열정적인 활동을 벌였다. 그가 기록으로 남긴 내용은 쉽게 믿어지지 않는다. 이곳저곳의 수녀원들이 매음굴과 다를 바 없었다. 귀족들이 습관적으로 그곳을 찾아갔다. 어느 귀족은 여행길에 하인을 데리고 수녀원에 들어가 하룻밤을 묵은 경험을 이야기하는데, 저녁 식사를 마치자 수녀들이 거실을 말끔히 정리하고는 좋은 옷을 차려 입고서 춤을 선사해 보임으로써 방문객을 환대했다는 것이다.[2] 토마스 무르너(Thomas Murner)는 수녀원들이 온통 귀족들의 은신처로 전락해 버렸다고까지 말했다. 1505년에 쾰른에서 제국 의회가 열렸을 때 대주교와 대수녀원장이 무도회를 열었으며, 성 우르술라 수녀원과 성 마리아 수녀원에서 온 수녀들의 춤을 왕 막시밀리안이 관람했다. 스트라스부르의 가일러 같은 설교자들은 수도 서약을 지키기 어렵게 만드는 도덕적 위험이 너무나 많다고 탄식했다. 수도원 생활이 "강제 직업"으로 알려지게 되었다. 종교개혁의 때가 다가왔을 당시에도 성직자들과 수도원들의 부도덕성을 규탄하는 소리가 조금도 줄어들지 않았다. 울리히 폰 후텐과 에라스무스의 글들에 그것이 잘 나타나 있다.

사제의 축첩 행위는 비록 교회법에 어긋나는 것이긴 했으나, 주교들은 그 행위에 세금을 부과함으로써 기꺼이 이득을 챙기는 수단으로 활용했다. 밤베르크 교구에서는 사제가 낳은 모든 자녀에게 5길더의 세금을 부과했는데, 단 일년에 1,500길더라는 막대한 금액이 모였다고 한다. 1522년에는 유사한 성격의 세금이 4길더씩 부과되어 모두 7,500길더가 콘스탄츠 주교의 금고에 들어갔다. 같은 해에 뉘른베르크 의회는 젊은 사제들이 무분별하게 여성들을 타락시키는 풍토와, 대부분의 교구들이 첩을 두었든 두지 않았든 모든 사제들에게 해마다 세금을 부과하는 관행에 대해서 교황청에 불만을 토로했다. 이런 사실들을 감안할 때 루터가 육체의 정욕을 자제할 능력이 없는 수사들과 수녀들에게 수도원에서 나와 결혼하도록 권고한 것이 이상한 일이 아니다. 반면에 그 개혁자가 불륜에 관계된 고소를 당한 적이 없었다는 사실을 잊어서는 안 된다.

1450-1517년의 **영국**으로 눈을 돌리면 독일에 비해 출간된 종교 관련 저서들의

---

2) Janssen, I. 724.

양이 현저히 적었다는 사실이 눈길을 끈다. 당시의 성직자들의 상태를 평가할 만한 저서들이 현존하지 않는다. 우리로서는 영국 인문주의자들과 종교개혁자들이 남긴 증언들과, 수도원 방문 기록들과 헨리 8세 때 그 문헌이 제재를 당한 사실을 놓고 추론할 수밖에 없다. 1414년에 옥스퍼드 대학교가 교회 개혁의 필요를 널리 공포해달라는 헨리 5세의 요청을 받고 작성한 문서 가운데 한 조항은 "성직자들의 뻔뻔스러운 방탕이 교회의 추문거리가 되고 있다"고 단언한다.[3] 그 세기의 중반인 1455년에 대주교 바우처(Bouchier)가 설치한 성직자 개혁을 위한 위원회는 재속 성직자들의 결혼과 축첩과 과도한 무지를 고발했다. 그 세기의 후반인 1489년에 대주교 모턴(Morton)이 단행한 수도원들에 대한 조사 결과 상황이 매우 심각하다는 사실이 발견되었다.

예를 들어 유서 깊은 세인트 올번스 대수도원은 수사들을 위한 매음굴이나 별반 다름없을 지경까지 타락해 있었다. 대수도원 관할하의 두 소수도원들에서는 수녀들이 자타가 공인하는 고급 매춘부들로 전락해 있었다. 이러한 상황을 감안하여 롤라드파는 사제들에게 결혼할 권리를 돌려줄 것을 요구했다. 1494년에 롤라드파 30명이 글래스고의 대주교 로버트 블래캐터(Robert Blacater)에게 기소되었을 때 죄목 중 하나가 초대 교회에서는 사제[제사장]들이 결혼을 했다고 주장했다는 것이었다.[4] 15세기가 다 저물어갈 무렵에 쓴 글에서 콜릿은 다음과 같이 탄식했다. "더러운 창기의 품에 안겼다가 곧장 신성한 교회로, 그리스도의 제단으로, 하나님의 신비 곧 성체로 달려가기를 두려워하지 않는 이 시대의 허다한 사제들의 가증스러운 불신앙이여!"[5] 영국 종교개혁의 전야에 집필된 「걸인들의 청원」(Beggars' Petition)이라는 유명한 소책자는 성직자들이 생산적인 일은 하지 않고 가정의 평안을 깨뜨리고 여성들을 타락시키는 일만 한다고 비판했다.[6]

성직 겸직은 독일과 마찬가지로 영국에서도 널리 시행된 듯하다. 콜릿의 뒤를 이어 세인트 폴 주교좌성당 수석사제가 된 셔본 박사(Dr. Sherbourne)는 유명한

---

3) Wilkins, Concil., III. 360-365.
4) Capes는 Engl. Ch. in the 14th and 15th Cent., p. 259에서 성직자들 가운데 상당수가 사실상 결혼 생활을 했다고 말한다.
5) Seebohm, p. 76.
6) Froude는 이 소책자의 작성 연대를 1528년으로 추정한다.

성직록 다수 보유자였지만, 이 점에서 그는 모턴(Morton)과 울지(Wolsey)를 능가하지 못했다. 영국 성직자들의 무지에 관해서는 주교 후퍼(Hooper)의 증언을 언급하는 것으로도 충분하다. 그는 1551년에 글로스터를 방문하는 동안 311명의 성직자들 가운데 168명이 십계명을 암송하지 못하고, 40명이 주기도문을 어디서 찾아야 할지 모르고, 31명이 주기도문의 저자를 대지 못하는 것을 발견했다.[7]

스코틀랜드에서는 종교개혁 이전의 성직자들의 상태가 서유럽의 다른 부분과 다름없이 저급했던 것으로 보인다.[8] 존 4세의 서자가 열여섯 살에 세인트 앤드루스의 주교로 임명되었고, 제임스 5세(1513-1542)의 서자들은 홀리루드 · 켈소 · 세인트 앤드루스 · 멜로스 · 콜링엄 등 다섯 지역의 대수도원을 차지했다. 주교들이 공공연히 첩을 두고 살았고, 딸들을 귀족 가문에 시집보냈다. 추기경 비턴(Beaton)의 장녀와 크로포드 백작의 결혼을 증명하는 혼인 증서(1546)에서 추기경은 그녀를 자기 딸이라고 불렀다. 그는 살해당하던 날 밤에 자신이 아끼던 정부(情婦) 마리온 오길비(Marion Ogilvie)와 함께 있었던 것으로 전해진다.

수도원들의 몰락과 더불어 15세기 수사들 사이에는 수도 서약의 효력을 과도하게 신성시하는 분위기가 성행했다. 루터에 따르면, 당시의 수사들은 그리스도인들을 완전한 자들과 불완전한 자들이라는 두 등급으로 나누어 인식했다고 한다. 물론 수사들은 완전한 자들에 속했다. 수사들의 서약이 모든 죄를 씻어주고, 하나님의 형상을 회복해주고, 천사들의 반열에 들어가게 하는 두 번째 세례로 인식되었다. 루터는 수사 서약을 한 뒤 수도원의 상급자들에게 자신이 아기처럼 순결하다고 느끼도록 격려를 받았다. 이 두 번째 중생은 일찍이 성 베르나르와 토마스 아퀴나스가 가르쳤던 것이다. 토마스는 "신앙에 들어온" 사람, 즉 수도 서약을 하는 사람은 그로써 죄 사함을 받는다고 단언할 수 있다고 말했다.[9]

---

7) 참조. James Gairdner in *Engl. Hist. Rev.*, Jan., 1905.

8) Dr. Tulloch은 *Luther and other Leaders of the Reformation*에서 "세상 어디에도 스코틀랜드만큼 성직자들이 그토록 수치스러운 죄악에 빠진 나라가 없었고, 로마 가톨릭 신앙이 철저히 부패한 나라가 없었다"고 말한다.

9) Bernard in Migne, 182:889, Th. Aq. *Summa*, II. 2, p. 189.

74. 설교

　중세의 마지막 50년 동안 유럽의 대표적인 설교자 두 사람을 꼽는다면 피렌체의 제롬 사보나롤라(Jerome Savonarola)와 스트라스부르의 요한 가일러(John Geiler)이다. 15세기 초반에 제르송은 성직자들의 무지를 감안하여 설교 횟수를 줄이도록 권장했으나, 종교개혁 직전에는 독일에서 설교가 왕성하게 되살아났으며, 영국에서도 설교를 중시하는 운동이 감지되었다. 국제적 학자인 에라스무스는 강단의 기능을 강화할 것을 촉구했으며, 그의 주장이 서유럽 전역으로 퍼져나갔다.

　독일에서는 교회회의의 법령들과 설교 지침서들에 의해 설교의 중요성이 강조되었다. 대표적인 경우가 아이슈태트(1463) · 밤베르크(1491) · 바젤(1503) · 마이센(1504) 교회회의들이었다. 수르간트(Surgant)의 유명한 저서 「설교 기술 지침서」(*Handbook on the Art of Preaching*)는 설교야말로 민중의 마음에 회개의 심정과 그리스도를 향한 뜨거운 사랑을 일으키는 최고의 수단이라고 예찬하면서, 그것을 "생명의 길, 덕의 사다리, 낙원의 문"이라고 불렀다. 성찬의 포도주를 한 방울이라도 흘려서는 안 되듯이 강단에서도 말 한 마디라도 부주의하게 해서는 안 된다고 강조했다.

　당시에 발행된 참회 규정서들과 경건 지침서들은 미사에 참석하는 것 못지않게 설교를 들어야 할 의무를 크게 강조했다. 설교가 시작되기 전에 교회 문을 나서는 자들은 파문을 당해 마땅하다고 했다. 울프(Wolff)의 참회 규정서(1478)는 설교에 태만한 것을 제4계명을 어기는 행위로 규정했다. 다음과 같은 일화로써 설교의 효과를 역설했다. 어떤 선량한 사람이 연고를 담은 통들을 한 짐 가득 싣고 가는 마귀를 만났다. 마귀는 검정색 통을 집어들면서, 그 통에 담긴 약은 사람들을 설교 시간에 졸게 하는 데 사용한다고 말했다. 설교자들이 자기에게 여간 성가신 존재들이 아니라고 말한 그는, 자신이 30~40년간 사로잡아둔 사람들을 설교자가 단 한 번의 설교로 빼앗아 가는 경우가 적지 않다고 불평했다.

　15세기 말에는 독일의 모든 도시들과 어지간한 규모의 읍들에서 설교가 주기적으로 이루어졌다. 강단에 재산을 기부하는 일이 드물지 않아, 마인츠(1465) · 바젤(1469) · 스트라스부르(1478) · 콘스탄츠 · 아우크스부르크 · 슈투트가르트 같은 도시들에서 그런 일이 시행되었다. 대중 설교자들에게 많은 청중이 몰렸다. 스트라스부르의 가일러가 대표적인 경우로서, 그의 사역은 30년간 계속되었다. 쾰른의 야콥 메네(Jacob Mene)는 맨발로 다니며 설교했는데, 그의 설교를 들으러 한꺼번에 10,000명의 청중이 몰렸다고 한다. 그가 프랑크푸르트에서 설교할 때는 청중이 그의 설교를 듣기 위해서 창문 밖에 서기도 하고 오르간을 타고 올라가기도 했다. 메네는 아침 7-8시에 설교를 한 다음 점심 식사 후에 다시 설교를 하곤 했다. 어떤 고난주일 금요일에는 오후 3시부터 8시까지 무려 5시간을 쉬지 않고 설교했다. 루터에 따르면, 읍들이 사순절 연속 설교를 해준 대가로 순회 설교자들에게 100길더를 흔쾌히 지불했다고 한다.

설교에 관심이 증대된 또 다른 징후는 성경과 교부들, 고전 저자들, 그리고 이야기 분야에서 간추린 자료들을 엮은 설교 백과사전이 제작된 일이다. 그것 외에도 플레나리아(*plenaria*) 곧 주해를 붙인 복음서와 서신서 모음집이 제작되었다. 파리 대학교 교수 구일레르무스(Guilermus)의 플레나리움은 1500년이 되기 전에 75판이나 간행되었다. 모델 설교 모음집도 간행되었는데, 그 중 더러는 광범위하게 유포되었다. 요한 니더(John Nider, 1439 죽음)의 모음집은 17판이나 간행되었다. 그가 소개한 설교들은 어김없이 3대지를 채택했다. 1450년경에 쾰른에서 죽은 프란체스코회 수사 베르덴의 요한의 모음집은 25판이 간행되었다. 요한 헤롤트(John Herolt)의 「제자의 설교집」(*Sermones discipuli*)은 1500년 이전에 41판이 간행되었고, 40,000권 이상이 보급된 것으로 추산된다.

이런 유의 저서 가운데 가장 유명했던 한 권인 「예비된 사람의 설교」(*Parati sermones*)는 익명으로 출간되었다. 그 제목은 베드로전서 4:5의 "산 자와 죽은 자를 심판하기로 예비하신 이"와 시편 119:60의 "주의 계명들을 지키기에 신속히 하고 '지키기 위해 예비하고'] 지체하지 아니하였나이다"에서 취한 것이다. "어리석은 자가 되지 말고 오직 주의 뜻이 무엇인가 이해하라"(엡 5:17)는 말씀을 제시하면서, 저자는 그런 지혜를 동물들에게서 배운다고 말한다. 1. 사자는 꼬리로 발자국을 지움으로써 사냥꾼의 추적을 따돌린다. 우리도 마귀가 우리를 찾아내지 못하도록 고해(告解)로써 죄의 흔적을 지워 버려야 한다. 2. 뱀은 한쪽 귀는 꼬리로 가리고, 다른 쪽 귀는 그것을 땅에 대는 방식으로 유혹자에게 두 귀를 닫는다. 우리도 죽음과 영원 두 가지를 생각함으로써 마귀에게 귀를 닫아야 한다. 3. 개미에게서는 앞날을 준비하는 근면을 배운다. 4. 어떤 물고기는 풍랑이 일 때 바위에 단단히 달라붙는다. 우리도 우리의 바위이신 그리스도 예수의 수난을 생각하면서 그분을 견고히 붙들고, 그로써 세상의 흉흉한 파도에서 구원을 받아야 한다. 이러한 소재들은 설교자가 회중의 관심을 집중시킨 터에서 성경 진리를 가르치기 위해 얼마나 공을 들였는지를 보여준다.

15세기 독일 설교자들이 남긴 설교는 라틴어나 독일어로 기록되었다. 라틴어 설교자들 가운데 유명한 사람들은 마인츠와 튀빙겐에서 차례로 설교한 가브리엘 비엘(Gabriel Biel, 1495 죽음), 에르푸르트의 카르투지오회 수도원장과 그 도시의 대학교 교수로 활동한 야콥 위터보크(Jacob Jüterbock)였다. 독일어로 설교한 유명한 사람들 가운데는 앞서 언급한 바젤의 요한 헤롤트와, 1500년 이전에 26판이 간행된 설교집의 저자 프란체스코회 수사 요한 그리취(John Gritsch), 1494년 사순절에 탕자에 관해 행한 설교가 36판이나 간행된 바젤의 요한 메더(John Meder), 1500-1516년에 울름에서 사역하면서 「영적 전투」(*The Spiritual Battle*)와 「노아의 방주」(*Noah's Ark*)를 집필한 울리히 크라프트(Ulrich Krafft)가 있었다.

가장 유명한 설교자는 **스트라스부르의 가일러**였다. 아버지의 고향을 따서 카이저스베르크의 가일러라고도 불린 그는 1445년에 샤프하우젠에서 태어나 1510년에 스트라스부르에서 죽었다. 그와 그의 전임자 레겐스부르크의 베르톨트(Bertholdt)는 중세 독일의 가장 영향력 있는 설교자라는 평가를 받는다. 그는 1/4세기가 넘는 세월을 스트라스부르의 주교좌성당 강단에서 설교를 함으로써 북유럽 설교자들의 왕이라는 명성을 얻었다. 프라이부르크와 바젤에서 대학교 공부를 마친 그는 1476년에 프라이부르크 대학교 교수가 되었다. 그곳에서 설교자로서 많은 노력을 기울인 결과 유명 인사가 되었다. 스트라스부르 주교좌성당의 설교자로 초빙을 받을 때 매 주일과 모든 축일과 금식일에 설교한다는 계약을 체결했다. 죽기 두 달 전까지 강단을 비우지 않았으며, 죽어서는 자신이 설교하던 주교좌성당에 묻혔다.

"스트라스부르의 나팔"이라 불린 가일러는 도덕과 사회 개혁을 외치는 설교로 명성을 얻었다. 교리적 변화는 조금도 주장하지 않았다. 1500년에 시의회가 마귀로 꽉 차 있다는 설교에 대해 해명하도록 소환되었을 때, 그는 도박을 금지하고, 술집을 폐쇄하고, 안식일과 축일을 준수하고, 병원을 제대로 지원하고, 수사들의 탁발 활동을 정례화할 것을 요구하는 21개 조항을 발표했다.

가일러는 민중 설교자로서, 일화와 언어유희와 비유와 격언과 재담과 유머와 풍자를 사용하여 청중을 재미있게도 하고 신랄히 비판하기도 했다.[10] 대중의 무지와 유행을 비판했고, 사제들 중 상당수가 미사를 집례하지 않는다고 질책했으며, 수도원들이 "신앙도 도덕도 찾아볼 수 없고 다만 게으름과 정욕과 방탕과 경거망동만 있을 뿐"이라고 말했다.[11] 그는 중세의 미신을 청중의 관심을 사로잡는 수단으로 사용했다. 그는 점성술과 귀신들과 마녀들을 확고히 믿는 사람이었다.

가일러의 문체는 우리가 살고 있는 세련된 시대의 눈에는 조야하게 보일지 모르지만, 당대에는 청중의 귀를 사로잡았다. 지위가 낮은 사람들뿐 아니라 높은 사람들도 그의 설교를 들었다. 황제 막시밀리안은 스트라스부르에 머물 때 그의 설교를 들으러 갔다. 그의 설교의 의미에 관해서 아무도 의심할 수가 없었다. 그는 65편의 열정적인 연속 설교에서 그리스도와 생강 과자(독일어, Lebkuchen)를 상세히 비교했다. 그리스도는 신성의 콩가루와 육체의 묵은 열매 가루, 영혼의 밀가루로 구성되어 있다. 이 요소들에 연민이라는 꿀이 첨가된다. 그분은 고난이라는 화덕 속으로 밀어 넣어지시며, 설교자들에 의해서 여러 부분으로 나뉘어 회중에게 분배되신다. 다른 설교들에서 가일러는 온전한 그리스도인들을 소시지에 비유했다.

잠언 30:26("약한 종류로되 집을 바위 사이에 짓는 사반")에 기초한 "후추를 뿌린 토끼"(Der Hase im Pfeffer)라는 매우 기묘한 일곱 편의 설교에서, 그는 토끼와 좋은 그리스도인을 14가지로 비교했다. 토끼가 산을 내려오기보다 뛰어오르기를 잘하듯이 그리스도인도 그러해야 한다. 토끼가 긴 귀를 가지고 있듯이 그리스도인도 그러해야 하며, 특히 수사들은 하나님이 하시는 말씀을 청종해야 한다. 토끼는 구워서 요리해야 하듯이, 그리스도인도 시련의 풀무를 통과해야 한다. 토끼가 여린 동물이므로 돼지기름을 발라 요리해야 하듯이, 그리스도인도 풀무에서 타 없어지지 않기 위해서는 사랑과 헌신으로 둘러야 한다. 죽기 2년 동안 행한 64편의 설교에서, 가일러는 개미에게서 영적 교훈을 끌어냈으며, 다른

----

10) 그의 탁월한 언어 유희 실력을 보여주는 한 가지 사례는 '원숭이'를 뜻하는 Affe라는 단어를 10개 부류의 마귀의 앞잡이들에게 능숙하게 적용한 것이다. 참조. Cruel, p. 543. Bischof 즉 '주교'(bishop)라는 단어의 어원을 그는 Beiss-schaf('양 고기를 뜯다')에서 찾는다. 고위성직자들이 양들[신자들]을 초원으로 인도하지 않고 잡아먹는다는 뜻에서 그렇게 한 것이다.

11) Kawerau, VI. 428.

연속 설교들에서는 혀로 범하는 25가지 죄를 설명했다. 사업가들에게 행한 20편의 설교에서는 여섯 날의 장날과 마귀를 물건 팔러 돌아다니는 행상인으로 묘사했다. 사자를 주제로 한 17편의 설교에서는 그 야수의 왕이 선량한 사람, 세속적인 사람, 그리스도, 마귀를 각각 상징한다고 설명했으며, 그 가운데 12편은 마귀의 잔인한 행위를 설명하는 데 할애했다. 인간 나무(the Human Tree)에 관한 연속 설교는 1495년 사순절부터 1496년 사순절에 이르기까지 행한 무려 163편으로 이루어졌다.

15세기의 마지막 2년 동안 가일러는 세바스티안 브란트(Sebastian Brant)의 「바보들의 배」(Narren-schiff)에 관해 111편의 설교를 했다. 모두 불가타 역본의 전도서 1:15("어리석은 자들[한글개역개정판 – 모자란 것]도 셀 수 없도다")을 본문으로 한 설교들이었다. 가일러의 소개로 바젤 대학교 교수이던 브란트는 스트라스부르 대학교로 자리를 옮겼다. 당대에 성행하던 무지를 희화화한 그의 유명한 저서는 자신의 어리석음들을 운반하는 수단으로 배를 사용하는데, 이는 이것이 당시에 저자가 알고 있던 가장 큰 운송 수단이었기 때문이다. 브란트는 자기 앞에 다른 모든 어리석음들이 모이는 동안 자신을 중재자의 자리에 앉히며, 내내 매우 익살스러운 표현들을 사용한다. 그 자신은 책의 어리석음의 역할을 맡는다. 견책을 당하는 다른 어리석음들 가운데는 탁발수사들의 행동, 성유물과 면죄부 판매, 성직록 과다 보유가 들어 있다. 가일러의 설교는 유머스러움에서 브란트의 시에 못지않다. 두 사람 다 현실에 충실하다. 중세의 설교자들 가운데 스트라스부르의 가일러만큼 오랫동안 인기를 얻은 사람이 없었고, 시인들 가운데는 세바스티안 브란트만큼 민중을 위해서 효과적인 시를 쓴 사람이 없었다. 빌 랑글란트(Will Langland)조차 그를 따라가지 못했다.

이 시기에는 성가대석의 난간보다 교회의 본당[회중석]에서 설교하는 것이 매우 보편적인 관행으로 자리잡았다. 설교자들은 모래시계로 설교 시간을 정해놓았는데, 이 관습이 훗날 뉴잉글랜드로 옮겨갔다.[12] 설교가 지나치게 긴 경우도 없지 않았다. 흐로테(Herhard Groote)는 사순절에는 가끔 세 시간씩 설교했으며, 요한 흐론데(John Gronde)는 여섯 시간을 설교한 때도 더러 있었다. 물론 그

12) Cruel이 Surgant(p. 635)를 인용. Erasmus는 「우신 예찬」에서 설교자가 "재미있는 이야기나 들려주는 데 모래시계를 허비한다"고 말한다.

럴 때는 여섯 시간을 쉬지 않고 설교한 것이 아니라, 설교자와 회중 모두에게 유익하도록 중간에 휴식 시간을 두었다. 가일러는 한때는 시간에 괘념치 않은 채 설교했으나, 차차 한 시간으로 제한했다.

설교자들이 당시의 관습에 퍼부은 비판들은 인간 본성이 그때나 지금이나 퍽 비슷하다는 점과, 당시에서 "좋았던 옛시절"을 찾는 게 허사라는 점을 보여준다. 온갖 종류의 습관들이 조롱과 책망을 당한다. 주정과 방탕, 거리에서 벌어지는 춤판과 희극, 여성들의 복장과 부자 아들들의 게으른 생활, 고리대금 행위와 허세를 부리려고 교회에 나가는 행위가 성토를 당한다. 스트라스부르의 가일러는 부자들의 게으른 아들들을 거듭 질타한다. 그들은 추문을 일으키고 악행을 일삼으며, 여성들보다 더 멋을 내어 옷을 입으며, "아버지가 부자이니까 자기도 무엇이나 된 것처럼" 행세하면서 세월을 허송한다. 가일러는 특히 여성들과 그들의 사치를 주목했다. 비단으로 만들고 금으로 장식한, 30-40길더나 나가는 허리띠를 두르는 것과, 속에 무엇을 대어 가슴을 커 보이게 하는 것, 그리고 하루에 두 번씩 일주일 내내 새 옷으로 갈아입고 무도회나 연극 관람 때는 다른 옷을 입을 정도로 옷을 지나치게 많이 구입하는 것을 맹렬히 비판했다. 여성들이 등을 덮을 정도까지 머리를 지나치게 기르고, 위에 리본이나 남자들이 쓰는 모자를 얹고 다니는 행위를 질책했다. 나쁜 예로 압살롬과 홀로페르네스를 들었다. 압살롬은 긴 머리가 나뭇가지에 걸리는 바람에 붙잡혔고, 홀로페르네스는 유딧의 장식에 매료되어 덫에 걸렸다. 가일러는 시 당국자들에게 그러한 폐습들을 바로잡는 데 앞장서 줄 것을 당부했다.

홀렌(Hollen)이라는 설교자는 여성들이 길게 늘어뜨리고 다니는 옷자락을 "마귀의 꼬리"라고 비난했다. 꼬리는 남성들이나 천사들에게는 없고, 다만 마귀에게만 있다고 했다. 춤, 특히 원형을 이루어 돌아가며 추는 춤판은 마귀가 주도하는 것으로서, 춤추는 이들이 높이 뛰는 만큼 그들이 내려갈 지옥도 깊어지며, 상대방의 손을 꼭 쥐고 있는 정도만큼 마귀가 그들을 단단히 붙들고 있다고 말했다. 설교자들은 춤을 매우 방탕한 행위로 간주했다.

이러한 당대의 설교를 조롱하면서, 에라스무스는 설교자들의 무지, 어울리지 않는 도입말, 예화 남용, 할머니들이 들려주는 것과 같은 이야기와 경박한 화제들을 예로 들었다. 이 위대한 학자가 수사들과 탁발수사들의 설교를 비판한 유명한 단락은 다음과 같이 시작한다.

그들의 설교는 연극이나 다름없으며, 설교의 내용은 조롱과 해학에 불과하다. 이런 행위가 광대짓과 무엇이 다르단 말인가! 목소리를 한참 높였다가 갑자기 저음으로 내리간다. 괴상한 어조, 고함, 노래, 울음 섞인 소리, 이상하고 원숭이 같은 표정, 이런 설교 방식을 무슨 소중한 비법처럼 전통으로 물려주고 받고 하는 것이다.[13]

에라스무스는 시대의 필요를 파악하여 설교를 부흥시키고 이교 민족들에게 복음을 전하도록 권장한 점에서 높은 평가를 받을 만하다. 그의 견해는 「전도서」(*Ecclesiastes*, 혹은 설교자<*Preacher*>)라는 책에 실려 있다. 프라이부르크 시절에 집필한 이 책은 모두 275쪽의 분량으로서, 한 쪽의 크기가 이 교회사 책의 두 배나 된다. 그는 설교의 주된 목적이 교훈(instruction)에 있다고 정의했다. 모든 설교자는 친히 위대한 설교자이셨던 그리스도의 전령이다. 설교자의 직무는 왕의 직무보다 높다. "성령의 은사들 가운데 설교만큼 고귀하고 효과적인 것이 없다. 천상의 철학을 나눠주고 신적인 뜻을 전하는 직분만큼 교회에서 높은 직분이 없다." 에라스무스가 설교의 교훈적 요소를 강조한 것은 가르치는 기능을 높이 평가한 것과 일치한다. 1516년에 사피두스(Sapidus)에게 쓴 글에서, 그는 "교사가 되는 것이 왕이 되는 것에 버금간다"고 말했다.[14]

영국의 강단에 관해서는 딱히 말할 것이 없다. 세인트 폴 크로스 교회 같은 곳에서 설교가 행해졌다는 이야기를 듣지만, 주기적으로 설교가 행해졌는지는 확인할 길이 없다. 영어 설교집 한 권도 인쇄소를 통해서 출판되지 않았다. 콜릿이 역사적 중요성을 지닌 15세기 영국의 유일한 설교자였다. 교회 당국이 사제들에게 회중을 가르치도록 조언한 것은 1281년의 램버스 교회회의가 거의 유일한 예다. 1466년에 요크의 대주교 네빌(Nevill)은 이 법령을 반복해서 공포했을 뿐이다.

스코틀랜드에서는 강단의 역사가 녹스(Knox)와 더불어 시작한다. 블레이키 박사(Dr. Blaikie)는 종교개혁 이전 3세기 동안의 스코틀랜드에는 언급할 가치가 있는 기독교 설교의 흔적이 남아 있지 않다. 이 나라는 과거에도 안셀무스 같은 사람이 없었듯이 이 시기에도 위클리프 같은 설교자를 배출하지 못했다.[15] 녹스

---

13) *Praise of Folly*, 141 sqq.

14) Nicholas, *Erasmus' Letters*, II. 235.

의 직계 선구자들인 해밀턴(Hamilton)과 위셔트(Wishart)는 평신도들이었다.

특주

대수도원장 개스킷 박사(Dr. Gasquet)는 자신의 저서 「고대 영어 성경과 에세이들」(*Old Eng. Bible and other Essays*) 가운데 "잊혀진 영어 설교자"라는 제목의 장에서 로체스터의 주교 토머스 브런턴(Thomas Brunton, 1372-1389 재위)의 필사(筆寫) 설교집을 발췌 수록한다. 중세 영국의 설교에 관해서 거의 아는 바가 없다고 말한 뒤, 개스킷 박사는 54쪽에서 설교가 매우 단조로웠을 것이기 때문에 그것은 당연한 결과이며, "오늘날의 설교"를 필요악으로 간주하여 어렵더라도 참고 들어야 한다고 말한다. 「종교개혁 전야」(*Eve of the Reformation*)라는 저서 가운데 "교육과 설교"라는 장(224-284쪽)에서, 개스킷은 같은 주제로 돌아오지만, 이 장의 내용 자체가 중세 말의 영국 교회가 학문적으로 얼마나 메말라 있었으며, 설교와 대중 교육이 얼마나 심한 기근에 처해 있었던가를 보여주는 강한 증거가 된다. 이 장의 상당 부분(254-280쪽)은 화상과 성인 숭배 교리가 투박하게 가르쳐지지 않았음을 입증하기 위해서 인용한 토머스 모어 경의 저서들과 「싸구려 술집과 가난뱅이」(*Dives and Pauper*) 같은 소책자들의 내용과, 기적극이 대중 종교 교육에 유용한 수단이었다는 진술로 채워져 있다. 개스킷 박사는 중세 영국의 사제들이 "단순한 교훈"을 가르친 사실을 강조하면서, 당시에는 오늘날처럼 형식을 갖춘 설교가 자주 행해지지 않았을 것이라고 말한다. 그는 245쪽에서 사회·도덕 개량이 종교개혁의 주된 목표의 하나가 아니었다는 이상한 주장을 한다. 오히려 그것과 정반대였다는 사실이 루터와 칼빈과 녹스가 모든 마을에 학교를 세우고 교리문답을 작성하고 가르치는 일에 주력한 점으로 입증된다. 게다가 그들이 끊임없이 설교한 것은 어떠한가? 루터는 날마다 설교했다. 제네바 종교개혁의 첫 번째 상징들 가운데 하나는 생 피에르 교회와 생 제르바이스 교회가 날마다 설교를 위한 공간으로 개방된 것이다. 칼빈은 교육 기관을 목회 기관의 하나로 포함시키는 정책을 펼쳤다.

---

15) W. G. Blaikie, *The Preachers of Scotland*, p. 36.

75. 교리 개혁자들

한 무리의 신학자들이 독일 북서부에 등장했다. 이들은 한편으로는 출신 지역과 교육 배경에서 공동생활 형제회와 긴밀한 관계를 맺고 있었고, 다른 한편으로는 교리 개혁을 주창함으로써 장차 임할 시대를 예기했다. 교리 개혁 면에서 고흐의 요한, 베젤의 요한, 간스포르트의 베셀은 위클리프와 후스와 함께 종교개혁 이전의 개혁자들로 제대로 분류되어 왔다.[16] 에라스무스는 이들의 대열에 끼지 못한다. 교회의 의식과 상태를 풍자해 놓은 내용으로 인해 항상 진실성을 의심받기 때문이다. 사보나롤라는 교리적 변화를 조금도 제시하지 않았다. 앞서 소개한 세 사람 중 어느 한 사람이나 전부가 강조한 새로운 견해들 가운데는 성경의 최종적 권위, 교황 유류성(有謬性), 가시적 교회와 불가시적 교회의 구분, 그리고 구원에 사제의 중보가 필요 없고 하나님의 은혜만으로 충분하다는 것이 있었다. 하지만 개신교 종교개혁이 일어나지 않았다면 그들의 소리가 당대를 넘어서까지 울려 퍼지지 못했을 것이다.

요한 푸퍼(John Pupper, 1400-1475)는 라인 강 하류의 클레베스에서 멀지 않은 고흐라는 마을에서 태어났는데, 대체로는 출생지를 따서 고흐의 요한이라고 부른다. 공동생활 형제회가 운영하는 학교들 가운데 한 곳에서 교육을 받은 듯하며, 그 뒤에 쾰른 대학교에서, 그리고 추측컨대 파리 대학교에서도 공부한 듯하다. 메켈른 근처에 아우구스티누스회 수도원을 세웠으며, 죽는 날까지 그 수도원의 원장을 지냈다. 그의 저서들은 종교개혁이 시작된 뒤에야 출판되었다. 그는 성경의 최종적 권위를 주장한 점에서 종교개혁을 예기했다. 그는 교부들이 정경에 속한 성경을 따르는 한도에서만 그들을 받아들여야 한다고 주장했다. 철학자들과 스콜라 학자들의 저서들은 죽음의 책들이지만, 성경은 생명의 책이라고 했다. 더 나아가 수도 서약의 효력에 대해서, 그리고 수도원주의가 강조하던 상급 도덕성과 하급 도덕성의 구분의 유효성에 대해서 의문을 제기했다. 상급 도덕성에 속한 것도 수사들만이 아닌 모든 그리스도인들이 다 행할 수 있다고

---

16) 이 무리에 속한 사람들이 Ullmann의 저서 *The Reformers before the Reformation*(1841)의 주제를 형성한다. 그는 Flacius와 Walch 같은 저자들과 같은 노선에 서서 그 사람들을 종교개혁자의 선구자들로 평가했다.

보았다. 복음적 이론을 명쾌하게 제시하지는 못했지만 가톨릭의 칭의 교리를 포기했다.[17]

요한 루크라트 폰 베젤(John Ruchrath von Wesel, 1481 죽음)은 성직위계제도와 면죄부를 비판했으며, 로마 가톨릭의 거의 모든 교리들에 의문을 제기한 혐의로 기소되어 재판을 받았다. 그는 라인 강 유역의 마인츠와 코블렌츠 중간 지대인 오버베젤에서 태어났다. 에르푸르트 대학교에서 가르쳤고, 1458년에는 그 대학교의 부총장에 선출되었다. 루터는 그의 영향력에 관해서 이렇게 증언했다. "나는 요한 베살리아 교수가 저서들을 통해서 에르푸르트 대학교를 어떻게 감독했는지를 기억한다. 그의 저서들에 힘입어 나도 교수가 되었다."[18] 에르푸르트 대학교를 떠난 그는 바젤 대학교의 교수가 되었고, 훗날 마인츠와 보름스의 주교좌성당 설교자가 되었다.

1479년에 베젤은 마인츠 종교재판소에 이단 혐의로 기소되었다. 죄목은 다음과 같은 내용을 가르쳤다는 것이었다: 성경만이 신뢰할 수 있는 권위의 원천이다; 예정된 자들의 이름이 생명책에 기록되어 있는데 그것은 사제들의 금령으로 지울 수 없다; 면죄부는 유익이 없다; 그리스도는 금식의 절기들과 순례, 사제 독신제를 기뻐하시지 않는다; 그리스도의 몸은 떡의 본질이 변하지 않은 상태로 떡에 거하실 수 있다; 교황과 공의회들이 성경에 일치하지 않을 경우 그들에게 복종하지 않아도 된다; 하나님이 택하신 자들은 교황과 사제들이 뭐라 해도 구원을 받을 것이며, 믿음을 지닌 사람은 누구나 고위성직자들 못지않은 복락을 누리게 될 것이다. 베젤은 가시적 교회와 불가시적 교회도 구분했으며, 교회를 사랑으로 연합된 모든 신자들의 집단(collectio omnium fidelium caritate copulatorum)이라고 정의했다. 재판 결과 그는 후스파와 내통한 혐의로 추궁을 당했다. 역사 비평 문제에서도 그는 아타나시우스 신조의 일부 진술에 의문을 제기하고, 사도신경에 '가톨릭'이라는 용어를 사용하지 않고, 필리오케('그리고

---

17) Ulmann은 I. 91, 149 sqq.에서 Goch가 오직 믿음으로 말미암아 의롭다 함을 얻는 교리를 진술했다고 주장한다. Walch는 Ulmann이 인용한 바에 따르면(p. 150) Goch가 종교개혁을 예기한 9가지 점을 제시한다.

18) Funk(p. 390), Wetzer-Welte, Janssen(I. 746)을 비롯한 가톨릭 저자들은 베젤을 중세의 거짓 교사들 가운데 한 사람으로 평가하며, 그의 저서들에서 종교개혁 교리들을 많이 발견한다.

아들로부터') 구절이 덧붙은 것이 부정당하다고 주장함으로써 시대를 한 발 앞서나갔다. 면죄부와 공로 축적에 관한 교리들을 비성경적이고 경건을 가장한 거짓이라고 단언했다. 선택된 자들은 오직 하나님의 은혜로 말미암아 구원을 받는다고 했다.

마인츠의 대주교 이젠부르크의 디터(Diether)의 요청으로 쾰른과 하이델베르크 대학교들은 그의 재판에 대표단을 파견했다. 이미 노인이 된 피고는 지팡이를 의지해서 판사 앞에 섰다. 이단 조항들을 버텨낼 힘이 없었던 그는 "어머니 교회와 박사들의 교훈"에 복종하겠다고 시인했다. 주교좌성당에서 공식 철회가 이루어졌고, 그의 저서들은 소각되었다. 이 만한 처벌로 죄를 다 씻지 못한 그는 마인츠의 아우구스티누스회 수도원에 종신 유폐되는 형벌을 언도받았으며, 결국 그곳에서 숨을 거두었다.

베젤이 했다고 전해지는 발언들 가운데 당시의 독실한 성직자들에게 신성모독으로 들렸을 만한 것들은 다음과 같다: "축성된 기름은 부엌에서 과자를 구울 때 쓰는 기름보다 나은 게 없다"; "배고프면 먹으라. 성 금요일일지라도 좋은 수탉 요리를 먹을 수 있다"; "베드로가 금식을 제정했다면 그것은 고기를 더 잡기 위함이었을 것이다." 어떤 수사들에게 그는 "종교가 아닌 하나님의 은혜가 사람을 구원합니다"(religio nullum salvat sed gratia Dei)라고 말했다.

종교개혁자들의 견해에 훨씬 더 근접한 사람은 흔히 **요한** 베셀이라고 하는 **베셀 간스포르트**(Wessel Gansfort, 1489 죽음)이다. 루터는 베셀의 저서들에 붙인 서문(1522)에서 이렇게 말했다. "베셀의 글을 조금만 더 일찍 읽었더라면 나의 원수들이 루터가 모든 것을 베셀한테서 끌어왔다고 말할 뻔했다. 그만큼 우리 두 사람은 생각이 일치한다." 베셀은 츠볼레의 학교에 다니면서 주변의 성 아그네스 산 수도원에 속해 있던 토마스 아 켐피스를 만났다. 전하는 이야기로는, 토마스가 베셀에게 성모를 가리키자, 베셀은 "신부님, 왜 차라리 수고하고 무거운 짐 진 자들을 향해 다 자신에게 오라고 하신 그리스도를 가리켜야 하지 않습니까?" 하고 말했다고 한다. 베셀은 쾰른에서 헬라어와 히브리어를 배웠고, 하이델베르크와 파리에서도 공부했다. 훗날 하이델베르크 대학교로부터 교수직을 제안받았으나 고사했다. 1470년에 그는 로마에 있었다. 일화에 따르면, 그가 교황 식스투스 4세를 만났을 때 교황은 그에게 바티칸 방문객들의 일반 관습대로 요청할 게 있으면 해보라고 하자, 그는 바티칸 궁에서 히브리어나 헬라어 성경

사본을 얻어가고 싶다고 말했다고 한다. 교황은 웃으면서 "어리석은 자여, 왜 주교직을 구하지 않나?" 하고 말하자, 베셀은 "제게는 그것이 필요 없기 때문입니다" 하고 대답했다.

베셀은 바젤에서 한동안 머물면서 로이힐린을 만났다. 1473년에 위트레흐트의 주교는 그의 생명을 노리는 자들이 많으니 네덜란드로 돌아오라고 권유했다. 베셀은 1474년부터 말년을 성 아그네스 산의 공동생활 형제회와 흐로닝겐의 수녀원을 오가며 지냈다. 그리고 자신의 출생지이기도 한 그곳에 묻혔다. 그가 남긴 마지막 말은 "나는 십자가에 못 박히신 예수 외에는 아무도 알지 못한다"는 것이었다.

베셀은 깊고 넓은 학문으로 명성을 얻었다. 종교재판소에 기소되는 운명은 면했으나, 사후에 날드비크의 수석사제 야콥 호에크(Jacob Hoeck)가 쓴 면죄부에 관한 소책자로 격렬한 비판을 받았다. 베셀의 저서들은 종교개혁이 발생한 후에야 비로소 출판되었다. 비록 그는 이신칭의 교리에 도달하지는 못했으나 교황과 공의회들이 오류를 범할 수 있다고 주장했으며, 교회를 성도의 사귐으로 정의했다.

교회의 통일성은 교황에게 달려 있지 않다고 했다. 성찬에서 중요한 것은 그 예식에 참여하는 신자의 믿음, 혹은 성찬을 받고자 하는 신자의 굶주림과 목마름이라고 강조했다. 그러나 그는 미사의 제사나 한 종류의 성찬의 유효성을 부정하지 않았다. 사제의 면죄에서 법적 요소를 배제했다. 공로에 관해서, 각 사람이 자신이 할 수 있는 모든 일을 해야 하고, 그것에 미치지 못하면 죄를 범하는 것이므로 여공(餘功)이란 것은 없다고 했다. 열쇠의 권세는 모든 신자들에게 속한다고 했다. 완전 면죄는 교황들이 금고를 채우기 위해서 고안해낸 가증한 것이라고 했다.

1522년에 네덜란드의 법률가 폰 호엔(von Hoen)은 네덜란드의 다른 사람들과 함께 루터에게 베셀의 몇몇 저서들을 보냈다. 그 종교개혁자는 비텐베르크 판 서문에서 말하기를, 구약의 엘리야처럼 하나님의 선지자들 가운데 자신만 홀로 남았다고 느껴왔는데, 하나님께서 베셀 같은 당신의 선지자들을 비밀리에 두고 계신 것을 알게 되었다고 했다.

이 세 명의 독일 신학자, 고흐와 베젤(Wesel), 그리고 베셀(Wessel)은 참 교회의 표지들과, 오직 그리스도를 믿음으로 말미암아 의롭다 함을 얻는다는 교리를 조용히 추구했다. 이들은 스스로도 알지 못한 채 종교개혁의 문지방에 서 있었다.

76. 지롤라모 사보나롤라

15세기의 마지막 10년 동안 피렌체 시는 자치도시의 모델, 기독교 도덕의 귀감, 그리스도를 왕으로 인정하는 신정국가가 되기 일보직전에 있는 듯이 보였다. 이러한 변화를 향한 움직임을 이끈 주요 인물이 지롤라모[제롬] 사보나롤라(Girolamo Savonarola)였다. 그는 도미니쿠스회 산 마르코 수도원 원장으로서 중세의 걸출한 설교자였고, 사도 바울 이래로 공의를 역설한 가장 두드러진 설교자의 한 사람이었다. 그는 자기 세대의 도덕적 혼탁에 맞서서 북이탈리아의 신비하고도 광활한 빛으로 등장했으나 속히 무대를 내려갔다. 그의 메시지는 "주께서 오시는 날에 누가 살아남겠으며, 주께서 임하실 때 누가 감히 서겠는가?"라는 예언적인 외침이었다.

사보나롤라는 1452년 9월 21일에 페라라에서 태어나 1498년 5월 23일에 피렌체에서 삶을 마감했다. 할아버지처럼 의사의 길을 걷기 위해서 의과대학에 들어간 그는 사회의 부패상에 깊은 환멸을 느끼고, 또한 자신에게 딸을 주기를 거부한 페라라의 스트로치 가문에 크게 실망하여 공부를 중단했다. 스물세 살에 몰래 아버지의 집을 나와 볼로냐에 거처를 정한 그는 그곳에서 도미니쿠스회 수사가 되었다. 볼로냐에 도착한 지 이틀 뒤에 자신이 급히 집을 나오게 된 이유에 대해서 아버지에게 다음과 같이 해명했다.

이탈리아 사람들이 저지르는 눈먼 죄악들을 더 이상 참을 수 없었습니다. 도처에서 덕이 업신여김을 당하고 악이 판을 치며 존경을 받고 있는 것을 보았습니다. 저는 지극히 뜨거운 심정으로 날마다 짧게나마 이 눈물 골짜기에서 벗어나게 해달라고 하나님께 기도했습니다. '제가 영혼을 들고 당신을 우러르며 살 수 있는 길을 보여주옵소서' 하고 부르짖었더니, 하나님께서 무한한 자비로 저 같이 자격 없는 자에게 길을 보여주셨습니다.[19]

---

19) 쇼트뮐러의 번역. 그는 사보나롤라의 편지들 가운데 두 통을 자기 어머니에게 준다.

사보나롤라는 아버지에게 어머니를 위로해 주시도록 간곡히 부탁을 드리면서, 자신이 세상을 경멸한다는 주제로 쓴 시를 보내드렸다. 이 편지와 그후에 어머니에게 보낸 편지들(현존함)은 젊은 수사가 부모와 형제들과 누이들에게 품었던 따뜻한 사랑을 잘 드러낸다.

　수도원에서 그 아들은 아우구스티누스와 토마스 아퀴나스를 공부했고, 성경의 몇 부분을 암기할 정도로 성경을 친숙히 알게 되었다. 오늘날 피렌체에는 사보나롤라가 친필로 행간과 여백에 주해를 많이 달아놓은 성경 사본 두 권이 보존되어 있다. 시골 관구장에 임명된 뒤에는 히브리어와 헬라어 성경 연구를 강조했다.

　1481년에 그는 피렌체로 파견되어 산 마르코 수도원의 수사가 되었다. 그 수도원은 코시모 데 메디치가 재건한 건물로서, 벽에는 프라 안젤리코가 붓으로 그려놓은 그림이 있었다. 사보나롤라가 도착할 당시에 피렌체 시는 위대한 자 로렌초의 풍성한 후원에 힘입어 문화의 중심지이자 사치와 방탕의 처소가 되어 있었다.

　젊은 수사가 피렌체 강단에서 벌인 첫 번째 노력은 실패로 끝났다. 그가 사순절 기간에 설교한 산 로렌초 성당에는 회중이 25명밖에 참석하지 않았다. 아우구스티누스회 수사인 프라 마리아노 다 제나차노(Fra Mariano da Gennazzano)가 대중의 인기를 얻고 있었다. 그 도미니쿠스회 수사는 1486년 사순절에 브레시아에서 계시록을 주제로 한 설교로 최초로 명성을 얻었다. 이십사 장로 중 한 사람이 일어나 죄악에 덮인 피렌체 시에 대해 심판을 선언한다는 것이 그 내용이었다. 1489년에는 로렌초의 초빙을 받고서 다시 피렌체로 돌아갔다. 로렌초는 레조에서 사보나롤라의 웅변을 들어본 피코 델라 미란돌라의 권유를 받고 그를 초빙한 것이다. 사보나롤라의 생애 마지막 9년 동안 아르노 강변에 위치한 그 도시는 그의 인격으로 가득 채워졌다. 그는 시에나의 카테리나와 함께 피렌체 시가를 걸었던 사람들 가운데 가장 신앙적인 인물이라는 평가를 받았다. 이 짧은 기간의 초기에 그는 로렌초와 불화를 겪었고, 두 번째 시기에는 교황 알렉산더 6세와 갈등을 겪었는데, 그러는 동안 내내 두려운 경고들과 예언들로서 피렌체 시를 신앙으로 쇄신하고 그곳을 사회적 공의의 모델로 우뚝 세우기 위해서 힘썼다. 그가 설교하기 위해 강단에 서면 그곳이 산 마르코 수도원이 됐든 주교좌성당이 됐든 군중이 구름처럼 몰려들었다. 1491년에 그는 그 수도원의 원장이 되었다. 그는 설교에 주력하는 한편 철학 분야의 저서들과 겸손과 기도, 예수님의 사랑에 관한 주제로 소책자들을 썼다. 키는 중간쯤 되었고, 얼굴빛이 검은 편이었고, 눈동자가 짙은 회색에 안광이 있었으며, 입술은 두껍고 코는 매부리코였다. 이러한 용모가 그 자체로는 준수하다고 할 수 없었으나, 진지하고 사색적인 표정과 강렬한 눈빛으로 인하여 보는 이들을 사로잡았다.

사보나롤라의 설교는 번개의 섬광과 천둥의 울림과 흡사했다. 그의 사명은 사죄의 위안과 하나님과의 사귐을 전하는 것이 아니라, 불신앙과 방탕의 뿌리에 도끼 날을 대는 것이었다. 따라서 마음의 갈증을 씻어주는 하나님의 자비의 샘으로 인도하기보다 하나님의 진노로 두렵게 하여 경책하는 데 주력했다. 하나님의 사랑과 자비를 자애롭게 묘사한 내용이 그의 설교에도 적은 편이 아니었으나, 당대의 죄에 저주를 퍼붓는 내용이 온유한 호소를 압도했다. 다음과 같은 그의 말이 그의 설교 색채를 잘 묘사해 준다. "나는 우박과 같습니다. 우박에 맞아 다치지 않으려면 여러분 스스로를 덮으십시오. 이미 말씀드린 대로 투구 곧 덕행으로 머리를 가리십시오. 그러면 돌덩이 같은 우박이 떨어져도 다치지 않을 것입니다."[20]

그의 인기가 절정으로 치솟을 당시에 군중이 주교좌성당 현관에 운집하여 설교자가 도착하기를 기다렸는데, 빌라리(Villari)에 따르면 한 번에 10,000명 내지 12,000명이 그의 설교를 들으러 몰려왔다고 한다. 바람에 일렁이는 곡식 밭처럼 청중의 정서가 설교자의 음성에 따라 요동쳤다. 분노에 휩싸이는가 하면 봄눈 녹듯이 풀어져 눈물을 흘렸다. "나는 자꾸만 눈물이 흘러서 더 이상 설교를 받아 적을 수 없었다." 설교를 받아 적던 기록자는 이런 글을 남겼으며, 사보나롤라 자신도 극심한 긴장을 느낀 나머지 완전히 탈진하여 자리에 다시 가서 앉는 경우가 적지 않았다. 그의 설교는 민중뿐 아니라 지위가 높든 낮든 성직자들을 겨냥했으며, 진노의 섬광이 종종 로렌초의 궁전에도 떨어졌다. 그는 성직자들이 탐욕에 젖어 성직록과 금을 얻는 데 매진하는 것과, 영혼의 내면 생활보다 외적

---

20) Sermon, 1498년 3월 14일. Roscoe는 *Life of Lorenzo*, ch. VIII에서 이렇게 말한다. "사보나롤라의 입을 통해 청중에게 임한 하나님의 말씀은 하늘에서 내리는 이슬과 같지 않았다. 그것은 큰 우박덩어리였고 모든 것을 날려버릴 듯한 회오리바람이었고 사람을 쓰러뜨리는 칼이었다."

의식에 치중하는 것을 비판했다. 피렌체에 대해서 자신의 사랑의 대상이라는 표현을 써가며 극진한 애정을 표시했다. "나의 피렌체"라는 표현을 버릇처럼 사용했다. 제네바가 칼빈에게 받은 것보다 혹은 에든버러가 녹스에게 받은 것보다 더 큰 사랑을 피렌체는 사보나롤라에게 받았다. 그는 성직자들의 진실치 못함을 다음과 같은 말로 묘사했다:

> 오늘날은 고위성직자들과 설교자들이 땅의 것들을 향한 애착에 사로잡혀 있습니다. 영혼들을 보살피는 것이 더 이상 그들의 관심사가 아닙니다. 그저 수입만 챙기면 그만입니다. 설교자들이 제후들의 비위를 맞추고 그들에게 칭찬을 듣기 위해서 설교합니다. 그들이 저지른 죄악은 악한 것입니다. 그들은 하나님의 교회를 무너뜨리는 것으로 그치지 않고, 자신들의 방식대로 새로운 교회를 세운 것입니다. 한번 로마에 가서 보십시오! 대저택에서 호화롭게 사는 고위성직자들이 시와 예술품 외에는 어디에도 관심을 두지 않습니다. 그곳에 가서 한번 둘러보십시오! 그들이 저마다 손에 인문학 저서들을 들고서 베르길리우스 · 호라티우스 · 키케로 등의 교훈으로 인간 영혼을 선도할 수 있다고 서로에게 말하는 것을 보게 될 것입니다. 지난 시대의 고위성직자들은 어지간해서는 금 주교관과 성배를 갖고 있지 않았고, 그것마저 가난한 자들을 구제하기 위해서 녹여 사용했습니다. 그러나 우리의 고위성직자들은 성배를 얻기 위해서 가난한 사람들의 몇 푼 되지 않는 소유마저 빼앗아갑니다. 제가 드리는 말씀을 주여, 아시지 못하시나이까! 다 아시지 않으시옵나이까! 일어나사 당신의 교회를 악마들의 손에서, 폭군들의 손에서, 불법을 행하는 고위성직자들의 손에서 건지시옵소서.[21]

사보나롤라의 설교는 현란한 공상의 비행으로 가득 찼으며, 그것이 차분하고 논리적인 강해를 대신했다. 1492년의 대림절 저녁에 마지막 설교를 하던 사보나롤라는 하늘 한복판에 칼을 든 손이 나타난 것을 보았다. 칼에는 "보라, 주의 칼이 갑자기 급속히 땅에 임할 것이니라"(Ecce gladius Domini super terram cito et velociter)는 글귀가 새겨져 있었다. 갑자기 칼끝이 땅을 향하더니 하늘이 어두워지고 칼들과 화살들과 화염이 비처럼 쏟아져 내렸다. 하늘은 천둥으로 울리고

---

21) Villari, I. 183 sqq.

땅은 기근과 죽음의 천지로 변했다. 환상은 설교자가 이 일들을 알리라는 명령을 받는 것으로 끝났다. 사보나롤라는 그 뒤에 몇 번이고 거듭해서 이 예언적 환상을 언급했다. 이 기억이 메달에도 보존되었는데, 메달의 한쪽 면에는 사보나롤라가 새겨져 있고, 다른 쪽 면에는 하늘에 나타난 손이 칼을 들고 밑의 도시를 겨누고 있는 광경이 새겨져 있다.

하늘에 나타난 칼의 환상은 사보나롤라의 설교가 어떤 스타일이었는지 잘 보여준다. 그의 스타일은 충동적이고 회화적이고 폭발적이고 충격적이었으며, 법적이거나 교훈적이지는 않았다. 그럴지라도 서로 다른 여러 계층 사람들에게 깊은 인상을 심어주었다. 대(大) 피코 델라 미란돌라(Pico della Mirandola the elder)는 그의 설교를 듣고 받은 경이로운 인상을 다음과 같이 묘사했다. 한번은 사보나롤라가 창세기 6:17("내가 홍수를 땅에 일으켜")을 본문으로 설교할 때, 피코는 온몸에 소름이 돋고 머리카락이 말 그대로 서는 것을 경험했다. 후대의 사람들이 웨일스의 설교자 크리스마스 에반스(Christmas Evans)의 설교를 듣고 받은 인상이나, 휫필드(Whitefield)의 설교를 듣고 체스터필드 경(Lord Chesterfield)과 프랭클린(Franklin)이 받은 인상을 기억하면 위의 말을 이해하는 데 도움이 될 것이다. 그러나 설교의 이미지는 비록 현란하고 신비롭긴 했을지라도 피렌체의 그 설교자의 위력을 설명하기에는 충분치 못하다. 설교자 자신이 신앙적 열정에 뜨겁게 타오르고 있었다. 그 자신이 깊이 느꼈으며, 깊은 경건의 사람이었다. 신비주의자의 눈을 가지고서 외적이고 의식적인 것을 꿰뚫고 그 속에서 움직이는 영적 능력을 바라보았다.

그의 설교에는 성경적 요소도 뚜렷하게 나타난다. 그의 해석학이 빈곤한 것은 사실이지만, 성경적 요소가 곳곳에서 그의 생각과 표현을 주도해 나간다. 그가 행한 유명한 설교는 언약궤와 출애굽기, 그리고 학개 · 에스겔 · 아모스 · 호세아 같은 선지서들과 요한계시록에 관한 것이었다. 그는 성경의 권위를 강조했다. "나는 성경을 유일한 인도자로 삼아 교회가 거듭나도록 하기 위해 설교한다."[22]

---

22) Rudelbach(pp. 333-346)는 사보나롤라가 성경을 대했던 태도를 상세히 설명하면서, 그가 출애굽기에 관해 행했던 설교 한 편에서 다음 부분을 인용한다. "우리 시대의 신학자들은 진흙 같은 되지도 않은 논리를 가지고 모든 것을 더럽혔습니다. 그들은 성경의 작은 부분조차 모릅니다. 성경 낱권들의 제목조차 모릅니다."

사보나롤라의 설교에 생기와 능력을 불어넣은 또 다른 요소는 예언적 요소였다. 그는 자신이 "인간에게 자연스러운 지식의 범위를 넘어서는" 것들을 드러내는 선지자라고 밝혔다. 이 요소는 만약 숭고한 목표를 지향하는 위대한 인격과 결부되지 않았다면 약점으로 작용했을 것이다. 그의 준엄한 경고들은 너무나 두려워서 설교자 자신도 그것을 전하기를 꺼릴 정도였다. 한번은 밤을 새워가면서 어떤 메시지를 전하는 일을 면하게 해달라고 기도했으나 뜻을 이루지 못했다. 다음 날 강단에 서면서 그는 자신이 전하려는 설교를 소름 끼칠 정도로 두려운 설교라고 밝혔다.

사보나롤라는 자신이 하늘의 특별한 뜻을 전할 사자로 세움을 입었다고 확신했는데, 이러한 확신이 강단에서만 표현되었을 뿐 아니라, 좀 더 차분하게는 「계시 지침서」(*Manual of Revelations*, 1495)와 「진리와 예언에 관한 대화」(*Dialogue concerning Truth and Prophecy*, 1497)라는 두 권의 저서에서도 나타난다. 사보나롤라의 설교를 여러 편 수록한 두 번째 소책자는 금서목록에 올랐다. 첫 번째 소책자에서 저자는 자신이 하나님의 영감에 힘입어 오랫동안 미래의 일들을 예언했으나, "거룩한 것을 개에게 주지 말며"라는 구주의 말씀을 명심하고서 그런 발언을 매우 아껴서 전했다고 주장했다. 자신에게 위임된 직분의 성격을 다음과 같이 표현했다. "주님께서는 나를 이곳에 두시고서 이렇게 말씀하셨다. '나는 네가 내 말을 듣고 그것을 전파하도록 너를 이탈리아 한복판에서 파수꾼으로 세웠노라'"(참조. 겔 3:17). 혹시 사보나롤라가 예언적 통찰을 선포하는 일에서 실수를 했다는 생각이 든다면, 그가 품었던 뜨거운 열정과 순수한 동기를 감안하여 그 실수를 너그럽게 용납하게 된다. 그는 자신의 예언들에 "천지가 없어지기 전에는 율법의 일점 일획도 결코 없어지지 아니하고 다 이루리라"는 그리스도의 말씀을 적용했다.

그가 전한 메시지들 가운데 1495년 3월에 그가 낙원을 방문할 때 받았다고 하는 것만큼 유명한 것이 없다. 그가 여행을 나서기 전에 많은 여성들이 길동무가 되어주겠다고 제의했다. '철학'과 '수사학'이라는 여성을 그는 거절했다. '신앙'과 '단순함'과 '기도'와 '인내'를 길동무로 받아들인 그는 노중에 수사의 복장을 하고 나타난 마귀를 만났다. 사탄은 그 기회를 틈타 그의 예언들이 지니는 초자연적 성격에 반론을 제기했다. 덕을 권장하고 악을 질책하는 것으로 끝내고 예언은 건드리지 말았어야 했다고 지적했다. 선지자라면 반드시 기적들로 뒷받침을 받아야 하지 않느냐고 물었다. 참 선지자들은 거룩한 사람들이었는데, 과연 사보나롤라 자신이 높은 경지의 거룩함에 도달했느냐고 물었다. 그런 다음에는 사보나롤라의 예언들이 한 번도 성취된 적이 없었음을 감히 증명하려 들었다. 그 무렵 일행은 낙원의 문에 도달해 있었는데, 그곳에서 사탄은 약삭빠르게 도망쳤다. 낙원의 성벽들은 다이아몬드들과 그 밖의 귀금속들로 장식되어 있었다고 사보나롤라는 자신이 본 것을 묘사한다. 성벽 위에는 열 개의 깃발이 꽂혀 있었고, 깃발들에는 피렌체의 기도문들이 적혀 있었다. 정사들과 권세들이 사방에서 나타났다. 사보나롤라는 천사들의 도움을 받아 사닥다리를 타고 성모의 권좌로 올라갔고, 성모는 그에게 면류관과 귀금속을 준 다음 품에 아기 예수를 안은 채 삼위일체를 향해 사보나롤라와 피렌체를 위해서 빌어 주었다. 성모의 기도가 가납되어 피렌체가 고통의 시기를 겪은 뒤 번영의 시대를 맞이할 것이라고 선포되었다. 이 새 시대가 오면 피렌체 시는 과거에 도달한 적이 없는 권력과 부를 얻게 될 것이라고 했다.

사보나롤라가 과연 진정한 선지자였는지, 아니면 지나친 종교 열정으로 인한 과도한 공상에 사로잡혀 마치 하나님에게 직접 계시를 받은 것처럼 착각했는지 의문이 생긴다.[23] 알렉산더 6세는 사보나롤라의 주장에 대해서 "선지자가 된 것처럼 착각한 어리석은 주장"이라고 비판했다. 「계시록 입문서」(*Manual of Revelation*)에서 사보나롤라는 자신이 참 선지자임을 입증하기 위한 네 가지 기준을 제시했다. 첫째는 자신의 주관적 확신이었고, 둘째는 자신의 예언들이 성취된 것들이었고, 셋째는 그것이 피렌체의 도덕 개혁에 이바지한 결과였으며, 넷째는 피렌체의 선량한 시민들이 자신의 예언들을 사실로 받아들이고 있는 사실이었다. 그는 자신의 예언들이 점성술에서 나오지 않았고(자신은 점성술을 배격하기 때문에), 병적인 상상에서 나오지도 않았고(이것은 자신이 갖고 있는 폭넓은 성경 지식과 모순되기 때문에), 사탄에게서 나오지도 않았다고 말했다(사탄은 자신의 설교를 혐오하고 미래의 사건들을 알지 못하기 때문에).

우리의 입장에서는 유일하게 유효한 잣대가 역사 사실이다. 사보나롤라의 예언들은 과연 성취되었는가? 성취되었다고 강조된 두 가지 예언은 피렌체에서 발

---

23) Luotto는 사보나롤라의 예언이 진실한 것이었는가 아니면 뻔뻔한 거짓이었는가 양자 택일의 기로를 제시하고는 전자의 견해를 담대하게 주장한다.

생한 정치적 혁명과 샤를 8세가 알프스를 넘어 온 사실이었다. 사보나롤라는 샤를을 고레스와 같은 인물로 바라보고서, 그가 장차 피렌체의 정치적 속박을 풀어주고 자유의 시대를 도래케 할 것이라고 생각했다. 그는 또한 샤를이 후에 퇴각할 것도 예언했다. 샤를이 이탈리아로 진격해 내려온 상태에서 재판이 시작된 뒤에 산 마르코 수도원에 있던 사보나롤라를 방문한 코미네스(Commines)는 그 탁발수사의 경건과 솔직한 인격에 깊은 감명을 받은 나머지 그가 자신과 왕에게 "당시에는 아무도 믿지 않았으나 그 이후로 성취되어온 모든 일들"을 확신을 가지고 예언했다고 주장했다.[24] 반면에 피렌체의 영토가 확장되어 피사까지 수복하게 될 것이라는 예언(1495년 5월 28일)과 터키족과 무어족이 급속히 회심할 것이라는 예언(1495년 5월 3일)은 성취되지 않았다. 후자는 자신이 낙원을 방문했을 때 성모가 해준 계시라고 밝힌 바 있는 예언이었다.

이렇게 엄숙한 예언적 발언들이 적지 않게 실현되지 않고 남아 있다면, 나머지 예언들도 예리한 통찰력을 지닌 관찰자가 사건들의 추이를 지켜봐 가면서 내놓은 예측들이 아니었는지 당연히 의심을 품어볼 수 있다. 많은 사람들은 그 탁발수사를 선지자로 신뢰했으나, 상황이 갈수록 복잡해지자 그에게 기적으로써 자신의 예언적 주장을 뒷받침할 것을 요구하게 되었다. 샤를 8세가 알프스를 넘어 내려올 것이라는 예언처럼 부분적으로 성취된 예언들조차 사보나롤라가 예상했던 것과 같은 항구적인 상황 개선의 방식으로는 성취되지 않았다.

보닛-모리 교수(Prof. Bonet-Maury)의 진술이 이 상황에 적절한 설명이 된다. 사보나롤라의 이른바 예언 은사가 정치적 · 종교적 직관일 뿐이었다는 것이다.[25] 그의 예언들 가운데 더러는 기독교 예언의 범주에서 벗어난 것들이었다. 예를 들어, 피사가 피렌체에 다시 복속된다는 예언이 그것이다. 피렌체인들은 그 예언자가 자신들의 도시에 바치는 높은 존경과, 그 도시가 천상의 영광뿐 아

---

24) Villari, I. 335.

25) 이것이 Lucas(pp. 69 sq.), Pastor, Creighton(III. 248), 그리고 Villari의 견해이다. Villari는 이렇게 말한다(I. 352 sqq.) "사보나롤라가 과거에 했던 예언들이 성취된 경험에 잔뜩 고무된 상태에서 말년에 피렌체에서 지위를 유지하기가 갈수록 어려워지자 마치 자신이 예언 은사라도 받은 양 그 은사를 다시 한 번 사용하려는 유혹을 강하게 느꼈던 것이 아닐까?"

니라 땅의 권력까지도 차지할 것이라는 예언을 듣고서 크게 우쭐했다. 사보나롤라는 「계시록 입문서」에서 이렇게 외쳤다. "마치 심장이 몸의 중심에 있듯이 피렌체가 이탈리아의 한복판에 위치해 있으므로, 하나님께서는 그 도시를 택하셔서 이 예언의 말씀이 이탈리아 전역으로 퍼져나갈 수 있도록 하셨다."

사보나롤라의 생애 가운데 1492년에 위대한 자 로렌초의 임종 침상에 그가 나타났을 때만큼 도덕적 기품과 극적인 흥미가 더했던 순간은 없었다. 역사는 그런 장면들을 어지간해서는 보여주지 않는다. 피렌체를 다스려온 그 탁월한 군주는 자신이 살 날이 얼마 남지 않았음을 알게 되었을 때 사제의 절대 사면권에 힘입지 않은 채 죽음과 장래의 신비에 맞닥뜨리게 되기를 원치 않았다. 사보나롤라와 로렌초는 동일한 사랑으로 피렌체를 사랑했다. 다만 한 사람이 의로운 생활로써 피렌체의 영화를 구했다면, 다른 한 사람은 세상적 통치와 찬란한 문화로써 그것을 구한 것이 차이였을 뿐이다. 두 지도자는 서로에게서 합일점을 발견하지 못했다. 로렌초가 개인적인 관심과 감언(甘言)으로 그 설교자의 마음을 얻고자 노력한 적도 있었다. 산 마르코 수도원의 미사에 참석하기도 했다. 사보나롤라는 세련된 속인(俗人)이자 피렌체의 자유를 억압하던 군주를 짐짓 멀리했다. 사보나롤라가 피렌체에 왔을 때 로렌초는 "낯선 손님이 내 집에 들어왔으나, 그는 고개를 숙이고서 나를 방문하지 않을 것이다" 하고 말했다.

로렌초가 수도원 뜰에 와 있다고 전하는 사람들에게 사보나롤라는 "그분은 내게 구할 것이 없습니다. 가시든 머물러 계시든 좋을 대로 하시라고 전해 주세요"라고 대답했다.

피렌체의 유력한 시민 다섯 명이 그 탁발수사를 불러 그가 공식적으로 했던 발언들을 수정하면 어떻겠느냐고 권유했다. 그들이 로렌초의 지시를 받고 왔음을 알아챈 그는 그들을 돌려보내면서, 그 군주에게 그의 아들들의 죄를 고해하라는 말을 전하라고 이르고는, 주님께서는 사람들을 두려워하지 않으시며, 세상의 권력자라고 아끼시는 법이 없다고 말했다. 로렌초는 프라 마리아노(Fra Mariano)를 세워 사보나롤라의 임무를 공식적으로 수행하도록 했다. 로렌초의 지시대로 마리아노는 1491년의 승천 축일에 강단에 섰다. 로렌초도 그 자리에 참석했으나 마리아노의 설교가 시원치 않자 사보나롤라의 인기가 이전보다 더욱 상승했다. 산 마르코의 그 탁발수사는 이렇게 외쳤다. "나는 이 도시의 나그네이며 로렌초는 국가의 제일인자이지만, 그래도 나는 이곳에 머물 것이며, 이곳을 나갈 자는 바로 그이다."

죽음의 시간이 다가왔을 때 로렌초는 마음이 진솔해졌다. 주치의 파비아의 라차로가 불순물을 제거한 보석 일부를 마지막 약물로 투여해 보았으나 병세를 돌이킬 수는 없었다. 피코 델라 미란돌라를 비롯한 글벗들에게 작별을 고한 로렌초는 아들 피에로에게 마지막으로 조언을 해주었다. 그가 이제 사람에게 받아야 할 것은 엄숙한 사죄와 종부성사 의식뿐이었다. 로렌초의 고해신부가 곁에 대기하고 있었으나, 군주는 산 마르코 수도원을 바라보았다. "평생 살아오면서 그 사람처럼 정직한 사람은 만나본 적이 없다"고 그는 말했다. 군주의 명대로 사보나롤라가 도시에서 3km 남짓 떨어진 카레지 별장의 임종 침상으로 불려왔다.

로렌초는 죽음 앞에 서서 자신이 생전에 저지른 세 가지 악행을 참회하고 싶다고 말했다. 첫째는 볼테라를 침략한 일이었고, 둘째는 몬테 델라 판치울레를 약탈한 일이었으며, 셋째는 파치 가문의 음모에 대해 무자비한 보복을 가한 일이었다고 했다. 그러자 그 탁발수사는 세 가지 사죄의 조건을 제시했다. 첫째는 하나님의 자비를 굳게 믿어야 한다는 것이었다. 로렌초는 틀림없이 그렇게 하겠다고 대답했다. 둘째는 부당하게 취득한 재산을 직접 혹은 아들들을 시켜 환원하라는 것이었다. 로렌초는 이 조건도 받아들였다. 세 번째 요구는 피렌체에게 자유를 되돌려 주라는 것이었다. 이 말을 들은 로렌초는 입을 굳게 다물고는 몸을 벽으로 돌려 누웠다. 사보나롤라는 돌아갔고, 몇 시간 뒤인 1492년 4월 8일에 피렌체의 군주는 사람을 외모가 아닌 마음을 보시고 판단하시며, 자비가 영원하신 전능하신 분의 법정으로 건너갔다.

만약 사보나롤라가 덜 엄격했다면 여전히 의로운 감화를 받아들일 여지가 있던 죽어가는 군주에게 이루 말할 수 없는 좋은 영향을 끼쳤을 것이라는 추측을 사람들은 해왔다. 하지만 그런 경우에 하나님의 은밀한 뜻이 무엇이라고 누가 과연 조금이라도 추측할 수 있겠는가? 사제를 통해 종부성사를 받았다면 죽어가면서도 양심이 거짓 안전감으로 잠들었을 수도 있었을 텐데, 오히려 사보나롤라의 준엄한 요구가 로렌초를 정신차리게 하여 하나님께 사죄를 부르짖게 했을는지도 모르는 일이다. 어쨌든 그 일로 인하여 산 마르코의 탁발수사의 인기는 더욱 치솟았다.

1494년부터 시작된 시기에 사보나롤라는 절정의 인기를 누렸으며, 귀차르디니(Guicciardini) 같은 냉소적인 증인조차 그의 영향력이 절대적이었다고 보고한다. 이 시기에 샤를 8세가 이탈리아를 침공하고, 메디치 가문이 피렌체에서 추방당하고, 그 도시에 신정(神政) 정부가 수립되는 일들이 일어났다.

"그가 알프스를 넘어 고레스처럼 이탈리아를 침공할 것이다" 하고 사보나롤라는 프랑스 왕 샤를 8세에 관해서 예언한 바 있다. 그리고 프랑스 군대가 피렌체 영토로 접근해 오자 그는 이렇게 외쳤다. "보라, 칼이 네게 임했노라. 예언이 성취되어 채찍질이 시작되었도다! 보라, 이 무리는 주께서 이끌고 오신 군대이니라! 피렌체여, 노래하고 춤추는 시간이 이제는 끝났도다. 이젠 그대의 죄악으로 인해 눈물을 흘려야 할 때이니라."

피렌체는 그의 말을 경청했다. 피에로 데 메디치는 프랑스 진영으로 가서 200,000플로린을 갖다 바치라는 왕의 요구를 들어주고, 피사·레그혼·사르차나를 양도했다. 그러나 사보나롤라는 강단에서 메디치 가문을 강력히 비판하고 성토했다. 시의회는 메디치 가문을 추방시키기로 결의한 뒤 샤를에게 사절단을 파견했는데, 사절단에는 사보나롤라도 끼어 있었다. 프랑스 왕 앞에서 행한 연설[현존함]에서, 그 탁발수사는 왕이 주님께서 이탈리아를 저주에서 건지시고 교회를 개혁하시기 위해 보내신 도구임을 상기시켰다. 샤를은 피렌체 시내로 진입했으나, 사보나롤라의 중재에 마음이 녹아 조공을 120,000플로린으로 삭감해 주었고, 프랑스 병사들의 약탈을 막았다. 왕은 "하나님의 종의 음성을 청종하고서 지체없이 발길을 북쪽으로 돌리라"는 탁발수사의 준엄한 말도 들었을 것이다.

샤를이 로마를 약탈하고 나폴리를 점령한 뒤 이탈리아 북부로 돌아왔을 때, 사보나롤라는 그에게 경고의 내용을 담은 다섯 통의 서신을 보냈다. 그 요지는 만약 자신이 일전에 말했던 것을 피렌체에 해주지 않는다면 하나님의 진노가 그의 머리에 쏟아질 것이라는 내용이었다. 그것은 피렌체의 자유를 인정하고 피사를 피렌체에 돌려달라는 것이었다. 1495년 5월 25일에 샤를에게 쓴 서신에서는 피렌체 시에 호의를 베풀어달라고 요청하면서, "하나님께서 이 도시를 선택하시고 강하고 높이 세우시기로 작정하셨으므로, 누구든 이 도시를 건드리면 하나님의 눈동자를 건드리는 것과 다름없다"고 주장했다. 이탈리아의 입장에서 볼 때는 프랑스의 침공이 섭리에서 비롯된 것이 당연히 아니었다. 샤를은 비록 군대의 깃발들에는 볼란투스 데이(하나님의 뜻)와 미수스 데이(하나님의 특사)라는 문구를 써넣긴 했으나 이탈리아 도시 국가들의 독재를 타파하기보다 영토 확장에 열을 올렸던 것이다.

아무튼 사보나롤라는 피렌체에 그리스도를 머리로 하는 이상적 신정 국가를 수립할 수 있는 기회를 맞이했다. 메디치 가문이 추방된 데 힘입어 국가와 헌법을 사보나롤라의 의도대로 재편할 수 있게 되었는데, 하지만 이 일로 인해 그는 정치와 파벌 투쟁에 깊숙이 휘말리게 되었다. 그럴지라도 그가 제정한 헌법이 귀차르디니와 그 밖의 이탈리아 정치 평론가들로부터 칭송을 받은 사실을 잊어서는 안 된다. 그의 간곡한 조언으로 메디치 가문 추종자들에 대한 보복을 금하는 법안이 통과된 것은 그의 영향력이 얼마나 컸는가를 보여주는 증거이다. 란두치(Landucci)는 만약 사보나롤라가 없었다면 피렌체 거리가 피로 물들었을 것이라고 자신의 일기에 적었다.

사보나롤라는 1494년 대림절에 학개를 본문으로 한 설교와 1495년에 시편을 본문으로 한 설교에서 정치의 바다에 나선 항해사로서 확고한 의지를 표명했다. "주님께서 큰바다로 나가라고 내 등을 떠미셨습니다" 하고 그는 강단에서 외쳤다. 이런 의무를 떠맡게 된 데 대해서 하나님 앞에 항의의 뜻으로 "설교를 해야 한다면 그것은 하겠지만, 내가 왜 피렌체의 정치에 개입해야 합니까" 하고 아뢰었다. 그러자 주님께서는 "네가 피렌체를 거룩한 도시로 만들고 싶다면 그것을 탄탄한 토대 위에 세우고, 공의를 존중하는 정부를 주어야 할 것이다"라고 말씀하셨다. 이러한 임무를 그 설교자는 받은 것이다. 그는 강단에서 도덕이야말로 건실한 정부의 토대이며, 그 적합한 형태는 민주주의라고 선포했다. 그는 이렇게 주장했다. "힘은 강하되 지식은 없는 북유럽의 나라들 가운데, 그리고 지식은 많은데 힘은 없는 남유럽의 나라들 가운데, 한 사람의 전제군주의 통치가 최선의 정부 형태인 경우도 가끔은 있을 수 있다. 그러나 이탈리아에서, 무엇보다도 힘과 지식이 모두 충분하여서 백성들이 예리한 기지와 부단한 정신을 지닌 피렌체 같은 도시에서는 한 사람의 통치가 독재로 전락할 수밖에 없다."

그는 자신이 제시한 체제에서 종신 수반인 총독(doge)를 배제한 형태의 베네치아의 시의회를 모델로 삼았다. 피렌체 시의회를 적어도 1500명의 시민들로 구성하게 하고, 그들의 자격을 29세 이상의 남자로서 세금을 납부하고, 베네피키아티 곧 본인이 공직자이거나 아버지와 할아버지 혹은 증조할아버지가 공직자였던 계층에 속한 사람들로 한정했다. 시의회로 하여금 80인 위원회를 선출하도록 하고, 위원들의 연령 자격을 적어도 마흔 살이 넘도록 했다. 형사 소송의 경우 위원회의 결정에 불복하면 시의회에 항소하도록 했고, 시의회는 일주일에 한 번 모이도록 하고 그 성격을 심의보다는 의결에 두도록 했다.

총독 혹은 최고 지도자의 자리를 사보나롤라는 하나님께 드렸다. 이 점과 관련하여 그는 강단에서 이렇게 외쳤다. "피렌체여, 하나님께서 옛 언약하에서 이스라엘의 왕이셨듯이 이제는 그대의 유일한 왕이 되실 것이다." "그대의 새 머리는 예수 그리스도가 되실 것이다." 이 외침을 끝으로 그는 학개를 본문으로 한 설교를 마쳤다. 오늘날 사보나롤라의 전기작가 빌라리(Villari)는 "그는 기존의 모든 근본적인 법률들에서 보여준 바 있는 지혜와 통찰을 새 국가를 위해 제시했다." 그는 시의회에서 의석을 갖고 있지 않았으나 전 국민의 영혼이었다.[26]

생애 마지막 장에서 사보나롤라는 교황 알렉산더 6세와 대립했다. 두 사람의 갈등은 1495년 7월 25일에 교황이 사보나롤라에게 로마로 출두하고 그에게 제기된 고소에 대해 해명하라고 요구할 때부터 시작했다. 그 뒤에 교황의 설교 중지령과 파문령이 잇달아 공포되었으며, 교황이 파견한 위원회가 사보나롤라를 이단으로 판결하여 사형을 언도하는 것으로 투쟁은 막을 내리게 되었다.

알렉산더가 탁발수사를 소환할 생각을 갖게 된 계기는 그가 하나님에게 계시를 받아 미래의 사건들을 예언한다고 주장했기 때문이었다. 그러면서도 교황은 주님의 포도원에서 사보나롤라가 가장 열심히 일하는 일꾼이라는 보고를 받고 큰 기쁨을 표시했으며, 그가 영원한 도성으로 오면 사랑과 아버지로서의 정을 가지고 맞이할 것이라고 약속했다. 사보나롤라는 자신의 건강이 여의치 않은 데다 로마로 가는 길에 만날지도 모르는 위험을 내세워 교황의 소환령에 거부 의사를 통보했다. 그 시기에 그의 해묵은 경쟁자 프라 마리아노 데 제나차노와 그 밖의 정적들이 로마에서 그를 모해하고 있었으며, 메디치 가문도 급속히 교황의 호의를 회복해 가고 있었다.

알렉산더는 1495년 9월 9일에 사보나롤라에게 설교 중지령을 고지하는 서신에서 그가 이탈리아의 정세와 관련하여 드러낸 어리석음과, 스스로 하나님의 보내심을 받은 특별한 사자로 자임하는 행위를 단죄했다. 답장에서 사보나롤라는 교황이 던진 죄목들에 일일이 답변한 다음 시의회의 요청에 따라 설교를 계속하

---

26) 사보나롤라가 주장한 안 가운데 하나는 실제 재산에만 세금을 부과하자는 것이었으며, 정황으로 미루어 그가 교회 재산에 세금을 부과하는 데 반대하지 않은 듯하다. Landucci, p. 119; Villari, I. 269, 298; II. 81.

겠다는 뜻을 전했다. 1495년 10월 16일에 보낸 세 번째 서신에서 교황은 그에게 공개적으로든 사적으로든 일절 설교하지 말라고 명령했다. 이와 관련하여 역사가 파스토르(Pastor)는 "사보나롤라가 교황의 권위를 거역하는 죄를 범했다는 것은 해처럼 분명한 일이었다"고 평가한다.[27]

탁발수사는 다섯 달 동안 수도원에서 초연하게 지냈으나, 1496년 2월 17일에 사순절 기간의 설교를 맡아달라는 시의회의 부탁을 받고 다시 강단에 섰다. 거기서 그는 교황도 오류를 범할 수 있다는 강경한 입장을 천명했다. "교황이 내게 기독교의 사랑의 법 곧 복음과 위배되는 어떤 일을 명령할 수도 있습니다. 그러나 만약 그가 그런 명령을 한다면 나는 그에게, 당신은 목자가 아니라고 말하겠습니다. 그 오류는 로마 교회가 아닌 당신이 범하는 것입니다." 그때부터 그는 예전과 사뭇 다르게 교황의 도시를 덮고 있는 부패를 신랄히 비판하기 시작했다. 1496년 2월 28일에는 아모스 4:1을 본문으로 설교하면서 이렇게 외쳤다. "누가 사마리아 산지인 바산의 소들입니까? 이탈리아와 로마의 궁정인들이 바로 그들이라고 나는 말합니다. 아니면 아무도 아니라는 말입니까? 로마에게는 천 명도 지극히 적고, 만 명, 만이천 명, 만사천 명도 지극히 적습니다. 로마여, 그대에게 임할 형벌이 지극히 클 테니 단단히 각오하고 있을지어다."[28]

위협만 가지고는 사보나롤라의 입을 막을 수 없다는 것을 안 알렉산더는 자신의 전문 기술인 뇌물을 사용하기로 했다. 도미니쿠스회 수사를 피렌체로 보내어 산 마르코 수도원의 탁발수사에게 추기경직을 제의한 것이다. 그러나 알렉산더는 사람을 몰라도 한참 몰랐던 셈이다. 사보나롤라는 1496년 8월에 행한 설교에서 자신이 원하는 것은 주교관이나 추기경 모자가 아니라, 하나님이 당신의 성도들에게 수여하시는 선물 곧 피로 붉게 물든 모자인 죽음뿐이라고 밝혔다. 루카스(Lucas)는 상황에 전혀 어울리지 않게, 알렉산더가 그에게 추기경직을 제안한 것은 악한 동기로 한 것이 아니라, "진실하긴 한데 생각을 잘못하고 있는 사람"에 대한 감사의 표시로 한 것이었다고 평가한다.

1496년의 사육제 기간과 그 뒤 2년의 세월은 사보나롤라 민중의 마음을 어느

---

27) *Zur Beurtheilung*, p. 66. Pastor는 Luotto의 견해를 반박한다.

28) Perrens, I. 471 sq.에 이탈리아어 본문이 수록되어 있다. 사보나롤라가 이 시기에 행한 설교들은 아모스, 예레미야, 미가, 룻기를 본문으로 삼은 것들이다.

정도나 사로잡고 있었는지를 여실히 보여준 기간이었다. 원래 술잔치로 흥청댔어야 할 사육제가 신앙적 성격이 짙은 행사로 진행되었다. 원래 그 축제 기간에는 청년들이 일상의 틀을 집어던지고서 나이든 사람들에게 돈을 강요하고, 모닥불을 피워놓고 밤새 춤을 추고, 사람들과 가옥들에 닥치는 대로 돌을 던지곤 했었다. 시의회가 나서도 폐지할 수 없었던 이 '돌들의 축제'를 사보나롤라와 그의 동역자들이 종교적 축제로 바꾸어 놓았다. 사람들은 그것을 가리켜 청년들에 대한 개혁이라고 불렀다. 사보나롤라는 시내 여러 곳에 청년단을 설립하고, 주교좌성당 벽 맞은 편에 그들을 위한 좌석을 마련했다. 란두치(Landucci)가 "프라 지롤라모의 청년단"이라고 부른 이들은 열을 지어 시내 곳곳을 다니면서 사보나롤라와 베니비니(Benivieni)가 작곡한 찬송들을 부르다가, 일정한 지점에 모여서서 가난한 사람들을 위한 자선금을 거두었다.

1497년의 사육제 마지막 날에 '헛된 것들'을 불태우는 사건이 발생했다. 사보나롤라의 설교에 잔뜩 고무된 청년들이 시내 곳곳을 다니면서 집집마다 문을 두드리고는 장신구들과 오비디우스와 보카치오의 책 같은 외설스러운 책들, 주사위, 하프, 거울, 가면, 화장품, 미인화, 그 밖의 사치품들을 다 내놓으라고 요구했다. 이런 물품들을 받아 광장에 쌓아놓았더니 높이 18미터에 둘레 72미터나 되었다. 아침에 군중은 사보나롤라가 집전하는 미사를 관람했다. 미사가 끝난 뒤 청년들이 열을 지어 시내 곳곳을 누비고 다니다가 '헛된 것들'의 무더기에 이르러서는 서로 손을 잡고 돌아가며 춤을 춘 다음 종교적 노래가 울려 퍼지는 가운데 그것에 불을 붙였다. 마침 울려 퍼진 종소리가 그 낯선 광경의 효과를 더해주었다. 그 광경을 지켜보던 사람들은 에베소 사람들이 사도 바울의 설교에 감화를 받고는 미신에 관련된 것들을 모아놓고 불태웠던 일을 기억했다. 이런 장면은 사보나롤라의 생애 마지막 해인 1498년에도 재연되었다.

사보나롤라는 르네상스에 동조하지 않았다는 비난을 받았는데, 이 비난은 쉽게 부정하기가 어렵다. 그 운동을 다룬 사가 부르크하르트가 말하듯이, 사보나롤라는 끝까지 수사로 남았다. 그는 어떤 저서에서 학문에 따르는 여러 가지 위험들을 언급했다. 플라톤과 아리스토텔레스가 지옥에 가 있다고 했다. 플라톤 아카데미가 있던 도시에서 이런 평가를 했던 것이다! 그는 베르길리우스와 키케로를 관용했으나, 카툴루스(Catullus : BC 1세기 로마의 시인) · 오비디우스 · 테렌티우스는 금서로 규정했다.

한때는 피렌체의 모든 시민이 그 수도원장의 설교에 감화를 받아 신앙에 귀의하는 듯했다. 아내들이 남편을 떠나 수녀원에 들어갔다. 그렇지 못한 아내들은 부부 생활을 중단하겠다고 서약했으며, 이쯤 되자 사보나롤라는 피렌체가 결혼이 완전히 없어지는 완전한 상태에 도달할 수도 있다는 꿈을 꾸기도 했다. 사람들이 날마다 성찬을 받았고, 청년들이 날마다 미사에 참석했다. 프라 바르톨로메오(Fra Bartolomeo)는 누드화 연구를 중단하고는 그림을 죄다 불태워버렸으며, 한동안은 쉬지 말고 모아 기도해야 할 손을 그림에 사용하는 것이 죄악이라고 생각했다. 하지만 그러한 긴장을 어느 때까지나 계속 유지한다는 것은 불가능했다. 열정은 있었으나 중생은 없었다. 반동이 발생할 것임이 필지의 사실이었으며, 그런 점을 감안하면 사보나롤라가 생애를 거의 마칠 때까지 민중의 마음을 오래 사로잡았던 것이 경이로운 일이다.

알렉산더는 피렌체의 개혁을 전혀 바라지 않았던 까닭에 어떠한 대가를 치르더라도 사보나롤라의 입을 다물게 하기로 작정했다. 피렌체 시내에는 메디치 가문이 권력을 되찾기 위해 음모를 꾸미고 있고, 공모자들 가운데 몇 명이 체포되어 처형되었다는 소문이 자자했다. 공화국의 원수들은 사보나롤라를 죽이겠다고 맹세하고는 그를 조소하고 협박하는 내용을 담은 전단지를 뿌렸다. 그의 수도원 벽에 모욕적인 내용의 대자보가 붙었으며, 한번은 주교좌성당 강단에 분뇨를 뿌리고 나귀 가죽을 덮고 설교자가 설교 도중에 손으로 두드리곤 하던 지점에 못을 여러 개 박아놓는 일도 있었다. 란두치는 이것을 "대단히 치욕스러운 짓"이라고 말한다. 심지어 주교좌성당에 자객들이 모였다가 시의회가 배치한 경비 병력 때문에 돌아간 일도 있었다. 하지만 산 마르코의 탁발수사는 동요하는 기색이 전혀 없었다. 하지만 불길한 전조가 있었으니, 그것은 그를 전폭 지지해오던 시의회의 태도가 예전 같지 않게 되었다는 사실이었다.

하지만 사보나롤라는 더욱 언성을 높여서 교회의 부패를 비판했다. 그는 이렇게 외쳤다. "꿇어 엎드린 교회여, 그대는 온 천하에 그대의 타락한 모습을 드러냈다. 이탈리아에, 프랑스에, 스페인에, 세상 모든 땅에 그대의 음행을 퍼뜨렸다. 성직매매로 성례들을 더럽혔다. 과거에는 사제들이 서자를 부끄러워하여 조카라고 불렀는데, 요즘은 노골적으로 아들이라 부른다." 교황 알렉산더가 이 발언을 오해할 수도, 관용할 수도 없었다. 기독교 세계 수장의 위신이 걸린 문제였다. 옛적에 교황 유게니우스 3세는 성 베르나르가 자신을 훈계할 때 선지자가 교황보다 우월하다고 하며 그의 훈계를 받아들일 수 있었으나, 피렌체의 선지자는 개인적인 독설까지 주저치 않았다. 그는 균형을 잃고 있었다. 1497년 5월 12일에 알렉산더는 사보나롤라가 "사도좌의 훈계와 명령을 거역하고 이단 혐의가 있다"는 이유로 그를 파문했다. 그의 설교를 듣거나 그와 대화를 나누는 행위도 금지했다.[29]

한달 뒤에 "하나님의 선택을 받은 모든 그리스도인들에게" 보낸 서신에서, 사보나롤라는 교회의 권위에 기꺼이 순복할 의사를 다시금 밝히면서도, 상급자들의 명령이 사랑과 하나님의 법에 위배될 때는 그것을 지킬 의무가 없다고 주장했다. 당대의 청교도 란두치는 "그 뒤로 우리는 하나님의 말씀을 박탈당했다"고 토로했다. 피렌체 시의회는 사보나롤라가 인격이 무흠하고 교리가 건실한 사람이라고 그를 옹호하는 서신을 교황에게 보냈으며, 소(the younger) 피코 델라 미란돌라 같은 친구들도 그의 행실을 변호하는 글을 발표했다. 한두 해 전에 세상을 떠난 대(the elder) 피코 델라 미란돌라와 폴리치아노는 임종할 때 도미니쿠스회 수사복을 입음으로써 사보나롤라에 대한 존경을 표시했다.

그 무렵 사보나롤라는 가톨릭 신앙의 진실성과 합리성을 옹호하는 「십자가의 승리」(*Triumph of the Cross*)를 펴냈다.[30] 이 책은, 오로지 이성만 가지고 하나님의 존재와 영혼 불멸을 입증하고 나서, 인간의 이성을 초월해 있는 삼위일체 교리와 사도신경을 해설하며, 그리스도인들의 삶이 지니는 우월성을 소개하면서 그것을 크게 강조한다. 마지막에는 이슬람교를 비롯한 다른 종교들을 논박함으로써 마친다.

사보나롤라는 강단에서 침묵을 지켰고, 1497년 성탄절까지 성례를 집례하지 않다가, 그날 산 마르코 수도원에서 미사를 세 번 집례했다. 2월 11일에는 피렌체의 두오모 성당 강단에 다시 섰다. 성당을 가득 채운 청중 앞에서, 그는 사제가 전능하신 하나님의 도구일 뿐이며, 하나님이 당신의 임재를 거두시면 고위성직자와 교황은 "고장난 철 연장"과 다름없게 되며, "그리고 만약 고위성직자가 거룩한 생활과 사랑에 위배되는 일을 명령하면 그는 순종을 받는 것은 고사하고

---

29) 대칙서는 Villari, II. 189 sq.; Pastor, III. 411 sq.에 실려 있다.

30) 1497년에 라틴어와 에트루리아어로 동시에 출판됨. 에트루리아어 번역은 사보나롤라가 직접 했다.

저주를 받아야 마땅하다"고 주장했다. 다른 날에는 교황이 거짓 보고뿐 아니라 자신의 악함 때문에도 오류를 범할 수 있다고 주장한 뒤, 보니파키우스 8세를 예로 들면서, 그 사악한 교황은 교황직을 여우처럼 시작하여 개처럼 마쳤다고 주장했다. 그때부터는 피렌체의 많은 사람들이 교회를 두려워하여 사보나롤라의 설교를 들으러 가지 않았다. 그 가운데는 신실한 란두치도 끼여 있었는데, 그는 이렇게 말한다. "옳든 그르든 나는 그의 설교를 들으러 가지 않은 무리에 끼여 있었다. 나는 그를 신뢰했으나 그의 설교를 들으러 감으로써 위험을 자초할 생각이 없었다. 그는 파문을 당한 상태였기 때문이다." 사보나롤라의 정적들은 대 그레고리우스가 남긴 "목자의 판결은 그것이 정당하든 정당하지 않든 존중해야 한다"는 발언을 투쟁의 구호로 삼았다. 하지만 사보나롤라가 교회에 만연한 부패를 비판하는 강도는 갈수록 도를 더해갔다. 비판의 한 대목을 들어보자.

> [성직]이 만악의 근원입니다. 죄악은 성직자들이 그리스도와 성인들을 조롱하는 로마에서 시작합니다. 그들은 터키족보다 못하고 무어족보다 못합니다. 그들은 성사(聖事)를 이용하여 영리를 추구합니다. 가격을 가장 높게 부르는 자에게 성직을 판매합니다. 로마의 성직자들이 고급 매춘부와 마부와 말과 개를 두고 살지 않습니까? 저들의 저택들에 고급 융단과 비단, 향수와 하인이 가득하지 않습니까? 생각해 보십시오. 이게 하나님의 교회입니까?

로마의 모든 사제가 첩을 두고 산다고 그는 말했다. 그들은 자기들의 사생아들을 더 이상 조카라고 하지 않고 자녀라고 부른다고 했다. 사보나롤라는 교황의 파문장이 마귀에게서 나온 것이며, 따라서 거룩한 삶에 적대적임을 강단에서 입증하려고까지 했다.

설교자가 질 것이 뻔한 싸움을 하고 있음이 분명해서 갔나. 성식사를과 교황청의 추락한 윤리를 공격하는 그의 설교가 교회 내에 반대 세력을 자극했으며, 그의 정치적 행보가 피렌체의 파벌들을 자극했다. 하지만 갈수록 대범해져간 그의 주장들은 하나님의 직접적이고도 충격적인 개입이 아니면 어떠한 종교 지도자도 채워줄 수 없는 기대와 비판 정신이 민중들 사이에 자라게 했다. 그는 하늘을 불러 자신이 "하나님을 위해 죽을 준비가 되어 있음"에 증인이 되어달라고 했고, 하나님을 향해 만약 자신의 동기가 순수하지 않고 자신의 행동이 성령에게서 나오지 않았다면 자신에게 지옥불을 내려달라고 아뢰었다. 다른 곳에서는 만약 자신이 진실하지 않다면 그 자리에서 자신을 쳐서 죽이시라고 간구했다. 란두치는 이런 거친 발언들을 자기 귀로 똑똑히 들었다고 전한다.

교황에게는 사보나롤라에게 사용할 무기가 아직 하나 더 남아 있었다. 그것은 성무 중지령(interdict)이었다. 그는 피렌체 시의회를 향해서, 만약 이 "악한 자의 아들"을 로마로 압송하거나 투옥하지 않는다면 피렌체에 성무 중지령을 포고하겠다고 경고했다. 만약 그를 로마로 압송한다면, 그리고 그가 회개한다면 마치 아버지가 자식을 대하듯이 그를 대해주겠다고 약속했다. 자신은 "죄인의 죽음을 바라지 않고 그가 죄의 길에서 돌이켜 목숨을 부지하기를" 바란다고 했다.[31] 그는 시의회를 향해서, 사보나롤라가 "우유에 빠진 파리 신세가 되도록 방치하여 로마와의 관계를 악화시키거나", "해로운 벌레를 그들의 온기로 살려주지 말라"고 촉구했다.

피렌체 시의회는 서신과 특사를 보내어 알렉산더의 적개심을 누그러뜨리고 사보나롤라를 보호하려는 시도를 계속했다. 시의회 의원들은 한결같이 그 탁발 수사의 순수한 동기를 여전히 신뢰했으나, 그들 대다수는 그의 입을 막는 것이 교황의 금령을 자초하는 것보다 더 현명하다는 입장을 취하게 되었다. 1498년 3월 9일에 분명한 입장을 취하기 위해서 소집된 공식 회의에서, 의원들은 사보나롤라를 잠잠케 하는 쪽으로 의견을 모았다. 교황이 그리스도의 대리이므로 하나님에게서 직접 권위를 받으며, 따라서 그에게 복종해야 한다고 결의했다. 두 번째 안건은 피렌체 시의 재정난을 타개하는 문제였다. 그러기 위해서는 십일조 세금을 부과해야 했는데, 이 세금은 교황만이 명령할 수 있었다. 의원들 가운데 더러는 그 문제의 결정을 사보나롤라에게 위임하자고 제안했다. 지난 200년 동안 그와 같은 훌륭한 인물이 나온 적이 없다고 그들은 주장했다. 또 한 가지 소수 의견은 알렉산더의 서신들이 피렌체의 원수들의 모략에서 나온 것이므로 그 안에 담긴 부당한 요구들에 복종할 필요가 없다는 것이었다. 결국 1498년 3월 17일에 시의회는 사보나롤라에게 설교를 중단해달라는 뜻을 전달했고, 그는 다음 날 마지막 설교를 했다.

이 마지막 설교에서 사보나롤라는 시의회의 권고를 따르는 것을 자신의 의무

---

31) 참조. Perrens, I. 481-485; Pastor, III. 418 sq.에 실린 편지들.

로 인정했다. 그러기 전에 그의 뇌리에는 성직자에게 마지막으로 열려 있는 조치가 스치고 지나갔다. 그는 진작부터 강단에서 총 공의회에 마지막 희망을 걸어볼 뜻을 암시했었다. 실제로 스페인·영국·프랑스·독일·헝가리의 왕들에게 보내려고 써둔 공의회 소집 청원서가 오늘날까지 남아 있다. 이 편지들에서 그는 알렉산더가 교황이 아니라고 엄숙히 주장했다. 이는 그가 교황직을 돈 주고 샀고 하루가 멀다하고 성직록을 팔아먹는 것말고도 그 밖의 여러 가지 악행들을 볼 때 도저히 그리스도인이라 볼 수 없기 때문이라고 했다. 앞서 말한 나라들의 왕들은 그의 편지를 받아보지 못한 듯하다. 하지만 왕들에게 편지를 보내기 전에 사전 정지 작업의 차원에서 여러 나라의 궁정에 몸담고 있던 친구들에게 간단한 편지를 보냈다. 샤를 8세에게 보낸 편지는 밀라노에서 가로챔을 당해 교황에게 보내졌다. 이로써 알렉산더는 피렌체인들이 교황권에 반기를 들었다는 문서적 증거를 확보하게 되었다. 그러나 갑자기 전혀 예상치 못한 방향으로 사건이 전개되었다.

피렌체인들은 사보나롤라의 주장의 진위를 가리기 위해서 불 시죄법을 채택하기로 했다는 소문이 나돌자 경악했다. 그 도전은 프란체스코회 수사 프란체스코 다 풀리아(Francesco da Puglia)가 산타 크로체 성당에서 행한 설교에서 그 도미니쿠스회 수사를 이단과 거짓 선지자로 고소한 데서 비롯되었다. 만약 불 시죄법을 적용했는데도 사보나롤라의 몸이 타지 않으면 피렌체가 그를 따라야 한다는 확고한 증거가 될 것이라고 그는 주장했다. 그 도전을 산 마르코의 수사 프라 도메니코 다 페시아(Fra Domenico da Pescia)가 받아들였다. 그는 사보나롤라의 절친한 친구이자 청빈한 생활로 평판이 좋은 사람이었다. 그는 사보나롤라가 더 숭고한 일에 힘써야 하니 자신이 그를 대신하여 시죄법을 받겠다고 나섰다. 그러자 프란체스코 다 풀리아가 뒤로 물러나고 프란체스코회 수사 율리안 론디넬리(Julian Rondinelli)가 마지못해서 대신 나섰다. 사보나롤라 자신은 시죄법에 반대했다. 기적에 호소하는 것이었기 때문이다. 그는 기적을 행한 적도 없고 기적이 중요하다고 느낀 적도 없었다. 자신의 대의는 자신이 거둔 의의 열매들로 스스로 옳음을 입증했다고 그는 주장했다. 그러나 로몰라의 저자가 말했듯이 민중에게는 "불 재판이 간단하고 쉬운 방법"이었던 까닭에 사보나롤라로서는 민중이 자신에게 보여준 지지와 성원을 감안할 때 그들의 정서를 거스를 수가 없었다. 게다가 피렌체의 역사에는 불 재판으로 정당성을 인정받은 성인의 예가 없지 않았다. 이를테면 서임권 논쟁이 벌어지는 동안 성 요한 구알베르티(John Gualberti)가 그랬고, 1068년에 수사 피에트로가 그랬으며, 반세기 뒤에 또 다른 피에트로가 뜨겁게 달군 보습 아홉 개 위를 아무렇지도 않게 걸어감으로써 십자가를 모욕했다는 혐의를 벗은 일이 있었다.

시죄법이 시의회에서 통과된 뒤에 4월 7일에 거행되었다. 만약 프라 도메니코가 죽으면 사보나롤라가 세 시간 안에 추방당하기로 되어 있었다. 양 진영을 대표해서 나온 도메니코와 론디넬리가 시의회 앞에서 연설했다. 도미니쿠스회 수사가 연설한 요지는 이러했다. 즉, 교회가 개혁되어야 할 상황에 처해 있다. 교회가 반드시 징계를 받게 될 것이다. 피렌체가 징계를 받을 것이다. 이런 징계들이 우리 시대에 임할 것이다. 사보나롤라에게 선포된 파문은 무효이다. 누구든 그것을 무시해도 죄가 되지 않는다.

시죄법이 사보나롤라의 친구들을 뜨겁게 결집시켰다. 사보나롤라가 설교 시간에 그것을 공고하자 많은 여성들이 "나도 받겠습니다"하고 나섰다. 산 마르코의 수사들과 무수히 많은 청년들이 영적 지도자를 위해서라면 불 가운데를 지날 준비가 되어 있다고 의지를 단단히 표명했다.

알렉산더 6세는 피렌체에서 최종적인 소식이 오기를 학수고대했다. 당시 그의 마음 상태가 어떠했는지는 잘 알 수 없다. 그는 편지로는 시죄법에 반대한다는 뜻을 표시했으나, 그것이 자신의 권위를 위협하는 원수를 제거하는 손쉬운 방법이라는 느낌을 지울 수 없었을 것이다. 시죄법이 끝난 뒤에 그는 과장된 표현으로 프란체스코와 프란체스코회 수사들을 칭송했으며, 여태껏 프란체스코회가 이렇게 자기 마음에 흡족한 일을 한 적이 없었다고 말했다.

피렌체와 로마에서는 그 재판이 초미의 관심사였다. 두 도시에서는 그것말고는 다른 화제가 없었다. 재판을 위해서 치밀한 준비가 이루어졌다. 가시나무 따위로 엮은 나뭇단 두 개가 광장에 설치되었는데, 길이가 18m 가량 되었고 너비는 밑부분이 약 1m, 높이도 그 정도 되었으며, 나뭇단에는 역청과 기름을 흠뻑 먹였다. 두 나뭇단 사이의 간격은 60cm 정도로 한 사람이 지나갈 만한 정도였다. 광장으로 진입하는 모든 입구는 마르쿠치오 살비아티스(Marcuccio Salviatis)가 지휘하는 300명의 장정들과, 500명씩 각기 다른 두 곳에 배치된 장정들로 봉쇄했다. 군중이 전날 밤부터 몰려들기 시작했다. 인근 가옥들의 창문과 옥상이 구경꾼들로 발 디딜 틈조차 없었다.

재판 시간은 오전 11시로 정해져 있었다. 도미니쿠스회 수사들이 엄숙한 인상을 풍기면서 지정된 장소로 행렬을 벌였다. 선두에 선 프라 도메니코는 선홍색 벨벳 망토를 걸쳤다. 사보나롤라는 흰옷을 입고 성체함을 든 채 수사들의 뒤를 따라갔고, 그 뒤로 허다한 수의 남자들과 여자들, 어린이들이 촛불을 켜들고 따라갔다. 정해진 시각이 되자 사보나롤라가 설교를 시작했다. 그는 군중을 향해서 자신의 일은 기적의 뒷받침을 받을 필요가 없고, 자신은 여태껏 의의 증거들로 자신을 정당화해본 적이 없다고 다시 한 번 상기시킨 다음, 갈멜 산에서처럼 기적이 개입하도록 하려면 기도와 겸손에 대한 응답을 기다릴 수밖에 없다고 외쳤다.

　후기 중세사에 이만한 광경이 없었다. 그곳에 얀 후스와 제르송 이후로 가장 위대한 설교자이자 가장 덕망 높은 인물이 서 있었다. 그리고 매우 진기한 광경이긴 했으나, 고대의 무죄 입증 방식이 고도의 문화에 도달한 피렌체 시민들 앞에서 재연되었다. 과거에 메디치 가문이 벌인 성대한 행사들도 이만한 관심과 흥미를 끌지 못했다.

　군중이 잔뜩 기다리고 있었다. 재판 시간이 지나갔다. 무슨 일이 발생했는지 수사들이 시의회 의사당을 수사들이 분주하게 드나들었다. 그때 발생한 이야기를 후에 사보나롤라뿐 아니라 다른 목격자들도 전했는데, 그 내용은 이러하다. 프란체스코회 수사들이 프라 도메니코가 선홍색 망토나 그가 입고 온 다른 옷을 입은 채 불 사이로 지나가게 하면 혹시 자기들이 마법에 걸릴 수도 있으므로 그것을 허용해서는 안 된다고 반대하고 나선 것이다. 따라서 도메니코는 입고 있던 옷을 모두 벗고 다른 옷으로 갈아입었다. 프란체스코회 수사들은 같은 이유를 들먹이며 그가 사보나롤라에게서 멀리 떨어져 있을 것을 요구했다. 군중들이 술렁이면서 야유를 보내기 시작했다. 프란체스코회 수사들은 다시 의사당으로 늘어가 오랫동안 대책 회의를 열었다. 도메니코의 손에서 나무 수난상을 발견하고는 그것 역시 마법에 쓰일 수 있으니 치우라고 요구했던 것이다. 사보나롤라는 수난상 대신 성체를 가지고 가도록 했으나, 프란체스코회 측은 성체를 불 가운데로 지나게 해서는 안 된다고 고집했다. 그들은 시의회에 이의를 제기했으나, 사보나롤라는 우유성(偶有性)들은 껍질처럼 타버릴 수 있어도 성체의 본질은 타지 않고 남아 있을 것이라고 주장하면서 양보하지 않았다. 그때 갑자기 일진 광풍이 일면서 비가 쏟아졌으나 순식간에 그쳤다. 재판은 한없이 연기되었다.

군중은 갈수록 자제력을 잃고서 야유를 퍼부었다. 땅거미가 지기 시작했다. 시의회는 시죄법 재판을 연기한다고 발표했다.

사보나롤라의 위력은 이미 사라진 뒤였다. 그의 이름에 씌워 있던 마력이 다 빠져나갔다. 그날의 광경이 한 편의 광대극처럼 비쳤다. 군중은 갈수록 사나워졌으며, 사보나롤라의 행렬이 산 마르코 수도원으로 돌아가는 동안 경비병들이 그를 해치려고 대들던 군중을 가까스로 막았다.

많은 학자들이 지지하는 견해는, 그날 사보나롤라의 정적들인 아라비아티 가문 사람들이 프란체스코회 측과 의견 충돌을 빚었다는 것과, 프란체스코회 측이 몇 가지 이유를 제시하며 재판을 지연시킨 것은 시죄법 재판 자체를 무산시키기 위한 준비된 행동이었다는 것이다.[32] 그들은 사보나롤라를 살해하기 위해 단검들을 준비해 두고 있었다고 전해진다. 하지만 민중은 이런저런 문제를 생각할 여유가 없었다. 그들의 눈에는 어쨌든 사보나롤라가 시험을 통과하지 못한 셈이었다. 만약 그가 진실하고 소신이 확고하다면 왜 본인이 용기 있게 직접 불 가운데로 지나가지 못하는가, 그들은 그렇게 생각했다. 혹시 그가 불 가운데로 지나가다가 해를 당했다면 도덕적 용기는 충분히 증명한 셈이었을 것이다. 루터가 민중의 신뢰를 얻은 것도 보름스에서 시련 앞에 단호히 섰기 때문이었다. 만약 그가 1521년에 카를 5세 앞에서 고개를 숙였다면 사보나롤라가 1498년에 피렌체 광장에서 그랬던 것처럼 민중의 신망을 송두리째 잃었을 것이다. 현대의 심판도 당시 피렌체 광장에 모였던 민중의 심판과 일치한다. 사보나롤라는 영웅의 자질이 없음을 스스로 입증했다. 그로서는 비겁하다는 비판에 자신을 노출시키기보다 차라리 죽는 편이 나았다.

피렌체는 분노에 휩싸였다. 다음 날 산 마르코 수도원은 폭도들에게 공격을 당했다. 시의회는 표결을 통해서 사보나롤라를 즉각 추방하기로 결의했다. 눈물을 흘리며 그를 위해 쉬지 않고 기도하던 란두치는 "지옥이 문을 활짝 열어놓은 것만 같았다"고 말한다. 사보나롤라는 친구들에게 작별을 고하는 연설을 했다. 폭도로 변한 군중을 막아낼 도리가 없었다. 그들이 수도원 경내로 난입하여 닥치는 대로 약탈했다. 프라 도메니코와 수도원장 사보나롤라는 결박된 채 곤팔로

---

32) Schnitzer, p. 54. 시의회와 프란체스코회 수사들은 한편이었다.

니에레(gonfaloniere, 시 공화국 장관: 역자주)에게 끌려가 모진 수모를 당한 뒤에 독방에 갇혔다. 환상을 통해서 시죄법에 찬성했던 프라 실베스트로(Fra Silvestro)도 하루이틀 뒤에 체포되었다. 란두치는 이렇게 썼다. "당시의 분위기에서는 사보나롤라를 지지한다는 말을 입밖에 낸다는 것이 불가능했다. 그런 말을 했다면 목숨을 부지하지 못했을 것이다."

교황은 피렌체에서 발생한 사건에 대한 공식 보고를 받고는 피렌체 시의회에 축하를 전하면서, 그 도시에 완전 사면을 내리고 3년간 십일조 세를 부과할 수 있도록 허용했다. 사보나롤라를 로마 법정으로 보낼 것을 요구하면서, 하지만 피렌체 시 당국에게 세 명의 탁발수사를 직접 재판할 수 있는 권한을 부여하고, 필요하다면 고문도 할 수 있도록 허용했다. 죄수들을 심문할 의원회가 설치되었다. 고문도 동원되었다. 사보나롤라는 두 손이 뒤로 묶인 채 도르래를 통해 공중에 매달려 있다가 갑자기 바닥으로 떨어지는 고문을 당했다. 하루만에 열네 번 그런 고통을 겪었다. 시 당국은 4월 17일과 4월 21-23일에 두 차례로 나누어 심문을 벌였다. 극심한 고통으로 인해 착란 상태에 빠진 그 불행한 사람은 비록 후에 제정신이 든 다음에는 번복하긴 했으나 죄를 시인하고 말았다.[33] 심지어 자신이 선지자라는 점마저 부정했다. 이러한 자백이 약제사 란두치 같은 그의 열렬한 지지자들에게 준 실망은 이만저만한 것이 아니었다. 그는 1498년 4월 19일에 쓴 글에서 이렇게 적는다:

우리 모두가 선지자로 믿어온 사보나롤라에 대한 결심 공판이 있던 날 나는 법정에 참석했다. 하지만 그는 자신이 선지자가 아니며, 자신이 한 예언들이 하나님에게서 나온 것이 아니라고 말하는 것이었다. 그 말을 듣는 순간 나는 경악을 금치 못했다. 그 훌륭한 건물이 무너져 내리는 것을 보고서 내 영혼은 깊은 고통에 사로잡혔나. 그 건물이 거짓이라는 부실한 토대에 세워졌던 것이다. 나는 피렌체가 장차 새

---

33) 사보나롤라의 심문과 자백에 관한 보고들은 보고자 Ser Ceccone에 의해 왜곡된 까닭에 확실하지 않다. Landucii는 오전 9시부터 땅거미가 질 때까지 도메니코와 실베스트로가 고문에 따른 고통을 못이겨 내지르는 비명 소리를 피렌체 시 감옥에서 들을 수 있었다고 말한다.

예루살렘이 되기를 기대했다. 이 도시의 법과 선량한 생활이 널리 퍼져나가 교회를 개혁하고, 불신자들을 회심시키고, 착한 이들을 위로하게 되기를 기대했다. 그런데 정반대의 상황에 부닥치게 되면서 "주여, 모든 것이 당신의 뜻에 달려 있나이다" 하고 아뢸 수밖에 없었다. (*Diary*, p. 173.).

알렉산더는 재판을 다시 한 번 하도록 대리인들을 파견했는데, 한 사람은 도미니쿠스회 총장 투리아노(Turriano)였고, 다른 한 사람은 훗날 추기경이 된 일레르다의 주교 프란체스코 로몰리노(Francesco Romolino)였다. 로마에서 보낸 서신들에는 대리인들이 "사보나롤라가 설령 제2의 세례 요한일지라도 그를 죽이라"는 명령을 받았다고 적혀 있었다. 알렉산더야말로 그런 서신을 보낼 만한 자였다. 로몰리노는 피렌체에 도착한 직후에 조속히 화형이 있을 것이며, 자신이 판결문을 미리 준비해 가지고 왔다고 밝혔다.

프라 도메니코는 끝까지 지조를 지키어 자신의 친구이자 상급 성직자를 칭송하는 말밖에 하지 않았다. 프라 실베스트로는 고문의 공포와 고통에 굴복하여 자신의 상급자를 온갖 범죄 혐의로 고소했다. 산 마르코의 다른 수사들은 알렉산더 앞으로 자기들의 수도원장이 사기꾼이었다고 고소하는 편지를 썼다. 이렇게 형편이 좋을 때 칭찬하다가 손해볼 것 같으면 말을 바꾸는 일은 흔히 있는 법이다. 그들은 목숨을 부지하기 위해서 은인들을 배반했다. 그리고 그 대가로 교황의 사면을 받았다.

사보나롤라가 사형을 당하게 된 구체적인 죄목들은 다소 불확실할 뿐 아니라 그다지 관심을 끌지도 못한다. 사형에 처하려는 목적을 가지고 날조해낸 것들이기 때문이다. 그는 하나님의 법을 거스르지는 않았을지라도 사람은 많이 거슬렀다. 교황의 대리자들은 그를 이단 죄와 분리를 획책한 죄로 기소했다. 그는 이단이 아니었다. 다만 교황권에 대항하고, 공의회에 호소하기로 결심함으로써 피우스 2세의 대칙서(*Execrabilis*)에 정면으로 도전했을 뿐이다.

사보나롤라는 고문이 잠시 중단된 순간에 시편의 두 참회시인 32편과 51편에 대한 「명상록」(*Meditations*)을 썼다. 이 글에는 그의 따뜻한 신앙 정서가 나타나 있다. 이 위대한 설교자는 가련한 죄인으로서 은혜의 보좌 앞에 나아가 떡을 구하는 자에게 돌을 주시지 않는 분을 향해 간구한다. 삭개오·막달라 마리아·가나안 여인·베드로·탕자의 예를 들어가며 자신을 긍휼히 여겨주시기를 호소한다. "주님께서 무수히 많은 죄인들을 죽음의 손아귀와 지옥의 문에서 구원하셨듯이 저를 구원해 주신다면 제 혀가 주님의 의를 높이 찬송하겠나이다" 하고 눈물로 아뢴다. 루터는 1523년에 사보나롤라의 글에 주목할 만한 서문을 붙여 출판하면서 다음과 같이 평가했다. "이 책은 복음적 교훈과 기독교의 경건을 반영한 책이다. 이는 사보나롤라가 도미니쿠스회 수사로서 자신이 했던 서약과 자신의 수도회칙, 수사복, 미사, 선행 따위를 의지하지 않고, 의의 흉배를 붙이고 믿음의 방패와 구원의 투구로 무장하는 모습을 보여주기 때문이다. 그는 설교자 수도회의 구성원이 아닌 일상의 그리스도인으로 나타난다."[34]

여섯 주 동안 서로 격리된 채 지내온 세 죄수는 자신들의 요청에 따라 사형 집행일 전날 밤에 다시 얼굴을 맞대도록 허락받았다. 접견은 시의회 의사장에서 이루어졌다. 접견을 마친 뒤에 사보나롤라는 자신의 독방으로 돌아가 바투티 자선회(the fraternity of the Battuti)의 니콜리니(Niccolini)의 무릎을 베고 잠들었다. 니콜리니는 그가 아기처럼 곤히 잠들었다고 전한다. 밤이 아직 캄캄할 때 깨어난 사형수는 날이 밝을 때까지 기도를 했다. 날이 밝자 세 사람은 다시 만나 성찬을 거행했다.

사형 방식은 먼저 교수형을 집행한 뒤 "영혼이 육신과 완전히 분리되게끔" 그들의 시체를 불태워 버리는 것이었다. 사형은 광장에서 집행되었다. 두 달 전에 불 시죄법을 지켜보기 위해서 군중이 몰려들었던 바로 그 광장이었다. 사보나롤라와 그의 친구들은 몸을 묶고 있던 밧줄에서 풀려나 손만 결박당한 채 맨발로 끌려갔다. 먼저 교황의 명을 받고 온 베로나 주교가 피렌체 시에 대해서 사면을 선포했다. 그 고위성직자는 사보나롤라의 면직을 공고하면서, "본인은 그대를 전투의 교회와 승리의 교회에서 추방하노라" 하고 말했다. 그러자 사보나롤라는 "승리의 교회로부터 추방하는 것은 당신의 소관이 아닙니다" 하고 대답했다. 그는 프라 도메니코와 프라 실베스트로가 죽는 모습을 조용히 지켜보았다. 두 사람은 "예수님, 예수님"이란 말을 마지막으로 남기고서 사형대에 올라갔다. 광장에는 구경꾼들이 여전히 남아서 욕을 해대고 있었다. 세 사람의 시신은 어느 부

---

34) Weimer ed. XII. 248. 사보나롤라의 명상록은 그가 죽은 뒤 2년 내에 출판되었고, 반세기가 지나기 전에 그것이 스페인어, 독일어, 영어, 프랑스어로 번역되었다. 이탈리아에서는 그 책을 사형수들에게 주어 읽게 했다.

위도 성유물로 쓰이지 못하도록 완전히 불태워진 뒤 그 재가 아르노 강에 뿌려졌다.

알렉산더의 대리인은 얼마 전에 사보나롤라에 대해서 "우리는 그 죄악의 괴수, 지극히 가증한 죄악 덩어리인 그를 사람이나 탁발수사라고 부를 수 없다"고 말한 바 있었다. 경건한 라두치는 사보나롤라의 죽음을 생각하면서 십자가에 달리신 그리스도를 회상했으며, 처형 광경을 지켜보면서 한때 진지하게 품었던 교회 개혁과 이교도 개종에 대한 희망이 좌절된 데 대해서 다시 한 번 슬퍼했다.

사보나롤라는 이탈리아가 배출한 가장 훌륭한 인물의 한 사람이었다. 가톨릭과 개신교를 망라한 현대 기독교 세계는 그를 모든 시대 모든 나라의 열정적인 신앙 위인들에 포함시킨다. 그는 의를 선포한 설교자이자 애국자였다. 이탈리아의 신앙 위인들 가운데서 사보나롤라는 그레고리우스 7세와 인노켄티우스 3세 같은 걸출한 교황들과도 다르고, 이탈리아와 세계의 시인 단테, 아시시의 성 프란체스코, 토마스 아퀴나스와도 각기 구별되는 독보적인 위치를 차지한다. 이탈리아는 파두아의 안토니우스와 시에나의 베르나르디노 같은 다른 설교자들도 배출했으나, 그들의 메시지는 지역과 제도의 틀을 벗어나지 못했다. 사보나롤라는 브레시아의 아르놀드와 공통된 점이 있다. 두 사람 모두 개혁을 열정적으로 외쳤다. 두 사람 모두 영적 활동에 정치적 이상을 포함시켰으며, 두 사람 모두 교황청의 판결에 의해 죽임을 당했다.

사보나롤라의 지적 역량과 업적은 그다지 출중하지 못했다. 그를 위대하게 만든 것은 오히려 도덕적 신념과 웅변, 사심 없는 조국애, 공의를 세우기 위한 헌신이었다. 행정가로서는 실패했다. 정치가의 통찰이나 기지가 없었으며, 새 정부를 수립하려고 했던 것이 불행의 싹이 되었다. 그는 그런 과업을 성취할 만한 역량이 조금도 없었던 것이다. 그는 공의의 설교자였으며 "선지자들의 무리"에 한 자리를 차지한다. 에스겔·이사야·나단·세례 요한이 그의 계열이었으며, 이 무리에 개신교 세계는 존 녹스를 포함시킨다.

사보나롤라는 진실한 가톨릭 신자였다. 중세 교회의 교의를 단 하나도 부정하지 않았다. 그러나 교회의 교리들보다는 그리스도의 근본적인 교훈에 더 깊은 뿌리를 두었다. 그의 설교는 당대의 관행과 의식을 훌쩍 뛰어넘었다. 그는 마음의 중생을 요구했다. 그가 공의회 소집을 호소하면서 교황의 권위에 반기를 든 일은 산 마르코의 탁발수사를 호의적으로 평가하는 가톨릭 교도들에게 가장 심각한 걸림돌로 남아 있다. 율리우스 2세의 대칙서(*Cum tanto divino*, 1505)는 성직매매에 의해 이루어진 교황 선출은 무효라고 선언했다. 그의 대칙서를 과거에 적용한다면 알렉산더는 참 교황이 아니었다.[35]

당대인들이 사보나롤라에 대해서 남긴 우호적인 증언들은 헤아릴 수 없이 많다. 귀차르디니(Guicciardini)는 그를 자기 나라의 구원자(salvatore di patria)라고 불렀으며, "피렌체는 그의 시절만큼 도덕과 신앙이 바로 선 때가 없었으며, 그가 죽고 나니 그동안 시행되어온 모든 선한 정책들이 그의 권고와 뒷받침에 힘입어 이루어졌다는 사실이 드러났다." 마키아벨리는 사보나롤라를 이렇게 평가했다. "피렌체인들이 결코 무지하거나 야만적인 사람들이 아니었는데도, 사보나롤라를 대할 때는 마치 하나님께서 그를 통해서 말씀하시는 것처럼 여겼다. 하나님께서 과연 그를 통해서 말씀하셨다는 생각이 맞는지 틀리는지 나는 말하지 않을 것이다. 그렇게 위대한 인물에 관해서 말하려 할 때는 예를 갖추는 것이 당연하기 때문이다."

사보나롤라가 죽은 다음 날 여인들이 그가 고초를 겪은 곳에 모여 기도했으며, 수년 동안 사람들이 그곳에 꽃을 갖다 놓았다. 피코 델라 미란돌라는 사보나롤라와 그리스도를 상세히 비교하는 내용으로 그의 전기를 마친다. 두 분 모두 하나님에게 보내심을 받았고, 두 분 모두 의를 위해 핍박을 받았다고 그는 진술한다. 화가 라파엘로는 사보나롤라가 죽고 12년 뒤에 교황 율리우스 2세의 의뢰를 받아 그린 「논쟁」(Disputa)이라는 작품에서 그 설교자를 성인들 대열에 포함시켰다. 필립 네리(Philip Neri)와 카테리나 데 리치(Catherine de Ricci)는 그를 존경했으며,[36] 교황 베네딕투스 14세는 그를 시성(諡聖)의 자격을 갖춘 인물로 간주한 듯하다.

---

35) Pastor(III. 436)는 사보나롤라가 항상 이론으로는 가톨릭 교의에 충실했다고 말한다. 그가 일탈한 것은 교황에게 불복종하고 공의회에 호소한 것뿐이라고 했다.

36) 추기경 Capecleato는 자신의 저서 *Life of St. Ph. Neri*, (trsl. by Father Pope) I. 278에서 "필립은 사보나롤라의 저서들, 그중에서도 특히 「십자가의 승리」를 자주 읽었으며, 그것을 신앙의 자녀들을 가르치는 데 사용했다"고 말한다. Catherine de Ricci에 관해서는 그녀의 전기인 *Life*, by F. M. Capes, Lond., 1908, pp. 48, 49, 53, 270 sq.를 참조하라. 카테리나 데 리치는 사보나롤라를 열렬히 존경하여 그의 덕을 기

도미니쿠스회에서는 그들이 배출한 가장 위대한 설교자에 대한 정서에 큰 변화가 있었다. 교황의 판결을 중시한 이 수도회는 사보나롤라가 죽은 지 백년 동안 그의 이름을 수도원의 역사에서 지워버리려고 노력했다. 일례로 1585년에 도미니쿠스회 총장 루카의 시스토 파브리(Sisto Fabri)는 수도회 내의 모든 수사들과 수녀들에게 그의 이름을 거론하는 행위를 금지하고, 그에 관해 온정을 품거나 그런 정서를 고취하는 문건을 상급자들에게 올리지 말도록 명령했다. 19세기 후반에 그의 처형 400주년이 다가왔을 때 세계 전역의 가톨릭 신도들과 특히 도미니쿠스회 수사들은 그를 변호하면서 그를 성인으로 추대하는 일에 앞장섰다. 그에 대한 반론을 잠재우기 위한 노력의 일환으로, 그들은 복잡한 논리를 동원하여 알렉산더의 파문령이 사실상 파문이 아니었음을 입증하고자 했다. 건실하고 합리적인 가톨릭 사가들인 헤펠레(Hefele)와 크뇌플러(Knöpfler)는 사보나롤라의 죽음을 법적 살인이라고 평가하는 데 주저치 않는다.

개신교 사가들은 대체로 지롤라모 사보나롤라를 종교개혁 선구자들의 대열에 포함시키며, 이 견해에는 가톨릭 사가 랑케(Ranke)도 동의한다. 물론 그는 종교개혁의 가장 두드러진 이신칭의 교리를 옹호하지 않았다. 그에게는 로마 교회가 모든 다른 교회들의 어머니였고 교황이 그 교회의 머리였다. 「십자가의 승리」(*Triumph of the Cross*)라는 저서에서, 그는 칠성사를 그리스도가 제정하셨으며, 그리스도가 "성찬의 두 성물 각각에 온전히 그리고 본질적으로 임재하신다"고 분명히 주장한다. 그럴지라도 그는 혁신가였으며, 그가 하나님의 은혜를 높인 것은 종교개혁의 교훈과 부합한다. 개신교 신자들 가운데 다음과 같은 그의 발언에 동조하지 않을 사람은 없을 것이다:

먼저 행위의 공로가 있어야 하나님의 은혜를 받을 수 있다는 주장은 사실이 아닙니다. 그것은 행위와 공로가 예정의 원인이라고 하는 것과 같습니다. 오히려 행위와 공로는 예정의 결과입니다. 베드로여, 말씀해 주십시오. 막달라 마리아여, 말씀해 주십시오. 당신들은 무엇 때문에 낙원에 가게 되었습니까? 자신의 공로가 아닌 하나님

리는 송덕문을 썼다. 이 점 때문에 1716년에 복자(福者)가 되지 못했으나, 그녀를 복자로 추서하려고 했던 사람들은 뜻이 좌절되자 사보나롤라에게 가해진 판결이 그릇된 것이었다는 주장을 조목조목 제시했다.

의 자비에 힘입어 구원을 얻게 되었노라고 고백해야 합니다.

사보나롤라의 「명상록」에는 이런 내용이 많이 실려 있다. "주님, 그들이 구원을 받은 것은 그들에게 무슨 자격이나 행위가 있었기 때문이 아니라 당신이 보시기에 그렇게 하는 것이 좋아 보였기 때문이오며, 이는 사람으로 자랑치 못하게 하려 하심이옵나이다." 루터는 사보나롤라의 강해에 관해 평가하면서, 그의 신학에는 여전히 먼지 같은 것이 끼여 있는 것이 사실이나 속은 순수하고 아름다워서 우리가 믿고 신뢰하고 하나님의 자비를 구할 만하며, 자신의 행위를 어떻게 부정해야 하는지를 잘 보여준다고 말했다. 독일의 그 개혁자는 그러고 나서 이렇게 힘주어 강조했다. "교황들과 교황주의자들이 아무리 부인할지라도 그리스도께서는 우리를 통해서 사보나롤라를 성인으로 인정하신다."[37]

보름스에 종교개혁 기념비를 남긴 조각가는 사보나롤라를 루터의 발 아래, 위클리프와 후스의 곁에 둔다. 기념비가 제작되기 전에 작품의 내용을 미리 알게 된 가톨릭 교도들이 피렌체의 도미니쿠스회 수사를 그들의 대열에 포함시키는 것이 부당하다는 편지를 보냈을 때, 조각가 리셸(Rieschel)은 하제(Hase)를 찾아가 조언을 구했다. 그러자 덕망 높은 그 교회사가는 이렇게 대답했다. "그들이 사보나롤라를 이단으로 간주하든 성인으로 간주하든 상관이 없습니다. 그는 어느 경우든 종교개혁의 선구자였으며, 루터도 그를 그렇게 인정합니다."[38]

오늘날도 피렌체를 방문하는 사람들을 곳곳에서 보이지 않는 모습으로 맞이하는 두 사람이 있는데, 한 사람은 그 도시가 추방한 시인 단테이고, 다른 한 사람은 그 도시가 처형한 사보나롤라이다. 그를 죽인 자들의 정신은 온데간데없고, 사보나롤라의 이름만 모든 피렌체인들의 마음에 존경과 사랑으로 남아 있다. 1882년에 피렌체 시의회는 오백주년 기념관(the Hall of the Five Hundred)에 그의 소상을 세웠다. 처형된 곳에서 얼마 멀어지지 않은 곳에 서 있는 그의 소각상은 도미니쿠스회 수사복과 고깔을 착용한 채, 왼손으로는 사자 머리를 누르고, 오른손은 높이 들어 수난상을 가리키며, 눈은 하늘을 우러르고 있다. 1901년 5월 22일에도 피렌체 시는 사보나롤라가 죽음을 당한 지점에 그의 초상을 새긴

---

37) Weimar, ed. XII. 248.
38) *Kirchengesch.*, II. 566.

원형 동판을 설치함으로써 그 탁발수사를 기렸다. 많은 무리가 그 동판의 봉헌식에 참석했는데, 답지한 화환들에는 도미니쿠스회가 보낸 것도 있었다.

산 마르코 수도원에 남아 있는 사보나롤라의 독방에는 그의 머리를 새긴 양각 메달이 비치되었고, 그가 체포된 지점의 벽에도 또 다른 양각 메달이 걸려 있는데, 방문객들은 그 지점에 종종 꽃이 놓여 있는 것을 발견한다. 피렌체의 설교자와 애국자에 대한 기억이 사라지지 않고 있음을 말해주는 증거이다.

고깔 밑으로 별처럼 반짝이는 눈을 지닌 사람,

그가 사보나롤라였다.

— 브라우닝(Browning), *Casa Guido Bible*.

77. 성경 연구와 보급

중세의 성경 주석 가운데 오늘날의 주석 개념에 조금이라도 부합한 것을 남긴 사람은 리라의 니콜라우스(1340 죽음)였다. 스콜라 학자들의 주해는 성경을 해설한 것이라기보다 오히려 무너뜨린 것이었다. 그들의 손에서 성경은 교의(敎義)의 시종이 되었다. 문법 및 본문 비평에 관해서 그들은 아무런 개념도 없었으며, 성경 원어인 히브리어와 헬라어를 문법적으로 연구할 역량이 없었다. 스콜라주의가 번성하던 시기에 나온 주석들은 교부들의 글을 인용하여 한데 모아놓은 것이거나(카테나이<catenae>라고 함. 가장 유명한 것이 토마스 아퀴나스가 쓴 복음서 카테나이임) 독창적인 저서들인데, 독창적인 저서들일 경우에는 공상적인 주장이 끝없이 이어지며, 그것이 적도의 밀림 지대처럼 복잡하게 우거져 있어서 거기서 예수 그리스도에게 이르는 길과 인간 삶의 의미를 발견하기란 불가능하다. 도이츠의 루페르트(Rupert)와 보나벤투라, 알베르투스 마그누스 같은 신학자들이 시편과 욥기 같은 책들에 대해서 남긴 방대한 주해들이 오늘날에는 지적 호기심 정도나 자극하는 책들이거나 기껏해야 수도원 유형의 경건을 지탱해주는 지침서들일 뿐이다. 그들은 성경 저자들이 의도한 역사적이고 명확한 의미를 제외한 다른 잡다한 모든 의미들을 제시한다. 아가서를 다루는 방식이 특히 그러한데, 스콜라 학자들은 이 책을 성모 마리아에 관한 언급을 찾아내는 사냥터

로 만들었다. 토마스 아퀴나스는 죽을 무렵에 이 책의 주해를 쓰기 시작했다고
전해진다.

중세의 전통적 해석 방식은 티코니우스(Tychonius, 370경-390경 활동. 도나
투스파 평신도 신학자. 성경 해석의 일곱 가지 열쇠를 주장하여 아우구스티누스
에게 인정을 받고 후대에 폭넓은 영향을 끼침: 역자주)가 주창한 일곱 가지 의미
를 네 가지 — 문자적 · 알레고리적 · 도덕적 · 신비적[영적] — 의미로 줄였다.[39)]
문자적 의미는 발생한 일들을 가르치고, 알레고리적 의미는 우리가 믿어야 할
것을, 도덕적 의미는 우리가 행해야 할 것을, 신비적 의미는 소망해야 할 것을
가르친다. 나중 세 가지 의미는 믿음과 소망, 사랑에 해당한다. 셰르의 위고
(Hugo)는 네 가지 의미를 성막(聖幕)의 네 가지 덮개, 사방에서 불어오는 바람,
그룹들의 네 개의 날개, 낙원을 적시는 네 줄기 강, 주님의 식탁의 네 다리에 비
유했다.

구체적인 예를 들면 다음과 같다. 예루살렘은 문자적 의미로는 팔레스타인의
도시이고, 알레고리적 의미로는 교회, 도덕적 의미로는 신자의 영혼, 신비적 의
미로는 천상의 예루살렘이다. 출애굽 사건은 역사적 의미로는 사실이고, 알레고
리적 의미로는 그리스도의 구속, 도덕적 의미로는 영혼의 회심, 신비적 의미로
는 하늘 나라를 향한 출발이다. 수석사제 콜릿은 초기에는 이러한 방식을 따랐
다. 사보나롤라에게서도 동일한 태도를 기대하게 된다. 그는 창세기 1:1, 2의 문
자적 하늘과 땅과 빛을 알레고리적 의미로는 아담과 하와, 은혜의 빛 혹은 히브
리인들과 이방인들, 그리고 예수 그리스도로 해석했다. 도덕적 의미로는 영혼과
육체와 활동하는 지성으로 해석했고, 신비적 의미로는 천사들과 사람들, 그리고
하나님을 뵙는 것으로 해석했다. 콜릿은 말년에, 에라스무스로부터 성경 본문에
풍부한 의미가 있다고 주장하는 편지를 받고는 평생 간직해오던 입장을 포기하
고서, 성경의 풍부한 의미란 나양한 의미에 있지 않고, 유일하고 삼된 의미에 있
다고 주장했다. 에라스무스는 일반 저서들을 해석할 때 사용하는 규율을 성경
해석에 적용하여, 좀 더 분명하게 역사적 의미 하나만을 강조했다.

종교개혁이 많이 진척된 뒤에도 과거의 비합리적 방법이 여전히 통용되었는
데, 예를 들어 주교 롱랜드(Longland)는 1525년에 행한 잠언 9:1, 2에 대한 강해

---

39) *Summa*, I. art. x.

에서 "지혜가 …… 상을 갖추고"라는 구절을 지혜가 영적 잔치를 베풀어 역사 · 예표 · 신비 · 알레고리라는 네 가지 방식을 제시한다는 뜻으로 설명했다. 3년 뒤인 1528년에 영어 성경 번역자 틴들(Tyndale)은 중세의 해석 체계와 성경의 문자적 의미를 추구하는 새로운 체계에 관해서 이렇게 말했다:

교황주의자들은 성경을 네 가지 의미, 곧 문자적 · 비유적 · 알레고리적 · 신비적 의미로 구분한다. 문자적 의미는 아무것도 아닌 것이 되었다. 교황이 그것을 다른 의미들에서 떼어내 자신만의 것으로 전유했기 때문이다. 그는 전승들과 의식들과 위조 문서들이라는 거짓되거나 사이비인 열쇠들을 가지고 그것을 반쯤 잠궈 두었다. 여러분은 성경이 한 가지 의미만 가진다는 것을 이해해야 한다. 그것은 문자적 의미이며, 이 의미가 모든 것의 뿌리와 토대이며, 굳게 붙들기만 하면 오류를 범하거나 곁길로 빠지는 일이 없게 해주는 닻이다.[40]

새로운 해석의 방향으로 결정적인 걸음을 내디딘 사람은 성경전서에 대해 간략한 주해서인 「각주 성경」(*Postillae*)을 쓴 리라의 니콜라우스이다.[41] 이 주석가는 위클리프에게 정교하고 세련된 성경 해석자로 평가를 받은 사람으로서, 1270년경에 노르망디에서 태어나 평생 파리 대학교 교수로 봉직했다. 그는 헬라어를 알았고 어떤 랍비에게 히브리어를 배웠으며, 히브리어를 능숙하게 안다는 이유로 어머니가 유대인이라는 근거 없는 소문이 돌기도 했다. 리라의 니콜라우스는 원어 성경을 직접 놓고 그것을 라틴어로 새로 번역했으며, 때로는 교부들의 주석보다 유대교 주석가들의 설명을 취하는 과감한 면모를 보였다. 그 책의 서론에 밝혀놓았듯이, 그는 랍비 라스키(Rabbi Raschi)의 저서들에서 많은 영향을 받았다.

리라의 마지막 공로는 성경의 문자적 의미를 강조하되, 교의 수립에는 오직 그 의미만을 사용해야 한다고 주장한 데 있다. 그는 실제로는 부차적인 의미 곧 신비적 혹은 예표적 의미를 용인하기도 했지만, 그러면서도 과거에 그 의미가 문자적 의미를 질식시킬 정도로 지나치게 남용되었다고 주장했다. 성경 언어는

---

40) *The Obedience of a Christian Man*, Parker Soc., p. 303 sq.
41) Lyra의 저서는 1500년 이전에 8쇄를 거듭했다.

우리의 일상 언어 생활과 마찬가지로 자연스러운 의미로 이해해야 한다고 그는 강조했다. 그의 방법은 헬라어도 히브리어도 몰랐던 스콜라 학자들의 공상적이고 사악한 해석 체계를 무너뜨리고 새로운 성경 해석 시대의 문을 여는 데 이바지했다. 그의 방식은 위클리프와 제르송뿐 아니라 루터도 사용했다. 루터는 문자적 의미가 부각되는 데 그가 이바지한 사실을 인정했다.

위클리프는 성경의 어느 낱권에 대해서도 주석을 남기지 않았으나 주기도문과 십계명, 그리고 여러 본문들에 대해서는 남겼는데, 그 내용은 매우 실천적이고 회중을 염두에 둔 것이었다. 「성경의 진리」(Truth of Scripture)라는 논문에서 그는 문자적 의미를 발견하는 것이 건실한 해석학의 유일한 목표라고 주장하는 인상을 준다. 한 세대 후에 제르송은 문자적 의미가 근본임을 강조하는 방향을 취하긴 했으나, 그것이 교회의 가르침과 조화를 이루는 한도 내에서만 받아들여야 한다고 주장하는 데서 한 걸음도 더 나가지 못했다.

15세기 후반에 르네상스가 낳은 자유로운 비평 정신이 성경 해석학 분야에서는 라우렌티우스 발라와 에라스무스, 콜릿, 베젤, 그리고 베셀이라는 선구자들을 얻었다. 앞서 언급했듯이 발라는 콘스탄티누스의 증여 문서의 진정성에 의문을 제기했을 뿐 아니라 제롬의 불가타와 아우구스티누스에 대해서도 비판을 가했다. 에라스무스는 1516년에 헬라어 신약성경을 펴내면서 세 증인에 관한 의심스러운 구절(요일 5:7)을 삭제함으로써 발라에게서 한 걸음 더 나갔다. (하지만 1522년에 그 구절을 다시 포함시켰다.) 그는 스데반의 연설과 창세기의 기사에 내용상의 차이가 있음을 지적하고, 히브리서의 저자 문제, 요한 2서와 3서의 사도적 기원, 그리고 계시록의 요한 저작성에 의문을 제기했다.

1526년에 소르본 대학교는 이러한 견해들에 반대하여 신약성경 어느 책의 저자에 대해서라도 의문을 제기하는 행위가 신앙의 오류라고 주장했다. 에라스무스는 성경 학도들에게 라딘이와 헬라이, 히브리이에 대한 상당한 지식을 쌓도록 권장했으며, 다른 학과들, 이를테면 동물과 나무와 귀금속 같은 자연의 대상들과 성경 지리에 대한 지식도 필요하다고 말했다.

종교개혁자들의 교리적 입장뿐 아니라 해석학 원리들에까지 가장 근접했던 사람은 프랑스인 **르페브르 데타플**(Lefèvre d'Etaples)로서, 그가 해놓은 신구약 성경 번역이 루터가 열어놓은 시대로 연결된다. 문자적 혹은 역사적 의미에 적정 무게를 부여하는 일은 루터와 다른 종교개혁자들의 몫으로 남았으며, 특히 존

칼빈의 착실한 문법적 해석은 성경 주해의 역사에 새로운 시대의 획을 그었다.

리옹에서 파리까지, 베네치아와 뉘른베르크에서 쾰른과 뤼벡까지 초창기 인쇄소들은 성경 전서나 일부분을 왕성하게 펴냈는데, 하지만 그 중 대다수가 라틴어 본문이었다. 마인츠에서 연도 표기 없이 두 권으로 출판된 최초의 인쇄본 라틴어 성경은 1455년 이전의 것으로서, 인쇄업자의 이름을 따서 구텐베르크 성경(the Gutenberg Bible)이라고도 하고 추기경 마자랭 도서관에서 사본이 발견되었다고 해서 마자랭 성경(the Mazarin Bible)이라고도 한다. 1520년 이전에 무려 199종이 넘는 성경 전서의 인쇄본들이 출판되었다. 그 가운데 156종은 라틴어 성경이었고, 17종은 독일어 성경이었으며 ─ 그 가운데 3종은 독일 저지대에서 간행되었다 ─ 11종은 이탈리아어 성경, 2종은 보헤미아어 성경, 1종은 러시아어 성경이었다. 스페인은 두 종을 내놓았는데, 하나는 1478년에 발렌시아에서 출판된 리무진 역본이고, 다른 하나는 1514-1517년에 출판된 추기경 히메네스의 콤플루툼 대역 성경(the Complutensian Bible)이다. 영국은 이 분야에서 상당히 뒤처져서, 비록 캑스턴(Caxton)이 1477년에 웨스트민스터에 인쇄소를 세우긴 했으나 최초의 영어 신약성경 인쇄본이 출판된 것은 훨씬 뒤인 1526년의 일이다.

성경 전서의 인쇄본들을 소개할 때 빠뜨려서는 안 될 것은 플레나리아(복음서 사본들)와 프살테리아(시편 사본들), 그리고 포스틸라이(주해가 붙은 성경 본문)에 수록된 성경 부분들의 인쇄본들이다. 1470-1520년에 103종이 넘는 포스틸라이가 인쇄소에서 출판되었다.

단일 인쇄본에 성경 사본들을 몇 권이나 수록했는가 하는 것은 짐작밖에 할 수 없으며, 그것을 평신도들이 널리 소유했는가 하는 것도 추정상의 문제일 뿐이다.[42]

---

42) Janssen(I. 23, 75)은 발행 부수가 무수히 많았을 것이라는 견해를 사실로 확립하기 위해 노력한다. Cochlaeus의 라틴어 문법서(1511)가 1,000부 인쇄되었고, Bartholomew Arnoldi의 저서(1517)가 2,000부 인쇄되었다고 확신을 가지고 말한다. Sebastian Brant는 온 나라가 성경으로 가득 차 있다고 주장했고, 인문주의자 Celti는 사제들이 여인숙에 숙박하게 될 때 마음만 먹으면 어느 곳에서든 성경 한 권쯤은 발견할 수 있었다고 말했다. Tyndale의 영역 성경은 한번에 6,000부가 발행되었다. 뉘른베르크의 Koberger 인쇄소는 1475-1520년에 무려 25판을 발행한 영예를 누렸다. 그 인쇄소에서 출판된 불가타 성경은 런던에서 일찍이 1580년에 판매되고 있었다.

에라스무스가 자신의 신약성경 판본에서 개척한 새로운 길을 일부 지역들에서는 위험한 길로 간주했다. 1515년에 루뱅 대학교 교수 도르피우스(Dorpius)는 에라스무스의 대범한 계획을 비판하면서 공인되던 불가타 본문이 "오류와 실수의 모든 혼합에서" 벗어나 있다고 선언함으로써 에라스무스의 신약성경의 출현을 예기했다. 도르피우스는 불가타 본문이 오류가 없다는 것을 만대의 교회가 받아들였다는 점과 교부들이 사용했다는 점을 들어 주장했다. 루뱅 대학교의 또 다른 교수 라트로무스(Latromus)는 헬라어와 히브리어 지식이 성경의 학문적 연구에 굳이 필요하지 않다고 주장했다. 영국에서는 에라스무스의 신약성경이 요크의 대주교 리(Lee)에게 여러 가지 이유로 공격을 당했다. 세인트 아삽의 주교 스탠디쉬(Standish)는 세인트 폴 성당 뜰에서 그런 책을 펴낸 에라스무스의 만용을 격렬히 비판하는 설교를 했다. 쾰른 대학교는 특히 에라스무스의 그러한 시도에 격분했는데, 헤르스바흐의 콘라트(Conrad)는 이렇게 썼다:

> 그들은 헬라어라는 언어를 발견했는데, 우리는 그 언어에 대해서 경각심을 가져야 한다. 그것이 모든 이단들의 모체이다. 나는 여러 사람들이 그 책을 들고 있는 것을 보았는데, 그들을 그것을 신약성경이라고 불렀다. 그것은 가시와 독이 가득한 책이다. 내 형제들이여, 히브리어에 관해서는 그 언어를 배우는 자들이 얼마 가지 못해서 유대교로 전향한다는 것이 확실하다.

그러나 에라스무스의 본문을 읽은 사람들 가운데는 마르틴 루터가 있었으며, 그는 마음에 드는 의문들을 해결하기 위해서 그 책을 공부하고 있었다. 그런 의문 가운데 하나를 친구 슈팔라틴(Spalatin)을 시켜 에라스무스에게 물어보도록 했는데, 그것은 율법으로 말미암는 의가 결국 무슨 뜻인가 하는 것이었다. 루터는 그 위대한 학자가 「새 도구」(*novum instrumentum*)에 수록한 도마서 주해에서 그 문제를 잘못 해석했다고 느꼈던 것이다. 만약 에라스무스가 아우구스티누스의 저서들을 읽었다면 마음을 바꾸었을 것이라고 루터는 믿었다. 그는 다섯 개의 언어에 능통했던 제롬보다 한 가지 언어만 알았던 아우구스티누스를 더 좋아했다.

중세 교회는 중세가 그 역사가 다하도록 성경을 평신도들에게 보급하는 것을 공식적으로 권장하지 않았다. 오히려 일관되게 반대 입장을 견지했다. 1199년에 인노켄티우스 3세는 이단들이 성경을 사용하던 메츠 교구에 보낸 글에서, 구약의 율법이 거룩한 산을 범접한 짐승을 돌로 쳐 죽이라고 명했듯이, 단순하고 무학인 사람들은 성경을 만지거나 그 교리들을 설교하려고 해서는 안 된다고 주장했다. 원서든 번역서든 구약과 신약 성경을 평신도들에게 보급하는 것을 엄격히 금한 1229년의 툴루즈 교회회의 법령은 이후에 교황이나 교회회의의 법령에 의해 철회되거나 수정된 일이 없었다. 인쇄술이 발명되기 전에도 그랬지만 이후에도 성경은 자유로운 책이 아니었다. 제르송은 성경에서 역사 부분과 도덕을 권장하는 부분을 제외하고는 대중의 언어로 옮겨서는 안 될 여러 가지 이유를 제시하는 것이 쉬운 일이라고 진술함으로써 교회의 노선에서 한 치도 벗어나지 않았다. 스페인에서는 페르난도와 이사벨라가 종교개혁 전야에 성경 번역과 성경 책 소유를 엄한 형벌로써 금지함으로써 로마 교회의 경직된 견해를 대변했다. 15세기 초반에 영국의 대주교 애런들(Arundel)이 위클리프의 영역 성경 독서를 금지하는 적극적 법령을 공포한 데 이어서, 같은 세기 말엽인 1485년에 독일의 마인츠 대주교 베르톨트(Bertholdt)는 독일어 성경 보급을 금지했다.

위클리프가 성경에 대해 취한 입장은, 성경이 신조와 삶을 주관하는 권위의 원천으로서 자유롭게 널리 보급해야 한다는 것이었는데, 그에 대한 진정한 화답은 중세가 막을 내릴 무렵에 단 한 사람의 학자 에라스무스에게서 나왔을 뿐이었다. 하지만 에라스무스는 회의(懷疑)를 마음 한켠에 달고 있었으며, 성직위계적 교회의 판단에 언제든 순복할 태세가 되어 있었다. 위클리프가 "하나님의 율법은 사람들이 더 잘 아는 언어로 가르쳐야 한다"고 주장했다면, 에라스무스 역시 「보혜사」(*Paraclesis*)에서 마찬가지로 대담한 주장을 했다:

나는 무식한 자들에게 자기 나라 언어로 번역한 성경을 읽히기를 꺼리는 자들에게 철저히 반대한다. 그들의 생각은 마치 기독교 신앙의 힘이 사람들의 무지에 근거해 있는 것 같은 인상을 준다. 왕은 자신의 의중을 깊이 묻어두는 것이 현명하지만, 그리스도께서는 당신의 비밀들을 될 수 있는 대로 밝히 드러내기를 바라셨다. 나는 배우지 못한 여성이라도 복음서와 바울의 서신서들을 읽게 되기를 바란다. 그리고 그 책들을 모든 언어로 번역하여 스코틀랜드인들과 아일랜드인들뿐 아니라 터키인들과 사라센인들까지도 읽고 깨닫게 되기를 바란다. 농부가 밭을 갈면서, 베 짜는 여인이 베틀 앞에서 성경의 한 대목을 읊조리고, 나그네가 고되고 지루한 여행길에 성경의 교훈을 되새기며 용기를 내어 걸어가는 모습을 갈망한다.

에라스무스의 발언들을 제외하면 1450-1520년의 시기에 모든 계층에 성경을 보급해야 한다는 주장은 거의 들을 수 없었다. 가톨릭 논객들이 아무리 그런 주장이 있었음을 입증하기 위해 증거들을 끌어 모았어도 그 수는 한 줌도 되지 않는다. 그럴지라도 적어도 독일과 네덜란드에는 자국어 성경에 대한 갈증이 널리 퍼져 있었다.

예를 들어 1480년에 쾰른에서 발행된 독일어 성경 서문은 모든 그리스도인에게 기도와 정직한 마음으로 성경을 읽으라고 당부했다. 성경은 아무리 학식이 깊은 사람이라도 다 깨닫기 힘든 책이지만, 그 가르침은 배우지 못한 사람에게도 가려져 있지 않고 분명하다고 했다. 배운 사람은 제롬의 불가타를 읽어도 되겠지만, 배우지 못한 단순한 민중은 좋은 독일어로 되어 있는 쾰른판 성경을 읽고 사용할 수 있다고 권장했다.

신앙 지침서인 「천국의 문」(Die Himmelsthür, 1513)은 설교를 할 때는 민중이 독일어 성경을 부지런히 읽고 싶은 마음이 들도록 해야 한다고 주장했다. 1505년에 야콥 빔펠링(Jacob Wimpheling)은 민중이 자국어로 된 성경전서를 읽는 현실을 말하면서, 사제들을 향해서 그들 스스로 하나님 말씀 읽기에 게으르지 말라고 당부했다.[43]

하지만 이러한 증언들은 민중이 성경을 사용할 경우 위험이 따르게 된다는 경고들에 파묻혔다. 브란트(Brant)는 이러한 어조로 강력히 말했으며, 스트라스부르의 가일러도 성경을 평신도의 손에 쥐어주는 것은 어린이들에게 칼을 주어 딱딱한 빵을 썰도록 하는 것과 같다고 주장했다. 그는 거기에 덧붙여서 "성경을 독일어로 인쇄하는 것은 악한 짓이다" 하고 말했다.[44] 대주교 베르톨트가 독일어 번역성경과 그것을 평신도들에게 보급하는 행위를 석판이 난쇄한 것은 독일과 유럽 전역에 널리 퍼져 있던 일반적인 정서를 대변한 것임에 틀림없다. 이 유명

---

43) Falk, p. 18. Janssen(I. 72)은 Hans Werner라는 농부가 성경을 읽을 수 있었을 뿐 아니라 너무나 잘 알아서 이 본문과 저 본문이 어디서 발견되었는지를 일러줄 수 있을 정도였다고 조심스럽게 말한다.

44) Frietsche-Nestle이 Herzog, II. 704에 인용.

한 포고령에서 독일의 그 고위성직자는 독일어가 그리스와 라틴 저자들이 기독교 신앙에 관해서 표현한 차원 높은 사상을 전달하기에는 너무나 미개한 언어라고 주장했다. 따라서 성경을 단순하고 배우지 못한 사람들, 무엇보다도 여자들의 손에 쥐어주어서는 안 된다고 했다. 하늘이 내리신 인쇄술이라는 선물을 사용하여 일반에 금지된 것들을 펴내려 하는 자들의 어리석음을 지적한 뒤, 성경을 펴내는 인쇄업자들은 명예욕이나 탐욕에 사로잡혀 있는 자들이라고 주장했다. 대주교는 열정의 도가 지나쳐 모든 헬라어와 라틴어 저작들의 번역을 금지하고, 마인츠 대학교와 에르푸르트 대학교 교수들의 승인이 없이는 원서들의 판매조차 불가능하게 만들었다. 포고령을 어기는 자에게는 파문과 도서 압수, 그리고 100길더의 벌금에 처했다.

그 포고령은 효과가 대단히 커서 1488년부터 1522년에 루터가 신약성경을 펴낼 때까지 독일어 성경이 불과 4종밖에 출판되지 않았다. 루터의 성경이 간행된 후로는 기존의 독일어 역본들이 급속히 사장된 듯하다.[45] 영국에서는 애런들의 금지령이 그 나라의 분위기를 충분히 담은 것이었던 까닭에 한 세기가 족히 흘러가는 동안 성경을 영어로 번역하려는 시도가 이루어지지 않았으며, 1530년에 가서야 최초의 인쇄본 영어 성경이 간행되었다. 토머스 모어는 종교개혁의 문턱에서 쓴 글에서 애런들의 금지령이 잘못된 번역들을 겨냥한 것이었다고 해석하면서, 위클리프의 번역이 단죄를 받았던 이유도 오역들 때문이었음을 애써 부각시켰다. 모어는 교회가 평신도들에게 성경을 사용하지 못하게 했다는 비난을 불식해보려고 한 것이지만, 그의 발언을 어떻게 해석하든간에 영국인들이 자국어 성경 인쇄본을 소유하는 데 오랜 세월이 걸렸다는 사실과, 가톨릭 진영은 16세기가 다하도록 아무것도 내놓지 못했다는 사실은 엄연히 남는다.

틴들(Tyndale)은 구파가 영어 성경을 갖기를 원치 않았던 상태를 다음과 같이 분명히 증언한다. "교황주의자들 가운데 더러는 성경을 영어로 번역하는 것이 불가능하다고 말하고, 더러는 평신도들이 모국어로 된 성경을 소지하는 것이 불법이라고 말하며, 더러는 성경을 모국어로 번역하는 행위 자체를 이단으로 간주

---

45) Reuss, p. 534. 고대 독일어 성경의 마지막 판본 네 종(種)은 1490년에 발행된 아우크스부르크 판, 1494년에 발행된 뤼벡 판, 1508년과 1518년에 발행된 아우크스부르크 판이다.

하려고 한다."[46] 새로운 견해들이 영국에 널리 퍼진 뒤에도 영어 성경이 권리를 확보하기까지는 많은 시련을 겪어야 했다. 영국에서 인쇄를 할 수 없어 외국에 가서 인쇄할 수밖에 없었던 그의 영역 성경은 울지(Wolsey)의 권유로 헨리 8세에 의해 금서가 되었으며, 1527년에 주교 톤스톨(Tonstall)이 당시에 압수할 수 있었던 모든 성경 역본들을 세인트 폴 성당 뜰에 쌓아놓고 불태운 사건은 교회 당국자들이 하나님의 말씀을 자유롭게 보급하려고 노력했다고 주장하는 자들을 부끄럽게 만드는 사례로 항상 남아 있을 것이다.

틴들은 "교황주의자들이 신약성경을 불태움으로써 얻을 수 있었던 결실은 내가 예상했던 수준을 넘지 못했다. 그들이 나를 불태운다 할지라도 그 이상의 결실을 거둘 수는 없을 것이다" 하고 주장했다. 그리고 그가 품고 살았을지도 모르는 두려움이 마침내 1536년에 빌보르드에서 처형을 당하는 현실로 이어졌다.[47] 그를 형장에 넘겨준 사제는 "우리는 교황의 법이 없이 지내느니 차라리 하나님의 율법이 없는 편이 더 낫다"고 주장하면서 성경 번역의 필요성을 외치던 틴들을 비판했는데, 그의 이러한 주장은 큰 계층의 여론을 대변한 것임에 틀림없다. 순교자 흄(Hume)은 교수형을 당한 뒤에 품에 영역 성경을 간직하고 있음이 발견되었다. 1543년에 영국에서는 유자격자들만 성경을 읽는 것이 허용되었다. 스코틀랜드는 1529년에 세인트 앤드루스 교회회의가 성경의 국내 반입을 금지함으로써 영국의 당국자들과 같은 입장을 견지했다.

프랑스에서는 유명한 인쇄업자 로베르 스테팽(Robert Stephens, 1503 출생)의

---

46) *Pref. to the Pentateuch*, Parker Soc. ed., *Tyndale's Doctr. Works*, p. 392. Arundel은 위클리프의 역본에서 어떤 오류도 지적하지 않는다. Abbot Gasquet는 *The Old Engl. Bible*, p. 108과 *Eve of the Reform.*, p. 209에서 종교개혁 이전에 영국에서 성경이 금지된 책이 아니었음을 입증하려고 한다. 하지만 그 목적으로 제시하는 증거들이 너무나 적어서 그의 주장을 초라하게 만든다.

47) Cochlaeus는 영국의 당국자들에게 틴들이 비텐베르크에 갔었던 사실과, 그가 영어 신약성경을 발행하고자 했던 것은 "장사꾼들의 악한 제품이 수입되는 것"을 막고자 함이었다고 설명했다. Tonstall은 틴들의 신약성경에서 2000가지도 넘는 오류를 발견했다고 토로했다. 틴들은 *Pref. to the Pent.*, p. 373에서 이렇게 말한다. "교황주의자들은 자신들이 사용해온 성경들이 모두 둔스 스코투스를 비롯한 자들의 악마적 교리에 물들어 있었다는 것을 잘 알면서도 내 번역 성경에서 토씨 하나라도 틀린 것이 있는지 샅샅이 뒤지고 있다."

증언에 따르면, 자신의 어린 시절에 소르본 대학교 교수들이 제롬과 교령집에서 인용한 내용을 통해서만 신약성경을 알았다고 한다. 그는 쉬흔이 넘어서야 신약성경에 관해서 처음 알았다고 밝혔다. 루터는 성년이 되어서야 라틴어 성경 사본을 보았다. 1533년에 제네바는 시민들에게 독일어나 프랑스어 성경을 읽는 것을 금지했으며, 모든 번역 성경들을 불태웠다. 만약 성직위계제도가 세력을 잃지 않았다면 번역 성경들에 대한 엄격한 통제가 모든 나라들에 파급되었을 것이다. 1535년에 프랑수아 1세는 인쇄소들을 폐쇄했고, 프랑스에서 소르본 대학교의 허가를 받지 않고는 종교 서적을 출판하는 행위를 중벌로 다스렸다. 로마 가톨릭 교회가 종교개혁 과정과 후에 일관되게 취해온 태도는 성경의 자유로운 보급을 막는 것이었다. 19세기에는 교황들이 계속해서 성경 보급 단체들을 단죄했다. 스페인과 이탈리아, 남아메리카에서는 애런들과 베르톨트의 법령들, 그리고 주교 톤스톨의 방침과 동일 노선에서 성경 판매인들을 처벌하고 성경 자체를 자주 소각했다. 또 한 가지 잊어서는 안 될 사례는 1870년에 로마가 이탈리아 수도가 되었을 때 교황이 그 도시를 방문하는 사람들이 소지한 성경을 모조리 압수하는 법령을 공포한 사실이다.

반면에 종교개혁자들의 사역에 힘입어 성경은 모든 계층 사람들에게 알려지고 자유롭게 보급되었다. 종교개혁자들이 신앙과 지식을 전파하기 위해 인쇄술을 어떻게 활용하기를 바랐는가 하는 것은 순교자 전기작가 폭스(Foxe)의 다음과 같은 말에 간결하면서도 흥미롭게 나타나 있다.

교황으로서는 인쇄술을 말살하든가 아니면 자신이 다스릴 새로운 세계를 찾아 나서든가 양자 택일을 할 수밖에 없다. 세계가 그대로 남아 있는 한에는 인쇄술이 그를 멸할 것이기 때문이다. 교황과 모든 추기경들은 세계가 인쇄술의 빛으로 말미암아 볼 눈과 판단할 머리를 갖기 시작했다는 사실을 깨달아야 한다. 하나님께서 말씀을 전파하도록 인쇄소를 열어두셨으므로, 교황은 삼중관의 권력을 다 동원해서도 그 음성을 막을 수 없다. 방언의 은사와 성령의 유일한 역사와 마찬가지로 인쇄술에 의해서도 복음 교리는 하늘 아래 모든 민족 모든 나라에 울려 퍼지고 있으며, 하나님이 한 사람에게 계시하신 것이 많은 사람들에게 전파되고 있고, 한 민족에게 알려졌던 것이 모든 민족에게 알려지고 있다.

특주

얀센(Janssen)과 대수도원장 개스킷(Gasquet)은 중세 교회가 민중의 언어로 번역된 성경들이든 라틴어 불가타 성경이든 널리 배포되는 것에 반대하지 않았음을 입증하려고 많은 공을 들였다. 하지만 그들이 제시한 증거들은 억지스럽고 불충분하다. 그들은 정반대 편에 형성되어 있는 방대한 양의 증언들을 철저히 무시한다. 예를 들어 종교개혁자들이 펴낸 영어와 독일어 성경이 널리 받아들여졌던 현상과, 종교개혁자들이 그 주제에 관해 남긴 증언들이다. 개스킷은 애런들의 포고령이 지니는 반증의 힘을 상쇄하려고 노력하지만, 위클리프가 성경을 민중에게 널리 보급할 것을 요구한 일에 관해서는 입을 다문다. 위클리프가 그러한 요구를 했다는 것은 성경이 민중에게 차단된 상태였음을 암시하는 것이다. 앞서 소개한 두 사람과 같은 진영에 속한 베리 박사(Dr. Barry)는 「근대 케임브리지사」(*Camb. Mod. Hist.*, I. 640)에서 "15세기에 방대한 양의 성경이 읽혔다"고 말하면서, "루터파가 소란을 일으킨 뒤에야 비로소 카이저스베르크의 가일러 같은 설교자들이 자국어 성경들이 무제한 자유롭게 읽히는 상황에 의문을 제기했다"고 주장했다. 이것이 대단히 왜곡되고 과장된 주장이라는 점은 가일러가 죽은 1510년에, 그러니까 루터가 아우구스티누스회 수사의 직분을 포기하기 7년 전에 보급되어 있던 대다수의 성경이 민중이 읽을 수 없던 라틴어로 되어 있었던 사실과, 가일러가 단지 의문을 제기하는 데 머물지 않았던 사실로 여실히 드러난다. 가일러는 성경 읽기 자체를 분명히 반대했던 것이다. 얀센-파스토르(I. 23 sqq., 72 sqq., VII. 535 sqq.)는 1480-1520년에 제시된 증언들을 민중이 성경을 널리 읽었다는 쪽으로 열거하지만, 적어도 본인이 확인한 바로는 브란트와 가일러 같은 사람들이 평신도들의 성경 사용을 경고한 사실은 언급하지 않으며, 그들이 베르톨트의 악명 높은 포고령에 관해서 남긴 유일한 언급은 대주교가 인쇄술이 하늘에서 내리신 기술임을 상소하는 十설뿐이나(I. 15).

78. 민중의 신앙

중세 마지막 세기에 평신도들의 종교적 생활은 몇 가지 새로운 장치들에 의해 자극을 받았는데, 이런 현상은 특히 독일에서 두드러졌다. 그 나라에서는 평신도들에게 기독교 신앙에 관한 문제들을 가르치려는 노력이 서유럽 기독교 세계의 여느 지역보다 활발하고 적극적으로 이루어졌다.

평신도들의 영적 빈곤은 초창기 성경 사본들에 실린 **삽화**들에 잘 묘사되어 있다. 1480년의 쾰른 성경, 1494년의 뤼벡 성경, 1497의 말레르미의 베네치아 성경이 이런 유의 성경들 가운데 가장 훌륭한 예들이다. 종교개혁 전에 발행된 17종의 독일어 성경들 가운데 15종이 삽화를 수록했다.

평신도들의 영적 빈곤을 좀 더 분명히 인정한 것은 이른바 '가난한 자들을 위한 성경들'(*biblia pauperum*)로서, 처음에는 낱장들로 나왔다가 차츰 성경의 내용을 묘사한 40-50점의 그림들을 수록한 책의 형태를 띠었다. 이 책들은 초기에는 사제들의 평신도 교육을 도우려는 목적을 띤 듯하며, 구약과 신약의 장면들을 나란히 소개하면서 예언적 예표들과 그것들의 성취를 입증하는 형태를 취했다. 예를 들어 아브라함과 야곱, 그리스도의 할례 장면이 세 점의 그림으로 묘사되는데, 세 번째 그림에서는 사제가 아기 그리스도에게 직접 할례를 시행한다. 그림들에는 라틴어, 독일어 혹은 프랑스어 설명이 붙는다.

그 중 한 부분을 소개하면 이 유형의 문학이 어떤 정보를 제공했는지 대략 알 수 있다. 아담이 죽게 되자 약을 구하기 위해서 셋을 낙원으로 보낸다. 그룹(천사)이 셋에게 생명나무 가지를 꺾어 준다. 셋은 서둘러 집으로 돌아가지만 아버지는 이미 죽어 매장된 뒤이다. 셋은 그 가지를 땅에 묻고, 그 가지가 나무로 자라나 4000년 뒤에 구주께서 달리실 십자가의 목재로 쓰인다.

이러한 그림 성경책들 가운데 가장 잘 된 것들은 콘스탄츠, 세인트 플로리안, 오스트리아, 그리고 뮌헨과 빈의 도서관들에 소장된 책들이다. 비블리아 파우페룸이라는 명칭은 보나벤투라에게서 혹은 그림이 민중의 성경이라고 말한 대 그레고리우스에게서 유래한 듯하다. 1509년에 루카스 크라나흐(Lukas Kranach)는 비텐베르크에서 구주의 수난을 주제로 일련의 그림들을 발행했다.

독일에서 새롭게 시작된 현저하고도 가장 소망스러운 문학 분야는 인쇄술이 발명된 직후에 발행된 **신앙 지침서**들과 **교훈서**들이었다. 이 문학은 비록 그 주된 목적이 젊은 사람들에게 있지 않고, 고해 지침서와 임종을 앞둔 사제와 평신도를 돕기 위한 지침서에 있긴 했으나, 당시에 신앙 교육에 얼마나 큰 지적 관심이 쏟아 부어졌는가를 잘 보여준다. 이 책들은 대부분 독일어로 되어 있으며, 아마도 널리 보급된 듯하다. 그 내용은 일반 그리스도인들에게 하나님의 율법이 일상 생활에 요구하는 것이 무엇이고, 교회의 신앙의 주요 조항들이 무엇인가를 가르치는 것이다. 다음과 같은 책들의 제목을 살펴보면 그 내용을 짐작하게 된다. 「영혼의 안내자」(*Der Seelenführer*), 「하늘에 이르는 길」(*Die Himmelstrasse*), 「영혼의 위안」(*Der Seelentrost*), 「마음의 상담자」(*Der Herzmahner*), 「기도의 종」(*Das andächtige Zeitglöcklein*), 「영원한 복락에 이르는 좁은길」(*Der Fusspfad zur ewigen Seligkeit*), 「영혼의 채소밭」(*Das Seelewürzgärtlein*), 「영혼의 포도원」(*Der Weingarten der Seele*), 「영적 체스」(*Die geistliche Jagd*). 그 밖의 책들에는 「참회 규정서」(*Beichtbüchlein*)라는 일반적인 제목이 붙어 있다.

「영혼의 안내자」라는 책에는 제목 곁에 '경건하게 살다가 거룩한 죽음에 이르기를 바라는 모든 그리스도인에게 유익한 책'이라는 간략한 소개의 말이 붙어 있다. 이런 유의 문학은 첫째로, 중세의 학자들이 이전까지 거의 무시했던 분야를 다루기 때문에, 둘째로 평신도들에게 실제적인 신앙을 널리 보급하려는 독일 성직자들의 열정을 증거하기 때문에 좀 더 자세히 주목할 가치가 있다. 「하늘의 마차」(*Himmelwagen*)라는 책은 말들을 믿음 · 사랑 · 회개 · 인내 · 평안 · 겸손 · 순종으로 묘사한다. 삼위일체 하나님이 마부이시고, 마차는 하나님의 자비이다.

이 소책자들은 각기 다른 방식으로 십계명과 사도신경의 14가지 항목(사도신경을 열네 가지로 구분한다) · 주기도문 · 팔복 · 대죄 · 다섯 가지 감각 · 자비의 사역들 같은 주제들을 설명한다. 「영혼의 위안」은 1474-1523년에 16판을 기록한 책으로서, 십계명 · 칠성사 · 팔복 · 자비의 여섯 가지 사역 · 일곱 가지 영적 은사 · 일곱 가지 대죄 · 일곱 가지 중요한 덕목, 그리고 "하나님이 내게 더 알기를 바라시는 것"을 다룬다. 매우 유용하게 번안되어 사용된 이 소책자는 때로 낯선 형태로 진리를 전하는데, 이를테면 어떤 사람의 영혼이 죽어서 그의 시신에서 발견되지 않고 돈궤에서 발견되있다는 내용이나, 어느 소녀가 금요일에 춤을 추다가 마귀에게 심한 상해를 당한 뒤 행실을 고치겠다고 약속하고서 회복되었다는 내용이 그것이다.

「하늘에 이르는 길」은 52장으로 되어 있다. 처음 두 장은 믿음과 소망, 선택받은 자들의 기쁨과 버림받은 자들의 고통을 이야기하고, 마지막 4장에서는 거룩한 죽음, 마귀가 죽음을 앞둔 사람을 유혹하는 방법, 병자들에게 확인해야 할 질문들을 다룬다. 디트리히 콜데(Dietrich Kolde)의 「그리스도인의 거울」(*Mirror of a Christian Man*)은 대단한 인기를 누린 신앙 지침서로서, 46장 가운데 처음 두 장은 사도신경을 다루고, 마지막 장은 선량한 그리스도인의 표지들을 다룬다. 1476년에 초판이 발행된 이 책은 1518년에 델프트에서 23판이 발행되었다.

지침서들 가운데 상당수가 가정 신앙의 가치를 강조하며, 부모들을 향해 자녀들에게 사도신경·십계명·주기도문을 가르치고, 날마다 아침 저녁 기도를 드리게 하고, 교회에 함께 가서 미사와 설교를 듣도록 권유한다. 「영혼의 안내자」는 "기독교 가정이 어린 자녀들에게 첫 번째 학교이자 첫 번째 교회가 되어야 한다"고 말한다.

「하늘에 이르는 길」은 빈의 수석사제 슈테펜 폰 란트스크론(Stephen von Landsckron) 혹은 란츠크라나(Lanzkranna, 1477)의 저서로서, 기독교 가정을 매우 아름답게 묘사한다. 그 집의 가장은 주일마다 아내와 자녀들, 하인들을 데리고 교회에 나가 설교를 듣는 모범적인 사람이다. 그는 집에 돌아와서는 설교 내용을 복습하고, 식구들에게 십계명과 주기도문, 사도신경, 그리고 일곱 가지 대죄를 암송하도록 한다. 음료를 한 잔 마시며 쉰 다음에는 하나님 혹은 마리아나 성인들 중 어느 한 사람에게 찬송을 부른다. 「영혼의 위안」은 부모들을 향해 가족들에게 신앙의 조항들과 자녀들이 학교와 교회에서 배운 내용을 확인하라고 권고한다. 「그리스도인의 삶의 일람표」(*The Table of a Christian Life*)는 부모들에게 자녀들을 거리에 방치하지 말고 학교에 보내되, 교사를 엄선하고, 무엇보다도 매사에 자녀들 앞에서 솔선수범하라고 당부한다.

고해성사 지침서의 성격을 분명히 띤 참회 규정서들 가운데 요한 볼프(John Wolff)의 책이 가장 상세하고 주목할 만하다. 프랑크푸르트 성 베드로 성당의 사제였던 이 선량한 사람은 1478년에 그 책을 썼다. 그는 신앙 교육에 깊은 관심이 있었다. 1895년에 발굴된 그의 묘비는 그를 "십계명 박사"라고 부르며, 십계명을 열 가지 그림으로 묘사하되, 한두 개의 손가락으로 각 계명을 가리킨다. 중세 말기에는 그러한 표를 예배당 벽에 걸어두는 것이 드물지 않은 관습이었다.

그리스도인의 일상 생활 지침서인 볼프의 책은 십계명과 아울러 십계명을 범하는 행동과 마음의 생각을 길게 설명하며, 범죄자의 입을 빌려 적합한 자백의 예를 제시한다. 예를 들어 제4계명을 범한 데 대해서 범죄자는 다음과 같이 자백한다. "저는 고요히 보내야 할 금요일에 농장을 둘러보고, 쟁기질을 하고, 나무를 베고, 실을 잣고, 바느질을 하고, 물건을 사고 팔고, 춤을 추고, 춤을 추면서 사람들과 부딪치고, 게임을 하고, 그 밖의 죄악된 일들을 하면서 거칠고 부산하게 보냈습니다. 미사도 드리지 않고 설교도 듣지 않았으며, 전능하신 하나님을 생각지 않고 지냈습니다." 십계명을 설명한 뒤에는 다섯 가지 저급한 죄 — 고리대금 · 살인 · 도둑질 · 남색 · 임금 체불 — 와 성령을 거스르는 여섯 가지 죄, 그리고 병자를 심방하고 헐벗은 자를 입히고 죽은 자를 묻어주는 등 일곱 가지 자비의 행위, 성사들, 팔복, 성령의 일곱 가지 은사, 그리고 회개에 관해 설명한다. 마지막으로 십계명을 자주 암송할 때 얻는 유익들을 간단히 설명하고, 그렇게 하지 않아도 되는 열세 가지 경우를 언급한다. 이를테면 말이 너무 어려워 암기하기 어렵거나, 십계명을 영구한 경고자로 삼을 마음이 없는 것이 그런 경우들에 해당된다.

이런 유의 지침서들은 어른들과 어린이들을 가르치는 데 세심한 관심을 기울이는 점을 감안할 때 종교 교육사에 새로운 시대가 시작되었음을 암시한다. 고대 교회로부터는 어떠한 요리문답(要理問答)도 전해져 내려오지 않았다. 아우구스티누스와 키릴루스가 교리를 가르친 세례 예비자들은 어른들이었다. 13세기에 이르러 교회회의들이 평신도 신앙 교육의 필요를 지적하기 시작했다. 1281년의 램버스 교회회의, 1355년의 프라하 교회회의, 1368년의 프랑스 라보르 교회회의가 그런 예들에 해당한다. 1429년의 토르토사 교회회의는 고위성직자들에게 평신도들이 꼭 알아야 할 신앙 지식을 담은 간단한 입문서를 작성할 것과, 목회자들이 주일마다 그 책을 가지고 평신도들을 가르칠 것을 명했다. 제르송은 요리문답의 방식에 근접했으며(참조. 이 책 23), 오래 활동한 뒤에 교회 개혁이 어린이들과 더불어 시작되어야 한다고 주장했다.[48] 그는 자신의 3부작에서 십계명과 고해, 그리고 임종을 앞둔 사람들을 위한 단상들을 소개한다. 요리문답이 지니는 문답 형식은 루터의 종교개혁이 충분히 진척된 뒤에 도입되었다. 그런 입문서를 가리키는 '요리문답'(catechism)이란 용어는 1525년에 루터가 처음 사용했으며, 이 용어를 맨 처음에 제목에 사용한 것은 1528년에 출판된 안드레아스 알트하머(Andreas Althammer)의 요리문답이었다. 루터의 두 권으로 된 요리

---

48) Gerson's Opp., Du Pin's ed., III. 280. 루터도 1516년에 Weimar ed., I. 450, 494에서 교회를 부흥시키려면 어린이 교육부터 시작해야 한다고 같은 맥락의 주장을 했다.

문답은 그로부터 일년 뒤에 출판되었다. 가톨릭 진영에서는 1535년에 게오르그 비켈리우스(George Wicelius)가 최초로 그 제목이 붙은 책을 펴냈다.

영국에서는 독일의 참회 규정서들과 유사한 「입문서」(*Prymers*)가 있었으며, 1410년에 이런 유의 책이 최초로 등장했다. 이 책들은 라틴어와 영어로 보급되었으며, 평신도 교육에 목표를 두었다. 책에는 교회력, 성모 기도서, 연도(連禱, 호칭기도), 주기도문, 사도신경, 십계명, 일곱 편의 참회 시편, 일곱 가지 대죄, 기도문들 같은 내용이 실렸다. 이 책은 피어스 플라우먼(Piers Plowman)이 언급하며, 15세기에 널리 알려져 있는 책으로 자주 거론된다. 「뿔의 책」(*Horn-book*)도 언급할 가치가 있다. 알파벳과 주기도문 교육용으로 제작된 이 책은 직사각형 판에 손잡이를 붙여서 마치 오늘날의 손거울처럼 들고 다니게끔 했다. 판의 한쪽 면 혹은 양면에 알파벳의 문자들과 주기도문을 새기거나 인쇄했다. 뿔의 책들은 16세기 말에 가서야 비로소 보편적으로 사용된 듯하지만, 처음 나온 것은 15세기 중반으로 추정된다. 뿔의 책이라는 명칭을 얻게 된 이유는 더러운 손으로 책을 더럽히지 못하도록 책에 짐승의 뿔 조각을 붙였기 때문이다.[49]

요리문답의 개념에 좀 더 근접한 것은 콜릿(Colet)이 세인트 폴 주교좌성당 학교에서 사용하기 위해 초급 문법책의 부록으로 수록한 신앙의 기본 도리들이다. 사도신경, 주기도문, 하나님과 동료 인간들에 대한 사랑, 46가지 특별한 "생활 규율", 기도문 두 편이 실린 이 부분은 일반적으로 카테치존(*Catecheyzon*)으로 알려져 있다.

신앙 교육은 '죽음의 춤'으로 알려진 연속 그림들과, 종교극을 통해서도 이루어졌다. '죽음의 춤'에서는 죽음이 영원한 죽음의 상징인 해골의 모습으로 모든 직업 모든 계층의 사람들을 찾아간다. 그를 피할 만큼 거룩하거나 능력이 있는 사람도 없고, 그의 눈을 피할 만큼 비천한 사람도 없다. 죽음은 심각한 모습을 띠기도 하고 해학적인 모습을 띠기도 하며, 정중하게 자신의 희생자를 안내하는가 하면, 그와 팔짱을 끼기도 하고, 질질 끌거나 구타하면서 데려가기도 한다. 그림들에는 대개 어느 한켠에 모래시계가 있어서 그림을 보는 자들에게 인생이

---

49) Mr. Tuer가 말하듯이 뿔의 책은 영국과 스코틀랜드, 아메리카에서 18세기에 이르기까지 많이 사용되었다. 하지만 그 뒤에는 너무나 완전히 자취를 감춘 까닭에 Mr. Gladstone조차 자신은 그 책에 관해 전혀 아는 게 없다고 말했다. Tuer, I., p. 8.

끝날 시간이 있음을 엄숙하게 상기시킨다. 이 그림들은 다리 · 가옥 · 교회 창문 · 수도원 담벼락에 자리잡았다. 가장 오래된 것들로는 민든(1383), 파리의 프란체스코회 수도원 교회뜰(1425), 디종(1436), 바젤(1441), 크로이든, 런던 탑, 솔즈베리 주교좌성당(1460), 뤼벡(1463)에 있는 그림들을 들 수 있다.

종교극은 15세기의 독일과 영국에서 꽃피었다. 연기가 성직자들에게서 평신도들의 몫으로 넘어왔으며, 공연이 광장과 거리에서 이루어졌다. 사람들은 거리뿐 아니라 집의 창문을 통해서도 연극을 구경했다. 1412년에 바우첸의 장터에서 성 도로테아 극이 공연될 때 갑자기 몰린 인파로 인해 인근 가옥의 지붕이 내려앉는 바람에 33명이 죽는 참사가 발생했다. 익살과 광대짓이 중요한 특징으로 자리잡으면서 연극의 신앙적 용도를 훼손하지 않는 범위에서 분위기를 가볍게 만들었다. 마귀를 끊임없는 농담과 희롱의 대상으로 만들었다. 민중은 연극을 관람하면서 사제에게 배우기 어려운 교훈을 얻었다. 연극의 내용은 창조와 루시퍼의 타락에서부터 최후의 심판에 이르기까지, 아벨의 죽음과 이삭의 제사에서부터 십자가와 부활에 이르기까지 광범위했다.

살아 있는 배우들이 내놓는 종교극과 윤리가 중세인들에게는 마치 청교도들이 받아들인 「천로역정」과 같았다. 종교극은 로마에서 런던에 이르는 광범위한 지역에서 결혼식 때와 영주들이나 왕의 방문 때, 마을에 경사가 있을 때 공연되었다. 엄숙한 분위기에서 논의가 진행되던 콘스탄츠 공의회에서 황제 지기스문트와 고위성직자들이 참석한 가운데 종교극이 공연되었고, 1417년에는 솔즈베리의 주교 관저에서 그리스도의 탄생과 베들레헴 아기들의 살육을 다룬 연극이 공연되었으며, 1473년에 성 베드로 성당에서는 나폴리 왕 페란테의 딸 레오노라를 기념하여 수산나와 장로들을 주제로 한 연극이 공연되었다. 1324년에 아이제나흐에서 열 처녀 비유를 주제로 종교극이 공연되었을 때, 영주 프리드리히는 이리석은 다섯 처녀가 애다게 호소했어도 마리아와 성인들의 도움을 빌지 못하는 대목에 격분한 나머지 "죄인들이 마리아의 중보기도를 통해 자비를 얻을 수 없다면 기독교가 과연 무슨 가치가 있단 말인가?" 하고서 울분을 터뜨렸다. 그는 그 일로 우울증에 걸려 시름시름 앓다가 죽었다고 한다.

영국의 종교극은 요크 · 체스터 · 코벤트리 · 타운리 혹은 웨이크필드를 중심으로 네 군(群)으로 전래되었는데, 그 가운데 요크 종교극은 기원이 1360년으로 거슬러 올라가며, 48-57가지 연극으로 구성되었다. 체스터와 코벤트리는 전통적인 종교극 중심지들이었다. 연극은 바퀴가 달린 무대가 거리를 이동해 가며 공연되었다. 연극은 종종 이발사들 · 가죽공들 · 땜장이들 · 도살자들 · 향신료업자들 · 양초업자들 같은 길드들이 주관했다.[50] 배우들이 출연료를 받는 관행은 14세기부터 시작되었다.

체스터 종교극은 중세 유럽의 모든 지역에서 인기를 끈 노아 홍수라는 주제를 택했다. 하나님이 족장에게 홍수를 예고하신 뒤에 그의 세 아들과 며느리들은 방주를 짓는 일에 참여할 뜻을 밝힌다. 노아의 아내는 자기 혼자 반대하면서 열심히 일하는 다른 식구들에게 잔소리를 늘어놓는다. 인내심이 많기로 유명한 노아도 결국 참지 못하고서 이렇게 외친다:

주님, 여자들이란 으르렁거리기만하고 온순하지 않은 존재인가 봅니다.

하지만 아내의 태도가 조금도 달라지지 않자, 족장은 망치질과 정질을 하면서 이렇게 말했다:

홍수로부터 안전하게 거하기 위해
이 선판을 못질하고 있다.
이리저리로 떠다니며
홍수로부터 안전하게 거하기 위해.

방주가 완성되자 각자 자기 몫의 짐승들과 새들을 방주로 들였다. 그러나 방주에 다 들어갔을 때 노아의 배필이 다시 한 번 타지 않겠다고 고집하면서 방해를 놓았다. 그러자 노아는 셈더러 가서 어머니를 설득하여 데리고 오라고 시켰다.

셈, 내 아들아, 네 어머니가 잔뜩 화가 나셨구나.

50) Pollock은 각각 연극을 할당받은 요크의 48개 길드들을 소개한다. pp. xxxi-xxxiv. 100곳도 넘는 영국의 읍들과 마을들에 연극에 관한 기록들이 있다.

셈은 어머니한테 가서 어서 속히 방주로 들어가야 한다고 설득했으나 어머니가 끝까지 고집을 꺾지 않자 식구들을 전부 불러다가 "강제로 방주에 들어가게" 했다.

영국의 종교극 가운데 걸작으로 꼽히는 「모든 사람」(*Everyman*)은 죽음과 심판의 불가피성을 주제로 삼는다.[51] 하나님께서 '모든 사람'에게 '죽음'을 보내시자, 그는 '죽음'의 전갈을 피하기 위해서 친구들인 '우정', '부', '힘', '아름다움', '선행'을 불러 도움을 청하고, 혹시는 자신의 순례 길에 동행해 달라고 부탁한다. 그들은 한결같이 고개를 가로젓는다. 그러자 '모든 사람'은 '고해'를 찾아가 그에게 사제의 권세를 설명한다:

> 하나님은 하늘에 있는 여느 천사보다도
> 사제에게 더 많은 권세를 주셨다오.
> 그는 다섯 마디로 하나님의 살과 피를 거룩하게 하고,
> 자기를 지으신 이를 양손으로 들어 다룰 수 있다오.
> 사제는 땅에서 뿐 아니라 하늘에서도
> 모든 끈을 매기도 하고 풀기도 하며,
> 모든 인간에게 일곱 가지 성사를 베푼다오.

이러한 종교극은 인상 깊은 설교였고, 민중의 도덕과 신앙을 고취하기 위한 여름학교였으며, 중세판 야영집회(Chatauqua. 미국 개신교의 camp meeting의 전신으로서, 여흥에 더 비중을 둔 연례 야외 행사: 역자주)였다. 영국에서는 종교극이 16세기까지, 심지어는 현대 연극이 그 지위를 대체하기 시작한 제임스 1세 때까지 명맥을 유지했다. 중세의 종교극 가운데 마지막까지 살아남은 것은 바이에른 산지 오베르암메르가우에서 공연되던 수난극이다. 1634년에 심한 전염병이 돌 때 맹세한 바대로 공연된 이 연극은 그 이래로 십년 주기로, 최근에는 그보다 자주 공연되었다. 1860년부터는 외국에서 온 관객들이 몰리기 시작했다. 저자들은 수난극을 가리켜 지극히 중요한 사건을 배경으로 한 대단히 인상 깊은

---

51) 그 본문은 Pollock의 저서에 실려 있다. 그것이 1902-1903년의 겨울에 뉴욕 시의 극장 세 곳에서 재공연되어 한동안 화젯거리가 되었다.

설교라고 평가했다. 그 외딴 산지 마을에 사는 단순하고 독실한 가톨릭 신자에게는 수난극이 엄숙한 예배 행위인 것이다.

중세 내내 그랬듯이 15세기에도 **순례**와 **성유물 숭배**가 인기를 끌었다. 독일과 영국에서 지도뿐 아니라 그 밖의 구체적인 사항들에 대한 설명과 어휘들을 수록한 순례 안내서들이 널리 보급되었다. 예루살렘이 여전히 제후들과 고위성직자들뿐 아니라 지위가 낮은 사람들의 발을 끌어당겼다. 루터의 신중하면서도 확고한 친구였던 작센의 지혜자 프리드리히도 중세 말엽에 예루살렘을 순례한 사람 가운데 하나였다. 1458-1462년에 성지를 다녀온 영국의 윌리엄 위(William Wey)는 순례자들이 욥바에 상륙하면서 "오, 복된 도성 예루살렘아"(Urbs beata)를 합창했다는 이야기를 전한다. 성직자들인 리처드 토킹턴 경(Sir Richard Torkington)과 토머스 탭 경(Sir Thomas Tappe)은 루터가 구십오개조를 달아 걸던 1517년에 예루살렘을 여행했다. 1450년과 1500년에 로마에서 거행된 희년 행사는 그 거룩한 도시를 직접 구경하고 교황이 약속한 종교적 유익을 얻고자 하던 허다한 무리를 끌어들였다. 유럽 각처에 자리잡은 성소들에도 순례자들의 발길이 끊이지 않았다.

독일에서 유명한 성소들 가운데는 1492년부터 그리스도의 성혈(聖血)을 전시한 슈테른베르크, 1499년부터 프랑스 병을 치유하기 위해 마리아의 화상을 전시한 그림멘탈, 1500년부터 성 안나의 머리를 전시한 뒤렌이 있었는데, 뒤렌의 성유물은 마인츠 시에게 도둑맞았다. 트리어의 성의(聖衣)는 1512년부터 전시되었다. 십자군 원정이 한창이던 시절에도 그런 일이 있었듯이, 중세 말에도 독일의 어린이들 사이에서 순례의 열풍이 다시 불었다. 1457년에 어린이의 큰 무리가 노르망디의 성 미가엘 성당을 찾아갔고, 1475년에는 쿠사의 니콜라우스의 비판에도 불구하고 여전히 거룩하다고들 믿던 성혈이 전시된 빌스나크를 찾아갔다.[52] 독일에서 가장 유명한 순례지들은 동방박사 세 사람의 유해를 자랑하던 쾰른과, 마리아의 속옷과 아기 예수를 쌌던 강보, 예수께서 십자가에 달리실 때 입으셨던 속옷, 그리고 그 밖의 값진 성유물들을 보관하고 있던 아헨이었다. 순례지들이 얼마만한 인기를 끌었는가 하는 것은 방문객들의 수에서 유추할 수 있

---

52) 나중의 이야기는 수사로서 연대기를 기록한 Conrad Stolle of Erfurt가 전한 목격담이다. 참조. Ficker, p. 69 sq.

다. 물론 그 수가 부풀려졌을 가능성을 염두에 두어야 한다. 1446년에 스위스 아인지델른에서 거행된 천사들의 축일에는 130,000명이 참석했으며, 1496년에 아헨 성문의 문지기는 방문객 수를 146,000명으로 집계했다.[53] 그 해에 아헨에서 성유물들을 전시했을 때 불과 14일만에 85,000길더라는 거액이 성 마리아 성당의 연보궤에 찼다.

성대한 **종교 행렬**도 인기를 끌었다. 가뭄이 심하던 1483년에 에르푸르트에서 거행된 행렬이 대표적인 경우인데, 새벽 5시부터 정오까지 이 교회에서 저 교회로 옮겨가며 계속된 이 행렬에는 지위고하를 막론한 많은 사람들이 참여했다. 참석자 가운데는 학교에서 온 948명의 어린이들, 대학교에서 온 2,141명의 교수들과 학생들, 312명의 재속 사제들, 다섯 개의 수도원에서 온 수사들, 머리를 등 허리까지 늘어뜨리고 손에 촛불을 켜든 2,316명의 처녀들이 있었다. 독일의 교회회의들은 순례 관행에 따른 폐습들을 주목하고서 그것을 방지하기 위해 노력했다.[54]

영국의 순례자들은 로마와 예루살렘, 자기 나라의 성소들을 여행하는 것으로 만족하지 않고 스페인 콤포스텔라의 성 야고보의 무덤으로도 발길을 옮겼다. 1456년에 위는 순례자들을 태운 7척의 선박을 이끌고 스페인으로 갔다. 영국의 유명 성소들은 베리의 성 에드먼드 성당, 엘라이의 성 에설레드 성당, 복슬리의 거룩한 두건, 헤일스의 거룩한 피, 그리고 무엇보다도 캔터베리에 있는 토머스 아 베켓의 무덤과 월싱엄에 있는 성모상이었다. 월싱엄 가는 길은 너무나 붐빈 까닭에, 하나님께서 섭리로써 그곳 위의 하늘에 은하수를 놓으시어 그곳을 직접 비추게 하심으로써 경건한 무리를 그 거룩한 지점으로 안내하도록 하셨다는 말이 나돌았다. 이 두 성소에는 평민들은 물론이고 왕들과 왕비들을 포함한 순례자들의 발길이 끊이지 않았다. 에라스무스가 「대화록」에 해놓은 묘사는 앞에서 언급한 바 있다. 그는 월싱엄에 갔다가 그곳에서 보석들과 금은 장신구늘로 화려하게 치장하고 촛불들을 켜둔 마리아의 성소를 구경했다. 그곳에는 순례자가 몸을 굽혀야만 지나갈 수 있는 쪽문이 있었는데, 과거에 무장을 갖추고 말을 탄

---

53) Bezold, 105 sq., Janssen, I. 748.

54) Janssen(I. 748-750)은 독일에서 일어난 순례 열풍의 원인을 여행에 대한 욕구에서 찾는다.

기사가 성모의 도움으로 그 쪽문을 지나감으로써 적의 추격을 피할 수 있었다는 이야기가 쪽문과 관련하여 전해져 내려왔다. 그 성소에 전시된 성모의 응고된 젖을 그 냉정한 학자는 소상하게 묘사해 놓았다. 그것이 진짜인지 어떻게 믿을 수 있느냐고 묻자, 안내인은 벽에 높이 걸려 있는 보증서를 가리켰다. 월싱엄은 베드로의 손가락 중간 마디를 보유하는 행운까지 누렸다.

캔터베리에서 에라스무스와 콜릿은 베켓이 단검으로 치명적 부상을 입은 지점에 은 상자로 덮어 전시한 베켓의 두개골을 구경했는데, 그것을 본 콜릿은 토머스가 생시에 가난한 사람들을 선대했다고 말하면서, 그가 지금 하늘에 있다면 자기 무덤에 쌓아둔 보물들을 가난한 사람들에게 나눠주면 좋아하지 않겠는가 하고 말했다. 그들을 안내하던 수사가 궤짝을 열어 그 대주교가 생시에 코를 풀 때 사용하던 헝겊을 건네주자, 콜릿은 그것을 손가락으로 잠깐 받아들고는 혐오스럽다는 표정으로 던져 버렸다. 토머스 아 켐피스는 순례를 구실로 나들이를 자주 하는 사람들 가운데 성실한 신자를 찾아보기 어렵다고 말했다. 독일의 어느 참회 규정서에는 "슬프게도 올바른 동기를 가지고 순례에 나서는 사람을 찾아보기 힘들다"고 적혀 있다. 에라스무스와 콜릿이 캔터베리를 방문한 지 25년 뒤에 월싱엄의 참사회원들이 성유물을 위조한 혐의로 왕명에 의해 첼시아로 끌려가 화형을 당하고, 성 토머스의 무덤이 약탈된 뒤 파괴되는 일이 발생했다.

성인들은 계속해서 높은 인기를 얻었다. 성인들이 저마다 역할을 할당받았다고 에라스무스는 조롱하듯 말했다. 이가 아플 때, 순산을 바랄 때, 먼 여행길에 안전을 빌 때, 농장의 가축들의 보호를 바랄 때 기도하는 성인이 각각 따로 있었다. 사람들은 아침마다 성 크리스토퍼에게 그날 하루 중에 죽음을 당하는 일이 없게 보호해달라고 기도했고, 성 로셰에게는 전염병을 막아달라고, 성 조지와 성 바바라에게는 원수의 손아귀에 들어가지 않도록 해달라고 기도했다. 에라스무스는 아마도 이 전설상의 성인들이 베드로와 바울, 아마도 그리스도보다도 기도를 더 많이 받을 것이라고 말했다.[55] 성 토머스 모어는 성인 숭배를 변호한 글에서 "그리스도의 교회의 관습에 대해서 짖어대는 이단들의 광기"에 놀라움을 표시했다.

로마에서 성유물이 어떤 정도로 숭배되었는가 하는 것은 성 안드레의 머리가

<hr />

55) *Praise of Folly*, pp. 85, 96, and *Enchiridion*, XII., p. 135.

운반되어 올 때 르네상스 교황 피우스 2세가 성대한 의식을 갖추어 영접한 일이 잘 말해준다. 독일에서는 제후들이 고위성직자들과 협력하여 기적의 효험이 있고 거의 무한대에 가까운 면죄부의 혜택이 보장된 성인들의 유골과 그 밖의 대상들을 수집하는 데 열을 올렸다. 15세기에 독일에서는, 초서(Chaucer) 당시의 영국에서와 마찬가지로 탁발수사들이 발람이 탔던 나귀의 뼈에서부터 시작하여 예수께서 태어나신 외양간의 밀짚과 성 미가엘의 날개에서 빠진 깃털에 이르기까지 이런 유의 물품들을 구하여 판매했다. 뉘른베르크의 니콜라우스 무펠(Nicolas Muffel)은 33년간 불철주야 찾아다녔는데도 성유물을 308점밖에 구하지 못했다고 한숨을 쉬며 말했다. 불행하게도 이렇게 애써 구한 성유물들이 그를 도둑질의 죄와 교수대의 형벌에서 구해주지 못했다. 빈에서는 노아의 방주 조각, 겟세마네에서 흘리신 땀방울, 동방박사들이 선물한 유향 같은 희귀한 물품들이 전시되었다. 마인츠 대주교 알브레히트(Albrecht)는 그 도시가 무려 8,133점의 성유물과 성인들의 온전한 시신 42구를 확보하는 데 이바지했다. 할레에 보관된 성유물들 가운데는 그리스도가 무덤에서 베푸신 성체(聖體, 그리스도의 살)와, 꽉 찬 젖병을 목에 건 성모상, 가나의 혼인 잔치에 사용된 단지들, 예수께서 만드신 포도주, 그리고 히브리인들이 광야에서 먹은 만나, 하나님께서 아담을 만드실 때 사용하신, 다마섹 들판에서 가져온 흙이 포함되어 있었다.

작센의 선제후 지혜자 프리드리히도 다른 제후들 못지않게 많은 양의 성유물을 수집했다. 그가 보유한 성유물들의 풍성한 목록을 당시 예술학부 신임 교수이던 안드레아스 마인하르트(Andreas Meinhard)가 기록으로 남겼다. 그 교수는 1507년에 비텐베르크에 부임했을 때 그 대학교에 입학하려고 하던 라인하르트(Reinhard)라는 미숙한 학생을 만났다. 선제후는 예루살렘을 순례하는 기회를 이용하여 무려 5,005점이나 되는 성유물을 확보했다. 그 성유물들을 성(城) 부속 교회에 일년이 넘도록 전시했는데, 마인하르트와 라인하르트는 경이로운 눈으로 조금도 의심을 하지 않은 채 그것들을 구경했다. 물품들 가운데는 가시면류관에서 떨어진 가시, 사도 요한의 겉옷, 성모의 젖, 골고다 산의 흙, 최후의 만찬이 거행된 식탁의 조각, 그리스도께서 예루살렘을 바라보며 우실 때 서 계셨던, 그리고 승천하시기 전에 서 계셨던 바위들의 조각들, 무고히 죽은 베들레헴의 아기 시신 한 구, "지극히 복된 할머니" 성 안나의 손가락 한 개, 아론과 모세의 지팡이 조각, 마리아의 허리띠 일부분과 베들레헴 외양간에서 가져온 밀짚 몇 가닥이 있었다. 이렇게 많고 다양한 성유물들을 구경한 마인하르트가, 만약 선조들이 다시 살아나서 그 유물들을 볼 수 있다면 로마 자체가 비텐베르크로 옮겨온 것이 아닌가 착각할 것이라고 말한 것이 조금도 무리가 아니었다. 이 성유물들 하나하나는 그것을 숭배하는 자에게 백일간의 면죄를 부여하는 가치가 있었다. 이 물품들을 수집한 프리드리히와 그것들을 숭배한 민중의 맹신(盲信)은 루터가 과연 어떤 분위기에서 자라났으며, 당대에 깊이 뿌리박은 신념을 공격하는 데 어떠한 대가를 치러야 했는지 가늠하게 한다.

당대 사람들이 **성모**에게 바친 종교적 존경은 스콜라 학자들의 시대를 넘어서지 못했고, 그녀에게 바친 과람된 칭호들도 알베르투스 마그누스와 보나벤투라의 저서들에 실린 것들에 비하면 빛을 잃는다. 사람들은 마리아의 아들보다 마리아에게 간구하는 것을 더 편하게 여겼다. 「영혼의 낙원」(*Horticulus animae*)은 날마다 아베 마리아를 습관처럼 읊조리던 사제의 이야기를 전하는데, 한번은 주님께서 그에게 나타나셔서 말씀하시기를, 주의 모친이 그의 기도에 크게 만족하여 그를 사랑하지만 기도는 그리스도인 자신에게 드려야 한다는 사실을 잊지 말라고 하셨다. 「하늘로 가는 마차」(*Heavenly Wagon*)는 죄인들에게 충만한 자비와 용서가 있는 성모의 품으로 피하라고 권고했다. 에라스무스는 매사에 마리아에게 기도하는 마리아의 맹목적 숭배자들이 어머니를 아들에 앞세우는 것이 인간의 도리라고 생각했다고 말했다.[56] 1456년에 교황 칼릭스투스 3세는 아베 마리아 기도문이 터키의 공격을 막는 데 효험이 있다고 권장했다. 영국의 신앙 입문서(Prymers)에는 다음과 같은 기도가 실려 있다:

> 동정녀 마리아, 당신은 복되시나이다. 당신은 세상을 지으신 주재를 낳으셨나이다. 당신은 당신을 지으신 분을 낳으셨으며, 당신은 영원토록 동정녀로 거하시나이다. 하나님께 감사드리나이다.
>
> 바다의 별이요, 언제나 처녀요, 하늘 나라의 복된 문이신 거룩한 어머니 신을 찬양하라.[57]

---

56) *Praise of Folly*, p. 85.
57) 참조. Maskell, III. 63.

마리아가 잉태될 때부터 원죄가 없었다는 극단적 형태의 무원죄 잉태설 교리는 바젤 공의회가 결의했으나 이 결의가 범교회적 권위를 유지하지는 못했다. 식스투스 4세는 1477년과 1483년에 교황청이 그 주제에 관해 공포한 바 없으므로 그 교리가 여전히 쟁점으로 남아 있다고 주장했다. 그러나 1497년에 파리 대학교는 분명한 언어로 그 교리를 옹호하고 교수들과 학생들에게 그 교리에 의무적으로 서명하도록 했다. 에라스무스는 스콜라 학자들의 난해한 이론을 사도들의 가르침과 비교하면서, 전자가 무원죄 잉태의 주제를 가지고 뜨겁게 논쟁을 한 것과 달리 마리아를 잘 알았던 사도들은 그녀가 원죄에서 자유로웠음을 입증하려는 시도를 하지 않았다고 주장했다.[58]

마리아뿐 아니라 마리아의 어머니로 알려진 안나도 숭배의 대상이었다. 마리아의 부모가 안나와 요아킴이었다는 전승은 외경들인 야고보 복음서(the Gospel of James)와 유년 예수의 복음서(the Gospel of the Infancy)에서 유래했다. 제롬과 아우구스티누스는 그 전승에 의심을 표시했으며, 그 부부가 베들레헴에서 결혼하고 나사렛에서 살았고, 마리아가 태어날 때 천사가 미리 그 사실을 고지했으며, 요아킴이 죽은 뒤 안나가 재혼과 삼혼을 했다는 전승도 곧이곧대로 받아들이지 않았다. 십자군 원정에 참전했던 사람들이 마리아의 성유물들을 서유럽으로 가지고 돌아오면서 마리아의 권위가 점차 인정을 받았고, 그녀에 대한 숭배가 급속히 확산되었다. 알렉산더 6세는 열렬한 마리아 숭배자였다. 그녀를 기념하여 교회들과 병원들이 건립되었다. 트리테미우스(Trithemius)는 마리아를 예찬하는 책을 썼고, 알브레히트 뒤러(Albrecht Dürer) 같은 미술가들은 캔버스에 마리아를 묘사했다. 출산을 앞둔 여성들과 구리광산 광부들이 마리아를 수호성인으로 숭배했다. 루터도 초기에는 열렬한 마리아 숭배자였다. 마인츠의 알브레히트와 지혜자 프리드리히 모두 자신들이 모은 많은 양의 성유물들 가운데 마리아의 손가락 하나씩을 보유하는 행운을 누렸다.[59]

---

58) Mansi, XXIX. 183.

59) 성 안나의 축일은 1584년에 그레고리우스 13세가 7월 26일로 확정했다. 아메리카 대륙에는 퀘벡 주 세인트 로렌스 강변의 보 프레에 성 안나에게 봉헌된 대규모 성당이 있다. 이 교회당에는 수호성인의 손가락 하나가 안치되어 있다. 북아메리카의 가톨릭 성당들 가운데 캐나다의 이 성당만큼 기적 치유로 명성을 얻은 곳이 없다.

종교시를 성인에게 바쳐진 숭배의 정도를 가늠하는 잣대로 삼는다면, 성모 마리아야말로 중세 후반의 몇 세기 동안 가장 많은 사람들이 숭배하며 도움을 구한 대상이었다. 블루메(Blume)와 드레베스(Dreves)가 발행한 거의 8,000쪽이 넘는 「찬송집」(*Analecta hymnica*)은 찬송가와 부속가(sequence, 특별한 축일 미사 때 복음서 낭독 전에 부르는 성가: 역자주) 작가들이 하나님과 마리아, 성인들에게 바친 관심의 양을 판단할 수 있는 재료를 제공한다. 336곡의 찬송가를 수록하는 제42번(Number XLII)은 그리스도에게 37곡, 마리아에게 110곡, 다른 성인들에게 189곡을 바친다. 제46번은 102곡을 마리아에게 바친다. 이 숫자는 무작위로 추출한 것이다. 다음은 마리아의 덕과 그녀의 중보기도의 효험을 찬미하는 무수히 많은 찬송들 가운데 앞 부분에 실린 가사들이다.

> 만물을 다스리시는 분을 다스리시는
> 아름다운 분이시여.[60]

> 오소서, 신성의 내실이시며
> 동정녀들의 동정녀이신 마리아,
> 우리의 위로자여.[61]

> 지극히 높은 이의 어머니이시고,
> 양떼들의 양어머니이시며,
> 우리가 죽을 때에
> 가장 힘있게 대언해 주시는 분이시여.[62]

안나도 중세 말과 16세기의 찬송에서 큰 부분을 차지한다.[63] 그에게 바쳐진 찬송들 가운데 두 점의 첫 가사를 소개한다:

---

60) Blume and Dreves, XLII. 115.

61) XLV. 117.

62) XLV. 118.

63) Blume and Dreves 모음 가운데 XLII은 10편, XLIII은 9편, XLIV은 8편이 안나에게 바치는 찬송이다.

예수의 귀한 모친의 아버지 요아킴과

그녀의 어머니 안나,

의롭고 귀하게 태어나신 분들.[64]

기뻐하라 어머니 안나여,

기뻐하라 거룩한 어머니여,

그대가 하나님의 조모가 되었느니라.[65]

영국에서는 16세기 이전에는 찬송이 거의 발달하지 않은 듯하다. 앤 볼린 (Anne Boleyn) 시절에 시편 찬송이 새롭게 도입되어 궁정에서 큰 인기를 끌었다. 훗날 엘리자베스 시대에 거리에서 그랬듯이. 독일어와 프랑스어, 네덜란드어로 지은 무수히 많은 찬송들은 민중을 위한 것이 아니라 수도원의 기도 시간에 쓰기 위한 것이었다. 하지만 찬송 부르기가 순례와 행렬, 그리고 교회당에서 폭넓게 시행되었으며, 바젤 공의회는 제21차 회기에서 자국어 찬송 때문에 공예배가 중단되는 현상을 비판했다. 민중의 종교 음악을 선도한 나라는 독일이었다. 1470-1520년에 거의 100곡에 이르는 찬송들이 독일 인쇄소들에서 출판되었으며, 그 중 많은 수가 창작곡들이었다. 처음부터 끝까지 독일어로 된 찬송들도 있었고, 라틴어와 독일어가 혼용된 찬송들도 있었다. 중세가 끝나가면서 찬송의 수가 증가했다. 종교개혁은 회중 찬송을 확립하고 회중 찬송가를 내놓았다.

지금까지 소개한 기독교 예배와 교육의 부가물들과 요소들이 교회의 일상적 의식, 그 의식의 중심에 해당하는 미사, 그리고 고해와 설교에 덧붙었다. 그 시대는 종교적이긴 했으나 회의가 갈수록 증가했다. 15세기의 어느 저자는 영국에 관해서 이렇게 말한다:

많은 사람들이 종교에 관해 다양한 견해를 지니고 있다 …… 그러나 그들 모두가 날마다 미사에 참석하고 공개적으로 파테르 노스테르(식주기도)를 외우며, 여성들은 긴 로자리오(묵주)를 쥐고 다니며, 글을 아는 사람은 누구나 성모 기도서를 휴대한

64) XLII. 154.

65) XLIII. 78.

채 교회에서 종교적인 방식으로 낮은 음성으로 기도를 암송한다. 그들은 주일마다 소교구 교회에 나가 미사에 참여하고, 연보를 내며, 정상적인 신자로서 수행해야 할 의무를 하나도 빠뜨리지 않는다.[66]

좀 더 지적인 경건의 시대가 다가오고 있었다. 하지만 그 시대는 인간의 권위에 순순히 복종하는 시대가 아니었다.

79. 구제 활동

기독교 신앙의 본질에 해당하는 구제가 중세 말기에 왕성하게 시행되었다. 루터는 당대 사람들에게 선행을 격려하기 위해서 "교황이 다스리던 과거에는 모든 사람이 자비롭고 친절했습니다. 그때에는 연보와 유증과 자선 시설들이 풍성하게 쌓였습니다" 하고 강조했다.[67] 가난한 자들과 병자들을 보살피기 위한 시설들이 세워졌고, 대학들과 장학 기금이 기부되었으며, 냉혹한 고리대금업자들의 횡포를 막기 위한 조치들이 취해졌다.

오늘날과 같은 공중 위생을 통한 질병 퇴치 개념이 중세 자치 도시들에는 없었다. 유럽의 인구가 오늘날의 1/10도 되지 않았는데도 질병이 두려울 정도로 만연했다. 유럽에 돌았던 전염병들 가운데 흑사병처럼 무서운 것이 없었는데, 영국에서조차 1406년, 1439년, 1464년, 1477년에 그 전염병이 재발했다. 대 기근이라 불린 1438년의 기근이 있은 다음 해에는 대 염병(Pestilence sans mersi라고도 불림)이 발생했다. 「크로이랜드 연대기」(Chronicle of Croyland)에 따르면 무수히 많은 인명이 "도살되는 양들처럼 죽어갔다"고 한다. 1485년에 발생한 땀을 많이 흘리게 하는 질병이 1499년과 1504년에 다시 유행했다. 그 병이 처음 돌았을 때 런던에서 20,000명이 죽었고, 1504년에는 그 도시의 시장도 희생되었다. 이 병은 온 몸에 순식간에 퍼져서 오한에 떨게 하다가 피부가 온통 붉어지면서 심한 갈증을 일으켜 물을 과도하게 마시게 한다. 물을 많이 마신 뒤에는 온 몸에

---

66) *Italian Relation of Engl.*, Camden Soc. ed., p. 23.
67) Uhlhorn, p. 439에 인용.

서 땀이 비오듯 흐른다.

병자들과 빈민들의 구제는 수도원들과 길드들, 형제회들, 그리고 개인적 후원과 국가의 모금을 통해서 이루어졌다. 영국에서는 빈민 구제를 교회의 주된 기능의 하나로 여겼다. 1342년에 대주교 스트랫퍼드(Stratford)는 십일조의 일정 비율을 빈민 구제에 할당하도록 지시했다. 빈민을 방치하는 행위가 외국에서 부임한 성직자의 심각한 직무 유기로 취급되었다.

영국에서는 소액의 금액이나 작은 구호품을 빈민들에게 나눠주는 것이 구제의 일반적 방식이었는데, 이것이 종종 큰 규모로 시행되었다. 곤트의 공작이 죽었을 때 그의 시신을 40일 동안 매장하지 않은 채 날마다 50마르크를 가난한 사람들에게 나눠준 결과 40일째 되는 날에는 총액이 500마르크가 되었다. 주교 스커랜드(Skirland)는 자신이 죽을 때부터 매장될 때까지 200마르크를 나눠주기를 원했다. 요크의 포목 상인은 가난한 사람들에게 침대 100개를 나눠주라는 유언을 남겼다. 어떤 의류업자는 자신의 관 주위를 8일간 지켜주는 조건으로 13명의 빈민에게 자신의 정장 한 벌을 주는 구제 아닌 구제를 했다. 소롤드 로저스(Thorold Rogers)는 나그네들에게 빵과 맥주를 나눠주는 집들과, 병자들 특히 문둥병 환자들을 보살피고 의복과 음식을 제공하는 집들이 있었다고 말한다. 오늘날까지 남아 있는 병원들 가운데 한 곳은 가난한 노인들을 보살피는 윈체스터의 세인트 크로스 병원이다. 토마스 아 켐피스의 전기를 쓴 공동생활 형제회의 평수사인 요리사 케텔(Ketel)은 데벤테르 수도원에 소장된 모든 서적을 팔아 가난한 사람들을 구제하는 것이 더 낫겠다고 말했다.

이 책에서 우리가 다뤄온 시기의 전반부에는 병원들이 튜턴 기사회 기사들의 각별한 관심의 대상이었으며, 그 이후로도 베긴회의 집중적인 사역 대상이 되었다. 쾰른·프랑크푸르트·트리어·울름 같은 독일의 도시들에서는 베긴회 수녀들이 개인 가정들로 파견되어 수고비를 받고 간호사 역할을 수행하는 것이 관습이 되었다. 브뤼헤·헨트·앤트워프 등 벨기에와 네덜란드 도시들의 베긴회 수녀원들은 이 시기에 설립되었다. 15세기에는 시립 병원들이 증가했는데, 이것은 북유럽에서 발달한 시민(civic) 정신의 산물이었다. 쾰른·뤼벡·아우크스부르크 같은 도시들에는 병원이 여러 개 있었다. 파리의 디외 병원(Hotel de Dieu)은 1505년까지 시의 통제를 받지 않았다. 경우에 따라서는 설립자의 요청에 따라서 주기도문과 사도신경, 아베 마리아를 외울 수 있는 것이 입원 허가 조건이 되기도 했는데, 아우크스부르크의 성 안토니우스 병원이 대표적인 경우였다. 이 경우에는 설립자가 병원 운영비를 부담하는 조건으로 환자들에게 입원할 때 주기도문 백 번, 아베 마리아 백 번을 외우고, 날마다 두 기도를 각각 15번씩 함께 외울 것을 요구했다. 1450년에 뢰벤의 다미안과 그의 아내는 쾰른에 병원을 기증하면서 "쾰른 주민이든 타지방 사람이든 가장 가난하고 가장 병든 사람을 받아들이도록" 규정했다.

로마에도 병원이 여러 개 있었다. 1216년에 추기경 요한 콜로나가 라테란 궁에 설립한 병원이 아직까지 남아 있다. 파스토르는 「교황들의 역사」(*History of the Popes*, III. 51)에서 이탈리아의 여러 국가들에 있던 병원들과 그 밖의 자선 기관들의 목록을 제시하면서, 이것이 기독교의 능력을 보여주는 증거였다고 올바로 강조했다. 영국의 길드들은 우선은 경제적·산업적 목적으로 조직되었지만, 조직 내의 병들고 가난한 회원들에게 구제를 보장해 주었다. 요크의 코퍼스 크리스티(Corpus Christi) 길드는 가난한 회원들을 위해 병상 8개를 마련하고, 환자들을 돌볼 여성을 연간 14실링 4펜스에 고용했다. 비벌리의 세인트 헬레나 길드는 항상 3~4명의 가난한 사람들을 보살펴 주었다.[68]

중세 말엽에는 나환자들의 수가 감소했으나, 그들을 수용할 병원들은 훨씬 크게 증가했다. 이러한 병원들을 가리켜 한때 그 병을 앓았던 것으로 알려진 나사로의 이름을 따서 나사로 병원들(the lazarettos)이라 불렀다. 영국에서는 일찍부터 란프랑쿠스와 헨리 1세의 아내 마틸다가 세인트 자일스에, 왕 스티븐이 레스터셔의 버튼에, 왕 존의 재위 때까지 다른 사람들이 나환자를 위한 병원들을 설립했다. 아시시의 프란체스코도 그랬지만 링컨의 성 휴(Hugh)도 나환자들을 위해 봉사한 일로 유명하다. 하지만 그 질병이 14세기에 영국에서 소멸한 듯하며,

---

68) 1409년에는 발렌시아에 정신 장애자 보호소가 설립되었다. Lecky, *Hist. of Europ. Morals*, II. 94 sq. 옥스퍼드와 케임브리지에 격리 병원들이 있었고, 북아메리카의 대학교들도 특수 병원들을 자체 운영하는 경우가 많았다. 16세기에 활동한 Thomas Platter는 브레슬라우에 그러한 병원이 있었다고 말한다. 그 도시는 환자 일인당 16heller를 책정하여 지불했다. 하지만 이런 시설들은 청결도에서 오늘날 병원들에 크게 미치지 못했다. Platter는 브레슬라우 병원에 대해서 다음과 같이 말한다 (*Monroe's Life*, p. 103 sq.): "이 병원은 매우 친절하고 침상들도 좋지만 해충들이 들끓는 까닭에 나와 다른 사람들은 침상보다 차라리 바닥에 내려가 잤다."

나환자들을 위해 설립된 병원들의 병상을 채우기가 어려웠다. 1434년에 더럼 시 당국은 "혹시 그 지역에서 나환자가 발견될 것을 대비하여" 그 도시의 대규모 나환자 병원에 병상 2개를 준비해두라는 지시를 내렸다. 원래 그 병원에는 나환 자를 위한 병상이 60개가 있었다. 독일에는 16세기 말까지도 여전히 나환자들이 있었다. 토마스 플라터(Thomas Platter)는 "우리가 뮌헨에 도착했을 때는 너무 늦어 성문이 닫혀 있었던 까닭에 하는 수 없이 나환자 요양원에서 하룻밤을 지 내야 했다"고 썼다.[69]

구걸은 오늘날 유럽 남부에서 여전히 기승을 부리고 있지만, 당시의 영국과 독일에서도 여간 골칫거리가 아니었다. 구걸을 수치로 생각하지 않았다. 탁발수 사들이 구걸로 남에게 폐를 끼치는 행위에 종교의 신성한 권위를 부여했다. 순 례자들과 학생들도 구걸할 수 있는 권한이 있었다. 세바스찬 브란트(Sebastian Brant)는 부대를 들고 돌아다니면서 사과·자두·계란·생선·닭·육류·버 터·치즈 등을 마치 바닥에 구멍이라도 난 듯이 무한정 닥치는 대로 담아가던 여러 부류의 종교적 걸인들을 열거했다.

독일에서는 도시들이 구걸의 권한을 부여했다.[70] 브란트가 조소한 탁발(托鉢) 관행에 대해서 스트라스부르의 가일러는 도시 당국에 대해서 규제하거나 금지 하라고 요구했다. 영국에서는 탁발이 교회법으로 승인된 직업이었다.

수도원에 대한 기부가 쇠퇴하고 임금이 감소하면서 극빈자들과 유랑자들이 증가했다. 우리가 다루는 시기의 말엽에 해당하는 1495년과 1504년에 영국의 노 동자 법률은 노동 능력이 없는 걸인들에게 아무런 구애 없이 구걸을 할 수 있는 자기들의 마을로 돌아가라고 명령했다.[71]

유럽에서 가장 부유한 나라이던 독일에 교회 건물들이 우후죽순처럼 건립될 당시에 영국의 많은 교회당들은 어려운 경제 형편 때문에 사실상 흉가가 되도록 방지되거나 양 우리나 마구간으로 개조되었는데, 이런 현상에 대해서는 토머스 모어 경뿐 아니라 다른 여러 저자들이 언급한다. 광활한 토지를 양들의 방목장

---

69) Monroe, *Thos. Platter*, p. 107.

70) Uhlhorn, pp. 433, 456.. 1442년에 빈에서도 그러한 면허가 발행되었다. 권츠부 르크의 Eberlin은 독일 사람들이 15명당 14명이 놀고 지낸다고까지 말한다.

71) Stubbs, ch. XXI; *Social Engl*, II. 548-550. Cunningham, p. 478 sq.; Rogers, pp. 416-419.

으로 만들어 버린 귀족들과 대수도원장들의 횡포가 노동자들에게 일자리를 앗아가고 헤아릴 수 없이 많은 사람들에게 사회적 고통을 안겨주었다. 반면에 의회는 1463년과 1482년의 법률들과 같이 농부들과 노동자들에게 의류비를 제한하는 의류법을 자주 통과시켰다. 15세기에 제정된 노동자들에 관한 다양한 법률들은 하루 벌어 하루 먹고사는 계층들에게 더욱 심한 좌절과 가난을 안겨주는 결과를 초래했다.

교회회의들의 거듭된 엄한 규율들에도 불구하고 고리대금업이 유대인들뿐 아니라 그리스도인들에 의해서도 시행되었다. 13세기의 위대한 스콜라 학자들은 한결같이 고리대금이라는 주제를 다루면서 그것을 누가복음 6:34과 그 밖의 본문들을 근거로 죄악으로 규정했다. 그들은 이자를 받고 돈을 빌려주는 행위가 이웃 사랑에 관한 율법과 공정에 관한 본능에 위배된다고 주장했다. 돈이란 사용할수록 늘어나는 게 아니라 오히려 무게와 가치가 줄어들기 때문에 이자를 받는 것이 공평에 어긋난다는 것이었다. 고리대금은 대죄에 해당하는 탐욕의 한 종류라고 했다.[72] 중세 공의회들은 그리스도인들이 그 행위를 할 때 그것을 대죄로 다루었으며, 비엔 에큐메니컬 공의회는 그것에 반대하는 견해를 이단으로 단죄했다. 스트라스부르의 가일러가 고리대금업을 어떤 상황에서든 죄악이라고 규정한 것은 교회의 공식 견해를 해설한 것이었다. 그리스도인이 원금 이외의 금액을 받는 것은 옳지 못한 행위라고 했다. 그리고 돈 대신에 돼지나 다른 물품을 요구하는 것도 그는 단죄했다.

유대인들이 부과하던 이율은 터무니없이 높았다. 그들은 1430년에 피렌체에서 20%, 1488년에는 32.5%를 부과했다. 북유럽에서는 훨씬 더 고율의 이자를 부과하여 43$\frac{1}{3}$%, 80%, 심지어는 100%를 부과했다. 자치 도시들이 유대인들에게 돈을 차용했다. 성직자들과 수도원들과 교회들은 예배용 집기들을 담보로 제공했다. 고리대금의 폐해가 심각한 수위에 이르자 독일과 스위스의 도시들이 하나둘씩 유대인들을 추방했는데, 1435년에 슈파이어와 취리히, 1490년에 제네바, 1498-1500년에 뉘른베르크와 울름, 뇌르틀링겐이 유대인 추방에 나섰다. 15세기 후반의 대규모 은행가 가문들의 활동 내력을 살펴보면 세속 군주들뿐 아니라 교황들과 고위성직자들이 대출에 얼마나 크게 의존했는지를 잘 알 수 있다.

---

72) Thos. Aquinas, *Summa*, II. 2, p. 78.

중세 마지막 세기에는 빈민 구제를 위해서 부득이 대출의 방식을 사용할 수밖에 없었는데, 그런 기금을 몬테스 피에타티스(montes pietatis, 자선 기금)라고 불렀다.[73] 말하자면 구제를 위한 대출 기금이었다. 이러한 발상이 이탈리아에 폭넓게 받아들여졌던 바, 1462년에 페루자에서 최초로 그러한 제도가 시행되었고, 1463년에는 오르비에토에서 시행되었다. 여러 도시의 시의회들이 기부의 방식으로 그 기금에 보탰는데, 일례로 페루자 시의회는 3,000길더를 기부했다. 그러나 페루자 시는 기부금만으로는 목표 액수를 조달할 수 없게 되자 피우스 2세의 재가를 받아 유대인들에게 과태료를 부과하여 1,200길더의 금액을 모았다. 주교들이 기금을 내놓은 경우들도 있었는데, 예를 들어 1473년에 피스토야 시에서는 주교 도나토 데 메디치(Donato de' Medici)가 3,000길더를 내놓았다. 루카에서는 유대인들과 손잡고 장사하여 부를 쌓은 상인이 금 40,000길더라는 거액을 쾌척했다. 구비오에서는 그 목적으로 1할의 상속세를 부과하는 법을 시행했으며, 상속세 체납자에게는 벌금으로 1할을 더 납부하게 했다.

교황들은 구제 기금을 재가하고 기부자들에게 면죄를 부여하는 방식으로 새로운 구제 방식에 따뜻한 관심을 나타냈다. 1463-1515년에 피우스 2세와 식스투스 4세, 인노켄티우스 8세, 알렉산더 6세, 율리우스 2세, 레오 10세 같은 교황들이 그러한 기금을 재가한 문서가 16가지나 남아 있다. 1486년에 인노켄티우스 8세는 만투아 시의 기금을 재가하면서, 설교자들에게 그 기금에 동참하는 설교를 하도록 지시하고, 기부자들에게는 10년간의 완전 면죄를 약속하고, 그 계획에 반대하는 자들에 대해서는 파문을 경고했다. 식스투스 4세는 1479년에 자기 고향인 사보나 시에게 구제 기금 설치를 권장하면서, 그 뜻있는 사업이 다만 빈민들을 도울 뿐 아니라 재산을 저당잡혀 곤란한 처지에 있는 부자들에게도 도움이 될 것이라고 설명했다. 그는 100길더 이상을 내는 사람들에게 완전 면죄를 약속했다. 1490년에 사보나 시의 기금은 22,000길더에 달했으며, 대출 기금의 규모가 100다카트로 올라갔다.

구제 기금의 운용 책임은 성직자들과 평신도들로 구성된 위원회가 맡았는데, 위원들은 대개 시의회가 선정했다. 회계 보고는 매달 이루어졌다. 페루자의 경

---

73) 그런 기금에는 그 밖에도 montes Christi, monte della carit, mare di piet라는 이름들이 붙었다.

우 1463년에 대출금 이율이 12%, 일년 뒤에는 8%로 감소했다. 밀라노에서는 1488년에 10%에서 5%로 감소했다. 파두아·비첸차·피사에서는 이율이 5%로 고정되었으며, 피렌체에서는 4%로 고정되었다. 구제 기금의 대출은 담보를 근거로 이루어졌다. 이러한 기금들이 빈민 구제에 큰 효과를 끼쳤다는 것은 부인할 수 없는 사실이며, 15세기가 끝나기 전에 이탈리아의 대출금 이율이 40%에서 4내지 10%로 크게 감소한 것도 구제 기금 덕분이었다. 하지만 구제 기금은 많은 반대에 부닥쳤으며, 고리대금업을 규제한 전통적 법률을 저촉했다는 비난을 받았다.

이 운동을 진척시키는 데 가장 크게 이바지한 집단은 프란체스코회였으며, 가장 크게 주창한 사람은 프란체스코회 수사 베르나르디노 다 펠트레(Bernardino da Feltre, 1439-1494)였다. 이 유명한 대중 웅변가는 이탈리아 북부의 모든 도시들 — 만투아·피렌체·파르마·파두아·밀라노·루카·베로나·브레시아 — 을 두루 방문했다. 그는 가는 곳마다 성직자들과 교회법 교수들에게 반대를 당했다. 피렌체에서는 교회의 강단들에서 그 주제가 워낙 뜨거운 쟁점이 되었던 까닭에 공개 토론이 열리게 되었는데, 로렌초 데 메디치와 교회법 교수들, 성직자들이 참석한 토론회에서 대주교는 구제 기금에 반대하는 행위를 파문의 벌로써 금지했다. 반대파는 겉옷을 저당잡았을 경우 해가 지기 전에 그것을 돌려주라고 명령한 신명기 24:12 이하와, 주님께서 누가복음 6장에서 가르치신 말씀을 인용하여 이자를 받는 방식의 대출에 반대했다. 그러나 찬성하는 측은 빈민 대출 제도의 목적이 기금이나 개인들의 치부(致富)에 있지 않고 대출을 받는 빈민들에게 유익을 주는 데 있다는 논리로 반박했다. 사보나롤라는 이 제도를 옹호했다. 제5차 라테란 공의회는 이 제도를 칭찬했으며, 50년 뒤에 열린 트렌트 공의회도 같은 입장을 표명했다.

이탈리아에서 성행한 이 제도를 독일에 도입하려는 시도는 성공을 거두지 못했고, 대신에 프랑크푸르트 같은 도시들의 시의회가 은행을 설립하는 방식으로 대처했다. 영국에서도 이 제도가 뿌리를 내리지 못했다. 이 나라에서는 이자를 받고 돈을 빌려주는 행위에 대한 반감이 워낙 강렬했기 때문에 대법관 모턴(Morton)의 집요한 요구에 의회가 그것을 중벌로써 규제하는 법을 제정했으며, 헨리 7세의 재위 기간에 제정된 법률은 이자를 받고 돈을 빌려주는 행위를 형사 처벌하고, 대출자와 차입자 간의 계약을 무효로 규정했다.

당대의 형제회들이 벌인 구제 사업도 무시할 수 없었다. 놀라울 만큼 빠른 속도로 발전한 이 조직들은 기술자들의 조직인 길드와 혼동해서는 안 된다. 길드는 좋은 제품의 생산을 권장하는 한편 장인들의 독점권을 보호하는 데 뜻을 둔 조직이었다. 형제회들은 교회와 관련을 맺고 있었으며, 비록 뤼벡의 형제회 같은 일부 조직들에서는 사제들이 배제되긴 했으나, 대체로 얼마간은 사제들의 감독을 받았다. 길드와 마찬가지로 형제회도 상호 부조의 원리에 입각했으나, 어려움에 처한 사람들을 사심 없이 돕는 원칙을 강조했다. 루터는 형제회 없이는 예배당도 없다고 말한 적이 있다. 어떤 성인을 유명하게 만드는 데에는 그가 남긴 형제회를 거론하는 것만큼 확실한 방법도 없었다. 1450년까지 독일에는 거의 모든 탁발수도원들이 적어도 한 개 이상의 형제회를 두고 있었다. 도시들에 이런 조직이 여러 개 있는 경우가 드물지 않았다. 이런 조직이 비텐베르크에 21개, 뤼벡에 70개, 프랑크푸르트에 31개, 함부르크에 100개가 있었다. 독일 도시들의 유력한 시민들이라면 이런 조직 한두 개쯤에는 가입하고 지냈다. 루터는 에르푸르트에 있던 성 아우구스티누스 형제회, 성 안나 형제회, 성 카테리나 형제회에 소속되어 있었다.

형제회에 속해 있다가 죽은 사람은 뒤에 남은 사람들로부터 기도를 받는 혜택을 누렸다. 형제회는 병원들에 기부금을 냈다. 때로는 공제회가 되어서 어려운 처지에 놓인 회원들을 부조하기도 했다. 파더보른에서는 회원이 말을 잃었을 경우 모든 회원이 한두 실링씩 모아주었고, 집을 잃었을 경우 3실링씩 혹은 목재 한 짐을 갖다 주었다.

길드가 장인들뿐 아니라 도제들의 조직이 있었던 것처럼, 형제회도 형편이 넉넉한 회원들뿐 아니라 가난하고 비천한 회원들의 조직이 있었다. 나환자들조차 그런 조직을 유지했는데, 이런 조직 가운데 하나는 비스바덴의 샘에 대한 보유권을 갖고 있었다. 1454년에 칩피히에도 나환자 형제회가 조직되었다. 칩피히 형제회의 입회비는 8실링이었고, 과부들에게는 절반으로 할인해 주었다.

이탈리아의 형제회들은 자선의 목적으로 조직된 단체와 특정 성인을 숭배하기 위해 조직된 단체를 구분하기가 쉽지 않다. 이탈리아 북부의 길드들은 대체로 미사 참석과 고해, 맹세 금지 같은 종교 의무들을 강조했다. 로마의 단체들은 저마다 수호성인을 숭배했는데, 철공업자들과 금 세공업자들은 성 엘리기우스, 제분업자들은 놀라의 파울리누스, 통(중배가 불룩한) 제조업자들은 성 야고보,

여인숙 주인들은 성 블라시우스와 성 율리아누스, 석공들은 성 대 그레고리우스, 이발사들과 의사들은 성 코스마스와 성 다미아누스, 화가들은 성 누가, 약제사들은 성 라우렌티우스를 수호성인으로 모셨다. 교황들은 이런 단체들을 우대하였고 그 중 몇몇 단체에게는 대 형제회의 지위를 부여했는데, 로마의 성 구주회가 그런 지위를 얻은 최초의 단체였다. 피렌체도 종교적 형제회가 활동하기에 좋은 터전이었다. 16세기 초반에 그 도시에서 활동한 이런 성격의 단체가 73개나 되었으며, 그 중 더러는 어린이 단체들도 있었다.

현대 사회에는 그러한 단체들이 존재하지 않는다. 15세기에 발달했던 그러한 조직들과 부서들이 오늘날까지 존속하지 못했는데, 이렇게 된 데에는 그러한 단체가 있어야 할 필요가 더 이상 존재하지 않게 된 좋은 이유도 있다. 당시에는 도시들의 규모가 작아서 개인들이 사기를 당할 염려 없이 구제에 참여할 수 있었다.

80. 면죄부 판매

서방 교회의 수치스러운 모습은 교황들의 삶을 제외하면 면죄부 판매에서 가장 노골적으로 드러났다. 사죄가 돈으로 매매되었으며, 이 거룩한 특권이 서방 기독교 세계가 분열되는 단서를 제공했다. 훗날 개신교 교회들 사이에서 성찬 논쟁이 분열의 주원인이 되었듯이.

원래 면죄부(indulgence, 면제, 대사<大赦>)란 사제가 고해성사 때 요구하는 보속(補贖, satisfaction)의 일부 혹은 전부를 면제해 주는 것이었다. 이것이 오늘날 로마 가톨릭 권위자들이 제시하는 면죄부의 정의이기도 하다.[74] 13세기에는 이것이 현세와 연옥에서 죄로 인한 형벌 자체를 면제해 주는 것으로 간주되었다. 좀 더 세월이 흐른 뒤에는 적어도 광범위한 지역에서 죄의 형벌뿐 아니라 죄책까지도 면제해 주는 것으로 간주되었다. 1343년에 교황 클레멘스 6세가 정의

---

74) Paulus, J. Tetzel, p. 88과 Beringer, p. 2. Beringer는 예수회 회원으로서, 면죄부에 관한 그의 저서는 추기경회 내사원(內赦院)의 인가를 받았다. 두 저자는 면죄부가 죄책을 사해주는 게 아니고 다만 죄책이 사해진 뒤에 형벌을 면해줄 뿐이라고 주장한다.

한 바 '교회의 곳간에 저장된 공로의 기금'(thesaurus meritorum)은 그리스도의 무한한 공로와 마리아의 공로, 성인들이 남긴 잉여 공로[여공(餘功)]로 이루어진 영적 자산의 곳간으로서, 이것을 교회가 열쇠의 권세에 힘입어 사용한다고 했다. 그리스도의 보혈 한 방울이면 세계를 구원하기에 충분한데, 그런데도 그리스도는 자신의 모든 피를 흘리셨으며, 마리아는 죄 없이 공로를 남겼다고 했다. 그들이 남긴 공로들로 인하여 축적된 방대한 공로를 근거로 교회가 죄인들을 죄로 인한 형벌에서 면제할 수 있는 권한을 지닌다고 했다. '열쇠'라는 단어 자체가 그것으로만 열고 들어갈 수 있는 보고(寶庫)를 암시한다고 했다. 면죄부 부여권은 교황과 주교들이 공유했다. 면죄부 남용을 억제하려는 뜻으로 제정된 인노켄티우스 3세의 법률은 주교들이 면제할 수 있는 시한을 40일(quarantines)로 제한했다. 1903년 8월 28일에 공포된 피우스 10세의 법령에 의해서 추기경들도 비록 사제가 아닐지라도 자신들이 명의(名義)로 보유하고 있는 교회들에게 200일간 면제를 부여할 수 있게 되었고, 대주교들은 100일, 주교들은 50일간 면제를 부여할 수 있게 되었다.

식스투스 4세가 면죄부를 연옥에까지 확대하여 적용한 것은 살아 있는 자들의 기도가 연옥에 있는 영혼들에게 도움을 준다는 교리의 자연스러운 귀결이었다. 토마스 아퀴나스가 분명히 가르쳤듯이, 연옥의 영혼들은 지상의 교회의 관할권에 속해 있다고 보았다. 면죄부가 살아 있는 자들에게 효험이 있을진대, 그 효험이 교회의 관할하에 있는 중간 영역에도 확장될 수 있다고 보았다.

최초로 죽은 자들에게 면제를 부여한 식스투스의 대칙서는 1476년에 성인들의 교회에 유익을 끼치기 위한 목적으로 공포되었다. 대칙서는 교회당 건축을 위해서, 그리고 부모가 죽은 자녀들을 위해, 친구들이 죽은 친구를 위해 연옥의 고통을 덜어주기 위해서 일정액(certam pecuniam)을 납부하는 사람들에게 면제를 제공했다. 이 대칙서로 인하여 비판을 받은 식스투스는 다음 해에 발행한 대칙서에서 그러한 면제가 교황이 공로의 기금을 사용하도록 위로부터 받은 충만한 권세(plenitudo potestatis)에 근거한 행위라고 진술했다.[75]

---

75) 대칙서들의 본문에 관해서는 Lea III. 585 sqq.와 Köhler, pp. 37–40을 참조하라. 1457년에 칼릭스투스 3세가 발행한 것으로 알려진 대칙서도 죽은 자들을 위해 면죄부를 발행하는 것을 재가한다. Paulus는 이 대칙서를 정본으로 인정한다.

면제 교리는 숱한 남용과 폐습의 문을 열어놓았는데, 그것 말고도 면제 증서 곧 면죄부가 죄책과 죄의 형벌에서 모두 면제해 준다는 민간 신앙이 형성되었다. '완전 사죄'(plena 혹은 plenissima remissio peccatorum)라는 표현이 호노리우스 3세가 프란체스코회에게 '포르티운쿨라'(Portiuncula)라는 유명한 대칙서를 발행한 시점부터 교황이 서방을 확고히 장악하던 마지막 순간까지 발행된 대칙서들에서 거듭 발견된다. 중세의 면죄부와 관련하여 거의 간과되던 이 요소를 부각시킨 것은 고(故) 리 박사(Dr. Lea)의 공로였다. 파울루스(Paulus)와 베링거(Beringer) 같은 오늘날 가톨릭 권위자들은 "아 포에나 에트 쿨파"(a poena et culpa, 죄의 형벌과 죄책으로부터)라는 표현이 쓰인 사실을 부정하지 않은 채, 마음의 통회 없이 죄책을 사하는 것이 교황 대칙서의 진정한 의도가 아니었다고 주장한다.[76] 아 포에나 에트 쿨파라는 표현이 당시의 소책자들과 일반의 대화에 널리 쓰였다.[77] 팔츠의 요한은 15세기 말엽에 면제 교리를 치밀하게 옹호한 *Coelifodina*라는 책에서, 면죄부는 죄책을 사하고 형벌을 중단하는 열쇠의 권세에 힘입어 부여되는 것이라고 했다. 사도들에게 위임된 열쇠가 교회의 기금을 그 아들들에게 열어준다고 했다.

루터는 1517년에 마인츠의 알브레히트에게 쓴 글에서 사람들이 면죄부를 마치 모든 형벌과 죄책에서 면제해 주는 것처럼 받아들이는 현실을 개탄하는데, 그것은 당대에 널리 퍼져 있던 통념을 표현한 것이었다. 대륙뿐 아니라 영국에서도 그러한 유형의 면죄부들이 유행했다. 예를 들어, 레오 10세가 로마의 성령 병원을 위해 발행한 면죄부가 영국에서는 "죄책과 죄의 형벌로부터 완전 사죄를 보장하는 거룩하고 큰 면죄부"로 통용되었다.[78] 민중은 죄책과 죄의 형벌을 뚜렷

---

76) Paulus(97 sq.)와 Beringer(p. 11)는 이 표현의 의미가 '죄책의 형벌'이거나 경미한 죄들이라고 설명한다.

77) Piers Plowman, Landucci(1513), 그리고 테첼의 설교를 들은 Oldecop(1516) 같은 저자들이 대표적인 경우이다. Oldecop은 돈궤에 돈을 넣고 죄를 자백하는 사람들은 "그들의 모든 죄와 고통과 죄책으로부터 면제된다"고 말했다.

78) 참조. Maskell, *Monum. rit.*, etc., III. 372 sqq. 영국에서는 이런 면죄부들이 아마도 Wynkyn de Worde에 의해 낱장에 인쇄된 듯하다. 영국에서 그렇게 재인쇄된 어떤 면죄부는 사라센족이나 그 밖의 기독교의 원수들을 정벌하기 위한 십자군에 참여하거나 이바지하는 모든 사람들에게 율리우스 2세가 2560일의 면제를 부여한다고 고지했다.

이 구분하지 않았는데, 만약 그것을 구분했다면 죄로 인한 형벌에서 면제를 받는 것으로 만족했을 것이다. 교황의 면제에 의해 연옥에 있는 영혼이 즉각 풀려나 천국의 복락에 들어갈 수 있다면 죄책의 문제에 괘념할 필요가 없었던 것이다.

테첼이 나타나기 오래 전에 위클리프와 후스는 '형벌과 죄책으로부터'라는 문구 사용을 비판했으며, 요한 베셀도 같은 태도를 취했다. 후스는 1412년에 교황이 라디슬라우스를 토벌하기 위한 십자군 참전자들에게 발행한 면제 대칙서를 비판할 때 위클리프의 발언을 거의 그대로 사용했다. 위클리프는 헨리 드 스펜서(Henry de Spenser)의 십자군에게 완전 면제를 부여한 것에 대해서 교황의 월권이라고 격렬히 비판했다. 그는 사제들이 적절한 보속 행위가 없이는 면제를 부여할 권한이 없으며, 죄를 범한 자가 선하고 가치 있는 생활을 내놓지 않으면 교황의 면제도 아무 소용이 없다고 주장했다. 만약 교황이 무조건 죄를 사해 줄 권세가 있다면 당장 자신의 권세를 사용하여 만민의 죄를 사해 주어야 할 것이라고 했다. 영국의 그 개혁자는 더 나아가 기독교 사제에게 부여된 권세란 사죄를 선언하는 것이 전부라고 하면서, 이는 마치 구약의 제사장들이 문둥병의 유무나 그것의 치유 사실을 선포할 뿐 치료를 해줄 수는 없었던 것과 같은 이치라고 주장했다. "하늘에 영적 곳간이 있어서 교황이 마음대로 공로를 꺼내 쓸 수 있다는 교리는 근거 없는 망상일 뿐"이라고 그는 말했다.[79] 만약 교황이 그런 권세를 갖고 있다면 성인들보다, 심지어 그리스도보다 지위가 높은 셈이라고 했다. 그는 교황이 "이생과 내세에서의 고통과 죄에서 사람들을 깨끗이 씻어 줌으로써 그들이 죽을 때 고통 없이 하늘로 올라갈 수 있게 한다"는 통념을 비판하면서, "이것이야말로 소경이 소경을 인도하여 둘 다 구덩이에 빠지게 되는 일"이라고 주장했다. 돈 받고 죄를 사해줄 수 있다면 의(義)도 돈으로 매매할 수 있다는 논리가 되는 셈이라고 했다. 위클리프는 우르바누스 6세가 2,000년에 해낭하는 면제를 부여했다는 풍문을 전했다.[80]

면죄부는 에라스무스에게도 비판을 당했다. 물론 그의 비판은 한결 부드럽긴 했지만, 「우신예찬」에서 그는 "용서와 면제의 속임"에 관해서 말했다. 이 속임에

---

79) *De schis. pontif.*, Engl. Works, ed. by Arnold, III. 1262.

80) *Engl. Works*, Arnold's ed., I. 210, 354; De eccles., p. 561.

의하여 사제들이 연옥에 있는 영혼의 체류 기간을 산정하고, 지상의 사람들이 돈으로 살 수 있는 면제를 많이 사는가 적게 사는가에 따라서 체류 기간을 정하게 되었다고 그는 주장했다. 용서를 돈으로 사는 이 손쉬운 방법에 힘입어 악명 높은 강도들, 약탈을 일삼는 산적들, 뇌물을 탐하는 판사들이 부당하게 취득한 돈으로 위증과 간음과 살인과 방탕 같은 중죄를 사면받고, 밀린 부채를 청산한 뒤 인생을 새로 시작한다고 비난했다. 틴들(Tyndale)이 토머스 모어 경에게 쓴 답장에서 "사람들은 동전 세 닢이면 무서운 지옥불도 끌 수 있다"고 말한 것은 당연히 당시 사회의 통념을 반영한 것이다.[81]

중세의 마지막 교황들이 면제를 무제한 부여했지만, 현존하는 교황 문서들에는 "죄책과 형벌로부터"라는 구체적인 표현이 발견되지 않는다. 물론 그런 문서에 사용된 어떤 표현들은 어느 모로 보나 죄책의 면제를 암시하고 있음에 틀림없지만. 마찬가지로 교황의 문서들에는 참회를 은혜의 조건으로 표현한 문구들, 이를테면 "진정으로 죄를 통회하고 자백한"(vere poenitentibus et confessis) 같은 문구들도 실려 있음도 주지해야 할 것이다.

중세 마지막 세기에는 면죄부가 여러 종류의 자선 사업과 터키에 대한 십자군 원정, 성유물들과 연계한 교회당과 병원 건축, 브뤽스같이 화재로 파괴된 도시의 재건, 교량 건설, 제방 보수(카를 5세가 그 용도로 면죄부 발급을 요구한 바 있음)에 대해서 부여되었다. 면죄부 발급에는 기금 납부가 따랐으며, 그 용도로 거둔 기금 가운데 33~50%가 로마로 갔다. 하지만 면죄부 판매 사업이 펼쳐진 곳은 스위스와 오스트리아부터 노르웨이와 스웨덴에 이르는 대륙의 게르만 민족들이 사는 땅이 전부였다고 거의 확실하게 말할 수 있다. 영국과 프랑스, 스페인에서는 면죄부가 판매된 적이 없었다. 추기경 히메네스는 그러한 폐습이 교회의 기강을 문란케 한다고 주장했으며, 영국에서도 교황들이 돈을 긁어갈 때는 면죄부가 아닌 다른 구실들을 내세웠다.[82]

면죄부 판매금을 관리한 푸거 가문은 수익금 가운데 교황에게 돌아가야 할 몫

---

81) 참조. Gasquet, *Eve of the Reformation*, p. 384.

82) 그 뒤에 이어지는 구체적인 내용은 Schulte가 푸거 가문에 관해 쓴 저서에서 다룬 부분이 주된 권위를 지닌다. 이 책은 원 사료 연구에 입각한 수치들과 사실들을 훌륭하게 소개한다.

을 분명하게 밝힌다. 그 송금 수수료가 5%인 경우도 있었고, 고정된 비율로 금액을 밝히지 않은 경우도 더러 있다. 돈 버는 일이라면 어떠한 요구에도 흔쾌히 응한 그 강력한 은행가 가문은 종종 로마에서 면죄부 발급권을 확보했다. 면죄부 판매금을 관리하는 일도 대단히 중요했는데, 이 분야에서도 푸거 가문이 두드러진 활동을 벌였다. 돈궤의 열쇠를 대개 두세 집단이 나누어 관리했는데, 그 중 한 집단이 은행가들의 대표인 경우가 많았다.

독일의 교회당들을 건축하기 위해 발급된 유명한 면죄부들 가운데는 빈의 탑 건립(1514), 대화재로 훼손된 콘스탄츠 주교좌성당 개축(1511), 아우크스부르크의 도미니쿠스회 교회 건립(1514), 트리어 주교좌성당 복원(1515), 작센의 공작 게오르그가 큰 관심을 기울인 성 안나베르크 교회 건립(1517) 등을 위한 면죄부들이 있었다. 건축 명목으로 거둬들인 금액의 절반이 로마로 갔다. 위에 소개한 경우들은 대부분 푸거 가문이 돈궤의 열쇠를 보유하고 교황의 재무 부서로 돈을 보내는 일을 관장했다. 콘스탄츠 · 쿠르 · 아우크스부르크 · 스트라스부르 같은 교구들도 콘스탄츠 주교좌성당 개축을 위한 면죄부 판매가 할당된 지역들이었다. 1515년에는 트리어를 위해서 면죄부에 관한 대칙서가 적어도 네 번 공포되었는데, 그 중 한 가지는 1512년에 발견되어 7년마다 전시되던 성의(聖衣)를 관람하러 그 도시를 방문하는 사람들에게 판매되었다.[83]

면죄부 판매를 통해 기금을 확보할 권한을 부여받은 유명 병원들 가운데는 뉘른베르크 병원(1515), 스트라스부르 병원(1518), 로마의 성령 병원(1516)이 있었다.

비텐베르크의 두 교회는 모두 면죄부 판매권을 허락받았으며, 선제후 프리드리히가 수집해놓은 성유물 박물관을 위해서도 특별 면죄부가 발행되었다. 5,005점의 성유물 각각에 100일의 면제가 부여되었고, 성유물들 사이에 난 8개의 통로 칸칸에 다시 100일의 면세가 부여되었다. 할레에 보관된 성유물 8,133점과 온전한 유해 42구에 부여된 면제를 다 합치면 수백만, 수십억 일에 달했는데, 이것은 현대의 지질학적 시기들을 연상케 하는 기간이다. 좀 더 정확하게 말하자면 이 성유물들은 39,245,120년과 220일에 해당하는 면제를 족히 부여하고도 남았

---

83) 트리어 시는 십자가의 못, 베드로의 지팡이 절반, 성 헬레나의 두개골도 자랑스럽게 보관하고 있다.

으며, 좀 더 구체적으로 말하자면 '검역 정선 기간'(quarantine, 한 기간이 40일로 정해져 있었음: 역자주)으로 6,540,000기간에 해당하는 면제를 부여할 수 있었다.

로마는 교황들의 도시였으므로 쉽게 예상할 수 있는 대로 면죄부 발급량도 비오는 날 빗방울처럼 많았다. 뉘른베르크의 성유물 수집가 니콜라우스 무펠(Nicolas Muffel)에 따르면, 사도들의 두개골들이나 성 베로니카의 손수건이 전시될 때마다 그곳을 방문한 로마 주민들은 7,000일, 로마 밖에 거주하는 이탈리아인들은 10,000일, 외국인들은 14,000일의 사죄를 받았다. 교회 당국자들의 시혜의 폭이 사실상 무제한이었다. 살아 있는 자들만 면죄부를 찾은 게 아니라, 임종을 앞둔 자들도 대리인을 로마나 아시시로 보내어 자기들의 영혼이 그곳에서 면죄의 은택을 입도록 한다는 내용을 유서에 명기했다.

기도도 면죄부에 붙은 유력한 은혜의 수단이었다. 「영혼의 즐거움」(*The Soul's Joy*)이라는 참회 규정서에 따르면, 마리아에게 기도를 드리는 예배자는 11,000년의 면죄부를 받았고, 그런 약속을 한 다른 사람들은 15명의 영혼들을 연옥에서 구출하고 이생에서 많은 죄인들을 그들의 죄에서 해방시킬 수 있는 면죄부를 받았다. 알렉산더 6세의 법령들 가운데 한 가지도, 성 안나에게 세 번만 기도하면 대죄들에 대해서는 1,000년, 경미한 죄들에 대해서는 20,000년의 면제를 받는다고 되어 있었다. 「영혼의 동산」(*The Souls' Garden*)은 율리우스 2세가 부여한 면제 가운데 하나가 그 책에 기록된 대로 성모에게 기도하는 사람들에게 80,000년의 사죄를 내린다는 것이었다고 주장했다. 로마 가톨릭 저자 지베르트(Siebert)가 "중세 후반의 분위기 전체가 면죄부에 대한 열정에 함몰되었다"고 말할 수밖에 없었던 것이 조금도 이상하지 않다.[84]

1502년에 알렉산더 6세가 발행한 면죄부는 러시아 정벌을 앞두고 튜턴 기사회의 도움을 얻으려는 데 목적이 있었다. 이 면죄부는 율리우스 2세에 의해 재발행되었으며, 쾰른·트리어·마인츠·브레멘·밤베르크 같은 도시들이 대상 지역으로 공고되었다. 그 결과 거액의 판매금이 쌓였고, 그 가운데 2/3가 교황청으로 흘러 들어갔다. 이 면죄부 판매를 위한 설교가 1510년까지 계속되었으며, 이 사업에서 테첼이 중요한 역할을 수행했다.

---

84) *Reliquienverehrung*, pp. 33 sq., 60 sq.

이제는 면죄부들 가운데 가장 중요한 것 한 가지인 로마의 성 베드로 성당 건축 기금을 위한 면죄부를 언급할 차례이다. 이 사업은 율리우스 2세와 레오 10세라는 유력한 두 교황이 추진했으며, 루터의 저항을 불러일으켜 교황제의 권세가 뿌리째 흔들리는 결과를 초래했다. 기독교 건축을 대표할 만한 기념비적 작품이 면죄부 판매라는 폐습이 한창 시행되던 시기에 건축되었다는 것이 매우 역설적으로 보인다.

성 베드로 성당의 초석이 놓인 직후인 1506년 4월 18일에 율리우스 2세는 성당 건축에 기부하는 사람들에게 면죄부를 약속하는 대칙서(*fabrica*라 불림)를 발행했다. 그로부터 열여덟 달 뒤인 1507년 11월 4일에 그는 프란체스코회 엄수파 소속인 토르닐로의 제롬을 이른바 25군데 '알프스 지방'(Cismontane provinces)의 대칙서 설교 감독관으로 임명했다. 이탈리아 북부 · 오스트리아 · 보헤미아 · 폴란드가 그의 관할구에 속했다. 후에 공포된 법령으로 스위스도 그의 관할구에 추가되었다.[85] 독일은 포함되지 않았는데, 아마도 이미 그 지역에서는 면죄부에 관한 대칙서들이 충분히 공포되었기 때문이었을 것이다. 교황은 특별 답서를 통해서 캔터베리 대주교 워럼(Warham)을 영국의 면죄부 사업 총감독으로 임명했다. 율리우스가 죽은 뒤에는 레오 10세가 그 사업을 물려받아 시행했다.

독일에서 성 베드로 성당 건축을 위한 면죄부 판매가 레오가 즉위한 직후 호엔촐레른의 알브레히트가 마인츠 · 마그데부르크 · 할버슈타트 교구들을 총괄하게 된 것과 직접 맞물려 시행되었다. 브란덴부르크 선제후 요아킴의 형제였던 알브레히트는 1513년에 마그데부르크 대주교와 할버슈타트 주교로 선출되었다. 그의 나이가 너무 어린데다 두 교구를 겸직하게 된 것을 근거로 반대 여론도 적지 않았으나 — 하지만 알브레히트의 전임자도 두 교구를 겸직했다 — 레오 10

---

85) Andrea Guarna da Salerno(Milan, 1517)이 쓴 Simia라는 소책자(Klazko, *Rome and the Renaissance*, p. 25에 인용)에서, 건축가 브라만테는 죽어 하늘로 갔다가 로마에 있는 사도의 성소를 훼파했다는 이유로 성 베드로에게 입성을 거부당했다. 하늘의 그 문지기가 그를 향해 얼마든지 세계 전부라도 멸망시키고 교황을 파멸시킬 만한 사람이라고 비난하자, 건축가는 율리우스가 신축 교회당을 지으려 할 때 자기 지갑을 열지 않고 면죄부와 고해에 의존하는 바람에 자신이 실패하게 된 것이라고 해명했다. Paris de Grassis는 브라만테를 '파괴자'라고 불렀다.

세가 독일의 사절단으로부터 직접 상황 설명을 들은 뒤에 반대 여론을 기각해 버렸다.

1514년에 알브레히트는 더 나아가 마인츠 대주교에 선출되는 영예를 누렸다. 전임자 게밍겐의 우리엘(Uriel)은 일년 전에 죽었다. 전임자 대에 마인츠 대주교 구는 산하 주교들과의 관계가 좋지 않다. 헨네베르크의 베르톨트(Berthold)와 리벤슈타인의 야고보가 각각 1504년과 1508년에 세상을 떠났다. 이렇게 대주교 들이 자주 교체되자 고위성직자들이 교황청에 바쳐야 할 세금이 각각의 경우 10,000다카트라는 몹시 부담스러운 금액이 되었다. 선제후 요아킴과 푸거 가문 의 설득으로 레오는 마인츠 대주교로 선출된 알브레히트를 승인했다. 알브레히 트는 주교 축성을 받았고, 그로써 세 개의 교구가 불과 스물네 살밖에 되지 않은 사람의 손에 들어가게 되었다.

그러나 알브레히트는 대주교로 승인을 받기 위해 거액을 바쳐야 했다. 10,000 다카트라는 액수는 독일의 사절이 제안한 것이 아니라 로마의 당국자들이 정해 준 것이었다. 그 제안은 라테란 공의회가 교회 개혁을 위한 방안들을 놓고 표결 을 하고 있는 동안 다름 아닌 바티칸 자체에서 나온 것이었다. 그 제안에는 대주 교의 관할구에 면죄부 판매를 허락한다는 교황의 약속이 실려 있었다. 선제후 요아킴은 면죄부 판매에 대해서 일말의 가책을 표시했으나 그 일은 그대로 진행 되었다. 슐트(Schulte)는, 금을 주고 성직록을 산 대표적인 경우를 꼽으라면 알브 레히트가 바로 그였다고 주장한다.

면죄부에 관한 대칙서는 1515년 3월 31일에 발행되어, 독일의 젊은 고위성직 자에게 독일 절반에서 사죄를 베풀 권한을 부여했으며, 그 기간은 8년으로 고정 되었다. 대칙서는 "완전 면제(plenissimam indulgentiam)와 모든 죄 — 살아 있 는 자들과 죽은 자들 모두의 — 에 대한 사죄"를 보장했다. 레오는 두 주 뒤인 4 월 15일에 작성한 사적 문서에서, 바티칸이 제시한 10,000다카트를 알브레히트 의 인준 대가로 언급하면서, 그 금액이 이미 자신의 수중에 들어와 있다고 진술 한다. 고위성직자들이 지불해야 할 30,000다카트의 금액을 위해서, 알브레히트 는 푸거 가문에게 대출을 받는 한편, 기금을 마련하기 위해서 자기 교구들 산하 의 사제들과 수도원들과 그 밖의 종교 단체들에게 2년간 2/5 세금을 부과했다. 1517년에 요아킴은 "교황 성하에 대한 존경과 자기 백성의 구원과 위로를 바라 는 일념으로" 면죄부 행상인들에게 자기 영토를 열어주었다. 이때 테첼은 대칙서의 내용을 알리는 설교로써 불후의 오명을 얻었다. 올데콥(Oldecop)은 1516년에 자신이 지켜본 바를 적은 글에서, 백성들이 죄책과 죄의 형벌에서 구원을 받고, 부모와 친구들을 연옥에서 해방시키려는 염원에서 온종일 돈궤에 돈을 넣었다고 진술했다.

테첼의 면죄부 판매와 루터의 항의는 종교개혁사의 일부분에 해당한다. 하지만 여기서 언급하고 지나가야 할 점은, 민중이 면죄부의 효험에 대해서 아직 범하지도 않은 죄에까지도 확대된다고 믿은 사실은 여전히 중세에 속한다는 것이다. 비록 교황청 당국자들이 그런 약속을 했다는 문헌적 증거가 없긴 하지만, 그러한 신앙은 사죄를 선포하는 설교자들에 의해 조장된 듯하다. 루터는 1517년 10월 31일에 마인츠 대주교에게 쓴 글에서, 면죄부 행상인들이 어떠한 죄도, 심지어 만약 그런 일이 가능하다면 성모를 범한 죄라도 면죄부가 담당하지 못하는 경우란 없다고 외치고 다녔다고 주장했다. 그리고 생애 말년인 1541년에 개혁자는 사죄를 판매하던 자들이 "죄도 판매하여 범하도록 했다"고 진술했다.

작센의 어느 기사는 테첼에게 찾아가 자기가 마음에 품고 있는 죄를 위해서 3탈러(독일의 옛 3마르크 은화)를 주었다는 이야기가 전해진다. 테첼은 자신이 과연 그러한 면제를 부여할 완전한 권한을 교황에게 받았다고 대답하면서, 하지만 그 죄에는 30탈러(thaler)를 내야 한다고 말했다. 기사는 그 액수를 지불했으나, 얼마 후에 테첼을 습격하여 자신이 면죄부 값으로 낸 돈을 도로 빼앗았다. 테첼이 항의하자, 그 강도는 이제부터는 아직 짓지도 않은 죄를 위해서 너무 빨리 면죄부를 주면 안된다고 대답했다.[86]

성직과 사죄를 매매하는 장면이 중세 교회사의 맨 마지막 무대를 장식했다. 종교개혁 전야에 우리는 교황이 다시 한 번 세속과 교회 두 영역에 대한 통치권을 엄숙히 주장하고, 손에 온 인류의 구원을 거머쥔 채 거룩한 것들을 팔아서 번

---

86) 면죄부에 관한 다음과 같은 재미있는 설교 일화가 전해진다. 순례자 몇 명이 길을 나섰다가 영혼 5명이 매달려 있는 나무를 보았는데, 돌아오는 길에 그 나무를 찾아갔을 때는 영혼 4명이 사라지고 없었다. 남아 있는 한 영혼은 동료들이 친구들의 도움으로 풀려났으나 자신은 친구가 하나도 없어서 남아 있는 것이라고 말했다. 그 불행한 영혼을 돕기 위해서 순례자 가운데 한 사람이 로마를 향해 순례 길을 떠났고, 그 영혼은 즉시 하늘로 올라갔다. 일화는 다음과 같은 교훈으로 마친다. "이처럼 영혼을 위해 주기도문을 50번만 외워주면 그가 연옥의 불에서 풀려날 수 있다."

돈으로 자신의 세속적인 궁정을 호화롭게 유지하는 모습을 보게 된다. 그 사악한 원리가 얼마나 뿌리를 깊이 박았는가 하는 것은 비텐베르크의 교회 문에 구십오개조가 내걸린 지 만 일년 뒤인 1518년 11월 9일에 레오가 발행한 대칙서에 분명하게 드러난다. 레오는 대칙서에서, 교황이 면제를 부여할 권한이 있음을 전하지 않고, 믿지 못하는 모든 자들을 파문의 벌로써 위협했던 것이다.[87]

---

87) Mirbt, p. 182에 실린 대칙서.

제 10 장

중세의 마감

얼마 전만 해도 들어본 적도 없는
광활한 지역들이 속속 발견되고 있다.
누가 남미의 페루에 관해서 들어보았으며,
오늘날 드러난 아마존의 거대한 강줄기를
누가 일엽편주에 몸을 싣고 재어보았던가?
지극히 비옥한 버지니아는?

이 광활한 지대가 아무도 모르던 때에도 존재했고,
극히 지혜롭다던 시대들 이래로 감춰져 있었다.
세월이 한참 흐른 뒤에도 인류가 모르고 살아온
더 거대한 것들이 드러날 것이다.
어리석은 자들만이 눈에 보이는 것에 갇혀
그것만 움켜쥐고 사는 법이다.

— 스펜서, 「요정의 여왕」(*Faerie Queene*).

기독교 교회사 가운데 중세만큼 막을 내린 시점을 명확하게 지적할 수 있는
시기가 없다. 종교개혁을 어떠한 각도에서 바라보든 간에 새 시대가 비텐베르크
의 교회 문에 구십오개조가 내걸린 사건과 더불어 시작했다는 데에는 의문의 여
지가 없다. 근대사의 출발 시점을 공정왕 필립의 재위 기간이나 콘스탄티노플의
함락(1453)이나 인쇄술의 발명 등 다른 사건으로 설명하려는 시도들이 없지 않

앉으나 이렇다 할 성과를 거두지 못했다. 이동식 활판의 발명이 지식 확산에 크게 이바지했듯이, 루터의 인격과 행위가 서유럽인들의 사고와 행동에 새로운 물꼬를 트게 한 원동력이었다는 것은 아무도 부인할 수 없는 사실이다.[1]

하지만 중세가 시작한 시점을 누구나 만족할 만하게 정하기란 쉽지 않다. 대체로는 신성 로마 제국의 설립자이자 학문 후원자, 입법가인 샤를마뉴 때부터 중세가 시작했다고 보아왔다. 좀 더 타당한 견해는 교부들 가운데 마지막인 동시에 중세 교황들 가운데 첫 번째인 대 그레고리우스의 재위를 중세의 출발점으로 보는 것이다. 그의 재위 때부터 로마 주교들의 교만 때문에 일찌감치 깊게 패였던 동방 교회와 서방 교회 사이의 균열이 더 이상 만회할 수 없을 정도로 급속히 악화되었다.

중세는 쉽게 세 시기로 구분할 수 있지만, 첫 번째 시기인 600–1050년은 질서 정연한 발전을 찾아볼 수 없는 전쟁이 난무하던 시기였음을 시인해야 한다. 교회사에 엄청난 영향을 끼친 운동들을 낳은 위대한 사상들의 시대로서의 중세의 문을 연 사람은 힐데브란트였다. 그 수사가 로마에 들어간 시점부터 교회 제반 업무의 물줄기가 잘 정비된 강둑 사이를 흐르기 시작했다. 그 뒤 500년 동안 교황들이 누구보다 높은 권위를 행사했으며, 교회에서 비롯된 모든 사건과 운동을 주관했다. 이 시기에는 구체적으로 중세적인 것으로 알려진 교리 체계가 완성되었다. 이 시기는 거대한 집단 운동들, 십자군 원정들, 탁발 수도회들, 주교좌성당들과 대학교들, 교회법과 성례들, 개혁 공의회들이 일어난 시기였다.

이 책이 두루 살펴본 중세의 제3기는 선대(先代)인 그레고리우스 7세와 인노켄티우스 3세의 직접적인 산물인 동시에, 새로운 원동력들을 배태해 낸 모판이었다. 이 시기에는 사제들이 사회를 장악하고 교황청이 여전히 유럽의 사법과 행정의 중심에 서 있었으나, 저항도 없지 않았다. 프라하와 파리, 옥스퍼드 등 다양한 지역에서 격렬하게 분출된 저항은, 비록 과거의 체제와 제도를 뒤엎지는 못했으나 교황의 사도적 권위와 영구성에 대한 신뢰를 뒤흔들어 놓았다. 중세의 이 마지막 두 세기에는 십자군 원정처럼 유럽 전역을 달아오르게 한 열정이 일

---

[1] Gregorovius(VII. 273)는 다음과 같이 올바로 말한다. "이론과 실제 양면에서 종교개혁은 교황제의 보편적 권세에 종지부를 찍었고, 세계사의 한 시대였던 중세를 마감했다."

어나지 않았다. 교황들이 그런 열정을 기대하고 여러 번 강한 자극을 가했으나 유럽 사회는 죽은 신경처럼 반응을 보이지 않았다. 그리고 안코나의 절벽에 서서 먼 바다를 바라보며 동방을 재정복할 함대가 나타나기를 기다리던 피우스 2세는 과거의 영화에 대한 꿈, 현실을 직시할 줄 알던 지식인들이 진작에 버린 그것에 집착하여 총력을 쏟아 붓는 애처로운 모습을 드러냈다.

개혁 공의회들은 힐데브란트와 인노켄티우스 3세가 수립하고 토마스 아퀴나스가 사상적으로 뒷받침한 '교회와 사회에 대한 교황의 통치'를 원상으로 돌려놓으려고 노력했다. 스콜라 학자들의 체계가 무너졌다. 위클리프는 스콜라주의의 예리한 통찰력을 물려받은 사람이었으나, 실제적 논의에서 변증적 철학 논쟁을 무시할 만한 충분한 이유를 발견한 근대인의 대열에 속했다. 마지막으로 르네상스 운동이 일어나 하나님의 모든 창조 세계에 관심을 흔들어 깨우고, 문학과 예술, 강단, 그리고 정치 분야에서 지적 노력을 기울여 결실을 내놓은 사람들을 우대하고 존경함으로써 아직까지 남아 있던 중세의 전형적인 개념들을 정리해 버렸다.

중세의 이 마지막 시기는 통사를 공부하는 학생들에게 과거로부터 물려받은 것보다 좀 더 자유롭고 합리적인 사고와 삶을 예감하던 시기였던 동시에, 사상가들이 산발적으로 그 목표를 이루려고 노력하던 시기였다. 훌륭하고 인상적인 인물들은 힐데브란트와 더불어 시작되어 보니파키우스 8세까지 이어진 시기에 더 많이 배출되었으나, 실제적이고 유용한 사람은 드물었다. 그 시기는 교리적 통일을 달성하고 힘의 통치를 시행했으나, 하나님이 인류에게 주시기로 작정하신 개인의 인권과 사상과 양심의 자유를 언제까지나 매장해 둘 수 없었다.

하지만 중세를 마감하던 시기에 교회의 엄격한 족쇄를 풀어 버리려는 시도들이 많이 있었으나 모두 성과를 거두지 못했다. 개별적인 개혁자들과 예언자들이 새 시대를 향하는 길을 닦았으나, 자기들의 시대에 새로운 질서를 도래케 할 만한 지혜나 힘이 없었다. 바로 이것이 루터의 몫이었다.

중세의 마지막 몇 세기를 되돌아 볼 때 무엇보다도 놀랍게 다가오는 점은 서유럽의 국가들이 저마다 공고한 기반을 다져나가 사실상 오늘날과 같은 판도를 형성했다는 사실이다. 당시의 정세에서는 국력이 소진된 비잔틴이 무너지면 터키가 유럽 전역으로 쏟아져 들어올 것만 같았다. 아테네의 아크로폴리스가 1458년에 터키에 점령되었다. 이탈리아 해안의 오트란토가 함락되었고, 빈마저 위협을 당했다. 루터는 "인명을 무참히 살상하는 잔인한 투르크족에게서, 선하신 주여 저희를 건지소서"라고 기도했는데, 바로 이것이 유럽 사회 전체의 정서였다. 보스포루스 해협의 고도(古都)가 떨어져 나간 사건이 그 시대 유럽인들에게 적지 않은 충격과 애도를 일으킨 것이 사실이지만, 동방 기독교 세계 내부에 신학적으로든 국가적으로든 발전을 기약할 만한 힘이 조금도 남아 있지 않았다는 느낌을 지워버릴 수가 없다.

절대권을 부여받았다고 주장해온 교황청은 중세 말에 접어들어서도 주장을 조금도 누그러뜨리지 않았으나, 오히려 교황제 자체의 역사는 그 주장이 가공적이며, 교황제가 하나님의 교회에서 필수적인 지위를 차지하는 것도 아님을 입증하고 있었다.

개혁 공의회들만큼 인상적인 장면을 제공한 것도 드물다. 이 공의회들은 아비뇽 시대 곧 교황청 분열 시대의 끝물에 교황제에 따른 폐습을 바로잡고 교황권의 한계를 정의하기 위해서 분투했다. 독일 땅에서 열린 최초의 에큐메니컬 공의회인 콘스탄츠 공의회가 그 면에서 권위 있는 결정을 내렸다. 그리고 그 결정은 그것을 옹호한 당대의 가장 저명한 신학자들과 교회법 학자들, 라틴 기독교세계의 대학교들과 나라들의 일치된 목소리의 뒷받침을 받았다. 하지만 그 결정은 거미줄보다도 힘이 없다는 것이 입증되었다. 겔른하우젠(Gelnhausen)의 소책자 이후에 무수히 쏟아져 나온 비판서들이 일으킨 논쟁이 교황청의 민첩한 대응에 덧없이 무너져 버린 것이다. 겔른하우젠은 교황청의 부패를 척결하려면 총공의회를 소집해야 한다고 주장했다. 이런 유의 주장을 피우스 2세는 대칙서(Execrabilis)를 통해서 일축했으며, 후대의 교황들은 교회 정부에 자기들의 몫을 요구하는 라틴 기독교 세계의 외침에 조금도 흔들리지 않았다.

그러나 공의회 소집 요구는 앞날을 예고하는 전조였다. 과거에 공정왕 필립과 프랑스 의회가 공의회 소집을 요구한 바 있었다(1303). 파리 대학교와 옥스퍼드 대학교, 프랑스의 유력한 성직자들이 그것을 요구했다. 위클리프와 후스, 사보나롤라가 요구했던 것도 그것이었다. 물론 그 요구는 번번이 무산되었으나, 교회의 일부가 생각을 하고 있었고, 자유로운 논의의 장이 확대되어 가고 있었다.

교황제의 과도한 주장들을 옹호하는 세력도 여전히 만만치 않았다. 아우구스투스 트리움푸스(Augustus Triumphus)와 알바루스 펠라요(Alvarus Pelayo)는 교황이 매사에 하나님과 뜻이 일치하기 때문에 교황이 하나님께 호소하는 일이란

있을 수 없다고 주장했다. 신뢰와 존경의 눈으로 교황을 바라보는 사람은 그리
스도를 바라보는 셈이며, 어디든 교황이 있는 곳에는 교회가 있다고 했다. 교황
이 교회법 위에 있다고 했다. 하지만 두 사람은 당시에 통용되던 전승을 되풀이
했을 뿐이다. 단테는 교황들을 지옥에서 가장 낮은 곳에 둠으로써, 그리고 파두
아의 마르실리우스는 베드로가 로마에 체류했다는 주장 자체에 의문을 제기하
고, 평신도들도 교회의 일부분을 이룬다고 주장함으로써 두 사람과 사뭇 다른
평가를 내놓았다.

중세사의 마지막 문단을 채우는 부패한 교황들이 근세의 단정한 사회에 들어
온다면 당장 범죄자들로 낙인찍혀 추방되고 말 것이다. 그들은 위증과 간음을
일삼았다. 탐욕과 방탕에 휘둘려 살았다. 자비라고는 손톱만큼도 없었다. 살인
과 추악한 죄악에 대한 고소장이 그들 문 앞에 수북히 쌓여 있다. 그들은 이탈리
아 국가들의 영토 확장 야심이나 권력욕, 혹은 자식과 친척의 입신을 바라는 욕
망을 자극하여 서로 대치하고 상대방의 영토를 가로채도록 했다. 루터는 「독일
귀족에게 고함」이란 저서에서 정곡을 찌른다. "로마의 탐욕은 세상에 나왔던 여
느 강도들을 능가한다. 모든 재화가 한결같이 하나님의 이름으로 바닥도 없는
로마의 돈자루로 빨려들어간다." 무릇 인간이란 고백과 삶에 괴리가 있게 마련
이지만, 역사를 통틀어 중세의 마지막 교황들이 내놓은 생애만큼 그 괴리가 심
한 경우를 발견하기란 쉽지 않을 것이다.

사상의 자유에 대해서 교황제는 일관되게 부정적인 견해를 견지했다. 요한 22
세는 단테의 「군주론」(De monarchia)을 불살랐다. 복음적인 교과서 「독일 신학」
(Theologia Germanica)은 금서목록에 올랐다. 에라스무스의 저서들도 같은 운
명에 처해졌다. 독일의 어느 황제는 클레멘스 6세에게 입에 담기 어려운 욕설과
저주를 받았다. 에크하르트는 이단 선고를 받았다. 위클리프의 유해가 무덤에서
피헤처저 불태워졌다. 그 외에도 스페인과 독일에 있는 많은 무덤들이 교황제가
신적 제도라는 주장에 여전히 항의하고 있다.

발라(Valla)는 교황제가 이탈리아의 모든 불행의 씨앗이었고 그 나라의 가장
큰 원흉이었다고 몇 번이고 말했다. 교황제가 그만큼 저열한 상태에 있었던 까
닭에 황제 막시밀리안 1세는 스스로 교황이 되어 교회의 수장과 국가의 수장을
통합하는 안을 진지하게 고려했다. 황제가 그런 생각을 할 수 있었다는 것이 당
시의 실상을 잘 말해준다. 가장 가톨릭적인 사가 얀센(Janssen, III. 77)은 이렇게

말한다. "궁정이 카드놀이와 연극과 온갖 세속적인 유희들로 흥청거린 레오 10세는 독일의 성직자 제후들, 그 중에서도 특히 마인츠의 알브레히트보다 더 성직자답지 못했다." 기독교 세계의 수장직을 꿈꾸어본 사람이라면 한 번쯤 마음에 품었음직한 생각을 레오가 교황에 선출된 뒤에 했다는 "자, 교황직을 즐기자"는 말보다 더 잘 표현해 주는 것이 과연 있을까? 만약 이들 중세 말기의 교황들의 생애가 몹시 저급한 것이었다면, 그들이 행사한 영적 대권들은 실상 신성모독이었던 셈이다. 로마는 십자군 원정을 독려했으나 십자군을 파견하지 않았다. 로마에서는 모든 것이 돈으로 매매되었다. 사죄를 받으려 해도 돈을 내야 했다.

그리고 교황 진영에는 개혁의 시도가 없었다. 그들에게서 개혁을 바라는 것은 불에 타 황무지가 되어버린 밭에서 양식을 구하는 것과 다름없었다. 교황제 자체가 종교개혁에 의해서 살아남았다고 해도 틀린 말이 아니다. 이것이 부르크하르트가 같은 책에서 두 번이나 자신의 견해를 담아 표현한 견해이다.[2] 교황제가 내세웠던 숭고한 주장들을 교황 자신들이 짓밟았다. 그런데도 교황제는 중세가 끝나가는 시점에서도 넘치는 자신감으로 교황이 사람들의 영혼과 육체, 교회와 국가를 관할하는 수장이라는 주장을 엄숙히 되뇌이고 있었다. 종교개혁이 시작된 뒤에도 교황청 궁정장 프리에리아스(Prierias)는 교황이 성경 위에 있다고 주장했다. "로마 교회와 로마 교황이 신앙의 무오한 준칙으로서, 성경은 거기서 권위를 얻는다는 교리를 믿지 않는 자는 이단이다." 그리고 이단이 된다는 것은 법의 보호를 박탈당하게 되는 것을 뜻했다. 프리에리아스는 루터를 "눈이 깊게 패이고 기괴한 공상을 품고 사는 야수"라고 말한 인물이었다.

교황제 외에 또 다른 성격의 힘이 작용하고 있었다. 신비주의자들이 조용히 하나님과 동행하는 삶을 추구하고 있었던 것이다. 그들은 성사 제도를 배격하지는 않았으나 신앙의 좌소(座所)인 마음의 종교를 강조했다. 당시에 집필된「그리스도를 본받아」는 만대를 위한 책이었다. 그들은 교회를 선택된 자들의 무리로 올바로 정의했으며, 그 정의는 성직위계제도의 근간이 되는 이론에 정면으로 배치되었다. 발도파의 가르침은 제4차 라테란 공의회에 의해 단죄되었으나, 민중들 사이에서는 미사를 참관할 뿐 아니라 신앙 교육을 받고자 하는 요구가 점차 커졌으며, 이들의 요구에 부응하여 주교좌성당들의 지침서들은 설교를 강조했

---

2) *Renaissance*, I. 136, II. 185.

다. 알비파는 완전히 뿌리 뽑혔으나, 롤라드파와 후스파의 원리들은 비록 실개천으로 흐르긴 했으나 계속해서 흘러갔다. 종교재판소가 여전히 활동하고 있었으나, 독일에서는 모든 계층의 어린이들을 위한 교육이 시행되고 있었다. 평신도들이 학문과 문화 영역에서 권리를 주장하고 있었다. 이러한 움직임들이 새로운 가르침을 위한 토양을 조용히 준비해 갔다.

15세기의 유럽에 사상 유례 없이 강력한 자극을 준 힘이 있었는데, 그것은 바로 **상업**이었다. 당시 진행되던 산업의 변화는 유럽인들의 정신을 지적 · 종교적 혁신에 맞게 준비시킨 중요한 요인으로 평가할 가치가 있다. 적어도 독일에서만큼은 그것이 사실이었다. 여러 시기에 걸쳐서 탐험과 상업의 확장이 선교 활동의 부흥에 앞서서 전개되어 왔다. 그러나 모든 세기를 다 합해 놓고 볼지라도 온갖 종류의 인문주의적 활력으로 충만했던 중세의 마지막 세기만큼 19세기를 닮은 시기가 없었다. 그 시기에는 교역 방법과 삶의 질에 혁명적 변화가 발생했다. 그때를 기점으로 세계는 더 이상 예전의 세계가 아니었다. 장인과 농민 계층들이 몹시 불안정했다. 이러한 산업계의 불안이 교계의 불안을 자극하고 촉진했으며, 사람들의 정신을 변화에 대한 욕구에 길들였다.

교역의 중심지가 십자군 원정 기간에 함대들의 출항지 역할을 했던 이탈리아의 항구 도시들로부터 알프스 이북과 포르투갈 해안으로 이동했다. 독일 남부의 뉘른베르크 · 울름 · 아우크스부르크 · 콘스탄츠와, 브뤼헤(Bruges)와 앤트워프(안트웨르펜) 같은 라인 강 저지대와 플랑드르 지방, 그리고 한자 동맹(the Hanseatic League) 소속 도시들이 새롭고 기이한 제조품들을 수출하고 런던과 리스본, 리옹, 베네치아를 통해서 바깥 세계의 생산품들을 수입하는 왕성한 상권을 형성했다. 활력과 모험심이 독일을 부유하게 만들었으며, 독일의 상인 가문들이 베네치아와 앤트워프 같은 항구 도시들에 지점과 창고를 두었다.[3]

---

3) 16세기 초에 해상 무역의 중심이 베네치아에서 리스본으로 이전된 사실에 관해서는 Heyd, II. 505-540을 참조하라. 무역의 주도권이 리스본으로 옮겨가는 것을 막기 위해서 베네치아인들은 1500년에 수에즈 지협을 관통하는 운하를 건설하는 계획을 제안했고, 터키인들이 같은 목적으로 1529년에 운하 공사에 착수했다. 포르투갈 왕 마누엘은 1505년에 베네치아인들이 인도의 상품을 포르투갈로 싣고 가는 것을 방해하지 못하도록 칼리쿠트에 함대를 주둔시켰다.

현대 사회 같았으면 정치적 경제학자들과 윤리 운동가들에게 심각한 문제가 되었을 사업 방법들이 도입되어 널리 시행되었다. 무역 회사들과 독점권이 대두하여 사업의 규모와 대범성으로 옛 봉건 방식을 옹호하던 사람들을 잔뜩 위축시켰다. 아우크스부르크를 비롯한 독일의 도시들에서는 신용 거래가 왕성하게 이루어졌다.[4] 개인들과 상사(商社)들이 곡물 · 포도 수확 · 은 · 구리 · 철 · 설탕 · 린넨 · 가죽 · 후추 · 심지어 비누까지 포함된 수입품을 매점(買占)했다. 회흐슈테터(Höchstetter) 가문과 에브너(Ebner) 가문, 푸거 가문이 당시의 대표적인 상사(商社)를 거느렸다. 이들은 고자세로 상품을 팔았다. 예를 들어 아우크스부르크의 암브로제 회흐스테터(Ambrose Höchstetter)는 한 계절에 목재를 모조리 사들이고, 다른 계절에는 모든 곡물을, 또 다른 계절에는 모든 포도주를 사들였다. 그렇게 사들인 물건에 불량품을 끼어 팔아 불신을 당하기도 했다. 작은 물품에서도 이익을 챙기기 위해서 벽돌 가루를 후추에 섞는 후안무치한 짓도 마다하지 않았다. 이들의 농간 탓에 물가가 급등했다. 1510년에 독일에서는 포도주 가격이 49%, 곡물 가격이 32% 올랐다.

제국 의회들이 이런 상황을 파악하고서 물가를 규제함으로써 악을 시정하려고 노력했다.[5] 자치 도시들도 같은 노력을 기울였다. 스트라스부르의 가일러 같은 설교자들은 매점매석을 일삼는 상인들이 하나님도 사람도 두려워할 줄 모른다고 비난하면서, 도시들이 그들을 추방해야 한다고 주장했다. 당시에는 사회학이라는 분야가 없었기 때문에 법학 교수들이 나서서 독과점 업자들이 마치 거미줄처럼 무고한 사람들을 희생시킨다고 개탄했다.[6]

---

4) Aeneas Sylvius는 1458년에 쓴 글에서 "독일 민족이 부와 권력에서 다른 민족들을 주도하고 있다"고 말했다. 그는 쾰른이 유럽의 모든 도시들을 통틀어 가장 웅장하다고 말했다. 뉘른베르크에 갔을 때는 평범한 주민들이 스코틀랜드 왕들이라도 기쁘게 들어가 살 만한 좋은 집에서 살고 있는 것을 발견했다.

5) 1512년의 쾰른 제국의회가 그러한 결의를 했다. 하지만 그와 동시에 의회의 법령들이 상인들의 상사(商社) 결성을 막으려는 것이 아니라는 뜻도 밝혔다. 1518년의 인스브루크 의회도 같은 법령을 공포하면서, 상사들이 소매업자들을 몰아내고 자기들 멋대로 가격을 결정한다고 비난했다. 트리테미우스는 상사들의 매점매석을 방지하는 법을 제정할 것을 촉구하면서, 육류와 곡물 같은 식량을 매점매석하여 고가로 내다파는 자들은 사회의 공적들로 취급해야 한다고 주장했다. 참조. Janssen, II. 102 sq.

살아가기가 너무나 힘겨운 시대였다. 과거에 이와 같은 시대가 없었다. 사람들은 좋았던 옛날을 그리며 탄식했다. 투기가 기승을 부렸고, 한탕주의가 사람들의 마음을 사로잡았다. 투자 회사에 가담했다가 원금마저 날린 사람들이 적지 않았다. 회사가 망하고 순박한 투자자들이 부채를 떠안게 되어도 기업주는 손해를 보지 않았다. 시 관리들과 의원들마저 그 대열에 가담함으로써 혼란이 가중되었다. 사업을 크게 벌여 다른 사람들에게 손해를 입힌 상인들이 교회에서 현저한 지위를 차지하고 활동하는 일들도 발생했다.

제조업과 대외 교역으로 형성된 부(富)가 보헤미아와 작센 지방에서 은·구리·철 광산이 개발되면서 눈덩이처럼 불어났다. 탐욕이 그 시대를 가장 크게 어지럽힌 죄악이었으며, 일부 지역에서는 상업이 복음의 가장 기본적인 계율조차 어기는 불의한 직업으로 취급되었다.[7]

부가 증가하면서 의복과 음식이 사치스러워졌다. 그 도가 지나치게 되자 자치 도시들이 사치 규제법을 제정했고, 제국 의회들이 사치를 막기 위해 강제적인 법률을 제정하기도 했다. 빔펠링(Wimpheling)은 식탁에 금 식기를 내놓는 일이 드물지 않았고, 자신도 쾰른에서 금 식기에 담아 내온 음식을 먹어본 적이 있다고 말했다. 제국 의회가 열리면 과다한 의류비와 여성들의 사치 때문에 사람들이 가난에 허덕인다는 불평이 자주 쏟아졌다.

독일에서는 농민들에게 겉옷 옷감의 종류와 가격 상한선을 정해주었다.[8] 여성들이 혼란의 중요한 원인이 되었던 까닭에, 여러 도시들의 의회들은 당시의 여성들이 사회에 해를 입히거나 관대한 남편의 지불 능력을 초과하지 않는 한도에서 소유할 수 있는 의복과 장신구 등의 수효를 법으로 정했다. 예를 들어 1485년

---

6) 라이프치히의 크리스토퍼 쿠프너가 1508년에 고리대금의 문제를 다룬 소책자에서 그렇게 주장했다. 그는 다른 나라들의 중개인들을 통해서 향료와 후추, 곡물을 사들여 자기들 마음대로 가격을 붙여 판매하는 상사들과 부유한 상인들을 행정관들이 나서서 규제해야 한다고 주장한다. 푸거 가문의 회사 문서 기록관 콘라트 마이어에 따르면 푸거 가문이 7년만에 벌어들인 수익이 13,000,000플로린이었다고 한다.

7) 1515년에 어느 설교자는 당시에 만연하고 있던 그런 정신이 불과 10년 전만 해도 없던 것이었다고 주장했다. Janssen, II. 87.

8) 1498년과 1500년의 제국의회는 장인들에게 금과 은, 진주를 착용하거나 벨벳과 자수 의상을 입는 것을 금지했다.

에 라티스본 시의회는 유명 중산층의 부녀자들에 대해서 드레스 여덟 복, 긴 망토 여섯 벌, 무도회용 가운 세 벌, 명주 벨벳과 능라로 만든 소매가 세 개가 넘지 않는 긴 외투 한 벌, 진주 두 개를 박은 머리띠(12플로린이 넘지 않아야 함), 진주들을 박은 머리 장식, 한 개에 8플로린이 넘지 않는 베일 세 점 이상을 소유하지 못하도록 법으로 공포했다. 하지만 왜 이렇게 품목들을 모두 열거했을까? 아마도 여성들이 시정(市政)에만 몰두하지 않는 시 관리들이 몹시 못마땅했을지라도 법에 순응했기 때문이었을 것이다. 스트라스부르의 가일러는 여성들이 하루에 드레스를 두 번 갈아입고, 치마 자락이 땅에 끌릴 정도로 길게 입고 다니고, 모자에 수탉 깃털을 꽂고, 긴 머리를 어깨에 늘어뜨리고 다녔다는 말로써 사치가 유행하던 당시의 정황을 묘사한다. 그는 그 시대를 향하여 악한 시대라고 외쳤다. 하지만 "적어도 두 주일에 한 번은 목욕하는" 습관을 높이 평가하는 당대 연대기 저자의 글은 마음을 유쾌하게 한다.

　장인들과 농민들 계층에서는 불안이 파업과 폭동으로 분출되었다. 근로 시간 단축, 식사 개선, 임금 인상이 파업의 명분이었다. 자치 도시의 주민들과 길드가 여러 해 파업을 하는 경우도 있었다. 1475년에 뉘른베르크의 주석(朱錫) 노동자들이 그랬듯이, 파업이 발생하면 한 직종의 노동자들이 모두 도시를 떠나는 경우도 있었다. 가장 자주 파업을 일으킨 집단은 재단사 길드들이었다고 한다.

　새로 재편된 사회 질서는 농민 계층을 이전보다 더욱 고된 상황에 밀어 넣었다. 농민들이 지주들의 착취와 폭력에 희생되었다. 지주들이 농민들이 경작지를 잠식하고, 조상 대대로 경작해 왔으나 땅문서가 없는 농민들의 토지를 가로채고, 고기를 잡고 사냥을 하고 숲에서 나무를 구할 권리를 박탈했다. 이 불의한 짓에 교회도 가담했다. 독일의 전체 토지의 1/5이 수도원들과 그 밖의 종교 기관들의 소유였으며, 따라서 농민 지도자들은 수사들과 사제들에게 땅을 분배해달라고 요구했다. 농민들이 시위를 하며 부른 노래들에는 사제들이 자신들을 죽이지 못하도록 막아달라고 그리스도에게 호소하는 내용이 실려 있었다. 1525년의 농민 전쟁은 종교개혁이 수립한 개인의 자유라는 원리를 남용한 것이 아니었다. 그것은 과거부터 끊이지 않고 일어난 봉기들 가운데 하나였으며, 따라서 만약 종교개혁이 발생하지 않았다면, 그래서 민중의 관심을 사로잡지 않았다면, 독일은 16세기에 사상 유례 없는 사회 혁명으로 흔들렸을 것이라는 견해도 있다.[9]

　영국에서는 사회 불안이 독일만큼 강하지 않았으며, 노동자 계층의 삶도 개탄스러울 만큼 열악하지 않았다. 이 나라에서는 이미 14세기에 노동자들의 열악한 조건으로 인해 와트 타일러(Watt Tyler)의 반란이 일어난 바 있었다. 1350년의 유명한 노동자 관련법은 추수꾼들의 하루 품삯을 3페니로 규정했고, 한 세기 뒤인 1444년의 법률은 그 품삯을 5페니로 인상했다. 커닝엄(Cunningham)은 1495년의 법률에 일용직 노동자의 품삯을 낮추려는 의도가 깔려 있었다고 말한다. 영국의 법률은 관습적으로 인위적인 물가 인상을 예방하는 방향을 취했다. 중세가 끝나가던 1515년에 공포된 법률은 하루 노동 시간을 하절기의 경우 새벽 5시부터 저녁 7-8시까지, 동절기의 경우 해질 때까지로 규정했다. 영국의 입법은 여러 물가 요인들이 결합하여 인플레이션이 초래되지 않도록 물가를 규제하는 데 힘썼다. 1504년에는 사기 판매와 불량품 끼어 팔기, 무게와 부피 속이기를 엄벌로 다스리겠다는 공식 발표가 있었다. 헨리 7세는 길드들이 직원들의 임금을 부당하게 낮게 책정하는 관행을 강력히 규제했다. 양들을 대규모로 방목하는 사업이 발달하면서 농장 노동자들이 일터를 잃었다. 1515년에 의회가 통과시킨 임금 고정법에 대해서 「유토피아」의 저자는 그것이 "가난한 사람들을 수탈하기 위한 부자들의 작당"에 지나지 않으며, "이제 노동자들은 차라리 가축들이 부러울 정도의 비참한 처지로 전락하고 말 것이다"라고 주장했다.

신세계가 발견된 사실과 희망봉을 돌아가는 항로가 포르투갈 선원들에 의해 발견된 사실도 영국인들의 불안 심리를 자극했다. 자연 세계의 지평이 확대되고 새로운 교역로들이 개척되고 있는 동안 사려 깊은 사람들은 스콜라주의가 그려 놓은 영적 세계의 지도도 개정할 필요가 있는 게 아닌가 하는 의문을 품었다. 성경이 민중의 책으로 되살아난 일도 호기심과 의문을 자극했다. 성경도 하나의 신세계였다. 중세의 마지막 70년 동안 깨어난 교역과 모험과 사상은 십자군 원정들과 십자군들의 이야기들이 흔들어 깨운 것들과 비교할 수 없을 정도로 왕성하고 강력했다. 종교개혁이 도래했을 때 독일과 영국의 상업 중심지들이 내부분 새로운 종교 운동의 중심지들이 되었다. 뉘른베르크 · 울름 · 아우크스부르크 · 제네바 · 스트라스부르 · 프랑크푸르트 · 뤼벡 · 런던이 그런 도시들이었다.

앞서 언급했듯이 르네상스도 중세 마지막 세기를 흔들어 깨우는 데 이바지한

---

9) Ficker, p. 107 sq. 15세기 후반에는 지배 계층들의 착취와 억압에 저항하고 교회 토지의 사회 환원을 요구하자고 선동하는 소책자들이 농민들 사이에 유포되었다.

또 하나의 강력한 요인이었다. 르네상스는 인간의 모든 기능들을 계발할 가치가 있는 것으로 인정했다. 유럽이 깊은 잠에서 깨어났다. 테인(Mr. Taine)이 말하듯이 사람들이 저마다 감겼던 눈을 뜨고 바라보았다. 르네상스는 인간과 세계를 발견했다. 스콜라 학자들은 둘 다 망각했다. 이 점에서도 신세계가 발견된 것인데, 울리히 폰 후텐(Ulrich von Hutten)은 르네상스와 그 시대 전체를 가리켜 "오, 학문이 융성하고 영혼들이 잠에서 깨어나는 시대여, 사는 것이 참으로 즐겁다!" 하고 외칠 수 있었다.

그러나 르네상스에서도 섭리(Providence)는 지적 · 예술적 문화가 번성을 구가하는 동안에도 도덕적 · 사회적 쇠퇴가 진행할 수 있다는 징후를 다시금 보여준 듯하다. 어떠한 중생의 물결도 이탈리아 사회를 휩쓸고 지나가거나, 궁전들과 수도원들을 깨끗이 소제하지 않았다. 문명의 외적 형태들이 내면의 쇠퇴를 저지하지 못했다. 그레고로비우스는 "15세기의 마지막 30년에 악마적 열정의 흔적이 나타났다. 군주 살해와 음모와 반역이 보편적으로 자행되었다"고 말한다. 아테네가 전성기를 구가할 때도 소수는 지적으로 숭고한 경지에 도달했으나 다수는 도덕적으로 내리막길을 걸었었다. 그때와 마찬가지로 지금도 예술이 정화(淨化)를 이뤄내지 못했다. 르네상스는 회개가 무엇인지 알지도 못했고 그 필요도 느끼지 못했다. 사보나롤라의 훌륭한 제자인 피코 델라 미란돌라는 제5차 라테란 공의회에 다음과 같은 성명을 기념비로 남겼다. "[만약에 고위성직자들이] 교회의 상처를 치유하지 않고 미적거린다면 그리스도께서 불과 검으로 부패한 지체들을 도려내실 것이다. 그리스도께서 성전에서 환전상들을 쫓아내셨는데 레오가 금송아지를 숭배하는 많은 자들을 추방하지 않을 이유가 어디 있는가?" 랑케는 이탈리아에서 "기독교에 관해 비뚤어진 견해를 간직하고 있지 않은 사람은 문화인 취급을 받지 못했다"고 말한다.

북유럽은 단테 · 페트라르카 · 보카치오 · 토마스 아퀴나스를 보유하지 못했으나 타울러와 토마스 아 켐피스를 보유했으며, 그곳의 인쇄소들이 최초의 헬라어 신약성경을 펴냈다. 마치 헬라어가 1세기에 사도들의 전도를 통한 기독교의 전파를 예비했던 것처럼 헬라어 신약성경이 장차 올 시대를 위해 적극적인 준비를 했다. 독일의 인쇄업자들이 1467년에 로마에 진출했고, 멀게는 바르셀로나까지 진출했다. 1507년에 빔펠링(Wimpheling)은 그 새로운 발명을 소개한 저서에서 이렇게 주장했다. "옛적에 사도들이 복음을 전파하러 나섰듯이 오늘날 신성한 기술[인쇄술]의 제자들은 독일 땅을 나서서 모든 나라로 들어가며, 그들의 인쇄본들은 복음의 전령들과 진리와 지혜의 전파자들이 된다." 독일은 유럽의 지식 시장이 되었으며, 이 시장에 나온 제품들은 북해를 건너 장차 개신교의 주요 보루가 될 작은 왕국으로 들어갔다. 레오 10세는 서적의 자유로운 보급을 막아보려고 했으나 허사였다.[10]

헬라어 신약성경과 인쇄소 — 인쇄술의 발명은 역사의 모든 시대를 둘로 나누되, 모든 시대를 하나로 아우르는 것이었다 — 는 마르틴 루터를 위해 섭리로써 준비된 두 가지 주된 도구들이었다. 그러나 루터는 그 둘을 찾아야 했다. 그 둘은 루터를 여러 개혁자들의 한 사람으로 만들지 않고 새 시대의 지도자로 만들었다. 얀센이 무자비하게 비판한 에라스무스는 도덕 개량주의자로 남았다. 그는 종교개혁자가 되기에는 열정도 용기도 다 부족했다. 무릇 종교개혁자란 위로부터 감화를 받아야 하는 법이다. 로이힐린과 에라스무스, 구텐베르크는 헬라어와 히브리어 성경이라는 외적 형식을 준비했다. 루터는 그 내용들을 발견하고서 사회에 널리 알렸다.

중세를 마감한 세기에는 복합적인 힘들이 한꺼번에 작용했다. 로마 교회는 교황제의 절대 권력을 엄숙히 재확인했다. 성직위계제도가 사실상 교회를 구성했다. 로마 교회에 반대하는 집단은 설득과 교화가 아닌 무력 제재를 받았다. 개인적 동의는 사라지고 강요만 횡행했다. 민중의 신앙은 과거의 형식들에 얽매인 채 강한 힘으로 남아 있었다. 그러나 신선한 시냇물 흐르는 소리들이 들렸다. 그 시내는 생명수 샘에서 발원하여 특히 북유럽에서 과거의 의식(儀式)들 곁으로 나란히 흘렀다. 학문 부흥은 지식인들에게 지식의 권리 의식을 일깨워 주었다. 사상 운동이 인쇄된 서적들에 의해 크게 탄력을 받았다. 상업의 발달이 사회 불안을 초래했다. 그러나 우리가 살펴본 대로 교황들의 생애는 로마에서 구원이 임할 것이라는 기내를 봉쇄했다. 개혁 공의회들은 교회의 행성을 개혁하려는 시도로 만족했다. 그럴지라도 비록 사람들은 바라보지 못했으나 새로운 신학적 대륙에서 떠내려온 부목(浮木)들이 떠다니고 있었으며, 비록 교회의 귀족들이 경청하지는 않았으나 예언의 소리들이 있었다. 필요한 것은 정부도 법도 아닌 중생(重生)이었다. 이것은 성직위계제도가 줄 수 없고 다만 하나님께서만 베푸실 수 있

---

10) 1515년 5월 4일의 대칙서에서. 참조. Mirbt, p. 177.

는 것이었다.

이 책[제6권]이 소개한 사실들은 최근의 로마 가톨릭 사가들에게 논쟁의 여지를 남기지 않는다. 얀센·데니플레·파스토르·니콜라우스·파울루스·개스킷 박사로 압축되는 로마 가톨릭 사가들은 종교개혁이 발생한 동안에 로마 교회 내부에서 질서정연한 개혁 운동이 진행 중이었음을 입증하는 데 총력을 기울였다. 그들은 종교개혁 운동을 문화에 형언할 수 없는 재앙이자 기독교로부터의 배교, 하나님이 세우신 권위에 대한 반란으로 평가한다. 종교개혁이 당시에 전개되던 진보 운동을 폭력으로 가로막았다고 보았으며, 피우스 9세와 레오 13세까지 이어지는 교황들은 개신교를 극악한 전염병과 현대의 교회와 국가에 존재하는 모든 악들의 모체라고 저주를 퍼부었다. 이러한 평가를 뒷받침하기 위해서 최근의 이 저자들은 "좋았던 옛날"을 강조했을 뿐 아니라 — 그것은 15세기 사람들이라면 진저리를 치면서 배척했을 표현이다 — 독일의 개혁자를 가장 잘 알았던 당대인들의 증언을 무시한 채 그 개혁자를 폄하하고 그의 발언들을 형편없이 왜곡하는 방법에 의존했다. 그 무리에 속한 사가들 가운데 가장 최근에 활동한 프랑스 사가 임바르 드 라 투르(Imbar de la Tour)는 1517년이라는 연도에 이르러서는 "평화로운 개혁들의 시대가 끝나고 종교적 혁명의 시대가 시작되었다"고 외친다.[11]

르페브르 데타플(Lefèvre d'Etaples)은 다음과 같은 유명한 글을 남겼는데, 이 것은 비단 그만의 생각이 아니었다.

> 시대의 징조들이 교회의 개혁이 임박했음을 알리고 있으며, 비록 하나님이 포르투갈 사람들과 스페인 사람들을 통해서 복음을 전할 새로운 길을 열어주고 계실지라

---

11) II. 579. 왜곡의 전형적인 예는 데니플레(Denifle)에게서 찾아볼 수 있다. 그는 「루터와 루터교」란 저서에서 루터의 설교 가운데 "인간은 정욕을 이길 수 없다"는 소절을 따다가 그것이야말로 그 개혁자가 방탕한 생활을 하게 된 출발점이었다고 주장했다. 루터가 이 설교를 통해서 전하고자 했던 것이, 그리스도께서 죄악을 이길 힘을 주시며, 그 힘은 자연인이 소유하고 있지 않으므로 그리스도에게 달려가 그 보호를 받아야 한다는 것이었음을 알고 나면, 그것이 학자와 신사라는 자에게 대단히 악하고 부당한 짓이었음이 확연히 나타난다. 그런데 교황 피우스 10세는 그 책의 첫 인쇄본을 저자 데니플레에게 직접 받음으로써 그를 인정해 주었다.

도, 우리는 그분이 당신의 교회에도 찾아오셔서 오늘날 떨어져 있는 저급한 상태에서 교회를 일으켜 세워주실 것을 소망해야 마땅하다.

그리스도에 관한 철학 — 에라스무스가 자신의 신약성경 판본의 서두에 첨부한 「보혜사」(Paraclesis)에서 '복음'에 붙인 명칭 — 이 스콜라 학자들의 변증적 신학에 상당한 정도로 가려졌다. 인간들이 필요로 했던 것은 복음이었다. 이제 르니아의 주교는 제5차 라테란 공의회의 제12차 회기에서 행한 설교에서 자신이 알고 있던 것보다 더 훌륭한 말을 남겼다. "복음은 모든 지혜와 모든 지식의 샘입니다. 복음으로부터 모든 숭고한 덕목, 모든 신적이고 존경할 가치가 있는 것들이 흘러나왔습니다. 복음, 바로 그 복음 말입니다." 이 발언은 종교개혁이 코앞에 다가온 시점에 행한 것이었는데, 중세의 그 공의회는 로마 교회의 종교적 타락을 치유할 해결책을 내놓는 데 철저히 실패했다. 종교개혁자가 나온 곳은 로마가 아닌 북유럽이었다. 또 다른 나사렛이었던 셈이다. 하나님의 천사가 다시 한 번 내려와 물을 요동케 하자, 양심이 감동된 단 한 사람이 신학의 지혜보다 더욱 강력하고, 보이는 교회의 지도자들보다 더 지혜로움을 입증했다.

중세는 사상과 행동에서 대담한 모험들을 감행했으며, 그런 점에서 교회사의 중요한 부분을 차지한다. 우리는 중세에 빚지고 있는 사실을 인정하지만, 중세의 미신들과 오류들은 제거해 가면서, 좀 더 지적인 경건과 폭넓은 인간 이해의 길을 통해 장차 복음을 고백하는 모든 사람들이 하나님의 아들을 믿는 믿음으로 하나가 될 날을 향해서 걸어간다.

🔵 **독자 여러분들께 알립니다!**

'**CH북스**'는 기존 '**크리스천다이제스트**'의 영문명 앞 2글자와
도서를 의미하는 '**북스**'를 결합한 출판사의 새로운 이름입니다.

필립 샤프 교회사전집 6

보나파키우스 8세부터 루터까지

1판 1쇄 발행 2004년 9월 25일
1판 중쇄 발행 2019년 9월 9일

발행인 박명곤
사업총괄 박지성
편집 신안나, 임여진, 이은빈
디자인 김민영, 류인수, 요나미디어 고봉환(02-991-9191)
마케팅 김민지, 유진선
재무 김영은
펴낸곳 CH북스
출판등록 제406-1999-000038호
전화 031-911-9864 **팩스** 031-944-9820
주소 경기도 파주시 회동길 37-20
홈페이지 www.chbooks.co.kr **대표메일** ch@chbooks.co.kr
페이스북 @chbooks1984 **인스타그램** @chbooks1984
네이버 밴드 @chbooks

ⓒ CH북스 2004